2016 年 4 月 6 日，陕西省档案局局长王建领在岐山县凤鸣国际酒店为岐山县领导干部做主题为“中华密码——陕北民谚方言的历史文化承载”的有关方言建档知识的讲座。

2016年7月25日，陕西省档案局副巡视员王建华、利用处处长刘国星、利用处杨利军、保管处徐方，宝鸡市档案局局长齐周怀一行来岐山县检查方言建档工作。

2016 年 6 月 29 日，岐山县档案局举行方言语音发音人考核选拔。

2016 年 8 月 26 日，宝鸡文理学院教授王应龙同岐山县档案局局长冯晓弟现场辅导方言语音建档工作。

2016年8月26日，快板《日新月异看岐山》表演者李宝成在录制前接受专家及档案局领导初审。

2016年9月26日，陕西省档案局利用处处长刘围星、保管处徐方和岐山县档案局领导在宝鸡电视台现场指导方言语音录音工作。

2016 年 9 月 26 日，宝鸡市档案局局长齐周怀、保管利用科杨宝梅在宝鸡电视台现场指导方言语音建档录音工作。

2016 年 9 月 26 日，陕西省档案局利用处处长刘国星、保管处徐方和宝鸡电视台技术处乔主任讨论录制工作。

2016年9月26日，省、市、县档案局三级领导与发音人刘丑劳在录制现场。

2016年9月26日，宝鸡市档案局局长齐周怀、保管利用科杨宝梅现场指导方言语音录制工作。

2016年9月26日，岐山方言词汇、短句语音发音人刘丑劳在录制现场。

2016年9月26日，方言故事《周公判牛》《孝母得金》表演者杨天鹏在录制现场。

2016年9月27日，秦腔《文王回西岐》选段清唱者唐占劳在录制现场。

2016年9月27日，西府曲子《文王访贤》演唱者、《诗经·召南·甘棠》《大雅·卷阿》《周颂·天作》朗诵者刘建锋在录制现场。

2016年9月27日，岐山礼仪民谣、谚语诵读者李想（猪小戒）在录制现场。

2016年9月27日，岐山方言建档顾问李沛生在录制现场。

2016 年 9 月 27 日，岐山县档案局局长、方言语音建档领导小组组长冯晓弟与陕西省档案局利用处处长刘围星在录制现场合影。

2016 年 9 月 27 日，岐山县方言语音建档的录制工作人员同省、市、县领导在录制现场合影。

（照片整理、编辑　王锋）

陕西方言集成

宝鸡卷

王建领 主编　徐朋彪 编著

商务印书馆
创于1897 The Commercial Press
2018年 · 北京

图书在版编目(CIP)数据

陕西方言集成.宝鸡卷/王建领主编;徐朋彪编著.—北京:商务印书馆,2018
ISBN 978-7-100-16799-4

Ⅰ.①陕… Ⅱ.①王… ②徐… Ⅲ.①西北方言—汇编—陕西②西北方言—汇编—宝鸡 Ⅳ.①H172.2

中国版本图书馆CIP数据核字(2018)第248493号

陕西方言集成
(宝鸡卷)
王建领 主编 徐朋彪 编著

商 务 印 书 馆 出 版
(北京王府井大街36号 邮政编码100710)
商 务 印 书 馆 发 行
北京顶佳世纪印刷有限公司印刷
ISBN 978-7-100-16799-4

2018年11月第1版 开本 787×1092 1/16
2018年11月北京第1次印刷 印张 46½
定价:248.00元

《陕西方言集成》编委会

主　任：王建领

编　委：赵万吉　邢向东　申　虹　柯西钢　解华波
郑惠姿　崔　林　齐周怀　康亚民　白宏民
王美丽　李庆锋　刘竹梅　孙启祥　邱志华
阮景霞　韩少兵　刘围星　汪明哲

《陕西方言集成》编辑部

主　　编：王建领

副 主 编：柯西钢　赵万吉　刘围星　汪明哲

资料统筹：王　辉　徐　方

陕西省方言语音建档首席专家

邢向东

陕西省方言语音建档普通话语音首席专家

申　虹

序　一

语言是人类交际的情感纽带，是人类交流的主要工具，人类文明进化正是借助语言的功能，才得以留存、传承。作为人类繁衍进化的产物，不同的民族会有不同的语言，而同一民族，也会因特定地域而产生特有的乡音，如汉语方言；又会因特定族群而产生独特的族语，如客家话。这些不同的语言一旦形成统一标码的声音指令，就会以其强大的社会性反作用于社会，成为一个民族的主要特征，成为别样文明鲜活的特性，成为多彩文化鲜明的特色，这种差异和多元，正是文明生命力的象征和标志。

文化自信，我们底气从何而来？来自上下五千年不间断的中华文明，来自中华大地上留存的遗迹、陈列的文物、书写在典籍中的文字，来自流布在民间的民俗、存活在口头上的语言。也就是说，文明并不抽象，而是具体真实的存在；文化也并不高冷，而是近在眼前，就在自己的日常生活和言谈举止中。身为国家非物质文化遗产“陕北民谚”传承人，我长期研究方言发现，九州方言千差万别，但都有小众群体、大众格局的共性。如信天游“一十三省的女娃子，数上兰花花好”，“一十三省”并非简单的数字，而是全中国、普天下之义，这来源于元明两朝中国均十三行省的建置，可以说听见方言，就听见了古代。陕北民谚“米脂婆姨绥德汉，清涧石板瓦窑堡炭”，这“婆姨”二字是印度语，是佛教女居士之梵文音译，因武则天借礼佛登基，上有所好，下必盛也，逢男兼尤婆塞，逢女兼尤婆姨（唐《敦煌变文集·般若波罗蜜经讲经文》），“婆姨”借此而进入语言，又因唐武宗灭佛而淡出人们的视线。感谢陕北方言存活下“婆姨”这一词汇，也就保留下了中华文明的一抹色彩，从中我们可以看到佛教在华的传播、兴衰过程，看到中华文明的构建过程。即使众多方言中作为叹词普遍使用、人们又难于启齿的“毬”字，其实与粗口脏话无关，它是人类生殖崇拜文明留存下来的语言图腾，让我们能打通时空隧道，了解人类文明进化的心路历程。党的十九大特别强调中华优秀传统文化的传承发展，中共中央办公厅 2017 年还专门下发 5 号文件，提出实施意见，这里语言资源保护利用当为关键。

汉语作为世界第一大语种，这是中华民族的骄傲，也是中国对人类文明的特殊贡献。但中国作为崇尚大一统的国度，一直有“语同音”的冲动，周有《雅言》，两汉有《释名》《说文》，三国魏晋南北朝有《声类》《韵集》《玉篇》，隋唐有《切韵》，宋有《广韵》，明有官话，今有普通话，在秦始皇书同文、车同轨、统一度量衡两千多年后的今天，普通话在强力吞噬方言阵地。好在汉语一统天下与方言碎片化分布并存状态还未彻底改变，而方言的这种多点多元，折射的正是中华文明的多姿多彩。汉语作为中华文明的名片，灿若星河的唐诗宋词，妙为仙幻的书法金石，美若天籁的京剧、昆曲、信天游等戏剧、曲艺、民歌，成为中国给世界的一大惊喜，所以珍惜祖先文化遗产，传承发展汉语语言文化，不仅应成为传承中华文明基因的一种自发，更应成为一种文化安全的自觉。

面对全球化、城镇化、现代化的裹挟，在大数据时代的今天，从世界范围来讲，弱势语言让位给强势语言，已成为不可逆转的趋势；从中国来讲，方言生态环境严重破坏，保护方言迫在眉睫。推广普通话绝不能与保护方言对立，更不等于要消灭方言。好在现代科技的发展，音频、视频的普及，让我们不会再出现《诗经》十五国风民歌总集有文无音的遗憾。档案局（馆）作为守护历史、传承文明的职能部门，为方言建档、留住祖先的声音，让后人知道我们怎样或曾经怎样说话，是档案人义不容辞的历史使命。

陕西地处中国东西坐标轴、南北自然气候分界线、长江黄河分水岭，集中国大地原点、北京时间标点、中华文明始点、丝绸之路起点于一处，是中华民族的精神高地、文化福地、资源宝地。三秦大地三个文化圈，语言文化承东启西、南腔北调、说古话今、风情万种，自有其丰富且独特的风韵，保存、展示、开发利用地方方言，就是弘扬优秀传统文化、宣传陕西的有声行动。中国艺术研究院音乐研究所所长田青先生，在为王六著《留住祖先的声音·陕北方言成语 3000 条》一书序中说，方言是世界上最美的音乐，是一个人来到这个世界最先听到的声音，也是离开这个世界时最后呢喃的声音。方言是有感情、有温度的，唐代大诗人贺知章“少小离家老大回，乡音无改鬓毛衰”的千古绝唱，不知让多少人唏嘘不已，早已成为中国人难以释怀的永远乡愁。

陕西省政府审时度势，2016 年由省政府办行文下发了《关于支持开展方言语音建档工作的通知》，陕西省档案局（馆）组织全省各级国家档案馆，举全省档案部门之力，在各县区政府特别是财政、文化、教育、广电等部门的支持下，在方言、普通话专家的学术指导下，历时三年，完成了陕西省以县（区）为单元的方言语音建档工作，为扩大宣传利用效果，现将已形成的方言语音建档音频、文本档案汇总，形成 750 多万字，300G 音频的《陕西方言集成》丛书，将由商务印书馆正式出版发行。全书共分西安、宝鸡、咸阳、铜川杨陵韩城、渭南、延安、榆林、安康、汉中、商洛十卷，每卷以县（区）分为不同单元，各县（区）除以县城为定点采录方言音频、视频外，还增设如西安回民坊方言、陕南一些外来语孤岛布点，从总论、语音、语法、词汇方面立体展示了陕西地域方言风貌，还通过对以方言为载体的民间歌舞、戏剧、曲艺的经典记录，展现了陕西丰富个性的文化魅力。作为奉献给三秦父老乡亲的一份厚礼，《陕西方言集成》不但对地方语言保护、陕西非物质文化遗产保护意义重大，还将对普通话推广、语言规范化服务发挥积极作用。当然，作为创新性工作，难免出现缺点、失误，虚心接受社会各方建议、意见，当是至盼。

中华优秀传统文化的传承发展，离不开与文化相互依赖、相互影响的语言，方言作为汉语的独特表现形式，在语言文化、语言学中地位独特。放在中华五千年文明谱系中考量，中国人从哪里来、到哪里去，方言就是基因密码；寻找中华文明内涵特质和价值取向，方言就是文化解码。用中国话讲好中国故事，不仅意义重大，而且十分紧迫。回顾方言语音建档，一些地方选找正宗发音人已十分困难、颇费周折，一些非物质文化遗产传承人更是以个位计，可以说抢救性保留方言，时不我待。而保留下方言，就等于保留下了打开中华文明奥妙之门的钥匙，从这个意义上讲，《陕西方言集成》的出版发行，是档案人为历史负责、为社会负责、为民族负责的担当，是档案服务大局、服务陕西、服务民生的可喜成果，故感而为序。

王建领

2017 年 10 月于西安

序　二

方言及其所承载的地域文化是国家重要的语言资源，是中华民族优秀传统文化的根脉。然而在城市化进程日益加快、共同语的影响与日俱增的当下，方言却在呈加速度地大量消亡。在此形势下，国家有关部门于2015年开始实施“中国语言资源保护工程”（简称“语保工程”）。

面对语言资源迅速消失、地方文化日渐衰微的严峻情势，陕西省档案局高瞻远瞩，积极应对，与“语保工程”同步开展了“陕西方言语音建档”工作。这是在共时平面上一次性地将境内的方言记录、保存下来的大工程。和“语保工程”一样，是一项功在当代、利在千秋的事业。《陕西方言集成》就是陕西方言语音建档的阶段性成果。

陕西省档案局在2015年发布《关于开展陕西方言语音档案建档工作的通知》，在全省启动陕西方言语音建档工作。2016年3月陕西省政府办公厅发出《关于支持开展方言语音建档工作的通知》，省档案局随后发布《关于开展方言语音建档工作的实施意见》，方言语音建档工作遂正式展开。目前，全省绝大多数方言语音建档成果已通过验收，方言建档任务已基本完成。

一、陕西省汉语方言及其分布

陕西省的汉语方言包括晋语、中原官话、西南官话、江淮官话以及少量赣语、客家话方言岛。

（一）晋语

晋语指“山西及其毗连地区有入声的方言”。陕西晋语分布在陕北榆林市、延安市的19个县、市，分属五台片、吕梁片、大包片、志延片。

五台片包括7个县、市：府谷县、神木市、靖边县、米脂县、绥德县、子洲县、子长县。

吕梁片汾州小片包括黄河沿岸的4个县：佳县、吴堡县、清涧县、延川县。

大包片包括2个区：榆林市榆阳区、横山区。

志延片包括延安市6个区、县：宝塔区、志丹县、吴旗县、安塞县、延长县、甘泉县。

（二）中原官话

陕西境内的中原官话分别属于汾河片、关中片、秦陇片和南鲁片。分布在71个县、市、区。

汾河片解州小片包括4个县、市：宜川县、韩城市、合阳县、大荔县。

关中片包括关中、陕北、陕南的46个县、市、区：西安市临潼区、阎良区、长安区、高陵县、蓝田县、户县、周至县，铜川市王益区、印台区、耀州区、宜君县，咸阳市秦都区、渭城区、礼泉县、泾阳县、永寿县、淳化县、三原县、彬县、兴平县、乾县、旬邑县、武功县，延安市洛川县、黄陵县、黄龙县，渭南市临渭区、蒲城县、白水县、华阴市、澄城县、华县、富平县、潼关县，安康市汉滨区（部分）、旬阳县（县城及部分）、白河县（县城及部分）、平利县（县城、老县镇、大贵镇等），商洛市商州区、洛南县、山阳县（县城及部分）、丹凤县（县城及南部）、镇安县（县城及东部），汉中市洋县、西乡县（部分乡镇）、城固县（部分城镇）。

秦陇片分布在20个县、市、区：宝鸡市渭滨区、金台区、陈仓区、岐山县、凤翔县、扶风县、千阳县、麟游县、眉县、陇县、太白县、凤县，汉中市汉台区（北关、西关）、勉县、略阳县、南郑县（县城及北部）、宁强县（北部），长武县、富县、定边县。

南鲁片分布在商洛市的商南县。

（三）西南官话

陕西的西南官话分别属于川黔片陕南小片和湖广片鄂北小片，分布在汉中市和安康市。

川黔片陕南小片，分布在16个县、市：汉中市（东关、南关）、佛坪县、留坝县、镇巴县、宁强县（县城及南部）、南郑县（南部）、西乡县（西南部）、宁陕县、石泉县、汉阴县、岚皋县、紫阳县、镇坪县、城固县（二里镇、大盘乡）、勉县（漆树坝乡、小河庙乡）、略阳县。

湖广片鄂北小片，分布在白河县和平利县。

（四）江淮官话

陕西省的江淮官话属于竹柞片，主要分布在6个县、市：商洛市柞水县、镇安县

（西部）、旬阳县（部分）、安康市汉滨区（部分）、白河县（部分）、平利县（部分）。这6个县、市与湖北竹山、竹溪的江淮官话连成一片。此外，还包括商州区、山阳县、商南县、丹凤县、宁陕县、镇坪县、岚皋县、紫阳县的少数乡镇。

（五）赣语

陕南的赣语方言有两片和两个方言岛，分布在商洛市、安康市东部山区的5个县、市。商南县、丹凤县赣语方言，涉及2县25个乡镇；山阳南部赣语方言，分布在山阳县鹤岭以南的山区；镇安县木王赣语方言岛；安康市汉滨区牛蹄赣语方言岛。

（六）客家话方言岛

陕南的客家话方言岛全部分布在商洛市境内。包括商州区黑龙口镇罗湾、刘村、铁炉子，三岔河镇闫坪、大水岔，杨斜镇川明、平安，砚池河镇西联，北宽坪镇广东坪；柞水县红岩寺镇蓝家湾，瓦房口镇西北沟、颜家庄，杏坪镇肖台，镇安县灵龙镇安乐村。

二、陕西方言语音建档的调查点和内容

（一）调查点

方言语音建档实施方案规定，在全省107个市、区、县中，除了西安市城区以外，全部区、县级行政单位均要开展方言语音建档工作。在区、县范围内，可以根据方言实际情况设置多个调查点。

在语音建档培训会和推进会上，项目首席专家强调，要以保证每个区、县代表点的质量为首要任务，其次可以根据方言的实际情况和经费增加调查点。代表点必须完成所有规定的项目内容，其他点则可灵活安排，以完成音系和单字音为最低要求。

从验收情况看，方言复杂的区、县设置多个调查点的比较多，其内容和质量均达到了要求。如榆林市：米脂2个点，横山2个点，靖边3个点，子洲2个点；商洛市：山阳3个点，宁陕2个点；安康市：平利3个点，白河2个点；汉中市：宁强2个点。

（二）建档内容

陕西方言语音建档的所有内容均同时要求提供纸笔调查成果和音频、视频文件。

实施过程分两个阶段：首先在全省选择10个县进行试点，对调查内容、纸笔调查规范、摄录标准规范、工作量等进行测试、评估。试点结束后，档案局方言语音建档领导小组会同首席专家对试点情况进行评估，最终确定《陕西方言语言建档实施方

案》，进一步明确调查内容、摄录标准和工作流程。2016 年 3 月进入正式实施阶段。

正式发布的调查、摄录内容包括规定文本和自选文本两部分：

1. 规定文本

（1）音系调查表（同“语保工程”）；（2）单字表（1000 字，同“语保工程”）；（3）连读调调查表（可不入档）；（4）词汇表（1200 词，同“语保工程”）；（5）语法表（《汉语方言词汇调查手册》语法部分）。（6）故事：《北风和太阳》。

在规定文本中，音系、单字、词汇的调查表与“语保工程”一致，主要出于两种考虑：第一，两项工程尽管行为主体不同，但工程性质和建设目标相同；第二，“语保工程”的方言调查表，是经过千锤百炼才投入正式使用的，且已正式出版，全国共享。另搞一套，既浪费资源，又很难达到同样的水平。

2. 自选文本

（1）自选词汇（300 ～500 条，分类同规定词汇，须解释）；（2）地方文化，包括谚语、歇后语、山曲、酒曲、民谣、地方戏曲（唱段）等。

实施办法规定，自选词汇必须由方言专家和当地发音人、档案局有关人员共同讨论后制定。现在看起来，这部分内容相当充实，大部分区、县都达到了 500 条的上限。方言文化的内容更是丰富多样，真实地记录了许多鲜活生动的地方文化现象。

三、建设目标和实施过程

（一）建设目标

方言语音建档在实施伊始，就确立了明确的建设目标。这就是：着眼于档案服务“富裕陕西、和谐陕西、美丽陕西”建设，打造档案文化品牌。在这个目标下，确定了相应的工作原则。

（二）工作原则和理念

1. 工作原则：体现特色，突出重点，科学操作，建立体系。区、县设点首先要突出代表点。全心全意依靠专家。首席专家负责方言专业内容、标准的制定和解释，各区、县必须聘请方言专家开展调查。首席专家还向各市推荐了方言专家名单。要求必须采用国际音标注音，保证建档的科学性、专业性、系统性。

2. 工作理念：“解密陕西方言密码，全面保存陕西记忆。”这是陕西省档案局局长王建领先生提出的口号。方言语音建档中强调方言的文化属性和文化特质，把方言作为地方文化的承载体和非物质文化资源加以保存。强调记录各地方言中储存的地方文化信息和印记。

（三）实施步骤

1. 动员、部署、培训与推进：档案局先后召开数次专题工作会议，动员和部署、推进方言建档工作。同时分省、市（部分市）两级开展专业培训。解读《实施方案》和《细化标准》，具体讲解方言调查方法和纸笔调查同音频、视频摄录的衔接。有的市档案局还邀请首席专家进行区、县有关人员的培训，并与当地方言专家进行直接对接，效果良好。

2. 过程指导：首席专家与大多数调查团队、摄录团队保持联系，随时就记音、语料整理、字幕处理、摄录标准与规范等进行沟通。

3. 预验收：由陕西师范大学语言资源开发研究中心组织专业团队进行。验收后向有关区、县反馈整改意见，同时向各区、县发布预验收中发现的普遍问题，提醒注意。

4. 正式验收：由陕西师范大学语言资源开发研究中心组织专业团队实施。对于通过验收的区、县，反馈整改意见，限期完成整改，合格后档案入库。未达到标准的不予验收。

四、方言语音建档的专业团队

方言语音建档是专业化要求很高的工作，陕西省档案局在一开始就对专业性提出了要求。并聘请本人担任首席专家，参与制定实施方案。调查内容基本上由首席专家来确定。

（一）专家队伍

由首席专家向各区、县推荐方言专家名单。文件规定各区、县必须由方言专家和档案局工作人员组成课题组，建档中的专业问题完全由专家负责。事实上，有95%以上的区、县聘用了方言专业人员，绝大多数聘任的是推荐名单上的专家。

在项目的实施过程中，陕西师范大学语言资源开发研究中心发挥了重要的作用，体现了陕西高校哲学社会科学重点研究基地“服务社会”的宗旨。实验师韩夏担任方言语音建档技术顾问。韩夏实验师、孙建华博士后以及西安工业大学贺雪梅、西安石油大学徐朋彪等参加了验收工作。

（二）摄录团队

音频、视频的摄录是方言语音建档的重要环节。陕西省档案局在项目实施中，灵活安排摄录团队，既有一家合作的专业公司，又不硬性规定摄录团队，而是由各市、区、县乃至方言专家自行选择摄录团队。档案局层面主要负责专业标准的掌握和验收。

首席专家多次就摄录中的标准、规范和有关问题的处理与有关摄录团队交换意见。这样的安排，既避免了摄录档期的限制和“纸笔调查为摄录团队打工”的尴尬局面，又保证了摄录质量。

（三）方言工作者在语保工作中的作用

在陕西省的语言资源保护工作中，方言工作者发挥了巨大的作用。2015 年以来，全省约有 50 位语言学者、博士后、博士生投身到“语保工程”中，在两条战线、三个方面开展工作。

第一，语保工程，包括两项工作。一是一般方言调查，陕西省共设 30 个点，已立项调查 21 个，2018 年度将有 9 个调查点。二是濒危方言调查，2016 年度立项 4 个点。此外，黑维强、周政和本人三位学者入选“语保工程”核心专家组。

第二，陕西方言语音建档，涉及近 100 个区、县。几乎所有的方言学者都动员起来，投入了此项工程。

因此，两年多来，陕西省方言工作者投入语保工作的力量是空前的。大家本着为国家战略服务、为社会服务的宗旨，抱持为后人留下珍贵的方言文化记录的态度，以极大的工作热忱和高度的责任感，为陕西省的语言资源保护做出了最大的努力。语保中留下的许多感人故事和语保人的哭哭笑笑，至今想起来还令人感叹唏嘘。两个“语保工程”，既使陕西省方言学者的调查能力和研究水平得到了提高，培养了一批新人，也显示了我省方言学者，尤其是青年学者的高度责任心、良好素质和空前的团结。

五、《陕西方言集成》

陕西省档案局在确保方言语音建档工作按期完成的同时，也在研究如何将建档成果展示出来，让它们在当代就发挥应有的社会作用，将“利在当代”落在实处。由此，2017 年度又启动了《陕西方言集成》项目。组成了以王建领局长任主编的编委会，聘请陕西师范大学语言资源开发研究中心副主任柯西钢领衔，选拔了十几位参加方言语音建档和语保工程、成绩突出的年轻学者，组成精干的编写团队。西钢精力充沛，富有合作精神，立即进入工作状态。编写启动会暨大纲讨论会于 8 月底召开，档案局领导、省内的方言学家和全体编辑人员出席。会议就《集成》的内容、体例进行了深入讨论，达成了一致的意见。

编写体例上，《集成》以地、市为单位，汇集各区、县的方言语音建档纸笔调查成果，每个县、区自成单元，每个地、市为一卷，共包括十大卷。每个代表点的内容包括：音系及其说明，连读变调，单字音表，分类词汇表（规定部分），自选词汇表，语法例句，口头文化。同一个区、县内有两个以上调查点的，则根据调查情况灵活安排，至少包括音系及其说明，单字音表，分类词汇表（规定部分）。《集成》将是有史以来陕西方言语音、词汇、语法、口头文化最系统、全面的调查成果。

在大纲讨论会上，大家一致认为，《集成》要在方言语音建档成果的基础上，对调查材料做进一步的提高和补充，在水平上力求超越存档的部分。因此，《集成》的编写是将方言语音建档工作水平进一步提高的重要举措，也是对方言语音建档成果的检验。

经过半年多来的紧张工作，现在《集成》的第一卷就要出版了。我们怀着敬畏和真诚的心情，期待来自广大读者和专业工作者的意见。同时，作为陕西方言语音建档的首席专家，我想把崇高的敬意，献给为保护方言文化资源奔走呼号、身体力行的王建领先生，献给为保护语言资源做出卓越贡献的陕西语保人；把最醇厚的感情，献给陕西这片孕育了多姿多彩的方言文化的厚土。

邢向东

2017 年 12 月 31 日

目　录

渭滨区篇

金台区篇

陈仓区篇

凤县篇

凤翔县篇

扶风县篇

麟游县篇

陇县篇

眉县篇

岐山县篇

千阳县篇

太白城关篇

太白南乡篇

凡　例

1. 《陕西方言集成》以市为单位，每市一卷（铜川、杨陵、韩城三市合列一卷），如《陕西方言集成》（宝鸡卷）。每卷内以县为单位分篇行文；一县一点的，只有一篇，如《陕西方言集成》（汉中卷）——“勉县篇”；一县多点的，除城关点外，其他点只保留“声母系统、韵母系统、单字调系统、单字”四部分，并另起篇单列，标题注明乡镇。如《陕西方言集成》（安康卷）——“白河城关篇”“白河茅坪篇”。

2. 语音部分列出声韵调表，表后附例字，例字一般为4个，古今演变类型特殊的最多不超过6个。

3. 语音的“单字”部分，如出现一字多音的，读音之间用“/”隔开；如有文白新老异读对举的，统一用小一号字体的“（文）”“（白）”“（新）”“（老）”注明，如：0270. 尾 ∅i53（白）/vei53（文）。

4. 词汇部分按照条目、方言说法、标音三列的形式列出。方言说法有两种及以上的，根据词频排列顺序，用“/”隔开，如：

0001. 太阳　爷婆 ∅iɛ24phɤ0/日头 ∅ər53thou0

5. 词汇的“规定词汇”部分共1200条，统一编码。词条按意义分类，如“天文、地理”“人品、称谓”，每一类再按照小的义项分类排列，如“动作、行为”类又分列“具体动作”“抽象动作”“言语”。“自选词汇”部分各点词条数目不一，从1201开始编码；自选词汇一般也按词义分类，分类标准和规定词汇相同。

6. 语法部分的例句部分按照普通话、方言、音标分三栏排列。有自选例句的，分“规定例句”“自选例句”两类。

7. 语法的“北风和太阳”部分先列原文，再将方言说法分句罗列，每句下列出标音。

8. 语法的“口头文化”部分不用国际音标标音，出现有音无字的，用“□”表示，部分后标国际音标，并用小字注释。

9. 词汇、语法部分出现连读变调的，只标连读调不标单字调；轻声调值标0或标实际调值（根据原调查结果）。

10. 词汇、语法部分的用字需要尊重已有研究成果，例如参照“语保工程”的常用字表；实在找不出本字的，用“□”表示，后注国际音标，不用同音字代替。

11. 文中国际音标统一用 IpapanNew 字体，送气符号用平行标注的 h，零声母用 Ø，卷舌央元音用 ər，合音用“[ ]”。

12. 注释一律用小一号字体，注释例词例句中的“ ～”代指本字。

13. 引用原文统一用页下注的形式注明出处，下注的格式为（例）：① 游汝杰. 汉语方言学教程［M］. 上海教育出版社，2004 年，第 100 页。

14. 陕西方言语音档案建档工作前期曾确定了十余个县、区为试点单位，试点县、区的调查内容、调查体例均与正式调查点不同，属于试点县、区的，我们在正文篇目标题处用脚注的形式注明。

15. 本丛书在编写过程中涉及音频与文本的对应问题时，为保持文本的一致性、系统性和科学性，我们只调整文本，不调整音频。少数二者不相符的地方，以文本为准。试点单位因调查内容等与其他点不同，音频亦和其他点不一致。

《陕西方言集成》（宝鸡卷）调查人

渭滨区	王应龙	金台区	王应龙
陈仓区	王应龙	凤　县	王应龙
凤翔县	王应龙	扶风县	王应龙
麟游县	王应龙	陇　县	王应龙
眉　县	孙立新	岐山县	王应龙
千阳县	王应龙	太白县	王应龙

宝鸡市人文地理概况

宝鸡市位于陕西省关中西部，地处东经106°18′～108°03′，北纬33°35′～35°06′，是关天经济区副中心城市、陕西省第二大城市。南屏秦岭，关陇西阻北横，渭水中流。山、川、原兼备，呈“六山一水三分田”之势，南、西、北三面环山，以渭河为中轴向东拓展，呈现出尖角开口槽形的特征。东连咸阳，南接汉中，西北与甘肃省的天水和平凉毗邻。境内的秦岭主峰太白山海拔3767米，是中国大陆东部的最高山峰。东西长156.6千米，南北宽160.6千米，总面积18117平方千米，其中市区面积3625平方千米。陇海铁路、宝成铁路、宝中铁路在此交会，是中国内陆通往西南、西北的重要交通枢纽，是欧亚大陆桥中国境内第三个大十字枢纽（郑州、徐州之后）。截至2014年底，宝鸡市辖3区9县（渭滨区、金台区、陈仓区，岐山县、扶风县、眉县、凤翔县、陇县、千阳县、麟游县、凤县、太白县）和1个国家级高新技术开发区、1个省级经济技术开发区。全市共计105个镇，15个街道办事处，1729个村，168个居民委员会。截至2016年末，全市常住人口377.5万人。宝鸡市汉族人口占绝大部分，达到了99.46%；全市有回族、满族、蒙古族、羌族等27个少数民族，共2万多人，占总人口的0.54%，集中分布在金台区、渭滨区、陈仓区、陇县、凤县、千阳县等。

宝鸡历史悠久，古称“陈仓”“雍城”，是典故“明修栈道，暗度陈仓”的发源地，是中华文化的重要发祥地之一，拥有以自己城市名命名的学问“宝学”（宝鸡之学）。公元757年因“石鸡啼鸣”之祥瑞改称宝鸡。“中国”之名最早见于宝鸡，国宝重器何尊1963年出土于宝鸡，尊内底部铸有122字铭文，其中“宅兹中国”为“中国”一词最早的文字记载。晚清四大国宝（毛公鼎、大盂鼎、散氏盘、虢季子白盘）及陈仓石鼓、大克鼎、逨盘、铜浮屠等文物均出土于宝鸡，被称赞为“炎帝故里、青铜器之乡、佛骨圣地、社火之乡、周秦文明发祥地、民间工艺美术之乡”。宝鸡也是我国西部工业重镇、高端装备制造业基地、新材料研发生产基地，同时还被称为“中国钛谷”。宝鸡是首批国家生态园林城市、全国文明城市、中国优秀旅游城市、国家森林城市、中国人居环境奖获得城市，拥有法门寺、金台观、太白山、关山草原、通天河国家森林公园、红河谷、吴山、千湖国家湿地公园等知名景点及西凤酒、岐山臊子面、宝鸡擀面皮、豆花泡馍、西府扯面、醋粉、搅团等诸多特产或西府小吃。

宝鸡市语言特点综述

陕西关中西府地区（今宝鸡市全境）长期以来属于同一政区，形成了内部比较一致的语言特点，跟关中平原东部差异明显。在《中国语言地图集》中，宝鸡方言属于中原官话秦陇片。

宝鸡方言语音方面的主要特点有：古全浊声母今逢塞音、塞擦音时，平声字一般读送气音，仄声字部分读不送气音，还有相当数量的仄声字读送气音，宝鸡各地只是在数量上有所不同。古邪母字在洪音前除“辞、词、祠”三字外均读［s］。在细音前各地有别，在今撮口呼前读［ɕ］，在今齐齿呼前或者读带腭化的舌尖前擦音，可记为［s］，或者读［ɕ］。古船、禅母字清化后平声字读清擦音［ʂ、ʃ］，也有读送气的塞擦音［tʂh、tʃh］；仄声字读擦音［ʂ、ʃ］。止摄开口无论平仄都读［s］。古奉、匣母字清化后今读清擦音。奉母与非、敷合流，今读［f］。匣母与晓母合流，洪音前今读［x］，细音前今读［ɕ］。宝鸡方言知、庄、章的演变基本属于熊正辉总结的昌徐型。[1] 今读开口呼的字，知组二等读［ts］组，三等读［tʂ］组；庄组全读［ts］组；章组除止摄开口三等读［ts］组，其他全读［tʂ］组。今读合口呼的字合流，但音值有差异，可能读［tʂ］组、［tʃ］组。知、庄、章今北京话读合口呼的字在宝鸡方言中有四种情况：①知、庄、章合流读［tʂ］组，合口呼变开口呼（除宕江摄入声字，如“着酌勺芍桌卓戳浊”等字），比如岐山、太白、宝鸡、扶风；②知、庄、章合流读［tʃ］组，合口呼保持不变，比如麟游、千阳、陇县、凤县双石铺；③前面两种情况同时存在，即［tʂ］组、［tʃ］组同时在口语中使用，比如眉县、凤翔；④知、庄、章合流读［tʂ］组，但是仍读合口呼，比如凤县凤州镇。宝鸡方言古泥、来母在洪音前合流，读［l］；在细音前有别，都带有腭化色彩，泥母读［ȵ］，来母读［l］。疑、影母合口一二等字在区域内有分歧，有的地方读零声母，如眉县、凤翔、太白；有的地方读唇齿浊擦音［v］，如扶风、千阳、岐山、陇县、麟游、宝鸡、凤县。北京［ən：əŋ］、［in：iŋ］、［uən：uəŋ］、［yn：yŋ］四对韵母，中原官话关中片有别，秦陇片四对韵母都不分。“儿二（贰）而耳”韵母的读音有两种情况：①凤翔读零声母音节［ɔ］；②其余地方都读零声母音节［ɚ］。宝鸡方言一般有四个声调：阴平、阳平、上声、去声。古平声因声母的清浊分为阴平、阳平。古清声母和次浊声母上声字今读上声，古全浊声母

① 熊正辉．官话区方言分ts　tʂ的类型［J］．方言，1990年第1期。

上声字归去声。古去声今读去声。清入、次浊入字今归阴平，古全浊入字今归阳平。[①]

从词汇方面来看，宝鸡方言里的重叠词形态丰富，数量可观。日常口语中还保留了许多古汉语词汇。逆序词也不少，比如“熬煎”“齐整”“味气”等。四字格词语形式多样，很有表现力。

从语法方面来看，体貌系统特别丰富，具有完成体、已然体、进行体、持续体、保持体、尝试体、起始体、经历体、体验体、重行体、延续体、获得体、变化体、了结体、曾然体等十几种之多[②]，而且，对于这些体貌特征的表达，采用形态、语序、虚词、词语选择等多种语法手段。还有特色鲜明的比较句、“把”字句、“教”字句、“给”字句以及套合句式。复句关系的表达可以采用意合的形式，关联词语的使用也比较少，且和普通话有较大差异，但句末语气词的使用对确定复句间的关系非常重要。

① 吴媛．陕西关中西府方言语音研究［D］．陕西师范大学，2011 年。
② 吴媛、韩宝育．岐山方言调查研究［M］．中华书局，2016 年，第 370 页。

渭滨区篇

第一章　总　论

第一节　人文地理、历史沿革、人口概况

渭滨区隶属于陕西省宝鸡市，地处秦岭北麓，跨渭河两岸，因濒临渭水而得名，是宝鸡市的经济、文化中心。陇海、宝成两条铁路纵横贯穿其境，东距省会西安 173 千米，位于东经 106°55′～107°16′，北纬 34°11′～34°23′。东、西与陈仓区接壤，南与太白县、凤县交界，北与金台区毗邻，总面积 842 平方千米。截至 2014 年底，渭滨区辖 5 镇 5 个街道办事处，104 个行政村，56 个社区，城市建成区面积 36 平方千米。渭滨区不仅工业基础雄厚，商贸繁荣发达，生态环境宜人，而且文化底蕴深厚，有“炎帝故里、青铜器之乡”的美誉，仰韶文化遗址、周秦青铜器、先秦石鼓、古陈仓道、大散关、南宋和尚原古战场等历史遗迹，无不显示着丰厚的人文积淀。

渭滨区辖地历史悠久，迄今发现的姜城堡、桑园铺、塔稍、石咀头、茹家庄、竹园沟等新石器时期遗址、文物证明，7000 多年前原始部落已密集本区，繁衍生息。夏、周时，区地为雍州陈国地。西周时这一带是散国的封疆。境南散关、大散岭、散水，皆以散得名。东周秦文公筑陈仓城，秦孝公设陈仓县。自秦汉至隋，本区均为陈仓县辖。唐乾元元年（758 年），改陈仓为宝鸡，自唐宋直至民国，区地属宝鸡县。1939 年，实行“新县制”，将全县 28 个联保划编为 22 个乡、镇。靠近县城和东关的渭河北岸，时已形成街市，被划为河滩镇；今区辖郊区，分别划为鸡峰乡、神农乡、云栈乡。1947 年，河滩镇改称渭滨镇。1949 年宝鸡市人民政府成立后，在原宝鸡县渭滨镇地区设置渭滨区。1950 年 6 月，各区以序号为名，渭滨区称第三区。1951 年 9 月，区划变更，渭滨区称第四区。1955 年 7 月，恢复渭滨区名称。1958 年 12 月，渭滨区并入金台区。1962 年 12 月，恢复渭滨区行政建制。1971 年 2 月和 12 月，清姜区和郊区 3 个农村公社相继并入渭滨区；同年 3 月和 10 月，经省革委会和国务院批准为县级建制。1981 年 1 月，经省、市人民政府批准，取消区革命委员会名称，恢复区人民政府，并将本区所辖 5 个城市人民公社改称和调整为 6 个街道办事处，即东风路、红旗路、西关、姜谭路、清姜路、桥南街道办事处。1982 年 9 月，金台区辖的四季青公社划归本区。1984 年 4 月，四季青公社改名河滨

乡，石坝河、益门、高家村公社也相继改为乡。1987 年 12 月，宝鸡县马营镇划归本区，区辖西关街道办事处划归金台区。1990 年 1 月，撤销河滨乡，所辖村分别划归益门乡、高家村乡管辖。[①]

据 2010 年 11 月 1 日第六次人口普查数据显示，全区共 442553 人，其中汉族 437622 人，占总人口的 98.90%；有少数民族 24 个，总人口 4931 人，占总人口的 1.10%。

第二节　方言归属与内部差异

渭滨区方言属于中原官话秦陇片，全区方言基本一致，以渭河南部神农镇、石鼓镇、高家镇等乡镇的方言为主体，与东部马营镇、八鱼镇，西部山区晁峪乡一带的方言有一些差异。知系合口字在主体方言中读［tʂ］类声母开口呼，如：猪［tʂʅ31］/出［tʂhʅ31］/抓［tʂɑ31］/揣［tʂhæ31］/睡［ʂei44］/软［ʐæ̃53］/疮［tʂhɑŋ31］/春冲［tʂhəŋ31］；而西部山区晁峪、东部马营、八鱼一带读［tʃ］类声母合口呼，如：猪［tʃu31］/出［tʃhu31］/抓［tʃuɑ31］/揣［tʃhuæ31］/睡［ʃuei44］/软［ʒuæ̃53］/疮［tʃhuɑŋ31］/春冲［tʃhuəŋ31］。渭滨方言语音、词汇多受普通话影响，神农镇南部、晁峪乡山区乡村地带的方言留存较为完善。1991～2010 年随着普通话和汉语拼音的推广，渭滨方言正在逐渐消失，逐步向普通话过渡。渭滨区有两种用方言说唱的地方戏，即秦腔和眉户。曲艺有两种，即西府曲子和快板。民间皮影戏有一种。秦腔和眉户演出较多，西府曲子、皮影戏演出较少。

第三节　发音人和调查人概况

方言发音人（一）

1. 姓名：刘世英
2. 单位（退休前）：陕西省宝鸡市渭滨区神农镇冯家塬村
3. 通信地址：陕西省宝鸡市渭滨区神农镇冯家塬村
4. 性别：男　　民族：汉
5. 出生年月日（公历）：1953 年 9 月 9 日
6. 出生地（从省级至自然村级）：陕西省宝鸡市渭滨区神农镇冯家塬村

---

① 宝鸡市渭滨区地方志编纂委员会．渭滨区志［M］．陕西人民出版社，1996 年，第 35～37 页。

7. 主要经历：历任本村出纳、小队长、大队长、村长。喜爱音乐、戏曲，农闲时为群众演唱，活跃文化生活。

8. 文化程度：高中

9. 职业：农民

方言发音人（二）

1. 姓名：胥毅

2. 单位（退休前）：陕西省宝鸡市渭滨区八鱼镇下甘沟村四组

3. 通信地址：陕西省宝鸡市渭滨区八鱼镇下甘沟村四组

4. 性别：男　　民族：汉

5. 出生年月日（公历）：1947 年

6. 出生地（从省级至自然村级）：陕西省宝鸡市渭滨区八鱼镇下甘沟村

7. 主要经历：长期在农村古庙会、红白喜事中演出西府曲子。喜爱样板戏，多次参加大队、公社文艺演出，获优秀奖。2010 年参加陈仓区会展中心演出并获奖。

8. 文化程度：高中

9. 职业：农民

调查人

1. 姓名：王应龙

2. 单位：宝鸡文理学院关陇方言与民俗研究中心

3. 通信地址：宝鸡市高新大道 1 号宝鸡文理学院文传院语言教研室

4. 协助调查人 1 姓名：魏清康

5. 协助调查人 2 姓名：李书贵

6. 协助调查人 3 姓名：张　阳

第二章　语　音

第一节　声　母

声母共二十六个，包括零声母在内。

p 八兵布宝	ph 派片爬病	m 麦明母庙	f 风副肥饭	v 味问温完
t 多党东刀	th 讨毒脱特			l 脑南老蓝连路
ȶ 酒焦店浆	ȶh 天铁七清			
ts 资早租贼	tsh 刺寸字全		s 三酸想谢	
tʂ 张竹装主	tʂh 柱初床车		ʂ 双船顺书	ʐ 热软让褥
tɕ 九金假举	tɕh 轻穷去茄	ȵ 年泥哑硬	ɕ 响县虚雪	
k 高共瓜哥	kh 开柜跪口	ŋ 熬安藕爱	x 好灰活下	
ø 月王云用药				

第二节　韵　母

韵母三十三个，不包括儿化韵。

ɿ 师迟试指			
ʅ 猪出十尺	i 米戏急七	u 苦五骨谷	y 雨橘局女
ɑ 茶瓦塔法	iɑ 牙鸭家夹	uɑ 刮瓜花滑	
ɤ 车热婆磨		uo 歌坐活锁	yo 药学雀约
	iɛ 写接贴节		yɛ 靴月镢缺
ɔ 宝饱早贸	iɔ 笑桥飘鸟		
æ 开排鞋歪		uæ 怪快坏拐	
ei 赔飞色白		ui 对鬼国雷	
ou 豆走狗凑	iu 油六绿丢		
ər 二儿耳日			

æ 南山半碗　iæ 盐年眼间　uæ 短官幻惯　yæ 权院卷馅
ɑŋ 糖床双邦　iɑŋ 响讲良强　uɑŋ 王黄矿光
əŋ 深根春灯　iŋ 心新硬病　uŋ 寸滚横东　yŋ 云用兄穷

第三节　单字调

单字调四个。

阴平 31　东百拍麦　阳平 24　门牛白罚　上声 53　懂苦老五　去声 44　动近路硬

第四节　连读变调

后字非轻声两字组连调模式见表 2-1。

表 2-1　后字非轻声两字组连调模式

<table>
<tr><th>后字
前字</th><th>1 阴平 31</th><th>2 阳平 24</th><th>3 上声 53</th><th>4 去声 44</th></tr>
<tr><td rowspan="2">1 阴平 31</td><td>24+31</td><td rowspan="2">31+24</td><td rowspan="2">31+53</td><td>31+44</td></tr>
<tr><td>31+31</td><td>53+44</td></tr>
<tr><td>2 阳平 24</td><td>24+31</td><td>24+24</td><td>24+53</td><td>24+44</td></tr>
<tr><td>3 上声 53</td><td>53+31</td><td>53+24</td><td>53+53</td><td>53+44</td></tr>
<tr><td>4 去声 44</td><td>44+31</td><td>44+24</td><td>44+53</td><td>44+44</td></tr>
</table>

非叠字组后字轻声两字组连调模式见表 2-2。

表 2-2　非叠字组后字轻声两字组连调模式

<table>
<tr><th>后字
前字</th><th>1 阴平 31</th><th>2 阳平 24</th><th>3 上声 53</th><th>4 去声 44</th></tr>
<tr><td rowspan="2">1 阴平 31</td><td>31+0</td><td>31+0</td><td rowspan="2">31+0</td><td rowspan="2">53+0</td></tr>
<tr><td>53+0</td><td>53+0</td></tr>
<tr><td>2 阳平 24</td><td>31+53</td><td>31+53</td><td>31+53</td><td>31+53</td></tr>
<tr><td rowspan="3">3 上声 53</td><td rowspan="3">44+0</td><td rowspan="3">44+0</td><td>31+53</td><td>44+0</td></tr>
<tr><td>31+0</td><td rowspan="2">31+0</td></tr>
<tr><td>44+0</td></tr>
<tr><td>4 去声 44</td><td>44+0</td><td>44+0</td><td>44+0</td><td>44+0</td></tr>
</table>

第五节 单字

0001. 多 tuo31
0002. 拖 thuo31
0003. 大～小 tɑ44
0004. 锣 luo24
0005. 左 tsuo44
0006. 歌 kuo31
0007. 个一～kuo44
0008. 可 khuo53
0009. 鹅 ŋuo24
0010. 饿 ŋuo44
0011. 河 xuo24
0012. 茄 tɕhiɛ24
0013. 破 phɤ44
0014. 婆 phɤ24
0015. 磨动 mɤ24
0016. 磨名 mɤ44
0017. 躲 tuo53
0018. 螺 luo24
0019. 坐 tshuo44
0020. 锁 suo53
0021. 果 kuo53
0022. 过 kuo44
0023. 课 khuo44
0024. 火 xuo53
0025. 货 xuo44
0026. 祸 xuo44
0027. 靴 ɕyo31
0028. 把量 pɑ53
0029. 爬 phɑ24
0030. 马 mɑ53
0031. 骂 mɑ44
0032. 茶 tshɑ24
0033. 沙 sɑ31
0034. 假真～tɕiɑ53
0035. 嫁 tɕiɑ44
0036. 牙 Øiɑ24
0037. 虾 ɕiɑ31
0038. 下底～xɑ44
0039. 夏春～ɕiɑ44
0040. 哑 ȵiɑ53
0041. 姐 ȶiɛ24
0042. 借 ȶiɛ44
0043. 写 siɛ53
0044. 斜 siɛ24
0045. 谢 siɛ44
0046. 车不是棋子 tʂhɤ31
0047. 蛇 ʂɤ24
0048. 射 ʂɤ44
0049. 爷 Øiɛ24
0050. 野 Øiɛ53
0051. 夜 Øiɛ44
0052. 瓜 kuɑ31
0053. 瓦 vɑ53
0054. 花 xuɑ31
0055. 化 xuɑ44
0056. 华中～xuɑ31
0057. 谱家～，注意声母 phu53
0058. 布 pu44
0059. 铺动 phu31
0060. 簿 phu53
0061. 步 phu44
0062. 赌 tu53
0063. 土 thu53
0064. 图 thu24
0065. 杜 thu44
0066. 奴 lu24
0067. 路 lu44
0068. 租 tsu31
0069. 做 tsu44
0070. 错对～tshuo31
0071. 箍～桶，注意声母 ku31
0072. 古 ku53
0073. 苦 fu53
0074. 裤 fu44
0075. 吴 vu24
0076. 五 vu53
0077. 虎 xu53
0078. 壶 xu24
0079. 户 xu44
0080. 乌 vu31
0081. 女 ȵy53
0082. 吕 ly53
0083. 徐 ɕy24
0084. 猪 tʂʅ31
0085. 除 tʂhʅ24
0086. 初 tʂhʅ31
0087. 锄 tʂhʅ24
0088. 所 ʂuo53
0089. 书 ʂʅ31
0090. 鼠 ʂʅ53
0091. 如 ʐʅ24
0092. 举 tɕy31
0093. 锯名 tɕy44
0094. 去 tɕhi44
0095. 渠～道 tɕhy24
0096. 鱼 Øy24
0097. 许 ɕy53
0098. 余剩～，多～Øy24
0099. 府 fu53
0100. 付 fu44
0101. 父 fu44
0102. 武 vu53
0103. 雾 vu44
0104. 取 tɕhy53
0105. 柱 tʂhʅ44
0106. 住 tʂhʅ44
0107. 数动 ʂʅ53
0108. 数名 ʂʅ44
0109. 主 tʂʅ53
0110. 输 ʂʅ31
0111. 竖 ʂʅ44
0112. 树 ʂʅ44
0113. 句 tɕy44
0114. 区地～tɕhy31
0115. 遇 Øy44
0116. 雨 Øy53

0117. 芋 Øy44

0118. 裕 Øy24

0119. 胎 thæ31

0120. 台戏～thæ24

0121. 袋 tæ44

0122. 来 læ24

0123. 菜 tshæ44

0124. 财 tshæ24

0125. 该 kæ31

0126. 改 kæ53

0127. 开 khæ31

0128. 海 xæ53

0129. 爱 ŋæ44

0130. 贝 pei44

0131. 带动 tæ44

0132. 盖动 kæ44

0133. 害 xæ44

0134. 拜 pæ44

0135. 排 phæ24

0136. 埋 mæ24

0137. 戒 tɕiɛ44

0138. 摆 pæ53

0139. 派注意声调 phæ53～别/phæ44～出

0140. 牌 phæ24

0141. 买 mæ53

0142. 卖 mæ44

0143. 柴 tshæ24

0144. 晒 sæ44

0145. 街 tɕiɛ31

0146. 解～开 tɕiɛ53

0147. 鞋 xæ24

0148. 蟹注意声调 ɕiɛ31

0149. 矮 ŋæ53

0150. 败 phæ44

0151. 币 pi44

0152. 制～造 tʂʅ44

0153. 世 ʂʅ44

0154. 艺 Øi44

0155. 米 mi53

0156. 低 ȶi31

0157. 梯 ȶhi31

0158. 剃 ȶhi44

0159. 弟 ȶi44～兄/ȶhi44 兄～

0160. 递 ȶi44

0161. 泥 ȵi24

0162. 犁 li24

0163. 西 si31

0164. 洗 si53

0165. 鸡 tɕi31

0166. 溪 ɕi31

0167. 契 tɕhi31

0168. 系联～ɕi44

0169. 杯 phei31

0170. 配 phei44

0171. 赔 phei24

0172. 背～诵 pei44

0173. 煤 mei24

0174. 妹 mei44

0175. 对 tui44

0176. 雷 lui24

0177. 罪 tsui44

0178. 碎 sui44

0179. 灰 xui31

0180. 回 xui24

0181. 外 væ44

0182. 会开～xui44

0183. 怪 kuæ44

0184. 块 khuæ53

0185. 怀 xuæ24

0186. 坏 xuæ44

0187. 拐 kuæ53

0188. 挂 kuɑ44

0189. 歪注意声母 væ53

0190. 画 xuɑ44

0191. 快 khuæ44

0192. 话 xuɑ44

0193. 岁 tsui44

0194. 卫 vei24

0195. 肺 fei44

0196. 桂 kui44

0197. 碑 pi31

0198. 皮 phi24

0199. 被～子 pi44

0200. 紫 tsɿ31

0201. 刺 tshɿ44

0202. 知 tʂʅ31

0203. 池 tʂhʅ24

0204. 纸 tsɿ53

0205. 儿 Øər24

0206. 寄 tɕi44

0207. 骑 tɕhi24

0208. 蚁注意韵母 Øi31

0209. 义 Øi44

0210. 戏 ɕi44

0211. 移 Øi24

0212. 比 pi53

0213. 屁 phi44

0214. 鼻注意声调 phi24

0215. 眉 mi24

0216. 地 ȶhi44

0217. 梨 li24

0218. 资 tsɿ31

0219. 死 sɿ53

0220. 四 sɿ44

0221. 迟 tshɿ24

0222. 指 tsɿ53

0223. 师 sɿ31

0224. 二 Øər44

0225. 饥～饿 tɕi31

0226. 器 tɕhi44

0227. 姨 Øi24

0228. 李 li53

0229. 子 tsɿ53

0230. 字 tshɿ44

0231. 丝 sɿ31

0232. 祠 tshɿ24

0233. 寺 sɿ44

0234. 治 tʂʅ44

0235. 柿 sɿ44

0236. 事 sɿ44

0237. 使 sɿ53

0238. 试 sɿ44

0239. 时 sɿ24

0240. 市 sɿ44

0241. 耳 Øər53

0242. 记 tɕi44
0243. 棋 tɕhi24
0244. 喜 ɕi53
0245. 意 Øi44
0246. 几～个 tɕi53
0247. 气 tɕhi44
0248. 希 ɕi31
0249. 衣 Øi31
0250. 嘴 tsui53
0251. 随 sui24
0252. 吹 tʂhei31
0253. 垂 tʂhei24
0254. 规 khui31
0255. 亏 khui31
0256. 跪注意声调 khui44
0257. 危 vei24
0258. 类 lui53
0259. 醉 tsui44
0260. 追 tʂei31
0261. 锤 tʂhei24
0262. 水 ʂei53
0263. 龟 kui31
0264. 季 tɕi44
0265. 柜 khui44
0266. 位 vei44
0267. 飞 fei31
0268. 费 fei44
0269. 肥 fei24
0270. 尾 Øi53
0271. 味 vei44
0272. 鬼 kui53
0273. 贵 kui44
0274. 围 vei24
0275. 胃 vei44
0276. 宝 pɔ53
0277. 抱 pɔ44
0278. 毛 mɔ24
0279. 帽 mɔ44
0280. 刀 tɔ31
0281. 讨 thɔ53
0282. 桃 thɔ24
0283. 道 thɔ44
0284. 脑 lɔ53
0285. 老 lɔ53
0286. 早 tsɔ53
0287. 灶 tsɔ44
0288. 草 tshɔ53
0289. 糙注意声调 tshɔ44
0290. 造 tshɔ44
0291. 嫂 sɔ53
0292. 高 kɔ31
0293. 靠 khɔ44
0294. 熬 ŋɔ24
0295. 好～坏 xɔ53
0296. 号名 xɔ44
0297. 包 pɔ31
0298. 饱 pɔ53
0299. 炮 phɔ44
0300. 猫 mɔ24
0301. 闹 lɔ44
0302. 罩 tsɔ44
0303. 抓用手～牌 tʂɑ31
0304. 找～零钱 tsɔ53
0305. 抄 tshɔ31
0306. 交 tɕiɔ31
0307. 敲 tɕhiɔ31
0308. 孝 ɕiɔ44
0309. 校学～ɕiɔ44
0310. 表手～piɔ53
0311. 票 phiɔ44
0312. 庙 miɔ44
0313. 焦 ʈiɔ31
0314. 小 siɔ52
0315. 笑 siɔ44
0316. 朝～代 tʂhɔ24
0317. 照 tʂɔ44
0318. 烧 ʂɔ31
0319. 绕～线 ʐɔ53
0320. 桥 tɕhiɔ24
0321. 轿 tɕhiɔ44
0322. 腰 Øiɔ31
0323. 要重～Øiɔ44
0324. 摇 Øiɔ24
0325. 鸟注意声母 ȵiɔ53
0326. 钓 ʈiɔ44
0327. 条 ʈhiɔ24
0328. 料 liɔ44
0329. 箫 siɔ31
0330. 叫 tɕiɔ44
0331. 母丈～，舅～ mu53
0332. 抖 thou53
0333. 偷 thou31
0334. 头 thou24
0335. 豆 tou44
0336. 楼 lou24
0337. 走 tsou53
0338. 凑 tshou44
0339. 钩注意声母 kou31
0340. 狗 kou53
0341. 够 kou44
0342. 口 khou53
0343. 藕 ŋou53
0344. 后前～xou44
0345. 厚 xou44
0346. 富 fu44
0347. 副 fu44
0348. 浮 fu24
0349. 妇 fu44
0350. 流 liu24
0351. 酒 ʈiu53
0352. 修 siu31
0353. 袖 siu44
0354. 抽 tʂhou31
0355. 绸 tʂhou24
0356. 愁 tshou24
0357. 瘦 sou44
0358. 州 tʂou31
0359. 臭香～tʂhou44
0360. 手 ʂou53
0361. 寿 ʂou44
0362. 九 tɕiu53
0363. 球 tɕhiu24
0364. 舅 tɕiu44
0365. 旧 tɕhiu44
0366. 牛 ȵiu24
0367. 休 ɕiu31

0368. 优 Øiu31
0369. 有 Øiu53
0370. 右 Øiu44
0371. 油 Øiu24
0372. 丢 ȶiu31
0373. 幼 Øiu44
0374. 贪 thæ̃31
0375. 潭 thæ̃24
0376. 南 læ̃24
0377. 蚕 tshæ̃24
0378. 感 kæ̃53
0379. 含 ～一口水 xæ̃24
0380. 暗 ŋæ̃44
0381. 搭 tɑ31
0382. 踏注意声调 thɑ24
0383. 拉注意声调 lɑ31
0384. 杂 tsɑ24
0385. 鸽 kuo31
0386. 盒 xuo24
0387. 胆 tæ̃53
0388. 毯 thæ̃53
0389. 淡 thæ̃44
0390. 蓝 læ̃24
0391. 三 sæ̃31
0392. 甘 kæ̃31
0393. 敢 kæ̃53
0394. 喊注意声调 xæ̃53
0395. 塔 thɑ31
0396. 蜡 lɑ31
0397. 赚 tʂæ̃44
0398. 杉 ～木，注意韵母 sɑ31
0399. 减 tɕiæ̃53
0400. 咸 ～淡 xæ̃24
0401. 插 tshɑ31
0402. 闸 tsɑ44
0403. 夹 ～子 tɕiɑ31
0404. 衫 sæ̃31
0405. 监 tɕiæ̃31
0406. 岩 Øiæ̃24
0407. 甲 tɕiɑ31
0408. 鸭 Øiɑ31
0409. 黏 ～液 ʐæ̃24
0410. 尖 ȶiæ̃31
0411. 签 ～名 ȶhiæ̃31
0412. 占 ～领 tʂæ̃44
0413. 染 ʐæ̃44
0414. 钳 tɕhiæ̃24
0415. 验 Øiæ̃44
0416. 险 ɕiæ̃53
0417. 厌 Øiæ̃44
0418. 炎 Øiæ̃44
0419. 盐 Øiæ̃24
0420. 接 ȶiɛ31
0421. 折 ～叠 tʂɤ24
0422. 叶树 ～Øiɛ31
0423. 剑 tɕiæ̃44
0424. 欠 tɕhiæ̃44
0425. 严 Øiæ̃24
0426. 业 ȵiɛ31
0427. 点 ȶiæ̃52
0428. 店 ȶiæ̃44
0429. 添 ȶhiæ̃31
0430. 甜 ȶhiæ̃24
0431. 念 ȵiæ̃44
0432. 嫌 ɕiæ̃24
0433. 跌注意声调 ȶiɛ31
0434. 贴 ȶhiɛ31
0435. 碟 ȶhiɛ24
0436. 协 ɕiɛ24
0437. 犯 fæ̃44
0438. 法 fɑ31
0439. 品 phiŋ53
0440. 林 liŋ24
0441. 浸 ȶiŋ31
0442. 心 siŋ31
0443. 寻 siŋ24
0444. 沉 tʂhəŋ24
0445. 参人 ～səŋ31
0446. 针 tʂəŋ31
0447. 深 ʂəŋ31
0448. 任责 ～ʐəŋ44
0449. 金 tɕiŋ31
0450. 琴 tɕhiŋ24
0451. 音 Øiŋ31
0452. 立 li31
0453. 集 ȶhi24
0454. 习 si24
0455. 汁 tʂʅ31
0456. 十 ʂʅ24
0457. 入 ʐʅ31
0458. 急 tɕi24
0459. 及 tɕi24
0460. 吸 ɕi31
0461. 单简 ～tæ̃31
0462. 炭 thæ̃44
0463. 弹 ～琴 thæ̃24
0464. 难 ～易 læ̃24
0465. 兰 læ̃24
0466. 懒 læ̃53
0467. 烂 læ̃44
0468. 伞注意声调 sæ̃53
0469. 肝 kæ̃31
0470. 看 ～见 khæ̃44
0471. 岸 ŋæ̃44
0472. 汉 xæ̃44
0473. 汗 xæ̃44
0474. 安 ŋæ̃31
0475. 达 tɑ24
0476. 辣 lɑ31
0477. 擦 tshɑ31
0478. 割 kuo31
0479. 渴 khuo31
0480. 扮 pæ̃44
0481. 办 pæ̃44
0482. 铲 tshæ̃53
0483. 山 sæ̃31
0484. 产注意声母 tshæ̃53
0485. 间房 ～，一 ～房 tɕiæ̃31
0486. 眼 ȵiæ̃53
0487. 限 ɕiæ̃53
0488. 八 pɑ31
0489. 扎 tsɑ31
0490. 杀 sɑ31

0491. 班 pæ31
0492. 板 pæ53
0493. 慢 mæ44
0494. 奸 tɕiæ31
0495. 颜 ∅iæ24
0496. 瞎 xɑ31
0497. 变 piæ44
0498. 骗欺～ phiæ44
0499. 便方～ piæ44
0500. 棉 miæ24
0501. 面～孔 miæ44
0502. 连 liæ24
0503. 剪 ȶiæ53
0504. 浅 ȶhiæ53
0505. 钱 ȶhiæ24
0506. 鲜 siæ53
0507. 线 siæ44
0508. 缠 tʂhæ24
0509. 战 tʂæ44
0510. 扇名 ʂæ44
0511. 善 ʂæ44
0512. 件 tɕhiæ44
0513. 延 ∅iæ24
0514. 别～人 piɛ24
0515. 灭 miɛ31
0516. 列 liɛ31
0517. 撤 tʂhɤ53
0518. 舌 ʂɤ24
0519. 设 ʂɤ53
0520. 热 ʐɤ31
0521. 杰 tɕiɛ24
0522. 孽 ȵiɛ31
0523. 建 tɕiæ53
0524. 健 tɕiæ53
0525. 言 ∅iæ24
0526. 歇 ɕiɛ31
0527. 扁 piæ53
0528. 片 phiæ53
0529. 面～条 miæ44
0530. 典 ȶiæ53
0531. 天 ȶhiæ31
0532. 田 ȶhiæ24
0533. 垫 ȶhiæ44
0534. 年 ȵiæ24
0535. 莲 liæ24
0536. 前 ȶhiæ24
0537. 先 siæ31
0538. 肩 tɕiæ31
0539. 见 tɕiæ44
0540. 牵 tɕhiæ31
0541. 显 ɕiæ53
0542. 现 ɕiæ53
0543. 烟 ∅iæ31
0544. 憋 piɛ31
0545. 篾 mi24
0546. 铁 ȶhiɛ31
0547. 捏 ȵiɛ31
0548. 节 ȶiɛ31
0549. 切动 ȶhiɛ31
0550. 截 ȶhiɛ24
0551. 结 tɕiɛ31
0552. 搬 pæ31
0553. 半 pæ44
0554. 判 phæ44
0555. 盘 phæ24
0556. 满 mæ53
0557. 端～午 tæ31
0558. 短 tuæ53
0559. 断绳～了 thuæ44
0560. 暖 luæ53
0561. 乱 luæ44
0562. 酸 suæ31
0563. 算 suæ44
0564. 官 kuæ31
0565. 宽 khuæ31
0566. 欢 xuæ31
0567. 完 væ24
0568. 换 xuæ44
0569. 碗 væ53
0570. 拨 pɤ31
0571. 泼 phɤ31
0572. 末 mɤ31
0573. 脱 thuo31
0574. 夺 tuo24
0575. 阔 khuo31
0576. 活 xuo24
0577. 顽～皮，～固 væ24
0578. 滑 xuɑ24
0579. 挖 vɑ31
0580. 闩 ʂæ44
0581. 关～门 kuæ31
0582. 惯 kuæ44
0583. 还动 xuæ24
0584. 还副 xɑ24
0585. 弯 væ31
0586. 刷 ʂɑ31
0587. 刮 kuɑ31
0588. 全 tshuæ24
0589. 选 suæ53
0590. 转～眼，～送 tʂæ44
0591. 传～下来 tʂhæ24
0592. 传～记 tʂæ44
0593. 砖 tʂæ31
0594. 船 ʂæ24
0595. 软 ʐæ53
0596. 卷～起 tɕyæ53
0597. 圈圆～ tɕhyæ31
0598. 权 tɕhyæ24
0599. 圆 ∅yæ24
0600. 院 ∅yæ44
0601. 铅～笔，注意声调 tɕhiæ31
0602. 绝 tɕyɛ24
0603. 雪 ɕyɛ31
0604. 反 fæ53
0605. 翻 fæ31
0606. 饭 fæ44
0607. 晚 væ53
0608. 万麻将牌 væ44
0609. 劝 tɕhyæ44
0610. 原 ∅yæ24
0611. 冤 ∅yæ31
0612. 园 ∅yæ24
0613. 远 ∅yæ53
0614. 发头～ fɑ31
0615. 罚 fɑ24
0616. 袜 vɑ31

0617. 月 Øyɛ31
0618. 越 Øyɛ31
0619. 县 ɕiæ̃44
0620. 决 tɕyɛ24
0621. 缺 tɕhyɛ53
0622. 血 ɕiɛ31
0623. 吞 thəŋ31
0624. 根 kəŋ31
0625. 恨 xəŋ44
0626. 恩 ŋəŋ31
0627. 贫 phiŋ24
0628. 民 miŋ24
0629. 邻 liŋ24
0630. 进 ȶiŋ44
0631. 亲 ȶhiŋ31
0632. 新 siŋ31
0633. 镇 tʂəŋ44
0634. 陈 tʂhəŋ24
0635. 震 tʂəŋ44
0636. 神 ʂəŋ24
0637. 身 ʂəŋ31
0638. 辰 tʂhəŋ24
0639. 人 ʐəŋ24
0640. 认 ʐəŋ44
0641. 紧 tɕiŋ53
0642. 银 Øiŋ24
0643. 印 Øiŋ44
0644. 引 Øiŋ53
0645. 笔 pi31
0646. 匹 phi44
0647. 密 mi31
0648. 栗 li31
0649. 七 ȶhi31
0650. 侄 tʂhʅ24
0651. 虱 sei31
0652. 实 ʂʅ24
0653. 失 ʂʅ31
0654. 日 ʐʅ31
0655. 吉 tɕi31
0656. 一 Øi31
0657. 筋 tɕiŋ31
0658. 劲有～ tɕiŋ44
0659. 勤 tɕhiŋ24
0660. 近 tɕhiŋ44
0661. 隐 Øiŋ53
0662. 本 pəŋ53
0663. 盆 phəŋ24
0664. 门 məŋ24
0665. 墩 tuŋ31
0666. 嫩 lyŋ44
0667. 村 tshuŋ31
0668. 寸 tshuŋ44
0669. 蹲注意声母 tuŋ31
0670. 孙～子 suŋ31
0671. 滚 kuŋ53
0672. 困 khuŋ44
0673. 婚 xuŋ31
0674. 魂 xuŋ24
0675. 温 vəŋ31
0676. 卒棋子 tsu24
0677. 骨 ku31
0678. 轮 lyŋ24
0679. 俊注意声母 tsuŋ44
0680. 笋 suŋ53
0681. 准 tʂəŋ53
0682. 春 tʂhəŋ31
0683. 唇 ʂəŋ24
0684. 顺 ʂəŋ44
0685. 纯 tʂhəŋ24
0686. 闰 ʐəŋ44
0687. 均 tɕyŋ31
0688. 匀 Øiŋ24
0689. 律 ly31
0690. 出 tʂhʅ31
0691. 橘 tɕy31
0692. 分动 fəŋ31
0693. 粉 fəŋ53
0694. 粪 fəŋ44
0695. 坟 fəŋ24
0696. 蚊 vəŋ24
0697. 问 vəŋ44
0698. 军 tɕyŋ31
0699. 裙 tɕhyŋ24
0700. 熏 ɕyŋ31
0701. 云～彩 Øyŋ24
0702. 运 Øyŋ44
0703. 佛～像 fɤ24
0704. 物 vɤ31
0705. 帮 paŋ31
0706. 忙 maŋ24
0707. 党 taŋ53
0708. 汤 thaŋ31
0709. 糖 thaŋ24
0710. 浪 laŋ44
0711. 仓 tshaŋ31
0712. 钢 kaŋ31
0713. 糠 khaŋ31
0714. 薄形 phɤ24
0715. 摸注意声调 mɤ53
0716. 托 thuo31
0717. 落 luo31
0718. 作 tsuo31
0719. 索 suo31
0720. 各 kuo31
0721. 鹤 xuo31
0722. 恶形，入声 ŋuo31
0723. 娘 ȵia24
0724. 两斤～ liaŋ53
0725. 亮 liaŋ44
0726. 浆 ȶiaŋ31
0727. 抢 ȶhiaŋ53
0728. 匠 ȶiaŋ44～人/ȶhiaŋ44木～
0729. 想 siaŋ53
0730. 像 siaŋ44
0731. 张量 tʂaŋ31
0732. 长～短 tʂhaŋ24
0733. 装 tʂaŋ31
0734. 壮 tʂaŋ44
0735. 疮 tʂhaŋ31
0736. 床 tʂhaŋ24
0737. 霜 ʂaŋ31
0738. 章 tʂaŋ31
0739. 厂 tʂhaŋ53
0740. 唱 tʂhaŋ44
0741. 伤 ʂaŋ31
0742. 尝 ʂaŋ24
0743. 上～去 ʂaŋ44

0744. 让 ʐaŋ44
0745. 姜生～tɕiaŋ31
0746. 响 ɕiaŋ53
0747. 向 ɕiaŋ44
0748. 秧 Øiaŋ31
0749. 痒 Øiaŋ53
0750. 样 Øiaŋ44
0751. 雀注意声母 tɕhyo31
0752. 削 ɕyo31
0753. 着火～了 tʂhuo24
0754. 勺 ʂuo24
0755. 弱 ʐuo31
0756. 脚 tɕyo31
0757. 约 Øyo31
0758. 药 Øyo31
0759. 光～线 kuaŋ31
0760. 慌 xuaŋ31
0761. 黄 xuaŋ24
0762. 郭 kuo31
0763. 霍 xuo31
0764. 方 faŋ31
0765. 放 faŋ44
0766. 纺 faŋ53
0767. 房 faŋ24
0768. 防 faŋ24
0769. 网 vaŋ53
0770. 筐 khuaŋ31
0771. 狂 khuaŋ24
0772. 王 vaŋ24
0773. 旺 vaŋ44
0774. 缚 fɤ53
0775. 绑 paŋ53
0776. 胖 phaŋ44
0777. 棒 phaŋ44
0778. 桩 tʂaŋ31
0779. 撞 tʂhaŋ44
0780. 窗 tʂhaŋ31
0781. 双 ʂaŋ31
0782. 江 tɕiaŋ31
0783. 讲 tɕiaŋ53
0784. 降投～ɕiaŋ24
0785. 项 xaŋ44
0786. 剥 pɤ31
0787. 桌 tʂuo31
0788. 镯 tʂuo24
0789. 角 tɕyo31
0790. 壳 khuo31 蛋～/tɕhyo31 麦～
0791. 学 ɕyo24
0792. 握 vɤ31
0793. 朋 phəŋ24
0794. 灯 təŋ31
0795. 等 təŋ53
0796. 凳 təŋ44
0797. 藤 thəŋ31
0798. 能 ləŋ24
0799. 层 tshəŋ24
0800. 僧注意声母 səŋ31
0801. 肯 khəŋ53
0802. 北 pei31
0803. 墨 mei24
0804. 得 tei31
0805. 特 thei24
0806. 贼 tsei24
0807. 塞 sei31
0808. 刻 khei31
0809. 黑 xei31
0810. 冰 piŋ31
0811. 证 tʂəŋ44
0812. 秤 tʂhəŋ44
0813. 绳 ʂəŋ24
0814. 剩 ʂəŋ44
0815. 升 ʂəŋ31
0816. 兴高～ɕiŋ31
0817. 蝇注意声母 Øiŋ24
0818. 逼 pi31
0819. 力 li31
0820. 息 si31
0821. 直 tʂhʅ24
0822. 侧注意声母 tshei31
0823. 测 tshei31
0824. 色 sei31
0825. 织 tʂʅ31
0826. 食 ʂʅ24
0827. 式 ʂʅ31
0828. 极 tɕi24
0829. 国 kui31
0830. 或 xui24
0831. 猛 məŋ53
0832. 打注意韵母 ta53
0833. 冷 ləŋ53
0834. 生 səŋ31
0835. 省～长 səŋ53
0836. 更三～，打～ tɕiŋ31
0837. 梗注意韵母 kəŋ44
0838. 坑 khəŋ31
0839. 硬 ȵiŋ44
0840. 行～为，～走 ɕiŋ24
0841. 百 pei31
0842. 拍 phei31
0843. 白 phei24
0844. 拆 tshei31
0845. 择 tshei24
0846. 窄 tsei31
0847. 格 kei31
0848. 客 khei31
0849. 额 ŋei31
0850. 棚 phəŋ24
0851. 争 tsəŋ31
0852. 耕 kəŋ31
0853. 麦 mei31
0854. 摘 tsei31
0855. 策 tshei31
0856. 隔 kei31
0857. 兵 piŋ31
0858. 柄注意声调 piŋ53
0859. 平 phiŋ24
0860. 病 phiŋ44
0861. 明 miŋ24
0862. 命 miŋ44
0863. 镜 tɕiŋ44
0864. 庆 tɕhiŋ44

0865. 迎 Øiŋ24
0866. 影 ȵiŋ53
0867. 剧戏～ʨy44
0868. 饼 piŋ53
0869. 名 miŋ24
0870. 领 liŋ53
0871. 井 ȶiŋ53
0872. 清 ȶhiŋ31
0873. 静 ȶiŋ44
0874. 姓 siŋ44
0875. 贞 tʂəŋ31
0876. 程 tʂhəŋ24
0877. 整 tʂəŋ53
0878. 正～反 tʂəŋ44
0879. 声 ʂəŋ31
0880. 城 tʂhəŋ24
0881. 轻 ʨhiŋ31
0882. 赢 Øiŋ24
0883. 积 ȶi31
0884. 惜 siɛ31
0885. 席 si24
0886. 尺 tʂhʅ31
0887. 石 ʂʅ24
0888. 益 Øi31
0889. 瓶 phiŋ24
0890. 钉名 ȶiŋ53
0891. 顶 ȶiŋ53
0892. 厅 ȶhiŋ31
0893. 听～见，注意声调 ȶhiŋ31
0894. 停 ȶhiŋ44
0895. 挺 ȶhiŋ53
0896. 定 ȶiŋ44
0897. 零 liŋ24
0898. 青 ȶhiŋ31
0899. 星 siŋ31
0900. 经 ʨiŋ31
0901. 形 ɕiŋ24
0902. 壁 pi31
0903. 劈 phi53
0904. 踢 ȶhi31
0905. 笛 ȶhi24
0906. 历农～li31
0907. 锡 si31
0908. 击 ʨi31
0909. 吃 tʂhʅ31
0910. 横 xəŋ24
0911. 划计～xuɑ44
0912. 兄 ɕyŋ31
0913. 荣 Øyŋ24
0914. 永 Øyŋ53
0915. 营 Øiŋ24
0916. 蓬～松 phəŋ24
0917. 东 tuŋ31
0918. 懂 tuŋ53
0919. 冻 tuŋ44
0920. 通 thuŋ31
0921. 桶注意声调 thuŋ53
0922. 痛 thuŋ44
0923. 铜 thuŋ24
0924. 动 thuŋ44～弹/tuŋ44 劳～
0925. 洞 tuŋ44
0926. 聋注意声调 luŋ24
0927. 弄注意声母 luŋ44
0928. 粽 tsuŋ53
0929. 葱 tshuŋ31
0930. 送 ʂuŋ44
0931. 公 kuŋ31
0932. 孔 khuŋ53
0933. 烘～干 xuŋ31
0934. 红 xuŋ24
0935. 翁 vəŋ31
0936. 木 mu31
0937. 读 thu24
0938. 鹿 lu31
0939. 族 tshu24
0940. 谷稻～ku31
0941. 哭 fu31
0942. 屋 vu31
0943. 冬～至 tuŋ31
0944. 统注意声调 thuŋ53
0945. 脓注意声调 luŋ24
0946. 松～紧 suŋ31
0947. 宋 suŋ44
0948. 毒 thu24
0949. 风 fəŋ31
0950. 丰 fəŋ31
0951. 凤 fəŋ44
0952. 梦 məŋ44
0953. 中当～tʂhəŋ24
0954. 虫 tʂhəŋ24
0955. 终 tʂəŋ31
0956. 充 tʂhəŋ53
0957. 宫 kuŋ31
0958. 穷 ʨhyŋ24
0959. 熊注意声母 ɕyŋ24
0960. 雄注意声母 ɕyŋ24
0961. 福 fu31
0962. 服 fu24
0963. 目 mu31
0964. 六 liu31
0965. 宿住～，～舍 ɕy31
0966. 竹 tʂʅ31
0967. 畜～生 ɕy31
0968. 缩 ʂuo31
0969. 粥 tʂʅ31
0970. 叔 ʂʅ31
0971. 熟 ʂʅ24
0972. 肉 ʐou44
0973. 菊 ʨy31
0974. 育 Øy44
0975. 封 fəŋ31
0976. 蜂 fəŋ31
0977. 缝一条～fəŋ44
0978. 浓 luŋ24
0979. 龙 luŋ24
0980. 松～树，注意声调 suŋ31
0981. 重轻～tʂhəŋ44
0982. 肿 tʂəŋ53
0983. 种～树 tʂəŋ44
0984. 冲 tʂhəŋ31
0985. 恭 kuŋ31

0986. 共 kuŋ44

0987. 凶吉～ çyŋ31

0988. 拥注意声调 Øyŋ31

0989. 容 Øyŋ24

0990. 用 Øyŋ44

0991. 绿 liu31

0992. 足 tsu31

0993. 烛 tʂʅ31

0994. 赎 ʂʅ24

0995. 属 ʂʅ53

0996. 褥 ʐʅ31

0997. 曲～折，歌～ tɕhy31

0998. 局 tɕhy24

0999. 玉 Øy31

1000. 浴 Øy31

第三章 词 汇

第一节 规定词汇

一、天文、地理

（一）天文

0001. 太阳～下山了 日头爷 Øər53thou0Øiɛ0
0002. 月亮～出来了 月婆婆 Øyɛ53phɤ0phɤ0
0003. 星星 宿宿 siu53siu0
0004. 云 云 Øyŋ24
0005. 风 风 fəŋ31
0006. 台风 台风 thæ24fəŋ31
0007. 闪电名词 闪电 ʂæ̃53ʈiæ̃44
0008. 雷 呼噜爷 xu53lu0Øiɛ0
0009. 雨 雨 Øy53
0010. 下雨 下雨 ɕiɑ44Øy53
0011. 淋衣服被雨～湿了 淋 lyŋ24
0012. 晒～粮食 晒 sæ44
0013. 雪 雪 ɕyɛ31
0014. 冰 冰凌 piŋ53liŋ0
0015. 冰雹 冷子 ləŋ53tsɿ0
0016. 霜 霜 ʂɑŋ31
0017. 雾 烟雾 Øiæ̃53vu0
0018. 露 露水 lou44ʂei0
0019. 虹统称 虹 tɕiɑŋ44
0020. 日食 日食 Øər53ʂʅ0
0021. 月食 天狗吃月亮 ʈhiæ̃31kou53tʂhʅ31Øyɛ53liɑŋ0
0022. 天气 天气 ʈhiæ̃53tɕhi0
0023. 晴天～ 晴 ʈhiŋ24
0024. 阴天～ 阴 ȵiŋ31
0025. 旱天～ 旱 xæ̃44
0026. 涝天～ 涝 lɔ44
0027. 天亮 麻明子 mɑ31miŋ53tsɿ0

（二）地貌

0028. 水田 水地 ʂei53ʈhi0
0029. 旱地浇不上水的耕地 旱地 xæ̃44ʈhi0
0030. 田埂 盖塄 kæ44ləŋ0
0031. 路野外的 路 lu44
0032. 山 山 sæ̃31
0033. 山谷 山沟沟 sæ̃31kou53kou0
0034. 江大的河 大河 tɑ44xuo24
0035. 溪小的河 小河 siɔ53xuo24
0036. 水沟儿较小的水道 水沟沟 ʂei53kou53kou0
0037. 湖 湖 xu24

0038. 池塘　涝坝 lɔ44pɑ0

0039. 水坑儿地面上有积水的小洼儿　水坑坑 ʂei53khəŋ53khəŋ0

0040. 洪水　洪水 xuŋ44ʂei53

0041. 淹被水～了　水漫了 ʂei53mæ̃44liɑ0

0042. 河岸　河边 xuo31piæ̃53

0043. 坝拦河修筑拦水的　坝 pɑ44

0044. 地震　地动 ȶi44tuŋ44

0045. 窟窿小的　洞洞 tuŋ44tuŋ0

0046. 缝儿统称　罅罅 tɕhiɑ44tɕhiɑ0

（三）物象

0047. 石头统称　石头 ʂʅ31thou53

0048. 土统称　土 thu53

0049. 泥湿的　泥 ȵi24

0050. 水泥旧称　洋灰 Øiɑŋ24xui31

0051. 沙子　沙子 sɑ53tsʅ0

0052. 砖整块的　砖头 tʂæ̃53thou0

0053. 瓦整块的　瓦 vɑ53

0054. 煤　煤 mei24

0055. 煤油　煤油 mei24Øiu24

0056. 炭木炭　木炭 mu31thæ̃44

0057. 灰烧成的　灰 xui31

0058. 灰尘桌面上的　圤土 phu31thu53

0059. 火　火 xuo53

0060. 烟烧火形成的　烟 Øiæ̃31

0061. 失火　着火 tʂhuo24xuo53

0062. 水　水 ʂei53

0063. 凉水　冷水 ləŋ53ʂei53

0064. 热水如洗脸的热水，不是指喝的开水　热水 ʐɤ31ʂei53

0065. 开水喝的　开水 khæ̃31ʂei53

0066. 磁铁　吸铁石 ɕi31ȶhiɛ31ʂʅ24

二、时间、方位

（一）时间

0067. 时候吃饭的～　时节 sʅ31ȶiɛ53

0068. 什么时候　啥时节 ʂɑ44sʅ31ȶiɛ53

0069. 现在　这边 tʂæ44piæ̃0

0070. 以前十年～　前几年 ȶhiæ̃31tɕi53ȵiæ̃0

0071. 以后十年～　后几年 xou44tɕi53ȵiæ̃0

0072. 一辈子　一世 Øi31ʂʅ44

0073. 今年　今年 tɕiŋ53ȵiæ̃0

0074. 明年　过年 kuo44ȵiæ̃0

0075. 后年　后年 xou44ȵiæ̃0

0076. 去年　年时个 ȵiæ̃31sʅ53kuo0

0077. 前年　前年个 ȶhiæ̃31ȵiæ̃53kuo0

0078. 往年过去的年份　前几年 ȶhiæ̃24tɕi53ȵiæ̃0/往年 Øuɑŋ53ȵiæ̃0

0079. 年初　年头上 ȵiæ̃24thou31ʂɑŋ53

0080. 年底　年根上 ȵiæ̃24kəŋ53ʂɑŋ0

0081. 今天　今儿 tɕiŋr31/今儿个 tɕiŋr31kuo0

0082. 明天　明儿 miŋr24/明儿个 miŋr24kuo0

0083. 后天　后儿 xour53/后儿个 xour53kuo0

0084. 大后天　外后儿 væ44xour53

0085. 昨天　夜儿个 Øiɛr53kuo0

0086. 前天　前儿个 ȶhiæ̃r24kuo0

0087. 大前天　大前儿个

tɑ44ȶhiæ̃r24kuo0

0088. 整天　一天 Øi24ȶhiæ̃31

0089. 每天　天天 ȶhiæ̃31ȶhiæ̃0

0090. 早晨　赶早 kæ̃31tsɔ53

0091. 上午　吃□饭 tʂhʅ53Øɤ0fæ̃44/上半儿 ʂɑŋ44pæ̃r0

0092. 中午　晌午 ʂɑŋ31Øu0

0093. 下午　后晌 xou44ʂɑŋ0/下半儿 xɑ44pæ̃r0

0094. 傍晚　才黑下 tshæ31xei53xɑ0/黑得 xei53tei0

0095. 白天　白天 phei31ȶhiæ̃53

0096. 夜晚与白天相对，统称　黑了 xei31liɔ0

0097. 半夜　半晚上 pæ̃44væ̃53ʂɑŋ0

0098. 正月农历　正月 tʂəŋ31Øyɛ0

0099. 大年初一农历　大年初一 tɑ44ȵiæ̃24tʂhʅ24Øi31

0100. 元宵节　正月十五 tʂəŋ31Øyɛ0ʂʅ31Øu53

0101. 清明　清明 ȶhiŋ53miŋ0

0102. 端午　端午 tæ̃31Øu0

0103. 七月十五农历，节日名　七月十五 ȶhi31Øyɛ0ʂʅ31Øu53

0104. 中秋　八月十五 pɑ31Øyɛ0ʂʅ31Øu53

0105. 冬至　冬至 tuŋ31tsʅ44

0106. 腊月农历十二月　腊月 lɑ31Øyɛ0

0107. 除夕农历　年三十 ȵiæ̃24sæ̃31ʂʅ24

0108. 历书　历头 li53thou0

0109. 阴历　农历 luŋ24li31

0110. 阳历　阳历 Øiɑŋ24li31

0111. 星期天　礼拜日 li53pæ0Øər0

（二）方位

0112. 地方　地方 ȶhi44fɑŋ31

0113. 什么地方　啥地方 ʂɑ44ȶhi44fɑŋ31

0114. 家里　屋里 Øu53li0

0115. 城里　街上 tɕiɛ53ʂɑŋ0

0116. 乡下　乡里 ɕiɑŋ53li0

0117. 上面从～滚下来　上头 ʂɑŋ44thou0

0118. 下面从～爬上去　下头 xɑ44thou0

0119. 左边　外一面 væ44Øi31miæ̃0

0120. 右边　这一面 tʂæ53Øi31miæ̃0

0121. 中间排队排在～　当中 tɑŋ31tʂhəŋ24

0122. 前面排队排在～　前头 ȶhiæ̃31thou53

0123. 后面排队排在～　后头 xou44thou0

0124. 末尾排队排在～　背后 pei44xou0

0125. 对面　对面 tui44miæ̃44

0126. 面前　前面 ȶhiæ̃31miæ̃53

0127. 背后　后头 xou44thou0

0128. 里面躲在～　里头 li53thou0

0129. 外面衣服晒在～　外头 væ44thou0

0130. 旁边　旁边 phɑŋ31piæ̃53

0131. 上碗在桌子～　上 ʂɑŋ44

0132. 下凳子在桌子～　下 xɑ44

0133. 边儿桌子的～　边边 piæ̃53piæ̃0

0134. 角儿桌子的～　角角 tɕyɛ53tɕyɛ0

0135. 上去他～了　上去 ʂɑŋ44tɕhi0

0136. 下来他～了　下来 xɑ44læ0

0137. 进去他～了　进去 ȶiŋ44tɕhi0

0138. 出来他～了　出来 tʂhʅ53læ0

0139. 出去他～了　出去 tʂhʅ53tɕhi0

0140. 回来他～了　回来 xui31læ53

0141. 起来天冷～了　起来 tɕhiɛ53læ0

三、植物

（一）一般植物

0142. 树　树 ʂʅ44
0143. 木头　木头 mu53thou0
0144. 松树统称　松树 suŋ53ʂʅ0
0145. 柏树统称　柏树 pei53ʂʅ0
0146. 杉树　杉树 sɑ53ʂʅ0
0147. 柳树　柳树 liu53ʂʅ0
0148. 竹子统称　竹子 tʂʅ53tsɿ0
0149. 笋　笋 suŋ53
0150. 叶子　叶叶 Øiɛ53Øiɛ0
0151. 花　花 xuɑ31
0152. 花蕾花骨朵儿　花苞苞 xuɑ31pɔ44pɔ0
0153. 梅花　梅花 mei31xuɑ53
0154. 牡丹　牡丹 mu53tæ̃31
0155. 荷花　荷花 xuo31xuɑ53
0156. 草　草草 tshɔ53tshɔ0
0157. 藤　藤 thəŋ31
0158. 刺名词　枣子 tsɔ53tsɿ0
0159. 水果　水果 ʂei31kuo53
0160. 苹果　苹果 phiŋ31kuo53
0161. 桃子　桃儿 thɔr24
0162. 梨　梨儿 lir24
0163. 李子　梅李儿 mei31lir0
0164. 杏　杏儿 xəŋr44
0165. 橘子　橘子 tɕy53tsɿ0
0166. 柚子　柚子 Øiu44tsɿ0
0167. 柿子　柿子 sɿ44tsɿ0
0168. 石榴　石榴 ʂʅ31liu53
0169. 枣　枣儿 tsɔr53
0170. 栗子　栗子 li53tsɿ0
0171. 核桃　核桃 xuo31thɔ53
0172. 银杏白果　银杏 Øiŋ24xəŋ44
0173. 甘蔗　甘蔗 kæ̃31tʂɤ24
0174. 木耳　木耳 mu31Øər0
0175. 蘑菇野生的　蘑菇 mɤ31ku53
0176. 香菇　香菇 ɕiɑŋ31ku0

（二）农作物

0177. 稻子指植物　稻子 thɔ44tsɿ0
0178. 稻谷指籽实（脱粒后是大米）　稻谷 thɔ53ku31
0179. 稻草脱粒后的　稻草 thɔ31tshɔ0
0180. 大麦指植物　大麦 tɑ44mei31
0181. 小麦指植物　麦 mei31
0182. 麦秸脱粒后的　麦草 mei31tshɔ0
0183. 谷子指植物（籽实脱粒后是小米）　谷 ku31
0184. 高粱指植物　稻黍 thɔ31ʂʅ0
0185. 玉米指成株的植物　番麦 fæ̃31mei31
0186. 棉花指植物　棉花 miæ̃31xuɑ53
0187. 油菜油料作物，不是蔬菜　菜籽 tshæ44tsɿ0
0188. 芝麻　芝麻 tsɿ53mɑ0
0189. 向日葵指植物　向日葵 ɕiɑŋ44Øər0khui24
0190. 蚕豆　蚕豆 tshæ̃31tou53
0191. 豌豆　豌豆 væ̃53tou0
0192. 花生指果实，注意婉称　花生 xuɑ24səŋ31
0193. 黄豆　白豆 phei31tou53
0194. 绿豆　绿豆 liu53tou0

0195. 豇豆长条形的　豇豆 tɕiaŋ53tou0

0196. 大白菜东北～　白菜 phei31tshæ53

0197. 包心菜卷心菜，圆白菜，球形的　包包菜 pɔ53pɔ0tshæ44

0198. 菠菜　青菜 ȶhiŋ31tshæ44

0199. 芹菜　芹菜 tɕhiŋ31tshæ53

0200. 莴笋　笋子 suŋ44tsɿ0

0201. 韭菜　韭菜 tɕiu53tshæ0

0202. 香菜芫荽　芫荽 Øiæ̃31sui53

0203. 葱　葱 tshuŋ31

0204. 蒜　蒜 suæ̃44

0205. 姜　生姜 səŋ31tɕiaŋ31

0206. 洋葱　洋葱 Øiaŋ24tshuŋ31

0207. 辣椒统称　辣子 la53tsɿ0

0208. 茄子统称　茄子 tɕhiɛ31tsɿ53

0209. 西红柿　洋柿子 Øiaŋ24sɿ44tsɿ0

0210. 萝卜统称　萝卜 luo31phu53

0211. 胡萝卜　胡萝卜 xu31luo53phu0

0212. 黄瓜　黄瓜 xuaŋ24kua31

0213. 丝瓜无棱的　丝瓜 sɿ31kua31

0214. 南瓜扁圆形或梨形，成熟时赤褐色　北瓜 pei31kua31

0215. 荸荠　荸荠 pi31tɕi24

0216. 红薯统称　红芋 xuŋ24Øy44

0217. 马铃薯　洋芋 Øiaŋ24Øy44

0218. 芋头　芋头 Øy44thou24

0219. 山药圆柱形的　山药 sæ̃31Øyo0

0220. 藕　莲菜 liæ̃31tshæ53

四、动物

（一）一般动物

0221. 老虎　老虎 lɔ31xu0

0222. 猴子　猴 xou24

0223. 蛇统称　长虫 tʂhaŋ31tʂhəŋ53

0224. 老鼠家里的　老鼠 lɔ31ʂʅ0

0225. 蝙蝠　夜蝙蝠 Øiɛ44piɛ31fu0

0226. 鸟儿飞鸟，统称　雀儿 ȶhiɔr53

0227. 麻雀　宿宿 ɕy53ɕy0

0228. 喜鹊　野雀儿 Øiɛ53ȶhiɔr0

0229. 乌鸦　老鸹 lɔ53va0

0230. 鸽子　鹁鸽 phu31kuo53

0231. 翅膀鸟的，统称　翎膀 liŋ31paŋ53

0232. 爪子鸟的，统称　爪爪 tʂa53tʂa0

0233. 尾巴　尾巴 Øi53pha0

0234. 窝鸟的　窝 vɤ31

0235. 虫子统称　虫虫 tʂhəŋ31tʂhəŋ53

0236. 蝴蝶统称　蝴蝶 xu31ȶiɛ53

0237. 蜻蜓统称　蚂螂 ma31laŋ53

0238. 蜜蜂　蜂儿 fəŋr53

0239. 蜂蜜　蜂蜜 fəŋ31mi31

0240. 知了统称　知了 tsɿ31lɔ53

0241. 蚂蚁　蚍蜂蚂 phi31fəŋ53ma0

0242. 蚯蚓　搐蟮 tʂhʅ53ʂæ̃0

0243. 蚕　蚕儿 tshæ̃r24

0244. 蜘蛛会结网的　蛛蛛 tʂʅ53tʂʅ0

0245. 蚊子统称　蚊子 vəŋ31tsɿ53

0246. 苍蝇统称　蝇毛 Øiŋ31mɔ53

0247. 跳蚤咬人的　虼蚤 kuo31tsɔ0

0248. 虱子　虱 sei31

0249. 鱼　鱼 Øy24

0250. 鲤鱼　鲤鱼 li53Øy24

0251. 鳙鱼胖头鱼　鳙鱼 Øyŋ24Øy24

0252. 鲫鱼　鲫鱼 tɕi31Øy24

0253. 甲鱼　鳖 piɛ31

0254. 鳞鱼的　鱼鳞 Øy24liŋ24

0255. 虾统称　虾 ɕiɑ31

0256. 螃蟹统称　螃甲 phɑŋ31tɕiɑ53

0257. 青蛙统称　青蛙 ʨhiŋ31Øuɑ0

0258. 癞蛤蟆表皮多疙瘩　疥巴□ tɕiɛ44pɑ31thu0

（二）家畜、家禽

0259. 马　马 mɑ53

0260. 驴　驴 ly24

0261. 骡　骡子 luo31tsɿ53

0262. 牛　牛 ȵiu24

0263. 公牛统称　犍牛 tɕiæ̃53ȵiu0

0264. 母牛统称　乳牛 ʐʅ53ȵiu0

0265. 放牛　放牛 fɑŋ44ȵiu24

0266. 羊　羊 Øiɑŋ24

0267. 猪　唠唠 lɔ53lɔ0

0268. 种猪配种用的公猪　角猪 tɕyo31tʂʅ0

0269. 公猪成年的，已阉的　牙猪 Øiɑ31tʂʅ53

0270. 母猪成年的，未阉的　草猪 tshɔ31tʂʅ0/豨豨 tshɑ31tshɑ53

0271. 猪崽　猪娃 tʂʅ53Øuɑ0

0272. 猪圈　猪圈 tʂʅ53tɕhyæ̃0

0273. 养猪　喂猪 vei44tʂʅ31

0274. 猫　咪咪 mi44mi44

0275. 公猫　儿猫 Øər31mɔ53

0276. 母猫　咪猫 mi44mɔ0

0277. 狗统称　狗 kou53

0278. 公狗　牙狗 Øiɑ31kou53

0279. 母狗　草狗 tshɔ31kou0

0280. 叫狗～　咬 ȵiɔ53

0281. 兔子　兔 thu44

0282. 鸡　鸡 tɕi31

0283. 公鸡成年的，未阉的　鸡公 tɕi53kuŋ0

0284. 母鸡已下过蛋的　鸡婆 tɕi53phɤ0

0285. 叫公鸡～（打鸣儿）　叫鸣 tɕiɔ44miŋ24

0286. 下鸡～蛋　下 ɕiɑ44

0287. 孵～小鸡　菢鸡娃 phu53tɕi31Øuɑ0

0288. 鸭　鸭子 Øiɑ31tsɿ0

0289. 鹅　鹅 ŋuo24

0290. 阉～公的猪　择 tshei24

0291. 阉～母的猪　择 tshei24

0292. 阉～鸡　无

0293. 喂～猪　喂 vei44

0294. 杀猪统称，注意婉称　杀猪 sɑ24tʂʅ31

0295. 杀～鱼　杀 sɑ31

五、房舍、器具

（一）房舍

0296. 村庄一个～　村里 tshuŋ31li0

0297. 胡同统称：一条～　巷巷 xɑŋ53xɑŋ0

0298. 街道　街道 tɕiɛ53thɔ0

0299. 盖房子　盖房 kæ44fɑŋ24

0300. 房子整座的，不包括院子　房 fɑŋ24

0301. 屋子房子里分隔而成的，统称　屋里 vu31li0

0302. 卧室　厢房 siɑŋ53fɑŋ0

0303. 茅屋茅草等盖的　草庵子 tshɔ53ŋæ̃53tsɿ0/茅草房 mɔ24tshɔ53fɑŋ24

0304. 厨房　锅上 kuo53ʂɑŋ0/

灶房 tsɔ44faŋ0

0305. 灶统称　锅头 kuo53thou0

0306. 锅统称　锅 kuo31

0307. 饭锅煮饭的　前锅 ȶhiæ̃31kuo53

0308. 菜锅炒菜的　后锅 xou44kuo31

0309. 厕所旧式的，统称　后院 xou44Øyæ̃0

0310. 檩左右方向的　檩条 liŋ53ȶhiɔ0

0311. 柱子　柱子 tʂhʅ44tsʅ0

0312. 大门　街门 tɕiɛ53məŋ0

0313. 门槛儿　门槛 məŋ31khæ̃53

0314. 窗旧式的　窗子 tʂhaŋ31tsʅ0

0315. 梯子可移动的　梯子 ȶhi53tsʅ0

0316. 扫帚统称　扫帚 sɔ44tʂhʅ0

0317. 扫地　戳脚地 tʂhuo31tɕyo31ȶhi53

0318. 垃圾　烂东瓜 læ̃44tuŋ31kua31

（二）家具

0319. 家具统称　家具 tɕia53tɕy0

0320. 东西我的　东西 tuŋ53si0

0321. 炕土、砖砌的，睡觉用　炕 khaŋ44

0322. 床木制的，睡觉用　床 tʂhaŋ24

0323. 枕头　枕头 tʂəŋ53thou0

0324. 被子　被儿 piɛr53

0325. 棉絮　套子 thɔ44tsʅ0

0326. 床单　单子 tæ̃53tsʅ0

0327. 褥子　铺铺 phu44phu0

0328. 席子　席 si24

0329. 蚊帐　帐子 tʂaŋ44tsʅ0

0330. 桌子统称　桌桌 tʂuo31tʂuo0

0331. 柜子统称　柜柜 khui44khui0

0332. 抽屉桌子的　抽掀 tʂhou53ɕiæ̃0

0333. 案子长条形的　案板 ŋæ̃44pæ̃0

0334. 椅子统称　椅子 Øi53tsʅ0

0335. 凳子统称　板凳 pæ̃53təŋ0

0336. 马桶有盖的　尿盆 ȵiɔ44phəŋ0

（三）用具

0337. 菜刀　铡刀 tsa53tɔ31

0338. 瓢舀水的　马勺 ma53ʂuo0

0339. 缸　水瓮 ʂei53vəŋ44

0340. 坛子装酒的～　坛坛 thæ̃31thæ̃53

0341. 瓶子装酒的～　瓶瓶 phiŋ31phiŋ53

0342. 盖子杯子的～　盖盖 kæ44kæ0

0343. 碗统称　碗 væ̃53

0344. 筷子　筷子 khuæ44tsʅ0

0345. 汤匙　勺勺 ʂuo31ʂuo53

0346. 柴火统称　柴 tshæ24

0347. 火柴　洋火 Øiaŋ31xuo53

0348. 锁　锁子 suo31tsʅ0

0349. 钥匙　钥匙 Øyɛ53sʅ0

0350. 暖水瓶　电壶 ȶiæ̃44xu24

0351. 脸盆　脸盆 liæ̃53phəŋ0

0352. 洗脸水　洗脸水 si31liæ̃0ʂei53

0353. 毛巾洗脸用　羊肚手巾 Øiaŋ31tu53ʂou53tɕiŋ31

0354. 手绢　手帕 ʂou53pha31

0355. 肥皂洗衣服用　洋碱 Øiaŋ24tɕiæ̃53

0356. 梳子旧式的，不是篦子　木梳 mu53ʂʅ0

0357. 缝衣针　针 tʂəŋ31

0358. 剪子　剪子 ȶiæ̃53tsʅ0

0359. 蜡烛　蜡蜡 la53la0

0360. 手电筒　手电 ʂou53ȶiæ̃44

0361. 雨伞挡雨的，统称　伞 sæ̃53

0362. 自行车　车子 tʂhɤ53tsʅ0

六、服饰、饮食

（一）服饰

0363. 衣服统称　袄儿 ŋɔr53

0364. 穿～衣服　穿 tʂhæ̃31

0365. 脱～衣服　脱 thuo31

0366. 系～鞋带　绑 pɑŋ53

0367. 衬衫　汗褂 xæ̃44kuɑ0

0368. 背心带两条杠的，内衣　背心 pei44siŋ31

0369. 毛衣　毛衣 mɔ31Øi53

0370. 棉衣　棉袄 miæ̃31ŋɔ53

0371. 袖子　袖子 siu44tsɿ0

0372. 口袋衣服上的　兜兜 tou53tou0

0373. 裤子　裤儿 fur53

0374. 短裤外穿的　半截裤儿 pæ̃44ȶhiɛ0fur53

0375. 裤腿　裤腿 fu44thui0

0376. 帽子统称　帽子 mɔ44tsɿ0

0377. 鞋子　鞋 xæ24

0378. 袜子　袜子 vɑ53tsɿ0

0379. 围巾　围脖 Øui31pɤ53

0380. 围裙　遮腰 tʂɤ31Øiɔ0

0381. 尿布　尿片片 ȵiɔ44phiæ̃53phiæ̃0

0382. 扣子　纽子 ȵiu53tsɿ0

0383. 扣～扣子　扣 khou44

0384. 戒指　戒子 tɕiɛ44tsɿ0

0385. 手镯　镯子 tʂuo31tsɿ53

0386. 理发　剃头 ȶhi44thou24

0387. 梳头　梳帽盖 ʂʅ31mɔ44kæ0

（二）饮食

0388. 米饭　蒸饭 tʂəŋ53fæ̃0

0389. 稀饭用米熬的，统称　米汤 mi53thɑŋ31

0390. 面粉麦子磨的，统称　麦面 mei53miæ̃0

0391. 面条统称　面 miæ̃44

0392. 面儿玉米～，辣椒～　面儿 miæ̃r44

0393. 馒头无馅儿的，统称　馍馍 mɤ31mɤ53

0394. 包子　包子 pɔ53tsɿ0

0395. 饺子　煮角 tʂʅ53tɕyɛ31

0396. 馄饨　馄饨 xuŋ44tuŋ44

0397. 馅儿　馅子 ɕyæ̃44tsɿ0

0398. 油条长条形的，旧称　油条 Øiu24ȶhiɔ24

0399. 豆浆　豆浆 tou44ȶiɑŋ31

0400. 豆腐脑儿　豆花 tou44xuɑ31

0401. 元宵食品　元宵 Øyæ̃31siɔ53

0402. 粽子　粽子 tsuŋ53tsɿ0

0403. 年糕用黏性大的米或米粉做的　年糕 ȵiæ̃31kɔ53

0404. 点心统称　点心 ȶiæ̃53siŋ31

0405. 菜吃饭时吃的，统称　菜 tshæ44

0406. 干菜统称　干菜 kæ̃31tshæ44

0407. 豆腐　豆腐 tou44fu0

0408. 猪血当菜的　猪血 tʂʅ24ɕiɛ31

0409. 猪蹄当菜的　猪蹄蹄 tʂʅ31ȶhi31ȶhi53

0410. 猪舌头当菜的，注意婉称　猪舌头 tʂʅ31ʂɤ31thou53

0411. 猪肝当菜的，注意婉称　猪肝子 tʂʅ31kæ̃53tsɿ0

0412. 下水猪、牛、羊的内脏　下水

çiɑ44ʂei0
0413. 鸡蛋　鸡蛋 tçi53thæ̃0
0414. 松花蛋　变蛋 piæ̃44thæ̃44
0415. 猪油　大油 tɑ44Øiu24
0416. 香油　香油 çiɑŋ31Øiu24
0417. 酱油　酱油 ʨiɑŋ44Øiu24
0418. 盐名词　盐 Øiæ̃24
0419. 醋注意婉称　醋 tshu44
0420. 香烟　纸烟 tsɿ53Øiæ̃31
0421. 旱烟　烟叶儿 Øiæ̃24Øiɛ31Øər0
0422. 白酒　酒 ʨiu53
0423. 黄酒　黄酒 xuɑŋ31ʨiu53
0424. 江米酒酒酿，醪糟　醪糟 lɔ31tsɔ53
0425. 茶叶　茶叶 tshɑ31Øiɛ53
0426. 沏～茶　倒 tɔ44
0427. 冰棍儿　冰棍儿 piŋ31kuŋr44
0428. 做饭统称　做饭 tsu44fæ̃44
0429. 炒菜统称，和做饭相对　炒菜
tshɔ53tshæ44
0430. 煮～带壳的鸡蛋　煮 tʂʅ53
0431. 煎～鸡蛋　煎 ʨiæ̃31
0432. 炸～油条　炸 tshɑ24
0433. 蒸～鱼　蒸 tʂəŋ31
0434. 揉～面做馒头等　揉 ʐou24
0435. 擀～面，～皮儿　擀 kæ̃53
0436. 吃早饭　吃早起饭
tʂhʅ31tsɔ31tçhiɛ0fæ̃44
0437. 吃午饭　吃晌午饭
tʂhʅ31ʂɑŋ31vu0fæ̃44
0438. 吃晚饭　喝汤 xuo24thɑŋ31
0439. 吃～饭　吃 tʂhʅ31
0440. 喝～酒　喝 xuo31
0441. 喝～茶　喝 xuo31
0442. 抽～烟　吃 tʂhʅ31
0443. 盛～饭　舀 Øiɔ53
0444. 夹用筷子～菜　夹 tçiɑ31
0445. 斟～酒　倒 tɔ44
0446. 渴口～　渴 khuo31
0447. 饿肚子～　饥 tçi31
0448. 噎吃饭～着了　噎 Øiɛ31

七、身体、医疗

（一）身体

0449. 头人的，统称　□脑 tuo31lɔ53
0450. 头发　帽盖 mɔ44kæ0
0451. 辫子　毛辫子 mɔ24phiæ̃44tsɿ0
0452. 旋　旋 suæ̃24
0453. 额头　额颅 ŋei53luŋ0
0454. 相貌　面貌 miæ̃44mɔ44
0455. 脸洗～　脸 liæ̃53
0456. 眼睛　眼睛 ȵiæ̃53ʨiŋ44
0457. 眼珠统称　眼珠珠
ȵiæ̃53tʂʅ53tʂʅ0
0458. 眼泪哭的时候流出来的　眼泪
ȵiæ̃53lui0
0459. 眉毛　眉毛 mi31mɔ53
0460. 耳朵　耳朵 Øər53tuo0
0461. 鼻子　鼻子 phi31tsɿ53
0462. 鼻涕统称　鼻 phi24
0463. 擤～鼻涕　擤 siŋ53
0464. 嘴巴人的，统称　嘴 tsui53
0465. 嘴唇　嘴皮儿 tsui53phi24Øər0
0466. 口水～流出来　颔水 xæ̃31ʂei0
0467. 舌头　舌头 ʂɤ31thou53
0468. 牙齿　牙 Øiɑ24

0469. 下巴　牙叉骨 Øiɑ31tshɑ53ku31
0470. 胡子嘴周围的　胡子 xu31tsɿ53
0471. 脖子　脖浪骨 phu31lɑŋ53ku31
0472. 喉咙　喉咙眼 xu31lu53ȵiæ̃53
0473. 肩膀　胛骨 tɕiɑ31ku0
0474. 胳膊　胳膊 kuo53phɤ0
0475. 手方言指（打√）：只指手；包括臂：他的～摔断了　手 ʂou53
0476. 左手　左手 tsuo44ʂou53
0477. 右手　右手 Øiu44ʂou53
0478. 拳头　捶头 tʂhei31thou53
0479. 手指　指头 tsɿ53thou0
0480. 大拇指　大拇指头 tɑ44mu31tsɿ53thou0
0481. 食指　二拇指头 Øər44mu31tsɿ53thou0
0482. 中指　中指 tʂəŋ31tsɿ0
0483. 无名指　无名指 Øu24miŋ24tsɿ0
0484. 小拇指　碎拇指头 sui53mu31tsɿ53thou0
0485. 指甲　指甲盖 tsɿ53tɕiɑ0kæ44
0486. 腿　腿 thui53
0487. 脚方言指（打√）：只指脚；包括小腿；包括小腿和大腿：他的～轧断了　脚 tɕyo31
0488. 膝盖指部位　□膝盖 khuo53si0kæ44
0489. 背名词　脊背 ȶi53pei0
0490. 肚子腹部　肚子 thu44tsɿ0
0491. 肚脐　脖脐眼窝 phu44tɕi53ȵiæ̃53Øuo0
0492. 乳房女性的　奶头 læ53thou0
0493. 屁股　沟子蛋蛋 kou53tsɿ0thæ̃44thæ̃0
0494. 肛门　沟子 kou53tsɿ0
0495. 阴茎成人的　屌 tɕhiu24
0496. 女阴成人的　屄 phi31
0497. 肏动词　合 ʐʅ31
0498. 精液　㞞 suŋ24
0499. 来月经注意婉称　身上来了 ʂəŋ53ʂɑŋ0læ31liɑ53
0500. 拉屎　屙屎 pɑ31sɿ53
0501. 撒尿　尿尿 ȵiɔ44ȵiɔ44
0502. 放屁　放屁 fɑŋ44phi44
0503. 相当于“他妈的”的口头禅　他娘的 thɑ31ȵiɑ24ȶi0

（二）疾病、医疗

0504. 病了　不轻生 pu24tɕhiŋ31səŋ0
0505. 着凉　凉了 liɑŋ31liɑ53
0506. 咳嗽　咳嗽 khuo53sou0
0507. 发烧　烧得很 ʂɔ31ȶi0xəŋ53/发烧 fɑ24ʂɔ31
0508. 发抖　颤哩 tʂæ̃44li0
0509. 肚子疼　肚子疼 thu44tsɿ0thəŋ24
0510. 拉肚子　跑后院 phɔ24xou44Øyæ̃0
0511. 患疟疾　打摆子 tɑ31pæ53tsɿ0
0512. 中暑　中暑 tʂəŋ44ʂʅ53
0513. 肿　肿 tʂəŋ53
0514. 化脓　发了 fɑ31liɑ0
0515. 疤好了的　疤疤 pɑ53pɑ0
0516. 癣　癣 siæ̃53
0517. 痣凸起的　靥子 Øiæ̃53tsɿ0
0518. 疙瘩蚊子咬后形成的　疙瘩 kuo53tɑ0
0519. 狐臭　臭胎 tʂhou44thæ31

0520. 看病　看病 khæ̃44phiŋ44
0521. 诊脉　拉脉 lɑ24mei31
0522. 针灸　扎针 tsɑ24tʂəŋ31
0523. 打针　打针 tɑ53tʂəŋ31
0524. 打吊针　挂吊针 kuɑ44ȶiɔ44tʂəŋ31
0525. 吃药统称　喝药 xuo24Øyo31
0526. 汤药　中药 tʂəŋ31Øyo31
0527. 病轻了　轻省了 tɕhiŋ31səŋ0liɑ0

八、婚丧、信仰

（一）婚育

0528. 说媒　说媒 ʂɤ31mei24
0529. 媒人　媒婆 mei31phɤ53
0530. 相亲　遇面 Øy44miæ̃44
0531. 订婚　行礼 ɕiŋ24li53
0532. 嫁妆　陪房 phei31fɑŋ53
0533. 结婚统称　娶媳妇 tɕhy53si53fu0
0534. 娶妻子男子～，动宾　娶媳妇 tɕhy53si53fu0
0535. 出嫁女子～　出门 tʂhʅ31məŋ24
0536. 拜堂　拜天地 pæ44ȶhiæ̃53ȶhi0
0537. 新郎　新女婿 siŋ31ȵy53ɕy0
0538. 新娘子　新媳妇 siŋ31si53fu0
0539. 孕妇　怀娃婆娘 xuæ24Øuɑ44phɤ31ȵiɑŋ53
0540. 怀孕　有啥了 Øiu53ʂɑ44liɑ0
0541. 害喜妊娠反应　嫌饭 ɕiæ̃24fæ̃44
0542. 分娩　抓娃 tʂɑ31Øuɑ44
0543. 流产　小月 siɔ53Øyɛ31
0544. 双胞胎　双生子 ʂɑŋ44səŋ31tsɿ0
0545. 坐月子　坐月了 tshuo44Øyɛ31liɑ0/坐月子 tshuo44Øyɛ31tsɿ0
0546. 吃奶　吃奶 tʂhʅ31læ53
0547. 断奶　离奶 li24læ53
0548. 满月　出月 tʂhʅ24Øyɛ31
0549. 生日统称　过晬 kuo44tsui44
0550. 做寿　做好日子 tsu44xɔ53Øər31tsɿ0

（二）丧葬

0551. 死统称　完了 væ̃31liɑ53
0552. 死婉称，最常用的几种，指老人：他～了　老百年 lɔ53pei31ȵiæ̃0
0553. 自杀　寻回避 siŋ24xui31pi53
0554. 咽气　咽气 Øiæ44tɕhi44
0555. 入殓　成殓 tʂhəŋ24liæ̃44
0556. 棺材　寿材 ʂou44tshæ0
0557. 出殡　起丧 tɕhi53sɑŋ31
0558. 灵位　牌位 phæ24Øui44
0559. 坟墓单个的，老人的　墓骨堆 mu44ku31tui0
0560. 上坟　上坟 ʂɑŋ44fəŋ24
0561. 纸钱　烧纸 ʂɔ31tsɿ0

（三）信仰

0562. 老天爷　天爷 ȶhiæ̃53Øiɛ0
0563. 菩萨统称　菩萨爷 phu31sɑ53Øiɛ0
0564. 观音　观音 kuæ̃31Øiŋ0
0565. 灶神口头的叫法，其中如有方言亲属称谓要释义　灶爷 tsɔ44Øiɛ0
0566. 寺庙　庙 miɔ44
0567. 祠堂　官房 kuæ̃53fɑŋ0
0568. 和尚　和尚 xuo31ʂɑŋ53
0569. 尼姑　尼姑 ȵi31ku53
0570. 道士　道人 tɔ44ʐəŋ0
0571. 算命统称　算卦 suæ̃44kuɑ44

0572. 运气　命 miŋ44

0573. 保佑　保佑 pɔ53Øiu44

九、人品、称谓

（一）人品

0574. 人一个～　人 ʐəŋ24

0575. 男人成年的，统称　男人 læ̃31ʐəŋ53

0576. 女人三四十岁已婚的，统称　女人 ȵy53ʐəŋ0

0577. 单身汉　光棍汉 kuaŋ53kuŋ0xæ̃44

0578. 老姑娘　老姑娘 lɔ53ku31ȵiaŋ0

0579. 婴儿　月龄娃 Øyɛ53liŋ0Øuɑ0

0580. 小孩儿三四岁的，统称　碎娃娃 sui44Øuɑ31Øuɑ53

0581. 男孩儿统称：外面有个～在哭　男娃娃 læ̃24Øuɑ31Øuɑ53

0582. 女孩儿统称：外面有个～在哭　女娃娃 ȵy53Øuɑ31Øuɑ53

0583. 老人七八十岁的，统称　老人 lɔ53ʐəŋ0

0584. 亲戚统称　亲亲 ȶhiŋ53ȶhiŋ0

0585. 朋友统称　朋友 phəŋ31Øiu53

0586. 邻居统称　隔壁子 kei31pi53tsɿ0

0587. 客人　客人 khei53ʐəŋ0

0588. 农民　庄稼汉人 tʂaŋ53Øɑ0xæ̃0ʐəŋ0

0589. 商人　生意人 səŋ53Øi0ʐəŋ24

0590. 手艺人统称　匠人 ȶhiaŋ44ʐəŋ0

0591. 泥水匠　泥水匠 ȵi31ʂei53ȶhiaŋ0

0592. 木匠　木匠 mu53ȶhiaŋ0

0593. 裁缝　裁缝 tshæ31fəŋ53

0594. 理发师　待招 tæ44tʂɔ53

0595. 厨师　厨子 tʂhʅ31tsɿ53

0596. 师傅　师傅 sɿ53fu0

0597. 徒弟　徒弟 thu31ȶhi53

0598. 乞丐统称，非贬称（无统称则记成年男的）　叫花子 tɕiɔ44xuɑ31tsɿ0

0599. 妓女　烟花女 Øiæ̃31xuɑ31ȵy53

0600. 流氓　流氓 liu24maŋ24

0601. 贼　绺客 liu53khei31

0602. 瞎子统称，非贬称（无统称则记成年男的）　瞎子 xɑ53tsɿ0

0603. 聋子统称，非贬称（无统称则记成年男的）　聋耳子 luŋ24Øər53tsɿ0

0604. 哑巴统称，非贬称（无统称则记成年男的）　瓜子 kuɑ53tsɿ0

0605. 驼子统称，非贬称（无统称则记成年男的）　背锅子 pei44kuo31tsɿ0

0606. 瘸子统称，非贬称（无统称则记成年男的）　跛子 pɤ53tsɿ0

0607. 疯子统称，非贬称（无统称则记成年男的）　疯子 fəŋ53tsɿ0

0608. 傻子统称，非贬称（无统称则记成年男的）　瓜子 kuɑ53tsɿ0

0609. 笨蛋蠢的人　闷着哩 məŋ44tʂɔ0li0

（二）称谓

0610. 爷爷呼称，最通用的　爷 Øiɛ24

0611. 奶奶呼称，最通用的　婆 phɤ24

0612. 外祖父叙称　舅爷 tɕiu44Øiɛ24

0613. 外祖母叙称　舅婆 tɕiu44phɤ24

0614. 父母合称　爹娘 ȶiɛ53ȵiaŋ0

0615. 父亲叙称　爹 ȶiɛ31

0616. 母亲叙称　娘 ȵiɑ24

0617. 爸爸呼称，最通用的　爸 pɑ24

0618. 妈妈呼称，最通用的　妈 mɑ24

0619. 继父叙称　后大 xou44tɑ0

0620. 继母叙称　后妈 xou44mɑ0

0621. 岳父叙称　姨夫 Øi31fu53

0622. 岳母叙称　姨 Øi24

0623. 公公叙称　阿公 Øɑ31kuŋ0

0624. 婆婆叙称　婆婆 phɤ31phɤ53

0625. 伯父呼称，统称　伯 pei24

0626. 伯母呼称，统称　大大 tɑ44tɑ0

0627. 叔父呼称，统称　爸爸 pɑ31pɑ53

0628. 叔父呼称，排行最小的，如“幺叔”　碎爸 sui44pɑ24

0629. 叔母呼称，统称　娘娘 ȵiɑ31ȵiɑ53

0630. 姑呼称，统称（无统称则记分称：比父大，比父小；已婚，未婚）　姑 ku24

0631. 姑父呼称，统称　姑父 ku53fu0

0632. 舅舅呼称　舅 ȶçiu44

0633. 舅妈呼称　妗子 ȶçhiŋ44tsɿ0

0634. 姨呼称，统称（无统称则记分称：比母大，比母小；已婚，未婚）　姨 Øi24

0635. 姨父呼称，统称　姨父 Øi31fu53

0636. 弟兄合称　弟兄们 ȶi44çyŋ31mu0

0637. 姊妹合称，注明是否可包括男性　姊妹们包括男性 tsɿ53mei0mu0

0638. 哥哥呼称，统称　哥 kuo24

0639. 嫂子呼称，统称　新姐 siŋ31ȶiɛ53

0640. 弟弟叙称　兄弟 çyŋ53ȶhi0

0641. 弟媳叙称　兄弟媳妇 çyŋ53ȶhi0si53fu0

0642. 姐姐呼称，统称　姐 ȶiɛ53

0643. 姐夫呼称　姐夫 ȶiɛ53fu0

0644. 妹妹叙称　妹子 mei44tsɿ0

0645. 妹夫叙称　妹夫 mei44fu0

0646. 堂兄弟叙称，统称　伯叔弟兄 pei31ʂʅ0ȶi44çyŋ31

0647. 表兄弟叙称，统称　表兄弟 piɔ53çyŋ31ȶi44

0648. 妯娌弟兄妻子的合称　先后们 siæ44xou0mu0

0649. 连襟姊妹丈夫的关系，叙称　两挑担 liɑŋ53ȶhiɔ53tæ0

0650. 儿子叙称：我的～　儿 Øər24

0651. 儿媳妇叙称：我的～　儿媳妇 Øər24si53fu0

0652. 女儿叙称：我的～　女子 ȵy53tsɿ0

0653. 女婿叙称：我的～　女婿 ȵy53çy0

0654. 孙子儿子之子　孙子 suŋ31tsɿ0

0655. 重孙子儿子之孙　重孙子 tʂhəŋ31suŋ53tsɿ0

0656. 侄子弟兄之子　侄儿 tʂhʅr24

0657. 外甥姐妹之子　外甥 væ44səŋ31

0658. 外孙女儿之子　外孙 væ44suŋ31

0659. 夫妻合称　两口子 liɑŋ31khou0tsɿ0

0660. 丈夫叙称，最通用的，非贬称：她的～　男人 læ31ʐəŋ53

0661. 妻子叙称，最通用的，非贬称：他的～　媳妇 si53fu0

0662. 名字　名字 miŋ31tsɿ53

0663. 绰号　吆号 Øiɔ31xɔ0/外号 væ44xɔ44

十、农、工、商、文

（一）农业

0664. 干活儿统称：在地里～　做活 tsu44xuo24

0665. 事情一件～　事 sɿ44

0666. 插秧　栽稻子 tsæ31thɔ44tsɿ0

0667. 割稻　割稻子 kuo31thɔ44tsɿ0

0668. 种菜　种菜 tʂəŋ44tshæ44

0669. 犁名词　犁 li24

0670. 锄头　锄 tʂhɿ24

0671. 镰刀　肘肘 tʂou53tʂou0

0672. 把儿刀～　把把 pɑ44pɑ0

0673. 扁担　担 tæ̃44

0674. 箩筐　箩斗 luo24tou53

0675. 筛子统称　筛子 sæ53tsɿ0

0676. 簸箕农具，有梁的　抄箕 tshɔ31tɕi0

0677. 簸箕簸米用　簸箕 pɤ44tɕi0

0678. 独轮车　推车 thui31tʂhɤ31

0679. 轮子旧式的，如独轮车上的　轮轮 lyŋ31lyŋ53

0680. 碓整体　碓窝 tui44Øuo31

0681. 臼　拐磨 kuæ53mɤ0

0682. 磨名词　磨 mɤ44

0683. 年成　年升 ȵiæ̃31ʂəŋ53

（二）工商业

0684. 走江湖统称　闯江湖 tʂhɑŋ53tɕiɑŋ53xu0

0685. 打工　做活去呀 tsu44xuo24tɕhi53Øiɑ0

0686. 斧子　斧头 fu53thou0

0687. 钳子　钳子 tɕhiæ̃31tsɿ53

0688. 螺丝刀　起子 tɕhi53tsɿ0

0689. 锤子　锤锤 tʂhei31tʂhei53

0690. 钉子　钉子 ʈiŋ53tsɿ0/钉钉 ʈiŋ53ʈiŋ0

0691. 绳子　绳 ʂəŋ24

0692. 棍子　棍 kuŋ44

0693. 做买卖　做生意 tsu44səŋ53Øi0

0694. 商店　铺子 phu44tsɿ0

0695. 饭馆　馆子 kuæ̃53tsɿ0

0696. 旅馆旧称　店房 ʈiæ̃44fɑŋ0

0697. 贵　贵 kui44

0698. 便宜　贱 ʈhiæ̃44

0699. 合算　划得来 xuɑ31tei53læ24

0700. 折扣　打折 tɑ53tʂɤ31

0701. 亏本　亏了 khui31liɑ0

0702. 钱统称　票子 phiɔ44tsɿ0

0703. 零钱　零钱 liŋ24ʈhiæ̃24

0704. 硬币　分分圆 fəŋ31fəŋ0Øyæ̃24

0705. 本钱　本钱 pəŋ53ʈhiæ̃0

0706. 工钱　工钱 kuŋ53ʈhiæ̃0

0707. 路费　盘缠 phæ̃31tʂhæ̃53

0708. 花～钱　花 xuɑ31

0709. 赚卖一斤能～一毛钱　赚 tʂæ̃44

0710. 挣打工～了一千块钱　挣 tsəŋ44

0711. 欠～他十块钱　欠 tɕhiæ̃44

0712. 算盘　盘子 phæ̃31tsɿ53

0713. 秤统称　秤 tʂhəŋ44

0714. 称用杆秤～　志 tsɿ44

0715. 赶集　跟集 kəŋ31ʈhi24

0716. 集市　集上 ʈhi31ʂɑŋ53

0717. 庙会　庙会 miɔ44xui44

（三）文化、娱乐

0718. 学校　书房 ʂɿ53fɑŋ0

0719. 教室　学堂 ɕyɛ31thɑŋ53

0720. 上学　念书 ȵiæ̃44ʂɿ31

0721. 放学　下学 xɑ44ɕyɛ24

0722. 考试　考试 khɔ53sɿ44

0723. 书包　书包 ʂʅ31pɔ0

0724. 本子　本子 pəŋ53tsɿ0

0725. 铅笔　铅笔 tɕhiæ̃24pi31

0726. 钢笔　水笔 ʂei53pi31

0727. 圆珠笔　油笔 Øiu24pi31

0728. 毛笔　毛笔 mɔ24pi31

0729. 墨　墨 mei24

0730. 砚台　砚台 Øiæ̃44thæ0

0731. 信一封～　信 siŋ44

0732. 连环画　小人书 siɔ53ʐəŋ24ʂʅ31

0733. 捉迷藏　藏马马猴
ȶhiaŋ24ma44ma44xou24

0734. 跳绳　跳绳 ȶhiɔ24ʂəŋ24

0735. 毽子　毽子 tɕiæ̃44tsɿ0

0736. 风筝　风筝 fəŋ31tsəŋ0

0737. 舞狮　耍狮子 ʂa53sɿ53tsɿ0

0738. 鞭炮统称　碎炮 sui44phɔ44

0739. 唱歌　唱歌 tʂhaŋ44kuo31

0740. 演戏　唱戏 tʂhaŋ44ɕi44

0741. 锣鼓统称　锣鼓家什
luo31ku53tɕia53sɿ0

0742. 二胡　胡胡 xu31xu53

0743. 笛子　笛 ȶhi24

0744. 划拳　划拳 xua31tɕhyæ̃24

0745. 下棋　下棋 ɕia44tɕhi24

0746. 打扑克　打牌 ta53phæ24

0747. 打麻将　打麻将 ta53ma24ȶiaŋ44

0748. 变魔术　耍把戏 ʂa53pa53ɕi0

0749. 讲故事　讲古今 tɕiaŋ53ku53tɕiŋ31

0750. 猜谜语　猜谜 tshæ53mi24

0751. 玩儿游玩：到城里～　耍 ʂa53

0752. 串门儿　游门子 Øiu24məŋ31tsɿ53

0753. 走亲戚　游亲戚 Øiu24ȶhiŋ31ȶhi0

十一、动作、行为

（一）具体动作

0754. 看～电视　看 khæ̃44

0755. 听用耳朵～　听 ȶhiŋ31

0756. 闻嗅：用鼻子～　闻 vəŋ24

0757. 吸～气　吸 ɕi31

0758. 睁～眼　睁 tsəŋ31

0759. 闭～眼　闭 pi44

0760. 眨～眼　眨 tsæ̃31

0761. 张～嘴　张 tʂaŋ31

0762. 闭～嘴　闭 pi44

0763. 咬狗～人　咬 ȵiɔ53

0764. 嚼把肉～碎　嚼 tɕhyɛ24

0765. 咽～下去　咽 Øiæ̃44

0766. 舔人用舌头　舔 ȶhiæ̃53

0767. 含～在嘴里　噙 tɕhiŋ24

0768. 亲嘴　咇嘴 paŋ31tsui53

0769. 吮吸用嘴唇聚拢吸取液体，如吃奶时
咂 tsa31

0770. 吐上声，把果核儿～掉　唾 thuo44

0771. 吐去声，呕吐：喝酒喝～了
吐 thu53

0772. 打喷嚏　打喷嚏 ta53phəŋ44ȶhi0

0773. 拿用手把苹果～过来　取来
tɕhy53læ0

0774. 给他～我一个苹果　给 kei53

0775. 摸～头　揣 tʂhæ53

0776. 伸～手　展 tʂæ̃53

0777. 挠～痒痒　搔 tsɔ31

0778. 掐用拇指和食指的指甲～皮肉
拧 ȵiŋ24

0779. 拧～螺丝　上 ʂɑŋ44/扭 ȵiu53
0780. 拧～毛巾　扭 ȵiu53
0781. 捻用拇指和食指来回～碎　搓 tshuo31
0782. 掰把橘子～开，把馒头～开　掰 pei31
0783. 剥～花生　剥 pɔ31
0784. 撕把纸～了　扯 tʂhɤ53
0785. 折把树枝～断　折 tʂɤ31
0786. 拔～萝卜　拔 phɑ24
0787. 摘～花　摘 tsei31
0788. 站站立：～起来　立 li31
0789. 倚斜靠：～在墙上　靠 khɔ44
0790. 蹲～下　蹴 ʈiu44
0791. 坐～下　坐 tshuo44
0792. 跳青蛙～起来　跳 ʈhiɔ24
0793. 迈跨过高物：从门槛上～过去　跷 tɕhiɔ31
0794. 踩脚～在牛粪上　踏 thɑ24
0795. 翘～腿　担 tæ̃31
0796. 弯～腰　圈 tɕhyæ̃31
0797. 挺～胸　挺 ʈhiŋ53
0798. 趴～着睡　趴 phɑ24
0799. 爬小孩儿在地上～　爬 phɑ24
0800. 走慢慢儿～　走 tsou53
0801. 跑慢慢儿走，别～　跑 phɔ53
0802. 逃逃跑：小偷儿～走了　跑 phɔ24
0803. 追追赶：～小偷儿　撵 ȵiæ̃53
0804. 抓～小偷儿　拉住 lɑ53tʂhʅ0
0805. 抱把小孩儿～在怀里　抱 phu44
0806. 背～孩子　背 pei31
0807. 搀～老人　搀 tshæ̃31
0808. 推几个人一起～汽车　揭 ʨiɛ31
0809. 摔跌：小孩儿～倒了　跌倒 ʈiɛ31tɔ0
0810. 撞人～到电线杆　碰 phəŋ44
0811. 挡你～住我了，我看不见　堵 tu53
0812. 躲躲藏：他～在床底下　藏 ʈhiɑŋ24
0813. 藏藏放，收藏：钱～在枕头下面　藏 tshɑŋ24
0814. 放把碗～在桌子上　架 tɕhiɑ44
0815. 摞把砖～起来　摞 luo44
0816. 埋～在地下　埋 mæ24
0817. 盖把茶杯～上　盖 kæ44
0818. 压用石头～住　压 ȵiɑ44
0819. 摁用手指按：～图钉　压住 ȵiɑ44tʂhʅ0
0820. 捅用棍子～鸟窝　戳 tʂhuo31
0821. 插把香～到香炉里　插 tshɑ31
0822. 戳～个洞　戳 tʂhuo31
0823. 砍～树　伐 fɑ24
0824. 剁把肉～碎做馅儿　斫 tsɑ53
0825. 削～苹果　削 ɕyɛ31
0826. 裂木板～开了　迸 piɛ44
0827. 皱皮～起来　□tʂhʅ31
0828. 腐烂死鱼～了　臭 tʂhou44
0829. 擦用毛巾～手　擦 tshɑ31
0830. 倒把碗里的剩饭～掉　倒 tɔ44
0831. 扔丢弃：这个东西坏了，～了它　着 tʂɔ24
0832. 扔投掷：比一比谁～得远　撇 phiɛ31
0833. 掉掉落，坠落：树上～下一个梨　滚 kuŋ53
0834. 滴水～下来　滴 ʈiɛ31
0835. 丢丢失：钥匙～了　遗 Øi24

0836. 找寻找：钥匙～到　寻 siŋ24

0837. 捡～到十块钱　拾 ʂʅ24

0838. 提用手把篮子～起来　提 ʈhi24

0839. 挑～担　担 tæ̃31

0840. 扛把锄头～在肩上　掮 tɕhiɛ24

0841. 抬～轿　抬 thæ24

0842. 举～旗子　打 tɑ53

0843. 撑～伞　打 tɑ53

0844. 撬把门～开　别 phiɛ24

0845. 挑挑选，选择：你自己～一个　挑 ʈhiɔ31

0846. 收拾～东西　拾掇 ʂʅ31tuo53

0847. 挽～袖子　缏 piæ̃53

0848. 涮把杯子～一下　涮 ʂæ̃44

0849. 洗～衣服　洗 si53

0850. 捞～鱼　捞 lɔ24

0851. 拴～牛　拴 ʂæ̃31

0852. 捆～起来　绑 pɑŋ53

0853. 解～绳子　解 tɕiɛ53

0854. 挪～桌子　挪 luo24

0855. 端～碗　端 tuæ̃31

0856. 摔碗～碎了　绊 pæ̃44

0857. 掺～水　掺 tshæ̃31

0858. 烧～柴　烧 ʂɔ31

0859. 拆～房子　拆 tshei31

0860. 转～圈儿　转 tʂæ̃44

0861. 捶用拳头～　打 tɑ53

0862. 打统称：他～了我一下　打 tɑ53

0863. 打架动手：两个人在～　打捶 tɑ53tʂhei24

0864. 休息　歇嘎 ɕiɛ53kɑ0

0865. 打哈欠　打哈欠 tɑ53xuo53ɕiæ̃0

0866. 打瞌睡　丢盹 ʈiu31tuŋ53

0867. 睡他已经～了　睡 ʂei44

0868. 打呼噜　打颔水 tɑ53xæ̃44ʂei0

0869. 做梦　做梦 tsu44məŋ44

0870. 起床　起来 tɕhi53læ0

0871. 刷牙　刷牙 ʂɑ31Øiɑ24

0872. 洗澡　洗澡 si53tsɔ53

（二）抽象动作

0873. 想思索：让我～～一下　想 siɑŋ53

0874. 想想念：我很～他　想 siɑŋ53

0875. 打算我～开个店　盘算 phæ̃31suæ̃53

0876. 记得　记得 tɕi44tei0

0877. 忘记　忘了 Øuɑŋ44liɑ0

0878. 怕害怕：你别～　怕 phɑ44

0879. 相信我～你　相信 siɑŋ31siŋ44

0880. 发愁　愁的 tshou31ʈi53

0881. 小心过马路要～　小心 siɔ53siŋ31

0882. 喜欢～看电视　喜欢 ɕi53xuæ̃31

0883. 讨厌～这个人　讨厌 thɔ53Øiæ̃44

0884. 舒服凉风吹来很～　嵌活 tɕhiæ̃44xuo0

0885. 难受生理的　不轻生 pu24tɕhiŋ31səŋ0

0886. 难过心理的　难过 læ̃24kuo44

0887. 高兴　高兴 kɔ31ɕiŋ44

0888. 生气　着气 tʂhuo24tɕhi44

0889. 责怪　责怪 tsei31kuæ44

0890. 后悔　后悔 xou44xui0

0891. 忌妒　眼热 ȵiæ̃31ʐɤ31

0892. 害羞　□ ʂəŋ24

0893. 丢脸　丢人 ʈiu31ʐəŋ24

0894. 欺负　欺负 tɕhi53fu0

0895. 装～病　装 tʂɑŋ31
0896. 疼～小孩儿　爱 ŋæ44
0897. 要我～这个　要 Øiɔ44
0898. 有我～一个孩子　有 Øiu53
0899. 没有他～孩子　没有 mɤ31Øiu53
0900. 是我～老师　是 sɿ44
0901. 不是他～老师　不是 pu31sɿ44
0902. 在他～家　到 tɔ44
0903. 不在他～家　没到 mɤ31tɔ44
0904. 知道我～这件事　知道 tʂʅ53tɔ0
0905. 不知道我～这件事　不知道 pu31tʂʅ53tɔ0
0906. 懂我～英语　会 xui44
0907. 不懂我～英语　不懂 pu31tuŋ53
0908. 会我～开车　会 xui44
0909. 不会我～开车　不会 pu31xui44
0910. 认识我～他　认得 ʐəŋ44tei0
0911. 不认识我～他　认不得 ʐəŋ44pu31tei0
0912. 行应答语　能成 ləŋ24tʂhəŋ24
0913. 不行应答语　不行 pu31ɕiŋ24
0914. 肯～来　肯 khəŋ53
0915. 应该～去　该 kæ31
0916. 可以～去　能 ləŋ24

（三）言语

0917. 说～话　说 ʂɤ31
0918. 话说～　话 xuɑ44
0919. 聊天儿　谝闲传 phiæ̃53xæ̃24tʂhæ̃24
0920. 叫～他一声儿　叫 tɕiɔ44
0921. 吆喝大声喊　吆喝 Øiɔ31xuo0
0922. 哭小孩儿～　叫唤 tɕiɔ44xuæ̃0
0923. 骂当面～人　骂 mɑ44
0924. 吵架动嘴：两个人在～　骂仗 mɑ44tʂɑŋ44
0925. 骗～人　哄 xuŋ53
0926. 哄～小孩儿　哄 xuŋ53
0927. 撒谎　撇白 phiɛ31phei24
0928. 吹牛　吹牛 tʂhei31ȵiu24
0929. 拍马屁　舔沟子 ʈhiæ̃53kou31tsɿ0
0930. 开玩笑　说笑 ʂɤ31siɔ44
0931. 告诉～他　告诉 kɔ44su44
0932. 谢谢致谢语　谢谢 siɛ44siɛ44
0933. 对不起致歉语　对不起 tui44pu31tɕhiɛ53
0934. 再见告别语　走了 tsou53liɑ0

十二、性质、状态

（一）形貌

0935. 大苹果～　大 tɑ44
0936. 小苹果～　碎 sui44
0937. 粗绳子～　奘 tʂɑŋ44
0938. 细绳子～　细 si44
0939. 长线～　长 tʂhɑŋ24
0940. 短线～　短 tuæ̃53
0941. 长时间～　长 tʂhɑŋ24
0942. 短时间～　短 tuæ̃53
0943. 宽路～　宽 khuæ̃31
0944. 宽敞房子～　宽展 khuæ̃31tʂæ̃0
0945. 窄路～　窄 tsei31
0946. 高飞机飞得～　高 kɔ31
0947. 低鸟飞得～　低 ʈi31
0948. 高他比我～　高 kɔ31
0949. 矮他比我～　低 ʈi31
0950. 远路～　远 Øyæ̃53

0951. 近路～　近 tɕhiŋ44
0952. 深水～　深 ʂəŋ31
0953. 浅水～　浅 ȶhiæ53
0954. 清水～　清 ȶhiŋ31
0955. 浑水～　浑 xuŋ44
0956. 圆　圆 Øyæ24
0957. 扁　扁 piæ53
0958. 方　方 faŋ31
0959. 尖　尖 ȶiæ31
0960. 平　平 phiŋ24
0961. 肥～肉　肥 fei24
0962. 瘦～肉　瘦 sou44
0963. 肥形容猪等动物　肥 fei24
0964. 胖形容人　胖 phaŋ44
0965. 瘦形容人、动物　瘦 sou44
0966. 黑黑板的颜色　黑 xei31
0967. 白雪的颜色　白 phei24
0968. 红国旗的主颜色，统称　红 xuŋ24
0969. 黄国旗上五星的颜色　黄 xuaŋ24
0970. 蓝蓝天的颜色　蓝 læ24
0971. 绿绿叶的颜色　绿 liu31
0972. 紫紫药水的颜色　紫 tsɿ31
0973. 灰草木灰的颜色　灰 xui31

（二）状态

0974. 多东西～　多 tuo31
0975. 少东西～　少 ʂɔ53
0976. 重担子～　重 tʂhəŋ44
0977. 轻担子～　轻 tɕhiŋ31
0978. 直线～　端 tuæ31
0979. 陡坡～，楼梯～　陡 tou53
0980. 弯弯曲：这条路是～的　弯 væ31
0981. 歪帽子戴～了　偏 phiæ31
0982. 厚木板～　厚 xou44
0983. 薄木板～　薄 phɤ24
0984. 稠稀饭～　稠 tʂhou24
0985. 稀稀饭～　稀 ɕi31
0986. 密菜种得～　稠 tʂhou24
0987. 稀稀疏：菜种得～　稀 ɕi31
0988. 亮指光线，明亮　亮 liaŋ44
0989. 黑指光线，完全看不见　黑 xei31
0990. 热天气　热 ʐɤ31
0991. 暖和天气　暖和 luæ53xuo0
0992. 凉天气　凉 liaŋ24
0993. 冷天气　冷 ləŋ53
0994. 热水　热 ʐɤ31
0995. 凉水　凉 liaŋ24
0996. 干干燥：衣服晒～了　干 kæ31
0997. 湿潮湿：衣服淋～了　湿 ʂʅ31
0998. 干净衣服～　净 ȶhiŋ44
0999. 脏肮脏，不干净，统称：衣服～　脏 tsaŋ31
1000. 快锋利：刀子～　利 li44
1001. 钝刀子～　老 lɔ53
1002. 快坐车比走路～　快 khuæ44
1003. 慢走路比坐车～　慢 mæ44
1004. 早来得～　早 tsɔ53
1005. 晚来～了　迟 tshɿ24
1006. 晚天色～　黑 xei31
1007. 松捆得～　松 suŋ31
1008. 紧捆得～　紧 tɕiŋ53
1009. 容易这道题～　容易 Øyŋ31Øi53
1010. 难这道题～　难 læ24
1011. 新衣服～　新 siŋ31
1012. 旧衣服～　旧 tɕhiu44
1013. 老人～　老 lɔ53

1014. 年轻人～ 年轻 ȵiæ̃24tɕhiŋ31
1015. 软糖～ 软 ʐæ̃53
1016. 硬骨头～ 硬 ȵiŋ44
1017. 烂肉煮得～ 烂 læ̃44
1018. 煳饭烧～了 烧着 ʂɔ31tʂhuo24
1019. 结实家具～ 牢 lɔ24
1020. 破衣服～ 烂 læ̃44
1021. 富他家很～ 有钱 Øiu53ȶhiæ̃24
1022. 穷他家很～ 穷 tɕhyŋ24
1023. 忙最近很～ 忙 mɑŋ24
1024. 闲最近比较～ 闲 xæ̃24
1025. 累走路走得很～ 乏 fɑ24
1026. 疼摔～了 疼 thəŋ24
1027. 痒皮肤～ 咬 ȵiɔ53
1028. 热闹看戏的地方很～ 热闹 ʐɤ53lɔ0
1029. 熟悉这个地方我很～ 熟 ʂʅ24
1030. 陌生这个地方我很～ 生 səŋ31
1031. 味道尝尝～ 味道 vei44tɔ0
1032. 气味闻闻～ 气气 tɕhi44tɕhi0
1033. 咸菜～ 咸 xæ̃24
1034. 淡菜～ 甜 ȶhiæ̃24
1035. 酸 酸 suæ̃31
1036. 甜 甜 ȶhiæ̃24
1037. 苦 苦 fu53
1038. 辣 辣 lɑ31
1039. 鲜鱼汤～ 鲜 siæ̃53
1040. 香 爨 tshuæ̃44
1041. 臭 臭 tʂhou44
1042. 馊饭～ 闷气 məŋ44tɕhi0
1043. 腥鱼～ 腥 siŋ31

（三）品性

1044. 好人～ 好 xɔ53
1045. 坏人～ 瞎 xɑ31
1046. 差东西质量～ 差 tshɑ31
1047. 对账算～了 对 tui44
1048. 错账算～了 错 tshuo31
1049. 漂亮形容年轻女性的长相：她很～ 俊 tsuŋ44/漂 phiɔ31
1050. 丑形容人的长相：猪八戒很～ 难看 læ̃24khæ̃44
1051. 勤快 勤苦 tɕhiŋ31fu53
1052. 懒 懒 læ̃53
1053. 乖 乖 kuæ53
1054. 顽皮 皮缠 phi31tʂhæ̃53
1055. 老实 老实 lɔ53ʂʅ0
1056. 傻痴呆 冷着哩 ləŋ53tʂɔ0li0
1057. 笨蠢 懵 məŋ44
1058. 大方不吝啬 大气 tɑ44tɕhi44
1059. 小气吝啬 啬 sei31
1060. 直爽性格～ □□ liɛ31tʂɤ53
1061. 犟脾气～ 犟的 tɕhiɑŋ44ȶi0

十三、数量

（一）数字

1062. 一～二三四五……，下同 一 Øi31
1063. 二 二 Øər44
1064. 三 三 sæ̃31
1065. 四 四 sʅ44
1066. 五 五 vu53
1067. 六 六 liu31
1068. 七 七 ȶhi31
1069. 八 八 pɑ31
1070. 九 九 tɕiu53
1071. 十 十 ʂʅ24

1072. 二十有无合音　二十 Øər44ʂʅ0
1073. 三十有无合音　三十 sæ̃53ʂʅ0
1074. 一百　一百 Øi24pei31
1075. 一千　一千 Øi24ȶhiæ̃31
1076. 一万　一万 Øi31væ̃44
1077. 一百零五　一百零五
Øi31pei31liŋ24vu53
1078. 一百五十　百五 pei31vu53
1079. 第一～，第二　第一 ȶi44Øi31
1080. 二两重量　二两 Øər44liɑŋ31
1081. 几个你有～孩子？　几个
tɕi53kuo0
1082. 俩你们～　俩 liɑŋ53
1083. 仨你们～　三个 sæ̃31kuo0
1084. 个把　个把 kuo44pɑ0

（二）量词

1085. 个一～人　个 kuo44
1086. 匹一～马　个 kuo44
1087. 头一～牛　个 kuo44
1088. 头一～猪　个 kuo44
1089. 只一～狗　个 kuo44
1090. 只一～鸡　个 kuo44
1091. 只一～蚊子　只 tʂʅ31
1092. 条一～鱼　条 ȶhiɔ24
1093. 条一～蛇　条 ȶhiɔ24
1094. 张一～嘴　张 tʂɑŋ31
1095. 张一～桌子　张 tʂɑŋ31
1096. 床一～被子　床 tʂhuɑŋ31
1097. 领一～席子　张 tʂɑŋ31
1098. 双一～鞋　双 ʂuɑŋ31
1099. 把一～刀　把 pɑ53
1100. 把一～锁　把 pɑ53
1101. 根一～绳子　根 kəŋ31
1102. 支一～毛笔　个 kuo44
1103. 副一～眼镜　副 fu44
1104. 面一～镜子　个 kuo44
1105. 块一～香皂　个 kuo44
1106. 辆一～车　个 kuo44
1107. 座一～房子　个 kuo44
1108. 座一～桥　座 tshuo44
1109. 条一～河　条 ȶhiɔ24
1110. 条一～路　条 ȶhiɔ24
1111. 棵一～树　个 kuo44
1112. 朵一～花　朵 tuo53
1113. 颗一～珠子　个 kuo44
1114. 粒一～米　粒 li44
1115. 顿一～饭　顿 tuŋ44
1116. 剂一～中药　服 fu44
1117. 股一～香味　股 ku53
1118. 行一～字　行 xɑŋ24
1119. 块一～钱　块 khuæ53
1120. 毛角：一～钱　毛 mɔ24
1121. 件一～事情　件 tɕhiæ̃44
1122. 点儿一～东西　点 ȶiæ̃53
1123. 些一～东西　些 siɛ31
1124. 下打一～，动量，不是时量　下 xɑ44
1125. 会儿坐了一～　阵阵 tʂəŋ44tʂəŋ0
1126. 顿打一～　顿 tuŋ44
1127. 阵下了一～雨　下下 xɑ44xɑ0
1128. 趟去了一～　回 xui31

十四、代词、副词、介词、连词

（一）代词

1129. 我～姓王　我 ŋuo53

1130. 你～也姓王　你 ȵi53
1131. 您尊称　无
1132. 他～姓张　他 thɑ53
1133. 我们不包括听话人：你们别去，～去　我的 ŋuo31ȶi0/我 ŋuo31
1134. 咱们包括听话人：他们不去，～去吧　伢的 Øiɑ24ȶi0/伢 Øiɑ24
1135. 你们～去　你的 ȵi31ȶi0/你 ȵi31
1136. 他们～去　他的 thɑ31ȶi0/他 thɑ31
1137. 大家～一起干　大家伙 tɑ44Øiɑ0xuo53
1138. 自己我～做的　各自 kuo53tsɿ0
1139. 别人这是～的　再□人 tsæ44Øɤ0ʐəŋ24
1140. 我爸～今年八十岁　我爹 ŋuo24ȶiɛ31
1141. 你爸～在家吗？　你爹 ȵi24ȶiɛ31
1142. 他爸～去世了　他爹 thɑ24ȶiɛ31
1143. 这个我要～，不要那个　这个 tʂæ53kuo0
1144. 那个我要这个，不要～　外个 væ44kuo0
1145. 哪个你要～杯子？　哪个 lɑ31kuo0
1146. 谁你找～？　谁 sei24
1147. 这里在～，不在那里　这搭 tʂʅ44tɑ0
1148. 那里在这里，不在～　兀搭 vu44tɑ0
1149. 哪里你到～去？　啊搭 Øɑ24tɑ31
1150. 这样事情是～的，不是那样的　这么 tʂʅ44mɤ0
1151. 那样事情是这样的，不是～的　兀么 vu44mɤ0
1152. 怎样什么样：你要～的？　怎么 tsɿ53mɤ0
1153. 这么～贵啊　这么 tʂʅ44mɤ0
1154. 怎么这个字～写？　咋么 tsɑ31mɤ0
1155. 什么这个是～字？　啥 ʂɑ44
1156. 什么你找～？　啥 ʂɑ44
1157. 为什么你～不去？　为啥 Øui44ʂɑ44
1158. 干什么你在～？　干啥 kæ̃44ʂɑ44
1159. 多少这个村有～人？　多少 tuo31ʂɔ0

（二）副词

1160. 很今天～热的　很 xəŋ53
1161. 非常比上条程度深：今天～热　太 thæ44
1162. 更今天比昨天～热　更 kəŋ44
1163. 太这个东西～贵，买不起　太 thæ44
1164. 最弟兄三个中他～高　最 tsui44
1165. 都大家～来了　都 tou24/浑 xuŋ24
1166. 一共～多少钱？　一下 Øi53xɑ0
1167. 一起我和你～去　一搭 Øi31tɑ24
1168. 只我～去过一趟　就 ȶiu44/蛮 mæ̃24
1169. 刚这双鞋我穿着～好　业过 ȵiɛ31kuo44
1170. 刚我～到　业过 ȵiɛ31kuo44/才 tshæ24
1171. 才你怎么～来啊？　才 tshæ24
1172. 就我吃了饭～去　就 ȶiu44
1173. 经常我～去　经常 tɕiŋ31tʂhaŋ24
1174. 又他～来了　可 khuo31

1175. 还他～没回家　还 xæ24

1176. 再你明天～来　再 tsæ44

1177. 也我～去；我～是老师　也 Øɑ53

1178. 反正不用急，～还来得及　反正 fæ31tʂəŋ44

1179. 没有昨天我～去　没 mɤ31

1180. 不明天我～去　不 pu31

1181. 别你～去　不了 pu53liɔ0

1182. 甭不用，不必：你～客气　嫑 pɤ53

1183. 快天～亮了　快 khuæ44

1184. 差点儿～摔倒了　差一点 tshuo44Øi31ȶiæ53

1185. 宁可～买贵的　宁愿 ȵiŋ24Øyæ44

1186. 故意～打破的　□□ li44kuo0

1187. 随便～弄一下　随便 sui24piæ44

1188. 白～跑一趟　白 phei24

1189. 肯定～是他干的　一定 Øi31ȶiŋ44

1190. 可能～是他干的　说不定 ʂɤ31pu31ȶiŋ44

1191. 一边～走，～说　一搭 Øi53tɑ0/旋 suæ̃44

（三）介词、连词

1192. 和我～他都姓王　和 xuo24

1193. 和我昨天～他去城里了　和 xuo24

1194. 对他～我很好　对 tui44

1195. 往～东走　往 vɑŋ44

1196. 向～他借一本书　朝 tʂhɔ24

1197. 按～他的要求做　按 ŋæ̃44

1198. 替～他写信　替 ȶhi44

1199. 如果～忙你就别来了　要是 Øiɔ44sɿ44

1200. 不管～怎么劝他都不听　不□管 pu31Øɤ0kuæ̃53

第二节　自选词汇

一、天文

1201. 阳坡太阳能照到的地方 Øiɑŋ31phɤ53

1202. 晒暖暖晒太阳 sæ44luæ̃53luæ̃0

1203. 上正时月农历正月 ʂɑŋ44tʂəŋ0sɿ0Øyɛ0

1204. 凌霜不透明的小冰粒 liŋ31ʂɑŋ53

1205. 烟山土雾土雾天气 Øiæ̃31sæ̃31thu53vu44

1206. 彩云彩色的云朵 tshæ53Øyŋ24

1207. 旋风龙卷风 suæ̃31fəŋ53

1208. 戗面风逆风 ȶhiɑŋ31miæ̃44fəŋ31

1209. 糁糁雪雪珠子，米粒状的雪 tʂəŋ53tʂəŋ0çyɛ31

1210. 塌霜早晨八九点晴变阴 thɑ31ʂɑŋ31

1211. 戳凌霜 tʂhuo31liŋ31ʂɑŋ53/地油子 ȶhi44Øiu0tsɿ0 雪雾

1212. 收黄天小麦收割季节 ʂou31xuɑŋ31ȶhiæ̃53

1213. 露水珠珠露珠 lou44ʂei0tʂʅ53tʂʅ0

1214. 早烧朝霞 tsɔ53ʂɔ31

1215. 晚烧晚霞 væ̃53ʂɔ31

1216. 白雨雷阵雨 phei24Øy53

1217. 霖雨连阴雨 liŋ44Øy53

1218. 雪消了化雪 ɕyɛ24siɔ31liɑ0

二、时令

1219. 春上春季 tʂhəŋ53ʂɑŋ0

1220. 秋上秋季 ȶhiu53ʂɑŋ0

1221. 五黄六月指农历五月、六月 vu53xuɑŋ24liu31Øyɛ31

1222. 年馑荒年 ȵiæ̃31tɕiŋ53

1223. 忙毕小麦收割后 mɑŋ24pi31

1224. 七月七七夕 ȶhi53Øyɛ0ȶhi31

1225. 一年整年 Øi31ȵiæ̃24

1226. 腊八腊月初八 lɑ53pɑ0

1227. 一下下一会儿 Øi31xɑ44xɑ0

1228. 后截后来 xou44ȶiɛ0

1229. 麻子眼黄昏 mɑ31tsɿ53ȵiæ̃0

1230. 麻明子黎明 mɑ31miŋ53tsɿ0

1231. 今黑今晚 tɕiŋ24xei53

1232. 天黑了傍晚 ȶhiæ̃24xei31liɑ0

1233. 夜黑啊昨晚 Øiɛ24xei53Øɑ0

1234. 上往年旧日 ʂɑŋ44vɑŋ53ȵiæ̃0

1235. 料天底下露天 liɔ44ȶhiæ̃31ȶi53xɑ0

1236. 自碎儿幼年 tshɿ44suir44

1237. 这庚现在 tʂʅ44kəŋ0

1238. 日子日期 Øər31tsɿ0

1239. 啼起天快亮的时候 ȶhi31tɕhi53

1240. □过 ȵiɛ31kuo44/刚□ tɕiɑŋ24tsɿ31 刚才

1241. 打春立春 tɑ53tʂhəŋ31

1242. 过年春节 kuo44ȵiæ̃24

三、处所

1243. 屋里头屋里 vu53li0thou0

1244. 崖哇哇回声 ŋæ31Øuɑ53Øuɑ0

1245. 胡墼土坯 xu31tɕi53

1246. 胡墼疙瘩大大小小的土块 xu31tɕi53kuo31tɑ0

1247. 阙 tɕhyɛ31/阙里 tɕhyɛ31li0 坟地

1248. 河堤河岸边 xuo24ȶhi24

1249. 半中腰里山中间 pæ̃44tʂəŋ31Øiɔ53li0

1250. □坡斜坡 mɤ53phɤ31

1251. 野圈牲口放养野外 Øiɛ53tɕhyæ̃0

四、植物

1252. 构树结红色果实，皮可做纸 kou44ʂʅ0

1253. 桑桑桑椹 sɑŋ53sɑŋ0

1254. 椒树花椒树 ȶiɔ53ʂʅ0

1255. 花骨朵花蕾 xuɑ24ku31tu0

1256. 针金黄花菜 tʂəŋ31tɕiŋ31

1257. 土槐花小而黄，槐米可做药材 thu53xuæ24

1258. 灰条灰灰菜 xui53ȶhiɔ0

1259. 松塌塌松球 suŋ31thɑ31thɑ0

1260. 毛栗子板栗 mɔ31li53tsɿ0

1261. 小蒜野生蒜 siɔ53suæ̃0

1262. 洋槐树枝有刺，微毒，花可食用 Øiɑŋ31xuæ53

1263. 扯莲白苤蓝 tʂhɤ53liæ̃0

1264. 棉桃棉花桃儿 miæ̃24thɔ24

1265. 蒜骨朵大蒜头 suæ̃44ku31tu0

1266. 独独蒜单瓣蒜 thu31thu53suæ̃44

1267. 清毛青苔 ȶhiŋ53mu0

1268. 茹钱钱榆钱 ʐʅ31ȶhiæ̃53ȶhiæ̃0

1269. 毛桃猕猴桃 mɔ24thɔ24

1270. 蓑草龙须草 suo31tshɔ0

1271. 皂角树树枝有刺，粗而壮，可做药材，

果实可洗衣 tsɔ44tɕyo31ʂʅ44

1272. 马耳子菜马齿苋

mɑ31Øər31tsɿ0tshæ44

1273. 冰豆扁豆 piŋ53tou0

1274. 槐豆黑豆 xuæ31tou53

1275. 木槿夏天开花不结籽的落叶灌木

mu31tɕiŋ31

1276. 鱼腥草水生草本植物，清热解毒

Øy24siŋ31tshɔ53

1277. 毛缨缨毛缨缨草 mɔ24Øiŋ31Øiŋ0

1278. 黄菊花野菊花 xuɑŋ31tɕy53xuɑ31

1279. 麦蒿蒿麦田中的一种害草

mei31xɔ31xɔ53

1280. 麦禾瓶米瓦罐草 mei31xuo31phiŋ53

1281. 打刺花打碗花 tɑ53lɑ31xuɑ0

1282. 槐子槐米，可入药 xuæ31tsɿ53

1283. 蜜蜜秆未成熟的番麦秆 mi44mi0kæ̃53

1284. 梨瓜香瓜 li31kuɑ53

五、动物

1285. 猪猫体型稍大的猫 tʂʅ31thuæ̃31

1286. 狗猫体型稍小、黑白条纹的猫

kou53thuæ̃31

1287. 猴子螳螂 xou31tsɿ53

1288. 壳郎猪架子猪 khuo53lɑŋ0tʂʅ31

1289. 艳娃虫 Øiæ̃44Øuɑ0tʂhəŋ0/放牛娃

fɑŋ44ȵiu0Øuɑ0 瓢虫

1290. 麦牛小麦中出生的一种爬行虫子

mei53ȵiu0

1291. 麦蛾小麦中出生的可飞的虫子

mei53ŋuo0

1292. 麻子蜂马蜂 mɑ31tsɿ53fəŋ31

1293. 素蛛蛛蟋蟀 su44tʂʅ31tʂʅ0

1294. 起窝窝幼禽学飞 tɕhi53Øuo53Øuo0

1295. 下口狗咬人 ɕiɑ44khou53

1296. 瓜瓜牛蜗牛 kuɑ53kuɑ0ȵiu24

1297. 蝈蝈蚂蚱 kui53kui0

1298. 水钻子 ʂei53tsuæ̃44tsɿ0/蚂钻子

mɑ53tsuæ̃44tsɿ0 蚂蝗

1299. 地蝼蝼蝼蛄 ȶhi44lou31lou0

1300. 椿娃椿媳妇 tʂhəŋ31Øuɑ0

1301. 蛤蟆骨都蝌蚪 xuo31mɑ53ku31tou0

1302. 蚰蜒形似蜈蚣但形体小，黑色

Øiu31Øiæ̃53

1303. 咕噜雁大雁 ku53lu0Øiæ̃44

1304. 扑灯蛾儿飞蛾 phu31təŋ31ŋɤr24

1305. 屎爬牛屎壳郎 sɿ53phɑ0ȵiu24

1306. 壁壁虫蠹虫 pi44pi0tʂhəŋ0

1307. 旋黄虫杜鹃 suæ̃44xuɑŋ0tʂhəŋ0

1308. 鸱鸮夜猫子 tshɿ53tɕiɔ0

1309. 水狼黄鼠狼 ʂei53lɑŋ0

1310. □□猫头鹰 ɕiŋ44xou0

1311. 汗蚂虫蜈蚣 xæ̃44mɑ0tʂhəŋ0

1312. 鬼钻子水螨 kui53tsuæ̃44tsɿ0

1313. 簸箕虫土元，土鳖 pɤ44tɕi0tʂhəŋ0

1314. 山鸡野鸡 sæ̃24tɕi31

1315. 燕嘀嘀燕子 Øiæ̃44ȶi31ȶi0

1316. 蛴螬地老虎 tshɿ31tshɔ53

1317. 野鸭子野鸭 Øiɛ53Øiɑ53tsɿ0

1318. 臭斑虫 tʂhou44pæ̃31tʂhəŋ0/臭斑

斑 tʂhou44pæ̃31pæ̃0 斑蝥

1319. 毛驹溜 mɔ31tɕy53liu0/毛老鼠

mɔ31lɔ53ʂʅ0 松鼠

1320. 白脸娃黑白色，比麻雀小

phei24liæ̃53Øuɑ44

1321. 野狐狐狸 Øiɛ53xu0

1322. 蝎虎壁虎 ɕiɛ31xu0
1323. 鸽□□啄木鸟 tɕhiæ31pɔ0pɔ0
1324. 土蝎子尾巴有毒，可入药 thu53ɕiɛ53tsɿ0
1325. 香子麝香 ɕiaŋ53tsɿ0
1326. 黄瓜鹭黄鹂 xuaŋ31kua53lu0
1327. 姑姑等斑鸠 ku53ku0təŋ53
1328. 瞎瞎鼹鼠 xa53xa0
1329. 麻野雀儿寿带鸟 ma31Øiɛ53ȶhiɔr0
1330. 条子猪架子猪 ȶhiɔ31tsɿ53tʂʅ31
1331. 驴骡驴父马母 ly31luo53
1332. 马骡马父驴母 ma53luo0
1333. 鸡娃雏鸡 tɕi53Øua0
1334. 罩窝鸡发情和孵蛋的母鸡 tsɔ44Øuo31tɕi31
1335. 寻犊母牛发情 siŋ24thu24
1336. 恋儿子狗、猫交配 luæ44Øər31tsɿ53
1337. 配羔羊交配 phei44kɔ31
1338. 寻儿子狗发情、交配 siŋ24Øər31tsɿ53
1339. 叫春猫发情 tɕiɔ44tʂhəŋ31
1340. 寻驹马、驴发情 siŋ24tɕy31
1341. 犥子牛种牛 phɔ53tsɿ0ȵiu24
1342. 叫驴公驴 tɕiɔ44ly0
1343. 儿骡公骡 Øər31luo53
1344. 公子驴种驴 kuŋ31tsɿ0ly24
1345. 草驴母驴 tshɔ53ly0
1346. 骚胡羊种公羊 sɔ53xu0Øiaŋ24
1347. 饿老鸱老鹰 ŋuo44lɔ0tʂhʅ0
1348. 打圈子猪发情、交配 ta53tɕhyæ44tsɿ0
1349. 踏蛋鸡交配 tha24thæ44
1350. 配犊牛交配 phei44thu24
1351. 山猪野猪 sæ31tʂʅ31
1352. 山羊生长在浅山区的野生羊 sæ31Øiaŋ24
1353. 七寸小型蜥蜴 ȶhi53tshuŋ0
1354. 狼儿子狼崽 laŋ24Øər31tsɿ53
1355. 狗娃幼犬 kou53Øua0
1356. 驴驹幼驴 ly31tɕy53
1357. 兔娃幼兔 thu44Øua0

六、农事

1358. 笼嘴笼头 luŋ31tsui53
1359. 活绾疙瘩活结 xuo24væ53kuo31ta0
1360. 死绾疙瘩死结 sɿ53væ53kuo31ta0
1361. 忙毕麦收后 maŋ24pi31
1362. 收黄田夏收 ʂou31xuaŋ31ȶhiæ53
1363. 庄稼汉农民 tʂaŋ53Øa0xæ0
1364. 割柴打柴 kuo31tshæ24
1365. 眼窝驴推磨用来捂眼的饰品 ȵiæ53Øuo31
1366. 辕杆车辕 Øyæ31kæ53
1367. 和泥拌泥巴 xuo44ȵi24
1368. 拥拥 Øyŋ53Øyŋ0/拥脖 Øyŋ53phɤ0 套包
1369. 翻土犁地 fæ31thu53
1370. 豁行行开沟 xuo31xaŋ44xaŋ0
1371. 田禾庄稼 ȶhiæ31xuo53
1372. 扳棒棒收玉米 pæ31phaŋ44phaŋ0
1373. 搂土培土 lou31thu53
1374. 起土 tɕhi53thu53/侧土 tshei31thu53 挖土
1375. 踏胡墼打土坯 tha24xu31tɕi53
1376. 秕颗不饱满 pi31khuo0
1377. 碾场碾麦 ȵiæ53tʂhaŋ24
1378. 浇地灌溉 tɕiɔ31ȶhi44

1379. 筐篮筐篓 phu31luæ̃53

1380. 盖塄塄边 kæ44ləŋ0

1381. 肘肘镰刀 tʂou53tʂou0

1382. 上粪施肥 ʂɑŋ44fəŋ44

1383. 牛槅头牛轭 ȵiu24kei53thou0

1384. 仰带绳畜套绳 ȵiɑŋ53tæ0ʂəŋ0

七、日常生活

1385. 仰窗顶棚 ȵiɑŋ53tʂhɑŋ31

1386. 撩襟前摆 liɔ31tɕiŋ53

1387. 揭瓦房顶 tɕiɛ31vɑ0

1388. 揭窗花买窗花 tɕiɛ24tʂhɑŋ31xuɑ0

1389. 割肉买肉 kuo31ʐou44

1390. 倒油买油 tɔ44Øiu24

1391. 扯布买布 tʂhɤ53pu44

1392. 缥墙土墙 phiɔ44ȶhiɑŋ24

1393. 亮椽房顶 liɑŋ44tʂhæ̃0

1394. 烟锅烟袋 Øiæ̃31kuo0

1395. 厢房房子 siɑŋ53fɑŋ0

1396. 柱顶石柱础 tʂhʅ44ȶiŋ0ʂʅ0

1397. 风掀风箱 fəŋ53ɕiæ̃0

1398. 缭边子缝边子 liɔ24piæ̃53tsɿ0

1399. 褂褂小棉衣 kuɑ44kuɑ0

1400. 针线蒲篮针线包 tʂəŋ53siæ̃31pu31luæ̃53

1401. 打褙子粘袼褙 tɑ53pei44tsɿ0

1402. 铲铲锅铲 tshæ̃53tshæ̃0

1403. 箸笼罐筷子篓 tʂʅ44luŋ0kuæ̃0

1404. 背斗背篓 pei44tou0

1405. 笆笆箅子 pɑ31pɑ0

1406. 叠口蒸笼 ȶiɛ31khou0

1407. 气管子打气筒 tɕhi44kuæ̃53tsɿ0

1408. □草剁草 tsɑ53tshɔ53

1409. 槌背石槌布石 tʂhei31pei53ʂʅ0

1410. 笊篱 tsɔ44ly0

1411. 老布土布 lɔ53pu44

1412. 粗布土布 tshu31pu44

1413. 揽盘大碟子 læ̃53phæ̃0

1414. 兜兜兜儿 tou53tou0

1415. 砸窝蒜臼 tshɑ31Øuo53

1416. 后锅在安有两个锅的灶上，靠近烟筒的锅叫后锅，一般比前锅小 xou44kuo31

1417. 锅墨锅底黑 kuo53mei0

1418. 锅刷刷洗锅笤帚 kuo31ʂɑ53ʂɑ0

1419. 锅板锅盖 kuo31pæ̃0

1420. 案子模具 ŋæ̃44tsɿ0

1421. 模子木制模型 mɤ53tsɿ0

1422. 奶壶奶瓶 læ53xu0

1423. 老碗大粗瓷碗 lɔ31Øuæ̃0

1424. 擀杖擀面杖 kæ̃53tʂhɑŋ0

1425. 棉窝窝棉鞋 miæ̃24Øuo53Øuo0

1426. 调面盆面盆 ȶhiɔ31miæ̃53phəŋ24

1427. 条盘长形盘子 ȶhiɔ31phæ̃53

1428. □□木小碗 mæ̃53mæ̃0

1429. 瓦瓮面缸 vɑ53vəŋ0

1430. 老瓮大瓮 lɔ53vəŋ0

1431. 洒壶喷壶 sɑ53xu0

1432. 拐棍拐杖 kuæ53kuŋ0

1433. 褯片尿布 ȶhiɛ44phiæ̃0

1434. 泥鞋雨鞋 ȵi24xæ24

1435. 暖鞋棉鞋 luæ̃53xæ24

1436. 绷绷裹肚 pəŋ53pəŋ0

1437. 围肚裹肚 vui31thu53

1438. 夹夹 tɕiɑ44tɕiɑ0/坎肩 khæ̃53tɕiæ̃31 背心

1439. 浆线织布工序之一，用面浆浸线使干后

发硬挺括 ȶiaŋ44siæ̃44

1440. 袄儿上衣 ŋɔr53

1441. 截柴剁柴火 ȶhiɛ24tshæ24

1442. 缚笤帚做笤帚 fu24ȶhiɔ31tʂhʅ53

1443. 刮木马车制动器 kuɑ31mu0

1444. 锅沓沓煎饼 kuo31thɑ31thɑ0

1445. 刮刮锅巴 kuɑ53kuɑ0

1446. 米汁米粥 mi53tʂʅ31

1447. 饸饹一种用荞麦面轧成的食品 xuo31lɔ53

1448. 酿米八宝饭 ʐɑŋ53mi53

1449. 干粮烧饼 kæ̃53liɑŋ0

1450. 油糕油炸的一种糕点，呈椭圆形状，馅儿一般是红糖或者白糖，吃起来又甜又绵软 Øiu31kɔ53

1451. 米儿面米粥面 mi53Øər0miæ̃44

1452. 拌汤手搓颗粒状汤面食 phæ̃44thɑŋ31

1453. 麻食手搓的一种疙瘩面食 mɑ31ʂʅ53

1454. 粸粉粉条 phiæ̃44fəŋ0

1455. 河马鱼儿用玉米面做成的小吃，形似小鱼 xuo31mɑ53Øy24Øər0

1456. 酵子 tɕiɔ44tsɿ0/酵头 tɕiɔ44thou0 酵面

1457. 麻糖麻花 mɑ31thɑŋ53

1458. 面皮儿当地小吃，用小麦面粉制作，一般凉拌食用 miæ̃44phi24Øər0

1459. 棒棒面棍棍面 phɑŋ44phɑŋ0miæ̃44

1460. 撕面扯面 sɿ31miæ̃44

1461. 软面扯面 ʐæ̃44miæ̃0

1462. 金裹银馍馍玉米或高粱面蒸馍 tɕiŋ31kuo53Øiŋ24mɤ31mɤ53

1463. 搅团用玉米面做成的一种半流质小吃，吃时加佐料 tɕiɔ53thuæ̃0

1464. 辣子面辣椒粉 lɑ53tsɿ0miæ̃44

1465. 黑糖红糖 xei31thɑŋ24

1466. 灶糖糖稀 tsɔ44thɑŋ0

1467. 冻冻肉冻 tuŋ44tuŋ0

1468. 挣儿子肘花 tsəŋ44Øər0tsɿ0

1469. 起面酵发面 tɕhi53miæ̃0

1470. 死面不发的面 sɿ53miæ̃0

1471. 擀面手工面条 kæ̃53miæ̃44

1472. 撅片手撕面片 tɕyɛ31phiæ̃0

1473. 蒸馍馒头 tʂəŋ53mɤ0

1474. 剺面条切面条 li24miæ̃44ȶhiɔ24

1475. 搋面和面 tshæ31miæ̃44

1476. 挖面取面 Øuɑ53miæ̃44

1477. 粑粑发糕 pɑ53pɑ0

1478. 醋甜醋淡 tshu44ȶhiæ̃24

1479. □蛋坏鸡蛋 thuŋ53thæ̃0

八、婚丧、喜庆、神祇、社交

1480. 亲房 ȶhiŋ53fɑŋ0/门子 məŋ31tsɿ53 本家

1481. 耍新人闹洞房 ʂɑ53siŋ53ʐəŋ0

1482. 班辈辈分 pæ̃53pei0

1483. 埋人出殡 mæ24ʐəŋ24

1484. 续弦男子再婚 ɕy44ɕyæ̃24

1485. 踢山 ȶhi31sæ̃31/踢龙神 ȶhi53luŋ0ʂəŋ0 败家子

1486. 封封红包 fəŋ53fəŋ0

1487. 后婚再婚 xou44xuŋ31

1488. 二房妾或续弦 Øər44fɑŋ0

1489. 上门招女婿 ʂɑŋ44məŋ24

1490. 回门女子出嫁后首次回娘家探亲 xui24məŋ24

1491. 岁数年龄 sui44ʂʅ0

1492. 下聘定礼 ɕiɑ44phiŋ53

1493. 大婚喜期 tɑ44xuŋ31
1494. 滚床暖床 kuŋ53tʂhɑŋ24
1495. 看日子择吉 khæ̃44Øər53tsɿ0
1496. 给给许配 kei44kei0
1497. 诧生小孩儿认生 tshɑ44səŋ31
1498. 蛮小孩儿漂亮 mæ̃24
1499. 黄新人闹洞房 xuɑŋ24siŋ53ʐəŋ0
1500. 送忽联送环形馍，“忽联”即“环”的分音词 suŋ44xu53luæ̃0
1501. 过晬贺周岁 kuo44tsui44
1502. 抓娃娃生教养孩子 tʂɑ31Øuɑ31Øuɑ53
1503. 衣包胎盘 ȵi31pɔ0
1504. 费事小孩儿好动 fei44sɿ44
1505. 亡人死人 Øuɑŋ31ʐəŋ53
1506. 守孝守灵 ʂou53ɕiɔ44
1507. 殁了死的委婉表达 mɤ44liɑ0
1508. 柳棍哭丧棒 liu53kuŋ0
1509. 烧纸祭奠 ʂɔ31tsɿ53
1510. 引魂招魂 Øiŋ53xuŋ24
1511. 观魂 kuæ̃31xuŋ24/叫魂 tɕiɔ44xuŋ24 受到惊吓以后找神汉用跳绳、下油锅、罚神等方式调治
1512. 破盆破纸盆 phɤ44phəŋ24
1513. 吹手吹鼓手 tʂhei31ʂou0
1514. 送埋送葬 suŋ44mæ24
1515. 供经供给 kuŋ53tɕiŋ31
1516. 少亡青年时期死亡 ʂɔ44vɑŋ24
1517. 换服除服 xuæ̃44fu24
1518. 孝衫孝服 ɕiɔ44sæ̃31
1519. 散孝发孝布 sæ̃44ɕiɔ44
1520. 门牌讣告 məŋ31phæ53
1521. 寿材棺木 ʂou44tshæ0
1522. 老衣寿衣 lɔ53Øi31
1523. 童男女纸糊男女俑 thuŋ31læ̃53ȵy0
1524. 老丧老人丧事 lɔ53sɑŋ31
1525. 吊死自缢 ȶiɔ44sɿ0
1526. 咒人诅咒 tʂou44ʐəŋ24
1527. 寻短见自杀 siŋ24tuæ̃53tɕiæ̃44
1528. 碑子石碑 pi31tsɿ0
1529. 矬子矮子 tshuo31tsɿ53
1530. 冷屃傻子 ləŋ44suŋ0
1531. 死哇牙无赖 sɿ53vɑ0Øiɑ24
1532. 日把欻不中用者 ʐʅ31pɑ0tʂhɑ53
1533. 素客不吃荤者 su44khei31
1534. 争三莽夫 tsəŋ31sæ̃31
1535. 歪的 væ53ȶi0/半截背斗 pæ̃44ȶhiɛ0pei44tou0 霸道的人
1536. 尿皮无赖之徒 tɕhiu24phi24
1537. 打捶打架 tɑ53tʂhei24
1538. 顶方 ȶiŋ24fɑŋ31/丢方 ȶiu24fɑŋ31 占方
1539. 架梁上梁 tɕiɑ44liɑŋ24
1540. 跟集上街 kəŋ31ȶhi24
1541. 贼娃子贼 tsei31vɑ53tsɿ0
1542. 崽娃子称呼小孩儿 tsæ53vɑ0tsɿ0
1543. 脸厚不害羞 liæ̃53xou44
1544. 二毛鬼恶少年 Øər44mɔ31kui53
1545. 隔脉隔行 kei24mei31
1546. 翻弄神爱捣腾的人 fæ̃53luŋ0ʂəŋ0
1547. 花案男女关系案 xuɑ53ŋæ̃0
1548. 画张年画 xuɑ44tʂɑŋ31
1549. 对子对联 tui44tsɿ0
1550. 矛子矛枪 miɔ31tsɿ53
1551. 泥壁泥抹子 ȵi44pi31
1552. 窝巢住处 Øuo53tshɔ0
1553. 失禮污垢洗不掉 ʂʅ53tshɔ0

1554. 布絮绺破布条 pu44çy53liu0

1555. 挂耳子耳套 kuɑ44Øər0tsɿ0

1556. 领豁领子 liŋ53xuo31

1557. 纳礼送礼 lɑ31li53

1558. 场伙赌场 tʂhɑŋ31xuo53

1559. 吃零嘴吃零食 tʂhʅ31liŋ24tsui53

1560. 送灯笼送花灯 suŋ44təŋ53luŋ0

1561. 一父两娘异母兄弟
Øi31fu44liɑŋ53ȵiɑ24

1562. 隔山弟兄异父同母
kei31sæ̃31ȶi44çyŋ31

1563. 先房前妻 siæ̃53fɑŋ0

1564. 另家分居 liŋ44tɕiɑ31

1565. 绝业绝户 tɕyɛ31ȵiɛ53

1566. 碜阴森 tshəŋ53

1567. 擦送送鬼治病 tshɑ53suŋ0

1568. 兽脸面具 ʂou44liæ̃53

1569. 忌口吃素 tɕi44khou53

1570. 忌较忌讳 tɕi44tɕiɔ0

1571. 井王爷井神 ȶiŋ53Øuɑŋ0Øiɛ0

1572. 土地爷土神 thu53ȶhi0Øiɛ0

1573. 门神爷门神 məŋ31ʂəŋ53Øiɛ0

1574. 敬神祀神 tɕiŋ44ʂəŋ24

1575. 香表香和黄纸 çiɑŋ31piɔ53

1576. 上香烧香 sɑŋ44çiɑŋ31

1577. 送香钱布施 suŋ44çiɑŋ53ȶhiæ̃0

1578. 送寒衣十月上坟 suŋ44xæ̃31Øi53

1579. 祝赞祷告 tʂʅ53tsæ̃0

1580. 禳赞禳解 ʐɑŋ31tsæ̃53

1581. 头门大门 thou31məŋ53

1582. 大房两坡水房 tɑ44fɑŋ0

九、人体、医药、疾病

1583. 额心两眉间 ŋei31siŋ0

1584. 眼眶骨眼眶 ȵiæ̃53khuɑŋ0ku31

1585. 胭脂骨颧骨 Øiæ̃31tsɿ0ku31

1586. 眼窍眼神 ȵiæ̃53tɕhiɔ44

1587. 眼扎毛睫毛 ȵiæ̃53tsɑ0mu0

1588. 鬓间鬓角 piŋ44tɕiæ̃31

1589. 鼻梁杆鼻梁骨 phi31liɑŋ53kæ̃31

1590. 后脑拾巴后脑门儿
xou44lɔ53ʂʅ31pɑ44

1591. 老牙臼齿 lɔ53Øiɑ0

1592. 黄毛汗毛 xuɑŋ31mɔ53

1593. 牙叉骨下巴 Øiɑ31tshɑ53ku31

1594. 肋巴两肋 lei31pɑ0

1595. 胳子洼腋下 kuo53tsɿ0Øuɑ44

1596. 胸膛胸脯 çyŋ53thɑŋ0

1597. 卵子阴囊 luæ̃31tsɿ0

1598. 牛牛小儿阴 ȵiu31ȵiu53

1599. 鸡鸡男孩儿生殖器 tɕi53tɕi0

1600. 干腿小腿 kæ̃31thui0

1601. 胳膊 kuo53phɤ0

1602. 脚把骨脚跟 tɕyo53pɑ44ku31

1603. 盆擎骨腹左右大骨
phəŋ31tɕhiŋ53ku0

1604. 须散窝后颈小沟 çy31sæ̃24Øuo31

1605. 坐痂痂结痂 tshuo44tɕiɑ53tɕiɑ0

1606. 克化消化 khei53xuɑ0

1607. 呻唤呻吟 ʂəŋ53xuæ̃0

1608. 羊羔疯癫痫 Øiɑŋ31kɔ53fəŋ31

1609. 油黡雀斑 Øiu31Øiæ̃53

1610. 气卵子疝气 tɕhi44luæ̃0tsɿ0

1611. 煎药熬药 ȶiæ̃24Øyo31

1612. 垢圿污垢 kou44tɕiɑ0

1613. □□打饱嗝儿 tɕi53kou0

1614. 臭蛋樟脑球 tʂhou44thæ̃44

1615. 托敷 thuo31
1616. 吃够吃饱 tʂhʅ31kou44
1617. □膏药贴膏药 piɑ24kɔ31Øyo31
1618. 眼角眵眼屎 ȵiæ̃53tɕyo31tshʅ31
1619. 单薄体瘦 tæ̃53phɤ0
1620. 尿脬膀胱 ȵiɔ44phɔ0
1621. 惹传染 ʐɤ53
1622. 好啦痊愈 xɔ31liɑ0

十、动作、性质

1623. 下话乞情 ɕiɑ44xuɑ44
1624. 心疼俊美 siŋ31thəŋ24
1625. 茶儿巴睁没睡醒的样子
ȵiɛ44Øər0pɑ31tsəŋ31
1626. 品麻舒服 piŋ53mɑ24
1627. 泡稍丰满 phɔ44sɔ31
1628. 接茬接着做 ʨiɛ31tshɑ24
1629. 脱条俊秀 thuo53ʨhiɔ0
1630. 尺谋估计 tʂhʅ31mɤ0
1631. □烟冒烟 kaŋ44Øiæ̃31
1632. 倒找贴赔 tɔ44tsɔ0
1633. 贞节女人守妇道 tʂəŋ31ʨiɛ0
1634. 没向难以成功 mɤ31ɕiaŋ44
1635. □腾鼓动 xuo44thəŋ0
1636. 打伙声起哄 tɑ53xuo44ʂəŋ0
1637. 冒标过头 mɔ44piɔ31
1638. 窖窝低洼处 tɕiɔ44Øuo31
1639. 忤逆虫不孝 Øu44ȵi0tʂhəŋ0
1640. 窝里罩不出头 Øuo53li0tsɔ0
1641. 洋大没事满不在乎
Øiaŋ44tɑ53mɤ31sʅ0
1642. 黏手难以脱手 ʐæ̃24ʂou53
1643. 黏马咕咚说话不亮清
ʐæ̃31mɑ53ku31tuŋ0
1644. 铺排排场 phu53phæ0
1645. 刻里马嚓快当 khei53li31mɑ31tshɑ0
1646. 列劲头倔强 liɛ31tɕiŋ31thou0
1647. 麻上盯梢 mɑ31ʂaŋ53
1648. 戳腾钻营 tʂhuo53thəŋ0
1649. 舔沟子拍马屁 ʨhiæ̃53kou53tsʅ0
1650. 泼烦厌烦 phɤ53fæ̃0
1651. 卖派炫耀 mæ44phæ0
1652. 难挖难与人相处 læ̃24Øuɑ31
1653. 丢盹打盹儿 ʨiu31tuŋ53
1654. 一老一直 Øi31lɔ53

第四章　语法与口头文化

第一节　语法例句

1. 你是哪里人？

   你是啊搭人？

   ȵi53sɿ44Øɑ24tɑ31ʐəŋ24？

2. 我是陕西________人。（说出所在县或市）

   我是陕西宝鸡渭滨人。

   ŋuo53sɿ44ʂæ̃53si31pɔ53ʨi31Øui44piŋ31ʐəŋ24.

3. 你今年多大？

   你今年多大岁数了？

   ȵi53ʨiŋ31ȵiæ̃24tuo31tɑ44sui44ʂʅ31liɑ0？

4. 我________岁了。（说出自己的实际年龄）

   我今年六十四了。

   ŋuo53ʨiŋ53ȵiæ̃0liu53ʂʅ0sɿ44liɑ0.

5. 你叫什么名字？

   你叫个啥？

   ȵi53ʨiɔ44kuo31ʂɑ44？

6. 我叫________。（说出自己的名字）

   我叫刘世英。

   ŋuo53ʨiɔ44liu24ʂʅ44Øiŋ31.

7. 你家住哪里？

   你到啊搭住着哩？

   ȵi53tɔ44Øɑ24tɑ31tʂʅ44tʂuo0li0？

8. 我家住________。（说出自己居住的地址）

   我到神农镇冯家塬村住着哩。

ŋuo44tɔ44ʂəŋ24luŋ24tʂəŋ44fəŋ31tɕiɑ53Øyæ̃24tshuŋ31tʂʅ44tʂuo0li0.

9. 谁呀？我是老三。

谁哩开？我是老三。

sei24li0khæ0？ŋuo53sɿ44lɔ53sæ̃31.

10. 老四呢？他正在跟一个朋友说着话呢。

老四哩？他正跟一个朋友说话哩。

lɔ53sɿ44li0？thɑ53tʂəŋ44kəŋ31Øi31kuo31phəŋ31Øiu53ʂɤ31xuɑ44li0.

11. 他还没有说完吗？

他还没说完嘛？

thɑ53xɑ24mɤ31ʂɤ31væ̃24mɑ0？

12. 还没有。大约再有一会儿就说完了。

还没呢。大概还得一会儿。

xɑ24mɤ24ȵi0. tɑ44kæ44xɑ24tei31Øi31xuir31.

13. 他说马上就走，怎么这半天了还在家里呢？

他说赶紧走哩，咋半天了还到屋里哩？

thɑ53ʂɤ31kæ̃31tɕiŋ53tsou44li0，tʂɑ31pæ̃44ʈhiæ̃31liɑ0xɑ24tɔ44Øu53li0li0？

14. 你到哪儿去？我到城里去。

你到啊搭去呀？我到街上去呀。

ȵi53tɔ44Øɑ53tɑ31ʨhi44Øiɑ0？ŋuo53tɔ44tɕiɛ53ʂɑŋ0ʨhi44Øiɑ0.

15. 在那儿，不在这儿。

到兀搭哩，不到这搭。

tɔ44Øu24tɑ53li0，pu31tɔ44tʂʅ44tɑ31.

16. 不是那么做，是要这么做的。

不是兀么做的，是这么做的。

pu31sɿ44Øu44mɤ31tsu44ʈi0，sɿ44tʂʅ44mɤ31tsu44ʈi0.

17. 太多了，用不着那么多，只要这么多就够了。

太多了，用不下么多，只要这么些就够了。

thæ44tuo31liɑ0，Øyŋ44pu31xɑ31mɤ52tuo31，tsɿ44Øiɔ44tʂʅ24mɤ31siɛ0tsou44kou44liɑ0.

18. 这个大，那个小，这两个哪一个好点呢？

这个大，□个小，看哪个好？

tʂæ53kuo31tɑ44，væ53kuo31siɔ53，khæ̃44Øɑ31kuo31xɔ53？

19. 这个比那个好。

这个比□个好。

tʂæ53kuo31pi53væ53kuo31xɔ53.

20. 这些房子不如那些房子好。

这些房没□些房好。

tʂɤ44siɛ0faŋ24mɤ31væ53siɛ0faŋ24xɔ53.

21. 这句话用____话怎么说?(填本地地名,本地音)

这个话用渭滨话咋么说哩?

tʂɤ53kuo31xua44Øyŋ44Øui44piŋ31xua44tsa31mɤ0ʂɤ53li0?

22. 他今年多大岁数?

他今年多大了?

tha53tɕiŋ53ȵiæ̃0tuo31ta44lia0?

23. 大概有三十来岁吧。

大摸三十多岁了。

ta44mɤ53sæ̃53ʂʅ0læ31sui31lia0.

24. 这个东西有多重呢?

这个东西有多重?

tʂɤ53kuo31tuŋ53si0Øiu53tuo31tʂhəŋ44?

25. 有五十斤重呢。

大概有五十斤。

ta44kæ44Øiu53Øu53ʂʅ0tɕiŋ31.

26. 拿得动吗?

能拿得动呀不?

ləŋ24la24tei53thuŋ44Øia0pu31?

27. 我拿得动,他拿不动。

我能拿动,他拿不动。

ŋuo53ləŋ24la24thuŋ44, tha53la24pu31thuŋ44.

28. 真不轻,重得连我都拿不动了。

真个不轻,我都拿不动。

tʂəŋ44kuo31pu24tɕhiŋ31, ŋuo53tou31la24pu53thuŋ44.

29. 你说得很好,你还会说点儿什么呢?

你说的好得很,你还能说些啥?

ȵi53ʂɤ53ʈi0xɔ53ʈi0xəŋ53, ȵi53xa24ləŋ24ʂɤ31siɛ0ʂa31?

30. 我嘴笨,我说不过他。

我嘴笨,我说不过人家。

ŋuo53tsui53phəŋ44，ŋuo53ʂɤ31pu31kuo44ʐəŋ24Øiɑ31.

31. 说了一遍，又说了一遍。

说了一遍，又说了一遍。

ʂɤ31liɑ0Øi31piæ̃44，Øiu44ʂɤ31liɑ0Øi31piæ̃44.

32. 请你再说一遍。

你再说□一遍。

ȵi53tsæ44ʂɤ31Øɤ0Øi31piæ̃44.

33. 不早了，快去吧！

不早了，赶紧去！

pu24tsɔ31liɑ0，kæ̃31tɕiŋ53tɕhi44！

34. 现在还很早呢。等一会儿再去吧。

这会儿还早哩。等一下去。

tʂʅ44xui31Øər0xɑ24tsɔ53li0. təŋ53Øi31xɑ44tɕhi44.

35. 吃了饭再去好吧？

把饭吃毕去能成啊不？

pɑ31fæ̃44tʂhʅ31pi31tɕhi44ləŋ24tʂhəŋ24Øɑ0pu31？

36. 慢慢儿地吃啊！不要急嘛！

慢慢吃！嫑急！

mæ̃44mæ̃53tʂhʅ31！pɤ31tɕi24！

37. 坐着吃比站着吃好些。

坐下吃比立下吃好。

tshuo44xɑ0tʂhʅ31pi53li53xɑ0tʂhʅ31xɔ53.

38. 这个吃得，那个吃不得。

这个能吃，□个吃不成。

tʂæ44kuo31ləŋ24tʂhʅ31，væ53kuo31tʂhʅ31pu31tʂhəŋ24.

39. 他吃了饭了，你吃了饭没有呢？

他把饭吃了，你吃了没？

thɑ31pɑ31fæ̃44tʂhʅ31liɑ0，ȵi53tʂhʅ31liɑ0mɤ31？

40. 他去过上海，我没有去过。

□到上海去过，我没去过。

kæ53tɔ44ʂɑŋ44xæ53tɕhi44kuo31，ŋuo53mɤ31tɕhi44kuo31.

41. 来闻闻这朵花香不香？

来把这个花闻嘎，看香啊不？

læ24pɑ31tʂɤ44kuo0xuɑ31vəŋ31kɑ53，khæ̃44ɕiɑŋ53Øiɑ0pu31？

42. 香得很，是不是？

香得很，对着么？

ɕiɑŋ31ʈi0xəŋ53，tui44tʂuo31mɤ0？

43. 给我一本书！

把书给我一本！

pɑ24ʂʅ31kei44ŋuo53Øi31pəŋ31！

44. 我实在没有书么！

我真的没书了！

ŋuo52tʂəŋ24ʈi31mɤ24ʂʅ31liɑ0！

45. 你告诉他。

你给他说嘎。

ȵi53kei44thɑ53ʂɤ31kɑ0.

46. 好好儿地走！不要跑！

好好的走哩！嫑跑咧！

xɔ53xɔ24ʈi0tsou53li0！pɤ31phɔ53liɑ0！

47. 小心跌下去爬也爬不上来！

小心滚下去了，就爬都爬不上来了！

siɔ53siŋ31kuŋ53xɑ31tɕhi0liɑ0，ʈiu44phɑ24tou31phɑ24pu31ʂɑŋ44læ31liɑ0！

48. 医生叫你多睡一睡。

大夫叫你多睡嘎。

thæ44fu31tɕiɔ44ȵi53tuo31ʂei44kɑ0.

49. 吸烟或者喝茶都不可以。

抽烟喝茶都不成。

tʂhʅ24Øiæ̃31xuo31tshɑ24tou31pu31tʂhəŋ24.

50. 烟也好，茶也好，我都不喜欢。

烟也罢，茶也罢，我都不爱。

Øiæ̃31Øiɑ53pɑ44，tshɑ24Øiɑ53pɑ44，ŋuo53tou24pu31ŋæ44.

51. 不管你去不去，反正我是要去的，我非去不可。

不管你去不去，反正我是非去不可。

pu31kuæ̃53ȵi53tɕhi44pu31tɕhi44，fæ̃31tʂəŋ44ŋuo53sʅ0fei31tɕhi44pu31khuo53.

52. 你是哪一年来的？

你哪一年来□？

ȵi53∅ɑ31∅i31ȵiæ̃24læ24væ0？

53. 我是前年到的北京。

我前年个到北京的。

ŋuo53ȶhiæ̃24ȵiæ̃31kuo0tɔ44pei31tɕiŋ31ȶi0.

54. 今天开会谁的主席？

今儿开会谁是头哩开？

tɕiŋr31khæ31xui44sei24sʅ44thou24li0khæ0？

55. 你得请我的客。

你得请我吃饭。

ȵi53tei44ȶhiŋ53ŋuo53tʂhʅ31fæ̃44.

56. 这是他的书，那一本是他哥哥的。

这个是他的书，兀个是他哥的。

tʂæ53kuo31sʅ44thɑ53ȶi0ʂʅ31，∅ui53kuo31sʅ44thɑ31kuo24ȶi0.

57. 一边走，一边说。

旋走旋说。

suæ̃44tsou53suæ̃44ʂɤ31.

58. 看书的看书，看报的看报，写字的写字。

看书的看书哩，看报的看报哩，写字的写字哩。

khæ̃44ʂʅ53ȶi31khæ̃44ʂʅ53li0，khæ̃44pɔ44ȶi31khæ̃44pɔ44li0，siɛ53tshʅ44ȶi31siɛ53tshʅ44li0.

59. 越走越远，越说越多。

越走越远了，越说越多了。

∅yɛ31tsou53∅yɛ24∅yæ̃31liɑ0，∅yɛ24ʂɤ31∅yɛ24tuo31liɑ0.

60. 把那个东西拿给我。

把兀个东西给我拿来。

pɑ31vu24kæ53tuŋ31si0kei44ŋuo53lɑ24læ24.

61. 有些地方把太阳叫日头。

有该地方把太阳叫日头爷哩。

∅iu53kæ53ȶi44fɑŋ31pɑ31thæ44∅iɑŋ0tɕiɔ44∅ər53thou0∅iɛ0li0.

62. 您贵姓？我姓王。

您姓啥？我姓王。

ȵi53siŋ44ʂɑ44？ŋuo53siŋ44∅uɑŋ24.

63. 你姓王，我也姓王，咱们两个人都姓王。

你姓王，我也姓王，伢俩都姓王。

ȵi53siŋ44Øuɑŋ24，ŋuo53Øɑ53siŋ44Øuɑŋ24，Øiɑ44liɑŋ31tou24siŋ44Øuɑŋ24.

64. 你先去吧，我们等一会儿再去。

你先去，我几个等嘎再去。

ȵi53siæ̃31tɕhi44，ŋuo31tɕi31kuo0təŋ44kɑ0tsæ44tɕhi44.

第二节　北风和太阳

北风跟太阳

有一回，北风跟太阳在那儿争论谁的本事大。争来争去就是分不出高低来。这时候路上来了个走道儿的，他身上穿着件厚大衣。他们俩就说好了，谁能先叫这个走道儿的脱下他的厚大衣，就算谁的本事大。北风就使劲地刮起来了，不过他刮得越是厉害，那个走道儿的把大衣裹得越紧。后来北风没法儿了，只好就算了。过了一会儿，太阳出来了。他火辣辣地一晒，那个走道儿的马上就把那件厚大衣脱下来了。这下儿北风只好承认，他们俩当中还是太阳的本事大。

北风跟日头爷

pei24fəŋ31kəŋ31Øər53thou0Øiɛ0

有么一回，北风跟日头爷到兀搭争来争去，看谁的本事大。

Øiu53mɤ53Øi31xui24，pei24fəŋ31kəŋ31Øər53thou0Øiɛ0tɔ44vu24tɑ0tsəŋ31læ31tsəŋ31tɕhi44，khæ̃44sei24ʈi0pəŋ53sɿ0tɑ44.

争竞了好长时间就是分不出个高低来。

tsəŋ31tɕiŋ0liɑ0xɔ53tʂhɑŋ24sɿ31tɕiæ̃31ʈiu44sɿ31feŋ31pu24tʂhʅ31kuo31kɔ24ʈi31læ0.

这个时候来了个过路的，该身上穿了个大棉袄。

tʂʅ44kuo31sɿ44xou31læ24liɔ53kuo31kuo44lu44ʈi0，kæ53ʂəŋ31ʂɑŋ0tʂhæ̃31liɑ0kuo0tɑ44miæ̃31ŋɔ53.

他两个就打赌，谁能叫该过路□脱下他该大棉袄，就算谁的本事大。

thɑ31liɑŋ53kuo31ʈiu44tɑ31tu53，sei24ləŋ24tɕiɔ44kæ53kuo44lu44væ0thuo31xɑ0thɑ53kæ53tɑ44miæ̃31ŋɔ53，ʈiu44suæ̃44sei24ʈi0pəŋ53sɿ0tɑ44.

话刚一说完，北风就冷刚的吹开了，他吹的越残火，该过路的就把棉袄裹的越紧。

xuɑ44kɑŋ53Øi31ʂɤ31væ̃24，pei24fəŋ31ʈiu44ləŋ53suŋ24ʈi0tʂhei31khæ31liɑ0，thɑ53tʂhei53ʈi31Øyɛ31tshæ̃31xuo53，kæ53kuo44lu44ʈi0ʈiu44pɑ31miæ̃31ŋɔ53kuo31ʈi0Øyɛ31tɕiŋ53.

后来北风实在没办法了，只好算了。

xou44læ31pei24fəŋ31ʂʅ24tsæ44mɤ31pæ̃44fɑ53liɑ0，tsʅ31xɔ53suæ̃44liɑ0.

一下下，日头爷出来了。

Øi31xɑ44xɑ0，Øər53thou0Øiɛ0tʂhʅ53læ0liɑ0.

晒的跟火一样，该过路的赶紧把棉袄脱下咧。

sæ44ȶi0kəŋ31xuo53Øi31Øiɑŋ44，kæ53kuo44lu44ȶi0kæ̃31tɕiŋ53pɑ31miæ̃31ŋɔ53thuo31xɑ0liɑ0.

北风一看，只得承认，他俩个里头，还是日头爷本事大。

pei24fəŋ31Øi31khæ̃44，tsʅ24tei31tʂhəŋ24ʐəŋ44，thɑ44liɑŋ53kuo31li53thou0，xɑ24sʅ44Øər53thou0Øiɛ0pəŋ53sʅ0tɑ44.

第三节　口头文化

一、瞎雀儿碰了个破谷穗

话说山洼的旮旯里，住着一个瓷锤，看人瓜眉失眼，行动暮囊，是个列筋头，已长到黄瓜打驴半截子，还没瞅下个婆娘。他娘和亲戚众人，在方圆找寻，始终没找下。瓷锤爹下狠心到店铺买了件夹夹，又买了件袄袄、裤儿，把瓷锤打扮的很洋气，在自家屋里调教一番，教瓷锤待人活道，说话要巧妙中听，嫑满口胡浛。

过了二天，媒人碎嫂头顶帕帕，头梳粑粑，穿着青花撩襟衫，脚靸尖尖鞋，来到瓷锤家，叫上瓷锤，提上礼品，向山坳梨树洼走去。一路上碎嫂叫瓷锤嫑骚情，免得人家嫌弃。刚下一个大沟坎，沟门口碾子住户前，碌碡上坐着个麻利婆娘，瞅见瓷锤和碎嫂提着礼当，很稀罕的将远路来人招承进屋，给来人泼茶倒水，瓷锤糊涂了，结果手把茶水碰翻了，倒湿了麻鞋姨的裤儿，把碎嫂弄得很害臊。麻鞋姨又端进来一蒲篮核桃，叫瓷锤砸着吃，瓷锤一锤砸在自己手上，疼的直叫，把人丢尽了。

已过晌午，麻鞋姨去厨房弄火做饭，不一会儿，葱花油饼端进了厢房，让碎嫂与瓷锤尝个鲜。哪想，瓷锤八辈子没吃过，咥的害红溜啦，一会儿就吃个精光，麻鞋姨规模思量，咋能把我那心疼女嫁给这个瘪三！

饭罢，让麻鞋姨叫女子来瞅女婿，麻鞋姨一看瓷锤那德行骂开了："这娃长得像个木头，待人没眼色，我咋能把女嫁给这二蛋货？"碎嫂拉茬帮腔说："这娃是个愣头青，可心里没坏心眼，她姨就别嫌弃了。"麻鞋姨的态度很坚决，碎嫂说扁到圆的补救、圆委，但还是卖醪糟的火灭咧——吹哩！

瞅婆娘的事黄了后，后天，西凹的李媒婆，在南洼给瓷锤对了个象，这女长得不咋样，像个烂碎子，两眼看人茶儿巴睁，说话唾沫水乱溅，衣服穿得散伙倒场，干活洋大没事，谁知这么一个烂碎子、阳昏子，竟还与瓷锤对上象。这真是蔫萝卜遇个老擦子，瞎雀儿碰了个破谷穗。

二、天官赐福[①]

天降奇才，
时转运又来，
喜鹊檐前将头抬，
报喜的人儿请进来。
前背弓：祥光闪闪，照满川，
摆驾离了，天台山，
前摆着对对童儿，云端站，
后随着福禄寿星，众大仙。
天官：来宝鸡地福德全，
果然吉庆保堂前，
人杰地灵真好看，
善男信女前世缘。
喜的是春光照满院，
喜的是林木满山川，
喜的是白元来献果，
喜的是五谷兆丰年，
喜的是国泰天心顺，
喜的是清官民自忠，
喜的是妻贤夫祸少，
喜的是子孝啊，父心宽。
天官：童儿端来乌纱帽，
还有玉带和蟒袍，
手拿毛笔点几点，喜心间，
这福，福寿高升，位列三台。

① 西府曲子。

金台区篇

第一章　总　论

第一节　人文地理、历史沿革、人口概况

金台区为宝鸡市的三区之一，位于宝鸡市城区的北半部，以境内元末道教建筑群“金台观”而得名。介于东经107°04′～107°17′，北纬34°21′～34°25′，跨经度0°13′，东西长20千米，跨纬度0°04′，南北宽2～8.2千米。南与渭滨区毗邻。西、北、东三面为陈仓区所环绕。区境最东端为陈仓乡南坡村，最西端为长寿乡罗家塄村，最北端为长寿乡八里村。区人民政府驻中山东路148号，东距省会西安176千米。金台区区位优势明显，陇海、宝成、宝中铁路和西宝高速、宝天高速、宝平高速、310国道穿境而过，是巴蜀北上、甘宁入关必经之地。全区总面积52.16平方千米，在宝鸡市所辖12个县区中面积最小，约为全市总面积的0.4%。金台区辖7个街道、2个镇、3个乡：卧龙寺街道、中山东路街道、西关街道、中山西路街道、群众路街道、东风路街道、十里铺街道；陈仓镇、蟠龙镇；陵原乡、金河乡、硖石乡。共有67个社区居委会、103个村委会。驰名中外的北首岭仰韶文化遗址、古陈仓城遗址、大唐秦王陵、金台观等坐落境内。

早在7100年前的新石器时代，辖区内的北首岭、温家寨、刘家崖一带，已是原始氏族繁衍生息之地。上古时期，这里为姜氏地。夏、商时期为雍州陈国地。西周（前11世纪～前8世纪）前期的弓鱼姓邦国建在现金台区境内的金陵河、渭河交汇之处。春秋秦文公时（前765～前716年），在现在的斗鸡台筑陈仓城，设都邑于此。战国时，秦孝公（前350年）推行县制，现金台区地域属当时所设陈仓县，并为县治所在地。秦、汉、三国曹魏、西晋时依然。西晋咸宁四年（278年）分陈仓立蒯城县，后废。自东晋到南北朝的200多年间，经多次改朝换代，古陈仓在战乱中有过几次大的变迁。东晋大兴三年（320年），前赵皇帝、匈奴人刘曜击败晋王司马保夺取陈仓。后赵建平二年（331年）撤陈仓县，其地划归雍县。前秦甘露元年（359年）置宛川（一名苑川）县，又置武都郡。西魏大统六年（540年），改宛川为陈仓。北周天和元年（566年），筑留谷城以置军人。唐肃宗至德二年（757年）改陈仓县为宝鸡县，以

秦文公得陈宝祭宝鸡神的传说取名。五代仍置宝鸡。宋以后均设。民国时，现金台区辖域均属宝鸡县，辖区为县城区和新市区。1933 年，宝鸡县直属陕西省。1949 年成立宝鸡市人民政府，市人民政府下辖 4 个区，其中新市区、十里铺区及县城区的大部，即为现金台区的前身。1950 年 8 月，县城区、新市区、十里铺区分别更名为第一区、第二区、第四区。1951 年 9 月，又将第二区分为第二区、第三区，第四区改为第五区。1955 年 7 月，第一、二、三、五区分别改称城关区、金台区、金陵区、十里铺区。1956 年 3 月，城关区与渭滨区合并为新编第一区，金台区与金陵区合并为新编第二区，斗鸡区改称第三区，马营区改称第四区，长寿、五里两乡直属市上领导，由第四区代管；同年 5 月，现区内又分设金台区、斗鸡区；10 月将卧龙寺乡并入陈仓乡。1958 年 10 月，区改为城市人民公社，三个乡改为管理区，划归县功人民公社领导。1959 年 1 月，渭滨、斗鸡、清姜、金台四个城市人民公社合并为县级建制的金台人民公社。1960 年 4 月，三个管理区又划归金台人民公社。1967 年 1 月，改金台区为朝阳区，改斗鸡区为向阳区，陈仓人民公社改为红旗公社，长寿人民公社改为红卫公社。1968 年 9 月，区恢复原名。1970 年 8 月，公社恢复原名；是年 11 月宝鸡市新设的郊区为县级建制，并成立四季青公社，陈仓、长寿、四季青三个公社划属郊区。1971 年 3 月 27 日，金台、斗鸡两个区合并为金台区，为县级行政建制。①

2012 年底全区总人口 394538，其中汉族 387996 人，占全区总人口的 98.2%；回族、满族、蒙古族、壮族、黎族、土家族、苗族、藏族等 22 个少数民族，共 6542 人，占全区总人口的 1.8%。

第二节　方言归属与内部差异

金台区方言属于中原官话秦陇片，也叫关中西府话，然亦有其自身的特点，它是城乡接合部口语，受普通话影响较大，比起周边各县的地方方言较柔和、温顺，没有生、噌、冷、噘的感觉，部分同周边各县方言一致，有的发音受到周边省份如豫、川、甘、宁的影响，融合部分外省口语。改革开放以来，随着社会经济的快速发展，普通话越来越普及，方言正在渐渐消失。市区包括陈仓镇及各办事处使用金台方言，即关中西府话，偏普通话。蟠龙镇、硖石镇、金河镇三个镇 2003 年从原宝鸡县区划调整到金台区，使用关中西府话，偏岐宝凤。两乡本籍居民，多操当地方言。城市居民以普通话和变异的河南话为主，行政机关流行纯正或不纯正的陕西西府方音。人们在日常生活、社会活动中，常因事而宜、因人而宜，或普通话，或河南腔，或当地方言，或

---

① 宝鸡市金台区地方志编纂委员会．金台区志［M］．陕西人民出版社，1993 年，第 8 ～ 9 页。

岐（岐山）凤（凤翔）土音。[①] 本区用方言说唱的曲艺是西府曲子。

第三节　发音人和调查人概况

方言发音人（一）

1. 姓名：李春林

2. 单位（退休前）：陕西省宝鸡市金台区陈仓镇金星村三组

3. 通信地址：陕西省宝鸡市金台区陈仓镇金星村三组

4. 性别：男　　民族：汉

5. 出生年月日（公历）：1950 年 4 月 10 日

6. 出生地（从省级至自然村级）：陕西省宝鸡市金台区陈仓镇金星村

7. 主要经历：金星村会计，村铸造厂、汽修厂会计、厂长。

8. 文化程度：初中

9. 职业：农民

10. 会说哪几种话（包括普通话、外语）：金台方言

11. 父亲是哪里人，会说什么话：宝鸡市金台区陈仓镇金星村人，会说金台方言。

12. 母亲是哪里人，会说什么话：宝鸡市金台区群众路办事处五星村人，会说金台方言。

13. 配偶是哪里人，会说什么话：宝鸡市金台区金河镇石桥村人，会说金台方言。

方言发音人（二）

1. 姓名：李天宝

2. 单位（退休前）：陕西省宝鸡市金台区陈仓镇东岭集团

3. 通信地址：陕西省宝鸡市金台区陈仓镇东岭村

4. 性别：男　　民族：汉

5. 出生年月日（公历）：1956 年 4 月 8 日

6. 出生地（从省级至自然村级）：陕西省宝鸡市金台区陈仓镇东岭村

7. 主要经历：金星村记工员，村组长，东岭集团保卫科干事。

8. 文化程度：高中

9. 职业：农民、工人

---

① 宝鸡市金台区地方志编纂委员会. 金台区志［M］. 陕西人民出版社，1993 年，第 654 页。

10. 会说哪几种话（包括普通话、外语）：金台方言

11. 父亲是哪里人，会说什么话：宝鸡市金台区陈仓镇东岭村人，会说金台方言。

12. 母亲是哪里人，会说什么话：宝鸡市金台区陈仓镇东岭村人，会说金台方言。

13. 配偶是哪里人，会说什么话：宝鸡市金台区陈仓镇工农村人，会说金台方言。

调查人

1. 姓名：王应龙

2. 单位：宝鸡文理学院关陇方言与民俗研究中心

3. 通信地址：宝鸡市高新大道 1 号宝鸡文理学院文传院语言教研室

4. 协助调查人 1 姓名：王军良

5. 协助调查人 2 姓名：刘晓利

6. 协助调查人 3 姓名：刘宏儒

第二章　语　音

第一节　声　母

声母共二十六个，包括零声母在内。

p 八兵布宝	ph 派片爬病	m 麦明母庙	f 风副肥饭	v 味问温完
t 多党东刀	th 讨毒脱特			l 脑南老蓝连路
ȶ 酒焦店浆	ȶh 天铁七清			
ts 资早租贼	tsh 刺寸字全		s 三酸想谢	
tʂ 张竹装主	tʂh 柱初床车		ʂ 双船顺书	ʐ 热软让褥
tɕ 九金假举	tɕh 轻穷去茄	ȵ 年泥哑硬	ɕ 响县虚雪	
k 高共瓜哥	kh 开柜跪口	ŋ 熬安藕爱	x 好灰活下	
Ø 月王云用药				

第二节　韵　母

韵母三十四个，不包括儿化韵。

ɿ 师迟试指			
ʅ 猪出十尺	i 米戏急七	u 苦五骨谷	y 雨橘局女
ɑ 茶瓦塔法	iɑ 牙鸭家夹	uɑ 刮瓜花滑	
o 婆磨拨佛		uo 歌坐多活	yo 药学雀约
ɤ 折车热蛇	iɛ 写接贴节		yɛ 缺靴月绝
ɔ 宝饱早贸	iɔ 笑桥飘鸟		
æ 开排鞋歪		uæ 怪快坏拐	
ei 赔飞色白		ui 对鬼国雷	
ou 豆走狗凑	iu 油六绿丢		
ər 二儿耳日			

æ南山半碗　iæ盐年眼间　uæ短官幻惯　yæ权院卷馅

ɑŋ 糖床双邦　iɑŋ 响讲良强　uɑŋ 王黄矿光

əŋ 深根春灯　iŋ 心新硬病　uŋ 寸滚横东　yŋ 云用兄穷

第三节　单字调

单字调四个。

阴平 31　东刻麦叶　阳平 24　门皮盒罚　上声 53　懂买老五　去声 44　动路乱地

第四节　连读变调

后字非轻声两字组连调模式见表 2–1。

表 2–1　后字非轻声两字组连调模式

<table>
<tr><th>后字
前字</th><th>1 阴平 31</th><th>2 阳平 24</th><th>3 上声 53</th><th>4 去声 44</th></tr>
<tr><td rowspan="2">1 阴平 31</td><td rowspan="2">24+31</td><td rowspan="2">31+24</td><td rowspan="2">31+53</td><td>31+44</td></tr>
<tr><td>53+44</td></tr>
<tr><td>2 阳平 24</td><td>24+31</td><td>24+24</td><td>24+53</td><td>24+44</td></tr>
<tr><td>3 上声 53</td><td>53+31</td><td>53+24</td><td>53+53</td><td>53+44</td></tr>
<tr><td>4 去声 44</td><td>44+31</td><td>44+24</td><td>44+53</td><td>44+44</td></tr>
</table>

非叠字组后字轻声两字组连调模式见表 2–2。

表 2–2　非叠字组后字轻声两字组连调模式

<table>
<tr><th>后字
前字</th><th>1 阴平 31</th><th>2 阳平 24</th><th>3 上声 53</th><th>4 去声 44</th></tr>
<tr><td rowspan="2">1 阴平 31</td><td>31+0</td><td>31+0</td><td rowspan="2">31+0</td><td rowspan="2">53+0</td></tr>
<tr><td>53+0</td><td>53+0</td></tr>
<tr><td>2 阳平 24</td><td>31+53</td><td>31+53</td><td>31+53</td><td>31+53</td></tr>
<tr><td rowspan="3">3 上声 53</td><td rowspan="3">44+0</td><td rowspan="3">44+0</td><td>31+53</td><td>44+0</td></tr>
<tr><td>31+0</td><td rowspan="2">31+0</td></tr>
<tr><td>44+0</td></tr>
<tr><td>4 去声 44</td><td>44+0</td><td>44+0</td><td>44+0</td><td>44+0</td></tr>
</table>

第五节 单 字

0001. 多 tuo31
0002. 拖 thuo31
0003. 大～小 tɑ44
0004. 锣 luo24
0005. 左 tsuo44
0006. 歌 kuo31
0007. 个一～kuo44
0008. 可 khuo53
0009. 鹅 ŋuo24
0010. 饿 ŋuo44
0011. 河 xuo24
0012. 茄 tɕhiɛ24
0013. 破 pho44
0014. 婆 pho24
0015. 磨动 mo24
0016. 磨名 mo44
0017. 躲 tuo53
0018. 螺 luo24
0019. 坐 tshuo44
0020. 锁 suo53
0021. 果 kuo53
0022. 过 kuo44
0023. 课 khuo44
0024. 火 xuo53
0025. 货 xuo44
0026. 祸 xuo44
0027. 靴 ɕyɛ31
0028. 把量 pɑ53
0029. 爬 phɑ24
0030. 马 mɑ53
0031. 骂 mɑ44
0032. 茶 tshɑ24
0033. 沙 sɑ31
0034. 假真～tɕiɑ53
0035. 嫁 tɕiɑ44
0036. 牙 Øiɑ24
0037. 虾 ɕiɑ31
0038. 下底～xɑ44
0039. 夏春～ɕiɑ44
0040. 哑 Øiɑ53
0041. 姐 ȶiɛ24
0042. 借 ȶiɛ44
0043. 写 siɛ53
0044. 斜 siɛ24
0045. 谢 siɛ44
0046. 车不是棋子 tʂhɤ31
0047. 蛇 ʂɤ24
0048. 射 ʂɤ44
0049. 爷 Øiɛ24
0050. 野 Øiɛ53
0051. 夜 Øiɛ44
0052. 瓜 kuɑ31
0053. 瓦 Øuɑ53
0054. 花 xuɑ31
0055. 化 xuɑ44
0056. 华中～xuɑ31
0057. 谱家～，注意声母 phu53
0058. 布 pu44
0059. 铺动 phu31
0060. 簿 phu53
0061. 步 phu44
0062. 赌 tu53
0063. 土 thu53
0064. 图 thu24
0065. 杜 thu44
0066. 奴 lu24
0067. 路 lu44
0068. 租 tsu31
0069. 做 tsu44
0070. 错对～tshuo31
0071. 箍～桶，注意声母 ku31
0072. 古 ku53
0073. 苦 fu53
0074. 裤 fu44
0075. 吴 Øu24
0076. 五 Øu53
0077. 虎 xu53
0078. 壶 xu24
0079. 户 xu44
0080. 乌 Øu31
0081. 女 ȵy53
0082. 吕 ly53
0083. 徐 ɕy24
0084. 猪 tʂʅ31
0085. 除 tʂhʅ24
0086. 初 tʂhʅ31
0087. 锄 tʂhʅ24
0088. 所 ʂuɤ53
0089. 书 ʂʅ31
0090. 鼠 ʂʅ53
0091. 如 ʐʅ24
0092. 举 tɕy53
0093. 锯名 tɕy44
0094. 去 tɕhi44
0095. 渠～道 tɕhy24
0096. 鱼 Øy24
0097. 许 ɕy53
0098. 余剩～，多～Øy24
0099. 府 fu53
0100. 付 fu44
0101. 父 fu44
0102. 武 vu53
0103. 雾 vu44
0104. 取 tɕhy53
0105. 柱 tʂhʅ44
0106. 住 tʂhʅ44
0107. 数动 ʂʅ53
0108. 数名 ʂʅ44
0109. 主 tʂʅ53
0110. 输 ʂʅ31
0111. 竖 ʂʅ44
0112. 树 ʂʅ44
0113. 句 tɕy44
0114. 区地～tɕhy31
0115. 遇 Øy44
0116. 雨 Øy53

0117. 芋 Øy44
0118. 裕 Øy31
0119. 胎 thæ31
0120. 台戏～thæ24
0121. 袋 tæ44
0122. 来 læ24
0123. 菜 tshæ44
0124. 财 tshæ24
0125. 该 kæ31
0126. 改 kæ53
0127. 开 khæ31
0128. 海 xæ53
0129. 爱 ŋæ44
0130. 贝 pei44
0131. 带动 tæ44
0132. 盖动 kæ44
0133. 害 xæ44
0134. 拜 pæ44
0135. 排 phæ24
0136. 埋 mæ24
0137. 戒 tɕiɛ44
0138. 摆 pæ53
0139. 派注意声调 phæ53～别/phæ44～饭
0140. 牌 phæ24
0141. 买 mæ53
0142. 卖 mæ44
0143. 柴 tshæ24
0144. 晒 sæ44
0145. 街 tɕiɛ31
0146. 解～开 tɕiɛ53
0147. 鞋 xæ24
0148. 蟹注意声调 ɕiɛ31
0149. 矮 ŋæ53
0150. 败 phæ44
0151. 币 pi44
0152. 制～造 tʂʅ44
0153. 世 ʂʅ44
0154. 艺 Øi44
0155. 米 mi53
0156. 低 ȶi31
0157. 梯 ȶhi31
0158. 剃 ȶhi44
0159. 弟 ȶi44
0160. 递 ȶi44
0161. 泥 ȵi24
0162. 犁 li24
0163. 西 si31
0164. 洗 si53
0165. 鸡 tɕi31
0166. 溪 ɕi31
0167. 契 tɕhi31
0168. 系联～ɕi44
0169. 杯 phei31
0170. 配 phei44
0171. 赔 phei24
0172. 背～诵 pei44
0173. 煤 mei24
0174. 妹 mei44
0175. 对 tui44
0176. 雷 lui24
0177. 罪 tsui44
0178. 碎 sui44
0179. 灰 xui31
0180. 回 xui24
0181. 外 Øuæ44
0182. 会开～xui44
0183. 怪 kuæ44
0184. 块 khuæ53
0185. 怀 xuæ24
0186. 坏 xuæ44
0187. 拐 kuæ53
0188. 挂 kuɑ44
0189. 歪注意声母 Øuæ31
0190. 画 xuɑ44
0191. 快 khuæ44
0192. 话 xuɑ44
0193. 岁 sui44
0194. 卫 vei24
0195. 肺 fei44
0196. 桂 kui44
0197. 碑 pi31
0198. 皮 phi24
0199. 被～子 pi44
0200. 紫 tsɿ53
0201. 刺 tshɿ44
0202. 知 tʂʅ31
0203. 池 tʂhʅ24
0204. 纸 tsɿ53
0205. 儿 Øər24
0206. 寄 tɕi44
0207. 骑 tɕhi24
0208. 蚁注意韵母 Øi31
0209. 义 Øi44
0210. 戏 ɕi44
0211. 移 Øi24
0212. 比 pi53
0213. 屁 phi44
0214. 鼻注意声调 phi24
0215. 眉 mi24
0216. 地 ȶhi44
0217. 梨 li24
0218. 资 tsɿ31
0219. 死 sɿ53
0220. 四 sɿ44
0221. 迟 tshɿ24
0222. 指 tsɿ53
0223. 师 sɿ31
0224. 二 Øər44
0225. 饥～饿 tɕi31
0226. 器 tɕhi44
0227. 姨 Øi24
0228. 李 li53
0229. 子 tsɿ53
0230. 字 tshɿ44
0231. 丝 sɿ31
0232. 祠 tshɿ24
0233. 寺 sɿ44
0234. 治 tʂʅ44
0235. 柿 sɿ44
0236. 事 sɿ44
0237. 使 sɿ53
0238. 试 sɿ44
0239. 时 sɿ24
0240. 市 sɿ44
0241. 耳 Øər53
0242. 记 tɕi44

0243. 棋 tɕhi24
0244. 喜 ɕi31
0245. 意 Øi44
0246. 几～个 tɕi53
0247. 气 tɕhi44
0248. 希 ɕi31
0249. 衣 Øi31
0250. 嘴 tsui53
0251. 随 sui24
0252. 吹 tʂhei31
0253. 垂 tʂhei44
0254. 规 khui31
0255. 亏 khui31
0256. 跪注意声调 khui44
0257. 危 vei24
0258. 类 lui53
0259. 醉 tsui44
0260. 追 tʂei31
0261. 锤 tʂhei24
0262. 水 ʂei53
0263. 龟 kui31
0264. 季 tɕi44
0265. 柜 khui44
0266. 位 vei44
0267. 飞 fei31
0268. 费 fei44
0269. 肥 fei24
0270. 尾 Øui53 末～/Øi53～巴
0271. 味 vei44
0272. 鬼 kui53
0273. 贵 kui44
0274. 围 Øui24
0275. 胃 Øui44
0276. 宝 pɔ53
0277. 抱 pɔ44
0278. 毛 mɔ24
0279. 帽 mɔ44
0280. 刀 tɔ31
0281. 讨 thɔ53
0282. 桃 thɔ24
0283. 道 tɔ44～德/thɔ44 街～
0284. 脑 lɔ53
0285. 老 lɔ53
0286. 早 tsɔ53
0287. 灶 tsɔ44
0288. 草 tshɔ53
0289. 糙注意声调 tshɔ31
0290. 造 tshɔ44
0291. 嫂 sɔ53
0292. 高 kɔ31
0293. 靠 khɔ44
0294. 熬 ŋɔ24
0295. 好～坏 xɔ53
0296. 号名 xɔ44
0297. 包 pɔ31
0298. 饱 pɔ53
0299. 炮 phɔ44
0300. 猫 mɔ24
0301. 闹 lɔ44
0302. 罩 tsɔ44
0303. 抓用手～牌 tʂɑ31
0304. 找～零钱 tsɔ53
0305. 抄 tshɔ31
0306. 交 tɕiɔ31
0307. 敲 tɕhiɔ31
0308. 孝 ɕiɔ44
0309. 校学～ɕiɔ44
0310. 表手～piɔ53
0311. 票 phiɔ44
0312. 庙 miɔ44
0313. 焦 ȶiɔ31
0314. 小 siɔ52
0315. 笑 siɔ44
0316. 朝～代 tʂhɔ24
0317. 照 tʂɔ44
0318. 烧 ʂɔ31
0319. 绕～线 ʐɔ53
0320. 桥 tɕhiɔ24
0321. 轿 tɕhiɔ44
0322. 腰 Øiɔ31
0323. 要重～Øiɔ44
0324. 摇 Øiɔ24
0325. 鸟注意声母 ȵiɔ53
0326. 钓 ȶiɔ44
0327. 条 ȶhiɔ24
0328. 料 liɔ44
0329. 箫 siɔ31
0330. 叫 tɕiɔ44
0331. 母丈～，舅～ mu53
0332. 抖 thou53
0333. 偷 thou31
0334. 头 thou24
0335. 豆 tou44
0336. 楼 lou24
0337. 走 tsou53
0338. 凑 tshou44
0339. 钩注意声母 kou31
0340. 狗 kou53
0341. 够 kou44
0342. 口 khou53
0343. 藕 ŋou53
0344. 后前～xou44
0345. 厚 xou44
0346. 富 fu44
0347. 副 fu44
0348. 浮 fu24
0349. 妇 fu44
0350. 流 liu24
0351. 酒 ȶiu53
0352. 修 siu31
0353. 袖 siu44
0354. 抽 tʂhou31
0355. 绸 tʂhou24
0356. 愁 tshou24
0357. 瘦 sou44
0358. 州 tʂou31
0359. 臭香～tʂhou44
0360. 手 ʂou53
0361. 寿 ʂou44
0362. 九 tɕiu53
0363. 球 tɕhiu24
0364. 舅 tɕiu44
0365. 旧 tɕhiu44
0366. 牛 ȵiu24

0367. 休 ɕiu31

0368. 优 Øiu31

0369. 有 Øiu53

0370. 右 Øiu44

0371. 油 Øiu24

0372. 丢 ȶiu31

0373. 幼 Øiu44

0374. 贪 thæ31

0375. 潭 thæ24

0376. 南 læ24

0377. 蚕 tshæ24

0378. 感 kæ53

0379. 含～一口水 xæ24

0380. 暗 ŋæ44

0381. 搭 tɑ31

0382. 踏注意声调 thɑ24

0383. 拉注意声调 lɑ31

0384. 杂 tsɑ24

0385. 鸽 kuo31

0386. 盒 xuo24

0387. 胆 tæ53

0388. 毯 thæ53

0389. 淡 tæ44

0390. 蓝 læ24

0391. 三 sæ31

0392. 甘 kæ31

0393. 敢 kæ53

0394. 喊注意声调 xæ53

0395. 塔 thɑ31

0396. 蜡 lɑ31

0397. 赚 tɕiæ44

0398. 杉～木，注意韵母 sæ31

0399. 减 tɕiæ53

0400. 咸～淡 xæ24

0401. 插 tshɑ31

0402. 闸 tsɑ44

0403. 夹～子 tɕiɑ31

0404. 衫 sæ31

0405. 监 tɕiæ31

0406. 岩 Øiæ24

0407. 甲 tɕiɑ31

0408. 鸭 Øiɑ31

0409. 黏～液 ʐæ24

0410. 尖 ȶiæ31

0411. 签～名 ȶhiæ31

0412. 占～领 tʂæ44

0413. 染 ʐæ53

0414. 钳 tɕhiæ24

0415. 验 Øiæ44

0416. 险 ɕiæ53

0417. 厌 Øiæ44

0418. 炎 Øiæ44

0419. 盐 Øiæ24

0420. 接 ȶiɛ31

0421. 折～叠 tʂɤ53

0422. 叶树～ Øiɛ31

0423. 剑 tɕiæ53

0424. 欠 tɕhiæ44

0425. 严 Øiæ24

0426. 业 ȵiɛ31

0427. 点 ȶiæ52

0428. 店 ȶiæ44

0429. 添 ȶhiæ31

0430. 甜 ȶhiæ24

0431. 念 ȵiæ44

0432. 嫌 ɕiæ24

0433. 跌注意声调 ȶiɛ31

0434. 贴 ȶhiɛ31

0435. 碟 ȶhiɛ24

0436. 协 ɕiɛ24

0437. 犯 fæ44

0438. 法 fɑ31

0439. 品 phiŋ53

0440. 林 liŋ24

0441. 浸 ȶiŋ53

0442. 心 siŋ31

0443. 寻 siŋ24

0444. 沉 tʂhəŋ24

0445. 参人～ səŋ31

0446. 针 tʂəŋ31

0447. 深 ʂəŋ31

0448. 任责～ ʐəŋ44

0449. 金 tɕiŋ31

0450. 琴 tɕhiŋ24

0451. 音 Øiŋ31

0452. 立 li31

0453. 集 ȶhi24

0454. 习 si24

0455. 汁 tʂʅ31

0456. 十 ʂʅ24

0457. 入 ʐʅ31

0458. 急 tɕi24

0459. 及 tɕi24

0460. 吸 ɕi31

0461. 单简～ tæ31

0462. 炭 thæ44

0463. 弹～琴 thæ24

0464. 难～易 læ24

0465. 兰 læ24

0466. 懒 læ53

0467. 烂 læ44

0468. 伞注意声调 sæ53

0469. 肝 kæ31

0470. 看～见 khæ44

0471. 岸 ŋæ44

0472. 汉 xæ44

0473. 汗 xæ44

0474. 安 ŋæ31

0475. 达 tɑ24

0476. 辣 lɑ31

0477. 擦 tshɑ31

0478. 割 kuo31

0479. 渴 khuo31

0480. 扮 pæ44

0481. 办 pæ44

0482. 铲 tshæ53

0483. 山 sæ31

0484. 产注意声母 tshæ53

0485. 间房～，一～房 tɕiæ31

0486. 眼 ȵiæ53

0487. 限 ɕiæ44

0488. 八 pɑ31

0489. 扎 tsɑ31

0490. 杀 sɑ31
0491. 班 pæ̃31
0492. 板 pæ̃53
0493. 慢 mæ̃44
0494. 奸 tɕiæ̃31
0495. 颜 Øiæ̃24
0496. 瞎 xɑ31
0497. 变 piæ̃44
0498. 骗欺～phiæ̃44
0499. 便方～piæ̃44
0500. 棉 miæ̃24
0501. 面～孔 miæ̃44
0502. 连 liæ̃24
0503. 剪 ȶiæ̃53
0504. 浅 ȶhiæ̃53
0505. 钱 ȶhiæ̃24
0506. 鲜 siæ̃53 新～/ȶiæ̃53 味～
0507. 线 siæ̃44
0508. 缠 tʂhæ̃24
0509. 战 tʂæ̃44
0510. 扇名 ʂæ̃44
0511. 善 ʂæ̃44
0512. 件 tɕhiæ̃44
0513. 延 Øiæ̃24
0514. 别～人 piɛ24
0515. 灭 miɛ31
0516. 列 liɛ31
0517. 撤 tʂhɤ53
0518. 舌 ʂɤ24
0519. 设 ʂɤ44
0520. 热 ʐɤ31
0521. 杰 tɕiɛ24
0522. 孽 ȵiɛ31
0523. 建 tɕiæ̃44
0524. 健 tɕiæ̃44
0525. 言 Øiæ̃24
0526. 歇 ɕiɛ31
0527. 扁 piæ̃53
0528. 片 phiæ̃53
0529. 面～条 miæ̃44
0530. 典 ȶiæ̃53
0531. 天 ȶhiæ̃31
0532. 田 ȶhiæ̃24
0533. 垫 ȶhiæ̃44
0534. 年 ȵiæ̃24
0535. 莲 liæ̃24
0536. 前 ȶhiæ̃24
0537. 先 siæ̃31
0538. 肩 tɕiæ̃31
0539. 见 tɕiæ̃44
0540. 牵 tɕhiæ̃31
0541. 显 ɕiæ̃53
0542. 现 ɕiæ̃44
0543. 烟 Øiæ̃31
0544. 憋 piɛ31
0545. 篾 mi24
0546. 铁 ȶhiɛ31
0547. 捏 ȵiɛ31
0548. 节 ȶiɛ31
0549. 切动 ȶhiɛ31
0550. 截 ȶhiɛ24
0551. 结 tɕiɛ31
0552. 搬 pæ̃31
0553. 半 pæ̃44
0554. 判 phæ̃44
0555. 盘 phæ̃24
0556. 满 mæ̃53
0557. 端～午 tuæ̃31
0558. 短 tuæ̃53
0559. 断绳～了 thuæ̃44
0560. 暖 luæ̃53
0561. 乱 luæ̃44
0562. 酸 suæ̃31
0563. 算 suæ̃44
0564. 官 kuæ̃31
0565. 宽 khuæ̃31
0566. 欢 xuæ̃31
0567. 完 væ̃24
0568. 换 xuæ̃44
0569. 碗 væ̃53
0570. 拨 po31
0571. 泼 pho31
0572. 末 mo31
0573. 脱 thuo31
0574. 夺 tuo24
0575. 阔 khuo31
0576. 活 xuo24
0577. 顽～皮，～固 væ̃24
0578. 滑 xuɑ24
0579. 挖 Øuɑ31
0580. 闩 ʂæ̃31
0581. 关～门 kuæ̃31
0582. 惯 kuæ̃44
0583. 还动 xuæ̃24
0584. 还副 xɑ24
0585. 弯 væ̃31
0586. 刷 ʂɑ31
0587. 刮 kuɑ31
0588. 全 tɕhyæ̃24
0589. 选 ɕyæ̃53
0590. 转～眼，～送 tʂæ̃53
0591. 传～下来 tʂhæ̃24
0592. 传～记 tʂæ̃44
0593. 砖 tʂæ̃31
0594. 船 tʂhæ̃24
0595. 软 ʐæ̃53
0596. 卷～起 tɕyæ̃53
0597. 圈圆～tɕhyæ̃31
0598. 权 tɕhyæ̃24
0599. 圆 Øyæ̃24
0600. 院 Øyæ̃44
0601. 铅～笔，注意声调 tɕhiæ̃31
0602. 绝 tɕyɛ24
0603. 雪 ɕyɛ31
0604. 反 fæ̃53
0605. 翻 fæ̃31
0606. 饭 fæ̃44
0607. 晚 væ̃53
0608. 万麻将牌 væ̃44
0609. 劝 tɕhyæ̃44
0610. 原 Øyæ̃24
0611. 冤 Øyæ̃31
0612. 园 Øyæ̃24
0613. 远 Øyæ̃53～近/Øyæ̃44～过去
0614. 发头～fɑ31

0615. 罚 fɑ24
0616. 袜 vɑ31
0617. 月 Øyɛ31
0618. 越 Øyɛ31
0619. 县 ɕiæ̃44
0620. 决 tɕyɛ53
0621. 缺 tɕhyɛ31
0622. 血 ɕiɛ31
0623. 吞 thəŋ31
0624. 根 kəŋ31
0625. 恨 xəŋ44
0626. 恩 ŋəŋ31
0627. 贫 phiŋ24
0628. 民 miŋ24
0629. 邻 liŋ24
0630. 进 ȶiŋ44
0631. 亲 ȶhiŋ31
0632. 新 siŋ31
0633. 镇 tʂəŋ44
0634. 陈 tʂhəŋ24
0635. 震 tʂəŋ44
0636. 神 ʂəŋ24
0637. 身 ʂəŋ31
0638. 辰 tʂhəŋ24
0639. 人 ʐəŋ24
0640. 认 ʐəŋ44
0641. 紧 tɕiŋ53
0642. 银 Øiŋ24
0643. 印 Øiŋ44
0644. 引 Øiŋ53
0645. 笔 pi31
0646. 匹 phi44
0647. 密 mi31
0648. 栗 li31
0649. 七 ȶhi31
0650. 侄 tʂhʅ24
0651. 虱 sei31
0652. 实 ʂʅ24
0653. 失 ʂʅ31
0654. 日 Øər31
0655. 吉 tɕi24
0656. 一 Øi31
0657. 筋 tɕiŋ31
0658. 劲有～tɕiŋ44
0659. 勤 tɕhiŋ24
0660. 近 tɕhiŋ44
0661. 隐 Øiŋ53
0662. 本 pəŋ53
0663. 盆 phəŋ24
0664. 门 məŋ24
0665. 墩 tuŋ31
0666. 嫩 lyŋ44
0667. 村 tshuŋ31
0668. 寸 tshuŋ44
0669. 蹲注意声母 tuŋ31
0670. 孙～子 suŋ31
0671. 滚 kuŋ53
0672. 困 khuŋ44
0673. 婚 xuŋ31
0674. 魂 xuŋ24
0675. 温 vəŋ31
0676. 卒棋子 tsu24
0677. 骨 ku31
0678. 轮 lyŋ24
0679. 俊注意声母 tsuŋ44
0680. 笋 suŋ53
0681. 准 tʂəŋ53
0682. 春 tʂhəŋ31
0683. 唇 ʂəŋ24
0684. 顺 ʂəŋ44
0685. 纯 tʂhəŋ24
0686. 闰 ʐəŋ44
0687. 均 tɕyŋ31
0688. 匀 Øiŋ24
0689. 律 ly31
0690. 出 tʂhʅ31
0691. 橘 tɕy31
0692. 分动 fəŋ31
0693. 粉 fəŋ53
0694. 粪 fəŋ44
0695. 坟 fəŋ24
0696. 蚊 vəŋ24
0697. 问 vəŋ44
0698. 军 tɕyŋ31
0699. 裙 tɕhyŋ24
0700. 熏 ɕyŋ31
0701. 云～彩 Øyŋ24
0702. 运 Øyŋ44
0703. 佛～像 fo24
0704. 物 Øuo31
0705. 帮 pɑŋ31
0706. 忙 mɑŋ24
0707. 党 tɑŋ53
0708. 汤 thɑŋ31
0709. 糖 thɑŋ24
0710. 浪 lɑŋ44
0711. 仓 tshɑŋ31
0712. 钢 kɑŋ31
0713. 糠 khɑŋ31
0714. 薄形 pho24
0715. 摸注意声调 mo31
0716. 托 thuo31
0717. 落 luo31
0718. 作 tsuo31
0719. 索 suo31
0720. 各 kuo31
0721. 鹤 xuo44
0722. 恶形，入声 ŋuo31
0723. 娘 ȵiɑ24
0724. 两斤～liɑŋ53
0725. 亮 liɑŋ44
0726. 浆 ȶiɑŋ31
0727. 抢 ȶhiɑŋ53
0728. 匠 ȶiɑŋ44
0729. 想 siɑŋ53
0730. 像 siɑŋ44
0731. 张量 tʂɑŋ31
0732. 长～短 tʂhɑŋ24
0733. 装 tʂɑŋ31
0734. 壮 tʂɑŋ44
0735. 疮 tʂhɑŋ31
0736. 床 tʂhɑŋ24
0737. 霜 ʂɑŋ31
0738. 章 tʂɑŋ31
0739. 厂 tʂhɑŋ53
0740. 唱 tʂhɑŋ44
0741. 伤 ʂɑŋ31
0742. 尝 ʂɑŋ24

0743. 上～去 ʂɑŋ44
0744. 让 ʐɑŋ44
0745. 姜生～ tɕiɑŋ31
0746. 响 ɕiɑŋ53
0747. 向 ɕiɑŋ44
0748. 秧 Øiɑŋ31
0749. 痒 Øiɑŋ53
0750. 样 Øiɑŋ44
0751. 雀注意声母 tɕhyo31
0752. 削 ɕyo31
0753. 着火～了 tʂhuo24
0754. 勺 ʂuo24
0755. 弱 ʐuo31
0756. 脚 tɕyo31
0757. 约 Øyo31
0758. 药 Øyo31
0759. 光～线 kuɑŋ31
0760. 慌 xuɑŋ31
0761. 黄 xuɑŋ24
0762. 郭 kuo31
0763. 霍 xuo44
0764. 方 fɑŋ31
0765. 放 fɑŋ44
0766. 纺 fɑŋ53
0767. 房 fɑŋ24
0768. 防 fɑŋ24
0769. 网 vɑŋ53
0770. 筐 khuɑŋ31
0771. 狂 khuɑŋ24
0772. 王 Øuɑŋ24
0773. 旺 Øuɑŋ44
0774. 缚 fo24
0775. 绑 pɑŋ53
0776. 胖 phɑŋ44
0777. 棒 pɑŋ44 木～/phɑŋ44 番麦～～
0778. 桩 tʂɑŋ31
0779. 撞 tʂhɑŋ44
0780. 窗 tʂhɑŋ31
0781. 双 ʂɑŋ31
0782. 江 tɕiɑŋ31
0783. 讲 tɕiɑŋ53
0784. 降投～ ɕiɑŋ24
0785. 项 xɑŋ44
0786. 剥 po31
0787. 桌 tʂuo31
0788. 镯 tʂuo24
0789. 角 tɕyo31
0790. 壳 khuo 大烟～～/tɕhyo31 玉麦～～
0791. 学 ɕyo24
0792. 握 Øuo31
0793. 朋 phəŋ24
0794. 灯 təŋ31
0795. 等 təŋ53
0796. 凳 təŋ44
0797. 藤 thəŋ24
0798. 能 ləŋ24
0799. 层 tshəŋ24
0800. 僧注意声母 səŋ31
0801. 肯 khəŋ53
0802. 北 pei31
0803. 墨 mei24
0804. 得 tei31
0805. 特 thei24
0806. 贼 tsei24
0807. 塞 sei31
0808. 刻 khei31
0809. 黑 xei31
0810. 冰 piŋ31
0811. 证 tʂəŋ44
0812. 秤 tʂhəŋ44
0813. 绳 ʂəŋ24
0814. 剩 ʂəŋ44
0815. 升 ʂəŋ31
0816. 兴高～ ɕiŋ31
0817. 蝇注意声母 Øiŋ24
0818. 逼 pi31
0819. 力 li31
0820. 息 si31
0821. 直 tʂʅ24
0822. 侧注意声母 tshei31
0823. 测 tshei31
0824. 色 sei31
0825. 织 tʂʅ31
0826. 食 ʂʅ24
0827. 式 ʂʅ31
0828. 极 tɕi24
0829. 国 kui31
0830. 或 xui24
0831. 猛 məŋ53
0832. 打注意韵母 tɑ53
0833. 冷 ləŋ53
0834. 生 səŋ31
0835. 省～长 səŋ53
0836. 更三～，打～ kəŋ44
0837. 梗注意韵母 kəŋ44
0838. 坑 khəŋ31
0839. 硬 ȵiŋ44
0840. 行～为，～走 ɕiŋ24
0841. 百 pei31
0842. 拍 phei31
0843. 白 phei24
0844. 拆 tshei31
0845. 择 tshei24
0846. 窄 tsei31
0847. 格 kuo31
0848. 客 khei31
0849. 额 ŋei31
0850. 棚 phəŋ24
0851. 争 tsəŋ31
0852. 耕 kəŋ31
0853. 麦 mei31
0854. 摘 tsei31
0855. 策 tshei31
0856. 隔 kei31
0857. 兵 piŋ31
0858. 柄注意声调 piŋ53
0859. 平 phiŋ24
0860. 病 phiŋ44
0861. 明 miŋ24

0862. 命 miŋ44
0863. 镜 tɕiŋ44
0864. 庆 tɕhiŋ44
0865. 迎 Øiŋ24
0866. 影 Øiŋ53
0867. 剧戏～tɕy44
0868. 饼 piŋ53
0869. 名 miŋ24
0870. 领 liŋ53
0871. 井 ȶiŋ53
0872. 清 ȶhiŋ31
0873. 静 ȶiŋ44
0874. 姓 siŋ44
0875. 贞 tʂəŋ31
0876. 程 tʂhəŋ24
0877. 整 tʂəŋ53
0878. 正～反 tʂəŋ44
0879. 声 ʂəŋ31
0880. 城 tʂhəŋ24
0881. 轻 tɕhiŋ31
0882. 赢 Øiŋ24
0883. 积 ȶi31
0884. 惜 siɛ31
0885. 席 si24
0886. 尺 tʂhʅ31
0887. 石 ʂʅ24
0888. 益 Øi31
0889. 瓶 phiŋ24
0890. 钉名 ȶiŋ31
0891. 顶 ȶiŋ53
0892. 厅 ȶhiŋ31
0893. 听～见，注意声调 ȶhiŋ31
0894. 停 ȶhiŋ24
0895. 挺 ȶhiŋ53
0896. 定 ȶiŋ44
0897. 零 liŋ24
0898. 青 ȶhiŋ31
0899. 星 siŋ31
0900. 经 tɕiŋ31
0901. 形 ɕiŋ24
0902. 壁 pi31
0903. 劈 phi53
0904. 踢 ȶhi31
0905. 笛 ȶhi24
0906. 历农～li31
0907. 锡 si31
0908. 击 tɕi31
0909. 吃 tʂhʅ31
0910. 横 xəŋ24
0911. 划计～xuɑ44
0912. 兄 ɕyŋ31
0913. 荣 ʐuŋ24
0914. 永 Øyŋ53
0915. 营 Øiŋ24
0916. 蓬～松 phəŋ24
0917. 东 tuŋ31
0918. 懂 tuŋ53
0919. 冻 tuŋ44
0920. 通 thuŋ31
0921. 桶注意声调 thuŋ53
0922. 痛 thuŋ44
0923. 铜 thuŋ24
0924. 动 tuŋ44 劳～/ thuŋ44 ～弹
0925. 洞 tuŋ44
0926. 聋注意声调 luŋ24
0927. 弄注意声母 luŋ44
0928. 粽 tsuŋ44
0929. 葱 tshuŋ31
0930. 送 suŋ44
0931. 公 kuŋ31
0932. 孔 khuŋ53
0933. 烘～干 xuŋ31
0934. 红 xuŋ24
0935. 翁 vəŋ31
0936. 木 mu31
0937. 读 thu24
0938. 鹿 lu31
0939. 族 tshu24
0940. 谷稻～ku31
0941. 哭 fu31
0942. 屋 Øu31
0943. 冬～至 tuŋ31
0944. 统注意声调 thuŋ53
0945. 脓注意声调 luŋ24
0946. 松～紧 suŋ31
0947. 宋 suŋ44
0948. 毒 thu24
0949. 风 fəŋ31
0950. 丰 fəŋ31
0951. 凤 fəŋ44
0952. 梦 məŋ44
0953. 中当～tʂhəŋ24
0954. 虫 tʂhəŋ24
0955. 终 tʂəŋ31
0956. 充 tʂhəŋ53
0957. 宫 kuŋ31
0958. 穷 tɕhyŋ24
0959. 熊注意声母 ɕyŋ24
0960. 雄注意声母 ɕyŋ24
0961. 福 fu31
0962. 服 fu24
0963. 目 mu31
0964. 六 liu31
0965. 宿住～，～舍 ɕy31
0966. 竹 tʂʅ31
0967. 畜～生 ɕy31
0968. 缩 ʂuo31 ～小/ ʂɑŋ53 ～脖子
0969. 粥 tʂʅ31
0970. 叔 ʂʅ24
0971. 熟 ʂʅ24
0972. 肉 ʐou44
0973. 菊 tɕy31
0974. 育 Øy44
0975. 封 fəŋ31
0976. 蜂 fəŋ31
0977. 缝一条～fəŋ44
0978. 浓 luŋ24
0979. 龙 luŋ24
0980. 松～树，注意声调 suŋ31
0981. 重轻～tʂhəŋ44

0982. 肿 tʂəŋ53
0983. 种～树 tʂəŋ44
0984. 冲 tʂhəŋ31
0985. 恭 kuŋ31
0986. 共 kuŋ44
0987. 凶吉～ɕyŋ31
0988. 拥注意声调 Øyŋ53
0989. 容 Øyŋ24
0990. 用 Øyŋ44
0991. 绿 liu31
0992. 足 tsu31
0993. 烛 tʂʅ31
0994. 赎 ʂʅ24
0995. 属 ʂʅ53
0996. 褥 ʐʅ31
0997. 曲～折，歌～tɕhy31
0998. 局 tɕhy24
0999. 玉 Øy31
1000. 浴 Øy31

第三章　词　汇

第一节　规定词汇

一、天文、地理

（一）天文

0001. 太阳～下山了　日头爷 Øər53thou0Øiε0

0002. 月亮～出来了　月亮 Øyε53liaŋ0

0003. 星星　宿宿 siu53siu0

0004. 云　云 Øyŋ24

0005. 风　风 fəŋ31

0006. 台风　旋风 suæ̃31fəŋ53

0007. 闪电名词　闪电 ʂæ̃53ʈiæ̃44

0008. 雷　呼噜爷 xu53lu31Øiε31

0009. 雨　雨 Øy53

0010. 下雨　下雨 ɕia44Øy53

0011. 淋衣服被雨～湿了　淋 lyŋ24

0012. 晒～粮食　晒 sæ44

0013. 雪　雪 ɕyε31

0014. 冰　冰凌 piŋ53liŋ0

0015. 冰雹　冷子 ləŋ53tsɿ0

0016. 霜　霜 ʂaŋ31

0017. 雾　雾 vu44

0018. 露　露水 lou44ʂei0

0019. 虹统称　虹 tɕiaŋ44

0020. 日食　日食 Øər53ʂʅ0

0021. 月食　月食 Øyε53ʂʅ0

0022. 天气　天色 ʈhiæ̃31sei0

0023. 晴天～　晴光光 ʈhiŋ31kuaŋ53kuaŋ0

0024. 阴天～　阴下了 Øiŋ31xa0lia0

0025. 旱天～　天旱 ʈhiæ̃31xæ̃44

0026. 涝天～　淹了 Øiæ̃31lia0

0027. 天亮　明了 miŋ31lia53

（二）地貌

0028. 水田　水地 ʂei53ʈhi0

0029. 旱地浇不上水的耕地　旱地 xæ̃44ʈhi0

0030. 田埂　盖塄 kæ44ləŋ31/塄坎 ləŋ44khæ̃31

0031. 路野外的　路 lu44

0032. 山　山 sæ̃31

0033. 山谷　山沟 sæ̃24kou31

0034. 江大的河　江 tɕiaŋ31

0035. 溪小的河　水渠 ʂei53tɕhy24

0036. 水沟儿较小的水道　水道 ʂei53thɔ0

0037. 湖　湖 xu24

0038. 池塘 涝池 lɔ44tshʅ0/涝坝 lɔ44pɑ0

0039. 水坑儿地面上有积水的小洼儿 水潭 ʂei53thæ̃24

0040. 洪水 大水 tɑ44ʂei53

0041. 淹被水～了 漫 mæ̃44

0042. 河岸 河边 xuo31piæ̃53

0043. 坝拦河修筑拦水的 水坝 ʂei53pɑ44

0044. 地震 地震 ȶhi44tʂəŋ44

0045. 窟窿小的 窟窿 fu31luŋ0

0046. 缝儿统称 缝缝 fəŋ44fəŋ0

（三）物象

0047. 石头统称 石头 ʂʅ31thou53

0048. 土统称 土 thu53

0049. 泥湿的 泥 ȵi24

0050. 水泥旧称 洋灰 Øiɑŋ24xui31

0051. 沙子 沙子 sɑ53tsɿ0

0052. 砖整块的 砖头 tʂæ̃53thou0

0053. 瓦整块的 瓦 Øuɑ53

0054. 煤 炭 thæ̃44

0055. 煤油 洋油 Øiɑŋ24Øiu24

0056. 炭木炭 木炭 mu31thæ̃44

0057. 灰烧成的 灰□ xui31ȶhiæ̃31

0058. 灰尘桌面上的 塘土 thɑŋ31thu53

0059. 火 火 xuo53

0060. 烟烧火形成的 烟 Øiæ̃31

0061. 失火 着火 tʂhuo24xuo53

0062. 水 水 ʂei53

0063. 凉水 冰水 piŋ31ʂei53

0064. 热水如洗脸的热水，不是指喝的开水 温水 vəŋ31ʂei53

0065. 开水喝的 煎水 ȶiæ̃31ʂei53

0066. 磁铁 吸铁石 ɕi31ȶhiɛ31ʂʅ24

二、时间、方位

（一）时间

0067. 时候吃饭的～ 时辰 ʂʅ31tʂhəŋ53

0068. 什么时候 啥会 ʂɑ44xui0

0069. 现在 现在 ɕiæ̃44tsæ44

0070. 以前十年～ 前 ȶhiæ̃24

0071. 以后十年～ 后 xou44

0072. 一辈子 一辈辈 Øi31pei44pei0

0073. 今年 今年 tɕiŋ53ȵiæ̃0

0074. 明年 过年 kuo55ȵiæ̃0

0075. 后年 后年 xou44ȵiæ̃0

0076. 去年 年时个 ȵiæ̃31sɿ53kuo0

0077. 前年 前年 ȶhiæ̃31ȵiæ̃53

0078. 往年过去的年份 □二年 Øuæ44Øər0ȵiæ̃0

0079. 年初 年头上 ȵiæ̃24thou31ʂɑŋ53

0080. 年底 年根下 ȵiæ̃24kəŋ53xɑ0

0081. 今天 今儿 tɕiŋr31

0082. 明天 明儿 miŋr24

0083. 后天 后儿 xour53

0084. 大后天 外后儿 Øuæ44xour53

0085. 昨天 夜来个 Øiɛ44læ0kuo31

0086. 前天 前儿个 ȶhiæ̃r24kuo31

0087. 大前天 上前天 ʂɑŋ44ȶhiæ̃31ȶhiæ̃53

0088. 整天 一天 Øi24ȶhiæ̃31

0089. 每天 天天 ȶhiæ̃31ȶhiæ̃0

0090. 早晨 早起 tsɔ31tɕhiɛ53

0091. 上午 早上 tsɔ53ʂɑŋ0

0092. 中午 晌午 ʂɑŋ31Øu53

0093. 下午　后晌 xou44ʂaŋ31

0094. 傍晚　黑得下 xei53tei31xa0

0095. 白天　白天 phei31ȶhiæ̃53

0096. 夜晚与白天相对，统称　黑的 xei53ȶi0

0097. 半夜　半晚上 pæ̃44væ̃53ʂaŋ0

0098. 正月农历　正月 tʂəŋ31Øyɛ0

0099. 大年初一农历　大年初一 ta44ȵiæ̃24tʂhʅ31Øi31

0100. 元宵节　正月十五 tʂəŋ31Øyɛ0ʂʅ31Øu53

0101. 清明　清明 ȶhiŋ53miŋ0

0102. 端午　五月端 Øu53Øyɛ0tæ̃31

0103. 七月十五农历，节日名　无

0104. 中秋　八月十五 pa31Øyɛ0ʂʅ31Øu53

0105. 冬至　冬至 tuŋ31tsʅ44

0106. 腊月农历十二月　年根里 ȵiæ̃31kəŋ53li0

0107. 除夕农历　大年三十 ta44ȵiæ̃24sæ̃31ʂʅ24

0108. 历书　历头 li53thou0

0109. 阴历　农历 luŋ24li31

0110. 阳历　阳历 Øiaŋ24li31

0111. 星期天　礼拜天 li53pæ0ȶhiæ̃31

（二）方位

0112. 地方　地方 ȶi44faŋ31

0113. 什么地方　啥地方 ʂa44ȶi44faŋ31

0114. 家里　屋里 Øu53li0

0115. 城里　城里 tʂhəŋ31li53

0116. 乡下　乡里 ɕiaŋ53li0

0117. 上面从～滚下来　上头 ʂaŋ44thou0

0118. 下面从～爬上去　下头 xa44thou0

0119. 左边　左首 tsuo53ʂou0

0120. 右边　右首 Øiu44ʂou0

0121. 中间排队排在～　当当 taŋ31taŋ24

0122. 前面排队排在～　前头 ȶhiæ̃31thou53

0123. 后面排队排在～　后头 xei44thou0

0124. 末尾排队排在～　尾巴 Øi53pha0

0125. 对面　盯面子 ȶiŋ31miæ̃44tsʅ0/当面 taŋ31miæ̃44

0126. 面前　跟前 kəŋ53ȶhiæ̃0

0127. 背后　背后 pei44xou0

0128. 里面躲在～　里头 li53thou0

0129. 外面衣服晒在～　外头 Øuæ44thou0

0130. 旁边　一面子 Øi31miæ̃44tsʅ0

0131. 上碗在桌子～　上头 ʂaŋ44thou0

0132. 下凳子在桌子～　下头 xa44thou0

0133. 边儿桌子的～　边边 piæ̃53piæ̃0

0134. 角儿桌子的～　角角 tɕyɛ53tɕyɛ0

0135. 上去他～了　上去 ʂaŋ44tɕhi0

0136. 下来他～了　下来 xa44læ0

0137. 进去他～了　进去 ȶiŋ44tɕhi0

0138. 出来他～了　出来 tʂhʅ53læ0

0139. 出去他～了　出去 tʂhʅ53tɕhi0

0140. 回来他～了　回来 xui31læ53

0141. 起来天冷～了　起来 tɕhiɛ53læ0

三、植物

（一）一般植物

0142. 树　树 ʂʅ44

0143. 木头　木头 mu53thou0

0144. 松树统称　松树 suŋ53ʂʅ0

0145. 柏树统称　柏树 pei53ʂʅ0
0146. 杉树　杉树 sæ̃53ʂʅ0
0147. 柳树　柳树 liu53ʂʅ0
0148. 竹子统称　竹子 tʂʅ53tsɿ0
0149. 笋　竹笋 tʂʅ31suŋ53
0150. 叶子　叶叶 Øiɛ53Øiɛ0
0151. 花　花花 xuɑ53xuɑ0
0152. 花蕾花骨朵儿　花骨都 xuɑ31ku31tu31
0153. 梅花　腊梅 lɑ31mei24
0154. 牡丹　牡丹 mu31tæ̃0
0155. 荷花　莲花 liæ̃31xuɑ53
0156. 草　草草 tshɔ53tshɔ0
0157. 藤　蔓蔓 væ̃44væ̃0
0158. 刺名词　枣子 tsɔ53tsɿ0
0159. 水果　果木 kuo53mu31
0160. 苹果　苹果 phiŋ31kuo53
0161. 桃子　桃儿 thɔr24
0162. 梨　梨儿 lir24
0163. 李子　李子 li53tsɿ0
0164. 杏　杏儿 xəŋr44
0165. 橘子　橘子 tɕy53tsɿ0
0166. 柚子　柚子 Øiu44tsɿ0
0167. 柿子　柿柿 sɿ44sɿ0
0168. 石榴　石榴 ʂʅ31liu53
0169. 枣　枣儿 tsɔr53
0170. 栗子　毛栗子 mɔ31li53tsɿ0
0171. 核桃　核桃 xei31thɔ53
0172. 银杏白果　银杏 Øiŋ24ɕiŋ44
0173. 甘蔗　甘蔗 kæ̃31tʂɤ24
0174. 木耳　木耳 mu31Øər0
0175. 蘑菇野生的　伞菇 sæ̃53ku31
0176. 香菇　香菇 ɕiɑŋ31ku0

（二）农作物

0177. 稻子指植物　稻子 thɔ44tsɿ0
0178. 稻谷指籽实（脱粒后是大米）　稻子 thɔ44tsɿ0
0179. 稻草脱粒后的　稻草 thɔ31tshɔ0
0180. 大麦指植物　大麦 tɑ44mei31
0181. 小麦指植物　麦 mei31
0182. 麦秸脱粒后的　麦草 mei31tshɔ0
0183. 谷子指植物（籽实脱粒后是小米）　谷子 ku53tsɿ0
0184. 高粱指植物　稻黍 thɔ31ʂʅ0
0185. 玉米指成株的植物　番麦 fæ̃31mei31/御麦 Øy44mei31
0186. 棉花指植物　棉花 miæ̃31xuɑ53
0187. 油菜油料作物，不是蔬菜　菜籽 tshæ44tsɿ0
0188. 芝麻　芝麻 tsɿ53mɑ31
0189. 向日葵指植物　望日葵 Øuɑŋ44Øər0khui24
0190. 蚕豆　蚕豆 tshæ̃31tou53
0191. 豌豆　豌豆 Øuæ̃53tou0
0192. 花生指果实，注意婉称　花生 xuɑ31səŋ0
0193. 黄豆　白豆 phei31tou53
0194. 绿豆　绿豆 liu53tou0
0195. 豇豆长条形的　豇豆 tɕiɑŋ53tou0
0196. 大白菜东北～　白菜 phei31tshæ53
0197. 包心菜卷心菜，圆白菜，球形的　包包菜 pɔ53pɔ0tshæ44
0198. 菠菜　菠菜 po53tshæ0
0199. 芹菜　芹菜 tɕhiŋ31tshæ53

0200. 莴笋　笋子 suŋ44tsɿ0

0201. 韭菜　韭菜 tɕiu53tshæ0

0202. 香菜芫荽　芫荽 Øiæ31sui53

0203. 葱　葱 tshuŋ31

0204. 蒜　蒜 suæ44

0205. 姜　生姜 səŋ31tɕiaŋ31

0206. 洋葱　洋葱 Øiaŋ24tshuŋ31

0207. 辣椒统称　辣子 lɑ53tsɿ0

0208. 茄子统称　茄子 tɕhiɛ31tsɿ53

0209. 西红柿　洋柿柿 Øiaŋ24sɿ44sɿ0

0210. 萝卜统称　萝卜 luo31phu53

0211. 胡萝卜　红萝卜 xuŋ31luo53phu0

0212. 黄瓜　黄瓜 xuɑŋ31kuɑ53

0213. 丝瓜无棱的　丝瓜 sɿ31kuɑ31

0214. 南瓜扁圆形或梨形，成熟时赤褐色　北瓜 pei31kuɑ31

0215. 荸荠　荸荠 pi31tɕi31

0216. 红薯统称　红芋 xuŋ24Øy44

0217. 马铃薯　洋芋 Øiaŋ24Øy44

0218. 芋头　芋头 Øy44thou0

0219. 山药圆柱形的　山药 sæ31Øyo0

0220. 藕　莲藕 liæ31ŋou53

四、动物

（一）一般动物

0221. 老虎　老虎 lɔ31xu0

0222. 猴子　猴 xou24

0223. 蛇统称　长虫 tʂhaŋ31tʂhəŋ53

0224. 老鼠家里的　老鼠 lɔ31ʂʅ0

0225. 蝙蝠　夜蝙蝠 Øiɛ44piɛ31fu0

0226. 鸟儿飞鸟，统称　雀儿 ȶhiɔr53

0227. 麻雀　宿宿 ɕy53ɕy0

0228. 喜鹊　夜雀儿 Øiɛ53ȶhiɔr0

0229. 乌鸦　黑老鸹 xei31lɔ53Øuɑ0

0230. 鸽子　鹁鸽 phu31kuo53

0231. 翅膀鸟的，统称　翎膀 liŋ31paŋ53

0232. 爪子鸟的，统称　爪爪 tʂɑ53tʂɑ0

0233. 尾巴　尾巴 Øi53phɑ0

0234. 窝鸟的　窝 Øuo31

0235. 虫子统称　虫虫 tʂhəŋ31tʂhəŋ53

0236. 蝴蝶统称　蝴蝶 xu31ȶiɛ53

0237. 蜻蜓统称　蚂螂 mɑ31laŋ53

0238. 蜜蜂　黄蜂 xuɑŋ31fəŋ53

0239. 蜂蜜　蜂蜜 fəŋ31mi31

0240. 知了统称　知了 tsɿ31lɔ53

0241. 蚂蚁　蚍蜂蚂 phi31fəŋ53mɑ0

0242. 蚯蚓　搐蟮 tʂhʅ53ʂæ31

0243. 蚕　蚕儿 tshæ̃r24

0244. 蜘蛛会结网的　蛛蛛 tʂʅ53tʂʅ0

0245. 蚊子统称　蚊子 vəŋ31tsɿ53

0246. 苍蝇统称　蝇毛 Øiŋ31mɔ53

0247. 跳蚤咬人的　虼蚤 kei31tsɔ0

0248. 虱子　虱 sei31

0249. 鱼　鱼 Øy24

0250. 鲤鱼　鲤鱼 li53Øy24

0251. 鳙鱼胖头鱼　鳙鱼 Øyŋ53Øy24

0252. 鲫鱼　鲫鱼 ȶi31Øy24

0253. 甲鱼　鳖 piɛ31

0254. 鳞鱼的　鱼鳞 Øy24liŋ24

0255. 虾统称　虾 ɕiɑ31

0256. 螃蟹统称　螃甲 phaŋ31tɕiɑ53

0257. 青蛙统称　青蛙 ȶhiŋ53Øuɑ31

0258. 癞蛤蟆表皮多疙瘩　疥巴□ tɕiɛ44pɑ31thu31

（二）家畜、家禽

0259. 马　马 ma53

0260. 驴　驴 ly24

0261. 骡　骡子 luo31tsɿ53

0262. 牛　牛 ȵiu24

0263. 公牛统称　犍牛 tɕiæ̃44ȵiu0

0264. 母牛统称　乳牛 ʐʅ53ȵiu0

0265. 放牛　放牛 faŋ44ȵiu0

0266. 羊　妈妈羊 ma31ma0Øiaŋ24

0267. 猪　唠唠 lɔ53lɔ0

0268. 种猪配种用的公猪　角猪 tɕyo31tʂʅ0

0269. 公猪成年的，已阉的　牙猪 Øia31tʂʅ53

0270. 母猪成年的，未阉的　猹猹猪 tsha31tsha53tʂʅ31

0271. 猪崽　猪娃子 tʂʅ53Øua0tsɿ0

0272. 猪圈　猪圈 tʂʅ53tɕhyæ̃0

0273. 养猪　喂猪 vei44tʂʅ31

0274. 猫　咪咪 mi44mi44

0275. 公猫　男猫 læ̃24mɔ24

0276. 母猫　女猫 ȵy53mɔ24

0277. 狗统称　狗 kou53

0278. 公狗　牙狗 Øia31kou53

0279. 母狗　草狗 tshɔ31kou0

0280. 叫狗～　咬 ȵiɔ53

0281. 兔子　兔娃 thu44Øua0

0282. 鸡　鸡 tɕi31

0283. 公鸡成年的，未阉的　公鸡 kuŋ31tɕi31

0284. 母鸡已下过蛋的　母鸡 mu53tɕi31

0285. 叫公鸡～（打鸣儿）　叫鸣 tɕiɔ44miŋ24

0286. 下鸡～蛋　下 ɕia44

0287. 孵～小鸡　菢 phu24

0288. 鸭　鸭子 Øia53tsɿ0

0289. 鹅　鹅 ŋuo24

0290. 阉～公的猪　骟 ʂæ̃44

0291. 阉～母的猪　择 tshei24

0292. 阉～鸡　无

0293. 喂～猪　喂 vei44

0294. 杀猪统称，注意婉称　杀猪 sa24tʂʅ31

0295. 杀～鱼　剟鱼 xuo31Øy24

五、房舍、器具

（一）房舍

0296. 村庄一个～　庄子 tʂaŋ53tsɿ0

0297. 胡同统称：一条～　巷巷 xaŋ44xaŋ0

0298. 街道　街道 tɕiɛ53thɔ0

0299. 盖房子　盖房 kæ44faŋ24

0300. 房子整座的，不包括院子　房 faŋ24

0301. 屋子房子里分隔而成的，统称　房子 faŋ31tsɿ53

0302. 卧室　睡房 ʂei44faŋ0

0303. 茅屋茅草等盖的　茅草房 mɔ24tshɔ53faŋ24

0304. 厨房　灶房 tsɔ44faŋ0

0305. 灶统称　锅台 kuo53thæ0

0306. 锅统称　锅 kuo31

0307. 饭锅煮饭的　锅 kuo31

0308. 菜锅炒菜的　锅 kuo31

0309. 厕所旧式的，统称　后院 xou44Øyæ̃0

0310. 檩左右方向的　檩条 liŋ53ȶhiɔ0
0311. 柱子　柱子 tʂhʅ44tsɿ0
0312. 大门　街门 tɕiɛ53məŋ0
0313. 门槛儿　门槛 məŋ31khæ̃53
0314. 窗旧式的　窗子 tʂhaŋ53tsɿ0
0315. 梯子可移动的　梯子 ȶhi53tsɿ0
0316. 扫帚统称　扫把 sɔ44pɑ0
0317. 扫地　戳地 tʂhuo31ȶi44
0318. 垃圾　脏物 tsaŋ31Øuo0

（二）家具

0319. 家具统称　家具 tɕia53tɕy0
0320. 东西我的　东西 tuŋ53si0
0321. 炕土、砖砌的，睡觉用　炕 khaŋ44
0322. 床木制的，睡觉用　床 tʂhaŋ24
0323. 枕头　枕头 tʂəŋ53thou0
0324. 被子　被儿 piɛr53
0325. 棉絮　套子 thɔ44tsɿ0
0326. 床单　单子 tæ̃31tsɿ0
0327. 褥子　褥子 zʅ31tsɿ0
0328. 席子　席 si24
0329. 蚊帐　蚊帐 vəŋ24tʂaŋ44
0330. 桌子统称　方桌 faŋ31tʂuo31
0331. 柜子统称　柜 khui44
0332. 抽屉桌子的　抽掀 tʂhou53ɕiæ̃0
0333. 案子长条形的　案 ŋæ̃44
0334. 椅子统称　椅子 Øi53tsɿ0
0335. 凳子统称　板凳 pæ̃53təŋ0
0336. 马桶有盖的　尿盆 ȵiɔ44phəŋ0

（三）用具

0337. 菜刀　刀 tɔ31
0338. 瓢舀水的　马勺 mɑ53ʂuo0
0339. 缸　瓮 vəŋ44
0340. 坛子装酒的～　坛坛 thæ̃31thæ̃53
0341. 瓶子装酒的～　瓶瓶 phiŋ31phiŋ53
0342. 盖子杯子的～　盖盖 kæ44kæ0
0343. 碗统称　碗 væ̃53
0344. 筷子　筷子 khuæ44tsɿ0
0345. 汤匙　勺勺 ʂuo31ʂuo53
0346. 柴火统称　硬柴 ȵiŋ44tshæ31
0347. 火柴　洋火 Øiaŋ31xuo53
0348. 锁　锁子 suo31tsɿ0
0349. 钥匙　钥匙 Øyɛ31sɿ0
0350. 暖水瓶　电壶 ȶiæ̃44xu24
0351. 脸盆　脸盆 liæ̃53phəŋ31
0352. 洗脸水　洗脸水 si31liæ̃31ʂei53
0353. 毛巾洗脸用　手巾 ʂou53tɕiŋ31
0354. 手绢　帕帕 phɑ53phɑ0
0355. 肥皂洗衣服用　洋碱 Øiaŋ24tɕiæ̃53
0356. 梳子旧式的，不是篦子　木梳 mu53ʂʅ0
0357. 缝衣针　针 tʂəŋ31
0358. 剪子　剪子 ȶiæ̃53tsɿ0
0359. 蜡烛　蜡蜡 lɑ53lɑ0
0360. 手电筒　手电 ʂou53ȶiæ̃44
0361. 雨伞挡雨的，统称　伞 sæ̃53
0362. 自行车　车子 tʂhɤ53tsɿ0

六、服饰、饮食

（一）服饰

0363. 衣服统称　衣服 Øi31fu0
0364. 穿～衣服　穿 tʂhæ̃31
0365. 脱～衣服　脱 thuo31
0366. 系～鞋带　绑 paŋ53
0367. 衬衫　衬衣 tshəŋ44Øi31

0368. 背心带两条杠的，内衣　汗衫 xæ̃44sæ̃31

0369. 毛衣　毛衣 mɔ24Øi31

0370. 棉衣　棉衣 miæ̃24Øi31

0371. 袖子　袖子 siu44tsɿ0

0372. 口袋衣服上的　兜兜 tou53tou0

0373. 裤子　裤儿 fur53

0374. 短裤外穿的　半截裤儿 pæ̃44ȶiɛ31fur53

0375. 裤腿　裤腿 fu44thui0

0376. 帽子统称　帽子 mɔ44tsɿ0

0377. 鞋子　鞋 xæ24

0378. 袜子　袜子 Øuɑ53tsɿ0

0379. 围巾　围脖 Øui31pho53

0380. 围裙　遮腰 tʂɤ31Øiɔ31

0381. 尿布　片片 phiæ̃53phiæ̃0

0382. 扣子　纽子 ȵiu53tsɿ0

0383. 扣～扣子　扣 khou44

0384. 戒指　箍子 ku53tsɿ0

0385. 手镯　镯子 tʂuo31tsɿ53

0386. 理发　剃头 ȶhi44thou24

0387. 梳头　梳头 ʂʅ31thou24

（二）饮食

0388. 米饭　蒸饭 tʂəŋ53fæ̃0

0389. 稀饭用米熬的，统称　米汤 mi53thɑŋ31

0390. 面粉麦子磨的，统称　白面 phei31miæ̃53

0391. 面条统称　面 miæ̃44

0392. 面儿玉米～，辣椒～　面 miæ̃44

0393. 馒头无馅儿的，统称　馍馍 mo31mo53

0394. 包子　包子 pɔ53tsɿ0

0395. 饺子　饺子 tɕiɔ53tsɿ0

0396. 馄饨　馄饨 xuŋ24tuŋ44

0397. 馅儿　馅子 ɕyæ̃44tsɿ0

0398. 油条长条形的，旧称　后悔 xou44xui0

0399. 豆浆　豆浆 tou44ȶiɑŋ31

0400. 豆腐脑儿　豆花 tou44xuɑ31

0401. 元宵食品　元宵 Øyæ̃31siɔ53

0402. 粽子　粽子 tsuŋ44tsɿ0

0403. 年糕用黏性大的米或米粉做的　无

0404. 点心统称　点心 ȶiæ̃53siŋ31

0405. 菜吃饭时吃的，统称　菜 tshæ44

0406. 干菜统称　干菜 kæ̃53tshæ0

0407. 豆腐　豆腐 tou44fu0

0408. 猪血当菜的　猪血 tʂʅ24ɕiɛ31

0409. 猪蹄当菜的　猪蹄蹄 tʂʅ31ȶhi31ȶhi53

0410. 猪舌头当菜的，注意婉称　口条 khou53ȶhiɔ0

0411. 猪肝当菜的，注意婉称　猪肝 tʂʅ24kæ̃31

0412. 下水猪、牛、羊的内脏　下水 ɕiɑ44ʂei0

0413. 鸡蛋　鸡蛋 tɕi53thæ̃31

0414. 松花蛋　变蛋 piæ̃44tæ̃44

0415. 猪油　大油 tɑ44Øiu24

0416. 香油　香油 ɕiɑŋ31Øiu24

0417. 酱油　酱油 ȶiɑŋ44Øiu24

0418. 盐名词　盐 Øiæ̃24

0419. 醋注意婉称　醋 tshu44

0420. 香烟　纸烟 tsɿ53Øiæ̃31

0421. 旱烟　旱烟 xæ̃44Øiæ̃31

0422. 白酒　烧酒 ʂɔ31ʨiu0

0423. 黄酒　黄酒 xuɑŋ24ʨiu53

0424. 江米酒酒酿，醪糟　醪糟 lɔ31tsɔ53

0425. 茶叶　茶叶 tsɑ31Øiɛ53

0426. 沏～茶　泡 phɔ44

0427. 冰棍儿　冰棍儿 piŋ31kuŋr44

0428. 做饭统称　做饭 tsu44fæ̃44

0429. 炒菜统称，和做饭相对　炒菜 tshɔ53tshæ44

0430. 煮～带壳的鸡蛋　煮 tʂʅ53

0431. 煎～鸡蛋　煎 ʨiæ̃31

0432. 炸～油条　炸 tshɑ24

0433. 蒸～鱼　蒸 tʂəŋ31

0434. 揉～面做馒头等　揉 ʐou24

0435. 擀～面，～皮儿　擀 kæ̃53

0436. 吃早饭　吃早起饭 tʂhʅ31tsɔ31tɕhiɛ0fæ̃44

0437. 吃午饭　吃晌午饭 tʂhʅ31ʂɑŋ31Øu0fæ̃44

0438. 吃晚饭　喝汤 xuo24thɑŋ31

0439. 吃～饭　吃 tʂhʅ31

0440. 喝～酒　喝 xuo31

0441. 喝～茶　喝 xuo31

0442. 抽～烟　吃 tʂhʅ31

0443. 盛～饭　舀 Øiɔ53

0444. 夹用筷子～菜　夹 tɕiɑ31

0445. 斟～酒　倒 tɔ44

0446. 渴口～　渴的 khuo31ʨi0

0447. 饿肚子～　饿的 ŋuo44ʨi0

0448. 噎吃饭～着了　噎住 Øiɛ53tʂhʅ0

七、身体、医疗

（一）身体

0449. 头人的，统称　□脑 tuo31lɔ53

0450. 头发　帽盖 mɔ44kæ0

0451. 辫子　帽辫儿 mɔ44phiæ̃r44

0452. 旋　旋 suæ̃24

0453. 额头　额颅 ŋei53lu0

0454. 相貌　模样 mu31Øiɑŋ53

0455. 脸洗～　脸 liæ̃53

0456. 眼睛　眼 ȵiæ̃53

0457. 眼珠统称　眼仁 ȵiæ̃53ʐəŋ0

0458. 眼泪哭的时候流出来的　眼泪 ȵiæ̃53lui0

0459. 眉毛　眉毛 mi31mɔ53

0460. 耳朵　耳朵 Øər53tuo0

0461. 鼻子　鼻子 phi31tsʅ53

0462. 鼻涕统称　清鼻 ʨhiŋ53phi0

0463. 擤～鼻涕　擤 siŋ53

0464. 嘴巴人的，统称　嘴 tsui53

0465. 嘴唇　嘴唇 tsui53ʂəŋ31

0466. 口水～流出来　颔水 xæ̃31ʂei0

0467. 舌头　舌头 ʂɤ31thou53

0468. 牙齿　牙 Øiɑ24

0469. 下巴　牙叉骨 Øiɑ31tshɑ53ku31

0470. 胡子嘴周围的　胡子 xu31tsʅ53

0471. 脖子　脖浪骨 phu31lɑŋ53ku31

0472. 喉咙　喉咙眼 xu31luŋ53ȵiæ̃31

0473. 肩膀　胛骨 tɕiɑ31ku0

0474. 胳膊　胳膊 kei53pho0

0475. 手方言指（打√）：只指手；包括臂：他的～摔断了　手 ʂou53

0476. 左手　左手 tsuo44ʂou53

0477. 右手　右手 Øiu44ʂou53

0478. 拳头　捶头 tʂhei31thou53

0479. 手指　指头 tsʅ53thou0

0480. 大拇指　大拇指头

tɑ44mu31tsɿ53thou0

0481. 食指　二拇指头

ØəR44mu31tsɿ53thou0

0482. 中指　中拇指头

tʂəŋ31mu31tsɿ53thou0

0483. 无名指　无名指 Øu24miŋ24tsɿ31

0484. 小拇指　碎拇指头

sui44mu31tsɿ53thou0

0485. 指甲　指甲盖 tsɿ53tɕiɑ31kæ44

0486. 腿　腿 thui53

0487. 脚方言指（打√）：只指脚；包括小腿；包括小腿和大腿：他的～轧断了

脚 tɕyo31

0488. 膝盖指部位　□膝盖

khuo53ȶhi0kæ44

0489. 背名词　脊背 tɕi53pei0

0490. 肚子腹部　肚子 thu44tsɿ0

0491. 肚脐　脖脐眼窝

phu31tɕhi53ȵiæ̃31Øuo31

0492. 乳房女性的　满满 mæ̃53mæ̃0

0493. 屁股　沟子 kou53tsɿ0

0494. 肛门　沟门 kou31məŋ24

0495. 阴茎成人的　锤子 tʂhei31tsɿ53

0496. 女阴成人的　屄 phi31

0497. 肏动词　合 ʐʅ31

0498. 精液　㞞 suŋ24

0499. 来月经注意婉称　身上来了

ʂʅ53ʂɑŋ0læ31liɑ53

0500. 拉屎　屙屎 pɑ31sɿ53

0501. 撒尿　尿尿 ȵiɔ44ȵiɔ44

0502. 放屁　放屁 fɑŋ44phi44

0503. 相当于“他妈的”的口头禅

日他娘 ʐʅ31thɑ31ȵiɑ24

（二）疾病、医疗

0504. 病了　不嵌活 pu31tɕhiæ̃44xuo0

0505. 着凉　凉了 liɑŋ24liɑ0

0506. 咳嗽　咳嗽 khuo53sou0

0507. 发烧　发烧 fɑ24ʂɔ31

0508. 发抖　打颤 tɑ53tʂæ̃44

0509. 肚子疼　肚子疼 thu44tsɿ0thəŋ24

0510. 拉肚子　拉稀屎 lɑ24ɕi31sɿ31

0511. 患疟疾　痢疾 li44tɕi31

0512. 中暑　中暑 tʂəŋ44ʂʅ53

0513. 肿　肿 tʂəŋ53

0514. 化脓　熟脓 ʂʅ24luŋ24

0515. 疤好了的　疤疤 pɑ53pɑ0

0516. 癣　癣 siæ̃53

0517. 痣凸起的　瘊子 xou31tsɿ53

0518. 疙瘩蚊子咬后形成的　疙瘩

kei53tɑ0

0519. 狐臭　臭胎 tʂhou44thæ31

0520. 看病　看病 khæ̃44piŋ44

0521. 诊脉　拉脉 lɑ24mei31

0522. 针灸　针灸 tʂəŋ24tɕiu31

0523. 打针　打针 tɑ53tʂəŋ31

0524. 打吊针　挂吊瓶

kuɑ44ȶiɔ44phiŋ24

0525. 吃药统称　吃药 tʂhʅ24Øyo31

0526. 汤药　中药 tʂəŋ31Øyo31

0527. 病轻了　轻省了 tɕhiŋ31səŋ0liɑ0

八、婚丧、信仰

（一）婚育

0528. 说媒　发媒 fɑ31mei24

0529. 媒人　介绍人 tɕiɛ53ʂɔ24ʐəŋ31

0530. 相亲　遇面 Øy44miæ̃44

0531. 订婚　订婚 ȶiŋ44xuŋ31

0532. 嫁妆　陪房 phei31fɑŋ53

0533. 结婚统称　结婚 tɕiɛ24xuŋ31

0534. 娶妻子男子～，动宾　娶媳妇 tɕhy53si53fu0

0535. 出嫁女子～　出门 tʂhʅ31məŋ24

0536. 拜堂　拜天地 pæ44ȶhiæ̃31ȶi44

0537. 新郎　新女婿 siŋ31ȵy53ɕy0

0538. 新娘子　新媳妇 siŋ31si53fu0

0539. 孕妇　怀娃婆娘 xuæ24Øuɑ53pho31ȵiɑŋ31

0540. 怀孕　有啥了 Øiu53ʂɑ44liɑ0

0541. 害喜妊娠反应　嫌饭 ɕiæ̃24fæ̃44

0542. 分娩　养娃 Øiɑŋ53Øuɑ24

0543. 流产　小产 siɔ31tsæ̃53

0544. 双胞胎　双生子 ʂɑŋ44səŋ31tsɿ0

0545. 坐月子　坐月子 tshuo44Øyɛ53tsɿ0

0546. 吃奶　吃奶 tʂhʅ31læ53

0547. 断奶　摘奶 tsei31læ53

0548. 满月　满月 mæ̃53Øyɛ31

0549. 生日统称　好日子 xɔ53Øər31tsɿ0

0550. 做寿　做好日子 tsu44xɔ53Øər31tsɿ0

（二）丧葬

0551. 死统称　死 sɿ53

0552. 死婉称，最常用的几种，指老人：他～了　殁 mo31

0553. 自杀　寻回毕 siŋ24xui24pi53

0554. 咽气　断气 thuæ̃44tɕhi44

0555. 入殓　抬殓 ʂʅ24liæ̃44

0556. 棺材　材 tshæ24

0557. 出殡　出丧 tʂhʅ24sɑŋ31

0558. 灵位　牌位 phæ31Øui53

0559. 坟墓单个的，老人的　墓骨堆 mu44ku31tui31

0560. 上坟　上坟 ʂɑŋ44fəŋ24

0561. 纸钱　烧纸 ʂɔ31tsɿ53

（三）信仰

0562. 老天爷　爷爷 Øiɛ31Øiɛ53

0563. 菩萨统称　菩萨 phu31sɑ53

0564. 观音　观世音菩萨 kuæ̃31ʂʅ44Øiŋ31phu31sɑ53

0565. 灶神口头的叫法，其中如有方言亲属称谓要释义　灶阿婆 tsɔ44Øɑ53pho0

0566. 寺庙　寺庙 sɿ44miɔ0

0567. 祠堂　观房 kuæ̃53fɑŋ0

0568. 和尚　和尚 xuo31ʂɑŋ53

0569. 尼姑　尼姑 ȵi31ku53

0570. 道士　道人 tɔ44ʐəŋ0

0571. 算命统称　算卦 suæ̃44kuɑ44

0572. 运气　运气 Øyŋ44tɕhi0

0573. 保佑　保佑 pɔ53Øiu44

九、人品、称谓

（一）人品

0574. 人一个～　人 ʐəŋ24

0575. 男人成年的，统称　掌柜□ tʂɑŋ53khui44Øuæ0

0576. 女人三四十岁已婚的，统称　屋里人 Øu53li0ʐəŋ24

0577. 单身汉　光棍 kuɑŋ53kuŋ0

0578. 老姑娘　老姐姐 lɔ53ʨiɛ53ʨiɛ0
0579. 婴儿　胎娃 thæ53Øuɑ0
0580. 小孩儿三四岁的，统称　碎娃 sui44Øuɑ24
0581. 男孩儿统称：外面有个～在哭　儿子娃 Øər31tsɿ53Øuɑ0
0582. 女孩儿统称：外面有个～在哭　姐姐娃 ʨiɛ53ʨiɛ0Øuɑ0
0583. 老人七八十岁的，统称　老年人 lɔ53ȵiæ̃0ʐəŋ24
0584. 亲戚统称　亲亲 ʨhiŋ31ʨhiŋ0
0585. 朋友统称　朋友 phəŋ31Øiu53
0586. 邻居统称　隔壁子 kei24pi53tsɿ0
0587. 客人　客人 khei53ʐəŋ0
0588. 农民　庄儿汉 tʂɑŋ53Øər0xæ̃0
0589. 商人　生意人 səŋ53Øi0ʐəŋ24
0590. 手艺人统称　匠人 ʨiɑŋ44ʐəŋ0
0591. 泥水匠　瓦匠 Øuɑ53ʨhiɑŋ0
0592. 木匠　木匠 mu53ʨhiɑŋ0
0593. 裁缝　裁缝 tshæ31fəŋ53
0594. 理发师　待招 tæ44tʂɔ31
0595. 厨师　厨子 tʂhʅ31tsɿ53
0596. 师傅　师傅 sɿ53fu0
0597. 徒弟　徒弟 thu31ʨhi53
0598. 乞丐统称，非贬称（无统称则记成年男的）　要吃的 Øiɔ44tʂhʅ31ʨi0
0599. 妓女　卖屄□ mæ44phi31Øuæ0
0600. 流氓　瞎㞞 xɑ31suŋ24
0601. 贼　贼娃子 tsei31Øuɑ53tsɿ0
0602. 瞎子统称，非贬称（无统称则记成年男的）　瞎子 xɑ53tsɿ0
0603. 聋子统称，非贬称（无统称则记成年男的）　聋子 luŋ31tsɿ53
0604. 哑巴统称，非贬称（无统称则记成年男的）　瓜子 kuɑ53tsɿ0
0605. 驼子统称，非贬称（无统称则记成年男的）　背锅 pei31kuo0
0606. 瘸子统称，非贬称（无统称则记成年男的）　拐子 kuæ53tsɿ0
0607. 疯子统称，非贬称（无统称则记成年男的）　疯子 fəŋ53tsɿ0
0608. 傻子统称，非贬称（无统称则记成年男的）　冷货 ləŋ53xuo0
0609. 笨蛋蠢的人　闷㞞 məŋ44suŋ24

（二）称谓

0610. 爷爷呼称，最通用的　爷 Øiɛ24
0611. 奶奶呼称，最通用的　婆 pho24
0612. 外祖父叙称　舅家爷 tɕiu44Øɑ31Øiɛ24
0613. 外祖母叙称　舅家婆 tɕiu44Øɑ31pho24
0614. 父母合称　老人 lɔ53ʐəŋ24
0615. 父亲叙称　爸 pɑ24/爹 ʨiɛ31
0616. 母亲叙称　娘 ȵiɑ24
0617. 爸爸呼称，最通用的　爹 ʨiɛ31
0618. 妈妈呼称，最通用的　娘 ȵiɑ24
0619. 继父叙称　后爸 xou44pɑ24
0620. 继母叙称　后娘 xou44ȵiɑ24
0621. 岳父叙称　丈人大 tʂhɑŋ44ʐəŋ0tɑ24
0622. 岳母叙称　丈母娘 tʂhɑŋ44mu0ȵiɑ24
0623. 公公叙称　他大 thɑ31tɑ24
0624. 婆婆叙称　阿家 Øɑ53tɕiɑ31
0625. 伯父呼称，统称　伯 pei24
0626. 伯母呼称，统称　大大 tɑ44tɑ0
0627. 叔父呼称，统称　爸爸 pɑ31pɑ53

0628. 叔父呼称，排行最小的，如“幺叔” 碎爸 sui44pɑ24

0629. 叔母呼称，统称 娘娘 ȵiɑ31ȵiɑ53

0630. 姑呼称，统称（无统称则记分称：比父大，比父小；已婚，未婚） 姑 ku24

0631. 姑父呼称，统称 姑父 ku53fu31

0632. 舅舅呼称 舅 tɕiu44

0633. 舅妈呼称 妗子 tɕhiŋ44tsɿ0

0634. 姨呼称，统称（无统称则记分称：比母大，比母小；已婚，未婚） 姨 Øi24

0635. 姨父呼称，统称 姨父 Øi31fu53

0636. 弟兄合称 弟兄们 ȶi44ɕyŋ31mu0

0637. 姊妹合称，注明是否可包括男性 姊妹们包括男性 tsɿ53mei31mu0

0638. 哥哥呼称，统称 哥 kuo24

0639. 嫂子呼称，统称 嫂子 sɔ53tsɿ0

0640. 弟弟叙称 兄弟 ɕyŋ53ȶhi0

0641. 弟媳叙称 兄弟媳妇 ɕyŋ31ȶhi0si53fu0

0642. 姐姐呼称，统称 姐 ȶiɛ24

0643. 姐夫呼称 姐夫 ȶiɛ53fu31

0644. 妹妹叙称 妹子 mei44tsɿ0

0645. 妹夫叙称 妹夫 mei44fu31

0646. 堂兄弟叙称，统称 伯叔弟兄 pei31ʂɿ31ȶi31ɕyŋ53

0647. 表兄弟叙称，统称 表兄弟 piɔ53ɕyŋ31ȶi44

0648. 妯娌弟兄妻子的合称 先后 siæ̃44xou0

0649. 连襟姊妹丈夫的关系，叙称 挑担 ȶhiɔ53tæ̃31

0650. 儿子叙称：我的～ 儿 Øər24

0651. 儿媳妇叙称：我的～ 儿媳妇 Øər24si53fu0

0652. 女儿叙称：我的～ 女 ȵy53

0653. 女婿叙称：我的～ 女婿 ȵy53ɕy0

0654. 孙子儿子之子 孙子 suŋ53tsɿ0

0655. 重孙子儿子之孙 重孙子 tʂhəŋ31suŋ53tsɿ0

0656. 侄子弟兄之子 侄儿 tʂhʅ24Øər0

0657. 外甥姐妹之子 外甥 Øuæ44səŋ31

0658. 外孙女儿之子 外孙 Øuæ44suŋ31

0659. 夫妻合称 两口子 liɑŋ31khou0tsɿ0

0660. 丈夫叙称，最通用的，非贬称：她的～ 男人 læ̃31ʐəŋ53

0661. 妻子叙称，最通用的，非贬称：他的～ 婆娘 pho31ȵiɑŋ53

0662. 名字 名字 miŋ31tsɿ53

0663. 绰号 吆号 Øiɔ53xɔ0

十、农、工、商、文

（一）农业

0664. 干活儿统称：在地里～ 做活 tsu44xuo24

0665. 事情一件～ 事 sɿ44

0666. 插秧 插秧 tshɑ24Øiɑŋ31

0667. 割稻 割稻子 kuo31thɔ44tsɿ0

0668. 种菜 种菜 tʂəŋ44tshæ44

0669. 犁名词 犁 li24

0670. 锄头 锄 tʂhʅ24

0671. 镰刀 镰 liæ̃24

0672. 把儿刀～ 把把 pɑ44pɑ0

0673. 扁担 担 tæ̃44

0674. 箩筐 筐子 khuɑŋ53tsɿ0

0675. 筛子统称 筛筛 sæ53sæ0

0676. 簸箕农具，有梁的　抄箕 tshɔ31tɕi0

0677. 簸箕簸米用　簸箕 po44tɕi31

0678. 独轮车　推车 thui31tʂhɤ31

0679. 轮子旧式的，如独轮车上的　轮轮 lyŋ31lyŋ53

0680. 碓整体　碓窝 tui44Øuo31

0681. 臼　碓窝 tui44Øuo31

0682. 磨名词　磨子 mo44tsɿ0

0683. 年成　年份 ȵiæ̃31fəŋ53

（二）工商业

0684. 走江湖统称　跑江湖 phɔ53tɕiɑŋ53xu0

0685. 打工　做活 tsu44xuo24

0686. 斧子　斧头 fu53thou0

0687. 钳子　钳子 tɕiæ̃31tsɿ53

0688. 螺丝刀　改锥 kæ53tʂei31/起子 tɕhi53tsɿ0

0689. 锤子　锤锤 tʂhei31tʂhei53

0690. 钉子　钉子 ȶiŋ53tsɿ0

0691. 绳子　绳绳 ʂəŋ31ʂəŋ53

0692. 棍子　棍 kuŋ44

0693. 做买卖　做生意 tsu44səŋ53Øi0

0694. 商店　铺子 phu44tsɿ0

0695. 饭馆　馆子 kuæ̃53tsɿ0

0696. 旅馆旧称　店房 ȶiæ̃44fɑŋ0

0697. 贵　贵 kui44

0698. 便宜　贱 ȶhiæ̃44

0699. 合算　划算 xuɑ24suæ̃44

0700. 折扣　腰节节 Øiɔ31ȶiɛ53ȶiɛ0

0701. 亏本　贴本 ȶhiɛ31pəŋ53

0702. 钱统称　钱 ȶhiæ̃24

0703. 零钱　零钱 liŋ24ȶhiæ̃24

0704. 硬币　分分元 fəŋ53fəŋ0Øyæ̃24

0705. 本钱　本钱 pəŋ53ȶhiæ̃0

0706. 工钱　工钱 kuŋ53ȶhiæ̃0

0707. 路费　盘缠 phæ̃31tʂhæ̃53

0708. 花～钱　花销 xuɑ31siɔ0

0709. 赚卖一斤能～一毛钱　赚 tɕiæ̃44

0710. 挣打工～了一千块钱　挣 tsəŋ44

0711. 欠～他十块钱　该 kæ31

0712. 算盘　算盘 suæ̃44phæ̃0

0713. 秤统称　秤 tʂhəŋ44

0714. 称用秆秤～　志 tsɿ44

0715. 赶集　跟集 kəŋ31ȶhi24

0716. 集市　集 ȶhi24

0717. 庙会　庙会 miɔ44xui44

（三）文化、娱乐

0718. 学校　书房 ʂʅ53fɑŋ0

0719. 教室　书房 ʂʅ53fɑŋ0

0720. 上学　上学 ʂɑŋ44ɕyo24

0721. 放学　下学 xɑ44ɕyo24

0722. 考试　考试 khɔ53sɿ44

0723. 书包　书包 ʂʅ31pɔ0

0724. 本子　本本 pəŋ53pəŋ0

0725. 铅笔　铅笔 tɕhiæ̃24pi31

0726. 钢笔　水笔 ʂei53pi31

0727. 圆珠笔　原子笔 Øyæ̃31tsɿ53pi31

0728. 毛笔　毛笔 mɔ24pi31

0729. 墨　墨 mei24

0730. 砚台　砚台 Øiæ̃44thæ31

0731. 信一封～　信 siŋ44

0732. 连环画　娃娃书 Øuɑ31Øuɑ53ʂʅ31

0733. 捉迷藏　藏毛毛猴

ȶhiaŋ24mɔ44mɔ44xou24
0734. 跳绳　跳绳 ȶhiɔ44ʂəŋ24
0735. 毽子　毽子 tɕiæ̃44tsɿ0
0736. 风筝　风筝 fəŋ31tsəŋ0
0737. 舞狮　耍狮子 ʂɑ53sɿ53tsɿ0
0738. 鞭炮统称　鞭炮 piæ̃53phɔ0
0739. 唱歌　唱歌儿 tʂhaŋ44kuo31Øər0
0740. 演戏　唱戏 tʂhaŋ44ɕi44
0741. 锣鼓统称　锣鼓家什
luo31ku53tɕiɑ53sɿ0
0742. 二胡　胡胡 xu31xu53
0743. 笛子　笛 ȶhi24
0744. 划拳　猜拳 tshæ31tɕhyæ̃24
0745. 下棋　下棋 ɕiɑ44tɕhi24
0746. 打扑克　打牌 tɑ53phæ24
0747. 打麻将　打麻将 tɑ53mɑ24ȶiaŋ44
0748. 变魔术　耍把戏 ʂɑ31pɑ53ɕi0
0749. 讲故事　讲故事 tɕiaŋ53ku44sɿ31
0750. 猜谜语　猜谜语 tshæ31mi44Øy31
0751. 玩儿游玩：到城里～　耍 ʂɑ53
0752. 串门儿　串门子
tʂhæ̃44məŋ31tsɿ53
0753. 走亲戚　游亲亲 Øiu24ȶhiŋ31ȶhiŋ0

十一、动作、行为

（一）具体动作

0754. 看～电视　看 khæ̃44
0755. 听用耳朵～　听 ȶhiŋ31
0756. 闻嗅：用鼻子～　闻 vəŋ24
0757. 吸～气　吸 ɕi31
0758. 睁～眼　睁 tsəŋ31
0759. 闭～眼　闭 pi44
0760. 眨～眼　眨 tsæ̃31
0761. 张～嘴　张 tʂaŋ31
0762. 闭～嘴　闭 pi44
0763. 咬狗～人　咬 ȵiɔ53
0764. 嚼把肉～碎　嚼 tɕhyɛ24
0765. 咽～下去　咽 Øiæ̃44
0766. 舔人用舌头　舔 ȶhiæ̃53
0767. 含～在嘴里　噙 tɕhiŋ24
0768. 亲嘴　啷嘴 paŋ24tsui53
0769. 吮吸用嘴唇聚拢吸取液体，如吃奶时
咂 tsɑ31
0770. 吐上声，把果核儿～掉　唾 thuo44
0771. 吐去声，呕吐：喝酒喝～了
吐 thu53
0772. 打喷嚏　打喷嚏 tɑ53phəŋ44ȶhi31
0773. 拿用手把苹果～过来　拿 lɑ24
0774. 给他～我一个苹果　给 kei53
0775. 摸～头　揣 tʂhæ53
0776. 伸～手　展 tʂæ̃53
0777. 挠～痒痒　搔 tsɔ31
0778. 掐用拇指和食指的指甲～皮肉
掐 tɕhiɑ31
0779. 拧～螺丝　拧 ȵiŋ24
0780. 拧～毛巾　扭 ȵiu53
0781. 捻用拇指和食指来回～碎　搓
tshuo31
0782. 掰把橘子～开，把馒头～开
掰 pei31
0783. 剥～花生　剥 pɔ31
0784. 撕把纸～了　扯 tʂhɤ53
0785. 折把树枝～断　折 tʂɤ24
0786. 拔～萝卜　拔 phɑ24
0787. 摘～花　摘 tsei31

0788. 站站立：～起来　立 li31
0789. 倚斜靠：～在墙上　靠 khɔ44
0790. 蹲～下　蹴 ʈiu24
0791. 坐～下　坐 tshuo44
0792. 跳青蛙～起来　跳 ʈhiɔ44
0793. 迈跨过高物：从门槛上～过去
跷 tɕhiɔ31
0794. 踩脚～在牛粪上　踏 thɑ24
0795. 翘～腿　担 tæ̃31
0796. 弯～腰　弯 væ̃31
0797. 挺～胸　直起 tʂʅ24tɕhiɛ53
0798. 趴～着睡　趴 phɑ24
0799. 爬小孩儿在地上～　爬 phɑ24
0800. 走慢慢儿～　走 tsou53
0801. 跑慢慢儿走，别～　跑 phɔ24
0802. 逃逃跑：小偷儿～走了　跑 phɔ24
0803. 追追赶：～小偷儿　撵 ȵiæ̃53
0804. 抓～小偷儿　拉 lɑ31
0805. 抱把小孩儿～在怀里　撘 tɕhiɑ53
0806. 背～孩子　背 pei31
0807. 搀～老人　搀 tshæ̃31
0808. 推几个人一起～汽车　掀 ɕiæ̃31
0809. 摔跌：小孩儿～倒了　绊 phæ̃44
0810. 撞人～到电线杆　碰 phəŋ44
0811. 挡你～住我了，我看不见　挡 tɑŋ44
0812. 躲躲藏：他～在床底下　藏 ʈhiɑŋ24
0813. 藏藏放，收藏：钱～在枕头下面
压 ȵiɑ31
0814. 放把碗～在桌子上　放 fɑŋ44
0815. 摞把砖～起来　摞 luo44
0816. 埋～在地下　埋 mæ24
0817. 盖把茶杯～上　盖 kæ44
0818. 压用石头～住　压 ȵiɑ44
0819. 摁用手指按：～图钉　按 ŋæ̃44
0820. 捅用棍子～鸟窝　戳 tʂhuo31
0821. 插把香～到香炉里　插 tshɑ31
0822. 戳～个洞　戳 tʂhuo31
0823. 砍～树　斫 tʂuo44
0824. 剁把肉～碎做馅儿　剁 tuo44
0825. 削～苹果　削 ɕyo31
0826. 裂木板～开了　裂 liɛ31
0827. 皱皮～起来　□ tʂhʅ31
0828. 腐烂死鱼～了　臭了 tʂhou44liɑ0
0829. 擦用毛巾～手　擦 tshɑ31
0830. 倒把碗里的剩饭～掉　倒 tɔ44
0831. 扔丢弃：这个东西坏了，～了它
撇 phiɛ31
0832. 扔投掷：比一比谁～得远　撇 Øər53
0833. 掉掉落，坠落：树上～下一个梨
滚 kuŋ53
0834. 滴水～下来　滴 ʈiɛ31
0835. 丢丢失：钥匙～了　遗 Øi24
0836. 找寻找：钥匙～到　寻 siŋ24
0837. 捡～到十块钱　拾 ʂʅ24
0838. 提用手把篮子～起来　提 ʈhi24
0839. 挑～担　挑 ʈhiɔ53
0840. 扛把锄头～在肩上　掮 tɕhiɛ24
0841. 抬～轿　抬 thæ24
0842. 举～旗子　□ tʂou53
0843. 撑～伞　打 tɑ31
0844. 撬把门～开　别 phiɛ24
0845. 挑挑选，选择：你自己～一个
挑 ʈhiɔ53
0846. 收拾～东西　拾掇 ʂʅ31tuo53
0847. 挽～袖子　缏 piæ̃53
0848. 涮把杯子～一下　涮 ʂæ̃44

0849. 洗～衣服　洗 si53

0850. 捞～鱼　捞 lɔ24

0851. 拴～牛　拴 ʂæ̃31

0852. 捆～起来　绑 paŋ53

0853. 解～绳子　解 tɕiɛ53

0854. 挪～桌子　挪 luo24

0855. 端～碗　端 tuæ̃31

0856. 摔碗～碎了　绊 phæ̃44

0857. 掺～水　掺 tshæ̃31

0858. 烧～柴　烧 ʂɔ31

0859. 拆～房子　拆 tshei31

0860. 转～圈儿　转 tʂæ̃44

0861. 捶用拳头～　捶 tʂhei24

0862. 打统称：他～了我一下　挃 ȶiɛ24

0863. 打架动手：两个人在～　打捶 tɑ53tʂhei24

0864. 休息　歇下 ɕiɛ53xɑ0

0865. 打哈欠　打哈欠 tɑ53xuo53ɕiæ̃0

0866. 打瞌睡　丢盹 ȶiu31tuŋ53

0867. 睡他已经～了　睡下ʂei44xɑ0

0868. 打呼噜　扯颔水 tʂɤ53xæ̃44ʂei0

0869. 做梦　做睡梦 tsu44ʂei44məŋ0

0870. 起床　起来 tɕhiɛ53læ0

0871. 刷牙　刷牙 ʂɑ31Øiɑ24

0872. 洗澡　洗身上 si53ʂʅ53ʂɑŋ0

（二）抽象动作

0873. 想思索：让我～一下　思量 sɿ53liɑŋ0

0874. 想想念：我很～他　想 siɑŋ53

0875. 打算我～开个店　撩乱 liɔ31luæ̃53

0876. 记得　记起 tɕi44tɕhiɛ0

0877. 忘记　忘了 Øuɑŋ44liɑ0

0878. 怕害怕：你别～　害怕 xæ44phɑ44

0879. 相信我～你　信 siŋ44

0880. 发愁　犯愁 fæ̃44tshou24

0881. 小心过马路要～　小心 siɔ53siŋ31

0882. 喜欢～看电视　爱 ŋæ44

0883. 讨厌～这个人　桑眼 sɑŋ53ȵiæ̃53

0884. 舒服凉风吹来很～　嵌活 tɕhiæ̃44xuo0

0885. 难受生理的　不嵌活 pu31tɕhiæ̃44xuo0

0886. 难过心理的　难受 læ̃24ʂou44

0887. 高兴　兴的 ɕiŋ53ȶi0

0888. 生气　着气 tʂhuo24tɕhi44

0889. 责怪　怪妨 kuæ44fɑŋ31

0890. 后悔　后悔 xou44xui31

0891. 忌妒　眼热 ȵiæ̃53ʐɤ31

0892. 害羞　羞脸 siu31liæ̃0

0893. 丢脸　丢人 ȶiu31ʐəŋ24

0894. 欺负　糟蹋 tsɔ53thɑ31

0895. 装～病　装 tʂɑŋ31

0896. 疼～小孩儿　爱 ŋæ44

0897. 要我～这个　要 Øiɔ44

0898. 有我～一个孩子　有 Øiu53

0899. 没有他～孩子　没 mo31

0900. 是我～老师　是 sɿ44

0901. 不是他～老师　不是 pu31sɿ44

0902. 在他～家　到 tɔ44

0903. 不在他～家　不到 pu31tɔ44

0904. 知道我～这件事　知道 tʂʅ53tɔ0

0905. 不知道我～这件事　不知道 pu31tʂʅ53tɔ0

0906. 懂我～英语　会 xui44

0907. 不懂我～英语　不会 pu31xui44

0908. 会我～开车　会 xui44
0909. 不会我～开车　不会 pu31xui44
0910. 认识我～他　认得 ʐəŋ44tei0
0911. 不认识我～他　不认得 pu31ʐəŋ44tei0
0912. 行应答语　对 tui44/能成 ləŋ24tʂhəŋ24
0913. 不行应答语　没向 mo31ɕiaŋ44
0914. 肯～来　肯 khəŋ53
0915. 应该～去　该 kæ31
0916. 可以～去　能 ləŋ24

（三）言语

0917. 说～话　说 ʂɤ31
0918. 话说～　话 xuɑ44
0919. 聊天儿　谝闲传 phiæ53ɕiæ24tʂhæ24
0920. 叫～他一声儿　叫 tɕiɔ44
0921. 吆喝大声喊　吆喝 Øiɔ31xuo0
0922. 哭小孩儿～　哭 fu31
0923. 骂当面～人　日噘 ʐʅ53tɕyɛ0
0924. 吵架动嘴：两个人在～　骂仗 mɑ44tʂɑŋ44
0925. 骗～人　哄 xuŋ53
0926. 哄～小孩儿　哄 xuŋ53
0927. 撒谎　撇白 phiɛ31phei24
0928. 吹牛　吹牛皮 tʂhei31ȵiu24phi53
0929. 拍马屁　舔沟子 ȶhiæ31kou53tsʅ0
0930. 开玩笑　说笑 ʂɤ31siɔ44
0931. 告诉～他　说给 ʂɤ53kei0
0932. 谢谢致谢语　多谢 tuo31siɛ0
0933. 对不起致歉语　对不起 tui44pu31tɕhiɛ53
0934. 再见告别语　再天见 tsæ53ȶhiæ31tɕiæ44

十二、性质、状态

（一）形貌

0935. 大苹果～　大 tɑ44
0936. 小苹果～　碎 sui44
0937. 粗绳子～　奘 tʂɑŋ44
0938. 细绳子～　细 si44
0939. 长线～　长 tʂhɑŋ24
0940. 短线～　短 tuæ53
0941. 长时间～　长 tʂhɑŋ24
0942. 短时间～　短 tuæ53
0943. 宽路～　宽 khuæ31
0944. 宽敞房子～　宽展 khuæ31tʂæ0
0945. 窄路～　窄 tsei31
0946. 高飞机飞得～　高 kɔ31
0947. 低鸟飞得～　低 ȶi31
0948. 高他比我～　高 kɔ31
0949. 矮他比我～　低 ȶi31
0950. 远路～　远 Øyæ53
0951. 近路～　近 tɕhiŋ44
0952. 深水～　深 ʂəŋ31
0953. 浅水～　浅 tɕhiæ53
0954. 清水～　清 ȶhiŋ31
0955. 浑水～　浑 xuŋ24
0956. 圆　圆 Øyæ24
0957. 扁　扁 piæ53
0958. 方　方 fɑŋ31
0959. 尖　尖 ȶiæ31
0960. 平　平 phiŋ24
0961. 肥～肉　肥 fei24

0962. 瘦～肉　瘦 sou44
0963. 肥形容猪等动物　肥 fei24
0964. 胖形容人　胖 phaŋ44
0965. 瘦形容人、动物　癯 tɕhyɛ44
0966. 黑黑板的颜色　黑 xei31
0967. 白雪的颜色　白 phei24
0968. 红国旗的主颜色，统称　红 xuŋ24
0969. 黄国旗上五星的颜色　黄 xuaŋ24
0970. 蓝蓝天的颜色　蓝 læ̃24
0971. 绿绿叶的颜色　绿 liu31
0972. 紫紫药水的颜色　紫 tsɿ53
0973. 灰草木灰的颜色　灰 xui31

（二）状态

0974. 多东西～　多 tuo31
0975. 少东西～　少 ʂɔ53
0976. 重担子～　重 tʂəŋ44
0977. 轻担子～　轻 tɕhiŋ31
0978. 直线～　端 tuæ̃31
0979. 陡坡～，楼梯～　陡 tou53
0980. 弯弯曲：这条路是～的　弯 væ̃31
0981. 歪帽子戴～了　偏 phiæ̃31
0982. 厚木板～　厚 xou44
0983. 薄木板～　薄 po24
0984. 稠稀饭～　稠 tʂhou24
0985. 稀稀饭～　稀 ɕi31
0986. 密菜种得～　稠 tʂhou24
0987. 稀稀疏：菜种得～　□ pha31
0988. 亮指光线，明亮　明 miŋ24
0989. 黑指光线，完全看不见　黑 xei31
0990. 热天气　热 ʐɤ31
0991. 暖和天气　暖和 luæ̃53xuo0
0992. 凉天气　凉 liaŋ24
0993. 冷天气　冷 ləŋ53
0994. 热水　热 ʐɤ31
0995. 凉水　冰 piŋ31
0996. 干干燥：衣服晒～了　干 kæ̃31
0997. 湿潮湿：衣服淋～了　湿 ʂʅ31
0998. 干净衣服～　净 ʈhiŋ44
0999. 脏肮脏，不干净，统称：衣服～　脏 tsaŋ31
1000. 快锋利：刀子～　利 li44
1001. 钝刀子～　老 lɔ53
1002. 快坐车比走路～　快 khuæ44
1003. 慢走路比坐车～　慢 mæ̃44
1004. 早来得～　早 tsɔ53
1005. 晚来～了　迟 tshʅ24
1006. 晚天色～　黑了 xei31lia0
1007. 松捆得～　松 suŋ31
1008. 紧捆得～　紧 tɕiŋ53
1009. 容易这道题～　容易 Øyŋ24Øi31
1010. 难这道题～　难 læ̃24
1011. 新衣服～　新 siŋ31
1012. 旧衣服～　旧 tɕhiu44
1013. 老人～　老 lɔ53
1014. 年轻人～　年轻 ȵiæ̃24tɕhiŋ31
1015. 软糖～　软 ʐæ̃53
1016. 硬骨头～　硬 ȵiŋ44
1017. 烂肉煮得～　烂 læ̃44
1018. 煳饭烧～了　着 tʂhuo24
1019. 结实家具～　牢 lɔ24
1020. 破衣服～　烂 læ̃44
1021. 富他家很～　有钱 Øiu53ʈhiæ̃24
1022. 穷他家很～　穷 tɕhyŋ24
1023. 忙最近很～　忙 maŋ24
1024. 闲最近比较～　闲 ɕiæ̃24

1025. 累走路走得很～　乏 fɑ24

1026. 疼摔～了　疼 thəŋ24

1027. 痒皮肤～　咬人 ȵiɔ53ʐəŋ0

1028. 热闹看戏的地方很～　热闹 ʐɤ53lɔ0

1029. 熟悉这个地方我很～　熟 ʂʅ24

1030. 陌生这个地方我很～　生 səŋ31

1031. 味道尝尝～　味 vei44

1032. 气味闻闻～　气气 tɕhi44tɕhi0

1033. 咸菜～　咸 xæ̃24

1034. 淡菜～　甜 ʨhiæ̃24

1035. 酸　酸 suæ̃31

1036. 甜　甜 ʨhiæ̃24

1037. 苦　苦 fu53

1038. 辣　辣 lɑ31

1039. 鲜鱼汤～　鲜 siæ̃31

1040. 香　爨 tshuæ̃44

1041. 臭　臭 tʂhou44

1042. 馊饭～　燍气 sɿ53tɕhi0

1043. 腥鱼～　腥气 siŋ53tɕhi0

（三）品性

1044. 好人～　好 xɔ53

1045. 坏人～　瞎 xɑ31

1046. 差东西质量～　错 tshuo44

1047. 对账算～了　对 tui44

1048. 错账算～了　错 tshuo31

1049. 漂亮形容年轻女性的长相：她很～　俊 tsuŋ44

1050. 丑形容人的长相：猪八戒很～　难看 læ̃24khæ̃44

1051. 勤快　勤苦 tɕhiŋ31fu53

1052. 懒　死人 sɿ53ʐəŋ0

1053. 乖　蛮 mæ̃24

1054. 顽皮　捣蛋 tɔ53tæ̃44

1055. 老实　实诚 ʂʅ31tʂhəŋ53

1056. 傻痴呆　瓜 kuɑ31

1057. 笨蠢　闷的 məŋ44ʨi0

1058. 大方不吝啬　豁嗨 xuo31xæ0

1059. 小气吝啬　啬皮 sei31phi24

1060. 直爽性格～　端戳戳 tuæ̃31tʂhuo53tʂhuo0

1061. 犟脾气～　倔 tɕyɛ44

十三、数量

（一）数字

1062. 一～二三四五……，下同　一 Øi31

1063. 二　二 Øər44

1064. 三　三 sæ̃31

1065. 四　四 sɿ44

1066. 五　五 Øu53

1067. 六　六 liu31

1068. 七　七 ʨhi31

1069. 八　八 pɑ31

1070. 九　九 tɕiu53

1071. 十　十 ʂʅ24

1072. 二十有无合音　二十 Øər44ʂʅ0

1073. 三十有无合音　三十 sæ̃31ʂʅ0

1074. 一百　一百 Øi24pei31

1075. 一千　一千 Øi24ʨhiæ̃31

1076. 一万　一万 Øi31væ̃44

1077. 一百零五　一百零五 Øi31pei31liŋ24Øu53

1078. 一百五十　百五 pei31Øu53

1079. 第一～，第二　第一 ʨi44Øi31

1080. 二两重量　二两 Øər44liaŋ31

1081. 几个你有～孩子？　几个 tɕi53kuo31

1082. 俩你们～　俩 liaŋ53

1083. 仨你们～　三 sæ̃31

1084. 个把　个把 kuo44pɑ31

（二）量词

1085. 个一～人　个 kuo31

1086. 匹一～马　个 kuo31

1087. 头一～牛　个 kuo31

1088. 头一～猪　个 kuo31

1089. 只一～狗　个 kuo31

1090. 只一～鸡　个 kuo31

1091. 只一～蚊子　个 kuo31

1092. 条一～鱼　个 kuo31

1093. 条一～蛇　个 kuo31

1094. 张一～嘴　个 kuo31

1095. 张一～桌子　个 kuo31

1096. 床一～被子　个 kuo31

1097. 领一～席子　张 tʂɑŋ31

1098. 双一～鞋　双 ʂɑŋ31

1099. 把一～刀　个 kuo31

1100. 把一～锁　把 pɑ53

1101. 根一～绳子　根 kəŋ31

1102. 支一～毛笔　支 tsɿ31

1103. 副一～眼镜　副 fu44

1104. 面一～镜子　个 kuo31

1105. 块一～香皂　块 khuæ53

1106. 辆一～车　辆 liaŋ53

1107. 座一～房子　座 tshuo44

1108. 座一～桥　座 tshuo44

1109. 条一～河　条 ȶhiɔ24

1110. 条一～路　条 ȶhiɔ24

1111. 棵一～树　棵 khuo53

1112. 朵一～花　个 kuo31

1113. 颗一～珠子　个 kuo31

1114. 粒一～米　颗 khuo53

1115. 顿一～饭　顿 tuŋ44

1116. 剂一～中药　服 fu44

1117. 股一～香味　股 ku53

1118. 行一～字　行 xɑŋ24

1119. 块一～钱　块 khuæ53

1120. 毛角：一～钱　毛 mɔ24

1121. 件一～事情　个 kuo31

1122. 点儿一～东西　点点 ȶiæ̃53ȶiæ̃0

1123. 些一～东西　些 siɛ31

1124. 下打一～，动量，不是时量　下 xɑ44

1125. 会儿坐了一～　下下 xɑ44xɑ0

1126. 顿打一～　顿 tuŋ44

1127. 阵下了一～雨　阵 tʂəŋ44

1128. 趟去了一～　回 xui24

十四、代词、副词、介词、连词

（一）代词

1129. 我～姓王　伢 Øiɑ24/我 ŋuo53

1130. 你～也姓王　你 ȵi53

1131. 您尊称　无

1132. 他～姓张　他 thɑ53

1133. 我们不包括听话人：你们别去，～去　我的 ŋuo31ȶi0/伢的 Øiɑ24ȶi0

1134. 咱们包括听话人：他们不去，～去吧　伢的 Øiɑ24ȶi0

1135. 你们～去　你的 ȵi31ȶi0

1136. 他们～去　他的 thɑ31ȶi0

1137. 大家～一起干　大家 tɑ44Øiɑ31

1138. 自己我～做的　各自 kuo53tsɿ31

1139. 别人这是～的　旁人 phɑŋ31ʐəŋ53/人家 ʐəŋ24Øiɑ31

1140. 我爸～今年八十岁　我爹 ŋuo24ʈiɛ31

1141. 你爸～在家吗？　你爹 ȵi24ʈiɛ31

1142. 他爸～去世了　他爹 thɑ24ʈiɛ31

1143. 这个我要～，不要那个　这个 tsei44kuo31

1144. 那个我要这个，不要～　兀个 Øui44kuo31

1145. 哪个你要～杯子？　哪一个 lɑ44Øi31kuo31

1146. 谁你找～？　谁 sei24

1147. 这里在～，不在那里　这搭 tsɿ44tɑ31

1148. 那里在这里，不在～　兀搭 Øu44tɑ31

1149. 哪里你到～去？　哪儿 læ24Øər31

1150. 这样事情是～的，不是那样的　这么开 tsɿ44mo31khæ0

1151. 那样事情是这样的，不是～的　兀么开 Øu44mo31khæ0

1152. 怎样什么样：你要～的？　咋么 tʂɑ31mo31

1153. 这么～贵啊　这么 tsɿ44mo31

1154. 怎么这个字～写？　咋么 tʂɑ31mo31

1155. 什么这个是～字？　啥 ʂɑ44

1156. 什么你找～？　啥 ʂɑ44

1157. 为什么你～不去？　为啥 Øui44ʂɑ44

1158. 干什么你在～？　做啥 tsu44ʂɑ44

1159. 多少这个村有～人？　多儿 tuo31Øər0

（二）副词

1160. 很今天～热的　很 xəŋ53

1161. 非常比上条程度深：今天～热　很 xəŋ53

1162. 更今天比昨天～热　还 xɑ24

1163. 太这个东西～贵，买不起　太 thæ44

1164. 最弟兄三个中他～高　最 tsui44

1165. 都大家～来了　浑 xuŋ24

1166. 一共～多少钱？　满共 mæ53kuŋ44

1167. 一起我和你～去　一搭 Øi31tɑ24

1168. 只我～去过一趟　只 tsɿ31

1169. 刚这双鞋我穿着～好　刚刚 kɑŋ24kɑŋ24

1170. 刚我～到　刚 kɑŋ24

1171. 才你怎么～来啊？　才 tshæ24

1172. 就我吃了饭～去　就 ʈiu44

1173. 经常我～去　时常 sɿ31tʂhɑŋ53

1174. 又他～来了　可 khuo31

1175. 还他～没回家　还 xɑ24

1176. 再你明天～来　再 tsæ44

1177. 也我～去；我～是老师　也 Øiɑ53

1178. 反正不用急，～还来得及　反正 fæ31tʂəŋ44

1179. 没有昨天我～去　没 mo31

1180. 不明天我～去　不 pu31

1181. 别你～去　嫑 po31

1182. 甭不用，不必：你～客气　嫑 po31

1183. 快天～亮了　快 khuæ44

1184. 差点儿～摔倒了　争一点 tsəŋ24∅i31ȶiæ̃24

1185. 宁可～买贵的　情愿 ȶhiŋ24∅yæ̃44

1186. 故意～打破的　□□ li44kuo0

1187. 随便～弄一下　随便 sui24piæ̃44

1188. 白～跑一趟　白 phei24

1189. 肯定～是他干的　保险 pɔ31ɕiæ̃53

1190. 可能～是他干的　兴许 ɕiŋ44ɕy53

1191. 一边～走，～说　旋 suæ̃44

（三）介词、连词

1192. 和我～他都姓王　待 tæ44

1193. 和我昨天～他去城里了　连 liæ̃24

1194. 对他～我很好　待 tæ44

1195. 往～东走　往 ∅uɑŋ53

1196. 向～他借一本书　跟 kəŋ31

1197. 按～他的要求做　照 tʂɔ44

1198. 替～他写信　替 ȶhi44

1199. 如果～忙你就别来了　要是 ∅iɔ44sɿ44

1200. 不管～怎么劝他都不听　不管 pu31kuæ̃53

第二节　自选词汇

一、天文、地理、时间

1201. 冷白雨暴雨 ləŋ53phei24∅y53

1202. 蒙凇雨细毛毛雨 məŋ44səŋ31∅y53

1203. 稀屎雪小雪 ɕi31sɿ31ɕyɛ31

1204. 扬风搅雪大雪 ∅iɑŋ24fəŋ31tɕiɔ53ɕyɛ31

1205. 霖雨连阴雨 liŋ44∅y53

1206. 贼星流星 tsei31siŋ53

1207. 山卡里大山的沟岔 sæ̃31tɕhiɑ44li0

1208. 沟洼里沟内坑洼 kou31∅uɑ44li0

1209. 城壕旧城堡及干涸的护城河 tʂhəŋ24xɔ24

1210. 高窑防土匪在窑内往上挖的洞 kɔ53∅iɔ31

1211. 拐窑洞内横套挖的窑 kuæ53∅iɔ31

1212. 窑窝子在洞墙上挖的小洞 ∅iɔ31∅uo53tsɿ0

1213. 渗坑院颇挖井用来蓄水 səŋ44khəŋ31

1214. 山角角山峰的顶端 sæ̃31tɕyɛ31tɕyɛ0

1215. 河滩地沙滩地 xuo24thæ̃53ȶhi44

1216. 梯桄地梯田地 ȶhi31kuɑŋ31ȶhi44

1217. 烂泥地沼泽地 læ̃44ȵi31ȶhi44

1218. 游泥地积水地 ∅iu24ȵi31ȶhi44

1219. 超坡子地斜坡地 ȶhiɛ44pho31tsɿ0ȶhi44

1220. 鱼脊梁中间突出的地形 ∅y24tɕi53liɑŋ31

1221. 捷路近路 ȶhiɛ24lu53

1222. 远路弯路 ∅yæ̃44lu31

1223. 赶早清晨 kæ̃31tsɔ53

1224. 今黑今晚 tɕhiŋ24xei31

1225. 夜儿晚昨晚 ∅iɛ53∅ər0væ̃53

1226. 啼起清晨 5 点左右 ȶhi24tɕhi31

1227. 这更现在 tsɿ44kəŋ31

1228. □过 ȵiɛ31kuo44/刚□ tɕiɑŋ24tsɿ31 刚才

1229. 一向好些天 Øi31ɕiɑŋ44

1230. 三天两后晌时间不长 sæ̃31ʈhiæ̃53liɑŋ53xou44ʂɑŋ31

1231. 才黑 tshæ24xei53/麻黑 mɑ31xei53 傍晚

二、植物、动物

1232. 青槐中国槐 ʈhiŋ53xuæ0

1233. 茹树榆树 ʐʅ31ʂʅ53

1234. 火蛋蛋柿子小柿子 xuo53thæ̃0thæ̃0sɿ44tsɿ0

1235. 犁瓜甜瓜 li24kuɑ31

1236. 冰豆扁豆 piŋ53tou0

1237. 蔓根老油菜根 mæ̃24kəŋ31

1238. 金瓜吊瓜 tɕiŋ31kuɑ31

1239. □□猫头鹰 ɕiŋ44xou0

1240. 鸽□□啄木鸟 tɕhiæ̃31pɔ44pɔ44

1241. 饿老鸱老鹰 ŋuo44lɔ31tʂhʅ31

1242. 姑姑鸟斑鸠 ku44ku0ȵiɔ53

1243. 旋黄虫布谷鸟 suæ̃44xuɑŋ0tshəŋ0

1244. 毛驹骝松鼠 mɔ24tɕy53liu44

1245. 水狼黄鼠狼 ʂei53lɑŋ0

1246. 蝎虎壁虎 ɕiɛ31xu0

1247. 屎爬牛屎壳郎 sɿ52phɑ31ȵiu24

1248. 明火虫萤火虫 miŋ31xuo31tʂhəŋ31

1249. 蚊噆牛虻 vəŋ31tsæ̃53

1250. 地蝼蝼蝼蛄 ʈi44lou31lou31

1251. 腻虫蚜虫 ȵi44tʂhəŋ0

1252. 放牛娃瓢虫 fɑŋ44ȵiu31Øuɑ31

1253. 瓜瓜牛蜗牛 kuɑ31kuɑ0ȵiu24

1254. 蛐蛐蟋蟀 tɕhy53tɕhy0

1255. 簸箕虫土元 pɔ44tɕi31tʂhəŋ31

1256. 野狐狐狸 Øiɛ53xu0

1257. 儿马公马 Øər31mɑ53

1258. 骒马母马 khuo44mɑ0

1259. 叫驴公驴 tɕiɔ44ly0

1260. 草驴母驴 tshɔ53ly0

1261. 驴骡骡子 ly31luo53

1262. 驹骝羊山羊 tɕy53liu31Øiɑŋ24

1263. 牛搭犊牛交配 ȵiu24tɑ31thu24

1264. 驴配驹驴交配 ly24phei44tɕy31

1265. 狗练儿子狗交配 kou53liæ̃44Øər31tsɿ53

1266. 鸡踏蛋鸡交配 tɕi31thɑ24thæ̃44

1267. 头口牲畜 thou31kou53

1268. 回草牛羊回咀嚼 xui24tshɔ53

三、建筑、器皿

1269. 大房上房，楼房 tɑ44fɑŋ0

1270. 厅房大房对面房 ʈhiŋ31fɑŋ0

1271. 厢房院子两侧的房 siɑŋ31fɑŋ0

1272. 偏房一面盖的房 phiæ̃53fɑŋ0

1273. 柱顶石柱石 tʂhʅ44ʈiŋ0ʂʅ0

1274. 小椽踅椚和顺椚的合称 siɔ53tʂhæ̃0

1275. 飞檐房屋上檐头伸出的部分 fei53Øiæ̃0

1276. 连檐房屋椽之间连接的部分 liæ̃31Øiæ̃53

1277. 篸子竹箔 tshæ̃44tsɿ0

1278. 胡墼土坯 xu31tɕi53

1279. 小瓦青瓦 siɔ31Øuɑ53

1280. 大瓦机瓦 tɑ44Øuɑ53

1281. 开间明间 khæ31tɕiæ̃31

1282. 套间一明两暗 thɔ44tɕiæ̃31

1283. 炕门炕眼门 khɑŋ44məŋ0

1284. 脚底房屋地面 tɕyo31ȶi53
1285. 仰敞顶棚 ȵiaŋ53tʂhaŋ0
1286. 条凳长凳 ȶhiɔ24təŋ44
1287. 太师椅仿古椅 thæ44sɿ31∅i53
1288. 梳头匣匣梳妆盒
ʂʅ53thou0ɕia31ɕia53
1289. 洋碱盒盒肥皂盒
∅iaŋ24tɕiæ̃53xuo24xuo0
1290. 踩楼木楼 tshæ53lou24
1291. 画张年画 xuɑ44tʂaŋ31
1292. 四吊子画屏 sɿ44ȶiɔ44tsɿ0
1293. 锅板锅盖 kuo31pæ̃0
1294. 锅眼门灶门 kuo53ȵiæ̃0məŋ0
1295. 叠口蒸笼 ȶiɛ31khou0
1296. 甑笆甑箅 tsəŋ44pɑ0
1297. 风匣风箱 fəŋ53ɕiæ̃0
1298. 甑布笼布 tsəŋ44pu0
1299. 老瓮水瓮 lɔ53vəŋ0
1300. 瓦缸面缸 ∅uɑ53kaŋ31
1301. 老碗大碗 lɔ31∅uæ̃0
1302. 品品碗 phiŋ53
1303. □□大木碗 mæ̃53mæ̃0
1304. 揽盘大碟子 læ̃53phæ̃0
1305. 碟碟小碟子 ȶhiɛ31ȶhiɛ53
1306. 条盘子鱼盘 ȶhiɔ24phæ̃31tsɿ53
1307. 铁勺饭勺 ȶhiɛ53ʂuo0
1308. 汤勺羹勺 thaŋ31ʂuo24
1309. 马勺水瓢 mɑ53ʂuo0
1310. 箸篓罐筷篓 tʂhʅ44lou31kuæ̃0
1311. 铲刮匙铁铲 tshæ̃53kuɑ31sɿ24
1312. 穰柴茅草柴 ʐaŋ53tshæ0

四、服饰、饮食

1313. 圆扇帽官帽 ∅yæ̃24ʂæ̃44mɔ44
1314. 瓜皮帽衬帽 kuɑ31phi24mɔ44
1315. 暖帽棉帽 luæ̃53mɔ0
1316. 绉绉帽子顶部绉褶的帽子
tʂhʅ53tʂhʅ31mɔ44tsɿ0
1317. 欻㞞帽子从头抹到脖子的老年人帽子
tʂhɑ53tɕhiu0mɔ44tsɿ0
1318. 老虎帽子虎头帽 lɔ31xu0mɔ44tsɿ0
1319. 耳刮子护耳 ∅ər53kuɑ31tsɿ0
1320. 围脖脖子上围的织物 ∅ui31pho53
1321. 袍子长袍 phɔ31tsɿ53
1322. 褂子汗褂 kuɑ44tsɿ0
1323. 领架汗架 liŋ53tɕiɑ0
1324. 棉褂褂棉袄 miæ̃24kuɑ44kuɑ0
1325. 棉裤儿棉裤 miæ̃31fur53
1326. 领豁领口 liŋ53xuo0
1327. 奔肚裹肚 pəŋ53thu0
1328. 护巾袒肩 xu44tɕiŋ31
1329. 开裆裤儿留口裤子 khæ31taŋ31fur53
1330. 马子卫生带 mɑ53tsɿ0
1331. 八眼鞋气眼鞋 pɑ31ȵiæ̃0xæ24
1332. 尖尖鞋小脚鞋 ȶiæ̃53ȶiæ̃0xæ24
1333. 斗花鞋花鞋 tou44xuɑ31xæ24
1334. 绱鞋做鞋 ʂaŋ44xæ24
1335. 鞔鞋为守孝缦一层白布 mæ̃24xæ24
1336. 裂帮鞋鞋托开了 liɛ31paŋ31xæ24
1337. 屁骨杵鞋底偏了 phi44ku31tʂhʅ31
1338. 纫被儿缝制棉被 ȵiŋ53piɛr53
1339. 缏钮门做老式布扣 phiæ̃44ȵiu53məŋ0
1340. 上下摆衣服撩襟 ʂaŋ44xɑ44pæ53
1341. □钮子钉扣子 tsæ̃44ȵiu53tsɿ0
1342. 袼褙鞋底背子 kuo53pei0
1343. 筒袖护手袖筒 thuŋ53siu0
1344. 耳坠耳环 ∅ər53tʂhei0

1345. 纂纂老年妇女的发髻 tsuæ̃53tsuæ̃0
1346. 络络发髻网子 luo31luo53
1347. 糁糁玉米糁儿 tʂəŋ53tʂəŋ0
1348. 糊汤面糊糊 xu44thaŋ31
1349. 连锅转搅团 liæ̃24kuo53tʂæ̃44
1350. 蛤蟆骨都鱼鱼儿 xuo31ma53ku31tu31
1351. 干粮烧饼 kæ̃53liaŋ0
1352. 巴巴馍馍发糕 pa53pa0mo31mo53
1353. 刮刮锅巴 kua53kua0
1354. 麻糖麻花 ma31thaŋ53
1355. 油糕糖糕 Øiu31kɔ53
1356. 㔷面切面 li24miæ̃44
1357. 㧟面取面 Øua53miæ̃44
1358. 剅肉割肉 lyo53ʐou44
1359. 熌馍馍烤馍 ɕiɛ31mo31mo53
1360. 熥馍馍溜馍 thuo31mo31mo53
1361. 焪红芋烤红薯 tɕhyŋ53xuŋ24Øy44
1362. 咥面吃面 ȶiɛ24miæ̃44
1363. 炝油热油 tɕhiaŋ31Øiu24
1364. 醭气了面坏了 phu31tɕhi0lia0
1365. 清汤寡水汤多面少

ȶhiŋ31thaŋ31kua31ʂei31
1366. 水米来嗨水米不沾

ʂei31mi31læ31xæ31
1367. 干嘣嘣酥脆 kæ̃31pəŋ44pəŋ44
1368. 煨热一下 Øui24
1369. 熰小火长时间熬 ŋou31
1370. 燣燣臊子 læ̃24
1371. 尿骚气小便的气味 ȵiɔ44sɔ31tɕhi0
1372. 木腥气木头的气味 mu31siŋ31tɕhi0
1373. 烟熏气着火的烟味

Øiæ̃31ɕyŋ31tɕhi0
1374. 油腥气油的气味 Øiu31siŋ53tɕhi0
1375. 豆腥气豆类的气味 tou44siŋ31tɕhi0
1376. 土腥气泥土的潮湿气味

thu53siŋ31tɕhi0
1377. 泥腥气泥土的气味 ȵi31siŋ53tɕhi0
1378. 奶腥气胎娃身上的气味

læ53siŋ31tɕhi0
1379. 汗腥气汗味 xæ̃44siŋ31tɕhi31
1380. 青泥气淤泥的气味 ȶhiŋ53ȵi0tɕhi0
1381. 贼腥气比喻东西来路不正

tsei31siŋ53tɕhi0
1382. 布烟腥气棉纺类烧着后的气味

pu44Øiæ̃31siŋ31tɕhi0

五、身体、医疗

1383. 雀儿颡小头 ȶhiɔr53sa24
1384. 生姜头疙瘩头 səŋ31tɕiaŋ31thou24
1385. 偏头歪脖子 phiæ̃31thou24
1386. 炙疮疤嘴角被烧瘢痕

tʂʅ53tʂhaŋ31pa31
1387. 脑瓜盖颅骨 lɔ53kua31kæ44
1388. 囟门口脑门 siŋ44məŋ0khou0
1389. 后脑巴后脑 xou44lɔ53pa0
1390. 鬓间鬓角 piŋ44tɕiæ̃31
1391. 鼻梁骨鼻梁 phi31liaŋ53ku31
1392. 眼窍眼神 ȵiæ̃53tɕhiɔ44
1393. 重眼皮双眼皮 tʂhəŋ31ȵiæ̃53phi31
1394. 眯眯眼小眼睛 mi44mi0ȵiæ̃53
1395. 单枪眼独眼 tæ̃31ȶhiaŋ31ȵiæ̃53
1396. 鼻窟窿鼻孔 phi31fu31luŋ31
1397. 塌塌鼻子鼻梁塌塌

tha53tha0phi31tsɿ53
1398. 豁豁牙缺牙 xuo53xuo0Øia24
1399. 豁豁嘴兔唇 xuo53xuo0tsui53

1400. 奶牙乳牙 læ53Øia0
1401. 扳齿牙门牙外露 pæ̃31tshʅ31Øia24
1402. 牙台子牙床 Øia31thæ53tsʅ0
1403. 续牙换牙 ɕy44Øia24
1404. 天花板上下颌 ȶhiæ̃31xua31pæ̃53
1405. 咽咙眼咽喉 xu31luŋ53ȵiæ̃31
1406. 牵舌子说话不清 tɕhiæ̃53ʂɤ0tsʅ0
1407. 结结结巴 tɕiɛ53tɕiɛ0
1408. 满沟罩圈脸胡 mæ̃53kou31tsɔ44
1409. 添沟胡子山羊胡
ȶhiæ̃53kou31xu31tsʅ53
1410. 奘脖囊骨脖子呈现粗状的病症
tʂaŋ44pu31laŋ53ku31
1411. 脊梁骨脊柱骨 ȶi53liaŋ31ku31
1412. 掀板骨肩胛骨 ɕiæ̃31pæ̃31ku31
1413. 胳肢洼腋窝 kuo53tsʅ0Øua44
1414. 心口胸口 siŋ31kou0
1415. 小肚子下腹 siɔ53tu0tsʅ0
1416. 鸡鸡男孩儿生殖器 tɕi53tɕi0
1417. 牛牛男孩儿生殖器 ȵiu31ȵiu53
1418. 卵子阴囊 luæ̃53tsʅ0
1419. 卵蛋子睾丸 luæ̃31thæ̃44tsʅ0
1420. 腿卡大腿内侧 thui53tɕhia0
1421. 大腿面子大腿肌肉
ta44thui53miæ̃44tsʅ0
1422. 干腿小腿 kæ̃31thui0
1423. 腿猪娃子腿肚子 thui53tʂʅ53Øua0tsʅ0
1424. 拨枷腿 X 形腿 po31tɕia0thui53
1425. 罗圈腿 O 形腿 luo31tɕhyæ̃53thui53
1426. 脚把骨脚后跟 tɕyo31pa44ku31
1427. 核桃疙瘩脚踝 xuo31thɔ53kei53ta0
1428. 弦绳脚筋 ɕiæ̃31ʂəŋ53
1429. 懒筋跟腱 læ̃53tɕiŋ31
1430. 尖尖脚缠过的小脚
ȶiæ̃53ȶiæ̃0tɕyo31
1431. 精溜溜光身子 ȶiŋ31liu44liu0
1432. 精沟子光下身 ȶiŋ31kou53tsʅ0
1433. 身坯体形 ʂəŋ31phei0
1434. 披掛体态 phei31kua0
1435. 短奘儿又矮又粗 tuæ̃53tʂaŋ44Øər0
1436. 长条子又细又高 tʂhaŋ31ȶhiɔ53tsʅ0
1437. 端正身材标准 tuæ̃53tʂəŋ0
1438. 害眼眼疾 xæ44ȵiæ̃53
1439. 垫食积食 ȶhiæ̃24ʂʅ24
1440. 呻唤呻吟 ʂəŋ53xuæ̃0
1441. 变狗小孩儿有病 piæ̃44kou53
1442. 屉跌肚脱肛 pa53ȶiɛ31tu44
1443. 绞肠痧腹疼 tɕhiɔ31tʂhaŋ24sa31
1444. 瞎瞎病肺结核 xa53xa0piŋ44
1445. 顽孽病久治不愈 Øuæ̃31ȵiɛ53piŋ44
1446. 老病慢性病 lɔ53piŋ44
1447. 中风不语脑溢血
tʂəŋ44fəŋ31pu31Øy53
1448. 先生中医 siæ̃31səŋ0
1449. 单方民间验方 tæ̃31faŋ31
1450. 抓药买药 tʂa24Øyo31
1451. 熬药煎药 ŋɔ24Øyo31
1452. 滗药过滤药 pi53Øyo31
1453. 通药泻药 thuŋ44Øyo31
1454. 咬人痒痒 ȵiɔ53ʐəŋ0
1455. 钉甲老茧 ȶiŋ31tɕia0
1456. 蚰蜒点点雀斑
Øiu31Øiæ̃53ȶiæ̃53ȶiæ̃0
1457. 气卵卵疝气 tɕhi44luæ̃31luæ̃0
1458. 瘿瓜瓜大脖病 Øiŋ53kua31kua24
1459. 惹上传染 ʐɤ53ʂaŋ0

六、婚丧嫁娶

1460. 毛头女子小姑娘 mɔ24thou31ȵy53tsɿ0
1461. 婕婕大姑娘 ȶiɛ53ȶiɛ0
1462. 寻下家找婆家 siŋ24ɕia44tɕia31
1463. 订媳妇确定婚约的形式 ȶiŋ44si53fu0
1464. 回门回娘家 xui24məŋ24
1465. 行情纳礼 ɕiŋ24ȶhiŋ24
1466. 坐席吃宴 tshuo44si24
1467. 新房洞房 siŋ31faŋ24
1468. 耍新人闹洞房 ʂa53siŋ53ʐəŋ0
1469. 劳客帮忙之人 lɔ31khei53
1470. 谢劳客酬谢帮忙的人 siɛ44lɔ31khei53
1471. 头月子第一胎 thou31Øyɛ53tsɿ0
1472. 抓娃分娩 tʂa31Øua24
1473. 老婆娘接生婆 lɔ53pho0ȵiaŋ0
1474. 各家人男娃 kuo53Øia31ʐəŋ24
1475. 夹牛□男娃 tɕia31ȵiu24Øuæ53
1476. 婕婕娃女娃 ȶiɛ53ȶiɛ0Øua44
1477. 坐月婆娘产妇 tshuo44Øyɛ31pho31ȵiaŋ31
1478. 忌人忌讳 tɕi44ʐəŋ24
1479. 过百岁百天 kuo44pei31sui44
1480. 过岁周岁 kuo44sui44
1481. 心疼可爱的 siŋ31thəŋ24
1482. 憨的粗壮结实 xæ31ȶi0
1483. 倒舍啦坏死人 tɔ44ʂɤ31lia0
1484. 老衣寿衣 lɔ53Øi31
1485. 衾盖的 tɕhiŋ24
1486. 褥子铺的 ʐʅ53tsɿ0
1487. 阴阳先生风水先生 Øiŋ53Øiaŋ0siæ31səŋ0
1488. 出门牌讣告 tʂhʅ31məŋ31phæ53
1489. 七单忌日单 ȶhi31tæ31
1490. 破土打墓 pho44thu53
1491. 明庭 miŋ31tɕhiŋ53/黑堂 xei53thaŋ0 墓穴
1492. 老坟祖坟 lɔ53fəŋ24
1493. 新坟新墓 siŋ31fəŋ24
1494. 散白散孝 sæ44phei24
1495. 拌盆摔纸盆 pæ44phəŋ24
1496. 躲殃外躲两个小时 tuo44ȵiaŋ31
1497. 墓骨堆坟墓 mu44ku31tui31
1498. 纸扎纸活 tsɿ53tsa31
1499. 守丧守灵 ʂou53saŋ31
1500. 柳棍哭丧棒 liu53kuŋ0
1501. 请神买神像 ȶhiŋ53ʂəŋ24
1502. 爷爷神像 Øiɛ31Øiɛ53
1503. 点钱粮黄表 ȶiæ53ȶhiæ31liaŋ53
1504. 伐马脚伐神 fa24ma53tɕyo31
1505. 脚马脚子 tɕyo31ma0

七、称谓、人品

1506. 先人祖先 siæ53ʐəŋ0
1507. 后辈儿孙 xou44pei44
1508. 小名 siɔ53miŋ0/乳名 ʐʅ53miŋ0 曾用名
1509. 干亲干儿 kæ31ȶhiŋ31
1510. 朋亲朋友 phəŋ31ȶhiŋ0
1511. 爷父们父子 Øiɛ31fu53məŋ0
1512. 娘母们母子 ȵia31mu53məŋ0
1513. 亲家们夫妻双方父母 ȶhiŋ31Øia0məŋ0
1514. 瓜爷姑爷 kua31Øiɛ24
1515. 瓜婆姑婆 kua31pho24

1516. 干大义父 kæ̃53tɑ31
1517. 干娘义母 kæ̃53ȵiɑŋ31
1518. 奶婆娘乳妇 læ53pho31ȵiɑŋ0
1519. 班辈辈分 pæ̃53pei0
1520. 腊婆老年妇女 lɑ53pho0
1521. 麻糜儿不分是非的人 mɑ24mi24Øər0
1522. 踢山败家子 ȶhi31sæ̃31
1523. 二㞞脑子不够数、缺心眼儿的人 Øər44tɕhiu24
1524. 逛山不务正业的人 kuɑŋ44sæ̃31
1525. 争山说话办事蛮干的人 tsəŋ31sæ̃31
1526. 轱辘子赌棍 ku53lu0tsɿ0
1527. 窝里罩只在家里横的人 Øuo53li0tsɔ44
1528. 㹾㹾厉害的女人 tshɑ31tshɑ53
1529. 五郎神不顾家的人 Øu53lɑŋ0ʂəŋ24
1530. 烧料货无本事却喜欢炫耀的人 ʂɔ53liɔ31xuo31
1531. 沟子客阳奉阴违的人 kou53tsɿ0khei31
1532. 二杆子说话办事冒失的人 Øər44kæ̃53tsɿ0
1533. 说扁猴爱说是非的人 ʂɤ31piæ̃53xou24
1534. 转扇脸见风使舵、见机行事的人 tʂæ̃44ʂæ̃44liæ̃53
1535. 懒干手懒汉 læ̃53kæ̃31ʂou31
1536. 雏鹿鹿外行或刚学艺的人 tʂhʅ53lou31lou0
1537. 小来末器零碎物件 siɔ31læ44mo31tɕhi31

八、农、工、商、文

1538. 田禾庄稼 ȶhiæ̃31xuo53
1539. 庄稼汉活农活 tʂɑŋ53Øɑ31xæ̃31xuo24
1540. 地里活田间播收 ȶhi44li0xuo24
1541. 磨地耙地 mo44ȶhi44
1542. 拾粪捡粪 ʂʅ24fəŋ44
1543. 攒粪积肥 tsæ̃53fəŋ44
1544. 上粪施肥 ʂɑŋ44fəŋ44
1545. 倒茬庄稼茬口轮作 tɔ53tshɑ24
1546. 硬茬地闲地 ȵiŋ44tshɑ31ȶhi44
1547. 生生地大生地 səŋ53səŋ0ȶhi44
1548. 坨坨地小块地 thuo31thuo53ȶhi44
1549. 溜溜地狭窄的地 liu44liu0ȶhi44
1550. 起土取土 tɕhi53thu53
1551. □土铲土 tshei31thu53
1552. 耩土全土 tɕiɑŋ53thu53
1553. 种儿样子间作套种 tʂəŋ44tɕi53Øiɑŋ31tsɿ0
1554. 点窝窝垅沟点种 ȶiæ̃53Øuo53Øuo0
1555. 割麦机收割机 kuo31mei24tɕi31
1556. 肘肘镰刀 tʂou53tʂou0
1557. 背斗背篓 pei44tou31
1558. 拌笼篮子 phæ̃44luŋ31
1559. 马车大车 mɑ53tʂhɤ31
1560. 碾场碾麦 ȵiæ̃53tʂhɑŋ24
1561. 摞摞子摞麦 luo44luo0tsɿ0
1562. 纺线车儿纺车 fɑŋ53siæ̃44tʂhɤr31
1563. 捻子棉条 ȵiæ̃53tsɿ0
1564. 瓜儿穗穗 kuɑ53Øər0
1565. 拐子工具 kuæ53tsɿ0
1566. 经线竖线 tɕiŋ31siæ̃44
1567. 纬线横线 Øy44siæ̃44
1568. 烧锅酒坊 ʂɔ31kuo0
1569. 油坊榨油的地方 Øiu31fɑŋ53

1570. 醋坊酿醋的地方 tshu44faŋ0
1571. 磨坊粮食加工的地方 mo44faŋ0
1572. 炉园铸造器具的地方 lu31Øyæ̃53
1573. 钉锅补锅 ȶiŋ44kuo31
1574. 掌客钉掌的人 tʂaŋ53khei0
1575. 把式匠人 pa53ʂʅ0
1576. 学手匠学徒 ɕyo31ʂou53ȶhiaŋ0
1577. 篾篾匠竹子匠 mi31mi53ȶhiaŋ0
1578. 打席编席 ta53si24
1579. 拐尺角尺 kuæ53tʂhʅ31
1580. 平斤锛子 phiŋ31tɕiŋ53
1581. 推刨刨子 thui53pho0
1582. 解锯大锯 tɕiɛ53tɕy44
1583. 搂锯手锯 lou53tɕy0
1584. 羊甲子钉锤 Øiaŋ31tɕia53tsɿ0
1585. 东家财东 tuŋ31tɕia0
1586. 掌柜的经理 tʂaŋ53khui44ȶi0
1587. 拿事□二把手 la24sɿ44Øuæ0
1588. 管账□会计 kuæ̃53tʂaŋ44Øuæ0
1589. 伙计雇员 xuo53tɕi0
1590. 关门停业 kuæ̃31məŋ24
1591. 字号店名 tshɿ44xɔ31
1592. 开门面开业 kæ31məŋ31miæ̃53
1593. 经纪交易员 tɕiŋ53tɕi31
1594. 红火兴旺 xuŋ31xuo53
1595. 发市成交 fa53sɿ0
1596. 盘点结账 phæ̃24ȶiæ̃53
1597. 要账收账 Øiɔ44tʂaŋ44
1598. 贴赔赔本 ȶhiɛ53phei0
1599. 倒灶歇业 tɔ53tsɔ31
1600. 搭车乘车 ta24tʂhɤ31
1601. 歇店住旅馆 ɕiɛ31ȶiæ̃44
1602. 诧铺睡不着 tsha44phu44
1603. 朝山上山进香 tʂhɔ24sæ̃31
1604. 上布施捐资 ʂaŋ44pu44sɿ31
1605. 退槽货劣等货物 thui44tsɔ31xuo44
1606. 教书□教师 tɕiɔ24ʂʅ53Øuæ0
1607. 念书读书 ȵiæ̃44ʂʅ31
1608. 影格描红纸 Øiŋ53kei31
1609. 洋马号数字 Øiaŋ24ma53xɔ31
1610. 念得好学习优良 ȵiæ̃44ȶi0xɔ53
1611. 念不进去学无上进
ȵiæ̃44pu31ȶiŋ44tɕhi0
1612. 唱旦□女角 tʂhaŋ44tæ̃44Øuæ0
1613. 大花脸大净 ta44xua31liæ̃31
1614. 媒婆婆丑旦 mei31pho53pho0
1615. 胡子生老生 xu31tsɿ53səŋ31
1616. 旦娃子小旦 tæ̃44Øua31tsɿ0
1617. 耍丑□丑角 ʂa31tʂhou53Øuæ0
1618. 管戏子管饭 kuæ̃53ɕi44tsɿ0
1619. 要布施化缘 Øiɔ44pu44sɿ31

九、动作、行为

1620. 挦摘取 siæ̃24
1621. 拃用手衡量尺寸 tsa53
1622. 捋用手理顺：～胡子 ly44
1623. □托：～头顶上 tʂou53
1624. 撇扔：东西～了 phiɛ31
1625. 掮扛：把口袋～起 tɕhiɛ24
1626. 扚扶：把背斗～起 tshou31
1627. 扯整体撕下外皮：把玉米皮～了
tʂha53
1628. 搳抱孩子：把娃～起 tɕhia53
1629. 煨慢慢移动 vei31
1630. 掇端起来：把娃～尿嘎 tuo31
1631. 擩把脚踩进泥里 ʐʅ53

1632. □提篮子买菜 khuæ53

1633. 抿用唾沫把零落的头发弄整齐：～头发 miŋ53

1634. 鐾磨刀子 pi44

1635. □锯 Øiɔ31

1636. 揿点个红点点 tuŋ31

1637. 撸搧耳光 lou31

1638. 跷跨 tɕhiɔ31

1639. 踅过多地占有空间：～地方 ɕyɛ44

1640. 訬过多：讲话～ɕyɛ44

1641. 靸把鞋拖上 sɑ31

1642. 冡嘴闭上 məŋ24

1643. 潲把地洒湿 sɔ44

1644. □抽筋 tɕiu44

1645. 尥驴抬蹄子 liɔ44

1646. 踒崴脚 Øuo31

1647. 丧德做事无行 sɑŋ44tei31

1648. 下话向人乞情 ɕiɑ44xuɑ44

1649. □腾鼓动 xuo44thəŋ0

1650. 打发下逐客令 tɑ53fɑ31

1651. 捻弄修理 ȵiæ̃53luŋ0

1652. 冒碓碰运气 mɔ44tui24

1653. 拜往求人 phæ44Øuɑŋ0

1654. 张掰傲气，张扬 tʂɑŋ31pei0

1655. 挡挂阻拦 tɑŋ44kuɑ0

1656. 伤脸使人丢脸 ʂɑŋ31liæ̃53

1657. 怯火害怕 tɕhiɛ31xuo53

1658. 铺腾铺张排场 phu53thəŋ0

1659. 争竞吵架 tsəŋ53tɕiŋ0

1660. 搋和面 tshæ31

1661. 照识理睬 tʂɔ44ʂʅ0

1662. 奈合凑合 læ44xuo0

1663. 扬百挥霍 Øiɑŋ31pei53

1664. 扭掰不愿意 ȵiu53pei31

1665. 不卯不合 pu31mɔ53

1666. 嚼蔑咒骂 tɕyɛ53miɛ31

1667. 供经抚养 kuŋ53tɕiŋ31

1668. 人前献喜爱卖弄 ʐəŋ31ȶhiæ̃53ɕiæ̃44

1669. 相端观察 ɕiɑŋ44tuæ̃31

1670. 吃瞎账白吃白拿 tʂhʅ31xɑ53tʂɑŋ0

1671. 飘凉腔拐弯抹角骂人 phiɔ31liɑŋ24tɕhiɑŋ53

1672. 打伙神混在一起胡闹 tɑ53xuo44ʂəŋ0

1673. 揽后手处理善后 læ̃53xou44ʂou31

1674. 要欺头借势欺人，好占上风 Øiɔ44tɕhi53thou0

1675. 胡吹冒撂说大话，吹嘘 xu24tʂhei3mɔ44liɔ44

1676. 撇白道谎爱说虚话 phiɛ53phei31tɔ44xuɑŋ53

十、性质、状态

1677. 噌速度快 tshəŋ31

1678. 怄忧愁 ŋou31

1679. 横一脸横肉 ɕyo24

1680. 软将身体单薄 ʐæ̃53ȶiɑŋ0

1681. 干□能干 kæ̃31ʂʅ0

1682. 刚结指老年人身体刚强 kɑŋ31tɕiɛ31

1683. 口敞说话随意，口不把关 khou53tʂhɑŋ53

1684. 绵密乖巧 miæ̃31mi53

1685. 残火利害 tshæ̃31xuo53

1686. 浆水乏味 ȶiɑŋ31ʂei0

1687. 能不够本事大 ləŋ24pu31kou44

1688. 日巴欻不中用 ʐʅ31pɑ31tʂhɑ53

1689. 骚情轻浮 sɔ24tɕhiŋ31

1690. 大气做事大方 tɑ44tɕhi44
1691. 豁海充足，大方 xuo31xæ0
1692. 利练利气 li31liæ̃0
1693. 翠活漂亮 tshui44xuo0
1694. 灵光聪明 liŋ31kuɑŋ53
1695. 坦性格慢 thæ̃53
1696. 酵急性子 ȶiɔ44
1697. 粘牙难缠 ʐæ̃24Øiɑ24
1698. 怯生胆怯 tɕhiɛ31səŋ0
1699. 对茬凑合 tui44tshɑ24
1700. 日塌弄坏 ʐʅ53thɑ31
1701. 抠掐吝啬 khou31tɕhiɑ31
1702. 费事调皮 fei44sɿ44
1703. □□顺当 Øuo31Øiɛ53
1704. 诧人羞答答 tshɑ44ʐəŋ24
1705. 仓仓赶快 tshɑŋ31tshɑŋ0
1706. 软拥说话不软又不硬 ʐæ̃53Øyŋ53
1707. 泼烦不耐烦 pho53fæ̃0
1708. 花繁活泼 xuɑ53fæ̃0
1709. 憨实老实 xæ̃53ʂʅ0
1710. 严窝严实 ȵiæ̃31Øuo53
1711. 缺德失信 tɕhyɛ24tei31
1712. 难缠不讲理 læ̃24tʂhæ̃24
1713. 生分不熟 səŋ53fəŋ31
1714. 皮实结实 phi31ʂʅ53
1715. 憋人气愤 piɛ53ʐəŋ0
1716. 帮间差不多 pɑŋ24tɕiæ̃31
1717. 稀欠稀罕 ɕi53tɕhiæ̃0
1718. 麻稀不麻烦 mɑ31ɕi53
1719. 腻的表情冷淡 ȵi44ȶi0
1720. 一抹烟无边无际的样子 Øi31mo53Øiæ̃31
1721. 百不咋不要紧 pei31pu31tsɑ53
1722. 端戳戳说话办事直接不留情面 tuæ̃31tʂhuo31tʂhuo0
1723. 挑梢子出类拔萃 ȶhiɔ31sɔ53tsɿ0

第四章　语法与口头文化

第一节　语法例句

1. 你是哪里人？

   你是哪搭人？

   ȵi53sɿ44lɑ24tɑ31ʐəŋ24？

2. 我是陕西________人。（说出所在县或市）

   我是陕西宝鸡金台人。

   ŋuo53sɿ44ʂæ̃53si31pɔ53tɕi31tɕiŋ53thæ0ʐəŋ24.

3. 你今年多大？

   你今年多大了？

   ȵi53tɕiŋ31ȵiæ̃24tuo31tɑ44liɑ0？

4. 我________岁了。（说出自己的实际年龄）

   我六十七岁了。

   ŋuo53liu53ʂʅ0ȶhi31sui44liɑ0.

5. 你叫什么名字？

   你叫个啥？

   ȵi53tɕiɔ44kuo31ʂɑ44？

6. 我叫________。（说出自己的名字）

   我叫李春林。

   ŋuo53tɕiɔ44li53tʂhəŋ31liŋ24.

7. 你家住哪里？

   你屋里到哪住着哩？

   ȵi53Øu53li0tɔ44lɑ24tʂhʅ44tʂuo0li0？

8. 我家住________。（说出自己居住的地址）

   我屋里到陈仓镇金星村三组哩。

ŋuo24Øu53li0tɔ44tʂhəŋ24tshɑŋ31tʂəŋ44tɕiŋ24siŋ31tshuŋ31sæ̃31tsu53li0.

9. 谁呀？我是老三。

谁哩开？我是老三。

sei24li0khæ0？ŋuo53sɿ44lɔ53sæ̃31.

10. 老四呢？他正在跟一个朋友说着话呢。

老四哩？□正连一个伙计说话哩。

lɔ53sɿ44li0？Øuæ53tʂəŋ44liæ̃24Øi31kuo31xuo53tɕi31ʂɤ31xuɑ44li0.

11. 他还没有说完吗？

个还没说毕吗？

kuæ53xɑ24mo31ʂɤ31pi31mɑ0？

12. 还没有。大约再有一会儿就说完了。

还没哩。大摸再一下下就毕了。

xɑ24mo31li0. tɑ44mo31tsæ44Øi31xɑ44xɑ0ʨiu44pi31liɑ0.

13. 他说马上就走，怎么这半天了还在家里呢？

个说立马就走哩，咋么半天了还没走下？

kuæ53ʂɤ31li31mɑ53ʨiu44tsou53li0，tʂɑ31mo31pæ̃44ʨhiæ̃31liɑ0xɑ24mo31tsou53 çiɑ31？

14. 你到哪儿去？我到城里去。

你到哪儿去呀？我到城里去呀。

ȵi53tɔ44lɑ24Øər53tɕhi44Øiɑ0？ŋuo53tɔ44tʂhəŋ31li53tɕhi44Øiɑ0.

15. 在那儿，不在这儿。

在兀搭，不到这搭。

tsæ44Øu24tɑ53，pu3tɔ44tsɿ44tɑ31.

16. 不是那么做，是要这么做的。

不是到么做，是到这么做。

pu31sɿ44tɔ44mo31tsu44，sɿ44tɔ44tʂʅ44mo31tsu44.

17. 太多了，用不着那么多，只要这么多就够了。

多得很，用不了这么些，只要这么些就够了。

tuo31ʨi0xəŋ53，Øyŋ44pu31liɔ53tʂʅ44mo53siɛ31，tsɿ31Øiɔ44tʂʅ44mo31siɛ31ʨiu44 kou44liɑ0.

18. 这个大，那个小，这两个哪一个好点呢？

这个大，兀个碎，这俩哪个好些？

tsei53kuo31tɑ44，Øui53kuo31sui44，tsei44liɑŋ53lɑ31kuo31xɔ53siɛ31？

19. 这个比那个好。

这个比兀个好。

tsei53kuo31pi53Øui53kuo31xɔ53.

20. 这些房子不如那些房子好。

改（些）房不及拐（些）房好。

kæ53（siɛ0）faŋ24pu31tɕi44kuæ53（siɛ0）faŋ24xɔ53.

21. 这句话用____话怎么说？（填本地地名，本地音）

改话用金台话咋么说哩？

kæ53xuɑ44Øyŋ44tɕiŋ53thæ0xuɑ44tʂɑ31mo0ʂɤ31li0？

22. 他今年多大岁数？

他今年多大了？

thɑ53tɕiŋ31ȵiæ̃24tuo31tɑ44liɑ0？

23. 大概有三十来岁吧。

大摸三十来岁。

tɑ44mo53sæ̃53ʂʅ0læ0sui44.

24. 这个东西有多重呢？

改东西到□有多重？

kæ53tuŋ53ɕi31tɔ44Øɤ0Øiu53tuo31tʂhəŋ44？

25. 有五十斤重呢。

五十来斤重。

Øu53ʂʅ31læ31tɕiŋ31tʂhəŋ44.

26. 拿得动吗？

拿得动呀不？

lɑ24tei53thuŋ44Øiɑ0pu31？

27. 我拿得动，他拿不动。

我拿得动，他拿不动。

ŋuo53lɑ24tei53thuŋ44，thɑ53lɑ24pu31thuŋ44.

28. 真不轻，重得连我都拿不动了。

真□不轻，重得连我都拿不起。

tʂəŋ31Øuæ0pu24tɕhiŋ31，tʂhəŋ44ʈi0liæ̃24ŋuo53tou31lɑ24pu53tɕhiɛ53.

29. 你说得很好，你还会说点儿什么呢？

你说嫽得很，你还会说点啥？

ȵi53ʂɤ53liɔ31ʈi53xəŋ53，ȵi53xɑ24xui44ʂɤ53ʈiæ̃31ʂɑ44？

30. 我嘴笨，我说不过他。

我嘴笨，说不过他。

ŋuo53tsui53pəŋ44，ʂɤ31pu31kuo44thɑ53.

31. 说了一遍，又说了一遍。

说了一遍，重上又说了一遍。

ʂɤ31liɑ0Øi53piæ̃31，tʂhəŋ24ʂɑŋ53Øiu44ʂɤ31liɑ0Øi53piæ̃31.

32. 请你再说一遍。

你把改再说嘎。

ȵi53pɑ31kæ53tsæ44ʂɤ31kɑ0.

33. 不早了，快去吧！

时间不早了，赶去罢！

ʂʅ24tɕiæ̃31pu24tsɔ31liɑ0，kæ̃24tɕhi44pɑ0！

34. 现在还很早呢。等一会儿再去吧。

间还早哩。过一下下再去。

tɕiæ̃53xɑ24tsɔ53li0. kuo44Øi31xɑ44xɑ0tsæ44tɕhi44.

35. 吃了饭再去好吧？

吃了再去，能成啊不？

tʂhʅ31liɑ0tsæ44tɕhi44，ləŋ24tʂhəŋ24Øɑ53pu31？

36. 慢慢儿地吃啊！不要急嘛！

慢慢吃，嫑心急！

mæ̃44mæ̃53tʂhʅ31，po31siŋ31tɕi24！

37. 坐着吃比站着吃好些。

坐下吃比立下吃嵌活。

tshuo44xɑ0tʂhʅ31pi53li53xɑ0tʂhʅ31tɕhiæ̃44xuo0.

38. 这个吃得，那个吃不得。

这个能吃，□个吃不成。

tsei44kuo31ləŋ24tʂhʅ31，Øuæ44kuo31tʂhʅ31pu31tʂhəŋ24.

39. 他吃了饭了，你吃了饭没有呢？

拐先吃了，你吃了么？

kuæ53siæ̃44tʂhʅ31liɑ0，ȵi53tʂhʅ31liɑ0mo31？

40. 他去过上海，我没有去过。

拐去过上海，伢没去过。

kuæ53tɕhi44kuo31ʂɑŋ44xæ53，Øiɑ24mo31tɕhi44kuo31.

41. 来闻闻这朵花香不香？

来闻嘎改花香啊不？

læ24Øuəŋ24ka53kæ53xua31ɕiaŋ53Øa0pu31？

42. 香得很，是不是？

香很，得是呀不？

ɕiaŋ31xəŋ53，tei44sɿ44Øia0pu31？

43. 给我一本书！

给伢一本书！

kei44Øia24Øi31pəŋ31ʂʅ31！

44. 我实在没有书么！

我倒没□书么！

ŋuo53tɔ44mo24Øɤ0ʂʅ31mo0！

45. 你告诉他。

你给他说。

ȵi53kei44tha53ʂɤ31.

46. 好好儿地走！不要跑！

好好的走，嫑跑！

xɔ53xɔ24ʈi31tsou53，po31phɔ24！

47. 小心跌下去爬也爬不上来！

小心绊下去爬都爬不起来！

siɔ53siŋ31pæ̃44xa31tɕhi0pha24tou31pha24pu31tɕhiɛ53læ31！

48. 医生叫你多睡一睡。

大夫叫你多以睡嘎子。

thæ44fu31tɕiɔ44ȵi53tuo53Øi31ʂei44ka0tsɿ0.

49. 吸烟或者喝茶都不可以。

烟茶都嫑逗。

Øiæ̃31tsha24tou24po31tou44.

50. 烟也好，茶也好，我都不喜欢。

烟连茶我都不爱。

Øiæ̃31liæ̃24tsha24ŋuo53tou24pu31ŋæ44.

51. 不管你去不去，反正我是要去的，我非去不可。

不管你去呀嘛不去，反正我是非要去哩。

pu31kuæ̃53ȵi53tɕhi44Øia0ma0pu31tɕhi44，fæ̃31tʂəŋ44ŋuo53sɿ31fei31Øiɔ44 tɕhi44li0.

52. 你是哪一年来的？

你是那一年来□？

ȵi53sɿ44lɑ31Øi31ȵiæ̃24læ24Øuæ53？

53. 我是前年到的北京。

我是先一年到北京□。

ŋuo53sɿ44siæ̃31Øi31ȵiæ̃31tɔ44pei31tɕiŋ31Øuæ0.

54. 今天开会谁的主席？

今儿开会谁是主席？

tɕiŋr31khæ31xui44sei24sɿ31tʂʅ53si24？

55. 你得请我的客。

你得请我。

ȵi53tei44ȶhiŋ53ŋuo53.

56. 这是他的书，那一本是他哥哥的。

改书是他□，兀本是他哥□。

kæ53ʂʅ31sɿ44thɑ53Øuæ0，Øui53pəŋ53sɿ44thɑ31kuo24Øuæ0.

57. 一边走，一边说。

旋走旋说。

suæ̃44tsou53suæ̃44ʂɤ31.

58. 看书的看书，看报的看报，写字的写字。

看书□看书，看报□看报，写字□写字。

khæ̃44ʂʅ53Øuæ0khæ̃44ʂʅ31，khæ̃44pɔ44Øuæ0khæ̃44pɔ44，siɛ53tshɿ44Øuæ0 siɛ53tshɿ44.

59. 越走越远，越说越多。

越走越远，越谝越多。

Øyɛ31tsou53Øyɛ31Øyæ̃53，Øyɛ24phiæ̃53Øyɛ24tuo53.

60. 把那个东西拿给我。

把拐东西给我拿来。

pɑ31kuæ53tuŋ53si0kei44ŋuo53lɑ31læ53.

61. 有些地方把太阳叫日头。

有□地方把太阳叫日头爷。

Øiu53Øuæ44ȶi44fɑŋ31pɑ31thæ44Øiɑŋ0tɕiɔ44Øər53thou0Øiɛ0.

62. 您贵姓？我姓王。

你姓啥？我姓王。

ȵi53siŋ44ʂɑ44？ŋuo53siŋ44Øuɑŋ24.

63. 你姓王，我也姓王，咱们两个人都姓王。

你姓王，我也姓王，呀俩一个姓。

ȵi53siŋ44Øuɑŋ24，ŋuo53Øɑ0siŋ44Øuɑŋ24，Øiɑ24liɑŋ31Øi31kuo0siŋ44.

64. 你先去吧，我们等一会儿再去。

你先去，我等一下下再去。

ȵi53siæ̃31tɕhi44，ŋuo31təŋ53Øi31xɑ44xɑ0tsæ44tɕhi44.

第二节　北风和太阳

北风跟太阳

有一回，北风跟太阳在那儿争论谁的本事大。争来争去就是分不出高低来。这时候路上来了个走道儿的，他身上穿着件厚大衣。他们俩就说好了，谁能先叫这个走道儿的脱下他的厚大衣，就算谁的本事大。北风就使劲地刮起来了，不过他刮得越是厉害，那个走道儿的把大衣裹得越紧。后来北风没法儿了，只好就算了。过了一会儿，太阳出来了。他火辣辣地一晒，那个走道儿的马上就把那件厚大衣脱下来了。这下儿北风只好承认，他们俩当中还是太阳的本事大。

北风待日头爷

pei24fəŋ31tæ44Øər53thou0Øiɛ0

有么一回，北风待日头爷到兀搭争竞谁本事大。

Øiu53mo53Øi31xui24，pei24fəŋ31tæ44Øər53thou0Øiɛ0tɔ44Øu24tɑ53tsəŋ31tɕiŋ31sei24pəŋ53sʅ31tɑ44.

争来争去分不下个上下。

tsəŋ31læ24tsəŋ31tɕhi44feŋ31pu24tʂhʅ31kuo31ʂɑŋ44xɑ44.

这一下下，来了个过路□，他身上穿件棉大氅。

tʂʅ44Øi31xɑ44xɑ0，læ31liɔ53kuo31kuo44lu44Øuæ0，thɑ53ʂʅ31ʂɑŋ0tʂhæ̃31tɕiæ̃44miæ̃24tɑ44tʂhɑŋ53.

他俩个就打赌，看谁能先叫拐过路□把棉大氅脱下，就算谁个本事大。

thɑ31liɑŋ53kuo31ȶiu44tɑ31tu53，khæ̃44sei24ləŋ24siæ̃31tɕiɔ44kuæ53kuo44lu44Øuæ0pɑ31miæ̃24tɑ44tʂhɑŋ53thuo31xɑ0，ȶiu44suæ̃44sei24kuo31pəŋ53sʅ31tɑ44.

说毕，北风就冷夙鼓劲的吹起来，他吹的越紧，拐过路□把棉大氅裹的越紧，要说脱了。

ʂɤ24pi31，pei24fəŋ31ʈiu44ləŋ53suŋ24ku53tɕiŋ31ʈi0tʂhei31tɕhi53læ0，thɑ53tʂhei31ʈi0Øyɛ31tɕiŋ53，kuæ53kuo44lu44Øuæ0pɑ31miæ̃24tɑ44tʂhɑŋ53kuo31ʈi0Øyɛ31tɕiŋ53，po24ʂɤ31thuo31liɑ0.

过后，北风到儿没法子，只好算㞞了。

kuo44xou44，pei24fəŋ31tɔ53Øər0mo31fɑ53tsɿ0，tsɿ31xɔ53suæ̃44tɕhiu0liɑ0.

日头爷一看，北风没治啦，他就来劲啦。

Øər53thou0Øiɛ0Øi31khæ̃44，pei24fəŋ31mo31tʂʅ44liɑ0，thɑ53ʈiu44læ24tɕiŋ44liɑ0.

猛的一晒，把拐过路□一下给热日塌了，赶紧把棉大氅给脱了。

məŋ53ʈi0Øi31sæ44，pɑ31kuæ53kuo44lu44Øuæ0Øi31xɑ31kei31ʐɤ53ʐʅ53thɑ31liɑ0，kæ̃31tɕiŋ31pɑ31miæ̃24tɑ44tʂhɑŋ53kei31thuo31liɑ0.

拐北风一看，只好认输，他俩还是数日头爷本事大。

kuæ53pei24fəŋ31Øi31khæ̃44，tsɿ24xɔ53ʐəŋ44ʂʅ31，thɑ44liɑŋ53xɑ24sɿ44ʂʅ53Øər53thou0Øiɛ0pəŋ53sɿ0tɑ44.

第三节　口头文化

一、党阁老卖棒槌

党阁老因为他母亲大寿，从京城回到故乡蟠龙塬。有一天，他穿着便服在路边散心，忽听身后有人喊："大叔，大叔，帮一下忙，把车子给我推一下。"他回头一看，一个四十来岁的人，满头大汗正推着一车棒槌上山坡，党阁老赶紧帮他把车子推上坡，那个人连忙说："多谢多谢，多亏大叔帮忙。"党阁老笑着说："没什么，小事而已。"

党阁老细细一想，我在京城当官多年，从来没人把我叫个大叔，今天，老乡把我叫了个大叔，咋都要给那个人帮个忙。他得知此人姓赵，便叫他，过几天如何来做。

这一天，党阁老母亲过寿，附近官员骑马坐轿前来祝寿，卖棒槌姓赵的也来了，边走边吆喝："卖棒槌，枣木棒槌圆又光，买回家去洗衣裳。"党阁老吩咐凡来祝寿的人都要买一个棒槌，祝寿的官员谁敢不听，个个争先，掏出十两、二十两银子，争着抢着买个棒槌，一会儿，棒槌全卖完了，党阁老帮助小伙发了一笔大财。

二、神移山泉

很早以前，疯子张爷（张三丰）云游化缘来到长寿山沟口下，只见这个地方山清水秀，古树参天，清亮的溪水在沟里流淌。张爷口干舌燥，便用瓦罐舀了点泉水喝了起来，喝的水满嘴往外淌，还不停地念叨："好水，真的甜得很。"

这时，疯子张爷把长寿山沟里的泉水全装入他的瓦罐，直到源断水尽，张爷便一摇三晃地奔向东面的金台观。疯子张爷手提装满长寿山水的瓦罐，边走边唱，走到花园口时，一晃，漾了一下，立马变成涌泉。他绕过簸箕山，走过八角寺，又溢了一下，八角寺泉水从此长流不断。

当他磕磕碰碰地回到金台观时，顺手把瓦罐的泉水全倒到坡东的龙嘴头，龙嘴头的水从此冬夏不断，这个地方后来就叫龙泉巷。

三、谚语和歇后语

1. 一年锅台二年炕，三年墙土当粪上。
2. 话说交里，手插腰里。
3. 早晨雾一雾，晌午晒死兔。
4. 一儿一女活菩萨，三男五女罪受扎。
5. 儿女成双成对，老汉腊婆是原配。
6. 好儿不争家当，好女不瞅陪纺。
7. 东风下雨西风晴，两口打捶老婆赢。
8. 擀面不如打搅团，爱儿不如爱老汉。
9. 妻贤夫祸少，子孝父心宽。
10. 心里没冷病，不怕吃西瓜。
11. 穷了嫑夸富汉，老了嫑夸少年。
12. 山大没景，被儿大没领。
13. 身长千只手，难捂众人口。
14. 人爱有钱的，狗爱咳嗽吐痰的。
15. 家有十五口，七嘴八舌头。
16. 吃饭不知饥饱，睡觉不知颠倒。
17. 河里踏墙——没有鳖走的路了。
18. 淘菜水洗脸——一下绿下了。
19. 猫吃糨子——光往嘴上挖抓。
20. 媒人跑路——两头讨好。
21. 割卵子献神——人疼死了，神不爱。
22. 叫叫花唱戏——穷乐观。
23. 二郎神兵器——两面三刀。

24. 唱戏转圈圈——尽走了过场。

25. 叫叫花卖公粮——假积极。

26. 粪堆上的狗屎——不用讲（耩）。

27. 剃头店关门——不理。

28. 见旋风作揖——认鬼不亲。

29. 毛盖上绑辣子——抡红了。

30. 背着儿媳妇朝吴山——吃力不讨好。

31. 狗娃尿在碑子上——识（湿）不了几个字。

四、歌谣、民谣

1. 铺床歌

铺床铺床，儿孙满堂，先生贵子，后生娘娘。
一年一个，两年一双，三年四年，儿孙满堂。

2. 下挂面

扯箩箩，打线线，你舅家门上下挂面。
咣当咣当你一碗，把你老娘憋死我不管。
叫裁缝，缝褂子，一缝缝个驴叉子。
叫木匠，做棺子，一做做个驴鞍子。

3. 庙会

二月二，三月三，
金台观庙会热闹的戳破了天。
帐篷席棚全搭满，
风味小吃杂货店。
这边看：
面皮、凉粉和米线，
粽子、饸饹洋芋搅团，
豆花泡馍哨子面，
鸡汤馄饨味道鲜。
油糕麻花牛肉拉面，
羊肉泡馍前人坐满。
那边望：

被套毛毯花床单，
成衣布料花汗衫。
手套袜子摆上了案，
妇女的用品挂上了杆。
铁锅木笼木锅板，
铁勺罩滤铁刮铲。
风箱杆杖木案板，
杈把锨把长扁担。
笤帚扫帚竹篮篮，
簸箕筛子大笸篮。
水桶脸盆泡菜坛，
瓷盆瓷碗瓷揽盘。
老婆给姑娘买花线，
老汉给自己称旱烟。
女婿娃给丈母娘把粽子端，
小娃伙人群里跑圈圈。
我来到大街前，
没有心思把热闹看，
一心想往外赌场钻。
赢了钱，比驴欢，
输了钱，比牛蔫。
黑到明，明到晚，
晚上在庙里把身安。
铺麦尖，盖麦尖。
双折一卧滚蛋蛋，
滚蛋蛋。

陈仓区篇

第一章　总　论

第一节　人文地理、历史沿革、人口概况

宝鸡市陈仓区位于陕西省关中平原的西部，地处东经 106°18′～107°35′，北纬 34°07′～34°44′，南依秦岭与太白县、渭滨区、凤县毗邻，北靠陇山余脉与陇县、千阳县、凤翔县接壤，西沿渭水与甘肃省天水市麦积区、清水县隔河相望，东与岐山县相连。区委、区政府驻地虢镇，西距宝鸡市行政中心 14 千米，东距省会西安 147 千米。陈仓区东起钓渭镇东崖村，西至凤阁岭镇建河村，南自天王镇十二盘村，北至新街镇菜园村。东西长 117 千米，南北宽 69.5 千米，总面积 2471.8 平方千米，耕地 4.5 万公顷。2016 年全区辖 11 个镇、3 个街道办事处、332 个行政村、13 个社区居委会，总人口 60.13 万。陇海铁路贯穿东西，宝成、宝中铁路通往南北，310 国道、西宝高速及西宝南、中、北三条公路穿境而过，是宝鸡建设特大城市的副中心。

春秋秦武公十一年（前 687 年）灭西虢，于今虢镇设虢县。战国时秦国在今区东置陈仓县。秦属内史。东汉时虢县废，入雍县。北魏太延三年（437 年）今虢镇为武都郡治，孝昌二年（526 年）于长蛇镇（今区西北县功镇附近）设长蛇县，于今区西北香泉镇设南由县。西魏大统四年（538 年）废南由县，十三年（547 年）于今虢镇设洛邑县，属武都郡。北周保定四年（564 年）复置南由县，并移治金陵河东岸（今县功镇北），属陇东郡。隋开皇十三年（593 年）长蛇县移治县头镇（今县功镇），十八年（598 年）因县西有吴山，长蛇县改名吴山县，后废；大业三年（607 年）洛邑县改名虢县，属扶风郡；义宁元年（617 年）复置长蛇县，后又改名吴山县。唐贞观八年（634 年）废虢县，天授二年（691 年）复置；至德二年（757 年）以陈仓县南陈仓山（今鸡峰山）传说有石鸡啼鸣为祥瑞，改陈仓县为宝鸡县；元和三年（808 年）降南由县为镇，入吴山县，属陇州。北宋开宝二年（969 年）分褉阳县地于南由镇设陇安县。金初陇安县废，泰和八年（1208 年）复置。元至元元年（1264 年）降虢县为镇，入宝鸡县，七年（1270 年）废陇安、吴山二县，入褉源县。后境内大部为宝鸡县地。民国期间宝鸡县属陕西省关中道、直隶陕西省、陕西省专员公署辖，县城驻今宝

鸡市。1949 年 4 月，设宝鸡县人民政府；1949 年 7 月，设宝鸡市与宝鸡县，县人民政府迁至石羊庙；1949 年 10 月 1 日中华人民共和国成立，11 月宝鸡县人民政府由石羊庙迁驻虢镇，属陕甘宁边区宝鸡分区管辖。1950 年 1 月 1 日，宝鸡县属宝鸡分区管辖，10 月 11 日陕西省宝鸡分区改名宝鸡专区，宝鸡县属宝鸡专区管辖。1956 年宝鸡专区撤销，宝鸡县直隶陕西省管辖。1958 年 11 月 9 日，撤销宝鸡县，其地并入宝鸡市。1961 年 9 月 10 日，复设宝鸡专区、宝鸡县。1971 年 12 月 28 日，宝鸡地区撤销，辖区划归宝鸡市，宝鸡县隶属宝鸡市辖。1979 年 3 月 1 日，恢复宝鸡地区，宝鸡县属宝鸡地区辖。1980 年 8 月 1 日，宝鸡地区与宝鸡市合并，宝鸡县属宝鸡市辖。2003 年 3 月 1 日经国务院批准，撤销陕西省宝鸡县，设立宝鸡市陈仓区。2005 年 10 月 14 日，经市委、市政府决定，在保持西部山区行政区划不变的情况下，成立市西山工委和建委，全面负责西山 8 镇经济社会发展。

第二节　方言归属与内部差异

陈仓区方言属于中原官话秦陇片，受地理环境限制，基本分为川塬和西山两片。二者的区别在于西山方言大多数地方把北京话的［tʂu、tʂhu、ʂu、ʐu］分别读为［pfu、pfhu、fu、vu］，而川塬读为［tʂʅ、tʂhʅ、ʂʅ、ʐʅ］。地方戏有秦腔和眉户两种。曲艺有曲子和快板两种。秦腔、眉户表演较多，曲子、快板表演较少。

第三节　发音人和调查人概况

方言发音人（一）

1. 姓名：索亚平

2. 单位（退休前）：陕西省宝鸡市陈仓区虢镇北堡村六组

3. 通信地址：陕西省宝鸡市陈仓区虢镇北堡村六组

4. 性别：男　　民族：汉

5. 出生年月日（公历）：1957 年 2 月 16 日

6. 出生地（从省级至自然村级）：陕西省宝鸡市陈仓区虢镇北堡村

7. 主要经历：1966 年入虢镇小学读书，1971 年考入北堡初中，1972 年毕业回乡务农至今。

8. 文化程度：初中

9. 职业：农民

10. 会说哪几种话（包括普通话、外语）：陈仓虢镇方言

11. 父亲是哪里人，会说什么话：宝鸡市陈仓区虢镇北堡村人，会说陈仓虢镇方言。

12. 母亲是哪里人，会说什么话：宝鸡市陈仓区东关街道双碌碡村人，会说陈仓方言。

13. 配偶是哪里人，会说什么话：宝鸡市陈仓区虢镇北堡村人，会说陈仓虢镇方言。

方言发音人（二）

1. 姓名：王自贤

2. 单位（退休前）：陕西省宝鸡市陈仓区虢镇中学

3. 通信地址：陕西省宝鸡市陈仓区虢镇人民街虢中家属楼

4. 性别：男　　民族：汉

5. 出生年月日（公历）：1944 年 6 月 8 日

6. 出生地（从省级至自然村级）：陕西省宝鸡市陈仓区周原镇南王村

7. 主要经历：1952 年入文广小学读书，1958 年考入宝鸡市十八中学，1961 年考入虢镇中学高中部，1964 年高中毕业回乡务农，1978 年 8 月任教至退休。

8. 文化程度：高中

9. 职业：教师

10. 会说哪几种话（包括普通话、外语）：陈仓周原方言

11. 父亲是哪里人，会说什么话：宝鸡市陈仓区周原镇南王村人，会说陈仓周原方言。

12. 母亲是哪里人，会说什么话：宝鸡市陈仓区周原镇有礼村人，会说陈仓周原方言。

13. 配偶是哪里人，会说什么话：宝鸡市陈仓区周原镇高里村人，会说陈仓周原方言。

调查人

1. 姓名：王应龙

2. 单位：宝鸡文理学院关陇方言与民俗研究中心

3. 通信地址：宝鸡市高新大道 1 号宝鸡文理学院文传院语言教研室

4. 协助调查人 1 姓名：吕红彦

5. 协助调查人 2 姓名：付彩峰

6. 协助调查人 3 姓名：闫小菊

第二章　语　音

第一节　声　母

声母共二十六个，包括零声母在内。

p 八兵布宝	ph 派片爬病	m 麦明母庙	f 风副肥饭	v 味问温完
t 多党东刀	th 讨毒脱特			l 脑南老蓝连路
ȶ 酒焦店浆	ȶh 天铁七清			
ts 资早租贼	tsh 刺寸字全		s 三酸想谢	
tʂ 张竹装主	tʂh 柱初床车		ʂ 双船顺书	ʐ 热软让褥
tɕ 九金假举	tɕh 轻穷去茄	ȵ 年泥哑硬	ɕ 响县虚雪	
k 高共瓜哥	kh 开柜跪口	ŋ 熬安藕爱	x 好灰活下	
ø 月王云用药				

第二节　韵　母

韵母三十四个，不包括儿化韵。

ɿ 师迟试指			
ʅ 猪出十尺	i 米戏急七	u 苦五骨谷	y 雨橘局女
ɑ 茶瓦塔法	iɑ 牙鸭家夹	uɑ 刮瓜花滑	
o 婆磨拨佛		uo 歌坐拖活	yo 药学雀约
ɤ 折车热蛇	iɛ 写接贴节		yɛ 绝靴月镢
ɔ 宝饱早贸	iɔ 笑桥飘鸟		
æ 开排鞋歪		uæ 怪快坏拐	
ei 赔飞色白		ui 对鬼国雷	
ou 豆走狗凑	iu 油六绿丢		
ər 二儿耳日			

æ̃南山半碗　iæ̃盐年眼间　uæ̃短官幻惯　yæ̃权院卷馅
ɑŋ 糖床双邦　iɑŋ 响讲良强　uɑŋ 王黄矿光
əŋ 深根春灯　iŋ 心新硬病　uŋ 寸滚横东　yŋ 云用兄穷

第三节　单字调

单字调四个。

阴平 31　东六麦叶　阳平 24　门白盒罚　上声 53　懂买老五　去声 44　近硬乱地

第四节　连读变调

后字非轻声两字组连调模式见表 2-1。

表 2-1　后字非轻声两字组连调模式

<table>
<tr><th>后字 / 前字</th><th>1 阴平 31</th><th>2 阳平 24</th><th>3 上声 53</th><th>4 去声 44</th></tr>
<tr><td rowspan="2">1 阴平 31</td><td rowspan="2">24+31</td><td rowspan="2">31+24</td><td rowspan="2">31+53</td><td>31+44</td></tr>
<tr><td>53+44</td></tr>
<tr><td>2 阳平 24</td><td>24+31</td><td>24+24</td><td>24+53</td><td>24+44</td></tr>
<tr><td>3 上声 53</td><td>53+31</td><td>53+24</td><td>53+53</td><td>53+44</td></tr>
<tr><td>4 去声 44</td><td>44+31</td><td>44+24</td><td>44+53</td><td>44+44</td></tr>
</table>

非叠字组后字轻声两字组连调模式见表 2-2。

表 2-2　非叠字组后字轻声两字组连调模式

<table>
<tr><th>后字 / 前字</th><th>1 阴平 31</th><th>2 阳平 24</th><th>3 上声 53</th><th>4 去声 44</th></tr>
<tr><td rowspan="2">1 阴平 31</td><td>31+0</td><td>31+0</td><td rowspan="2">31+0</td><td rowspan="2">53+0</td></tr>
<tr><td>53+0</td><td>53+0</td></tr>
<tr><td>2 阳平 24</td><td>31+53</td><td>31+53</td><td>31+53</td><td>31+53</td></tr>
<tr><td rowspan="3">3 上声 53</td><td rowspan="3">44+0</td><td rowspan="3">44+0</td><td>31+53</td><td>44+0</td></tr>
<tr><td>31+0</td><td rowspan="2">31+0</td></tr>
<tr><td>44+0</td></tr>
<tr><td>4 去声 44</td><td>44+0</td><td>44+0</td><td>44+0</td><td>44+0</td></tr>
</table>

第五节 单 字

0001. 多 tuo31
0002. 拖 thuo31
0003. 大～小 tɑ44
0004. 锣 luo24
0005. 左 tsuo44
0006. 歌 kuo31
0007. 个一～kɔ44
0008. 可 khuo53
0009. 鹅 ŋuo24
0010. 饿 ŋuo44
0011. 河 xuo24
0012. 茄 tɕhiɛ24
0013. 破 pho44
0014. 婆 pho24
0015. 磨动 mo24
0016. 磨名 mo44
0017. 躲 tuo53
0018. 螺 luo24
0019. 坐 tshuo44
0020. 锁 suo53
0021. 果 kuo53
0022. 过 kuo44
0023. 课 khuo44
0024. 火 xuo53
0025. 货 xuo44
0026. 祸 xuo44
0027. 靴 ɕyɛ31
0028. 把量 pɑ53
0029. 爬 phɑ24
0030. 马 mɑ53
0031. 骂 mɑ44
0032. 茶 tshɑ24
0033. 沙 sɑ31
0034. 假真～tɕiɑ53
0035. 嫁 tɕiɑ44
0036. 牙 Øiɑ24
0037. 虾 ɕiɑ31
0038. 下底～xɑ44
0039. 夏春～ɕiɑ44
0040. 哑 ȵiɑ53
0041. 姐 ȶiɛ24
0042. 借 ȶiɛ44
0043. 写 siɛ53
0044. 斜 siɛ24
0045. 谢 siɛ44
0046. 车不是棋子 tʂhɤ31
0047. 蛇 ʂɤ24
0048. 射 ʂɤ44
0049. 爷 Øiɛ24
0050. 野 Øiɛ53
0051. 夜 Øiɛ44
0052. 瓜 kuɑ31
0053. 瓦 Øuɑ53
0054. 花 xuɑ31
0055. 化 xuɑ44
0056. 华中～xuɑ31
0057. 谱家～，注意声母 phu53
0058. 布 pu44
0059. 铺动 phu31
0060. 簿 phu44
0061. 步 phu44
0062. 赌 tu53
0063. 土 thu53
0064. 图 thu24
0065. 杜 thu44
0066. 奴 lu24
0067. 路 lu44
0068. 租 tsu31
0069. 做 tsu44
0070. 错对～tshuo31
0071. 箍～桶，注意声母 ku53
0072. 古 ku53
0073. 苦 phu53 味～/ khu53 辛～
0074. 裤 fu44
0075. 吴 Øu24
0076. 五 Øu53
0077. 虎 xu53
0078. 壶 xu24
0079. 户 xu44
0080. 乌 Øu31
0081. 女 ȵy53
0082. 吕 ly53
0083. 徐 ɕy24
0084. 猪 tʂʅ31
0085. 除 tʂhʅ24
0086. 初 tʂhʅ31
0087. 锄 tʂhʅ24
0088. 所 suo53
0089. 书 ʂʅ31
0090. 鼠 ʂʅ53
0091. 如 ʐʅ24
0092. 举 tɕy53
0093. 锯名 tɕy44
0094. 去 tɕhi44
0095. 渠～道 tɕhy24
0096. 鱼 Øy24
0097. 许 ɕy53
0098. 余剩～，多～ Øy24
0099. 府 fu53
0100. 付 fu44
0101. 父 fu44
0102. 武 Øu53
0103. 雾 Øu44
0104. 取 tɕhy53
0105. 柱 tʂhʅ44
0106. 住 tʂhʅ44
0107. 数动 ʂʅ53
0108. 数名 ʂʅ44
0109. 主 tʂʅ53
0110. 输 ʂʅ31
0111. 竖 ʂʅ53
0112. 树 ʂʅ44
0113. 句 tɕy44
0114. 区地～tɕhy31
0115. 遇 Øy44

0116. 雨 Øy53
0117. 芋 Øy44
0118. 裕 Øy31
0119. 胎 thæ31
0120. 台戏～thæ24
0121. 袋 tæ44
0122. 来 læ24
0123. 菜 tshæ44
0124. 财 tshæ24
0125. 该 kæ31
0126. 改 kæ53
0127. 开 khæ31
0128. 海 xæ53
0129. 爱 ŋæ44
0130. 贝 pei44
0131. 带动 tæ44
0132. 盖动 kæ44
0133. 害 xæ44
0134. 拜 pæ44
0135. 排 phæ24
0136. 埋 mæ24
0137. 戒 ʨiɛ44
0138. 摆 pæ53
0139. 派注意声调 phæ53～别/phæ44～出
0140. 牌 phæ24
0141. 买 mæ53
0142. 卖 mæ44
0143. 柴 tshæ24
0144. 晒 sæ44
0145. 街 ʨiɛ31
0146. 解～开 ʨiɛ53
0147. 鞋 xæ24
0148. 蟹注意声调 ɕiɛ31
0149. 矮 ŋæ53
0150. 败 phæ44
0151. 币 pi44
0152. 制～造 tʂʅ44
0153. 世 ʂʅ44
0154. 艺 Øi44
0155. 米 mi53
0156. 低 ȶi31
0157. 梯 ȶhi31
0158. 剃 ȶhi44
0159. 弟 ȶhi44
0160. 递 ȶi44
0161. 泥 ȵi24
0162. 犁 li24
0163. 西 si31
0164. 洗 si53
0165. 鸡 ʨi31
0166. 溪 ɕi31
0167. 契 ʨhi31
0168. 系联～ɕi44
0169. 杯 phei31
0170. 配 phei44
0171. 赔 phei24
0172. 背～诵 phei44
0173. 煤 mei24
0174. 妹 mei44
0175. 对 tui44
0176. 雷 lui24
0177. 罪 tsui44
0178. 碎 sui44
0179. 灰 xui31
0180. 回 xui24
0181. 外 Øuæ44
0182. 会开～xui44
0183. 怪 kuæ44
0184. 块 khuæ53
0185. 怀 xuæ24
0186. 坏 xuæ44
0187. 拐 kuæ53
0188. 挂 kuɑ44
0189. 歪注意声母 Øuæ53
0190. 画 xuɑ44
0191. 快 khuæ44
0192. 话 xuɑ44
0193. 岁 sui44
0194. 卫 Øui44
0195. 肺 fei44
0196. 桂 kui44
0197. 碑 pi31
0198. 皮 phi24
0199. 被～子 pi44
0200. 紫 tsɿ31
0201. 刺 tshɿ44
0202. 知 tʂʅ31
0203. 池 tʂhʅ24
0204. 纸 tsɿ53
0205. 儿 Øər24
0206. 寄 ʨi44
0207. 骑 ʨhi24
0208. 蚁注意韵母 Øi31
0209. 义 Øi44
0210. 戏 ɕi44
0211. 移 Øi24
0212. 比 pi53
0213. 屁 phi44
0214. 鼻注意声调 phi24
0215. 眉 mi24
0216. 地 ȶhi44
0217. 梨 li24
0218. 资 tsɿ31
0219. 死 sɿ53
0220. 四 sɿ44
0221. 迟 tshɿ24
0222. 指 tsɿ53
0223. 师 sɿ31
0224. 二 Øər44
0225. 饥～饿 ʨi31
0226. 器 ʨhi44
0227. 姨 Øi24
0228. 李 li53
0229. 子 tsɿ53
0230. 字 tshɿ44
0231. 丝 sɿ31
0232. 祠 tshɿ24
0233. 寺 sɿ44
0234. 治 tʂʅ44
0235. 柿 sɿ44
0236. 事 sɿ44
0237. 使 sɿ53
0238. 试 sɿ44
0239. 时 sɿ24
0240. 市 sɿ44
0241. 耳 Øər53

0242. 记 tɕi44
0243. 棋 tɕhi24
0244. 喜 ɕi53
0245. 意 Øi44
0246. 几～个 tɕi53
0247. 气 tɕhi44
0248. 希 ɕi31
0249. 衣 Øi31
0250. 嘴 tsui53
0251. 随 sui24
0252. 吹 tʂhei31
0253. 垂 tʂhei44
0254. 规 khui31
0255. 亏 khui31
0256. 跪注意声调 khui44
0257. 危 Øui31
0258. 类 lui53
0259. 醉 tsui44
0260. 追 tʂei31
0261. 锤 tʂhei24
0262. 水 ʂei53
0263. 龟 kui31
0264. 季 tɕi44
0265. 柜 khui44
0266. 位 Øui44
0267. 飞 fei31
0268. 费 fei44
0269. 肥 fei24
0270. 尾 Øi53（白）/ ʐei53（文）
0271. 味 vei44
0272. 鬼 kui53
0273. 贵 kui44
0274. 围 Øui24
0275. 胃 Øui44
0276. 宝 pɔ53
0277. 抱 pɔ44
0278. 毛 mɔ24
0279. 帽 mɔ44
0280. 刀 tɔ31
0281. 讨 thɔ53
0282. 桃 thɔ24
0283. 道 thɔ44
0284. 脑 lɔ53
0285. 老 lɔ53
0286. 早 tsɔ53
0287. 灶 tsɔ44
0288. 草 tshɔ53
0289. 糙注意声调 tshɔ31
0290. 造 tshɔ44
0291. 嫂 sɔ53
0292. 高 kɔ31
0293. 靠 khɔ44
0294. 熬 ŋɔ24
0295. 好～坏 xɔ53
0296. 号名 xɔ44
0297. 包 pɔ31
0298. 饱 pɔ53
0299. 炮 phɔ44
0300. 猫 mɔ24
0301. 闹 lɔ44
0302. 罩 tsɔ44
0303. 抓用手～牌 tʂɑ31
0304. 找～零钱 tsɔ53
0305. 抄 tshɔ31
0306. 交 tɕiɔ31
0307. 敲 tɕhiɔ31
0308. 孝 ɕiɔ44
0309. 校学～ ɕiɔ44
0310. 表手～ piɔ53
0311. 票 phiɔ44
0312. 庙 miɔ44
0313. 焦 ȶiɔ31
0314. 小 siɔ52
0315. 笑 siɔ44
0316. 朝～代 tʂhɔ24
0317. 照 tʂɔ44
0318. 烧 ʂɔ31
0319. 绕～线 ʐɔ53
0320. 桥 tɕhiɔ24
0321. 轿 tɕhiɔ44
0322. 腰 Øiɔ31
0323. 要重～ Øiɔ44
0324. 摇 Øiɔ24
0325. 鸟注意声母 ȵiɔ53
0326. 钓 ȶiɔ44
0327. 条 ȶhiɔ24
0328. 料 liɔ44
0329. 箫 siɔ31
0330. 叫 tɕiɔ44
0331. 母丈～，舅～ mu53
0332. 抖 thou53
0333. 偷 thou31
0334. 头 thou24
0335. 豆 tou44
0336. 楼 lou24
0337. 走 tsou53
0338. 凑 tshou44
0339. 钩注意声母 kou31
0340. 狗 kou53
0341. 够 kou44
0342. 口 khou53
0343. 藕 ŋou53
0344. 后前～ xou44
0345. 厚 xou44
0346. 富 fu44
0347. 副 fu44
0348. 浮 fu24
0349. 妇 fu44
0350. 流 liu24
0351. 酒 ȶiu53
0352. 修 siu31
0353. 袖 siu44
0354. 抽 tʂhou31
0355. 绸 tʂhou24
0356. 愁 tshou24
0357. 瘦 sou44
0358. 州 tʂou31
0359. 臭香～ tʂhou44
0360. 手 ʂou53
0361. 寿 ʂou44
0362. 九 tɕiu53
0363. 球 tɕhiu24
0364. 舅 tɕiu44
0365. 旧 tɕhiu44
0366. 牛 ȵiu24

0367. 休 ɕiu31
0368. 优 Øiu31
0369. 有 Øiu53
0370. 右 Øiu44
0371. 油 Øiu24
0372. 丢 ȶiu31
0373. 幼 Øiu44
0374. 贪 thæ̃31
0375. 潭 thæ̃24
0376. 南 læ̃24
0377. 蚕 tshæ̃24
0378. 感 kæ̃53
0379. 含 ～一口水 xæ̃24
0380. 暗 ŋæ̃44
0381. 搭 tɑ31
0382. 踏注意声调 thɑ24
0383. 拉注意声调 lɑ31
0384. 杂 tsɑ24
0385. 鸽 kuo31
0386. 盒 xuo24
0387. 胆 tæ̃53
0388. 毯 thæ̃53
0389. 淡 thæ̃44
0390. 蓝 læ̃24
0391. 三 sæ̃31
0392. 甘 kæ̃31
0393. 敢 kæ̃53
0394. 喊注意声调 xæ̃53
0395. 塔 thɑ31
0396. 蜡 lɑ31
0397. 赚 tɕiæ̃44
0398. 杉 ～木，注意韵母 sæ̃31
0399. 减 tɕiæ̃53
0400. 咸 ～淡 xæ̃24
0401. 插 tshɑ31
0402. 闸 tsɑ44
0403. 夹 ～子 tɕiɑ31
0404. 衫 sæ̃31
0405. 监 tɕiæ̃31
0406. 岩 Øiæ̃24
0407. 甲 tɕiɑ31
0408. 鸭 Øiɑ31
0409. 黏 ～液 ʐæ̃24
0410. 尖 ȶiæ̃31
0411. 签 ～名 ȶhiæ̃31
0412. 占 ～领 tʂæ̃44
0413. 染 ʐæ̃53
0414. 钳 tɕhiæ̃24
0415. 验 Øiæ̃44
0416. 险 ɕiæ̃53
0417. 厌 Øiæ̃44
0418. 炎 Øiæ̃44
0419. 盐 Øiæ̃24
0420. 接 ȶiɛ31
0421. 折 ～叠 tʂɤ31
0422. 叶树～Øiɛ31
0423. 剑 tɕiæ̃44
0424. 欠 tɕhiæ̃44
0425. 严 Øiæ̃24
0426. 业 ȵiɛ31
0427. 点 ȶiæ̃53
0428. 店 ȶiæ̃44
0429. 添 ȶhiæ̃31
0430. 甜 ȶhiæ̃24
0431. 念 ȵiæ̃44
0432. 嫌 ɕiæ̃24
0433. 跌注意声调 ȶiɛ31
0434. 贴 ȶhiɛ31
0435. 碟 ȶhiɛ24
0436. 协 ɕiɛ24
0437. 犯 fæ̃44
0438. 法 fɑ31
0439. 品 phiŋ53
0440. 林 liŋ24
0441. 浸 ȶhiŋ53
0442. 心 siŋ31
0443. 寻 siŋ24
0444. 沉 tʂhəŋ24
0445. 参人～səŋ31
0446. 针 tʂəŋ31
0447. 深 ʂəŋ31
0448. 任责～ʐəŋ44
0449. 金 tɕiŋ31
0450. 琴 tɕhiŋ24
0451. 音 Øiŋ31
0452. 立 li31
0453. 集 ȶhi24
0454. 习 si24
0455. 汁 tʂʅ31
0456. 十 ʂʅ24
0457. 入 ʐʅ31
0458. 急 tɕi24
0459. 及 tɕi24
0460. 吸 ɕi31
0461. 单简～tæ̃31
0462. 炭 thæ̃44
0463. 弹 ～琴 thæ̃24
0464. 难 ～易 læ̃24
0465. 兰 læ̃24
0466. 懒 læ̃53
0467. 烂 læ̃44
0468. 伞注意声调 sæ̃53
0469. 肝 kæ̃31
0470. 看 ～见 khæ̃44
0471. 岸 ŋæ̃44
0472. 汉 xæ̃44
0473. 汗 xæ̃44
0474. 安 ŋæ̃31
0475. 达 tɑ24
0476. 辣 lɑ31
0477. 擦 tshɑ31
0478. 割 kuo31
0479. 渴 khuo31
0480. 扮 pæ̃44
0481. 办 pæ̃44
0482. 铲 tshæ̃53
0483. 山 sæ̃31
0484. 产注意声母 tshæ̃53
0485. 间房～，一～房 tɕiæ̃31
0486. 眼 ȵiæ̃53
0487. 限 ɕiæ̃53
0488. 八 pɑ31
0489. 扎 tsɑ31

0490. 杀 sɑ31
0491. 班 pæ̃31
0492. 板 pæ̃53
0493. 慢 mæ̃44
0494. 奸 ʨiæ̃31
0495. 颜 Øiæ̃24
0496. 瞎 xɑ31
0497. 变 phiæ̃44（白）/piæ̃44（文）
0498. 骗欺～phiæ̃44
0499. 便方～piæ̃44
0500. 棉 miæ̃24
0501. 面～孔 miæ̃44
0502. 连 læ̃24
0503. 剪 ȶiæ̃53
0504. 浅 ȶhiæ̃53
0505. 钱 ȶhiæ̃24
0506. 鲜 siæ̃53 新～/ȶiæ̃53 味～
0507. 线 siæ̃44
0508. 缠 tʂhæ̃24
0509. 战 tʂæ̃44
0510. 扇名 ʂæ̃44
0511. 善 ʂæ̃44
0512. 件 ʨhiæ̃44
0513. 延 Øiæ̃24
0514. 别～人 piɛ24
0515. 灭 miɛ31
0516. 列 liɛ31
0517. 撤 tʂhɤ53
0518. 舌 ʂɤ24
0519. 设 ʂɤ53
0520. 热 ʐɤ31
0521. 杰 ʨiɛ24
0522. 孽 ȵiɛ31
0523. 建 ʨiæ̃53
0524. 健 ʨiæ̃44
0525. 言 Øiæ̃24
0526. 歇 ɕiɛ31
0527. 扁 piæ̃53
0528. 片 phiæ̃53
0529. 面～条 miæ̃44
0530. 典 ȶiæ̃53
0531. 天 ȶhiæ̃31
0532. 田 ȶhiæ̃24
0533. 垫 ȶhiæ̃44
0534. 年 ȵiæ̃24
0535. 莲 liæ̃24
0536. 前 ȶhiæ̃24
0537. 先 siæ̃31
0538. 肩 ʨiæ̃31
0539. 见 ʨiæ̃44
0540. 牵 ʨhiæ̃31
0541. 显 ɕiæ̃53
0542. 现 ɕiæ̃44
0543. 烟 Øiæ̃31
0544. 憋 piɛ31
0545. 篾 mi24
0546. 铁 ȶhiɛ31
0547. 捏 ȵiɛ31
0548. 节 ȶiɛ31
0549. 切动 ȶhiɛ31
0550. 截 ȶhiɛ24
0551. 结 ʨiɛ31
0552. 搬 pæ̃31
0553. 半 pæ̃44
0554. 判 phæ̃44
0555. 盘 phæ̃24
0556. 满 mæ̃53
0557. 端～午 tæ̃31
0558. 短 tuæ̃53
0559. 断绳～了 thuæ̃44
0560. 暖 luæ̃53
0561. 乱 luæ̃44
0562. 酸 suæ̃31
0563. 算 suæ̃44
0564. 官 kuæ̃31
0565. 宽 khuæ̃31
0566. 欢 xuæ̃31
0567. 完 Øuæ̃24
0568. 换 xuæ̃44
0569. 碗 Øuæ̃53
0570. 拨 po31
0571. 泼 pho31
0572. 末 mo31
0573. 脱 thuo31
0574. 夺 tuo24
0575. 阔 khuo31
0576. 活 xuo24
0577. 顽～皮，～固 Øuæ̃24
0578. 滑 xuɑ24
0579. 挖 Øuɑ31
0580. 闩 ʂæ̃31
0581. 关～门 kuæ̃31
0582. 惯 kuæ̃44
0583. 还动 xuæ̃24
0584. 还副 xæ̃24
0585. 弯 Øuæ̃31
0586. 刷 ʂɑ31
0587. 刮 kuɑ31
0588. 全 tshuæ̃24
0589. 选 suæ̃53
0590. 转～眼，～送 tʂæ̃44
0591. 传～下来 tʂhæ̃24
0592. 传～记 tʂæ̃44
0593. 砖 tʂæ̃31
0594. 船 tʂhæ̃24
0595. 软 ʐæ̃53
0596. 卷～起 ʨyæ̃53
0597. 圈圆～ʨhyæ̃31
0598. 权 ʨhyæ̃24
0599. 圆 Øyæ̃24
0600. 院 Øyæ̃44
0601. 铅～笔，注意声调 ʨhiæ̃31
0602. 绝 ʨyɛ24
0603. 雪 ɕyɛ31
0604. 反 fæ̃53
0605. 翻 fæ̃31
0606. 饭 fæ̃44
0607. 晚 Øuæ̃53
0608. 万麻将牌 Øuæ̃44
0609. 劝 ʨhyæ̃44
0610. 原 Øyæ̃24
0611. 冤 Øyæ̃31
0612. 园 Øyæ̃24
0613. 远 Øyæ̃53

0614. 发头～fɑ31
0615. 罚 fɑ24
0616. 袜 Øuɑ31
0617. 月 Øyɛ31
0618. 越 Øyɛ31
0619. 县 ɕiæ̃44
0620. 决 tɕyɛ53
0621. 缺 tɕhyɛ31
0622. 血 ɕiɛ31
0623. 吞 thəŋ31
0624. 根 kəŋ31
0625. 恨 xəŋ44
0626. 恩 ŋəŋ31
0627. 贫 phiŋ24
0628. 民 miŋ24
0629. 邻 liŋ24
0630. 进 ʨiŋ44
0631. 亲 ʨhiŋ31
0632. 新 siŋ31
0633. 镇 tʂəŋ44
0634. 陈 tʂhəŋ24
0635. 震 tʂəŋ44
0636. 神 ʂəŋ24
0637. 身 ʂəŋ31～体/ʂʅ31～上
0638. 辰 tʂhəŋ24
0639. 人 ʐəŋ24
0640. 认 ʐəŋ44
0641. 紧 tɕiŋ53
0642. 银 Øiŋ24
0643. 印 Øiŋ44
0644. 引 Øiŋ53
0645. 笔 pi31
0646. 匹 phi53
0647. 密 mi31
0648. 栗 li31
0649. 七 ʨhi31
0650. 侄 tʂhʅ24
0651. 虱 sei31
0652. 实 ʂʅ24
0653. 失 ʂʅ31
0654. 日 Øər31
0655. 吉 tɕi31
0656. 一 Øi31
0657. 筋 tɕiŋ31
0658. 劲有～tɕiŋ44
0659. 勤 tɕhiŋ24
0660. 近 tɕhiŋ44
0661. 隐 Øiŋ53
0662. 本 pəŋ53
0663. 盆 phəŋ24
0664. 门 məŋ24
0665. 墩 tuŋ31
0666. 嫩 lyŋ44
0667. 村 tshuŋ31
0668. 寸 tshuŋ44
0669. 蹲注意声母 tuŋ31
0670. 孙～子 suŋ31
0671. 滚 kuŋ53
0672. 困 khuŋ44
0673. 婚 xuŋ31
0674. 魂 xuŋ24
0675. 温 vəŋ31
0676. 卒棋子 tsu24
0677. 骨 ku31
0678. 轮 lyŋ24
0679. 俊注意声母 tsuŋ44
0680. 笋 suŋ53
0681. 准 tʂəŋ53
0682. 春 tʂhəŋ31
0683. 唇 ʂəŋ24
0684. 顺 ʂəŋ44
0685. 纯 tʂhəŋ24
0686. 闰 ʐəŋ44
0687. 均 tɕyŋ31
0688. 匀 Øiŋ24
0689. 律 ly31
0690. 出 tʂhʅ31
0691. 橘 tɕy31
0692. 分动 fəŋ31
0693. 粉 fəŋ53
0694. 粪 fəŋ44
0695. 坟 fəŋ24
0696. 蚊 vəŋ24
0697. 问 vəŋ44
0698. 军 tɕyŋ31
0699. 裙 tɕhyŋ24
0700. 熏 ɕyŋ31
0701. 云～彩 Øyŋ24
0702. 运 Øyŋ44
0703. 佛～像 fo24
0704. 物 Øuo31
0705. 帮 paŋ31
0706. 忙 maŋ24
0707. 党 taŋ53
0708. 汤 thaŋ31
0709. 糖 thaŋ24
0710. 浪 laŋ44
0711. 仓 tshaŋ31
0712. 钢 kaŋ31
0713. 糠 khaŋ31
0714. 薄形 pho24
0715. 摸注意声调 mo31
0716. 托 thuo31
0717. 落 luo31
0718. 作 tsuo31
0719. 索 suo31
0720. 各 kuo31
0721. 鹤 xuo31
0722. 恶形，入声 ŋuo31
0723. 娘 ȵiɑ24
0724. 两斤～liaŋ53
0725. 亮 liaŋ44
0726. 浆 ʨiaŋ31
0727. 抢 ʨhiaŋ53
0728. 匠 ʨiaŋ44
0729. 想 siaŋ53
0730. 像 siaŋ44
0731. 张量 tʂaŋ31
0732. 长～短 tʂhaŋ24
0733. 装 tʂaŋ31
0734. 壮 tʂaŋ44
0735. 疮 tʂhaŋ31
0736. 床 tʂhaŋ24
0737. 霜 ʂaŋ31
0738. 章 tʂaŋ31
0739. 厂 tʂhaŋ53
0740. 唱 tʂhaŋ44

0741. 伤 ʂaŋ31
0742. 尝 ʂaŋ24
0743. 上～去 ʂaŋ44
0744. 让 ʐaŋ44
0745. 姜生～tɕiaŋ31
0746. 响 ɕiaŋ53
0747. 向 ɕiaŋ44
0748. 秧 Øiaŋ31
0749. 痒 Øiaŋ53
0750. 样 Øiaŋ44
0751. 雀注意声母 tɕhyo31
0752. 削 ɕyo31
0753. 着火～了 tʂhuo24
0754. 勺 ɕyo24
0755. 弱 ʐuo31
0756. 脚 tɕyo31
0757. 约 Øyo31
0758. 药 Øyo31
0759. 光～线 kuaŋ31
0760. 慌 xuaŋ31
0761. 黄 xuaŋ24
0762. 郭 kuo31
0763. 霍 xuo31
0764. 方 faŋ31
0765. 放 faŋ44
0766. 纺 faŋ53
0767. 房 faŋ24
0768. 防 faŋ24
0769. 网 vaŋ53
0770. 筐 khuaŋ31
0771. 狂 khuaŋ24
0772. 王 vaŋ24
0773. 旺 vaŋ44
0774. 缚 fo24
0775. 绑 paŋ53
0776. 胖 phaŋ44
0777. 棒 phaŋ44
0778. 桩 tʂaŋ31
0779. 撞 tʂhaŋ44
0780. 窗 tʂhaŋ31
0781. 双 ʂaŋ31
0782. 江 tɕiaŋ31
0783. 讲 tɕiaŋ53
0784. 降投～ɕiaŋ24
0785. 项 xaŋ44
0786. 剥 pɔ31
0787. 桌 tʂuo31
0788. 镯 tshuo24
0789. 角 tɕyo31
0790. 壳 tɕhyo31（白）/khuo31（文）
0791. 学 ɕyo24
0792. 握 ȵyo31
0793. 朋 phəŋ24
0794. 灯 təŋ31
0795. 等 təŋ53
0796. 凳 təŋ44
0797. 藤 thəŋ31
0798. 能 ləŋ24
0799. 层 tshəŋ24
0800. 僧注意声母 səŋ31
0801. 肯 khəŋ53
0802. 北 pei31
0803. 墨 mei24
0804. 得 tei31
0805. 特 thei24
0806. 贼 tsei24
0807. 塞 sei31
0808. 刻 khei31
0809. 黑 xei31
0810. 冰 piŋ31
0811. 证 tʂəŋ44
0812. 秤 tʂhəŋ44
0813. 绳 ʂəŋ24
0814. 剩 ʂəŋ44
0815. 升 ʂəŋ31
0816. 兴高～ɕiŋ31
0817. 蝇注意声母 Øiŋ24
0818. 逼 pi31
0819. 力 li31
0820. 息 si31
0821. 直 tʂhʅ24
0822. 侧注意声母 tshei31
0823. 测 tshei31
0824. 色 sei31
0825. 织 tʂʅ31
0826. 食 ʂʅ24
0827. 式 ʂʅ31
0828. 极 tɕi24
0829. 国 kui31
0830. 或 xui24
0831. 猛 məŋ53
0832. 打注意韵母 ta53
0833. 冷 ləŋ53
0834. 生 səŋ31
0835. 省～长 səŋ53
0836. 更三～，打～ kəŋ44
0837. 梗注意韵母 kəŋ44
0838. 坑 khəŋ31
0839. 硬 ȵiŋ44
0840. 行～为，～走 ɕiŋ24
0841. 百 pei31
0842. 拍 phei31
0843. 白 phei24
0844. 拆 tshei31
0845. 择 tshei24
0846. 窄 tsei31
0847. 格 kei31
0848. 客 khei31
0849. 额 ŋei31
0850. 棚 phəŋ24
0851. 争 tsəŋ31
0852. 耕 kəŋ31
0853. 麦 mei31
0854. 摘 tsei31
0855. 策 tshei31
0856. 隔 kei31
0857. 兵 piŋ31
0858. 柄注意声调 piŋ53
0859. 平 phiŋ24
0860. 病 phiŋ44

0861. 明 miŋ24
0862. 命 miŋ44
0863. 镜 ʨiŋ44
0864. 庆 ʨhiŋ44
0865. 迎 Øiŋ24
0866. 影 Øiŋ53
0867. 剧戏～ʨy44
0868. 饼 piŋ53
0869. 名 miŋ24
0870. 领 liŋ53
0871. 井 ȶiŋ53
0872. 清 ȶhiŋ31
0873. 静 ȶiŋ44
0874. 姓 siŋ44
0875. 贞 tʂəŋ31
0876. 程 tʂhəŋ24
0877. 整 tʂəŋ53
0878. 正～反 tʂəŋ44
0879. 声 ʂəŋ31
0880. 城 tʂhəŋ24
0881. 轻 ʨhiŋ31
0882. 赢 Øiŋ24
0883. 积 ȶi31
0884. 惜 siɛ31
0885. 席 si24
0886. 尺 tʂhʅ31
0887. 石 ʂʅ24
0888. 益 Øi31
0889. 瓶 phiŋ24
0890. 钉名 ȶiŋ31
0891. 顶 ȶiŋ53
0892. 厅 ȶhiŋ31
0893. 听～见，注意声调 ȶhiŋ31
0894. 停 ȶhiŋ24
0895. 挺 ȶhiŋ53
0896. 定 ȶiŋ44
0897. 零 liŋ24
0898. 青 ȶhiŋ31
0899. 星 siŋ31
0900. 经 ʨiŋ31
0901. 形 ɕiŋ24
0902. 壁 pi31
0903. 劈 phi53
0904. 踢 ȶhi31
0905. 笛 ȶhi24
0906. 历农～li31
0907. 锡 si31
0908. 击 ʨi31
0909. 吃 tʂhʅ31
0910. 横 xuŋ44
0911. 划计～xuɑ44
0912. 兄 ɕyŋ31
0913. 荣 Øyŋ24
0914. 永 Øyŋ53
0915. 营 Øiŋ24
0916. 蓬～松 phəŋ24
0917. 东 tuŋ31
0918. 懂 tuŋ53
0919. 冻 tuŋ44
0920. 通 thuŋ31
0921. 桶注意声调 thuŋ53
0922. 痛 thuŋ44
0923. 铜 thuŋ24
0924. 动 thuŋ44（白）/tuŋ44（文）
0925. 洞 thuŋ44
0926. 聋注意声调 luŋ24
0927. 弄注意声母 luŋ44
0928. 粽 tsuŋ53
0929. 葱 tshuŋ31
0930. 送 suŋ44
0931. 公 kuŋ31
0932. 孔 khuŋ53
0933. 烘～干 xuŋ31
0934. 红 xuŋ24
0935. 翁 vəŋ31
0936. 木 mu31
0937. 读 thu24
0938. 鹿 lu31
0939. 族 tshu24
0940. 谷稻～ku31
0941. 哭 phu31
0942. 屋 Øu31
0943. 冬～至 tuŋ31
0944. 统注意声调 thuŋ53
0945. 脓注意声调 luŋ24
0946. 松～紧 suŋ31
0947. 宋 suŋ44
0948. 毒 thu24
0949. 风 fəŋ31
0950. 丰 fəŋ31
0951. 凤 fəŋ44
0952. 梦 məŋ44
0953. 中当～tʂhəŋ24
0954. 虫 tʂhəŋ24
0955. 终 tʂəŋ31
0956. 充 tʂhəŋ31
0957. 宫 kuŋ31
0958. 穷 ʨhyŋ24
0959. 熊注意声母 ɕyŋ24
0960. 雄注意声母 ɕyŋ24
0961. 福 fu31
0962. 服 fu24
0963. 目 mu31
0964. 六 liu31
0965. 宿住～，～舍 ɕy31
0966. 竹 tʂʅ31
0967. 畜～生 ɕy31
0968. 缩 suo31～小/ʂɑŋ53～脖浪骨
0969. 粥 tʂʅ31
0970. 叔 ʂʅ24
0971. 熟 ʂʅ24
0972. 肉 ʐou44
0973. 菊 ʨy31
0974. 育 Øy44
0975. 封 fəŋ31
0976. 蜂 fəŋ31
0977. 缝一条～fəŋ44
0978. 浓 luŋ24
0979. 龙 luŋ24
0980. 松～树，注意声

调 suŋ31

0981. 重轻～tʂhəŋ44

0982. 肿 tʂəŋ53

0983. 种～树 tʂəŋ44

0984. 冲 tʂhəŋ31

0985. 恭 kuŋ31

0986. 共 kuŋ44

0987. 凶吉～ɕyŋ31

0988. 拥注意声调 Øyŋ31

0989. 容 Øyŋ24

0990. 用 Øyŋ44

0991. 绿 liu31

0992. 足 tsu31～球/tɕy31 满～

0993. 烛 tʂʅ31

0994. 赎 ʂʅ24

0995. 属 ʂʅ53

0996. 褥 ʐʅ53

0997. 曲～折，歌～tɕhy31

0998. 局 tɕhy24

0999. 玉 Øy31

1000. 浴 Øy31

第三章　词　汇

第一节　规定词汇

一、天文、地理

（一）天文

0001. 太阳～下山了　日头爷 Øər53thou0Øiɛ0

0002. 月亮～出来了　月亮 Øyɛ31liɑŋ0

0003. 星星　宿宿 siu53siu0

0004. 云　云 Øyŋ24

0005. 风　风 fəŋ31

0006. 台风　台风 thæ24fəŋ31

0007. 闪电名词　闪电 ʂæ̃53ȶiæ̃44

0008. 雷　呼噜爷 xu53lu0Øiɛ0

0009. 雨　雨 Øy53

0010. 下雨　下雨 ɕiɑ44Øy53

0011. 淋衣服被雨～湿了　淋 lyŋ24

0012. 晒～粮食　晒 sæ44

0013. 雪　雪 ɕyɛ31

0014. 冰　冰 piŋ31

0015. 冰雹　冷子 ləŋ53tsɿ0

0016. 霜　霜 ʂɑŋ31

0017. 雾　雾 Øu44

0018. 露　露水 lou44ʂei0

0019. 虹统称　虹 tɕiɑŋ44

0020. 日食　日食 Øər53ʂʅ0

0021. 月食　月食 Øyɛ53ʂʅ0

0022. 天气　天气 ȶhiæ̃53tɕhi0

0023. 晴天～　晴 ȶhiŋ24

0024. 阴天～　阴 ȵiŋ31

0025. 旱天～　旱 xæ̃44

0026. 涝天～　涝 lɔ44

0027. 天亮　天亮 ȶhiæ̃31liɑŋ44

（二）地貌

0028. 水田　水田 ʂei53ȶhiæ̃24

0029. 旱地浇不上水的耕地　旱地 xæ̃44ȶhi0

0030. 田埂　田埂 ȶhiæ̃24kəŋ53

0031. 路野外的　路 lu44

0032. 山　山 sæ̃31

0033. 山谷　山沟 sæ̃24kou31

0034. 江大的河　江 tɕiɑŋ31

0035. 溪小的河　溪 ɕi31

0036. 水沟儿较小的水道　水沟 ʂei53kou31

0037. 湖　湖 xu24

0038. 池塘　涝池 lɔ44tshɿ0

0039. 水坑儿地面上有积水的小洼儿　水坑 ʂei53khəŋ31

0040. 洪水　洪水 xuŋ44ʂei0

0041. 淹被水～了　淹 ȵiæ̃31

0042. 河岸　河岸 xuo24ŋæ̃44

0043. 坝拦河修筑拦水的　坝 pɑ44

0044. 地震　地震 ȶi44tʂəŋ44

0045. 窟窿小的　窟窿 fu31ləŋ0

0046. 缝儿统称　缝缝 fəŋ44fəŋ0

（三）物象

0047. 石头统称　石头 ʂʅ31thou53

0048. 土统称　土 thu53

0049. 泥湿的　泥 ȵi24

0050. 水泥旧称　洋灰 Øiɑŋ24xui31

0051. 沙子　沙子 sɑ53tsɿ0

0052. 砖整块的　砖 tʂæ̃31

0053. 瓦整块的　瓦 Øuɑ53

0054. 煤　煤 mei24

0055. 煤油　煤油 mei24Øiu24

0056. 炭木炭　炭 thæ̃44

0057. 灰烧成的　灰 xui31

0058. 灰尘桌面上的　圤土 phu31thu53

0059. 火　火 xuo53

0060. 烟烧火形成的　烟 Øiæ̃31

0061. 失火　着火 tʂhuo24xuo53

0062. 水　水 ʂei53

0063. 凉水　凉水 liɑŋ31ʂei53

0064. 热水如洗脸的热水，不是指喝的开水　热水 ʐɤ31ʂei53

0065. 开水喝的　开水 khæ31ʂei53

0066. 磁铁　吸铁石 ɕi31ȶhiɛ31ʂʅ24

二、时间、方位

（一）时间

0067. 时候吃饭的～　时间 sɿ31tɕiæ̃53

0068. 什么时候　啥时间 ʂɑ44sɿ31tɕiæ̃53

0069. 现在　这面 tsæ̃53miæ̃0/这庚 tʂʅ44kəŋ31

0070. 以前十年～　以前 Øi31ȶhiæ̃24

0071. 以后十年～　以后 Øi31xou44

0072. 一辈子　一辈子 Øi31pei44tsɿ0

0073. 今年　今年 tɕiŋ53ȵiæ̃0

0074. 明年　明年 miŋ31ȵiæ̃53

0075. 后年　后年 xou44ȵiæ̃0

0076. 去年　去年 tɕhy44ȵiæ̃0

0077. 前年　前年 ȶhiæ̃31ȵiæ̃53

0078. 往年过去的年份　老哩些 lɔ53li0siɛ31

0079. 年初　年初 ȵiæ̃24tʂhʅ31

0080. 年底　年底 ȵiæ̃24ȶi53

0081. 今天　今儿个 tɕiŋr31kɔ0

0082. 明天　明儿个 miŋr24kɔ0

0083. 后天　后儿个 xour53kɔ0

0084. 大后天　外后儿个 Øuæ44xour53kɔ0

0085. 昨天　夜儿个 Øiɛr44kɔ0

0086. 前天　前儿个 ȶhiæ̃r24kɔ0

0087. 大前天　大前儿个 tɑ44ȶhiæ̃r24kɔ0

0088. 整天　成天 tʂhəŋ24ȶhiæ̃31

0089. 每天　天天 ȶhiæ̃31ȶhiæ̃0

0090. 早晨　早起 tsɔ53tɕhiɛ0

0091. 上午　吃了饭 tʂhʅ31liɔ0fæ̃44

0092. 中午　晌午 ʂɑŋ31Øu0

0093. 下午　后晌 xou44ʂɑŋ0

0094. 傍晚　黑得下 xei53tei0xɑ0

0095. 白天　白天 phei31ȶhiæ̃53

0096. 夜晚与白天相对，统称　黑了 xei53liɔ0

0097. 半夜　半晚上 pæ̃44væ̃53ʂɑŋ0

0098. 正月农历　正月 tʂəŋ31Øyɛ0

0099. 大年初一农历　大年初一 tɑ44ȵiæ̃24tʂhʅ31Øi31

0100. 元宵节　正月十五 tʂəŋ31Øyɛ0ʂʅ31Øu53

0101. 清明　清明 ȶhiŋ53miŋ0

0102. 端午　端午 tæ̃31Øu0

0103. 七月十五农历，节日名　七月十五 ȶhi31Øyɛ0ʂʅ31Øu53

0104. 中秋　八月十五 pɑ31Øyɛ0ʂʅ31Øu53

0105. 冬至　冬至 tuŋ31tsʅ44

0106. 腊月农历十二月　腊月 lɑ31Øyɛ0

0107. 除夕农历　三十儿 sæ̃31ʂʅ24Øər0

0108. 历书　历头 li53thou0

0109. 阴历　农历 luŋ24li31

0110. 阳历　阳历 Øiɑŋ24li31

0111. 星期天　礼拜天 li53pæ0ȶhiæ̃31

（二）方位

0112. 地方　地方 ȶhi44fɑŋ31

0113. 什么地方　啥地方ʂɑ44ȶhi44fɑŋ31

0114. 家里　屋里 Øu53li0

0115. 城里　城里 tʂhəŋ31li53

0116. 乡下　乡里 ɕiɑŋ53li0

0117. 上面从～滚下来　上头ʂɑŋ44thou0

0118. 下面从～爬上去　下头 xɑ44thou0

0119. 左边　左面 tsuo44miæ̃0

0120. 右边　右面 Øiu44miæ̃0

0121. 中间排队排在～　当当 tɑŋ31tɑŋ24

0122. 前面排队排在～　前头 ȶhiæ̃31thou53

0123. 后面排队排在～　后头 xou44thou0

0124. 末尾排队排在～　尾巴 Øi53phɑ0

0125. 对面　对面 tui44miæ̃44

0126. 面前　眼前头 ȵiæ̃53ȶhiæ̃31thou0

0127. 背后　后头 xou44thou0

0128. 里面躲在～　黑头 xei53thou0

0129. 外面衣服晒在～　外前 Øuæ44ȶhiæ̃0

0130. 旁边　边儿 piæ̃53Øər0

0131. 上碗在桌子～　上 ʂɑŋ44

0132. 下凳子在桌子～　下 xɑ44

0133. 边儿桌子的～　边边 piæ̃53piæ̃0

0134. 角儿桌子的～　角角 tɕyo53tɕyo0

0135. 上去他～了　上起 ʂɑŋ44tɕhi0

0136. 下来他～了　下来 xɑ44læ0

0137. 进去他～了　进去 ȶiŋ44tɕhi0

0138. 出来他～了　出来 tʂhʅ53læ0

0139. 出去他～了　出去 tʂhʅ53tɕhi0

0140. 回来他～了　回来 xui31læ53

0141. 起来天冷～了　起来 tɕhiɛ53læ0

三、植物

（一）一般植物

0142. 树　树 ʂʅ44

0143. 木头　木头 mu53thou0

0144. 松树统称　松树 suŋ53ʂʅ0

0145. 柏树统称　柏树 pei53ʂʅ0

0146. 杉树　杉树 sɑ53ʂʅ0

0147. 柳树　柳树 liu53ʂʅ0

0148. 竹子统称　竹子 tʂʅ53tsɿ0

0149. 笋　竹笋 tʂʅ31suŋ53

0150. 叶子　叶叶 Øiɛ53Øiɛ0

0151. 花　花 xuɑ31

0152. 花蕾花骨朵儿　花骨都 xuɑ31ku53tu0

0153. 梅花　梅花 mei31xuɑ53

0154. 牡丹　牡丹 mu53tæ̃31

0155. 荷花　莲花 liæ̃31xuɑ53

0156. 草　草 tshɔ53

0157. 藤　蔓 Øuæ̃44

0158. 刺名词　枣子 tsɔ53tsɿ0

0159. 水果　果木 kuo53mu31

0160. 苹果　苹果 phiŋ31kuo53

0161. 桃子　桃儿 thɔr24

0162. 梨　梨儿 lir24

0163. 李子　李子 li53tsɿ0

0164. 杏　杏儿 xəŋr44

0165. 橘子　橘子 tɕy53tsɿ0

0166. 柚子　柚子 Øiu44tsɿ0

0167. 柿子　柿柿 sɿ44sɿ0

0168. 石榴　石榴 ʂʅ31liu53

0169. 枣　枣儿 tsɔr53

0170. 栗子　栗子 li53tsɿ0

0171. 核桃　核桃 xei31thɔ53

0172. 银杏白果　银杏 Øiŋ24xəŋ44

0173. 甘蔗　甘蔗 kæ̃31tʂɤ24

0174. 木耳　木耳 mu31Øər0

0175. 蘑菇野生的　鬼打伞 kui53tɑ31sæ̃53

0176. 香菇　香菇 ɕiɑŋ31ku0

（二）农作物

0177. 稻子指植物　稻子 thɔ44tsɿ0

0178. 稻谷指籽实（脱粒后是大米）　稻子 thɔ44tsɿ0

0179. 稻草脱粒后的　稻草 thɔ31tshɔ0

0180. 大麦指植物　大麦 tɑ31mei31

0181. 小麦指植物　麦 mei31

0182. 麦秸脱粒后的　麦草 mei31tshɔ0

0183. 谷子指植物（籽实脱粒后是小米）　谷子 ku53tsɿ0

0184. 高粱指植物　䆉黍 thɔ31ʂʅ0

0185. 玉米指成株的植物　御麦棒棒 Øy44mei31phɑŋ44phɑŋ0

0186. 棉花指植物　棉花 miæ̃31xuɑ53

0187. 油菜油料作物，不是蔬菜　菜籽 tshæ44tsɿ0

0188. 芝麻　芝麻 tsɿ53mɑ0

0189. 向日葵指植物　葵花 khui24xuɑ31

0190. 蚕豆　蚕豆 tshæ̃31tou53

0191. 豌豆　豌豆 Øuæ̃53tou0

0192. 花生指果实，注意婉称　花生 xuɑ31səŋ0

0193. 黄豆　白豆 phei31tou53

0194. 绿豆　绿豆 liu53tou0

0195. 豇豆长条形的　豇豆 tɕiɑŋ53tou0

0196. 大白菜东北～　白菜 phei31tshæ53

0197. 包心菜卷心菜，圆白菜，球形的　甘蓝 kæ̃31læ̃24

0198. 菠菜　菠菜 po53tshæ0

0199. 芹菜　芹菜 tɕhiŋ31tshæ53

0200. 莴笋　笋子 suŋ44tsɿ0

0201. 韭菜　韭菜 tɕiu53tshæ0

0202. 香菜芫荽　芫荽 Øiæ̃31sui53

0203. 葱　葱 tshuŋ31

0204. 蒜　蒜 suæ̃44

0205. 姜　生姜 səŋ31tɕiɑŋ31

0206. 洋葱　洋葱 Øiaŋ24tshuŋ31
0207. 辣椒统称　辣子 la53tsɿ0
0208. 茄子统称　茄子 tɕhiɛ31tsɿ53
0209. 西红柿　洋柿柿 Øiaŋ24sɿ44sɿ0
0210. 萝卜统称　萝卜 luo31phu53
0211. 胡萝卜　红萝卜 xuŋ31luo53phu0
0212. 黄瓜　黄瓜 xuaŋ31kua53
0213. 丝瓜无棱的　丝瓜 sɿ31kua0
0214. 南瓜扁圆形或梨形，成熟时赤褐色　南瓜 læ̃31kua53
0215. 荸荠　荸荠 po31tɕi0
0216. 红薯统称　红芋 xuŋ24Øy44
0217. 马铃薯　洋芋 Øiaŋ24Øy44
0218. 芋头　芋头 Øy44thou0
0219. 山药圆柱形的　山药 sæ̃31Øyo0
0220. 藕　莲菜 liæ̃31tshæ53

四、动物

（一）一般动物

0221. 老虎　老虎 lɔ31xu0
0222. 猴子　猴娃 xou31Øua53
0223. 蛇统称　长虫 tʂhaŋ31tʂhəŋ53
0224. 老鼠家里的　老鼠 lɔ31ʂʅ0
0225. 蝙蝠　夜蝙蝠 Øiɛ44piɛ31xu0
0226. 鸟儿飞鸟，统称　鸟 ȵiɔ53
0227. 麻雀　宿宿 ɕy53ɕy0
0228. 喜鹊　野雀儿 Øiɛ53ȶhiɔ0
0229. 乌鸦　老鸹 lɔ53Øua0
0230. 鸽子　鹁鸽 phu31kuo53
0231. 翅膀鸟的，统称　膀子 paŋ53tsɿ0
0232. 爪子鸟的，统称　爪爪 tʂa53tʂa0
0233. 尾巴　尾巴 Øi53pha0
0234. 窝鸟的　窝 Øuo31
0235. 虫子统称　虫 tʂhəŋ24
0236. 蝴蝶统称　蛾儿 ŋuo24Øər0
0237. 蜻蜓统称　蚂螂 ma31laŋ53
0238. 蜜蜂　蜂 fəŋ31
0239. 蜂蜜　蜂蜜 fəŋ31mi0
0240. 知了统称　知了 tsɿ31lɔ53
0241. 蚂蚁　蚍蜉蚂 phi31fəŋ53ma0
0242. 蚯蚓　搐蟮 tʂhʅ53ʂæ̃0
0243. 蚕　蚕儿 tshæ̃24Øər0
0244. 蜘蛛会结网的　蛛蛛 tʂʅ53tʂʅ0
0245. 蚊子统称　蚊子 vəŋ31tsɿ53
0246. 苍蝇统称　蝇子 Øiŋ31tsɿ53
0247. 跳蚤咬人的　虼蚤 kei31tsɔ24
0248. 虱子　虱 sei31
0249. 鱼　鱼 Øy24
0250. 鲤鱼　鲤鱼 li53Øy24
0251. 鳙鱼胖头鱼　鳙鱼 Øyŋ31Øy24
0252. 鲫鱼　鲫鱼 ȶi31Øy24
0253. 甲鱼　鳖 piɛ31
0254. 鳞鱼的　鳞 liŋ24
0255. 虾统称　虾 ɕia31
0256. 螃蟹统称　螃甲 phaŋ31tɕia53
0257. 青蛙统称　青蛙 ȶhiŋ53Øua31
0258. 癞蛤蟆表皮多疙瘩　疥巴□ tɕiɛ44pa31thu0

（二）家畜、家禽

0259. 马　马 ma53
0260. 驴　驴 ly24
0261. 骡　骡子 luo31tsɿ53
0262. 牛　牛 ȵiu24
0263. 公牛统称　犍牛 tɕiæ̃53ȵiu0

0264. 母牛统称　乳牛 ʐʅ53ȵiu0

0265. 放牛　放牛 faŋ44ȵiu24

0266. 羊　羊 Øiɑŋ24

0267. 猪　猪 tʂʅ31

0268. 种猪配种用的公猪　角猪 tɕyo31tʂʅ0

0269. 公猪成年的，已阉的　牙猪 Øiɑ31tʂʅ53

0270. 母猪成年的，未阉的　草猪 tshɔ31tʂʅ0

0271. 猪崽　猪娃 tʂʅ53Øuɑ0

0272. 猪圈　猪圈 tʂʅ53tɕhyæ̃0

0273. 养猪　看猪 khæ̃24tʂʅ31

0274. 猫　猫 mɔ24

0275. 公猫　儿猫 Øər31mɔ53

0276. 母猫　女猫 mi44mɔ0

0277. 狗统称　狗 kou53

0278. 公狗　牙狗 Øiɑ31kou53

0279. 母狗　草狗 tshɔ31kou53

0280. 叫狗～　咬 ȵiɔ53

0281. 兔子　兔娃 thu44Øuɑ0

0282. 鸡　鸡 tɕi31

0283. 公鸡成年的，未阉的　公鸡 kuŋ31tɕi31

0284. 母鸡已下过蛋的　母鸡 mu53tɕi31

0285. 叫公鸡～（打鸣儿）　叫鸣 tɕiɔ44miŋ24

0286. 下鸡～蛋　下 ɕiɑ44

0287. 孵～小鸡　菢 pɔ44

0288. 鸭　鸭 Øiɑ31

0289. 鹅　鹅 ŋuo24

0290. 阉～公的猪　摘 tshei24

0291. 阉～母的猪　劁 ȶhiɔ31

0292. 阉～鸡　骟 ʂæ̃44

0293. 喂～猪　喂 Øui44

0294. 杀猪统称，注意婉称　杀猪 sɑ24tʂʅ31

0295. 杀～鱼　杀 sɑ31

五、房舍、器具

（一）房舍

0296. 村庄一个～　村里 tshuŋ53li0

0297. 胡同统称：一条～　巷巷 xɑŋ53xɑŋ0

0298. 街道　街道 tɕiɛ53thɔ0

0299. 盖房子　盖房 kæ44faŋ24

0300. 房子整座的，不包括院子　房 faŋ24

0301. 屋子房子里分隔而成的，统称　房子 faŋ31tsɿ53

0302. 卧室　房里 faŋ31li53

0303. 茅屋茅草等盖的　茅草房 mɔ24tshɔ53faŋ24

0304. 厨房　厨房 tʂhʅ31faŋ53

0305. 灶统称　灶 tsɔ44

0306. 锅统称　锅 kuo31

0307. 饭锅煮饭的　锅 kuo31

0308. 菜锅炒菜的　锅 kuo31

0309. 厕所旧式的，统称　后院 xou44Øyæ̃0

0310. 檩左右方向的　檩条 liŋ53ȶhiɔ0

0311. 柱子　柱子 tʂhʅ44tsɿ0

0312. 大门　头门 thou24məŋ24

0313. 门槛儿　门槛 məŋ31khæ̃53

0314. 窗旧式的　窗子 tʂhɑŋ31tsɿ0

0315. 梯子可移动的　梯子 ȶhi53tsɿ0

0316. 扫帚统称　扫帚 sɔ44tʂhʅ0

0317. 扫地　戳脚地 tʂhuo31tɕyo24ʈi53
0318. 垃圾　垃圾 lɑ31tɕi0

（二）家具

0319. 家具统称　家具 ʈɕiɑ31ʈɕy44
0320. 东西我的　东西 tuŋ53si0
0321. 炕土、砖砌的，睡觉用　炕 khɑŋ44
0322. 床木制的，睡觉用　床 tʂhɑŋ24
0323. 枕头　枕头 tʂəŋ53thou0
0324. 被子　被儿 piɛ53Øər0
0325. 棉絮　套子 thɔ44tsɿ0
0326. 床单　单子 tæ̃53tsɿ0
0327. 褥子　褥子 ʐʅ53tsɿ0
0328. 席子　席 si24
0329. 蚊帐　蚊帐 vəŋ24tʂɑŋ44
0330. 桌子统称　桌子 tʂuo53tsɿ0
0331. 柜子统称　柜 khui44
0332. 抽屉桌子的　抽屉 tʂhou53ʈhi0
0333. 案子长条形的　案 ŋæ̃44
0334. 椅子统称　椅子 Øi53tsɿ0
0335. 凳子统称　板凳 pæ̃53təŋ0
0336. 马桶有盖的　马桶 mɑ31thuŋ53

（三）用具

0337. 菜刀　刀 tɔ31
0338. 瓢舀水的　马勺 mɑ53ɕyo0
0339. 缸　缸 kɑŋ31
0340. 坛子装酒的～　坛坛 thæ̃31thæ̃53
0341. 瓶子装酒的～　瓶瓶 phiŋ31phiŋ53
0342. 盖子杯子的～　盖盖 kæ44kæ0
0343. 碗统称　碗 Øuæ̃53
0344. 筷子　筷子 khuæ44tsɿ0
0345. 汤匙　勺勺 ɕyo31ɕyo53
0346. 柴火统称　柴 tshæ24
0347. 火柴　洋火 Øiɑŋ31xuo53
0348. 锁　锁子 suo53tsɿ0
0349. 钥匙　钥匙 Øyo53sɿ0
0350. 暖水瓶　电壶 ʈiæ̃44xu24
0351. 脸盆　脸盆 liæ̃53phəŋ0
0352. 洗脸水　洗脸水 si31liæ̃31ʂei53
0353. 毛巾洗脸用　毛巾 mɔ31tɕiŋ53
0354. 手绢　帕帕 phɑ53phɑ0
0355. 肥皂洗衣服用　洋碱 Øiɑŋ24ʈɕiæ̃53
0356. 梳子旧式的，不是篦子　木梳 mu53ʂʅ0
0357. 缝衣针　针 tʂəŋ31
0358. 剪子　剪子 ʈiæ̃53tsɿ0
0359. 蜡烛　蜡蜡 lɑ53lɑ0
0360. 手电筒　手电 ʂou53ʈiæ̃44
0361. 雨伞挡雨的，统称　伞 sæ̃53
0362. 自行车　自行车 tsɿ44ɕiŋ24tʂhɤ31

六、服饰、饮食

（一）服饰

0363. 衣服统称　衣服 Øi31fu0
0364. 穿～衣服　穿 tʂhæ̃31
0365. 脱～衣服　脱 thuo31
0366. 系～鞋带　绑 pɑŋ53
0367. 衬衫　衬衣 tshəŋ44Øi31
0368. 背心带两条杠的，内衣　背心 pei44siŋ31
0369. 毛衣　毛衣 mɔ31Øi53
0370. 棉衣　棉袄 miæ̃31ŋɔ53
0371. 袖子　袖子 siu44tsɿ0
0372. 口袋衣服上的　兜兜 tou53tou0

0373. 裤子　裤儿 fu53Øər0
0374. 短裤外穿的　半截裤儿 pæ̃44ȶiɛ0fur53
0375. 裤腿　裤腿 fu44thui0
0376. 帽子统称　帽子 mɔ44tsɿ0
0377. 鞋子　鞋 xæ24
0378. 袜子　袜子 Øuɑ53tsɿ0
0379. 围巾　围脖 Øui31pho53
0380. 围裙　遮腰 tʂɤ31Øiɔ31
0381. 尿布　片片 phiæ̃53phiæ̃0
0382. 扣子　纽子 ȵiu53tsɿ0
0383. 扣～扣子　扣 khou44
0384. 戒指　箍子 ku53tsɿ0
0385. 手镯　镯子 tshuo31tsɿ53
0386. 理发　剃头 ȶhi44thou24
0387. 梳头　梳帽盖 ʂʅ31mɔ44kæ0

（二）饮食

0388. 米饭　米饭 mi53fæ̃44
0389. 稀饭用米熬的，统称　米汤 mi53thɑŋ31
0390. 面粉麦子磨的，统称　面 miæ̃44
0391. 面条统称　面 miæ̃44
0392. 面儿玉米～，辣椒～　面 miæ̃44
0393. 馒头无馅儿的，统称　馍馍 mo31mo53
0394. 包子　包子 pɔ53tsɿ0
0395. 饺子　饺子 tɕiɔ44tsɿ0
0396. 馄饨　馄饨 xuŋ44tuŋ44
0397. 馅儿　馅子 ɕyæ̃44tsɿ0
0398. 油条长条形的，旧称　油条 Øiu24ȶhiɔ24
0399. 豆浆　白汤 phei31thɑŋ53
0400. 豆腐脑儿　豆花 tou44xuɑ31
0401. 元宵食品　元宵 Øiæ̃31siɔ53
0402. 粽子　粽子 tsuŋ53tsɿ0
0403. 年糕用黏性大的米或米粉做的　年糕 ȵiæ̃31kɔ53
0404. 点心统称　点心 ȶiæ̃53siŋ31
0405. 菜吃饭时吃的，统称　菜 tshæ44
0406. 干菜统称　干菜 kæ̃31tshæ44
0407. 豆腐　豆腐 tou44fu0
0408. 猪血当菜的　猪血 tʂʅ24ɕiɛ31
0409. 猪蹄当菜的　猪蹄蹄 tʂʅ31ȶhi31ȶhi53
0410. 猪舌头当菜的，注意婉称　口条 khou53ȶhiɔ0
0411. 猪肝当菜的，注意婉称　猪肝 tʂʅ24kæ̃31
0412. 下水猪、牛、羊的内脏　肠肚 tʂhɑŋ31tu53
0413. 鸡蛋　鸡蛋 tɕi53thæ̃0
0414. 松花蛋　松花蛋 suŋ31xuɑ31thæ̃44
0415. 猪油　大油 tɑ44Øiu24
0416. 香油　香油 ɕiɑŋ31Øiu24
0417. 酱油　酱油 ȶiɑŋ44Øiu24
0418. 盐名词　盐 Øiæ̃24
0419. 醋注意婉称　醋 tshu44
0420. 香烟　纸烟 tsɿ53Øiæ̃31
0421. 旱烟　旱烟 xæ̃44Øiæ̃31
0422. 白酒　烧酒 ʂɔ31ȶiu0
0423. 黄酒　黄酒 xuɑŋ31ȶiu53
0424. 江米酒酒酿，醪糟　醪糟 lɔ31tsɔ53
0425. 茶叶　茶叶 tshɑ31Øiɛ53
0426. 沏～茶　泡 phɔ44
0427. 冰棍儿　冰棍儿 piŋ31kuŋ44Øər0

0428. 做饭统称　做饭 tsu44fæ̃44

0429. 炒菜统称，和做饭相对　炒菜 tshɔ53tshæ44

0430. 煮～带壳的鸡蛋　煮 tʂʅ53

0431. 煎～鸡蛋　煎 ȶiæ̃31

0432. 炸～油条　炸 tshɑ24

0433. 蒸～鱼　蒸 tʂəŋ31

0434. 揉～面做馒头等　揉 ʐou24

0435. 擀～面，～皮儿　擀 kæ̃53

0436. 吃早饭　吃早饭 tʂhʅ31tsɔ53fæ̃44

0437. 吃午饭　吃晌午饭 tʂhʅ31ʂɑŋ31Øu0fæ̃44

0438. 吃晚饭　喝汤 xuo24thɑŋ31

0439. 吃～饭　吃 tʂhʅ31

0440. 喝～酒　喝 xuo31

0441. 喝～茶　喝 xuo31

0442. 抽～烟　吃 tʂhʅ31

0443. 盛～饭　舀 Øiɔ53

0444. 夹用筷子～菜　夹 tɕiɑ31

0445. 斟～酒　倒 tɔ44

0446. 渴口～　渴 khuo31

0447. 饿肚子～　饥 tɕi31

0448. 噎吃饭～着了　噎 Øiɛ31

七、身体、医疗

（一）身体

0449. 头人的，统称　□脑 tuo31lɔ53

0450. 头发　帽盖 mɔ44kæ0

0451. 辫子　帽辫 mɔ44phiæ̃44

0452. 旋　旋 suæ̃24

0453. 额头　额颅 ŋei53lu0

0454. 相貌　长相 tʂɑŋ53siɑŋ44

0455. 脸洗～　脸 liæ̃53

0456. 眼睛　眼睛 ȵiæ̃53ȶiŋ0

0457. 眼珠统称　眼仁 ȵiæ̃53ʐəŋ0

0458. 眼泪哭的时候流出来的　眼泪 ȵiæ̃53lui0

0459. 眉毛　眉眉 mi31mi53

0460. 耳朵　耳朵 Øər53tuo0

0461. 鼻子　鼻子 phi31tsɿ53

0462. 鼻涕统称　鼻 phi24

0463. 擤～鼻涕　擤 siŋ53

0464. 嘴巴人的，统称　嘴 tsui53

0465. 嘴唇　嘴唇 tsui53ʂəŋ0

0466. 口水～流出来　颔水 xæ̃31ʂei0

0467. 舌头　舌头 ʂɤ31thou53

0468. 牙齿　牙齿 Øiɑ24tshɿ53

0469. 下巴　下巴 xɑ44pɑ0

0470. 胡子嘴周围的　胡子 xu31tsɿ53

0471. 脖子　脖浪骨 phu31lɑŋ53kuo0

0472. 喉咙　喉咙眼 xu31luŋ53ȵiæ̃0

0473. 肩膀　胛骨 tɕiɑ53ku0

0474. 胳膊　胳膊 kei53pho0

0475. 手方言指（打√）：只指手；包括臂：他的～摔断了　手 ʂou53

0476. 左手　左手 tsuo44ʂou53

0477. 右手　右手 Øiu44ʂou53

0478. 拳头　拳头 tɕhyæ̃31thou53

0479. 手指　手指头 ʂou53tsɿ53thou0

0480. 大拇指　大拇指头 tɑ44mu31tsɿ53thou0

0481. 食指　二拇指头 Øər44mu31tsɿ53thou0

0482. 中指　中指 tʂəŋ31tsɿ0

0483. 无名指　无名指 Øu24miŋ24tsɿ0

0484. 小拇指　小拇指头
siɔ53mu31tsɿ53thou0
0485. 指甲　指甲 tsɿ53tɕia0
0486. 腿　腿 thui53
0487. 脚方言指（打√）：只指脚；包括小腿；包括小腿和大腿：他的～轧断了
脚 tɕyo31
0488. 膝盖指部位　腿膝盖
thui53ȶhi31kæ44
0489. 背名词　脊背 ȶi53pei0
0490. 肚子腹部　肚子 thu44tsɿ0
0491. 肚脐　脖脐眼窝
phu44tɕi53ȵiæ31Øuo31
0492. 乳房女性的　奶头 læ53thou0
0493. 屁股　沟子 kou53tsɿ0
0494. 肛门　屁眼 phi44ȵiæ0
0495. 阴茎成人的　尿 tɕhiu24
0496. 女阴成人的　屄 phi31
0497. 肏动词　合 ʐɿ31
0498. 精液　㞞 suŋ24
0499. 来月经注意婉称　身上来了
ʂɿ53ʂaŋ0læ31lia53
0500. 拉屎　屙屎 pa31sɿ53
0501. 撒尿　尿尿 ȵiɔ44ȵiɔ44
0502. 放屁　放屁 faŋ44phi44
0503. 相当于“他妈的”的口头禅
他娘屄 tha31ȵia24phi31

（二）疾病、医疗

0504. 病了　病了 phiŋ44lia0
0505. 着凉　着凉 tʂuo24liaŋ24
0506. 咳嗽　咳嗽 khei53sou31
0507. 发烧　发烧 fa24ʂɔ31
0508. 发抖　打颤 ta53tʂæ̃44
0509. 肚子疼　肚子疼 thu44tsɿ0thəŋ24
0510. 拉肚子　飙稀 piɔ24ɕi31
0511. 患疟疾　打摆子 ta31pæ53tsɿ0
0512. 中暑　中暑 tʂəŋ44ʂɿ53
0513. 肿　肿 tʂəŋ53
0514. 化脓　化脓 xua44luŋ24
0515. 疤好了的　疤 pa31
0516. 癣　癣 siæ53
0517. 痣凸起的　靥子 Øiæ53tsɿ0
0518. 疙瘩蚊子咬后形成的　疙瘩
kei53ta0
0519. 狐臭　臭根 tʂhou44kəŋ31
0520. 看病　看病 khæ̃44phiŋ44
0521. 诊脉　搌脉 ȶiæ24mei31
0522. 针灸　针灸 tʂəŋ31tɕiu53
0523. 打针　打针 ta53tʂəŋ31
0524. 打吊针　挂吊针 kua44ȶiɔ44tʂəŋ31
0525. 吃药统称　吃药 tʂhɿ24Øyo31
0526. 汤药　汤药 thaŋ31Øyo0
0527. 病轻了　病轻了 phiŋ44tɕhiŋ31lia0

八、婚丧、信仰

（一）婚育

0528. 说媒　说媒 ʂɤ31mei24
0529. 媒人　媒人 mei31ʐəŋ53
0530. 相亲　见面 tɕiæ̃44miæ̃44
0531. 订婚　换庚帖 xuæ̃44kəŋ31ȶhiɛ31
0532. 嫁妆　陪房 phei31faŋ53
0533. 结婚统称　结婚 tɕiɛ24xuŋ31
0534. 娶妻子男子～，动宾　娶媳妇
tɕhy53si53fu0

0535. 出嫁女子～　出门 tʂhʅ31məŋ24
0536. 拜堂　拜天地 pæ44ȶhiæ̃53ȶhi0
0537. 新郎　新女婿 siŋ31ȵy53ɕy0
0538. 新娘子　新人 siŋ53ʐəŋ0
0539. 孕妇　怀娃婆娘
xuæ24Øuɑ53pho31ȵiaŋ31
0540. 怀孕　有身道了
Øiu53ʂəŋ53thɔ0liɑ0
0541. 害喜妊娠反应　嫌饭 ɕiæ̃24fæ̃44
0542. 分娩　生娃娃 səŋ31Øuɑ31Øuɑ53
0543. 流产　小月 siɔ53Øyɛ31
0544. 双胞胎　双生 ʂɑŋ44səŋ31
0545. 坐月子　坐月子 tshuo44Øyɛ31tsɿ0
0546. 吃奶　吃奶 tʂhʅ31læ53
0547. 断奶　摘奶 tsei31læ53
0548. 满月　出月 tʂhʅ31Øyɛ0
0549. 生日统称　过晬 kuo44tsui44
0550. 做寿　做好天 tsu44xɔ53ȶhiæ̃31

（二）丧葬

0551. 死统称　死 sɿ53
0552. 死婉称，最常用的几种，指老人：他～了　老百年 lɔ53pei31ȵiæ̃0
0553. 自杀　自杀 tshɿ44sɑ31
0554. 咽气　咽气 Øiæ̃44tɕhi44
0555. 入殓　入殓 ʐʅ31liæ̃44
0556. 棺材　棺材 kuæ̃53tshæ0
0557. 出殡　出丧 tʂhʅ24sɑŋ31
0558. 灵位　牌位 phæ31Øui53
0559. 坟墓单个的，老人的　阙里
tɕhyɛ53li0
0560. 上坟　上坟 ʂɑŋ44fəŋ24
0561. 纸钱　烧纸 ʂɔ31tsɿ0

（三）信仰

0562. 老天爷　天爷 ȶhiæ̃53Øiɛ0
0563. 菩萨统称　菩萨 phu31sɑ53
0564. 观音　观音 kuæ̃31Øiŋ0
0565. 灶神口头的叫法，其中如有方言亲属称谓要释义　灶爷 tsɔ44Øiɛ0
0566. 寺庙　爷爷庙 Øiɛ31Øiɛ53miɔ44
0567. 祠堂　祠堂 tshɿ24thɑŋ24
0568. 和尚　和尚 xuo31ʂɑŋ53
0569. 尼姑　尼姑 ȵi31ku53
0570. 道士　道人 tɔ44ʐəŋ0
0571. 算命统称　算卦 suæ̃44kuɑ44
0572. 运气　运气 Øyŋ44tɕhi0
0573. 保佑　保佑 pɔ53Øiu44

九、人品、称谓

（一）人品

0574. 人一个～　人 ʐəŋ24
0575. 男人成年的，统称　外前人
Øuæ44ȶhiæ̃0ʐəŋ24
0576. 女人三四十岁已婚的，统称　屋里人
Øu53li0ʐəŋ24
0577. 单身汉　光棍汉 kuɑŋ53kuŋ31xæ̃44
0578. 老姑娘　大姐姐 tɑ44ȶiɛ53ȶiɛ0
0579. 婴儿　月娃 Øyɛ53Øuɑ0
0580. 小孩儿三四岁的，统称　碎娃娃
sui44Øuɑ31Øuɑ53
0581. 男孩儿统称：外面有个～在哭　儿子娃 Øər31tsɿ53Øuɑ44
0582. 女孩儿统称：外面有个～在哭　女子娃 ȵy53tsɿ0Øuɑ44/姐姐

ȶiɛ53ȶiɛ0

0583. 老人七八十岁的，统称　老人 lɔ53ʐəŋ24

0584. 亲戚统称　亲亲 ȶhiŋ53ȶhiŋ0

0585. 朋友统称　伙爷 xuo53Øiɛ0

0586. 邻居统称　隔壁 kei24pi53

0587. 客人　客人 khei31ʐəŋ0

0588. 农民　庄稼汉 tʂaŋ53Øa0xæ0

0589. 商人　生意人 səŋ53Øi0ʐəŋ24

0590. 手艺人统称　手艺人 ʂou53Øi0ʐəŋ24

0591. 泥水匠　匠人 ȶiaŋ44ʐəŋ0

0592. 木匠　木匠 mu53ȶhiaŋ0

0593. 裁缝　裁缝 tshæ31fəŋ53

0594. 理发师　待招 tæ44tʂɔ53

0595. 厨师　厨子 tʂhʅ31tsɿ53

0596. 师傅　师傅 sɿ53fu31

0597. 徒弟　徒弟 thu31ȶhi53

0598. 乞丐统称，非贬称（无统称则记成年男的）　叫花子 tɕiɔ44xua31tsɿ0

0599. 妓女　妓女 tɕi44ȵy53

0600. 流氓　瞎货 xa53xuo0

0601. 贼　贼娃 tsei31Øua53

0602. 瞎子统称，非贬称（无统称则记成年男的）　瞎子 xa53tsɿ0

0603. 聋子统称，非贬称（无统称则记成年男的）　聋子 luŋ31tsɿ53

0604. 哑巴统称，非贬称（无统称则记成年男的）　瓜子 kua53tsɿ0

0605. 驼子统称，非贬称（无统称则记成年男的）　背锅儿 pei31kuo24Øər0

0606. 瘸子统称，非贬称（无统称则记成年男的）　瘸拐 tɕhyɛ24kuæ53

0607. 疯子统称，非贬称（无统称则记成年男的）　疯子 fəŋ53tsɿ0

0608. 傻子统称，非贬称（无统称则记成年男的）　冷尿 ləŋ53suŋ24

0609. 笨蛋蠢的人　闷尿 məŋ44suŋ24

（二）称谓

0610. 爷爷呼称，最通用的　爷 Øiɛ24

0611. 奶奶呼称，最通用的　婆 pho24

0612. 外祖父叙称　舅家爷 tɕiu44Øa0Øiɛ24

0613. 外祖母叙称　舅家婆 tɕiu44Øa0pho24

0614. 父母合称　爹娘 ȶiɛ31ȵiaŋ0

0615. 父亲叙称　爹 ȶiɛ31

0616. 母亲叙称　娘 ȵia24

0617. 爸爸呼称，最通用的　爹 ȶiɛ31

0618. 妈妈呼称，最通用的　娘 ȵia24

0619. 继父叙称　后爸 xou44pa24

0620. 继母叙称　后妈 xou44ma24

0621. 岳父叙称　丈人 tʂhaŋ44ʐəŋ0

0622. 岳母叙称　丈母娘 tʂhaŋ44mu0ȵia24

0623. 公公叙称　阿家爸 Øa31tɕia0pa44

0624. 婆婆叙称　阿家娘 Øa31tɕia0ȵia24

0625. 伯父呼称，统称　伯 pei24

0626. 伯母呼称，统称　大大 ta44ta0

0627. 叔父呼称，统称　爸爸 pa24pa53

0628. 叔父呼称，排行最小的，如“幺叔”　碎爸 sui44pa24

0629. 叔母呼称，统称　娘娘 ȵia31ȵia53

0630. 姑呼称，统称（无统称则记分称：比父大，比父小；已婚，未婚）　姑 ku24

0631. 姑父呼称，统称　姑父 ku53fu0

0632. 舅舅呼称　舅舅 tɕiu44tɕiu0

0633. 舅妈呼称 妗子 ȶɕhiŋ44tsɿ0

0634. 姨呼称，统称（无统称则记分称：比母大，比母小；已婚，未婚） 姨 Øi24

0635. 姨父呼称，统称 姨父 Øi31fu53

0636. 弟兄合称 弟兄们 ȶhi44ɕyŋ31mu0

0637. 姊妹合称，注明是否可包括男性 姊妹们包括男性 tsɿ44mei31mei0

0638. 哥哥呼称，统称 哥 kɔ24

0639. 嫂子呼称，统称 嫂子 sɔ53tsɿ0

0640. 弟弟叙称 兄弟 ɕyŋ53ȶhi0

0641. 弟媳叙称 兄弟媳妇 ɕyŋ53ȶhi0si53fu0

0642. 姐姐呼称，统称 姐 ȶiɛ53

0643. 姐夫呼称 姐夫 ȶiɛ53fu0

0644. 妹妹叙称 妹子 mei44tsɿ0

0645. 妹夫叙称 妹夫 mei44fu0

0646. 堂兄弟叙称，统称 伯叔兄弟 pei31ʂʅ31ɕyŋ31ȶi44

0647. 表兄弟叙称，统称 表兄弟 piɔ53ɕyŋ31ȶhi44

0648. 妯娌弟兄妻子的合称 先后们 siæ̃44xou0mu0

0649. 连襟姊妹丈夫的关系，叙称 挑担 ȶhiɔ53tæ̃31

0650. 儿子叙称：我的～ 儿 Øər24

0651. 儿媳妇叙称：我的～ 儿媳妇 Øər24si53fu0

0652. 女儿叙称：我的～ 女子 ȵy53tsɿ0

0653. 女婿叙称：我的～ 女婿 ȵy53ɕy0

0654. 孙子儿子之子 孙子 suŋ31tsɿ0

0655. 重孙子儿子之孙 重孙 tʂhəŋ31suŋ53

0656. 侄子弟兄之子 侄儿 tʂhʅ24Øər0

0657. 外甥姐妹之子 外甥 Øuæ44səŋ31

0658. 外孙女儿之子 外孙 Øuæ44suŋ31

0659. 夫妻合称 两口 liɑŋ31khou0

0660. 丈夫叙称，最通用的，非贬称：她的～ 老汉 lɔ53xæ̃0

0661. 妻子叙称，最通用的，非贬称：他的～ 老婆 lɔ53pho0

0662. 名字 名字 miŋ31tsɿ53

0663. 绰号 吆号 Øiɔ31xɔ0/外号 Øuæ44xɔ53

十、农、工、商、文

（一）农业

0664. 干活儿统称：在地里～ 做活 tsu44xuo24

0665. 事情一件～ 事 sɿ44

0666. 插秧 插秧 tshɑ24Øiɑŋ31

0667. 割稻 割稻子 kuo31thɔ44tsɿ0

0668. 种菜 种菜 tʂəŋ44tshæ44

0669. 犁名词 犁 li24

0670. 锄头 锄 tʂhʅ24

0671. 镰刀 镰 liæ̃24

0672. 把儿刀～ 把把 pɑ44pɑ0

0673. 扁担 担 tæ̃44

0674. 箩筐 筐子 khuɑŋ53tsɿ0

0675. 筛子统称 筛筛 sæ53sæ0

0676. 簸箕农具，有梁的 抄箕 tshɔ31tɕi0

0677. 簸箕簸米用 簸箕 po44tɕi0

0678. 独轮车 卡娃 tɕhiɑ53Øuɑ0

0679. 轮子旧式的，如独轮车上的 轮轮 lyŋ31lyŋ53

0680. 碓整体　碓窝 tui44Øuo31
0681. 臼　窝 Øuo31
0682. 磨名词　磨子 mo44tsɿ0
0683. 年成　收成 ʂou53tʂhəŋ0

（二）工商业

0684. 走江湖统称　走江湖 tsou53tɕiɑŋ53xu0
0685. 打工　打工 tɑ53kuŋ31
0686. 斧子　斧头 fu53thou0
0687. 钳子　钳子 tɕhiæ31tsɿ53
0688. 螺丝刀　改锥 kæ53tʂei31
0689. 锤子　锤锤 tʂhei31tʂhei53
0690. 钉子　钉钉 ȶiŋ53ȶiŋ0
0691. 绳子　绳 ʂəŋ24
0692. 棍子　棍 kuŋ44
0693. 做买卖　做生意 tsu44səŋ53Øi0
0694. 商店　铺子 phu44tsɿ0
0695. 饭馆　馆子 kuæ53tsɿ0
0696. 旅馆旧称　店 ȶiæ44
0697. 贵　贵 kui44
0698. 便宜　贱 ȶhiæ44
0699. 合算　划算 xuɑ24suæ44
0700. 折扣　打折 tɑ53tʂɤ31
0701. 亏本　贴赔 ȶhiɛ53phei0
0702. 钱统称　钱 ȶhiæ24
0703. 零钱　零钱 liŋ24ȶhiæ24
0704. 硬币　钢洋 kɑŋ31Øiɑŋ24
0705. 本钱　本钱 pəŋ53ȶhiæ0
0706. 工钱　工钱 kuŋ53ȶhiæ0
0707. 路费　盘缠 phæ31tʂhæ53
0708. 花～钱　花 xuɑ31
0709. 赚卖一斤能～一毛钱　赚 tɕiæ44
0710. 挣打工～了一千块钱　挣 tsəŋ44
0711. 欠～他十块钱　该 kæ31
0712. 算盘　算盘 suæ44phæ0
0713. 秤统称　秤 tʂhəŋ44
0714. 称用秆秤～　称 tʂhəŋ31
0715. 赶集　跟集 kəŋ31ȶhi24
0716. 集市　集 ȶhi24
0717. 庙会　会 xui44

（三）文化、娱乐

0718. 学校　学堂 ɕyo31thɑŋ53
0719. 教室　书房 ʂʅ53fɑŋ0
0720. 上学　上学 ʂɑŋ44ɕyo24
0721. 放学　放学 fɑŋ44ɕyo24
0722. 考试　考试 khɔ53sɿ44
0723. 书包　书包 ʂʅ31pɔ0
0724. 本子　本本 pəŋ53pəŋ0
0725. 铅笔　铅笔 tɕhiæ24pi31
0726. 钢笔　水笔 ʂei53pi31
0727. 圆珠笔　油笔 Øiu24pi31
0728. 毛笔　毛笔 mɔ24pi31
0729. 墨　墨 mei24
0730. 砚台　砚台 Øiæ44thæ0
0731. 信一封～　信 siŋ44
0732. 连环画　画书 xuɑ24ʂʅ31/娃娃书 Øuɑ31Øuɑ53ʂʅ31
0733. 捉迷藏　藏马兀 tɕhiɑŋ24mɑ53Øu44
0734. 跳绳　跳绳 ȶhiɔ24ʂəŋ24
0735. 毽子　毽子 tɕiæ44tsɿ0
0736. 风筝　风筝 fəŋ31tsəŋ0
0737. 舞狮　耍狮子 ʂɑ53sɿ53tsɿ0
0738. 鞭炮统称　鞭炮 piæ53phɔ0
0739. 唱歌　唱歌 tʂhɑŋ44kuo31

0740. 演戏　唱戏 tʂhaŋ44çi44
0741. 锣鼓统称　锣鼓 luo31ku53
0742. 二胡　二胡 Øər31xu53
0743. 笛子　笛 ʦhi24
0744. 划拳　划拳 xuɑ31tɕhyæ̃24
0745. 下棋　下棋 çiɑ44tɕhi24
0746. 打扑克　打扑克 tɑ53phu53khɤ31
0747. 打麻将　打麻将 tɑ53mɑ24ʦiɑŋ44
0748. 变魔术　耍把戏 ʂɑ53pɑ53çi31
0749. 讲故事　说官目 ʂɤ24kuæ̃53mu0
0750. 猜谜语　断谜语 tuæ̃44mi44Øy0
0751. 玩儿游玩：到城里～　耍 ʂɑ53
0752. 串门儿　游门子 Øiu24məŋ31tsɿ53
0753. 走亲戚　游亲亲 Øiu24ʦhiŋ31ʦhiŋ0

十一、动作、行为

（一）具体动作

0754. 看～电视　看 khæ̃44
0755. 听用耳朵～　听 ʦhiŋ31
0756. 闻嗅：用鼻子～　闻 vəŋ24
0757. 吸～气　吸 çi31
0758. 睁～眼　睁 tsəŋ31
0759. 闭～眼　闭 pi44
0760. 眨～眼　眨 tsəŋ31
0761. 张～嘴　张 tʂɑŋ31
0762. 闭～嘴　闭 pi44
0763. 咬狗～人　咬 ȵiɔ53
0764. 嚼把肉～碎　嚼 tɕhyɛ24
0765. 咽～下去　咽 Øiæ̃44
0766. 舔人用舌头　舔 ʦhiæ̃53
0767. 含～在嘴里　噙 tɕhiŋ24
0768. 亲嘴　亲 ʦhiŋ31
0769. 吮吸用嘴唇聚拢吸取液体，如吃奶时
咂 tsɑ31
0770. 吐上声，把果核儿～掉　唾 thuo44
0771. 吐去声，呕吐：喝酒喝～了
吐 thu53
0772. 打喷嚏　打喷嚏 tɑ53phəŋ44ʦhi0
0773. 拿用手把苹果～过来　拿 lɑ24
0774. 给他～我一个苹果　给 kei44
0775. 摸～头　摸 mo31
0776. 伸～手　展 tʂæ̃53
0777. 挠～痒痒　搔 tsɔ31
0778. 掐用拇指和食指的指甲～皮肉
掐 tɕhiɑ31
0779. 拧～螺丝　拧 ȵiŋ24
0780. 拧～毛巾　扭 ȵiu53
0781. 捻用拇指和食指来回～碎　捻 ȵiæ̃53
0782. 掰把橘子～开，把馒头～开
掰 pei31
0783. 剥～花生　剥 pɔ31
0784. 撕把纸～了　扯 tʂhɤ53
0785. 折把树枝～断　折 tʂɤ31
0786. 拔～萝卜　拔 phɑ24
0787. 摘～花　摘 tsei31
0788. 站站立：～起来　立 li31
0789. 倚斜靠：～在墙上　靠 khɔ44
0790. 蹲～下　蹴 ʦiu24
0791. 坐～下　坐 tshuo44
0792. 跳青蛙～起来　跳 ʦhiɔ24
0793. 迈跨过高物：从门槛上～过去
跷 tɕhiɔ31
0794. 踩脚～在牛粪上　踏 thɑ24
0795. 翘～腿　翘 tɕhiɔ44
0796. 弯～腰　弯 Øuæ̃31

0797. 挺～胸　挺 ȶhiŋ53
0798. 趴～着睡　趴 phɑ24
0799. 爬小孩儿在地上～　爬 phɑ24
0800. 走慢慢儿～　走 tsou53
0801. 跑慢慢儿走，别～　跑 phɔ53
0802. 逃逃跑：小偷儿～走了　逃 thɔ24
0803. 追追赶：～小偷儿　撵 ȵiæ̃53
0804. 抓～小偷儿　抓 tʂɑ31
0805. 抱把小孩儿～在怀里　抱 phu44
0806. 背～孩子　背 pei31
0807. 搀～老人　搀 tshæ̃31
0808. 推几个人一起～汽车　推 thui31
0809. 摔跌：小孩儿～倒了　绊 pæ̃44
0810. 撞人～到电线杆　撞 tʂhɑŋ44/碰 phəŋ44
0811. 挡你～住我了，我看不见　挡 tɑŋ44
0812. 躲躲藏：他～在床底下　躲 tuo53
0813. 藏藏放，收藏：钱～在枕头下面　藏 ȶhiɑŋ24
0814. 放把碗～在桌子上　放 fɑŋ44
0815. 摞把砖～起来　摞 luo44
0816. 埋～在地下　埋 mæ24
0817. 盖把茶杯～上　盖 kæ44
0818. 压用石头～住　压 ȵiɑ44
0819. 摁用手指按：～图钉　压 ȵiɑ44
0820. 捅用棍子～鸟窝　捅 thuŋ31
0821. 插把香～到香炉里　插 tshɑ31
0822. 戳～个洞　戳 tʂhuo31
0823. 砍～树　斫 tʂuo44
0824. 剁把肉～碎做馅儿　斫 tsɑ53
0825. 削～苹果　削 ɕyo31
0826. 裂木板～开了　裂 liɛ31
0827. 皱皮～起来　□ tʂhʅ31
0828. 腐烂死鱼～了　臭了 tʂhou44liɑ0
0829. 擦用毛巾～手　擦 tshɑ31
0830. 倒把碗里的剩饭～掉　倒 tɔ44
0831. 扔丢弃：这个东西坏了，～了它　扔 Øər53
0832. 扔投掷：比一比谁～得远　撇 phiɛ31
0833. 掉掉落，坠落：树上～下一个梨　跌 ȶiɛ31
0834. 滴水～下来　滴 ȶiɛ31
0835. 丢丢失：钥匙～了　遗 Øi24
0836. 找寻找：钥匙～到　寻 siŋ24
0837. 捡～到十块钱　拾 ʂʅ24
0838. 提用手把篮子～起来　提 ȶhi24
0839. 挑～担　担 tæ̃31
0840. 扛把锄头～在肩上　掮 tɕhiɛ24
0841. 抬～轿　抬 thæ24
0842. 举～旗子　举 tɕy53
0843. 撑～伞　打 tɑ53
0844. 撬把门～开　别 phiɛ24
0845. 挑挑选，选择：你自己～一个　挑 ȶhiɔ31
0846. 收拾～东西　拾掇 ʂʅ31tuo53
0847. 挽～袖子　缏 piæ̃53
0848. 涮把杯子～一下　涮 ʂæ̃44
0849. 洗～衣服　洗 si53
0850. 捞～鱼　捞 lɔ24
0851. 拴～牛　拴 ʂæ̃31
0852. 捆～起来　捆 khuŋ53
0853. 解～绳子　解 tɕiɛ53
0854. 挪～桌子　挪 luo24
0855. 端～碗　端 tuæ̃31
0856. 摔碗～碎了　绊 pæ̃44

0857. 掺～水　掺 tshæ̃31
0858. 烧～柴　烧 ʂɔ31
0859. 拆～房子　拆 tshei31
0860. 转～圈儿　转 tʂæ̃44
0861. 捶用拳头～　捶 tʂhei24
0862. 打统称：他～了我一下　打 tɑ53
0863. 打架动手：两个人在～　打捶 tɑ53tʂhei24
0864. 休息　歇嘎 ɕiɛ31kɑ0
0865. 打哈欠　打哈欠 tɑ53xuo53ɕiæ̃0
0866. 打瞌睡　丢盹 ʈiu31tuŋ53
0867. 睡他已经～了　睡 ʂei44
0868. 打呼噜　扯颔水 tʂhɤ53xæ̃44ʂei0
0869. 做梦　做睡梦 tsu44ʂei44məŋ0
0870. 起床　起来 tɕhiɛ53læ0
0871. 刷牙　刷牙 ʂɑ31Øiɑ24
0872. 洗澡　洗身上 si53ʂʅ53ʂɑŋ0

（二）抽象动作

0873. 想思索：让我～一下　思量 sɿ53liɑŋ0
0874. 想想念：我很～他　想 siɑŋ53
0875. 打算我～开个店　想 siɑŋ53
0876. 记得　记 tɕi44
0877. 忘记　忘了 Øuɑŋ44liɑ0
0878. 怕害怕：你别～　害怕 xæ44phɑ44
0879. 相信我～你　信 siŋ44
0880. 发愁　发愁 fɑ31tshou24
0881. 小心过马路要～　小心 siɔ53siŋ31
0882. 喜欢～看电视　爱 ŋæ44
0883. 讨厌～这个人　桑眼 sɑŋ31ȵiæ̃53
0884. 舒服凉风吹来很～　嵌活 tɕhiæ̃44xuo0
0885. 难受生理的　难受 læ̃24ʂou44
0886. 难过心理的　难过 læ̃24kuo44
0887. 高兴　兴的 ɕiŋ53ʈi0
0888. 生气　着气 tʂhuo24tɕhi44
0889. 责怪　怪妨 kuæ44fɑŋ31
0890. 后悔　后悔 xou44xui31
0891. 忌妒　眼红 ȵiæ̃53xuŋ24
0892. 害羞　□ ʂəŋ24
0893. 丢脸　丢人 ʈiu31ʐəŋ24
0894. 欺负　欺负 tɕhi53fu0
0895. 装～病　装 tʂɑŋ31
0896. 疼～小孩儿　疼爱 thəŋ24ŋæ44
0897. 要我～这个　要 Øiɔ44
0898. 有我～一个孩子　有 Øiu53
0899. 没有他～孩子　没有 mo31Øiou53/没 mo31
0900. 是我～老师　是 sɿ44
0901. 不是他～老师　不是 pu31sɿ44
0902. 在他～家　在 tsæ44
0903. 不在他～家　不在 pu31tsæ44
0904. 知道我～这件事　知道 tʂʅ53tɔ31
0905. 不知道我～这件事　不知道 pu31tʂʅ53tɔ31
0906. 懂我～英语　懂 tuŋ53
0907. 不懂我～英语　不懂 pu31tuŋ53
0908. 会我～开车　会 xui44
0909. 不会我～开车　不会 pu31xui44
0910. 认识我～他　认得 ʐəŋ44tei31
0911. 不认识我～他　不认得 pu31ʐəŋ44tei31
0912. 行应答语　能成 ləŋ24tʂhəŋ24
0913. 不行应答语　不得行 pu53tei31ɕiŋ24

0914. 肯～来　蛮 mæ̃24
0915. 应该～去　该 kæ31
0916. 可以～去　能 ləŋ24

（三）言语

0917. 说～话　说 ʂɤ31
0918. 话说～　话 xuɑ44
0919. 聊天儿　谝闲传 phiæ̃31xæ̃24tʂhæ̃24
0920. 叫～他一声儿　叫 tɕiɔ44
0921. 吆喝大声喊　吆喝 Øiɔ31xuo0
0922. 哭小孩儿～　哭 phu31
0923. 骂当面～人　日噘 ʐʅ53tɕyɛ0
0924. 吵架动嘴：两个人在～　骂仗 mɑ44tʂɑŋ44
0925. 骗～人　哄 xuŋ53
0926. 哄～小孩儿　哄 xuŋ53
0927. 撒谎　撇白 phiɛ31phei24
0928. 吹牛　说大话 ʂɤ31tɑ44xuɑ44
0929. 拍马屁　舔沟子 ȶhiæ̃53kou53tsɿ0
0930. 开玩笑　说笑 ʂɤ31siɔ44
0931. 告诉～他　说给 ʂɤ53kei0
0932. 谢谢致谢语　谢谢 siɛ44siɛ0
0933. 对不起致歉语　对不住 tui44pu31tʂhʅ44
0934. 再见告别语　再见 tsæ44tɕiæ̃44

十二、性质、状态

（一）形貌

0935. 大苹果～　大 tɑ44
0936. 小苹果～　碎 sui44
0937. 粗绳子～　奘 tʂɑŋ44
0938. 细绳子～　细 si44
0939. 长线～　长 tʂhɑŋ24
0940. 短线～　短 tuæ̃53
0941. 长时间～　长 tʂhɑŋ24
0942. 短时间～　短 tuæ̃53
0943. 宽路～　宽 khuæ̃31
0944. 宽敞房子～　宽展 khuæ̃31tʂæ̃0
0945. 窄路～　窄 tsei31
0946. 高飞机飞得～　高 kɔ31
0947. 低鸟飞得～　低 ȶi31
0948. 高他比我～　高 kɔ31
0949. 矮他比我～　低 ȶi31
0950. 远路～　远 Øyæ̃53
0951. 近路～　近 tɕhiŋ44
0952. 深水～　深 ʂəŋ31
0953. 浅水～　浅 ȶhiæ̃53
0954. 清水～　清 ȶhiŋ31
0955. 浑水～　糊 xu44
0956. 圆　圆 Øyæ̃24
0957. 扁　扁 piæ̃53
0958. 方　方 fɑŋ31
0959. 尖　尖 ȶiæ̃31
0960. 平　平 phiŋ24
0961. 肥～肉　肥 fei24
0962. 瘦～肉　瘦 sou44
0963. 肥形容猪等动物　肥 fei24
0964. 胖形容人　胖 phɑŋ44
0965. 瘦形容人、动物　干 kæ̃31
0966. 黑黑板的颜色　黑 xei31
0967. 白雪的颜色　白 phei24
0968. 红国旗的主颜色，统称　红 xuŋ24
0969. 黄国旗上五星的颜色　黄 xuɑŋ24
0970. 蓝蓝天的颜色　蓝 læ̃24

0971. 绿绿叶的颜色　绿 liu31
0972. 紫紫药水的颜色　贞紫 tʂəŋ31tsɿ0
0973. 灰草木灰的颜色　灰 xui31

（二）状态

0974. 多东西～　多 tuo31
0975. 少东西～　少 ʂɔ53
0976. 重担子～　重 tʂhəŋ44
0977. 轻担子～　轻 tɕhiŋ31
0978. 直线～　端 tuæ̃31
0979. 陡坡～，楼梯～　陡 tou53
0980. 弯弯曲：这条路是～的　弯 Øuæ̃31
0981. 歪帽子戴～了　偏 phiæ̃31
0982. 厚木板～　厚 xou44
0983. 薄木板～　薄 pho24
0984. 稠稀饭～　稠 tʂhou24
0985. 稀稀饭～　稀 ɕi31
0986. 密菜种得～　密 mi31
0987. 稀稀疏：菜种得～　稀 ɕi31
0988. 亮指光线，明亮　亮 liɑŋ44
0989. 黑指光线，完全看不见　黑 xei31
0990. 热天气　热 ʐɤ31
0991. 暖和天气　暖和 luæ̃53xuo0
0992. 凉天气　凉 liɑŋ24
0993. 冷天气　冷 ləŋ53
0994. 热水　热 ʐɤ31
0995. 凉水　凉 liɑŋ24
0996. 干干燥：衣服晒～了　干 kæ̃31
0997. 湿潮湿：衣服淋～了　湿 ʂʅ31
0998. 干净衣服～　干净 kæ̃53ʨhiŋ44
0999. 脏肮脏，不干净，统称：衣服～　脏 tsɑŋ31
1000. 快锋利：刀子～　利 li44
1001. 钝刀子～　老 lɔ53
1002. 快坐车比走路～　快 khuæ44
1003. 慢走路比坐车～　慢 mæ̃44
1004. 早来得～　早 tsɔ53
1005. 晚来～了　迟 tshʅ24
1006. 晚天色～　黑 xei31
1007. 松捆得～　松 suŋ31
1008. 紧捆得～　紧 tɕiŋ53
1009. 容易这道题～　容易 Øyŋ24Øi31
1010. 难这道题～　难 læ̃24
1011. 新衣服～　新 siŋ31
1012. 旧衣服～　旧 tɕhiu44
1013. 老人～　老 lɔ53
1014. 年轻人～　年轻 ȵiæ̃24tɕhiŋ31
1015. 软糖～　□ phɑ31
1016. 硬骨头～　硬 ȵiŋ44
1017. 烂肉煮得～　烂 læ̃44
1018. 煳饭烧～了　着了 tʂhuo31liɑ53
1019. 结实家具～　结实 tɕiɛ53ʂʅ0
1020. 破衣服～　烂 læ̃44
1021. 富他家很～　富 fu44
1022. 穷他家很～　穷 tɕhyŋ24
1023. 忙最近很～　忙 mɑŋ24
1024. 闲最近比较～　闲 xæ̃24
1025. 累走路走得很～　乏 fɑ24
1026. 疼摔～了　疼 thəŋ24
1027. 痒皮肤～　咬人 ȵiɔ53ʐəŋ0
1028. 热闹看戏的地方很～　热闹 ʐɤ53lɔ0
1029. 熟悉这个地方我很～　熟惯 ʂʅ31kuæ̃53
1030. 陌生这个地方我很～　生 səŋ31
1031. 味道尝尝～　味 vei44

1032. 气味闻闻～　气气 tɕhi44tɕhi0
1033. 咸菜～　咸 xæ̃24
1034. 淡菜～　甜 ȶhiæ̃24
1035. 酸　酸 suæ̃31
1036. 甜　甜 ȶhiæ̃24
1037. 苦　痨人 lɔ44ʐəŋ0
1038. 辣　辣人 lɑ31ʐəŋ0
1039. 鲜鱼汤～　鲜 ȶiæ̃53
1040. 香　爨 tshuæ̃44
1041. 臭　臭 tʂhou44
1042. 馊饭～　燍气 sɿ53tɕhi0
1043. 腥鱼～　腥气 siŋ53tɕhi0

（三）品性

1044. 好人～　好 xɔ53
1045. 坏人～　瞎 xɑ31
1046. 差东西质量～　差 tshuo44
1047. 对账算～了　对 tui44
1048. 错账算～了　错 tshuo31
1049. 漂亮形容年轻女性的长相：她很～　俊样 tsuŋ44Øiɑŋ44
1050. 丑形容人的长相：猪八戒很～　难看 læ̃24khæ̃44
1051. 勤快　勤苦 tɕhiŋ31fu53
1052. 懒　死人 sɿ53ʐəŋ0
1053. 乖　心疼 siŋ31thəŋ24/蛮 mæ̃24
1054. 顽皮　费事 fei44sɿ44
1055. 老实　老好 lɔ31xɔ53
1056. 傻痴呆　冷 ləŋ53
1057. 笨蠢　笨 pəŋ44
1058. 大方不吝啬　大气 tɑ44tɕhi44
1059. 小气吝啬　啬皮 sei31phi24
1060. 直爽性格～　直爽 tʂʅ24ʂɑŋ53
1061. 犟脾气～　犟 tɕhiɑŋ44

十三、数量

（一）数字

1062. 一～二三四五……，下同　一 Øi31
1063. 二　二 Øər44
1064. 三　三 sæ̃31
1065. 四　四 sɿ44
1066. 五　五 Øu53
1067. 六　六 liu31
1068. 七　七 ȶhi31
1069. 八　八 pɑ31
1070. 九　九 tɕiu53
1071. 十　十 ʂʅ24
1072. 二十有无合音　二十 Øər44ʂʅ0
1073. 三十有无合音　三十 sæ̃53ʂʅ0
1074. 一百　一百 Øi24pei31
1075. 一千　一千 Øi24ȶhiæ̃31
1076. 一万　一万 Øi31væ̃44
1077. 一百零五　一百单五 Øi24pei31tæ̃31Øu53
1078. 一百五十　百五 pei31Øu53
1079. 第一～，第二　第一 ȶi44Øi31
1080. 二两重量　二两 Øər44liɑŋ31
1081. 几个你有～孩子？　几个 tɕi53kɔ0
1082. 俩你们～　俩 liɑŋ53
1083. 仨你们～　仨 sæ̃31
1084. 个把　一半个 Øi31pæ̃44kɔ44

（二）量词

1085. 个一～人　个 kɔ44
1086. 匹一～马　个 kɔ44

1087. 头一～牛　个 kɔ44
1088. 头一～猪　个 kɔ44
1089. 只一～狗　个 kɔ44
1090. 只一～鸡　个 kɔ44
1091. 只一～蚊子　个 kɔ44
1092. 条一～鱼　个 kɔ44
1093. 条一～蛇　个 kɔ44
1094. 张一～嘴　个 kɔ44
1095. 张一～桌子　个 kɔ44
1096. 床一～被子　个 kɔ44
1097. 领一～席子　张 tʂɑŋ31
1098. 双一～鞋　双 ʂɑŋ31
1099. 把一～刀　个 kɔ44
1100. 把一～锁　个 kɔ44
1101. 根一～绳子　根 kəŋ31
1102. 支一～毛笔　个 kɔ44
1103. 副一～眼镜　幅 fu44
1104. 面一～镜子　个 kɔ44
1105. 块一～香皂　个 kɔ44
1106. 辆一～车　个 kɔ44
1107. 座一～房子　个 kɔ44
1108. 座一～桥　个 kɔ44
1109. 条一～河　条 ȶhiɔ24
1110. 条一～路　条 ȶhiɔ24
1111. 棵一～树　个 kɔ44
1112. 朵一～花　朵 tuo31
1113. 颗一～珠子　个 kɔ44
1114. 粒一～米　颗 khuo53
1115. 顿一～饭　顿 tuŋ44
1116. 剂一～中药　服 fu44
1117. 股一～香味　股 ku53
1118. 行一～字　行 xɑŋ24
1119. 块一～钱　块 khuæ53
1120. 毛角：一～钱　毛 mɔ24
1121. 件一～事情　件 tɕhiæ̃44
1122. 点儿一～东西　点 ȶiæ̃53
1123. 些一～东西　些 siɛ31
1124. 下打一～，动量，不是时量　下 xɑ44
1125. 会儿坐了一～　会 xui44
1126. 顿打一～　顿 tuŋ44
1127. 阵下了一～雨　阵 tʂəŋ44
1128. 趟去了一～　回 xui24

十四、代词、副词、介词、连词

（一）代词

1129. 我～姓王　我 ŋɔ53
1130. 你～也姓王　你 ȵi53
1131. 您尊称　无 ȵi53
1132. 他～姓张　他 thɑ53
1133. 我们不包括听话人：你们别去，～去　我 ŋɔ31
1134. 咱们包括听话人：他们不去，～去吧　咱 tshɑ24
1135. 你们～去　你 ȵi31
1136. 他们～去　他 thɑ31
1137. 大家～一起干　大家 tɑ44Øiɑ0
1138. 自己我～做的　官家 kuæ̃31Øiɑ0/自家 tshɿ44Øiɑ0
1139. 别人这是～的　人家 ʐəŋ31Øiɑ53
1140. 我爸～今年八十岁　我爸 ŋɔ31pɑ24
1141. 你爸～在家吗？　你爸 ȵi31pɑ24
1142. 他爸～去世了　他爸 thɑ31pɑ24
1143. 这个我要～，不要那个　这个 tsæ53kɔ0

1144. 那个我要这个，不要～ □个 Øuæ53kɔ0
1145. 哪个你要～杯子？ 哪个 lɑ31kɔ0
1146. 谁你找～？ 谁 sei24
1147. 这里在～，不在那里 这搭 tʂʅ31tɑ53
1148. 那里在这里，不在～ 兀搭 Øu31tɑ53
1149. 哪里你到～去？ 哪搭 lɑ24tɑ53
1150. 这样事情是～的，不是那样的 这么开 tʂʅ44mo0khæ31
1151. 那样事情是这样的，不是～的 那么开 lɑ44mo0khæ31
1152. 怎样什么样：你要～的？ 咋么 tʂɑ31mo0
1153. 这么～贵啊 这么 tʂʅ44mu0
1154. 怎么这个字～写？ 咋么 tʂɑ31mu0
1155. 什么这个是～字？ 啥 ʂɑ44
1156. 什么你找～？ 啥 ʂɑ44
1157. 为什么你～不去？ 为啥 Øui44ʂɑ44
1158. 干什么你在～？ 做啥 tsu44ʂɑ44
1159. 多少这个村有～人？ 多□ tuo31Øɤ0

（二）副词

1160. 很今天～热的 很 xəŋ53
1161. 非常比上条程度深：今天～热 很 xəŋ53
1162. 更今天比昨天～热 还 xɑ24
1163. 太这个东西～贵，买不起 太 thæ44
1164. 最弟兄三个中他～高 最 tsuei44
1165. 都大家～来了 浑 xuŋ24
1166. 一共～多少钱？ 满共 mæ̃53kuŋ44
1167. 一起我和你～去 一搭 Øi53tɑ24
1168. 只我～去过一趟 只 tsʅ31
1169. 刚这双鞋我穿着～好 业过 ȵiɛ31kuo44
1170. 刚我～到 业过 ȵiɛ31kuo44
1171. 才你怎么～来啊？ 才 tshæ24
1172. 就我吃了饭～去 就 ȶiu44
1173. 经常我～去 定定 ȶiŋ44ȶiŋ53
1174. 又他～来了 可 khɔ31
1175. 还他～没回家 还 xɑ24
1176. 再你明天～来 再 tsæ44
1177. 也我～去；我～是老师 也 Øɑ31
1178. 反正不用急，～还来得及 反正 fæ̃31tʂəŋ44
1179. 没有昨天我～去 没 mo31
1180. 不明天我～去 不 pu31
1181. 别你～去 嫑 po53
1182. 甭不用，不必：你～客气 嫑 po53
1183. 快天～亮了 快 khuæ44
1184. 差点儿～摔倒了 错一点 tshuo44Øi31ȶiæ̃31
1185. 宁可～买贵的 就要 ȶiu44Øiɔ44
1186. 故意～打破的 □□ li44ku0
1187. 随便～弄一下 随便 sui24piæ̃44
1188. 白～跑一趟 白 phei24
1189. 肯定～是他干的 管保 kuæ̃31pɔ53
1190. 可能～是他干的 兴许 ɕiŋ44ɕy53
1191. 一边～走，～说 旋 suæ̃44

（三）介词、连词

1192. 和我～他都姓王 连 læ̃24

1193. 和我昨天～他去城里了　连 læ24
1194. 对他～我很好　对 tui44
1195. 往～东走　往 vaŋ53
1196. 向～他借一本书　跟 kəŋ31
1197. 按～他的要求做　按 ŋæ44
1198. 替～他写信　替 ȶhi44
1199. 如果～忙你就别来了　如果 ʐʅ31kuo53
1200. 不管～怎么劝他都不听　不管 pu31kuæ53

第二节　自选词汇

一、时间、地理、房舍

1201. 交九数九中每九交替的时间 tɕiɔ31tɕiu53
1202. 麻刺眼黎明 ma31tshɿ53ȵiæ31
1203. 才黑呀傍晚 tshæ31xei53Øia0
1204. 半中腰中途 pæ44tʂəŋ24Øiɔ53
1205. 一亚亚一瞬间 Øi31Øia31Øia0
1206. 一下下一会儿 Øi31xa44xa0
1207. 一坨坨一块地方 Øi31thuo31thuo53
1208. 爷爷坡太阳照到的地方 Øiɛ31Øiɛ53pho31
1209. 阴凉坡太阳照不到的地方 ȵiŋ53liaŋ0pho31
1210. 盖塄土塄 kæ44ləŋ31
1211. 窖窝低洼地方 tɕiɔ44Øuo31
1212. 退槽货劣次货 thui44tshɔ31xuo44
1213. 厦房院内主房两侧的房 sa44faŋ0
1214. 胡墼垒墙用的土坯，耕地中的土块 xu31tɕi53
1215. 脚地室内地面 tɕyo31ȶi53

二、称谓、人品

1216. 爸爷曾祖父 pa53Øiɛ31
1217. 爸婆曾祖母 pa53pho31
1218. 牛牛娃小男孩儿 ȵiu31ȵiu53Øua24
1219. 瓜婆姑婆 kua31pho44
1220. 腊婆老年妇女 la53pho31
1221. 脚户赶骡马驮运货物的人 tɕyo53xu31
1222. 脚夫以肩挑或推车搞运输的人 tɕyo31fu31
1223. 驮脚畜驮运输 thuo24tɕyo53
1224. 茶瘪软弱无能的人 ȵiɛ24piɛ31
1225. 口敞说话不注意 kou53tʂhaŋ53
1226. 蔫怪外表呆笨却善于打趣诙谐的人 ȵiæ31kuæ44
1227. 灌铅以骂不学好的人 kuæ44tɕhiæ31
1228. 桑眼使人讨厌 saŋ31ȵiæ53
1229. 丧德做事无行 saŋ44tei31
1230. 心曲 siŋ24tɕhy31/心短 siŋ31tuæ53心眼儿小
1231. 洋来不精灵的人 Øiaŋ24læ24
1232. 冷棒幼稚的人 ləŋ53phaŋ44
1233. 难缠处人处事纠缠不清的人 læ24tʂhæ24
1234. 争三说话做事盲目的人 tʂəŋ31sæ31
1235. 落兮不利索 luo31ɕi31
1236. 背时不适时，不走运 phei44sɿ24
1237. 日鬼捣鬼 ʐʅ31kui53

1238. 颠懂年龄过大的老人脑筋不清醒 ȶiæ̃31tuŋ31

1239. 逛三指不成器的人 kuaŋ44sæ̃31

1240. 老般指老了的人 lɔ31pæ̃31

1241. 对头冤家 tui44thou0

1242. 死人懒惰的人 sɿ53ʐəŋ0

1243. 忘昏大记忆力不好的人 Øuaŋ44xuŋ31ta44

1244. 尖沟子比喻人坐不住 ȶiæ̃31kou53tsɿ0

1245. 飘儿鬼爱打扮的人 phiɔ53Øər0kui53

1246. 神式人不爱动手，贪图享受现成的人 ʂəŋ24ʂʅ53ʐəŋ31

1247. 半山风脾气暴躁，不通事理，动辄打架骂街的人 pæ̃44sæ̃31fəŋ31

1248. 二百五污辱人格的话，意即傻瓜 Øər44pei31Øu53

1249. 生坯子没有礼数的人 səŋ31phei53tsɿ0

1250. 嫽宝宝形容人或事极好 liɔ24pɔ44pɔ44

1251. 直杠杠性格耿直的人 tʂʅ44kaŋ44kaŋ0

1252. 没掂谋无自知之明的人 mo24ȶiæ̃31mu31

1253. 人前献爱卖弄的人 ʐəŋ24ȶhiæ̃53çiæ̃44

1254. 裂颈头打别扭 liɛ31tçiŋ31thou0

1255. 窝里罩在外不出头，在家横 Øuo53li0tsɔ44

1256. 绺娃子小偷儿 liu53Øua0tsɿ0

1257. 识文人读书人 ʂʅ53Øuəŋ0ʐəŋ0

1258. 睁眼瞎文盲 tsəŋ31ȵiæ̃24xa31

1259. 轱辘客惯赌的人 ku53lu0khei31

1260. 觉不来不知高低的人 tçyɛ31pu31læ24

1261. 阳昏子很健忘的人 Øiaŋ31xuŋ53tsɿ0

1262. 麻眉儿不明事理的人 ma24mi24Øər0

1263. 能不够好逞能的人 ləŋ24pu31kou44

三、动物、植物

1264. 蚊噆牛虻 vəŋ31tsæ̃53

1265. 水狼黄鼠狼 ʂei53laŋ0

1266. 驴骡驴母马父 ly31luo53

1267. 叫驴公驴 tçiɔ44ly0

1268. 草驴母驴 tshɔ53ly0

1269. 姑姑等斑鸠 ku31ku0təŋ53

1270. 艳娃虫瓢虫 Øiæ̃44Øua0tʂhəŋ0

1271. 屎爬牛屎壳郎 sɿ53pha31ȵiu24

1272. 明火虫萤火虫 miŋ31xuo31tʂhəŋ31

1273. 鸡踏蛋鸡交配 ȶçi31tha24thæ̃44

1274. 牛搭犊牛交配 ȵiu24ta31thu24

1275. 打圈子猪交配 ta53tçhyæ̃44tsɿ0

1276. 狗连儿子狗交配 kou53liæ̃44Øər24tsɿ0

1277. 枸蒲桃枸树果实 kou44phu31thɔ31

1278. 刺蓟一种结刺疙瘩的植物 tshɿ44tçiɛ31

1279. 地软地木耳 ȶhi44ʐæ̃0

四、婚丧、文化

1280. 占媳妇给儿子订婚 tʂæ̃44si53fu0

1281. 送女客结婚时女方送亲的伴娘 suŋ44ȵy31khei31

1282. 添箱女儿出嫁前亲戚朋友送物品 ȶhiæ̃31siaŋ31

1283. 殇了青少年死亡 ʂaŋ31lia0

1284. 抓娃娃生孩子 tʂɑ31Øuɑ31Øuɑ53

1285. 柳棍哭丧棒 liu53kuŋ31

1286. 献的祭祀用的馍 ɕiæ44ʈi0

1287. 坐席吃酒宴 tshuo44si24

1288. 灯影皮影 təŋ31ȵiŋ31

1289. □娃娃木偶 tʂou53Øuɑ31Øuɑ0

1290. 起手习惯 tɕhi31ʂou0

1291. 画廊壁画 xuɑ44lɑŋ0

1292. 口歌歌谣 khou53kuo31

1293. 古今故事 ku53tɕiŋ31

五、身体、病痛

1294. 鬓间鬓角 piŋ44tɕiæ31

1295. 眼眨毛睫毛 ȵiæ53tsɑ31mu31

1296. 鼻梁杆鼻梁骨 phi24liɑŋ31kæ53

1297. 胭脂骨颧骨 Øiæ31tsɿ31ku31

1298. 牙叉骨下巴 Øiɑ31tshɑ53ku31

1299. 腿猪腕小腿 thui53tʂʅ53Øuæ31

1300. 精溜溜光身子 ʈiŋ31liu44liu44

1301. □□长胳膊长 sɔ31pɑ31tʂhɑŋ24

1302. 耳茬根耳后与头交接处 Øər53tshɑ31kəŋ31

1303. 諰声音沙哑 sæ31

1304. 害眼得眼病 xæ44ȵiæ53

1305. 齁齁哮喘 xou53xou0

1306. 花花天花病 xuɑ53xuɑ0

1307. 瘿瓜瓜甲状腺肿 Øiŋ53kuɑ31kuɑ0

1308. 羊毛丁急性胃炎 Øiɑŋ31mɔ53ʈiŋ31

1309. 老鼠疮淋疤结核 lɔ31ʂʅ31tʂhɑŋ31

1310. 不嵌活有病，不舒服 pu31tɕhiæ44xuo0

1311. 气卵卵疝气 tɕhi44luæ31luæ0

1312. 鸡暮眼夜盲症 tɕi53mu31ȵiæ31

六、饮食、服饰

1313. 鱼鱼搅团漏鱼 Øy31Øy53

1314. 忽联圆形的礼馍 xu53luæ0

1315. 铡面用铡刀切成的又窄又薄的面 tsɑ53miæ0

1316. 麦饭用面和菜蒸的饭 mei53fæ0

1317. 面饽擀面时撒的面粉 miæ44phu0

1318. 麻糖麻花 mɑ31thɑŋ53

1319. 节节面麦面同杂粮面夹层而做的面条 ʈiɛ53ʈiɛ0miæ44

1320. 油乎旋夹着油的馍 Øiu31xu53suæ31

1321. 水围城浇汤的热搅团 ʂei53Øui24tʂhəŋ24

1322. 笊篱锅里捞面菜的炊具 tsɔ44lui0

1323. 接口蒸笼 ʈiɛ31khou0

1324. 铁匙炒匙 ʈhiɛ31sɿ24

1325. 马勺瓢 mɑ53ɕyo0

1326. 罗儿罗面用的工具 luo24Øər0

1327. 箸篓罐筷筒 tʂhʅ44lou0kuæ0

1328. 笸篮用竹荆编制的大圆形盛粮工具 phu31læ53

1329. 胰子香皂 Øi44tsɿ0

1330. 调羹小汤匙 ʈhiɔ31kəŋ53

1331. 甑笆蒸笼中的一层活动笼盘 tsəŋ44pɑ0

1332. 擀杖擀面杖 kæ53tʂhɑŋ0

1333. 熥用蒸汽加热馍或饭食 thuo31

1334. 烟锅抽旱烟的器具 Øiæ31kuo31

1335. 烟褡烟袋 Øiæ31tʂhʅ31

1336. 喝的酸汤 xuo53ʈi0

1337. 御粉面皮 Øy44fəŋ53

1338. 搅团玉米面或高粱面做的稠糊状饭食

tɕiɔ53thuæ̃31

1339. 粑粑玉米面发糕 pɑ53pɑ0

1340. 连锅面一锅煮的面条 liæ̃24kuo31miæ̃44

1341. 另汤面煮面和盛味汤分别用两锅 liŋ44thaŋ31miæ̃44

1342. 麻食手工做的一种小块面食 mɑ31ʂʅ53

1343. 锅沓沓煎饼 kuo31thɑ31thɑ0

1344. 酵头酵面 tɕiɔ44thou0

1345. 撕面扯面 sɿ31miæ̃44

1346. 煮角有角的水饺 tʂʅ53tɕyo31

1347. 酿皮面皮 ʐaŋ53phi24

1348. 恶水洗锅水 ŋuo31ʂei0

1349. 糊汤面做的一种糊状饭食 xu44thaŋ31

1350. 辫粉粉条 phiæ̃44fəŋ0

1351. 熥火烤火 ɕiɛ31xuo53

1352. 打摭锅洗锅 tɑ53tʂɤ0kuo31

1353. 刮刮锅巴 kuɑ53kuɑ0

1354. 粉面淀粉 fəŋ53miæ̃0

1355. 黏粥米粥 ʐæ̃31tʂʅ53

1356. 糁糁玉米糁儿 tʂəŋ53tʂəŋ0

1357. 油糕糖糕 Øiu31kɔ53

1358. 席盖蒸馍笼上的席片 si24kæ53

1359. 纂纂老年妇女的发髻 tsuæ̃53tsuæ̃0

1360. 袈袈马夹 tɕiɑ44tɕiɑ0

1361. 领壑衣领 liŋ53xuo0

1362. 褂褂薄棉袄 kuɑ44kuɑ0

1363. 汗衫单布背心 xæ̃44sæ̃31

七、农事、器具

1364. 岔子阻止骡马吃东西的铁质器具 tshɑ44tsɿ0

1365. 拥拥牛、马、骡脖子上的套具 Øyŋ53Øyŋ0

1366. 铲铲铲子 tshæ̃53tshæ̃0

1367. 牛鼻桊穿在牛鼻子上的小铁环或小木棍儿，用以牵牛 ȵiu24pi31tɕhyæ̃53

1368. 镢头窄而厚的锄具 ʨyɛ53thou0

1369. 平斤锛子 phiŋ31ʨiŋ53

1370. 推刨刨子 thui53phɔ0

1371. 泥壁铁、木制泥抹子 ȵi44pi0

1372. 杈杈木制两股杈 tshɑ53tshɑ0

1373. 捡杈打场时捡拾秸秆的一种工具 tɕiæ̃31tshɑ0

1374. 枷枷马、驴、骡的套具 tɕiɑ53tɕiɑ0

1375. 调树修剪树枝 ȶhiɔ24ʂʅ44

1376. 槅头牛脖子上的套具 kei53thou0

1377. 拌笼竹、荆编的笼 phaŋ44luŋ0

1378. 低桌炕桌 ȶi31tʂuo0

1379. 马杌方凳 mɑ53Øu0

1380. 打席编织席子 tɑ53si24

1381. 帮盖塄用土垒高地边 paŋ31kæ44ləŋ31

1382. 扳棒棒收玉米 pæ̃31phaŋ44phaŋ0

1383. 捎稻黍用镰收割成熟了的高粱穗 sɔ24thɔ31ʂʅ0

1384. 揽荞麦收割荞麦 læ̃53tɕhiɔ31mei53

1385. 卸核桃用长木杆打收核桃 siɛ44xei31thɔ53

1386. 挟柿子用竹竿做成的夹杆收摘柿子 tɕiɑ31sɿ44tsɿ0

1387. 起洋芋采挖马铃薯 tɕhi53Øiaŋ24Øy44

1388. 摞麦草麦子碾打完后堆草垛 luo44mei31tshɔ0

八、动作、行为

1389. 缭手工缝补衣物 liɔ24

1390. □不听劝强取：他硬～把收录机提走了 ku53

1391. 志称东西：你用秤～一下，看有多少斤 tsʅ44

1392. 断撵：小孩儿偷摘果子，快～走 tuæ̃44

1393. 瓷反应迟钝：这娃～得很 tshʅ24

1394. 躄破裂；发火：这段路～了好几条缝；他刚讲完，老王就～了 piɛ44

1395. 别插：他身上～着一支手枪 phiɛ24

1396. 噆叮咬：手叫蚊子～了一下 tsæ̃31

1397. □用棍子敲打 khuo31

1398. 挈用肩扛 tɕhiɛ24

1399. 绊摔 pæ̃44

1400. □贴 piɑ31

1401. 撵追，赶 ȵiæ̃53

1402. 撇甩 phiɛ31

1403. 撂扔 liɔ44

1404. 挃打，揍 ʈiɛ24

1405. □摸，碰 tou44

1406. □拿 xɑ31

1407. 搭抱 tɕhiɑ53

1408. 熻烤 ɕiɛ31

1409. 当碰运气 tɑŋ24

1410. 扽拉：把绳子～开 tuŋ44

1411. □用锨摭拾：～泥 tshei31

1412. 搂使弯曲：～个鼻拳 Øuo24

1413. □达到：篮子挂得太高，我～不着 pəŋ44

1414. 痨中毒：农药把鸡～死了 lɔ44

1415. 围坐下行走：你走路像～一样 Øui24

1416. 欻有意向后溜：他～后头去了 tʂhɑ44

1417. □缩：把头～下去 ʂɑŋ53

1418. 睄短暂的一瞧：我～了一眼 sɔ24

1419. 层节省：老王买的彩电，～了不少钱哩 tshəŋ24

1420. 调腾调整 ʈhiɔ44thəŋ0

1421. 犯重啰唆 fæ̃44tʂhəŋ24

1422. 言传说话 ȵiæ̃31tʂhæ̃53

1423. 叫唤哭喊 tɕiɔ44xuæ̃0

1424. 闲谝聊天儿 xæ̃24phiæ̃53

1425. 禁断制止 tɕiŋ44tuæ̃31

1426. 相端观察 siɑŋ44tuæ̃0

1427. 使唤使用 sʅ53xuæ̃0

1428. 打摭打扫，收拾 tɑ53tʂɤ0

1429. 眼热羡慕 ȵiæ̃53ʐɤ31

1430. 难挖难说话 læ̃24Øuɑ31

1431. 抬爱抬举 thæ31ŋæ53

1432. 稀欠稀罕 ɕi53tɕhiæ̃0

1433. 盖抬遮掩 kæ44thæ0

1434. 串脚偏离道路摔倒：别踏～掉到崖下 tshæ̃44tɕyo31

1435. 临毕终了：你现在不要急，～保你满意 liŋ24pi31

1436. 伭个格外注意：路很滑，～小心着 ləŋ44kɔ0

1437. 照识照看，照料：我去那边，你给咱把东西～一下 tʂɔ44ʂʅ0

1438. 戳腾钻营 tʂhuo53thəŋ0

1439. 扑油打沿桶水外溢 phu53Øiu0tɑ31Øiæ̃0

1440. □烟烟囱冒烟 kɑŋ44Øiæ̃31

1441. 光倒滑倒 kuɑŋ44tɔ53

1442. 乍手举手 tsɑ44ʂou53

1443. 铺腾铺排 phu53thəŋ0

1444. □腾鼓动 xuo44thəŋ0

1445. 吵嚎造舆论鼓动 tshɔ53xɔ0

1446. 萎窝埋没 Øui53Øuo31

1447. 麻上盯梢 mɑ24ʂɑŋ53

1448. 捏药抓药 ȵiɛ24Øyo31

1449. 上后大便 ʂɑŋ44xou44

1450. 掇掇抱小孩儿大小便 tuo53tuo0

1451. 做活做工 tsu44xuo24

1452. 卖派炫耀 mæ44phæ0

1453. 下话向人乞情 ɕiɑ44xuɑ44

1454. 品麻会享受：茶壶一端，～得很 phiŋ53mɑ24

1455. 势翻好动 ʂʅ44fæ̃0

1456. 绊跤摔跤 pæ̃44tɕiɔ31

1457. 弹挣尽力做事 thæ̃31tsəŋ53

1458. 跌拌痛苦地挣扎 ȶiɛ31pæ̃0

1459. 扭掰故作姿态，不愿意 ȵiu53pei31

1460. 爬下俯身 phɑ31xɑ53

1461. 仰拌仰面 ȵiɑŋ53pæ̃0

1462. 侧楞侧身 tsei53ləŋ0

1463. 撇白说谎话 phiɛ31phei24

1464. 挖面取面 Øuɑ53miæ̃44

1465. 立下住下 lei53xɑ0

1466. 零干继绝关系 liŋ31kæ̃53

1467. 撩乱准备 liɔ24luæ̃53

1468. 瞎账白吃白拿 xɑ53tʂɑŋ0

1469. 招祸遭殃，倒霉 tʂɔ24xuo24

1470. 争竞争执 tsəŋ53tɕiŋ0

1471. 损德败坏德行 suŋ53tei31

1472. 扬撒 Øiɑŋ24

1473. 剐用铲铲，用勺舀 kuɑ31

1474. 劈面用刀划着切开面条 li24miæ̃44

1475. 没须顾没注意 mo31ɕy31ku31

1476. 找歇处寻地方住宿 tsɔ53ɕiɛ53tʂhʅ0

1477. 拉顺茬接着做 lɑ31ʂəŋ44tshɑ31

1478. 不答征不理睬 pu24tɑ31tʂəŋ31

1479. 说关目讲故事 ʂɤ31kuæ̃31mu0

1480. 捏出处算计人 ȵiɛ31tʂhʅ31tʂhʅ0

1481. 打伙声胡起哄 tɑ53xuo31ʂəŋ0

1482. 耍家事爱领人情 ʂɑ31tɕiɑ53sʅ0

1483. 没麻搭没问题 mo31mɑ24tɑ31

1484. 软攡儿嘲笑讽刺人 ʐæ̃53Øyŋ31Øər0

1485. 谝扎啦骂得使人难堪 phiæ̃53tsɑ0liɑ0

1486. 耍欺头无端期负人 Øiɔ44tɕhi53thou0

1487. 翻包子搬弄是非 fæ̃44pɔ53tsʅ0

1488. 损阴骘损阴德 suŋ53Øiŋ31tʂʅ0

1489. 留作念人死时做一件好事 liu24tsuo53ȵiæ̃0

1490. 犯口舌争论，争吵 fæ̃44khou53ʂɤ0

1491. 断堆堆冒估计 tuæ̃44tui53tui0

1492. 嚼舌头议论人 tɕhyɛ24ʂɤ31thou53

九、性质、状态

1493. 漂美：日子过得～phiɔ31

1494. 嫽好 liɔ24

1495. 灵聪明 liŋ24

1496. 躁发怒 tshɔ44

1497. 奸偷懒 tɕiæ̃31

1498. 乖听话 kuæ31

1499. 臊害羞 sɔ44

1500. □吃苦耐劳 ʂɔ24

1501. 瞀视力模糊：人老了，眼睛～了 mu44

1502. 秕不饱满：谷子～得很 pi53

1503. 碎小 sui44

1504. 争差：～一文钱 tsəŋ31
1505. 癯消瘦：瞧这娃～成那样子了 tɕhyo44
1506. 瓷结实，坚固：地基夯得很～tshɿ24
1507. 蛮娃长得惹人爱 mæ̃24
1508. 瓷实实在：这么一说，我心里～了 tshɿ31ʂʅ53
1509. 镵火厉害，锋利：你～得很 tshæ̃31xuo53
1510. 浑全完整无损 xuŋ31tshuæ̃53
1511. 受活舒服 ʂou44xuo0
1512. 麻利历练：张嫂是个～人 mɑ24li44
1513. 暮囊干事不利索：你快点走，别～了 mu44lɑŋ0
1514. 绵蜜温顺 miæ̃24mi31
1515. 天翻精灵 ȶhiæ̃31fæ̃0
1516. 骚情轻薄 sɔ24tɕhiŋ31
1517. 发争蛮干 fɑ53tsəŋ31
1518. 啬皮吝啬 sei31phi24
1519. 合适恰当 xuo24ʂʅ31
1520. □□大方 thæ31xæ0
1521. 软浆身体单薄 ʐæ̃53ȶiɑŋ31
1522. 硬邦形容人体质好 ȵiŋ44pɑŋ0
1523. 不当可怜 pu31tɑŋ24
1524. □□妥当 Øuo31Øiɛ53
1525. 富态体态显胖 fu44thæ0
1526. 奈合凑合 læ44xuo0
1527. 豁海宽敞 xuo31xæ0
1528. 朅起身 tɕhiɛ53
1529. 挡挂障碍 tɑŋ44kuɑ0
1530. 趔开让路 liɛ44khæ0
1531. 黏手难以脱手 ʐæ̃24ʂou53
1532. 夯口难以说出 xɑŋ31khou53
1533. 来派模样 læ31phæ53
1534. 引溜传导 Øiŋ31liu0
1535. 日噘骂人 ʐʅ53tɕyɛ0
1536. 扬百挥霍 Øiɑŋ44pei31
1537. 独食贪婪 thu31ʂʅ0
1538. 怯火害怕 tɕhiɛ31xuo53
1539. 帮间差不多 pɑŋ24tɕiæ̃31
1540. 泡稍人长得丰满 phɔ44sɔ31
1541. 脱条人长得俊秀 thuo53ȶhiɔ0
1542. 单薄人身体瘦弱 tæ̃53po0
1543. 森煞阴森可怕 səŋ31sɑ53
1544. 活道待人处事灵活 xuo31tɔ53
1545. 利气利索，精干 li44tɕhi44
1546. 硬气有志气 ȵiŋ44tɕhi44
1547. 灵醒清醒，聪明 liŋ31siŋ53
1548. 干舒衣着干净 kæ̃31ʂʅ0
1549. 日能会做事 ʐʅ31ləŋ24
1550. 洋气时髦 Øiɑŋ24tɕhi44
1551. 素净衣着朴素 su44ȶhiŋ0
1552. 倒势不帅 tɔ53ʂʅ44
1553. 蹿活机敏，能干 tshuæ̃44xuo0
1554. 没品为人处世不坦诚 mo31phiŋ53
1555. 磨活办事拖沓 mo44xuo0
1556. 泼烦不耐烦 pho53fæ̃0
1557. 生分感情疏远 səŋ53fəŋ0
1558. 憋人气愤 piɛ53ʐəŋ0
1559. 皮实结实 phi31ʂʅ53
1560. 热活食物滚烫 ʐɤ53xuo0
1561. 松活变得舒服了 suŋ53xuo0
1562. 善活很舒服 tʂhæ̃53xuo0
1563. 软和绵软 ʐæ̃53xuo0
1564. 洋活人很积极阳光 Øiɑŋ31xuo53
1565. 酿活软和 ʐɑŋ31xuo53
1566. 煎活十分滚烫 ȶiæ̃31xuo0

1567. 嵌活合适 tɕhiæ̃44xuo0

1568. 碜人使人感到残忍 tshəŋ53ʐəŋ0

1569. 闷人使人感到烦闷 məŋ44ʐəŋ0

1570. 懔人使人感到十分残忍 liŋ44ʐəŋ0

1571. 垫人东西垫在下面，感觉不舒服 ȶhiæ̃53ʐəŋ0

1572. 弹人使人感觉颠簸 tæ̃44ʐəŋ0

1573. 仓儿快 tshaŋ31Øər0

1574. 钻积精灵 tsuæ̃31ȶi0

1575. 历练做事干练 li44liæ̃0

1576. 皮弹皮实 phi31tæ̃53

1577. 炬热天气或环境闷热 ŋou44ʐɤ31

1578. 粘串说不清，事难办 ʐæ̃24tʂhæ̃44

1579. 脏稀肮脏 tsaŋ31ɕi0

1580. 花繁能说会道 xua31fæ̃0

1581. 蛮的小孩儿长得讨人喜欢 mæ̃24ȶi0

1582. 蔑气小孩儿长得软弱 miɛ44tɕhi44

1583. 憨实对孩子肥胖的避讳说法 xæ̃53ʂʅ0

1584. 绚净鲜艳干净 suæ̃53ȶhiŋ0

1585. 暮涩指人的动作迟缓 mu44sei31

1586. 窄围地方小 tsei31Øui24

1587. 安然心里踏实的感觉 ŋæ̃53ʐæ̃0

1588. 一抹烟黑压压一大片 Øi31mo31Øiæ̃31

1589. 定定的不要动的样子 ȶiŋ44ȶiŋ44ȶi0

1590. 洋昏倒场神志不清，言行颠三倒四 Øiaŋ31xuŋ53tɔ31tʂaŋ31

1591. 疯张捣鬼言行不稳重 fəŋ31tʂaŋ44tɔ44kui53

1592. 洋大没事满不在乎的样子 Øiaŋ31ta53mo31sʅ31

1593. 刻七马嚓快当 khei53tɕhi31ma31tsha31

1594. 蔫不拉搭慢吞吞的样子 ȵiæ̃31pu31la31ta31

1595. 稀里哗啦稀疏 ɕi31li31xua31la31

1596. 挨密实茬稠密 ŋæ53mi31ʂʅ31tsha31

1597. 疯张过失疯疯癫癫的样子 fəŋ31tʂaŋ44kuo31ʂʅ31

1598. 圪垯马勺凹凸不平的样子 kuo53ta31ma53ɕyo31

1599. 急白道场做事慌慌张张的样子 tɕi31phei53tɔ31tʂhaŋ31

1600. 瘦抹掐掐瘦骨嶙峋的样子 sou44ma31tɕhia31tɕhia0

1601. 血红绿拉充满血腥的样子 ɕiɛ31xuŋ24liu31la0

1602. 串串不兮不利索 tʂhæ̃44tʂhæ̃44pu31ɕi0

1603. 闪腰抹胯个子高太瘦 ʂæ̃53Øiɔ31mo31khua31

1604. 忽闪忽闪灯光闪烁的样子 xu31ʂæ̃31xu31ʂæ̃31

1605. 吧唧吧唧吃东西发出的声音 pia31tɕi31pia31tɕi31

1606. 疙里疙瘩不平整 kei31li31kei31ta31

1607. 圪委圪委拧着往前走 kei31Øui31kei31Øui31

1608. 圪伢圪伢小脚走路的样子 kei31Øia31kei31Øia31

1609. 圪礅圪礅吃东西发出的声音 kei31tsəŋ31kei31tsəŋ31

1610. 圪吧圪吧声音响亮的样子 kei31pa31kei31pa31

1611. 坷腾坷腾车轮转动的声音 khei31thəŋ31khei31thəŋ31

1612. 坷嚓坷嚓嚼东西发出的声音

khei31tshɑ31khei31tshɑ31

1613. 骨咀骨咀一走一滑的样子

ku31tɕy31ku31tɕy31

1614. 咬人霍唠痒使人难受的样子

ȵiɔ53ʐəŋ0xuo31lɔ0

1615. 浆水没味说话不着调

ȶiɑŋ31ʂei31mo31vei44

1616. 疙瘩老洼不平坦

kei31tɑ31lɔ53Øuɑ31

1617. 胡求马踏不负责任

xu31tɕhiu53mɑ31thɑ31

1618. 水眉来嗨不修边幅；说话时唾沫乱溅

ʂei31mi31læ31xæ31

1619. 五旋六旋对条件比自己好的异性的非分之想 Øu53suæ̃31liu53suæ̃44

1620. 软弄瓜稀形容人办事软弱无力，不使劲 ʐæ̃53luŋ31kuɑ31ɕi31

1621. 散伙倒场邋遢，不紧凑，不齐整

sæ̃53xuo31tɔ31tʂhɑŋ31

1622. 烟山雾罩声势浩大，但结局并不理想

Øiæ̃31sæ̃31Øu44tsɔ44

1623. 滴溜耷拉不稳当，很危险

ȶi31liu31tɑ31lɑ31

1624. 白脸失道说怪话不分场合

pei31liæ̃53ʂʅ31tɔ31

1625. 人眉嘴眼道貌岸然

ʐəŋ31mei53tsui31ȵiæ̃31

1626. 瓜眉失眼呆傻不灵的样子

kuɑ31mei53ʂʅ31ȵiæ̃31

1627. 瓷不愣腾反应迟钝

tshʅ24pu31ləŋ31thəŋ31

1628. 红膛瓜水指中老年面容红润

xuŋ31thɑŋ53kuɑ31ʂei31

1629. 急迫倒场很着急的样子

tɕi31phei53tɔ31tʂhɑŋ31

1630. 瘷头爽脑指人因冷或病态而缩持着身子 ȶiu44thou31ʂɑŋ31lɔ31

1631. 清事白眼平白无故

ȶhiŋ31sʅ31phei31ȵiæ̃53

1632. 编戻溜谎信口捏造谎言

piæ̃31phi53liu31xuɑŋ53

1633. 舔沟摸神巴结有势的人

ȶhiæ̃53kou31mo31ʂəŋ31

1634. 脏巴溜兮肮脏的样子

tsɑŋ31pɑ31liu31ɕi31

1635. 冰锅冷灶没有做饭的样子

piŋ31kuo53ləŋ53tsɔ44

1636. 刚巴硬正堂堂正正

kɑŋ31pɑ31ȵiŋ44tʂəŋ44

1637. 零三八四东西摆放得凌乱，不整齐

liŋ24sæ̃53pɑ31sʅ31

1638. 面面厮偎当着当事人的面不好意思

miæ̃44miæ̃0sʅ31Øui31

1639. 咋长竟短前因后果

tsɑ31tʂhɑŋ24tɕiŋ44tuæ̃53

1640. 乌都实黑一片黑暗

Øu31tou31ʂʅ31xei31

1641. 二五不挂二者没有关系

Øər44Øu53pu31kuɑ44

1642. 人五人六人模狗样

ʐəŋ24Øu53ʐəŋ24liu31

1643. 乍脚摝手手脚胡乱挥动的样子，是一种轻浮的行为

tsɑ44tɕyo31Øuɑ31ʂou53

1644. 嫖风浪荡男子性行为放荡

phiɔ24fəŋ31lɑŋ44tɑŋ31

1645. 扑稀来嗨过于邋遢，不修边幅

phu31ɕi31læ31xæ31

1646. 七长八短长短不齐

ȶhi53tʂhaŋ31pa31tuæ̃53

1647. 胡说乱谝胡乱吹嘘

xu24ʂɤ31luæ̃44phiæ̃53

1648. 清汤寡水汤太多无黏性

ȶhiŋ31thaŋ31kua31ʂei31

1649. 挣死巴活累死累活

tsəŋ44sɿ31pa31xuo31

1650. 指屁吹灯指望不住

tsɿ53phi44tʂhei24təŋ31

1651. 小来没气小气

siɔ53læ31mo31tɕhi31

1652. 连不上纤赶不上机会

liæ̃24pu31ʂaŋ44tɕhiæ̃44

1653. 撇白放水说谎话

phiɛ53phei31faŋ44ʂei53

1654. 疯说冒撂说大话，吹牛皮

fəŋ31ʂɤ31mɔ44liɔ44

1655. □里捣腾形容行动迅速

khei31li31tɔ53thəŋ0

1656. 懔人霍唠对某些事物不忍听看

liŋ44ʐəŋ0xuo31lɔ0

十、副词、介词、代词等

1657. 可又：你～来了 khɔ31

1658. 一老一直 Øi31lɔ53

1659. 行有时候 xaŋ24

1660. 满仅仅：～三个人 mæ̃24

1661. 赶比：他～你强 kæ̃44

1662. □这 kæ53

1663. 拐那 kuæ53

1664. □语气词 Øuæ53

1665. 到□的确 tɔ44Øɤ0

1666. 希乎儿几乎，差点儿 ɕi31xu53Øər0

第四章　语法与口头文化

第一节　语法例句

1. 你是哪里人？

   你是哪搭人？

   ȵi53sɿ44lɑ24tɑ31ʐəŋ24？

2. 我是陕西________人。（说出所在县或市）

   我是陕西陈仓人。

   ŋɔ53sɿ44ʂæ̃53si31tʂhəŋ24tshɑŋ31ʐəŋ24.

3. 你今年多大？

   你今年多大了？

   ȵi53tɕiŋ31ȵiæ̃24tuo31tɑ44liɑ0？

4. 我________岁了。（说出自己的实际年龄）

   我六十了。

   ŋɔ53liu53ʂʅ0liɑ0.

5. 你叫什么名字？

   你叫个啥？

   ȵi53tɕiɔ44kɔ31ʂɑ44？

6. 我叫________。（说出自己的名字）

   我叫索亚平。

   ŋɔ53tɕiɔ44suo31Øiɑ53phiŋ24.

7. 你家住哪里？

   你屋在哪搭？

   ȵi53Øu51tsæ44lɑ24tɑ31？

8. 我家住________。（说出自己居住的地址）

   我屋在虢镇北堡哩。

ŋɔ24Øu53tsæ44kui31tʂəŋ44pei31pu53li0.

9. 谁呀？我是老三。

谁哩开？我老三哩开。

sei24li0khæ0？ŋɔ53lɔ53sæ̃31li0khæ0.

10. 老四呢？他正在跟一个朋友说着话呢。

老四哩？他正连一个伙爷说话哩。

lɔ53sɿ44li0？thɑ53tʂəŋ44læ̃24Øi31kɔ0xuo53Øiɛ31ʂɤ31xuɑ44li0.

11. 他还没有说完吗？

他还没说毕吗？

thɑ53xɑ24mo31ʂɤ31pi31mɑ0？

12. 还没有。大约再有一会儿就说完了。

还没有。大摸再有一下下就说毕了。

xɑ24mo31Øiu53. tɑ44mo31tsæ44Øiu53Øi31xɑ44xɑ0ʈiu44ʂɤ31pi31liɑ0.

13. 他说马上就走，怎么这半天了还在家里呢？

他说立马就走，咋么这么会了还在屋里哩？

thɑ53ʂɤ31li31mɑ53ʈiu44tsou53，tʂɑ31mo31tʂʅ44mo31xui31liɑ0xɑ24tsæ44Øu53li0li0？

14. 你到哪儿去？我到城里去。

你到哪搭去呀？我到城里去呀。

ȵi53tɔ44lɑ24tɑ53tɕhi44Øiɑ0？ŋɔ53tɔ44tʂhəŋ31li53tɕhi44Øiɑ0.

15. 在那儿，不在这儿。

在兀搭，不在这搭。

tsæ44Øu24tɑ53，pu3tsæ44tʂʅ24tɑ31.

16. 不是那么做，是要这么做的。

不赶兀么做，要赶这么做。

pu31kæ̃31Øu44mo0tsu44，Øiɔ44kæ̃31tʂʅ44mo0tsu44.

17. 太多了，用不着那么多，只要这么多就够了。

太多俩，要不下那么多，只要这么多就够了。

thæ44tuo31liɑ0，Øiɔ44pu31xɑ44lɑ44mo0tuo31，tsʅ31Øiɔ44tʂʅ44mo0tuo31ʈiu44 kou44liɑ0.

18. 这个大，那个小，这两个哪一个好点呢？

这个大，兀个碎，这俩哪个好？

tsæ53kɔ0tɑ44，Øui53kɔ0sui44，tsæ44liɑŋ53lɑ31kɔ0xɔ53？

19. 这个比那个好。

这个比几个好。

tsæ53kɔ0pi53Øuæ53kɔ0xɔ53.

20. 这些房子不如那些房子好。

这些房没外些房好。

tsæ53siɛ0faŋ24mo31Øuæ44siɛ0faŋ24xɔ53.

21. 这句话用____话怎么说？（填本地地名，本地音）

□话用虢镇话咋么说哩？

kæ53xuɑ44Øyŋ44kui31tʂəŋ44xuɑ44tʂɑ31mo0ʂɤ31li0？

22. 他今年多大岁数？

他今年多大了？

thɑ53tɕiŋ53ȵiæ̃0tuo31tɑ44liɑ0？

23. 大概有三十来岁吧。

看□相有三十来岁。

kæ̃44kæ53siɑŋ44Øiu53sæ̃53ʂʅ0læ31sui31.

24. 这个东西有多重呢？

□东西有多重？

kæ53tuŋ53si0Øiu53tuo31tʂhəŋ44？

25. 有五十斤重呢。

五十斤哩。

Øu53ʂʅ0tɕiŋ31li0.

26. 拿得动吗？

拿得动呀不？

lɑ24tei53thuŋ44Øiɑ0pu31？

27. 我拿得动，他拿不动。

我能拿起，他拿不起。

ŋɔ53ləŋ24lɑ24tɕhiɛ53，thɑ53lɑ24pu31tɕhiɛ53.

28. 真不轻，重得连我都拿不动了。

重很，连我都拿不起。

tʂhəŋ44xəŋ53，læ̃24ŋɔ53tou31lɑ24pu53tɕhiɛ53.

29. 你说得很好，你还会说点儿什么呢？

你说的嫽很，你还会说啥？

ȵi53ʂɤ53ʈi0liɔ24xəŋ53，ȵi53xɑ24xui44ʂɤ31ʂɑ31？

30. 我嘴笨，我说不过他。

我嘴笨，我说不过人家。

ŋɔ53tsui53phəŋ44，ŋɔ53ʂɤ31pu31kuo44ʐəŋ31∅ia53.

31. 说了一遍，又说了一遍。

说了一遍，可说了一遍。

ʂɤ31lia0∅i31piæ̃44，khɔ31ʂɤ31lia0∅i31piæ̃44.

32. 请你再说一遍。

你再说□一遍。

ȵi53tsæ44ʂɤ31∅ɤ0∅i31piæ̃44.

33. 不早了，快去吧！

不早了，麻利去！

pu24tsɔ31lia0，ma24li44tɕhi44！

34. 现在还很早呢。等一会儿再去吧。

□面还早哩。一下了再去。

tsæ̃53miæ̃31xa24tsɔ53li0. ∅i31xa44lia0tsæ44tɕhi44.

35. 吃了饭再去好罢？

吃了饭去行□不？

tʂhʅ31lia0fæ̃44tɕhi44ɕiŋ24∅ɤ0pu31？

36. 慢慢儿地吃啊！不要急嘛！

吃慢嘎！嫑急煞！

tʂhʅ31mæ̃44ka0！po31tɕi24sa0！

37. 坐着吃比站着吃好些。

坐下吃比立下吃好点。

tshuo44xa0tʂhʅ31pi53li53xa0tʂhʅ31xɔ53ȶiæ̃31.

38. 这个吃得，那个吃不得。

这个能吃，兀个吃不成。

tsei44kɔ31ləŋ24tʂhʅ31，∅ui44kɔ31tʂhʅ31pu31tʂhəŋ24.

39. 他吃了饭了，你吃了饭没有呢？

他吃了，你吃了么？

tha31tʂhʅ31lia0，ȵi53tʂhʅ31lia0mo31？

40. 他去过上海，我没有去过。

他去过上海，我没去过。

tha31tɕhi44kuo31ʂaŋ44xæ53，ŋɔ53mo31tɕhi44kuo0.

41. 来闻闻这朵花香不香？

来闻嘎个花香啊不？

læ24vəŋ31kɑ53kæ53xuɑ31çiɑŋ53Øɑ0pu31？

42. 香得很，是不是？

香很，对啊不？

çiɑŋ31xəŋ53，tui44Øɑ0pu31？

43. 给我一本书！

给我本书！

kei44ŋɔ53pəŋ53ʂʅ31！

44. 我实在没有书么！

我倒□没书么！

ŋɔ53tɔ44Øɤ0mo24ʂʅ31mo0！

45. 你告诉他。

你给他说。

ȵi53kei44thɑ53ʂɤ31.

46. 好好儿地走！不要跑！

好好儿走！覅跑！

xɔ53xɔ24Øər0tsou53！po31phɔ53！

47. 小心跌下去爬也爬不上来！

小心跌下去爬也爬不上来了！

siɔ53siŋ31ȶiɛ44xɑ31tɕhi0phɑ24Øɑ31phɑ24pu31ʂɑŋ44læ31liɑ0！

48. 医生叫你多睡一睡。

大夫叫你多睡嘎。

tæ44fu31tɕiɔ44ȵi53tuo3ʂei44kɑ0.

49. 吸烟或者喝茶都不可以。

吃烟或喝茶都不行。

tʂhʅ24Øiæ31xui24xuo31tshɑ24tou31pu31çiŋ24.

50. 烟也好，茶也好，我都不喜欢。

烟也好，茶也好，我浑不爱。

Øiæ31Øɑ0xɔ53，tshɑ24Øɑ0xɔ53，ŋɔ53xuŋ24pu31ŋæ44.

51. 不管你去不去，反正我是要去的，我非去不可。

不管你去呀好，不去呀好，反正我要去哩。

pu31kuæ53ȵi53tɕhi44Øiɑ0xɔ53，pu31tɕhi44Øiɑ0xɔ53，fæ31tʂəŋ44ŋɔ53Øiɔ44tɕhi44li0.

52. 你是哪一年来的？

你哪一年来□？

ȵi53lɑ31øi31ȵiæ̃24læ31øuæ53？

53. 我是前年到的北京。

我前年个到北京。

ŋɔ53ʨhiæ̃31ȵiæ̃53kɔ0tɔ44pei31ʨiŋ31.

54. 今天开会谁的主席？

今儿开会谁□主席？

ʨiŋr31khæ31xui44sei31øuæ53tʂʅ53si24？

55. 你得请我的客。

你得请我客。

ȵi53tei31ʨhiŋ53ŋɔ53khei31.

56. 这是他的书，那一本是他哥哥的。

这是他□书，兀一本是他哥□。

tsæ53sɿ44thɑ531øuæ0ʂʅ31，øui53øi31pəŋ53sɿ44thɑ31kɔ24øuæ0.

57. 一边走，一边说。

旋走旋说。

suæ̃44tsou53suæ̃44ʂɤ31.

58. 看书的看书，看报的看报，写字的写字。

看书□看书，看报□看报，写字□写字。

khæ̃44ʂʅ53øuæ0khæ̃44ʂʅ53，khæ̃44pɔ44øuæ0khæ̃44pɔ44，siɛ53tshɿ44øuæ0siɛ53 tshɿ44.

59. 越走越远，越说越多。

越走越远了，越说越多了。

øyɛ31tsou53øyɛ31øyæ̃53liɑ0，øyɛ24ʂɤ31øyɛ24tuo53liɑ0.

60. 把那个东西拿给我。

把兀个东西拿给我。

pɑ31øuæ53kɔ0tuŋ53si0lɑ24kei44ŋɔ53.

61. 有些地方把太阳叫日头。

有□地方把太阳叫日头爷。

øiu53øuæ44ʨhi44fɑŋ31pɑ31thæ44øiɑŋ0ʨiɔ44øər53thou0øiɛ0.

62. 您贵姓？我姓王。

你姓啥？我姓王。

ȵi53siŋ44ʂɑ44？ ŋɔ53siŋ44øuɑŋ24.

63. 你姓王，我也姓王，咱们两个人都姓王。

你姓王，我也姓王，咱俩都姓王。

ȵi53siŋ44Øuaŋ24，ŋɔ52Øa0siŋ44Øuaŋ24，tsha24liaŋ31tou24siŋ44Øuaŋ24.

64. 你先去吧，我们等一会儿再去。

你先去，我等嘎再去。

ȵi52siæ̃31tɕhi44，ŋɔ31təŋ53ka0tsæ44tɕhi44.

第二节 北风和太阳

北风跟太阳

有一回，北风跟太阳在那儿争论谁的本事大。争来争去就是分不出高低来。这时候路上来了个走道儿的，他身上穿着件厚大衣。他们俩就说好了，谁能先叫这个走道儿的脱下他的厚大衣，就算谁的本事大。北风就使劲地刮起来了，不过他刮得越是厉害，那个走道儿的把大衣裹得越紧。后来北风没法儿了，只好就算了。过了一会儿，太阳出来了。他火辣辣地一晒，那个走道儿的马上就把那件厚大衣脱下来了。这下儿北风只好承认，他们俩当中还是太阳的本事大。

北风连日头爷

pei24fəŋ31læ̃24Øər53thou0Øiɛ0

兀一回，北风连日头爷在兀搭争竞谁□本事大。

Øu53Øi31xui24，pei24fəŋ31læ̃24Øər53thou0Øiɛ0tsæ44Øu24ta53tsəŋ31tɕiŋ0sei24Øuæ0pəŋ53sɿ0ta44.

争竞过来争竞过去就是分不出个眉眼。

tsəŋ31tɕiŋ0kuo44læ0tsəŋ31tɕiŋ0kuo44tɕhi0ʈiu44sɿ0feŋ31pu24tʂhʅ31kɔ0mi31ȵiæ̃53.

这么来了个过路□，□身上穿了个大棉袄。

tsæ̃44miæ̃44læ24liɔ53kɔ0kuo44lu44Øuæ0，ȵia53ʂʅ31ʂaŋ0tʂhæ̃31lia0kɔ31ta44miæ̃31ŋɔ53.

他俩就说好了，谁能先叫兀个过路□脱下他□大棉袄，就算谁□本事大。

tha31liaŋ53ʈiu44ʂɤ24xɔ31lia0，sei24ləŋ24siæ̃31tɕiɔ44Øui53kɔ0kuo44lu44Øuæ0thuo31xa0tha53Øuæ0ta44miæ̃31ŋɔ53，ʈiu44suæ̃44sei24Øuæ0pəŋ53sɿ31ta44.

北风就谋劲的刮，他刮得越残火，兀个过路□就把大棉袄裹得越严窝。

pei24fəŋ31ʈiu44mei24tɕiŋ44ʈi0kua53，tha53kua53ʈi0Øyɛ31tshæ̃31xuo53，Øu53kɔ0 kuo44lu44Øuæ0ȶiu44pɑ31tɑ44miæ̃24ŋɔ53kuo31ȶi0Øyɛ31ȵiæ̃31Øuo53.

后来北风实在没挖抓了，只好就算了。

xou44læ31pei24fəŋ31ʂʅ24tsæ44mo31Øuɑ53tʂɑ31liɑ0，tsʅ31xɔ53ȶiu44suæ̃44liɑ0.

过了一下下，日头爷出来了。

kuo44liɑ0Øi31xɑ44xɑ0，Øər53thou0Øiɛ0tʂhʅ53læ31liɑ0.

越晒越毛火，娘娘！兀个过路□麻利就把兀大棉袄脱下了。

Øyɛ31sæ44Øyɛ31mɔ24xuo31，ȵiɑ31ȵiɑ53！Øui53kɔ0kuo44lu44Øuæ0mɑ24li53ȶiu44pɑ31Øui53tɑ44miæ̃31ŋɔ53thuo31xɑ31liɑ0.

这么北风只好不言传了，他俩当中还是日头爷本事大。

tsæ̃44miæ̃44pei24fəŋ31tsʅ24xɔ53pu31ȵiæ̃31tʂhæ̃53liɑ0，thɑ31liɑŋ53tɑŋ31tʂhəŋ24xɑ24sʅ44Øər53thou0Øiɛ0pəŋ53sʅ0tɑ44.

第三节　口头文化

一、碌碡化仙

相传，邱处机曾在虢镇外磨性山修行。该山下有两个碎碌碡，二百来斤重。每当啼起连黑得下，邱处机烧毕香，就搭起碌碡爬到山顶。然后，一撒手，碌碡“骨碌碌”滚下山。他又连踮带跑地撵到山底下，再把碌碡搭到山顶，又扔［Øər53］下去。天天这么下去，两个碌碡磨得乌黑锃亮，说轻能轻，说重能重，真个神得很。邱爷见两个碌碡已化成宝贝，就把它供在玉皇殿外供桌上。可是每当鸡不叫、狗不咬时，两个碌碡就不见了，变成火弹弹，闪闪发光，在坡底下滚来滚去。后接，传说两个碌碡变成两个白胡子老汉，说各家是磨性山仙石。人们就将该山叫“磨性山”，把该村子叫“双碌碡村”。

二、璜石

姜子牙钓鱼台外磻溪河当中，有一块大石头像圆锥倒立，奇特得很。该就是璜石。传说姜太公曾经在这搭钓鱼。打柴外武吉，去南山打柴，天天经过这搭。天长日久，就成了好伙计。一天，武吉在南山捆好柴担，挑起一试，却一头轻，一头重，打颠倒。眼看黑得下了，他也顾不得了，就拾起一块石头塞进轻外一捆柴中。到了钓鱼台，武吉歇下，同子牙谝闲传。子牙看见柴担中的石头，就笑话说：“你小伙劲大么，驮石头回家垒山，是呀不?”武吉给他向说原委，子牙就说：“加石平担，还不如去石抽薪。”武吉觉得有道理，从重外一头取些柴禾送给子牙，从轻外一头取下石头，扔到河里。据说，该石头是一块玉石，在磻溪河中吸天地精华，取日月灵气，见风便长，见日增高，慢慢成一块大石头，直立河当中。后接，人们把该石头叫“丢石”，又叫“璜石”，这庚还在磻溪河中，成为钓鱼台外一大奇观。

三、酒令歌

1. 大吉利

吉呀吗吉利大，
大呀吗大吉利。
请你诸位来吃酒，
咱二人大吉利。
高升起，吉利呀，
一心敬你个，吉利呀，
六六大顺，吉利呀。
拳儿嘛，你输了，
酒儿嘛，该你吃，
八仙桌子上吃一杯，
大家都吉利。
（赢家）请酒，
（输家）多谢。

2. 祝寿酒

一个尕老汉（吆吆），
七呀十七（哩嘛吆吆），
再加上四岁（呀子清），
八十一（哩嘛吆吆），
三星高照呀子清吆，
（输家）拳儿嘛我输了，
酒儿嘛我喝了，
（赢家）酒儿你喝了，
八仙桌子上吃一杯，
大家都吉利。

3. 满堂喜

满堂喜呀，全福寿，

六六大顺，
满堂喜呀，全福寿，
请酒！
我赢了！

4. 闹五更
一杯酒儿吃的你双眼红呀哎，
三星（哎）高照四季闹五更呀，
高升起呀巧遇了八仙呀，
九家（哎）仙女要吃了满堂红呀，
划拳讲输赢呀，
冷酒一口吞呀，
吃的你双眼红呀，
耳听得呀焦楼上鼓打一更呀，
咚，四季红，六六顺，巧梅巧。

5. 螃蟹拳
一只螃蟹八呀，八只脚呀哎，
两只眼睛呀，身背一张弓，
夹呀夹的紧呀，甩呀甩不脱，
三星高照呀，有酒两不喝，
四季来财呀，甩呀甩不脱，
夹呀夹的紧甩呀甩不脱，
高升起呀，四季财，
请酒！

6. 闹洞房
秦晋两国相交好哇，
九家仙女来在龙凤桥呀，
小郎官来抹花，
迎在周堂下，
一拜上天地，
二拜爹和妈，

转身入洞房，
来到小丫床，
举起一杯酒，
小郎你先尝，
满堂喜呀，
八个字的好，
满堂喜呀，
六个字的好。
请酒！

7. 雀雀算账
一个雀雀一个头，
两个眼睛明晶晶，
把两个黄爪子抱墙头。
把一个尾巴戳在后头，
太平年，年太平。
巧巧，巧巧，
太平年，年太平，
请酒！

8. 女贤良
女贤良上轿前，
娘给你嘱咐话呀，
公公家难比你爹娘家呀，哎哟；
公公家难比你爹娘家呀。

9. 洛阳桥
洛阳桥上闪上两朵金花呀，
财佩马分鬃你的小小冤家呀，
弟儿江边坐，二人把话搭，
擎起一杯酒，咱两把拳划呀，
满堂的喜呀，八个字的好呀，
请酒！

凤县篇

第一章 总 论

第一节 人文地理、历史沿革、人口概况

凤县古称凤州，位于宝鸡市的西南端，跨东经106°24′～107°7′，北纬33°34′～34°18′，地处秦岭南麓，嘉陵江源头，扼川陕、秦陇要冲，素有“秦蜀咽喉、汉北锁钥”之称。东与太白县、渭滨区接壤，南与留坝县相接，西与甘肃省两当县为邻，北与陈仓区相连，县城距宝鸡市102千米。南北长80.5千米，东西宽70.9千米，总面积3187平方千米。辖9镇100个行政村，504个村民小组，4个社区居委会，总人口11万。境内有较大河流9条，以夫子岭为界分属嘉陵江水系和汉江水系。境内山青水碧，层峦竞秀，风光旖旎，旅游资源丰富，有集“雄、险、秀、幽、奇”于一身的紫柏山凤县景区、通天河国家森林公园、嘉陵江源头景区、灵官峡景区，嘉陵江凤县段被列为国家级水利风景区和国家湿地公园。著名的佛教寺院有消灾寺、柏林禅寺、丰禾寺等。还有历史文化积淀深厚的褒斜道、故道、连云栈道遗迹和众多仰韶文化遗址。境内交通便利，宝成铁路穿境而过，316国道、212省道以及凤太公路与地方道路纵横交会，形成了便捷的交通网。凤县先后荣获“国家卫生县城”“国家园林县城”“全国生态示范区”“全国科技进步先进县”“全国土地资源集约节约利用示范县”“中国生态文化旅游强县”“中国最佳羌族风情旅游名县”“全国休闲农业与乡村旅游示范县”“中国最美小城”“中国最佳投资名县”“全国最具投资潜力中小城市百强县”“中国西部百强县”“中国旅游百强县”“中国最美文化生态旅游名县”“影响世界的中国文化旅游名县”等荣誉称号。

凤县夏处雍、梁二州交叉地区。商末属岐封地。周并梁州于雍州，为陇右近畿之地。春秋时为氐、羌族聚居地区。公元前221年，秦始皇统一中国，实行郡县制，在今凤县与留坝县大部、太白县少部和甘肃省两当县的范围内设故道县，隶陇西郡。楚汉之际，项羽三分秦关中之地，设三王，秦降将章邯为雍王，都废丘。故道县属章邯封地，境内废丘关为其边界。汉高祖元年（前206年），分陇西郡置广汉郡，沿用故道县，仍属陇西郡。东汉沿袭西汉建制，仍称故道县。隋开皇三年（583年），凤州废两

当、广化、广业三郡，直辖五县，梁泉县属其一。唐武德元年（618 年），改河池郡为凤州，以梁泉县分置黄花县。北宋乾德元年（963 年），分川、陕为四路，凤州降为团练州，隶秦凤路，治梁泉，领梁泉、两当、河池三县。南宋绍兴十二年（1142 年），宋金议和划疆，以大散关为界，割和尚、方山二原于金，宋于关内筑兴赵原；十四年（1144 年）三月，凤州改隶利州路；九月，分利州为东、西两路，凤州隶属利州西路，治梁泉，辖梁泉、两当、河池三县。淳熙二年（1175 年），凤州改隶兴元府。咸淳四年（1268 年），梁泉县并入凤州，隶属兴元路。元沿南宋建制，仍称凤州，隶属兴元路。明洪武二年（1369 年），凤州隶属凤翔府；四年（1371 年），改属汉中府；七年（1374 年），降州为县。清沿用明建制。1912 年，沿用清建制。1913 年，废府设道，凤县属陕南道辖。1928 年，凤县直隶于省。1935 年，凤县划归第六行政督察区（汉中）专员公署辖。1949 年后，隶属陕甘宁边区宝鸡分区辖，县治凤州。1950 年 5 月，凤县划归陕南行政公署辖。1951 年 2 月，陕南行署撤销，归汉中专员公署辖；同年 6 月 1 日，县人民政府由凤州迁驻双石铺。1961 年 1 月，留坝、江口两公社归汉中市辖，凤县归宝鸡市辖；同年 10 月，宝鸡专区恢复，凤县改属之。1971 年 12 月撤销宝鸡地区，凤县遂归宝鸡市辖。1979 年 3 月 1 日，宝鸡地区复设，凤县复归宝鸡地区辖。1980 年 8 月 1 日，宝鸡地、市合并为宝鸡市，凤县改宝鸡市辖。

截至 2016 年末，凤县常住人口 10.73 万，以汉族为主，少数民族主要有满族、壮族、蒙古族、苗族、朝鲜族、回族、藏族、彝族、布依族、白族、纳西族等。

第二节　方言归属与内部差异

凤县由于特殊的历史、地理、生产、人文等方面的原因，形成了较为复杂的现代汉语凤县方言。由陆游《倾岁从戎南郑屡往来兴凤间暇日追怀旧游有感》一诗中的“城郭秦风近，村墟蜀语参”两句可见，凤县地区最晚在宋代就受到四川话的影响。清光绪版《凤县志》称“地为秦蜀往来冲道，山川险隘，土地硗瘠，其民五方流寓，从无历世最久者”。由此可见，人口的相对不稳定是凤县方言较为复杂的主要原因。无怪乎当地称以凤州为中心的凤县方言为“老扶风话”，称酒奠梁以南与留坝接壤、以瓦房坝为中心的方言为“湖广话”。凤州方言属于中原方言关中片，瓦房坝方言属于西南方言陕南片。县境内的次方言有接近甘肃省两当方言的张家窑方言，接近宝鸡方言的平木方言，唐藏乡辛家庄方言和凤州城内老派回民所操汉语方言。另外，凤县境内尚有清末及民国以来的川、豫等省移民，其老派口语往往保留了其祖籍语言，中新派（中青年）往往多操凤县方言。由于中华人民共和国成立后国家大力推行普通话，凤县方言向普通话靠拢的趋势越来越明显。因此，凤县方言以凤州等地老派口语为准、为主。

第三节　发音人和调查人概况

方言发音人（一）

1. 姓名：马立新

2. 单位（退休前）：陕西省宝鸡市凤县体改办

3. 通信地址：陕西省宝鸡市凤县双石铺镇新建路 324 号

4. 性别：男　　民族：回

5. 出生年月日（公历）：1954 年 7 月 10 日

6. 出生地（从省级至自然村级）：陕西省宝鸡市凤县凤州镇凤州村

7. 主要经历：1974 年毕业于宝鸡市凤翔师范，毕业分配回凤县凤州中学、凤县中学、黄牛铺中学从教至 1989 年，1989 年 10 月～2010 年 8 月先后在凤州乡政府、县体改办、县发展改革局工作。2010 年 8 月离岗，2014 年 7 月退休。

8. 文化程度：大专

9. 职业：公务员

10. 会说哪几种话（包括普通话、外语）：凤县方言、普通话。

11. 父亲是哪里人，会说什么话：宝鸡市凤县老县城凤州村人，会说凤县方言。

12. 母亲是哪里人，会说什么话：宝鸡市凤县唐藏镇辛家庄人，会说凤县方言。

13. 配偶是哪里人，会说什么话：宝鸡市凤县凤州镇人，会说凤县方言、普通话。

方言发音人（二）

1. 姓名：王红妹

2. 单位（退休前）：陕西省宝鸡市凤县双石铺镇张家尧村一组

3. 通信地址：陕西省宝鸡市凤县双石铺镇张家尧村一组

4. 性别：女　　民族：汉

5. 出生年月日（公历）：1966 年 3 月 1 日

6. 出生地（从省级至自然村级）：陕西省宝鸡市凤县双石铺镇张家尧村

7. 主要经历：除上学外，一直在凤县双石铺镇张家尧村一组务农。

8. 文化程度：初中

9. 职业：农民

10. 会说哪几种话（包括普通话、外语）：凤县方言

11. 父亲是哪里人，会说什么话：宝鸡市凤县双石铺镇张家尧村人，会说凤县方言。

12. 母亲是哪里人，会说什么话：宝鸡市凤县双石铺镇张家尧村人，会说凤县方言。

13. 配偶是哪里人，会说什么话：宝鸡市凤县双石铺镇张家尧村人，会说凤县方言。

方言发音人（三）

1. 姓名：张菊妹

2. 单位（退休前）：陕西省宝鸡市凤县双石铺镇张家尧村一组

3. 通信地址：陕西省宝鸡市凤县双石铺镇张家尧村一组

4. 性别：女　　民族：汉

5. 出生年月日（公历）：1960 年 12 月 30 日

6. 出生地（从省级至自然村级）：陕西省宝鸡市凤县双石铺镇张家尧村

7. 主要经历：除上学外，一直在凤县双石铺镇张家尧村一组务农。

8. 文化程度：小学

9. 职业：农民

10. 会说哪几种话（包括普通话、外语）：凤县方言

11. 父亲是哪里人，会说什么话：宝鸡市凤县双石铺镇张家尧村人，会说凤县方言。

12. 母亲是哪里人，会说什么话：宝鸡市凤县双石铺镇张家尧村人，会说凤县方言。

13. 配偶是哪里人，会说什么话：宝鸡市凤县双石铺镇张家尧村人，会说凤县方言。

调查人

1. 姓名：王应龙

2. 单位：宝鸡文理学院关陇方言与民俗研究中心

3. 通信地址：宝鸡市高新大道 1 号宝鸡文理学院文传院语言教研室

4. 协助调查人 1 姓名：白　强

5. 协助调查人 2 姓名：苏　伟

6. 协助调查人 3 姓名：赵小燕

7. 协助调查人 4 姓名：何　强

第二章　语　音

第一节　声　母

声母共二十四个，包括零声母在内。

p 八兵布宝	ph 派片爬病	m 麦明母庙	f 风副肥饭	v 味问温完
t 多党东刀	th 讨毒脱特			l 脑南老蓝连路
ts 资早罪贼	tsh 刺柴字全		s 沙酸锁晒	
tʂ 张竹装主	tʂh 柱初床车		ʂ 双船顺书	ʐ 热软让褥
tɕ 九金低精	tɕh 轻穷七梯	ȵ 年泥哑硬	ɕ 响县想雪	
k 高共瓜哥	kh 开柜跪口	ŋ 熬安藕爱	x 好灰活下	
ø 月王云用药				

第二节　韵　母

韵母三十三个，不包括儿化韵。

ɿ 师迟试指			
ʅ 汁尺十肏	i 米戏急七	u 苦猪骨谷	y 雨橘局女
ɑ 茶瓦塔法	iɑ 牙鸭家夹	uɑ 刮瓜花滑	
ɤ 折热婆蛇		uo 鹅歌坐活	yo 药学雀约
	iɛ 写接贴节		yɛ 靴月缺镢
ɔ 宝饱早贸	iɔ 笑桥飘鸟		
æ 开排鞋歪		uæ 怪快坏拐	
ei 赔飞色白		ui 对鬼国雷	
ou 豆走狗凑	iu 油六绿丢		
ər 二儿耳日			
æ̃南山半碗	iæ̃盐年眼间	uæ̃短官幻惯	yæ̃权院卷馅

ɑŋ 党糖邦忙　iɑŋ 响讲良强　uɑŋ 床黄矿光
əŋ 深针根灯　iŋ 心新硬病　uŋ 寸滚春东　yŋ 云用兄穷

第三节　单字调

单字调四个。

阴平 31　春六麦叶　阳平 24　门白盒罚　上声 53　懂买老五　去声 44　动硬乱地

第四节　连读变调

后字非轻声两字组连调模式见表 2-1。

表 2-1　后字非轻声两字组连调模式

<table>
<tr><th>后字
前字</th><th>1 阴平 31</th><th>2 阳平 24</th><th>3 上声 53</th><th>4 去声 44</th></tr>
<tr><td rowspan="2">1 阴平 31</td><td rowspan="2">24+31</td><td rowspan="2">31+24</td><td rowspan="2">31+53</td><td>31+44</td></tr>
<tr><td>53+44</td></tr>
<tr><td>2 阳平 24</td><td>24+31</td><td>24+24</td><td>24+53</td><td>24+44</td></tr>
<tr><td>3 上声 53</td><td>53+31</td><td>53+24</td><td>53+53</td><td>53+44</td></tr>
<tr><td>4 去声 44</td><td>44+31</td><td>44+24</td><td>44+53</td><td>44+44</td></tr>
</table>

非叠字组后字轻声两字组连调模式见表 2-2。

表 2-2　非叠字组后字轻声两字组连调模式

<table>
<tr><th>后字
前字</th><th>1 阴平 31</th><th>2 阳平 24</th><th>3 上声 53</th><th>4 去声 44</th></tr>
<tr><td rowspan="2">1 阴平 31</td><td>31+0</td><td>31+0</td><td rowspan="2">31+0</td><td rowspan="2">53+0</td></tr>
<tr><td>53+0</td><td>53+0</td></tr>
<tr><td>2 阳平 24</td><td>31+53</td><td>31+53</td><td>31+53</td><td>31+53</td></tr>
<tr><td rowspan="3">3 上声 53</td><td rowspan="3">44+0</td><td rowspan="3">44+0</td><td>31+53</td><td>44+0</td></tr>
<tr><td>31+0</td><td rowspan="2">31+0</td></tr>
<tr><td>44+0</td></tr>
<tr><td>4 去声 44</td><td>44+0</td><td>44+0</td><td>44+0</td><td>44+0</td></tr>
</table>

第五节 单 字

0001. 多 tuo31
0002. 拖 thuo31
0003. 大~小 tɑ44
0004. 锣 luo24
0005. 左 tsuo44
0006. 歌 kuo31
0007. 个一~ kɔ44
0008. 可 khuo53
0009. 鹅 ŋuo24
0010. 饿 ŋuo44
0011. 河 xuo24
0012. 茄 tɕhiɛ24
0013. 破 phɤ44
0014. 婆 phɤ24
0015. 磨动 mɤ24
0016. 磨名 mɤ44
0017. 躲 tuo53
0018. 螺 luo24
0019. 坐 tsuo44
0020. 锁 suo53
0021. 果 kuo53
0022. 过 kuo44
0023. 课 khuo44
0024. 火 xuo53
0025. 货 xuo44
0026. 祸 xuo44
0027. 靴 ɕyo31
0028. 把量 pɑ53
0029. 爬 phɑ24
0030. 马 mɑ53
0031. 骂 mɑ44
0032. 茶 tshɑ24
0033. 沙 sɑ31
0034. 假真~ tɕiɑ53
0035. 嫁 tɕiɑ44
0036. 牙 Øiɑ24
0037. 虾 ɕiɑ31
0038. 下底~ xɑ44
0039. 夏春~ ɕiɑ44
0040. 哑 Øiɑ53
0041. 姐 tɕiɛ53
0042. 借 tɕiɛ44
0043. 写 ɕiɛ53
0044. 斜 ɕiɛ24
0045. 谢 ɕiɛ44
0046. 车不是棋子 tʂhɤ31
0047. 蛇 ʂɤ24
0048. 射 ʂɤ44
0049. 爷 Øiɛ44
0050. 野 Øiɛ53
0051. 夜 Øiɛ44
0052. 瓜 kuɑ31
0053. 瓦 Øuɑ53
0054. 花 xuɑ31
0055. 化 xuɑ44
0056. 华中~ xuɑ31
0057. 谱家~，注意声母 phu53
0058. 布 pu44
0059. 铺动 phu31
0060. 簿 phu53
0061. 步 pu44
0062. 赌 tu53
0063. 土 thu53
0064. 图 thu24
0065. 杜 tu44
0066. 奴 lu24
0067. 路 lu44
0068. 租 tsu31
0069. 做 tsu44
0070. 错对~ tshuo31
0071. 箍~桶，注意声母 ku31
0072. 古 ku53
0073. 苦 khu53
0074. 裤 khu44
0075. 吴 Øu24
0076. 五 Øu53
0077. 虎 xu53
0078. 壶 xu24
0079. 户 xu44
0080. 乌 Øu31
0081. 女 ȵy53
0082. 吕 ly53
0083. 徐 ɕy24
0084. 猪 tʂu31
0085. 除 tʂhu24
0086. 初 tʂhu31
0087. 锄 tʂhu24
0088. 所 suo53
0089. 书 ʂu31
0090. 鼠 ʂu53
0091. 如 ʐu31
0092. 举 tɕy53
0093. 锯名 tɕy44
0094. 去 tɕhi44
0095. 渠~道 tɕhy24
0096. 鱼 Øy24
0097. 许 ɕy53
0098. 余剩~，多~ Øy24
0099. 府 fu53
0100. 付 fu44
0101. 父 fu44
0102. 武 vu53
0103. 雾 vu44
0104. 取 tɕhy53
0105. 柱 tʂu44
0106. 住 tʂu44
0107. 数动 ʂu53
0108. 数名 ʂu44
0109. 主 tʂu53
0110. 输 ʂu31
0111. 竖 ʂu44
0112. 树 ʂu44
0113. 句 tɕy44
0114. 区地~ tɕhy31
0115. 遇 Øy44
0116. 雨 Øy53

0117. 芋 Øy44
0118. 裕 Øy44
0119. 胎 thæ31
0120. 台戏～thæ24
0121. 袋 tæ44
0122. 来 læ24
0123. 菜 tshæ44
0124. 财 tshæ24
0125. 该 kæ31
0126. 改 kæ53
0127. 开 khæ31
0128. 海 xæ53
0129. 爱 ŋæ44
0130. 贝 pei44
0131. 带动 tæ44
0132. 盖动 kæ44
0133. 害 xæ44
0134. 拜 pæ44
0135. 排 phæ24
0136. 埋 mæ24
0137. 戒 tɕiɛ44
0138. 摆 pæ53
0139. 派注意声调 phæ44～出/phæ53～别
0140. 牌 phæ24
0141. 买 mæ53
0142. 卖 mæ44
0143. 柴 tshæ24
0144. 晒 sæ44
0145. 街 tɕiɛ31
0146. 解～开 kæ53
0147. 鞋 xæ24
0148. 蟹注意声调 ɕiɛ31
0149. 矮 ŋæ53
0150. 败 phæ44
0151. 币 pi44
0152. 制～造 tʂʅ44
0153. 世 ʂʅ44
0154. 艺 Øi44
0155. 米 mi53
0156. 低 tɕi31
0157. 梯 tɕhi31
0158. 剃 tɕhi44
0159. 弟 tɕi44
0160. 递 tɕi44
0161. 泥 ȵi24
0162. 犁 li24
0163. 西 ɕi31
0164. 洗 ɕi53
0165. 鸡 tɕi31
0166. 溪 ɕi44
0167. 契 tɕhi44
0168. 系联～ɕi44
0169. 杯 phei31
0170. 配 phei44
0171. 赔 phei24
0172. 背～诵 pei44
0173. 煤 mei24
0174. 妹 mei44
0175. 对 tui44
0176. 雷 lui24
0177. 罪 tsui44
0178. 碎 sui44
0179. 灰 xui31
0180. 回 xui24
0181. 外 væ44
0182. 会开～xui44
0183. 怪 kuæ44
0184. 块 khuæ53
0185. 怀 xuæ24
0186. 坏 xuæ44
0187. 拐 kuæ53
0188. 挂 kuɑ44
0189. 歪注意声母 væ31
0190. 画 xuɑ44
0191. 快 khuæ44
0192. 话 xuɑ44
0193. 岁 sui44
0194. 卫 vei44
0195. 肺 fei44
0196. 桂 kui44
0197. 碑 pi31
0198. 皮 phi24
0199. 被～子 pi44
0200. 紫 tsɿ31
0201. 刺 tshɿ44
0202. 知 tʂʅ31
0203. 池 tʂhʅ24
0204. 纸 tsɿ53
0205. 儿 Øər24
0206. 寄 tɕi44
0207. 骑 tɕhi24
0208. 蚁注意韵母 Øi31
0209. 义 Øi44
0210. 戏 ɕi44
0211. 移 Øi24
0212. 比 pi53
0213. 屁 phi44
0214. 鼻注意声调 phi24
0215. 眉 mi24
0216. 地 tɕi44
0217. 梨 li24
0218. 资 tsɿ31
0219. 死 sɿ53
0220. 四 sɿ44
0221. 迟 tshɿ24
0222. 指 tsɿ53
0223. 师 sɿ31
0224. 二 Øər44
0225. 饥～饿 tɕi31
0226. 器 tɕhi44
0227. 姨 Øi24
0228. 李 li53
0229. 子 tsɿ53
0230. 字 tsɿ44
0231. 丝 sɿ31
0232. 祠 tshɿ24
0233. 寺 sɿ44
0234. 治 tʂʅ44
0235. 柿 sɿ44
0236. 事 sɿ44
0237. 使 sɿ53
0238. 试 sɿ44
0239. 时 sɿ24
0240. 市 sɿ44
0241. 耳 Øər53
0242. 记 tɕi44

0243. 棋 tɕhi24
0244. 喜 ɕi31
0245. 意 Øi44
0246. 几～个 tɕi53
0247. 气 tɕhi44
0248. 希 ɕi31
0249. 衣 Øi31
0250. 嘴 tsui53
0251. 随 sui24
0252. 吹 tʂhui31
0253. 垂 tʂhui24
0254. 规 khui31
0255. 亏 khui31
0256. 跪注意声调 khui44
0257. 危 Øui31
0258. 类 lui53
0259. 醉 tsui44
0260. 追 tʂui31
0261. 锤 tʂhui24
0262. 水 ʂui53
0263. 龟 kui31
0264. 季 tɕi44
0265. 柜 khui44
0266. 位 vei44
0267. 飞 fei31
0268. 费 fei44
0269. 肥 fei24
0270. 尾 Øi53 ～巴/vei53 末～
0271. 味 vei44
0272. 鬼 kui53
0273. 贵 kui44
0274. 围 vei24
0275. 胃 vei44
0276. 宝 pɔ53
0277. 抱 pɔ44
0278. 毛 mɔ24
0279. 帽 mɔ44
0280. 刀 tɔ31
0281. 讨 thɔ53
0282. 桃 thɔ24
0283. 道 tɔ44
0284. 脑 lɔ53
0285. 老 lɔ53
0286. 早 tsɔ53
0287. 灶 tsɔ44
0288. 草 tshɔ53
0289. 糙注意声调 tshɔ44
0290. 造 tsɔ44
0291. 嫂 sɔ53
0292. 高 kɔ31
0293. 靠 khɔ44
0294. 熬 ŋɔ24
0295. 好～坏 xɔ53
0296. 号名 xɔ44
0297. 包 pɔ31
0298. 饱 pɔ53
0299. 炮 phɔ44
0300. 猫 mɔ24
0301. 闹 lɔ44
0302. 罩 tsɔ44
0303. 抓用手～牌 tʂuɑ31
0304. 找～零钱 tsɔ53
0305. 抄 tshɔ31
0306. 交 tɕiɔ31
0307. 敲 tɕhiɔ31
0308. 孝 ɕiɔ44
0309. 校学～ɕiɔ44
0310. 表手～piɔ53
0311. 票 phiɔ44
0312. 庙 miɔ44
0313. 焦 tɕiɔ31
0314. 小 ɕiɔ52
0315. 笑 ɕiɔ44
0316. 朝～代 tʂhɔ24
0317. 照 tʂɔ44
0318. 烧 ʂɔ31
0319. 绕～线 ʐɔ53
0320. 桥 tɕhiɔ24
0321. 轿 tɕhiɔ44
0322. 腰 Øiɔ31
0323. 要重～Øiɔ44
0324. 摇 Øiɔ24
0325. 鸟注意声母 ȵiɔ53
0326. 钓 tɕiɔ44
0327. 条 tɕhiɔ24
0328. 料 liɔ44
0329. 箫 ɕiɔ31
0330. 叫 tɕiɔ44
0331. 母丈～，舅～ mu53
0332. 抖 thou53
0333. 偷 thou31
0334. 头 thou24
0335. 豆 tou44
0336. 楼 lu24
0337. 走 tsou53
0338. 凑 tshou44
0339. 钩注意声母 kou31
0340. 狗 kou53
0341. 够 kou44
0342. 口 khou53
0343. 藕 ŋou53
0344. 后前～xou44
0345. 厚 xou44
0346. 富 fu44
0347. 副 fu44
0348. 浮 fu24
0349. 妇 fu44
0350. 流 liu24
0351. 酒 tɕiu53
0352. 修 ɕiu31
0353. 袖 ɕiu44
0354. 抽 tʂhou31
0355. 绸 tʂhou24
0356. 愁 tshou24
0357. 瘦 sou44
0358. 州 tʂou31
0359. 臭香～tʂhou44
0360. 手 ʂou53
0361. 寿 ʂou44
0362. 九 tɕiu53
0363. 球 tɕhiu24
0364. 舅 tɕiu44
0365. 旧 tɕiu44
0366. 牛 ȵiu24
0367. 休 ɕiu31

0368. 优 Øiu31
0369. 有 Øiu53
0370. 右 Øiu44
0371. 油 Øiu24
0372. 丢 tɕiu31
0373. 幼 Øiu44
0374. 贪 thæ̃31
0375. 潭 thæ̃24
0376. 南 læ̃24
0377. 蚕 tshæ̃24
0378. 感 kæ̃53
0379. 含 ～一口水 xæ̃24
0380. 暗 ŋæ̃44
0381. 搭 tɑ31
0382. 踏注意声调 thɑ24
0383. 拉注意声调 lɑ31
0384. 杂 tsɑ24
0385. 鸽 kuo31
0386. 盒 xuo24
0387. 胆 tæ̃53
0388. 毯 thæ̃53
0389. 淡 tæ̃44
0390. 蓝 læ̃24
0391. 三 sæ̃31
0392. 甘 kæ̃31
0393. 敢 kæ̃53
0394. 喊注意声调 xæ̃53
0395. 塔 thɑ31
0396. 蜡 lɑ31
0397. 赚 tʂuæ̃44
0398. 杉 ～木，注意韵母 sɑ31
0399. 减 tɕiæ̃53
0400. 咸 ～淡 xæ̃24
0401. 插 tshɑ31
0402. 闸 tsɑ44
0403. 夹 ～子 tɕiɑ31
0404. 衫 sæ̃31
0405. 监 tɕiæ̃31
0406. 岩 ŋæ24
0407. 甲 tɕiɑ31
0408. 鸭 Øiɑ31
0409. 黏 ～液 ʐæ̃24
0410. 尖 tɕiæ̃31
0411. 签 ～名 tɕhiæ̃31
0412. 占 ～领 tʂæ̃44
0413. 染 ʐæ̃53
0414. 钳 tɕhiæ̃24
0415. 验 Øiæ̃44
0416. 险 ɕiæ̃53
0417. 厌 Øiæ̃44
0418. 炎 Øiæ̃44
0419. 盐 Øiæ̃24
0420. 接 tɕiɛ31
0421. 折 ～叠 tʂɤ31
0422. 叶树 ～ Øiɛ31
0423. 剑 tɕiæ̃44
0424. 欠 tɕhiæ̃44
0425. 严 Øiæ̃24 ～格/ ȵiæ̃24 门关 ～
0426. 业 ȵiɛ31
0427. 点 tɕiæ̃52
0428. 店 tɕiæ̃44
0429. 添 tɕhiæ̃31
0430. 甜 tɕhiæ̃24
0431. 念 ȵiæ̃44
0432. 嫌 ɕiæ̃24
0433. 跌注意声调 tɕiɛ31
0434. 贴 tɕhiɛ31
0435. 碟 tɕiɛ24
0436. 协 ɕiɛ24
0437. 犯 fæ̃44
0438. 法 fɑ31
0439. 品 phiŋ53
0440. 林 liŋ24
0441. 浸 tɕiŋ44
0442. 心 ɕiŋ31
0443. 寻 ɕiŋ24
0444. 沉 tʂhəŋ24
0445. 参人 ～ səŋ31
0446. 针 tʂəŋ31
0447. 深 ʂəŋ31
0448. 任责 ～ ʐəŋ44
0449. 金 tɕiŋ31
0450. 琴 tɕhiŋ24
0451. 音 Øiŋ31
0452. 立 li31
0453. 集 tɕi24
0454. 习 ɕi24
0455. 汁 tʂʅ31
0456. 十 ʂʅ24
0457. 入 ʐu31
0458. 急 tɕi24
0459. 及 tɕi24
0460. 吸 ɕi31
0461. 单简 ～ tæ̃31
0462. 炭 thæ̃44
0463. 弹 ～琴 thæ̃24
0464. 难 ～易 læ̃24
0465. 兰 læ̃24
0466. 懒 læ̃53
0467. 烂 læ̃44
0468. 伞注意声调 sæ̃53
0469. 肝 kæ̃31
0470. 看 ～见 khæ̃44
0471. 岸 ŋæ̃44
0472. 汉 xæ̃44
0473. 汗 xæ̃44
0474. 安 ŋæ̃31
0475. 达 tɑ24
0476. 辣 lɑ31
0477. 擦 tshɑ31
0478. 割 kuo31
0479. 渴 khuo31
0480. 扮 pæ̃31
0481. 办 pæ̃44
0482. 铲 tshæ̃53
0483. 山 sæ̃31
0484. 产注意声母 tshæ̃53
0485. 间房 ～，一 ～房 tɕiæ̃31
0486. 眼 ȵiæ̃53
0487. 限 ɕiæ̃44
0488. 八 pɑ31
0489. 扎 tsɑ31

0490. 杀 sɑ31
0491. 班 pæ̃31
0492. 板 pæ̃53
0493. 慢 mæ̃44
0494. 奸 tɕiæ̃31
0495. 颜 Øiæ̃24
0496. 瞎 xɑ31
0497. 变 piæ̃44
0498. 骗欺～ phiæ̃44
0499. 便方～ piæ̃44
0500. 棉 miæ̃24
0501. 面～孔 miæ̃44
0502. 连 liæ̃24
0503. 剪 tɕiæ̃53
0504. 浅 tɕhiæ̃53
0505. 钱 tɕhiæ̃24
0506. 鲜 ɕiæ̃53 新～/ tɕiæ̃53 味～
0507. 线 ɕiæ̃44
0508. 缠 tʂhæ̃24
0509. 战 tʂæ̃44
0510. 扇名 ʂæ̃44
0511. 善 ʂæ̃44
0512. 件 tɕiæ̃44
0513. 延 Øiæ̃24
0514. 别～人 piɛ24
0515. 灭 miɛ31
0516. 列 liɛ31
0517. 撤 tʂhɤ53
0518. 舌 ʂɤ24
0519. 设 ʂɤ53
0520. 热 ʐɤ31
0521. 杰 tɕiɛ24
0522. 孽 ȵiɛ31
0523. 建 tɕiæ̃44
0524. 健 tɕiæ̃44
0525. 言 Øiæ̃24 ～语/ ȵiæ̃24 ～传
0526. 歇 ɕiɛ31
0527. 扁 piæ̃53
0528. 片 phiæ̃53
0529. 面～条 miæ̃44
0530. 典 tɕiæ̃53
0531. 天 tɕhiæ̃31
0532. 田 tɕhiæ̃24
0533. 垫 tɕiæ̃44
0534. 年 ȵiæ̃24
0535. 莲 liæ̃24
0536. 前 tɕhiæ̃24
0537. 先 ɕiæ̃31
0538. 肩 tɕiæ̃31
0539. 见 tɕiæ̃44
0540. 牵 tɕhiæ̃31
0541. 显 ɕiæ̃53
0542. 现 ɕiæ̃44
0543. 烟 Øiæ̃31
0544. 憋 piɛ31
0545. 篾 mi24
0546. 铁 tɕhiɛ31
0547. 捏 ȵiɛ31
0548. 节 tɕiɛ31
0549. 切动 tɕhiɛ31
0550. 截 tɕiɛ24
0551. 结 tɕiɛ31
0552. 搬 pæ̃31
0553. 半 pæ̃44
0554. 判 phæ̃44
0555. 盘 phæ̃24
0556. 满 mæ̃53
0557. 端～午 tuæ̃31
0558. 短 tuæ̃53
0559. 断绳～了 thuæ̃44
0560. 暖 luæ̃53
0561. 乱 luæ̃44
0562. 酸 suæ̃31
0563. 算 suæ̃44
0564. 官 kuæ̃31
0565. 宽 khuæ̃31
0566. 欢 xuæ̃31
0567. 完 væ̃24
0568. 换 xuæ̃44
0569. 碗 væ̃53
0570. 拨 pɤ31
0571. 泼 phɤ31
0572. 末 mɤ31
0573. 脱 thuo31
0574. 夺 tuo24
0575. 阔 khuo31
0576. 活 xuo24
0577. 顽～皮，～固 væ̃24
0578. 滑 xuɑ24
0579. 挖 vɑ31
0580. 闩 ʂuæ̃44
0581. 关～门 kuæ̃31
0582. 惯 kuæ̃44
0583. 还动 xuæ̃24
0584. 还副 xɑ24
0585. 弯 væ̃31
0586. 刷 ʂuɑ31
0587. 刮 kuɑ31
0588. 全 tɕhyæ̃24
0589. 选 ɕyæ̃53
0590. 转～眼，～送 tʂuæ̃44
0591. 传～下来 tʂhuæ̃24
0592. 传～记 tʂuæ̃44
0593. 砖 tʂuæ̃31
0594. 船 tʂhuæ̃24
0595. 软 ʐuæ̃53
0596. 卷～起 tɕyæ̃53
0597. 圈圆～tɕhyæ̃31
0598. 权 tɕhyæ̃24
0599. 圆 Øyæ̃24
0600. 院 Øyæ̃44
0601. 铅～笔，注意声调 tɕhiæ̃31
0602. 绝 tɕyɛ24
0603. 雪 ɕyɛ31
0604. 反 fæ̃53
0605. 翻 fæ̃31
0606. 饭 fæ̃44
0607. 晚 væ̃53
0608. 万麻将牌 væ̃44
0609. 劝 tɕhyæ̃44
0610. 原 Øyæ̃24
0611. 冤 Øyæ̃31
0612. 园 Øyæ̃24
0613. 远 Øyæ̃53
0614. 发头～fɑ31

0615. 罚 fɑ24
0616. 袜 vɑ31
0617. 月 Øyɛ31
0618. 越 Øyɛ31
0619. 县 ɕiæ̃44
0620. 决 tɕyɛ53
0621. 缺 tɕhyɛ31
0622. 血 ɕiɛ31
0623. 吞 thəŋ31
0624. 根 kəŋ31
0625. 恨 xəŋ44
0626. 恩 ŋəŋ31
0627. 贫 phiŋ24
0628. 民 miŋ24
0629. 邻 liŋ24
0630. 进 tɕiŋ44
0631. 亲 tɕhiŋ31
0632. 新 ɕiŋ31
0633. 镇 tʂəŋ44
0634. 陈 tʂhəŋ24
0635. 震 tʂəŋ44
0636. 神 ʂəŋ24
0637. 身 ʂəŋ31
0638. 辰 ʂəŋ24
0639. 人 ʐəŋ24
0640. 认 ʐəŋ44
0641. 紧 tɕiŋ53
0642. 银 Øiŋ24
0643. 印 Øiŋ44
0644. 引 Øiŋ53
0645. 笔 pi31
0646. 匹 phi24
0647. 密 mi31
0648. 栗 li31
0649. 七 tɕhi31
0650. 侄 tʂʅ24
0651. 虱 sei31
0652. 实 ʂʅ24
0653. 失 ʂʅ31
0654. 日 Øər31
0655. 吉 tɕi31
0656. 一 Øi31
0657. 筋 tɕiŋ31
0658. 劲有～tɕiŋ44
0659. 勤 tɕhiŋ24
0660. 近 tɕhiŋ44
0661. 隐 Øiŋ53
0662. 本 pəŋ53
0663. 盆 phəŋ24
0664. 门 məŋ24
0665. 墩 tuŋ31
0666. 嫩 lyŋ44
0667. 村 tshuŋ31
0668. 寸 tshuŋ44
0669. 蹲注意声母 tuŋ31
0670. 孙～子 suŋ31
0671. 滚 kuŋ53
0672. 困 khuŋ44
0673. 婚 xuŋ31
0674. 魂 xuŋ24
0675. 温 vəŋ31
0676. 卒棋子 tsu24
0677. 骨 ku31
0678. 轮 lyŋ24
0679. 俊注意声母 tsuŋ44
0680. 笋 suŋ53
0681. 准 tʂuŋ53
0682. 春 tʂhuŋ31
0683. 唇 ʂuŋ24
0684. 顺 ʂuŋ44
0685. 纯 tʂhuŋ24
0686. 闰 ʐuŋ44
0687. 均 tɕyŋ31
0688. 匀 Øyŋ24
0689. 律 ly31
0690. 出 tʂhu31
0691. 橘 tɕy31
0692. 分动 fəŋ31
0693. 粉 fəŋ53
0694. 粪 fəŋ44
0695. 坟 fəŋ24
0696. 蚊 vəŋ24
0697. 问 vəŋ44
0698. 军 tɕyŋ31
0699. 裙 tɕhyŋ24
0700. 熏 ɕyŋ31
0701. 云～彩 Øyŋ24
0702. 运 Øyŋ44
0703. 佛～像 fɤ24
0704. 物 Øuo31
0705. 帮 pɑŋ31
0706. 忙 mɑŋ24
0707. 党 tɑŋ53
0708. 汤 thɑŋ31
0709. 糖 thɑŋ24
0710. 浪 lɑŋ44
0711. 仓 tshɑŋ31
0712. 钢 kɑŋ31
0713. 糠 khɑŋ31
0714. 薄形 pɤ24
0715. 摸注意声调 mɤ31
0716. 托 thuo31
0717. 落 luo31
0718. 作 tsuo31
0719. 索 suo31
0720. 各 kuo31
0721. 鹤 xuo31
0722. 恶形，入声 ŋuo31
0723. 娘 ȵiɑ24
0724. 两斤～liɑŋ53
0725. 亮 liɑŋ44
0726. 浆 tɕiɑŋ31
0727. 抢 tɕhiɑŋ53
0728. 匠 tɕiɑŋ44
0729. 想 ɕiɑŋ53
0730. 像 ɕiɑŋ44
0731. 张量 tʂɑŋ31
0732. 长～短 tʂhɑŋ24
0733. 装 tʂuɑŋ31
0734. 壮 tʂuɑŋ44
0735. 疮 tʂhuɑŋ31
0736. 床 tʂhuɑŋ24
0737. 霜 ʂuɑŋ31
0738. 章 tʂɑŋ31
0739. 厂 tʂhɑŋ53
0740. 唱 tʂhɑŋ44
0741. 伤 ʂɑŋ31
0742. 尝 ʂɑŋ24

0743. 上～去 ʂaŋ44
0744. 让 ʐaŋ44
0745. 姜生～tɕiaŋ31
0746. 响 ɕiaŋ53
0747. 向 ɕiaŋ44
0748. 秧 Øiaŋ31
0749. 痒 Øiaŋ53
0750. 样 Øiaŋ44
0751. 雀注意声母 tɕhyo53
0752. 削 ɕyo31
0753. 着火～了 tʂhuo24
0754. 勺 ʂuo24
0755. 弱 ʐuo31
0756. 脚 tɕyo31
0757. 约 Øyo31
0758. 药 Øyo31
0759. 光～线 kuaŋ31
0760. 慌 xuaŋ31
0761. 黄 xuaŋ24
0762. 郭 kuo31
0763. 霍 xuo31
0764. 方 faŋ31
0765. 放 faŋ44
0766. 纺 faŋ53
0767. 房 faŋ24
0768. 防 faŋ24
0769. 网 vaŋ53
0770. 筐 khuaŋ31
0771. 狂 khuaŋ24
0772. 王 Øuaŋ24
0773. 旺 vaŋ44
0774. 缚 fɤ24
0775. 绑 paŋ53
0776. 胖 phaŋ44
0777. 棒 paŋ44
0778. 桩 tʂuaŋ31
0779. 撞 tʂhuaŋ44
0780. 窗 tʂhuaŋ31
0781. 双 ʂuaŋ31
0782. 江 tɕiaŋ31
0783. 讲 tɕiaŋ53
0784. 降投～ɕiaŋ24
0785. 项 xaŋ44
0786. 剥 pɤ31
0787. 桌 tʂuo31
0788. 镯 tsuo24
0789. 角 tɕyo31
0790. 壳 khuo31 大烟～～ /tɕhyɛ31 苞谷～～
0791. 学 ɕyɛ24
0792. 握 Øuo31
0793. 朋 phəŋ24
0794. 灯 təŋ31
0795. 等 təŋ53
0796. 凳 təŋ44
0797. 藤 thəŋ24
0798. 能 ləŋ24
0799. 层 tshəŋ24
0800. 僧注意声母 səŋ31
0801. 肯 khəŋ53
0802. 北 pei31
0803. 墨 mei24
0804. 得 tei31
0805. 特 thei24
0806. 贼 tsei24
0807. 塞 sei31
0808. 刻 khei31
0809. 黑 xei31
0810. 冰 piŋ31
0811. 证 tʂəŋ44
0812. 秤 tʂhəŋ44
0813. 绳 ʂəŋ24
0814. 剩 ʂəŋ44
0815. 升 ʂəŋ31
0816. 兴高～ɕiŋ44
0817. 蝇注意声母 Øiŋ24
0818. 逼 pi31
0819. 力 li31
0820. 息 ɕi31
0821. 直 tʂʅ24
0822. 侧注意声母 tshei31
0823. 测 tshei31
0824. 色 sei31
0825. 织 tʂʅ31
0826. 食 ʂʅ24
0827. 式 ʂʅ31
0828. 极 tɕi24
0829. 国 kui31
0830. 或 xui24
0831. 猛 məŋ53
0832. 打注意韵母 ta53
0833. 冷 ləŋ53
0834. 生 səŋ31
0835. 省～长 səŋ53
0836. 更三～，打～ kəŋ44
0837. 梗注意韵母 kəŋ53
0838. 坑 khəŋ31
0839. 硬 ȵiŋ44
0840. 行～为，～走 ɕiŋ24
0841. 百 pei31
0842. 拍 phei31
0843. 白 pei24
0844. 拆 tshei31
0845. 择 tsei24
0846. 窄 tsei31
0847. 格 kei31
0848. 客 khei31
0849. 额 ŋei31
0850. 棚 phəŋ24
0851. 争 tsəŋ31
0852. 耕 kei31
0853. 麦 mei31
0854. 摘 tsei31
0855. 策 tshei31
0856. 隔 kei31
0857. 兵 piŋ31
0858. 柄注意声调 piŋ53
0859. 平 phiŋ24
0860. 病 piŋ44
0861. 明 miŋ24
0862. 命 miŋ44

0863. 镜 tɕiŋ44
0864. 庆 tɕhiŋ44
0865. 迎 Øiŋ24
0866. 影 Øiŋ53
0867. 剧戏～tɕy44
0868. 饼 piŋ53
0869. 名 miŋ24
0870. 领 liŋ53
0871. 井 tɕiŋ53
0872. 清 tɕhiŋ31
0873. 静 tɕiŋ44
0874. 姓 ɕiŋ44
0875. 贞 tʂəŋ31
0876. 程 tʂhəŋ24
0877. 整 tʂəŋ53
0878. 正～反 tʂəŋ44
0879. 声 ʂəŋ31
0880. 城 tʂhəŋ24
0881. 轻 tɕhiŋ31
0882. 赢 Øiŋ24
0883. 积 tɕi31
0884. 惜 ɕi31
0885. 席 ɕi24
0886. 尺 tʂhʅ31
0887. 石 ʂʅ24
0888. 益 Øi31
0889. 瓶 phiŋ24
0890. 钉名 tɕiŋ31
0891. 顶 tɕiŋ53
0892. 厅 tɕhiŋ31
0893. 听～见，注意声调 tɕhiŋ31
0894. 停 tɕhiŋ24
0895. 挺 tɕhiŋ53
0896. 定 tɕiŋ44
0897. 零 liŋ24
0898. 青 tɕhiŋ31
0899. 星 ɕiŋ31
0900. 经 tɕiŋ31
0901. 形 ɕiŋ24
0902. 壁 pi31
0903. 劈 phi53
0904. 踢 thi31
0905. 笛 tɕi24
0906. 历农～li31
0907. 锡 ɕi31
0908. 击 tɕi31
0909. 吃 tʂhʅ31
0910. 横 xəŋ24～竖/ɕyɛ24～顺
0911. 划计～xuɑ44
0912. 兄 ɕyŋ31
0913. 荣 Øyŋ24
0914. 永 Øyŋ53
0915. 营 Øiŋ24
0916. 蓬～松 phəŋ24
0917. 东 tuŋ31
0918. 懂 tuŋ53
0919. 冻 tuŋ44
0920. 通 thuŋ31
0921. 桶注意声调 thuŋ53
0922. 痛 thuŋ44
0923. 铜 thuŋ24
0924. 动 tuŋ44
0925. 洞 tuŋ44
0926. 聋注意声调 luŋ24
0927. 弄注意声母 luŋ44
0928. 粽 tsuŋ44
0929. 葱 tshuŋ31
0930. 送 suŋ44
0931. 公 kuŋ31
0932. 孔 khuŋ53
0933. 烘～干 xuŋ31
0934. 红 xuŋ24
0935. 翁 vəŋ31
0936. 木 mu31
0937. 读 thu24
0938. 鹿 lu31
0939. 族 tshu24
0940. 谷稻～ku31
0941. 哭 khu31
0942. 屋 Øu31
0943. 冬～至 tuŋ31
0944. 统注意声调 thuŋ53
0945. 脓注意声调 luŋ24
0946. 松～紧 suŋ31
0947. 宋 suŋ44
0948. 毒 tu24
0949. 风 fəŋ31
0950. 丰 fəŋ31
0951. 凤 fəŋ44
0952. 梦 məŋ44
0953. 中当～tʂuŋ31
0954. 虫 tʂhuŋ24
0955. 终 tʂuŋ31
0956. 充 tʂhuŋ53
0957. 宫 kuŋ31
0958. 穷 tɕhyŋ24
0959. 熊注意声母 ɕyŋ24
0960. 雄注意声母 ɕyŋ24
0961. 福 fu31
0962. 服 fu24
0963. 目 mu31
0964. 六 liu31
0965. 宿住～，～舍 ɕy31
0966. 竹 tʂu31
0967. 畜～生 ɕy31
0968. 缩 suo31～小/ʂuɑŋ53～脖子
0969. 粥 tʂu31
0970. 叔 ʂu31
0971. 熟 ʂu24
0972. 肉 ʐou44
0973. 菊 tɕy31
0974. 育 Øy44
0975. 封 fəŋ31
0976. 蜂 fəŋ31
0977. 缝一条～fəŋ44
0978. 浓 luŋ24
0979. 龙 luŋ24
0980. 松～树，注意声调 suŋ31
0981. 重轻～tʂuŋ44
0982. 肿 tʂuŋ53

0983. 种～树 tʂuŋ44
0984. 冲 tʂhuŋ31
0985. 恭 kuŋ31
0986. 共 kuŋ44
0987. 凶吉～çyŋ31
0988. 拥注意声调 Øyŋ31
0989. 容 Øyŋ24
0990. 用 Øyŋ44
0991. 绿 liu31
0992. 足 tsu24
0993. 烛 tʂu31
0994. 赎 ʂu24
0995. 属 ʂu53
0996. 褥 ʐu31
0997. 曲～折，歌～ tçhy31
0998. 局 tçy24
0999. 玉 Øy31
1000. 浴 Øy31

第三章　词　汇

第一节　规定词汇

一、天文、地理

（一）天文

0001. 太阳～下山了　热头 ʐɤ53thou0
0002. 月亮～出来了　月亮 Øyɛ53liaŋ0
0003. 星星　宿宿 ɕiu53ɕiu0
0004. 云　云 Øyŋ24
0005. 风　风 fəŋ31
0006. 台风　旋风 ɕyæ̃31fəŋ53
0007. 闪电名词　火闪 xuo31ʂæ̃0
0008. 雷　雷 lui24
0009. 雨　雨 Øy53
0010. 下雨　下雨 ɕia44Øy53
0011. 淋衣服被雨～湿了　淋 lyŋ24
0012. 晒～粮食　晒 sæ44
0013. 雪　雪 ɕyɛ31
0014. 冰　冰 piŋ53
0015. 冰雹　冷子 ləŋ53tsɿ0/硬雨 ȵiŋ44Øy53
0016. 霜　霜 ʂaŋ31
0017. 雾　雾气 vu44tɕhi44
0018. 露　露水 lou44ʂui0
0019. 虹统称　虹 tɕiaŋ44
0020. 日食　日食 Øər53ʂʅ0
0021. 月食　月食 Øyɛ53ʂʅ0
0022. 天气　天气 tɕhiæ̃53tɕhi0
0023. 晴天～　晴 tɕhiŋ24
0024. 阴天～　阴 Øiŋ31
0025. 旱天～　旱 xæ̃44
0026. 涝天～　连阴天 liæ̃31Øiŋ53tɕhiæ̃31
0027. 天亮　天明了 tɕhiæ̃31miŋ31liɔ53

（二）地貌

0028. 水田　水地 ʂui53tɕi44
0029. 旱地浇不上水的耕地　旱地 xæ̃44tɕi44
0030. 田埂　地塄塄 tɕi44ləŋ31ləŋ53
0031. 路野外的　路 lu44
0032. 山　山 sæ̃31
0033. 山谷　山沟沟 sæ̃24kou53kou0/山洼洼 sæ̃31Øua44Øua0
0034. 江大的河　江 tɕiaŋ31
0035. 溪小的河　小河沟 ɕiɔ53xuo24kou53
0036. 水沟儿较小的水道　水沟沟

ʂui53kou31kou0

0037. 湖　湖 xu24

0038. 池塘　涝池 lɑu44tʂhʅ0

0039. 水坑儿地面上有积水的小洼儿　水坑坑 ʂui53khəŋ53khəŋ0

0040. 洪水　发大水 fɑ31tɑ44ʂui53/涨水 tʂɑŋ53ʂui53/涨河 tʂɑŋ53xuo24

0041. 淹被水～了　淹 Øiæ̃31

0042. 河岸　河边 xuo31piæ̃53

0043. 坝拦河修筑拦水的　堰 ȵiæ̃44/老堰 lɔ53ȵiæ̃44

0044. 地震　地动 tɕi44tuŋ44

0045. 窟窿小的　窟窿眼 khu44luŋ0ȵiæ̃53

0046. 缝儿统称　缝缝儿 fəŋ44fəŋr0

（三）物象

0047. 石头统称　石头 ʂʅ31thou53

0048. 土统称　土 thu53

0049. 泥湿的　泥巴 ȵi31pɑ53

0050. 水泥旧称　洋灰 Øiɑŋ24xui31

0051. 沙子　沙石 sɑ53ʂʅ0

0052. 砖整块的　砖头 tʂuæ̃53thou0

0053. 瓦整块的　瓦 Øuɑ53

0054. 煤　煤 mei24

0055. 煤油　煤油 mei24Øiu24

0056. 炭木炭　炭 thæ̃44

0057. 灰烧成的　灰 xui31

0058. 灰尘桌面上的　扬尘 Øiɑŋ31tʂhəŋ53

0059. 火　火 xuo53

0060. 烟烧火形成的　烟 Øiæ̃31

0061. 失火　着火 tʂhuo24xuo53

0062. 水　水 ʂui53

0063. 凉水　凉水 liɑŋ31ʂui53

0064. 热水如洗脸的热水，不是指喝的开水　热水 ʐɤ31ʂui53

0065. 开水喝的　开水 khæ31ʂui53

0066. 磁铁　吸铁石 ɕi31tɕhiɛ31ʂʅ24

二、时间、方位

（一）时间

0067. 时候吃饭的～　时候 sɿ31xou53

0068. 什么时候　啥时 sɑ44sɿ0

0069. 现在　当下 tɑŋ31ɕiɑ44

0070. 以前十年～　以前 Øi31tɕhiæ̃24

0071. 以后十年～　以后 Øi31xou44

0072. 一辈子　一辈子 Øi31pei44tsɿ0

0073. 今年　今年个 tɕiŋ53ȵiæ̃0kɔ0/今年 tɕiŋ53ȵiæ̃0

0074. 明年　明年个 miŋ31ȵiæ̃53kɔ0/明年 miŋ31ȵiæ̃53

0075. 后年　后年 xou44ȵiæ̃0

0076. 去年　年时个 ȵiæ̃31sɿ53kɔ0

0077. 前年　前年个 tɕhiæ̃31ȵiæ̃53kɔ0

0078. 往年过去的年份　往年 Øuɑŋ53ȵiæ̃0

0079. 年初　年头 ȵiæ̃24thou24

0080. 年底　年底 ȵiæ̃24tɕi53

0081. 今天　今儿个 tɕiŋr31kɔ0

0082. 明天　明儿个 miŋr24kɔ0/明儿 miŋr24

0083. 后天　后儿个 xour44kɔ0/后儿 xour44

0084. 大后天　大后儿个 tɑ44xour53kɔ0/大后儿 tɑ44xour53

0085. 昨天　夜儿个 Øiɛr44kɔ0/夜儿

Øiɛr44

0086. 前天　前儿个 tɕhiær24kɔ0/前儿 tɕhiær24

0087. 大前天　大前儿个 tɑ44tɕhiær24kɔ0

0088. 整天　一天 Øi24tɕhiæ31

0089. 每天　见天 tɕiæ44tɕhiæ31

0090. 早晨　早晨 tsɔ53ʂəŋ0

0091. 上午　早上 tsɔ53ʂɑŋ0

0092. 中午　晌午 ʂɑŋ31Øu0

0093. 下午　后晌 xou44ʂɑŋ0

0094. 傍晚　天麻麻黑 tɕhiæ31mɑ24mɑ24xei31

0095. 白天　白天 pei31tɕhiæ53

0096. 夜晚与白天相对，统称　晚上 væ53ʂɑŋ0

0097. 半夜　半晚上 pæ44væ53ʂɑŋ0

0098. 正月农历　正月 tʂəŋ53Øyɛ0

0099. 大年初一农历　大年初一 tɑ44ȵiæ24tʂhu31Øi31

0100. 元宵节　正月十五 tʂəŋ31Øyɛ0ʂʅ31Øu53

0101. 清明　清明 tɕhiŋ53miŋ0

0102. 端午　端阳 tuæ53Øiɑŋ0

0103. 七月十五农历，节日名　七月半 tɕhi31Øyɛ0pæ44

0104. 中秋　八月十五 pɑ31Øyɛ0ʂʅ31Øu53

0105. 冬至　冬至 tuŋ31tsʅ44

0106. 腊月农历十二月　腊月 lɑ31Øyɛ0

0107. 除夕农历　大年三十 tɑ44ȵiæ24sæ31ʂʅ24

0108. 历书　日历 Øər31li24

0109. 阴历　阴历 Øiŋ31li0

0110. 阳历　阳历 Øiɑŋ24li0

0111. 星期天　礼拜日 li53pæ0Øər31

（二）方位

0112. 地方　地方 tɕi44fɑŋ31

0113. 什么地方　啥地方 sɑ44tɕi44fɑŋ31

0114. 家里　屋里 Øu53li0

0115. 城里　城里 tʂhəŋ31li53

0116. 乡下　乡里 ɕiɑŋ53li0

0117. 上面从～滚下来　上头 ʂɑŋ44thou0

0118. 下面从～爬上去　下头 xɑ44thou0

0119. 左边　左旁个 tsuo53pɑŋ31kɔ0

0120. 右边　右旁个 Øiu44pɑŋ31kɔ0

0121. 中间排队排在～　当中 tɑŋ24tʂuŋ31

0122. 前面排队排在～　前头 tɕhiæ31thou53/头里 thou31li53

0123. 后面排队排在～　后头 xou44thou0

0124. 末尾排队排在～　巴巴尾儿 pɑ44pɑ0Øi53Øər0

0125. 对面　对过儿 tui44kuo44Øər0

0126. 面前　跟前 kəŋ31tɕhiæ0

0127. 背后　后头 xou44thou0

0128. 里面躲在～　里头 li53thou0

0129. 外面衣服晒在～　外头 Øuæ44thou0

0130. 旁边　边边 piæ53piæ0

0131. 上碗在桌子～　上 ʂɑŋ44

0132. 下凳子在桌子～　下 xɑ44

0133. 边儿桌子的～　边边 piæ53piæ0

0134. 角儿桌子的～　角角 tɕyo53tɕyo0

0135. 上去他～了　上起 ʂɑŋ44tɕhi0

0136. 下来他～了　下来 xɑ44læ0

0137. 进去他～了　进起 tɕiŋ44tɕhi0
0138. 出来他～了　出来 tʂhu53læ0
0139. 出去他～了　出起 tʂhu53tɕhi0
0140. 回来他～了　回来 xui31læ53
0141. 起来天冷～了　开了 khæ31liɑ0

三、植物

（一）一般植物

0142. 树　树 ʂu44
0143. 木头　木头 mu53thou0
0144. 松树统称　松树 suŋ53ʂu0
0145. 柏树统称　柏树 pei53ʂu0
0146. 杉树　杉树 sɑ53ʂu0
0147. 柳树　柳树 liu53ʂu0
0148. 竹子统称　竹子 tʂu53tsɿ0
0149. 笋　笋子 suŋ44tsɿ0
0150. 叶子　叶叶 Øiɛ53Øiɛ0
0151. 花　花 xuɑ31
0152. 花蕾花骨朵儿　花苞苞 xuɑ31pɔ53pɔ0/花骨都 xuɑ31ku53tu0
0153. 梅花　梅花 mei31xuɑ53
0154. 牡丹　牡丹 mɔ53tæ̃31
0155. 荷花　荷花 xuo31xuɑ53
0156. 草　草草 tshɔ53tshɔ0
0157. 藤　蔓蔓 væ̃44væ̃0
0158. 刺名词　刺 tshɿ44
0159. 水果　果木 kuo53mu31
0160. 苹果　苹果 phiŋ31kuo53
0161. 桃子　桃儿 thɔ24Øər0
0162. 梨　梨儿 li24Øər0
0163. 李子　李子 li53tsɿ0
0164. 杏　杏 xəŋ44
0165. 橘子　橘子 tɕy53tsɿ0
0166. 柚子　柚子 Øiu44tsɿ0
0167. 柿子　柿子 sɿ44tsɿ0
0168. 石榴　石榴 ʂɿ31liu53
0169. 枣　枣儿 tsɔ53Øər0
0170. 栗子　板栗 pæ̃53li31
0171. 核桃　核桃 xuo31thɔ53
0172. 银杏白果　白果 pei31kuo53
0173. 甘蔗　甘蔗 kæ̃31tʂɤ24
0174. 木耳　木耳 mu31Øər0/耳子 Øər53tsɿ0
0175. 蘑菇野生的　菌儿 tɕyŋ44Øər0
0176. 香菇　香菇 ɕiɑŋ24ku31

（二）农作物

0177. 稻子指植物　稻子 thɔ44tsɿ0
0178. 稻谷指籽实（脱粒后是大米）　谷子 ku53tsɿ0
0179. 稻草脱粒后的　稻草 thɔ31tshɔ0
0180. 大麦指植物　燕麦 Øiæ̃44mei31
0181. 小麦指植物　麦 mei31
0182. 麦秸脱粒后的　麦衣子 mei31Øi31tsɿ0/麦草 mei31tshɔ0
0183. 谷子指植物（籽实脱粒后是小米）　粟谷 ɕy31ku0
0184. 高粱指植物　稻黍 thɔ31ʂu0
0185. 玉米指成株的植物　苞谷 pɔ31ku31/番麦 fæ̃31mei31
0186. 棉花指植物　棉花 miæ̃31xuɑ53
0187. 油菜油料作物，不是蔬菜　菜籽儿 tshæ44tsɿr53
0188. 芝麻　芝麻 tsɿ53mɑ0

0189. 向日葵指植物　向日葵 ɕiɑŋ53Øər0khui24

0190. 蚕豆　胡豆 xu31tou53

0191. 豌豆　豌豆 Øuæ̃53tou0

0192. 花生指果实，注意婉称　花生 xuɑ31səŋ0

0193. 黄豆　黄豆 xuɑŋ31tou53

0194. 绿豆　绿豆 liu53tou0

0195. 豇豆长条形的　豇豆 tɕiɑŋ53tou0

0196. 大白菜东北～　白菜 phei31tshæ53

0197. 包心菜卷心菜，圆白菜，球形的　包包菜 pɔ53pɔ0tshæ44/包儿菜 pɔ31Øər0tshæ44

0198. 菠菜　菠菜 pɤ53tshæ0

0199. 芹菜　芹菜 tɕhiŋ31tshæ53

0200. 莴笋　莴笋 Øuo31suŋ0

0201. 韭菜　韭菜 tɕiu53tshæ0

0202. 香菜芫荽　芫荽 Øiæ̃31ɕy53

0203. 葱　葱 tshuŋ31

0204. 蒜　蒜 suæ̃44

0205. 姜　姜 tɕiɑŋ31

0206. 洋葱　洋葱 Øiɑŋ24tshuŋ31

0207. 辣椒统称　辣子 lɑ53tsɿ0

0208. 茄子统称　茄子 tɕhiɛ31tsɿ53

0209. 西红柿　洋柿子 Øiɑŋ24sɿ44tsɿ0

0210. 萝卜统称　萝卜 luo31phu53

0211. 胡萝卜　红萝卜 xuŋ24luo31phu53

0212. 黄瓜　黄瓜 xuɑŋ31kuɑ53

0213. 丝瓜无棱的　丝瓜 sɿ31kuɑ31

0214. 南瓜扁圆形或梨形，成熟时赤褐色　南瓜 læ̃31kuɑ53

0215. 荸荠　荸荠 pi31tɕi31

0216. 红薯统称　红苕 xuŋ24ʂɔ24

0217. 马铃薯　洋芋 Øiɑŋ24Øy24

0218. 芋头　芋头 Øy44thou0

0219. 山药圆柱形的　山药 sæ̃31Øyo0

0220. 藕　莲菜 liæ̃31tshæ53

四、动物

（一）一般动物

0221. 老虎　老虎 lɔ31xu0

0222. 猴子　猴子 xou31tsɿ53

0223. 蛇统称　长虫 tʂhɑŋ31tʂhuŋ53

0224. 老鼠家里的　老鼠 lɔ31ʂu0

0225. 蝙蝠　夜蝙蝠 Øiɛ44piɛ31xu0

0226. 鸟儿飞鸟，统称　雀儿 tɕhiɔ53Øər0

0227. 麻雀　麻雀儿 mɑ31tɕhiɔr53

0228. 喜鹊　野雀儿 Øiɛ53tɕhiɔr31

0229. 乌鸦　老鸹 lɔ53Øuɑ0

0230. 鸽子　鹁鸽 phu31kuo53

0231. 翅膀鸟的，统称　翎膀 liŋ31pɑŋ53

0232. 爪子鸟的，统称　爪爪 tʂuɑ53tʂuɑ0

0233. 尾巴　尾巴 Øi53pɑ0

0234. 窝鸟的　窝 Øuo31

0235. 虫子统称　虫 tʂhuŋ24/虫虫 tʂhuŋ31tʂhuŋ53

0236. 蝴蝶统称　蝴蝶 xu31tɕiɛ53

0237. 蜻蜓统称　蚂螂 mɑ31lɑŋ0

0238. 蜜蜂　蜂 fəŋ31

0239. 蜂蜜　蜂蜜 fəŋ31mi31

0240. 知了统称　麦蝉 mei53ʂæ̃0

0241. 蚂蚁　蚍蜂蚂 phi31fəŋ53mɑ0

0242. 蚯蚓　曲蟮 tɕhy31ʂæ̃0

0243. 蚕　蚕儿 tshæ̃24Øər0

0244. 蜘蛛会结网的　蛛蛛 tʂu53tʂu0

0245. 蚊子统称　蟆子 mɤ53tsɿ0

0246. 苍蝇统称　蝇子 Øiŋ31tsɿ53

0247. 跳蚤咬人的　蛇蚤 kuo31tsɔ0

0248. 虱子　虱 sei31

0249. 鱼　鱼 Øy24

0250. 鲤鱼　鲤鱼 li53Øy24

0251. 鳙鱼胖头鱼　鳙鱼 Øyŋ24Øy24

0252. 鲫鱼　鲫鱼 tɕi31Øy24

0253. 甲鱼　鳖 piɛ31

0254. 鳞鱼的　鳞 liŋ24

0255. 虾统称　虾 ɕiɑ31

0256. 螃蟹统称　螃甲子 phɑŋ31tɕiɑ53tsɿ0

0257. 青蛙统称　青蛙 tɕhiŋ53Øuɑ31

0258. 癞蛤蟆表皮多疙瘩　疥巴□ tɕiɛ44pɑ31thu31

（二）家畜、家禽

0259. 马　马 mɑ53

0260. 驴　驴 ly24

0261. 骡　骡子 luo31tsɿ53

0262. 牛　牛 ȵiu24

0263. 公牛统称　犍牛 tɕiæ̃53ȵiu0

0264. 母牛统称　乳牛 ʐu53ȵiu0

0265. 放牛　看牛 khæ̃44ȵiu24

0266. 羊　羊 Øiɑŋ24

0267. 猪　猪 tʂu31

0268. 种猪配种用的公猪　角猪 tɕyo31tʂu0

0269. 公猪成年的，已阉的　牙猪 Øiɑ31tʂu53

0270. 母猪成年的，未阉的　母猪 mu53tʂu31

0271. 猪崽　猪娃 tʂu53Øuɑ0

0272. 猪圈　猪圈 tʂu31tɕyæ̃44

0273. 养猪　喂猪 Øui44tʂu31

0274. 猫　猫 mɔ24

0275. 公猫　男猫 læ̃31mɔ53

0276. 母猫　咪猫 mi44mɔ0

0277. 狗统称　狗 kou53

0278. 公狗　牙狗 Øiɑ31kou53

0279. 母狗　母狗 mu31kou0

0280. 叫狗～　咬 Øiɔ53

0281. 兔子　兔儿 thur44

0282. 鸡　鸡 tɕi31

0283. 公鸡成年的，未阉的　公鸡 kuŋ31tɕi31

0284. 母鸡已下过蛋的　母鸡 mu53tɕi31

0285. 叫公鸡～（打鸣儿）　叫鸣 tɕiɔ44miŋ24

0286. 下鸡～蛋　下 ɕiɑ44

0287. 孵～小鸡　菢 pɔ44

0288. 鸭　鸭子 Øiɑ53tsɿ0

0289. 鹅　鹅 ŋuo24

0290. 阉～公的猪　劁 tɕhiɔ31

0291. 阉～母的猪　劁 tɕhiɔ31

0292. 阉～鸡　无

0293. 喂～猪　喂 Øui44

0294. 杀猪统称，注意婉称　杀猪 sɑ24tʂu31

0295. 杀～鱼　破鱼 phɤ44Øy24

五、房舍、器具

（一）房舍

0296. 村庄一个～　庄子 tʂɑŋ53tsɿ0/村里 tshuŋ53li0

0297. 胡同统称：一条～　巷巷 xaŋ53xaŋ0/巷道 xaŋ53tɔ0
0298. 街道　街道 tɕiɛ53tɔ0
0299. 盖房子　修房 ɕiu31faŋ24
0300. 房子整座的，不包括院子　房 faŋ24
0301. 屋子房子里分隔而成的，统称　屋子 Øu53tsɿ0
0302. 卧室　睡房 ʂui44faŋ0
0303. 茅屋茅草等盖的　茅草房 mɔ31tshɔ53faŋ24/草房 tshɔ53faŋ24
0304. 厨房　灶房 tsɔ44faŋ0
0305. 灶统称　锅头 kuo53thou0/锅台 kuo53thæ0
0306. 锅统称　锅 kuo31
0307. 饭锅煮饭的　饭锅 fæ̃44kuo31
0308. 菜锅炒菜的　炒锅 tshɔ53kuo31
0309. 厕所旧式的，统称　后院 xou44Øyæ̃0/茅房 mɔ31faŋ53
0310. 檩左右方向的　檩子 liŋ53tsɿ0
0311. 柱子　柱子 tʂu44tsɿ0
0312. 大门　头门 thou31məŋ53
0313. 门槛儿　门槛 məŋ31khæ̃53
0314. 窗旧式的　窗子 tʂhuaŋ31tsɿ0/窗户 tʂhuaŋ31xu0
0315. 梯子可移动的　梯子 tɕhi53tsɿ0
0316. 扫帚统称　扫把 sɔ44pa0
0317. 扫地　扫地 sɔ53tɕi44
0318. 垃圾　渣渣 tsa53tsa0

（二）家具

0319. 家具统称　家当 tɕia53taŋ0
0320. 东西我的　东西 tuŋ53ɕi0
0321. 炕土、砖砌的，睡觉用　炕 khaŋ44
0322. 床木制的，睡觉用　床 tʂhuaŋ24
0323. 枕头　枕头 tʂəŋ53thou0
0324. 被子　被儿 pi44Øər0
0325. 棉絮　网套 vaŋ53thɔ44
0326. 床单　单子 tæ̃53tsɿ0
0327. 褥子　褥子 ʐu53tsɿ0
0328. 席子　席垫 ɕi31tɕhiæ̃53
0329. 蚊帐　蚊帐 vəŋ24tʂaŋ44
0330. 桌子统称　桌子 tʂuo53tsɿ0
0331. 柜子统称　柜子 khui44tsɿ0
0332. 抽屉桌子的　抽屉 tʂhou53tɕhi0
0333. 案子长条形的　案子 ŋæ̃44tsɿ0
0334. 椅子统称　椅子 Øi53tsɿ0
0335. 凳子统称　板凳 pæ̃53təŋ0
0336. 马桶有盖的　尿桶 ȵiɔ44thuŋ53

（三）用具

0337. 菜刀　菜刀 tshæ44tɔ31
0338. 瓢舀水的　马勺 ma53ʂuo0
0339. 缸　缸 kaŋ31
0340. 坛子装酒的～　坛坛 thæ̃31thæ̃53
0341. 瓶子装酒的～　瓶瓶 phiŋ31phiŋ53
0342. 盖子杯子的～　盖盖 kæ44kæ0
0343. 碗统称　碗 væ̃53
0344. 筷子　筷子 khuæ44tsɿ0
0345. 汤匙　调羹 tɕhiɔ31kəŋ53/勺勺 ʂuo31ʂuo53
0346. 柴火统称　柴火 tshæ31xuo53
0347. 火柴　洋火 Øiaŋ31xuo53
0348. 锁　锁子 suo53tsɿ0
0349. 钥匙　钥匙 Øyo53sɿ0
0350. 暖水瓶　电壶 tɕiæ̃44xu24

0351. 脸盆　脸盆 liæ53phəŋ0
0352. 洗脸水　洗脸水 çi53liæ31ʂui53
0353. 毛巾洗脸用　毛巾 mɔ31tçiŋ53
0354. 手绢　手帕 ʂou53phɑ31
0355. 肥皂洗衣服用　洋碱 Øiaŋ24tçiæ53
0356. 梳子旧式的，不是篦子　梳子 ʂu31tsɿ0
0357. 缝衣针　针 tʂəŋ31
0358. 剪子　剪子 tçiæ53tsɿ0
0359. 蜡烛　蜡 lɑ31/洋蜡 Øiaŋ24lɑ31
0360. 手电筒　手电 ʂou53tçiæ44
0361. 雨伞挡雨的，统称　伞 sæ53
0362. 自行车　自行车 tsɿ44çiŋ24tʂhɤ53

六、服饰、饮食

（一）服饰

0363. 衣服统称　衣裳 Øi53ʂɑŋ0
0364. 穿～衣服　穿 tʂhuæ31
0365. 脱～衣服　脱 thuo31
0366. 系～鞋带　绑 pɑŋ53
0367. 衬衫　衬衣 tshəŋ44Øi31
0368. 背心带两条杠的，内衣　背心 pei44çiŋ31
0369. 毛衣　毛衣 mɔ31Øi53
0370. 棉衣　棉袄 miæ31ŋɔ53
0371. 袖子　袖子 çiu44tsɿ0
0372. 口袋衣服上的　兜兜 tou53tou0
0373. 裤子　裤子 khu44tsɿ0
0374. 短裤外穿的　半截裤 pæ44tçiɛ31khu44
0375. 裤腿　裤腿 khu44thui0
0376. 帽子统称　帽子 mɔ44tsɿ0
0377. 鞋子　鞋 xæ24
0378. 袜子　袜子 vɑ53tsɿ0
0379. 围巾　头巾 thou31tçiŋ53
0380. 围裙　遮腰 tʂɤ31Øiɔ31/围裙 Øui31tçhyŋ53
0381. 尿布　褯片 tçhiɛ44phiæ0
0382. 扣子　纽子 ȵiu53tsɿ0
0383. 扣～扣子　扣 khou44
0384. 戒指　戒指 tçiɛ44tsɿ0
0385. 手镯　镯儿 tsuo24Øər0
0386. 理发　推头 thui31thou24
0387. 梳头　梳头 ʂu31thou24

（二）饮食

0388. 米饭　米饭 mi53fæ0
0389. 稀饭用米熬的，统称　米汤 mi53thɑŋ31
0390. 面粉麦子磨的，统称　面 miæ44
0391. 面条统称　面 miæ44
0392. 面儿玉米～，辣椒～　面 miæ44
0393. 馒头无馅儿的，统称　蒸馍 tʂəŋ53mɤ0
0394. 包子　包子 pɔ53tsɿ0
0395. 饺子　饺子 tçiɔ53tsɿ0
0396. 馄饨　馄饨 xuŋ31tuŋ53
0397. 馅儿　馅儿 çyæ44Øər0
0398. 油条长条形的，旧称　油条 Øiu24tçhiɔ24
0399. 豆浆　白浆子 phei24tçhiaŋ53tsɿ0
0400. 豆腐脑儿　豆花 tou44xuɑ31
0401. 元宵食品　元宵 Øyæ31çiɔ53
0402. 粽子　粽子 tsuŋ44tsɿ0

0403. 年糕用黏性大的米或米粉做的　年糕 ȵiæ̃31kɔ53
0404. 点心统称　点心 tɕiæ̃53ɕiŋ31
0405. 菜吃饭时吃的，统称　菜 tshæ44
0406. 干菜统称　干菜 kæ̃53tshæ0
0407. 豆腐　豆腐 tou44fu0
0408. 猪血当菜的　猪血 tʂu24ɕiɛ31
0409. 猪蹄当菜的　猪蹄蹄 tʂu31tɕhi31tɕhi53
0410. 猪舌头当菜的，注意婉称　口条 khou53tɕhiɔ0
0411. 猪肝当菜的，注意婉称　肝子 kæ̃53tsɿ0
0412. 下水猪、牛、羊的内脏　下水 ɕiɑ44ʂui0
0413. 鸡蛋　鸡蛋 tɕi53tæ̃0
0414. 松花蛋　变蛋 piæ̃44tæ̃44
0415. 猪油　大油 tɑ44Øiu24
0416. 香油　香油 ɕiɑŋ31Øiu24
0417. 酱油　酱油 tɕiɑŋ44Øiu24
0418. 盐名词　盐 Øiæ̃24
0419. 醋注意婉称　醋 tshu44
0420. 香烟　纸烟 tsɿ53Øiæ̃31
0421. 旱烟　兰花烟 læ̃31xuɑ53Øiæ̃31
0422. 白酒　辣酒 lɑ31tɕiu53
0423. 黄酒　黄酒 xuɑŋ31tɕiu53
0424. 江米酒酒酿，醪糟　醪糟 lɔ31tsɔ53/甜酒 tɕhiæ̃24tɕiu53
0425. 茶叶　茶叶 tshɑ31Øiɛ53
0426. 沏～茶　泡 phɔ44/倒 tɔ44
0427. 冰棍儿　冰棍 piŋ31kuŋ44
0428. 做饭统称　做饭 tsu44fæ̃44
0429. 炒菜统称，和做饭相对　炒菜 tshɔ53tshæ44
0430. 煮～带壳的鸡蛋　煮 tʂu53
0431. 煎～鸡蛋　炕 khɑŋ44
0432. 炸～油条　炸 tsɑ24
0433. 蒸～鱼　蒸 tʂəŋ31
0434. 揉～面做馒头等　揉 ʐou24
0435. 擀～面，～皮儿　擀 kæ̃53
0436. 吃早饭　吃赶早饭 tʂhʅ31kæ̃31tsɔ53fæ̃44
0437. 吃午饭　吃晌午饭 tʂhʅ31ʂɑŋ44Øu0fæ̃44
0438. 吃晚饭　吃夜饭 tʂhʅ31Øiɛ44fæ̃0
0439. 吃～饭　吃 tʂhʅ31
0440. 喝～酒　喝 xuo31
0441. 喝～茶　喝 xuo31
0442. 抽～烟　吸 ɕi31
0443. 盛～饭　舀 Øiɔ53
0444. 夹用筷子～菜　挑 tɕhiɔ53
0445. 斟～酒　倒 tɔ44
0446. 渴口～　渴 khuo31
0447. 饿肚子～　饿 ŋuo44
0448. 噎吃饭～着了　噎 Øiɛ31

七、身体、医疗

（一）身体

0449. 头人的，统称　头 thou24
0450. 头发　头发 thou31fɑ53/帽盖 mɔ44kæ0
0451. 辫子　帽辫子 mɔ44piæ̃44tsɿ0
0452. 旋　旋 ɕyæ̃24
0453. 额头　额颅 ŋei53lu0
0454. 相貌　长相 tʂɑŋ53ɕiɑŋ44/面相

miæ44ɕiaŋ44

0455. 脸洗～　脸 liæ53

0456. 眼睛　眼睛 ȵiæ53tɕiŋ53

0457. 眼珠统称　眼仁子

ȵiæ53ʐəŋ31tsɿ53

0458. 眼泪哭的时候流出来的　眼泪

ȵiæ53lui0

0459. 眉毛　眉毛 mi31mɔ53

0460. 耳朵　耳朵 Øər53tuo0

0461. 鼻子　鼻子 phi31tsɿ53

0462. 鼻涕统称　鼻 phi24

0463. 擤～鼻涕　擤 ɕiŋ53

0464. 嘴巴人的，统称　嘴 tsui53

0465. 嘴唇　嘴唇 tsui53ʂuŋ24

0466. 口水～流出来　颔水 xæ31ʂei0

0467. 舌头　舌头 ʂɤ31thou53

0468. 牙齿　牙 Øia24

0469. 下巴　下巴 xa44pa0

0470. 胡子嘴周围的　胡子 xu31tsɿ53

0471. 脖子　脖项 phɤ31xaŋ53/脖浪骨

phu31laŋ53ku0

0472. 喉咙　喉咙眼 xu31luŋ53ȵiæ53

0473. 肩膀　胛骨 tɕia31kuo0

0474. 胳膊　胳膊 kuo53pei0

0475. 手方言指（打√）：只指手；包括臂：

他的～摔断了　手 ʂou53

0476. 左手　左手 tsuo44ʂou53

0477. 右手　右手 Øiu44ʂou53

0478. 拳头　捶头 tʂhui31thou53

0479. 手指　指头 tsɿ53thou0

0480. 大拇指　大拇指 ta44mu31tsɿ0

0481. 食指　二拇指 Øər44mu31tsɿ0

0482. 中指　中指 tʂuŋ31tsɿ0

0483. 无名指　无名指 Øu24miŋ24tsɿ0

0484. 小拇指　小拇尕尕

ɕiɔ53mu31ka31ka53/

小拇尕儿 ɕiɔ53mu31kar24

0485. 指甲　指甲 tsɿ53tɕia31

0486. 腿　腿 thui53

0487. 脚方言指（打√）：只指脚；包括小腿；

包括小腿和大腿：他的～轧断了

脚 tɕyo31

0488. 膝盖指部位　□膝盖

khuo53ɕi0kæ44

0489. 背名词　脊背 tɕi53pei0

0490. 肚子腹部　肚子 tu44tsɿ0

0491. 肚脐　肚脐眼 tu44tɕhi53ȵiæ53

0492. 乳房女性的　奶头 læ53thou0

0493. 屁股　沟子 kou53tsɿ0

0494. 肛门　沟门子 kou53məŋ31tsɿ53

0495. 阴茎成人的　尿 tɕhiu24

0496. 女阴成人的　屄 phi31

0497. 肏动词　合 ʐʅ31

0498. 精液　㞗 suŋ24

0499. 来月经注意婉称　身上来了

ʂəŋ53ʂaŋ0læ31lia53

0500. 拉屎　屙屎 pa53sɿ53

0501. 撒尿　尿尿 ȵiɔ44ȵiɔ44

0502. 放屁　放屁 faŋ44phi44

0503. 相当于“他妈的”的口头禅

他娘的 tha31ȵia24tɕi31

（二）疾病、医疗

0504. 病了　害病 xæ44piŋ44

0505. 着凉　着凉 tʂhuo24liaŋ24/受凉

ʂou44liaŋ24

0506. 咳嗽　咳嗽 khuo53sou0
0507. 发烧　发烧 fɑ24ʂɔ31
0508. 发抖　发抖 fɑ31thou53/打颤 tɑ53tʂæ̃44
0509. 肚子疼　肚子疼 tu44tsɿ0thəŋ24
0510. 拉肚子　跑肚 phɔ53tu44
0511. 患疟疾　打摆子 tɑ31pæ53tsɿ0
0512. 中暑　中暑 tʂuŋ44ʂu53
0513. 肿　肿 tʂuŋ53
0514. 化脓　会脓 xui44luŋ24
0515. 疤好了的　疤疤 pɑ53pɑ0/疮疤 tʂhuɑŋ31pɑ0
0516. 癣　癣 ɕyæ̃53
0517. 痣凸起的　瘊子 xou31tsɿ53
0518. 疙瘩蚊子咬后形成的　疙瘩 kuo53tɑ0
0519. 狐臭　臭胎子 tʂhou44thæ31tsɿ0
0520. 看病　看病 khæ̃44piŋ44
0521. 诊脉　纳脉 lɑ24mei31
0522. 针灸　扎针 tsɑ24tʂəŋ31
0523. 打针　打针 tɑ53tʂəŋ31
0524. 打吊针　挂吊针 kuɑ44tɕiɔ44tʂəŋ31
0525. 吃药统称　吃药 tʂhʅ24Øyo31
0526. 汤药　汤药 thɑŋ31Øyo31
0527. 病轻了　病慢了 piŋ44mæ̃44liɑ0

八、婚丧、信仰

（一）婚育

0528. 说媒　说亲 ʂɤ24tɕhiŋ31
0529. 媒人　媒婆 mei31phɤ53
0530. 相亲　见面 tɕiæ̃44miæ̃44
0531. 订婚　订婚 tɕiŋ44xuŋ31
0532. 嫁妆　陪房 phei31fɑŋ53
0533. 结婚统称　给娃办事 kei44Øuɑ24pæ̃44sɿ44
0534. 娶妻子男子～，动宾　娶媳妇 tɕhy53ɕi53fu0
0535. 出嫁女子～　出门 tʂhu31məŋ24
0536. 拜堂　拜堂 pæ44thɑŋ24
0537. 新郎　新女婿 ɕiŋ31ȵy53ɕy0
0538. 新娘子　新媳妇 ɕiŋ31ɕi31fu0
0539. 孕妇　大肚子 tɑ44tu44tsɿ0/怀娃婆 xuæ31Øuɑ53phɤ24
0540. 怀孕　怀上 xuæ31ʂɑŋ53/有啦 Øiu53liɑ0
0541. 害喜妊娠反应　害口 xæ44khou53
0542. 分娩　生娃 səŋ31Øuɑ24
0543. 流产　小产 ɕiɔ31tshæ̃53
0544. 双胞胎　双生子 ʂɑŋ44səŋ31tsɿ0
0545. 坐月子　坐月子 tsuo44Øyɛ31tsɿ0
0546. 吃奶　喂奶 Øui44læ53
0547. 断奶　摘奶 tsei31læ53
0548. 满月　出月 tʂhu31Øyɛ31
0549. 生日统称　生日 səŋ31Øər0
0550. 做寿　过寿 kuo44ʂou44

（二）丧葬

0551. 死统称　死 sɿ53
0552. 死婉称，最常用的几种，指老人：他～了　老百年 lɔ53pei31ȵiæ̃24
0553. 自杀　自杀 tsɿ44sɑ31
0554. 咽气　咽气 Øiæ̃44tɕhi44
0555. 入殓　入殓 ʐu31liæ̃53
0556. 棺材　材木 tshæ31mu53/寿材 ʂou44tshæ0

0557. 出殡　出丧 tʂhu24saŋ31
0558. 灵位　牌位 phæ31Øui53
0559. 坟墓单个的，老人的　坟 fəŋ24
0560. 上坟　上坟 ʂaŋ44fəŋ24
0561. 纸钱　纸钱 tsɿ53tɕhiæ0

（三）信仰

0562. 老天爷　老天爷 lɔ53tɕhiæ53Øiɛ0
0563. 菩萨统称　菩萨 phu31sɑ53
0564. 观音　观音菩萨 kuæ31Øiŋ0phu31sɑ53
0565. 灶神口头的叫法，其中如有方言亲属称谓要释义　灶神爷 tsɔ44ʂəŋ0Øiɛ0
0566. 寺庙　庙 miɔ44
0567. 祠堂　祠堂 tshɿ31thaŋ53
0568. 和尚　和尚 xuo31ʂaŋ53
0569. 尼姑　尼姑 ȵi31ku53
0570. 道士　道人 tɔ44ʐ̩əŋ0
0571. 算命统称　算卦 suæ44kuɑ44
0572. 运气　运气 Øyŋ44tɕhi0
0573. 保佑　保佑 pɔ53Øiu44

九、人品、称谓

（一）人品

0574. 人一个～　人 ʐ̩əŋ24
0575. 男人成年的，统称　男人 læ31ʐ̩əŋ53
0576. 女人三四十岁已婚的，统称　媳妇 ɕi53fu0
0577. 单身汉　光棍 kuaŋ53kuŋ0
0578. 老姑娘　老女子 lɔ31ȵy31tsɿ0
0579. 婴儿　月娃 Øyo53Øuɑ0
0580. 小孩儿三四岁的，统称　碎娃 sui44Øuɑ24
0581. 男孩儿统称：外面有个～在哭　儿子娃 Øər31tsɿ53Øuɑ24
0582. 女孩儿统称：外面有个～在哭　女子娃 ȵy53tsɿ0Øuɑ24
0583. 老人七八十岁的，统称　老人 lɔ53ʐ̩əŋ0
0584. 亲戚统称　亲戚 tɕhiŋ53tɕhi0
0585. 朋友统称　伙计 xuo53tɕi0
0586. 邻居统称　邻居 liŋ31tɕy53
0587. 客人　客 khei31
0588. 农民　农民 luŋ24miŋ24
0589. 商人　生意人 səŋ53Øi0ʐ̩əŋ24/买卖人 mæ53mæ0ʐ̩əŋ24
0590. 手艺人统称　匠人 tɕiaŋ44ʐ̩əŋ0
0591. 泥水匠　泥瓦匠 ȵi31Øuɑ53tɕiaŋ0
0592. 木匠　木匠 mu53tɕiaŋ0
0593. 裁缝　裁缝 tshæ31fəŋ53
0594. 理发师　剃头匠 tɕhi44thou0tɕiaŋ0/剃头的 tɕhi44thou31tɕi53
0595. 厨师　大师傅 tɑ44sɿ53fu0
0596. 师傅　师傅 sɿ53fu0
0597. 徒弟　徒弟 thu31tɕhi53
0598. 乞丐统称，非贬称（无统称则记成年男的）　叫花子 tɕiɔ44xuɑ31tsɿ0/要饭的 Øiɔ44fæ44tɕi0
0599. 妓女　婊子 piɔ53tsɿ0
0600. 流氓　瞎怂 xɑ53suŋ24/二流子 Øər44liu44tsɿ0
0601. 贼　贼娃子 tsei31Øuɑ53tsɿ0
0602. 瞎子统称，非贬称（无统称则记成年男的）　瞎子 xɑ53tsɿ0

0603. 聋子统称，非贬称（无统称则记成年男的） 聋子 luŋ31tsɿ53
0604. 哑巴统称，非贬称（无统称则记成年男的） 瓜子 kuɑ53tsɿ0
0605. 驼子统称，非贬称（无统称则记成年男的） 背锅子 pei31kuo31tsɿ0
0606. 瘸子统称，非贬称（无统称则记成年男的） 瘸子 tɕhyɛ31tsɿ53
0607. 疯子统称，非贬称（无统称则记成年男的） 疯子 fəŋ53tsɿ0
0608. 傻子统称，非贬称（无统称则记成年男的） 瓜子 kuɑ53tsɿ0
0609. 笨蛋蠢的人 笨尿 pəŋ44suŋ24/闷尿 məŋ44suŋ24

（二）称谓

0610. 爷爷呼称，最通用的 爷 Øiɛ24
0611. 奶奶呼称，最通用的 婆 phɤ24
0612. 外祖父叙称 外爷 vei44Øiɛ0
0613. 外祖母叙称 外婆 vei44phɤ0
0614. 父母合称 老的 lɔ53tɕi0
0615. 父亲叙称 爸 pɑ24/大 tɑ24/爹 tɕiɛ31
0616. 母亲叙称 妈 mɑ31/娘 ȵiɑ24
0617. 爸爸呼称，最通用的 爸 pɑ24
0618. 妈妈呼称，最通用的 妈 mɑ31
0619. 继父叙称 后爸 xou44pɑ24
0620. 继母叙称 后妈 xou44mɑ31/后娘 xou44ȵiɑ24
0621. 岳父叙称 丈人 tʂɑŋ44ʐəŋ0/姨夫 Øi31fu53
0622. 岳母叙称 丈母娘 tʂɑŋ44mu0ȵiɑ24/姨 Øi24
0623. 公公叙称 阿家大 Øɑ31tɕiɑ0tɑ24
0624. 婆婆叙称 阿家婆 Øɑ31tɕiɑ0phɤ24
0625. 伯父呼称，统称 伯 pei24
0626. 伯母呼称，统称 大大 tɑ44tɑ0
0627. 叔父呼称，统称 爸 pɑ24
0628. 叔父呼称，排行最小的，如"幺叔" 碎爸 sui44pɑ24
0629. 叔母呼称，统称 新娘 ɕiŋ31ȵiɑ24
0630. 姑呼称，统称（无统称则记分称：比父大，比父小；已婚，未婚） 姑 ku31
0631. 姑父呼称，统称 姑父 ku53fu0
0632. 舅舅呼称 舅 tɕiu44
0633. 舅妈呼称 妗子 tɕiŋ44tsɿ0
0634. 姨呼称，统称（无统称则记分称：比母大，比母小；已婚，未婚） 姨 Øi24
0635. 姨父呼称，统称 姨夫 Øi31fu53
0636. 弟兄合称 弟兄们 tɕi44ɕyŋ31mu0
0637. 姊妹合称，注明是否可包括男性 姊妹包括男性 tsɿ44mei0
0638. 哥哥呼称，统称 哥 kuo24
0639. 嫂子呼称，统称 嫂子 sɔ53tsɿ0
0640. 弟弟叙称 兄弟 ɕyŋ53tɕi0
0641. 弟媳叙称 兄弟媳妇 ɕyŋ53tɕi0ɕi53fu0
0642. 姐姐呼称，统称 姐 tɕiɛ53
0643. 姐夫呼称 姐夫 tɕiɛ53fu0
0644. 妹妹叙称 妹子 mei44tsɿ0
0645. 妹夫叙称 妹夫 mei44fu0
0646. 堂兄弟叙称，统称 堂兄弟 thɑŋ24ɕyŋ31tɕi44
0647. 表兄弟叙称，统称 老表 lɔ31piɔ53

0648. 妯娌弟兄妻子的合称　先后 ɕiæ44xou0

0649. 连襟姊妹丈夫的关系，叙称　挑担 tɕhiɔ53tæ31

0650. 儿子叙称：我的～　儿 Øər24

0651. 儿媳妇叙称：我的～　儿媳妇 Øər24ɕi53fu0

0652. 女儿叙称：我的～　女 ȵy53

0653. 女婿叙称：我的～　女婿 ȵy53ɕy0

0654. 孙子儿子之子　孙子 suŋ31tsɿ0

0655. 重孙子儿子之孙　重孙子 tʂhuŋ31suŋ53tsɿ0

0656. 侄子弟兄之子　侄儿 tʂhʅr24/侄娃子 tʂhʅ31Øuɑ53tsɿ0

0657. 外甥姐妹之子　外甥 Øuæ44səŋ31

0658. 外孙女儿之子　外孙 Øuæ44suŋ31

0659. 夫妻合称　两口 liɑŋ31khou0/两口子 liɑŋ31khou0tsɿ0

0660. 丈夫叙称，最通用的，非贬称：她的～　掌柜的 tʂɑŋ53kui44tɕi0/外头的 Øuæ44thou0tɕi0

0661. 妻子叙称，最通用的，非贬称：他的～　老婆 lɔ53phɤ0/婆娘 phɤ31ȵiɑŋ53/屋里人 Øu53li0ʐəŋ24

0662. 名字　名字 miŋ31tsɿ53

0663. 绰号　外号 Øuæ44xɔ44

十、农、工、商、文

（一）农业

0664. 干活儿统称：在地里～　做活 tsu44xuo24

0665. 事情一件～　事 sɿ44

0666. 插秧　插秧 tshɑ24Øiɑŋ31

0667. 割稻　割稻子 kuo31thɔ44tsɿ0

0668. 种菜　种菜 tʂuŋ44tshæ44

0669. 犁名词　犁头 li31thou53

0670. 锄头　锄 tʂhu24

0671. 镰刀　镰 liæ24

0672. 把儿刀～　把把 pɑ44pɑ0

0673. 扁担　扁担 piæ53tæ31

0674. 箩筐　筐筐 khuɑŋ53khuɑŋ0

0675. 筛子统称　筛子 sæ53tsɿ0

0676. 簸箕农具，有梁的　抄箕 tshɔ31tɕi0

0677. 簸箕簸米用　簸箕 pɤ44tɕi0

0678. 独轮车　推车 thui31tʂhɤ31/卡娃车 tɕhiɑ53Øuɑ0tʂhɤ31

0679. 轮子旧式的，如独轮车上的　轮子 lyŋ31tsɿ53

0680. 碓整体　碓窝 tui44Øuo31

0681. 臼　石窝 ʂʅ31Øuo53

0682. 磨名词　磨 mɤ44

0683. 年成　年成 ȵiæ31tʂhəŋ53

（二）工商业

0684. 走江湖统称　走江湖 tsou53tɕiɑŋ53xu0

0685. 打工　打工 tɑ53kuŋ31

0686. 斧子　斧头 fu53thou0

0687. 钳子　钳子 tɕhiæ31tsɿ53

0688. 螺丝刀　起子 tɕhi53tsɿ0/改锥 kæ53tʂui31

0689. 锤子　锤 tʂhui24

0690. 钉子　钉子 tɕiŋ53tsɿ0

0691. 绳子　绳 ʂəŋ24

0692. 棍子　棒 paŋ24
0693. 做买卖　做生意 tsu44səŋ53Øi0/做买卖 tsu44mæ53mæ0
0694. 商店　铺子 phu44tsɿ0
0695. 饭馆　馆子 kuæ̃53tsɿ0
0696. 旅馆旧称　店房 tɕiæ̃44faŋ0
0697. 贵　贵 kui44
0698. 便宜　便宜 phiæ̃31Øi53
0699. 合算　划算 xuɑ31suæ̃53
0700. 折扣　打折 tɑ53tʂɤ31
0701. 亏本　折本 ʂɤ24pəŋ53
0702. 钱统称　票子 phiɔ44tsɿ0
0703. 零钱　零钱 liŋ24tɕhiæ̃24
0704. 硬币　分分钱 fəŋ53fəŋ0tɕhiæ̃24
0705. 本钱　本钱 pəŋ53tɕhiæ̃0
0706. 工钱　工钱 kuŋ53tɕhiæ̃0
0707. 路费　盘缠 phæ̃31tʂhæ̃53
0708. 花～钱　花 xuɑ31
0709. 赚卖一斤能～一毛钱　赚 tɕiæ̃44
0710. 挣打工～了一千块钱　挣 tsəŋ44
0711. 欠～他十块钱　该 kæ31
0712. 算盘　算盘 suæ̃44phæ̃0
0713. 秤统称　秤 tʂhəŋ44
0714. 称用杆秤～　称 tʂhəŋ31/志 tsɿ44
0715. 赶集　赶场 kæ̃53tʂhaŋ24
0716. 集市　场 tʂhaŋ24
0717. 庙会　庙会 miɔ44xui44

（三）文化、娱乐

0718. 学校　学校 ɕyo24ɕiɔ44
0719. 教室　教室 tɕiɔ44ʂʅ31
0720. 上学　念书 ȵiæ̃44ʂu31
0721. 放学　放学 faŋ44ɕyo24
0722. 考试　考试 khɔ53sɿ44
0723. 书包　书包 ʂu31pɔ0
0724. 本子　本子 pəŋ53tsɿ0/本本 pəŋ53pəŋ0
0725. 铅笔　铅笔 tɕhiæ̃24pi31
0726. 钢笔　水笔 ʂui53pi31
0727. 圆珠笔　油笔 Øiu24pi31
0728. 毛笔　毛笔 mɔ24pi31
0729. 墨　墨 mei24
0730. 砚台　砚台 Øiæ̃44thæ0
0731. 信一封～　信 ɕiŋ44
0732. 连环画　画书 xuɑ44ʂu31/画画书 xuɑ44xuɑ0ʂu31/娃娃书 Øuɑ31Øuɑ53ʂu31
0733. 捉迷藏　藏猫猫虎 tshaŋ24mɔ31mɔ53xu24
0734. 跳绳　跳绳 tɕhiɔ44ʂəŋ24
0735. 毽子　毛毽 mɔ24tɕiæ̃44/鸡毛毽 tɕi31mɔ24tɕiæ̃44
0736. 风筝　风筝 fəŋ31tsəŋ0
0737. 舞狮　耍狮子 ʂuɑ53sɿ53tsɿ0
0738. 鞭炮统称　炮 phɔ44
0739. 唱歌　唱歌 tʂhaŋ44kuo31
0740. 演戏　唱戏 tʂhaŋ44ɕi44
0741. 锣鼓统称　锣鼓家什 luo31ku53tɕiɑ53sɿ0
0742. 二胡　二胡 Øər44xu0
0743. 笛子　笛子 tɕhi31tsɿ53/笛 tɕhi24
0744. 划拳　划拳 xuɑ31tɕhyæ̃24
0745. 下棋　下棋 ɕiɑ44tɕhi24
0746. 打扑克　打牌 tɑ53phæ24
0747. 打麻将　垒长城 lui53tʂhaŋ24tʂhəŋ24/推牌九

thui31phæ31tɕiu53

0748. 变魔术　耍把戏 ʂuɑ31pɑ53ɕi00

0749. 讲故事　说古今 ʂɤ31ku53tɕiŋ31

0750. 猜谜语　估古今 ku53ku53tɕiŋ31

0751. 玩儿游玩：到城里～　耍 ʂuɑ53

0752. 串门儿　游门子 Øiu24məŋ31tsɿ53

0753. 走亲戚　游亲戚 Øiu24tɕhiŋ31tɕhi0

十一、动作、行为

（一）具体动作

0754. 看～电视　看 khæ̃44

0755. 听用耳朵～　听 tɕhiŋ31

0756. 闻嗅：用鼻子～　闻 vəŋ24

0757. 吸～气　吸 ɕi31

0758. 睁～眼　睁 tsəŋ31

0759. 闭～眼　闭 pi44

0760. 眨～眼　眨 tsɑ53

0761. 张～嘴　张 tʂɑŋ31

0762. 闭～嘴　闭 pi44

0763. 咬狗～人　咬 ȵiɔ53

0764. 嚼把肉～碎　嚼 tɕyɛ24

0765. 咽～下去　咽 Øiæ̃44

0766. 舔人用舌头　舔 tɕhiæ̃53

0767. 含～在嘴里　噙 tɕhiŋ24

0768. 亲嘴　啷嘴 pɑŋ24tsui53

0769. 吮吸用嘴唇聚拢吸取液体，如吃奶时　咂 tsɑ31

0770. 吐上声，把果核儿～掉　唾 thuo44

0771. 吐去声，呕吐：喝酒喝～了　吐 thu53

0772. 打喷嚏　打喷嚏 tɑ53phəŋ44tɕhi0

0773. 拿用手把苹果～过来　拿 lɑ24

0774. 给他～我一个苹果　给 kei44

0775. 摸～头　揣 tʂhuæ53

0776. 伸～手　伸 ʂəŋ31

0777. 挠～痒痒　搔 tsɔ31

0778. 掐用拇指和食指的指甲～皮肉　掐 tɕhiɑ31

0779. 拧～螺丝　上 ʂɑŋ44

0780. 拧～毛巾　拧 ȵiŋ24

0781. 捻用拇指和食指来回～碎　捏 ȵiɛ31

0782. 掰把橘子～开；把馒头～开　掰 pei31

0783. 剥～花生　剥 pɔ31

0784. 撕把纸～了　扯 tʂhɤ53

0785. 折把树枝～断　挼 Øuo24

0786. 拔～萝卜　拔 pɑ24

0787. 摘～花　折 tʂɤ53

0788. 站站立：～起来　站 tsæ̃44

0789. 倚斜靠：～在墙上　靠 khɔ44

0790. 蹲～下　蹴 tɕiu24

0791. 坐～下　坐 tsuo44

0792. 跳青蛙～起来　跳 tɕhiɔ24

0793. 迈跨过高物：从门槛上～过去　跷 tɕhiɔ31

0794. 踩脚～在牛粪上　踏 thɑ24

0795. 翘～腿　翘 tɕhiɔ44

0796. 弯～腰　弯 væ̃31

0797. 挺～胸　挺 tɕhiŋ53

0798. 趴～着睡　趴 phɑ24

0799. 爬小孩儿在地上～　爬 phɑ24

0800. 走慢慢儿～　走 tsou53

0801. 跑慢慢儿走，别～　跑 phɔ24

0802. 逃逃跑：小偷儿～走了　跑 phɔ53

0803. 追追赶：～小偷儿　撵 ȵiæ̃53

0804. 抓～小偷儿　抓 tʂuɑ31
0805. 抱把小孩儿～在怀里　搭 tɕhiɑ53
0806. 背～孩子　背 pei31
0807. 搀～老人　搀 tshæ̃44
0808. 推几个人一起～汽车　□ tshou31
0809. 摔跌：小孩儿～倒了　绊 pæ̃44
0810. 撞人～到电线杆　撞 tʂhuɑŋ44
0811. 挡你～住我了，我看不见　挡 tɑŋ44
0812. 躲躲藏：他～在床底下　藏 tɕhiɑŋ24
0813. 藏藏放，收藏：钱～在枕头下面　藏 tɕhiɑŋ24
0814. 放把碗～在桌子上　放 fɑŋ44
0815. 摞把砖～起来　摞 luo44
0816. 埋～在地下　埋 mæ24
0817. 盖把茶杯～上　盖 kæ44
0818. 压用石头～住　压 ȵiɑ44
0819. 摁用手指按：～图钉　按 ŋæ̃44
0820. 捅用棍子～鸟窝　戳 tʂhuo31
0821. 插把香～到香炉里　插 tshɑ31
0822. 戳～个洞　戳 tʂhuo31
0823. 砍～树　剁 tuo44
0824. 剁把肉～碎做馅儿　斫 tsɑ53
0825. 削～苹果　削 ɕyo31
0826. 裂木板～开了　迸 piɛ44
0827. 皱皮～起来　□ tʂhu31
0828. 腐烂死鱼～了　渥烂 Øuo31læ̃44
0829. 擦用毛巾～手　擦 tshɑ31
0830. 倒把碗里的剩饭～掉　倒 tɔ44
0831. 扔丢弃：这个东西坏了，～了它　撂 liɔ44/扔 Øər53
0832. 扔投掷：比一比谁～得远　撇 phiɛ53
0833. 掉掉落，坠落：树上～下一个梨　落 luo31
0834. 滴水～下来　滴 tɕiɛ31
0835. 丢丢失：钥匙～了　遗 Øi24
0836. 找寻找：钥匙～到　寻 ɕiŋ24
0837. 捡～到十块钱　拾 ʂʅ24
0838. 提用手把篮子～起来　提 tɕhi24
0839. 挑～担　挑 tɕhiɔ53
0840. 扛把锄头～在肩上　掮 tɕhiɛ24
0841. 抬～轿　抬 thæ24
0842. 举～旗子　□ tʂou53
0843. 撑～伞　打 tɑ53
0844. 撬把门～开　拗 ŋɔ44
0845. 挑挑选，选择：你自己～一个　挑 tɕhiɔ31
0846. 收拾～东西　拾掇 ʂʅ31tuo53
0847. 挽～袖子　缏 piæ̃53
0848. 涮把杯子～一下　涮 ʂuæ̃44
0849. 洗～衣服　洗 ɕi53
0850. 捞～鱼　捞 lɔ24
0851. 拴～牛　拴 ʂuæ̃31
0852. 捆～起来　捆 khuŋ53
0853. 解～绳子　解 kæ53
0854. 挪～桌子　挪 luo24
0855. 端～碗　端 tuæ̃31
0856. 摔碗～碎了　摔 ʂuæ̃53/绊 pæ̃44
0857. 掺～水　掺 tshæ̃31
0858. 烧～柴　烧 ʂɔ31
0859. 拆～房子　拆 tshei31
0860. 转～圈儿　转 tʂuæ̃44
0861. 捶用拳头～　捶 tʂhui24
0862. 打统称：他～了我一下　打 tɑ53
0863. 打架动手：两个人在～　打捶 tɑ53tʂhui24

0864. 休息　歇气 ɕiɛ31tɕhi44
0865. 打哈欠　打哈欠 tɑ53xuo53ɕiæ̃0
0866. 打瞌睡　丢盹 tɕiu31tuŋ53
0867. 睡他已经～了　睡 ʂui44
0868. 打呼噜　扯鼾 tʂhɤ53xæ̃31
0869. 做梦　做睡梦 tsu44ʂui44məŋ0
0870. 起床　起来 tɕhiɛ53læ0
0871. 刷牙　刷牙 ʂɑ31Øiɑ24
0872. 洗澡　洗身上 ɕi53ʂəŋ53ʂɑŋ0/洗身子 ɕi53ʂəŋ53tsɿ0/耍水 ʂuɑ53ʂui53

（二）抽象动作

0873. 想思索：让我～一下　想 ɕiɑŋ53
0874. 想想念：我很～他　想 ɕiɑŋ53
0875. 打算我～开个店　盘算 phæ̃31suæ̃53
0876. 记得　记得 tɕi44tei31
0877. 忘记　忘 vɑŋ44
0878. 怕害怕：你别～　怕 phɑ44
0879. 相信我～你　信 ɕiŋ44
0880. 发愁　愁人 tshou31ʐəŋ53
0881. 小心过马路要～　小心 ɕiɔ53ɕiŋ31
0882. 喜欢～看电视　爱 ŋæ44
0883. 讨厌～这个人　见不得 tɕiæ̃44pu31tei31/见屎不得 tɕiæ̃44tɕhiu0pu31tei31
0884. 舒服凉风吹来很～　嵌活 tɕhiæ̃44xuo0/倭僳 Øuo31Øiɛ53
0885. 难受生理的　不嵌活 pu31tɕhiæ̃44xuo0
0886. 难过心理的　难过 læ̃24kuo44
0887. 高兴　怀喜 xuæ31ɕi31
0888. 生气　胀气 tʂɑŋ44tɕhi44/着气 tʂhuo24tɕhi44
0889. 责怪　数落 ʂu53luo31
0890. 后悔　后悔 xou44xui31
0891. 忌妒　眼热 ȵiæ̃53ʐɤ31/眼红 ȵiæ̃53xuŋ24
0892. 害羞　羞人 ɕiu53ʐəŋ0/不好意思 pu31xɔ53Øi44sɿ31
0893. 丢脸　丢人 tɕiu31ʐəŋ24
0894. 欺负　欺负 tɕhi53fu0
0895. 装～病　装 tʂuɑŋ31
0896. 疼～小孩儿　疼 thəŋ24
0897. 要我～这个　要 Øiɔ44
0898. 有我～一个孩子　有 Øiu53
0899. 没有他～孩子　没有 mɤ31Øiu53
0900. 是我～老师　是 sɿ44
0901. 不是他～老师　不是 pu31sɿ44
0902. 在他～家　在 tsæ44
0903. 不在他～家　没在 mɤ31tsæ44
0904. 知道我～这件事　知道 tʂʅ53tɔ31
0905. 不知道我～这件事　不知道 pu31tʂʅ53tɔ31
0906. 懂我～英语　会 xui44
0907. 不懂我～英语　不会 pu31xui44
0908. 会我～开车　会 xui44
0909. 不会我～开车　不会 pu31xui44
0910. 认识我～他　认得 ʐəŋ44tei31
0911. 不认识我～他　认不得 ʐəŋ44pu31tei31
0912. 行应答语　能成 ləŋ24tʂhəŋ24
0913. 不行应答语　不行 pu31ɕiŋ24
0914. 肯～来　爱 ŋæ44
0915. 应该～去　该 kæ31

0916. 可以～去　能 ləŋ24

（三）言语

0917. 说～话　说 ʂɤ31

0918. 话说～　话 xuɑ44

0919. 聊天儿　打桄子 tɑ53kuɑŋ53tsɿ0/谝闲传 phiæ̃31ɕiæ̃24tʂhuæ̃24

0920. 叫～他一声儿　叫 tɕiɔ44

0921. 吆喝大声喊　吆喝 Øiɔ31xuo0

0922. 哭小孩儿～　叫唤 tɕiɔ44xuæ̃0

0923. 骂当面～人　骂 mɑ44

0924. 吵架动嘴：两个人在～　骂仗 mɑ44tʂɑŋ44

0925. 骗～人　哄 xuŋ53

0926. 哄～小孩儿　哄 xuŋ53

0927. 撒谎　说白话 ʂɤ31pei31xuɑ53/编白溜谎 piæ̃31pei24liu44xuɑŋ53

0928. 吹牛　吹牛皮 tʂhui31ȵiu24phi53/说大话 ʂɤ31tɑ44xuɑ44

0929. 拍马屁　舔沟子 tɕhiæ̃53kou31tsɿ0

0930. 开玩笑　说笑 ʂɤ31ɕiɔ44

0931. 告诉～他　给……说 kei44……ʂɤ31

0932. 谢谢致谢语　多谢了 tuo31ɕiɛ44liɑ0

0933. 对不起致歉语　对不起 tui44pu31tɕhiɛ53

0934. 再见告别语　二天来 Øər44tɕhiæ̃31læ24/明儿见 miŋ24Øər0tɕiæ̃44

十二、性质、状态

（一）形貌

0935. 大苹果～　大 tɑ44

0936. 小苹果～　碎 sui44

0937. 粗绳子～　奘 tʂuɑŋ44

0938. 细绳子～　细 ɕi44

0939. 长线～　长 tʂhɑŋ24

0940. 短线～　短 tuæ̃53

0941. 长时间～　长 tʂhɑŋ24

0942. 短时间～　短 tuæ̃53

0943. 宽路～　宽 khuæ̃31

0944. 宽敞房子～　宽展 khuæ̃31tʂæ̃0

0945. 窄路～　窄 tsei31

0946. 高飞机飞得～　高 kɔ31

0947. 低鸟飞得～　低 tɕi31

0948. 高他比我～　高 kɔ31

0949. 矮他比我～　低 tɕi31

0950. 远路～　远 Øyæ̃53

0951. 近路～　近 tɕiŋ44

0952. 深水～　深 ʂəŋ31

0953. 浅水～　浅 tɕhiæ̃53

0954. 清水～　清 tɕhiŋ31

0955. 浑水～　浑 xuŋ24

0956. 圆　圆 Øyæ̃24

0957. 扁　扁 piæ̃53

0958. 方　方 fɑŋ31

0959. 尖　尖 tɕiæ̃31

0960. 平　平 phiŋ24

0961. 肥～肉　肥 fei24

0962. 瘦～肉　瘦 sou44

0963. 肥形容猪等动物　肥 fei24

0964. 胖形容人　胖 phɑŋ44

0965. 瘦形容人、动物　瘦 sou44/癯 tɕhyɛ44

0966. 黑黑板的颜色　黑 xei31

0967. 白雪的颜色　白 phei24

0968. 红国旗的主颜色，统称　红 xuŋ24
0969. 黄国旗上五星的颜色　黄 xuaŋ24
0970. 蓝蓝天的颜色　蓝 læ̃24
0971. 绿绿叶的颜色　绿 liu31
0972. 紫紫药水的颜色　绛色 tɕiaŋ44sei31
0973. 灰草木灰的颜色　灰 xui31

（二）状态

0974. 多东西～　多 tuo31
0975. 少东西～　少 ʂɔ53
0976. 重担子～　重 tʂhuŋ44
0977. 轻担子～　轻 tɕhiŋ31
0978. 直线～　直 tʂʅ24
0979. 陡坡～，楼梯～　陡 tou53
0980. 弯弯曲：这条路是～的　弯 væ̃31
0981. 歪帽子戴～了　偏 phiæ̃31
0982. 厚木板～　厚 xou44
0983. 薄木板～　薄 pɤ24
0984. 稠稀饭～　稠 tʂhou24
0985. 稀稀饭～　稀 ɕi31
0986. 密菜种得～　密 mi31
0987. 稀稀疏：菜种得～　稀 ɕi31
0988. 亮指光线，明亮　亮 liaŋ44
0989. 黑指光线，完全看不见　黑 xei31
0990. 热天气　热 ʐɤ31
0991. 暖和天气　暖和 luæ̃53xuo0
0992. 凉天气　凉 liaŋ24
0993. 冷天气　冷 ləŋ53
0994. 热水　热 ʐɤ31
0995. 凉水　凉 liaŋ24/冰 piŋ31
0996. 干干燥：衣服晒～了　干 kæ̃31
0997. 湿潮湿：衣服淋～了　湿 ʂʅ31
0998. 干净衣服～　干净 kæ̃53tɕiŋ0
0999. 脏肮脏，不干净，统称：衣服～　脏 tsaŋ31
1000. 快锋利：刀子～　利 li44
1001. 钝刀子～　老 lɔ53
1002. 快坐车比走路～　快 khuæ44
1003. 慢走路比坐车～　慢 mæ̃44
1004. 早来得～　早 tsɔ53
1005. 晚来～了　迟 tshʅ24
1006. 晚天色～　晚 væ̃53
1007. 松捆得～　松 suŋ31
1008. 紧捆得～　紧 tɕiŋ53
1009. 容易这道题～　简单 tɕiæ̃53tæ̃31
1010. 难这道题～　难 læ̃24
1011. 新衣服～　新 ɕiŋ31
1012. 旧衣服～　旧 tɕiu44
1013. 老人～　老 lɔ53
1014. 年轻人～　年轻 ȵiæ̃24tɕhiŋ31
1015. 软糖～　软 ʐuæ̃53
1016. 硬骨头～　硬 ȵiŋ44
1017. 烂肉煮得～　烂 læ̃44
1018. 煳饭烧～了　焦 tɕiɔ31
1019. 结实家具～　结实 tɕiɛ53ʂʅ0
1020. 破衣服～　烂 læ̃44
1021. 富他家很～　有钱 Øiu53tɕhiæ̃24
1022. 穷他家很～　穷 tɕhyŋ24
1023. 忙最近很～　忙 maŋ24
1024. 闲最近比较～　闲 ɕiæ̃24
1025. 累走路走得很～　累 lui44
1026. 疼摔～了　疼 thəŋ24
1027. 痒皮肤～　咬 ȵiɔ53
1028. 热闹看戏的地方很～　热闹 ʐɤ53lɔ0
1029. 熟悉这个地方我很～　熟 ʂu24

1030. 陌生这个地方我很～ 生 səŋ31
1031. 味道尝尝～ 味 vei44
1032. 气味闻闻～ 气气 tɕhi44tɕhi0
1033. 咸菜～ 咸 xæ̃24
1034. 淡菜～ 甜 tɕhiæ̃24
1035. 酸 酸 suæ̃31
1036. 甜 甜 tɕhiæ̃24
1037. 苦 苦 khu53
1038. 辣 辣人 lɑ53ʐəŋ0
1039. 鲜鱼汤～ 鲜 ɕyæ̃53
1040. 香 爨 tshuæ̃44
1041. 臭 臭 tʂhou44
1042. 馊饭～ 燍气 sɿ53tɕhi0
1043. 腥鱼～ 腥气 ɕiŋ53tɕhi0

（三）品性

1044. 好人～ 好 xɔ53
1045. 坏人～ 瞎 xɑ31
1046. 差东西质量～ 差 tshɑ31
1047. 对账算～了 对 tui44
1048. 错账算～了 错 tshuo31
1049. 漂亮形容年轻女性的长相：她很～ 好看 xɔ53khæ̃44/俊 tsuŋ44
1050. 丑形容人的长相：猪八戒很～ 难看 læ̃24khæ̃44
1051. 勤快 勤快 tɕhiŋ31khuæ53
1052. 懒 懒 læ̃53
1053. 乖 乖 kuæ31
1054. 顽皮 匪得很 fei53tɕi0xəŋ53/费事 fei44sɿ44
1055. 老实 实在 ʂʅ31tsæ53
1056. 傻痴呆 瓜 kuɑ31
1057. 笨蠢 闷 məŋ44
1058. 大方不吝啬 大气 tɑ44tɕhi44
1059. 小气吝啬 啬皮 sei31phi24
1060. 直爽性格～ 直筒筒 tʂʅ24thuŋ53thuŋ0
1061. 犟脾气～ 牛 ȵiu24

十三、数量

（一）数字

1062. 一～二三四五……，下同 一 Øi31
1063. 二 二 Øər44
1064. 三 三 sæ̃31
1065. 四 四 sɿ44
1066. 五 五 Øu53
1067. 六 六 liu31
1068. 七 七 tɕhi31
1069. 八 八 pɑ31
1070. 九 九 tɕiu53
1071. 十 十 ʂʅ24
1072. 二十有无合音 二十 Øər44ʂʅ0
1073. 三十有无合音 三十 sæ̃53ʂʅ0
1074. 一百 一百 Øi24pei31
1075. 一千 一千 Øi24tɕhiæ̃31
1076. 一万 一万 Øi31væ̃44
1077. 一百零五 一百零五 Øi31pei31liŋ24Øu53
1078. 一百五十 百五 pei31Øu53
1079. 第一～，第二 第一 tɕi44Øi31
1080. 二两重量 二两 Øər44liɑŋ31
1081. 几个你有～孩子？ 几个 tɕi53kɔ31
1082. 俩你们～ 两个 liɑŋ53kɔ31
1083. 仨你们～ 三个 sæ̃53kɔ31
1084. 个把 个把 kuo44pɑ31

（二）量词

1085. 个一～人　个 kɔ31
1086. 匹一～马　个 kɔ31
1087. 头一～牛　个 kɔ31
1088. 头一～猪　个 kɔ31
1089. 只一～狗　个 kɔ31
1090. 只一～鸡　个 kɔ31
1091. 只一～蚊子　个 kɔ31
1092. 条一～鱼　个 kɔ31
1093. 条一～蛇　个 kɔ31
1094. 张一～嘴　个 kɔ31
1095. 张一～桌子　个 kɔ31
1096. 床一～被子　个 kɔ31
1097. 领一～席子　领 liŋ53
1098. 双一～鞋　双 ʂuaŋ31
1099. 把一～刀　把 pa53
1100. 把一～锁　个 kɔ31
1101. 根一～绳子　根 kəŋ31
1102. 支一～毛笔　个 kɔ31
1103. 副一～眼镜　副 fu44
1104. 面一～镜子　面 miæ44
1105. 块一～香皂　块 khuæ53
1106. 辆一～车　辆 liaŋ53
1107. 座一～房子　座 tsuo53
1108. 座一～桥　座 tsuo53
1109. 条一～河　条 tɕhiɔ24
1110. 条一～路　条 tɕhiɔ24
1111. 棵一～树　棵 khuo53
1112. 朵一～花　朵 tuo53
1113. 颗一～珠子　颗 khuo53
1114. 粒一～米　颗 khuo53
1115. 顿一～饭　顿 tuŋ44
1116. 剂一～中药　服 fu44
1117. 股一～香味　股 ku53
1118. 行一～字　行 xaŋ24
1119. 块一～钱　块 khuæ53
1120. 毛角：一～钱　毛 mɔ24
1121. 件一～事情　件 tɕiæ44
1122. 点儿一～东西　点 tɕiæ53
1123. 些一～东西　些 ɕiɛ31
1124. 下打一～，动量，不是时量　下 xa44
1125. 会儿坐了一～　阵儿 tʂəŋr44
1126. 顿打一～　顿 tuŋ44
1127. 阵下了一～雨　阵儿 tʂəŋr44
1128. 趟去了一～　趟 thaŋ53

十四、代词、副词、介词、连词

（一）代词

1129. 我～姓王　我 ŋuo53
1130. 你～也姓王　你 ȵi53
1131. 您尊称　无 ȵi53
1132. 他～姓张　他 tha53
1133. 我们不包括听话人：你们别去，～去　我的 ŋuo31tɕi0
1134. 咱们包括听话人：他们不去，～去吧　咱的 tsa24tɕi0
1135. 你们～去　你的 ȵi31tɕi0
1136. 他们～去　他的 tha31tɕi0
1137. 大家～一起干　大家伙 ta44tɕia31xuo53
1138. 自己我～做的　个家 kuo53tɕia31
1139. 别人这是～的　旁人 phaŋ24ʐəŋ53
1140. 我爸～今年八十岁　我爸

ŋuo31pɑ24
1141. 你爸～在家吗？ 你爸 ȵi31pɑ24
1142. 他爸～去世了 他爸 thɑ31pɑ24
1143. 这个我要～，不要那个 这个 tʂei44kɔ31
1144. 那个我要这个，不要～ 兀个 Øui44kɔ31
1145. 哪个你要～杯子？ 啊个 Øɑ31kɔ31
1146. 谁你找～？ 谁 sei24
1147. 这里在～，不在那里 这搭 tʂʅ44tɑ31
1148. 那里在这里，不在～ 兀搭 Øu44tɑ31
1149. 哪里你到～去？ 啊搭 Øɑ53tɑ31
1150. 这样事情是～的，不是那样的 这样 tʂei44Øiaŋ31
1151. 那样事情是这样的，不是～的 兀样 Øui53Øiaŋ31
1152. 怎样什么样：你要～的？ 咋样 tsɑ31Øiaŋ44
1153. 这么～贵啊 这么 tʂɤ44mɤ31
1154. 怎么这个字～写？ 咋么 tsɑ31mɤ31
1155. 什么这个是～字？ 啥 sɑ44
1156. 什么你找～？ 啥 sɑ44
1157. 为什么你～不去？ 为啥 Øui44sɑ0
1158. 干什么你在～？ 做啥 tsu44sɑ44
1159. 多少这个村有～人？ 多少 tuo53ʂɔ0

（二）副词

1160. 很今天～热的 很 xəŋ53
1161. 非常比上条程度深：今天～热 太 thæ44
1162. 更今天比昨天～热 还 xɑ24
1163. 太这个东西～贵，买不起 太 thæ44
1164. 最弟兄三个中他～高 最 tsui44
1165. 都大家～来了 都 tou31
1166. 一共～多少钱？ 满共 mæ̃53kuŋ44
1167. 一起我和你～去 一搭儿 Øi31tɑr24
1168. 只我～去过一趟 只 tʂʅ31
1169. 刚这双鞋我穿着～好 刚 kaŋ24
1170. 刚我～到 刚 kaŋ24
1171. 才你怎么～来啊？ 才 tshæ24
1172. 就我吃了饭～去 就 tsou44
1173. 经常我～去 常 tʂhaŋ24
1174. 又他～来了 可 khuo31
1175. 还他～没回家 还 xɑ24
1176. 再你明天～来 再 tsæ44
1177. 也我～去；我～是老师 也 Øɑ31
1178. 反正不用急，～还来得及 反正 fæ̃31tʂəŋ44
1179. 没有昨天我～去 没有 mɤ31Øiu53
1180. 不明天我～去 不 pu31
1181. 别你～去 嫑 pɤ31
1182. 甭不用，不必：你～客气 嫑 pɤ31
1183. 快天～亮了 快 khuæ44
1184. 差点儿～摔倒了 差点点 tshɑ31tɕiæ̃53tɕiæ̃31
1185. 宁可～买贵的 宁愿 ȵiŋ24Øyæ̃44
1186. 故意～打破的 □□ li44kuo0
1187. 随便～弄一下 随便 sui24piæ̃44
1188. 白～跑一趟 白 pei24
1189. 肯定～是他干的 保证 pɔ31tʂəŋ44

1190. 可能～是他干的　可能 khuo53ləŋ24

1191. 一边～走，～说　旋 suæ44

（三）介词、连词

1192. 和我～他都姓王　和 xuo24/连 liæ24

1193. 和我昨天～他去城里了　和 xuo24/连 liæ24

1194. 对他～我很好　对 tui44

1195. 往～东走　朝 tʂhaŋ24

1196. 向～他借一本书　跟 kəŋ31

1197. 按～他的要求做　按 ŋæ44

1198. 替～他写信　替 tɕhi44

1199. 如果～忙你就别来了　要是 Øiɔ44sɿ44

1200. 不管～怎么劝他都不听　不管 pu31kuæ53

第二节　自选词汇

一、天文、地理、气象

1201. 白雨雷阵雨 pei24Øy53

1202. 鱼肚白晨曦 Øy24tu44pei24

1203. 呼噜白雨雷雨交加 xu53lu31pei24Øy53

1204. 下花雨晴空滴雨点 ɕia44xua31Øy53

1205. 下雪 ɕia44ɕyɛ53

1206. 雪消了雪融化了 ɕyɛ24ɕiɔ31lia0

1207. 冻冰凌结冰 tuŋ44piŋ53liŋ31

1208. 雨住了雨停了 Øy53tʂu44lia0

1209. 黑霜霜冻 xei24ʂuaŋ31

1210. 黄沙沙尘暴 xuaŋ24ʂa53

1211. 响雷打雷 ɕiaŋ53lui24

1212. 麻暮子黄昏 ma31mu53tsɿ0

1213. 天烧了火烧云 tɕhiæ31ʂɔ44lia0

1214. 河坝河道 xuo24pa44

1215. 河渠小水渠 xuo24tɕhy53

1216. 漠坡斜坡 mɤ53phɤ31

1217. 面面土细土 miæ44miæ31thu53

1218. 扬尘灰尘 Øiaŋ31tʂhəŋ53

1219. 跟前附近 kəŋ53tɕhiæ0

二、服饰、饮食、器具

1220. 纽子纽扣 ȵiou53tsɿ0

1221. 褂褂上衣 kua44kua0

1222. 棉窝窝棉鞋 miæ24Øuo53Øuo0

1223. 单鞋单层布鞋 tæ31xæ24

1224. 靸板鞋拖鞋 sa31pæ31xæ24

1225. 泥鞋雨鞋 ȵi24xæ24

1226. 纳底子纳鞋底 la31tɕi53tsɿ0

1227. 起鞋口包鞋口 tɕhi53xæ24khou53

1228. 装棉袄做棉衣 tʂuaŋ31miæ24ŋɔ53

1229. 裹肚肚兜 kuo53tu31

1230. 老衣寿衣 lɔ53Øi31

1231. 孝褂子孝服 ɕiɔ44kua44tsɿ0

1232. 袄袄童装 ŋɔ53ŋɔ0

1233. 帘帘小孩儿罩衫 liæ31liæ53

1234. 笼笼竹篮子 luŋ53luŋ0

1235. 拌笼木制提手的篮子 phæ44luŋ0

1236. 背篼背篓 pei44tou31

1237. 笼床多层蒸笼 luŋ31tʂhuaŋ53

1238. □专指杀猪用的木桶 ʂɔ31

1239. 锅头锅台 kuo53thou0
1240. 罩滤笊篱 tsɔ44ly31
1241. 钵钵吃饭的小盆 pɤ31pɤ0
1242. 铲铲锅铲 tshæ̃53tshæ̃0
1243. 甑笆蒸篦 tsəŋ44pɑ31
1244. 盅子杯子 tsuŋ53tsɿ0
1245. 灯盏灯台 təŋ31tsæ̃0
1246. 夜壶尿壶 Øiɛ44xu0
1247. 柱顶石柱下石 tʂu44tɕiŋ0ʂʅ0
1248. 背褡编织的背囊 pei44tɑ31
1249. 火镰打火石 xuo53liæ̃0
1250. 席千席子 ɕi31tɕhiæ̃53
1251. 炕眼炕洞 khɑŋ44ȵiæ̃0
1252. 手拐磨小型石磨 ʂou53kuæ53mɤ31
1253. 钩搭钩 kou53tɑ31
1254. 门钻窝钻窝 məŋ24tsuæ̃53vɤ31
1255. 公卯榫头 kuŋ31mɔ53
1256. 母卯榫眼 mu53mɔ53
1257. 枋子棺木 fɑŋ53tsɿ0
1258. 鞔鞋给鞋面覆一白布作为孝鞋 mæ̃24xæ24
1259. 火匣未成年人棺材 xuo53ɕiɑ0
1260. 墓堂未埋人的坟墓，亦称活坟 mu44thɑŋ0
1261. 墓骨堆墓堆 mu44ku53tui31
1262. 坟园墓地 fəŋ24Øyæ̃24
1263. 楦头鞋楦 ɕyæ̃44thou0
1264. 斗篷斗笠 tou53phəŋ31
1265. 架阁货架 tɕiɑ44kuo31
1266. 洋铁马口铁 Øiɑŋ31tɕhiɛ53
1267. 玛眼椽缝 mɑ31ȵiæ̃31
1268. 泥壁泥抹子 ȵi44pi31
1269. 板板木板 pæ̃53pæ̃0
1270. 胡墼咕嘟木榔头 xu24tɕi31ku53tu31
1271. 榔木榆木 lɑŋ53mu31
1272. 驳架碌碡架 pɤ31tɕiɑ0
1273. 杠头犁头 kɑŋ44thou0
1274. 死疙瘩绳子的死结 sɿ53kuo31tɑ0
1275. 活老曲绳子的活结 xuo31lɔ53tɕhy31
1276. 弯刀砍刀 væ̃31tɔ31
1277. 风匣风箱 fəŋ53ɕiɑ0
1278. 打汤面臊子面 tɑ24thɑŋ31miæ̃44
1279. 粑粑馍玉米面发糕 pɑ53pɑ0mɤ24
1280. 刮刮锅巴 kuɑ53kuɑ0
1281. 辫粉粉条 phiæ̃44fəŋ0
1282. 恶水泔水 ŋuo44ʂui53
1283. 窝儿菜用白菜腌制的腌菜 Øuo31Øər0tshæ44
1284. 麻糖麻花 mɑ31thɑŋ53
1285. 调和调料 tɕhiɔ31xuo53
1286. 吊水水井里打水 tɕiɔ44ʂui53
1287. 踏蒜捣蒜 thɑ24suæ̃44
1288. 臭蛋儿卫生球 tʂhou44tæ̃r44
1289. 卷花馍花卷 tɕyæ̃53xuɑ31mɤ24
1290. 洋芋搅团把土豆蒸熟捣烂黏糊状的食物 Øiɑŋ24Øy44tɕiɔ53thuæ̃0
1291. 洋芋糍粑把土豆磨成粉做成丸子煮熟的食物 Øiɑŋ24Øy44tshʅ53pɑ31
1292. 洋芋擦擦把土豆丝油炸后的食物 Øiɑŋ24Øy44tshɑ53tshɑ0
1293. 搋面和面 tshæ31miæ̃44
1294. 烙馍烙饼 luo31mɤ24
1295. 燷菜炖菜 ŋɔ31tshæ44
1296. 熬米汤煮稀饭 ŋɔ24mi53thɑŋ31
1297. 打豆腐买豆腐 tɑ53tou44fu0

1298. 割肉买肉 kuo31ʐou44

1299. 起面发面 tɕhi53miæ̃44

1300. 倒醋买醋 tɔ44tshu44

1301. 倒油买油 tɔ44Øiu24

1302. 称盐买盐 tʂhəŋ31Øiæ̃24

1303. 拌馅子拌馅儿 pæ̃44ɕyæ̃44tsɿ0

1304. 盘锅头垒灶台 phæ̃24kuo53thou0

1305. 打平伙共享食物 ta53phiŋ31xuo53

三、动物、植物、农事

1306. 花媳妇瓢虫 xua31ɕi53fu0

1307. 虻嚽牛虻 məŋ31tsæ̃53

1308. 地蝼蝼蝼蛄 tɕi44lu31lu0

1309. 曲蚜子蛆 tɕhy53Øia31tsɿ0

1310. 蛤蟆骨都蝌蚪 xuo24ma53ku31tu31

1311. 腻虫蚜虫 ȵi44tʂhuŋ0

1312. □□雌性无生育能力 tshæ53tshæ0

1313. 驴骡驴父马母 ly31luo53

1314. 马骡马父驴母 ma53luo0

1315. 𤛑牛种牛 phɔ53ȵiu0

1316. 牙狗公狗 Øia31kou53

1317. 骚胡子羊公羊 sɔ53xu31tsɿ0Øiaŋ24

1318. 骟羊骟了的公羊 ʂæ̃44Øiaŋ0

1319. 驹骝羊山羊 tɕy31liu31Øiaŋ24

1320. 咕噜雁大雁 ku31lu53Øiæ̃44

1321. 饿老暴老鹰 ŋuo44lɔ31pɔ31

1322. 黄瓜鸬黄鹂 xuaŋ24kua31lu44

1323. 李桂阳杜鹃之一种 li53kui44Øiaŋ31

1324. 鹐□□啄木鸟 tɕhiæ̃31phɔ44phɔ53

1325. □□猫头鹰 ɕiŋ44xou31

1326. 毛老鼰松鼠 mɔ24lɔ53tɕy44

1327. 大嘴蛙鲇鱼 ta44tsui53Øua44

1328. 呱呱牛蜗牛 kua31kua31ȵiu24

1329. 大背节百足虫 ta44pei31tɕiɛ31

1330. 蛇代虎壁虎 ʂɤ24tæ44xu53

1331. 麦牛小麦象 mei53ȵiu24

1332. 冰草昆虫的一种 piŋ31tshɔ53

1333. 添槽猪、牛类的交配 tɕhiæ̃31tshɔ24

1334. 断羔羊交配 tuæ̃44kɔ31

1335. 背股蛇交配 pei44ku53

1336. 猫叫春猫发情 mɔ24tɕiɔ44tʂhuŋ31

1337. 燕儿小燕子 Øiæ̃r44

1338. 斑姑姑斑鸠 pæ̃31ku31ku53

1339. 添圈猪、牛类的交配 tɕhiæ̃53tɕyæ̃44

1340. 簸箕虫土鳖子 pɤ44tɕi0tʂhuŋ24

1341. 罩窝鸡能孵小鸡的母鸡
tsɔ44Øuo31tɕi31

1342. 屎巴牛屎壳郎 sɿ53pha0ȵiu24

1343. 狐狗狐狸 xu31kou53

1344. 猯娃子獾 thuæ̃31Øua31tsɿ0

1345. 花熊熊猫 xua53ɕyŋ31

1346. 黑娃子狗熊 xei53Øua31tsɿ0

1347. 明火虫萤火虫 miŋ31xuo53tʂhuŋ24

1348. 水狼黄鼠狼 ʂui53laŋ0

1349. 喑哑动物的统称 Øiŋ53Øia31

1350. 胖婆娘王不留行，麦蓝菜的干种子
phaŋ44phɤ24ȵiaŋ53

1351. 括老秆蒲公英 khuo53lɔ31kæ̃53

1352. 松爪爪松球 suŋ31tʂa31tʂa0

1353. 毛娃娃狗尾草 mɔ31Øua53Øua0

1354. 粘娃娃大荔花 ʐæ̃31Øua53Øua0

1355. 臭老汉曼陀罗 tʂhou44lɔ31xæ̃0

1356. 地荬地木耳 tɕi44ʐuæ̃0

1357. 竹棍儿竹竿 tʂu53kuŋr31

1358. 无娘藤菟丝子 vu24ȵiaŋ53thəŋ24

1359. 笋瓜西葫芦 suŋ53kua31

1360. 梨瓜甜瓜 li31kuɑ53

1361. 谎花未受粉的花 xuɑŋ53xuɑ31

1362. 鬼头绳菟丝子 kui53thou24ʂəŋ53

1363. 莓子野草莓 mei53tsɿ0

1364. 苇子芦苇 Øy53tsɿ0

1365. 绿毛子青苔 liu53mu31tsɿ0

1366. 鸡娃菜蕨菜 tɕi31Øuɑ0tshæ44

1367. 千里光光明草 tɕhiæ̃31li53kuɑŋ31

1368. 蛴螬地老虎 tshɿ31tshɔ53

1369. 丝绵树杜仲树 sɿ53miæ̃31ʂu44

1370. 白蒿茵陈 pei31xɔ53

1371. 黄桨子穿地龙 xuɑŋ24tɕiɑŋ44tsɿ0

1372. 喇叭花牵牛花 lɑ53pɑ24xuɑ31

1373. 蜜蜜秆味道甜的玉米秆 mi44mi31kæ̃53

1374. 苞谷芯芯玉米棒子的芯子 pɔ31ku31ɕiŋ44ɕiŋ0

1375. 且莲苤蓝 tɕhiɛ53liæ̃0

1376. 树扑棱树枝叶茂盛缠在一块 ʂu44phu31ləŋ31

1377. 腰腰用来捆扎成捆麦子的麦秆 Øiɔ44Øiɔ0

1378. 麦衣麦糠 mei31Øi31

1379. 麸子麦麸 fu53tsɿ0

1380. 碾道碾房 ȵiæ̃44tɔ0

1381. 堰渠水渠 ȵiæ̃44tɕhy0

1382. □罗制作罗筛 tsəŋ31luo24

1383. 起圈清理圈舍 tɕhi53tɕyæ̃44

1384. 垫圈给动物圈舍更换新土 tɕiæ̃44tɕyæ̃44

1385. 打草鞋编草鞋 tɑ53tshɔ53xæ31

1386. 守号护秋 ʂou53xɔ44

1387. 庵棚草棚 ŋæ̃53phəŋ31

1388. 打坡狩猎 tɑ53phɤ31

1389. 茬子野兽的脚印 tshɑ31tsɿ53

1390. 交口狩猎埋伏地点 tɕiɔ31khou0

1391. 守交在指定位置堵击猎物 ʂou53tɕiɔ31

1392. 立木修房架梁 li24mu31

1393. 背柴打柴 pei31tshæ24

1394. 下种播种 ɕiɑ44tʂuŋ44

四、身体、医疗

1395. 奔颅前额突出 pəŋ53lu31

1396. 美人须留海 mei53ʐəŋ0ɕy44

1397. 后马勺后脑勺 xou44mɑ53ʂuo31

1398. 歇顶头顶秃 ɕiɛ31tɕiŋ31

1399. 间白头头发花白 tɕiæ̃44pei24thou24

1400. 眼扎毛眼睫毛 ȵiæ̃53tsɑ31mɔ24

1401. 精沟子光屁股 tɕiŋ31kou53tsɿ0

1402. 胳肢洼腋下 kuo31tsɿ31Øuɑ44

1403. 精脚片光脚 tɕiŋ24tɕyo31phiæ̃53

1404. 螺丝拐踝骨 luo24sɿ31kuæ53

1405. 脚把骨脚腕 tɕyo53pɑ44ku31

1406. 不乖小孩儿有病 pu24kuæ31

1407. 变狗小孩儿有病 piæ̃44kou53

1408. 酒渣鼻酒糟鼻 tɕiu53tsɑ31pi24

1409. 咬舌大舌头 ȵiɔ53ʂɤ0

1410. 拐拐跛子 kuæ53kuæ0

1411. 胭脂骨颧骨 Øiæ̃31tsɿ31ku0

1412. 熥嘎热敷 thuo53kɑ0

1413. 病回头症状趋稳 piŋ44xui24thou24

1414. 瘿瓜瓜甲状腺肿大 Øiŋ53kuɑ31kuɑ0

1415. 腿猪娃腿肚子 thui53tʂu53vɑ31

1416. 熟脓化脓 ʂu24luŋ24

1417. 腔子胸脯 khɑŋ53tsɿ0

1418. 垢圿身上的污垢 kou44tɕiɑ31

1419. 瘩瘩身上长得豆粒状的小疮

khuo53khuo0

五、婚丧、信仰

1420. 衣胞胎盘 ȵi31pɔ0
1421. 过寿祝寿 kuo44ʂou44
1422. 月婆子产妇 Øyo53phɤ0tsɿ0
1423. 有下家有对象 Øiu53xɑ44tɕiɑ31
1424. 过晬婴儿周岁 kuo44tsui44
1425. 百晬百岁 pei53tsui44
1426. 服丧守丧 fu24sɑŋ31
1427. 看日子定婚期 khæ̃44Øər53tsɿ0
1428. 上门入赘 ʂɑŋ44məŋ24

六、人品、称谓

1429. 家门子本家 tɕiɑ53məŋ53tsɿ0
1430. 爷父们父子俩 Øiɛ24fu53mu0
1431. 娘母子母女俩 ȵiɑŋ31mu53tsɿ0
1432. 豁豁豁唇 xuo53xuo0
1433. 老庚同龄人 lɔ53kəŋ44
1434. 相好关系密切的 ɕiɑŋ31xɔ53
1435. □物恶物 tɕiɛ31vɤ53
1436. 老娘婆接生婆 lɔ53ȵiɑŋ0phɤ0
1437. 单眼一只眼 tæ̃31ȵiæ̃0
1438. 瞎㞞坏蛋 xɑ31suŋ24
1439. 冷㞞蠢货 ləŋ53suŋ24
1440. 争㞞厉害的人 tsəŋ31suŋ24
1441. 半吊子做事莽撞的人
pæ̃44tɕiɔ44tsɿ0
1442. 识文子识字人 ʂʅ31vəŋ31tsɿ0
1443. 戏子演员 ɕi44tsɿ0
1444. 呼郎流动商贩 xu53lɑŋ0
1445. 二尾子雌雄特性不明确
Øər31Øi31tsɿ0
1446. 水烟客说谎话乱逛的人
ʂui53Øiæ̃31khei31
1447. 骟匠阉割师 ʂæ̃44tɕiɑŋ31
1448. 篾匠竹编师 mi31tɕiɑŋ53
1449. 油郎挑担子卖油的人 Øiu31lɑŋ53

七、工商、文化

1450. 灯影皮影 təŋ31Øiŋ0
1451. 木老壳木偶 mu31lɔ31khuo0
1452. 拉胡胡拉二胡 lɑ31xu31xu53
1453. 打家伙打锣鼓 tɑ53tɕiɑ53xuo0
1454. 绷子条幅 pəŋ53tsɿ0
1455. 药铺药店 Øyo53phu0
1456. 磨扇磨盘 mo44ʂæ̃0
1457. 道堂道观 tɔ44thɑŋ0
1458. 伐神做法事 fɑ24ʂəŋ24
1459. 寺里清真寺 sɿ44li0
1460. 漠民穆斯林 mo53miŋ0
1461. 换水沐浴 xuæ̃44ʂui53
1462. 佛堂神龛 fɤ31thɑŋ53
1463. 场伙赌场 tʂhɑŋ31xuo53
1464. 挪窝窝婴儿出月后去外婆家的一种习俗 luo24Øuo53Øuo0

八、动作

1465. 歇凉乘凉 ɕiɛ31liɑŋ24
1466. 丢盹打盹儿 tɕiu31tuŋ53
1467. 熬眼熬夜 ŋɔ24ȵiæ̃53
1468. 受法服刑 ʂou44fɑ31
1469. 搭抱 tɕhiɑ53
1470. 劚柴砍柴 phiæ̃53tshæ24
1471. 经管照料 tɕiŋ31kuæ̃53
1472. 绊命撒泼 pæ̃44miŋ44

1473. 嗍吮吸 suo31

1474. 打家具制作木制家具 tɑ53tɕiɑ53tɕy0

1475. 剁树伐树 tuo44ʂu44

1476. 划材劈柴 xuɑ31tshæ24

1477. 拌脚跺脚 pæ̃44tɕyo31

1478. 盘头为女性整理发髻 phæ̃24thou24

1479. 漾了撒落 Øiɑŋ44liɑ0

1480. 逶缓慢移动 vei24

1481. 打了摔破了 tɑ31liɑ0

1482. 打摭打扫，整理 tɑ53tʂɤ0

1483. 日弄故意使坏 ʐʅ53luŋ0

1484. 撸打耳光 lou31

1485. 淘神费神 thɔ24ʂəŋ24

1486. 撵弄完善 ȵiæ̃53luŋ0

1487. 么嗫蠕动 mu31ȵiɛ0

1488. 刁空抽时间 tɕiɔ31khuŋ44

1489. 抓瞌睡打瞌睡 tʂuɑ31khuo53ʂui0

1490. 笼火生火 luŋ24xuo53

1491. 覂缠不要挑衅 pɤ24tʂhæ̃24

1492. 泥墙用稀泥巴抹光墙壁 ȵi24tɕhiɑŋ24

1493. 擩把东西塞进去 ʐu53

1494. 跐用脚蹭掉地面上的东西 tshɿ53

1495. □冒 kɑŋ44

1496. 日噘骂人 ʐʅ53tɕyɛ0

1497. 学说向别人叙述 ɕyɛ31ʂɤ53

1498. 争犟争执 tsəŋ53tɕiɑŋ0

1499. 炕烙 khɑŋ44

1500. 衿扎 tɕiŋ31

1501. 着撂，扔 tʂɔ24

1502. 挃打 tɕiɛ24

1503. 咥大吃 tɕiɛ24

1504. 踒腿脚扭伤 Øuo31

1505. 捼把直的东西折弯 Øuo24

1506. 乍抬手 tsɑ44

1507. 趴扑摔倒 phɑ31phu53

1508. 劐划开或隔开 xuo31

1509. 搕倒打倒 khuo31tɔ31

1510. 失禮衣服多次清洗也不能洗净 ʂʅ53tshɔ0

1511. 远绕过去 Øyæ̃44

1512. 引炕点火烧炕 Øiŋ53khɑŋ44

1513. 刁抢 tɕiɔ31

1514. 塌火失败 thɑ31xuo0

1515. 漏包失言 lou44pɔ31

1516. 没眉眼没眼色 mɤ31mi31ȵiæ̃53

1517. 算㞗了放弃 suæ̃44tɕhiu0liɑ0

九、性质、状态等

1518. 摸里摸西拖拖拉拉 mɤ53li31mɤ31ɕi31

1519. 不尔识不理睬 pu31Øər53ʂʅ0

1520. 绿下了尴尬无果 liu53xɑ31liɑ0

1521. 眼目之下当下 ȵiæ̃53mu31tsɿ31xɑ44

1522. 骚情不检点 sɔ24tɕhiŋ31

1523. 皮干张狂，嘴硬 phi24kæ̃31

1524. 瞎了坏了 xɑ31liɑ0

1525. 烂包全盘皆输 læ̃44pɔ31

1526. 烂蛋邋遢 læ̃44tæ̃0

1527. 严窝严实 ȵiæ̃24Øuo44

1528. 轻省轻松 tɕhiŋ31səŋ0

1529. 悬乎危险 ɕyæ̃31xu53

1530. 赖稀肮脏 læ31ɕi0

1531. 心疼小孩儿长得可爱 ɕiŋ31thəŋ24

1532. 蛮小孩儿长得漂亮 mæ̃24

1533. 憨实小孩儿长得结实 xæ̃53ʂʅ0

1534. 麻利利索 mɑ24li44

1535. 没搞长没能耐 mɤ31kɔ53tʂhaŋ0
1536. 没龙息没能力 mɤ31luŋ31ɕi53
1537. 手头紧拮据 ʂou53thou0tɕiŋ53
1538. 怀喜喜悦 xuæ31ɕi0
1539. 窄狭狭窄 tsei53ɕiɑ0
1540. 绚净干净漂亮 ɕyæ̃53tɕiŋ0
1541. 屈心短 tɕhy31
1542. 糠萝卜等东西空心 khaŋ31
1543. 横横横着 ɕyɛ31ɕyɛ53
1544. 品麻舒服 phiŋ53mɑ24
1545. 把作难为 pɑ53tsuo0
1546. 呼噜松动的样子 xu53lu0
1547. 滑丝螺丝丝口逛脱的样子 xuɑ31sɿ53
1548. 冒标做事过头 mɔ44piɔ31
1549. 搡眼做事过分惹人讨厌 saŋ31ȵiæ̃53
1550. 丧德损德 saŋ44tei31
1551. 馋火厉害 tshæ̃31xuo53
1552. 怯火害怕 tɕhiɛ31xuo53
1553. 方挺方正 faŋ53tɕhiŋ0
1554. 茬大程度大 tshɑ24tɑ44
1555. 扑气来嗨不讲卫生，邋里邋遢的样子 phu53tɕhi31læ31xæ31
1556. 假眉失眼矫揉造作的样子 tɕiɑ53mi31ʂʅ31ȵiæ̃31
1557. 没边失洼不着边际的样子 mɤ53piæ̃31ʂʅ31∅uɑ31
1558. 干稠麻侉形容饭食太稠 kæ̃53tʂhou31mɑ31khuɑ31
1559. 黑揣摸失形容光线太暗 xei53tʂhuæ31mɤ31ʂʅ31
1560. 曲米掐括不宽余 tɕhy31mi24tɕhiɑ31khuo31
1561. 稀流不几形容饭食太稀 ɕi31liu31pu31tɕi31
1562. 烂泥窟蹰泥泞不堪 læ̃44ȵi31khu31tʂhu31
1563. 甜汤刮水淡而无味 tɕhiæ̃31thaŋ53kuɑ31ʂui31
1564. 扑流搭沿容器内液体太满 phu53liu31tɑ31∅iæ̃31
1565. 白脸失道行为举止不庄重 pei31liæ̃53ʂʅ31tɔ31
1566. 摇身摆气形容女人说话嗲声嗲气 ∅iɔ31səŋ53pæ31tɕhi31
1567. 柔死巴筋柔韧 ʐou31sɿ53pɑ31tɕiŋ31
1568. 光巴连稀要啥没啥 kuaŋ31pɑ31liæ̃31ɕi31
1569. 稀里巴查稀疏的样子 ɕi53li31pɑ31tshɑ31
1570. 生奈巴道生疏的样子 səŋ53læ31pɑ31tɔ31
1571. 聋三背四指人听觉不好 luŋ31sæ̃53pei31sɿ31
1572. 㞞眉眨眼无精打采的样子 suŋ31mi53tsɑ31ȵiæ̃31
1573. 怪眉日眼形容这人坏事做得多 kuæ44mi31ʐʅ31ȵiæ̃31
1574. 哈眉日眼形容人干事没眼力 xɑ53mi31ʐʅ31ȵiæ̃31
1575. 实密合眼东西堆得满满的样子 ʂʅ24mi53xuo31ȵiæ̃31
1576. 兴许也许 ɕiŋ44ɕy31
1577. 单另另外 tæ̃31liŋ44
1578. 亏当多亏 khui53taŋ31
1579. 亏搭幸亏 khui53tɑ31

第四章　语法与口头文化

第一节　语法例句

1. 你是哪里人？

   你是啊搭人？

   ȵi53sɿ44Øɑ53tɑ31ʐəŋ24？

2. 我是陕西______人。（说出所在县或市）

   我是陕西凤县人。

   ŋuo53sɿ44ʂæ̃53ɕi31fəŋ44ɕiæ̃44ʐəŋ24.

3. 你今年多大？

   你多大年龄？

   ȵi534tuo31tɑ44ȵiæ̃24liŋ44？

4. 我______岁了。（说出自己的实际年龄）

   我六十三了。

   ŋuo53liu53ʂʅ31sæ̃31liɑ0.

5. 你叫什么名字？

   你叫啥名字？

   ȵi53tɕiɔ44sɑ44miŋ31tsɿ53？

6. 我叫______。（说出自己的名字）

   我叫马立新。

   ŋuo53tɕiɔ44mɑ53li24ɕiŋ31.

7. 你家住哪里？

   你屋里在啊搭？

   ȵi53Øu53li31tsæ44Øɑ53tɑ31？

8. 我家住______。（说出自己居住的地址）

   我屋里在双石铺镇新建路216号。

ŋuo24Øu53li0tsæ44ʂuaŋ31ʂʅ24phu53tʂəŋ44çiŋ31tçiæ̃44lu44Øər44pei31Øi31ʂʅ31liu53xɔ31.

9. 谁呀？我是老三。

谁？我，老三。

sei24？ŋuo53，lɔ53sæ̃31.

10. 老四呢？他正在跟一个朋友说着话呢。

老四哩？他正跟个朋友说话哩。

lɔ53sɿ44li0？thɑ53tʂəŋ44kəŋ31kɔ0phəŋ31Øiu53ʂɤ31xuɑ44li0.

11. 他还没有说完吗？

他还没说完吗？

thɑ53xɑ24mɤ31ʂɤ31Øuæ̃24mɑ0？

12. 还没有。大约再有一会儿就说完了。

还没有。规模还得一阵儿。

xɑ24mɤ24Øiu53. khui44mɤ31xɑ24tei31Øi31tʂəŋr44.

13. 他说马上就走，怎么这半天了还在家里呢？

他说当下就走呀，咋还在屋里哩？

thɑ53ʂɤ31tɑŋ53çiɑ44tsou44tsou53Øiɑ0，tsɑ31xɑ24tsæ44Øu53li0li0？

14. 你到哪儿去？我到城里去。

你到啊搭去？我去城里。

ȵi53tɔ44Øɑ24tɑ53tçhi44？ŋuo53tçhi44tʂhəŋ31li53.

15. 在那儿，不在这儿。

在兀搭，不在这搭。

tsæ44Øui44tɑ31，pu31tsæ44tʂʅ44tɑ31.

16. 不是那么做，是要这么做的。

不兀么个做，要这么个做。

pu31Øu44mɤ31kɔ0tsu44，Øiɔ31tʂʅ44mɤ31kɔ31tsu44.

17. 太多了，用不着那么多，只要这么多就够了。

太多了，用不了兀么多，这些就够了。

thæ44tuo31liɑ0，Øyŋ44pu31liɔ53Øu44mɤ53tuo31，tʂei53çiɛ0tsou44kou44liɑ0.

18. 这个大，那个小，这两个哪一个好点呢？

这个大，兀个碎，啊个好点？

tʂei53kɔ0tɑ44，Øui53kɔ0sui44，Øɑ31kɔ0xɔ53tçiæ̃31？

19. 这个比那个好。

这个比兀个好。

tʂei53kɔ0pi53Øui53kɔ0xɔ53.

20. 这些房子不如那些房子好。

这些房没兀些房好。

tʂei44ɕiɛ0faŋ24mɤ31Øui44ɕiɛ0faŋ24xɔ53.

21. 这句话用____话怎么说？（填本地地名，本地音）

这句话用凤州话咋说？

tʂei53tɕy31xuɑ44Øyŋ44fəŋ44tʂou31xuɑ44tsɑ24ʂɤ31？

22. 他今年多大岁数？

他今年多大了？

thɑ53tɕiŋ31ȵiæ24tuo31tɑ44liɑ0？

23. 大概有三十来岁吧。

大摸三十来岁。

tɑ44mɤ53sæ53ʂʅ0læ31sui44.

24. 这个东西有多重呢？

这个东西多重？

tʂei44kɔ31tuŋ53ɕi0tuo31tʂuŋ44？

25. 有五十斤重呢。

有五十来斤。

Øiu53Øu53ʂʅ0læ31tɕiŋ31.

26. 拿得动吗？

拿得起啊不？

lɑ24tei53tɕhiɛ53Øɑ0pu31？

27. 我拿得动，他拿不动。

能拿起，他拿不起。

ləŋ24lɑ24tɕhiɛ53，thɑ53lɑ24pu31tɕhiɛ53.

28. 真不轻，重得连我都拿不动了。

还不轻哩，连我都拿不起。

xɑ24pu24tɕhiŋ31li0，liæ24ŋuo53tou31lɑ24pu53tɕhiɛ53.

29. 你说得很好，你还会说点儿什么呢？

你说得好很，还能说啥？

ȵi53ʂɤ31tɕi0xɔ53xəŋ53，xɑ24ləŋ24ʂɤ31sɑ31？

30. 我嘴笨，我说不过他。

我嘴笨，说不过他。

ŋuo53tsui53pəŋ44，ʂɤ31pu31kuo44thɑ53.

31. 说了一遍，又说了一遍。

说了一遍又一遍。

ʂɤ31liɑ0Øi31piæ44Øiu44Øi31piæ44.

32. 请你再说一遍。

你再说一遍。

ȵi53tsæ44ʂɤ31Øi31piæ44.

33. 不早了，快去吧！

不早了，赶紧去！

pu31tsɔ53liɑ0，kæ31tɕiŋ53tɕhi44！

34. 现在还很早呢。等一会儿再去吧。

这阵还早得很哩。等嘎再去。

tʂei53tʂəŋ44xɑ24tsɔ53tɕi0xəŋ53li0. təŋ44kɑ0tsæ44tɕhi44.

35. 吃了饭再去好吧？

饭吃了再去，能成啊不？

fæ44tʂhʅ31liɑ0tsæ44tɕhi44，ləŋ24tʂhəŋ24Øɑ31pu31？

36. 慢慢儿地吃啊！不要急嘛！

慢慢吃！覅急！

mæ44mæ53tʂhʅ31！pɤ31tɕi24！

37. 坐着吃比站着吃好些。

坐下吃比立下吃好。

tsuo44xɑ0tʂhʅ31pi53li53xɑ0tʂhʅ31xɔ53.

38. 这个吃得，那个吃不得。

这个能吃，兀个吃不成。

tʂei44kɔ31ləŋ24tʂhʅ31，Øui44kɔ31tʂhʅ31pu31tʂhəŋ24.

39. 他吃了饭了，你吃了饭没有呢？

他吃了，你吃了么？

thɑ53tʂhʅ31liɑ0，ȵi53tʂhʅ31liɑ0mɤ31？

40. 他去过上海，我没有去过。

他去过上海，我没去过。

thɑ53tɕhi44kuo31ʂɑŋ44xæ53，ŋuo53mɤ31tɕhi44kuo0.

41. 来闻闻这朵花香不香？

来闻嘎该花香啊不？

læ24Øvəŋ24kɑ0kæ53xuɑ31ɕiaŋ53Øɑ0pu31？

42. 香得很，是不是？

爨得很，得是？

tshuæ̃44tɕi0xəŋ53，tei44sɿ44？

43. 给我一本书！

给我一本书！

kei44ŋuo53Øi31pəŋ53ʂu31！

44. 我实在没有书么！

我到底没书！

ŋuo53tɔ53tɕi0mɤ24ʂu31！

45. 你告诉他。

你给他说。

ȵi53kei44thɑ53ʂɤ31.

46. 好好儿地走！不要跑！

好好走！嫑跑！

xɔ53xɔ24tsou53！pɤ31phɔ53！

47. 小心跌下去爬也爬不上来！

小心滚下去爬啊爬不上来！

ɕiɔ53ɕiŋ31kuŋ53xɑ31tɕhi31phɑ24Øɑ0phɑ24pu31ʂaŋ44læ31！

48. 医生叫你多睡一睡。

大夫叫你多睡嘎。

tæ44fu31tɕiɔ44ȵi53tuo31ʂui44kɑ0.

49. 吸烟或者喝茶都不可以。

吃烟喝茶都不行。

tʂhʅ24Øiæ̃31xuo31tshɑ24tou31pu31ɕiŋ24.

50. 烟也好，茶也好，我都不喜欢。

烟啊罢，茶啊罢，我都不爱。

Øiæ̃31Øɑ0pɑ44，tshɑ24Øɑ0pɑ44，ŋuo53tou24pu31ŋæ44.

51. 不管你去不去，反正我是要去的，我非去不可。

不管你去不去，反正我去哩。

pu31kuæ̃53ȵi53tɕhi44pu31tɕhi44，fæ̃31tʂəŋ44ŋuo53tɕhi44li0.

52. 你是哪一年来的？

你啊一年来的？

ȵi53∅ɑ31∅i31ȵiæ24læ31tɕi53？

53. 我是前年到的北京。

我前年个来的北京。

ŋuo53tɕhiæ31ȵiæ53kuo0læ31tɕi53pei31tɕiŋ31.

54. 今天开会谁的主席？

今儿开会谁是主席？

tɕiŋr31khæ31xui44sei24sɿ44tʂu53ɕi24？

55. 你得请我的客！

你得请我！

ȵi53tei31tɕhiŋ53ŋuo53！

56. 这是他的书，那一本是他哥哥的。

这个是他的书，兀本是他哥的。

tʂei44kɔ31sɿ44thɑ53tɕi0ʂu31，∅ui44pəŋ53sɿ44thɑ31kuo31tɕi53.

57. 一边走，一边说。

旋走旋说。

suæ44tsou53suæ44ʂɤ31.

58. 看书的看书，看报的看报，写字的写字。

看书的看书，看报的看报，写字的写字。

khæ44ʂu53tɕi31khæ44ʂu31，khæ44pɔ44tɕi31khæ44pɔ44，ɕiɛ53tsɿ44tɕi31ɕiɛ53 tshɿ44.

59. 越走越远，越说越多。

越走越远，越说越多。

∅yɛ31tsou53∅yɛ24∅yæ53，∅yɛ24ʂɤ31∅yɛ24tuo31.

60. 把那个东西拿给我。

把兀个东西给我。

pɑ31∅ui44kɔ31tuŋ53ɕi0kei44ŋuo53.

61. 有些地方把太阳叫日头。

有的地方把太阳叫热头。

∅iu53tɕi0tɕi44fɑŋ31pɑ31thæ44∅iɑŋ0tɕiɔ44ʐɤ53thou0.

62. 您贵姓？我姓王。

你姓啥？我姓王。

ȵi53ɕiŋ44sɑ44？ŋuo53ɕiŋ44∅uɑŋ24.

63. 你姓王，我也姓王，咱们两个人都姓王。

你姓王，我也姓王，咱都姓王。

ȵi53çiŋ44Øuaŋ24，ŋuo53Øia24çiŋ44Øuaŋ24，tsa24tou24çiŋ44Øuaŋ24.

64. 你先去吧，我们等一会儿再去。

你先去，我的等嘎再去。

ȵi53çiæ̃31tɕhi44，ŋuo31tɕi0təŋ44ka0tsæ44tɕhi44.

第二节 北风和太阳

北风跟太阳

有一回，北风跟太阳在那儿争论谁的本事大。争来争去就是分不出高低来。这时候路上来了个走道儿的，他身上穿着件厚大衣。他们俩就说好了，谁能先叫这个走道儿的脱下他的厚大衣，就算谁的本事大。北风就使劲地刮起来了，不过他刮得越是厉害，那个走道儿的把大衣裹得越紧。后来北风没法儿了，只好就算了。过了一会儿，太阳出来了。他火辣辣地一晒，那个走道儿的马上就把那件厚大衣脱下来了。这下儿北风只好承认，他们俩当中还是太阳的本事大。

北风连热头

pei31fəŋ31liæ̃24ʐɤ53thou0

有回，北风连热头争谁歪。

Øiu53xui24，pei31fəŋ31liæ̃24ʐɤ53thou0tsəŋ31sei24væ31.

争来争去分不出个上下。

tsəŋ31læ24tsəŋ31tɕhi44fəŋ31pu31tʂhu31kɔ31ʂaŋ44xa44.

刚好来了个过路客，该人身上穿了个厚大衣。

kaŋ24xɔ24læ31liɔ53kɔ31kuo44lu44khei31，kæ53ʐəŋ24ʂəŋ53ʂaŋ0tʂhuæ̃31liɔ0kɔ31 xou44ta44Øi31.

他俩个就打赌，谁能让该人脱下厚大衣，就算谁歪。

tha31liaŋ53kɔ31tsou44ta31tu53，sei24ləŋ24ʐaŋ44kæ53ʐəŋ24thuo31xa0xou44ta44Øi31，tsou44suæ̃44sei24væ31.

说毕，北风就没面刮开了。

ʂɤ24pi31，pei31fəŋ31tsou44mɤ53miæ̃0kua53khæ31lia0.

不过北风刮得越厉害，该人就把大衣裹得越紧，北风没法了。

pu31kuo44pei31fəŋ31kua53tɕi0Øyo31li44xæ31，kæ53ʐəŋ24tsou44pa31ta44Øi31kuo31 tɕi0Øyo31tɕiŋ53，pei31fəŋ31mɤ31fɑ53liɑ0.

过了一阵儿，热头出来了，冷灰地一晒，该人热得就把大衣给脱了。

kuo44liɑ0Øi31tʂəŋr44，ʐɤ53thou0tʂhu31læ31liɑ0，ləŋ53suŋ24tɕi0Øi31sæ44，kæ53 ʐəŋ24ʐɤ53tɕi0tsou44pɑ31tɑ44Øi31kei31thuo31liɑ0.

北风只得承认还是热头歪。

pei24fəŋ31tsɿ24tei53tʂhəŋ24ʐəŋ44xɑ24sɿ44ʐɤ53thou0væ31.

第三节　口头文化

一、唐藏和晒经台

这天，热头晒得火辣辣，在唐沙河修行了五百多年的老乌龟心急火燎地盼望唐僧师徒取经回来。正想着哩，就望见他的过来了，老乌龟麻利驮上他几个游向河对岸，快到河当中，乌龟知道了唐僧忘了在如来佛跟前给它讨封的事，气不打一处来，身子一趄，就把外几个倒水里头去了。紧跟着，天空乌云滚滚，河水一浪高过一浪。孙猴子赶紧把唐僧拉上岸，猪八戒、沙和尚顺河抢捞经书，把湿透了的经书摊在辛家庄后头的大石头上晾晒，又听着“忽”的一下，狂风四起，经书乱飘，猪八戒心一急，抡起九齿耙就搂，只听“咣”的一声，火星乱迸，石头上留下了深深的九道耙印印。打这以后，庄里人就把该石头叫晒经台，把唐沙河叫“西河”，该地方就成了唐藏乡。

二、谚语

1. 红云变黑云，必定是雨淋。
2. 东风雨，西风晴，北风起来冷死人。
3. 太阳身上披红纱，东风逆行有雨下。
4. 日出东南红，无雨便是风。
5. 乌云接热头，半夜听雷响。
6. 风刮一大片，雹打一条线。
7. 云往南，水漂船。云往北，晒干麦。
8. 日落胭脂红，无雨便是风。
9. 天上勾勾云，地上雨淋淋。
10. 天上瓦渣云，地上晒死人。
11. 黑云红稍子，必定有冷子。
12. 燕子低飞蛇过道，蚂蚁搬家雨就到。

13. 烟筒不出烟，必定是阴天。

14. 苞谷锄得嫩，强如上道粪。

15. 东虹日头西虹雨，南虹出来发白雨。

16. 早上雾一雾，晌午晒死兔。

17. 旋黄旋割，颗粒不落。

18. 雪下高山，霜打平地。

19. 一黑一亮，石头泡胀。

20. 儿要亲生，地要冬耕。

21. 人哄地皮，地哄肚皮。

22. 鸡娃上架早，明儿天气好。

23. 有钱难买五月旱，六月连阴吃饱饭。

24. 早上立了秋，晚上凉飕飕。

25. 桃三杏四梨五年，要吃核桃得九年。

26. 夏天多锄草，秋天吃个饱。

27. 要得吃饱饭，常到地里转。

三、山歌

1. 小庄稼汉忙

正（啊）月里是（啊）新年，纸糊（着）灯笼挂门前，风（啊）吹灯笼不溜溜转，风调（呢）雨顺太（着）平年。

二（啊）月里草（啊）发青，庄稼汉收拾要务农，鞭子打牛忙翻（的）粪，再看（呢）来年好（着）收成。

三（啊）月里三（啊）月三，骑上（着）毛驴下四川，毛驴不吃四川（的）草，骑上（呢）毛驴往（着）回跑。

四（啊）月里四（啊）月八，娘娘（着）庙里把香插，或儿或女赐一（的）个，我给（呢）娘娘挂（着）红袍。

五（啊）月里五（啊）端阳，家家（呢）户户收麦忙，快割快碾快快（的）扬，小心（呢）大雨下（着）一场。

2. 勤想姐，久想郎（山歌对唱）

女：久不唱歌忘了歌，久不撑船网江河。
郎在山上乱吆喝，惹得姐儿唱山歌。
哎吆吆，惹得姐儿唱山歌。

男：三月谷雨种茶忙，芹菜韭菜种两行。

郎吃芹菜勤想姐，姐吃韭菜久想郎。

哎吆吆，姐吃韭菜久想郎。

女：好不容易到一搭，姐儿问来你回答。

男：咱唱山歌是行家，你要问啥都会答。

女：正月子里什么子花人人所爱，什么人手挽手同下山来？

男：正月子里迎春花人人所爱，梁山伯祝英台同下山来。

女：二月子里什么花就地生根，什么人背书箱万里传名？

男：二月子里萝卜花就地生根，孔夫子背书箱万里传名。

女：三月子里什么花满院通红，什么人在桃园结拜弟兄？

男：三月子里桃子花满院通红，刘关张在桃园结拜弟兄。

3. 碎妹传书

碎妹儿写情书泪流两行，千写上万拜上奴的周郎，千写上万拜上奴的周郎。

兄爱妹妹爱兄夫妻恩重，前世里有缘分配成婚姻，前世里有缘分配成婚姻。

十四年天荒旱未有耕种，十五年一斗麦一两白银，十五年一斗麦一两白银。

从河南离草滩我往西行，行来在白沙店奴把身容，行来在白沙店奴把身容。

白昼间想周郎肝肠痛断，何一日和周郎才能团圆，何一日和周郎才能团圆。

茶不思饭不想日夜想念，何一日我和您才能团圆，何一日我和您才能团圆。

4. 十对花（民歌对唱）

女：我唱我的一呀，谁对我的一呀，什么子开花在水里呀？

男：你唱你的一呀，我对你的一呀，绿漠子开花在水里呀。

女：我唱我的两呀，谁对我的两呀，什么子开花在路旁？

男：你唱你的两呀，我对你的两呀，马莲草开花在路旁。

女：我唱我的三呀，谁对我的三呀，什么子开花叶叶尖？

男：你唱你的三呀，我对你的三呀，桃子开花叶叶尖。

女：我唱我的四呀，谁对我的四呀，什么子开花一身刺？

男：你唱你的四呀，我对你的四呀，玫瑰开花一身刺。

女：我唱我的五呀，谁对我的五呀，什么子开花正端午？

男：你唱你的五呀，我对你的五呀，石榴子开花正端午。

凤翔县篇

第一章　总　论

第一节　人文地理、历史沿革、人口概况

凤翔县古称雍，是周秦发祥之地、嬴秦创霸之区，也是华夏九州之一。位于东经107°10′～107°38′，北纬34°20′～34°45′，地处关中平原宝鸡市东北，县城距宝鸡市区44千米。现辖12个镇233个村，面积1179平方千米，总人口52万。凤翔县东西分别邻岐山县和千阳县，南北分别为陈仓区和麟游县，是陕西省首批公布的省级历史文化名城。相传秦穆公之女弄玉善于吹笛，引来善于吹箫的华山隐士箫史，知音相遇，终成眷属，后乘凤凰飞翔而去，唐时取此意更名凤翔。凤翔历史悠久，先秦19位王公在此建都，是始皇加冕、苏轼初仕之地。凤府三绝（东湖柳、姑娘手、西凤酒）驰名中外，是中国著名的民间工艺美术之乡，享有“青铜器之乡”和“西凤酒乡”的美誉。秦文化、凤文化、民间文化、苏轼文化、凤酒文化、佛教文化、西府饮食文化和读耕文化等八大文化为凤翔历史文化的精粹所在。

凤翔在距今6000多年前的原始社会新石器时代，就有氏族公社村落分布。夏代为九州之一的雍州之域。西周为王畿地，属召公奭采邑，称雍邑。周平王元年（前770年），周室东迁后，封护驾有功的秦襄公为诸侯，赐为秦地。秦代实行郡县制，雍县属内史地。汉袭秦制，仍为郡领县。汉高祖二年（前205年），雍县属中地郡；景帝二年（前155年），内史分为左、右，雍县属右内史；灵帝中平六年（189年），雍县属汉安郡。曹魏改右扶风为扶风郡，雍县属之。隋文帝开皇三年（583年），改岐阳郡为岐州，雍县属之。唐太宗贞观元年（627年），雍县属关内道岐州；唐末，李茂贞割据凤翔，领四镇十五州。宋神宗熙宁五年（1072年），置秦凤路，其提点刑狱在凤翔府，府治天兴，领九县：天兴、岐山、宝鸡、扶风、眉县、虢县、周至、麟游、普润。金世宗大定十九年（1179年），以“天兴县”与京都“衍庆殿”字音相近，更为凤翔县。元初撤凤翔路，存凤翔府，直属陕西行中书省；成宗大德九年（1305年），凤翔府归陕西汉中道肃政廉访司管辖，府治凤翔，领五县：凤翔、岐山、麟游（普润县并入）、宝鸡（虢县并入）、扶风。明太祖洪武九年（1376年），改陕西行中书省为陕西承宣布

政使司，凤翔府直属，府治凤翔，领七县一州：凤翔、岐山、扶风、宝鸡、千阳、麟游、眉县及陇州（今陇县及宝鸡县西北部）。清凤翔县属陕西省凤邠道凤翔府，道治、府治均设凤翔县。凤翔府领七县一州：凤翔、岐山、扶风、宝鸡、千阳、麟游、眉县及陇州（今陇县及宝鸡县西北部）。1913 年，裁府留县设道，凤翔县属陕西省关中道。1933 年，撤道，凤翔县直辖于陕西省。1938 年，设陕西省凤翔专员公署，治所凤翔，辖十二县：凤翔、岐山、扶风、武功、永寿、邠县、乾县、眉县、宝鸡、凤县、千阳、陇县。1941 年，专员公署迁宝鸡，改称陕西省第九行政督察专员公署，辖凤翔县。1949 年 7 月 14 日，凤翔县隶属陕甘宁边区宝鸡分区。中华人民共和国成立后，凤翔县于 1950 年 1 月改属陕西省宝鸡分区，10 月分区更名专区。1956 年 10 月专区撤销，凤翔县由陕西省直辖。1957 年 7 月，凤翔县宁王乡划归宝鸡县管辖。1958 年 11 月，撤销岐山、麟游县建制，将原岐山、麟游县及眉县渭河以北地域统归凤翔县，县人民政府设凤翔。1961 年 1 月，凤翔县改属宝鸡市管辖。1962 年 9 月，凤翔县长青公社花园大队划归千阳县。1969 年 10 月，凤翔县改属宝鸡专区更名的宝鸡地区管辖。1980 年，凤翔县改属宝鸡市管辖。

第二节　方言归属与内部差异

凤翔方言属于中原官话秦陇片。内部各乡镇之间语音略有差异，但系统性差异在于古知系合口字（山摄合口三等薛韵字除外）、宕摄开口三等庄组字和江摄开口二等知庄组舒声字的今读声母方面，这组声母在虢王、横水、彪角、姚家沟、田家庄、郭店、尹家务、陈村、长青等九个乡镇中读［tʂ］、［tʂh］、［ʂ］、［ʐ］；在城关、糜杆桥、南指挥、唐村、柳林、范家寨、董家河、汉封等八个乡镇中读［tʃ］、［tʃh］、［ʃ］、［ʒ］。另外一点，古全浊声母仄声字，东部的横水和东南部的虢王、彪角读送气音的字数比城关、北部的范家寨、西北部的柳林和汉封多。①

第三节　发音人和调查人概况

方言发音人（一）

1. 姓名：王长虎
2. 单位（退休前）：陕西省宝鸡市凤翔县博物馆

① 凤翔方言的归属和内部差异摘自张永哲硕士论文《凤翔方言代词研究》，编者与张永哲私下交流时，张永哲对凤翔方言的内部差异又做了改动，今依张永哲的最新认识。

3. 通信地址：陕西省宝鸡市凤翔县城关镇文化路西段

4. 性别：男　　民族：汉

5. 出生年月日（公历）：1956 年 8 月 28 日

6. 出生地（从省级至自然村级）：陕西省宝鸡市凤翔县城关镇文化路

7. 主要经历：一直在凤翔县文化部门工作。

8. 文化程度：中专

9. 职业：职员

10. 会说哪几种话（包括普通话、外语）：凤翔方言、普通话。

11. 父亲是哪里人，会说什么话：宝鸡市凤翔县横水镇紫柏村人，会说凤翔方言。

12. 母亲是哪里人，会说什么话：宝鸡市凤翔县横水镇紫柏村人，会说凤翔方言。

13. 配偶是哪里人，会说什么话：宝鸡市凤翔县城关镇人，会说凤翔方言。

方言发音人（二）

1. 姓名：赵权

2. 单位（退休前）：陕西省宝鸡市凤翔县南指挥镇白家凹村第二组

3. 通信地址：陕西省宝鸡市凤翔县南指挥镇白家凹村第二组

4. 性别：男　　民族：汉

5. 出生年月日（公历）：1941 年 9 月 22 日

6. 出生地（从省级至自然村级）：陕西省宝鸡市凤翔县南指挥镇白家凹村

7. 主要经历：一直在家务农。

8. 文化程度：初中

9. 职业：农民

10. 会说哪几种话（包括普通话、外语）：凤翔方言

11. 父亲是哪里人，会说什么话：宝鸡市凤翔县南指挥镇白家凹村人，会说凤翔方言。

12. 母亲是哪里人，会说什么话：宝鸡市凤翔县南指挥镇白家凹村人，会说凤翔方言。

13. 配偶是哪里人，会说什么话：宝鸡市凤翔县南指挥镇白家凹村人，会说凤翔方言。

调查人

1. 姓名：王应龙

2. 单位：宝鸡文理学院关陇方言与民俗研究中心

3. 通信地址：宝鸡市高新大道1号宝鸡文理学院文传院语言教研室

4. 协助调查人1姓名：董 瑛

5. 协助调查人2姓名：王元科

6. 协助调查人3姓名：赵 娟

第二章　语　音

第一节　声　母

声母共二十六个，包括零声母在内。

p 八兵布宝	ph 派片爬病	m 麦明母庙	f 风副肥饭	v 味问温武
t 多党东刀	th 讨毒脱特			l 脑南老蓝连路
ȶ 酒焦店浆	ȶh 天铁七清			
ts 资早租贼	tsh 刺寸字全		s 三酸想谢	
tʂ 张竹装主	tʂh 柱初床车		ʂ 双船顺书	ʐ 热软让褥
tɕ 九金假举	tɕh 轻穷去茄	ȵ 年泥哑硬	ɕ 响县虚雪	
k 高共瓜哥	kh 开柜跪口	ŋ 熬安藕爱	x 好灰活下	
Ø 月王云用药				

第二节　韵　母

韵母三十三个，不包括儿化韵。

ɿ 师迟试指			
ʅ 猪出十尺	i 米戏急七	u 苦五骨谷	y 雨橘局女
ɑ 茶瓦塔法	iɑ 牙鸭家夹	uɑ 刮瓜花滑	
o 婆磨拨佛		uo 歌多坐活	yo 药学雀约
ɤ 折车热蛇	iɛ 写接贴节		yɛ 靴月缺镢
ɔ 宝饱早二	iɔ 笑桥飘鸟		
æ 开排鞋歪		uæ 怪快坏拐	
ei 赔飞色白		ui 对鬼国雷	
ou 豆走狗凑	iu 油六绿丢		
ã 南山半碗	iã 盐年眼间	uã 短官幻惯	yã 权院卷馅

ɑŋ 糖床双邦　　iɑŋ 响讲良强　uɑŋ 王黄矿光

əŋ 深根春灯　　iŋ 心新硬病　　uŋ 寸滚横东　　yŋ 云用兄穷

第三节　单字调

单字调四个。

阴平 31　搭节拍刻　阳平 24　铜皮急毒　上声 53　统苦讨草　去声 44　寸去卖路

第四节　连读变调

后字非轻声两字组连调模式见表 2-1。

表 2-1　后字非轻声两字组连调模式

前字＼后字	1 阴平 31	2 阳平 24	3 上声 53	4 去声 44
1 阴平 31	24+31	31+24	31+53	31+44 53+44
2 阳平 24	24+31	24+24	24+53	24+44
3 上声 53	53+31	53+24	53+53	53+44
4 去声 44	44+31	44+24	44+53	44+44

非叠字组后字轻声两字组连调模式见表 2-2。

表 2-2　非叠字组后字轻声两字组连调模式

前字＼后字	1 阴平 31	2 阳平 24	3 上声 53	4 去声 44
1 阴平 31	31+0 53+0	31+0 53+0	31+0	53+0
2 阳平 24	31+53	31+53	31+53	31+53
3 上声 53	44+0	44+0	31+53 31+0 44+0	44+0 31+0
4 去声 44	44+0	44+0	44+0	44+0

第五节　单　字

0001. 多 tuo31

0002. 拖 thuo31

0003. 大～小 tɑ44

0004. 锣 luo24

0005. 左 tsuo44

0006. 歌 kuo31

0007. 个一～kɔ44

0008. 可 khɔ53

0009. 鹅 ŋuo24

0010. 饿 ŋuo44

0011. 河 xuo24

0012. 茄 tɕhiɛ24

0013. 破 pho44

0014. 婆 pho24

0015. 磨动 mo24

0016. 磨名 mo44

0017. 躲 tuo53

0018. 螺 luo24

0019. 坐 tshuo44

0020. 锁 suo53

0021. 果 kuo53

0022. 过 kuo44

0023. 课 khuo44

0024. 火 xuo53

0025. 货 xuo44

0026. 祸 xuo44

0027. 靴 ɕyɛ31

0028. 把量 pɑ53

0029. 爬 phɑ24

0030. 马 mɑ53

0031. 骂 mɑ44

0032. 茶 tshɑ24

0033. 沙 sɑ31

0034. 假真～tɕiɑ53

0035. 嫁 tɕiɑ44

0036. 牙 Øiɑ24

0037. 虾 ɕiɑ31

0038. 下底～xɑ44

0039. 夏春～ɕiɑ44

0040. 哑 ȵiɑ53

0041. 姐 ȶiɛ24

0042. 借 ȶiɛ44

0043. 写 siɛ53

0044. 斜 siɛ24

0045. 谢 siɛ44

0046. 车不是棋子 tʂhɤ31

0047. 蛇 ʂɤ24

0048. 射 ʂɤ44

0049. 爷 Øiɛ44

0050. 野 Øiɛ53

0051. 夜 Øiɛ44

0052. 瓜 kuɑ31

0053. 瓦 Øuɑ53

0054. 花 xuɑ31

0055. 化 xuɑ44

0056. 华中～xuɑ31

0057. 谱家～，注意声母 phu53

0058. 布 pu44

0059. 铺动 phu31

0060. 簿 phu53

0061. 步 phu44

0062. 赌 tu53

0063. 土 thu53

0064. 图 thu24

0065. 杜 tu44

0066. 奴 lu24

0067. 路 lu44

0068. 租 tsu31

0069. 做 tsu44

0070. 错对～tshuo31

0071. 箍～桶，注意声母 ku31

0072. 古 ku53

0073. 苦 fu53

0074. 裤 fu53

0075. 吴 Øu24

0076. 五 Øu53

0077. 虎 xu53

0078. 壶 xu24

0079. 户 xu44

0080. 乌 Øu31

0081. 女 ȵy53

0082. 吕 ly53

0083. 徐 ɕy24

0084. 猪 tʂʅ31

0085. 除 tʂhʅ24

0086. 初 tʂhʅ31

0087. 锄 tʂhʅ24

0088. 所 ʂuo53

0089. 书 ʂʅ31

0090. 鼠 ʂʅ53

0091. 如 ʐʅ31

0092. 举 tɕy53

0093. 锯名 tɕy44

0094. 去 tɕhi44

0095. 渠～道 tɕhy24

0096. 鱼 Øy24

0097. 许 ɕy53

0098. 余剩～，多～Øy24

0099. 府 fu53

0100. 付 fu44

0101. 父 fu44

0102. 武 vu53

0103. 雾 vu44

0104. 取 tɕhy53

0105. 柱 tʂʅ44

0106. 住 tʂhʅ44

0107. 数动 ʂʅ53

0108. 数名 ʂʅ44

0109. 主 tʂʅ53

0110. 输 ʂʅ31

0111. 竖 ʂʅ53

0112. 树 ʂʅ44

0113. 句 tɕy44

0114. 区地～tɕhy31

0115. 遇 Øy44

0116. 雨 Øy53

0117. 芋 Øy44
0118. 裕 Øy31
0119. 胎 thæ31
0120. 台戏～thæ24
0121. 袋 tæ44
0122. 来 læ24
0123. 菜 tshæ44
0124. 财 tshæ24
0125. 该 kæ31
0126. 改 kæ53
0127. 开 khæ31
0128. 海 xæ53
0129. 爱 ŋæ44
0130. 贝 pei44
0131. 带动 tæ44
0132. 盖动 kæ44
0133. 害 xæ44
0134. 拜 pæ44
0135. 排 phæ24
0136. 埋 mæ24
0137. 戒 tɕiɛ44
0138. 摆 pæ53
0139. 派注意声调 phæ44 ～出/ phæ53 ～别
0140. 牌 phæ24
0141. 买 mæ53
0142. 卖 mæ44
0143. 柴 tshæ24
0144. 晒 sæ44
0145. 街 tɕiɛ31
0146. 解～开 tɕiɛ53
0147. 鞋 xæ24
0148. 蟹注意声调 ɕiɛ31
0149. 矮 ŋæ53
0150. 败 phæ44
0151. 币 pi44
0152. 制～造 tʂʅ44
0153. 世 ʂʅ44
0154. 艺 Øi44
0155. 米 mi53
0156. 低 ȶi31
0157. 梯 ȶhi31
0158. 剃 ȶhi44
0159. 弟 ȶhi44 兄～/ ȶi44 ～兄
0160. 递 ȶi44
0161. 泥 ȵi24
0162. 犁 li24
0163. 西 si31
0164. 洗 si53
0165. 鸡 tɕi31
0166. 溪 ɕi31
0167. 契 tɕhi31
0168. 系联～ɕi44
0169. 杯 phei31
0170. 配 phei44
0171. 赔 phei24
0172. 背～诵 pei44
0173. 煤 mei24
0174. 妹 mei44
0175. 对 tui44
0176. 雷 lui24
0177. 罪 tsui44
0178. 碎 sui44
0179. 灰 xui31
0180. 回 xui24
0181. 外 Øuæ44
0182. 会开～xui44
0183. 怪 kuæ44
0184. 块 khuæ53
0185. 怀 xuæ24
0186. 坏 xuæ44
0187. 拐 kuæ53
0188. 挂 kuɑ44
0189. 歪注意声母 Øuæ53
0190. 画 xuɑ44
0191. 快 khuæ44
0192. 话 xuɑ44
0193. 岁 sui44
0194. 卫 Øui44
0195. 肺 fei44
0196. 桂 kui44
0197. 碑 pi31
0198. 皮 phi24
0199. 被～子 pi44
0200. 紫 tsɿ31
0201. 刺 tshɿ44
0202. 知 tʂʅ31
0203. 池 tʂhʅ24
0204. 纸 tsɿ53
0205. 儿 Øɔ24
0206. 寄 tɕi44
0207. 骑 tɕhi24
0208. 蚁注意韵母 Øi31
0209. 义 Øi44
0210. 戏 ɕi44
0211. 移 Øi24
0212. 比 pi53
0213. 屁 phi44
0214. 鼻注意声调 phi24
0215. 眉 mi24
0216. 地 ȶhi44
0217. 梨 li24
0218. 资 tsɿ31
0219. 死 sɿ53
0220. 四 sɿ44
0221. 迟 tshɿ24
0222. 指 tsɿ53
0223. 师 sɿ31
0224. 二 Øɔ44
0225. 饥～饿 tɕi31
0226. 器 tɕhi44
0227. 姨 Øi24
0228. 李 li53
0229. 子 tsɿ53
0230. 字 tshɿ44
0231. 丝 sɿ31
0232. 祠 tshɿ24
0233. 寺 sɿ44
0234. 治 tʂʅ44
0235. 柿 sɿ44
0236. 事 sɿ44
0237. 使 sɿ53
0238. 试 sɿ44
0239. 时 sɿ24
0240. 市 sɿ44
0241. 耳 Øɔ53

0242. 记 tɕi44
0243. 棋 tɕhi24
0244. 喜 ɕi53
0245. 意 Øi44
0246. 几～个 tɕi53
0247. 气 tɕhi44
0248. 希 ɕi31
0249. 衣 Øi31
0250. 嘴 tsui53
0251. 随 sui24
0252. 吹 tʂhei31
0253. 垂 tʂhei24
0254. 规 khui31
0255. 亏 khui31
0256. 跪注意声调 khui44
0257. 危 Øui31
0258. 类 lui53
0259. 醉 tsui44
0260. 追 tʂei31
0261. 锤 tʂhei24
0262. 水 ʂei53
0263. 龟 kui31
0264. 季 tɕi44
0265. 柜 khui44
0266. 位 Øui44
0267. 飞 fei31
0268. 费 fei44
0269. 肥 fei24
0270. 尾 Øi53～巴/ʐei53 末～
0271. 味 vei44
0272. 鬼 kui53
0273. 贵 kui44
0274. 围 Øui24
0275. 胃 Øui44
0276. 宝 pɔ53
0277. 抱 pɔ44
0278. 毛 mɔ24
0279. 帽 mɔ44
0280. 刀 tɔ31
0281. 讨 thɔ53
0282. 桃 thɔ24
0283. 道 tɔ44
0284. 脑 lɔ53
0285. 老 lɔ53
0286. 早 tsɔ53
0287. 灶 tsɔ44
0288. 草 tshɔ53
0289. 糙注意声调 tshɔ44
0290. 造 tshɔ44
0291. 嫂 sɔ53
0292. 高 kɔ31
0293. 靠 khɔ44
0294. 熬 ŋɔ24
0295. 好～坏 xɔ53
0296. 号名 xɔ44
0297. 包 pɔ31
0298. 饱 pɔ53
0299. 炮 phɔ44
0300. 猫 mɔ24
0301. 闹 lɔ44
0302. 罩 tsɔ44
0303. 抓用手～牌 tʂɑ31
0304. 找～零钱 tsɔ53
0305. 抄 tshɔ31
0306. 交 tɕiɔ31
0307. 敲 tɕhiɔ31
0308. 孝 ɕiɔ44
0309. 校学～ɕiɔ44
0310. 表手～piɔ53
0311. 票 phiɔ44
0312. 庙 miɔ44
0313. 焦 ȶiɔ31
0314. 小 siɔ52
0315. 笑 siɔ44
0316. 朝～代 tʂhɔ24
0317. 照 tʂɔ44
0318. 烧 ʂɔ31
0319. 绕～线 ʐɔ53
0320. 桥 tɕhiɔ24
0321. 轿 tɕhiɔ44
0322. 腰 Øiɔ31
0323. 要重～Øiɔ44
0324. 摇 Øiɔ24
0325. 鸟注意声母 ȵiɔ53
0326. 钓 ȶiɔ44
0327. 条 ȶhiɔ24
0328. 料 liɔ44
0329. 箫 siɔ31
0330. 叫 tɕiɔ44
0331. 母丈～，舅～ mu53
0332. 抖 tou53
0333. 偷 thou31
0334. 头 thou24
0335. 豆 tou44
0336. 楼 lou24
0337. 走 tsou53
0338. 凑 tshou44
0339. 钩注意声母 kou31
0340. 狗 kou53
0341. 够 kou44
0342. 口 khou53
0343. 藕 ŋou53
0344. 后前～xou44
0345. 厚 xou44
0346. 富 fu44
0347. 副 fu44
0348. 浮 fu24
0349. 妇 fu44
0350. 流 liu24
0351. 酒 ȶiu53
0352. 修 siu31
0353. 袖 siu44
0354. 抽 tʂhou31
0355. 绸 tʂhou24
0356. 愁 tshou24
0357. 瘦 sou44
0358. 州 tʂou31
0359. 臭香～tʂhou44
0360. 手 ʂou53
0361. 寿 ʂou44
0362. 九 tɕiu52
0363. 球 tɕhiu24
0364. 舅 tɕiu44
0365. 旧 tɕhiu44
0366. 牛 ȵiu24

0367. 休 ɕiu31
0368. 优 Øiu31
0369. 有 Øiu53
0370. 右 Øiu44
0371. 油 Øiu24
0372. 丢 ȶiu31
0373. 幼 Øiu44
0374. 贪 thã31
0375. 潭 thã24
0376. 南 lã24
0377. 蚕 tshã24
0378. 感 kã53
0379. 含 ～一口水 xã24
0380. 暗 ŋã44
0381. 搭 tɑ31
0382. 踏注意声调 thɑ24
0383. 拉注意声调 lɑ31
0384. 杂 tsɑ24
0385. 鸽 kuo31
0386. 盒 xuo24
0387. 胆 tã53
0388. 毯 thã53
0389. 淡 thã44
0390. 蓝 lã24
0391. 三 sã31
0392. 甘 kã31
0393. 敢 kã53
0394. 喊注意声调 xã53
0395. 塔 thɑ31
0396. 蜡 lɑ31
0397. 赚 tʂã44
0398. 杉 ～木，注意韵母 sã31
0399. 减 tɕiã53
0400. 咸 ～淡 xã24
0401. 插 tshɑ31
0402. 闸 tsɑ44
0403. 夹 ～子 tɕiɑ31
0404. 衫 sã31
0405. 监 tɕiã31
0406. 岩 Øiã24
0407. 甲 tɕiɑ31
0408. 鸭 Øiɑ31
0409. 黏 ～液 ʐã24
0410. 尖 ȶiã31
0411. 签 ～名 ȶhiã24
0412. 占 ～领 tʂã44
0413. 染 ʐã53
0414. 钳 tɕhiã24
0415. 验 Øiã44
0416. 险 ɕiã53
0417. 厌 Øiã44
0418. 炎 Øiã44
0419. 盐 Øiã24
0420. 接 ȶiɛ31
0421. 折 ～叠 tʂɤ53
0422. 叶树 ～Øiɛ31
0423. 剑 tɕiã44
0424. 欠 tɕhiã44
0425. 严 Øiã24 ～格/ȵiã24 把门关～
0426. 业 ȵiɛ31
0427. 点 ȶiã52
0428. 店 ȶiã44
0429. 添 ȶhiã31
0430. 甜 ȶhiã24
0431. 念 ȵiã44
0432. 嫌 ɕiã24
0433. 跌注意声调 ȶiɛ31
0434. 贴 ȶhiɛ31
0435. 碟 ȶhiɛ24
0436. 协 ɕiɛ24
0437. 犯 fã44
0438. 法 fɑ31
0439. 品 phiŋ53
0440. 林 liŋ24
0441. 浸 ȶiŋ53
0442. 心 siŋ31
0443. 寻 siŋ24
0444. 沉 tʂhəŋ24
0445. 参人 ～səŋ31
0446. 针 tʂəŋ31
0447. 深 ʂəŋ31
0448. 任责 ～ʐəŋ44
0449. 金 tɕiŋ31
0450. 琴 tɕhiŋ24
0451. 音 Øiŋ31
0452. 立 lei31
0453. 集 ȶhi24
0454. 习 si24
0455. 汁 tʂʅ31
0456. 十 ʂʅ24
0457. 入 ʐʅ31
0458. 急 tɕi24
0459. 及 tɕi24
0460. 吸 ɕi31
0461. 单简 ～tã31
0462. 炭 thã44
0463. 弹 ～琴 thã24
0464. 难 ～易 lã24
0465. 兰 lã24
0466. 懒 lã53
0467. 烂 lã44
0468. 伞注意声调 sã53
0469. 肝 kã31
0470. 看 ～见 khã44
0471. 岸 ŋã44
0472. 汉 xã44
0473. 汗 xã44
0474. 安 ŋã31
0475. 达 tɑ24
0476. 辣 lɑ31
0477. 擦 tshɑ31
0478. 割 kuo31
0479. 渴 khuo31
0480. 扮 pã44
0481. 办 pã44
0482. 铲 tshã53
0483. 山 sã31
0484. 产注意声母 tshã53
0485. 间房 ～，一 ～房 tɕiã31
0486. 眼 ȵiã53
0487. 限 ɕiã44
0488. 八 pɑ31

0489. 扎 tsɑ31
0490. 杀 sɑ31
0491. 班 pã31
0492. 板 pã53
0493. 慢 mã44
0494. 奸 tɕiã31
0495. 颜 Øiã24
0496. 瞎 xɑ31
0497. 变 piã44 ～化/ phiã44 ～工
0498. 骗欺～phiã44
0499. 便方～piã44
0500. 棉 miã24
0501. 面～孔 miã44
0502. 连 liã24
0503. 剪 ȶiã53
0504. 浅 ȶhiã53
0505. 钱 ȶhiã24
0506. 鲜 siã53
0507. 线 siã44
0508. 缠 tʂhã24
0509. 战 tʂã44
0510. 扇名 ʂã44
0511. 善 ʂã44
0512. 件 tɕhiã44
0513. 延 Øiã24
0514. 别～人 piɛ24
0515. 灭 miɛ31
0516. 列 liɛ31
0517. 撤 tʂhɤ53
0518. 舌 ʂɤ24
0519. 设 ʂɤ53
0520. 热 ʐɤ31
0521. 杰 tɕiɛ24
0522. 孽 ȵiɛ31
0523. 建 tɕiã53
0524. 健 tɕiã53
0525. 言 Øiã24
0526. 歇 ɕiɛ31
0527. 扁 piã53
0528. 片 phiã53
0529. 面～条 miã44
0530. 典 ȶiã53
0531. 天 ȶhiã31
0532. 田 ȶhiã24
0533. 垫 ȶhiã44
0534. 年 ȵiã24
0535. 莲 liã24
0536. 前 ȶhiã24
0537. 先 siã31
0538. 肩 tɕiã31
0539. 见 tɕiã44
0540. 牵 tɕhiã31
0541. 显 ɕiã53
0542. 现 ɕiã44
0543. 烟 Øiã31
0544. 憋 piɛ31
0545. 篾 mi24
0546. 铁 ȶhiɛ31
0547. 捏 ȵiɛ31
0548. 节 ȶiɛ31
0549. 切动 ȶhiɛ31
0550. 截 ȶhiɛ24
0551. 结 tɕiɛ31
0552. 搬 pã31
0553. 半 pã44
0554. 判 phã44
0555. 盘 phã24
0556. 满 mã53
0557. 端～午 tã31
0558. 短 tuã53
0559. 断绳～了 thuã44
0560. 暖 luã53
0561. 乱 luã44
0562. 酸 suã31
0563. 算 suã44
0564. 官 kuã31
0565. 宽 khuã31
0566. 欢 xuã31
0567. 完 Øuã24
0568. 换 xuã44
0569. 碗 Øuã53
0570. 拨 po31
0571. 泼 pho31
0572. 末 mo31
0573. 脱 thuo31
0574. 夺 tuo24
0575. 阔 khuo31
0576. 活 xuo24
0577. 顽～皮，～固 Øuã24
0578. 滑 xuɑ24
0579. 挖 Øuɑ31
0580. 闩 ʂã44
0581. 关～门 kuã31
0582. 惯 kuã44
0583. 还动 xuã24
0584. 还副 xɑ24
0585. 弯 Øuã31
0586. 刷 ʂɑ31
0587. 刮 kuɑ31
0588. 全 tshuã24
0589. 选 suã53
0590. 转～眼，～送 tʂã53
0591. 传～下来 tʂhã24
0592. 传～记 tʂã44
0593. 砖 tʂã31
0594. 船 ʂã24
0595. 软 ʐã53
0596. 卷～起 tɕyã53
0597. 圈圆～tɕhyã31
0598. 权 tɕhyã24
0599. 圆 Øyã24
0600. 院 Øyã44
0601. 铅～笔，注意声调 tɕhiã31
0602. 绝 tɕyɛ24
0603. 雪 ɕyɛ31
0604. 反 fã53
0605. 翻 fã31
0606. 饭 fã44
0607. 晚 Øuã53
0608. 万麻将牌 Øuã44
0609. 劝 tɕhyã44
0610. 原 Øyã24
0611. 冤 Øyã31
0612. 园 Øyã24
0613. 远 Øyã53
0614. 发头～fɑ31

0615. 罚 fɑ24
0616. 袜 vɑ31
0617. 月 Øyɛ31
0618. 越 Øyɛ31
0619. 县 ɕiã44
0620. 决 tɕyɛ53
0621. 缺 tɕhyɛ31
0622. 血 ɕiɛ31
0623. 吞 thəŋ31
0624. 根 kəŋ31
0625. 恨 xəŋ44
0626. 恩 ŋəŋ31
0627. 贫 phiŋ24
0628. 民 miŋ24
0629. 邻 liŋ24
0630. 进 ȶiŋ44
0631. 亲 ȶhiŋ31
0632. 新 siŋ31
0633. 镇 tʂəŋ44
0634. 陈 tʂhəŋ24
0635. 震 tʂəŋ44
0636. 神 ʂəŋ24
0637. 身 ʂəŋ31
0638. 辰 ʂəŋ24
0639. 人 ʐəŋ24
0640. 认 ʐəŋ44
0641. 紧 tɕiŋ53
0642. 银 Øiŋ24
0643. 印 Øiŋ44
0644. 引 Øiŋ53
0645. 笔 pi31
0646. 匹 phi44
0647. 密 mi31
0648. 栗 li31
0649. 七 ȶhi31
0650. 侄 tʂhʅ24
0651. 虱 sei31
0652. 实 ʂʅ24
0653. 失 ʂʅ31
0654. 日 Øɔ31
0655. 吉 tɕi31
0656. 一 Øi31
0657. 筋 tɕiŋ31
0658. 劲有～tɕiŋ44
0659. 勤 tɕhiŋ24
0660. 近 tɕhiŋ44
0661. 隐 Øiŋ53
0662. 本 pəŋ53
0663. 盆 phəŋ24
0664. 门 məŋ24
0665. 墩 tuŋ31
0666. 嫩 lyŋ44
0667. 村 tshuŋ31
0668. 寸 tshuŋ44
0669. 蹲注意声母 tuŋ31
0670. 孙～子 suŋ31
0671. 滚 kuŋ53
0672. 困 khuŋ44
0673. 婚 xuŋ31
0674. 魂 xuŋ24
0675. 温 vəŋ31
0676. 卒棋子 tsu24
0677. 骨 ku31
0678. 轮 lyŋ24
0679. 俊注意声母 tsuŋ44
0680. 笋 suŋ53
0681. 准 tʂəŋ53
0682. 春 tʂhəŋ31
0683. 唇 ʂəŋ24
0684. 顺 ʂəŋ44
0685. 纯 tʂhəŋ24
0686. 闰 ʐəŋ44
0687. 均 tɕyŋ31
0688. 匀 Øiŋ24
0689. 律 ly31
0690. 出 tʂhʅ31
0691. 橘 tɕy31
0692. 分动 fəŋ31
0693. 粉 fəŋ53
0694. 粪 fəŋ44
0695. 坟 fəŋ24
0696. 蚊 vəŋ24
0697. 问 vəŋ44
0698. 军 tɕyŋ31
0699. 裙 tɕhyŋ24
0700. 熏 ɕyŋ31
0701. 云～彩 Øyŋ24
0702. 运 Øyŋ44
0703. 佛～像 fo24
0704. 物 vo31
0705. 帮 pɑŋ31
0706. 忙 mɑŋ24
0707. 党 tɑŋ53
0708. 汤 thɑŋ31
0709. 糖 thɑŋ24
0710. 浪 lɑŋ44
0711. 仓 tshɑŋ31
0712. 钢 kɑŋ31
0713. 糠 khɑŋ31
0714. 薄形 pho24
0715. 摸注意声调 mo31
0716. 托 thuo31
0717. 落 luo31
0718. 作 tsuo31
0719. 索 suo31
0720. 各 kuo31
0721. 鹤 xuo31
0722. 恶形，入声 ŋuo31
0723. 娘 ȵiɑ24
0724. 两斤～liɑŋ53
0725. 亮 liɑŋ44
0726. 浆 ȶiɑŋ31
0727. 抢 ȶhiɑŋ53
0728. 匠 ȶiɑŋ44
0729. 想 siɑŋ53
0730. 像 siɑŋ44
0731. 张量 tʂɑŋ31
0732. 长～短 tʂhɑŋ24
0733. 装 tʂɑŋ31
0734. 壮 tʂɑŋ44
0735. 疮 tʂhɑŋ31
0736. 床 tʂhɑŋ24
0737. 霜 ʂɑŋ31
0738. 章 tʂɑŋ31
0739. 厂 tʂhɑŋ53
0740. 唱 tʂhɑŋ44
0741. 伤 ʂɑŋ31
0742. 尝 ʂɑŋ24

0743. 上～去 ʂaŋ44
0744. 让 ʐaŋ44
0745. 姜生～ tɕiaŋ31
0746. 响 ɕiaŋ53
0747. 向 ɕiaŋ44
0748. 秧 Øiaŋ31
0749. 痒 Øiaŋ53
0750. 样 Øiaŋ44
0751. 雀注意声母 tɕhyo31
0752. 削 ɕyo31
0753. 着火～了 tʂhuo24
0754. 勺 ʂuo24
0755. 弱 ʐuo31
0756. 脚 tɕyo31
0757. 约 Øyo31
0758. 药 Øyo31
0759. 光～线 kuaŋ31
0760. 慌 xuaŋ31
0761. 黄 xuaŋ24
0762. 郭 kuo31
0763. 霍 xuo31
0764. 方 faŋ31
0765. 放 faŋ44
0766. 纺 faŋ53
0767. 房 faŋ24
0768. 防 faŋ24
0769. 网 vaŋ53
0770. 筐 khuaŋ31
0771. 狂 khuaŋ24
0772. 王 Øuaŋ24
0773. 旺 Øuaŋ44
0774. 缚 fo24
0775. 绑 paŋ53
0776. 胖 phaŋ44
0777. 棒 phaŋ44 御麦～～：玉米棒子/paŋ44 木～
0778. 桩 tʂaŋ31
0779. 撞 tʂhaŋ44
0780. 窗 tʂhaŋ31
0781. 双 ʂaŋ31
0782. 江 tɕiaŋ31
0783. 讲 tɕiaŋ53
0784. 降投～ ɕiaŋ24
0785. 项 xaŋ44
0786. 剥 po31 ～削/pɔ31 ～御麦：剥玉米
0787. 桌 tʂuo31
0788. 镯 tshuo24
0789. 角 tɕyo31
0790. 壳 tɕhyo31
0791. 学 ɕyo24
0792. 握 Øuo31
0793. 朋 phəŋ24
0794. 灯 təŋ31
0795. 等 təŋ53
0796. 凳 təŋ44
0797. 藤 thəŋ24
0798. 能 ləŋ24
0799. 层 tshəŋ24
0800. 僧注意声母 səŋ31
0801. 肯 khəŋ53
0802. 北 pei31
0803. 墨 mei24
0804. 得 tei31
0805. 特 thei24
0806. 贼 tsei24
0807. 塞 sei31
0808. 刻 khei31
0809. 黑 xei31
0810. 冰 piŋ31
0811. 证 tʂəŋ44
0812. 秤 tʂhəŋ44
0813. 绳 ʂəŋ24
0814. 剩 ʂəŋ44
0815. 升 ʂəŋ31
0816. 兴高～ ɕiŋ31
0817. 蝇注意声母 Øiŋ24
0818. 逼 pi31
0819. 力 li31
0820. 息 si31
0821. 直 tʂhʅ24
0822. 侧注意声母 tshei31
0823. 测 tshei31
0824. 色 sei31
0825. 织 tʂʅ31
0826. 食 ʂʅ24
0827. 式 ʂʅ31
0828. 极 tɕi24
0829. 国 kui31
0830. 或 xui24
0831. 猛 məŋ53
0832. 打注意韵母 ta53
0833. 冷 ləŋ53
0834. 生 səŋ31
0835. 省～长 səŋ53
0836. 更三～，打～ kəŋ31 三～/tɕiŋ31 打～
0837. 梗注意韵母 kəŋ44
0838. 坑 khəŋ31
0839. 硬 ȵiŋ44
0840. 行～为，～走 ɕiŋ24
0841. 百 pei31
0842. 拍 phei31
0843. 白 phei24
0844. 拆 tshei31
0845. 择 tsei24 选～/tshei24 ～菜
0846. 窄 tsei31
0847. 格 kei31
0848. 客 khei31
0849. 额 ŋei31
0850. 棚 phəŋ24
0851. 争 tsəŋ31
0852. 耕 kəŋ31
0853. 麦 mei31
0854. 摘 tsei31
0855. 策 tshei31
0856. 隔 kei31
0857. 兵 piŋ31
0858. 柄注意声调 piŋ53
0859. 平 phiŋ24

0860. 病 piŋ44
0861. 明 miŋ24
0862. 命 miŋ44
0863. 镜 tɕiŋ44
0864. 庆 tɕhiŋ44
0865. 迎 Øiŋ24
0866. 影 ȵiŋ53
0867. 剧戏～tɕy44
0868. 饼 piŋ53
0869. 名 miŋ24
0870. 领 liŋ53
0871. 井 ʨiŋ53
0872. 清 ʨhiŋ31
0873. 静 ʨiŋ44
0874. 姓 siŋ44
0875. 贞 tʂəŋ31
0876. 程 tʂhəŋ24
0877. 整 tʂəŋ53
0878. 正～反 tʂəŋ44
0879. 声 ʂəŋ31
0880. 城 tʂhəŋ24
0881. 轻 tɕhiŋ31
0882. 赢 Øiŋ24
0883. 积 ʨi31
0884. 惜 si31
0885. 席 si24
0886. 尺 tʂhʅ31
0887. 石 ʂʅ24
0888. 益 Øi31
0889. 瓶 phiŋ24
0890. 钉名 ʨiŋ31
0891. 顶 ʨiŋ53
0892. 厅 ʨhiŋ31
0893. 听～见，注意声调 ʨhiŋ31
0894. 停 ʨhiŋ44
0895. 挺 ʨhiŋ53
0896. 定 ʨiŋ44
0897. 零 liŋ24
0898. 青 ʨhiŋ31
0899. 星 siŋ31
0900. 经 tɕiŋ31
0901. 形 ɕiŋ24
0902. 壁 pi31
0903. 劈 phi53
0904. 踢 ʨhi31
0905. 笛 ʨhi24
0906. 历农～li31
0907. 锡 si31
0908. 击 tɕi31
0909. 吃 tʂhʅ31
0910. 横 xuŋ44
0911. 划计～xuɑ44
0912. 兄 ɕyŋ31
0913. 荣 Øyŋ24
0914. 永 Øyŋ53
0915. 营 Øiŋ24
0916. 蓬～松 phəŋ24
0917. 东 tuŋ31
0918. 懂 tuŋ53
0919. 冻 tuŋ44
0920. 通 thuŋ31
0921. 桶注意声调 thuŋ53
0922. 痛 thuŋ44
0923. 铜 thuŋ24
0924. 动 tuŋ44 劳～/ thuŋ44～弹
0925. 洞 tuŋ44
0926. 聋注意声调 luŋ24
0927. 弄注意声母 luŋ44
0928. 粽 tsuŋ44
0929. 葱 tshuŋ31
0930. 送 suŋ44
0931. 公 kuŋ31
0932. 孔 khuŋ53
0933. 烘～干 xuŋ31
0934. 红 xuŋ24
0935. 翁 Øuəŋ31
0936. 木 mu31
0937. 读 thu24
0938. 鹿 lu31
0939. 族 tshu24
0940. 谷稻～ku31
0941. 哭 khu31
0942. 屋 Øu31
0943. 冬～至 tuŋ31
0944. 统注意声调 thuŋ53
0945. 脓注意声调 luŋ24
0946. 松～紧 suŋ31
0947. 宋 suŋ44
0948. 毒 thu24
0949. 风 fəŋ31
0950. 丰 fəŋ31
0951. 凤 fəŋ44
0952. 梦 məŋ44
0953. 中当～tʂəŋ31
0954. 虫 tʂhəŋ24
0955. 终 tʂəŋ31
0956. 充 tʂhəŋ53
0957. 宫 kuŋ31
0958. 穷 tɕhyŋ24
0959. 熊注意声母 ɕyŋ24
0960. 雄注意声母 ɕyŋ24
0961. 福 fu31
0962. 服 fu24
0963. 目 mu31
0964. 六 liu31
0965. 宿住～，～舍 ɕy31
0966. 竹 tʂʅ31
0967. 畜～生 ɕy31
0968. 缩 ʂuo31
0969. 粥 tʂʅ31
0970. 叔 ʂʅ24
0971. 熟 ʂʅ24
0972. 肉 ʐou44
0973. 菊 tɕy31
0974. 育 Øy44
0975. 封 fəŋ31
0976. 蜂 fəŋ31
0977. 缝一条～fəŋ44
0978. 浓 luŋ24
0979. 龙 luŋ24
0980. 松～树，注意声调 suŋ31

0981. 重轻～ tʂhəŋ44

0982. 肿 tʂəŋ53

0983. 种～树 tʂəŋ44

0984. 冲 tʂhəŋ31

0985. 恭 kuŋ31

0986. 共 kuŋ44

0987. 凶吉～ ɕyŋ31

0988. 拥注意声调 Øyŋ31

0989. 容 Øyŋ24

0990. 用 Øyŋ44

0991. 绿 liu31

0992. 足 tsu31

0993. 烛 tʂʅ31

0994. 赎 ʂʅ24

0995. 属 ʂʅ53

0996. 褥 ʐʅ31

0997. 曲～折，歌～ tɕhy31

0998. 局 tɕhy24

0999. 玉 Øy31

1000. 浴 Øy31

第三章 词 汇

第一节 规定词汇

一、天文、地理

（一）天文

0001. 太阳～下山了 爷爷婆 Øiɛ31Øiɛ53pho0/日头爷 Øɔ53thou0Øiɛ0
0002. 月亮～出来了 月亮 Øyɛ53liɑŋ0
0003. 星星 宿宿 siu53siu0
0004. 云 云 Øyŋ24
0005. 风 风 fəŋ31
0006. 台风 台风 thæ24fəŋ31
0007. 闪电名词 闪电 ʂã53ʈiã44
0008. 雷 呼噜爷 xu53lu31Øiɛ0
0009. 雨 雨 Øy53
0010. 下雨 下雨 ɕiɑ44Øy53
0011. 淋衣服被雨～湿了 淋 lyŋ24
0012. 晒～粮食 晒 sæ44
0013. 雪 雪 ɕyɛ31
0014. 冰 冰溜 piŋ53liu0
0015. 冰雹 冷子 ləŋ53tsɿ0/硬雨 ȵiŋ44Øy31
0016. 霜 霜 ʂɑŋ31
0017. 雾 雾 vu44
0018. 露 露水 lou44ʂei0
0019. 虹统称 虹 ʈiɑŋ44
0020. 日食 日食 Øɔ53ʂʅ0
0021. 月食 月食 Øyɛ53ʂʅ0
0022. 天气 天气 ʈhiã31ʨhi44
0023. 晴天～ 晴 ʈhiŋ31
0024. 阴天～ 阴 ȵiŋ31
0025. 旱天～ 旱 xã44
0026. 涝天～ 涝 lɔ44
0027. 天亮 天亮 ʈhiã31liɑŋ44

（二）地貌

0028. 水田 水地 ʂei53ʈhi0
0029. 旱地浇不上水的耕地 旱地 xã44ʈhi0
0030. 田埂 塄坎 ləŋ44khã31
0031. 路野外的 路 lu44
0032. 山 山 sã31
0033. 山谷 山谷 sã24ku31
0034. 江大的河 江 tɕiɑŋ31
0035. 溪小的河 溪 ɕi44
0036. 水沟儿较小的水道 水沟沟

ʂei53kou31kou0
0037. 湖　湖 xu24
0038. 池塘　涝池 lɔ44tshʅ0/涝坝 lɔ44pɑ0
0039. 水坑儿地面上有积水的小洼儿　水淀窝 ʂei53ʈiã31Øuo0
0040. 洪水　洪水 xuŋ44ʂei53
0041. 淹被水～了　淹 ȵiã31
0042. 河岸　河岸 xuo24ŋã44
0043. 坝拦河修筑拦水的　坝 pɑ44
0044. 地震　地震 ʈi44tʂəŋ44
0045. 窟窿小的　窟窿 fu53luŋ0/眼眼 ȵiã53ȵiã0
0046. 缝儿统称　缝缝 fəŋ44fəŋ0

（三）物象

0047. 石头统称　石头 ʂʅ31thou53
0048. 土统称　土 thu53
0049. 泥湿的　泥 ȵi24
0050. 水泥旧称　洋灰 Øiɑŋ24xui31
0051. 沙子　沙子 sɑ53tsʅ0
0052. 砖整块的　砖 tʂã31/砖头 tʂã53thou0
0053. 瓦整块的　瓦 Øuɑ53
0054. 煤　炭 thã44
0055. 煤油　煤油 mei24Øiu24
0056. 炭木炭　木炭 mu31thã44
0057. 灰烧成的　灰 xui31
0058. 灰尘桌面上的　塘土 thɑŋ31thu53
0059. 火　火 xuo53
0060. 烟烧火形成的　烟 Øiã31
0061. 失火　失火 ʂʅ31xuo53
0062. 水　水 ʂei53
0063. 凉水　冰水 piŋ31ʂei53
0064. 热水如洗脸的热水，不是指喝的开水　热水 ʐɤ31ʂei53
0065. 开水喝的　煎水 tɕiã31ʂei53
0066. 磁铁　吸铁石 ɕi31ʈhiɛ31ʂʅ24

二、时间、方位

（一）时间

0067. 时候吃饭的～　时节 sʅ31ʈiɛ53
0068. 什么时候　啥时节 ʂɑ44sʅ31ʈiɛ53
0069. 现在　这半会 tʂʅ44pã44xui44
0070. 以前十年～　老里 lɔ53li0
0071. 以后十年～　到兀会 tɔ53Øu44xui31
0072. 一辈子　一辈辈 Øi31pei44pei0/一辈子 Øi31pei44tsʅ0
0073. 今年　今年 tɕiŋ53ȵiã0
0074. 明年　明年 miŋ31ȵiã53
0075. 后年　后年 xou44ȵiã31
0076. 去年　年时 ȵiã31sʅ53
0077. 前年　前年 ʈhiã31ȵiã53
0078. 往年过去的年份　□几年 Øuæ44tɕi31ȵiã31
0079. 年初　年初 ȵiã24tʂhʅ31
0080. 年底　年欛欛 ȵiã24pɑ44pɑ0
0081. 今天　今儿 tɕiŋ31Øɔ0
0082. 明天　明儿 miŋ24Øɔ0
0083. 后天　后儿 xou53Øɔ0
0084. 大后天　外后儿 Øuæ44xou53Øɔ0
0085. 昨天　夜来 Øiɛ44læ31
0086. 前天　先一天 siã31Øi31ʈhiã31/前儿个 ʈhiã24Øɔ0kɔ31

0087. 大前天　上先一天 ʂaŋ44siã31Øi31ʨhiã31/上前儿个 ʂaŋ44ʨhiã24Øɔ0kɔ31

0088. 整天　一天 Øi24ʨhiã31

0089. 每天　天天 ʨhiã31ʨhiã0

0090. 早晨　早上 tsɔ53ʂaŋ31

0091. 上午　吃了饭 tʂhʅ31Øɤ0fã44

0092. 中午　晌午 ʂaŋ31Øu53

0093. 下午　后晌 xou44ʂaŋ0

0094. 傍晚　擦黑儿 tsha31xei53Øɔ0

0095. 白天　白天 phei31ʨhiã53

0096. 夜晚与白天相对，统称　黑了 xei31liɔ0

0097. 半夜　半夜 pã44Øiɛ44

0098. 正月农历　正月 tʂəŋ31Øyɛ0

0099. 大年初一农历　大年初一 ta44ȵiã24tʂhʅ31Øi31

0100. 元宵节　正月十五 tʂəŋ31Øyɛ0ʂʅ31Øu53

0101. 清明　清明 ʨhiŋ53miŋ0

0102. 端午　端午 tã31Øu0

0103. 七月十五农历，节日名　七月十五 ʨhi31Øyɛ0ʂʅ31Øu53

0104. 中秋　八月十五 pa31Øyɛ0ʂʅ31Øu53

0105. 冬至　冬至 tuŋ31tsʅ44

0106. 腊月农历十二月　腊月 la31Øyɛ0

0107. 除夕农历　大年三十 ta44ȵiã24sã31ʂʅ24

0108. 历书　历头 li53thou0

0109. 阴历　阴历 Øiŋ31lei31

0110. 阳历　阳历 Øiaŋ24lei31

0111. 星期天　礼拜日 li53pæ0Øɔ0

（二）方位

0112. 地方　地方 ʨi44faŋ31

0113. 什么地方　啥地方 ʂa44ʨi44faŋ31

0114. 家里　屋里 Øu53li0

0115. 城里　城里 tʂhəŋ31li53

0116. 乡下　乡里 ɕiaŋ53li0

0117. 上面从～滚下来　上头 ʂaŋ44thou0

0118. 下面从～爬上去　下头 xa44thou0

0119. 左边　左边 tsuo53piã31

0120. 右边　右边 Øiu44piã31

0121. 中间排队排在～　当中 taŋ53tʂhəŋ31

0122. 前面排队排在～　前头 ʨhiã31thou53

0123. 后面排队排在～　后头 xou44thou0

0124. 末尾排队排在～　末尾巴 mo31Øi31pha0

0125. 对面　对面 tui44miã44

0126. 面前　面前 miã44ʨhiã0

0127. 背后　背后 pei44xou0

0128. 里面躲在～　黑头 xei53thou0

0129. 外面衣服晒在～　外前 Øuæ44ʨhiã0

0130. 旁边　傍里 paŋ53li0

0131. 上碗在桌子～　上 ʂaŋ44

0132. 下凳子在桌子～　下 xa44

0133. 边儿桌子的～　边边 piã53piã0

0134. 角儿桌子的～　角角 tɕyɛ53tɕyɛ0

0135. 上去他～了　上去 ʂaŋ44tɕhi0

0136. 下来他～了　下来 xa44læ0

0137. 进去他～了　进去 ʨiŋ44tɕhi0

0138. 出来他～了　出来 tʂhʅ53læ0

0139. 出去他～了　出去 tʂhʅ53tɕhi0
0140. 回来他～了　回来 xui31læ53
0141. 起来天冷～了　开 khæ31

三、植物

（一）一般植物

0142. 树　树 ʂʅ44
0143. 木头　木头 mu53thou0
0144. 松树统称　松树 suŋ53ʂʅ0
0145. 柏树统称　柏树 pei53ʂʅ0
0146. 杉树　杉树 sã53ʂʅ0
0147. 柳树　柳树 liu53ʂʅ0
0148. 竹子统称　竹子 tʂʅ53tsɿ0
0149. 笋　笋 suŋ53
0150. 叶子　叶叶 Øiɛ53Øiɛ0
0151. 花　花 xuɑ31
0152. 花蕾花骨朵儿　花苞苞 xuɑ31pɔ53pɔ0
0153. 梅花　梅花 mei31xuɑ53
0154. 牡丹　牡丹 mu53tã31
0155. 荷花　莲花 liã31xuɑ53
0156. 草　草 tshɔ53
0157. 藤　蔓 vã44
0158. 刺名词　刺 tshɿ44
0159. 水果　水果 ʂei31kuo53
0160. 苹果　苹果 phiŋ31kuo53
0161. 桃子　桃儿 thɔ24Øɔ0
0162. 梨　梨 li24
0163. 李子　李子 li53tsɿ0
0164. 杏　杏 xəŋ44
0165. 橘子　橘子 tɕy53tsɿ0
0166. 柚子　柚子 Øiu44tsɿ0
0167. 柿子　柿子 sɿ44tsɿ0
0168. 石榴　石榴 ʂʅ31liu53
0169. 枣　枣 tsɔ53
0170. 栗子　栗子 li53tsɿ0
0171. 核桃　核桃 xei31thɔ53
0172. 银杏白果　银杏 Øiŋ24ɕiŋ44
0173. 甘蔗　甘蔗 kã31tʂɤ24
0174. 木耳　木耳 mu31Øɔ0
0175. 蘑菇野生的　蘑菇 mo31ku53
0176. 香菇　香菇 ɕiɑŋ31ku0

（二）农作物

0177. 稻子指植物　稻子 thɔ44tsɿ0
0178. 稻谷指籽实（脱粒后是大米）　稻谷 thɔ53ku31
0179. 稻草脱粒后的　稻草 thɔ31tshɔ0
0180. 大麦指植物　大麦 tɑ44mei31
0181. 小麦指植物　小麦 siɔ53mei31/麦 mei31
0182. 麦秸脱粒后的　麦草 mei31tshɔ0
0183. 谷子指植物（籽实脱粒后是小米）　谷子 ku53tsɿ0
0184. 高粱指植物　稻黍 thɔ31ʂʅ0
0185. 玉米指成株的植物　番麦 fã31mei31/御麦 Øy44mei31
0186. 棉花指植物　棉花 miã31xuɑ53
0187. 油菜油料作物，不是蔬菜　菜籽 tshæ44tsɿ0
0188. 芝麻　芝麻 tsɿ53mɑ0
0189. 向日葵指植物　向日葵 ɕiɑŋ53Øɔ0khui24
0190. 蚕豆　蚕豆 tshã24tou44
0191. 豌豆　豌豆 Øuã53tou0

0192. 花生指果实，注意婉称　花生 xuɑ31səŋ0

0193. 黄豆　黄豆 xuɑŋ24tou44

0194. 绿豆　绿豆 liu53tou0

0195. 豇豆长条形的　豇豆 tɕiŋ53tou0

0196. 大白菜东北～　白菜 phei31tshæ53

0197. 包心菜卷心菜，圆白菜，球形的　甘蓝 kã31lã24

0198. 菠菜　菠菜 po53tshæ0/青菜 ȶhiŋ53tshæ0

0199. 芹菜　芹菜 tɕhiŋ31tshæ53

0200. 莴笋　笋子 suŋ44tsɿ0

0201. 韭菜　韭菜 tɕiu53tshæ0

0202. 香菜芫荽　芫荽 Øiã31sui53

0203. 葱　葱 tshuŋ31

0204. 蒜　蒜 suã44

0205. 姜　生姜 səŋ31tɕiɑŋ31

0206. 洋葱　洋葱 Øiɑŋ24tshuŋ31

0207. 辣椒统称　辣子 lɑ53tsɿ0

0208. 茄子统称　茄子 tɕhiɛ31tsɿ53

0209. 西红柿　洋柿柿 Øiɑŋ24sɿ44sɿ0

0210. 萝卜统称　萝卜 luo31phu53

0211. 胡萝卜　红萝卜 xuŋ31luo53phu0

0212. 黄瓜　黄瓜 xuɑŋ31kuɑ53

0213. 丝瓜无棱的　丝瓜 sɿ31kuɑ31

0214. 南瓜扁圆形或梨形，成熟时赤褐色　南瓜 lã31kuɑ53

0215. 荸荠　荸荠 pi31tɕhi31

0216. 红薯统称　红芋 xuŋ24Øy44

0217. 马铃薯　洋芋 Øiɑŋ24Øy44

0218. 芋头　芋头 Øy44thou24

0219. 山药圆柱形的　山药 sã31Øyo0

0220. 藕　莲藕 liã31ŋou53

四、动物

（一）一般动物

0221. 老虎　老虎 lɔ31xu0

0222. 猴子　猴 xou24

0223. 蛇统称　长虫 tʂhɑŋ31tʂhəŋ53

0224. 老鼠家里的　老鼠 lɔ31ʂʅ0

0225. 蝙蝠　夜蝙蝠 Øiɛ44piɛ53fu0

0226. 鸟儿飞鸟，统称　雀 ȶhiɔ53

0227. 麻雀　宿宿 ɕy53ɕy0

0228. 喜鹊　野雀 Øiɛ53ȶhiɔ0

0229. 乌鸦　老鸹 lɔ53Øuɑ0

0230. 鸽子　鹁鸽 phu31kuo53

0231. 翅膀鸟的，统称　膀子 pɑŋ53tsɿ0

0232. 爪子鸟的，统称　爪爪 tʂɑ53tʂɑ0

0233. 尾巴　尾巴 Øi53phɑ0

0234. 窝鸟的　窝 Øuo31

0235. 虫子统称　虫虫 tʂhəŋ31tʂhəŋ53

0236. 蝴蝶统称　蛾儿 ŋuo24Øɔ0

0237. 蜻蜓统称　蜻蜓 ȶhiŋ53ȶhiŋ0

0238. 蜜蜂　蜂 fəŋ31

0239. 蜂蜜　蜂蜜 fəŋ31mi31

0240. 知了统称　知了 tsɿ31lɔ53

0241. 蚂蚁　虼蜉蚂 phi31fəŋ53mɑ0

0242. 蚯蚓　蛐蟮 tʂhʅ53ʂã0

0243. 蚕　蚕儿 tshã24Øɔ0

0244. 蜘蛛会结网的　蛛蛛 tʂʅ53tʂʅ0

0245. 蚊子统称　蚊子 vəŋ31tsɿ53

0246. 苍蝇统称　蝇子 Øiŋ31tsɿ53

0247. 跳蚤咬人的　虼蚤 kei31tsɔ0

0248. 虱子　虱 sei31

0249. 鱼　鱼 Øy24
0250. 鲤鱼　鲤鱼 li31Øy24
0251. 鳙鱼胖头鱼　鳙鱼 Øyŋ44Øy24
0252. 鲫鱼　鲫鱼 ȶi31Øy24
0253. 甲鱼　鳖 piɛ31
0254. 鳞鱼的　鱼鳞 Øy24liŋ24
0255. 虾统称　虾 ɕiɑ31
0256. 螃蟹统称　螃蟹 phɑŋ31ɕiɛ53
0257. 青蛙统称　青蛙 ȶhiŋ53Øuɑ0
0258. 癞蛤蟆表皮多疙瘩　疥□□ tɕiɛ44mɑ31thu0

（二）家畜、家禽

0259. 马　马 mɑ53
0260. 驴　驴 ly24
0261. 骡　骡子 luo31tsɿ53
0262. 牛　牛 ȵiu24
0263. 公牛统称　犍牛 tɕiã53ȵiu0
0264. 母牛统称　乳牛 ʐʅ53ȵiu0
0265. 放牛　放牛 fɑŋ44ȵiu24
0266. 羊　羊 Øiɑŋ24
0267. 猪　唠唠 lɔ44lɔ44
0268. 种猪配种用的公猪　角猪 tɕyo31tʂʅ0
0269. 公猪成年的，已阉的　牙猪 Øiɑ31tʂʅ53
0270. 母猪成年的，未阉的　豨豨猪 tshɑ31tshɑ53tʂʅ31
0271. 猪崽　猪娃 tʂʅ53Øuɑ0
0272. 猪圈　猪圈 tʂʅ53tɕhyã0
0273. 养猪　看猪 khã24tʂʅ31
0274. 猫　猫 mɔ24
0275. 公猫　公猫 kuŋ31mɔ24
0276. 母猫　咪猫 mi44mɔ24
0277. 狗统称　狗 kou53
0278. 公狗　牙狗 Øiɑ31kou53
0279. 母狗　草狗 tshɔ31kou53
0280. 叫狗～　咬 ȵiɔ53
0281. 兔子　兔儿 thu44Øɔ0
0282. 鸡　鸡 tɕi31
0283. 公鸡成年的，未阉的　公鸡 kuŋ31tɕi31
0284. 母鸡已下过蛋的　母鸡 mu53tɕi31
0285. 叫公鸡～（打鸣儿）　叫鸣 tɕiɔ44miŋ24
0286. 下鸡～蛋　下 ɕiɑ44
0287. 孵～小鸡　菢 phu44
0288. 鸭　鸭 Øiɑ31
0289. 鹅　鹅 ŋuo24
0290. 阉～公的猪　择 tsei24
0291. 阉～母的猪　择 tsei24
0292. 阉～鸡　无
0293. 喂～猪　看 khã31
0294. 杀猪统称，注意婉称　杀猪 sɑ24tʂʅ31
0295. 杀～鱼　杀 sɑ31

五、房舍、器具

（一）房舍

0296. 村庄一个～　庄子 tʂɑŋ53tsɿ0
0297. 胡同统称：一条～　巷巷 xɑŋ53xɑŋ0
0298. 街道　街道 tɕiɛ53thɔ0
0299. 盖房子　盖房 kæ44fɑŋ24
0300. 房子整座的，不包括院子　房 fɑŋ24

0301. 屋子房子里分隔而成的，统称　房子 faŋ31tsɿ53

0302. 卧室　黑头房子 xei53thou0faŋ31tsɿ53

0303. 茅屋茅草等盖的　茅草房房 mɔ24tshɔ53faŋ31faŋ53

0304. 厨房　厨房 tʂhʅ31faŋ53

0305. 灶统称　灶 tsɔ44

0306. 锅统称　锅 kuo31

0307. 饭锅煮饭的　锅 kuo31

0308. 菜锅炒菜的　锅 kuo31

0309. 厕所旧式的，统称　后院 xou44Øyã0

0310. 檩左右方向的　檩条 liŋ53ȶhiɔ0

0311. 柱子　柱子 tʂhʅ44tsɿ0

0312. 大门　头门 thou31məŋ53

0313. 门槛儿　门槛 məŋ31khã53

0314. 窗旧式的　窗子 tʂhaŋ53tsɿ0

0315. 梯子可移动的　梯子 ȶhi53tsɿ0

0316. 扫帚统称　扫帚 sɔ44tʂhʅ0

0317. 扫地　戳地 tʂhuo31ȶhi44

0318. 垃圾　垃圾 la31tɕi0

（二）家具

0319. 家具统称　家具 tɕia31tɕy44

0320. 东西我的　众物 tʂəŋ44vɤ31

0321. 炕土、砖砌的，睡觉用　炕 khaŋ44

0322. 床木制的，睡觉用　床 tʂhaŋ24

0323. 枕头　枕头 tʂəŋ53thou0

0324. 被子　被儿 piɛ53Øɔ0

0325. 棉絮　套子 thɔ44tsɿ0

0326. 床单　单子 tã53tsɿ0

0327. 褥子　褥子 ʐʅ53tsɿ0

0328. 席子　席 si24

0329. 蚊帐　蚊帐 Øuəŋ24tʂaŋ44

0330. 桌子统称　桌子 tʂuo53tsɿ0

0331. 柜子统称　柜 khui44

0332. 抽屉桌子的　抽掀 tʂhou53ɕiã0

0333. 案子长条形的　案板 ŋã44pã0/案子 ŋã44tsɿ0

0334. 椅子统称　椅子 Øi53tsɿ0

0335. 凳子统称　板凳 pã53təŋ0

0336. 马桶有盖的　尿盆 ȵiɔ44phəŋ0

（三）用具

0337. 菜刀　刀 tɔ31

0338. 瓢舀水的　马勺 ma53ʂuo0

0339. 缸　瓮 Øuəŋ44

0340. 坛子装酒的～　坛坛 thã31thã53

0341. 瓶子装酒的～　瓶瓶 phiŋ31phiŋ53

0342. 盖子杯子的～　盖盖 kæ44kæ0

0343. 碗统称　碗 vã53

0344. 筷子　筷子 khuæ44tsɿ0

0345. 汤匙　勺勺 ʂuo31ʂuo53/调羹 ȶhiɔ31kəŋ53

0346. 柴火统称　柴火 tshæ31xuo53

0347. 火柴　洋火 Øiaŋ31xuo53

0348. 锁　锁子 suo31tsɿ0

0349. 钥匙　钥匙 Øyɛ31sɿ0

0350. 暖水瓶　电壶 ȶiã44xu24

0351. 脸盆　脸盆 liã53phəŋ31

0352. 洗脸水　洗脸水 si31liã53ʂei53

0353. 毛巾洗脸用　擦脸手帕 tsha31liã53ʂou53pha31/手巾 ʂou53tɕiŋ31

0354. 手绢　手帕 ʂou53pha31

0355. 肥皂洗衣服用　洋碱 Øiɑŋ24tɕiã53
0356. 梳子旧式的，不是篦子　木梳 mu53ʂʅ0
0357. 缝衣针　针 tʂəŋ31
0358. 剪子　剪子 ȶiã53tsɿ0
0359. 蜡烛　蜡蜡 lɑ53lɑ0
0360. 手电筒　手电 ʂou53ȶiã44
0361. 雨伞挡雨的，统称　伞 sã53
0362. 自行车　车子 tʂhɤ53tsɿ0

六、服饰、饮食

（一）服饰

0363. 衣服统称　衣服 Øi31fu0
0364. 穿～衣服　穿 tʂhã31
0365. 脱～衣服　脱 thuo31
0366. 系～鞋带　绑 pɑŋ53/扎 tsɑ31
0367. 衬衫　衬衫 tshəŋ44sã31
0368. 背心带两条杠的，内衣　背心 pei44siŋ31
0369. 毛衣　毛衣 mɔ31Øi53
0370. 棉衣　棉衣 miã31Øi53
0371. 袖子　袖子 siu44tsɿ0
0372. 口袋衣服上的　兜兜 tou53tou0
0373. 裤子　裤儿 fu53Øɔ0
0374. 短裤外穿的　半截裤儿 pã44ȶhiɛ31fu53Øɔ0
0375. 裤腿　裤腿 fu44thui0
0376. 帽子统称　帽子 mɔ44tsɿ0
0377. 鞋子　鞋 xæ24
0378. 袜子　袜子 Øuɑ53tsɿ0
0379. 围巾　围脖 Øui31pho53
0380. 围裙　遮腰 tʂɤ31Øiɔ31
0381. 尿布　褯片 ȶhiɛ44phiã0
0382. 扣子　纽子 ȵiu53tsɿ0
0383. 扣～扣子　扣 khou44
0384. 戒指　箍子 ku53tsɿ0
0385. 手镯　镯子 tshuo31tsɿ53
0386. 理发　剃头 ȶhi44thou24
0387. 梳头　梳头 ʂʅ31thou24

（二）饮食

0388. 米饭　干饭 kã53fã0
0389. 稀饭用米熬的，统称　米汤 mi53thɑŋ31
0390. 面粉麦子磨的，统称　面 miã44
0391. 面条统称　面条 miã44ȶhiɔ24
0392. 面儿玉米～，辣椒～　面面 miã44miã0
0393. 馒头无馅儿的，统称　蒸馍馍 tʂəŋ53mo31mo0
0394. 包子　包子 pɔ53tsɿ0
0395. 饺子　饺子 tɕiɔ53tsɿ0
0396. 馄饨　馄饨 xuŋ24tuŋ44
0397. 馅儿　馅馅 ɕyã44ɕyã0
0398. 油条长条形的，旧称　油条 Øiu24ȶhiɔ24
0399. 豆浆　豆浆 tou44tɕiɑŋ44
0400. 豆腐脑儿　豆花 tou44xuɑ31
0401. 元宵食品　元宵 Øyã31siɔ53
0402. 粽子　粽子 tsuŋ44tsɿ0
0403. 年糕用黏性大的米或米粉做的　年糕 ȵiã31kɔ53
0404. 点心统称　点心 ȶiã53siŋ31
0405. 菜吃饭时吃的，统称　菜 tshæ44
0406. 干菜统称　干菜 kã31tshæ44

0407. 豆腐　豆腐 tou44fu0

0408. 猪血当菜的　猪血 tʂʅ24ɕiɛ31

0409. 猪蹄当菜的　猪拐拐 tʂʅ31kuæ53kuæ0

0410. 猪舌头当菜的，注意婉称　口条 khou53ȶhiɔ0

0411. 猪肝当菜的，注意婉称　猪肝 tʂʅ24kã31

0412. 下水猪、牛、羊的内脏　下水 ɕiɑ44ʂei0

0413. 鸡蛋　鸡蛋 ʨi31thã31

0414. 松花蛋　松花蛋 suŋ31xuɑ31tã44

0415. 猪油　大油 tɑ44Øiu24

0416. 香油　香油 ɕiɑŋ31Øiu24

0417. 酱油　酱油 ȶiɑŋ44Øiu24

0418. 盐名词　盐 Øiã24

0419. 醋注意婉称　醋 tshu44

0420. 香烟　纸烟 tsʅ53Øiã31

0421. 旱烟　旱烟 xã44Øiã31

0422. 白酒　烧酒 ʂɔ31ȶiu0

0423. 黄酒　黄酒 xuɑŋ24ȶiu53

0424. 江米酒酒酿，醪糟　醪糟 lɔ31tsɔ53

0425. 茶叶　茶叶 tshɑ31Øiɛ53

0426. 沏～茶　泡 phɔ44

0427. 冰棍儿　冰棍 piŋ31kuŋ44

0428. 做饭统称　做饭 tsu44fã44

0429. 炒菜统称，和做饭相对　炒菜 tshɔ53tshæ44

0430. 煮～带壳的鸡蛋　煮 tʂʅ53

0431. 煎～鸡蛋　煎 ȶiã31

0432. 炸～油条　炸 tsɑ24

0433. 蒸～鱼　蒸 tʂəŋ31

0434. 揉～面做馒头等　揉 ʐou24

0435. 擀～面，～皮儿　擀 kã53

0436. 吃早饭　吃早上饭 tʂhʅ31tsɔ53ʂɑŋ0fã44

0437. 吃午饭　吃晌午饭 tʂhʅ31ʂɑŋ31Øu0fã44

0438. 吃晚饭　喝汤 xuo24thɑŋ31

0439. 吃～饭　吃 tʂhʅ31

0440. 喝～酒　喝 xuo31

0441. 喝～茶　喝 xuo31

0442. 抽～烟　吃 tʂhʅ31

0443. 盛～饭　舀 Øiɔ53

0444. 夹用筷子～菜　就 ȶiu44

0445. 斟～酒　倒 tɔ44

0446. 渴口～　渴 khuo31

0447. 饿肚子～　饿 ŋuo44

0448. 噎吃饭～着了　噎 Øiɛ31

七、身体、医疗

（一）身体

0449. 头人的，统称　颡 sɑ24/□脑 tuo31lɔ53

0450. 头发　帽盖 mɔ44kæ0

0451. 辫子　帽辫儿 mɔ44phiã44Øɔ0

0452. 旋　旋 suã24

0453. 额头　额颅 ŋei53lou0

0454. 相貌　面影 miã44Øiŋ0

0455. 脸洗～　脸 liã53

0456. 眼睛　眼睛 ȵiã53ȶiŋ31

0457. 眼珠统称　眼仁 ȵiã53ʐəŋ24

0458. 眼泪哭的时候流出来的　眼泪 ȵiã53lui0

0459. 眉毛　眉眉 mi31mi53

0460. 耳朵　耳朵 Øɔ53tuo0
0461. 鼻子　鼻子 phi31tsɿ53
0462. 鼻涕统称　鼻 phi24
0463. 擤～鼻涕　擤 siŋ53
0464. 嘴巴人的，统称　嘴 tsui53
0465. 嘴唇　嘴唇 tsui53ʂəŋ31
0466. 口水～流出来　颔水 xã31ʂei0
0467. 舌头　舌头 ʂɤ31thou53
0468. 牙齿　牙 Øiɑ24
0469. 下巴　牙叉骨 Øiɑ31tshɑ53ku31
0470. 胡子嘴周围的　胡子 xu31tsɿ53
0471. 脖子　脖浪骨 pho31lɑŋ53kuo31
0472. 喉咙　喉咙眼 xu31luŋ53ȵiã31
0473. 肩膀　胛胳 tɕiɑ53kuo31
0474. 胳膊　胳膊 kei53pho31
0475. 手方言指（打√）：只指手；包括臂：他的～摔断了　手 ʂou53
0476. 左手　左手 tsuo44ʂou53
0477. 右手　右手 Øiu44ʂou53
0478. 拳头　捶头 tʂhei31thou53
0479. 手指　手指头 ʂou53tsɿ31thou0
0480. 大拇指　大拇指头 tɑ44mu31tsɿ53thou0
0481. 食指　二拇指头 Øɔ44mu31tsɿ53thou0
0482. 中指　中拇指头 tʂəŋ31mu31tsɿ53thou0
0483. 无名指　无名指头 Øu24miŋ24tsɿ53thou0
0484. 小拇指　小拇指头 siɔ53mu31tsɿ53thou0
0485. 指甲　指甲 tsɿ53tɕiɑ31
0486. 腿　腿 thui53
0487. 脚方言指（打√）：只指脚；包括小腿；包括小腿和大腿：他的～轧断了　脚 tɕyo31
0488. 膝盖指部位　腿膝盖 thui53ʈhi31kæ44
0489. 背名词　脊背 tɕi53pei0
0490. 肚子腹部　肚扇皮 thu44ʂã31phi31
0491. 肚脐　脖脐眼 phu31tɕhi53ȵiã31/暴暴 pɔ44pɔ44
0492. 乳房女性的　奶头 læ53thou0
0493. 屁股　沟墩子 kou31tuŋ53tsɿ0
0494. 肛门　沟子 kou53tsɿ0
0495. 阴茎成人的　㞗 tɕhiu24
0496. 女阴成人的　屄 phi31
0497. 肏动词　合 ʐʅ31
0498. 精液　㞞 suŋ24
0499. 来月经注意婉称　见红 tɕiã44xuŋ24
0500. 拉屎　屙屎 pɑ31sɿ53
0501. 撒尿　尿 ȵiɔ44
0502. 放屁　放屁 fɑŋ44phi44
0503. 相当于"他妈的"的口头禅　把他娘哩 pɑ31thɑ31ȵiɑ44li0

（二）疾病、医疗

0504. 病了　不嵌活 pu31tɕhiã44xuo0
0505. 着凉　着凉 tʂhuo24liɑŋ24
0506. 咳嗽　咳嗽 khei53sou31
0507. 发烧　发烧 fɑ24ʂɔ31
0508. 发抖　打颤 tɑ53tʂã44
0509. 肚子疼　肚子疼 thu44tsɿ0thəŋ24
0510. 拉肚子　肚子完了 thu44tsɿ0Øuã31liɔ53

0511. 患疟疾　发摆子 fɑ31pæ53tsɿ0

0512. 中暑　中暑 tʂəŋ44ʂʅ53

0513. 肿　肿 tʂəŋ53

0514. 化脓　熟脓 ʂʅ24luŋ24

0515. 疤好了的　疤疤 pɑ53pɑ0

0516. 癣　癣拓 siã53thuo31

0517. 痣凸起的　瘊子 xou31tsɿ53

0518. 疙瘩蚊子咬后形成的　疙瘩 kei53tɑ0

0519. 狐臭　臭根 tʂhou44kəŋ31

0520. 看病　照识 tʂɔ44ʂʅ31

0521. 诊脉　评脉 phiŋ24mei31

0522. 针灸　针灸 tʂəŋ31tɕiu53

0523. 打针　打针 tɑ53tʂəŋ31

0524. 打吊针　打吊针 tɑ53ȶiɔ44tʂəŋ31

0525. 吃药统称　吃药 tʂhʅ24Øyɛ31

0526. 汤药　汤药 thɑŋ31Øyɛ31

0527. 病轻了　病轻了 piŋ44tɕhiŋ31liɔ0

八、婚丧、信仰

（一）婚育

0528. 说媒　说媒 ʂɤ31mei24

0529. 媒人　媒人 mei31ʐəŋ53

0530. 相亲　看媳妇 khã44si53fu0/看下家 khã44ɕiɑ44tɕiɑ31

0531. 订婚　订媳妇 ȶhiŋ44si53fu0

0532. 嫁妆　陪房 phei31fɑŋ53

0533. 结婚统称　结婚 tɕiɛ24xui31

0534. 娶妻子男子～，动宾　娶媳妇 tɕhy53si53fu0

0535. 出嫁女子～　起发 tɕhi53fɑ31

0536. 拜堂　拜天地 pæ44ȶhiã53ȶi0

0537. 新郎　新女婿 siŋ31ȵy53ɕy0

0538. 新娘子　新人 siŋ53ʐəŋ31/新媳妇 siŋ31si53fu0

0539. 孕妇　怀娃婆娘 xuæ24Øuɑ53pho31ȵiɑŋ53

0540. 怀孕　有啥了 Øiu53ʂɑ44liɑ0

0541. 害喜妊娠反应　嫌饭哩 ɕiã24fã44li0

0542. 分娩　抓娃娃 tʂɑ31Øuɑ31Øuɑ53

0543. 流产　小产 siɔ31tshã44

0544. 双胞胎　双生 ʂɑŋ44səŋ31

0545. 坐月子　坐月子 tshuo44Øyɛ53tsɿ0

0546. 吃奶　吃奶 tʂhʅ31læ53

0547. 断奶　离奶 li24læ53

0548. 满月　满月 mã53Øyɛ31

0549. 生日统称　生日 səŋ53Øɔ0

0550. 做寿　做好天 tsu44xɔ53ȶhiã31/做好日子 tsu44xɔ53Øɔ0tsɿ0

（二）丧葬

0551. 死统称　殁 mo31

0552. 死婉称，最常用的几种，指老人：他～了　老百年了 lɔ53pei31ȵiã0liɔ0

0553. 自杀　寻回逼 siŋ24xui31pi53

0554. 咽气　咽气 Øiã44tɕhi44

0555. 入殓　入殓 ʐʅ31liã44

0556. 棺材　棺材 kuã53tshæ0

0557. 出殡　出丧 tʂhʅ24sɑŋ31

0558. 灵位　灵牌 liŋ31phæ53

0559. 坟墓单个的，老人的　阙堆 tɕhyɛ31tui0

0560. 上坟　上坟 ʂɑŋ44fəŋ24

0561. 纸钱　纸钱 tsɿ53ȶhiæ24

（三）信仰

0562. 老天爷　老天爷 lɔ53ȶhiæ̃31Øiɛ44

0563. 菩萨统称　菩萨 phu31sɑ53

0564. 观音　观音 kuã53Øiŋ0

0565. 灶神口头的叫法，其中如有方言亲属称谓要释义　灶爷 tsɔ44Øiɛ0/灶阿婆 tsɔ44Øɑ0pho0

0566. 寺庙　寺庙 sɿ24miɔ44

0567. 祠堂　祠堂 tshɿ31thɑŋ53

0568. 和尚　和尚 xuo31ʂɑŋ53

0569. 尼姑　尼姑 ȵi31ku53

0570. 道士　道人 tɔ44ʐəŋ0

0571. 算命统称　算卦 suã44kuɑ44

0572. 运气　运气 Øyŋ44tɕhi0

0573. 保佑　保佑 pɔ53Øiu44

九、人品、称谓

（一）人品

0574. 人一个～　人 ʐəŋ24

0575. 男人成年的，统称　外前人 Øuæ44ȶhiã0ʐəŋ24

0576. 女人三四十岁已婚的，统称　屋里人 Øu53li0ʐəŋ24

0577. 单身汉　光棍 kuɑŋ53kuŋ0

0578. 老姑娘　老姐姐 lɔ53ȶiɛ31ȶiɛ31

0579. 婴儿　月娃 Øyɛ53Øuɑ0

0580. 小孩儿三四岁的，统称　娃娃 Øuɑ31Øuɑ53

0581. 男孩儿统称：外面有个～在哭　儿子娃娃 Øɔ31tsɿ53Øuɑ31Øuɑ53

0582. 女孩儿统称：外面有个～在哭　女子娃娃 ȵy53tsɿ0Øuɑ31Øuɑ53

0583. 老人七八十岁的，统称　老人 lɔ53ʐəŋ0

0584. 亲戚统称　亲亲 ȶhiŋ31ȶhiŋ0

0585. 朋友统称　伙爷 xuo53Øiɛ0

0586. 邻居统称　隔壁邻舍 kei31pi31liŋ31ʂɤ53

0587. 客人　客人 khei53ʐəŋ0

0588. 农民　农民 luŋ24miŋ24

0589. 商人　生意人 səŋ53Øi0ʐəŋ24

0590. 手艺人统称　手艺人 ʂou53Øi0ʐəŋ24

0591. 泥水匠　瓦匠 Øuɑ53ȶhiɑŋ0

0592. 木匠　木匠 mu53ȶhiɑŋ0

0593. 裁缝　裁缝 tshæ31fəŋ0

0594. 理发师　待招 tæ44tʂɔ31

0595. 厨师　厨子 tʂhɿ31tsɿ53

0596. 师傅　师傅 sɿ53fu0

0597. 徒弟　徒弟 thu31ȶhi53

0598. 乞丐统称，非贬称（无统称则记成年男的）　叫花 tɕhiɔ44xuɑ31

0599. 妓女　卖货客 mæ44xuo0khei31

0600. 流氓　流氓 liu24mɑŋ24

0601. 贼　贼娃 tsei31Øuɑ53

0602. 瞎子统称，非贬称（无统称则记成年男的）　瞎子 xɑ53tsɿ0

0603. 聋子统称，非贬称（无统称则记成年男的）　聋子 luŋ31tsɿ53

0604. 哑巴统称，非贬称（无统称则记成年男的）　瓜子 kuɑ53tsɿ0

0605. 驼子统称，非贬称（无统称则记成年男的）　背锅 pei31kuo0

0606. 瘸子统称，非贬称（无统称则记成年男的） 拐子 kuæ53tsɿ0/瘸腿 tɕhyɛ24thui53

0607. 疯子统称，非贬称（无统称则记成年男的） 疯子 fəŋ31tsɿ0

0608. 傻子统称，非贬称（无统称则记成年男的） 洋来 Øiɑŋ24læ24

0609. 笨蛋蠢的人 闷㞞 məŋ44suŋ24/闷呆五 məŋ44tæ31Øu53

（二）称谓

0610. 爷爷呼称，最通用的 爷 Øiɛ24

0611. 奶奶呼称，最通用的 婆 pho24

0612. 外祖父叙称 外爷 Øui44Øiɛ0

0613. 外祖母叙称 外婆 Øui44pho0

0614. 父母合称 爹娘 ȶiɛ53ȵiɑ0

0615. 父亲叙称 爹 ȶiɛ31

0616. 母亲叙称 娘 ȵiɑ24

0617. 爸爸呼称，最通用的 爸哎 pɑ24Øæ0/爸呀 pɑ24Øiɑ0

0618. 妈妈呼称，最通用的 娘哎 ȵiɑ24Øæ0/娘呀 ȵiɑ24Øiɑ0

0619. 继父叙称 后爸 xou44pɑ44

0620. 继母叙称 后娘 xou44ȵiɑ24

0621. 岳父叙称 丈人爸 tʂhɑŋ44ʐəŋ0pɑ44

0622. 岳母叙称 丈母娘 tʂhɑŋ44mu0ȵiɑ24

0623. 公公叙称 阿公 Øɑ53kuŋ0

0624. 婆婆叙称 阿家 Øɑ53tɕiɑ0

0625. 伯父呼称，统称 伯 pei24

0626. 伯母呼称，统称 大大 tɑ44tɑ31

0627. 叔父呼称，统称 爸爸 pɑ44pɑ31

0628. 叔父呼称，排行最小的，如“幺叔” 碎爸 sui44pɑ44

0629. 叔母呼称，统称 新娘 siŋ31ȵiɑ44

0630. 姑呼称，统称（无统称则记分称：比父大，比父小；已婚，未婚） 姑 ku24

0631. 姑父呼称，统称 姑父 ku53fu31

0632. 舅舅呼称 舅 tɕiu24

0633. 舅妈呼称 妗子 tɕhiŋ44tsɿ0

0634. 姨呼称，统称（无统称则记分称：比母大，比母小；已婚，未婚） 姨 Øi24

0635. 姨父呼称，统称 姨父 Øi31fu53

0636. 弟兄合称 弟兄 ȶi44ɕyŋ31

0637. 姊妹合称，注明是否可包括男性 姊妹们包括男性 tsɿ53mei0mu0

0638. 哥哥呼称，统称 哥 kɔ24

0639. 嫂子呼称，统称 嫂子 sɔ53tsɿ0

0640. 弟弟叙称 兄弟 ɕyŋ53ȶhi0

0641. 弟媳叙称 兄弟媳妇 ɕyŋ53ȶhi0si53fu0

0642. 姐姐呼称，统称 姐 ȶiɛ24

0643. 姐夫呼称 姐夫 ȶiɛ53fu31

0644. 妹妹叙称 妹子 mei44tsɿ0

0645. 妹夫叙称 妹夫 mei44fu31

0646. 堂兄弟叙称，统称 伯叔兄弟 pei31ʂʅ31ɕyŋ53ȶhi0

0647. 表兄弟叙称，统称 表兄弟 piɔ53ɕyŋ31ȶhi44

0648. 妯娌弟兄妻子的合称 先后 siã44xou0

0649. 连襟姊妹丈夫的关系，叙称 挑担 ȶhiɔ53tã31

0650. 儿子叙称：我的～ 儿 Øɔ24

0651. 儿媳妇叙称：我的～ 媳妇

si53fu0
0652. 女儿叙称：我的～　女 ȵy53
0653. 女婿叙称：我的～　女婿 ȵy53ɕy0
0654. 孙子儿子之子　孙子 suŋ53tsɿ0
0655. 重孙子儿子之孙　重孙 tʂhəŋ31suŋ53
0656. 侄子弟兄之子　侄儿 tʂhʅ24Øɔ0
0657. 外甥姐妹之子　外甥 Øuæ44səŋ31
0658. 外孙女儿之子　外孙 Øuæ44suŋ31
0659. 夫妻合称　两口 liɑŋ31khou0
0660. 丈夫叙称，最通用的，非贬称：她的～　掌柜 tʂɑŋ53kui44/老汉 lɔ53xã0
0661. 妻子叙称，最通用的，非贬称：他的～　老婆 lɔ53pho0
0662. 名字　名字 miŋ31tsɿ53
0663. 绰号　外号 Øuæ44xɔ53

十、农、工、商、文

（一）农业

0664. 干活儿统称：在地里～　做活 tsu44xuo24
0665. 事情一件～　事 sɿ44
0666. 插秧　插秧 tshɑ24Øiɑŋ31
0667. 割稻　割稻 kuo31thɔ53
0668. 种菜　种菜 tʂəŋ44tshæ44
0669. 犁名词　犁 li24
0670. 锄头　锄 tʂhʅ24
0671. 镰刀　镰 liã24
0672. 把儿刀～　把把 pɑ44pɑ0
0673. 扁担　担 tã44
0674. 箩筐　筐子 khuɑŋ53tsɿ0
0675. 筛子统称　筛子 sæ53tsɿ0
0676. 簸箕农具，有梁的　抄斗 tshɔ31tou0
0677. 簸箕簸米用　簸箕 po44tɕi0
0678. 独轮车　卡娃 tɕhiɑ53Øuɑ0
0679. 轮子旧式的，如独轮车上的　轮轮 lyŋ31lyŋ53
0680. 碓整体　碓窝 tui44Øuo31
0681. 臼　碓窝 tui44Øuo31
0682. 磨名词　磨子 mo44tsɿ0
0683. 年成　收成 ʂou53tʂhəŋ0

（二）工商业

0684. 走江湖统称　跑江湖 phɔ53tɕiɑŋ53xu0
0685. 打工　打工 tɑ53kuŋ31
0686. 斧子　斧头 fu53thou0
0687. 钳子　钳子 tɕhiã31tsɿ53
0688. 螺丝刀　起子 tɕhi53tsɿ0
0689. 锤子　锤锤 tʂhei31tʂhei53
0690. 钉子　钉钉 ȶiŋ53ȶiŋ0
0691. 绳子　绳绳 ʂəŋ31ʂəŋ53
0692. 棍子　棍 kuŋ44
0693. 做买卖　做生意 tsu44səŋ53Øi0
0694. 商店　铺子 phu44tsɿ0
0695. 饭馆　饭馆 fã44kuã53
0696. 旅馆旧称　店铺 ȶiã44phu0/店 ȶiã44
0697. 贵　贵 kui44
0698. 便宜　便宜 phiã31Øi53
0699. 合算　划得来 xuɑ31ȶi53læ24/划得着 xuɑ31ȶi53tʂhuo24
0700. 折扣　让斩 ʐɑŋ31tsã53
0701. 亏本　赊本 ʂɤ24pəŋ53

0702. 钱统称　票子 phiɔ44tsɿ0
0703. 零钱　零票子 liŋ24phiɔ44tsɿ0
0704. 硬币　钢洋 kaŋ31Øiaŋ24/分分洋 fəŋ53fəŋ0Øiaŋ24
0705. 本钱　本钱 pəŋ53ȶhiã0
0706. 工钱　工钱 kuŋ53ȶhiã0
0707. 路费　盘缠 phã31tʂhã53
0708. 花～钱　花 xuɑ31
0709. 赚卖一斤能～一毛钱　赚 tɕiã44
0710. 挣打工～了一千块钱　挣 tsəŋ44
0711. 欠～他十块钱　该 kæ31
0712. 算盘　算盘 suã44phã0
0713. 秤统称　秤 tʂhəŋ44
0714. 称用秆秤～　志 tsɿ44
0715. 赶集　撵集 ȵiã53ȶi24
0716. 集市　集 ȶi24
0717. 庙会　会 xui44

（三）文化、娱乐

0718. 学校　书房 ʂʅ53faŋ0
0719. 教室　教室 tɕiɔ44ʂʅ31
0720. 上学　上学 ʂaŋ44ɕyo24
0721. 放学　放学 faŋ44ɕyo24
0722. 考试　考试 khɔ53sɿ44
0723. 书包　书包 ʂʅ31pɔ0
0724. 本子　本子 pəŋ53tsɿ0
0725. 铅笔　铅笔 tɕhiã24pi31
0726. 钢笔　水笔 ʂei53pi31
0727. 圆珠笔　油笔 Øiu24pi31
0728. 毛笔　毛笔 mɔ24pi31
0729. 墨　墨 mei24
0730. 砚台　砚台 Øiã44thæ0
0731. 信一封～　信 siŋ44
0732. 连环画　花书 xuɑ24ʂʅ31
0733. 捉迷藏　藏猫猫猴 ȶhiaŋ24mɔ44mɔ0xou24
0734. 跳绳　跳绳 ȶhiɔ24ʂəŋ24
0735. 毽子　毽子 tɕiã44tsɿ0
0736. 风筝　风筝 fəŋ31tsəŋ0
0737. 舞狮　耍狮子 ʂɑ53sɿ53tsɿ0
0738. 鞭炮统称　鞭炮 piã53phɔ0
0739. 唱歌　唱歌 tʂhaŋ44kuo31
0740. 演戏　唱戏 tʂhaŋ44ɕi44
0741. 锣鼓统称　锣鼓家什 luo31ku53tɕiɑ53sɿ0
0742. 二胡　二胡 Øɔ44xu0
0743. 笛子　笛 ȶhi24
0744. 划拳　划拳 xuɑ31tɕhyã24
0745. 下棋　下棋 ɕiɑ44tɕhi24
0746. 打扑克　打扑克 tɑ53phu31khɤ31
0747. 打麻将　打麻将 tɑ53mɑ24ȶiaŋ44
0748. 变魔术　耍把戏 ʂɑ31pɑ53ɕi31
0749. 讲故事　讲故事 tɕiaŋ53ku44sɿ31
0750. 猜谜语　估古今 ku44ku53tɕiŋ31
0751. 玩儿游玩：到城里～　耍 ʂɑ53
0752. 串门儿　游门子 Øiu24məŋ31tsɿ53
0753. 走亲戚　走亲亲 tsou53ȶhiŋ31ȶhiŋ0/游亲亲 Øiu24ȶhiŋ31ȶhiŋ0

十一、动作、行为

（一）具体动作

0754. 看～电视　看 khã44
0755. 听用耳朵～　听 ȶhiŋ31
0756. 闻嗅：用鼻子～　闻 vəŋ24

0757. 吸～气　吸 ɕi31
0758. 睁～眼　睁 tsəŋ31
0759. 闭～眼　闭 pi44
0760. 眨～眼　眨 tsã31
0761. 张～嘴　张 tʂɑŋ31
0762. 闭～嘴　闭 pi44
0763. 咬狗～人　咬 ȵiɔ53
0764. 嚼把肉～碎　嚼 tɕyɛ24
0765. 咽～下去　咽 Øiã44
0766. 舔人用舌头　舔 ȶhiã53
0767. 含～在嘴里　噙 tɕhiŋ24
0768. 亲嘴　咘 pɑŋ31
0769. 吮吸用嘴唇聚拢吸取液体，如吃奶时
咂 tsɑ31
0770. 吐上声，把果核儿～掉　唾 thuo44
0771. 吐去声，呕吐：喝酒喝～了
吐 thu53
0772. 打喷嚏　打喷嚏 tɑ53phəŋ44ȶhiɛ31
0773. 拿用手把苹果～过来　拿 lɑ24
0774. 给他～我一个苹果　给 kei44
0775. 摸～头　揣 tʂhæ53
0776. 伸～手　展 tʂã53
0777. 挠～痒痒　搔 tsɔ31
0778. 掐用拇指和食指的指甲～皮肉
掐 tɕhiɑ31
0779. 拧～螺丝　拧 ȵiŋ24
0780. 拧～毛巾　扭 ȵiu53
0781. 捻用拇指和食指来回～碎　捻 ȵiã53
0782. 掰把橘子～开，把馒头～开
掰 pei31
0783. 剥～花生　剥 pɔ31
0784. 撕把纸～了　扯 tʂhɤ53
0785. 折把树枝～断　折 tʂɤ31
0786. 拔～萝卜　拔 phɑ24
0787. 摘～花　摘 tsei31
0788. 站站立：～起来　立 lei31
0789. 倚斜靠：～在墙上　靠 khɔ44
0790. 蹲～下　蹴 ȶiu44
0791. 坐～下　坐 tshuo44
0792. 跳青蛙～起来　跳 ȶhiɔ44
0793. 迈跨过高物：从门槛上～过去
跷 tɕhiɔ31
0794. 踩脚～在牛粪上　踏 thɑ24
0795. 翘～腿　担 tæ̃31
0796. 弯～腰　弯 Øuã31
0797. 挺～胸　挺 ȶhiŋ53
0798. 趴～着睡　趴 phɑ24
0799. 爬小孩儿在地上～　爬 phɑ24
0800. 走慢慢儿～　走 tsou53
0801. 跑慢慢儿走，别～　跑 phɔ53
0802. 逃逃跑：小偷儿～走了　跑 phɔ53
0803. 追追赶：～小偷儿　撵 ȵiã53
0804. 抓～小偷儿　抓 tʂɑ31
0805. 抱把小孩儿～在怀里　搂 lou53
0806. 背～孩子　背 pei31
0807. 搀～老人　搀 tshã44
0808. 推几个人一起～汽车　掀 ɕiã31
0809. 摔跌：小孩儿～倒了　跌 ȶiɛ31
0810. 撞人～到电线杆　□ tui24
0811. 挡你～住我了，我看不见　挡 tɑŋ44
0812. 躲躲藏：他～在床底下　藏 ȶhiɑŋ24
0813. 藏藏放，收藏：钱～在枕头下面
藏 ȶhiɑŋ24
0814. 放把碗～在桌子上　放 fɑŋ44
0815. 摞把砖～起来　摞 luo44
0816. 埋～在地下　埋 mæ24

0817. 盖把茶杯～上　盖 kæ44
0818. 压用石头～住　压 ȵiɑ44
0819. 摁用手指按：～图钉　蹂 ʐou53
0820. 捅用棍子～鸟窝　戳 tʂhuo31
0821. 插把香～到香炉里　插 tshɑ31
0822. 戳～个洞　戳 tʂhuo31
0823. 砍～树　剁 tuo44
0824. 剁把肉～碎做馅儿　剁 tuo44
0825. 削～苹果　削 ɕyɛ31
0826. 裂木板～开了　迸 piɛ44
0827. 皱皮～起来　□ tʂhʅ31
0828. 腐烂死鱼～了　臭 tʂhou44
0829. 擦用毛巾～手　擦 tshɑ31
0830. 倒把碗里的剩饭～掉　倒 tɔ44
0831. 扔丢弃：这个东西坏了，～了它　撇 phiɛ31
0832. 扔投掷：比一比谁～得远　扔 Øɔ53
0833. 掉掉落，坠落：树上～下一个梨　跌 ȶiɛ31
0834. 滴水～下来　滴 ȶiɛ31
0835. 丢丢失：钥匙～了　遗 Øi24
0836. 找寻找：钥匙～到　寻 siŋ24
0837. 捡～到十块钱　拾 ʂʅ24
0838. 提用手把篮子～起来　提 ȶhi24
0839. 挑～担　担 tã31
0840. 扛把锄头～在肩上　掮 tɕhiɛ24
0841. 抬～轿　抬 thæ24
0842. 举～旗子　打 tɑ31
0843. 撑～伞　打 tɑ31
0844. 撬把门～开　别 piɛ24
0845. 挑挑选，选择：你自己～一个　拣 tɕiã53
0846. 收拾～东西　拾掇 ʂʅ31tuo53
0847. 挽～袖子　缏 piã53
0848. 涮把杯子～一下　涮 ʂã44
0849. 洗～衣服　洗 si53
0850. 捞～鱼　捞 lɔ24
0851. 拴～牛　拴 ʂã31
0852. 捆～起来　捆 khuŋ53
0853. 解～绳子　解 tɕiɛ53
0854. 挪～桌子　挪 luo24
0855. 端～碗　端 tuã3
0856. 摔碗～碎了　拌 pã44
0857. 掺～水　掺 tshã31
0858. 烧～柴　烧 ʂɔ31
0859. 拆～房子　拆 tshei31
0860. 转～圈儿　转 tʂã44
0861. 捶用拳头～　捶 tʂhei24
0862. 打统称：他～了我一下　打 tɑ53
0863. 打架动手：两个人在～　打捶 tɑ53tʂhei24
0864. 休息　歇 ɕiɛ31
0865. 打哈欠　打哈欠 tɑ53xuo53ɕiã0
0866. 打瞌睡　丢盹 ȶiu31tuŋ53
0867. 睡他已经～了　睡 ʂei44
0868. 打呼噜　扯颔水 tʂhɤ53xã44ʂei0
0869. 做梦　梦睡梦 məŋ44ʂei44məŋ0
0870. 起床　起来 tɕhiɛ53læ0
0871. 刷牙　刷牙 ʂɑ31Øiɑ24
0872. 洗澡　洗身上 si53ʂʅ53ʂɑŋ0

（二）抽象动作

0873. 想思索：让我～一下　思量 sʅ53liɑŋ0
0874. 想想念：我很～他　想 siɑŋ53
0875. 打算我～开个店　打算 tɑ53suã0

0876. 记得　记得 tɕi44tei0
0877. 忘记　忘了 Øuaŋ44liɑ0
0878. 怕害怕：你别～　怕 phɑ44
0879. 相信我～你　相信 siaŋ31siŋ44
0880. 发愁　发愁 fɑ31tshou24
0881. 小心过马路要～　小心 siɔ53siŋ31
0882. 喜欢～看电视　爱 ŋæ44
0883. 讨厌～这个人　眼黑 ȵiã53xei31
0884. 舒服凉风吹来很～　嵌活 tɕhiã44xuo0
0885. 难受生理的　难受 lã24ʂou44
0886. 难过心理的　难过 lã24kuo44
0887. 高兴　兴 ɕiŋ31
0888. 生气　着气 tʂhuo24tɕhi44
0889. 责怪　怪妨 kuæ44faŋ0
0890. 后悔　后悔 xou44xui0
0891. 忌妒　受气不得 ʂou44tɕhi0pu31tei0
0892. 害羞　□ ʂəŋ24
0893. 丢脸　丢人 ʈiu31ʐəŋ24
0894. 欺负　欺负 ʈʂhi53fu0
0895. 装～病　装 tʂɑŋ31
0896. 疼～小孩儿　疼 thəŋ24
0897. 要我～这个　要 Øiɔ44
0898. 有我～一个孩子　有 Øiu53
0899. 没有他～孩子　□得 mou24tei0
0900. 是我～老师　是 sɿ44
0901. 不是他～老师　不是 pu31sɿ44
0902. 在他～家　在 tsæ44
0903. 不在他～家　不在 pu31tsæ44
0904. 知道我～这件事　知道 tʂʅ53tɔ0
0905. 不知道我～这件事　不知道 pu31tʂʅ53tɔ0
0906. 懂我～英语　会 xui44
0907. 不懂我～英语　不会 pu31xui44
0908. 会我～开车　会 xui44
0909. 不会我～开车　不会 pu31xui44
0910. 认识我～他　认得 ʐəŋ44tei0
0911. 不认识我～他　认不得 ʐəŋ44pu31tei0
0912. 行应答语　能行 ləŋ24ɕiŋ24
0913. 不行应答语　没向 mo31ɕiaŋ44
0914. 肯～来　肯 khəŋ53
0915. 应该～去　该 kæ31
0916. 可以～去　能 ləŋ24

（三）言语

0917. 说～话　说 ʂɤ31
0918. 话说～　话 xuɑ44
0919. 聊天儿　谝闲传 phiã53ɕiã24tʂhã24
0920. 叫～他一声儿　叫 tɕiɔ44
0921. 吆喝大声喊　吆喝 Øiɔ31xuo0
0922. 哭小孩儿～　哭 fu31
0923. 骂当面～人　骂 mɑ44
0924. 吵架动嘴：两个人在～　骂仗 mɑ44tʂɑŋ44
0925. 骗～人　骗 phiã44
0926. 哄～小孩儿　哄 xuŋ53
0927. 撒谎　撒谎 sɑ31xuɑŋ53
0928. 吹牛　□大话 lyɛ31tɑ44xuɑ44
0929. 拍马屁　趴上坡 pɑ31ʂɑŋ44pho53
0930. 开玩笑　说笑 ʂɤ31siɔ0
0931. 告诉～他　说给 ʂɤ31kei0
0932. 谢谢致谢语　多亏你了 tuo24khui31ȵi53liɑ0
0933. 对不起致歉语　对不住 tui44pu31tʂhʅ44

0934. 再见告别语　回头见 xui24thou24tɕhiã44

十二、性质、状态

（一）形貌

0935. 大苹果～　大 tɑ44
0936. 小苹果～　碎 sui44
0937. 粗绳子～　奘 tʂɑŋ44
0938. 细绳子～　细 si44
0939. 长线～　长 tʂhɑŋ24
0940. 短线～　短 tuã53
0941. 长时间～　长 tʂhɑŋ24
0942. 短时间～　短 tuã53
0943. 宽路～　宽 khuã31
0944. 宽敞房子～　宽展 khuã31tʂã0
0945. 窄路～　窄 tsei31
0946. 高飞机飞得～　高 kɔ31
0947. 低鸟飞得～　低 ȶi31
0948. 高他比我～　高 kɔ31
0949. 矮他比我～　低 ȶi31
0950. 远路～　远 Øyã53
0951. 近路～　近 tɕhiŋ44
0952. 深水～　深 ʂəŋ31
0953. 浅水～　浅 ȶhiã53
0954. 清水～　清 ȶhiŋ31
0955. 浑水～　糊 xu44
0956. 圆　圆 Øyã24
0957. 扁　扁 piã53
0958. 方　方 fɑŋ31
0959. 尖　尖 ȶiã31
0960. 平　平 phiŋ24
0961. 肥～肉　肥 fei24
0962. 瘦～肉　瘦 sou44
0963. 肥形容猪等动物　肥 fei24
0964. 胖形容人　胖 phɑŋ44
0965. 瘦形容人、动物　瘦 sou44
0966. 黑黑板的颜色　黑 xei31
0967. 白雪的颜色　白 phei24
0968. 红国旗的主颜色，统称　红 xuŋ24
0969. 黄国旗上五星的颜色　黄 xuɑŋ24
0970. 蓝蓝天的颜色　蓝 lã24
0971. 绿绿叶的颜色　绿 liu31
0972. 紫紫药水的颜色　珍紫 tʂəŋ31tsɿ0
0973. 灰草木灰的颜色　灰 xui31

（二）状态

0974. 多东西～　多 tuo31
0975. 少东西～　少 ʂɔ53
0976. 重担子～　重 tʂhəŋ44
0977. 轻担子～　轻 tɕhiŋ31
0978. 直线～　端 tuã31
0979. 陡坡～，楼梯～　陡 tou53
0980. 弯弯曲：这条路是～的　弯 Øuã31
0981. 歪帽子戴～了　歪 Øuæ53
0982. 厚木板～　厚 xou44
0983. 薄木板～　薄 pho24
0984. 稠稀饭～　稠 tʂhou24
0985. 稀稀饭～　稀 ɕi31
0986. 密菜种得～　稠 tʂhou24
0987. 稀稀疏：菜种得～　葩 phɑ31
0988. 亮指光线，明亮　亮 liɑŋ44
0989. 黑指光线，完全看不见　黑 xei31
0990. 热天气　热 ʐɤ31
0991. 暖和天气　暖和 luã53xuo0
0992. 凉天气　凉瑟 liɑŋ31sei53

0993. 冷天气　冷 ləŋ53
0994. 热水　热 ʐɤ31
0995. 凉水　凉 liɑŋ24
0996. 干干燥：衣服晒～了　干 kã31
0997. 湿潮湿：衣服淋～了　湿 ʂʅ31
0998. 干净衣服～　干净 kã53ȶhiŋ0
0999. 脏肮脏，不干净，统称：衣服～　脏 tsɑŋ31
1000. 快锋利：刀子～　利 li44
1001. 钝刀子～　老 lɔ53
1002. 快坐车比走路～　快 khuæ44
1003. 慢走路比坐车～　慢 mã44
1004. 早来得～　早 tsɔ53
1005. 晚来～了　迟 tshʅ24
1006. 晚天色～　晚 Øuã53
1007. 松捆得～　松 suŋ31
1008. 紧捆得～　紧 tɕiŋ53
1009. 容易这道题～　容易 Øyŋ31Øi53
1010. 难这道题～　难 lã24
1011. 新衣服～　新 siŋ31
1012. 旧衣服～　旧 tɕhiu44
1013. 老人～　老 lɔ53
1014. 年轻人～　年轻 ȵiã24tɕhiŋ31
1015. 软糖～　软 ʐã53
1016. 硬骨头～　硬 ȵiŋ44
1017. 烂肉煮得～　烂 lã44
1018. 煳饭烧～了　着 tʂhuo24
1019. 结实家具～　结实 tɕiɛ53ʂʅ0
1020. 破衣服～　破 pho44
1021. 富他家很～　有钱 Øiu53ȶhiã24
1022. 穷他家很～　穷 tɕhyŋ24
1023. 忙最近很～　忙 mɑŋ24
1024. 闲最近比较～　闲 ɕiã24
1025. 累走路走得很～　乏 fɑ24
1026. 疼摔～了　疼 thəŋ24
1027. 痒皮肤～　咬 ȵiɔ53
1028. 热闹看戏的地方很～　热闹 ʐɤ53lɔ0
1029. 熟悉这个地方我很～　熟 ʂʅ24
1030. 陌生这个地方我很～　生 səŋ31
1031. 味道尝尝～　味道 vei44tɔ0
1032. 气味闻闻～　气味 tɕhi44vei44
1033. 咸菜～　咸 xã24
1034. 淡菜～　淡 thã44/甜 ȶhiã24
1035. 酸　酸 suã31
1036. 甜　甜 ȶhiã24
1037. 苦　苦 fu53
1038. 辣　辣 lɑ31
1039. 鲜鱼汤～　鲜 ȶiã53
1040. 香　香 ɕiɑŋ31
1041. 臭　臭 tʂhou44
1042. 馊饭～　燍气 sʅ53tɕhi0
1043. 腥鱼～　腥气 siŋ53tɕhi0

（三）品性

1044. 好人～　好 xɔ53
1045. 坏人～　瞎 xɑ31
1046. 差东西质量～　错 tshuo44
1047. 对账算～了　对 tui44
1048. 错账算～了　错 tshuo31
1049. 漂亮形容年轻女性的长相：她很～　俊样 tsuŋ44Øiɑŋ44
1050. 丑形容人的长相：猪八戒很～　丑 tʂhou53
1051. 勤快　勤苦 tɕhiŋ31fu53
1052. 懒　懒 lã53

1053. 乖　乖 kuæ31

1054. 顽皮　费事 fei44sɿ44

1055. 老实　老实 lɔ53ʂʅ0

1056. 傻痴呆　冷 ləŋ53/凉 liaŋ24

1057. 笨蠢　闷 məŋ44

1058. 大方不吝啬　大方 tɑ44fɑŋ31

1059. 小气吝啬　啬 sei31

1060. 直爽性格～　直戳戳 tʂʅ24tʂhuo53tʂhuo0

1061. 犟脾气～　犟 tɕiaŋ44

十三、数量

（一）数字

1062. 一～二三四五……，下同　一 Øi31

1063. 二　二 Øɔ44

1064. 三　三 sã31

1065. 四　四 sɿ44

1066. 五　五 Øu53

1067. 六　六 liu31

1068. 七　七 ȶhi31

1069. 八　八 pɑ31

1070. 九　九 tɕiu53

1071. 十　十 ʂʅ24

1072. 二十有无合音　二十 Øɔ44ʂʅ0

1073. 三十有无合音　三十 sã31ʂʅ0

1074. 一百　一百 Øi24pei31

1075. 一千　一千 Øi24ȶhiã31

1076. 一万　一万 Øi31vã44

1077. 一百零五　一百零五 Øi31pei31liŋ24Øu53

1078. 一百五十　百五 pei31Øu53

1079. 第一～，第二　第一 ȶi44Øi31

1080. 二两重量　二两 Øɔ44liaŋ31

1081. 几个你有～孩子？　几个 tɕi53kɔ31

1082. 俩你们～　俩 liaŋ53

1083. 仨你们～　仨 sã31

1084. 个把　个把 kɔ44pɑ31

（二）量词

1085. 个一～人　个 kɔ44

1086. 匹一～马　匹 phi44

1087. 头一～牛　头 thou44

1088. 头一～猪　个 kɔ44

1089. 只一～狗　个 kɔ44

1090. 只一～鸡　个 kɔ44

1091. 只一～蚊子　个 kɔ44

1092. 条一～鱼　个 kɔ44

1093. 条一～蛇　个 kɔ44

1094. 张一～嘴　张 tʂɑŋ31

1095. 张一～桌子　个 kɔ44

1096. 床一～被子　个 kɔ44

1097. 领一～席子　个 kɔ44

1098. 双一～鞋　双 ʂɑŋ31

1099. 把一～刀　个 kɔ44

1100. 把一～锁　个 kɔ44

1101. 根一～绳子　根 kəŋ31

1102. 支一～毛笔　支 tsɿ31

1103. 副一～眼镜　副 fu44

1104. 面一～镜子　个 kɔ44

1105. 块一～香皂　个 kɔ44

1106. 辆一～车　个 kɔ44

1107. 座一～房子　座 tshuo44

1108. 座一～桥　个 kɔ44

1109. 条一～河　个 kɔ44

1110. 条一～路　条 ȶhiɔ24
1111. 棵一～树　个 kɔ44
1112. 朵一～花　朵 tuo53
1113. 颗一～珠子　个 kɔ44
1114. 粒一～米　颗 khuo53
1115. 顿一～饭　顿 tuŋ44
1116. 剂一～中药　服 fu44
1117. 股一～香味　股 ku53
1118. 行一～字　行 xaŋ44
1119. 块一～钱　块 khuæ53
1120. 毛角：一～钱　毛 mɔ24
1121. 件一～事情　件 tɕhiã44
1122. 点儿一～东西　点 ȶiã53
1123. 些一～东西　些 siɛ31
1124. 下打一～，动量，不是时量　下 xɑ44
1125. 会儿坐了一～　下下 xɑ44xɑ0
1126. 顿打一～　顿 tuŋ44
1127. 阵下了一～雨　阵 tʂəŋ44
1128. 趟去了一～　回 xui24

十四、代词、副词、介词、连词

（一）代词

1129. 我～姓王　我 ŋɔ53
1130. 你～也姓王　你 ȵi53
1131. 您尊称　无
1132. 他～姓张　他 thɑ53
1133. 我们不包括听话人：你们别去，～去　我的 ŋɔ31ȶi0
1134. 咱们包括听话人：他们不去，～去吧　咱 tsɑ24/伢 Øiɑ24
1135. 你们～去　你的 ȵi31ȶi0
1136. 他们～去　他的 thɑ31ȶi0
1137. 大家～一起干　大家 tɑ44Øiɑ0
1138. 自己我～做的　各家 kuo53Øiɑ0
1139. 别人这是～的　人家 ʐəŋ31Øiɑ53
1140. 我爸～今年八十岁　我爸 ŋuo31pɑ44
1141. 你爸～在家吗？　你爸 ȵi31pɑ44
1142. 他爸～去世了　他爸 thɑ31pɑ44
1143. 这个我要～，不要那个　这个 tʂei53kɔ0
1144. 那个我要这个，不要～　兀个 Øui53kɔ0
1145. 哪个你要～杯子？　哪个 lɑ31kɔ0
1146. 谁你找～？　谁 sei24
1147. 这里在～，不在那里　这搭 tʂʅ31tɑ0
1148. 那里在这里，不在～　兀搭 Øu31tɑ0
1149. 哪里你到～去？　哪搭 lɑ24tɑ0
1150. 这样事情是～的，不是那样的　这么开 tʂʅ44mo0khæ0
1151. 那样事情是这样的，不是～的　那么开 laŋ44mo0khæ0
1152. 怎样什么样：你要～的？　咋么 tʂɑ31mo0
1153. 这么～贵啊　这么 tʂʅ44mo0
1154. 怎么这个字～写？　咋么 tʂɑ31mo0
1155. 什么这个是～字？　啥 ʂɑ44
1156. 什么你找～？　啥 ʂɑ44
1157. 为什么你～不去？　为啥 Øui44ʂɑ44
1158. 干什么你在～？　啥 ʂɑ44
1159. 多少这个村有～人？　多□ tuo31Øɤ0

（二）副词

1160. 很今天～热的　很 xəŋ53
1161. 非常比上条程度深：今天～热　太 thæ44
1162. 更今天比昨天～热　还 xæ24
1163. 太这个东西～贵，买不起　太 thæ44
1164. 最弟兄三个中他～高　最 tsui44
1165. 都大家～来了　都 tou24
1166. 一共～多少钱？　一满共 Øi31mã53kuŋ44
1167. 一起我和你～去　一搭 Øi53tɑ31
1168. 只我～去过一趟　只 tsɿ31
1169. 刚这双鞋我穿着～好　刚 kɑŋ24
1170. 刚我～到　刚 kɑŋ24
1171. 才你怎么～来啊？　才 tshæ24
1172. 就我吃了饭～去　就 ȶiu44
1173. 经常我～去　支干 tsɿ31kã0
1174. 又他～来了　可 khɔ31
1175. 还他～没回家　还 xɑ24
1176. 再你明天～来　再 tsæ44
1177. 也我～去；我～是老师　也 Øɑ31
1178. 反正不用急，～还来得及　反正 fã31tʂəŋ44
1179. 没有昨天我～去　没 mo31
1180. 不明天我～去　不 pu31
1181. 别你～去　嫑 po31
1182. 甭不用，不必：你～客气　嫑 po31
1183. 快天～亮了　快 khuæ44
1184. 差点儿～摔倒了　错一点 tshuo44Øi31ȶiã53
1185. 宁可～买贵的　情愿 ȶhiŋ31Øyã44
1186. 故意～打破的　□□ li44kuo0
1187. 随便～弄一下　随便 sui24piã44
1188. 白～跑一趟　干 kã44
1189. 肯定～是他干的　保证 pɔ53tsəŋ44
1190. 可能～是他干的　兴许 ɕiŋ44ɕy0
1191. 一边～走，～说　旋 suã44

（三）介词、连词

1192. 和我～他都姓王　对 tei44/连 liã24
1193. 和我昨天～他去城里了　对 tei44/连 liã24
1194. 对他～我很好　对 tei44
1195. 往～东走　往 Øuɑŋ53
1196. 向～他借一本书　问 Øuəŋ44
1197. 按～他的要求做　照 tʂɔ44
1198. 替～他写信　替 ȶhi44
1199. 如果～忙你就别来了　只旦 tsɿ31tã44
1200. 不管～怎么劝他都不听　不管 pu31kuã53

第二节　自选词汇

一、天文、地理、时间、方位、时令

1201. 天河银河 ȶhiã53xuo0
1202. 贼宿流星 tsei31siu53
1203. 二阴多云 Øɔ44ȵiŋ31
1204. 烧霞 ʂɔ44
1205. 塌霜指冬春时节天亮时晴继而转阴变冷

的天气 thɑ31ʂɑŋ0

1206. 冬上冬天 tuŋ53ʂɑŋ0

1207. 春上春天 tʂhəŋ53ʂɑŋ0

1208. 秋上秋天 ȶhiu53ʂɑŋ0

1209. 打春立春 tɑ53tʂhəŋ31

1210. 交节季节交替的当口 tɕiɔ24ȶiɛ31

1211. 交九数九中每九交替的时候 tɕiɔ31tɕiu53

1212. 野狐天气桑拿天 Øiɛ53xu0ȶhiã53tɕhi0

1213. 喊时分很短的时间 xã53sɿ24fəŋ31

1214. 困黄时月旧粮已吃完，新粮未收获的晚春时间 khuŋ44xuɑŋ0sɿ31Øyɛ31

1215. 老早很早；提前 lɔ31tsɔ53

1216. 交过夜后半夜 tɕiɔ31kuo31Øiɛ44

1217. 麻刺眼黎明 mɑ31tshɿ53ȵiã0

1218. 啼起鸡叫头遍时分 ȶhi31tɕhi53

1219. 半早晨早八点左右 pã44tsɔ31ʂəŋ0

1220. 晌午端正中午 ʂɑŋ31Øu24tuã31

1221. 晌午拧过正中午过后太阳稍偏 ʂɑŋ31Øu0ȵiŋ31kuo53

1222. 半后晌半下午 pã44xou44ʂɑŋ0

1223. □过刚才 ȵiɛ53kuo0

1224. 兀嘛刚才 Øui44mɑ0

1225. 壬庚现在 ʐəŋ31kəŋ53

1226. 先头前面 siã31thou24

1227. 后节 xou44ȶiɛ31/后嘛 xou44mɑ0 此后

1228. 黑头内面 xei53thou0

1229. 脚底屋内地面 tɕyo31ȶi53

1230. 门上大门外 məŋ31ʂɑŋ53

1231. 山华房侧 sã31xuɑ0

1232. 跨跨院子侧墙外 khuɑ44khuɑ0

1233. 巷巷胡同 xɑŋ53xɑŋ0

1234. 阴凉坡庇荫处 Øiŋ31liɑŋ0pho31

1235. 一亚亚一点点儿 Øi31Øiɑ53Øiɑ0

1236. 一下下一会儿 Øi31xɑ44xɑ0

1237. 一坨坨一块块地方 Øi31thuo31thuo53

1238. 大模儿大概，兴许 tɑ44mo53Øɔ0

1239. 定定儿经常性的 ȶiŋ44ȶiŋ53Øɔ0

1240. 概例平时；一贯 kæ44li44

1241. 按目住万一；有时候 ŋã44mu31tʂhʅ0

1242. 该自本来 kæ31tsɿ53

1243. 半中腰长物中间；时间中途 pã44tʂəŋ53Øiɔ31

二、动物

1244. 头狗役畜的统称 thou31kou53

1245. 寻犊母牛发情 siŋ24thu24

1246. 高脚牲口骡马 kɔ31tɕyo24səŋ31khou0

1247. 骒马母马 khuo44mɑ53

1248. 儿马公马 Øɔ24mɑ53

1249. 草驴母驴 tshɔ53ly0

1250. 叫驴公驴 tɕiɔ44ly0

1251. 寻驹母马、母驴发情 siŋ24tɕy31

1252. 配驹马驴交配 phei44tɕy31

1253. 配犊牛交配 phei44thu24

1254. 打圈猪交配 tɑ53tɕhyã44

1255. 打羔羊交配 tɑ53kɔ31

1256. 踏蛋禽类交配 thɑ24tã44

1257. 臊羊种公羊 sɔ53Øiɑŋ31

1258. 驹骝羊山羊 tɕy31liu31Øiɑŋ24

1259. 寻羔母羊发情 siŋ24kɔ53

1260. 净猪劁过的猪 ȶhiŋ44tʂʅ31

1261. 克郎架子猪 khei53lɑŋ0

1262. 跑圈子母猪发情 phɔ53tɕhyã44tsɿ0

1263. 虫蚁野兽类 tʂhəŋ31Øi53

1264. 野狐狐狸 Øiɛ53xu0

1265. 毛驹溜松鼠 mɔ31tɕy53liu44

1266. 老鸹乌鸦 lɔ53Øuɑ0

1267. 贼老鸹项上长有白圈的一种乌鸦
tsei31lɔ53Øuɑ0

1268. □□猫头鹰 ɕiŋ44xou31

1269. 燕喳啦类似喜鹊的一种鸟，爱叫
Øiã44tʂɑ31lɑ44

1270. 燕唧唧燕子 Øiã44tɕi31tɕi24

1271. 鸽□□啄木鸟 tɕhiã31pɔ44pɔ44

1272. 春姑姑 tʂhəŋ31ku31ku0/姑姑等
ku44ku31təŋ53 斑鸠

1273. 饿老鸱老鹰 ŋuo44lɔ31tʂhʅ31

1274. 麻野雀喜鹊的一种，灰麻色，长长的
尾巴 mɑ24Øiɛ53ʈhiɔ0

1275. 黄瓜鹭黄鹂 xuɑŋ31kuɑ53lu44

1276. 呜吟蝉的一种 Øu31Øiŋ53

1277. 地蝼蝼蟋蟀 ʈi44lou31lou44

1278. 屎爬牛屎壳郎 sɿ53phɑ31ȵiu24

1279. 歇虎壁虎 ɕiɛ31xu0

1280. 蛤蟆□都蝌蚪 xuo24mɑ53kei31tou31

1281. 钻子虫水蛭 tsuã44tsɿ0tʂhəŋ0

1282. 蜗蜗牛蜗牛 kuɑ31kuɑ0ȵiu24

三、日常生活、衣食住行

1283. 炕烙 khɑŋ44

1284. 衿扎 tɕiŋ31

1285. 过秤用秤称东西 kuo44tshəŋ44

1286. 牛杠杆 ȵiu24

1287. □冒 kɑŋ44

1288. 田禾庄稼 ʈhiã24xuo31

1289. 蜜蜜秆甜味禾秆 mi44mi44kã53

1290. 麸子小麦麸皮 fu53tsɿ0

1291. 糊糊玉米皮和楂 tshei53tshei0

1292. 侉侉高粱皮 khuɑ44khuɑ0

1293. 呛子土油菜 tɕhiɑŋ53tsɿ0

1294. 蛮根呛子根 mã31kəŋ53

1295. 扯莲茄莲 tʂhɤ53liã0

1296. 帽儿魁柿柿大柿子
mɔ44Øɔ0khui24sɿ44sɿ0

1297. 火蛋儿柿柿小柿子
xuo53thã44Øɔ0sɿ44sɿ0

1298. 灰藋灰灰菜 xui53ʈhiɔ0

1299. 梨瓜甜瓜 li31kuɑ53

1300. 马连马兰草 mɑ53liã0

1301. 树扑棱树枝叶，也叫“树头”
ʂʅ44phu24ləŋ53

1302. 牛槅斗牛挽具 ȵiu24kei53tou0

1303. 马拥拥马挽具 mɑ53Øyŋ53Øyŋ0

1304. 驴绞棒驴挽具 ly24tɕiɔ44phɑŋ0

1305. 脐窝碌碡安拨件的窝 tɕhi24Øuo53

1306. 拨间带动碌碡的木构件 po31tɕiã0

1307. 挑脐碌碡上的榫卯 ʈhiɔ53tɕhi0

1308. 拨挑拧绳的工具 po53ʈhiɔ0

1309. 搓挑拧绳的工具 tshuo53ʈhiɔ0

1310. 抄抄小簸箕 tshɔ53tshɔ0

1311. 杌子木椅子 Øu53tsɿ0

1312. 箔篮竹编粮食盛具 phu31lã53

1313. 拌笼篮子 phã44luŋ0

1314. 箸篓罐插筷子的笼罐
tʂhʅ44lou31kuã44

1315. 叠口能套在一起的高大蒸笼
ʈiɛ31khou0

1316. 甑箔箅子 tsəŋ44pɑ0

1317. 振布抹布 tʂã53phu0

1318. 接嘴漏斗 ȶiɛ31tsui0

1319. □□旧时木制碗 mã53mã0

1320. 钵钵小盆 po53po0

1321. 褡褡 tɑ53tɑ0/绉绉 tʂhʅ53tʂhʅ0 随身携带的口袋

1322. 火镰旧时击打取火种的工具 xuo53liã0

1323. 灰耙烧炕时捅火的工具 xui53phɑ0

1324. 煨的烧炕时煨火的细柴草 Øui53ȶi0

1325. 面面土粉末状的土 miã44miã0thu53

1326. 胡墼田土板结形成的土块；加工的土坯 xu31tɕi53

1327. 踏胡墼打土坯 thɑ24xu31tɕi53

1328. 摞摞子堆摞庄稼或柴草 luo44luo44tsɿ0

1329. 砯石蹚溪的踏石 liɛ53ʂʅ0

1330. 根根液体的剩渣 kəŋ53kəŋ0

1331. 口把别人吃剩的食品 khou53pɑ0

1332. 刮刮锅巴 kuɑ53kuɑ0

1333. 橛橛木桩或木楔 tɕhyɛ31tɕhyɛ53

1334. 桄桄家具上的横条木；唱戏的梆子 kuɑŋ53kuɑŋ0

1335. 腰腰用以扎捆的东西 Øiɔ44Øiɔ0

1336. 顺水厦房上顺着水流方向的大木，上面钉椽子 ʂəŋ44ʂei0

1337. 倒屁眼厦子盖在前头面朝后院的厦房 tɔ44phi44ȵiã0sɑ53tsɿ0

1338. 搭帘房向两边淌水的房 tɑ53liã31fɑŋ24

1339. 瓦砣螺瓷碗底座；猪嘴巴和鼻子的部位 Øuɑ53thuo31lɔ24

1340. 芯芯内核 siŋ44siŋ0

1341. 泥匕泥抹子 ȵi44pi31

1342. 平斤锛子 phiŋ31tɕiŋ53

1343. 小来么兮零碎 siɔ31læ44mo31ɕi31

1344. 笼笼篮子 luŋ53luŋ0

1345. 袄袄衣服 ŋɔ53ŋɔ0

1346. 褂褂小棉袄 kuɑ44kuɑ0

1347. 裌裌棉背心 tɕiɑ44tɕiɑ0

1348. 大襟袄儿纽扣在侧身的上衣 tɑ44tɕiŋ31ŋɔ53Øɔ0

1349. 撇沿敞口，沿外张 phiɛ53Øiã0

1350. 杠榔圆柱体 kɑŋ44lɑŋ0

1351. 爽爽面筋 ʂɑŋ53ʂɑŋ0

1352. 煮角饺子 tʂʅ53tɕyɛ31

1353. 油乎旋夹着油的馍 Øiu31xu53suã0

1354. 曲连娃满月和过岁时的礼馍，状为圆圈 tɕhy53liã0

1355. 献的祭馍，大馒头形，也叫蛮首 ɕiã44ȶi0

1356. 铆窍家具、人体关节连接部位 mɔ53tɕhiɔ0

1357. 事由家庭生活状况 sɿ44Øiu24

1358. 摆罩陈设 pæ53tsɔ0

1359. 三凹脚三角，三足鼎力 sɑ31ŋɔ44tɕyo31

1360. 把杖带把农具 pɑ44tʂhɑŋ0

1361. 纫头绳线方便穿针的细头头 ʐəŋ44thou0

1362. 絮索绳子和缨子 ɕy44suo31

1363. 爆鼓梆子戏伴奏用的干鼓 pɔ44ku0

1364. 弦索戏剧伴奏的文乐队 ɕiã24suo53

1365. 影格红模 Øiŋ53kei31

1366. 寻啥 siŋ44ʂɑ0/寻样 siŋ44Øiɑŋ44 所有，全部

1367. 烂冬瓜用不着的杂物

lã44tuŋ31kuɑ31

1368. 场伙赌场 tʂhɑŋ31xuo53

1369. 见场场面 tɕiã44tʂhɑŋ0

1370. 众物所有物件 tʂəŋ44vɤ31

1371. 蔓货所有附加点缀的东西；心里的见识和点子 vã44xuo0

四、动作、行为、情态

1372. 扛用力冲撞；顶 khɑŋ31

1373. 趔让 liɛ44

1374. 枵靠得不实 ɕiɔ24

1375. 偎慢移；摩擦 Øui24

1376. 爽缩着脖子；缩退不前 ʂɑŋ53

1377. 剅用刀子割 lyɛ53

1378. 捋用鞭子抽打 ly31

1379. 引借火种；烧 Øiŋ44

1380. 条剪：～树 ȶhiɔ24

1381. 戳扫：～脚底 tʂhuo31

1382. 撇扔东西；舀饭上面清的 phiɛ31

1383. 扔放手：～开 Øɔ53

1384. 嗛用嘴衔 ɕiɛ24

1385. 敹缝 liɔ24

1386. 禶把纽扣、衣兜等饰物缝到衣服上 tsã44

1387. 搋揉，和：～面 tshæ31

1388. 弥把断了的绳索接续在一起 mi24

1389. 扽拉拽 tuŋ44

1390. 击利用惯性冲击 tɕi31

1391. 闹搽：～雪花膏 lɔ44

1392. 臿剥：～皮 tʂhɑ53

1393. 膏润：～辘轳 kɔ44

1394. 攒把散开的聚在一起：～土堆 tshuã24

1395. 趄半躺小憩 ȶhiɛ44

1396. 痧把皮肉上化脓的地方弄破放脓：～疴疴 sɑ44

1397. 跐摩擦：把鞋底下～净 tshɿ53

1398. 叼抢 ȶiɔ31

1399. 咥吃 ȶiɛ24

1400. 嚼蚊子叮咬 tsã31

1401. □去粮食皮 tʂhã53

1402. 敦竖着置放 tuŋ31

1403. 远绕着走；绕开 Øyã44

1404. 嗅眷描：～个样样照着作 ɕiu53

1405. 曳拉运：～土，～粪 Øiɛ31

1406. 揉把端直的东西变曲折：～个半圆 Øuo24

1407. 擅全部买下；弯曲 ʂã44

1408. 拽强行让对方接受：不想要，硬给人～哩 tʂæ24

1409. 粑糊，贴 pɑ31

1410. 蹦够不着的东西用力去拿 pəŋ44

1411. 装把棉絮装入衣被 tʂɑŋ44

1412. 眯塞：见个缝缝，～个棍棍 mi44

1413. 耀端端详，瞄准，照镜子 ʐɔ44tuã31

1414. 顺罩整理 ʂəŋ44tsɔ0

1415. 熁火烤火 ɕiɛ31xuo53

1416. 瞅什 tshou53ʂʅ0/盯什 ȶiŋ53ʂʅ0 张望

1417. 盯察寻找，查考：先～一下人到齐了没有？ ȶiŋ53tshɑ0

1418. 搬什端详 pã53ʂʅ0

1419. 入飧吃饭，含贬义 ʐʅ31suŋ0

1420. 喝汤泛指吃晚饭；东乡横水、虢王一带也指红白事、过年招待亲友吃早饭臊子面 xuo24thɑŋ31

1421. 干嗆吃干食不喝水：～锅盔不喝水 kã31tshã44

1422. 步鶣不用交通工具徒步行走：坐车一小时就到了，～至少得三个小时 phu44piã53

1423. 上后上厕所 ʂɑŋ44xou44

1424. 趸搭不考虑财力大铺排；多指病人或老人在床上拉屎拉尿 tuŋ53tɑ0

1425. 胡趸破坏环境卫生和污损个人卫生 xu24tuŋ53

1426. 滕倒指随地大小便 thəŋ53tɔ0

1427. 谋什心里计划某件事或觊觎某职位 mu31ʂʅ53

1428. 尺察计算，谋划：会～了不受穷 tʂhʅ53tshɑ0

1429. 弁转想办法解决资金运转困难：娃要上学了，想办法～几个钱 piã31tʂã0

1430. 搭摸 tɕhiɑ44mo0/撒摸 sɑ44mo0 利用管钱管物的机会给自己谋点小利

1431. 撩程前期准备 liɔ31tʂhəŋ53

1432. 撩乱谋划，准备：赶紧给娃～办婚事 liɔ31lyã53

1433. 撩爪准备行动 liɔ31tsɔ53

1434. 绺挛带头筹划：这事大家都想弄，没人出来～么？liu53lyã0

1435. 惹贱挑衅 ʐɤ53ȶiã44

1436. 念察商量 ȵiã44tshɑ0

1437. 缠旋反复纠缠：这个蚊子在这～了半天，终于叫我拍住了 tʂhã31suã53

1438. 念咯念叨 ȵiã44kuo0

1439. 言传答应 ȵiã31tʂhã53

1440. 着气生气 tʂhuo24tɕhi44

1441. 淘神起纠纷：～憋气不养家 thɔ24ʂəŋ24

1442. 争竞争吵；争取权益和利益 tsəŋ53tɕiŋ0

1443. 谝掰卖大话；谝闲话忘乎所以 phiã53pei0

1444. 胳搂逗人身体敏感部位让其发笑 kei31lou53

1445. 学说在乙跟前说甲的不是：那家婆婆常在邻家～媳妇哩 ɕyɛ31ʂɤ53

1446. 向学叙述；诉说 ɕiɑŋ44ɕyo0

1447. 扭扳故意不从：～了半天后来还是同意了 ȵiu53pã0

1448. 搬作故意推诿，以抬高身价 pã31tsuo0

1449. 拧磨扭捏 ȵiŋ31mo53

1450. 拧肚生气不打招呼离走 ȵiŋ31tu53

1451. 舞猎人前走来走去显摆 Øu53liɛ0

1452. 吐情告诉：把事给人～一下 thu31ȶhiŋ0

1453. 下话求人 ɕiɑ44xuɑ44

1454. 犟嘴语言顶撞 tɕhiɑŋ44tsui53

1455. 禁端大声责备 tɕiŋ44tuã0

1456. 踅过翻脸：好说不听就得～ ɕyɛ31kuo53

1457. 日嗽斥骂 ʐʅ53tɕyɛ0

1458. 喊喝大声斥责 xã44xuo0

1459. 日囊 ʐʅ53lɑŋ31/拧跐 ȵiŋ0tshʅ53 用言行表达不满和反抗

1460. 噼囊 phi53lɑŋ0/说咯 ʂɤ31kuo0 喋喋不休地发泄

1461. 咯喋 kuo53ȶiɛ0/别喋 piɛ31ȶiɛ0 不停说话让人生烦

1462. 蹩跳 piɛ44ȶhiɔ0/跳团 ȶhiɔ31thuã53 蹦蹦跳跳，大发脾气

1463. 揆摸猜测：你～现在有几点了？ khui31mo0

1464. 秤摸掂量：这事要～着，不要过分

tʂhəŋ31mo0

1465. 焯乎火上浇油：眼看两人打起来了，你不压茬，还～哩 tʂhɔ44xu0

1466. 捻弄收拾修理；算计人 ȵiã53luŋ0

1467. 捻端修改；算计人 ȵiã53tuã0

1468. 料置 liɔ44tʂʅ0/料当 liɔ44taŋ0 安排料理；整人

1469. 圆帮 Øyã31paŋ53/圆委 Øyã31Øui53 调解，说和

1470. 扑络用手抚摩 phu31luo53

1471. 仰般仰卧倒地 ȵiaŋ53pã0

1472. 拾坎克服困难而行动：跌倒在地急忙～不起来 ʂʅ31khã53

1473. 弹挣挣扎 thã31tsəŋ53

1474. 挣弹挣扎着 tsəŋ44thã0

1475. 扳气呼吸困难 pã31tɕhi44

1476. 绊命跌死绊活，以死相拼 pã44miŋ44

1477. 鼓扎体力不达而硬撑持 ku53tsɑ31

1478. 肘扎挣扎撑持着；身体受束缚 tʂou53tsɑ31

1479. 媒劲鼓劲 mei24tɕiŋ44

1480. 皮搔打 phi31tsɔ53

1481. 挖脱快速跑 Øuɑ31thuo0

1482. 势翻小孩儿好动 ʂʅ44fã0

1483. 叫唤哭，一般指小娃哭闹 tɕiɔ44xuã0

1484. 拨点 po53ʈiã0/点对 ʈiã53tui0 指点，出谋划策

1485. 捋码挑选比较；收拾 ly31mɑ0

1486. 拿挂控制 lɑ31kuɑ53

1487. 收挂刹住 ʂou31kuɑ0

1488. 笼挂牢牢控制：这马性烈，有点～不住 luŋ31kuɑ53

1489. 撑挂布置场面；打架双方开始动手；用力支撑着 tshəŋ31kuɑ0

1490. 系挎拴住 ɕi44khuɑ0

1491. 系索拴，绑 ɕi44suo0

1492. 调当调整 ʈhiɔ44taŋ0

1493. 漾洒不小心把东西从盛器里弄出去 Øiaŋ44sɑ0

1494. 拾掇收拾东西；教训人 ʂʅ31tuo53

1495. 打摭清理 tɑ53tʂɤ0

1496. 折爪收起摊子；毁灭性破坏，损坏 tʂɤ31tsɔ53

1497. 扑靸走路抬不起脚的声音；不勾鞋 phu53sɑ0

1498. 弹拨 thã31po53/弹嫌 thã31ɕiã53 挑剔

1499. 挼搓反复揉搓 ʐɑ31tshuo53

1500. 撕挖撕扯 sʅ31Øuɑ0

1501. 挖抓下手；抓紧不放 Øuɑ31tʂɑ0

1502. 掂摸用手掂估重量；说话做事前审时度势 ʈiã31mo0

1503. 奖摸有意吹捧赞扬 ʈiaŋ31mo0

1504. 卖排显摆卖弄 mæ44phæ0

1505. 磨磕讨价还价 mo31khuo53

1506. 托扯人托人办事 thuo31tʂhɤ31

1507. 接承答应对方的请求或接受对方送来的物品 ʈiɛ53tʂhəŋ0

1508. 亦咐再三叮咛 Øi44fu0

1509. 瞅识瞄：托人给娃～媳妇 tshou53ʂʅ0

1510. 疲磨磨忖 phi31mo53

1511. 木气言行木讷 mu53tɕhi0

1512. 沤人动作慢而影响他人 ŋou53ʐəŋ0

1513. 钻滴反应和行动迅速 tsuã31ʈi0

1514. 麻暮性子慢，动作迟缓 mɑ24mu44

1515. 落兮邋遢 luo31ɕi0

1516. 胡帮因耳背或对事不了解而说出毫不相

关的话 xu24paŋ31

1517. 批把打嘴巴 phi31pa0

1518. 气躁了发脾气 tɕhi44tshɔ44liɔ0

1519. 铮耳子耳光 tsəŋ44Øɔ31tsɿ0

1520. 跟沟子紧跟：～撵来了 kəŋ31kou53tsɿ0

1521. 挽呼联结绳子的一种方式 Øuã53xu53lyã0

1522. 打愣愣小孩儿学站立 ta53ləŋ44ləŋ0

1523. 看样样模仿 khã53Øiaŋ44Øiaŋ0

1524. 织勾筋相互不服而暗暗较上劲 tʂʅ24kou31tɕiŋ31

1525. 打气憋出于报复人或争上风的目的行事 ta53tɕhi44piɛ31

1526. 打变工以工换工 ta53phiã44kuŋ31

1527. 艳炫耀：穿件新衣服先给人～一下 Øiã44

1528. 产没有仿效或没有基础的创制：～搭产做的 tshã53

1529. 拘憋，急：尿～了 tɕy31

1530. 当碰运气 taŋ24

1531. 抬攒：馍馍没吃在笼笼～哩 thæ24

1532. 韶勤快卖力 ʂɔ24

1533. 详揣测，主观臆断：那人～着说话哩 siaŋ24

1534. 额比量：～你那媳妇去我还算勤快 ŋei31

1535. 赞自我感觉好，张扬 tsã44

1536. 群以众人之势让对方屈服：～住了 tɕhyŋ24

1537. 斋享受 tʂæ53

1538. 肘趾高气扬：～得起 tʂou53

1539. 蔫植物缺水；精神差 ȵiã31

1540. 闷老实，缺心眼儿：～人学不会，灵醒人不够学 məŋ44

1541. 颇烦心里烦躁 pho53fã0

1542. 定再执意 ʨiŋ44tsæ44

1543. 害狠狠下心 xæ53xəŋ44

1544. 满上一个人对付多个人：把你一伙～！ mã53ʂaŋ0

1545. 出劲用劲 tʂhʅ31tɕiŋ44

1546. 诧生怕见生人 tsha44səŋ31

1547. 箍人不服从 ku53ʐəŋ24

1548. 摆置故意折腾人 pæ53tʂʅ0

1549. 绽劲泄气 tshã44tɕiŋ44

1550. 细详细心，节约 si44siaŋ0

1551. 细据做事细致 si44tɕy24

1552. 当劲能干，能独当一面 taŋ31tɕiŋ44

1553. 力成有能力，有体力 lei53tʂhəŋ0

1554. 跕扎动作敏捷 ʨiã53tsa0

1555. 溜洒干事手脚利索 liu44sa0

1556. 干姝整洁利落，多指妇女 kã31ʂʅ0

1557. 列折干脆 liɛ31tʂɤ53

1558. 泼成泼辣 pho53tʂhəŋ0

1559. 泼皮任劳任怨 pho53phi0

1560. 利气做事利落 li44tɕhi44

1561. 性焦性急 siŋ44ʨiɔ44

1562. 攒劲有精神 tsã53tɕiŋ44

1563. 奏劲 tsou24tɕiŋ44/奏干 tsou24kã44 精干

1564. 梭撇做事效率高，质量好 suo31phiɛ0

1565. 赖根拙笨 læ31kəŋ53

1566. 来得能巧 læ31tei53

1567. 强为力不达而强行为之；白白地：这点道理都不懂，～活了几十岁 tɕhiaŋ31Øui53

1568. 一经儿一贯，经常 Øi31tɕiŋ53Øɔ0

1569. 一气子一鼓作气：～把这事干完 Øi31tɕhi44tsɿ0

1570. 一楔一起；一次性：这件衣服先放一放，和那几件做～洗；不做便罢，做就～做完善 Øi31ɕiɛ53

1571. 一下全部：这些东西～不要 Øi53xɑ0

1572. 两似赖中间；进行中 liɑŋ31sɿ31læ44

1573. 不丁对看上去不对劲 pu31ȶiŋ53tui0

1574. 呔嗨大方，舍得 thæ31xæ0

1575. □□合适，舒服 Øuo31Øiɛ53

1576. 礅搡因看不上眼而时时给对方脸色 tuŋ31sɑŋ0

1577. 靸晒因瞧不起对方而故意刁难打压让其难堪 sɑ53sæ0

1578. 搭人心里过不去 tɕhiɑ44ʐəŋ0

1579. 摇侃只是象征性、程序性地让某些人知道一下，与事情的正常进行没有关系 Øiɔ31khã53

1580. 浑浑完整：没嚼～咽下去了 xuŋ31xuŋ53

1581. 拎清事情管理得清楚分明 liŋ44ȶhiŋ31

1582. 帮间差不多 pɑŋ24tɕiã31

1583. 罢了一般 pɑ44liɔ0

1584. 临了终结的时候 liŋ31liɔ53

1585. 望想盼望 Øuɑŋ44siɑŋ0

1586. 圆诱编造的理由或设计的情节找不出破绽 Øyã31Øiu53

1587. 撤脱摆脱纠缠走人 tʂhɤ53thuo31

1588. 搞兮对付，应付，凑合；应付做事 kɔ53ɕi0

1589. 胁别居高临下，以炫耀自己来欺压别人 ɕiɛ31piɛ53

1590. 张掰张扬 tʂɑŋ31pei0

1591. 挓狂张狂 tsɑ44khuɑŋ0

1592. 受肘受掣肘，受难为 ʂou44tʂou53

1593. 钉垐夯实 ȶiŋ44tshɿ24

1594. 钉遭强迫对方接受 ȶiŋ44tsɔ31

1595. 柔酿温和 ʐou31ʐɑŋ53

1596. 绵密温和，腼腆 miã31mi53

1597. 活道为人谦和 xuo31tɔ53

1598. 搅家爱占便宜，常与人计较，搞得大家不安宁：那媳妇～不贤，闹得一家人不安然 tɕiɔ53tɕiɑ31

1599. 里刮专为自己牟利 li53kuɑ31

1600. 面刮经常想白拿白占 miã44kuɑ31

1601. 些微轻微 siɛ31vei24

1602. 沾兼占便宜 tʂã24tɕiã31

1603. 端故儿专门，专意；意外巧合 tuã31ku53Øɔ0

1604. 例例故意 li44li44

1605. 亏得多亏 khui31tei0

1606. 资么白白送给人 tsɿ31mo0

1607. 防顾提防，防备 fɑŋ31ku53

1608. 翘爆不开窍，笨拙 tɕhiɔ44pɔ0

1609. 额则标准：碗大勺有～ŋei31tsei0

1610. 醒动动静 siŋ53tuŋ0

1611. 趁摸掂量，掌握分寸 tʂhəŋ44mo0

1612. 侘磨磨蹭在后边偷奸耍滑 tʂhɑ44mo0

1613. 谄练实践锻炼 tʂhã53liã0

1614. 呼碌松动 xu53lu0

1615. 奈何凑合：没有新的，用这个旧的～～læ44xuo0

1616. 供经供应给养：这家～了两个大学生 kuŋ53tɕiŋ0

1617. 拉扯养活 lɑ31tʂhɤ0

1618. 忌顾自己照顾自己身体 tɕi44ku0

1619. 薄底追本穷源 pho31ȶi53

1620. 细法精细 si44fɑ31

1621. 犯重一个意思反反复复地说：那人说话～，像套臊子面哩 fã44tʂhəŋ24

1622. 唠叨要求过严，爱挑剔，难说话 lɔ31tɔ53

1623. 为嘴贪吃美味 Øui44tsui53

1624. 费事小孩子好动 fei44sɿ44

1625. 忸人小孩儿听话不乱动 ȵiu53ʐəŋ0

1626. 头势 thou31ʂʅ53/事下 sɿ44ɕiɑ44 形势和动向

1627. 倡扬散布不是 tʂhɑŋ31Øiɑŋ0

1628. 走风走漏风声 tsou53fəŋ31

1629. 倒势失势，垮台 tɔ53ʂʅ44

1630. 交干情节；是非 tɕiɔ31kã31

1631. 怪味不好意思：没人理他，自己～了 kuã44vei44

1632. 尪怜弱小得担心难以存活；日子清苦得难以维系 Øuɑŋ53liã0

1633. 不当可怜，可悲 pu31tɑŋ24

1634. 拐带连累和影响别人 kuæ31tæ53

1635. 下科神下家；下落 xɑ44khuo31ʂəŋ0

1636. 下串人故意在言行上小瞧打压对方：保姆不干了，嫌主人～ ɕiɑ44tʂhã44ʐəŋ24

1637. 下茬物主；下落 ɕiɑ44tshɑ0

1638. 日弄告黑状 ʐʅ53luŋ0

1639. 日鬼作假；敷衍 ʐʅ31kui53

1640. 日倒告黑状，坏了：～人 ʐʅ31tɔ0

1641. 头兮 thou31ɕi53/头窍 thou24tɕhiɔ44 指势头不善

1642. 样道样子 Øiɑŋ44tɔ0

1643. 难言糟糕得一言难尽 lã24Øiã24

1644. 于外格外 Øy31Øuæ44

1645. 打虑打算 tɑ31ly0

五、身体、病痛、医疗

1646. 囟门口囟门 siŋ44məŋ0khou0

1647. 额心眉间 ŋei31siŋ0

1648. 鬓间太阳穴 piŋ44tɕiã31

1649. 胭脂骨颧骨 Øiã31tsɿ31ku31

1650. 耳茬根耳后与头相接处 Øɔ53tshɑ24kəŋ31

1651. 鼻梁梳鼻梁上面 pi31liɑŋ53kuɑŋ44

1652. 扁颡头不圆 piã53sɑ24

1653. 胳肢窝腋窝 kei53tsɿ24Øuo31

1654. 下巴下颌 xɑ44pɑ0

1655. 鸡勾勾喉头 tɕi31kou44kou0

1656. 掀板骨肩前大骨 ɕiã31pã31ku31

1657. 肋巴肋部 lei31pɑ0

1658. 前胛子本指畜类前腿以上部分，贬义讽指肩胛 tɕhiã24tɕiɑ31tsɿ0

1659. 奅杆人畜小腿部分的长骨 phɔ44kã31

1660. 沟肚子屁股 kou31tu53tsɿ0

1661. 脚巴骨脚后跟 tɕyo31pɑ0ku31

1662. 腿猪娃小腿 thui53tʂʅ53Øuɑ0

1663. 干腿小腿 kã31thui0

1664. 镜儿骨 tɕiŋ44Øɔ0ku31/□□盖 pɔ53lɔ0kã44 膝盖骨

1665. 交裆两大腿根之间 tɕiɔ31tɑŋ31

1666. 精溜溜光身子 ȶiŋ31liu44liu44

1667. 精溜子光着上身 ȶiŋ31liu44tsɿ0

1668. 精屁眼光着下身 ȶiŋ31phi44ȵiã0

1669. 圈脸胡子络腮胡 tɕhyã44liã0xu31tsɿ53

1670. 燕絮刘海儿 Øiã53ɕy44

1671. 纂纂旧称女人脑后发髻 tsuã53tsuã0

1672. 尜尜脚旧时小脚女人的三寸金莲 ka44ka0tɕyo31

1673. 癯身体瘦，多用于小孩儿 tɕhyɛ44

1674. 齁齁病哮喘 xou53xou0piŋ44

1675. 稍把长胳膊长 sɔ31pa31tʂhaŋ24

1676. 入暮啦视力差 ʐʅ31mu44lia0

1677. 忘昏大记性不好，健忘 Øuaŋ44xuŋ31ta44

1678. 颠顿老年人丧失意识 ȶiã31tuŋ0

1679. 洋来精神不正常的人 Øiaŋ24læ24

1680. 巴跌肚脱肛 pa53ȶiɛ31tu53

1681. 疴疴疮 khuo53khuo0

1682. 坐痂痂结痂 tshuo44tɕia53tɕia0

1683. 垢圿身上污垢 kou53tɕia0

1684. 惹传染 ʐɤ53

1685. 熥热敷 thuo31

1686. 发感染溃脓 fa31

1687. 气卵卵疝气 tɕhi44lyã31lyã0

1688. 疙痨疥疮 kei31lɔ0

1689. 鸡暮眼夜盲症 tɕi53mu0ȵiã0

1690. 不欠手有小恙 pu31tɕhiã44ʂou53

1691. 淌清鼻流鼻涕 thaŋ53ȶhiŋ53phi0

1692. 变狗指小娃有病 piã44kou53

1693. 瑕点小疾病；污点 ɕia31ȶiã53

1694. 克化消化 khei53xua0

1695. 摘奶给娃断奶 tsei24læ53

1696. 底呱啦多胎中的最后一个 ȶi53kua31lia53

1697. 羸兮年迈体弱 lei44ɕi0

1698. 虚人坐月子或生大病后身体虚弱的人 ɕy31ʐəŋ24

1699. 气眼身体经脉；事情的底细 tɕhi44ȵiã0

1700. 暮视力有疾 mu44

1701. 齉鼻子不通 laŋ53

1702. 豁豁兔唇 xuo53xuo0

1703. 咩气小娃身体弱 miɛ44tɕhi44

1704. 腰干了妇女绝经 Øiɔ24kã31liɔ0

1705. 胖呆呆大胖子 phaŋ44tæ31tæ0

1706. 福乃乃富态 fu31læ31læ0

1707. 乃兮臃肿，邋遢 læ31ɕi0

1708. 憨实形容小娃胖，结实 xã53ʂʅ0

1709. 地溜哧小个子；一种顺地跑的烟花 ȶi44liu0tʂhʅ0

1710. 莽实结实粗壮 maŋ53ʂʅ0

1711. 周溜周正 tʂou53liu0

1712. 全从身体协调 tshuã31tshuŋ53

1713. 结般身体结实 tɕiɛ31pã0

1714. 硬邦身体结实有力气，多指小孩儿 ȵiŋ44paŋ31

1715. 软兮无力气或办事不力 ʐã31ɕi0

1716. 扯曳身材好 tʂhɤ53Øiɛ0

1717. 脱条苗条 thuo53ȶhiɔ0

1718. 捋直端正，苗条 ly44tʂhʅ0

1719. 气突身体气质好 tɕhi44thu0

1720. 柱扎身板直，精神状态好；敢作敢当，气质好 tʂʅ44tsa0

1721. 汉子 xã44tsʅ0/汉场 xã44tʂhaŋ0 指身高

1722. 半臂人残疾丧失劳动能力的人 pã44pi31ʐəŋ24

1723. 罩巴衣帽整洁人精神 tsɔ44pa0

六、人品、称谓

1724. 瓜婆姑奶奶 kua31pho44

1725. 客伙人旧指娶来的外地女人

khei44xuo31ʐəŋ24

1726. 亲房同宗 ȶhiŋ53fɑŋ0

1727. 家门本家 tɕiɑ53məŋ0

1728. 捎连带犊改嫁妇女带的儿女 sɔ53liã31tæ44tu53

1729. 月娃未满一月的小娃 Øyɛ53Øuɑ0

1730. 素客吃素的人 su44khei31

1731. 老娘婆接生婆 lɔ53ȵiɑŋ0pho0

1732. 油户旧称榨油卖油户 Øiu31xu53

1733. 脚户旧称畜力运输专业户 tɕyo53xu0

1734. 上锅的指被雇用来专门为人做饭的人 ʂɑŋ44kuo31ȶi0

1735. 娶女客迎娶新娘的，一般选择“全美人”担任，“全美人”指儿女双全、初婚、面容姣好的女人 tɕhy31ȵy0khei31

1736. 送女客伴娘 suŋ44ȵy0khei31

1737. 单另分开：这两东西放不扎，要～放 tã31liŋ44

1738. 再的别的 tsæ44ȶi0

1739. 伢人家，具体指某人，也泛指人群 ȵiɑ53

1740. 拐那 kuæ53

1741. 鬼油子油滑的人 kui53Øiu44tsɿ0

1742. 鬼钻子心眼儿多，为达目的不择手段 kui53tsuã44tsɿ0

1743. 大沟子不长记性的人 tɑ44kou53tsɿ0

1744. 松沟子胆小怕事的人 suŋ31kou31tsɿ0

1745. 踢骡子好惹是生非，攻击人的人 ȶhi53luo31tsɿ0

1746. 贼辈子不惧打骂的人 tsei24pei44tsɿ0

1747. 半吊子没是非观念胡发威 pã44ȶiɔ44tsɿ0

1748. 二杆子愣头青 Øɔ44kã53tsɿ0

1749. 毛扭头不合群，谁的话也不听 mɔ24ȵiu53thou24

1750. 缠破头纠缠不休 tʂhã31pho53thou24

1751. 黏头糊涂人 ʐã24thou24

1752. 肉头没能力的人 ʐou44thou24

1753. 没吊系没规程 mo31ȶiɔ44ɕi0

1754. 没下数不懂规矩 mo31xɑ44ʂʅ0

1755. 没头数说话办事看不清动向，分不清场合 mo31thou44ʂʅ53

1756. 没眉眼分不清是非的人 mo31mi31ȵiã53

1757. 引溜神引领出一种风气的人 Øiŋ31liu31ʂəŋ0

1758. 倒槽鬼败家子 tɔ31tshɔ0kui0

1759. 飘儿鬼穿着时髦，爱显摆 phiɔ53Øɔ0kui0

1760. 逛儿鬼游手好闲胡逛荡 kuɑŋ44Øɔ0kui0

1761. 生摘瓜见面熟，一面之交就想利用对方办事 səŋ31tsei24kuɑ31

1762. 半山风没脑筋，强出风头 pã44sã31fəŋ31

1763. 层层眼把人分等级看的势利眼 tshəŋ24tshəŋ31ȵiã53

1764. □皮呆痴 tɕhiŋ44phi24

1765. 麻靡不讲理 mɑ24mi24

1766. 呲牙多嘴，强词夺理 tshɿ53Øiɑ0

1767. 难挖难说话，不合群的人 lã44Øuɑ31

1768. 火杆煽风点火看热闹的人 xuo53kã31

1769. 软颡贬指惧内的人 ʐã53sɑ24

1770. 茶鳖软弱无能 ȵiɛ31piɛ53

1771. □尿软弱不出头的人 tshɿ31suŋ24

1772. 飞把胆大妄为的人 fei31pɑ0

1773. 八成智力不健全 pɑ53tʂhəŋ0
1774. 屃囊孬种 suŋ24lɑŋ53
1775. 瞎屃坏蛋 xɑ31suŋ24
1776. 绺客小偷儿 liu53khei31
1777. 筋客好激动，动不动发脾气 tɕiŋ31khei31
1778. 铅客一身坏习气的人 tɕhiã31khei31
1779. 环客不务正业贪玩的人 xuã31khei53
1780. 杠客说话爱抬杠的人 kɑŋ44khei53
1781. 毛客脾气火暴的人 mɔ31khei53
1782. 蔓客专寻事找碴的人 vã44khei53
1783. 费客善挑剔寻事者 fei44khei53
1784. 牙客善辩者 ∅iɑ31khei53
1785. 沟子客不合群捣鬼的人 kou53tsɿ0khei31
1786. 眼药客溜须拍马邀功争宠的人 ȵiã53∅yɛ31khei31
1787. 水烟客一身坏毛病的人 ʂei53∅iã31khei31
1788. 扑气客不吉利不成事的人 phu53tɕhi31khei31
1789. 嘴儿客光说不干 tsui53∅ɔ0khei31
1790. 黄腰客干活不出力，一开始就叫苦叫累的人 xuɑŋ31∅iɔ53khei31
1791. 谝传客健谈而有风趣的人 phiã53tʂhã31khei31
1792. 轱辘客赌徒 ku53lu0khei31
1793. 水倒嘴说话无原则，一会儿这样，一会儿那样：那人是～，说好的事要写下来，防顾变化 ʂei53tɔ31tsui31
1794. 贱皮爱挑衅的人 ȶiã44phi0
1795. 啬皮吝啬鬼 sei31phi24
1796. 踢山败家子 ȶhi31sã31
1797. 逛山游手好闲的人 kuɑŋ44sã31
1798. 争山莽撞好出头的人 tsəŋ31sã31
1799. 日预山大手大脚 ʐʅ53xã31sã31
1800. 屃管娃啥事都不管不做 suŋ24kuã53∅uɑ44
1801. 掐破米啬皮 tɕhiɑ53pho31mi53
1802. 撇儿匠说谎行骗的人 phiɛ31∅ɔ0ȶiɑŋ0
1803. 说辩侯善辩，偏偏有理 ʂɤ31piã53xou24
1804. 日滴滴小气人 ʐʅ31ȶi44ȶi44
1805. 被窝猫胆小怕羞，不敢在大场合表现 pi44∅uo31mɔ24
1806. 皮缠棍无理取闹不休 phi24tʂhã24kuŋ44
1807. 环鼗脑贪玩爱耍，鬼点子多 xuã31tuo53lɔ31
1808. 磨镰水嬉皮笑脸，不在乎对方嫌弃 mo24liã53ʂei31
1809. 能够够自以为是，显摆自己，排除别人 ləŋ24kou44kou31
1810. 上八仙能力出众，含贬义 ʂɑŋ44pɑ31ɕiã31
1811. 懒杆手懒惰怕出力，又想坐享其成的人 lã53kã31ʂou31
1812. 没皮虎胸无城府，和啥人都能处 mo31phi24xu53
1813. 胡邋遢胸无城府好打交道 xu31lɑ53thɑ0
1814. 没胎骨没骨气的人 mo24thæ31ku31
1815. 力练人有主见能干事的人 li53liã0ʐəŋ24
1816. 人颡儿能说会道，凡事爱出头 ʐəŋ24sɑ24∅ɔ0

1817. 转扇脸两面派：阴阳鼻子 ～ tʂã44ʂã31liã53

1818. 龟子阫因某方面不如别人而羞于言谈交际的人；称呼让人又爱又恨的小孩儿 kui53tsɿ0suŋ24

1819. 死娃牙胡说，不讲理 sɿ53Øuɑ31Øiɑ24

1820. 十二成聪明过度，好占便宜的人 ʂʅ24Øɔ44tʂhəŋ31

1821. 皮筋厚能逆来顺受 phi24tɕiŋ53xou44

1822. 列筋头凡事必别出心裁，不合群 liɛ31tɕiŋ31thou31

七、人际交往、红白事

1823. 腻见人不热情 ȵi44

1824. 己热 tɕi53ʐɤ31/己肠 tɕi53 tʂhɑŋ31 亲密，热情

1825. 和亲和蔼可亲 xuo31ȶhiŋ53

1826. 花繁热情客气话方便 xuɑ53fã0

1827. 搭中接触：那个人难 ～tɑ31tʂəŋ0

1828. 不卯关系不好：对门这两家关系 ～ pu31mɔ53

1829. 生分关系疏远 səŋ53fəŋ31

1830. 说似理由，道理 ʂɤ31sɿ0

1831. 牙大善辩，偏偏有理 Øiɑ24tɑ44

1832. 插挡制止；劝架 tshɑ31tɑŋ53

1833. 给说对话中的附和语，相当于“就是，可不是” kei44ʂɤ31

1834. 带批子无辜被连累其中 tæ44phi31tsɿ0

1835. 装罩人陷人于为难中 tʂɑŋ31tsɔ31ʐəŋ31

1836. 渗渠用钱财打通关系 səŋ44tɕhy24

1837. 揭挑骂人揭短，揭露人隐私：那人嘴和刀子一样，骂人 ～得太深了 tɕiɛ53ȶhiɔ0

1838. 回话道歉讨饶，区别于回复对方的问话 xui24xuɑ44

1839. 出水拿出钱，多指违心地付出：他不 ～这事就办不了 tʂhʅ31ʂei53

1840. 让慢忍让着不与对方计较 ʐɑŋ44mã44

1841. 咬崩不合 ȵiɔ44pəŋ31

1842. 祈送讲迷信驱邪，送病 tɕhi53suŋ0

1843. 平妥平展；神佑平安 phiŋ31thuo53

1844. 伐马脚伐神弄怪 fɑ24mɑ53tɕyo31

1845. 冲气迷信指见鬼，方言指晦气 tʂhəŋ53tɕhi0

1846. 顺劲齐心协力；吉利，没有意外事发生 ʂəŋ44tɕiŋ44

1847. 破茬不吉利的兆头 pho44tshɑ0

1848. 停时时人临危快要咽气 ȶhiŋ44sɿ31sɿ53

1849. 月白关系间接的亲戚：～外甥 Øyɛ53phei0

1850. 哈的礼当 xɑ53ȶi0

1851. 回盘给亲戚的回赠礼品 xui31phã53

1852. 忌交忌讳；规程 tɕi44tɕiɔ31

第四章　语法与口头文化

第一节　语法例句

1. 你是哪里人?

   你是哪搭人?

   ȵi53sɿ44la24ta0ʐəŋ24?

2. 我是陕西________人。(说出所在县或市)

   我是陕西凤翔人。

   ŋɔ53sɿ44ʂã53si31fəŋ44tɕhiaŋ0ʐəŋ24.

3. 你今年多大?

   你今年多年龄了?

   ȵi53tɕiŋ31ȵiã24tuo31ȵiã24liŋ44liɔ0?

4. 我________岁了。(说出自己的实际年龄)

   我六十岁了。

   ŋɔ53liu53ʂʅ0sui44liɔ0.

5. 你叫什么名字?

   你名字叫个啥?

   ȵi53miŋ31tsɿ53tɕiɔ44kɔ0ʂa44?

6. 我叫________。(说出自己的名字)

   我叫王长虎。

   ŋɔ53tɕiɔ44Øuaŋ24tʂhaŋ24xu53.

7. 你家住哪里?

   你家住哪搭?

   ȵi53tɕia31tʂʅ44la24ta0?

8. 我家住________。(说出自己居住的地址)

   我家住凤翔县城文化路。

ŋɔ24tɕia31tʂʅ44fəŋ44tɕhiaŋ0ɕiã44tʂhəŋ24vəŋ24xua44lou44.

9. 谁呀？我是老三。

谁些？我，老三。

sei31siɛ53？ŋɔ53，lɔ53sã31.

10. 老四呢？他正在跟一个朋友说着话呢。

老四呢些？他正□一个伙计说话吆哩。

lɔ53sʅ44ȵi0siɛ0？tha53tʂəŋ44tei24Øi31kɔ31xuo53tɕi31ʂɤ31xua44Øiɔ0li0.

11. 他还没有说完吗？

他还没有说过毕吗？

tha53xa24mo31Øiu53ʂɤ53kuo31pi31ma0？

12. 还没有。大约再有一会儿就说完了。

没哩。大概还得一阵阵。

mo24li0. ta44kæ44xa24tei31Øi31tʂəŋ44tʂəŋ0.

13. 他说马上就走，怎么这半天了还在家里呢？

他说当下就走哩，咋么这半天了还在屋里？

tha53ʂɤ31taŋ53ɕia31ʈiu44tsou53li0，tʂa31mo0tʂʅ44pã44ʈhiã31lia0xa24tsæ44Øu53li0？

14. 你到哪儿去？我到城里去。

你在哪去呀？我去城里呀。

ȵi53tsæ44la24tɕhi44Øia0？ŋɔ53tɕhi44tʂhəŋ31li53Øia0.

15. 在那儿，不在这儿。

在兀搭，不在这搭。

tsæ44Øu31ta53，pu31tsæ44tʂʅ31ta53.

16. 不是那么做，是要这么做的。

浪么弄不成，要这么做。

laŋ44mo0luŋ44pu31tʂhəŋ24，Øiɔ31tʂʅ44mo0tsu44.

17. 太多了，用不着那么多，只要这么多就够了。

太多了，用不了那么些，这么点就够了。

thæ44tuo31liɔ0，Øyŋ44pu31liɔ53la44mo0siɛ0，tʂʅ44mo0ʈiã31ʈiu44kou44lia0.

18. 这个大，那个小，这两个哪一个好点呢？

这个大，畏个碎，这两个哪个合适些？

tʂei53kɔ0ta44，Øui53kɔ0sui44，tsæ44liaŋ53kɔ0la24kɔ0xuo24ʂʅ31sia0？

19. 这个比那个好。

这个比畏个好。

tʂei53kɔ0pi53Øui53kɔ0xɔ53.

20. 这些房子不如那些房子好。

这赶房没有畏赶房好。

tʂei44kã31faŋ24mo31Øiu53Øui44kã31faŋ24xɔ53.

21. 这句话用____话怎么说?(填本地地名,本地音)

这句话用凤翔话咋么说?

tʂei53tɕy31xuɑ44Øyŋ44fəŋ44tɕhiɑŋ0xuɑ44tʂɑ31mo0ʂɤ31?

22. 他今年多大岁数?

他今年多大了?

thɑ53tɕiŋ53ȵiã0tuo31tɑ44liɑ0?

23. 大概有三十来岁吧。

大概有三十来岁罢。

tɑ44kæ44Øiu53sã53ʂʅ0læ31sui31pɑ0.

24. 这个东西有多重呢?

该东西有多重?

kæ53tuŋ53si0Øiu53tuo31tʂhəŋ44?

25. 有五十斤重呢。

有五十斤重哩。

Øiu53Øu53ʂʅ0tɕiŋ31tʂhəŋ44li0.

26. 拿得动吗?

能拿起呀不?

ləŋ24lɑ24tɕhiɛ53Øiɑ0pu31?

27. 我拿得动,他拿不动。

我能拿起,他拿不起。

ŋɔ53ləŋ24lɑ24tɕhiɛ53, thɑ53lɑ24pu31tɕhiɛ53.

28. 真不轻,重得连我都拿不动了。

还不轻哩,重的我都拿不起。

xɑ24pu31tɕhiŋ53li0, tʂhəŋ44ʈi31ŋɔ53tou31lɑ24pu31tɕhiɛ53.

29. 你说得很好,你还会说点儿什么呢?

你说的好很,你还会说点啥呢?

ȵi53ʂɤ53ʈi0xɔ53xəŋ53, ȵi53xɑ24xui44ʂɤ53ʈiã31ʂɑ44ȵi0?

30. 我嘴笨,我说不过他。

我嘴笨,我说不过他。

ŋɔ53tsui53pəŋ44，ŋɔ53ʂɤ31pu31kuo44thɑ53.

31. 说了一遍，又说了一遍。

说了一遍，还说了一遍。

ʂɤ31liɔ0Øi31piã44，xɑ24ʂɤ31liɔ0Øi31piã44.

32. 请你再说一遍。

你给咱再说上一遍。

ȵi53kei44tsɑ24tsæ44ʂɤ53ʂɑŋ0Øi31piã44.

33. 不早了，快去吧！

不早了，赶紧去！

pu31tsɔ53liɑ0，kã31tɕiŋ53tɕhi44！

34. 现在还很早呢。等一会儿再去吧。

时间还早着哩。等嘎再去。

sʅ31tɕiã53xɑ24tsɔ53tʂuo0li0. təŋ53kɑ31tsæ44tɕhi44.

35. 吃了饭再去好吧？

吃毕饭再去，能行啊不？

tʂhʅ31pi31fã44tsæ44tɕhi44，ləŋ24ɕiŋ24Øɑ0pu31？

36. 慢慢儿地吃啊！不要急嘛！

慢慢吃！覅急！

mã44mã53tʂhʅ31！po31tɕi24！

37. 坐着吃比站着吃好些。

坐下吃比立下吃嵌活。

tshuo44xɑ0tʂhʅ31pi52lei53xɑ0tʂhʅ31tɕhiã44xuo0.

38. 这个吃得，那个吃不得。

这个能吃，畏个吃不成。

tʂei44kɔ0ləŋ24tʂhʅ31，Øui53kɔ0tʂhʅ31pu31tʂhəŋ24.

39. 他吃了饭了，你吃了饭没有呢？

他把饭吃了，你吃了没有？

thɑ53pɑ31fã44tʂhʅ31liɑ0，ȵi53tʂhʅ31liɑ0mo31Øiu53？

40. 他去过上海，我没有去过。

他去过上海，我没去过。

thɑ53tɕhi44kuo0ʂɑŋ44xæ53，ŋɔ53mo31tɕhi44kuo0.

41. 来闻闻这朵花香不香？

来闻嘎该花香啊不？

læ24Øuəŋ31kɑ53kæ53xuɑ31ɕiɑŋ53Øɑ0pu31？

42. 香得很，是不是？

香得很，对哩么？

ɕiɑŋ53ʈi0xəŋ53，tui44li0mo0？

43. 给我一本书！

给我一本书！

kei44ŋɔ53Øi31pəŋ31ʂʅ31！

44. 我实在没有书么！

我实在没有书么！

ŋɔ53ʂʅ24tsæ44mo31Øiu53ʂʅ31mo0！

45. 你告诉他。

你给他说。

ȵi53kei44thɑ53ʂɤ31.

46. 好好儿地走！不要跑！

好好走！嫑跑！

xɔ53xɔ24tsou53！po31phɔ53！

47. 小心跌下去爬也爬不上来！

小心跌下去爬啊爬不上来！

siɔ53siŋ31ʈiɛ53xɑ31tɕhi0phɑ24Øɑ0phɑ24pu31ʂɑŋ44læ31！

48. 医生叫你多睡一睡。

医生叫你多睡嘎。

Øi31səŋ31tɕiɔ44ȵi53tuo31ʂei44kɑ0.

49. 吸烟或者喝茶都不可以。

吃烟或喝茶都不行。

tʂhʅ24Øiã31xui24xuo31tshɑ24tou31pu31ɕiŋ24.

50. 烟也好，茶也好，我都不喜欢。

烟啊好，茶啊好，我都不爱。

Øiã31Øɑ0xɔ53，tshɑ24Øɑ0xɔ53，ŋɔ53tou31pu31ŋæ44.

51. 不管你去不去，反正我是要去的，我非去不可。

你去啊好，不去啊好，反正我是非去不可。

ȵi53tɕhi44Øɑ0xɔ53，pu31tɕhi44Øɑ0xɔ53，fã31tʂəŋ44ŋɔ53sʅ0fei31tɕhi44pu31khɔ53.

52. 你是哪一年来的？

你那一年来□？

ȵi53lɑ31Øi31ȵiã24læ31Øuæ53？

53. 我是前年到的北京。

我前年到的北京。

ŋɔ53ȶhiã31ȵiã53tɔ44ȶi31pei31ʨiŋ31.

54. 今天开会谁的主席？

今儿开会谁□主席？

ʨiŋ31Øɔ0khæ31xui44sei31Øuæ53tʂʅ53si24？

55. 你得请我的客。

你得请我□客。

ȵi53tei31ʨhiŋ53ŋɔ53Øɤ0khei31.

56. 这是他的书，那一本是他哥哥的。

该是他的书，畏本是他哥的。

kæ53sʅ44thɑ53ȶi0ʂʅ31，Øui44pəŋ31sʅ44thɑ31kɔ24ȶi0.

57. 一边走，一边说。

旋走旋说。

suã44tsou53suã44ʂɤ31.

58. 看书的看书，看报的看报，写字的写字。

看书□看书，看报□看报，写字□写字。

khã44ʂʅ53Øuæ0khã44ʂʅ31，khã44pɔ44Øuæ0khã44pɔ44，siɛ53tshʅ44Øuæ0siɛ53tshʅ44.

59. 越走越远，越说越多。

越走越远了，越说越多了。

Øyɛ31tsou53Øyɛ24Øyã31liɑ0，Øyɛ24ʂɤ31Øyɛ24tuo31liɑ0.

60. 把那个东西拿给我。

把拐东西拿给我。

pɑ31kuæ53tuŋ31si0lɑ24kei44ŋɔ53.

61. 有些地方把太阳叫日头。

有□地方把太阳叫日头哩。

Øiu53Øuæ0ȶi44fɑŋ31pɑ31thæ44Øiɑŋ0ʨiɔ44Øɔ53thou0li0.

62. 您贵姓？我姓王。

你姓啥？我姓王。

ȵi53siŋ44ʂɑ44？ŋɔ53siŋ44Øuɑŋ24.

63. 你姓王，我也姓王，咱们两个人都姓王。

你姓王，我啊姓王，咱俩都姓王。

ȵi53siŋ44Øuaŋ24，ŋɔ53Øɑ0siŋ44Øuaŋ24，tsɑ24liɑŋ31tou24siŋ44Øuaŋ24.

64. 你先去吧，我们等一会儿再去。

你先去，我浑等嘎再去。

ȵi53siã31tɕhi44，ŋɔ31xuŋ24təŋ53kɑ0tsæ44tɕhi44.

第二节　北风和太阳

北风跟太阳

有一回，北风跟太阳在那儿争论谁的本事大。争来争去就是分不出高低来。这时候路上来了个走道儿的，他身上穿着件厚大衣。他们俩就说好了，谁能先叫这个走道儿的脱下他的厚大衣，就算谁的本事大。北风就使劲地刮起来了，不过他刮得越是厉害，那个走道儿的把大衣裹得越紧。后来北风没法儿了，只好就算了。过了一会儿，太阳出来了。他火辣辣地一晒，那个走道儿的马上就把那件厚大衣脱下来了。这下儿北风只好承认，他们俩当中还是太阳的本事大。

北风□爷爷婆
pei24fəŋ31tei44Øiɛ31Øiɛ53pho0

有一回，北风□爷爷婆都卖派各家本事大，睁眉火眼谁啊不服对方。

Øiu53Øi31xui24，pei24fəŋ31tei44Øiɛ31Øiɛ53pho0tou24mæ44phæ0kuo53Øiɑ0pəŋ31sɿ0tɑ44，tsəŋ53mei31xuo31ȵiã31sei24Øɑ31pu31fu24tui44fɑŋ31.

正好兀半会路上走过来一个人，该人身上穿了件厚大衣。

tʂəŋ44xɔ24Øu44pã44xui31lu44ʂɑŋ0tsou53kuo44læ0Øi31kɔ0ʐəŋ24，kæ53ʐəŋ24ʂʅ31ʂɑŋ0tʂhã31liɑ0tɕiã44xou44tɑ44Øi31.

北风□爷爷婆就说好，伢俩谁能叫该人把他的厚大衣脱下，就算谁本事大。

pei24fəŋ31tei44Øiɛ31Øiɛ53pho0ȶiu44ʂɤ31xɔ53，Øiɑ24liɑŋ53sei24ləŋ24tɕiɔ44kæ53ʐəŋ24pɑ31thɑ53ȶi31xou44tɑ44Øi31thuo31xɑ0，ȶiu44suã44sei24pəŋ31sɿ0tɑ44.

北风就把劲谋圆刮开了，可是刮的越厉害，□人把大衣裹的越紧。

pei24fəŋ31ȶiu44pɑ31tɕiŋ31mei24Øyã24kuɑ53khæ31liɑ0，khuo53sɿ44kuɑ53ȶi31Øyɛ31li44xæ31，Øuæ53ʐəŋ24pɑ31tɑ44Øi31kuo53ȶi0Øyɛ31tɕiŋ53.

北风再想不下招了，只好算咧。

pei24fəŋ31tsæ44ɕiɑŋ53pu31xɑ44tʂɔ31liɑ0，tsɿ31xɔ53suã44liɑ0.

过了一阵阵，爷爷婆出来了，他就那么酽酽醇醇晒了一下下，□人赶紧把厚大衣脱下来夹在胳肢窝了。

kuo44liɑ0Øi31tʂəŋ44tʂəŋ0，Øiɛ31Øiɛ53pho0tʂhʅ31læ31liɛ0，thɑ53ȶiu44lɑ44mo31 ȵiã44ȵiã31tʂhuŋ31tʂhuŋ31sæ44liɑ0Øi31xɑ44xɑ31，Øuæ53ʐəŋ24kã31tɕiŋ53pɑ31xou44tɑ44 Øi31thuo31xɑ31læ31tɕiɑ31tsæ44kei44tsɿ44Øuo31liɑ0.

北风□爷爷婆说：“还是伢你本事大。”

pei24fəŋ31tei44Øiɛ31Øiɛ53pho0ʂɤ31：“xɑ24sɿ44ȵiã53ȵi53pəŋ31sɿ0tɑ44.”

第三节　口头文化

一、牝牡骊黄

相马专家伯乐老了，秦穆公让他在子孙里寻个接替他的人，伯乐说：“我外子孙不行，外些眼窝相端一般的马还能搞兮，千里马就看不来。我推荐个人，叫九方皋，拐相马的本事大得很。”下来，秦穆公就让九方皋去寻千里马。

三月后，九方皋回到凤翔，兀会叫雍城，向秦穆公报告：“良马寻着咧，在沙丘兀搭哩。”秦穆公问：“啥样的马？”九方皋答：“黄色，母外。”秦穆公派人牵回马，一看：“咋么是黑外？还是个儿马？”于是朝臣都笑话九方皋，说该人能谝个传，连黑外黄外都分不清，儿马骒马都辨不来，还相马哩！就要指望吃畏碗饭咧。秦穆公也很不高兴。伯乐亲自看了该马，说：“娘娘，真是好马！九方皋相马竟然达到微妙境界了，比我强下十个叶叶。看马就是看马的素质和风骨，丢下是黄外嘛黑外，公外嘛母外，得是不是千里马没得关系。这才是相马大师。”后阶，该马真的是一匹难得的千里马。

二、比高

一个凤翔人、一个岐山人、一个宝鸡人一搭住店，他几个来的迟了，旅店里只有一间房，房里一张床，一个人睡床，剩下两人只能打地铺。于是，谁睡高处呀嘛谁睡地铺，就争竞开了。最后三个人商量给下，睡高处要有个说事，咱各自都吹各家搭最高处，谁吹得最高，就睡高处。宝鸡人先说：“宝鸡有个金台观，离天一拃半。”岐山人接着说：“岐山有个天柱山，揣着天爷精屁眼。”说毕，就打开铺盖卷去床上睡，凤翔人挡住说：“你先嫑急。凤翔有个六冢，把天戳个窟窿。”说毕，就品麻地趄在床上了。岐山人和宝鸡人只好去打地铺。

三、歌谣

瓜拉拉婆，爱抽烟，被儿着了一大滩，老汉捋了一鞭杆，蹴在山华晒暖暖。喊哩哩，嚓啦啦，老鼠抓个瞎娃娃。十个出来九个瞎，剩下畏个叫猫拉。一拉拉到半天里，吱哇吱哇叫唤哩。

四、谚语

1. 早雨不多，饭时雨盆泼。
2. 前毛毛不下，后毛毛不晴。
3. 过了腊八，天长一杈把。
4. 过了年，天长一椽。
5. 吃不穷，穿不穷，尺察不到一世穷。
6. 先赢后倒糟，拆房卖老婆。
7. 一个槽上拴不下两个踢骡。
8. 雀儿额戴不了王帽，猴沟子坐不了金銮。

五、歇后语

1. 狗吃牛粪——图堆坨。
2. 棒槌挖牙——夯口。
3. 狗吃抹布——串串不兮。
4. 宿宿跟着夜蝙蝠飞——熬干眼哩。
5. 饿老鸱抓牛犊——媒大货哩。
6. 背着捎马撵骆驼哩——撵上搭不上。
7. 尺蠖打楞楞——没腰劲。
8. 披着被儿上天——张得没领了。

六、西府曲子

1. 雍城崛起

前越调：先秦在雍城，穆公爱民赐御酒，三百野人战强晋，声名大振传古今。

前背宫：秦穆公继位做国君，开创霸业灭诸戎。封秦地，厉兵秣马兴战耕。百乐精马经，增建铁骑兵。九方皋不分骊黄论精神。

五更：晋国迎穆姬，带回公孙枝，从此人才如蜂聚，五羊皮换回贤相百里奚。

攒子花：百里奚荐蹇叔明，迎来父子三贤臣。孟明寻父到雍城，三位少年掌三军。

2. 雍城华章

卖杂货：绵诸由余来秦庭，穆公留他游雍城。雍城气势大，秦国宫殿雄，由余连声叹，劳民又伤神。

杨燕麦：穆公设计留由余，二八歌女送西戎。

十二月花：秦人音乐世少有，大气磅礴又动听，戎王听得心花放，风靡萦绕绵诸城。

后背宫：由余回国遭疑猜，无奈把秦投。

后越调：明主贤臣谋国政，奖励耕战，严法重律。朝野一心，经济起飞，灭戎十二，拓地千里，东起黄河，直达海西，天子致伯，诸侯贺喜，再展大略，胸怀社稷，强秦开疆，东进为策，陈兵涵谷，奠基统一。

扶风县篇*

* 扶风县属陕西方言语音建档试点单位。

第一章　总　论

第一节　人文地理、历史沿革、人口概况

扶风县地处关中平原西部，隶属于陕西省宝鸡市，位于东经107°45′～108°03′，北纬34°12′～34°37′，是宝鸡的东大门，因“扶助京师，以行风化”而得名，是西周文化的发祥地、佛教名刹法门寺的所在地。全县辖7镇1街113个行政村，9个社区，面积720平方千米，人口45万。7镇1街包括：城关街道、法门镇、绛帐镇、天度镇、杏林镇、召公镇、段家镇、午井镇。9个社区包括百合社区、祥云社区、飞凤社区、胜利社区、绛帐社区、法门景区社区、牛家社区、南宫社区、后沟社区。先后荣获“中国旅游强县”“国家卫生县城”“国家园林县城”等荣誉称号。区位开发优势明显，位于省会西安和陕西工业重镇宝鸡黄金分割点，3条国省道直达西安、宝鸡。境内陇海铁路、西宝高铁、连霍高速、法汤高速、西宝中线、西宝北线、法乾二级旅游专线、关中旅游环线贯穿全境，西安咸阳机场至法门寺、西安至法门寺2条城际铁路于“十三五”期间启动修建。扶风地处暖温带，属大陆性半湿润气候。年平均气温12.4℃，无霜期209天，全年日照2134小时，年均降水量592毫米。境内生态环境良好，七星河国家湿地、渭河“百里画廊·十里花海”、野河山生态景区成为三张生态名片。地势北高南低，以平原、台、塬地形为主。境内有8座水库、9条河流、2条主干渠，地下水资源丰富，水质优良。北部乔山是天然的动植物资源宝库，森林面积8.4万亩，石灰石储量15亿立方米，地热资源储量2.2亿立方米，极富开发利用价值。文化旅游资源丰富，素有“周礼之乡”“青铜器之乡”和“佛骨圣地”的美誉，是中外闻名的周原文化宝库、万众朝拜的佛教圣地。境内有各类文物保护点453处，其中国家级和省级重点文物保护单位18处。

原始社会神农氏时期，县属姜氏国。黄帝时期，属岐伯国，后稷周国。尧舜时代，为周始祖弃的封地，属后稷有邰氏。西周时，属岐邑，为京畿。东周时，秦孝公十二年（前350年），在今境内法门镇始设美阳县，揉谷乡法禧村设郃县，属内史。西汉时，美阳县、郃县始归雍国，后属内史。汉武帝太初元年（前104年）归右扶风辖领。

新莽时属扶风县都尉大夫府。东汉时，美阳县辖区未变，南部郃县改为武功县。三国时，美阳、武功县治未变，归扶风郡辖领。西晋时，美阳县属扶风国，武功县属始平郡。北魏太平真君七年（446 年），废美阳县，在今县北部、岐山县东北部设周城县，美阳县并入周城县，治城在今周原遗址，归平秦郡。孝文帝太和十一年（487 年），撤武功县，在武功县治姜塬嘴设美阳县，辖今县南部、武功县全部和太白、骆谷、郃亭等地，归武功郡辖领。隋文帝开皇十六年（596 年），改三龙县为岐山县，治城在岐山南十里。唐高祖武德三年（620 年），在武功长宁镇始设扶风县（俗称东扶风），在今县址设湋川县。太宗贞观元年（627 年），撤扶风县。贞观八年（634 年），改湋川县为扶风县，在今法门镇设置岐阳县。元和三年（808 年），撤岐阳县。五代后梁、唐、晋、汉、周时，扶风县设置未变，归凤翔府辖。北宋时，县置未变。南宋初（1127 年），金人统治北方，更名扶兴县。后又复原名，归凤翔府辖。元、明、清时，县名和治城均未变更。元时属陕西行中省凤翔府辖，明清归陕西布政使司凤翔府辖。民国初，属陕西关中道。1935 年至 1949 年，归宝鸡第九行政督察区专员公署辖。1949 年 7 月 13 日，县人民政府成立，隶属宝鸡专员公署。1958 年 12 月并入兴平县。1961 年 8 月从兴平县分出至今，隶属宝鸡市。

第二节　方言归属与内部差异

扶风方言属于中原官话秦陇片，全县方言基本一致，只有东部杏林等乡镇呈现出关中东西部过渡的语言特点。据 1993 年出版的《扶风县志》记载：扶风城关方言主要有两种语音系统。甲音系的主要特点有：（1）把今［tsu-、tshu-、su-、zu-］（zhu-、chu-、shu-、ru-）读作［tsɥ-、tshɥ-、sɥ-、zɥ-］；（2）保留了古汉语的尖音，精清从三母腭化成了［ȶi- ȶhi-］（且［ti- thi-］的实际音值也成了［ȶi-、ȶhi-］），心邪二母读作［si-］。乙音系与甲音系上述（1）（2）两条相对应的语音特点分别是：（1）［tsu-］等读作开口呼［ts-、tsh-、s- 、z-］（zh-、ch-、sh-、r-）；（2）无尖音，古精系拼细音的音节，乙音系读作团音［tɕ- 、tɕhi-、ɕi-］（ji-、qi-、xi-），且今［ti- thi-］（di-、ti-）也读作［tɕ-、tɕhi-］。“本县境内方言语音的比较”一节指出：今零声母拼合口呼的字，城乙、午井、太白、杏林、召公、天度、南阳读作有一定清化作用的［w-］，记作［u］；城甲、黄堆、法门、建和、新店、段家读作［w-］；上宋、绛帐、揉谷部分读［v-］，部分读［u-］。城甲、天度、南阳等方言，把古精清从三母拼今细音的字读作［ti- thi-］，把古心邪二母拼今细音的字读作［si-］；城乙、建和、召公、太白、段家既读上述的字为团音［tɕi-、tɕhi-、ɕi-］，又读古端透定三母拼今齐齿呼的字为［tɕi-、tɕhi-］；新店方言具备了城关甲乙两音系的共同特点；黄堆、杏林、午井等方言尖团不分。甲音系把今［tsu-、tshu-、su-、zu-］（zhu-、chu-、shu-、ru-）读作［tsʮ-、tshʮ-、sʮ-、zʮ-］，与甲音系相一致的乡镇有建和、南阳、天度、召公、杏林、太白、段家、上宋、绛帐、揉谷等；乙音系读作［tʂ-、tʂh-、ʂ-、ʐ-］，与乙音系相一致的乡镇有黄堆、法门、午井等。“桌戳”“暖乱联恋峦嫩论”等字的读音在本县境内也有一定的地域差别。受武功县方言的影响，揉谷乡东部方言主要呈扶（风）武（功）方言过渡语音的情形，但揉谷乡东部方言村与村之间形成了不太整齐划一的情形。[①]

第三节　发音人和调查人概况

方言发音人（一）

1. 姓名：赵德润
2. 单位（退休前）：陕西省宝鸡市扶风县法门镇南佐村南西组
3. 通信地址：陕西省宝鸡市扶风县法门镇南佐村南西组
4. 性别：男　　民族：汉
5. 出生年月日（公历）：1949 年 2 月 9 日
6. 出生地（从省级至自然村级）：陕西省宝鸡市扶风县法门镇南佐村
7. 主要经历：1974 年 7 月加入中国共产党；1956 年 ～ 1966 年先后在南佐初小、均谊小学、法门中学等校上学；1970 年 ～ 1982 年在南佐代购代销店工作；1983 年 ～ 1987 年任南西组村民小组长；1988 年 ～ 1993 年在法门镇水管站工作；1994 年 ～ 2015 年任南佐村党支部书记。
8. 文化程度：初中
9. 职业：农民
10. 会说哪几种话（包括普通话、外语）：扶风方言
11. 父亲是哪里人，会说什么话：宝鸡市扶风县法门镇南佐村人，会说扶风方言。
12. 母亲是哪里人，会说什么话：宝鸡市扶风县城关街道办事处牛家村人，会说扶风方言。
13. 配偶是哪里人，会说什么话：宝鸡市扶风县法门镇南佐村张家沟组人，会说扶风方言。

① 扶风县地方志编纂委员会．扶风县志［M］．陕西人民出版社，1993 年，第 612 ～ 617 页。

方言发音人（二）

1. 姓名：韩军锋

2. 单位（退休前）：先陕西省宝鸡市扶风县绛帐粮站，后韩军锋演出团

3. 通信地址：陕西省宝鸡市扶风县新区百合花园东区

4. 性别：男　　民族：汉

5. 出生年月日（公历）：1963 年 6 月 4 日

6. 出生地（从省级至自然村级）：陕西省宝鸡市扶风县法门镇周家村韩家组

7. 主要经历：原是扶风县绛帐粮站职工，现在成立了韩军锋演出团，活跃在西北大地。2004 年陕西电视台“秦之声戏迷大叫板”年度总决赛季军，2004 年 109 期周冠军，被誉为西北“铁嗓子”。曾获 1993 年陕西电视台秦之声举办的扶风县群众秦腔大赛一等奖，1997 年陕西电视台“尖庄杯”秦腔大赛一等奖，2005 年陕西省第三届群众秦腔演唱大赛特等奖。

8. 文化程度：高中

方言发音人（三）

1. 姓名：权乃娥

2. 单位（退休前）：陕西省宝鸡市扶风县人民剧团

3. 通信地址：陕西省宝鸡市扶风县老区文艺路

4. 性别：女　　民族：汉

5. 出生年月日（公历）：1972 年 5 月 17 日

6. 出生地（从省级至自然村级）：陕西省宝鸡市扶风县绛帐镇上权村

7. 主要经历：扶风县人民剧团职工，宝鸡市十佳演员，2006 年荣获宝鸡市现代小品戏调演一等奖，2008 年参加陕西省抗震救灾文艺会演。

8. 文化程度：中专

9. 职业：演员

调查人

1. 姓名：王应龙

2. 单位：宝鸡文理学院关陇方言与民俗研究中心

3. 通信地址：宝鸡市高新大道 1 号宝鸡文理学院文传院语言教研室

4. 协助调查人 1 姓名：赵　平

5. 协助调查人 2 姓名：陈婧娥

6. 协助调查人 3 姓名：杨亚萍

第二章　语　音

第一节　声　母

声母共二十五个，包括零声母在内。

p 八兵布宝	ph 派片爬病	m 麦明母庙	f 风副肥饭	
t 多党东刀	th 讨毒脱特			l 脑南老蓝连路
ȶ 店低吊顶	ȶh 天铁听梯			
ts 资早租贼	tsh 刺寸字全		s 三酸事山	
tʂ 张竹装主	tʂh 柱初床车		ʂ 双船顺书	ʐ 热软让褥
tɕ 酒九金举	tɕh 轻穷清茄	ȵ 年泥哑硬	ɕ 响县想谢	
k 高共瓜哥	kh 开柜跪口	ŋ 熬安藕爱	x 好灰活下	
Ø 月王云用药味问温完				

第二节　韵　母

韵母三十三个，不包括儿化韵。

ɿ 师迟试指			
ʅ 猪出十尺	i 米戏急七	u 苦五骨谷	y 雨橘局女
ɑ 茶瓦塔法	iɑ 牙鸭家夹	uɑ 刮瓜花滑	
ɤ 可破热车		uo 歌坐活罗	yo 药学雀约
	iɛ 写接贴节		yɛ 缺靴月镢
ɔ 宝饱早贸	iɔ 笑桥飘鸟		
æ 开排鞋歪		uæ 怪快坏拐	
ei 赔飞色白		ui 对鬼国雷	
ou 豆走狗凑	iu 油六绿丢		
ər 二儿耳日			

æ南山半碗　iæ盐年眼间　uæ短官幻惯　yæ权院卷馅

ɑŋ 糖床双邦　iɑŋ 响讲良强　uɑŋ 王黄矿光

əŋ 深根春灯　iŋ 心新硬病　uŋ 寸滚横东　yŋ 云用兄穷

第三节　单字调

单字调四个。

阴平 31 春节刻叶　阳平 24 门牛盒罚　上声 52 九统老五　去声 44 动近乱地

第四节　连读变调

后字非轻声两字组连调模式见表 2–1。

表 2–1　后字非轻声两字组连调模式

<table>
<tr><th>后字
前字</th><th>1 阴平 31</th><th>2 阳平 24</th><th>3 上声 52</th><th>4 去声 44</th></tr>
<tr><td rowspan="2">1 阴平 31</td><td rowspan="2">24+31</td><td rowspan="2">31+24</td><td rowspan="2">31+52</td><td>31+44</td></tr>
<tr><td>52+44</td></tr>
<tr><td>2 阳平 24</td><td>24+31</td><td>24+24</td><td>24+52</td><td>24+44</td></tr>
<tr><td>3 上声 52</td><td>52+31</td><td>52+24</td><td>52+52</td><td>52+44</td></tr>
<tr><td>4 去声 44</td><td>44+31</td><td>44+24</td><td>44+52</td><td>44+44</td></tr>
</table>

非叠字组后字轻声两字组连调模式见表 2–2。

表 2–2　非叠字组后字轻声两字组连调模式

<table>
<tr><th>后字
前字</th><th>1 阴平 31</th><th>2 阳平 24</th><th>3 上声 52</th><th>4 去声 44</th></tr>
<tr><td rowspan="2">1 阴平 31</td><td>31+0</td><td>31+0</td><td rowspan="2">31+0</td><td rowspan="2">52+0</td></tr>
<tr><td>52+0</td><td>52+0</td></tr>
<tr><td>2 阳平 24</td><td>31+52</td><td>31+52</td><td>31+52</td><td>31+52</td></tr>
<tr><td rowspan="3">3 上声 52</td><td rowspan="3">44+0</td><td rowspan="3">44+0</td><td>31+52</td><td>44+0</td></tr>
<tr><td>31+0</td><td rowspan="2">31+0</td></tr>
<tr><td>44+0</td></tr>
<tr><td>4 去声 44</td><td>44+0</td><td>44+0</td><td>44+0</td><td>44+0</td></tr>
</table>

第五节 单 字

0001. 多 tuo31
0002. 拖 thuo31
0003. 大～小 tɑ44
0004. 锣 luo24
0005. 左 tsuo44
0006. 歌 kɤ31
0007. 个一～kɤ44
0008. 可 khɤ52
0009. 鹅 ŋɤ24
0010. 饿 ŋɤ44
0011. 河 xuo24
0012. 茄 ȶhiɛ24
0013. 破 phɤ44
0014. 婆 phɤ24
0015. 磨动 mɤ24
0016. 磨名 mɤ44
0017. 躲 tuo52
0018. 螺 luo24
0019. 坐 tshuo44
0020. 锁 suo52
0021. 果 kuo52
0022. 过 kuo44
0023. 课 khuo44
0024. 火 xuo52
0025. 货 xuo44
0026. 祸 xuo44
0027. 靴 ɕyɛ31
0028. 把量 pɑ52
0029. 爬 phɑ24
0030. 马 mɑ52
0031. 骂 mɑ44
0032. 茶 tshɑ24
0033. 沙 sɑ31
0034. 假真～tɕiɑ52
0035. 嫁 tɕiɑ44
0036. 牙 Øiɑ24
0037. 虾 ɕiɑ31
0038. 下底～xɑ44
0039. 夏春～ɕiɑ44
0040. 哑 Øiɑ52
0041. 姐 tɕiɛ24
0042. 借 tɕiɛ44
0043. 写 ɕiɛ52
0044. 斜 ɕiɛ24
0045. 谢 ɕiɛ44
0046. 车不是棋子 tʂhɤ31
0047. 蛇 ʂɤ24
0048. 射 ʂɤ44
0049. 爷 Øiɛ25
0050. 野 Øiɛ52
0051. 夜 Øiɛ44
0052. 瓜 kuɑ31
0053. 瓦 Øuɑ52
0054. 花 xuɑ31
0055. 化 xuɑ44
0056. 华中～xuɑ31
0057. 谱家～，注意声母 phu52
0058. 布 pu44
0059. 铺动 phu31
0060. 簿 phu44
0061. 步 phu44
0062. 赌 tu52
0063. 土 thu52
0064. 图 thu24
0065. 杜 tu44
0066. 奴 lu24
0067. 路 lu44
0068. 租 tsu31
0069. 做 tsu44
0070. 错对～tshuo31
0071. 箍～桶，注意声母 ku31
0072. 古 ku52
0073. 苦 fu52 受～/khu52 辛～
0074. 裤 fu52
0075. 吴 Øu24
0076. 五 Øu52
0077. 虎 xu52
0078. 壶 xu24
0079. 户 xu44
0080. 乌 Øu31
0081. 女 ȵy52
0082. 吕 ly52
0083. 徐 ɕy24
0084. 猪 tʂʅ31
0085. 除 tʂhʅ24
0086. 初 tʂhʅ31
0087. 锄 tʂhʅ24
0088. 所 ʂɤ52
0089. 书 ʂʅ31
0090. 鼠 ʂʅ52
0091. 如 ʐʅ31
0092. 举 tɕy52
0093. 锯名 tɕy44
0094. 去 tɕhi44
0095. 渠～道 tɕhy24
0096. 鱼 Øy24
0097. 许 ɕy52
0098. 余剩～，多～Øy24
0099. 府 fu52
0100. 付 fu44
0101. 父 fu44
0102. 武 Øu52
0103. 雾 Øu44
0104. 取 tɕhy52
0105. 柱 tʂʅ44
0106. 住 tʂʅ44
0107. 数动 ʂʅ52
0108. 数名 ʂʅ44
0109. 主 tʂʅ52
0110. 输 ʂʅ31
0111. 竖 ʂʅ52
0112. 树 ʂʅ44
0113. 句 tɕy44
0114. 区地～tɕhy31
0115. 遇 Øy44

0116. 雨 øy52
0117. 芋 øy44
0118. 裕 øy31
0119. 胎 thæ31
0120. 台戏～thæ24
0121. 袋 tæ44
0122. 来 læ24
0123. 菜 tshæ44
0124. 财 tshæ24
0125. 该 kæ31
0126. 改 kæ52
0127. 开 khæ31
0128. 海 xæ52
0129. 爱 ŋæ44
0130. 贝 pei44
0131. 带动 tæ44
0132. 盖动 kæ44
0133. 害 xæ44
0134. 拜 pæ44
0135. 排 phæ24
0136. 埋 mæ24
0137. 戒 tɕiɛ44
0138. 摆 pæ52
0139. 派注意声调 phæ52 ～别/ phæ44 ～出
0140. 牌 phæ24
0141. 买 mæ52
0142. 卖 mæ44
0143. 柴 tshæ24
0144. 晒 sæ44
0145. 街 tɕiɛ31
0146. 解～开 tɕiɛ52
0147. 鞋 xæ24
0148. 蟹注意声调 ɕiɛ52
0149. 矮 ŋæ52
0150. 败 phæ44
0151. 币 pi44
0152. 制～造 tʂʅ44
0153. 世 ʂʅ44
0154. 艺 øi44
0155. 米 mi52
0156. 低 ȶi31
0157. 梯 ȶhi31
0158. 剃 ȶhi44
0159. 弟 ȶi44
0160. 递 ȶi44
0161. 泥 ȵi24
0162. 犁 li24
0163. 西 ɕi31
0164. 洗 ɕi52
0165. 鸡 tɕi31
0166. 溪 ɕi31
0167. 契 tɕhi31
0168. 系联～ɕi44
0169. 杯 phei31
0170. 配 phei44
0171. 赔 phei24
0172. 背～诵 pei44
0173. 煤 mei24
0174. 妹 mei44
0175. 对 tui44
0176. 雷 lui24
0177. 罪 tsui44
0178. 碎 sui44
0179. 灰 xui31
0180. 回 xui24
0181. 外 øuæ44
0182. 会开～xui44
0183. 怪 kuæ44
0184. 块 khuæ52
0185. 怀 xuæ24
0186. 坏 xuæ44
0187. 拐 kuæ52
0188. 挂 kuɑ44
0189. 歪注意声母 øuæ52
0190. 画 xuɑ44
0191. 快 khuæ44
0192. 话 xuɑ44
0193. 岁 sui44
0194. 卫 øui44
0195. 肺 fei44
0196. 桂 kui44
0197. 碑 pi31
0198. 皮 phi24
0199. 被～子 pi44
0200. 紫 tsɿ31
0201. 刺 tshɿ44
0202. 知 tʂʅ31
0203. 池 tʂhʅ24
0204. 纸 tsɿ52
0205. 儿 øər24
0206. 寄 tɕi44
0207. 骑 tɕhi24
0208. 蚁注意韵母 øi31
0209. 义 øi44
0210. 戏 ɕi44
0211. 移 øi24
0212. 比 pi52
0213. 屁 phi44
0214. 鼻注意声调 phi24
0215. 眉 mi24
0216. 地 ȶi44
0217. 梨 li24
0218. 资 tsɿ31
0219. 死 sɿ52
0220. 四 sɿ44
0221. 迟 tshɿ24
0222. 指 tsɿ52
0223. 师 sɿ31
0224. 二 øər44
0225. 饥～饿 tɕi31
0226. 器 tɕhi24
0227. 姨 øi24
0228. 李 li52
0229. 子 tsɿ52
0230. 字 tshɿ44
0231. 丝 sɿ31
0232. 祠 tshɿ24
0233. 寺 sɿ44
0234. 治 tʂʅ44
0235. 柿 sɿ44
0236. 事 sɿ44
0237. 使 sɿ52
0238. 试 sɿ44
0239. 时 sɿ24
0240. 市 sɿ24
0241. 耳 øər52

0242. 记 tɕi44
0243. 棋 tɕhi24
0244. 喜 ɕi31
0245. 意 Øi44
0246. 几～个 tɕi52
0247. 气 tɕhi44
0248. 希 ɕi31
0249. 衣 Øi31
0250. 嘴 tsui52
0251. 随 sui24
0252. 吹 tʂhei31
0253. 垂 tʂhei44
0254. 规 khui31
0255. 亏 khui31
0256. 跪注意声调 khui44
0257. 危 Øui31
0258. 类 lui52
0259. 醉 tsui44
0260. 追 tʂei31
0261. 锤 tʂhei24
0262. 水 ʂei31
0263. 龟 kui31
0264. 季 tɕi44
0265. 柜 khui44
0266. 位 Øui44
0267. 飞 fei31
0268. 费 fei44
0269. 肥 fei24
0270. 尾 Øi52
0271. 味 Øui44
0272. 鬼 kui52
0273. 贵 kui44
0274. 围 Øui24
0275. 胃 Øui44
0276. 宝 pɔ52
0277. 抱 pɔ44
0278. 毛 mɔ24
0279. 帽 mɔ44
0280. 刀 tɔ31
0281. 讨 thɔ52
0282. 桃 thɔ24
0283. 道 tɔ44
0284. 脑 lɔ52
0285. 老 lɔ52
0286. 早 tsɔ52
0287. 灶 tsɔ44
0288. 草 tshɔ52
0289. 糙注意声调 tshɔ44
0290. 造 tshɔ44
0291. 嫂 sɔ52
0292. 高 kɔ31
0293. 靠 khɔ44
0294. 熬 ŋɔ24
0295. 好～坏 xɔ52
0296. 号名 xɔ44
0297. 包 pɔ31
0298. 饱 pɔ52
0299. 炮 phɔ44
0300. 猫 mɔ24
0301. 闹 nɔ44
0302. 罩 tsɔ44
0303. 抓用手～牌 tʂɑ31
0304. 找～零钱 tsɔ52
0305. 抄 tshɔ31
0306. 交 tɕiɔ31
0307. 敲 tɕhiɔ31
0308. 孝 ɕiɔ44
0309. 校学～ɕiɔ44
0310. 表手～piɔ52
0311. 票 phiɔ44
0312. 庙 miɔ44
0313. 焦 tɕiɔ31
0314. 小 ɕiɔ52
0315. 笑 ɕiɔ44
0316. 朝～代 tʂhɔ24
0317. 照 tʂɔ44
0318. 烧 ʂɔ31
0319. 绕～线 ʐɔ52
0320. 桥 tɕhiɔ24
0321. 轿 tɕhiɔ44
0322. 腰 Øiɔ31
0323. 要重～Øiɔ44
0324. 摇 Øiɔ24
0325. 鸟注意声母 ȵiɔ52
0326. 钓 ȶiɔ44
0327. 条 ȶhiɔ24
0328. 料 liɔ44
0329. 箫 ɕiɔ31
0330. 叫 tɕiɔ44
0331. 母丈～，舅～ mu52
0332. 抖 tou52
0333. 偷 thou31
0334. 头 thou24
0335. 豆 tou44
0336. 楼 lou24
0337. 走 tsou52
0338. 凑 tshou44
0339. 钩注意声母 kou31
0340. 狗 kou52
0341. 够 kou44
0342. 口 khou52
0343. 藕 ŋou52
0344. 后前～xou44
0345. 厚 xou44
0346. 富 fu44
0347. 副 fu44
0348. 浮 fu24
0349. 妇 fu44
0350. 流 liu24
0351. 酒 tɕiu52
0352. 修 ɕiu31
0353. 袖 ɕiu44
0354. 抽 tʂhou31
0355. 绸 tʂhou24
0356. 愁 tshou24
0357. 瘦 sou44
0358. 州 tʂou31
0359. 臭香～tʂhou44
0360. 手 ʂou52
0361. 寿 ʂou44
0362. 九 tɕiu52
0363. 球 tɕhiu24
0364. 舅 tɕiu44
0365. 旧 tɕiu44
0366. 牛 ȵiu24
0367. 休 ɕiu31

0368. 优 Øiu31
0369. 有 Øiu52
0370. 右 Øiu44
0371. 油 Øiu24
0372. 丢 ȶiu31
0373. 幼 Øiu44
0374. 贪 thæ̃31
0375. 潭 thæ̃24
0376. 南 næ̃24
0377. 蚕 tshæ̃24
0378. 感 kæ̃52
0379. 含～一口水 xæ̃24
0380. 暗 ŋæ̃44
0381. 搭 tɑ31
0382. 踏注意声调 thɑ24
0383. 拉注意声调 lɑ31
0384. 杂 tsɑ24
0385. 鸽 kɤ31
0386. 盒 xuo24
0387. 胆 tæ̃52
0388. 毯 thæ̃52
0389. 淡 tæ̃44
0390. 蓝 læ̃24
0391. 三 sæ̃31
0392. 甘 kæ̃31
0393. 敢 kæ̃52
0394. 喊注意声调 xæ̃52
0395. 塔 thɑ31
0396. 蜡 lɑ31
0397. 赚 tʂæ̃44
0398. 杉～木，注意韵母 sɑ31
0399. 减 tɕiæ̃52
0400. 咸～淡 xæ̃24
0401. 插 tshɑ31
0402. 闸 tsɑ44
0403. 夹～子 tɕiɑ31
0404. 衫 sæ̃31
0405. 监 tɕiæ̃31
0406. 岩 Øiɛ24
0407. 甲 tɕiɑ31
0408. 鸭 Øiɑ31
0409. 黏～液 ȵiæ̃24
0410. 尖 tɕiæ̃31
0411. 签～名 tɕhiæ̃31
0412. 占～领 tʂæ̃44
0413. 染 ʐæ̃52
0414. 钳 tɕhiæ̃24
0415. 验 Øiæ̃44
0416. 险 ɕiæ̃52
0417. 厌 Øiæ̃44
0418. 炎 Øiæ̃44
0419. 盐 Øiæ̃24
0420. 接 tɕiɛ31
0421. 折～叠 tʂɤ52
0422. 叶树～Øiɛ31
0423. 剑 tɕiæ̃44
0424. 欠 tɕhiæ̃44
0425. 严 Øiæ̃24
0426. 业 ȵiɛ31
0427. 点 ȶiæ̃52
0428. 店 ȶiæ̃44
0429. 添 ȶhiæ̃31
0430. 甜 ȶhiæ̃24
0431. 念 ȵiæ̃44
0432. 嫌 ɕiæ̃24
0433. 跌注意声调 ȶiɛ31
0434. 贴 ȶhiɛ31
0435. 碟 ȶiɛ24
0436. 协 ɕiɛ24
0437. 犯 fæ̃44
0438. 法 fɑ31
0439. 品 phiŋ52
0440. 林 liŋ24
0441. 浸 tɕhiŋ52
0442. 心 ɕiŋ31
0443. 寻 ɕiŋ24
0444. 沉 tʂhəŋ24
0445. 参人～səŋ31
0446. 针 tʂəŋ31
0447. 深 ʂəŋ31
0448. 任责～ʐəŋ44
0449. 金 tɕiŋ31
0450. 琴 tɕhiŋ24
0451. 音 Øiŋ31
0452. 立 lei31
0453. 集 tɕi31～合/tɕhi24 赶～
0454. 习 ɕi24
0455. 汁 tʂʅ31
0456. 十 ʂʅ24
0457. 入 ʐʅ31
0458. 急 tɕi24
0459. 及 tɕi31
0460. 吸 ɕi31
0461. 单简～tæ̃31
0462. 炭 thæ̃44
0463. 弹～琴 thæ̃24
0464. 难～易 læ̃24
0465. 兰 læ̃24
0466. 懒 læ̃52
0467. 烂 læ̃44
0468. 伞注意声调 sæ̃52
0469. 肝 kæ̃31
0470. 看～见 khæ̃44
0471. 岸 ŋæ̃44
0472. 汉 xæ̃44
0473. 汗 xæ̃44
0474. 安 ŋæ̃31
0475. 达 tɑ24
0476. 辣 lɑ31
0477. 擦 tshɑ31
0478. 割 kuo31
0479. 渴 khɤ31
0480. 扮 pæ̃44
0481. 办 pæ̃44
0482. 铲 tshæ̃52
0483. 山 sæ̃31
0484. 产注意声母 tshæ̃52
0485. 间房～，一～房 tɕiæ̃31
0486. 眼 ȵiæ̃52
0487. 限 ɕiæ̃44
0488. 八 pɑ31
0489. 扎 tsɑ31

0490. 杀 sɑ31
0491. 班 pæ̃31
0492. 板 pæ̃52
0493. 慢 mæ̃44
0494. 奸 tɕiæ̃31
0495. 颜 Øiæ̃24
0496. 瞎 xɑ31
0497. 变 piæ̃44
0498. 骗欺～ phiæ̃44
0499. 便方～ piæ̃44
0500. 棉 miæ̃24
0501. 面～孔 miæ̃44
0502. 连 liæ̃24
0503. 剪 tɕiæ̃52
0504. 浅 tɕhiæ̃52
0505. 钱 tɕhiæ̃24
0506. 鲜 ɕiæ̃52
0507. 线 ɕiæ̃44
0508. 缠 tʂhæ̃24
0509. 战 tʂæ̃44
0510. 扇名 ʂæ̃44
0511. 善 ʂæ̃44
0512. 件 tɕhiæ̃44
0513. 延 Øiæ̃24
0514. 别～人 piɛ24
0515. 灭 miɛ31
0516. 列 liɛ31
0517. 撤 tʂhɤ52
0518. 舌 ʂɤ24
0519. 设 ʂɤ52
0520. 热 ʐɤ31
0521. 杰 tɕiɛ24
0522. 孽 ȵiɛ31
0523. 建 ȶiæ̃44
0524. 健 ȶiæ̃44
0525. 言 Øiæ̃24 ～语/ ȵiæ̃24 ～传
0526. 歇 ɕiɛ31
0527. 扁 piæ̃52
0528. 片 phiæ̃52
0529. 面～条 miæ̃44
0530. 典 ȶiæ̃52
0531. 天 ȶhiæ̃31
0532. 田 ȶhiæ̃24
0533. 垫 ȶhiæ̃44
0534. 年 ȵiæ̃24
0535. 莲 liæ̃24
0536. 前 tɕhiæ̃24
0537. 先 ɕiæ̃31
0538. 肩 tɕiæ̃31
0539. 见 tɕiæ̃44
0540. 牵 tɕhiæ̃31
0541. 显 ɕiæ̃52
0542. 现 ɕiæ̃44
0543. 烟 Øiæ̃31
0544. 憋 piɛ31
0545. 篾 mi24
0546. 铁 ȶhiɛ31
0547. 捏 ȵiɛ31
0548. 节 tɕiɛ31
0549. 切动 tɕhiɛ31
0550. 截 tɕiɛ24
0551. 结 tɕiɛ31
0552. 搬 pæ̃31
0553. 半 pæ̃44
0554. 判 phæ̃44
0555. 盘 phæ̃24
0556. 满 mæ̃52
0557. 端～午 tuæ̃31
0558. 短 tuæ̃52
0559. 断绳～了 thuæ̃44
0560. 暖 luæ̃52
0561. 乱 luæ̃44
0562. 酸 suæ̃31
0563. 算 suæ̃44
0564. 官 kuæ̃31
0565. 宽 khuæ̃31
0566. 欢 xuæ̃31
0567. 完 Øuæ̃24
0568. 换 xuæ̃44
0569. 碗 Øuæ̃52
0570. 拨 pɤ31
0571. 泼 phɤ31
0572. 末 mɤ31
0573. 脱 thuo31
0574. 夺 tuo24
0575. 阔 khuo31
0576. 活 xuo24
0577. 顽～皮，～固 Øuæ̃24
0578. 滑 xuɑ24
0579. 挖 Øuæ̃31
0580. 闩 ʂæ̃44
0581. 关～门 kuæ̃31
0582. 惯 kuæ̃44
0583. 还动 xuæ̃24
0584. 还副 xɑ24
0585. 弯 Øuæ̃31
0586. 刷 ʂɑ31
0587. 刮 kuɑ31
0588. 全 tshuæ̃24
0589. 选 ɕyæ̃52
0590. 转～眼，～送 tʂuæ̃52
0591. 传～下来 tʂhuæ̃24
0592. 传～记 tʂuæ̃44
0593. 砖 tʂæ̃31
0594. 船 ʂæ̃24
0595. 软 ʐæ̃52
0596. 卷～起 tɕyæ̃52
0597. 圈圆～ tɕhyæ̃31
0598. 权 tɕhyæ̃24
0599. 圆 Øyæ̃24
0600. 院 Øyæ̃44
0601. 铅～笔，注意声调 tɕhiæ̃31
0602. 绝 tɕyɛ24
0603. 雪 ɕyɛ31
0604. 反 fæ̃52
0605. 翻 fæ̃31
0606. 饭 fæ̃44
0607. 晚 Øuæ̃52
0608. 万麻将牌 Øuæ̃44
0609. 劝 tɕhyæ̃44
0610. 原 Øyæ̃24
0611. 冤 Øyæ̃31
0612. 园 Øyæ̃24
0613. 远 Øyæ̃52
0614. 发头～ fɑ31
0615. 罚 fɑ24

0616. 袜 Øuɑ31
0617. 月 Øyɛ31
0618. 越 Øyɛ31
0619. 县 ɕiæ̃44
0620. 决 tɕyɛ52
0621. 缺 tɕhyɛ31
0622. 血 ɕiɛ31
0623. 吞 thəŋ31
0624. 根 kəŋ31
0625. 恨 xəŋ44
0626. 恩 ŋəŋ31
0627. 贫 phiŋ24
0628. 民 miŋ24
0629. 邻 liŋ24
0630. 进 tɕiŋ44
0631. 亲 tɕhiŋ31
0632. 新 ɕiŋ31
0633. 镇 tʂəŋ44
0634. 陈 tʂhəŋ24
0635. 震 tʂəŋ44
0636. 神 ʂəŋ24
0637. 身 ʂəŋ31
0638. 辰 ʂəŋ24
0639. 人 ʐəŋ24
0640. 认 ʐəŋ44
0641. 紧 tɕiŋ52
0642. 银 Øiŋ24
0643. 印 Øiŋ44
0644. 引 Øiŋ52
0645. 笔 pi31
0646. 匹 phi52
0647. 密 mi31
0648. 栗 li31
0649. 七 tɕhi31
0650. 侄 tʂhʅ24
0651. 虱 sei31
0652. 实 ʂʅ24
0653. 失 ʂʅ31
0654. 日 Øər31
0655. 吉 tɕi31
0656. 一 Øi31
0657. 筋 tɕiŋ31
0658. 劲有～tɕiŋ44
0659. 勤 tɕhiŋ24
0660. 近 tɕhiŋ44
0661. 隐 Øiŋ52
0662. 本 pəŋ52
0663. 盆 phəŋ24
0664. 门 məŋ24
0665. 墩 tuŋ31
0666. 嫩 lyŋ44
0667. 村 tɕhyŋ31
0668. 寸 tɕhyŋ44
0669. 蹲注意声母 tuŋ31
0670. 孙～子 suŋ31
0671. 滚 kuŋ52
0672. 困 khuŋ44
0673. 婚 xuŋ31
0674. 魂 xuŋ24
0675. 温 Øuŋ31
0676. 卒棋子 tsu24
0677. 骨 ku31
0678. 轮 lyŋ24
0679. 俊注意声母 tsuŋ44
0680. 笋 suŋ52
0681. 准 tʂəŋ52
0682. 春 tʂhəŋ31
0683. 唇 ʂəŋ24
0684. 顺 ʂəŋ44
0685. 纯 tʂhəŋ24
0686. 闰 ʐəŋ44
0687. 均 tɕyŋ31
0688. 匀 Øyŋ24
0689. 律 ly31
0690. 出 tʂhʅ31
0691. 橘 tɕy31
0692. 分动 fəŋ31
0693. 粉 fəŋ52
0694. 粪 fəŋ44
0695. 坟 fəŋ24
0696. 蚊 Øuŋ24
0697. 问 Øuŋ44
0698. 军 tɕyŋ31
0699. 裙 tɕhyŋ24
0700. 熏 ɕyŋ31
0701. 云～彩 Øyŋ24
0702. 运 Øyŋ44
0703. 佛～像 fɤ24
0704. 物 Øuɤ31
0705. 帮 paŋ31
0706. 忙 maŋ24
0707. 党 taŋ52
0708. 汤 thaŋ31
0709. 糖 thaŋ24
0710. 浪 laŋ44
0711. 仓 tshaŋ31
0712. 钢 kaŋ31
0713. 糠 khaŋ31
0714. 薄形 phɤ24
0715. 摸注意声调 mɤ31
0716. 托 thuo31
0717. 落 luo31
0718. 作 tsuo31
0719. 索 suo52
0720. 各 kɤ31
0721. 鹤 xuo31
0722. 恶形，入声 ŋɤ31
0723. 娘 ȵiɑ24
0724. 两斤～liaŋ52
0725. 亮 liaŋ44
0726. 浆 tɕiaŋ31
0727. 抢 tɕhiaŋ52
0728. 匠 tɕiaŋ44
0729. 想 ɕiaŋ52
0730. 像 ɕiaŋ44
0731. 张量 tʂaŋ31
0732. 长～短 tʂhaŋ24
0733. 装 tʂaŋ31
0734. 壮 tʂaŋ44
0735. 疮 tʂhaŋ31
0736. 床 tʂhaŋ24
0737. 霜 ʂaŋ31
0738. 章 tʂaŋ31
0739. 厂 tʂhaŋ52
0740. 唱 tʂhaŋ44
0741. 伤 ʂaŋ31
0742. 尝 ʂaŋ24
0743. 上～去 ʂaŋ44

0744. 让 ʐaŋ44
0745. 姜生～tɕiaŋ31
0746. 响 ɕiaŋ52
0747. 向 ɕiaŋ44
0748. 秧 Øiaŋ31
0749. 痒 Øiaŋ52
0750. 样 Øiaŋ44
0751. 雀注意声母 tɕhyo31
0752. 削 ɕiɔ31
0753. 着火～了 tʂhɤ24
0754. 勺 ʂɤ24
0755. 弱 ʐɤ31
0756. 脚 tɕyo31
0757. 约 Øyo31
0758. 药 Øyo31
0759. 光～线 kuaŋ31
0760. 慌 xuaŋ31
0761. 黄 xuaŋ24
0762. 郭 kuo31
0763. 霍 xuo31
0764. 方 faŋ31
0765. 放 faŋ44
0766. 纺 faŋ52
0767. 房 faŋ24
0768. 防 faŋ24
0769. 网 Øuaŋ52
0770. 筐 khuaŋ31
0771. 狂 khuaŋ24
0772. 王 Øuaŋ24
0773. 旺 Øuaŋ44
0774. 缚 fɤ24
0775. 绑 paŋ52
0776. 胖 phaŋ44
0777. 棒 paŋ44
0778. 桩 tʂaŋ31
0779. 撞 tʂhaŋ44
0780. 窗 tʂhaŋ31
0781. 双 ʂaŋ31
0782. 江 tɕiaŋ31
0783. 讲 tɕiaŋ52
0784. 降投～ɕiaŋ24
0785. 项 xaŋ44
0786. 剥 pɤ31
0787. 桌 tʂɤ31
0788. 镯 tshuo24
0789. 角 tɕyo31
0790. 壳 khɤ31 驳～枪/tɕhyo31 玉米～～
0791. 学 ɕyo24
0792. 握 Øuo31
0793. 朋 phəŋ24
0794. 灯 təŋ31
0795. 等 təŋ52
0796. 凳 təŋ44
0797. 藤 thəŋ31
0798. 能 ləŋ24
0799. 层 tshəŋ24
0800. 僧注意声母 səŋ31
0801. 肯 khəŋ52
0802. 北 pei31
0803. 墨 mei24
0804. 得 tei31
0805. 特 thei24
0806. 贼 tsei24
0807. 塞 sei31
0808. 刻 khei31
0809. 黑 xei31
0810. 冰 piŋ31
0811. 证 tʂəŋ44
0812. 秤 tʂhəŋ44
0813. 绳 ʂəŋ24
0814. 剩 ʂəŋ44
0815. 升 ʂəŋ31
0816. 兴高～ɕiŋ44
0817. 蝇注意声母 Øiŋ24
0818. 逼 pi31
0819. 力 li31
0820. 息 ɕi31
0821. 直 tʂʅ24
0822. 侧注意声母 tshei31
0823. 测 tshei31
0824. 色 sei31
0825. 织 tʂʅ31
0826. 食 ʂʅ24
0827. 式 ʂʅ31
0828. 极 tɕi24
0829. 国 kui31
0830. 或 xui24
0831. 猛 məŋ52
0832. 打注意韵母 ta52
0833. 冷 ləŋ52
0834. 生 səŋ31
0835. 省～长 səŋ52
0836. 更三～，打～ kəŋ44
0837. 梗注意韵母 kəŋ44
0838. 坑 khəŋ31
0839. 硬 ȵiŋ44
0840. 行～为，～走 ɕiŋ24
0841. 百 pei31
0842. 拍 phei31
0843. 白 pei24
0844. 拆 tshei31
0845. 择 tsei24
0846. 窄 tsei31
0847. 格 kei31
0848. 客 khei31
0849. 额 ŋei31
0850. 棚 phəŋ24
0851. 争 tsəŋ31
0852. 耕 kəŋ31
0853. 麦 mei31
0854. 摘 tsei31
0855. 策 tshei31
0856. 隔 kei31
0857. 兵 piŋ31
0858. 柄注意声调 piŋ52
0859. 平 phiŋ24
0860. 病 piŋ44
0861. 明 miŋ24
0862. 命 miŋ44
0863. 镜 tɕiŋ44

0864. 庆 tɕhiŋ44
0865. 迎 Øiŋ24
0866. 影 Øiŋ52
0867. 剧戏～tɕy44
0868. 饼 piŋ52
0869. 名 miŋ24
0870. 领 liŋ52
0871. 井 tɕiŋ52
0872. 清 tɕhiŋ31
0873. 静 tɕiŋ44
0874. 姓 ɕiŋ44
0875. 贞 tʂəŋ31
0876. 程 tʂhəŋ24
0877. 整 tʂəŋ52
0878. 正～反 tʂəŋ44
0879. 声 ʂəŋ31
0880. 城 tʂhəŋ24
0881. 轻 tɕhiŋ31
0882. 赢 ȵiŋ24
0883. 积 tɕi31
0884. 惜 ɕi31
0885. 席 ɕi24
0886. 尺 tʂhʅ31
0887. 石 ʂʅ24
0888. 益 Øi31
0889. 瓶 phiŋ24
0890. 钉名 ȶiŋ31
0891. 顶 ȶiŋ52
0892. 厅 ȶhiŋ31
0893. 听～见，注意声调 ȶhiŋ31
0894. 停 ȶhiŋ24
0895. 挺 ȶhiŋ52
0896. 定 ȶiŋ44
0897. 零 liŋ24
0898. 青 tɕhiŋ31
0899. 星 ɕiŋ31
0900. 经 tɕiŋ31
0901. 形 ɕiŋ24
0902. 壁 pi31
0903. 劈 phi52
0904. 踢 ȶhi31
0905. 笛 ȶhi24
0906. 历农～li31
0907. 锡 ɕi31
0908. 击 tɕi31
0909. 吃 tʂhʅ31
0910. 横 xuŋ44
0911. 划计～xuɑ44
0912. 兄 ɕyŋ31
0913. 荣 Øyŋ24
0914. 永 Øyŋ52
0915. 营 Øiŋ24
0916. 蓬～松 phəŋ24
0917. 东 tuŋ31
0918. 懂 tuŋ52
0919. 冻 tuŋ44
0920. 通 thuŋ31
0921. 桶注意声调 thuŋ52
0922. 痛 thuŋ44
0923. 铜 thuŋ24
0924. 动 tuŋ44 劳～/thuŋ44～弹
0925. 洞 tuŋ44
0926. 聋注意声调 luŋ24
0927. 弄注意声母 luŋ44
0928. 粽 tsuŋ44
0929. 葱 tshuŋ31
0930. 送 ʂuŋ44
0931. 公 kuŋ31
0932. 孔 khuŋ52
0933. 烘～干 xuŋ31
0934. 红 xuŋ24
0935. 翁 Øuŋ31
0936. 木 mu31
0937. 读 tu24
0938. 鹿 lu31
0939. 族 tsu24
0940. 谷稻～ku31
0941. 哭 fu31
0942. 屋 Øu31
0943. 冬～至 tuŋ31
0944. 统注意声调 thuŋ52
0945. 脓注意声调 luŋ24
0946. 松～紧 suŋ31
0947. 宋 suŋ44
0948. 毒 thu24
0949. 风 fəŋ31
0950. 丰 fəŋ31
0951. 凤 fəŋ44
0952. 梦 məŋ44
0953. 中当～tʂəŋ31
0954. 虫 tʂhəŋ24
0955. 终 tʂəŋ31
0956. 充 tʂhəŋ52
0957. 宫 kuŋ31
0958. 穷 tɕhyŋ24
0959. 熊注意声母 ɕyŋ24
0960. 雄注意声母 ɕyŋ24
0961. 福 fu31
0962. 服 fu24
0963. 目 mu31
0964. 六 liu31
0965. 宿住～，～舍 ɕy31
0966. 竹 tʂʅ31
0967. 畜～生 ɕy31
0968. 缩 ʂɤ31
0969. 粥 tʂʅ31
0970. 叔 ʂʅ31
0971. 熟 ʂʅ24
0972. 肉 ʐou31
0973. 菊 tɕy31
0974. 育 Øy44
0975. 封 fəŋ31
0976. 蜂 fəŋ31
0977. 缝一条～fəŋ44
0978. 浓 luŋ24
0979. 龙 luŋ24
0980. 松～树，注意声调 suŋ31
0981. 重轻～tʂəŋ44
0982. 肿 tʂəŋ52
0983. 种～树 tʂəŋ44
0984. 冲 tʂhəŋ31

0985. 恭 kuŋ31

0986. 共 kuŋ44

0987. 凶吉～ çyŋ31

0988. 拥注意声调 øyŋ31

0989. 容 øyŋ24

0990. 用 øyŋ44

0991. 绿 liu31

0992. 足 tsu31

0993. 烛 tʂʅ31

0994. 赎 ʂʅ24

0995. 属 ʂʅ52

0996. 褥 ʐʅ31

0997. 曲～折，歌～ tɕhy31

0998. 局 tɕhy24

0999. 玉 øy31

1000. 浴 øy31

第三章　词　汇

第一节　规定词汇

一、天文、时令

0001. 太阳　爷婆 ∅iɛ24phɤ0

0002. 月亮　月光光 ∅yɛ31kuaŋ44kuaŋ44

0003. 打雷　响呼噜爷 ɕiaŋ52xu52lu31∅iɛ31

0004. 打闪　闪电 ʂæ̃52ȶiæ̃44

0005. 下雨　下雨 xɑ44∅y52

0006. 下雪　下雪 xɑ44ɕyɛ31

0007. 雪化了　雪消了 ɕyɛ24ɕiɔ31liɑ0

0008. 冻冰　结冰 tɕiɛ24piŋ31

0009. 雹　冷子 ləŋ52tsɿ0

0010. 刮风　吹大风 tʂhei31tɑ44fəŋ31

0011. 端阳　五月当儿 ∅u52∅yɛ31taŋ31∅ər0

0012. 中秋　八月十五 pɑ31∅yɛ0ʂʅ31∅u52

0013. 除夕阴历　年三十儿 ȵiæ̃24sæ̃31ʂʅr24

0014. 元旦　阳历年 ∅iaŋ24li31ȵiæ̃24

二、物象

0015. 灰尘　坺土 phu31thu52

0016. 石灰　白灰 pei24xui31

0017. 泥土　泥 ȵi24

0018. 凉水　冰水 piŋ31ʂei52

0019. 热水　热水 ʐɤ31ʂei52

0020. 煤　炭 thæ̃44

0021. 煤油　煤油 mei24∅iu24

0022. 锡　锡 ɕi31

0023. 磁石　吸铁石 ɕi31ȶhiɛ31ʂʅ24

三、方位

0024. 乡村　庄子 tʂaŋ52tsɿ0

0025. 集赶～　集上 tɕhi31ʂaŋ52

0026. 胡同　巷巷 xaŋ52xaŋ0

0027. 房子全所　□ ∅ui52

0028. 屋子单间　房子 faŋ31tsɿ52

0029. 正房　上□ ʂaŋ44kaŋ52/上房 ʂaŋ44faŋ24

0030. 厢房　偏厦 phiæ̃31sɑ52

0031. 窗户　窗子 tʂhaŋ52tsɿ0

0032. 门槛儿　门槛 məŋ31khæ̃52

0033. 厕所　后院 xou44∅yæ̃0

0034. 厨房　灶火 tsɔ44xuo0

0035. 烟囱　烟筒 ∅iæ̃31thuŋ0

四、人品

0036. 男人　男的 læ̃31ȶi52

0037. 女人　女的 ȵy52ȶi0

0038. 小孩儿　娃娃 Øuɑ31Øuɑ52

0039. 男孩儿　儿子 Øər31tsɿ52

0040. 女孩儿　女子 ȵy52tsɿ0

0041. 老头儿　老汉 lɔ52xæ̃0

0042. 单身汉　光棍汉 kuaŋ52ku0xæ̃0

0043. 老姑娘老处女　老女子 lɔ52ȵy52tsɿ0

0044. 医生　大夫 tæ44fu31

0045. 厨子　大师父 tɑ44sɿ31fu31

0046. 乞丐　叫花子 tɕiɔ44xuɑ31tsɿ0

五、称谓

0047. 父亲　爸 pɑ24/爹 ȶiɛ31

0048. 母亲　妈 mɑ24/娘 ȵiɑ24

0049. 祖父　爷 Øiɛ24

0050. 祖母　婆 phɤ24

0051. 兄　哥 kɤ24

0052. 弟　兄弟 ɕyŋ52ȶhi0

0053. 姊　姐 tɕiɛ24

0054. 妹　妹子 mei44tsɿ0

0055. 伯父　伯 pei44

0056. 伯母　大妈 tɑ44mɑ24

0057. 叔父　爸爸 pɑ44pɑ44

0058. 叔母　娘娘 ȵiɑ44ȵiɑ44

0059. 外祖父　舅家爷 tɕiu44Øiɑ0Øiɛ44

0060. 外祖母　舅家婆 tɕiu44Øiɑ0phɤ44

0061. 儿子　儿 Øər24

0062. 儿媳妇　媳妇 ɕi52fu0

0063. 女儿　女子 ȵy52tsɿ0

0064. 女婿　女婿 ȵy52ɕi0

0065. 舅　舅 tɕiu44

0066. 舅母　妗子 tɕhiŋ44tsɿ0

0067. 姑　姑 ku24

0068. 姨　姨 Øi44

0069. 弟兄总称　弟兄 ȶi44ɕyŋ31

0070. 姊妹　姊儿妹 tsɿr52mei0

0071. 夫　男人 læ̃31ʐəŋ52

0072. 妻　婆娘 phɤ31ȵiaŋ52

0073. 娶媳妇男子～　娶媳妇 tɕhy52ɕi52fu0

0074. 出嫁女子～　给伢 kei44ȵiɑ31

六、身体

0075. 头　头 thou24

0076. 脸　模样 mu31Øiaŋ52

0077. 额　额颅 ŋei52lu0

0078. 鼻子　鼻子 phi31tsɿ52

0079. 眼　眼窝 ȵiæ̃52Øuo0

0080. 眼珠儿　眼仁 ȵiæ̃52ʐəŋ24

0081. 耳朵　耳朵 Øər52tuo0

0082. 舌头　舌头 ʂɤ31thou52

0083. 脖子　脖浪骨 phɤ31laŋ52kuo0

0084. 胳臂　胳膊 kei52phɤ0

0085. 左手　左手 tsuo44ʂou52

0086. 右手　右手 Øiu44ʂou52

0087. 手指　指头 tsɿ52thou0

0088. 大拇指　大拇指头 tɑ44mu31tsɿ52thou0

0089. 食指　二拇指头 Øər44mu31tsɿ52thou0

0090. 中指　三拇指头 sæ̃31mu31tsɿ52thou0/中拇指头

tʂəŋ31mu31tsɿ52thou0

0091. 无名指　四拇指头
sɿ44mu31tsɿ52thou0

0092. 小拇指　小拇指头
ɕiɔ52mu31tsɿ52thou0

0093. 指甲　手指甲 ʂou52tsɿ52Øiɑ0

0094. 腿　腿 thui52

0095. 膝盖　腿膝盖 thui52tɕhi31kæ44

0096. 嘴唇　嘴唇 tsui52ʂəŋ24

七、医疗

0097. 病了　人不轻生
ʐəŋ24pu31tɕhiŋ31səŋ31/
不好了 pu24xɔ31liɑ0

0098. 泻　拉肚子 lɑ31tu44tsɿ0/跑后
phɔ52xou44

0099. 发疟子　放牛 fɑŋ44ȵiu24

0100. 瘸子　拐拉腿 kuæ52lɑ31thui52

0101. 驼背　背锅儿 pei31kuor0

0102. 死了　殁了 mɤ31liɑ0

0103. 葬　埋 mæ24

0104. 诊病　看病 khæ̃44piŋ44

0105. 轻了病～　松和了 suŋ52xuo0liɑ0

八、服饰、器具

0106. 衣服　衣服 Øi31fu0

0107. 涎布　唊甲 tæ̃44tɕiæ̃31

0108. 尿布　褯子 tɕhiɛ44tsɿ0

0109. 手巾　手帕 ʂou52phɑ31

0110. 肥皂　洋碱 Øiɑŋ24tɕiæ̃52

0111. 洗脸水　洗脸水 ɕi31liæ̃31ʂei52

0112. 凳子　板凳 pæ̃52təŋ0

0113. 桌子　桌子 tʂɤ52tsɿ0

0114. 抽屉　抽屉 tʂhou52ȶhi0

0115. 图章　章子 tʂɑŋ52tsɿ0

0116. 糨糊　糨子 tɕiɑŋ55tsɿ0

0117. 火柴　洋火 Øiɑŋ31xuo52

0118. 抹布　抹布 mɑ52phu0/搌布
tʂæ̃52phu0

0119. 羹匙　勺勺 ʂɤ31ʂɤ52

0120. 箸　筷子 khuæ44tsɿ0

0121. 簸箕　簸箕 pɤ44tɕi0

0122. 笤帚　笤帚 ȶhiɔ31tʂhɿ52

0123. 碌碡　碌碡 lou52tʂhɿ0

0124. 碓　碓窝 tui44Øuo31/臼窝
tɕiɑŋ31Øuo31

0125. 槌子　槌槌 tʂhei31tʂhei52

0126. 绳子　绳绳 ʂəŋ31ʂəŋ52

0127. 自行车　自行车 tsɿ44ɕiŋ24tʂhɤ31

0128. 轮子　轱轮 ku52lyŋ0

0129. 伞　伞 sæ̃52

九、饮食

0130. 早饭　早起饭 tsɔ31tɕhiɛ52fæ̃44

0131. 午饭　晌午饭 ʂɑŋ31Øu0fæ̃44

0132. 晚饭　黑了饭 xei31liɔ0fæ̃44

0133. 大米饭　白米干饭
pei24mi52kæ̃52fæ̃0

0134. 面条儿　面 miæ̃44

0135. 面粉　面 miæ̃44

0136. 馒头　馍 mɤ44

0137. 包子　包子 pɔ52tsɿ0

0138. 馄饨　馄饨 xuŋ44tuŋ0

0139. 饺子　饺子 tɕiɔ52tsɿ0

0140. 粉条儿　辫粉 phiæ̃44fəŋ0

0141. 菜饭菜的菜　菜 tshæ44

0142. 醋　醋 tshu44

0143. 酱油　酱油 tɕiaŋ44Øiu24

0144. 芝麻油　香油 ɕiaŋ31Øiu24

0145. 猪油　荤油 xuŋ31Øiu24/大油 tɑ44Øiu24

0146. 盐　盐 Øiæ̃24

0147. 白酒　烧酒 ʂɔ31tɕiu0

0148. 黄酒　黄酒 xuaŋ31tɕiu52

0149. 江米酒　醪糟儿 lɔ31tsɔr52

0150. 开水喝的　白开水 pei24khæ31ʂei52

0151. 泔水　恶水 ŋɤ31ʂei0

十、动物

0152. 公猪　牙猪 Øiɑ31tʂʅ52

0153. 母猪　奶㹀 læ52tɕhiɔ31

0154. 公牛　犍牛 tɕiæ̃31ȵiu0

0155. 母牛　乳牛 ʐʅ52ȵiu0

0156. 公马　儿马 Øər31mɑ52

0157. 母马　骒马 khuo44mɑ52

0158. 公驴　叫驴 tɕiɔ44ly0

0159. 母驴　草驴 tshɔ52ly0

0160. 公狗　牙狗 Øiɑ31kou52

0161. 母狗　草狗 tshɔ31kou52

0162. 郎猫　郎猫 laŋ31mɔ52

0163. 女猫　咪猫 mi44mɔ0

0164. 公鸡　公鸡 kuŋ31tɕi31

0165. 母鸡　母鸡 mu52tɕi31

0166. 麻雀　宿宿 ɕy52ɕy0

0167. 雁　雁 Øiæ̃44

0168. 燕子　燕唧唧 Øiæ̃44tɕi31tɕi24

0169. 乌鸦　黑老鸹 xei24lɔ31Øuɑ0

0170. 老虎　老虎 lɔ31xu0

0171. 狼　狼 laŋ24

0172. 猴子　猴 xou24

0173. 蛇　长虫 tʂhaŋ31tʂhəŋ52

0174. 老鼠　老鼠 lɔ31ʂʅ0

0175. 蚯蚓　搐蟮 tʂhʅ52ʂæ̃0

0176. 蚂蚁　蚍蜉蚂 phi31fəŋ52mɑ0

0177. 马蜂　马蜂 mɑ24fəŋ31

0178. 苍蝇　蝇子 Øiŋ31tsɿ52

0179. 蚊子　蚊子 Øuŋ31tsɿ52

0180. 蜘蛛　蛛蛛 tʂʅ52tʂʅ0

十一、植物

0181. 麦　麦 mei31

0182. 米　大米 tɑ44mi52/白米 pei31mi52

0183. 小米儿　小米 ɕiɔ31mi52

0184. 玉米　玉麦 Øy44mei31

0185. 高粱　稻黍 thɔ31ʂʅ0

0186. 大豆　白豆 pei31tou52

0187. 蚕豆　蚕豆 tshæ̃24tou44

0188. 向日葵　向日葵 ɕiaŋ52Øər0khui24

0189. 洋葱　洋葱 Øiaŋ24tshuŋ31

0190. 蒜　蒜 suæ̃44

0191. 菠菜　菠菜 pɤ52tshæ0

0192. 洋白菜　莲花白 liæ̃31xuɑ52pei24

0193. 西红柿　洋柿子 Øiaŋ24sɿ44tsɿ0

0194. 茄子　茄子 tɕhiɛ31tsɿ52

0195. 白薯　红芋 xuŋ24Øy44

0196. 马铃薯　洋芋 Øiaŋ24Øy44

0197. 辣椒　辣子 lɑ31tsɿ0

0198. 橄榄　橄榄 kæ̃31læ̃24

0199. 荸荠　马蹄盖 mɑ52ȶhi0kæ44

0200. 核桃　核桃 xei31thɔ52

0201. 栗子　毛栗 mɔ31li52

0202. 藕　莲藕 liæ31ŋou52

十二、抽象事物

0203. 事情　事儿 sɿr52

0204. 东西　东西 tuŋ52ɕi0/物件 Øuo52tɕhiæ0

0205. 地方　地方 ȶi44faŋ0

0206. 时候　时辰 sɿ31ʂəŋ52

0207. 原因　原因 Øyæ31Øiŋ52

0208. 声音　声 ʂəŋ31

0209. 味道　味 Øui44

0210. 气儿　气气 tɕhi44tɕhi0

0211. 颜色　颜色 ȵiæ31sei52

0212. 相貌　模样 mu31Øiaŋ52

0213. 年龄　年纪 ȵiæ31tɕi52

0214. 工作　活路 xuo31lu52

十三、代词

0215. 我　我 ŋɤ52

0216. 你　你 ȵi52

0217. 他　他 thɑ52

0218. 我们　我的 ŋɤ31ȶi0

0219. 咱们　咱的 tsɑ31ȶi52

0220. 你们　你的 ȵi31ȶi0

0221. 他们　他的 thɑ31ȶi0

0222. 您尊称"你"　你 ȵi52

0223. 怹尊称"他"　□ ȵiɑ52

0224. 大家　大家 tɑ44Øɑ0

0225. 谁　谁一个 sei24Øi31kɤ0

0226. 什么　啥呢 ʂɑ44ȵi0

0227. 为什么　为啥呢 Øui44ʂɑ44ȵi0

十四、量词

0228. 位一～客人　一个客人 Øi31kɤ0khei52ʐəŋ0

0229. 双一～鞋　一双鞋 Øi31ʂaŋ31xæ24

0230. 张一～席　一个席 Øi31kɤ0ɕi24

0231. 床一～被　一个被儿 Øi31kɤ0pir52

0232. 辆一～车　一个车 Øi31kɤ0tʂhɤ31

0233. 把一～刀　一个刀 Øi31kɤ0tɔ31

0234. 管一～笔　一个笔 Øi31kɤ0pi31

0235. 块一～墨　一个墨 Øi31kɤ0mei24

0236. 头一～牛　一个牛 Øi31kɤ0ȵiu24

0237. 头一～猪　一个猪 Øi31kɤ0tʂɿ31

0238. 只一～鸡　一个鸡 Øi31kɤ0tɕi31

0239. 条一～鱼　一个鱼 Øi31kɤ0Øy24

0240. 趟去一～　去一回 tɕhi44Øi31xui0

0241. 下打一～　打一下 tɑ52Øi31xɑ0

十五、时间

0242. 今年　今年 tɕiŋ52ȵiæ0

0243. 明年　过年 kuo44ȵiæ0

0244. 去年　年时个儿 ȵiæ31sɿ52kɤr0

0245. 往年过去的几年　先一年 ɕiæ31Øi31ȵiæ0

0246. 今日　今儿 tɕiŋr31

0247. 明日　明儿 miŋr24

0248. 后日　后儿 xour52

0249. 大后日　外后儿 Øui44xour0

0250. 昨日　夜来 Øiɛ44læ0

0251. 前日　那儿天 lɑr44ȶhiæ31

0252. 大前日　先天 ɕiæ31ȶhiæ31

0253. 上午　早起 tsɔ31tɕhi0

0254. 下午　后晌 xu44ʂaŋ0

0255. 中午　晌午 ʂɑŋ31Øu0

0256. 清晨　赶早 kæ31tsɔ52

0257. 白天　一天 Øi24ȶhiæ31

0258. 黄昏　擦黑儿 tshɑ24xeir31/黑得了 xei31tei0liɑ0

0259. 晚上　黑天 xei31ȶhiæ31

0260. 什么时候　啥会来 ʂɑ44xui31læ0

0261. 怎么办这事情～？　咋处呀？tsɑ31tʂhʅ52Øiɑ0

0262. 做什么？　做啥呢？tsu44ʂɑ44ȵi0

十六、方位

0263. 上头　上面 ʂɑŋ44miæ0

0264. 下头　下面 xɑ44miæ0

0265. 左边　左面 tsuo44miæ0

0266. 右边　右面 Øiu44miæ0

0267. 中间　当腰 tɑŋ31Øiɔ24

0268. 里面　里首 li31ʂou0

0269. 外面　外首 Øuæ44ʂou0

0270. 前边　前首 tɕhiæ31ʂou52

0271. 后边　后首 xou44ʂou0

0272. 旁边　边巴 piæ52pɑ0

0273. 附近　跟前 kəŋ52tɕhiæ0

0274. 什么地方　啊搭 Øɑ52tɑ0

十七、动作行为、性质状态、介词、副词等

0275. 吃饭　吃 tʂhʅ31/咥 ȶiɛ24/飧贬义 suŋ52

0276. 喝茶　喝茶 xuo31tshɑ24

0277. 洗脸　洗脸 ɕi31liæ52

0278. 洗澡　洗身 ɕi52ʂəŋ31

0279. 谈天儿　谝闲传 phiæ52xæ24tʂhæ24

0280. 不说话　不言传 pu31ȵiæ31tʂhæ52

0281. 没关系　没啥 mɤ52ʂɑ0

0282. 遇见　碰着 phəŋ44tʂhɤ0

0283. 遗失　遗了 Øi31liɑ52

0284. 找着了　寻着了 ɕiŋ31tʂhɤ52liɑ0

0285. 擦掉　抹了 mɑ31liɑ0

0286. 捡起来　拾儿来 ʂʅr24læ0

0287. 提起用手　提起 ȶhi31tɕhi52

0288. 选择　挑拣 ȶhiɔ31tɕiæ0

0289. 欠～他十块钱　该 kæ31/争 tsəŋ31

0290. 做买卖　做生意 tsu44səŋ52Øi0

0291. 称称用秤～　称嘎 tʂhəŋ52kɑ0

0292. 收拾～东西　拾掇 ʂʅ31tuo52

0293. 对酒里～水　掺 tshæ31

0294. 撒手　扔下 Øər52xɑ0

0295. 放～桌子上　搁 kuo24

0296. 休息　歇 ɕiɛ31

0297. 打盹儿　丢盹 ȶiu31tuŋ52

0298. 摔了　跌倒 ȶiɛ31tɔ0

0299. 玩儿　耍 ʂɑ52

0300. 知道　知道 tʂʅ52tɔ0

0301. 懂了　知道了 tʂʅ52tɔ0liɑ0

0302. 留神　操点心 tshɔ31ȶiæ24ɕiŋ31

0303. 挂念　想得很 ɕiɑŋ52ȶi0xəŋ52

0304. 美指人貌美　蛮 mæ24

0305. 丑　难看 læ24khæ44

0306. 坏不好　瞎 xɑ31

0307. 要紧　紧 tɕiŋ52

0308. 热闹　热闹 ʐɤ52lɔ0

0309. 坚固　结实 tɕiɛ52ʂʅ0/牢 lɔ24

0310. 肮脏　脏 tsɑŋ31

0311. 咸　咸 xæ24/重 tʂəŋ44

0312. 淡不咸　甜 ȶhiæ44

0313. 稀粥太～了　稀 ɕi31

0314. 稠粥太～了 稠 tʂhou24
0315. 肥指动物，如鸡很～ 肥 fei24
0316. 胖指人 胖 phɑŋ44
0317. 瘦不肥不胖 瘦 sou44
0318. 舒服 嵌活 tɕhiæ̃44xuo0
0319. 晚来～了 迟 tshɿ24
0320. 乖小孩儿真～，不闹 腼腆 miæ̃31ȶhiæ̃52
0321. 顽皮 费客 fei44khei31/怪毛 khuæ44mɔ24
0322. 凸 起 tɕhi52
0323. 凹 窝 Øuo31
0324. 和我～他 得 tei31
0325. 被～贼偷走了 叫 tɕiɔ44
0326. 从～哪儿来，～今天起 本 pəŋ52
0327. 替～我写封信 给 kei44
0328. 拿～毛笔写字 用 Øyŋ44
0329. 故意～捣乱 例故 li44kuo31
0330. 刚～来 才 tshæ24
0331. 刚～合适 刚刚 kɑŋ24kɑŋ24
0332. 幸亏 多亏 tuo31khui31
0333. 净～吃米，不吃面 光 kuɑŋ24
0334. 上下三千～ 上下 ʂɑŋ44xɑ44

第二节 自选词汇

0335. 宿宿星星 ɕiu52ɕiu0
0336. 白雨暴雨 pei24Øy52
0337. 糁糁雪粒状的雪 tʂəŋ52tʂəŋ0ɕyɛ31
0338. 不下了雨停了 pu31xɑ44liɑ0
0339. 霖雨连阴雨 liŋ44Øy52
0340. 和和轻轻 xuo44xuo52
0341. 一向好些天 Øi31ɕiɑŋ44
0342. 后截后来 xou44tɕiɛ0
0343. 漠坡斜坡 mo52pho31
0344. 面面土细土 miæ̃44miæ̃0thu52
0345. 涝池池塘 lɔ44tʂhʅ0
0346. 番瓜南瓜 fæ̃31kuɑ31
0347. 搭磨子磨面 tɑ31mo44tsɿ0
0348. 刀刀菜豆角菜 tɔ52tɔ0tshæ44
0349. 果木水果 kuo52mu31
0350. 眯眯毛狗尾草 mi44mi0mɔ24
0351. 树扑冷树冠 ʂʅ44phu31ləŋ52
0352. □□猫头鹰 ɕiŋ44xou0
0353. 蓑草龙须草 ʂei31tshɔ0
0354. 姑姑等斑鸠 ku52ku31təŋ52
0355. 驹溜羊山羊 tɕy52liu31Øiɑŋ52
0356. 貌老鼠老鹰 mɔ44lɔ31ʂʅ24
0357. 猴子螳螂 xou31tsɿ52
0358. 老瓮大瓮 lɔ52Øuŋ0
0359. 风限风箱 fəŋ52xæ̃0
0360. 踏蒜捣蒜 thɑ24suæ̃44
0361. 钩搭钩子 kou52tɑ31
0362. 接嘴漏斗 tɕiɛ31tsui31
0363. 斫刀菜刀 tsɑ52tɔ31
0364. 挑担连襟 ȶhiɔ52tæ̃31
0365. □物恶物 tɕiɛ31Øuo52
0366. 瞎种坏蛋 xɑ31tʂəŋ52
0367. 爷父俩父子俩 Øiɛ31fu52liɑŋ0
0368. 瓜子傻子 kuɑ52tsɿ0

0369. 冷灰蠢货 ləŋ52suŋ24

0370. 爸爷曾祖 pɑ52Øiɛ0

0371. 舅院舅家 tɕiu44Øyæ̃0

0372. 阿家婆婆 Øɑ52tɕiɑ0

0373. 阿公公公 Øɑ24kuŋ0

0374. 额颅额头 ŋei52lou0

0375. 先后妯娌 ɕiæ̃44xou0

0376. 牙媳妇牙龈 Øiɑ31ɕi52fu0

0377. 腿猪娃腿肚子 thui52tʂʅ52Øuɑ0

0378. 精脚赤脚 tɕiŋ24tɕyo31

0379. 捶头拳头 tʂhei31thou52

0380. 骨头 ku52tou0

0381. 熟脓化脓 ʂʅ24luŋ24

0382. 风司荨麻疹 fəŋ31sɿ0

0383. 近看眼近视眼 tɕiŋ44khæ̃0ȵiæ̃52

0384. 杀瓜切瓜 sɑ24kuɑ31

0385. 背锅驼背 pei31kuo0

0386. 裤儿裤子 fur52

0387. 窝窝棉鞋 Øuo52Øuo0

0388. 靸板鞋拖鞋 sɑ31pæ̃31xæ24

0389. 泥鞋雨鞋 ȵi24xæ24

0390. 扎花刺绣 tsɑ24xuɑ31

0391. 臭蛋儿卫生球 tʂhou54tæ̃r24

0392. 刮刮锅巴 kuɑ31kuɑ0

0393. 摘奶断奶 tshei24læ52

0394. 麻糖麻花 mɑ31thɑŋ52

0395. 清油菜油 tɕhiŋ31Øiu24

0396. 调和调料 ȶhiɔ31xuo52

0397. 歇凉乘凉 ɕiɛ31liɑŋ24

0398. 熰火烤火 ɕiɛ31xuo52

0399. 丢盹打盹儿 ȶiu31tuŋ52

0400. 梦睡梦做梦 məŋ44ʂei44məŋ0

0401. 熬眼熬夜 ŋɔ24ȵiæ̃52

0402. 打抢抢劫 tɑ31tɕhiɑŋ0

0403. 踏杂花费 thɑ31tsɑ52

0404. 受法服刑 ʂou44fɑ31

0405. 搭抱 tɕhiɑ44

0406. 剾砍 phiæ̃52

0407. 经管照料 tɕiŋ31kuæ̃0

0408. 搭点搭配 tɑ31ȶiæ̃0

0409. 跟集赶集 kəŋ31tɕhi24

0410. 绊命拼命 pæ̃44miŋ44

0411. 烂蛋邋遢 læ̃44tæ̃0

0412. 插挡阻止 tshɑ31tɑŋ52

0413. 心瓷心硬 ɕiŋ31tshɿ24

0414. 心重贪心 ɕiŋ31tʂəŋ44

0415. □害羞 ʂəŋ24

0416. 轻省轻松 tɕhiŋ31səŋ0

0417. 悬乎危险 ɕyæ̃31xu52

0418. 熟惯熟悉 ʂʅ31kuæ̃52

0419. 兴许也许 ɕiŋ44ɕy31

0420. 方亭方正 fɑŋ52ȶhiŋ31

0421. 一老经常 Øi31lɔ52

0422. 可又 khɤ31

0423. 单另另外 tæ̃31liŋ44

0424. 亏当多亏 khui31tɑŋ0

0425. □门口，“门上”合音 mɑŋ24

第四章 语法与口头文化

第一节 语法例句

1. 你是哪里人？

你是搭啊人？

ȵi52sɿ44tɑ24Øɑ31ʐəŋ24？

2. 我是陕西________人。

我是陕西扶风人。

ŋɤ52sɿ44ʂæ52ɕi31fu31fəŋ52ʐəŋ24.

3. 你今年多大？

你今年多大了？

ȵi52tɕi31ȵiæ24tuo31tɑ44liɑ0？

4. 我________岁了。

我六十六了。

ŋɤ52liu31ʂʅ24liu31liɑ0.

5. 你叫什么名字？

你叫个啥？

ȵi52tɕiɔ44kɤ31ʂɑ44？

6. 我叫________。

我叫个赵德润。

ŋɤ52tɕiɔ44kɤ31tʂɔ44tei31ʐəŋ44.

7. 你家住哪里？

你□到搭呢？

ȵi52Øui52tɔ44tɑ24ȵi0？

8. 我家住________。

我□到法门南佐呢。

ŋɤ24Øui52tɔ44fɑ52məŋ31læ̃24tsuo52ȵi0.

9. 谁呀？我是老三。

谁一个？我是三□一个。

sei24Øi31kɤ0？ŋɤ52sʅ44sæ̃31ȶiæ̃52Øi31kɤ0.

10. 老四呢？他正在跟一个朋友说着话呢。

四□呢？他正得一个伙爷到兀说话呢。

sʅ44ȶiæ̃52ȵi0？thɑ52tʂəŋ44tei31Øi31kɤ0xuo52Øiɛ0tɔ44Øu52ʂɤ31xuɑ44ȵi0.

11. 他还没有说完吗？

他还没说完吗？

thɑ52xɑ24mɤ31ʂɤ31Øuæ̃24mɑ0？

12. 还没有。大约再有一会儿就说完了。

还没呢。大摸还得一下。

xɑ24mɤ24ȵi0. tɑ44mɤ52xɑ24tei31Øi31xɑ0.

13. 他说马上就走，怎么这半天了还在家里呢？

他说赶紧就走呢，咋半天了还到屋呢？

thɑ52ʂɤ31kæ̃31tɕiŋ52tɕiu44tsou52ȵi0，tsɑ31pæ̃44ȶhiæ̃31liɑ0xɑ24tɔ44Øui52ȵi0？

14. 你到哪儿去？我到城里去。

你到搭去呀？我到街儿去呀。

ȵi52tɔ44tɑ24tɕhi44Øiɑ0？ŋɤ52tɔ44tɕiɛr31tɕhi44Øiɑ0.

15. 在那儿，不在这儿。

到兀搭呢，没到这搭。

tɔ44Øu24tɑ52ȵi0，pu31tɔ44tʂʅ24tɑ31.

16. 不是那么做，是要这么做的。

不干这没做，干么做呢。

pu31kæ̃31tʂʅ44mɤ0tsu44，kæ̃31mɤ52tsu44ȵi0.

17. 太多了，用不着那么多，只要这么多就够了。

太多了，用不下么多，只要这么些就够了。

thæ44tuo31liɑ0，Øyŋ44pu31xɑ31mɤ52tuo31，tsʅ44Øiɔ44tʂʅ24mɤ0ɕiɛ0tsou44kou44liɑ0.

18. 这个大，那个小，这两个哪一个好点呢？

这个大，兀个小，看啊个好？

tʂʅ24kɤ0tɑ44，Øu24kɤ0sui44，khæ̃44Øɑ52kɤ0xɔ52？

19. 这个比那个好。

这个比兀个好。

tʂʅ24kɤ0pi52Øu24kɤ0xɔ52.

20. 这些房子不如那些房子好。

这些房没兀些房好。

tʂʅ44ɕiɛ0faŋ24mɤ31Øu44ɕiɛ0faŋ24xɔ52.

21. 这句话用____话怎么说？

这个话用扶风话咋么说呢？

tʂʅ52kɤ0xuɑ44Øyŋ44fu31fəŋ52xuɑ44tsɑ31mɤ0ʂɤ52ȵi0？

22. 他今年多大岁数？

他今年多大了？

thɑ52tɕiŋ31ȵiæ24tuo31tɑ44liɑ0？

23. 大概有三十来岁吧。

大摸三十多岁。

tɑ44mɤ52sæ52ʂʅ0tuo31sui44.

24. 这个东西有多重呢？

这个东西有多重？

tʂɤ44kɤ0tuŋ52ɕi0Øiu52tuo31tʂəŋ44？

25. 有五十斤重呢。

五十斤重呢。

Øu52ʂʅ0tɕiŋ31tʂəŋ44ȵi0.

26. 拿得动吗？

能拿动呀不？

ləŋ24lɑ24thuŋ44Øiɑ0pu31？

27. 我拿得动，他拿不动。

我能拿动，［人家］拿不动。

ŋɤ52ləŋ24lɑ24thuŋ44，ȵiɑ52lɑ24pu31thuŋ44.

28. 真不轻，重得连我都拿不动了。

真个不轻，我都拿不动。

tʂəŋ31kɤ44pu24tɕhiŋ31，ŋɤ52tou31lɑ24pu52thuŋ44.

29. 你说得很好，你还会说点儿什么呢？

你说得好得很，你还能说啥呢？

ȵi52ʂɤ52ʈi0xɔ52ʈi0xəŋ52，ȵi52xɑ24ləŋ24ʂɤ52ʂɑ44ȵi0？

30. 我嘴笨，我说不过他。

我嘴笨，我说不过人家。

ŋɤ52tsui52phəŋ44，ŋɤ52ʂɤ31pu31kuo44ʐəŋ24ȵiɑ31.

31. 说了一遍，又说了一遍。

说啊一遍又一遍。

ʂɤ52Øɑ0Øi31piæ̃44Øiu44Øi31piæ̃44.

32. 请你再说一遍。

你再说一遍。

ȵi52tsæ44ʂɤ31Øi31piæ̃44.

33. 不早了，快去吧！

不早了，赶紧去！

pu24tsɔ31liɑ0，kæ̃31tɕiŋ52tɕhi44！

34. 现在还很早呢。等一会儿再去吧。

这吗还早呢。等嘎去。

tʂʅ24mɑ0xɑ24tsɔ52ȵi0. təŋ44kɑ0tɕhi44.

35. 吃了饭再去好吧？

吃毕饭去能成啊不？

tʂhʅ31pi31fæ̃44tɕhi44ləŋ24tʂhəŋ24Øɑ31pu31？

36. 慢慢儿地吃啊！不要急嘛！

吃慢个！嫑急了！

tʂhʅ31mæ̃44kɤ31！pɔ31tɕi24liɑ0！

37. 坐着吃比站着吃好些。

坐啊吃比立啊吃好。

tsuo44Øɑ0tʂhʅ31pi52lei52Øɑ0tʂhʅ31xɔ52.

38. 这个吃得，那个吃不得。

这个能吃，兀个吃不成。

tʂɤ44kɤ0ləŋ24tʂhʅ31，Øu44kɤ0tʂhʅ31pu31tʂhəŋ24.

39. 他吃了饭了，你吃了饭没有呢？

［人家］把饭吃了，你把饭吃了没？

ȵiɑ52pɑ31fæ̃44tʂhʅ31liɑ0，ȵi52pɑ31fæ̃44tʂhʅ31liɑ0mɤ0？

40. 他去过上海，我没有去过。

［人家］到上海去过，我没去过。

ȵiɑ52tɔ44ʂɑŋ44xæ52tɕhi44kuo0，ŋɤ52mɤ31tɕhi44kuo0.

41. 来闻闻这朵花香不香？

来把这个花闻个看香呀不？

læ24pa31tʂɤ24kɤ0xua31Øuŋ24kɤ0khæ̃44ɕiaŋ31Øia31pu31？

42. 香得很，是不是？

香得很，对呀呢么？

ɕiaŋ31ȶi0xəŋ52，tui44Øia31ȵi0mɤ0？

43. 给我一本书！

给我给啊书！

kei44ŋɤ52kei44Øa31ʂʅ31！

44. 我实在没有书么！

我真的没书了！

ŋɤ52tʂəŋ24ȶi31mɤ24ʂʅ31lia0！

45. 你告诉他。

你给［人家］说。

ȵi52kei44ȵia52ʂɤ31.

46. 好好儿地走！不要跑！

好好的走呢！要跑了！

xɔ52xɔ24ȶi31tsou52ȵi0！pɔ24phɔ31liɔ0！

47. 小心跌下去爬也爬不上来！

徐顾跌下去了，看不得上来了！

ɕy31ku52ȶiɛ52xa31tɕhi0liɔ0，khæ̃44pu31tei31ʂaŋ44læ0liɔ0！

48. 医生叫你多睡一睡。

大夫叫你多睡个呢。

tæ44fu31tɕiɔ44ȵi52tuo31ʂei44kɤ0ȵi0.

49. 吸烟或者喝茶都不可以。

吃烟得喝茶都不行。

tʂhʅ24Øiæ̃31tei31xuo31tsha24tou31pu31ɕiŋ24.

50. 烟也好，茶也好，我都不喜欢。

烟也罢，茶也罢，我都不爱。

Øiæ̃31Øiɛ52pa44，tsha24Øiɛ52pa44，ŋɤ52tou24pu31ŋæ44.

51. 不管你去不去，反正我是要去的，我非去不可。

不管你去不去，反正我是非去不可。

pu31kuæ̃52ȵi52tɕhi44pu31tɕhi44，fæ̃31tʂəŋ44ŋɤ52sʅ0fei31tɕhi44pu31khɤ52.

52. 你是哪一年来的？

你是搭一年来的个？

ȵi52sɿ44tɑ31Øi31ȵiæ̃24læ24ȶi52kɤ0？

53. 我是前年到的北京。

我是先一年到北京的个。

ŋɤ52sɿ44ɕiæ̃24Øi31ȵiæ̃52tɔ44pei31tɕiŋ31ȶi0kɤ0.

54. 今天开会谁的主席？

今儿开会谁是头头一个？

tɕiŋr31khæ31xui44sei24sɿ44thou31thou52Øi31kɤ0？

55. 你得请我的客。

你怕要请客呢。

ȵi52phɑ44Øiɔ44tɕhiŋ5khei31ȵi0.

56. 这是他的书，那一本是他哥哥的。

这个是他的书，兀个是他哥的个。

tʂɤ24kɤ31sɿ44thɑ44Øȶi0ʂʅ31，Øu44kɤ31sɿ44thɑ44kɤ24ȶi0kɤ0.

57. 一边走，一边说。

旋走儿个说。

suæ̃44tsour52kɤ0ʂɤ31.

58. 看书的看书，看报的看报，写字的写字。

看书的看书呢，看报的看报呢，写字的写字呢。

khæ̃44ʂʅ52ȶi0khæ̃44ʂʅ52ȵi0，khæ̃44pɔ44ȶi0khæ̃44pɔ44ȵi0，ɕiɛ52tshɿ44ȶi0ɕiɛ52 tshɿ44ȵi0.

59. 越走越远，越说越多。

越走越远呢，越说越多呢。

Øyɛ31tsou52Øyɛ31Øyæ̃52ȵi0，Øyɛ24ʂɤ31Øyɛ24tuo52ȵi0.

60. 把那个东西拿给我。

把兀个东西给我拿来。

pɑ31Øu44kɤ31tuŋ52ɕi0kei44ŋɤ52lɑ24læ24.

61. 有些地方把太阳叫日头。

有□地方把太阳叫爷婆呢。

Øiu52Øuæ52ȶi44faŋ31pɑ31thæ44Øiaŋ0tɕiɔ44Øiɛ24phɤ0ȵi0.

62. 您贵姓？我姓王。

您姓啥？我姓王。

ȵi52ɕiŋ44ʂɑ44？ŋɤ52ɕiŋ44Øuaŋ24.

63. 你姓王，我也姓王，咱们两个人都姓王。

你姓王，我也姓王，咱两个都姓王。

ȵi52ɕiŋ44Øuɑŋ24，ŋɤ52Øɑ0ɕiŋ44Øuɑŋ24，tsɑ44liɑŋ31kɤ0tou24ɕiŋ44Øuɑŋ24.

64. 你先去吧，我们等一会儿再去。

你先去，我等嘎再去。

ȵi52ɕiæ̃31tɕhi44，ŋɤ31təŋ44kɑ0tsæ44tɕhi44.

第二节　北风和太阳

北风跟太阳

有一回，北风跟太阳在那儿争论谁的本事大。争来争去就是分不出高低来。这时候路上来了个走道儿的，他身上穿着件厚大衣。他们俩就说好了，谁能先叫这个走道儿的脱下他的厚大衣，就算谁的本事大。北风就使劲地刮起来了，不过他刮得越是厉害，那个走道儿的把大衣裹得越紧。后来北风没法儿了，只好就算了。过了一会儿，太阳出来了。他火辣辣地一晒，那个走道儿的马上就把那件厚大衣脱下来了。这下儿北风只好承认，他们俩当中还是太阳的本事大。

北风□跟爷婆

pei24fəŋ31tei44Øiɛ24phɤ0

有一回么，北风□爷婆到一搭比看谁的本事大。

Øiu52Øi31xui24mɤ31，pei24fəŋ31tei44Øiɛ24phɤ0tɔ44Øi31tɑ31pi52khæ̃31sei24ʈi52peŋ52sɿ0tɑ44.

争来争去，就是分不出高低来。

tsəŋ31læ24tsəŋ31tɕhi44，tɕiu44sɿ44feŋ31pu24tʂhʅ31kɔ24ʈi31læ0.

这时候来了［一个］过路的，他身上穿个厚大氅。

tʂʅ44sɿ31xou52læ31liɔ52Øiɛ31kuo44lu44ʈi0，thɑ52ʂəŋ31ʂɑŋ0tʂhæ̃31kɤ0xou44tɑ44tʂhɑŋ52.

他俩一看就说好了，看谁能先叫这个过路的把他的厚大氅脱下来，就算谁的本事大。

thɑ21liɑŋ52Øi31khæ̃44tɕiu44ʂɤ31xɔ52liɑ0，khæ̃44sei24ləŋ24ɕiæ̃31tɕiɔ44tʂʅ52kɤ31kuo44lu44ʈi0pɑ31thɑ52ʈi0xou44tɑ44tʂhɑŋ52thuo31xɑ0læ0，tɕiu44ɕyæ̃44sei24ʈi52pei52sɿ0tɑ44.

说完北风就冷刵的吹起来，越吹越大，兀个过路的覅说脱大氅呢，反而越裹越紧。

ʂɤ31Øuæ̃24pei24fəŋ31tɕiu44ləŋ52suŋ24ʈi0tʂhei31tɕhi52læ0，Øyɛ31tʂhei31Øyɛ31tɑ44，Øu24kɤ31kuo44lu44ʈi0pɔ31ʂɤ31thuo31tɑ44tʂhɑŋ52ȵi0，fæ̃52Øər31Øyɛ31kuo52Øyɛ31tɕiŋ52.

后截北风就没法子了，只好就对了。

xou44tɕiɛ0pei24fəŋ31tsou44mɤ31fɑ52tsɿ0liɑ0，tsɿ31xɔ52tsou44tui44liɑ0.

停了一下下，爷婆出来了。

ȶhiŋ44liɛ0Øi31xɑ44xɑ0，Øiɛ24phɤ0tʂhʅ31læ31liɑ0.

晒得□与、和火样，兀个过路的热的就赶紧把大氅脱下来。

sæ44ȶi0khɤ31xuo52Øiaŋ44，Øu24kɤ31kuo44lu44ȶi0ʐɤ52ȶi0tɕiu44kæ̃31tɕiŋ52pɑ31tɑ44tʂhaŋ52thuo31xɑ44læ0.

这么北风一看只好认输，他俩个里头还是爷婆的本事大。

tʂʅ24mɑ31pei24fəŋ31Øi31khæ̃44tsɿ31xɔ52ʐəŋ44ʂʅ31，thɑ21liɑŋ52kɤ31li52thou0xɑ24sɿ44Øiɛ24phɤ0ȶi0peŋ52sɿ0tɑ44.

第三节　口头文化

一、凉女婿学话

有个凉女婿，每一回到他姨夫呀去都说凉话，整得媳妇没办法。正月，媳妇她娘啊的侄儿满月，还没去呢，媳妇给凉女婿说："今儿去你贵贱都嫑言传。"凉女婿听了媳妇的话，那啊天到他姨夫家一句话都没说。后啊回家，姨夫家一家啊人送吆门上，凉女婿突然对送的人说："今儿我可是啥都没说，你娃娃要是死了，可嫑怪我。"凉女婿一句话把媳妇的娘呀人还要气死呢。忙毕，媳妇娘呀他爹生日。这回她咋么都不叫凉女婿去了。凉女婿思量："走亲亲，活轻还吃的好。你不叫我去，我偏要去。"媳妇头里一走，他就悄悄儿跟啊了。他跟的不紧，旋走旋要，还一路啊学人伢说话。凉女婿走□河边，看着河兀儿有个一根木头搭的桥，一个人坐啊兀搭各自给各自说话呢："独木桥儿难过，不及我到这搭先坐他一坐。"凉女婿思量这个话还好听，就记下了。再往前走，有两个人打虑到河兀钓鱼呢，他立吆河边看了一下下，一个人给另一个人说："旁边有鱼，面前没得。"凉女婿一听可记下了。凉女婿过了河，走□一个桃园跟前，看着一个娃娃坐兀开满红花的桃树下头，嘴里念过吆："天□开红花，地啊黑疤疤。"凉女婿一听记下了。凉女婿再走了一阵子，抬头一看可到了。进庄子他看着两个打捶的娃娃，后头的撵头□的，嘴□还不住的骂吆："你娘的脚，我看你能跑□啊搭去！"凉女婿把这个话记下了。凉女婿到了姨夫呀，媳妇一看他跟吆来了，气的肚子胖胀还没办法。坐席吃饭了，看席口的人想要笑一下凉女婿，就给他的面前只放了一支筷子。凉女婿一看，想起了兀个独木桥，就说："独木桥难过，不及我到这搭先坐他一坐。"看席口的、端菜的、坐席的一听都惊奇的很：凉女婿咋说出了这么巧的话！看席口的感到新鲜，给别的客放酒盅子的时候例过没给凉女婿面前放。凉女婿一看，可想起了外两个钓鱼的人，就说："旁边有鱼，面前没得。"看席口的、端菜的、坐席的人一听可都一惊："凉女婿不凉了！"端菜的人把酒席啊的事说给了正到厨房啊忙火的人。凉女婿的几个嫂子都要去看干子。怕女婿用巧言笑话，她啊还都跑啊各自的房子急急忙忙打扮了一下：换衣服，搽粉，头啊还戴了红花。就是黑粗布鞋没换来不及，再说门槛一挡凉女婿还看不着。凉女婿看着屋里吆门口的几个嫂子，想起了桃树下的兀个娃娃，就说："天□开红花，地啊黑疤疤。"几个嫂子一听，都羞的争吆往厨房跑呢。凉女婿看着几个嫂子跑的样子，可想起了村口□外两个打捶的娃娃，就说："你娘的脚，我看你能跑□啊搭去！"看席口的、端菜的、坐席的人一听这个话都哭笑不得："凉女婿的真模样可出来了。"

二、秦腔选段

1. 二堂舍子[①]

刘彦昌哭得两泪汪，怀抱上娇儿小沉香，
官宅内不是你亲生母，你母是华岳三娘娘，
自从那年王开选，为父我投考奔帝邦，
闻听你母多灵验，华岳庙抽签问吉祥，
连抽三签无上下，将诗留在粉壁墙，
出了岳庙遇大雨，因避雨招亲在戴贤庄，
你母亲赠银三百两，在长安科场把名扬，
奉旨洛州把任上，路遇妖怪把父伤，
你母亲驾云从天降，宝莲灯救父出了祸殃，
你舅舅杨戬火气旺，怪你母私配了凡夫刘彦昌，
把你母压在华山上，华山之上产儿郎，
多蒙灵芝把你救，父子才得这一场，
父把这来历对儿讲，还要你自己做主张。

2. 法门寺[②]

宋巧姣下跪在大佛宝殿，禀太后和千岁细听民言。
宋巧姣居住在眉坞小县，我的父宋国士儒学生员。

---

① 刘彦昌唱段。
② 宋巧姣告状唱段。

因家贫小兄弟雇工求饭，雇主人刘公道孙家庄前。
有傅朋贵公子大街游转，将玉镯偶遗在孙家门前。
孙玉姣拾玉镯媒婆瞧见，诓绣鞋为的是贪图银钱。
有刘彪诈傅朋未曾如愿，那夜晚就起了杀人祸端。
遗下了那绣鞋本是证见，杀人犯是刘彪情节显然。
知县官并不曾以理判断，把一个世袭职无罪收监。
偏偏的刘公道又来报案，他言说小兄弟盗物逃潜。
可怜我小兄弟生死不见，眼看着宋家门断绝香烟。
知县官把屈情一概不管，他反来要兴儿限了三天。
似这样大冤屈古今少见，冒生死上告在千岁台前。

麟游县篇

第一章 总 论

第一节 人文地理、历史沿革、人口概况

麟游县隶属陕西省宝鸡市，地处东经107°19′～108°2′，北纬34°33′～34°58′。相传隋义宁元年（617年），因仁寿宫中出现白麒麟四处祥游而更名为麟游，一直沿用至今。麟游县位于陕西省宝鸡市东北部，地处渭北旱塬丘陵沟壑区，东邻永寿、乾县，西接千阳、凤翔，南俯扶风、岐山，北依彬县及甘肃省灵台县，总面积1704平方千米。辖7镇、66个行政村、3个社区。2010年第六次人口普查，麟游县常住总人口90728。县属温带半湿润—湿润季风气候区，气候的特点是热量不足，春旱、夏凉、秋涝、冬寒，且春夏季节不明显，日照分布不均，全年日照时数2200小时左右，无霜期为180天，平均气温9.1℃。境内群山结秀，诸水环布，气候宜人，是天然的避暑消夏、观光旅游胜地。隋唐时期，封建帝王曾在今县城所在地修筑了举世闻名的避暑离宫——仁寿宫、九成宫，两朝四帝曾20次驾幸麟游避暑消夏。史载唐太宗杖导出醴泉、杨素残民、杨广弑父、魏征上书、长乐公主下嫁、大宴群臣、薛仁贵救驾等重大历史事件都发生在这里。麟游文物古迹众多，著名的有唐名臣魏征撰文、著名书法家欧阳询书丹的《九成宫醴泉铭碑》、唐高宗李治率当朝四品以上文武百官御笔书丹的《万年宫铭碑》、皇家佛教寺院慈善寺等。麟游文化积淀深厚，历史上曾有不少文人墨客来此访古凭吊，吟诗作画。唐代诗人王勃、王维、杜甫、李商隐，宋代大文豪苏轼，明清的区充、刘镜等都留下了歌咏麟游山水的不朽名篇。唐代画家李思训的《九成宫纨扇图》、清初画家刘仑的《麟山十二景图》都是我国绘画史上的精品。

麟游早在旧石器时代就有人类活动，秦汉时即设县制，距今已有2200多年历史。夏王朝建立后，麟游地属雍州。周代祖先从邰沿漆水进入今麟游地，公刘时迁都邑于豳。古公亶父时，受狄侵，又由豳退出，集结于岐北高山（今麟游）地带，休养生息，始南迁周原，定都岐阳。西周时，麟游地属西周辖。周平王东迁洛邑时，将岐山以西地赐给秦襄公，麟游归秦辖。秦统一中国后，始置郡县，麟游东部置漆县，西部置杜

阳县，均属内史地。西汉沿秦治，杜阳县、漆县均属右扶风。东汉中平元年（184 年）后，将杜阳县划归汉安郡。三国时，杜阳县、漆县归扶风郡辖。晋初，撤杜阳县，其地西南归雍县，东北归漆县，均属右扶风辖。北魏皇兴二年（468 年），今麟游北部属白土县，归新平郡辖，南属雍县，归秦平郡辖。西魏时，今麟游南属雍县，归岐山郡辖，北属鹑觚县，麟游郡领上宜、麟游、普润三县。唐初，改麟游郡为西麟州。贞观元年（627 年），废州。五代麟游县、普润县均归凤翔府辖。北宋设麟游、普润二县，属秦凤路凤翔府辖。南宋初，麟游县、普润县属秦凤路，后属金，改秦凤路为熙凤路。南宋淳熙十四年（1187 年），分设凤翔路辖凤翔府，麟游、普润属之。元大德九年（1305 年），撤普润县，其地并入麟游县，归凤翔府辖。明清麟游县均归凤翔府辖。辛亥革命后，麟游县属关内道。1935 年，属陕西省第九区行政督察专员公署。1948 年，建立麟游县人民政府。1949 年 5 月 21 日，麟游县归彬县专区辖。1950 年，撤销彬县专区，麟游划归宝鸡专区。1956 年 10 月 1 日，宝鸡专区撤销，麟游县直属陕西省。1958 年 12 月 10 日，麟游、岐山、凤翔三县合并为凤翔县。1961 年 10 月 9 日，宝鸡专区恢复，同时恢复麟游县，归宝鸡专区辖。1971 年 12 月 8 日，宝鸡专区撤销，设宝鸡市，麟游归宝鸡市辖。1979 年 3 月 10 日，宝鸡地区恢复后，麟游县属之。1980 年 8 月 1 日，宝鸡地区与宝鸡市合并，恢复省辖市领导县、区体制，麟游县仍归宝鸡市辖。

第二节　方言归属与内部差异

麟游方言属中原官话秦陇片。麟游方言的内部分化情况[①]：

（一）以县人民政府所在地的九成宫镇为代表的语音系统，代表了境内绝大部分地区语言的情况，这是狭义的麟游方言，也叫城关方言。

（二）河西、天堂二乡部分地区受甘肃省灵台方言的影响，主要特征是连读变调和个别词语与城关方言不同。例如：

河西　中学［tsɥəŋ31ɕyo24］　　党员［taŋ42yã24-31］

城关　中学［tsɥəŋ31-42ɕyo24-31］　　党员［taŋ42yã24］

河西　屋里［u31li42］　　坐娘家［tshuo44niaŋ24tɕia31］

城关　屋里［u31li02］　　熬娘家［ŋau24niaŋ24tɕia31］

（三）受乾县、永寿方言影响，常丰乡部分地区属中原方言关中片，今［ən］系韵母，这一地区读作［ɛ̃、iɛ̃、uɛ̃、ɥɛ̃、yɛ̃］五个韵母，例如：奔［pɛ̃31］/金［tɕiɛ̃31］/敦

① 麟游县地方志编纂委员会 . 麟游县志［M］. 陕西人民出版社，1993 年，第 573 ～ 574 页。

[tuẽ 31]/春[tshɥẽ 31]/云[yẽ 24]。又，这一地区的个别词语又是城关方言所不具备的，例如：搞骗[kau42]/掇端[tuo31]/撼拿[xẽ 42]。

（四）受岐山方言影响，良舍乡部分地区以及九成宫镇、安舒庄乡南部地区把今[tʂ]（zh）行声母拼合口呼的字（城关方言读作[tsɥ-、tshɥ-、sɥ、zɥ-]）读作开口呼，例如：猪朱竹[tʂʅ31]/出初[tʂhʅ31]/书淑[ʂʅ31]/入[ʐʅ31]/抓[tʂa31]/专[tʂẽ 31]/追[tʂəi31]/帅[ʂæ44]/纯虫[tʂhəŋ24]/庄装[tʂaŋ31]/双[ʂaŋ31]/绒[ʐəŋ24]/闰[ʐəŋ44]。又，这一地区个别词语又是城关方言所不具备的：咱[tsha24]，又音[tsa24]；沓的咱们[tha24ti02]，又作“牙的[ia24ti02]”。

第三节　发音人和调查人概况

方言发音人（一）

1. 姓名：马文元
2. 单位（退休前）：陕西省宝鸡市麟游县九成宫镇九成宫村镇头湾组
3. 通信地址：陕西省宝鸡市麟游县九成宫镇九成宫村镇头湾组
4. 性别：男　　民族：汉
5. 出生年月日（公历）：1947 年 2 月 19 日
6. 出生地（从省级至自然村级）：陕西省宝鸡市麟游县九成宫镇九成宫村
7. 主要经历：1967 年初中毕业后务农，1991 年任村干部，2005 年离职。
8. 职业：农民
9. 会说哪几种话（包括普通话、外语）：麟游方言
10. 父亲是哪里人，会说什么话：宝鸡市麟游县九成宫镇九成宫村人，会说麟游方言。
11. 母亲是哪里人，会说什么话：宝鸡市麟游县九成宫镇九成宫村人，会说麟游方言。
12. 配偶是哪里人，会说什么话：宝鸡市麟游县九成宫镇九成宫村人，会说麟游方言。

方言发音人（二）

1. 姓名：苟克宁
2. 单位（退休前）：陕西省宝鸡市麟游县酒房中心小学
3. 通信地址：陕西省宝鸡市麟游县县城关坪新区 B 区 6 号楼 302 室

4. 性别：男　　民族：汉

5. 出生年月日（公历）：1951 年 3 月 2 日

6. 出生地（从省级至自然村级）：陕西省宝鸡市麟游县酒房镇景家庄村景家庄组

7. 主要经历：1968 年初中毕业后上中专两年，1972 年当民办教师。

8. 文化程度：中专

9. 职业：教师

10. 会说哪几种话（包括普通话、外语）：麟游方言、普通话。

11. 父亲是哪里人，会说什么话：宝鸡市麟游县酒房镇景家庄村景家庄组人，会说麟游方言。

12. 母亲是哪里人，会说什么话：宝鸡市麟游县酒房镇景家庄村景家庄组人，会说麟游方言。

13. 配偶是哪里人，会说什么话：宝鸡市麟游县两亭镇丰和寺村马家堡组人，会说麟游方言。

方言发音人（三）

1. 姓名：王乖巧

2. 单位（退休前）：陕西省宝鸡市麟游县县城唐林苑小区

3. 通信地址：陕西省宝鸡市麟游县县城唐林苑小区

4. 性别：女　　民族：汉

5. 出生年月日（公历）：1954 年 9 月 20 日

6. 出生地（从省级至自然村级）：陕西省宝鸡市麟游县两亭镇丰和寺村丰和寺组

7. 主要经历：小学毕业后一直在家务农，擅长秦腔、小曲、快板等。

8. 文化程度：小学

9. 职业：农民

10. 会说哪几种话（包括普通话、外语）：麟游方言

11. 父亲是哪里人，会说什么话：宝鸡市麟游县两亭镇丰和寺村丰和寺组人，会说麟游方言。

12. 母亲是哪里人，会说什么话：宝鸡市麟游县两亭镇丰和寺村丰和寺组人，会说麟游方言。

13. 配偶是哪里人，会说什么话：宝鸡市麟游县招贤镇高庄村高庄组人，会说麟游方言。

调查人

1. 姓名：王应龙

2. 单位：宝鸡文理学院关陇方言民俗研究中心

3. 通信地址：宝鸡市高新大道 1 号宝鸡文理学院文传院语言教研室

4. 协助调查人 1 姓名：吴天林

5. 协助调查人 2 姓名：任 刚

6. 协助调查人 3 姓名：马彩雯

第二章　语　音

第一节　声　母

声母共三十个，包括零声母在内。

p 八兵布宝	ph 派片爬病	m 麦明母庙	f 风副肥饭	v 味问温完
t 多党东刀	th 讨毒脱特			l 脑南老蓝路
ȶ 酒焦店浆	ȶh 天铁七清			
ts 资早租贼	tsh 刺寸字全		s 三酸修选	
tʂ 知张战镇	tʂh 抽车朝侄		ʂ 失尝绳手	ʐ 热让绕染
tʃ 猪追抓赚	tʃh 初出纯吹		ʃ 船顺书双	ʒ 软如闰弱
tɕ 九金假举	tɕh 轻穷去茄	ȵ 年泥哑硬	ɕ 响县虚雪	
k 高共瓜哥	kh 开柜跪口	ŋ 熬安藕爱	x 好灰活下	
ø 月王云用药				

第二节　韵　母

韵母三十三个，不包括儿化韵。

ɿ 师迟试指			
ʅ 十直尺治	i 米戏急七	u 猪五骨谷	y 雨橘局女
ɑ 茶瓦塔法	iɑ 牙鸭家夹	uɑ 抓瓜花滑	
ɤ 婆车热蛇		uo 歌坐所左	yo 药学雀约
	iɛ 写接贴节		yɛ 缺靴月镢
ɔ 宝饱早贸	iɔ 笑桥飘鸟		
æ 开排鞋		uæ 怪快坏揣	
ei 赔飞色白		ui 对鬼国吹	
ou 豆走狗凑	iu 油六绿丢		

ər 二儿耳日

ã 南山半岸　iã 盐年眼间　uã 短官幻砖　yã 权院卷馅

ɑŋ 糖邦长方　iɑŋ 响讲良强　uɑŋ 王光床双

əŋ 深根灯人　iŋ 心新硬病　uŋ 春滚横东　yŋ 云用兄穷

第三节　单字调

单字调四个。

阴平 31　春节刻麦　阳平 24　牛油铜罚　上声 53　懂九买五　去声 44　动后寸地

第四节　连读变调

非轻声两字组连调模式见表 2-1。

表 2-1　后字非轻声两字组连调模式

<table>
<tr><th>后字
前字</th><th>1 阴平 31</th><th>2 阳平 24</th><th>3 上声 53</th><th>4 去声 44</th></tr>
<tr><td rowspan="2">1 阴平 31</td><td rowspan="2">24+31</td><td rowspan="2">31+24</td><td rowspan="2">31+53</td><td>31+44</td></tr>
<tr><td>53+44</td></tr>
<tr><td>2 阳平 24</td><td>24+31</td><td>24+24</td><td>24+53</td><td>24+44</td></tr>
<tr><td>3 上声 53</td><td>53+31</td><td>53+24</td><td>53+53</td><td>53+44</td></tr>
<tr><td>4 去声 44</td><td>44+31</td><td>44+24</td><td>44+53</td><td>44+44</td></tr>
</table>

非叠字组后字轻声两字组连调模式见表 2-2。

表 2-2　非叠字组后字轻声两字组连调模式

<table>
<tr><th>后字
前字</th><th>1 阴平 31</th><th>2 阳平 24</th><th>3 上声 53</th><th>4 去声 44</th></tr>
<tr><td rowspan="2">1 阴平 31</td><td>31+0</td><td>31+0</td><td rowspan="2">31+0</td><td rowspan="2">53+0</td></tr>
<tr><td>53+0</td><td>53+0</td></tr>
<tr><td>2 阳平 24</td><td>31+53</td><td>31+53</td><td>31+53</td><td>31+53</td></tr>
<tr><td rowspan="3">3 上声 53</td><td rowspan="3">44+0</td><td rowspan="3">44+0</td><td>31+53</td><td>44+0</td></tr>
<tr><td>31+0</td><td rowspan="2">31+0</td></tr>
<tr><td>44+0</td></tr>
<tr><td>4 去声 44</td><td>44+0</td><td>44+0</td><td>44+0</td><td>44+0</td></tr>
</table>

第五节 单字

0001. 多 tuo31
0002. 拖 thuo31
0003. 大～小 tɑ44
0004. 锣 luo24
0005. 左 tsuo44
0006. 歌 kuo31
0007. 个一～kɔ44
0008. 可 khuo53
0009. 鹅 ŋuo24
0010. 饿 ŋuo44
0011. 河 xuo24
0012. 茄 tɕhiɛ24
0013. 破 phɤ24
0014. 婆 phɤ24
0015. 磨动 mɤ24
0016. 磨名 mɤ44
0017. 躲 tuo53
0018. 螺 luo24
0019. 坐 tshuo44
0020. 锁 suo53
0021. 果 kuo53
0022. 过 kuo44
0023. 课 khuo44
0024. 火 xuo53
0025. 货 xuo44
0026. 祸 xuo44
0027. 靴 ɕyo31
0028. 把量 pɑ53
0029. 爬 phɑ24
0030. 马 mɑ53
0031. 骂 mɑ44
0032. 茶 tshɑ24
0033. 沙 sɑ31
0034. 假真～tɕiɑ53
0035. 嫁 tɕiɑ44
0036. 牙 øiɑ24
0037. 虾 ɕiɑ31
0038. 下底～xɑ44
0039. 夏春～ɕiɑ44
0040. 哑 ȵiɑ53
0041. 姐 ȶiɛ24
0042. 借 ȶiɛ44
0043. 写 siɛ53
0044. 斜 siɛ24
0045. 谢 siɛ44
0046. 车不是棋子 tʂhɤ31
0047. 蛇 ʂɤ24
0048. 射 ʂɤ44
0049. 爷 øiɛ24
0050. 野 øiɛ53
0051. 夜 øiɛ44
0052. 瓜 kuɑ31
0053. 瓦 øuɑ53
0054. 花 xuɑ31
0055. 化 xuɑ44
0056. 华中～xuɑ31
0057. 谱家～，注意声母 phu53
0058. 布 pu44
0059. 铺动 phu31
0060. 簿 phu53
0061. 步 phu44
0062. 赌 tu53
0063. 土 thu53
0064. 图 thu24
0065. 杜 thu44
0066. 奴 lu24
0067. 路 lu44
0068. 租 tsu31
0069. 做 tsu44
0070. 错对～tshuo31
0071. 箍～桶，注意声母 ku31
0072. 古 ku53
0073. 苦 phu53
0074. 裤 phu44
0075. 吴 øu24
0076. 五 øu53
0077. 虎 xu53
0078. 壶 xu24
0079. 户 xu44
0080. 乌 øu31
0081. 女 ȵy53
0082. 吕 ly53
0083. 徐 ɕy24
0084. 猪 tʃu31
0085. 除 tʃhu24
0086. 初 tʃhu31
0087. 锄 tʃhu24
0088. 所 ʃuo53
0089. 书 ʃu31
0090. 鼠 ʃu53
0091. 如 ʒu24
0092. 举 tɕy53
0093. 锯名 tɕy44
0094. 去 tɕhi44
0095. 渠～道 tɕhy24
0096. 鱼 øy24
0097. 许 ɕy53
0098. 余剩～，多～øy24
0099. 府 fu53
0100. 付 fu44
0101. 父 fu44
0102. 武 vu53
0103. 雾 vu44
0104. 取 tɕhy53
0105. 柱 tʃu44
0106. 住 tʃu44
0107. 数动 ʃu53
0108. 数名 ʃu44
0109. 主 tʃu53
0110. 输 ʃu31
0111. 竖 ʃu53
0112. 树 ʃu44
0113. 句 tɕy44
0114. 区地～tɕhy31
0115. 遇 øy44
0116. 雨 øy53

0117. 芋 Øy44
0118. 裕 Øy31
0119. 胎 thæ31
0120. 台戏～thæ24
0121. 袋 tæ44
0122. 来 læ24
0123. 菜 tshæ44
0124. 财 tshæ24
0125. 该 kæ31
0126. 改 kæ53
0127. 开 khæ31
0128. 海 xæ53
0129. 爱 ŋæ44
0130. 贝 pei44
0131. 带动 tæ44
0132. 盖动 kæ44
0133. 害 xæ44
0134. 拜 pæ44
0135. 排 phæ24
0136. 埋 mæ24
0137. 戒 tɕiɛ44
0138. 摆 pæ53
0139. 派注意声调 phæ53～别/ phæ44～出
0140. 牌 phæ24
0141. 买 mæ53
0142. 卖 mæ44
0143. 柴 tshæ24
0144. 晒 sæ44
0145. 街 tɕiɛ31
0146. 解～开 tɕiɛ53
0147. 鞋 xæ24
0148. 蟹注意声调 ɕiɛ31
0149. 矮 ŋæ53
0150. 败 phæ44
0151. 币 pi44
0152. 制～造 tʂʅ44
0153. 世 ʂʅ44
0154. 艺 Øi44
0155. 米 mi53
0156. 低 ȶi31
0157. 梯 ȶhi31
0158. 剃 ȶhi44
0159. 弟 ȶhi44 兄～/ ȶi44～兄
0160. 递 ȶhi44
0161. 泥 ȵi24
0162. 犁 li24
0163. 西 si31
0164. 洗 si53
0165. 鸡 tɕi31
0166. 溪 ɕi31
0167. 契 tɕhi31
0168. 系联～ɕi44
0169. 杯 phei31
0170. 配 phei44
0171. 赔 phei24
0172. 背～诵 phei44
0173. 煤 mei24
0174. 妹 mei44
0175. 对 tui44
0176. 雷 lui24
0177. 罪 tsui44
0178. 碎 sui44
0179. 灰 xui31
0180. 回 xui24
0181. 外 Øuæ44
0182. 会开～xui44
0183. 怪 kuæ44
0184. 块 khuæ53
0185. 怀 xuæ24
0186. 坏 xuæ44
0187. 拐 kuæ53
0188. 挂 kuɑ44
0189. 歪注意声母 Øuæ53
0190. 画 xuɑ44
0191. 快 khuæ44
0192. 话 xuɑ44
0193. 岁 sui44
0194. 卫 vei24
0195. 肺 fei44
0196. 桂 kui44
0197. 碑 pi31
0198. 皮 phi24
0199. 被～子 pi44
0200. 紫 tsɿ31
0201. 刺 tshɿ44
0202. 知 tʂʅ31
0203. 池 tʂhʅ24
0204. 纸 tsɿ53
0205. 儿 Øər24
0206. 寄 tɕi44
0207. 骑 tɕhi24
0208. 蚁注意韵母 Øi31
0209. 义 Øi44
0210. 戏 ɕi44
0211. 移 Øi24
0212. 比 pi53
0213. 屁 phi44
0214. 鼻注意声调 phi24
0215. 眉 mi24
0216. 地 ȶhi44
0217. 梨 li24
0218. 资 tsɿ31
0219. 死 sɿ53
0220. 四 sɿ44
0221. 迟 tshɿ24
0222. 指 tsɿ53
0223. 师 sɿ31
0224. 二 Øər44
0225. 饥～饿 tɕi31
0226. 器 tɕhi44
0227. 姨 Øi24
0228. 李 li53
0229. 子 tsɿ53
0230. 字 tshɿ44
0231. 丝 sɿ31
0232. 祠 tshɿ24
0233. 寺 sɿ44
0234. 治 tʂʅ44
0235. 柿 sɿ44
0236. 事 sɿ44
0237. 使 sɿ53
0238. 试 sɿ44
0239. 时 sɿ24
0240. 市 sɿ44
0241. 耳 Øər53

0242. 记 tɕi44
0243. 棋 tɕhi24
0244. 喜 ɕi53
0245. 意 ∅i44
0246. 几～个 tɕi53
0247. 气 tɕhi44
0248. 希 ɕi31
0249. 衣 ∅i31
0250. 嘴 tsui53
0251. 随 sui24
0252. 吹 tʃhui31
0253. 垂 tʃhui44
0254. 规 khui31
0255. 亏 khui31
0256. 跪注意声调 khui44
0257. 危 ∅ui31
0258. 类 lui53
0259. 醉 tsui44
0260. 追 tʃui31
0261. 锤 tʃhui24
0262. 水 ʃui53
0263. 龟 kui31
0264. 季 tɕi44
0265. 柜 khui44
0266. 位 vei44
0267. 飞 fei31
0268. 费 fei44
0269. 肥 fei24
0270. 尾 ∅i53
0271. 味 vei44
0272. 鬼 kui53
0273. 贵 kui44
0274. 围 vei24
0275. 胃 vei44
0276. 宝 pɔ53
0277. 抱 pɔ44
0278. 毛 mɔ24
0279. 帽 mɔ44
0280. 刀 tɔ31
0281. 讨 thɔ53
0282. 桃 thɔ24
0283. 道 tɔ44
0284. 脑 lɔ53
0285. 老 lɔ53
0286. 早 tsɔ53
0287. 灶 tsɔ44
0288. 草 tshɔ53
0289. 糙注意声调 tshɔ44
0290. 造 tshɔ44
0291. 嫂 sɔ53
0292. 高 kɔ31
0293. 靠 khɔ44
0294. 熬 ŋɔ24
0295. 好～坏 xɔ53
0296. 号名 xɔ44
0297. 包 pɔ31
0298. 饱 pɔ53
0299. 炮 phɔ44
0300. 猫 mɔ24
0301. 闹 lɔ44
0302. 罩 tsɔ44
0303. 抓用手～牌 tʃuɑ31
0304. 找～零钱 tsɔ53
0305. 抄 tshɔ31
0306. 交 tɕiɔ31
0307. 敲 tɕhiɔ31
0308. 孝 ɕiɔ44
0309. 校学～ɕiɔ44
0310. 表手～piɔ53
0311. 票 phiɔ44
0312. 庙 miɔ44
0313. 焦 ȶiɔ31
0314. 小 siɔ53
0315. 笑 siɔ44
0316. 朝～代 tʂhɔ24
0317. 照 tʂɔ44
0318. 烧 ʂɔ31
0319. 绕～线 ʐɔ53
0320. 桥 tɕhiɔ24
0321. 轿 tɕhiɔ44
0322. 腰 ∅iɔ31
0323. 要重～∅iɔ44
0324. 摇 ∅iɔ24
0325. 鸟注意声母 ȵiɔ53
0326. 钓 ȶiɔ44
0327. 条 ȶhiɔ24
0328. 料 liɔ44
0329. 箫 siɔ31
0330. 叫 tɕiɔ44
0331. 母丈～，舅～ mu53
0332. 抖 tou53 发～/ thou53 ～土
0333. 偷 thou31
0334. 头 thou24
0335. 豆 tou44
0336. 楼 lou24
0337. 走 tsou53
0338. 凑 tshou44
0339. 钩注意声母 kou31
0340. 狗 kou53
0341. 够 kou44
0342. 口 khou53
0343. 藕 ŋou53
0344. 后前～xou44
0345. 厚 xou44
0346. 富 fu44
0347. 副 fu44
0348. 浮 fu24
0349. 妇 fu44
0350. 流 liu24
0351. 酒 ȶiu53
0352. 修 siu31
0353. 袖 siu44
0354. 抽 tʂhou31
0355. 绸 tʂhou24
0356. 愁 tshou24
0357. 瘦 sou44
0358. 州 tʂou31
0359. 臭香～tʂhou44
0360. 手 ʂou53
0361. 寿 ʂou44
0362. 九 tɕiu53
0363. 球 tɕhiu24
0364. 舅 tɕiu24 面称/ tɕiu44 背称
0365. 旧 tɕhiu44

0366. 牛 ȵiu24
0367. 休 çiu31
0368. 优 Øiu31
0369. 有 Øiu53
0370. 右 Øiu44
0371. 油 Øiu24
0372. 丢 ȶiu31
0373. 幼 Øiu44
0374. 贪 thã31
0375. 潭 thã24
0376. 南 lã24
0377. 蚕 tshã24
0378. 感 kã53
0379. 含～一口水 xæ̃24
0380. 暗 ŋã44
0381. 搭 tɑ31
0382. 踏注意声调 thɑ24
0383. 拉注意声调 lɑ31
0384. 杂 tsɑ24
0385. 鸽 kuo31
0386. 盒 xuo24
0387. 胆 tã53
0388. 毯 thã53
0389. 淡 thã44
0390. 蓝 lã24
0391. 三 sã31
0392. 甘 kã31
0393. 敢 kã53
0394. 喊注意声调 xã53
0395. 塔 thɑ31
0396. 蜡 lɑ31
0397. 赚 tʃuã44
0398. 杉～木，注意韵母 sɑ31
0399. 减 tçiã53
0400. 咸～淡 xã24
0401. 插 tshɑ31
0402. 闸 tsɑ44
0403. 夹～子 tçiɑ31
0404. 衫 sã31
0405. 监 tçiã31
0406. 岩 Øiã24
0407. 甲 tçiɑ31
0408. 鸭 Øiɑ31
0409. 黏～液 ʐã24
0410. 尖 ȶiã31
0411. 签～名 ȶhiã31
0412. 占～领 tʂã44
0413. 染 ʐã53
0414. 钳 tçhiã24
0415. 验 Øiã44
0416. 险 çiã53
0417. 厌 Øiã44
0418. 炎 Øiã44
0419. 盐 Øiã24
0420. 接 ȶiɛ31
0421. 折～叠 tʂɤ24
0422. 叶树～Øiɛ31
0423. 剑 tçiã44
0424. 欠 tçhiã44
0425. 严 Øiã24
0426. 业 ȵiɛ31
0427. 点 ȶiã53
0428. 店 ȶiã44
0429. 添 ȶhiã31
0430. 甜 ȶhiã24
0431. 念 ȵiã44
0432. 嫌 çiã24
0433. 跌注意声调 ȶiɛ31
0434. 贴 ȶhiɛ31
0435. 碟 ȶhiɛ24
0436. 协 çiɛ24
0437. 犯 fã44
0438. 法 fɑ31
0439. 品 phiŋ53
0440. 林 liŋ24
0441. 浸 ȶiŋ31
0442. 心 siŋ31
0443. 寻 siŋ24
0444. 沉 tʂhəŋ44
0445. 参人～səŋ31
0446. 针 tʂəŋ31
0447. 深 ʂəŋ31
0448. 任责～ʐəŋ44
0449. 金 tçiŋ31
0450. 琴 tçhiŋ24
0451. 音 Øiŋ31
0452. 立 li31
0453. 集 ȶhi24
0454. 习 si24
0455. 汁 tʂʅ31
0456. 十 ʂʅ24
0457. 入 ʒu31
0458. 急 tçi24
0459. 及 tçi24
0460. 吸 çi31
0461. 单简～tã31
0462. 炭 thã44
0463. 弹～琴 thã24
0464. 难～易 lã24
0465. 兰 lã24
0466. 懒 lã53
0467. 烂 lã44
0468. 伞注意声调 sã53
0469. 肝 kã31
0470. 看～见 khã44
0471. 岸 ŋã44
0472. 汉 xã44
0473. 汗 xã44
0474. 安 ŋã31
0475. 达 tɑ24
0476. 辣 lɑ31
0477. 擦 tshɑ31
0478. 割 kuo31
0479. 渴 khuo31
0480. 扮 phã44
0481. 办 pã44
0482. 铲 tshã53
0483. 山 sã31
0484. 产注意声母 tshã53
0485. 间房～，一～房 tçiã31
0486. 眼 ȵiã53
0487. 限 çiã44
0488. 八 pɑ31

0489. 扎 tsɑ31
0490. 杀 sɑ31
0491. 班 pã31
0492. 板 pã53
0493. 慢 mã44
0494. 奸 tɕiã31
0495. 颜 Øiã24
0496. 瞎 xɑ31
0497. 变 piã44
0498. 骗欺～phiã44
0499. 便方～piã44
0500. 棉 miã24
0501. 面～孔 miã44
0502. 连 liã24
0503. 剪 ȶiã53
0504. 浅 ȶhiã53
0505. 钱 ȶhiã24
0506. 鲜 siã53 新～/ȶiã53 味～
0507. 线 siã44
0508. 缠 tʂhã24
0509. 战 tʂã44
0510. 扇名 ʂã44
0511. 善 ʂã44
0512. 件 tɕhiã44
0513. 延 Øiã24
0514. 别～人 piɛ24
0515. 灭 miɛ31
0516. 列 liɛ31
0517. 撤 tʂhɤ53
0518. 舌 ʂɤ24
0519. 设 ʂɤ53
0520. 热 ʐɤ31
0521. 杰 tɕiɛ24
0522. 孽 ȵiɛ31
0523. 建 tɕiã44
0524. 健 tɕiã44
0525. 言 Øiã24
0526. 歇 ɕiɛ31
0527. 扁 piã53
0528. 片 phiã53
0529. 面～条 miã44
0530. 典 ȶiã53
0531. 天 ȶhiã31
0532. 田 ȶhiã24
0533. 垫 ȶhiã44
0534. 年 ȵiã24
0535. 莲 liã24
0536. 前 ȶhiã24
0537. 先 siã31
0538. 肩 tɕiã31
0539. 见 tɕiã44
0540. 牵 tɕhiã31
0541. 显 ɕiã53
0542. 现 ɕiã44
0543. 烟 Øiã31
0544. 憋 piɛ31
0545. 篾 mi24
0546. 铁 ȶhiɛ31
0547. 捏 ȵiɛ31
0548. 节 ȶiɛ31
0549. 切动 ȶhiɛ31
0550. 截 ȶhiɛ24
0551. 结 tɕiɛ31
0552. 搬 pã31
0553. 半 pã44
0554. 判 phã44
0555. 盘 phã24
0556. 满 mã53
0557. 端～午 tã31
0558. 短 tuã53
0559. 断绳～了 thuã44
0560. 暖 luã53
0561. 乱 luã44
0562. 酸 suã31
0563. 算 suã44
0564. 官 kuã31
0565. 宽 khuã31
0566. 欢 xuã31
0567. 完 Øuã24
0568. 换 xuã44
0569. 碗 Øuã53
0570. 拨 pɤ31
0571. 泼 phɤ31
0572. 末 mɤ31
0573. 脱 thuo31
0574. 夺 tuo24
0575. 阔 khuo31
0576. 活 xuo24
0577. 顽～皮，～固 vã24
0578. 滑 xuɑ24
0579. 挖 Øuɑ31
0580. 闩 ʃuã44
0581. 关～门 kuã31
0582. 惯 kuã44
0583. 还动 xuã24
0584. 还副 xɑ24
0585. 弯 vã31
0586. 刷 ʃuɑ31
0587. 刮 kuɑ31
0588. 全 tshuã24
0589. 选 suæ̃53
0590. 转～眼，～送 tʃuã44
0591. 传～下来 tʃhuã24
0592. 传～记 tʃuã44
0593. 砖 tʃuã31
0594. 船 ʃuã24
0595. 软 ʒuã53
0596. 卷～起 tɕyã53
0597. 圈圆～tɕhyã31
0598. 权 tɕhyã24
0599. 圆 Øyã24
0600. 院 Øyã44
0601. 铅～笔，注意声调 tɕhiã31
0602. 绝 tɕyo24
0603. 雪 ɕyo31
0604. 反 fã53
0605. 翻 fã31
0606. 饭 fã44
0607. 晚 vã53
0608. 万麻将牌 vã44
0609. 劝 tɕhyã44
0610. 原 Øyã24
0611. 冤 Øyã31
0612. 园 Øyã24
0613. 远 Øyã53
0614. 发头～fɑ31

0615. 罚 fɑ24
0616. 袜 vɑ31
0617. 月 Øyɛ31
0618. 越 Øyɛ31
0619. 县 ɕiã44
0620. 决 tɕyɛ53
0621. 缺 tɕhyɛ31
0622. 血 ɕiɛ31
0623. 吞 thəŋ31
0624. 根 kəŋ31
0625. 恨 xəŋ44
0626. 恩 ŋəŋ31
0627. 贫 phiŋ24
0628. 民 miŋ24
0629. 邻 liŋ24
0630. 进 ȶiŋ44
0631. 亲 ȶhiŋ31
0632. 新 siŋ31
0633. 镇 tʂəŋ44
0634. 陈 tʂhəŋ24
0635. 震 tʂəŋ44
0636. 神 ʂəŋ24
0637. 身 ʂəŋ31
0638. 辰 tʂhəŋ24 生～/ʂəŋ24 时～
0639. 人 ʐəŋ24
0640. 认 ʐəŋ44
0641. 紧 tɕiŋ53
0642. 银 Øiŋ24
0643. 印 Øiŋ44
0644. 引 Øiŋ53
0645. 笔 pi31
0646. 匹 phi44
0647. 密 mi31
0648. 栗 li31
0649. 七 ȶhi31
0650. 侄 tʂhʅ24
0651. 虱 sei31
0652. 实 ʂʅ24
0653. 失 ʂʅ31
0654. 日 Øər31
0655. 吉 tɕi31
0656. 一 Øi31
0657. 筋 tɕiŋ31
0658. 劲有～ tɕiŋ44
0659. 勤 tɕhiŋ24
0660. 近 tɕhiŋ44
0661. 隐 Øiŋ53
0662. 本 pəŋ53
0663. 盆 phəŋ24
0664. 门 məŋ24
0665. 墩 tuŋ31
0666. 嫩 lyŋ44
0667. 村 tshuŋ31
0668. 寸 tshuŋ44
0669. 蹲注意声母 tuŋ31
0670. 孙～子 suŋ31
0671. 滚 kuŋ53
0672. 困 khuŋ44
0673. 婚 xuŋ31
0674. 魂 xuŋ24
0675. 温 vəŋ31
0676. 卒棋子 tsu24
0677. 骨 ku31
0678. 轮 lyŋ24
0679. 俊注意声母 tsuŋ44
0680. 笋 suŋ53
0681. 准 tʃuŋ53
0682. 春 tʃhuŋ31
0683. 唇 ʃuŋ24
0684. 顺 ʃuŋ44
0685. 纯 tʃhuŋ24
0686. 闰 ʒuŋ44
0687. 均 tɕyŋ31
0688. 匀 Øyŋ24
0689. 律 ly31
0690. 出 tʃhu31
0691. 橘 tɕy31
0692. 分动 fəŋ31
0693. 粉 fəŋ53
0694. 粪 fəŋ44
0695. 坟 fəŋ24
0696. 蚊 vəŋ24
0697. 问 vəŋ44
0698. 军 tɕyŋ31
0699. 裙 tɕhyŋ24
0700. 熏 ɕyŋ31
0701. 云～彩 Øyŋ24
0702. 运 Øyŋ44
0703. 佛～像 fɤ24
0704. 物 vɤ31
0705. 帮 pɑŋ31
0706. 忙 mɑŋ24
0707. 党 tɑŋ53
0708. 汤 thɑŋ31
0709. 糖 thɑŋ24
0710. 浪 lɑŋ44
0711. 仓 tshɑŋ31
0712. 钢 kɑŋ31
0713. 糠 khɑŋ31
0714. 薄形 phɤ24
0715. 摸注意声调 mɤ31
0716. 托 thuo31
0717. 落 luo31
0718. 作 tʂuo31
0719. 索 suo31
0720. 各 kuo31
0721. 鹤 xuo31
0722. 恶形，入声 ŋuo31
0723. 娘 ȵiɑ24
0724. 两斤～ liɑŋ53
0725. 亮 liɑŋ44
0726. 浆 ȶiɑŋ31
0727. 抢 ȶhiɑŋ53
0728. 匠 ȶiɑŋ44
0729. 想 siɑŋ53
0730. 像 siɑŋ44
0731. 张量 tʂɑŋ31
0732. 长～短 tʂhɑŋ24
0733. 装 tʃuɑŋ31
0734. 壮 tʃuɑŋ44
0735. 疮 tʃhuɑŋ31
0736. 床 tʃhuɑŋ24
0737. 霜 ʃuɑŋ31
0738. 章 tʂɑŋ31
0739. 厂 tʂhɑŋ53
0740. 唱 tʂhɑŋ44
0741. 伤 ʂɑŋ31

0742. 尝 ʂaŋ24
0743. 上～去 ʂaŋ44
0744. 让 ʐaŋ44
0745. 姜生～tɕiaŋ31
0746. 响 ɕiaŋ53
0747. 向 ɕiaŋ44
0748. 秧 Øiaŋ31
0749. 痒 Øiaŋ53
0750. 样 Øiaŋ44
0751. 雀注意声母 tɕhyo31
0752. 削 ɕyo31
0753. 着火～了 tʃhuo24
0754. 勺 ʃuo24
0755. 弱 ʒuo31
0756. 脚 tɕyo31
0757. 约 Øyo31
0758. 药 Øyo31
0759. 光～线 kuaŋ31
0760. 慌 xuaŋ31
0761. 黄 xuaŋ24
0762. 郭 kuo31
0763. 霍 xuo31
0764. 方 faŋ31
0765. 放 faŋ44
0766. 纺 faŋ53
0767. 房 faŋ24
0768. 防 faŋ24
0769. 网 vaŋ53
0770. 筐 khuaŋ31
0771. 狂 khuaŋ24
0772. 王 vaŋ24
0773. 旺 vaŋ44
0774. 缚 fɤ24
0775. 绑 paŋ53
0776. 胖 phaŋ44
0777. 棒 phaŋ44
0778. 桩 tʃuaŋ31
0779. 撞 tʃhuaŋ44
0780. 窗 tʃhuaŋ31
0781. 双 ʃuaŋ31
0782. 江 tɕiaŋ31
0783. 讲 tɕiaŋ53
0784. 降投～ɕiaŋ24
0785. 项 xaŋ44
0786. 剥 pɤ31
0787. 桌 tʃuo31
0788. 镯 tshuo24
0789. 角 tɕyo31
0790. 壳 khuo31 花生～～/tɕhyo31 玉麦～～
0791. 学 ɕyo24
0792. 握 ȵyo31
0793. 朋 phəŋ24
0794. 灯 təŋ31
0795. 等 təŋ53
0796. 凳 təŋ44
0797. 藤 thəŋ31
0798. 能 ləŋ24
0799. 层 tshəŋ24
0800. 僧注意声母 səŋ31
0801. 肯 khəŋ53
0802. 北 pei31
0803. 墨 mei24
0804. 得 tei31
0805. 特 thei24
0806. 贼 tsei24
0807. 塞 sei31
0808. 刻 khei31
0809. 黑 xei31
0810. 冰 piŋ31
0811. 证 tʂəŋ44
0812. 秤 tʂhəŋ44
0813. 绳 ʂəŋ24
0814. 剩 ʂəŋ44
0815. 升 ʂəŋ31
0816. 兴高～ɕiŋ31
0817. 蝇注意声母 Øiŋ24
0818. 逼 pi31
0819. 力 li31
0820. 息 si31
0821. 直 tʂhʅ24
0822. 侧注意声母 tshei31
0823. 测 tshei31
0824. 色 sei31
0825. 织 tʂʅ31
0826. 食 ʂʅ24
0827. 式 ʂʅ31
0828. 极 tɕi24
0829. 国 kui31
0830. 或 xui24
0831. 猛 məŋ53
0832. 打注意韵母 ta53
0833. 冷 ləŋ53
0834. 生 səŋ31
0835. 省～长 səŋ53
0836. 更三～，打～ kəŋ44
0837. 梗注意韵母 kəŋ44
0838. 坑 khəŋ31
0839. 硬 ȵiŋ44
0840. 行～为，～走 ɕiŋ24
0841. 百 pei31
0842. 拍 phei31
0843. 白 phei24
0844. 拆 tshei31
0845. 择 tshei24
0846. 窄 tsei31
0847. 格 kei31
0848. 客 khei31
0849. 额 ŋei31
0850. 棚 phəŋ24
0851. 争 tsəŋ31
0852. 耕 kəŋ31
0853. 麦 mei31
0854. 摘 tsei31
0855. 策 tshei31
0856. 隔 kei31
0857. 兵 piŋ31
0858. 柄注意声调 piŋ53
0859. 平 phiŋ24
0860. 病 piŋ44
0861. 明 miŋ24

0862. 命 miŋ44
0863. 镜 tɕiŋ44
0864. 庆 tɕhiŋ44
0865. 迎 Øiŋ24
0866. 影 ȵiŋ53
0867. 剧戏～tɕy44
0868. 饼 piŋ53
0869. 名 miŋ24
0870. 领 liŋ53
0871. 井 ȶiŋ53
0872. 清 ȶhiŋ31
0873. 静 ȶhiŋ44
0874. 姓 siŋ44
0875. 贞 tʂəŋ31
0876. 程 tʂhəŋ24
0877. 整 tʂəŋ53
0878. 正～反 tʂəŋ44
0879. 声 ʂəŋ31
0880. 城 tʂhəŋ24
0881. 轻 tɕhiŋ31
0882. 赢 Øiŋ24
0883. 积 ȶi31
0884. 惜 siɛ31
0885. 席 si24
0886. 尺 tʂhʅ31
0887. 石 ʂʅ24
0888. 益 Øi31
0889. 瓶 phiŋ24
0890. 钉名 ȶiŋ31
0891. 顶 ȶiŋ53
0892. 厅 ȶhiŋ31
0893. 听～见，注意声调 ȶhiŋ31
0894. 停 ȶhiŋ44
0895. 挺 ȶhiŋ53
0896. 定 ȶiŋ44
0897. 零 liŋ24
0898. 青 ȶhiŋ31
0899. 星 siŋ31
0900. 经 tɕiŋ31
0901. 形 ɕiŋ24
0902. 壁 pi31
0903. 劈 phi53
0904. 踢 ȶhi31
0905. 笛 ȶhi24
0906. 历农～li31
0907. 锡 si31
0908. 击 tɕi31
0909. 吃 tʂhʅ31
0910. 横 xuŋ44
0911. 划计～xuɑ44
0912. 兄 ɕyŋ31
0913. 荣 Øyŋ24
0914. 永 Øyŋ53
0915. 营 Øiŋ24
0916. 蓬～松 phəŋ24
0917. 东 tuŋ31
0918. 懂 tuŋ53
0919. 冻 tuŋ44
0920. 通 thuŋ31
0921. 桶注意声调 thuŋ53
0922. 痛 thuŋ44
0923. 铜 thuŋ24
0924. 动 tuŋ44 劳～/thuŋ44～弹
0925. 洞 tuŋ44 窑～/thuŋ44 水～～
0926. 聋注意声调 luŋ24
0927. 弄注意声母 luŋ44
0928. 粽 tsuŋ44
0929. 葱 tshuŋ31
0930. 送 suŋ44
0931. 公 kuŋ31
0932. 孔 khuŋ53
0933. 烘～干 xuŋ31
0934. 红 xuŋ24
0935. 翁 vəŋ31
0936. 木 mu31
0937. 读 thu24
0938. 鹿 lu31
0939. 族 tshu24
0940. 谷稻～ku31
0941. 哭 phu31
0942. 屋 Øu31
0943. 冬～至 tuŋ31
0944. 统注意声调 thuŋ53
0945. 脓注意声调 luŋ24
0946. 松～紧 suŋ31
0947. 宋 suŋ44
0948. 毒 thu24
0949. 风 fəŋ31
0950. 丰 fəŋ31
0951. 凤 fəŋ44
0952. 梦 məŋ44
0953. 中当～tʃuŋ31
0954. 虫 tʃhuŋ24
0955. 终 tʃuŋ31
0956. 充 tʃhuŋ53
0957. 宫 kuŋ31
0958. 穷 tɕhyŋ24
0959. 熊注意声母 ɕyŋ24
0960. 雄注意声母 ɕyŋ24
0961. 福 fu31
0962. 服 fu53
0963. 目 mu31
0964. 六 liu31
0965. 宿住～，～舍 ɕy31
0966. 竹 tʃu31
0967. 畜～生 ɕy31
0968. 缩 ʃuo31～小/ʃuɑŋ53～脖子
0969. 粥 tʃu53
0970. 叔 ʃu31
0971. 熟 ʃu24
0972. 肉 ʐou44
0973. 菊 tɕy31
0974. 育 Øy44
0975. 封 fəŋ31
0976. 蜂 fəŋ31
0977. 缝一条～fəŋ44
0978. 浓 luŋ24
0979. 龙 luŋ24～凤/Øyŋ24 属～
0980. 松～树，注意声

调 suŋ31

0981. 重轻～tʃhuŋ44

0982. 肿 tʃuŋ53

0983. 种～树 tʃuŋ44

0984. 冲 tʃhuŋ31

0985. 恭 kuŋ31

0986. 共 kuŋ44

0987. 凶吉～ɕyŋ31

0988. 拥注意声调 Øyŋ31

0989. 容 Øyŋ24

0990. 用 Øyŋ44

0991. 绿 liu31

0992. 足 tsu31～球/tɕy31 满～

0993. 烛 tʃu31

0994. 赎 ʃu24

0995. 属 ʃu53

0996. 褥 ʒu31

0997. 曲～折，歌～tɕhy31

0998. 局 tɕhy24

0999. 玉 Øy31

1000. 浴 Øy31

第三章　词　汇

第一节　规定词汇

一、天文、地理

（一）天文

0001. 太阳～下山了　日头爷 Øər53thou0Øiɛ0
0002. 月亮～出来了　月亮 Øyɛ53liɑŋ0
0003. 星星　宿宿 siu53siu0
0004. 云　云 Øyŋ24
0005. 风　风 fəŋ31
0006. 台风　台风 thæ24fəŋ31
0007. 闪电名词　闪电 ʂã53ȶiã44
0008. 雷　呼噜爷 xu53lu0Øiɛ0/雷神爷 lui31ʂəŋ53Øiɛ0
0009. 雨　雨 Øy53
0010. 下雨　下雨 ɕiɑ44Øy53
0011. 淋衣服被雨～湿了　淋 liŋ44
0012. 晒～粮食　晒 sæ44
0013. 雪　雪 ɕyo31
0014. 冰　冰溜 piŋ53liu0
0015. 冰雹　硬雨 ȵiŋ44Øy53/冷子 ləŋ53tsɿ0
0016. 霜　霜 ʃuɑŋ31
0017. 雾　烟雾 Øiã53vu0
0018. 露　露水 lou44ʃui0
0019. 虹统称　虹 tɕiɑŋ44
0020. 日食　日食 Øər53ʂʅ0
0021. 月食　月食 Øyɛ53ʂʅ0
0022. 天气　天气 ȶhiã53tɕhi0
0023. 晴天～　晴 ȶhiŋ24
0024. 阴天～　阴 ȵiŋ31
0025. 旱天～　旱 xã44
0026. 涝天～　涝 lɔ44
0027. 天亮　天明 ȶhiã31miŋ24

（二）地貌

0028. 水田　水浇地 ʃui53tɕiɔ31ȶhi0
0029. 旱地浇不上水的耕地　旱田 xã44ȶhiã24
0030. 田埂　盖塄 kæ44ləŋ31
0031. 路野外的　路 lu44
0032. 山　山 sã31
0033. 山谷　山沟 sã24kou31/山沟沟 sã31kou53kou0/沟里 kou53li0
0034. 江大的河　江 tɕiɑŋ31
0035. 溪小的河　河渠 xuo31tɕhy53

0036. 水沟儿较小的水道　水道 ʃui53thɔ0

0037. 湖　湖 xu24

0038. 池塘　涝坝 lɔ44pɑ0/涝池 lɔ44tshɿ0

0039. 水坑儿地面上有积水的小洼儿　水滩 ʃui53thã31

0040. 洪水　洪水 xuŋ44ʃui53

0041. 淹被水～了　漫 mã44

0042. 河岸　河边 xuo31piã53

0043. 坝拦河修筑拦水的　坝 pɑ44

0044. 地震　地动 ȶi44thuŋ44

0045. 窟窿小的　窟窿 phu53luŋ0

0046. 缝儿统称　缝缝 fəŋ44fəŋ0

（三）物象

0047. 石头统称　石头 ʂʅ31thou53

0048. 土统称　土 thu53

0049. 泥湿的　泥 ȵi24

0050. 水泥旧称　洋灰 Øiɑŋ24xui31

0051. 沙子　沙石 sɑ53ʂʅ0

0052. 砖整块的　砖头 tʃuã53thou0

0053. 瓦整块的　瓦 Øuɑ53

0054. 煤　炭 thã44

0055. 煤油　煤油 mei24Øiu24

0056. 炭木炭　木炭 mu53thã0

0057. 灰烧成的　灰 xui31

0058. 灰尘桌面上的　灰千 xui31ȶhiã0

0059. 火　火 xuo53

0060. 烟烧火形成的　烟 Øiã31

0061. 失火　着火 tʃhuo31xuo53

0062. 水　水 ʃui53

0063. 凉水　冰水 piŋ31ʃui53/凉水 liɑŋ31ʃui53

0064. 热水如洗脸的热水，不是指喝的开水　温水 vəŋ31ʃui53

0065. 开水喝的　煎水 ȶiã31ʃui53

0066. 磁铁　吸铁石 ɕi31ȶhiɛ31ʂʅ24

二、时间、方位

（一）时间

0067. 时候吃饭的～　时分 sɿ31fəŋ53

0068. 什么时候　啥会 ʃuɑ44xui0

0069. 现在　壬庚 ʐəŋ31kəŋ53/这庚 tʂʅ44kəŋ31

0070. 以前十年～　前 ȶhiã24/先会 siã53xui0

0071. 以后十年～　后 xou44/往后 Øuɑŋ44xou44

0072. 一辈子　一辈辈 Øi31pei44pei0

0073. 今年　今年 tɕiŋ53ȵiã0

0074. 明年　过年 kuo44ȵiã0

0075. 后年　后年 xou44ȵiã0

0076. 去年　年时 ȵiã31sɿ53

0077. 前年　前年 ȶhiã31ȵiã53

0078. 往年过去的年份　先年 siã53ȵiã0

0079. 年初　年头 ȵiã24thou24

0080. 年底　年根 ȵiã24kəŋ53

0081. 今天　今儿 tɕiŋr31

0082. 明天　明儿 miŋr24

0083. 后天　后儿 xour53

0084. 大后天　外后儿 Øuæ44xour53

0085. 昨天　夜来 Øiɛ44læ0

0086. 前天　前儿 ȶhiãr24

0087. 大前天　上前儿 ʂɑŋ44ȶhiãr24

0088. 整天　成天 tʂhəŋ24ȶhiã31

0089. 每天　天天 ȶhiã24ȶhiã31

0090. 早晨　赶早 kã31tsɔ53/早晨 tsɔ53ʂəŋ0

0091. 上午　早了饭 tsɔ53liɔ0fã44

0092. 中午　晌午 ʂaŋ31Øu0

0093. 下午　后晌 xou44ʂaŋ0

0094. 傍晚　才黑 tshæ31xei53

0095. 白天　白天 phei31ȶhiã53

0096. 夜晚与白天相对，统称　晚上 vã53ʂaŋ0

0097. 半夜　半晚上 pã44vã53ʂaŋ0

0098. 正月农历　正月 tʂəŋ31Øyɛ0

0099. 大年初一农历　大年初一 ta44ȵiã24tʃhu31Øi31

0100. 元宵节　正月十五 tʂəŋ31Øyɛ0ʂʅ31Øu53

0101. 清明　清明 ȶhiŋ53miŋ0

0102. 端午　端午 tã31Øu0

0103. 七月十五农历，节日名　七月十五 ȶhi31Øyɛ0ʂʅ31Øu53

0104. 中秋　八月十五 pa31Øyɛ0ʂʅ31Øu53

0105. 冬至　冬至 tuŋ31tsʅ44

0106. 腊月农历十二月　腊月 la31Øyɛ0

0107. 除夕农历　大年三十 ta44ȵiã24sã31ʂʅ24

0108. 历书　历头 li53thou0

0109. 阴历　阴历 Øiŋ31li31

0110. 阳历　阳历 Øiaŋ24li31

0111. 星期天　礼拜日 li53pæ0Øər0

（二）方位

0112. 地方　地方 ȶi44faŋ31

0113. 什么地方　啥地方 ʃua44ȶi44faŋ31

0114. 家里　屋里 Øu53li0

0115. 城里　城里 tʂhəŋ31li53

0116. 乡下　乡里 ɕiaŋ53li0

0117. 上面从～滚下来　上头 ʂaŋ44thou0

0118. 下面从～爬上去　下头 xa44thou0

0119. 左边　左面 tsuo53miã0

0120. 右边　右面 Øiu44miã0

0121. 中间排队排在～　中间 tʂəŋ31tɕiã0/当中 taŋ31tʂhəŋ0

0122. 前面排队排在～　前头 ȶhiã31thou53

0123. 后面排队排在～　后头 xei44thou0

0124. 末尾排队排在～　尾巴 Øi53pha44/落巴尾尾 luo31pha0Øi53Øi0

0125. 对面　对面 tui44miã0

0126. 面前　跟前 kəŋ53ȶhiã0

0127. 背后　后头 xei44thou0

0128. 里面躲在～　里头 li53thou0

0129. 外面衣服晒在～　外头 Øuæ44thou0

0130. 旁边　膀里 paŋ53li0

0131. 上碗在桌子～　上 ʂaŋ44

0132. 下凳子在桌子～　下 xa44

0133. 边儿桌子的～　边边 piã53piã0

0134. 角儿桌子的～　角角 tɕyo53tɕyo0

0135. 上去他～了　上去 ʂaŋ44tɕhi0

0136. 下来他～了　下来 xa44læ0

0137. 进去他～了　进去 ȶiŋ44tɕhi0

0138. 出来他～了　出来 tʃhu53læ0

0139. 出去他～了　出去 tʃhu53tɕhi0

0140. 回来他～了　回来 xui31læ53

0141. 起来天冷～了　起来 tɕhiɛ53læ0

三、植物

（一）一般植物

0142. 树　树 ʃu44

0143. 木头　木头 mu53thou0

0144. 松树统称　松树 suŋ53ʃu0

0145. 柏树统称　柏树 pei53ʃu0

0146. 杉树　杉树 sɑ53ʃu0

0147. 柳树　柳树 liu53ʃu0

0148. 竹子统称　竹子 tʃu53tsɿ0

0149. 笋　笋子 suŋ44tsɿ0

0150. 叶子　叶叶 Øiɛ53Øiɛ0

0151. 花　花 xuɑ31

0152. 花蕾花骨朵儿　花骨都 xuɑ31ku53tu31/花苞豆 xuɑ31pɔ31tou53

0153. 梅花　梅花 mei31xuɑ53

0154. 牡丹　牡丹花 mu53tã31xuɑ31

0155. 荷花　荷花 xuo31xuɑ53

0156. 草　草 tshɔ53

0157. 藤　蔓蔓 vã44vã0

0158. 刺名词　刺 tshɿ44/枣子 tsɔ53tsɿ0

0159. 水果　果木 kuo53mu31

0160. 苹果　苹果 phiŋ31kuo53

0161. 桃子　桃儿 thɔr24

0162. 梨　梨 li24/梨儿 lir24

0163. 李子　李子 li53tsɿ0/梅李 mei31li0/接李 ȶiɛ31li0

0164. 杏　杏 xəŋ44

0165. 橘子　橘子 tɕy53tsɿ0

0166. 柚子　柚子 Øiu44tsɿ0

0167. 柿子　柿子 sɿ44tsɿ0

0168. 石榴　石榴 ʂʅ31liu53

0169. 枣　枣儿 tsɔr53

0170. 栗子　毛栗 mɔ31li53

0171. 核桃　核桃 xei31thɔ53

0172. 银杏白果　银杏 Øiŋ24xəŋ44

0173. 甘蔗　甘蔗 kã31tʂɤ24

0174. 木耳　木耳 mu31Øər0

0175. 蘑菇野生的　木钻钻 mu53tsuã31tsuã0/木花 mu31xuɑ0

0176. 香菇　香菇 ɕiɑŋ24ku31

（二）农作物

0177. 稻子指植物　稻子 thɔ44tsɿ0

0178. 稻谷指籽实（脱粒后是大米）　大米 tɑ44mi53

0179. 稻草脱粒后的　稻草 thɔ31tshɔ0

0180. 大麦指植物　大麦 tɑ44mei31

0181. 小麦指植物　麦 mei31

0182. 麦秸脱粒后的　麦草 mei31tshɔ0/麦秆 mei31kã0

0183. 谷子指植物（籽实脱粒后是小米）谷子 ku53tsɿ0

0184. 高粱指植物　稻黍 thɔ31tʃhu0

0185. 玉米指成株的植物　御麦 Øy44mei31/苞谷 pɔ31ku0

0186. 棉花指植物　棉花 miã31xuɑ53

0187. 油菜油料作物，不是蔬菜　菜籽 tshæ44tsɿ0

0188. 芝麻　芝麻 tsɿ53mɑ0

0189. 向日葵指植物　望日葵 Øuɑŋ44Øər0khui24

0190. 蚕豆　蚕豆 tshã31tou53

0191. 豌豆 豌豆 Øuã53tou0

0192. 花生指果实，注意婉称 花生 xuɑ24səŋ31

0193. 黄豆 白豆 phei31tou53

0194. 绿豆 小豆 siɔ53tou0

0195. 豇豆长条形的 刀豆 tɔ53tou0

0196. 大白菜东北～ 白菜 phei31tshæ53

0197. 包心菜卷心菜，圆白菜，球形的 包包白 pɔ53pɔ0phei24

0198. 菠菜 菠菜 pɤ53tshæ0

0199. 芹菜 芹菜 tɕhiŋ31tshæ53

0200. 莴笋 莴笋 Øuo31suŋ0/笋秆 suŋ53kã31

0201. 韭菜 韭菜 tɕiu53tshæ0

0202. 香菜芫荽 芫荽 Øiã31sui53

0203. 葱 葱 tshuŋ31

0204. 蒜 蒜 suã44

0205. 姜 生姜 səŋ31tɕiɑŋ31

0206. 洋葱 葱头 tshuŋ31thou24

0207. 辣椒统称 辣子 lɑ53tsɿ0

0208. 茄子统称 茄子 tɕhiɛ31tsɿ53

0209. 西红柿 洋柿子 Øiɑŋ24sɿ44tsɿ0/洋柿柿 Øiɑŋ24sɿ44sɿ0

0210. 萝卜统称 萝卜 luo31phu53

0211. 胡萝卜 红萝卜 xuŋ24luo31phu53

0212. 黄瓜 黄瓜 xuɑŋ24kuɑ31

0213. 丝瓜无棱的 丝瓜 sɿ31kuɑ0

0214. 南瓜扁圆形或梨形，成熟时赤褐色 南瓜 lã31kuɑ53

0215. 荸荠 荸荠 pi31tɕi0

0216. 红薯统称 红芋 xuŋ24Øy44

0217. 马铃薯 洋芋 Øiɑŋ24Øy44

0218. 芋头 芋头 Øy44thou0

0219. 山药圆柱形的 山药蛋 sã31Øyo0thã44

0220. 藕 莲藕 liã31ŋou53

四、动物

（一）一般动物

0221. 老虎 老虎 lɔ31xu0

0222. 猴子 猴 xou24/猴娃 xou31Øuɑ53

0223. 蛇统称 长虫 tʂhɑŋ31tʃhuŋ53

0224. 老鼠家里的 老鼠 lɔ31tʃhu0

0225. 蝙蝠 夜蝙蝠 Øiɛ44piɛ53xu0

0226. 鸟儿飞鸟，统称 鸟鸟 ȵiɔ53ȵiɔ0/雀儿 ȶhiɔr53

0227. 麻雀 宿宿 ɕy53ɕy0

0228. 喜鹊 夜雀儿 Øiɛ44ȶhiɔr0

0229. 乌鸦 黑老鸹 xei31lɔ53Øuɑ0

0230. 鸽子 鹁鸽 phu31kuo53

0231. 翅膀鸟的，统称 翎膀 liŋ31pɑŋ53/膀子 pɑŋ53tsɿ0

0232. 爪子鸟的，统称 爪爪 tsɔ53tsɔ0

0233. 尾巴 尾巴 Øi53phɑ0

0234. 窝鸟的 窝窝 Øuo53Øuo0

0235. 虫子统称 虫虫 tʃhuŋ31tʃhuŋ53

0236. 蝴蝶统称 蛾蛾 ŋuo31ŋuo53/蛾儿 ŋuor24

0237. 蜻蜓统称 蜻蜓 ȶhiŋ53ȶhiŋ0

0238. 蜜蜂 蜂 fəŋ31

0239. 蜂蜜 蜂蜜 fəŋ31mi0

0240. 知了统称 知了 tsɿ31lɔ53

0241. 蚂蚁 蚍蜉蚂 phi31fəŋ53mɑ31

0242. 蚯蚓 蛐蟮 tʂhʅ53ʂã0/曲蟮

tɕhy53ʂã0

0243. 蚕　蚕儿 tshãr24

0244. 蜘蛛会结网的　蛛蛛 tʃu53tʃu0

0245. 蚊子统称　蚊子 vəŋ31tsɿ53

0246. 苍蝇统称　苍蝇 tshaŋ53Øiŋ0/蝇子 Øiŋ31tsɿ53

0247. 跳蚤咬人的　虼蚤 kei31tsɔ0

0248. 虱子　虱 sei31

0249. 鱼　鱼 Øy24

0250. 鲤鱼　鲤鱼 li53Øy24

0251. 鳙鱼胖头鱼　鳙鱼 Øyŋ53Øy24

0252. 鲫鱼　鲫鱼 ʨi31Øy24

0253. 甲鱼　鳖 piɛ31

0254. 鳞鱼的　鱼鳞 Øy24liŋ24

0255. 虾统称　虾 ɕiɑ31

0256. 螃蟹统称　螃甲 phaŋ31tɕiɑ53

0257. 青蛙统称　青蛙 ʨhiŋ53Øuɑ0

0258. 癞蛤蟆表皮多疙瘩　疥□□ tɕiɛ44mɑ31thu0

（二）家畜、家禽

0259. 马　马 mɑ53

0260. 驴　驴 Øy24

0261. 骡　骡子 luo31tsɿ53

0262. 牛　牛 ȵiu24

0263. 公牛统称　犍牛 tɕiã53ȵiu0

0264. 母牛统称　乳牛 ʒu53ȵiu0

0265. 放牛　放牛 faŋ44ȵiu24

0266. 羊　羊 Øiaŋ24

0267. 猪　猪 tʃu31

0268. 种猪配种用的公猪　角猪 tɕyo31tʃu0

0269. 公猪成年的，已阉的　牙猪 Øiɑ31tʃu53

0270. 母猪成年的，未阉的　草猪 tshɔ53tʃu31/婕婕猪 tshɑ31tshɑ53tʃu31

0271. 猪崽　猪娃 tʃu53Øuɑ0

0272. 猪圈　猪圈 tʃu53tɕhyã0/猪窝 tʃu24Øuo31

0273. 养猪　看猪 khã31tʃu31/喂猪 Øui44tʃu31

0274. 猫　猫 mɔ24

0275. 公猫　郎猫 laŋ31mɔ53

0276. 母猫　咪猫 mi44mɔ0

0277. 狗统称　狗 kou53

0278. 公狗　牙狗 Øiɑ31kou53

0279. 母狗　草狗 tshɔ31kou53

0280. 叫狗～　咬 ȵiɔ53

0281. 兔子　兔儿 thur44/兔娃 thu44Øuɑ0

0282. 鸡　鸡 tɕi31

0283. 公鸡成年的，未阉的　公鸡 kuŋ31tɕi31

0284. 母鸡已下过蛋的　母鸡 mu53tɕi31

0285. 叫公鸡～（打鸣儿）　叫鸣 tɕiɔ44miŋ24

0286. 下鸡～蛋　下 ɕiɑ44

0287. 孵～小鸡　菢 phu44

0288. 鸭　鸭子 Øiɑ53tsɿ0

0289. 鹅　鹅 ŋuo24

0290. 阉～公的猪　择 tshei24

0291. 阉～母的猪　择 tshei24

0292. 阉～鸡　无

0293. 喂～猪　喂 Øui44

0294. 杀猪统称，注意婉称　杀猪 sɑ24tʃu31

0295. 杀～鱼　杀 sɑ31

五、房舍、器具

（一）房舍

0296. 村庄一个～　庄子 tʃuɑŋ53tsɿ0/庄里 tʃuɑŋ53li0

0297. 胡同统称：一条～　巷巷 xɑŋ53xɑŋ0

0298. 街道　街道 tɕiɛ53thɔ0

0299. 盖房子　盖房 kæ44fɑŋ24

0300. 房子整座的，不包括院子　房 fɑŋ24

0301. 屋子房子里分隔而成的，统称　屋里 Øu53li0

0302. 卧室　睡处 ʃui44tʃhu0

0303. 茅屋茅草等盖的　草房 tshɔ53fɑŋ0

0304. 厨房　灶房 tsɔ44fɑŋ0

0305. 灶统称　灶 tsɔ44

0306. 锅统称　锅 kuo31

0307. 饭锅煮饭的　锅 kuo31

0308. 菜锅炒菜的　炒锅 tshɔ53kuo31/炒勺 tshɔ53ʃuo24

0309. 厕所旧式的，统称　后院 xou44Øyã0

0310. 檩左右方向的　檩条 liŋ53ȶhiɔ0/檩子 liŋ53tsɿ0

0311. 柱子　柱子 tʃhu44tsɿ0

0312. 大门　头门 thou31məŋ53

0313. 门槛儿　门槛 məŋ31khã53

0314. 窗旧式的　窗子 tʃhuɑŋ53tsɿ0

0315. 梯子可移动的　梯子 ȶhi53tsɿ0

0316. 扫帚统称　扫帚 sɔ44tʃhu0

0317. 扫地　扫地 sɔ53ȶhi44

0318. 垃圾　渣渣 tsɑ53tsɑ0

（二）家具

0319. 家具统称　家具 tɕiɑ31tɕy44

0320. 东西我的　东西 tuŋ53si0

0321. 炕土、砖砌的，睡觉用　炕 khɑŋ44

0322. 床木制的，睡觉用　床 tʃhuɑŋ24

0323. 枕头　枕头 tʂəŋ53thou0

0324. 被子　被儿 piɛr53

0325. 棉絮　棉花 miã31xuɑ53

0326. 床单　单子 tã31tsɿ0

0327. 褥子　褥子 ʒu53tsɿ0

0328. 席子　席 si24

0329. 蚊帐　蚊帐 vəŋ24tʂɑŋ44

0330. 桌子统称　桌子 tʃuo31tsɿ0

0331. 柜子统称　柜 khui44

0332. 抽屉桌子的　抽掀 tʂhou53ɕiã0

0333. 案子长条形的　案 ŋã44

0334. 椅子统称　椅子 Øi53tsɿ0/靠椅 khɔ44Øi0

0335. 凳子统称　板凳 pã53təŋ0

0336. 马桶有盖的　尿桶 ȵiɔ44thuŋ53

（三）用具

0337. 菜刀　铡刀 tsɑ53tɔ31

0338. 瓢舀水的　马勺 mɑ53ʃuo0/勺 ʃuo24

0339. 缸　瓮 vəŋ44

0340. 坛子装酒的～　坛坛 thã31thã53

0341. 瓶子装酒的～　瓶瓶 phiŋ31phiŋ53

0342. 盖子杯子的～　盖盖 kæ44kæ0

0343. 碗统称　碗 vã53

0344. 筷子　筷子 khuæ44tsɿ0

0345. 汤匙　勺勺 ʃuo31ʃuo53
0346. 柴火统称　柴 tshæ24
0347. 火柴　洋火 Øiaŋ31xuo53
0348. 锁　锁子 suo53tsɿ0
0349. 钥匙　钥匙 Øyo53sɿ0
0350. 暖水瓶　暖壶 luã53xu24
0351. 脸盆　脸盆 liã53phəŋ0
0352. 洗脸水　洗脸水 si31liã53ʃui53
0353. 毛巾洗脸用　羊肚手巾 Øiaŋ31tu53ʂou53tɕiŋ31
0354. 手绢　手帕 ʂou53phɑ0
0355. 肥皂洗衣服用　洋碱 Øiaŋ24tɕiã53
0356. 梳子旧式的，不是篦子　木梳 mu53ʃu0
0357. 缝衣针　针 tʂəŋ31
0358. 剪子　剪子 ȶiã53tsɿ0
0359. 蜡烛　蜡 lɑ31
0360. 手电筒　手电 ʂou53ȶiã44
0361. 雨伞挡雨的，统称　伞 sã53
0362. 自行车　车子 tʂhɤ53tsɿ0

六、服饰、饮食

（一）服饰

0363. 衣服统称　穿的 tʃhuã53ȶi0
0364. 穿～衣服　穿 tʃhuã31
0365. 脱～衣服　脱 thuo31
0366. 系～鞋带　绑 paŋ53/挽 vã53
0367. 衬衫　衬衣 tshəŋ44Øi31
0368. 背心带两条杠的，内衣　背心 pei44siŋ31
0369. 毛衣　毛衣 mɔ31Øi53
0370. 棉衣　棉衣 miã31Øi53
0371. 袖子　袖子 siu44tsɿ0
0372. 口袋衣服上的　兜兜 tou53tou0/囊囊 laŋ53laŋ0
0373. 裤子　裤儿 phur53
0374. 短裤外穿的　半截裤儿 pã44tɕiɛ31phur53
0375. 裤腿　裤腿 phu44thui53
0376. 帽子统称　帽子 mɔ44tsɿ0
0377. 鞋子　鞋 xæ24
0378. 袜子　袜子 vɑ53tsɿ0
0379. 围巾　围脖 Øui31phɤ53
0380. 围裙　裙裙 tɕhyŋ31tɕhyŋ53/护襟 xu44tɕiŋ31
0381. 尿布　褯片 tɕhiɛ44phiã0
0382. 扣子　纽子 ȵiu53tsɿ0
0383. 扣～扣子　扣 khou44
0384. 戒指　戒指 tɕiɛ44tsɿ0
0385. 手镯　镯子 tshuo31tsɿ53
0386. 理发　剃头 ȶhi44thou24/推头 thui31thou24
0387. 梳头　梳头 ʃu31thou24

（二）饮食

0388. 米饭　大米饭 tɑ44mi53fã44
0389. 稀饭用米熬的，统称　米汤 mi53thaŋ31
0390. 面粉麦子磨的，统称　面 miã44
0391. 面条统称　面 miã44
0392. 面儿玉米～，辣椒～　面面 miã44miã0/面 miã44
0393. 馒头无馅儿的，统称　馍头 mã31thou53
0394. 包子　包子 pɔ53tsɿ0

0395. 饺子　煮角 tʃu53tɕyo31
0396. 馄饨　馄饨 xuŋ44tuŋ0
0397. 馅儿　馅子 ɕyã44tsɿ0
0398. 油条长条形的，旧称　油条 Øiu24ʈhiɔ24
0399. 豆浆　豆浆 tou44ʈiaŋ31
0400. 豆腐脑儿　豆花脑 tou44xuɑ31lɔ53/豆花 tou44xuɑ31
0401. 元宵食品　元宵 Øiã31siɔ53
0402. 粽子　粽子 tsuŋ44tsɿ0
0403. 年糕用黏性大的米或米粉做的　年糕 ȵiã31kɔ53
0404. 点心统称　点心 ʈiã53siŋ31
0405. 菜吃饭时吃的，统称　菜 tshæ44
0406. 干菜统称　干菜 kã31tshæ44
0407. 豆腐　豆腐 tou44fu0
0408. 猪血当菜的　猪血 tʃu24ɕiɛ31
0409. 猪蹄当菜的　猪蹄蹄 tʃu31ʈhi31ʈhi53
0410. 猪舌头当菜的，注意婉称　猪舌头 tʃu31ʂɤ31thou53
0411. 猪肝当菜的，注意婉称　肝子 kã53tsɿ0
0412. 下水猪、牛、羊的内脏　下水 ɕiɑ44ʃui0/肠肚 tʂhaŋ31tu53
0413. 鸡蛋　鸡蛋 tɕi53thã0
0414. 松花蛋　变蛋 piã44tã44
0415. 猪油　大油 tɑ44Øiu24/荤油 xuŋ31Øiu24
0416. 香油　香油 ɕiaŋ31Øiu24
0417. 酱油　酱油 ʈiaŋ44Øiu24
0418. 盐名词　盐 Øiã24
0419. 醋注意婉称　醋 tshu44
0420. 香烟　纸烟 tsɿ53Øiã31
0421. 旱烟　旱烟 xæ44Øiã31/烟叶子 Øiã31Øiɛ53tsɿ0
0422. 白酒　烧酒 ʂɔ31ʈiu0
0423. 黄酒　黄酒 xuaŋ31ʈiu53/米酒 mi31ʈiu53
0424. 江米酒酒酿，醪糟　醪糟 lɔ31tsɔ53
0425. 茶叶　茶叶 tshɑ31Øiɛ53
0426. 沏～茶　泼 phɤ31
0427. 冰棍儿　冰棍 piŋ31kuŋ44
0428. 做饭统称　做饭 tsu44fã44
0429. 炒菜统称，和做饭相对　炒菜 tshɔ53tshæ44
0430. 煮～带壳的鸡蛋　煮 tʃu53
0431. 煎～鸡蛋　煎 ʈiã31
0432. 炸～油条　炸 tshɑ24
0433. 蒸～鱼　蒸 tʂəŋ31
0434. 揉～面做馒头等　揉 ʐou24
0435. 擀～面，～皮儿　擀 kã53
0436. 吃早饭　吃赶早饭 tʂhɿ31kã31tsɔ53fã44/吃早起饭 tʂhɿ31tsɔ31tɕhiɛ0fã44
0437. 吃午饭　吃晌午饭 tʂhɿ31ʂaŋ31Øu0fã44
0438. 吃晚饭　喝汤 xuo24thaŋ31
0439. 吃～饭　吃 tʂhɿ31
0440. 喝～酒　喝 xuo31
0441. 喝～茶　喝 xuo31
0442. 抽～烟　吃 tʂhɿ31
0443. 盛～饭　舀 Øiɔ53
0444. 夹用筷子～菜　抄 tshɔ31/夹 tɕia31
0445. 斟～酒　倒 tɔ44 /看 kã44
0446. 渴口～　渴的 khuo31ʈi0

0447. 饿肚子～　饥的 tɕi31ʈi0

0448. 噎吃饭～着了　噎 Øiɛ31

七、身体、医疗

（一）身体

0449. 头人的，统称　□脑 tuo31lɔ53/颡 sɑ24

0450. 头发　帽盖 mɔ44kæ0

0451. 辫子　帽辫辫 mɔ44phiã44phiã0

0452. 旋　旋 ɕyã24

0453. 额头　额颅 ŋei53lu0

0454. 相貌　模样 mu31Øiɑŋ53

0455. 脸洗～　脸 liã53

0456. 眼睛　眼睛 ȵiã53ʈiŋ31

0457. 眼珠统称　眼仁 ȵiã53ʐəŋ24/眼仁子 ȵiã53ʐəŋ31tsɿ53

0458. 眼泪哭的时候流出来的　眼泪 ȵiã53lui0

0459. 眉毛　眼眉眉 ȵiã53mi31mi53/眉眉 mi31mi53

0460. 耳朵　耳朵 Øər53tuo0

0461. 鼻子　鼻子 phi31tsɿ53

0462. 鼻涕统称　清鼻 ʈhiŋ53phi0

0463. 擤～鼻涕　擤 siŋ53

0464. 嘴巴人的，统称　嘴 tsui53

0465. 嘴唇　嘴唇 tsui53ʃuŋ24

0466. 口水～流出来　颔水 xã31ʃui0

0467. 舌头　舌头 ʂɤ31thou53

0468. 牙齿　牙 Øiɑ24

0469. 下巴　下巴 xɑ44pɑ0

0470. 胡子嘴周围的　胡子 xu31tsɿ53

0471. 脖子　脖浪骨 phu31lɑŋ53kuo31

0472. 喉咙　喉咙眼 xu31luŋ53ȵiã53

0473. 肩膀　胛骨 tɕiɑ53ku0

0474. 胳膊　胳膊 kei53phɤ0

0475. 手方言指（打√）：只指手；包括臂：他的～摔断了　手 ʂou53

0476. 左手　左手 tsuo44ʂou53

0477. 右手　右手 Øiu44ʂou53

0478. 拳头　捶头 tʃhui31thou53

0479. 手指　手指头 ʂou53tsɿ53thou0

0480. 大拇指　大拇指头 tɑ44mu31tsɿ53thou0

0481. 食指　二拇指头 Øər44mu31tsɿ53thou0

0482. 中指　中指 tʃuŋ31tsɿ0

0483. 无名指　无名指 Øu24miŋ24tsɿ0

0484. 小拇指　小拇尕 siɔ53mu31kɑ24

0485. 指甲　指甲 tsɿ53tɕiɑ0

0486. 腿　腿 thui53

0487. 脚方言指（打√）：只指脚；包括小腿；包括小腿和大腿：他的～轧断了　脚 tɕyo31

0488. 膝盖指部位　□膝盖 khuo53ʈhi0kæ44/腿膝盖 thui53ʈhi0kæ44/扑棱盖子 pu53ləŋ0kæ44tsɿ0

0489. 背名词　脊背 ʈi31pei44

0490. 肚子腹部　肚子 thu44tsɿ0

0491. 肚脐　脖脐眼窝 phu31tɕhi53ȵiã53Øuo31

0492. 乳房女性的　奶头 læ53thou0

0493. 屁股　沟蛋子 kou31thã44tsɿ0

0494. 肛门　沟门 kou31məŋ24

0495. 阴茎成人的　尿 tɕhiu24/锤子

tʃhui31tsɿ53/行程 ɕiŋ31tʂhəŋ53

0496. 女阴成人的　屄 phi31

0497. 肏动词　合 ʐʅ31

0498. 精液　㞗 suŋ24

0499. 来月经注意婉称　身上来了 ʂʅ53ʂaŋ0læ31liɑ53

0500. 拉屎　屙屎 pɑ31sɿ53

0501. 撒尿　尿尿 ȵiɔ44ȵiɔ44

0502. 放屁　放屁 faŋ44phi44

0503. 相当于"他妈的"的口头禅　他娘日了 thɑ31ȵiɑ44ʐʅ31liɑ0

（二）疾病、医疗

0504. 病了　不嵌活 pu31tɕhiã44xuo0

0505. 着凉　凉了 liɑŋ31liɑ53

0506. 咳嗽　咳嗽 khei53sou0

0507. 发烧　发烧 fɑ24ʂɔ31

0508. 发抖　打颤 tɑ53tʂã44

0509. 肚子疼　肚子疼 thu44tsɿ0thəŋ24

0510. 拉肚子　拉稀屎 lɑ24ɕi31sɿ0/跑后 phɔ53xou44

0511. 患疟疾　吆跑牛 Øiɔ31phɔ53ȵiu0

0512. 中暑　热晕了 ʐɤ31Øyŋ44liɑ0

0513. 肿　肿了 tʃuŋ31liɑ0

0514. 化脓　熟脓 ʃu24luŋ24/发了 fɑ31liɑ0

0515. 疤好了的　疤疤 pɑ53pɑ0

0516. 癣　癣 siã53

0517. 痣凸起的　瘊子 xou31tsɿ53/黡子 Øiã53tsɿ0

0518. 疙瘩蚊子咬后形成的　疙瘩 kei53tɑ0

0519. 狐臭　臭根 tʂhou44kəŋ31

0520. 看病　看病 khã44piŋ44

0521. 诊脉　号脉 xɔ44mei31

0522. 针灸　针灸 tʂəŋ24tɕiu31

0523. 打针　打针 tɑ53tʂəŋ31

0524. 打吊针　挂吊针 kuɑ44ȶiɔ44tʂəŋ31

0525. 吃药统称　喝药 xuo24Øyo31

0526. 汤药　中药 tʃuŋ31Øyo31

0527. 病轻了　病轻了 piŋ44tɕhiŋ31liɑ0/病慢了 piŋ44mã44liɑ0

八、婚丧、信仰

（一）婚育

0528. 说媒　说媒 ʂɤ31mei24

0529. 媒人　猴下山 xou24ɕiɑ44sã31/媒人 mei31ʐəŋ53

0530. 相亲　预面 Øy44miã44

0531. 订婚　订婚 ȶiŋ44xuŋ31

0532. 嫁妆　陪房 phei31faŋ53

0533. 结婚统称　合婚 xuo24xuŋ31

0534. 娶妻子男子～，动宾　娶媳妇 tɕhy53si53fu0

0535. 出嫁女子～　出门 tʃhu31məŋ24

0536. 拜堂　拜天地 pæ44ȶhiã31ȶi44

0537. 新郎　新女婿 siŋ31ȵy53ɕy0

0538. 新娘子　新媳妇 siŋ31si53fu0

0539. 孕妇　怀娃婆娘 xuæ24Øuɑ44phɤ31ȵiaŋ53

0540. 怀孕　有啥了 Øiu53ʃuɑ44liɑ0/身不空 ʂəŋ31pu31khuŋ44/怀娃 xuæ24Øuɑ44

0541. 害喜妊娠反应　择饭 tshei24fã44/害口 xæ44khou53/害娃娃

xæ44Øuɑ31Øuɑ53

0542. 分娩　生娃 səŋ31Øuɑ44

0543. 流产　小月 siɔ31Øyɛ0

0544. 双胞胎　双生子 ʃuɑŋ44səŋ31tsɿ0

0545. 坐月子　坐月 tshuo44Øyɛ31

0546. 吃奶　吃奶 tʂhʅ31læ53

0547. 断奶　隔奶 kei31læ53

0548. 满月　出月 tʃhu31Øyɛ0

0549. 生日统称　过睟 kuo44tsui44

0550. 做寿　过好日子 kuo44xɔ53Øər31tsɿ0/添寿 ȶhiã31ʂou44

（二）丧葬

0551. 死统称　死 sɿ53

0552. 死婉称，最常用的几种，指老人：他～了　殁 mɤ31/老百年了 lɔ53pei31ȵiã0liɑ0

0553. 自杀　寻短见 siŋ24tuã53tɕiã44/寻无常 siŋ24Øu24tʂhɑŋ24

0554. 咽气　断气 thuã44tɕhi44

0555. 入殓　入殓 ʒu31liã44

0556. 棺材　棺子 kuã53tsɿ0/寿材 ʂou44tshæ0

0557. 出殡　出丧 tʃhu24sɑŋ31

0558. 灵位　灵牌 liŋ31phæ53

0559. 坟墓单个的，老人的　墓子 mu44tsɿ0/坟 fəŋ24

0560. 上坟　上坟 ʂɑŋ44fəŋ24

0561. 纸钱　纸票子 tsɿ53phiɔ44tsɿ0/鬼票子 kui53phiɔ44tsɿ0

（三）信仰

0562. 老天爷　天爷 ȶhiã53Øiɛ0

0563. 菩萨统称　菩萨 phu31sɑ53

0564. 观音　观世音 kuã44ʂʅ44Øiŋ31

0565. 灶神口头的叫法，其中如有方言亲属称谓要释义　灶爷 tsɔ44Øiɛ0

0566. 寺庙　庙上 miɔ44ʂɑŋ0

0567. 祠堂　祠堂 tshɿ31thɑŋ53

0568. 和尚　和尚 xuo31ʂɑŋ53

0569. 尼姑　尼姑 ȵi31ku53

0570. 道士　道人 tɔ44ʐəŋ0

0571. 算命统称　算卦 suã44kuɑ44

0572. 运气　运气 Øyŋ44tɕhi0

0573. 保佑　保佑 pɔ53Øiu44/保 pɔ53

九、人品、称谓

（一）人品

0574. 人一个～　人 ʐəŋ24

0575. 男人成年的，统称　外前人 Øuæ44ȶhiã0ʐəŋ24

0576. 女人三四十岁已婚的，统称　屋里人 Øu53li0ʐəŋ24

0577. 单身汉　光棍汉 kuɑŋ53kuŋ0xã0

0578. 老姑娘　老姐姐 lɔ53ȶiɛ53ȶiɛ0

0579. 婴儿　月留娃 Øyɛ53liu0Øuɑ0

0580. 小孩儿三四岁的，统称　娃娃 Øuɑ31Øuɑ53

0581. 男孩儿统称：外面有个～在哭　儿子娃 Øər31tsɿ53Øuɑ44

0582. 女孩儿统称：外面有个～在哭　女子娃 ȵy53tsɿ0Øuɑ44

0583. 老人七八十岁的，统称　老的 lɔ53ȶi0

0584. 亲戚统称　亲戚 ȶhiŋ53ȶhi0

0585. 朋友统称 朋友 phəŋ31Øiu53
0586. 邻居统称 隔壁 kei31pi53/邻家 liŋ31tɕiɑ53
0587. 客人 客 khei53
0588. 农民 庄稼汉 tʂɑŋ53Øɑ0xã0
0589. 商人 生意人 səŋ53Øi0ʐəŋ24
0590. 手艺人统称 匠人 ȶhiɑŋ44ʐəŋ0
0591. 泥水匠 瓦工 Øuɑ53kuŋ31
0592. 木匠 木匠 mu53ȶhiɑŋ0
0593. 裁缝 裁缝 tshæ31fəŋ53
0594. 理发师 剃头匠 ȶhi44thou31ȶhiɑŋ53/待□ tæ44tʂɑŋ31
0595. 厨师 厨子 tʃhu31tsɿ53
0596. 师傅 师傅 sɿ31fu0
0597. 徒弟 徒弟 thu31ȶhi53
0598. 乞丐统称，非贬称（无统称则记成年男的） 要吃的 Øiɔ44tʂhʅ31ȶi0/叫花 tɕiɔ44xuɑ31
0599. 妓女 婊子 piɔ53tsɿ0
0600. 流氓 流氓 liu24mɑŋ24
0601. 贼 贼娃子 tsei24Øuɑ53tsɿ0/绺娃子 liu53Øuɑ0tsɿ0
0602. 瞎子统称，非贬称（无统称则记成年男的） 瞎子 xɑ53tsɿ0
0603. 聋子统称，非贬称（无统称则记成年男的） 聋子 luŋ31tsɿ53
0604. 哑巴统称，非贬称（无统称则记成年男的） 瓜子 kuɑ53tsɿ0
0605. 驼子统称，非贬称（无统称则记成年男的） 背锅 pei31kuo0
0606. 瘸子统称，非贬称（无统称则记成年男的） 瘸子 tɕhyɛ31tsɿ53
0607. 疯子统称，非贬称（无统称则记成年男的） 疯子 fəŋ53tsɿ0
0608. 傻子统称，非贬称（无统称则记成年男的） 瓜子 kuɑ53tsɿ0/冷㞞 ləŋ53suŋ24
0609. 笨蛋蠢的人 闷㞞 məŋ44suŋ24/闷呆儿 məŋ44tæ24Øər0/瓜蛋 kuɑ31tã44

（二）称谓

0610. 爷爷呼称，最通用的 爷 Øiɛ24
0611. 奶奶呼称，最通用的 婆 phɤ24
0612. 外祖父叙称 外爷 Øui44Øiɛ0
0613. 外祖母叙称 外婆 Øui44phɤ0
0614. 父母合称 老的 lɔ53ȶi0
0615. 父亲叙称 爹 ȶiɛ31
0616. 母亲叙称 娘 ȵiɑ24
0617. 爸爸呼称，最通用的 爸 pɑ44
0618. 妈妈呼称，最通用的 妈 mɑ31
0619. 继父叙称 后爸 xou44pɑ0
0620. 继母叙称 后娘 xou44ȵiɑ24
0621. 岳父叙称 丈人 tʂhɑŋ44ʐəŋ0
0622. 岳母叙称 丈母娘 tʂhɑŋ44mu0ȵiɑ44
0623. 公公叙称 阿公爸 Øɑ53kuŋ0pɑ44
0624. 婆婆叙称 公婆 kuŋ53phɤ0
0625. 伯父呼称，统称 伯 pei24
0626. 伯母呼称，统称 大大 tɑ44tɑ0/大妈 tɑ44mɑ31
0627. 叔父呼称，统称 爸爸 pɑ44pɑ0
0628. 叔父呼称，排行最小的，如“幺叔” 碎爸爸 sui44pɑ44pɑ0
0629. 叔母呼称，统称 碎娘 sui44ȵiɑ44
0630. 姑呼称，统称（无统称则记分称：比父

大，比父小；已婚，未婚） 姑 ku24

0631. 姑父呼称，统称 姑父 ku53fu0

0632. 舅舅呼称 舅 tɕiu44

0633. 舅妈呼称 妗子 tɕhiŋ44tsɿ0

0634. 姨呼称，统称（无统称则记分称：比母大，比母小；已婚，未婚） 姨 Øi24

0635. 姨父呼称，统称 姨父 Øi31fu53

0636. 弟兄合称 弟兄们 ȶi44ɕyŋ31mu0

0637. 姊妹合称，注明是否可包括男性 姊妹们包括男性 tsɿ53mei0mu0

0638. 哥哥呼称，统称 哥 kɔ24

0639. 嫂子呼称，统称 嫂子 sɔ53tsɿ0

0640. 弟弟叙称 兄弟 ɕyŋ53ȶhi0

0641. 弟媳叙称 兄弟媳妇 ɕyŋ53ȶhi0si53fu0

0642. 姐姐呼称，统称 姐 ȶiɛ24/姐姐 ȶiɛ31ȶiɛ53

0643. 姐夫呼称 姐夫 ȶiɛ53fu0

0644. 妹妹叙称 妹妹 mei44tsɿ0

0645. 妹夫叙称 妹夫 mei44fu0

0646. 堂兄弟叙称，统称 伯叔弟兄 pei31ʃu0ȶi44ɕyŋ31

0647. 表兄弟叙称，统称 表兄弟 piɔ53ɕyŋ31ȶhi44

0648. 妯娌弟兄妻子的合称 先后 siã44xou0

0649. 连襟姊妹丈夫的关系，叙称 挑担 ȶhiɔ53tã31

0650. 儿子叙称：我的～ 儿 Øər24/后人 xou44ʐəŋ0

0651. 儿媳妇叙称：我的～ 儿媳妇 Øər24si53fu0

0652. 女儿叙称：我的～ 女子 ȵy53tsɿ0

0653. 女婿叙称：我的～ 女婿 ȵy53ɕy0

0654. 孙子儿子之子 孙子 suŋ53tsɿ0

0655. 重孙子儿子之孙 重孙 tʃhuŋ31suŋ53

0656. 侄子弟兄之子 侄儿 tʂhʅr24

0657. 外甥姐妹之子 外甥 Øuæ44səŋ31

0658. 外孙女儿之子 外孙 Øuæ44suŋ31

0659. 夫妻合称 两口 liɑŋ31khou0

0660. 丈夫叙称，最通用的，非贬称：她的～ 男人 lã31ʐəŋ53

0661. 妻子叙称，最通用的，非贬称：他的～ 媳妇 si53fu0

0662. 名字 名字 miŋ31tsɿ53

0663. 绰号 外号 Øuæ44xɔ53

十、农、工、商、文

（一）农业

0664. 干活儿统称：在地里～ 做活 tsu44xuo24

0665. 事情一件～ 事 sɿ44

0666. 插秧 插秧 tshɑ24Øiɑŋ31

0667. 割稻 割稻子 kuo31thɔ44tsɿ0

0668. 种菜 务菜 vu44tshæ44

0669. 犁名词 犁 li24

0670. 锄头 锄 tʃhu24

0671. 镰刀 镰 liã24

0672. 把儿刀～ 把把 pɑ44pɑ0

0673. 扁担 担 tã44

0674. 箩筐 筐筐 khuɑŋ53khuɑŋ0

0675. 筛子统称 筛筛 sæ53sæ0

0676. 簸箕农具，有梁的 撮箕 tshuo31tɕi0

0677. 簸箕簸米用　簸箕 pɤ44tɕi0
0678. 独轮车　卡娃车 tɕhiɑ53Øuɑ0tʂhɤ31
0679. 轮子旧式的，如独轮车上的　轱辘 ku53lou0
0680. 碓整体　碓窝 tui44Øuo31
0681. 臼　碓窝 tui44Øuo31
0682. 磨名词　磨子 mɤ44tsɿ0
0683. 年成　年干 ȵiã31kã53/年份 ȵiã31fəŋ53

（二）工商业

0684. 走江湖统称　走江湖 tsou53tɕiɑŋ53xu0
0685. 打工　做活 tsu44xuo24/做工 tsu44kuŋ31
0686. 斧子　斧头 fu53thou0
0687. 钳子　钳子 tɕhiã31tsɿ53
0688. 螺丝刀　起子 tɕhi53tsɿ0
0689. 锤子　锤锤 tʃhui31tʃhui53/榔头 lɑŋ31thou53
0690. 钉子　钉钉 ȶiŋ53ȶiŋ0
0691. 绳子　绳绳 ʂəŋ31ʂəŋ53/绳 ʂəŋ24
0692. 棍子　棍 kuŋ44/棍棍 kuŋ44kuŋ0/棒棒 pɑŋ31pɑŋ53
0693. 做买卖　做生意 tsu44səŋ53Øi0
0694. 商店　铺子 phu44tsɿ0
0695. 饭馆　馆子 kuã53tsɿ0
0696. 旅馆旧称　店房 ȶiã44fɑŋ0
0697. 贵　贵 kui44
0698. 便宜　贱 ȶhiã44
0699. 合算　划来 xuɑ31læ53
0700. 折扣　打折 tɑ53tʂɤ31
0701. 亏本　贴本 ȶhiɛ31pəŋ53
0702. 钱统称　钱 ȶhiã24/票子 phiɔ44tsɿ0
0703. 零钱　毛钱 mɔ24ȶhiã24
0704. 硬币　钢洋 kɑŋ31Øiɑŋ24
0705. 本钱　本金 pəŋ53tɕiŋ31
0706. 工钱　工价 kuŋ31tɕiɑ44
0707. 路费　盘缠 phã31tʂhæ53
0708. 花～钱　花 xuɑ31
0709. 赚卖一斤能～一毛钱　赚 tʃuã44
0710. 挣打工～了一千块钱　挣 tsəŋ44
0711. 欠～他十块钱　该 kæ31
0712. 算盘　算盘 suã44phã0
0713. 秤统称　秤 tʂhəŋ44
0714. 称用秆秤～　志 tsɿ44
0715. 赶集　跟集 kəŋ31ȶhi24
0716. 集市　集 ȶhi24
0717. 庙会　庙会 miɔ44xui44

（三）文化、娱乐

0718. 学校　书房 ʃu53fɑŋ0/学堂 ɕyo31thɑŋ53
0719. 教室　教室 tɕiɔ44ʂʅ31
0720. 上学　念书 ȵiã44ʃu31
0721. 放学　放学 fɑŋ44ɕyo24
0722. 考试　考试 khɔ53sɿ44
0723. 书包　书包 ʃu31pɔ0
0724. 本子　本本 pəŋ53pəŋ0
0725. 铅笔　铅笔 tɕhiã24pi31
0726. 钢笔　水笔 ʃui53pi31
0727. 圆珠笔　原子笔 Øyã31tsɿ53pi31
0728. 毛笔　毛笔 mɔ24pi31
0729. 墨　墨 mei24

0730. 砚台　砚瓦 Øiã44Øuɑ0

0731. 信一封～　信 siŋ44

0732. 连环画　画册 xuɑ44tshei31

0733. 捉迷藏　藏猫猫猴

ȶhiɑŋ24mɔ31mɔ53xou24

0734. 跳绳　跳绳 ȶhiɔ24ʂəŋ24

0735. 毽子　毽子 tɕiã44tsɿ0

0736. 风筝　风筝 fəŋ31tsəŋ0

0737. 舞狮　耍狮子 ʃuɑ53sɿ53tsɿ0

0738. 鞭炮统称　鞭炮 piã53phɔ0

0739. 唱歌　唱歌儿 tʂhɑŋ44kuor31

0740. 演戏　唱戏 tʂhɑŋ44ɕi44

0741. 锣鼓统称　锣鼓家什

luo31ku53tɕiɑ53sɿ0

0742. 二胡　二胡 Øər44xu0

0743. 笛子　笛 ȶhi24

0744. 划拳　划拳 xuɑ31tɕhyã24

0745. 下棋　下棋 ɕiɑ44tɕhi24

0746. 打扑克　打牌 tɑ53phæ24

0747. 打麻将　打麻将 tɑ53mɑ24ȶiɑŋ44

0748. 变魔术　耍把戏 ʃuɑ31pɑ53ɕi0

0749. 讲故事　讲故事 tɕiɑŋ53ku44sɿ0

0750. 猜谜语　猜谜 tshæ53mi44

0751. 玩儿游玩：到城里～　耍 ʃuɑ53

0752. 串门儿　游门子 Øiu24məŋ31tsɿ53

0753. 走亲戚　游亲戚 Øiu24ȶhiŋ31ȶhi0

十一、动作、行为

（一）具体动作

0754. 看～电视　看 khã44

0755. 听用耳朵～　听 ȶhiŋ31

0756. 闻嗅：用鼻子～　闻 vəŋ24

0757. 吸～气　吸 ɕi31

0758. 睁～眼　睁 tsəŋ31

0759. 闭～眼　闭 pi44

0760. 眨～眼　眨 tsã31

0761. 张～嘴　张 tʂɑŋ31

0762. 闭～嘴　闭 pi44

0763. 咬狗～人　咬 ȵiɔ53

0764. 嚼把肉～碎　嚼 tɕhyɛ24

0765. 咽～下去　咽 Øiã44

0766. 舔人用舌头　舔 ȶhiã53

0767. 含～在嘴里　噙 tɕhiŋ24

0768. 亲嘴　哵 pɑŋ24

0769. 吮吸用嘴唇聚拢吸取液体，如吃奶时

咂 tsɑ31

0770. 吐上声，把果核儿～掉　唾 thuo44

0771. 吐去声，呕吐：喝酒喝～了　吐

thu53

0772. 打喷嚏　打喷嚏 tɑ53phəŋ44ȶhi0

0773. 拿用手把苹果～过来　拿 lɑ24

0774. 给他～我一个苹果　给 kei44

0775. 摸～头　揣 tʃhuæ53

0776. 伸～手　展 tʂã53

0777. 挠～痒痒　搔 tsɔ31

0778. 掐用拇指和食指的指甲～皮肉

掐 tɕhiɑ31

0779. 拧～螺丝　上 ʂɑŋ44

0780. 拧～毛巾　扭 ȵiɛ53

0781. 捻用拇指和食指来回～碎　研 Øiã24

0782. 掰把橘子～开，把馒头～开　掰

pei31

0783. 剥～花生　剥 pɔ31

0784. 撕把纸～了　扯 tʂhɤ53

0785. 折把树枝～断　折 tʂɤ53

0786. 拔～萝卜　拔 phɑ24
0787. 摘～花　折 tʂɤ53
0788. 站站立：～起来　立 li31
0789. 倚斜靠：～在墙上　垫 ȶhiã44/靠 khɔ44
0790. 蹲～下　蹴 ȶiu44
0791. 坐～下　坐 tshuo44
0792. 跳青蛙～起来　跳 ȶhiɔ24
0793. 迈跨过高物：从门槛上～过去　跷 tɕhiɔ44
0794. 踩脚～在牛粪上　踏 thɑ24
0795. 翘～腿　乍 tsɑ44
0796. 弯～腰　蜷 tɕhyã24
0797. 挺～胸　挺 ȶhiŋ53
0798. 趴～着睡　趴 phɑ24
0799. 爬小孩儿在地上～　爬 phɑ24
0800. 走慢慢儿～　走 tsou53
0801. 跑慢慢儿走，别～　跑 phɔ53
0802. 逃逃跑：小偷儿～走了　跑 phɔ53
0803. 追追赶：～小偷儿　撵 ȵiã53
0804. 抓～小偷儿　拉 lɑ31
0805. 抱把小孩儿～在怀里　抱 pɔ44
0806. 背～孩子　背 pei31
0807. 搀～老人　搀 tshã31
0808. 推几个人一起～汽车　掀 ɕiã31/揭 tɕiɛ31
0809. 摔跌：小孩儿～倒了　跌 ȶiɛ31
0810. 撞人～到电线杆　碰 phəŋ44
0811. 挡你～住我了，我看不见　堵 tu53/挡 tɑŋ44
0812. 躲躲藏：他～在床底下　藏 ȶhiɑŋ24
0813. 藏藏放，收藏：钱～在枕头下面　藏 ȶhiɑŋ24
0814. 放把碗～在桌子上　放 fɑŋ44
0815. 摞把砖～起来　摞 luo44
0816. 埋～在地下　埋 mæ24
0817. 盖把茶杯～上　盖 kæ44
0818. 压用石头～住　压 ȵiɑ31
0819. 摁用手指按：～图钉　按 ŋã44
0820. 捅用棍子～鸟窝　戳 tʃhuo31
0821. 插把香～到香炉里　插 tshɑ31
0822. 戳～个洞　戳 tʃhuo31
0823. 砍～树　剁 tuo44
0824. 剁把肉～碎做馅儿　斫 tsɑ53
0825. 削～苹果　削 ɕyɛ31
0826. 裂木板～开了　迸 piɛ44
0827. 皱皮～起来　□ tʃhu31
0828. 腐烂死鱼～了　臭了 tʂhou44liɑ0
0829. 擦用毛巾～手　擦 tshɑ31
0830. 倒把碗里的剩饭～掉　倒 tɔ44
0831. 扔丢弃：这个东西坏了，～了它　撇 phiɛ31
0832. 扔投掷：比一比谁～得远　撇 phiɛ31
0833. 掉掉落，坠落：树上～下一个梨　滴 ȶiɛ31
0834. 滴水～下来　滴 ȶiɛ31
0835. 丢丢失：钥匙～了　□ Øər53
0836. 找寻找：钥匙～到　寻 siŋ24
0837. 捡～到十块钱　拾 ʂʅ24
0838. 提用手把篮子～起来　提 ȶhi24
0839. 挑～担　担 tã31
0840. 扛把锄头～在肩上　掮 tɕhiɛ24
0841. 抬～轿　抬 thæ24
0842. 举～旗子　□ tʂou53
0843. 撑～伞　打 tɑ53

0844. 撬把门～开　别 phiɛ24

0845. 挑挑选，选择：你自己～一个　挑 ȶhiɔ31

0846. 收拾～东西　拾掇 ʂʅ31tuo53

0847. 挽～袖子　缏 piã53

0848. 涮把杯子～一下　涮 ʃuã44

0849. 洗～衣服　洗 si53

0850. 捞～鱼　捞 lɔ24

0851. 拴～牛　拴 ʃuã31

0852. 捆～起来　绑 paŋ53

0853. 解～绳子　解 tɕiɛ53

0854. 挪～桌子　挪 luo24

0855. 端～碗　端 tuã31

0856. 摔碗～碎了　绊 pã44

0857. 掺～水　掺 tshã31

0858. 烧～柴　烧 ʂɔ31

0859. 拆～房子　拆 tshei31

0860. 转～圈儿　转 tʃuã44

0861. 捶用拳头～　砸 tsha24

0862. 打统称：他～了我一下　挃 ȶiɛ24/打 ta53

0863. 打架动手：两个人在～　打捶 ta53tʃhui24

0864. 休息　缓嘎 xuã53ka0

0865. 打哈欠　打哈欠 ta53xuo53ɕiã0

0866. 打瞌睡　丢盹 ȶiu31tuŋ53

0867. 睡他已经～了　睡下 ʃui44xa0

0868. 打呼噜　扯颔水 tʂhɤ53xã44ʃui0

0869. 做梦　梦睡梦 məŋ44ʃui44məŋ0

0870. 起床　起来 tɕhiɛ53læ0

0871. 刷牙　刷牙 ʃua31Øia24

0872. 洗澡　洗澡 si31tsɔ53

（二）抽象动作

0873. 想思索：让我～一下　思量 sɿ53liaŋ0

0874. 想想念：我很～他　想 siaŋ53

0875. 打算我～开个店　尺算 tʂhʅ53suã0

0876. 记得　记起 tɕi44tɕhiɛ0

0877. 忘记　忘了 Øuaŋ44liɔ0

0878. 怕害怕：你别～　害怕 xæ44pha44

0879. 相信我～你　信 siŋ44

0880. 发愁　愁人 tshou31ʐəŋ53

0881. 小心过马路要～　当心 taŋ24siŋ31

0882. 喜欢～看电视　爱 ŋæ44

0883. 讨厌～这个人　眼黑 ȵiã53xei31

0884. 舒服凉风吹来很～　嵌活 tɕhiã44xuo0

0885. 难受生理的　不嵌活 pu31tɕhiã44xuo0

0886. 难过心理的　愁肠 tshou24tʂhaŋ31

0887. 高兴　兴的 ɕiŋ31ȶi0

0888. 生气　着气 tʃhuo24tɕhi44

0889. 责怪　怪 kuæ44

0890. 后悔　后悔 xou44xui0

0891. 忌妒　眼憋人 ȵiã53piɛ53ʐəŋ0

0892. 害羞　□ ʃuŋ24

0893. 丢脸　丢人 ȶiu31ʐəŋ24

0894. 欺负　欺负 tɕhi53fu0

0895. 装～病　装 tʃuaŋ31

0896. 疼～小孩儿　爱 ŋæ44

0897. 要我～这个　要 Øiɔ44

0898. 有我～一个孩子　有 Øiu53

0899. 没有他～孩子　没 mɤ31

0900. 是我～老师　是 sɿ44

0901. 不是他～老师　不是 pu31sɿ44

0902. 在他～家　在 tsæ44

0903. 不在他～家　不在 pu31tsæ44

0904. 知道我～这件事　知道 tʂʅ53tɔ0

0905. 不知道我～这件事　不知道 pu31tʂʅ53tɔ0

0906. 懂我～英语　会 xui44

0907. 不懂我～英语　不会 pu31xui44

0908. 会我～开车　会 xui44

0909. 不会我～开车　不会 pu31xui44

0910. 认识我～他　认得 ʐəŋ44tei0

0911. 不认识我～他　认不得 ʐəŋ44pu31tei0

0912. 行应答语　能成 ləŋ24tʂhəŋ24

0913. 不行应答语　没向 mɤ31ɕiaŋ44

0914. 肯～来　肯 khəŋ53

0915. 应该～去　应该 Øiŋ24kæ31

0916. 可以～去　能 ləŋ24

（三）言语

0917. 说～话　说 ʂɤ31

0918. 话说～　话 xuɑ44

0919. 聊天儿　谝光传 phiã53kuɑŋ44tʃhuã0/谝闲传 phiã53ɕiã24tʃhuã24

0920. 叫～他一声儿　叫 tɕiɔ44

0921. 吆喝大声喊　吆喝 Øiɔ53xuo0/呐喊 lɑ31xã53

0922. 哭小孩儿～　哭 phu31

0923. 骂当面～人　骂 mɑ44

0924. 吵架动嘴：两个人在～　骂仗 mɑ44tʂɑŋ44

0925. 骗～人　哄 xuŋ53

0926. 哄～小孩儿　哄 xuŋ53

0927. 撒谎　撂白 liɔ44phei24

0928. 吹牛　说大话 ʂɤ31tɑ44xuɑ44

0929. 拍马屁　舔沟子 ȶhiã53kou31tsɿ0

0930. 开玩笑　说耍话 ʂɤ31ʃuɑ53xuɑ0

0931. 告诉～他　说给 ʂɤ53kei0

0932. 谢谢致谢语　麻系你了 mɑ31ɕi53ȵi53liɑ0

0933. 对不起致歉语　不好意思 pu31xɔ53Øi44sɿ31

0934. 再见告别语　下回见 ɕiɑ44xui0tɕiã44

十二、性质、状态

（一）形貌

0935. 大苹果～　大 tɑ44

0936. 小苹果～　碎 sui44

0937. 粗绳子～　奘 tʃuɑŋ44

0938. 细绳子～　细 si44

0939. 长线～　长 tʂhɑŋ24

0940. 短线～　短 tuã53

0941. 长时间～　长 tʂhɑŋ24

0942. 短时间～　短 tuã53

0943. 宽路～　宽 khuã44

0944. 宽敞房子～　宽展 khuã31tʂã0

0945. 窄路～　窄 tsei31

0946. 高飞机飞得～　高 kɔ31

0947. 低鸟飞得～　低 ȶi31

0948. 高他比我～　高 kɔ31

0949. 矮他比我～　低 ȶi31

0950. 远路～　远 Øyã53

0951. 近路～　近 tɕhiŋ44

0952. 深水～　深 ʂəŋ31
0953. 浅水～　浅 ȶhiã53
0954. 清水～　清 ȶhiŋ31
0955. 浑水～　糊 xu44
0956. 圆　圆 Øyã24
0957. 扁　扁 piã53
0958. 方　方 faŋ31
0959. 尖　尖 ȶiã31
0960. 平　平 phiŋ24
0961. 肥～肉　肥 fei24
0962. 瘦～肉　瘦 sou44
0963. 肥形容猪等动物　肥 fei24
0964. 胖形容人　胖 phɑŋ44
0965. 瘦形容人、动物　癯气 tɕhyɛ44tɕhi44/瘦气 sou44tɕhi44
0966. 黑黑板的颜色　黑 xei31
0967. 白雪的颜色　白 phei24
0968. 红国旗的主颜色，统称　红 xuŋ24
0969. 黄国旗上五星的颜色　黄 xuɑŋ24
0970. 蓝蓝天的颜色　蓝 lã24
0971. 绿绿叶的颜色　绿 liu31
0972. 紫紫药水的颜色　绛色 tɕiɑŋ44sei31
0973. 灰草木灰的颜色　灰 xui31

（二）状态

0974. 多东西～　多 tuo31
0975. 少东西～　少 ʂɔ53
0976. 重担子～　重 tʃhuŋ44
0977. 轻担子～　轻 tɕhiŋ31
0978. 直线～　端 tuã31
0979. 陡坡～，楼梯～　陡 tou53
0980. 弯弯曲：这条路是～的　弯 vã31
0981. 歪帽子戴～了　偏 phiã31
0982. 厚木板～　厚 xou44
0983. 薄木板～　薄 phɤ24
0984. 稠稀饭～　稠 tʂhou24
0985. 稀稀饭～　稀 ɕi31/清 ȶhiŋ31
0986. 密菜种得～　稠 tʂhou24
0987. 稀稀疏：菜种得～　稀 ɕi31
0988. 亮指光线，明亮　亮 liɑŋ44
0989. 黑指光线，完全看不见　黑 xei31
0990. 热天气　热 ʐɤ31
0991. 暖和天气～　暖和 luã53xuo0
0992. 凉天气～　凉 liɑŋ24
0993. 冷天气～　冷 ləŋ53
0994. 热水～　热 ʐɤ31
0995. 凉水～　冰 piŋ31
0996. 干干燥：衣服晒～了　干 kã31
0997. 湿潮湿：衣服淋～了　湿 ʂʅ31
0998. 干净衣服～　干净 kã53ȶhiŋ0
0999. 脏肮脏，不干净，统称：衣服～　脏得很 tsɑŋ31ȶi0xəŋ53
1000. 快锋利：刀子～　利 li44
1001. 钝刀子～　老 lɔ53
1002. 快坐车比走路～　快 khuæ44
1003. 慢走路比坐车～　慢 mã44/淹 ȵiã31
1004. 早来得～　早 tsɔ53
1005. 晚来～了　迟 tshʅ24
1006. 晚天色～　黑了 xei31liɑ0
1007. 松捆得～　松 suŋ31
1008. 紧捆得～　紧 tɕiŋ53
1009. 容易这道题～　容易 Øyŋ31Øi53
1010. 难这道题～　难 lã24
1011. 新衣服～　新 siŋ31
1012. 旧衣服～　旧 tɕhiu44

1013. 老人～　老 lɔ53
1014. 年轻人～　年轻 ȵiã24tɕhiŋ31
1015. 软糖～　软 ʒuã53
1016. 硬骨头～　硬 ȵiŋ44
1017. 烂肉煮得～　烂 lã44
1018. 煳饭烧～了　焦 ȶiɔ31
1019. 结实家具～　结实 tɕiɛ53ʂʅ0
1020. 破衣服～　烂 lã44
1021. 富他家很～　财东 tshæ31tuŋ53
1022. 穷他家很～　穷 tɕhyŋ24
1023. 忙最近很～　忙 mɑŋ24
1024. 闲最近比较～　闲 ɕiã24
1025. 累走路走得很～　乏 fɑ24
1026. 疼摔～了　疼 thəŋ24
1027. 痒皮肤～　咬人 ȵiɔ53ʐəŋ0
1028. 热闹看戏的地方很～　热闹 ʐɤ53lɔ0
1029. 熟悉这个地方我很～　熟 ʃu24
1030. 陌生这个地方我很～　生 səŋ31
1031. 味道尝尝～　味道 vei44tɔ0
1032. 气味闻闻～　气气 tɕhi44tɕhi0
1033. 咸菜～　咸 xã24
1034. 淡菜～　甜 ȶhiã24
1035. 酸　酸 suã31
1036. 甜　甜 ȶhiã24
1037. 苦　苦 khu53
1038. 辣　辣 lɑ31
1039. 鲜鱼汤～　鲜 siã53
1040. 香　香 ɕiɑŋ31/爨 tshuã44
1041. 臭　臭 tʂhou44
1042. 馊饭～　燍气 sʅ53tɕhi0
1043. 腥鱼～　腥气 siŋ53tɕhi0

（三）品性

1044. 好人～　好 xɔ53
1045. 坏人～　瞎 xɑ31
1046. 差东西质量～　差 tshɑ31
1047. 对账算～了　对 tui44
1048. 错账算～了　错 tshuo31
1049. 漂亮形容年轻女性的长相：她很～　漂 phiɔ31/俊样 tsuŋ44Øiɑŋ44/心疼 siŋ31thəŋ24
1050. 丑形容人的长相：猪八戒很～　难看 lã24khã44
1051. 勤快　勤苦 tɕhiŋ31phu53
1052. 懒　死人 sʅ53ʐəŋ0
1053. 乖　蛮 mã24
1054. 顽皮　瓷坦 tshʅ31thã53
1055. 老实　老诚 lɔ53tʂhəŋ0
1056. 傻痴呆　瓜 kuɑ31/争 tsəŋ31
1057. 笨蠢　闷 məŋ44/笨 phəŋ44
1058. 大方不吝啬　大方 tɑ44fɑŋ31
1059. 小气吝啬　啬皮 sei31phi24
1060. 直爽性格～　直肠子 tʂʅ31tʂhɑŋ53tsʅ0
1061. 犟脾气～　犟 tɕhiɑŋ44/□ tʂʅ44

十三、数量

（一）数字

1062. 一～二三四五……，下同　一 Øi31
1063. 二　二 Øər44
1064. 三　三 sã31
1065. 四　四 sʅ44
1066. 五　五 Øu53

1067. 六　六 liu31
1068. 七　七 ʨhi31
1069. 八　八 pɑ31
1070. 九　九 tɕiu53
1071. 十　十 ʂʅ24
1072. 二十有无合音　二十 Øər44ʂʅ0
1073. 三十有无合音　三十 sã31ʂʅ0
1074. 一百　一百 Øi24pei31
1075. 一千　一千 Øi24ʨhiã31
1076. 一万　一万 Øi31vã44
1077. 一百零五　一百零五 Øi24pei31liŋ24Øu53
1078. 一百五十　百五 pei31Øu53
1079. 第一～，第二　第一 ʨi44Øi31
1080. 二两重量　二两 Øər44liɑŋ31
1081. 几个你有～孩子？　几个 tɕi53kɔ31
1082. 俩你们～　俩 liɑŋ53
1083. 仨你们～　仨 sã31
1084. 个把　个别 kɔ44piɛ24/个把 kɔ44pɑ31

（二）量词

1085. 个一～人　个 kɔ44
1086. 匹一～马　匹 phi44
1087. 头一～牛　个 kɔ44
1088. 头一～猪　个 kɔ44
1089. 只一～狗　个 kɔ44
1090. 只一～鸡　个 kɔ44
1091. 只一～蚊子　个 kɔ44
1092. 条一～鱼　个 kɔ44
1093. 条一～蛇　个 kɔ44
1094. 张一～嘴　个 kɔ44
1095. 张一～桌子　张 tʂɑŋ31
1096. 床一～被子　条 ʨhiɔ24
1097. 领一～席子　页 Øiɛ31
1098. 双一～鞋　双 ʃuɑŋ31
1099. 把一～刀　把 pɑ53
1100. 把一～锁　个 kɔ44
1101. 根一～绳子　条 ʨhiɔ24
1102. 支一～毛笔　杆 kã53
1103. 副一～眼镜　副 fu44
1104. 面一～镜子　个 kɔ44
1105. 块一～香皂　块 khuæ53
1106. 辆一～车　辆 liɑŋ53
1107. 座一～房子　座 tshuo44
1108. 座一～桥　眼 ȵiã53
1109. 条一～河　条 ʨhiɔ24
1110. 条一～路　条 ʨhiɔ24
1111. 棵一～树　个 kɔ44
1112. 朵一～花　朵 tuo53
1113. 颗一～珠子　个 kɔ44
1114. 粒一～米　颗 khuo53
1115. 顿一～饭　顿 tuŋ44
1116. 剂一～中药　服 fu44
1117. 股一～香味　股 ku53
1118. 行一～字　行 xɑŋ44
1119. 块一～钱　块 khuæ53
1120. 毛角：一～钱　毛 mɔ24
1121. 件一～事情　个 kɔ44
1122. 点儿一～东西　点点 ʨiã53ʨiã0
1123. 些一～东西　些 siɛ31
1124. 下打一～，动量，不是时量　下 xɑ44
1125. 会儿坐了一～　下下 xɑ44xɑ0
1126. 顿打一～　顿 tuŋ44
1127. 阵下了一～雨　霎子 sɑ53tsɿ0/阵

阵 tʂəŋ44tʂəŋ0
1128. 趟去了一～ 回 xui24

十四、代词、副词、介词、连词

（一）代词

1129. 我～姓王 我 ŋuo53
1130. 你～也姓王 你 ȵi53
1131. 您尊称 无
1132. 他～姓张 他 thɑ53
1133. 我们不包括听话人：你们别去，～去 我的 ŋuo31ȶi0/我 ŋuo31
1134. 咱们包括听话人：他们不去，～去吧 咱的 tsɑ24ȶi0/咱 tsɑ24
1135. 你们～去 你的 ȵi31ȶi0/你 ȵi31
1136. 他们～去 他的 thɑ31ȶi0/他 thɑ31
1137. 大家～一起干 大家 tɑ44Øiɑ0
1138. 自己我～做的 □ kuã24
1139. 别人这是～的 旁人 phɑŋ31ʐəŋ53/再人 tsæ44ʐəŋ0
1140. 我爸～今年八十岁 我爹 ŋuo24ȶiɛ31
1141. 你爸～在家吗？ 你爹 ȵi24ȶiɛ31
1142. 他爸～去世了 他爹 thɑ24ȶiɛ31
1143. 这个我要～，不要那个 这个 tʂʅ44kɔ0
1144. 那个我要这个，不要～ 兀个 Øu44kɔ0/那个 læ44kɔ0
1145. 哪个你要～杯子？ 啊个 Øɑ31kɔ0
1146. 谁你找～？ 谁 sei24
1147. 这里在～，不在那里 这搭 tʂʅ44tɑ0
1148. 那里在这里，不在～ 兀搭 Øu44tɑ0/那搭 lɑ44tɑ0
1149. 哪里你到～去？ 搭 tɑ24
1150. 这样事情是～的，不是那样的 这么个 tʂʅ44mɤ0kɔ0
1151. 那样事情是这样的，不是～的 那么个 lɑ44mɤ0kɔ0
1152. 怎样什么样：你要～的？ 咋么 tsɑ31mɤ0
1153. 这么～贵啊 这么 tʂʅ44mɤ0
1154. 怎么这个字～写？ 咋么 tsɑ31mɤ0
1155. 什么这个是～字？ 啥 ʃuɑ44
1156. 什么你找～？ 啥 ʃuɑ44
1157. 为什么你～不去？ 为啥 Øui44ʃuɑ44
1158. 干什么你在～？ 做啥 tsu44ʃuɑ44
1159. 多少这个村有～人？ 多少 tuo31ʂɔ53

（二）副词

1160. 很今天～热的 很 xəŋ53
1161. 非常比上条程度深：今天～热 茬大 tshɑ24tɑ44
1162. 更今天比昨天～热 还 xɑ24
1163. 太这个东西～贵，买不起 太 thæ44
1164. 最弟兄三个中他～高 最 tsui44
1165. 都大家～来了 都 tou24
1166. 一共～多少钱？ 满共 mã53kuŋ44
1167. 一起我和你～去 一搭 Øi53tɑ0
1168. 只我～去过一趟 只 tsʅ31
1169. 刚这双鞋我穿着～好 刚 kɑŋ24

1170. 刚我～到　刚 kaŋ24/才 tshæ24

1171. 才你怎么～来啊？　才 tshæ24

1172. 就我吃了饭～去　就 ȶiu44

1173. 经常我～去　常 tʂhaŋ24/一滚 Øi31kuŋ53

1174. 又他～来了　可 khuo31

1175. 还他～没回家　还 xa24

1176. 再你明天～来　再 tsæ44/还 xa24

1177. 也我～去；我～是老师　也 Øa31

1178. 反正不用急，～还来得及　横顺 ɕyɛ24ʃuŋ44/反正 fã31tʂəŋ44

1179. 没有昨天我～去　没 mɤ31

1180. 不明天我～去　不 pu31

1181. 别你～去　覅 pɤ31

1182. 甭不用，不必：你～客气　覅 pɤ31

1183. 快天～亮了　快 khuæ44

1184. 差点儿～摔倒了　险乎 ɕiɛ31xuo53

1185. 宁可～买贵的　哪怕 la31pha44

1186. 故意～打破的　成心 tʂhəŋ24siŋ31/□□ liɛ44kuo0

1187. 随便～弄一下　随意 sui24Øi44

1188. 白～跑一趟　白 phei24

1189. 肯定～是他干的　保险 pɔ31ɕiã53

1190. 可能～是他干的　兴许 ɕiŋ44ɕy0

1191. 一边～走，～说　旋 suã44

（三）介词、连词

1192. 和我～他都姓王　得 tei44/连 liã24

1193. 和我昨天～他去城里了　得 tei44/连 liã24

1194. 对他～我很好　待 tæ44

1195. 往～东走　着 tʃhuo44

1196. 向～他借一本书　问 vəŋ44

1197. 按～他的要求做　照 tʂɔ44

1198. 替～他写信　代 tæ44

1199. 如果～忙你就别来了　要是 Øiɔ44sɿ44

1200. 不管～怎么劝他都不听　不管 pu31kuã53

第二节　自选词汇

一、天地、时间、方位

1201. 晒暖暖晒太阳 sæ44luã53luã0

1202. 烧霞 ʂɔ44

1203. 白雨阵雨 phei24Øy53

1204. 霖子雨连阴雨 liŋ44tsɿ0Øy53

1205. 调雨无风而下得很大的雨 ȶhiɔ24Øy53

1206. 条子雨中雨 ȶhiɔ31tsɿ53Øy53

1207. 刮风吹风 kua53fəŋ31

1208. 崖风顺着崖刮的旋风 ŋæ31fəŋ53

1209. 旋风龙卷风 ɕyã31fəŋ53

1210. 外前外头 Øuæ44ȶhiã0

1211. 兀会刚才 Øu44xui0

1212. 老里过去 lɔ53li0

1213. 忙"门上"的合音 maŋ24

1214. 当时即时，立即 taŋ31sɿ24

1215. 老早过去 lɔ31tsɔ53

1216. 外后年大后年 Øuæ44xou44ȵiã0

1217. 上半日前半日 ʂaŋ44pãr0

1218. 精刚晌午正午太阳直射头顶时分
ȶiŋ24kaŋ31ʂaŋ31Øu0

1219. 擦黑儿天刚黑时 tshɑ31xeir53

1220. 鸡叫了凌晨两三点以后
tɕi31tɕiɔ44liɑ0

1221. 鸡叫头遍后半夜
tɕi31tɕiɔ44thou31piã53

1222. 露麻明黎明时分 lu53mɑ0miŋ0

1223. 夜黑昨晚 Øiɛ53xei0

1224. 扳扳土俗传可吃的土，又叫观音土
pã53pã0thu53

1225. 崖哇哇回声 ŋæ31Øuɑ53Øuɑ0

1226. 犁沟犁镂过的浅沟或地界 li31kou53

1227. 趄坡子稍斜的土坡或田地
tɕhiɛ44phɤ31tsʅ0

1228. 胡墼土疙瘩，也指土坯 xu31tɕi53

1229. 上正时月正月 ʂaŋ44tʂəŋ0sʅ31Øyɛ0

1230. 脚地屋内地面 tɕyo31ȶi53

1231. 自碎儿从幼年起 tsʅ44suir53

1232. 二阴子多云天气 Øər44ȵiŋ31tsʅ0

1233. 连阴雨持续降雨数天 liã24ȵiŋ31Øy53

1234. 绰凌霜冻雨，树挂 tʃhuo31liŋ0ʃuɑŋ53

二、亲属、人品

1235. 白话客一贯撒谎的人
phei31xuɑ53khei31

1236. 半山风冒失鬼 pã44sã31fəŋ31

1237. 逛山游手好闲、不务正业的人
kuɑŋ44sã31

1238. 争山莽夫 tsəŋ31sã31

1239. 废客善挑剔、爱闹事者 fei44khei31

1240. 白日鬼没有真本事、糊弄人的人
phei24ʐʅ31kui53

1241. 啬皮很吝啬的人 sei31phi24

1242. 瘪三冤大头，吃亏的人 piɛ31sã31

1243. 濮气形容女人干活不麻利 phu53tɕhi0

1244. 暮囊形容做事干活缓慢 mu44lɑŋ0

1245. 败家子光花钱不挣钱的人
phæ44tɕiɑ31tsʅ0

1246. 飞把子泛指亡命之徒 fei31pɑ31tsʅ0

1247. 日弄山忽悠人的人 ʐʅ53luŋ31sã31

1248. 谝传客爱说大话的人
phiã53tʃhuã31khei31

1249. 逛留锤逛荡圆滑不实在的人
kuɑŋ44liu31tʃhui0

1250. 赞灵子男性善于自我夸耀者
tsã44liŋ31tsʅ0

1251. 阴溜神女性不诚实而又轻佻者
Øiŋ53liu31ʂəŋ0

1252. 马六神善于惹是生非的女人
mɑ53liu31ʂəŋ0

1253. 姚婆后娘，贬称 Øiɔ31phɤ53

1254. □皮指人不聪明，对周围的事无动于衷 tɕhiŋ44phi24

1255. 独家无邻居的人家 thu31tɕiɑ53

1256. 绝业绝户人的家业 tɕyɛ31ȵiɛ53

1257. 拿法操作方法 lɑ31fɑ53

1258. 爷父两个爷儿俩 Øiɛ31fu53liɑŋ53kɔ0

1259. 弟兄两个兄弟俩 ȶi44ɕyŋ31liɑŋ53kɔ0

1260. 先后两个妯娌俩 siã44xou0liɑŋ53kɔ0

三、农事、植物、动物

1261. 收黄田夏收 ʂou31xuɑŋ31ȶhiã53

1262. 忙里三夏大忙 mɑŋ31li53

1263. 忙天三夏大忙 mɑŋ31ȶhiã53

1264. 忙毕夏收毕 maŋ24pi31
1265. 凉圈牲口平时休息场地 liaŋ44tɕhyã31
1266. 扬场锨木锨，扬场专用，轻巧 Øiaŋ24tʂhaŋ24ɕiã31
1267. 牛鼻桊穿在牛鼻子上的小铁环或小木棍儿，用以牵牛 ȵiu24phi31tɕhyã53
1268. 刃片麦镰上安装的刀片 ʐəŋ44phiã0
1269. □土把土端走或装筐 tshei31thu53
1270. 揄草用手把草整理后喂进铡口 ʒu53tshɔ53
1271. 光场把土场泼湿或雨后碾平 khuaŋ31tʂhaŋ24
1272. 碾生场碾轧头遍小麦 ȵiã53səŋ53tʂhaŋ0
1273. 碾乱场把田禾抖乱碾轧 ȵiã53luã44tʂhaŋ0
1274. 落场场里散落的粮食粒 luo53tʂhaŋ0
1275. 晒耙晒粮食用的木齿耙 sæ44pha0
1276. 掠场扬场时用扫把轻落麦衣 lyɛ31tʂhaŋ24
1277. 衣子麦糠 Øi53tsɿ0
1278. 沙杈收场时用来拾取麦草的杈 sa44tsha31
1279. 间杈用来转运麦草的农具，下有两轮，齿有椽子粗细 tɕiæ31tsha0
1280. 麦钩拉麦草时用的两个齿的铁钩 mei31kou0
1281. 脐窝碌碡两头的窝儿 tɕhi31Øuo53
1282. 谷杈两股铁杈 ku31tsha0
1283. 肘肘镰刀 tʂou53tʂou0
1284. 撑棍撑住驴或马的嘴与磨子的木棍，以防偷吃 tshəŋ53kuŋ0
1285. 揞眼磨面时把牲口眼睛蒙住 ŋã31ȵiã0
1286. 牛杻牲口嘴上带的用具，防偷吃，也叫"牛笼嘴" ȵiu24tshou31
1287. 岔子嚼子 tsha44tsɿ0
1288. 上粪施肥 ʂaŋ44fəŋ44
1289. 起圈牲口圈里撒干土 tɕhi53tɕhyã44
1290. 垫圈把牲口圈内的粪便运出去 ȶhiã44tɕhyã44
1291. 畦子田垄 ɕi44tsɿ0
1292. 泥壁抹墙的工具 ȵi44pi31
1293. 墂墙用土坯立着砌墙 phiɔ44ȶhiaŋ24
1294. 扎墙砌墙 tsa31ȶhiaŋ24
1295. 墁墙往泥过的墙上覆以少量无麦草的泥使墙更光 mã44ȶhiaŋ24
1296. 砖墁地砖铺地 tʃuã31mã44ȶhi44
1297. 瘊子疣 xou31tsɿ53
1298. 挑脐安装在碾夹两端夹住脐窝 ȶhiɔ53ȶhi0
1299. 火镰旧时击打取火种的工具 xuo53liã0
1300. 链枷用于捶打谷物的农具 liã31tɕia53
1301. 粪板一种拉东西时装在车厢两端的挡板 fəŋ44pã0
1302. 鉎泥生锈 səŋ53ȵi0
1303. 灰耙烧炕时捅火的工具 xui53pha0
1304. 洒壶淋水壶 sa53xu0
1305. 棉鱼鲇鱼 miã24Øy24
1306. □□猫头鹰 ɕiŋ44xou0
1307. 鸧□□啄木鸟 tɕhiã31pɔ44pɔ44
1308. 叫驴公驴 tɕiɔ44Øy24
1309. 公子驴种公驴 kuŋ31tsɿ0Øy24
1310. 草驴母驴 tshɔ31Øy24
1311. 羝羊公绵羊 ȶi53Øiaŋ0
1312. 驹骝羊山羊 tɕy53liu31Øiaŋ0

1313. 骚胡羊公山羊 sɔ53xu0Øiɑŋ24
1314. 寻驹马驴发情 siŋ24tɕy31
1315. 寻羔羊发情 siŋ24kɔ31
1316. 号儿子猫发情 xɔ44Øər31tsɿ53
1317. 寻犊牛发情 siŋ24tu24
1318. 跑食猪发情 phɔ53ʂʅ24
1319. 练儿子狗发情 liã44Øər31tsɿ53
1320. 毛缨谷莠子 mɔ31Øiŋ53
1321. 呛子芥子，芥末 ȶhiɑŋ53tsɿ0
1322. 齐烟小叶烟 ȶhi31Øiã53
1323. 吹手吹唢呐的艺人 tʃhui31ʂou0
1324. 拐线用线拐子把瓜儿拐成绺子 kuæ53siã44
1325. 摆摊子卖东西摆摊设点，泛指地摊 pæ53thã53tsɿ0
1326. 开门面在集镇开设固定门店 khæ31məŋ31miã53
1327. 槅头牛拉犁时脖子上系的弯木 kei53thou0
1328. 毛色泛指牲口颜色 mɔ31sei53
1329. 倒毛脱毛，换毛 tɔ44mɔ24
1330. 回草反刍 xui24tshɔ53
1331. 夜眼喜晚间活动的动物 Øiɛ44ȵiã0
1332. 饿老雏老鹰 ŋuo44lɔ31tʃhu0
1333. 燕唧唧燕子 Øiã44tɕi31tɕi0
1334. 麦牛麦象，米象 mei31ȵiu24
1335. 屎爬牛屎壳郎 sɿ53phɑ0ȵiu24
1336. 鬼钻子蚂蟥 kui53tsuã44tsɿ0
1337. 醋虫食醋中的蝇蛆 tshu44tʃhuŋ0
1338. 瞌头虫麦秆蝇，害虫 khuo53thou0tʃhuŋ0
1339. 卧冬动物冬眠 Øuo44tuŋ31
1340. 芽麦出了芽的麦 Øiɑ31mei53
1341. 香椿芽一种可食用的椿树叶子 ɕiɑŋ31tʃhuŋ31Øiɑ24
1342. 蜜蜜秆带有甜味的玉米秆 mi44mi0kã53
1343. 新物刚成熟的水果 siŋ31vɤ31
1344. 榆树一种树 ʒu31ʃu53
1345. 榆钱榆树结的籽，像铜钱 ʒu31ȶhiã53
1346. 麦禾瓶花似瓶状，麦田害草 mei53xuo0phiŋ0
1347. 地软地耳，菌生，多长塄边 ȶhi44ʐã0

四、衣食住行

1348. 耳挂子耳帽 Øər53kuɑ31tsɿ0
1349. 汗夹单背心 xã44tɕiɑ31
1350. 褂褂薄棉衣 kuɑ44kuɑ0
1351. 撩襟衣服前下摆 liɔ31tɕiŋ0
1352. 箍子银饰类戒指 ku31tsɿ0
1353. 杌子杌凳 Øu53tsɿ0
1354. 干粮厚烧饼 kã53liɑŋ0
1355. 粄粉粉条儿 phiã44fəŋ0
1356. 甑底箅子 ȶiŋ44ȶi0
1357. 甑笆有高圈的箅子 ȶiŋ44pɑ0
1358. 托笼蒸笼 thuo31luŋ24
1359. 箸篓罐盛筷子的竹筒 tʃu44lou0kuã44
1360. 筐篮盛粮食用的竹编大匾篮 phu31lã53
1361. 锅铲铲锅铲 kuo31tshã53tshã0
1362. 接嘴漏斗 ȶiɛ31tsui0
1363. 电壶热水瓶 ȶiã44xu24
1364. 锅头锅台 kuo53thou0
1365. 灶火烧火做饭的地方 tsɔ44xuo0
1366. 锅灶专指妇女做饭技术 kuo53tsɔ0

1367. 麦饭用面和菜等蒸的饭 mei53fã0

1368. 刮刮锅巴 kuɑ53kuɑ0

1369. 起面用酵子发好的面 tɕhi53miã0

1370. 死面未发酵的面 sɿ53miã0

1371. 节节面一种麦面同杂粮面夹层而做的面条 ȶiɛ53ȶiɛ0miã44

1372. 油卷子多层加油蒸的花卷馍 Øiu31tɕyã53tsɿ0

1373. 角角芽麦面制成的甜面角，形如饺子 tɕyo53tɕyo0

1374. 血条一种用羊血、猪血和面粉做的面条 ɕiɛ53ȶhiɔ0

1375. 面饽擀面时防止面粘的糜面或粉面 miã44phu0

1376. 流水席客人如流水般坐席吃饭 liu31ʃui53si24

1377. 麻糖麻花 mɑ31thɑŋ53

1378. 涨泛蒸馍的面发的松泡 tʂɑŋ44fã0

1379. 克化消化 khei53xuɑ0

1380. 恶水泔水 ŋuo31ʃui0

1381. 凿子木工用于凿铆的一种工具 tsuo31tsɿ53

1382. 平斤锛子 phiŋ31tɕiŋ53

1383. 界墙隔开两邻或两室的墙 tɕiɛ44ȶhiɑŋ0

1384. 捻弄修理 ȵiã53luŋ0

1385. 针线蒲篮放针线的柳编篮篮 tʂəŋ53siã0phu31lã53

1386. 苫枕枕巾 ʂã44tʂəŋ0

1387. 一□针用同样针脚做针线活 Øi31ȵiɛ0tʂəŋ31

1388. 缠钮门一种缠绕式技法 phiã24ȵiu53məŋ0

1389. 供桌祭祀时摆放供品的桌子 kuŋ44tʃuo31

1390. 锅眼门灶台进柴的门户 kuo31ȵiã0məŋ24

1391. 风掀风箱 fəŋ53ɕiã0

1392. 锅板锅盖 kuo31pã0

1393. 锅刷洗锅用的刷子 kuo31ʃuɑ0

1394. 锅墨铁锅底部的炭墨，可作中药，即“百草霜”，是一味中药 kuo53mei0

1395. 清油菜油 ȶhiŋ31Øiu24

1396. 席盖盖在蒸笼上收气的席片 si31kæ53

1397. 瓦缸盛面用的陶土缸 Øuɑ53kɑŋ31

1398. 擀杖擀面杖 kã53tʂhɑŋ0

1399. 调羹席桌上舀醋盐的小勺 ȶhiɔ31kəŋ53

1400. 罗儿罗面用的工具 luor24

1401. 炉齿灶底过灰的铁齿子 lu31tshɿ53

1402. 灯盏生铁铸的点清油的灯具 təŋ31tsã0

1403. 草把用麦草编的圆形草垫坐具 tshɔ31pɑ0

1404. 尿盆夜间撒尿用的瓦盆 ȵiɔ44phəŋ0

1405. 拐棍拐杖 kuæ53kuŋ0

五、身体、病痛

1406. 奔颅前额 pəŋ53lu0

1407. 鬓间鬓角 piŋ44tɕiã31

1408. 胭脂骨颧骨 Øiã31tsɿ0ku31

1409. 脑勺脑袋后面突出的部分 lɔ53ʃuo0

1410. 胳搔窝腋下 kuo31tsɔ24Øuo31

1411. 肋巴肋子 lei31pɑ0

1412. 精溜子赤身裸体 ȶiŋ31liu44tsɿ0

1413. 卵卵小孩儿的阴囊 luã53luã0

1414. 牛牛讳称小孩儿的阴茎 ȵiu31ȵiu53

1415. 踝拉骨踝骨 xuæ31lɑ53ku31

1416. 浆包胎盘 ȶiɑŋ31pɔ0

1417. 捶头拳头 tʃhui31thou53

1418. 身坯体形 ʂəŋ31phei0

1419. 发福指年长一点的人发胖了 fɑ24fu31

1420. 变狗小儿生病 piã44kou53

1421. 熥热敷 thuo31

1422. 麸花花花疹子 fu31xuɑ0

1423. 呦跑牛打摆子 Øiɔ31phɔ53ȵiu0

1424. 羊羔疯癫痫 Øiɑŋ31kɔ53fəŋ31

1425. 打单子开药方 tɑ53tã53tsɿ0

1426. 抓药买汤药 tʃuɑ24Øyo31

六、婚丧、交际

1427. 赍发姐姐嫁女 tɕhi31fɑ0ȶiɛ53ȶiɛ0

1428. 纳礼送礼 lɑ31li53

1429. 添箱给出嫁女子送礼 ȶhiã24siɑŋ31

1430. 续亲续弦 ɕy44ȶhiŋ31

1431. 办寡妇娶寡妇 pã44kuɑ53fu0

1432. 咽气断气，绝气 Øiã44tɕhi44

1433. 清油灯勾魂灯 ȶhiŋ31Øiu24təŋ31

1434. 割材做棺材 kuo31tshæ24

1435. 枋木棺材板 fɑŋ24mu31

1436. 守丧守灵 ʂou53sɑŋ31

1437. 孝帽男孝子服用 ɕiɔ44mɔ0

1438. 孝衫女孝子服用 ɕiɔ44sã31

1439. 孝袍男重孝子服用 ɕiɔ44phɔ0

1440. 鞔鞋往鞋上覆以白布而成为孝鞋 mã24xæ24

1441. 哭棍丧把，哭丧棒 khu53kuŋ0

1442. 送埋送葬 suŋ44mæ24

1443. 抬埋抬灵柩 thæ31mæ53

1444. 打捶打架 tɑ53tʃhui24

1445. 吃瞎账吃人便宜，白吃别人的饭 tʂhʅ31xɑ53tʂɑŋ0

1446. 揭纸买纸 tɕiɛ31tsɿ53

1447. 灌油买油，倒油 kuã44Øiu24

1448. 扯布买布料 tʂhɤ53pu44

1449. 称盐买盐 tʂhəŋ31Øiã24

1450. 拉猪娃买小猪 lɑ31tʃu53Øuɑ0

1451. 割肉买肉 kuo31ʐou44

1452. 磨价讨价还价 mɤ24tɕiɑ44

七、动作、行为

1453. 打批耳打脸，贬义 tɑ53phi53Øər0

1454. 扇耳挂打耳光 ʂã31Øər53kuɑ0

1455. 打绞项朝脸和脖子处打 tɑ53tɕiɔ53xɑŋ0

1456. 挪过挪开 luo31kuo53

1457. 傍里起走开 pɑŋ53li0tɕhi0

1458. 擩往进塞 ʒu53

1459. 料当针对状况想办法 liɔ44tɑŋ0

1460. 指天划宿宿指手画脚 tsɿ53ȶhiã31xuɑ44siu53siu0

1461. 掂检自己估量，掌握分寸 ȶiã31tɕiã0

1462. 相端观看，琢磨 siɑŋ44tuã0

1463. 望想希望，盼头 Øuɑŋ44siɑŋ0

1464. 把作受作难 pɑ53tsuo0

1465. 媒劲鼓劲用力 mei24tɕiŋ44

1466. 谴讲议论争议 tɕhiã31tɕiɑŋ0

1467. 尺谋考虑规划安排 tʂhʅ53mu0

1468. 势翻随意胡乱翻动东西 ʂʅ44fã0

1469. 透用清水再洗一次 thou44

1470. 弹嫌找毛病 thã31ɕiã53

1471. 散伙散了 sã44xuo0

1472. 曳流引诱 Øiɛ44liu0

1473. 严窝严实 ȵiã31Øuo53

1474. 破船暴露的意思 phɤ44ʃuã0

1475. 和和绳，和线 xuo24

1476. 衍出来液体溢出 Øiã53tʃhu0læ0

1477. 刁抢 ȶiɔ31

1478. 铸熔铸金属 tɔ44

1479. 逗用手揣摸 tou44

1480. 丁开错开 ȶiŋ31khæ0

1481. 看稀乎景观看没见过的景致 kã44ɕi53xu0tɕiŋ53

八、形容词等

1482. 拉蔓女性过于邋遢者 lɑ53vã0

1483. 清亮清楚 ȶhiŋ53liaŋ0

1484. 干署老年妇女干净利落，漂亮贤惠 kã31ʃu53

1485. 二不愣指人不振作的样子 Øər44pu31ləŋ0

1486. 胡抓胡挖指人行动处事无条理 xu24tʃuɑ31xu24Øuɑ31

1487. 硬头骨抓指人性格暴躁生硬 ȵiŋ44thou0ku31tʃuɑ0

1488. 灰马老鼠颜色不重，东西成色不好，人倒了霉 xui53mɑ0lɔ31ʃu0

1489. 柴木草禾乱七八糟的样子，言语带刺儿 tshæ31mu53tshɔ31xuo0

1490. 二里二思三心二意 Øər44li0Øər44sʅ0

1491. 刻七马嚓快，很快地 khei31ȶhi0mɑ31tshɑ0

1492. 面面斯畏当着当事人的面让人本着原则办事，使其不好意思 miã44miã0sʅ31Øui0

1493. 愣棒莽撞 ləŋ53paŋ24

1494. 麻眼动作迟缓；糟糕 mɑ31ȵiã53

1495. 麻缠麻烦事 mɑ24tʂhã24

1496. 不当可怜 pu53taŋ0

1497. 力练干练 li53liã0

1498. 活道活泼 xuo31tɔ53

1499. 和亲和蔼 xuo24ȶhiŋ53

1500. 花繁女人活泼，褒义 xuɑ53fã0

1501. 泼诚干活卖力 phɤ53tʂhəŋ0

1502. 白生生白得难看 pei31səŋ53səŋ0

1503. 黑哇哇黑得难看 xei31Øuɑ31Øuɑ0

1504. 黑擦擦很黑的样子 xei31tshɑ31tshɑ0

1505. 长嘎嘎长得难看 tʂhaŋ31kɑ53kɑ0

1506. 黄歇歇不很黄的样子 xuaŋ31ɕiɛ53ɕiɛ0

1507. 红堂堂红彤彤 xuŋ31thaŋ53thaŋ0

1508. 黑瘦黑瘦又黑又瘦 xei53sou0xei53sou0

1509. 细长细长又细又长 si44tʂhaŋ0si44tʂhaŋ0

1510. 白胖白胖又白又胖 phei31phaŋ53phei31phaŋ53

1511. 黄亮黄亮又黄又亮 xuaŋ24liaŋ44xuaŋ24liaŋ44

1512. 连相全部 liã24siaŋ44

1513. 打满全部 tɑ31mã53

第四章　语法与口头文化

第一节　语法例句

1. 你是哪里人？

   你是啊搭人？

   ȵi53sɿ44Øɑ24tɑ31ʐəŋ24？

2. 我是陕西________人。（说出所在县或市）

   我是陕西麟游人。

   ŋuo53sɿ44ʂæ̃53si31liŋ31Øiu53ʐəŋ24.

3. 你今年多大？

   你今年多岁数？

   ȵi53tɕiŋ53ȵiæ̃0tuo31sui44ʃu0？

4. 我________岁了。（说出自己的实际年龄）

   我七十了。

   ŋuo53ȶhi53ʂʅ0liɑ0.

5. 你叫什么名字？

   你叫个啥名字？

   ȵi53tɕiɔ44kɔ0ʃuɑ44miŋ31tsɿ53？

6. 我叫________。（说出自己的名字）

   我叫马文元。

   ŋuo53tɕiɔ44mɑ53vəŋ24Øyã24.

7. 你家住哪里？

   你屋到搭呢？

   ȵi53Øu31tɔ44tɑ24ȵi0？

8. 我家住________。（说出自己居住的地址）

   我屋到九成宫镇镇头湾村呢。

ŋuo24Øu53tɔ44tɕiu53tʂhəŋ24kuŋ31tʂəŋ44tʂəŋ44thou24Øuæ31tshuŋ31ȵi0.

9. 谁呀？我是老三。

谁一个？我是老三。

sei24Øi31kɔ0？ŋuo53sɿ44lɔ53sæ31.

10. 老四呢？他正在跟一个朋友说着话呢。

老四呢？他正跟一个伙家说话呢。

lɔ53sɿ44ȵi0？thɑ53tʂəŋ44kəŋ24Øi31kɔ0xuo53Øiɑ0ʂɤ31xuɑ44ȵi0.

11. 他还没有说完吗？

他还没说毕吗？

thɑ53xɑ24mɤ31ʂɤ31pi31mɑ0？

12. 还没有。大约再有一会儿就说完了。

还没毕。估摸还得一下下。

xɑ24mɤ31pi31. ku31mɤ31xɑ24tei31Øi31xɑ44xɑ0.

13. 他说马上就走，怎么这半天了还在家里呢？

他说当下就走呀，咋么这半天了还在屋呢？

thɑ53ʂɤ31tɑŋ31ɕiɑ44ʈiu44tsou53Øiɑ0，tʂɑ31mɤ0tʂʅ44pæ44ʈhiæ31liɑ0xɑ24tsæ44Øu53 ȵi0？

14. 你到哪儿去？我到城里去。

你搭去呀？我城去呀。

ȵi53tɑ53tɕhi44Øiɑ0？ŋuo53tʂhəŋ24tɕhi44Øiɑ0.

15. 在那儿，不在这儿。

在兀搭，不在这搭。

tsæ44Øu44tɑ0，pu31tsæ44tʂʅ44tɑ0.

16. 不是那么做，是要这么做的。

不是那么做，要这么做呢。

pu31sɿ44lɑ44mɤ0tsu44，Øiɔ44tʂʅ44mɤ0tsu44ȵi0.

17. 太多了，用不着那么多，只要这么多就够了。

多得很，用不了啦，这点就够了。

tuo31ʈi31xəŋ53，Øyŋ44pu31liɔ53liɑ0，tʂʅ44ʈiã31ʈiu44kou44liɑ0.

18. 这个大，那个小，这两个哪一个好点呢？

这个大，兀个碎，这俩啊个好？

tʂei53kɔ0tɑ44，Øu53kɔ0sui44，tʂei44liɑŋ53Øɑ31kɔ0xɔ53？

19. 这个比那个好。

这个比兀个好。

tʂʅ53kɔ0pi53Øu53kɔ0xɔ53.

20. 这些房子不如那些房子好。

这些房子没有□些房子好。

tʂei44siɛ0faŋ31tsʅ53mɤ31Øiu53Øuæ44siɛ0faŋ31tsʅ53xɔ53.

21. 这句话用______话怎么说？（填本地地名，本地音）

该话用镇头湾话咋说呢？

kæ53xuɑ44Øyŋ44tʂəŋ44thou24Øuã31xuɑ44tsɑ31ʂɤ31ȵi0？

22. 他今年多大岁数？

他今年多岁数了？

thɑ53tɕiŋ31ȵiã24tuo31sui44ʃu0liɑ0？

23. 大概有三十来岁吧。

□□三十来岁。

khui44mu0sã53ʂʅ0læ0sui44.

24. 这个东西有多重呢？

该东西轻吗重？

kæ53tuŋ53si0tɕhiŋ53mɑ0tʃhuŋ44？

25. 有五十斤重呢。

有五十来斤。

Øiu53Øu53ʂʅ0læ0tɕiŋ31.

26. 拿得动吗？

能拿起呀不？

ləŋ24lɑ24tɕhiɛ53Øiɑ0pu31？

27. 我拿得动，他拿不动。

我能拿起，他拿不起。

ŋuo53ləŋ24lɑ24tɕhiɛ53，thɑ53lɑ24pu31tɕhiɛ53.

28. 真不轻，重得连我都拿不动了。

真个不轻，重得连我都拿不起了。

tʂəŋ31kɔ0pu24tɕhiŋ31，tʃhuŋ44ȶi0liã24ŋuo53tou31lɑ24pu53tɕhiɛ53liɑ0.

29. 你说得很好，你还会说点儿什么呢？

你说该对得很，你还说点啥啊不？

ȵi53ʂɤ31kæ53tui44ȶi0xəŋ53，ȵi53xɑ24ʂɤ31ȶiã31ʃuɑ44Øɑ0pu31？

30. 我嘴笨，我说不过他。

我嘴拙，说不过他。

ŋuo53tsui53tʂɤ31，ʂɤ31pu31kuo44thɑ53.

31. 说了一遍，又说了一遍。

说了一遍，还说了一遍。

ʂɤ31liɑ0Øi31piã44，xɑ24ʂɤ31liɑ0Øi31piã44.

32. 请你再说一遍。

麻系你再说一遍。

mɑ31ɕi53ȵi53tsæ44ʂɤ31Øi31piã44.

33. 不早了，快去吧！

不早了，快去！

pu31tsɔ53liɑ0，khuæ44tɕhi44！

34. 现在还很早呢。等一会儿再去吧。

这会还早□呢。等嘎了再去。

tʂʅ44xui44xɑ24tsɔ53Øɔ0ȵi0. təŋ44kɑ0liɔ0tsæ44tɕhi44.

35. 吃了饭再去好吧？

吃了饭去能成啊不？

tʂhʅ31liɑ0fã44tɕhi44ləŋ24tʂhəŋ24Øɑ0pu31？

36. 慢慢儿地吃啊！不要急嘛！

慢点吃！嫑急！

mã44ȶiã53tʂhʅ31！ pɔ31tɕi24！

37. 坐着吃比站着吃好些。

坐下吃比立下吃嵌活。

tshuo44xɑ0tʂhʅ31pi53li53xɑ0tʂhʅ31tɕhiã44xuo0.

38. 这个吃得，那个吃不得。

这该能吃，兀该吃不成。

tʂʅ44kæ0ləŋ24tʂhʅ31，Øu44kæ0tʂhʅ31pu31tʂhəŋ24.

39. 他吃了饭了，你吃了饭没有呢？

他吃了，你吃了没？

thɑ53tʂhʅ31liɑ0，ȵi53tʂhʅ31liɑ0mɤ31？

40. 他去过上海，我没有去过。

他起过上海，我没起过。

thɑ53tɕhi44kuo0ʂɑŋ44xæ53，ŋuo53mɤ31tɕhi44kuo0.

41. 来闻闻这朵花香不香？

来闻嘎该花香啊不？

læ24Øuəŋ24kɑ0kæ53xuɑ31ɕiɑŋ53Øɑ0pu31？

42. 香得很，是不是？

香得很，对着了么？

ɕiɑŋ53ʈi0xəŋ53，tui44tʃuo0liɑ0mɤ0？

43. 给我一本书！

给我给一本书！

kei44ŋuo53kei44Øi31pəŋ53ʃu31！

44. 我实在没有书么！

我真个没书么！

ŋuo53tʂəŋ31kɔ44mɤ24ʃu31mɤ0！

45. 你告诉他。

你给他说。

ȵi53kei44thɑ53ʂɤ31.

46. 好好儿地走！不要跑！

好好的走！覅跑了！

xɔ53xɔ24ʈi0tsou53！pɤ31phɔ53liɑ0！

47. 小心跌下去爬也爬不上来！

操心跌下去了再咋么都爬不上来！

tshɔ53siŋ31ʈiɛ53xɑ0tɕhi0liɔ0tsæ44tsɑ31mɤ0tou31phɑ24pu31ʂɑŋ44læ0！

48. 医生叫你多睡一睡。

大夫叫你多睡嘎。

tæ44fu31tɕiɔ44ȵi53tuo31ʃui44kɑ0.

49. 吸烟或者喝茶都不可以。

吃烟喝茶都没向。

tʂhʅ24Øiã31xuo31tshɑ24tou31mɤ31ɕiɑŋ44.

50. 烟也好，茶也好，我都不喜欢。

烟也好，茶也好，我都不爱。

Øiã31Øɑ0xɔ53，tshɑ24Øɑ0xɔ53，ŋuo53tou24pu31ŋæ44.

51. 不管你去不去，反正我是要去的，我非去不可。

不管你去不去，我非去不可。

pu31kuã53ȵi53tɕhi44pu31tɕhi44，ŋuo53fei31tɕhi44pu31khuo53.

52. 你是哪一年来的？

你是啊一年来的？

ȵi53sɿ44Øɑ31Øi31ȵiã24læ31ȶi53？

53. 我是前年到的北京。

我是前年到北京的。

ŋuo53sɿ44ȶhiã31ȵiã53tɔ44pei31tɕiŋ31ȶi0.

54. 今天开会谁的主席？

今儿开会谁是主席？

tɕiŋr31khæ31xui44sei24sɿ44tʃu53si24？

55. 你得请我的客。

你得请我客。

ȵi53tei31ȶhiŋ53ŋuo53khei31.

56. 这是他的书，那一本是他哥哥的。

该是他的书，□一本是他哥的。

kæ53sɿ44thɑ53ȶi0ʃu31，Øuæ44Øi31pəŋ53sɿ44thɑ31kɔ24ȶi0.

57. 一边走，一边说。

旋走旋说。

suã44tsou53suã44ʂɤ31.

58. 看书的看书，看报的看报，写字的写字。

看书的看书，看报的看报，写字的写字。

khã44ʃu53ȶi0khã44ʃu31，khã44pɔ44ȶi0khã44pɔ44，siɛ53tshɿ44ȶi0siɛ53tshɿ44.

59. 越走越远，越说越多。

越走越远了，越说越多了。

Øyo31tsou53Øyo31Øyã31liɑ0，Øyo24ʂɤ31Øyo24tuo31liɑ0.

60. 把那个东西拿给我。

把该东西给我拿来。

pɑ31kæ53tuŋ53si0kei44ŋuo53lɑ24læ24.

61. 有些地方把太阳叫日头。

有处把太阳叫日头爷呢。

Øiu53tʃhu0pɑ31thæ44Øiɑŋ0tɕiɔ44Øər53thou0Øiɛ0ȵi0.

62. 您贵姓？我姓王。

你姓啥？我姓王。

ȵi53siŋ44ʃuɑ44？ŋuo53siŋ44Øuɑŋ24.

63. 你姓王，我也姓王，咱们两个人都姓王。

你姓王，我啊姓王，咱俩都姓王。

ȵi53siŋ44Øuaŋ24，ŋuo53Øɑ24siŋ44Øuaŋ24，tsɑ24liaŋ31tou24siŋ44Øuaŋ24.

64. 你先去吧，我们等一会儿再去。

你先去，我的等嘎就来了。

ȵi53siæ̃31tɕhi44，ŋɔ31ʈi0təŋ44kɑ0ʈiu44læ31liɑ53.

第二节 北风和太阳

北风跟太阳

有一回，北风跟太阳在那儿争论谁的本事大。争来争去就是分不出高低来。这时候路上来了个走道儿的，他身上穿着件厚大衣。他们俩就说好了，谁能先叫这个走道儿的脱下他的厚大衣，就算谁的本事大。北风就使劲地刮起来了，不过他刮得越是厉害，那个走道儿的把大衣裹得越紧。后来北风没法儿了，只好就算了。过了一会儿，太阳出来了。他火辣辣地一晒，那个走道儿的马上就把那件厚大衣脱下来了。这下儿北风只好承认，他们俩当中还是太阳的本事大。

北风得日头爷

pei24fəŋ31tei31Øər53thou0Øiɛ44

有一回，北风得日头爷在兀搭争竞谁的□本事大。

Øiu53Øi0xui0，pei24fəŋ31tei31Øər53thou0Øiɛ44tsæ44Øu44tɑ0tsəŋ53tɕiŋ0sei24ʈi0Øuæ31pəŋ53sɿ0tɑ44.

争了半天也么分出个高低来。

tsəŋ31liɑ0pã44ʈhiã31Øiɑ53mɤ0feŋ31tʃhu0kɔ0kɔ24ʈi31læ0.

这会来了个过路的，他身上披了个大氅。

tʂʅ44xui0læ31liɔ53kɔ0kuo44lu44ʈi0，thɑ53ʂəŋ53ʂaŋ0phei31liɔ0kɔ0tɑ44tʂhaŋ53.

他俩一看，就说下，谁能着这个过路的脱下他的大氅，谁的本事就大。

thɑ31liaŋ53Øi31kã44，ʈiu44ʂɤ31xɑ0，sei24ləŋ24tʂɔ31tʂʅ44kɔ0kuo44lu44ʈi0thuo31ɕiɑ0thɑ53ʈi0tɑ44tʂhaŋ53，sei24ʈi0pəŋ53sɿ0ʈiu44tɑ44.

刚说毕，北风就狠劲的刮起了。

kaŋ24ʂɤ24pi31，pei24fəŋ31ʈiu44xəŋ44tɕiŋ44ʈi0kuɑ53tɕhiɛ53liɑ0.

它越冷刮，兀个过路的把大氅裹的越紧。

thɑ53Øyo31ləŋ53kuɑ53，Øu53kɔ0kuo44lu44ʈi0pɑ31tɑ44tʂhaŋ53tɕiɑ31ʈi0Øyo31tɕiŋ53.

后来北风就没辙了，只得算㞞了。

xou44læ31pei24fəŋ31ʈiu44mɤ31tʂɤ24liɑ0，tsɿ31tei0suæ̃44tɕhiu0liɑ0.

过了一阵阵，日头爷出来了。

kuo44liɑ0Øi31tʂəŋ44tʂəŋ0，Øər53thou0Øiɛ0tʃhu31læ0liɑ0.

他血烘烘的一晒，该过路的当下就把大氅给脱了。

thɑ53ɕiɛ31xuŋ31xuŋ0ʈi0Øi31sæ44，kæ53kuo44lu44ʈi0tɑŋ31ɕiɑ44ʈiu44pɑ31tɑ44 tʂhɑŋ53kei0thuo31liɑ0.

这一下北风只得认输，他俩个一搭还是日头爷的本事大。

tʂʅ44Øi31xɑ44pei24fəŋ31tsɿ24tei31ʐəŋ44ʃu31，thɑ31liɑŋ53kɔ31Øi31tɑ31xɑ24sɿ44 Øər53thou0Øiɛ44ʈi0pəŋ53sɿ31tɑ44.

第三节　口头文化

一、天台山的酸枣树

传说唐朝兀会，武则天来麟游九成宫避暑。一天早晨起来，梳洗打扮毕，到天台山闲游，刚走了几步，就招一个酸枣刺把裙子给挂住了，她鼓劲一拉，裙子吱啦一下给扯了，把人散了个趔趄，脚一绊把脸上搽下的粉都掸落了那么些。武则天很着气，就说："这个酸枣树的刺刺咋么都像鱼钩一样是弯外？这成心是要扯破人的衣服么？"就吆喝："土地爷，赶紧过来，我有事要对你说。"天台山上的土地爷赶紧出来跪着武则天眼前，武则天命令他："你快去给草木王说一下，着把该天台山上的酸枣刺刺都长成端外，再不要外拐钩外。"土地爷赶紧照办了。打这会起，天台山酸枣树的刺刺都长的端端儿的了，再没有一个弯钩钩的了。这搭的酸枣树身上还戴上了粉白色，传说是兀会把武则天脸上搽下的粉一下给烱着树身上了。

二、洪泉古黄松的来历

在麟游县洪泉乡北面的半山腰里，独独的长下一棵大黄松树，这个树十几丈高，六个人手拉手都围不住它，打老远处看起，整个树就像一根龙头拐棍。传说有个神仙变成了老太婆，拄下一根龙头拐棍来人世间游玩。有一天，她走着洪泉，一看，爷爷！该地方咋么山高路陡，就拄着拐棍一步一步往山上爬。爬着半山腰里，神仙觉乏了，就把龙头拐棍插着地里，坐下丢盹，一下下，一阵子凉风吹来，把她的瞌睡当下给吹了。神仙一下有了劲了，拾起来一口气爬着山顶了，这才记起将个把龙头拐棍忘着半山腰了，这可下山取起么，到了山腰一看些，外根拐棍一下长成一棵大松树了，她看着这松树笑了嘎说：“咹也好，就把你留着人世间做个纪念吧。”说毕就驾起云回去了。

三、歌谣

1. 有钱的学生骑大马，没钱的学生背书箱。一背背在大路上，碰见一个围户匠，断着一个大青狼，青狼两眼泪汪汪，哀求学生说：“好兄弟，听我讲，大难临头将死亡，围户紧追将我伤，请你设法把我藏。”学生忙揭书箱藏青狼，围户随着追赶上，发话问到大青狼。学生道：“我没见，我莫藏，这是我的书箱箱，我听前边人喊狼。”围户飞步赶前方，书箱里边跳出狼，恶狼发话道：“小学生，听我讲，连日运气不太强，整整七天没见粮，肚子饿的咕咕响，你有一副好心肠，把你的血肉让我尝，今后我若活下去，感你恩情永不忘。”学生娃，不慌忙，手指狼眼开了腔。“狗畜生，太猖狂，眨眼无情不认账，我要和你拼一场。”他的正在把话讲，围户前面没见狼，倒转到此开了枪，恶狼栽倒在地上，狼心狗肺不久长，狼心狗肺驴板肠。

2. 麻野雀，尾巴长，娶了媳妇忘了娘。将老娘背在高山上，媳妇背到热炕上，老娘冻的硬邦邦，媳妇暖的热堂堂。端来一碗羊肉汤，“媳妇姐，你快尝，我给你加上芝麻酱，外带两个大麻糖，你看味香不香，吃了以后莫乱讲，老娘知道不便当”。

3. 扯花布，缝布衫。娶下媳妇不做饭，女婿气得乍鞭杆。媳妇道：“鞭杆鞭杆你不要乍，不会做了我学吗！我又不是拾来的，是花花轿儿抬下的，吹手喇叭迎下的，我爸我妈惯下的，你把事情弄明白。”女婿听了笑嘻嘻，丢了鞭杆忙作揖，“好媳妇，别生气，不要紧，没关系，我一时急躁伤了你，给你买件花绸衣，今后千万要原谅，咱俩本来没高低”。

四、曲艺

1. 拐棍经

正月里（呀么噔呀子噔），过新年（呀么噔呀子噔），落谷家私（呀呀有），正热闹（呀么噔呀子噔）。

二月里（呀么噔呀子噔），龙抬头（呀么噔呀子噔），宝钏烈女（呀呀有），上彩楼（呀么噔呀子噔）。

三月里，三月三，桃杏开花蜜蜂采。

四月里，四月八，娘娘庙里把香烧。

五月里，端午阳，雄黄药酒艾叶香。

六月里，热难当，手拿纸扇乘风凉。

七月里，七月七，牛郎织女同相会。

八月里，八月半，牛黄地夫顶金瓜。

九月里，九处重阳，黄菊开花两路旁。

十月里，冷清清，佛在高空笑盈盈。

冬月里，雪花飘，王祥卧冰为母亲。

腊月里，一年满，黄丝女念佛把香烧。

2. 十绣金锁匾

一绣金锁匾，金牛卧沙滩，奴家给咱弟子绣呀绣金匾。

二绣金锁匾，宝钏把菜挖。

三绣金锁匾，沉香劈华山。

四绣金锁匾，老母上灵山。

五绣金锁匾，蝴蝶闹牡丹。

六绣金锁匾，李彦贵把水担。

七绣金锁匾，唐僧游西天。

八绣金锁匾，吕布戏貂蝉。

九绣金锁匾，樊梨花把兵点。

十绣金锁匾，代代出状元。

陇县篇

第一章　总　论

第一节　人文地理、历史沿革、人口概况

陇县行政隶属陕西省宝鸡市，地处渭北高原西部边缘地区关山东麓，位于东经106°26′～107°8′，北纬34°35′～35°6′。东连千阳，南邻陈仓，西北与甘肃省的清水、张家川、华亭、崇信等县接壤，南北宽57.6千米，东西长59.7千米，境内川原狭小，山大沟深，地势险要，是关中通往西北的主要关隘之一，是古代兵家必争之地，古有“关狭钥匙”之称。陇县史称陇州，因地处陇山东阪而得名。版图面积2418平方千米，辖10个镇，5个乡，1个管委会，158个行政村，1000个村民小组，总人口25.03万，其中农业人口22.27万。宝中铁路和204省道贯穿全境，为陕、甘、宁“三省通衢”和边贸重镇。陇县生态良好，有草地71.6万亩，林地236万亩，森林覆盖率57.58%，是陕西省五大林区之一。境内水资源丰富，大小河流49条，号称关中的“水龙头”，是关中西部重要的生态屏障和宝鸡市水源涵养地。陇县文化旅游资源独特，关山草原有“中国立体草原”“东方阿尔卑斯”之美誉，道教圣地龙门洞被尊为“龙门祖庭”，陇州社火、陇州皮影独树一帜，有“民间艺术宝库”之美誉。此外，药王洞、华严寺、磐口寺、雷神山、大震关、玄寿山等33处名胜古迹各具特色。现为国家卫生县城、国家生态示范县、国家平安畅通县、全国文化先进县、全国科技进步达标县、全国中医药工作先进县、全国商品粮基地县、秦艽GAP基地县、国列玉米制种和商品牛基地县、省级园林县城、省级计划生育优质服务先进县、省级双拥模范县、省级义务教育发展均衡合格县。

陇县历史悠久，远在6000多年前新石器时期，先民就在千河谷地繁衍生息。据《禹贡》载，陇地夏商为雍州之域。周初汧水上游为矢国封地，周孝王十三年（前885年），因秦非子在汧、渭之间为周王室牧马有功，被封为附庸，邑之秦（今陇县），在汧水之滨筑秦城，始以封邑立国。秦襄公八年（前770年）被封诸侯，都汧邑。秦孝公十二年（前350年）推行县制，改汧邑为汧县，为秦人重要发祥地。汉高祖元年（前206年）置陇关，汉武帝太始二年（前95年）登陇首，改陇关为大震关，拒匈奴

于陇山之外，故有“秦都陇关”之称，驰名中外的“丝绸之路”经此关而通西域。北魏太延二年（436 年），在汧县置东秦州，领陇东等三郡，后又改名为汧阴、汧源。西魏废帝元钦二年（553 年），改东秦州为陇州，领陇东等二郡，陇州之名此始，历经五代、宋、元、明、清。1913 年，改州为县，始称陇县。1949 年后，经国务院批准，1958 年 11 月撤销千阳县建制，属地归并陇县，并将陇县管辖的县功、新街两社划归市管。1961 年 9 月恢复千阳县建制，陇县辖区仍旧。

第二节　方言归属与内部差异

陇县方言根据县内语音状况，大致可分为如下三个区域：一、以城关镇为中心的中部方言区，属中原官话秦陇片，分布在中东部城关镇、东南镇，西部天成镇，中西部偏北的曹家湾镇，中北部温水镇，北部偏东的李家河、东北部河北 2 镇大部，东部杜阳、东部偏北的麻家台、东南部八渡 3 个乡镇的部分地区和北部火烧寨、西北部固关 2 镇小部，使用人口约占 2/3。二、以东风镇为中心的东部方言区，也属中原官话秦陇片，口音接近陈仓区新街、县功、千阳县水沟、草碧 4 镇，分布在东端东风镇，以及杜阳、麻家台、八渡 3 个乡镇的部分地区，使用人口约占 2/9。三、以关山、新集川镇为中心的西部方言区，属中原官话陇中片渭河小片，接近甘肃天水市张家川、清水、平凉市华亭、灵台方言，分布在西南部关山、北部偏西的新集川 2 个乡镇和北部火烧寨、西北部固关 2 镇大部，以及李家河、河北 2 镇小部，使用人口约占 1/9。用陇县方言说唱的曲艺有社火唱曲和陇州小调，如社火唱曲有《十炷香》《十二个月》等；陇州小调有《太平新曲》《土黄骡子驮瓦里》等。

第三节　发音人和调查人概况

方言发音人（一）

1. 姓名：李秋季
2. 单位（退休前）：陕西省宝鸡市陇县城关镇朱家寨村二组
3. 通信地址：陕西省宝鸡市陇县城关镇朱家寨村二组
4. 性别：男　　民族：汉
5. 出生年月日（公历）：1944 年 8 月 22 日
6. 出生地（从省级至自然村级）：陕西省宝鸡市陇县城关镇朱家寨村
7. 主要经历：在县城初级中学毕业后，在家务农。

8. 文化程度：初中
9. 职业：农民
10. 会说哪几种话（包括普通话、外语）：陇县方言
11. 父亲是哪里人，会说什么话：宝鸡市陇县城关镇朱家寨村人，会说陇县方言。
12. 母亲是哪里人，会说什么话：宝鸡市陇县城关镇高堎村人，会说陇县方言。
13. 配偶是哪里人，会说什么话：宝鸡市陇县城关镇黄家崖村人，会说陇县方言。

方言发音人（二）

1. 姓名：王社保
2. 单位（退休前）：陕西省宝鸡市陇县城关镇神泉村五组
3. 通信地址：陕西省宝鸡市陇县城关镇神泉村五组
4. 性别：男　　民族：汉
5. 出生年月日（公历）：1951 年 6 月 5 日
6. 出生地（从省级至自然村级）：陕西省宝鸡市陇县城关镇神泉村
7. 主要经历：在村小学毕业后，在家务农。
8. 文化程度：初小
9. 职业：农民
10. 会说哪几种话（包括普通话、外语）：陇县方言
11. 父亲是哪里人，会说什么话：宝鸡市陇县城关镇神泉村人，会说陇县方言。
12. 母亲是哪里人，会说什么话：甘肃省华亭县上关镇小川村人，会说甘肃方言。
13. 配偶是哪里人，会说什么话：宝鸡市陇县城关镇神泉村人，会说陇县方言。

调查人

1. 姓名：王应龙
2. 单位：宝鸡文理学院关陇方言民俗研究中心
3. 通信地址：宝鸡市高新大道 1 号文理学院文传院语言教研室
4. 协助调查人 1 姓名：张志红
5. 协助调查人 2 姓名：李秋季
6. 协助调查人 3 姓名：王社保

第二章　语　音

第一节　声　母

声母共二十四个，包括零声母在内。

p 八兵布宝	ph 派片爬病	m 麦明母庙	f 风副肥饭	v 味问温完
t 多东店刀	th 讨铁脱特			l 脑南连路
ts 资早租贼	tsh 刺寸字全		s 三酸山生	
tʂ 张竹装主	tʂh 柱初床车		ʂ 双船顺书	ʐ 热软让褥
tɕ 九金酒举	tɕh 轻穷去清	ȵ 年泥哑硬	ɕ 响县线雪	
k 高共瓜哥	kh 开柜跪口	ŋ 熬安藕爱	x 好灰活下	
ø 月王云用药				

第二节　韵　母

韵母共四十一个，不包括儿化韵。

ɿ 师迟试指				
ʅ 知吃十尺	i 米戏急七	u 苦五不谷	ʮ 猪出书入	y 雨橘局女
ɑ 茶卡塔法	iɑ 牙鸭家夹	uɑ 刮瓜花滑	ʮɑ 抓耍挼	
o 婆磨拨佛		uo 多活我科	ʮo 桌所若勺	yo 药学靴月
ɤ 折车热蛇	iɛ 写接贴节			
ɔ 宝饱早贸	iɔ 笑桥飘鸟			
æ 开排鞋在		uæ 怪快坏拐	ʮæ 拽揣率	
ei 赔飞色白		ui 对鬼国雷	ʮei 追吹水锐	
ou 豆走狗凑	iu 秋六绿丢			
ər 二儿耳日				
æ̃南山半碗	iæ̃盐年眼间	uæ̃短官幻惯	ʮæ̃专穿软船	yæ̃权院卷馅

aŋ 糖床双邦　iaŋ 响讲良强　uaŋ 王黄矿光　ɥaŋ 庄窗双

əŋ 深根春灯　iŋ 心新硬病　uŋ 寸滚横东　ɥŋ 中冲顺　yŋ 云用兄穷

第三节　单字调

单字调四个。

阴平 31　东春百搭　阳平 24　门牛油铜　上声 53　懂古九统　去声 44　动近后寸

第四节　连读变调

后字非轻声两字组连调模式见表 2-1。

表 2-1　后字非轻声两字组连调模式

<table>
<tr><th>后字 / 前字</th><th>1 阴平 31</th><th>2 阳平 24</th><th>3 上声 53</th><th>4 去声 44</th></tr>
<tr><td rowspan="2">1 阴平 31</td><td rowspan="2">24+31</td><td rowspan="2">31+24</td><td rowspan="2">31+53</td><td>31+44</td></tr>
<tr><td>53+44</td></tr>
<tr><td>2 阳平 24</td><td>24+31</td><td>24+24</td><td>24+53</td><td>24+44</td></tr>
<tr><td>3 上声 53</td><td>53+31</td><td>53+24</td><td>53+53</td><td>53+44</td></tr>
<tr><td>4 去声 44</td><td>44+31</td><td>44+24</td><td>44+53</td><td>44+44</td></tr>
</table>

非叠字组后字轻声两字组连调模式见表 2-2。

表 2-2　非叠字组后字轻声两字组连调模式

<table>
<tr><th>后字 / 前字</th><th>1 阴平 31</th><th>2 阳平 24</th><th>3 上声 53</th><th>4 去声 44</th></tr>
<tr><td rowspan="2">1 阴平 31</td><td>31+0</td><td>31+0</td><td rowspan="2">31+0</td><td rowspan="2">53+0</td></tr>
<tr><td>53+0</td><td>53+0</td></tr>
<tr><td>2 阳平 24</td><td>31+53</td><td>31+53</td><td>31+53</td><td>31+53</td></tr>
<tr><td rowspan="3">3 上声 53</td><td rowspan="3">44+0</td><td rowspan="3">44+0</td><td>31+53</td><td>44+0</td></tr>
<tr><td>31+0</td><td rowspan="2">31+0</td></tr>
<tr><td>44+0</td></tr>
<tr><td>4 去声 44</td><td>44+0</td><td>44+0</td><td>44+0</td><td>44+0</td></tr>
</table>

第五节 单 字

0001. 多 tuo31
0002. 拖 thuo31
0003. 大～小 tɑ44
0004. 锣 luo24
0005. 左 tsuo44
0006. 歌 kuo31
0007. 个一～kɔ44
0008. 可 khuo53
0009. 鹅 ŋuo24
0010. 饿 ŋuo44
0011. 河 xuo24
0012. 茄 tɕhiɛ24
0013. 破 pho44
0014. 婆 pho24
0015. 磨动 mo24
0016. 磨名 mo44
0017. 躲 tuo53
0018. 螺 luo24
0019. 坐 tsuo44
0020. 锁 suo53
0021. 果 kuo53
0022. 过 kuo44
0023. 课 khuo44
0024. 火 xuo53
0025. 货 xuo44
0026. 祸 xuo44
0027. 靴 ɕyo31
0028. 把量 pɑ53
0029. 爬 phɑ24
0030. 马 mɑ53
0031. 骂 mɑ44
0032. 茶 tshɑ24
0033. 沙 sɑ31
0034. 假真～tɕiɑ53
0035. 嫁 tɕiɑ44
0036. 牙 øiɑ24
0037. 虾 ɕiɑ31
0038. 下底～xɑ44
0039. 夏春～ɕiɑ44
0040. 哑 øiɑ53
0041. 姐 tɕiɛ53
0042. 借 tɕiɛ44
0043. 写 ɕiɛ53
0044. 斜 ɕiɛ24
0045. 谢 ɕiɛ44
0046. 车不是棋子 tʂhɤ31
0047. 蛇 ʂɤ24
0048. 射 ʂɤ44
0049. 爷 øiɛ24
0050. 野 øiɛ53
0051. 夜 øiɛ44
0052. 瓜 kuɑ31
0053. 瓦 vɑ53
0054. 花 xuɑ31
0055. 化 xuɑ44
0056. 华中～xuɑ31
0057. 谱家～，注意声母 phu53
0058. 布 pu44
0059. 铺动 phu31
0060. 簿 phu44
0061. 步 phu44
0062. 赌 tu53
0063. 土 thu53
0064. 图 thu24
0065. 杜 tu44
0066. 奴 lu24
0067. 路 lu44
0068. 租 tsu31
0069. 做 tsu44
0070. 错对～tshuo31
0071. 箍～桶，注意声母 ku31
0072. 古 ku53
0073. 苦 khu53
0074. 裤 khu44
0075. 吴 vu24
0076. 五 vu53
0077. 虎 xu53
0078. 壶 xu24
0079. 户 xu44
0080. 乌 vu31
0081. 女 ȵy53
0082. 吕 ly53
0083. 徐 ɕy24
0084. 猪 tʂʮ31
0085. 除 tʂhʮ24
0086. 初 tʂhʮ31
0087. 锄 tʂhʮ24
0088. 所 ʂuo53
0089. 书 ʂʮ31
0090. 鼠 ʂʮ53
0091. 如 ʐʮ31
0092. 举 tɕy53
0093. 锯名 tɕy44
0094. 去 tɕhi44
0095. 渠～道 tɕhy24
0096. 鱼 øy24
0097. 许 ɕy53
0098. 余剩～，多～øy24
0099. 府 fu53
0100. 付 fu53
0101. 父 fu44
0102. 武 vu53
0103. 雾 vu44
0104. 取 tɕhy53
0105. 柱 tʂʮ44
0106. 住 tʂʮ44
0107. 数动 ʂʮ53
0108. 数名 ʂʮ44
0109. 主 tʂʮ53
0110. 输 ʂʮ31
0111. 竖 ʂʮ53
0112. 树 ʂʮ44
0113. 句 tɕy44
0114. 区地～tɕhy31
0115. 遇 øy44
0116. 雨 øy53

0117. 芋 Øy44
0118. 裕 Øy31
0119. 胎 thæ31
0120. 台戏～thæ24
0121. 袋 tæ44
0122. 来 læ24
0123. 菜 tshæ44
0124. 财 tshæ24
0125. 该 kæ31
0126. 改 kæ53
0127. 开 khæ31
0128. 海 xæ53
0129. 爱 ŋæ44
0130. 贝 pei44
0131. 带动 tæ44
0132. 盖动 kæ44
0133. 害 xæ44
0134. 拜 pæ44
0135. 排 phæ24
0136. 埋 mæ24
0137. 戒 tɕiɛ44
0138. 摆 pæ53
0139. 派注意声调 phæ44～出/phæ53～别
0140. 牌 phæ24
0141. 买 mæ53
0142. 卖 mæ44
0143. 柴 tshæ24
0144. 晒 sæ44
0145. 街 tɕiɛ31
0146. 解～开 kæ53
0147. 鞋 xæ24
0148. 蟹注意声调 ɕiɛ31
0149. 矮 ŋæ53
0150. 败 phæ44
0151. 币 pi44
0152. 制～造 tʂʅ44
0153. 世 ʂʅ44
0154. 艺 Øi44
0155. 米 mi53
0156. 低 ti31
0157. 梯 thi31
0158. 剃 thi44
0159. 弟 ti44
0160. 递 ti44
0161. 泥 ȵi24
0162. 犁 li24
0163. 西 ɕi31
0164. 洗 ɕi53
0165. 鸡 tɕi31
0166. 溪 ɕi31
0167. 契 tɕhi31
0168. 系联～ɕi44
0169. 杯 phei31
0170. 配 phei44
0171. 赔 phei24
0172. 背～诵 pei44
0173. 煤 mei24
0174. 妹 mei44
0175. 对 tui44
0176. 雷 lui24
0177. 罪 tsui44
0178. 碎 sui44
0179. 灰 xui31
0180. 回 xui24
0181. 外 væ44
0182. 会开～xui44
0183. 怪 kuæ44
0184. 块 khuæ53
0185. 怀 xuæ24
0186. 坏 xuæ44
0187. 拐 kuæ53
0188. 挂 kuɑ44
0189. 歪注意声母 væ31
0190. 画 xuɑ44
0191. 快 khuæ44
0192. 话 xuɑ44
0193. 岁 sui44
0194. 卫 vei24
0195. 肺 fei44
0196. 桂 kui44
0197. 碑 pi31
0198. 皮 phi24
0199. 被～子 pi44
0200. 紫 tsɿ31
0201. 刺 tshɿ44
0202. 知 tʂʅ31
0203. 池 tʂhʅ24
0204. 纸 tsɿ53
0205. 儿 Øər24
0206. 寄 tɕi44
0207. 骑 tɕhi24
0208. 蚁注意韵母 Øi44
0209. 义 Øi44
0210. 戏 ɕi44
0211. 移 Øi24
0212. 比 pi53
0213. 屁 phi44
0214. 鼻注意声调 phi24
0215. 眉 mi24
0216. 地 ti44
0217. 梨 li24
0218. 资 tsɿ31
0219. 死 sɿ53
0220. 四 sɿ44
0221. 迟 tshɿ24
0222. 指 tsɿ53
0223. 师 sɿ31
0224. 二 Øər44
0225. 饥～饿 tɕi31
0226. 器 tɕhi44
0227. 姨 Øi24
0228. 李 li53
0229. 子 tsɿ53
0230. 字 tsɿ44
0231. 丝 sɿ31
0232. 祠 tshɿ24
0233. 寺 sɿ44
0234. 治 tʂʅ44
0235. 柿 sɿ44
0236. 事 sɿ44
0237. 使 sɿ44
0238. 试 sɿ44
0239. 时 sɿ24
0240. 市 sɿ44
0241. 耳 Øər53
0242. 记 tɕi44

0243. 棋 tɕhi24
0244. 喜 ɕi53
0245. 意 Øi44
0246. 几～个 tɕi53
0247. 气 tɕhi44
0248. 希 ɕi31
0249. 衣 Øi31
0250. 嘴 tsui53
0251. 随 sui24
0252. 吹 tʂhʮei31
0253. 垂 tʂhʮei44
0254. 规 khui31
0255. 亏 khui31
0256. 跪注意声调 khui44
0257. 危 vei24
0258. 类 lui53
0259. 醉 tsui44
0260. 追 tʂʮei31
0261. 锤 tʂhʮei24
0262. 水 ʂʮei53
0263. 龟 kui31
0264. 季 tɕi44
0265. 柜 khui44
0266. 位 vei44
0267. 飞 fei31
0268. 费 fei44
0269. 肥 fei24
0270. 尾 Øi53（白）/ vei53（文）
0271. 味 vei44
0272. 鬼 kui53
0273. 贵 kui44
0274. 围 vei24
0275. 胃 vei44
0276. 宝 pɔ53
0277. 抱 pɔ44
0278. 毛 mɔ24
0279. 帽 mɔ44
0280. 刀 tɔ31
0281. 讨 thɔ53
0282. 桃 thɔ24
0283. 道 tɔ44
0284. 脑 lɔ53
0285. 老 lɔ53
0286. 早 tsɔ53
0287. 灶 tsɔ44
0288. 草 tshɔ53
0289. 糙注意声调 tshɔ44
0290. 造 tshɔ44
0291. 嫂 sɔ53
0292. 高 kɔ31
0293. 靠 khɔ44
0294. 熬 ŋɔ24
0295. 好～坏 xɔ53
0296. 号名 xɔ44
0297. 包 pɔ31
0298. 饱 pɔ53
0299. 炮 phɔ44
0300. 猫 mɔ24
0301. 闹 lɔ44
0302. 罩 tsɔ44
0303. 抓用手～牌 tʂʮɑ31
0304. 找～零钱 tsɔ53
0305. 抄 tshɔ31
0306. 交 tɕiɔ31
0307. 敲 tɕhiɔ31
0308. 孝 ɕiɔ44
0309. 校学～ɕiɔ44
0310. 表手～piɔ53
0311. 票 phiɔ44
0312. 庙 miɔ44
0313. 焦 tɕiɔ31
0314. 小 ɕiɔ53
0315. 笑 ɕiɔ44
0316. 朝～代 tʂhɔ24
0317. 照 tʂɔ44
0318. 烧 ʂɔ31
0319. 绕～线 ʐɔ53
0320. 桥 tɕhiɔ24
0321. 轿 tɕhiɔ44
0322. 腰 Øiɔ31
0323. 要重～Øiɔ44
0324. 摇 Øiɔ24
0325. 鸟注意声母 ȵiɔ53
0326. 钓 tiɔ44
0327. 条 thiɔ24
0328. 料 liɔ44
0329. 箫 ɕiɔ31
0330. 叫 tɕiɔ44
0331. 母丈～，舅～ mu53
0332. 抖 tou53
0333. 偷 thou31
0334. 头 thou24
0335. 豆 tou44
0336. 楼 lou24
0337. 走 tsou53
0338. 凑 tshou44
0339. 钩注意声母 kou31
0340. 狗 kou53
0341. 够 kou44
0342. 口 khou53
0343. 藕 ŋou53
0344. 后前～xou44
0345. 厚 xou44
0346. 富 fu44
0347. 副 fu44
0348. 浮 fu24
0349. 妇 fu44
0350. 流 liu24
0351. 酒 tɕiu53
0352. 修 ɕiu31
0353. 袖 ɕiu44
0354. 抽 tʂhou31
0355. 绸 tʂhou24
0356. 愁 tshou24
0357. 瘦 sou44
0358. 州 tʂou31
0359. 臭香～tʂhou44
0360. 手 ʂou53
0361. 寿 ʂou44
0362. 九 tɕiu53
0363. 球 tɕhiu24
0364. 舅 tɕiu44
0365. 旧 tɕiu44
0366. 牛 ȵiu24
0367. 休 ɕiu31

0368. 优 Øiu31
0369. 有 Øiu53
0370. 右 Øiu44
0371. 油 Øiu24
0372. 丢 tiu31
0373. 幼 Øiu44
0374. 贪 thæ̃31
0375. 潭 thæ̃24
0376. 南 læ̃24
0377. 蚕 tshæ̃24
0378. 感 kæ̃53
0379. 含～一口水 xæ̃24
0380. 暗 ŋæ̃44
0381. 搭 tɑ31
0382. 踏注意声调 thɑ24
0383. 拉注意声调 lɑ31
0384. 杂 tsɑ24
0385. 鸽 kuo53
0386. 盒 xuo24
0387. 胆 tæ̃53
0388. 毯 thæ̃53
0389. 淡 tæ̃44
0390. 蓝 læ̃24
0391. 三 sæ̃31
0392. 甘 kæ̃31
0393. 敢 kæ̃53
0394. 喊注意声调 xæ̃53
0395. 塔 thɑ31
0396. 蜡 lɑ31
0397. 赚 tɕiæ̃44
0398. 杉～木，注意韵母 sɑ31
0399. 减 tɕiæ̃53
0400. 咸～淡 xæ̃24
0401. 插 tshɑ31
0402. 闸 tsɑ44
0403. 夹～子 tɕiɑ31
0404. 衫 sæ̃31
0405. 监 tɕiæ̃31
0406. 岩 Øiæ̃24
0407. 甲 tɕiɑ31
0408. 鸭 Øiɑ31
0409. 黏～液 ʐæ̃24
0410. 尖 tɕiæ̃31
0411. 签～名 tɕhiæ̃31
0412. 占～领 tʂæ̃44
0413. 染 ʐæ̃53
0414. 钳 tɕhiæ̃24
0415. 验 Øiæ̃44
0416. 险 ɕiæ̃53
0417. 厌 Øiæ̃44
0418. 炎 Øiæ̃44
0419. 盐 Øiæ̃24
0420. 接 tɕiɛ31
0421. 折～叠 tʂɤ53
0422. 叶树～Øiɛ31
0423. 剑 tɕiæ̃44
0424. 欠 tɕhiæ̃44
0425. 严 Øiæ̃24
0426. 业 ȵiɛ31
0427. 点 tiæ̃53
0428. 店 tiæ̃44
0429. 添 thiæ̃31
0430. 甜 thiæ̃24
0431. 念 ȵiæ̃44
0432. 嫌 ɕiæ̃24
0433. 跌注意声调 tiɛ31
0434. 贴 thiɛ31
0435. 碟 tiɛ24
0436. 协 ɕiɛ24
0437. 犯 fæ̃44
0438. 法 fɑ31
0439. 品 phiŋ53
0440. 林 liŋ24
0441. 浸 tɕiŋ31
0442. 心 ɕiŋ31
0443. 寻 ɕiŋ24
0444. 沉 tʂhəŋ44
0445. 参人～səŋ31
0446. 针 tʂəŋ31
0447. 深 ʂəŋ31
0448. 任责～ʐəŋ44
0449. 金 tɕiŋ31
0450. 琴 tɕhiŋ24
0451. 音 Øiŋ31
0452. 立 li31
0453. 集 tɕi24
0454. 习 ɕi24
0455. 汁 tʂʅ31
0456. 十 ʂʅ24
0457. 入 ʐʮ31
0458. 急 tɕi24
0459. 及 tɕi24
0460. 吸 ɕi31
0461. 单简～tæ̃31
0462. 炭 thæ̃44
0463. 弹～琴 thæ̃24
0464. 难～易 læ̃24
0465. 兰 læ̃24
0466. 懒 læ̃53
0467. 烂 læ̃44
0468. 伞注意声调 sæ̃53
0469. 肝 kæ̃31
0470. 看～见 khæ̃44
0471. 岸 ŋæ̃44
0472. 汉 xæ̃44
0473. 汗 xæ̃44
0474. 安 ŋæ̃31
0475. 达 tɑ24
0476. 辣 lɑ31
0477. 擦 tshɑ31
0478. 割 kuo31
0479. 渴 khuo31
0480. 扮 pæ̃44
0481. 办 pæ̃44
0482. 铲 tshæ̃53
0483. 山 sæ̃31
0484. 产注意声母 tshæ̃53
0485. 间房～，一～房 tɕiæ̃31
0486. 眼 ȵiæ̃53
0487. 限 ɕiæ̃44
0488. 八 pɑ31
0489. 扎 tsɑ31

0490. 杀 sɑ31
0491. 班 pæ̃31
0492. 板 pæ̃53
0493. 慢 mæ̃44
0494. 奸 tɕiæ̃31
0495. 颜 ∅iæ̃24
0496. 瞎 xɑ31
0497. 变 piæ̃44
0498. 骗欺～phiæ̃44
0499. 便方～piæ̃44
0500. 棉 miæ̃24
0501. 面～孔 miæ̃44
0502. 连 liæ̃24
0503. 剪 tɕiæ̃53
0504. 浅 tɕhiæ̃53
0505. 钱 tɕhiæ̃24
0506. 鲜 ɕiæ̃53
0507. 线 ɕiæ̃44
0508. 缠 tʂhæ̃24
0509. 战 tʂæ̃44
0510. 扇名 ʂæ̃44
0511. 善 ʂæ̃44
0512. 件 tɕiæ̃44
0513. 延 ∅iæ̃24
0514. 别～人 piɛ24
0515. 灭 miɛ31
0516. 列 liɛ31
0517. 撤 tʂhɤ53
0518. 舌 ʂɤ24
0519. 设 ʂɤ53
0520. 热 ʐɤ31
0521. 杰 tɕiɛ24
0522. 孽 ȵiɛ31
0523. 建 tɕiæ̃44
0524. 健 tɕiæ̃44
0525. 言 ∅iæ̃24
0526. 歇 ɕiɛ31
0527. 扁 piæ̃53
0528. 片 phiæ̃53
0529. 面～条 miæ̃44
0530. 典 tiæ̃53
0531. 天 thiæ̃31
0532. 田 thiæ̃24
0533. 垫 thiæ̃44
0534. 年 ȵiæ̃24
0535. 莲 liæ̃24
0536. 前 tɕhiæ̃24
0537. 先 ɕiæ̃31
0538. 肩 tɕiæ̃31
0539. 见 tɕiæ̃44
0540. 牵 tɕhiæ̃31
0541. 显 ɕiæ̃53
0542. 现 ɕiæ̃53
0543. 烟 ∅iæ̃31
0544. 憋 piɛ31
0545. 篾 mi24
0546. 铁 thiɛ31
0547. 捏 ȵiɛ31
0548. 节 tɕiɛ31
0549. 切动 tɕhiɛ31
0550. 截 tɕiɛ24
0551. 结 tɕiɛ31
0552. 搬 pæ̃31
0553. 半 pæ̃44
0554. 判 phæ̃44
0555. 盘 phæ̃24
0556. 满 mæ̃53
0557. 端～午 tæ̃31
0558. 短 tuæ̃53
0559. 断绳～了 tuæ̃44
0560. 暖 luæ̃53
0561. 乱 luæ̃44
0562. 酸 suæ̃31
0563. 算 suæ̃44
0564. 官 kuæ̃31
0565. 宽 khuæ̃31
0566. 欢 xuæ̃31
0567. 完 væ̃24
0568. 换 xuæ̃44
0569. 碗 væ̃53
0570. 拨 po31
0571. 泼 pho31
0572. 末 mo31
0573. 脱 thuo31
0574. 夺 tuo24
0575. 阔 khuo31
0576. 活 xuo24
0577. 顽～皮，～固 væ̃24
0578. 滑 xuɑ24
0579. 挖 vɑ31
0580. 闩 ʂʮæ̃44
0581. 关～门 kuæ̃31
0582. 惯 kuæ̃44
0583. 还动 xuæ̃24
0584. 还副 xɑ24
0585. 弯 væ̃31
0586. 刷 ʂʮɑ31
0587. 刮 kuɑ53
0588. 全 tshuæ̃24
0589. 选 suæ̃53
0590. 转～眼，～送 tʂʮæ̃44
0591. 传～下来 tʂhʮæ̃24
0592. 传～记 tʂʮæ̃44
0593. 砖 tʂʮæ̃31
0594. 船 ʂʮæ̃24
0595. 软 ʐʮæ̃53
0596. 卷～起 tɕyæ̃53
0597. 圈圆～ tɕhyæ̃31
0598. 权 tɕhyæ̃24
0599. 圆 ∅yæ̃24
0600. 院 ∅yæ̃44
0601. 铅～笔，注意声调 tɕhiæ̃31
0602. 绝 tɕyo24
0603. 雪 ɕyo31
0604. 反 fæ̃53
0605. 翻 fæ̃31
0606. 饭 fæ̃44
0607. 晚 væ̃53
0608. 万麻将牌 væ̃44
0609. 劝 tɕhyæ̃44
0610. 原 ∅yæ̃24
0611. 冤 ∅yæ̃31
0612. 园 ∅yæ̃24
0613. 远 ∅yæ̃53
0614. 发头～fɑ31
0615. 罚 fɑ24

0616. 袜 vɑ31
0617. 月 Øyo31
0618. 越 Øyo31
0619. 县 ɕiæ44
0620. 决 tɕyo53
0621. 缺 tɕhyo31
0622. 血 ɕiɛ31
0623. 吞 thəŋ31
0624. 根 kəŋ31
0625. 恨 xəŋ44
0626. 恩 ŋəŋ31
0627. 贫 phiŋ24
0628. 民 miŋ24
0629. 邻 liŋ24
0630. 进 tɕiŋ44
0631. 亲 tɕhiŋ31
0632. 新 ɕiŋ31
0633. 镇 tʂəŋ44
0634. 陈 tʂhəŋ24
0635. 震 tʂəŋ44
0636. 神 ʂəŋ24
0637. 身 ʂəŋ31
0638. 辰 ʂəŋ31
0639. 人 ʐəŋ24
0640. 认 ʐəŋ44
0641. 紧 tɕiŋ53
0642. 银 Øiŋ24
0643. 印 Øiŋ44
0644. 引 Øiŋ53
0645. 笔 pi31
0646. 匹 phi24
0647. 密 mi31
0648. 栗 li31
0649. 七 tɕhi31
0650. 侄 tʂʅ24
0651. 虱 sei31
0652. 实 ʂʅ24
0653. 失 ʂʅ31
0654. 日 Øər31
0655. 吉 tɕi31
0656. 一 Øi31
0657. 筋 tɕiŋ31
0658. 劲有～tɕiŋ44
0659. 勤 tɕhiŋ24
0660. 近 tɕiŋ44
0661. 隐 Øiŋ53
0662. 本 pəŋ53
0663. 盆 phəŋ24
0664. 门 məŋ24
0665. 墩 tuŋ31
0666. 嫩 lyŋ44
0667. 村 tshuŋ31
0668. 寸 tshuŋ44
0669. 蹲注意声母 tuŋ31
0670. 孙～子 suŋ31
0671. 滚 kuŋ53
0672. 困 khuŋ44
0673. 婚 xuŋ31
0674. 魂 xuŋ24
0675. 温 vəŋ31
0676. 卒棋子 tsu24
0677. 骨 ku31
0678. 轮 lyŋ24
0679. 俊注意声母 tsuŋ44
0680. 笋 suŋ53
0681. 准 tʂɥŋ53
0682. 春 tʂhɥŋ31
0683. 唇 ʂɥŋ24
0684. 顺 ʂɥŋ44
0685. 纯 tʂhɥŋ24
0686. 闰 ʐɥŋ44
0687. 均 tɕyŋ31
0688. 匀 Øyŋ24
0689. 律 ly31
0690. 出 tʂhɥ31
0691. 橘 tɕy31
0692. 分动 fəŋ31
0693. 粉 fəŋ53
0694. 粪 fəŋ44
0695. 坟 fəŋ24
0696. 蚊 vəŋ24
0697. 问 vəŋ44
0698. 军 tɕyŋ31
0699. 裙 tɕhyŋ24
0700. 熏 ɕyŋ31
0701. 云～彩 Øyŋ24
0702. 运 Øyŋ44
0703. 佛～像 fo24
0704. 物 vo31
0705. 帮 paŋ31
0706. 忙 maŋ24
0707. 党 taŋ53
0708. 汤 thaŋ31
0709. 糖 thaŋ24
0710. 浪 laŋ44
0711. 仓 tshaŋ31
0712. 钢 kaŋ31
0713. 糠 khaŋ31
0714. 薄形 po24
0715. 摸注意声调 mo53
0716. 托 thuo31
0717. 落 luo31
0718. 作 tsuo31
0719. 索 suo31
0720. 各 kuo31
0721. 鹤 xuo31
0722. 恶形，入声 ŋuo31
0723. 娘 ȵiaŋ24
0724. 两斤～liaŋ53
0725. 亮 liaŋ44
0726. 浆 tɕiaŋ31
0727. 抢 tɕhiaŋ53
0728. 匠 tɕiaŋ44
0729. 想 ɕiaŋ53
0730. 像 ɕiaŋ44
0731. 张量 tʂaŋ31
0732. 长～短 tʂhaŋ24
0733. 装 tʂɥaŋ31
0734. 壮 tʂɥaŋ44
0735. 疮 tʂhɥaŋ31
0736. 床 tʂhɥaŋ24
0737. 霜 ʂɥaŋ31
0738. 章 tʂaŋ31
0739. 厂 tʂhaŋ53
0740. 唱 tʂhaŋ44
0741. 伤 ʂaŋ31
0742. 尝 ʂaŋ24
0743. 上～去 ʂaŋ44

0744. 让 ʐaŋ44
0745. 姜生～tɕiaŋ31
0746. 响 ɕiaŋ53
0747. 向 ɕiaŋ44
0748. 秧 Øiaŋ31
0749. 痒 Øiaŋ53
0750. 样 Øiaŋ44
0751. 雀注意声母 tɕhyo53
0752. 削 ɕyo31
0753. 着火～了 tʂhʮo24
0754. 勺 ʂʮo24
0755. 弱 ʐʮo31
0756. 脚 tɕyo31
0757. 约 Øyo31
0758. 药 Øyo31
0759. 光～线 kuaŋ31
0760. 慌 xuaŋ31
0761. 黄 xuaŋ24
0762. 郭 kuo31
0763. 霍 xuo31
0764. 方 faŋ31
0765. 放 faŋ44
0766. 纺 faŋ53
0767. 房 faŋ24
0768. 防 faŋ24
0769. 网 vaŋ53
0770. 筐 khuaŋ31
0771. 狂 khuaŋ24
0772. 王 vaŋ24
0773. 旺 vaŋ44
0774. 缚 fo24
0775. 绑 paŋ53
0776. 胖 phaŋ44
0777. 棒 paŋ44
0778. 桩 tʂʮaŋ31
0779. 撞 tʂhʮaŋ44
0780. 窗 tʂhʮaŋ31
0781. 双 ʂʮaŋ31
0782. 江 tɕiaŋ31
0783. 讲 tɕiaŋ53
0784. 降投～ɕiaŋ24
0785. 项 xaŋ44
0786. 剥 pɔ31
0787. 桌 tʂʮo31
0788. 镯 tshuo24
0789. 角 tɕyo31
0790. 壳 tɕhyo31 须～/khuo31 高粱～～
0791. 学 ɕyo24
0792. 握 vo31
0793. 朋 phəŋ24
0794. 灯 təŋ31
0795. 等 təŋ53
0796. 凳 təŋ44
0797. 藤 thəŋ24
0798. 能 ləŋ24
0799. 层 tshəŋ24
0800. 僧注意声母 səŋ31
0801. 肯 khəŋ53
0802. 北 pei31
0803. 墨 mei24
0804. 得 tei31
0805. 特 thei24
0806. 贼 tsei24
0807. 塞 sei31
0808. 刻 khei31
0809. 黑 xei31
0810. 冰 piŋ31
0811. 证 tʂəŋ44
0812. 秤 tʂhəŋ44
0813. 绳 ʂəŋ24
0814. 剩 ʂəŋ44
0815. 升 ʂəŋ31
0816. 兴高～ɕiŋ31
0817. 蝇注意声母 Øiŋ24
0818. 逼 pi31
0819. 力 li31
0820. 息 ɕi31
0821. 直 tʂʅ24
0822. 侧注意声母 tshei31
0823. 测 tshei31
0824. 色 sei31
0825. 织 tʂʅ31
0826. 食 ʂʅ24
0827. 式 ʂʅ31
0828. 极 tɕi24
0829. 国 kui31
0830. 或 xui24
0831. 猛 məŋ53
0832. 打注意韵母 ta53
0833. 冷 ləŋ53
0834. 生 səŋ31
0835. 省～长 səŋ53
0836. 更三～，打～ kəŋ44
0837. 梗注意韵母 kəŋ44
0838. 坑 khəŋ31
0839. 硬 ȵiŋ44
0840. 行～为，～走 ɕiŋ24
0841. 百 pei31
0842. 拍 phei31
0843. 白 pei24
0844. 拆 tshei31
0845. 择 tsei24
0846. 窄 tsei31
0847. 格 kei31
0848. 客 khei31
0849. 额 ŋei31
0850. 棚 phəŋ24
0851. 争 tsəŋ31
0852. 耕 kəŋ31
0853. 麦 mei31
0854. 摘 tsei31
0855. 策 tshei31
0856. 隔 kei31
0857. 兵 piŋ31
0858. 柄注意声调 piŋ53
0859. 平 phiŋ24
0860. 病 piŋ44
0861. 明 miŋ24
0862. 命 miŋ44
0863. 镜 tɕiŋ44

0864. 庆 tɕhiŋ44
0865. 迎 Øiŋ24
0866. 影 Øiŋ53
0867. 剧戏～tɕy44
0868. 饼 piŋ53
0869. 名 miŋ24
0870. 领 liŋ53
0871. 井 tɕiŋ53
0872. 清 tɕhiŋ31
0873. 静 tɕiŋ44
0874. 姓 ɕiŋ44
0875. 贞 tʂəŋ31
0876. 程 tʂhəŋ24
0877. 整 tʂəŋ53
0878. 正～反 tʂəŋ44
0879. 声 ʂəŋ31
0880. 城 tʂhəŋ24
0881. 轻 tɕhiŋ31
0882. 赢 Øiŋ24
0883. 积 tɕi31
0884. 惜 ɕiɛ31
0885. 席 ɕi24
0886. 尺 tʂhʅ31
0887. 石 ʂʅ24
0888. 益 Øi31
0889. 瓶 phiŋ24
0890. 钉名 tiŋ31
0891. 顶 tiŋ53
0892. 厅 thiŋ31
0893. 听～见，注意声调 thiŋ31
0894. 停 thiŋ44
0895. 挺 thiŋ53
0896. 定 tiŋ44
0897. 零 liŋ24
0898. 青 tɕhiŋ31
0899. 星 ɕiŋ31
0900. 经 tɕiŋ31
0901. 形 ɕiŋ24
0902. 壁 pi31
0903. 劈 phi53
0904. 踢 thi31
0905. 笛 ti24
0906. 历农～li31
0907. 锡 ɕi31
0908. 击 tɕi31
0909. 吃 tʂhʅ31
0910. 横 xuŋ44
0911. 划计～xuɑ44
0912. 兄 ɕyŋ31
0913. 荣 Øyŋ24
0914. 永 Øyŋ53
0915. 营 Øiŋ24
0916. 蓬～松 phəŋ24
0917. 东 tuŋ31
0918. 懂 tuŋ53
0919. 冻 tuŋ44
0920. 通 thuŋ31
0921. 桶注意声调 thuŋ53
0922. 痛 thuŋ44
0923. 铜 thuŋ24
0924. 动 tuŋ44
0925. 洞 tuŋ44
0926. 聋注意声调 luŋ24
0927. 弄注意声母 luŋ44
0928. 粽 tsuŋ44
0929. 葱 tshuŋ31
0930. 送 suŋ44
0931. 公 kuŋ31
0932. 孔 khuŋ53
0933. 烘～干 xuŋ31
0934. 红 xuŋ24
0935. 翁 vəŋ31
0936. 木 mu31
0937. 读 tu24
0938. 鹿 lu31
0939. 族 tshu24
0940. 谷稻～ku31
0941. 哭 khu31
0942. 屋 vu31
0943. 冬～至 tuŋ31
0944. 统注意声调 thuŋ53
0945. 脓注意声调 luŋ24
0946. 松～紧 suŋ31
0947. 宋 suŋ44
0948. 毒 tu24
0949. 风 fəŋ31
0950. 丰 fəŋ31
0951. 凤 fəŋ44
0952. 梦 məŋ44
0953. 中当～tʂɥŋ31
0954. 虫 tʂhɥŋ24
0955. 终 tʂɥŋ31
0956. 充 tʂhɥŋ53
0957. 宫 kuŋ31
0958. 穷 tɕhyŋ24
0959. 熊注意声母 ɕyŋ24
0960. 雄注意声母 ɕyŋ24
0961. 福 fu31
0962. 服 fu24
0963. 目 mu31
0964. 六 liu31
0965. 宿住～，～舍 ɕy31
0966. 竹 tʂɥ31
0967. 畜～生 ɕy31
0968. 缩 ʂɥo31 ～小/ʂɥuɑŋ53 ～脖浪骨
0969. 粥 tʂɥ31
0970. 叔 ʂɥ31
0971. 熟 ʂɥ24
0972. 肉 ʐou44
0973. 菊 tɕy31
0974. 育 Øy44
0975. 封 fəŋ31
0976. 蜂 fəŋ31
0977. 缝一条～fəŋ44
0978. 浓 luŋ24
0979. 龙 luŋ24
0980. 松～树，注意声调 suŋ31
0981. 重轻～tʂɥŋ44
0982. 肿 tʂɥŋ53
0983. 种～树 tʂɥŋ44

0984. 冲 tʂhʮŋ31

0985. 恭 kuŋ31

0986. 共 kuŋ44

0987. 凶吉～ɕyŋ31

0988. 拥注意声调 Øyŋ31

0989. 容 Øyŋ24

0990. 用 Øyŋ44

0991. 绿 liu31

0992. 足 tsu31

0993. 烛 tʂʮ31

0994. 赎 ʂʮ24

0995. 属 ʂʮ24

0996. 褥 ʐʮ31

0997. 曲～折，歌～ tɕhy31

0998. 局 tɕy24

0999. 玉 Øy31

1000. 浴 Øy31

第三章　词　汇

第一节　规定词汇

一、天文、地理

（一）天文

0001. 太阳～下山了　热头爷 ʐɤ53thou0Øiɛ0
0002. 月亮～出来了　月亮 Øyo53liɑŋ0
0003. 星星　宿宿 ɕiu53ɕiu0
0004. 云　云 Øyŋ24
0005. 风　风 fəŋ31
0006. 台风　台风 thæ24fəŋ31
0007. 闪电名词　闪电 ʂæ̃53tiæ̃44
0008. 雷　呼噜爷 xu53lu0Øiɛ0
0009. 雨　雨 Øy53
0010. 下雨　下雨 xɑ44Øy53
0011. 淋衣服被雨～湿了　泡 phɔ44
0012. 晒～粮食　晒 sæ44/晾 liɑŋ44
0013. 雪　雪 ɕyo31
0014. 冰　冰凌 piŋ31liŋ0
0015. 冰雹　冷子 ləŋ53tsɿ0
0016. 霜　霜 ʂʮɑŋ31
0017. 雾　雾 vu44
0018. 露　露水 lou44ʂʮei0
0019. 虹统称　虹 tɕiɑŋ44
0020. 日食　日食 Øər53ʂʅ0
0021. 月食　月食 Øyo53ʂʅ0
0022. 天气　天气 thiæ̃31tɕhi44
0023. 晴天～　晴 tɕhiŋ24
0024. 阴天～　阴下了 ȵiŋ31xɑ0liɑ0
0025. 旱天～　旱 xæ̃44
0026. 涝天～　涝 lɔ44
0027. 天亮　明了 miŋ31liɔ53

（二）地貌

0028. 水田　水浇地 ʂʮei53tɕiɔ31ti44
0029. 旱地浇不上水的耕地　旱地 xæ̃44ti44
0030. 田埂　盖塄 kæ44ləŋ0
0031. 路野外的　路 lu44
0032. 山　山 sæ̃31
0033. 山谷　山沟沟 sæ̃31kou53kou0
0034. 江大的河　江 tɕiɑŋ31
0035. 溪小的河　小河 ɕiɔ53xuo24
0036. 水沟儿较小的水道　水沟 ʂʮei53kou31
0037. 湖　湖 xu24

0038. 池塘　涝坝 lɔ44pɑ0

0039. 水坑儿地面上有积水的小洼儿　水坑坑 ʂʮei53khəŋ53khəŋ0

0040. 洪水　洪水 xuŋ44ʂʮei53

0041. 淹被水～了　淹 Øiæ̃31/漫 mæ̃44

0042. 河岸　河盖塄 xuo24kæ44ləŋ0

0043. 坝拦河修筑拦水的　坝口 pɑ44khou53

0044. 地震　地动 ti44tuŋ44

0045. 窟窿小的　窟窿 khu31luŋ0

0046. 缝儿统称　缝缝 fəŋ44fəŋ0

（三）物象

0047. 石头统称　石头 ʂʅ31thou53

0048. 土统称　土 thu53

0049. 泥湿的　泥 ȵi24

0050. 水泥旧称　洋灰 Øiɑŋ24xui31

0051. 沙子　沙石 sɑ53ʂʅ0

0052. 砖整块的　砖头 tʂʮæ̃53thou0

0053. 瓦整块的　瓦 vɑ53

0054. 煤　炭 thæ̃44

0055. 煤油　煤油 mei24Øiu24

0056. 炭木炭　木炭 mu31thæ̃44

0057. 灰烧成的　灰 xui31

0058. 灰尘桌面上的　搪土 thɑŋ31thu53

0059. 火　火 xuo53

0060. 烟烧火形成的　烟 Øiæ̃31

0061. 失火　失火 ʂʅ31xuo0

0062. 水　水 ʂʮei53

0063. 凉水　冰水 piŋ31ʂʮei53/凉水 liɑŋ31ʂʮei53

0064. 热水如洗脸的热水，不是指喝的开水　温水 vəŋ31ʂʮei53

0065. 开水喝的　煎水 tɕiæ̃31ʂʮei53

0066. 磁铁　吸铁石 ɕi31thiɛ31ʂʅ24

二、时间、方位

（一）时间

0067. 时候吃饭的～　时节 sɿ31tɕiɛ53

0068. 什么时候　啥会 ʂʮɑ44xui0

0069. 现在　这会 tʂʅ44xui0

0070. 以前十年～　前 tɕhiæ̃24

0071. 以后十年～　后 xou44

0072. 一辈子　一辈子 Øi31pei44tsɿ0

0073. 今年　今年 tɕiŋ53ȵiæ̃0

0074. 明年　过年 kuo44ȵiæ̃0

0075. 后年　后年 xou44ȵiæ̃0

0076. 去年　年时个 ȵiæ̃31sɿ53kɔ0/年外面 ȵiæ̃31væ53miæ̃0

0077. 前年　前年 tɕhiæ̃31ȵiæ̃53

0078. 往年过去的年份　前几年 tɕhiæ̃24tɕi53ȵiæ̃24

0079. 年初　开了年 khæ31liɔ0ȵiæ̃24

0080. 年底　年□□ ȵiæ̃24pɑ44pɑ0

0081. 今天　今儿个 tɕiŋr31kɔ0

0082. 明天　明儿个 miŋr24kɔ0

0083. 后天　后儿个 xour53kɔ0

0084. 大后天　外后天 væ44xou0thiæ̃31

0085. 昨天　夜来个 Øiɛ44læ0kɔ0

0086. 前天　前儿个 tɕhiæ̃r24kɔ0

0087. 大前天　早前儿个 tsɔ53tɕhiæ̃r24kɔ0

0088. 整天　整天 tʂəŋ53thiæ̃31

0089. 每天　天天天 thiæ̃31thiæ̃24thiæ̃31

0090. 早晨　早晌 tsɔ31ʂɑŋ0

0091. 上午　上半 ʂaŋ44pæ̃0

0092. 中午　晌午 ʂaŋ31vu53

0093. 下午　后晌 xou44ʂaŋ0

0094. 傍晚　黑得了 xei53tei0liɔ0

0095. 白天　白天 pei31thiæ̃53

0096. 夜晚与白天相对，统称　黑了 xei53liɔ0

0097. 半夜　半夜哩 pæ̃44Øiɛ44li0/亭半夜 thiŋ31pæ̃53Øiɛ0

0098. 正月农历　正月 tʂəŋ31Øyo0

0099. 大年初一农历　正月初一 tʂəŋ31Øyo0tʂhʮ24Øi31

0100. 元宵节　正月十五 tʂəŋ31Øyo0ʂʅ31vu53

0101. 清明　清明 tɕhiŋ53miŋ0

0102. 端午　端午 tæ̃31vu0

0103. 七月十五农历，节日名　无

0104. 中秋　八月十五 pɑ31Øyo0ʂʅ31vu53

0105. 冬至　交九 tɕiɔ31tɕiu53/冬至 tuŋ31tsʅ44

0106. 腊月农历十二月　混月 xuŋ44Øyo0

0107. 除夕农历　三十晚上 sæ̃31ʂʅ24væ̃53ʂaŋ0

0108. 历书　历头 li53thou0

0109. 阴历　农历 luŋ24li31

0110. 阳历　阳历 Øiaŋ24li31

0111. 星期天　礼拜天 li53pæ0thiæ̃31

（二）方位

0112. 地方　地方 ti44faŋ31

0113. 什么地方　啥地方 ʂʮɑ44ti44faŋ31

0114. 家里　屋里 vu53li0

0115. 城里　街道 tɕiɛ53tɔ0

0116. 乡下　乡里 ɕiaŋ53li0

0117. 上面从～滚下来　上头 ʂaŋ44thou0/上边 ʂaŋ44piæ̃31

0118. 下面从～爬上去　下头 xɑ44thou0/下边 xɑ44piæ̃31

0119. 左边　左傍个 tsuo53paŋ0kɔ0

0120. 右边　右傍个 Øiu44paŋ0kɔ0

0121. 中间排队排在～　当中 taŋ24tʂʮəŋ31

0122. 前面排队排在～　前头 tɕhiæ̃31thou53/前傍个 tɕhiæ̃24paŋ0kɔ0

0123. 后面排队排在～　后头 xei44thou0/后傍个 xou44paŋ0kɔ0

0124. 末尾排队排在～　老后头 lɔ53xei44thou0

0125. 对面　对面子 tui44miæ̃44tsʅ0

0126. 面前　跟前 kəŋ53tɕhiæ̃0

0127. 背后　背后 pei44xou0/沟子后头 kou53tsʅ0xei44thou0

0128. 里面躲在～　里头 li53thou0

0129. 外面衣服晒在～　外头 væ44thou0

0130. 旁边　跟前 kəŋ53tɕhiæ̃0

0131. 上碗在桌子～　头起 thou31tɕhiɛ53

0132. 下凳子在桌子～　下头 xɑ44thou0

0133. 边儿桌子的～　边边 piæ̃53piæ̃0

0134. 角儿桌子的～　角角 tɕyo53tɕyo0

0135. 上去他～了　上去 ʂaŋ44tɕhi0

0136. 下来他～了　下来 xɑ44læ0

0137. 进去他～了　进去 tɕiŋ44tɕhi0

0138. 出来他～了　出来 tʂhʮ53læ0

0139. 出去他～了　出去 tʂhʮ53tɕhi0

0140. 回来他～了　回来 xui31læ53

0141. 起来天冷～了　开 khæ31

三、植物

（一）一般植物

0142. 树　树 ʂʮ44
0143. 木头　木头 mu53thou0
0144. 松树统称　松树 suŋ53ʂʮ0
0145. 柏树统称　柏树 pei53ʂʮ0
0146. 杉树　杉树 sɑ53ʂʮ0
0147. 柳树　柳树 liu53ʂʮ0
0148. 竹子统称　竹子 tʂʮ53tsɿ0
0149. 笋　竹笋 tʂʮ31suŋ53
0150. 叶子　叶叶 Øiɛ53Øiɛ0
0151. 花　花 xuɑ31
0152. 花蕾花骨朵儿　花苞斗 xuɑ31pɔ31tou53
0153. 梅花　梅花 mei31xuɑ53
0154. 牡丹　牡丹花 mu53tæ̃31xuɑ31
0155. 荷花　莲花 liæ̃31xuɑ53
0156. 草　草 tshɔ53
0157. 藤　蔓蔓 væ̃44væ̃0
0158. 刺名词　枣子 tsɔ53tsɿ0
0159. 水果　果木 kuo53mu31
0160. 苹果　苹果 phiŋ31kuo53
0161. 桃子　桃儿 thɔr24
0162. 梨　梨 li24
0163. 李子　李子 li31tsɿ0
0164. 杏　杏 xəŋ44
0165. 橘子　橘子 tɕy31tsɿ0
0166. 柚子　柚子 Øiu44tsɿ0
0167. 柿子　柿子 sɿ44tsɿ0
0168. 石榴　石榴 ʂɿ31liu53
0169. 枣　枣儿 tsɔr53
0170. 栗子　毛栗 mɔ31li53
0171. 核桃　核桃 xuo31thɔ53
0172. 银杏白果　银杏 Øiŋ24xəŋ44
0173. 甘蔗　甜秆 thiæ̃31kæ̃53
0174. 木耳　木耳 mur31
0175. 蘑菇野生的　狗尿苔 kou53ȵiɔ0thæ0
0176. 香菇　蘑菇 mo31ku53

（二）农作物

0177. 稻子指植物　稻子 thɔ44tsɿ0
0178. 稻谷指籽实（脱粒后是大米）　稻子 thɔ44tsɿ0
0179. 稻草脱粒后的　稻草 thɔ31tshɔ0
0180. 大麦指植物　大麦 tɑ44mei31
0181. 小麦指植物　麦 mei31
0182. 麦秸脱粒后的　麦草 mei31tshɔ0/麦秆 mei31kæ̃0
0183. 谷子指植物（籽实脱粒后是小米）　谷子 ku53tsɿ0
0184. 高粱指植物　稻黍 thɔ31ʂʮ0/高粱 kɔ53liɑŋ0
0185. 玉米指成株的植物　番麦 fæ̃31mei0/苞谷 pɔ31ku0
0186. 棉花指植物　棉花 miæ̃31xuɑ53
0187. 油菜油料作物，不是蔬菜　菜籽 tshæ44tsɿ0
0188. 芝麻　芝麻 tsɿ53mɑ0
0189. 向日葵指植物　向日葵 ɕiɑŋ44Øər0khui24
0190. 蚕豆　大豌豆 tɑ44væ̃53tou0
0191. 豌豆　小豌豆 ɕiɔ53væ̃53tou0
0192. 花生指果实，注意婉称　落花生 luo31xuɑ24səŋ31

0193. 黄豆　白豆子 pei24tou44tsɿ0

0194. 绿豆　绿豆 liu53tou0

0195. 豇豆长条形的　豇豆 tɕiaŋ53tou0

0196. 大白菜东北～　白菜 pei31tshæ53

0197. 包心菜卷心菜，圆白菜，球形的　包白菜 pɔ53pei0tshæ44

0198. 菠菜　菠菜 po53tshæ0

0199. 芹菜　芹菜 tɕhiŋ31tshæ53

0200. 莴笋　笋子 suŋ44tsɿ0

0201. 韭菜　韭菜 tɕiu53tshæ0

0202. 香菜芫荽　芫荽 Øiæ̃31sui53

0203. 葱　葱 tshuŋ31

0204. 蒜　蒜 suæ̃44

0205. 姜　生姜 səŋ31tɕiaŋ31

0206. 洋葱　洋葱 Øiaŋ24tshuŋ31

0207. 辣椒统称　辣子 la31tsɿ0

0208. 茄子统称　茄子 tɕhiɛ31tsɿ53

0209. 西红柿　洋柿子 Øiaŋ24sɿ44tsɿ0

0210. 萝卜统称　萝卜 luo31phu53

0211. 胡萝卜　红萝卜 xuŋ31luo53phu0

0212. 黄瓜　黄瓜 xuaŋ31kua53

0213. 丝瓜无棱的　丝瓜 sɿ31kua0

0214. 南瓜扁圆形或梨形，成熟时赤褐色　草墩瓜 tshɔ53tuŋ31kua31

0215. 荸荠　慈姑 tshɿ31ku53

0216. 红薯统称　红芋 xuŋ24Øy44

0217. 马铃薯　洋芋 Øiaŋ24Øy44

0218. 芋头　芋头 Øy44thou0

0219. 山药圆柱形的　山药 sæ̃31Øyo0

0220. 藕　莲菜 liæ̃31tshæ53

四、动物

（一）一般动物

0221. 老虎　老虎 lɔ31xu0

0222. 猴子　猴 xou24

0223. 蛇统称　长虫 tʂhaŋ31tʂhʮŋ53

0224. 老鼠家里的　老鼠 lɔ31ʂʮ0

0225. 蝙蝠　夜蝙蝠 Øiɛ44piɛ31fu44

0226. 鸟儿飞鸟，统称　鸟鸟 ȵiɔ53ȵiɔ0

0227. 麻雀　雀儿 tɕhiɔr53

0228. 喜鹊　夜雀儿 Øiɛ53tɕhiɔr0

0229. 乌鸦　老鸹 lɔ53Øua0

0230. 鸽子　鹁鸽 phu31kuo53

0231. 翅膀鸟的，统称　翎膀 liŋ31paŋ53

0232. 爪子鸟的，统称　爪爪 tʂʮa53tʂʮa0

0233. 尾巴　尾巴 Øi53pa0

0234. 窝鸟的　窝窝 vo53vo0

0235. 虫子统称　虫虫 tʂhʮŋ31tʂhʮŋ53

0236. 蝴蝶统称　蝴蝶 xu31tiɛ53

0237. 蜻蜓统称　蜻蜓 tɕhiŋ31thiŋ53

0238. 蜜蜂　蜂 fəŋ31

0239. 蜂蜜　蜂蜜 fəŋ31mi31

0240. 知了统称　知了 tsɿ31lɔ53

0241. 蚂蚁　蚍蜉蚂 phi31fəŋ53ma31

0242. 蚯蚓　曲蟮 tɕhy53ʂæ̃0

0243. 蚕　蚕儿 tshæ̃r24

0244. 蜘蛛会结网的　蜘蛛 tʂʅ31tʂʮ0

0245. 蚊子统称　蚊子 vəŋ31tsɿ53

0246. 苍蝇统称　苍蝇 tshaŋ53Øiŋ0

0247. 跳蚤咬人的　虼蚤 kuo31tsɔ0

0248. 虱子　虱 sei31

0249. 鱼　鱼 Øy24

0250. 鲤鱼　鲤鱼 li53Øy24

0251. 鳙鱼胖头鱼　大嘴蛙鱼 ta44tsui53Øua44Øy24

0252. 鲫鱼　鲫鱼 tɕi31Øy24

0253. 甲鱼　鳖 piɛ31
0254. 鳞鱼的　鱼鳞 Øy24liŋ24
0255. 虾统称　虾儿 ɕiar31
0256. 螃蟹统称　螃甲 phaŋ31tɕiɑ53
0257. 青蛙统称　河蚂 xuo31mɑ53
0258. 癞蛤蟆表皮多疙瘩　疔河蚂 tiŋ53xuo0mɑ0

（二）家畜、家禽

0259. 马　马 mɑ53
0260. 驴　驴 ly24
0261. 骡　骡子 luo31tsɿ53
0262. 牛　牛 ȵiu24
0263. 公牛统称　犍牛 tɕiæ̃53ȵiu0
0264. 母牛统称　乳牛 ʐʮ53ȵiu0
0265. 放牛　放牛 faŋ44ȵiu24
0266. 羊　羊 Øiaŋ24
0267. 猪　猪 tʂʮ31
0268. 种猪配种用的公猪　角猪 tɕyo31tʂʮ0
0269. 公猪成年的，已阉的　牙猪 Øiɑ31tʂʮ53
0270. 母猪成年的，未阉的　豴豴猪 tshɑ31tshɑ53tʂʮ31
0271. 猪崽　猪娃 tʂʮ53vɑ0
0272. 猪圈　猪圈 tʂʮ31tɕhyæ̃44
0273. 养猪　看猪 khæ̃24tʂʮ31
0274. 猫　猫 mɔ24
0275. 公猫　郎猫 laŋ31mɔ53
0276. 母猫　咪猫 mi44mɔ0
0277. 狗统称　狗 kou53
0278. 公狗　牙狗 Øiɑ31kou53
0279. 母狗　草狗 tshɔ31kou0
0280. 叫狗～　咬 ȵiɔ53
0281. 兔子　兔儿 thur44
0282. 鸡　鸡 tɕi31
0283. 公鸡成年的，未阉的　公鸡 kuŋ31tɕi31
0284. 母鸡已下过蛋的　母鸡 mu53tɕi31
0285. 叫公鸡～（打鸣儿）　叫了 tɕiɔ44liɔ0
0286. 下鸡～蛋　下 ɕiɑ44
0287. 孵～小鸡　菢 pɔ44
0288. 鸭　鸭子 Øiɑ53tsɿ0
0289. 鹅　鹅 ŋuo24
0290. 阉～公的猪　骟 ʂæ̃44
0291. 阉～母的猪　择 tsei24
0292. 阉～鸡　无
0293. 喂～猪　喂 vei44
0294. 杀猪统称，注意婉称　杀猪 sɑ24tʂʮ31
0295. 杀～鱼　杀 sɑ31

五、房舍、器具

（一）房舍

0296. 村庄一个～　村子 tshuŋ53tsɿ0
0297. 胡同统称：一条～　巷巷 xaŋ44xaŋ0
0298. 街道　街道 tɕiɛ53tɔ0
0299. 盖房子　盖房 kæ44faŋ24
0300. 房子整座的，不包括院子　房 faŋ24
0301. 屋子房子里分隔而成的，统称　房子 faŋ31tsɿ53
0302. 卧室　隔房 kei53faŋ0
0303. 茅屋茅草等盖的　草房 tshɔ53faŋ24

0304. 厨房　灶房 tsɔ44faŋ0

0305. 灶统称　锅上 kuo53ʂaŋ0

0306. 锅统称　锅 kuo31

0307. 饭锅煮饭的　锅 kuo31

0308. 菜锅炒菜的　锅 kuo31

0309. 厕所旧式的，统称　后院 xou44Øyæ̃44/后头 xou44thou0

0310. 檩左右方向的　檩子 liŋ53tsɿ0

0311. 柱子　明柱 miŋ24tʂʮ44

0312. 大门　前门 tɕhiæ̃24məŋ24

0313. 门槛儿　门槛 məŋ31khæ̃53

0314. 窗旧式的　窗子 tʂhʮaŋ53tsɿ0

0315. 梯子可移动的　梯架 thi53tɕiɑ0

0316. 扫帚统称　扫把 sɔ44pɑ0

0317. 扫地　扫地 sɔ53ti44

0318. 垃圾　烂古董 læ̃44ku0tuŋ0

（二）家具

0319. 家具统称　家具 tɕiɑ31tɕy44

0320. 东西我的　东西 tuŋ53ɕi0

0321. 炕土、砖砌的，睡觉用　炕 khaŋ44

0322. 床木制的，睡觉用　床 tʂhʮaŋ24

0323. 枕头　枕头 tʂəŋ53thou0

0324. 被子　被儿 piɛr53

0325. 棉絮　棉花 miæ̃31xuɑ53

0326. 床单　单子 tæ̃53tsɿ0

0327. 褥子　褥子 ʐʮ53tsɿ0

0328. 席子　席 ɕi24

0329. 蚊帐　蚊帐 vəŋ24tʂaŋ44

0330. 桌子统称　桌子 tʂʮo53tsɿ0

0331. 柜子统称　柜 khui44

0332. 抽屉桌子的　抽匣 tʂhou53ɕiɑ0/抽斗 tʂhou31tou0

0333. 案子长条形的　案 ŋæ̃44

0334. 椅子统称　椅子 Øi53tsɿ0

0335. 凳子统称　板凳 pæ̃53təŋ0

0336. 马桶有盖的　尿盆 ȵiɔ44phəŋ0

（三）用具

0337. 菜刀　刀 tɔ31

0338. 瓢舀水的　马勺 mɑ53ʂuo0

0339. 缸　水瓮 ʂʮei53Øuəŋ44

0340. 坛子装酒的～　坛坛 thæ̃31thæ̃53

0341. 瓶子装酒的～　瓶瓶 phiŋ31phiŋ53

0342. 盖子杯子的～　盖盖 kæ44kæ0

0343. 碗统称　碗 væ̃53

0344. 筷子　筷子 khuæ44tsɿ0

0345. 汤匙　勺勺 ʂuo31ʂuo53

0346. 柴火统称　柴 tshæ24

0347. 火柴　洋火 Øiaŋ31xuo53

0348. 锁　锁子 suo31tsɿ0

0349. 钥匙　钥匙 Øyo53sɿ0

0350. 暖水瓶　电壶 tiæ̃44xu24

0351. 脸盆　脸盆 liæ̃53phəŋ0

0352. 洗脸水　洗脸水 ɕi31liæ̃53ʂʮei53

0353. 毛巾洗脸用　手巾 ʂou53tɕiŋ31

0354. 手绢　手帕 ʂou53phɑ0

0355. 肥皂洗衣服用　洋碱 Øiaŋ24tɕiæ̃53

0356. 梳子旧式的，不是篦子　梳子 ʂʮ53tsɿ0

0357. 缝衣针　针 tʂəŋ31

0358. 剪子　剪子 tɕiæ̃53tsɿ0

0359. 蜡烛　洋蜡 Øiaŋ24lɑ31

0360. 手电筒　手电 ʂou53tiæ̃44

0361. 雨伞挡雨的，统称　伞 sæ̃53

0362. 自行车　自行车 tsɿ44ɕiŋ24tʂhɤ31

六、服饰、饮食

（一）服饰

0363. 衣服统称　衣裳 Øi53ʂaŋ0

0364. 穿～衣服　穿 tʂhɥæ̃31

0365. 脱～衣服　脱 thuo31

0366. 系～鞋带　绑 paŋ53

0367. 衬衫　布衫 pu44sæ̃31

0368. 背心带两条杠的，内衣　架架 tɕiɑ44tɕiɑ0

0369. 毛衣　毛衣 mɔ31Øi53

0370. 棉衣　棉袄 miæ̃31ŋɔ53

0371. 袖子　袖子 ɕiu44tsɿ0

0372. 口袋衣服上的　兜兜 tou53tou0

0373. 裤子　裤儿 khur53

0374. 短裤外穿的　半截裤儿 pæ̃44tɕhiɛ0khur53

0375. 裤腿　裤腿 khu44thui0

0376. 帽子统称　帽子 mɔ44tsɿ0

0377. 鞋子　鞋 xæ24

0378. 袜子　袜子 vɑ53tsɿ0

0379. 围巾　围巾 vui31tɕiŋ53

0380. 围裙　遮腰 tʂɤ31Øiɔ0

0381. 尿布　褯褯 tɕhiɛ44tɕhiɛ0

0382. 扣子　纽子 ȵiu53tsɿ0

0383. 扣～扣子　扣 khou44

0384. 戒指　戒指 tɕiɛ44tsɿ0

0385. 手镯　手镯 ʂou53tsuo24

0386. 理发　剃头 thi44thou24

0387. 梳头　梳头 ʂɥ31thou24

（二）饮食

0388. 米饭　蒸饭 tʂəŋ53fæ̃0

0389. 稀饭用米熬的，统称　黏粥 ʐæ̃31tʂɥ53

0390. 面粉麦子磨的，统称　麦面 mei31miæ̃44

0391. 面条统称　面条 miæ̃44thiɔ24

0392. 面儿玉米～，辣椒～　面面 miæ̃44miæ̃0

0393. 馒头无馅儿的，统称　蒸馍馍 tʂəŋ53mo31mo0

0394. 包子　包子 pɔ53tsɿ0

0395. 饺子　煮角 tʂɥ53tɕyo31

0396. 馄饨　馄饨 xuŋ44tuŋ44

0397. 馅儿　馅子 ɕyæ̃44tsɿ0

0398. 油条长条形的，旧称　油条 Øiu24thiɔ24

0399. 豆浆　豆浆 tou44tɕiɑŋ44

0400. 豆腐脑儿　豆花 tou44xuɑ31

0401. 元宵食品　元宵 Øyæ̃31ɕiɔ53

0402. 粽子　粽子 tsuŋ44tsɿ0

0403. 年糕用黏性大的米或米粉做的　年糕 ȵiæ̃31kɔ53

0404. 点心统称　点心 tiæ̃53ɕiŋ31

0405. 菜吃饭时吃的，统称　菜 tshæ44

0406. 干菜统称　干菜 kæ̃31tshæ44

0407. 豆腐　豆腐 tou44fu0

0408. 猪血当菜的　猪血 tʂɥ24ɕiɛ31

0409. 猪蹄当菜的　猪蹄蹄 tʂɥ31thi31thi53

0410. 猪舌头当菜的，注意婉称　口条 kou53thiɔ0

0411. 猪肝当菜的，注意婉称　肝子 kæ̃53tsɿ0

0412. 下水猪、牛、羊的内脏　内物

lui44vo31
0413. 鸡蛋　鸡蛋 tɕi53tæ̃0
0414. 松花蛋　变蛋 piæ̃44tæ̃44
0415. 猪油　大油 tɑ44Øiu24
0416. 香油　香油 ɕiɑŋ31Øiu24
0417. 酱油　酱油 tɕiɑŋ44Øiu24
0418. 盐名词　盐 Øiæ̃24
0419. 醋注意婉称　醋 tshu44
0420. 香烟　纸烟 tsɿ53Øiæ̃31
0421. 旱烟　旱烟 xæ̃44Øiæ̃31
0422. 白酒　白酒 pei24tɕiu53
0423. 黄酒　黄酒 xuɑŋ31tɕiu53
0424. 江米酒酒酿，醪糟　醪糟 lɔ31tsɔ53
0425. 茶叶　茶 tshɑ24
0426. 沏～茶　泼 pho31
0427. 冰棍儿　冰棍 piŋ31kuŋ44
0428. 做饭统称　做饭 tsu44fæ̃44
0429. 炒菜统称，和做饭相对　炒菜 tshɔ53tshæ44
0430. 煮～带壳的鸡蛋　煮 tʂʮ53
0431. 煎～鸡蛋　煎 tɕiæ̃31
0432. 炸～油条　炸 tshɑ24
0433. 蒸～鱼　蒸 tʂəŋ31
0434. 揉～面做馒头等　揉 ʐou24
0435. 擀～面，～皮儿　擀 kæ̃53
0436. 吃早饭　吃早饭 tʂhʅ31tsɔ53fæ̃44
0437. 吃午饭　吃晌午饭 tʂhʅ31ʂɑŋ31vu0fæ̃44
0438. 吃晚饭　喝汤 xuo24thɑŋ31
0439. 吃～饭　吃 tʂhʅ31
0440. 喝～酒　喝 xuo31
0441. 喝～茶　喝 xuo31
0442. 抽～烟　吃 tʂhʅ31
0443. 盛～饭　舀 Øiɔ53
0444. 夹用筷子～菜　抄 tshɔ31
0445. 斟～酒　倒 tɔ44
0446. 渴口～　渴 khuo31
0447. 饿肚子～　饥 tɕi31
0448. 噎吃饭～着了　噎住了 Øiɛ53tʂhʮ0liɔ0

七、身体、医疗

（一）身体

0449. 头人的，统称　头 thou24
0450. 头发　帽盖 mɔ44kæ0
0451. 辫子　毛辫子 mɔ24phiæ̃44tsɿ0
0452. 旋　旋 ɕyæ̃24
0453. 额头　额颅 ŋæ53lu0
0454. 相貌　面貌 miæ̃44mɔ44
0455. 脸洗～　脸 liæ̃53
0456. 眼睛　眼睛 ȵiæ̃53tɕiŋ0
0457. 眼珠统称　眼仁子 ȵiæ̃53ʐəŋ31tsɿ53
0458. 眼泪哭的时候流出来的　眼泪 ȵiæ̃53lui0
0459. 眉毛　眼眉眉 ȵiæ̃53mi31mi53
0460. 耳朵　耳朵 Øər53tuo0
0461. 鼻子　鼻子 phi31tsɿ53
0462. 鼻涕统称　鼻 phi24
0463. 擤～鼻涕　擤 ɕiŋ53
0464. 嘴巴人的，统称　嘴 tsui53
0465. 嘴唇　嘴唇 tsui53ʂʮŋ24
0466. 口水～流出来　颔水 xæ̃31ʂʮei0
0467. 舌头　舌头 ʂɤ31thou53
0468. 牙齿　牙 Øiɑ24

0469. 下巴　下巴 xɑ44pɑ0
0470. 胡子嘴周围的　胡子 xu31tsɿ53
0471. 脖子　脖浪骨 phu31lɑŋ53ku31
0472. 喉咙　喉咙眼 xou31luŋ53ȵiæ̃0
0473. 肩膀　胛骨头子 tɕiɑ31kuo0thou31tsɿ53
0474. 胳膊　胳臂 kuo53pei0
0475. 手方言指（打√）：只指手；包括臂：他的～摔断了　手 ʂou53
0476. 左手　左手 tsuo44ʂou53
0477. 右手　右手 Øiu44ʂou53
0478. 拳头　捶头 tʂhʮei31thou53
0479. 手指　手指头 ʂou53tsɿ53thou0
0480. 大拇指　大拇指头 tɑ44mu31tsɿ53thou0
0481. 食指　二拇指头 Øər44mu31tsɿ53thou0
0482. 中指　中指 tʂʮŋ31tsɿ0
0483. 无名指　无名指 Øu24miŋ24tsɿ0
0484. 小拇指　小拇尕尕 ɕiɔ53mu31kɑ31kɑ53
0485. 指甲　指甲 tsɿ53tɕiɑ0
0486. 腿　腿 thui53
0487. 脚方言指（打√）：只指脚；包括小腿；包括小腿和大腿：他的～轧断了　脚 tɕyo31
0488. 膝盖指部位　膊膝盖 po53ɕi31kæ44
0489. 背名词　脊背 tɕi53pei0
0490. 肚子腹部　肚子 tu44tsɿ0
0491. 肚脐　脖脐眼窝 phu31tɕhi53ȵiæ̃31vo0
0492. 乳房女性的　奶头 læ53thou0
0493. 屁股　沟子 kou53tsɿ0
0494. 肛门　沟门 kou53məŋ0
0495. 阴茎成人的　尿 tɕhiu24
0496. 女阴成人的　屄 phi31
0497. 肏动词　合 ʐʅ31
0498. 精液　㞞 suŋ24
0499. 来月经注意婉称　身上来了 ʂəŋ53ʂɑŋ0læ31liɔ53
0500. 拉屎　屙屎 pɑ31sɿ53
0501. 撒尿　尿尿 ȵiɔ44ȵiɔ44
0502. 放屁　放屁 fɑŋ44phi44
0503. 相当于“他妈的”的口头禅　日他娘 ʐʅ31tɑ31ȵiɑŋ24

（二）疾病、医疗

0504. 病了　不轻省 pu31tɕhiŋ31səŋ0
0505. 着凉　凉了 liɑŋ31liɔ53
0506. 咳嗽　咳嗽 khuo31sou0
0507. 发烧　发烧 fɑ24ʂɔ31
0508. 发抖　颤哩 tʂæ̃44li0
0509. 肚子疼　肚子疼 tu44tsɿ0thəŋ24
0510. 拉肚子　往后跑哩 vɑŋ44xou44phɔ53li0
0511. 患疟疾　害伤寒 xæ44ʂɑŋ53xæ̃0
0512. 中暑　中暑 tʂʮŋ44ʂʮ53
0513. 肿　肿 tʂʮŋ53
0514. 化脓　化脓 xuɑ44luŋ24
0515. 疤好了的　疤疤 pɑ53pɑ0
0516. 癣　癣 ɕiæ̃53
0517. 痣凸起的　黡子 Øiæ̃31tsɿ0
0518. 疙瘩蚊子咬后形成的　疙瘩 kuo31tɑ0
0519. 狐臭　臭胎子 tʂhou44thæ31tsɿ0

0520. 看病　看病 khæ̃44piŋ44
0521. 诊脉　拉脉 lɑ24mei31
0522. 针灸　扎针 tsɑ24tʂəŋ31
0523. 打针　打针 tɑ53tʂəŋ31
0524. 打吊针　挂针 kuɑ44tʂəŋ31
0525. 吃药统称　喝药 xuo24Øyo31
0526. 汤药　中药 tʂʮŋ31Øyo31
0527. 病轻了　病慢了 piŋ44mæ̃44liɔ0

八、婚丧、信仰

（一）婚育

0528. 说媒　发媒 fɑ31mei24/说媒 ʂɤ31mei24
0529. 媒人　介绍人 tɕiɛ44ʂɔ31ʐəŋ53
0530. 相亲　遇面 Øy44miæ̃44
0531. 订婚　订婚 tiŋ44xuŋ31
0532. 嫁妆　陪房 phei31fɑŋ53
0533. 结婚统称　结婚 tɕiɛ24xuŋ31
0534. 娶妻子男子～，动宾　娶媳妇 tɕhy53ɕi53fu0
0535. 出嫁女子～　出门 tʂhʮ31məŋ24
0536. 拜堂　拜天地 pæ44thiæ̃31ti44
0537. 新郎　新女婿 ɕiŋ31ȵy31ɕy0
0538. 新娘子　新媳妇 ɕiŋ31ɕi53fu0
0539. 孕妇　大肚子 tɑ44tu44tsɿ0
0540. 怀孕　有啥了 Øiu53ʂʮɑ44liɔ0/孕身了 Øyŋ44ʂəŋ31liɔ0
0541. 害喜妊娠反应　嫌饭 ɕiæ̃24fæ̃44
0542. 分娩　养娃娃 Øiɑŋ53vɑ31vɑ53
0543. 流产　小产 ɕiɔ31tshæ̃53
0544. 双胞胎　双生 ʂʮɑŋ44səŋ31
0545. 坐月子　坐月子 tsuo44Øyo53tsɿ0
0546. 吃奶　吃奶 tʂhʅ31læ53
0547. 断奶　离奶 li24læ53
0548. 满月　满月 mæ̃53Øyo31
0549. 生日统称　生日大人 səŋ31Øər0/晬晬小孩儿 tsui44tsui0
0550. 做寿　祝寿 tʂʮ44ʂou44

（二）丧葬

0551. 死统称　死 sɿ53
0552. 死婉称，最常用的几种，指老人：他～了　殇了 ʂɑŋ31liɔ0/老百年了 lɔ53pei31ȵiæ̃0liɔ0
0553. 自杀　寻了无常 ɕiŋ31liɔ53Øu31tʂhɑŋ53
0554. 咽气　断气 tuæ̃44tɕhi44
0555. 入殓　卷殓 tɕyæ̃53liæ̃44
0556. 棺材　棺木 kuæ̃31mu0
0557. 出殡　送埋 suŋ44mæ24
0558. 灵位　灵堂 liŋ31thɑŋ53
0559. 坟墓单个的，老人的　墓坑 mu44khəŋ31
0560. 上坟　上坟 ʂɑŋ44fəŋ24
0561. 纸钱　烧纸纸 ʂɔ31tsɿ31tsɿ0

（三）信仰

0562. 老天爷　老天爷 lɔ53thiæ̃53Øiɛ0
0563. 菩萨统称　菩萨 phu31sɑ53
0564. 观音　观音 kuæ̃31Øiŋ0
0565. 灶神口头的叫法，其中如有方言亲属称谓要释义　灶爷 tsɔ44Øiɛ0
0566. 寺庙　庙院 miɔ44Øyæ̃0
0567. 祠堂　祠堂 tshɿ31thɑŋ53
0568. 和尚　和尚 xuo31ʂɑŋ53

0569. 尼姑 尼姑 ȵi31ku53
0570. 道士 道人 tɔ44ʐəŋ0
0571. 算命统称 算卦 suæ̃44kuɑ44
0572. 运气 运气 Øyŋ44tɕhi0
0573. 保佑 保佑 pɔ53Øiu44

九、人品、称谓

(一)人品

0574. 人一个～ 人 ʐəŋ24
0575. 男人成年的，统称 外前人 væ44tɕhiæ̃0ʐəŋ24
0576. 女人三四十岁已婚的，统称 屋里人 vu53li0ʐəŋ24
0577. 单身汉 光棍 kuɑŋ53kuŋ0
0578. 老姑娘 老姑娘 lɔ53ku31ȵiɑŋ0
0579. 婴儿 月留娃 Øyo53liu0vɑ44
0580. 小孩儿三四岁的，统称 娃娃 vɑ31vɑ53
0581. 男孩儿统称：外面有个～在哭 儿娃子 Øər31vɑ53tsɿ0
0582. 女孩儿统称：外面有个～在哭 女娃子 ȵy53vɑ0tsɿ0
0583. 老人七八十岁的，统称 老年人 lɔ31ȵiæ̃0ʐəŋ24
0584. 亲戚统称 亲戚 tɕhiŋ31tɕhi0
0585. 朋友统称 朋友 phəŋ31Øiu53
0586. 邻居统称 隔壁 kei24pi31
0587. 客人 客 khei31
0588. 农民 庄稼汉 tʂʮɑŋ53tɕiɑ0xæ̃44
0589. 商人 生意人 səŋ53Øi0ʐəŋ24
0590. 手艺人统称 匠人 tɕiɑŋ44ʐəŋ0
0591. 泥水匠 瓦工 vɑ53kuŋ31
0592. 木匠 木匠 mu53tɕiɑŋ0
0593. 裁缝 裁缝 tshæ31fəŋ53
0594. 理发师 待招 tæ44tʂɔ31/剃头匠 thi44thou0tɕiɑŋ0
0595. 厨师 厨子 tʂhʮ31tsɿ53
0596. 师傅 师傅 sɿ53fu0
0597. 徒弟 徒弟 thu31ti53
0598. 乞丐统称，非贬称（无统称则记成年男的） 要吃的 Øiɔ44tʂhʅ31ti0
0599. 妓女 婊子 piɔ53tsɿ0
0600. 流氓 瞎屃 xɑ31suŋ24
0601. 贼 贼娃子 tsei31vɑ53tsɿ0
0602. 瞎子统称，非贬称（无统称则记成年男的） 瞎子 xɑ53tsɿ0
0603. 聋子统称，非贬称（无统称则记成年男的） 聋子 luŋ31tsɿ53
0604. 哑巴统称，非贬称（无统称则记成年男的） 哑巴 Øiɑ53pɑ0
0605. 驼子统称，非贬称（无统称则记成年男的） 背锅 pei31kuo0
0606. 瘸子统称，非贬称（无统称则记成年男的） 拐子 kuæ53tsɿ0
0607. 疯子统称，非贬称（无统称则记成年男的） 疯子 fəŋ53tsɿ0
0608. 傻子统称，非贬称（无统称则记成年男的） 瓜子 kuɑ53tsɿ0
0609. 笨蛋蠢的人 闷屃 məŋ44suŋ24

(二)称谓

0610. 爷爷呼称，最通用的 爷 Øiɛ24
0611. 奶奶呼称，最通用的 婆 pho24
0612. 外祖父叙称 外爷 vei44Øiɛ0
0613. 外祖母叙称 外婆 vei44pho0

0614. 父母合称　爹妈 tiɛ24mɑ31

0615. 父亲叙称　爹 tiɛ24/大 tɑ24/爸 pɑ24

0616. 母亲叙称　娘 ȵiɑ24

0617. 爸爸呼称，最通用的　爹 tiɛ24

0618. 妈妈呼称，最通用的　娘 ȵiɑ24

0619. 继父叙称　后大 xou44tɑ0

0620. 继母叙称　后娘 xou44ȵiɑ24

0621. 岳父叙称　丈人 tʂɑŋ44ʐəŋ0

0622. 岳母叙称　丈母娘 tʂɑŋ44mu0ȵiɑ44

0623. 公公叙称　阿公 Øɑ53kuŋ0

0624. 婆婆叙称　阿家 Øɑ53tɕiɑ0

0625. 伯父呼称，统称　伯 pei24

0626. 伯母呼称，统称　大大 tɑ44tɑ0

0627. 叔父呼称，统称　爸爸 pɑ31pɑ53

0628. 叔父呼称，排行最小的，如“幺叔”　碎爸爸 sui44pɑ31pɑ53

0629. 叔母呼称，统称　姨 Øi24

0630. 姑呼称，统称（无统称则记分称：比父大，比父小；已婚，未婚）　姑姑 ku53ku0

0631. 姑父呼称，统称　姑父 ku53fu0

0632. 舅舅呼称　舅舅 tɕiu44tɕiu0

0633. 舅妈呼称　妗子 tɕiŋ44tsɿ0

0634. 姨呼称，统称（无统称则记分称：比母大，比母小；已婚，未婚）　姨 Øi24

0635. 姨父呼称，统称　姨父 Øi31fu53

0636. 弟兄合称　弟兄们 ti44ɕyŋ31mu0

0637. 姊妹合称，注明是否可包括男性　姊妹们包括男性 tsɿ53mei0mu0

0638. 哥哥呼称，统称　哥 kɔ24

0639. 嫂子呼称，统称　新姐 ɕiŋ31tɕiɛ53

0640. 弟弟叙称　兄弟 ɕyŋ53ti0

0641. 弟媳叙称　兄弟媳妇 ɕyŋ53ti0ɕi53fu0

0642. 姐姐呼称，统称　姐姐 tɕiɛ53tɕiɛ0

0643. 姐夫呼称　姐夫 tɕiɛ53fu0

0644. 妹妹叙称　妹子 mei44tsɿ0

0645. 妹夫叙称　妹夫 mei44fu0

0646. 堂兄弟叙称，统称　伯叔弟兄 pei31ʂʮ0ti44ɕyŋ31

0647. 表兄弟叙称，统称　表兄弟 piɔ53ɕyŋ31ti44

0648. 妯娌弟兄妻子的合称　先后 ɕiæ̃44xou0

0649. 连襟姊妹丈夫的关系，叙称　挑担 thiɔ53tæ̃31

0650. 儿子叙称：我的～　儿 Øər24

0651. 儿媳妇叙称：我的～　儿媳妇 Øər31ɕi53fu0

0652. 女儿叙称：我的～　女子 ȵy53tsɿ0

0653. 女婿叙称：我的～　女婿 ȵy53ɕy0

0654. 孙子儿子之子　孙子 suŋ53tsɿ0

0655. 重孙子儿子之孙　重孙 tʂhʮŋ31suŋ53

0656. 侄子弟兄之子　侄儿 tʂʅ31Øər53

0657. 外甥姐妹之子　外甥 væ44səŋ31

0658. 外孙女儿之子　外孙 væ44suŋ31

0659. 夫妻合称　两口子 liɑŋ31khou0tsɿ0

0660. 丈夫叙称，最通用的，非贬称：她的～　老汉 lɔ53xæ̃0

0661. 妻子叙称，最通用的，非贬称：他的～　老婆 lɔ53pho0

0662. 名字　名字 miŋ31tsɿ53

0663. 绰号　外号 væ44xɔ44

十、农、工、商、文

（一）农业

0664. 干活儿统称：在地里～　做活 tsu44xuo24

0665. 事情一件～　事 sɿ44

0666. 插秧　栽稻子 tsæ31thɔ44tsɿ0

0667. 割稻　割稻子 kuo31thɔ44tsɿ0

0668. 种菜　务菜 vu44tshæ44

0669. 犁名词　耩 tɕiɑŋ53

0670. 锄头　锄 tʂhʮ24

0671. 镰刀　镰刀 liæ̃31tɔ53

0672. 把儿刀～　把把 pɑ44pɑ0

0673. 扁担　水担 ʂʮei53tæ̃31

0674. 箩筐　筐筐 khuɑŋ53khuɑŋ0

0675. 筛子统称　筛筛 sæ53sæ0

0676. 簸箕农具，有梁的　提篮 thi31læ̃53

0677. 簸箕簸米用　簸箕 po44tɕi0

0678. 独轮车　蚂蚱车车 mɑ31tsɑ0tʂhɤ53tʂhɤ0

0679. 轮子旧式的，如独轮车上的　车轱辘 tʂhɤ31ku31lu0

0680. 碓整体　碓窝 tui44∅uo31

0681. 臼　姜窝 tɕiɑŋ31∅uo31

0682. 磨名词　磨子 mo44tsɿ0

0683. 年成　年成 ȵiæ̃31tʂhəŋ53

（二）工商业

0684. 走江湖统称　闯荡 tʂhʮɑŋ53tɑŋ44

0685. 打工　做活 tsu44xuo24

0686. 斧子　斧头 fu53thou0

0687. 钳子　钳子 tɕhiæ̃31tsɿ53

0688. 螺丝刀　起子 tɕhi53tsɿ0

0689. 锤子　榔头 lɑŋ31thou53

0690. 钉子　钉子 tiŋ53tsɿ0

0691. 绳子　绳 ʂəŋ24/绳绳 ʂəŋ31ʂəŋ53

0692. 棍子　棍 kuŋ44/棍棍 kuŋ44kuŋ0

0693. 做买卖　做生意 tsu44səŋ53∅i0

0694. 商店　铺子 phu44tsɿ0

0695. 饭馆　馆子 kuæ̃53tsɿ0

0696. 旅馆旧称　店房 tiæ̃44fɑŋ0

0697. 贵　贵 kui44

0698. 便宜　贱 tɕiæ̃44

0699. 合算　划得来 xuɑ31tei53læ24

0700. 折扣　折扣 tʂɤ31khou44

0701. 亏本　贴了 thiɛ31liɔ0

0702. 钱统称　钱 tɕhiæ̃24

0703. 零钱　零钱 liŋ24tɕhiæ̃24

0704. 硬币　分分元 fəŋ53fəŋ0∅yæ̃24

0705. 本钱　本钱 pəŋ53tɕhiæ̃0

0706. 工钱　工钱 kuŋ53tɕhiæ̃0

0707. 路费　盘缠 phæ̃31tʂhæ̃53

0708. 花～钱　花 xuɑ31

0709. 赚卖一斤能～一毛钱　长 tʂhɑŋ24/赚 tɕiæ̃44

0710. 挣打工～了一千块钱　挣 tsəŋ44

0711. 欠～他十块钱　该 kæ31

0712. 算盘　算盘 suæ̃44phæ̃0

0713. 秤统称　秤 tʂhəŋ44

0714. 称用秆秤～　志 tsɿ44

0715. 赶集　跟集 kəŋ31tɕi24

0716. 集市　集 tɕi24

0717. 庙会　古会 ku53xui44

（三）文化、娱乐

0718. 学校　学堂 ɕyo31thaŋ53
0719. 教室　教室 tɕiɔ44ʂʅ31
0720. 上学　上学 ʂaŋ44ɕyo24
0721. 放学　放学 faŋ44ɕyo24
0722. 考试　考试 khɔ53sɿ44
0723. 书包　书包 ʂʮ31pɔ0
0724. 本子　本本 pəŋ53pəŋ0
0725. 铅笔　铅笔 tɕhiæ̃24pi31
0726. 钢笔　水笔 ʂʮei53pi31
0727. 圆珠笔　油笔 Øiu24pi31
0728. 毛笔　毛笔 mɔ24pi31
0729. 墨　墨 mei24
0730. 砚台　砚台 Øiæ̃44thæ0
0731. 信一封～　信 ɕiŋ44
0732. 连环画　画本 xuɑ44pəŋ0
0733. 捉迷藏　藏马马猴
tɕhiaŋ24mɑ44mɑ44xou24
0734. 跳绳　跳绳 thiɔ24ʂəŋ24
0735. 毽子　毽子 tɕiæ̃44tsɿ0
0736. 风筝　风筝 fəŋ31tsəŋ0
0737. 舞狮　耍狮子 ʂʮɑ53sɿ53tsɿ0
0738. 鞭炮统称　鞭炮 piæ̃53phɔ0
0739. 唱歌　唱歌 tʂhaŋ44kuo31
0740. 演戏　唱戏 tʂhaŋ44ɕi44
0741. 锣鼓统称　锣鼓家什
luo31ku53tɕiɑ53sɿ0
0742. 二胡　胡胡 xu31xu53
0743. 笛子　笛 ti24
0744. 划拳　划拳 xuɑ31tɕhyæ̃24
0745. 下棋　下棋 ɕiɑ44tɕhi24
0746. 打扑克　打牌 tɑ53phæ24
0747. 打麻将　打麻将 tɑ53mɑ24tɕiaŋ44
0748. 变魔术　耍把戏 ʂʮɑ31pɑ53ɕi0
0749. 讲故事　讲故事 tɕiaŋ53ku44sɿ0/
说古今 ʂɤ31ku53tɕiŋ31
0750. 猜谜语　猜古今 tshæ31ku53tɕiŋ31
0751. 玩儿游玩：到城里～　耍哩
ʂʮɑ53li0
0752. 串门儿　游门子 Øiu24məŋ31tsɿ53
0753. 走亲戚　走亲亲
tsou53tɕhiŋ31tɕhiŋ0

十一、动作、行为

（一）具体动作

0754. 看～电视　看 khæ̃44
0755. 听用耳朵～　听 thiŋ31
0756. 闻嗅：用鼻子～　闻 vəŋ24
0757. 吸～气　吸 ɕi31
0758. 睁～眼　睁 tsəŋ31
0759. 闭～眼　闭 pi44
0760. 眨～眼　眨 tsɑ31
0761. 张～嘴　张 tʂaŋ31
0762. 闭～嘴　闭 pi44
0763. 咬狗～人　咬 ȵiɔ53
0764. 嚼把肉～碎　嚼 tɕyo24
0765. 咽～下去　咽 Øiæ̃44
0766. 舔人用舌头　舔 thiæ̃53
0767. 含～在嘴里　噙 tɕhiŋ24
0768. 亲嘴　啷嘴 paŋ24tsui53
0769. 吮吸用嘴唇聚拢吸取液体，如吃奶时
咂 tsɑ31
0770. 吐上声，把果核儿～掉　唾 thuo44
0771. 吐去声，呕吐：喝酒喝～了

吐 thu53
0772. 打喷嚏　打喷嚏 tɑ53phəŋ44thi0
0773. 拿用手把苹果～过来　拿 lɑ24
0774. 给他～我一个苹果　给 kei44
0775. 摸～头　揣 tʂhɥæ53
0776. 伸～手　展 tʂæ53
0777. 挠～痒痒　搔 tsɔ31
0778. 掐用拇指和食指的指甲～皮肉　掐 tɕhiɑ31
0779. 拧～螺丝　拧 ȵiŋ24
0780. 拧～毛巾　扭 ȵiu53
0781. 捻用拇指和食指来回～碎　搓 tshuo31
0782. 掰把橘子～开，把馒头～开　掰 pei31
0783. 剥～花生　剥 pɔ31
0784. 撕把纸～了　扯 tʂhɤ53
0785. 折把树枝～断　折 tʂɤ53
0786. 拔～萝卜　拔 pɑ24
0787. 摘～花　摘 tsei31/折 tʂɤ53
0788. 站站立：～起来　立 li31
0789. 倚斜靠：～在墙上　肩 tɕiæ44
0790. 蹲～下　蹴 tɕiu44
0791. 坐～下　坐 tshuo44
0792. 跳青蛙～起来　跳 thiɔ24
0793. 迈跨过高物：从门槛上～过去　跷 tɕhiɔ31
0794. 踩脚～在牛粪上　踏 thɑ24
0795. 翘～腿　乍 tsɑ44
0796. 弯～腰　蜷 tɕhyæ24
0797. 挺～胸　挺 thiŋ53
0798. 趴～着睡　趴 pɑ31
0799. 爬小孩儿在地上～　爬 phɑ24
0800. 走慢慢儿～　走 tsou53
0801. 跑慢慢儿走，别～　跑 phɔ53
0802. 逃逃跑：小偷儿～走了　跑 phɔ53
0803. 追追赶：～小偷儿　撵 ȵiæ53
0804. 抓～小偷儿　拉 lɑ31
0805. 抱把小孩儿～在怀里　搂 lou53
0806. 背～孩子　背 pei31
0807. 搀～老人　搀 tshæ31
0808. 推几个人一起～汽车　掀 ɕiæ31/揭 tɕiɛ31
0809. 摔跌：小孩儿～倒了　跌 tiɛ31
0810. 撞人～到电线杆　碰 phəŋ44
0811. 挡你～住我了，我看不见　堵 tu53
0812. 躲躲藏：他～在床底下　藏 tɕhiɑŋ24
0813. 藏藏放，收藏：钱～在枕头下面　藏 tɕhiɑŋ24
0814. 放把碗～在桌子上　放 fɑŋ44
0815. 摞把砖～起来　摞 luo44
0816. 埋～在地下　埋 mæ24
0817. 盖把茶杯～上　盖 kæ44
0818. 压用石头～住　压 ȵiɑ44
0819. 摁用手指按：～图钉　按 ŋæ53
0820. 捅用棍子～鸟窝　戳 tʂhɥo31
0821. 插把香～到香炉里　插 tshɑ31
0822. 戳～个洞　戳 tʂhɥo31
0823. 砍～树　剁 tuo44
0824. 剁把肉～碎做馅儿　斫 tsɑ53
0825. 削～苹果　削 ɕyo31
0826. 裂木板～开了　迸 piɛ44
0827. 皱皮～起来　□ tʂhɥ31
0828. 腐烂死鱼～了　坏了 xuæ44liɔ0
0829. 擦用毛巾～手　擦 tshɑ31
0830. 倒把碗里的剩饭～掉　倒 tɔ44

0831. 扔丢弃：这个东西坏了，～了它　着 tʂɔ24
0832. 扔投掷：比一比谁～得远　撇 phiɛ31
0833. 掉掉落，坠落：树上～下一个梨　滴 tiɛ31
0834. 滴水～下来　漏 lou44
0835. 丢丢失：钥匙～了　扔 Øər53
0836. 找寻找：钥匙～到　寻 ɕiŋ24
0837. 捡～到十块钱　拾 ʂʅ24
0838. 提用手把篮子～起来　提 thi24
0839. 挑～担　担 tæ̃31
0840. 扛把锄头～在肩上　掮 tɕhiɛ24
0841. 抬～轿　抬 thæ24
0842. 举～旗子　□ tʂou53
0843. 撑～伞　打 tɑ31
0844. 撬把门～开　别 piɛ24
0845. 挑挑选，选择：你自己～一个　挑 thiɔ53
0846. 收拾～东西　整顿 tʂəŋ53tuŋ0
0847. 挽～袖子　缏 piæ̃53
0848. 涮把杯子～一下　涮 ʂʮæ̃44
0849. 洗～衣服　洗 ɕi53
0850. 捞～鱼　捞 lɔ24
0851. 拴～牛　拴 ʂʮæ̃31
0852. 捆～起来　捆 khuŋ53
0853. 解～绳子　解 kæ53
0854. 挪～桌子　挪 luo24
0855. 端～碗　端 tuæ̃31
0856. 摔碗～碎了　绊 pæ̃44
0857. 掺～水　掺 tshæ̃31
0858. 烧～柴　烧 ʂɔ31
0859. 拆～房子　拆 tshei31
0860. 转～圈儿　转 tʂʮæ̃44
0861. 捶用拳头～　打 tɑ53
0862. 打统称：他～了我一下　挃 tiɛ24/打 tɑ53
0863. 打架动手：两个人在～　打捶 tɑ53tʂhʮei24
0864. 休息　缓嘎 xuæ̃53kɑ0
0865. 打哈欠　打哈欠 tɑ53xuo31ɕiæ̃0
0866. 打瞌睡　丢盹 tiu31tuŋ53
0867. 睡他已经～了　睡下 ʂʮei44xɑ0
0868. 打呼噜　拉颔水 lɑ31xæ̃44ʂʮei0
0869. 做梦　做睡梦 tsu44ʂʮei44məŋ0
0870. 起床　起来 tɕhiɛ53læ0
0871. 刷牙　刷牙 ʂʮɑ31Øiɑ24
0872. 洗澡　洗身上 ɕi53ʂəŋ53ʂɑŋ0

（二）抽象动作

0873. 想思索：让我～一下　思量 sʅ53liɑŋ0
0874. 想想念：我很～他　想 ɕiɑŋ53
0875. 打算我～开个店　合计 xuo24tɕi44
0876. 记得　想起 ɕiɑŋ53tɕhiɛ0
0877. 忘记　忘了 vɑŋ44liɔ0
0878. 怕害怕：你别～　害怕 xæ44phɑ0
0879. 相信我～你　信 ɕiŋ44
0880. 发愁　愁得很 tshou31tei53xəŋ31
0881. 小心过马路要～　小心 ɕiɔ53ɕiŋ31
0882. 喜欢～看电视　爱 ŋæ44
0883. 讨厌～这个人　见不得 tɕiæ̃44pu31tei31
0884. 舒服凉风吹来很～　嵌活 tɕhiæ̃44xuo0
0885. 难受生理的　不嵌活

pu31tɕhiæ44xuo0

0886. 难过心理的　心里不好 ɕiŋ53li0pu31xɔ53

0887. 高兴　高兴 kɔ31ɕiŋ44

0888. 生气　着气 tʂhɥo24tɕhi44

0889. 责怪　怪 kuæ44

0890. 后悔　后悔 xou44xui0

0891. 忌妒　眼热 ȵiæ53ʐɤ31

0892. 害羞　怕羞 phɑ44ɕiu31/□ ʂɥŋ24

0893. 丢脸　丢人 tiu31ʐəŋ24

0894. 欺负　欺负 tɕhi31fu0

0895. 装～病　装 tʂɥɑŋ31

0896. 疼～小孩儿　爱 ŋæ44

0897. 要我～这个　要 Øiɔ44

0898. 有我～一个孩子　有 Øiu53

0899. 没有他～孩子　□得 mou24tei0

0900. 是我～老师　是 sɿ44

0901. 不是他～老师　不是 pu31sɿ44

0902. 在他～家　在 tsæ44

0903. 不在他～家　□在 mou24tsæ44

0904. 知道我～这件事　知道 tʂʅ53tɔ0

0905. 不知道我～这件事　不知道 pu31tʂʅ53tɔ0

0906. 懂我～英语　会 xui44

0907. 不懂我～英语　不会 pu31xui44

0908. 会我～开车　会 xui44

0909. 不会我～开车　不会 pu31xui44

0910. 认识我～他　认得 ʐəŋ44tei0

0911. 不认识我～他　认不得 ʐəŋ44pu31tei0

0912. 行应答语　能成 ləŋ24tʂhəŋ24

0913. 不行应答语　没向 mo31ɕiɑŋ44

0914. 肯～来　肯 khəŋ53

0915. 应该～去　该 kæ31

0916. 可以～去　能行 ləŋ24ɕiŋ24

（三）言语

0917. 说～话　说 ʂɤ31

0918. 话说～　话 xuɑ44

0919. 聊天儿　谝闲传 phiæ53ɕiæ24tʂhɥæ24

0920. 叫～他一声儿　叫 tɕiɔ44

0921. 吆喝大声喊　吆喝 Øiɔ31xuo0/喊叫 xæ53tɕiɔ0

0922. 哭小孩儿～　哭 khu31

0923. 骂当面～人　骂 mɑ44

0924. 吵架动嘴：两个人在～　骂仗 mɑ44tʂɑŋ44

0925. 骗～人　哄 xuŋ53

0926. 哄～小孩儿　哄 xuŋ53/光摸 kuɑŋ53mo31

0927. 撒谎　撇白 phiɛ31pei24

0928. 吹牛　撩大话 liɔ44tɑ44xuɑ44

0929. 拍马屁　舔沟子 thiæ53kou53tsɿ0

0930. 开玩笑　说笑 ʂɤ31ɕiɔ44

0931. 告诉～他　说给 ʂɤ53kei0

0932. 谢谢致谢语　谢承 ɕiɛ44tʂhəŋ0

0933. 对不起致歉语　对不起 tui44pu31tɕhiɛ53

0934. 再见告别语　再见 tsæ44tɕiæ44

十二、性质、状态

（一）形貌

0935. 大苹果～　大 tɑ44

0936. 小苹果～　碎 sui44

0937. 粗绳子～ 奘 tʂɥaŋ44
0938. 细绳子～ 细 ɕi44
0939. 长线～ 长 tʂhaŋ24
0940. 短线～ 短 tuæ̃53
0941. 长时间～ 长 tʂhaŋ24
0942. 短时间～ 短 tuæ̃53
0943. 宽路～ 宽 khuæ̃31
0944. 宽敞房子～ 宽展 khuæ̃31tʂæ̃0
0945. 窄路～ 窄 tsei31
0946. 高飞机飞得～ 高 kɔ31
0947. 低鸟飞得～ 低 ti31
0948. 高他比我～ 高 kɔ31
0949. 矮他比我～ 低 ti31
0950. 远路～ 远 Øyæ̃53
0951. 近路～ 近 tɕiŋ44
0952. 深水～ 深 ʂəŋ31
0953. 浅水～ 浅 tɕhiæ̃53
0954. 清水～ 清 tɕhiŋ31
0955. 浑水～ 糊 xu44
0956. 圆 圆 Øyæ̃24
0957. 扁 扁 piæ̃53
0958. 方 方 faŋ31
0959. 尖 尖 tɕiæ̃31
0960. 平 平 phiŋ24
0961. 肥～肉 肥 fei24
0962. 瘦～肉 瘦 sou44
0963. 肥形容猪等动物 肥 fei24
0964. 胖形容人 胖 phaŋ44
0965. 瘦形容人、动物 瘦 sou44/癯 tɕhyo44
0966. 黑黑板的颜色 黑 xei31
0967. 白雪的颜色 白 pei24
0968. 红国旗的主颜色，统称 红 xuŋ24
0969. 黄国旗上五星的颜色 黄 xuaŋ24
0970. 蓝蓝天的颜色 蓝 læ̃24
0971. 绿绿叶的颜色 绿 liu31
0972. 紫紫药水的颜色 绛色 tɕiaŋ44sei31
0973. 灰草木灰的颜色 灰 xui31

（二）状态

0974. 多东西～ 多 tuo31
0975. 少东西～ 少 ʂɔ53
0976. 重担子～ 重 tʂɥŋ44
0977. 轻担子～ 轻 tɕhiŋ31
0978. 直线～ 端 tuæ̃31
0979. 陡坡～，楼梯～ 陡 tou53
0980. 弯弯曲：这条路是～的 弯 væ̃31
0981. 歪帽子戴～了 偏 phiæ̃31
0982. 厚木板～ 厚 xou44
0983. 薄木板～ 薄 po24
0984. 稠稀饭～ 稠 tʂhou24
0985. 稀稀饭～ 稀 ɕi31
0986. 密菜种得～ 稠 tʂhou24
0987. 稀稀疏：菜种得～ 稀 ɕi31
0988. 亮指光线，明亮 亮 liaŋ44
0989. 黑指光线，完全看不见 黑 xei31
0990. 热天气 热 ʐɤ31
0991. 暖和天气 暖和 luæ̃53xuo0
0992. 凉天气 凉 liaŋ24
0993. 冷天气 冷 ləŋ53
0994. 热水 热 ʐɤ31
0995. 凉水 冰 piŋ31
0996. 干干燥：衣服晒～了 干 kæ̃31
0997. 湿潮湿：衣服淋～了 湿 ʂʅ31
0998. 干净衣服～ 干净 kæ̃31tɕiŋ0
0999. 脏肮脏，不干净，统称：衣服～

脏 tsɑŋ31
1000. 快锋利：刀子～ 利 li44
1001. 钝刀子～ 老 lɔ53
1002. 快坐车比走路～ 快 khuæ44
1003. 慢走路比坐车～ 慢 mæ̃44
1004. 早来得～ 早 tsɔ53
1005. 晚来～了 迟 tshɿ24
1006. 晚天色～ 黑了 xei31liɔ0
1007. 松捆得～ 松 suŋ31
1008. 紧捆得～ 紧 tɕiŋ53
1009. 容易这道题～ 简单 tɕiæ̃53tæ̃31
1010. 难这道题～ 难 læ̃24
1011. 新衣服～ 新 ɕiŋ31
1012. 旧衣服～ 旧 tɕiu44
1013. 老人～ 老 lɔ53
1014. 年轻人～ 年轻 ȵiæ̃24tɕhiŋ31
1015. 软糖～ 软 ʐɥæ̃53
1016. 硬骨头～ 硬 ȵiŋ44
1017. 烂肉煮得～ 烂 læ̃44
1018. 煳饭烧～了 着 tʂhɥo24
1019. 结实家具～ 牢 lɔ24
1020. 破衣服～ 烂 læ̃44
1021. 富他家很～ 有钱 Øiu53tɕhiæ̃24/财东 tshæ31tuŋ53
1022. 穷他家很～ 穷 tɕhyŋ24
1023. 忙最近很～ 忙 mɑŋ24
1024. 闲最近比较～ 闲 ɕiæ̃24
1025. 累走路走得很～ 乏 fɑ24
1026. 疼摔～了 疼 thəŋ24
1027. 痒皮肤～ 咬 ȵiɔ53
1028. 热闹看戏的地方很～ 热闹 ʐɤ53lɔ0
1029. 熟悉这个地方我很～ 熟 ʂɥ24
1030. 陌生这个地方我很～ 生 səŋ31
1031. 味道尝尝～ 味道 vei44tɔ0
1032. 气味闻闻～ 气气 tɕhi44tɕhi0
1033. 咸菜～ 咸 xæ̃24
1034. 淡菜～ 甜 thiæ̃24
1035. 酸 酸 suæ̃31
1036. 甜 甜 thiæ̃24
1037. 苦 苦 khu53
1038. 辣 辣 lɑ31
1039. 鲜鱼汤～ 鲜 ɕiæ̃53
1040. 香 香 ɕiɑŋ31
1041. 臭 臭 tʂhou44
1042. 馊饭～ 㟃气 sɿ53tɕhi0
1043. 腥鱼～ 腥气 ɕiŋ53tɕhi0

（三）品性

1044. 好人～ 好 xɔ53
1045. 坏人～ 瞎 xɑ31
1046. 差东西质量～ 不好 pu31xɔ53
1047. 对账算～了 对 tui44
1048. 错账算～了 错 tshuo31
1049. 漂亮形容年轻女性的长相：她很～ 心疼 ɕiŋ31thəŋ24
1050. 丑形容人的长相：猪八戒很～ 难看 læ̃24khæ̃44/丑茬 tʂhou53tshɑ0
1051. 勤快 勤苦 tɕhiŋ31khu53
1052. 懒 懒 læ̃53
1053. 乖 蛮 mæ̃24
1054. 顽皮 调皮 thiɔ24phi24
1055. 老实 老实 lɔ53ʂʅ0/老好 lɔ31xɔ53
1056. 傻痴呆 瓜 kuɑ31
1057. 笨蠢 闷 məŋ44

1058. 大方不吝啬　大方 tɑ44fɑŋ31
1059. 小气吝啬　啬皮 sei31phi24
1060. 直爽性格～　爽快 ʂʮɑŋ53khuæ0
1061. 犟脾气～　犟 tɕiɑŋ44/牛 ȵiu24

十三、数量

（一）数字

1062. 一～二三四五……，下同　一 Øi31
1063. 二　二 Øər44
1064. 三　三 sæ̃31
1065. 四　四 sɿ44
1066. 五　五 vu53
1067. 六　六 liu31
1068. 七　七 tɕhi31
1069. 八　八 pɑ31
1070. 九　九 tɕiu53
1071. 十　十 ʂʅ24
1072. 二十有无合音　二十 Øər44ʂʅ0
1073. 三十有无合音　三十 sæ̃31ʂʅ0
1074. 一百　一百 Øi24pei31
1075. 一千　一千 Øi24tɕhiæ̃31
1076. 一万　一万 Øi31væ̃44
1077. 一百零五　一百零五 Øi31pei31liŋ24vu53
1078. 一百五十　百五 pei31vu0
1079. 第一～，第二　第一 ti44Øi31
1080. 二两重量　二两 Øər44liɑŋ53
1081. 几个你有～孩子？　几个 tɕi53kɔ0
1082. 俩你们～　俩 liɑŋ53
1083. 仨你们～　仨 sæ̃31
1084. 个把　个别 kɔ44piɛ24

（二）量词

1085. 个一～人　个 kɔ44
1086. 匹一～马　个 kɔ44
1087. 头一～牛　个 kɔ44
1088. 头一～猪　个 kɔ44
1089. 只一～狗　个 kɔ44
1090. 只一～鸡　个 kɔ44
1091. 只一～蚊子　个 kɔ44
1092. 条一～鱼　个 kɔ44
1093. 条一～蛇　个 kɔ44
1094. 张一～嘴　个 kɔ44
1095. 张一～桌子　个 kɔ44
1096. 床一～被子　床 tʂhʮɑŋ24
1097. 领一～席子　张 tʂɑŋ31
1098. 双一～鞋　双 ʂʮɑŋ31
1099. 把一～刀　个 kɔ44
1100. 把一～锁　个 kɔ44
1101. 根一～绳子　根 kəŋ31
1102. 支一～毛笔　个 kɔ44
1103. 副一～眼镜　副 fu44
1104. 面一～镜子　个 kɔ44
1105. 块一～香皂　个 kɔ44
1106. 辆一～车　个 kɔ44
1107. 座一～房子　座 tsuo44
1108. 座一～桥　个 kɔ44
1109. 条一～河　个 kɔ44
1110. 条一～路　个 kɔ44
1111. 棵一～树　个 kɔ44
1112. 朵一～花　个 kɔ44
1113. 颗一～珠子　个 kɔ44
1114. 粒一～米　颗 khuo53
1115. 顿一～饭　顿 tuŋ44

1116. 剂一～中药　服 fu44
1117. 股一～香味　股 ku53
1118. 行一～字　行 xaŋ44
1119. 块一～钱　块 khuæ53
1120. 毛角：一～钱　毛 mɔ24
1121. 件一～事情　个 kɔ44
1122. 点儿一～东西　点点 tiæ̃53tiæ̃0
1123. 些一～东西　些 ɕiɛ31
1124. 下打一～，动量，不是时量　下 xa44
1125. 会儿坐了一～　下下 xa44xa0
1126. 顿打一～　顿 tuŋ44
1127. 阵下了一～雨　阵阵 tʂəŋ44tʂəŋ0
1128. 趟去了一～　回 xui24

十四、代词、副词、介词、连词

（一）代词

1129. 我～姓王　我 ŋuo53
1130. 你～也姓王　你 ȵi53
1131. 您尊称　无
1132. 他～姓张　他 tha53
1133. 我们不包括听话人：你们别去，～去　我的 ŋuo31ti0
1134. 咱们包括听话人：他们不去，～去吧　咱的 tsa24ti0
1135. 你们～去　你的 ȵi31ti0
1136. 他们～去　他的 tha31ti0
1137. 大家～一起干　大家 ta44tɕia0
1138. 自己我～做的　各家 kuo31tɕia0
1139. 别人这是～的　旁人 phaŋ31ʐəŋ53/人家 ʐəŋ31tɕia53
1140. 我爸～今年八十岁　我爹 ŋɔ31tiɛ24
1141. 你爸～在家吗？　你爹 ȵi31tiɛ24
1142. 他爸～去世了　他爹 tha31tiɛ24
1143. 这个我要～，不要那个　这个 tʂɤ44kɔ0
1144. 那个我要这个，不要～　兀个 vei44kɔ0
1145. 哪个你要～杯子？　啊个 Øa31kɔ0
1146. 谁你找～？　谁 ʂɥei24
1147. 这里在～，不在那里　这搭 tʂʅ44ta0
1148. 那里在这里，不在～　兀搭 vu44ta0
1149. 哪里你到～去？　啊搭 Øa53ta0
1150. 这样事情是～的，不是那样的　这么块 tʂɤ44mo0khuæ0
1151. 那样事情是这样的，不是～的　兀么块 vu44mo0khuæ0
1152. 怎样什么样：你要～的？　咋么 tsa31mo0
1153. 这么～贵啊　这么 tʂɤ44mo0
1154. 怎么这个字～写？　咋么 tsa31mo0
1155. 什么这个是～字？　啥 ʂɥa44
1156. 什么你找～？　啥 ʂɥa44
1157. 为什么你～不去？　为啥 Øui44ʂɥa44
1158. 干什么你在～？　做啥哩 tsu44ʂɥa44li0
1159. 多少这个村有～人？　多吗少 tuo31ma0ʂɔ53

（二）副词

1160. 很今天～热的　很 xəŋ53

1161. 非常比上条程度深：今天～热　很 xəŋ53
1162. 更今天比昨天～热　还 xɑ24
1163. 太这个东西～贵，买不起　太 thæ44
1164. 最弟兄三个中他～高　最 tsui44
1165. 都大家～来了　都 tou31
1166. 一共～多少钱？　满共 mæ̃53kuŋ44
1167. 一起我和你～去　一搭 Øi31tɑ24
1168. 只我～去过一趟　只 tsɿ31
1169. 刚这双鞋我穿着～好　刚 kɑŋ24
1170. 刚我～到　才 tshæ24
1171. 才你怎么～来啊？　才 tshæ24
1172. 就我吃了饭～去　就 tɕiu44
1173. 经常我～去　常 tʂhɑŋ24
1174. 又他～来了　可 khuo31
1175. 还他～没回家　还 xɑ24
1176. 再你明天～来　再 tsæ44
1177. 也我～去；我～是老师　也 Øɑ31
1178. 反正不用急，～还来得及　反正 fæ̃31tʂəŋ44
1179. 没有昨天我～去　□ mou24
1180. 不明天我～去　不 pu31
1181. 别你～去　甭 pɛ31
1182. 甭不用，不必：你～客气　甭 pɛ31
1183. 快天～亮了　快 khuæ44
1184. 差点儿～摔倒了　差点 tshɑ31tiæ̃31
1185. 宁可～买贵的　宁愿 ȵiŋ24Øyæ̃44
1186. 故意～打破的　□□ liɛ44kuo0
1187. 随便～弄一下　随便 sui24piæ̃44
1188. 白～跑一趟　白 pei24
1189. 肯定～是他干的　保险 pɔ31ɕiæ̃53
1190. 可能～是他干的　兴许 ɕiŋ31ɕy53
1191. 一边～走，～说　旋 suæ̃44

（三）介词、连词

1192. 和我～他都姓王　和 xuo24/连 liæ̃24
1193. 和我昨天～他去城里了　和 xuo24/连 liæ̃24
1194. 对他～我很好　对 tui44
1195. 往～东走　往 vɑŋ44
1196. 向～他借一本书　跟 kəŋ31
1197. 按～他的要求做　照 tʂɔ44
1198. 替～他写信　替 thi24
1199. 如果～忙你就别来了　要 Øiɔ44
1200. 不管～怎么劝他都不听　不管 pu31kuæ̃53

第二节　自选词汇

一、天文、地理

1201. 二阴子半阴半晴 Øər44ȵiŋ31tsɿ0
1202. 条雨中雨 thiɔ31Øy53
1203. 白雨雷阵雨 pei31Øy53
1204. 霖子雨持续下的大雨 liŋ44tsɿ0Øy53
1205. 搅山白即晒太阳又下阵雨 tɕiɔ53sæ̃31pei24
1206. 戳凌霜霰 tʂhʮo31liŋ24ʂʮɑŋ31
1207. 烟山土雾沙尘天气 Øiæ̃31sæ̃31thu53vu44
1208. 早烧朝霞 tsɔ53ʂɔ44

1209. 晚烧晚霞 væ̃53ʂɔ44

1210. 涝坝人工挖就的水池 lɔ44pɑ31

1211. 崾岘沟豁的最里边或纵向最深处 Øiɔ44ɕiæ̃31

1212. 胡墼疙瘩土块 xu31tɕi53kuo53tɑ0

二、时间、方位

1213. 热头爷冒花花太阳初升 ʐɤ53 thou0Øiɛ0mɔ44xuɑ31xuɑ0

1214. 半后晌下午五六点钟 pæ̃44xou44ʂɑŋ0

1215. 麻刺眼下傍晚，天刚黑时 mɑ31tshɿ53ȵiæ̃0xɑ0

1216. 前儿个黑了前天晚上 tɕhiæ̃24Øər0kɔ0xei31liɔ0

1217. 外一阵刚才一会儿时间 væ53Øi31tʂəŋ44

1218. □一天已过去的某一天 væ53Øi24thiæ̃31

1219. 开年明年初 khæ31ȵiæ̃24

1220. 上正时月正月 ʂɑŋ44tʂəŋ0sɿ0Øyo0

1221. 五黄六月农历五月和六月 vu53xuɑŋ0liu44Øyo0

1222. 秋上秋季，秋天 tɕhiu53ʂɑŋ0

1223. 年馑荒年 ȵiæ̃31tɕiŋ53

三、植物

1224. 花红沙果 xuɑ53xuŋ0

1225. 火罐儿柿子一种小柿子 xuo53kuæ̃44Øər0sɿ44tsɿ0

1226. 紫麦新垦苜蓿地产的小麦 tsɿ53mei31

1227. 泡麦普通小麦 phɔ44mei31

1228. 针荆黄花菜 tʂəŋ31tɕiŋ0

1229. 小蒜野蒜 ɕiɔ53suæ̃0

1230. 刺芥小蓟 tshɿ44tɕiɛ0

1231. 雪草蓑草 ɕyo31tshɔ0

1232. 梨瓜香瓜 li31kuɑ53

四、动物

1233. 麻野雀灰花色的喜鹊 mɑ31Øiɛ53tɕhiɔ0

1234. 鸽□□啄木鸟 tɕhiæ̃31pɔ44pɔ44

1235. 燕唧燕子 Øiæ̃44tɕi0

1236. 黄瓜鹭黄鹂 xuɑŋ31kuɑ53lou44

1237. 旋黄虫四声杜鹃 suæ̃44xuɑŋ0tʂhɥŋ0

1238. 咕噜雁大雁 ku31lu0Øiæ̃44

1239. 姑姑等斑鸠 ku31ku0təŋ53

1240. 斑斑斑鸠 pæ̃53pæ̃0

1241. 饿老暴老鹰 ŋuo44lɔ31pɔ44

1242. 揭被虫鹡鸰 tɕiɛ44pi44tʂhɥŋ0

1243. 呜嘤蝉 vu31Øiŋ0

1244. □□猫头鹰 ɕiŋ31xu0

1245. 屎爬牛蜣螂 sɿ53phɑ0ȵiu24

1246. 蛤蟆□都蝌蚪 xuo31mɑ53kuo31tou0

1247. 夜盗虫粘虫 Øiɛ44tɔ0tʂhɥŋ0

1248. 地蝼蝼蝼蛄 ti44lou31lou0

1249. 臭斑斑椽皮虫 tʂhou44pæ̃31pæ̃0

1250. 簸箕虫土鳖 po44tɕi0tʂhɥŋ0

1251. 素蛛蟋蟀 su44tʂɥ0

1252. 麦牛麦象虫 mei53ȵiu0

1253. 黑甲婆步行虫 xei31tɕiɑ31pho24

1254. 野狐狐狸 Øiɛ53xu0

1255. 水狼黄鼠狼 ʂɥei53lɑŋ0

1256. 毛驹骝松鼠 mɔ24tɕy31liu44

1257. 蝎虎壁虎 ɕiɛ53xu0

1258. 罩窝鸡就巢的母鸡 tsɔ44Øuo31tɕi31

1259. 猪跑圈子母猪发情

tʂɥ31phɔ53tɕhyæ̃44tsɿ0

1260. 猪打圈子公母猪交配

tʂɥ31tɑ53tɕhyæ̃44tsɿ0

1261. 臊胡羊种公羊 sɔ53xu31Øiɑŋ24

1262. 驹骝羊山羊 tɕy53liu31Øiɑŋ24

1263. 骟羊阉割的公羊 ʂæ̃44Øiɑŋ24

1264. 儿马公马 Øər24mɑ53

1265. 骒马母马 khuo53mɑ53

1266. 儿骡公骡 Øər31luo53

1267. 骒骡母骡 khuo44luo0

1268. 驴骡母驴产的骡子 ly31luo53

1269. 马骡母马产的骡子 mɑ53luo0

1270. 叫驴公驴 tɕiɔ44ly0

1271. 牙狗公狗 Øiɑ31kou53

1272. 寻驹马驴发情 ɕiŋ24tɕy31

1273. 打圈子猪发情交配 tɑ53tɕhyæ̃44tsɿ0

1274. 寻儿子猫狗发情交配

ɕiŋ24Øər31tsɿ53

五、房舍、器具

1275. 厦房院内主房两侧的房 sɑ53fɑŋ0

1276. 脚底室内地面 tɕyo31ti53

1277. 胡墼垒墙用的土坯，耕地中的土块

xu31tɕi53

1278. 马杌方凳 mɑ53vu0

1279. 接口蒸笼 tɕiɛ31khou0

1280. 铁匙炒匙 thiɛ31sɿ24

1281. 罗儿罗面用的工具 luo31Øər53

1282. 箸笼罐筷筒 tʂhɥ44luŋ0kuæ̃0

1283. 笸篮用竹荆编制的大圆形盛粮工具

phu31læ̃53

1284. 胰子香皂 Øi44tsɿ0

1285. 调羹小汤匙 thiɔ31kəŋ53

1286. 甑笆蒸笼中的一层活动笼盘

tɕəŋ44pɑ0

1287. 擀咕噜短粗的擀面杖 kæ̃53ku31lu0

1288. 烟锅烟斗 Øiæ̃31kuo0

1289. 碌碡石碾子 lou53tʂhɥ0

1290. 护襟围裙 xu44tɕiŋ31

1291. 烟褚烟袋 Øiæ̃31tʂhɥ0

六、服饰、饮食

1292. 汗褂单布背心 xæ̃44kuɑ0

1293. 夹夹马夹 tɕiɑ44tɕiɑ0

1294. 褂褂薄棉袄 kuɑ44kuɑ0

1295. 袄袄厚棉袄 ŋɔ53ŋɔ0

1296. 夹袄袄双层布做的上衣

tɕiɑ31ŋɔ53ŋɔ0

1297. 领壑衣领口 liŋ53xuo31

1298. 撩襟衣襟 liɔ31tɕiŋ53

1299. 窝窝鞋棉鞋 vo53vo0xæ24

1300. 花线绣花线 xuɑ31ɕiæ̃44

1301. 扎花绣花 tsɑ24xuɑ31

1302. 喝的稀饭，汤 xuo53ti0

1303. 白米大米 pei31mi53

1304. 搅团用玉米面或高粱面做的稠糊状饭食

tɕiɔ53thuæ̃0

1305. 黄儿玉米面发糕 xuɑŋ31Øər53

1306. 水饭放有调料的小米或大米稀饭

ʂɥei53fæ̃0

1307. 连锅面一锅煮的面条

liæ̃31kuo53miæ̃44

1308. 另汤面一只锅煮，另一锅盛调汤的面

liŋ44thɑŋ31miæ̃44

1309. 麻食手工做的一种小块面食 mɑ31ʂɿ53

1310. 锅沓沓煎饼 kuo31tha31tha0

1311. 酵头酵面 tɕiɔ44thou0

1312. 撕面扯面 sɿ31miæ̃44

1313. 煮角水饺 tʂʮ53tɕyɛ31

1314. 御京粉面皮 Øy44tɕiŋ31fəŋ53

1315. 恶水洗锅水 ŋuo31ʂʮei0

1316. 糊汤面做的一种糊状饭食 xu44thaŋ31

1317. 辫粉粉条 phiæ̃44fəŋ0

1318. 熁火烤火 ɕiɛ31xuo53

1319. 打摭锅洗锅 ta53tʂhɤ0kuo31

1320. 刮刮锅巴 kua53kua0

1321. 粉面淀粉 fəŋ53miæ̃0

1322. 粘粥米粥 ʐæ̃31tʂʮ53

1323. 熥用蒸汽加热馍或饭食 thuo31

七、身体、医疗

1324. 鬓间鬓角 piŋ44tɕiæ̃31

1325. 眼眨毛睫毛 ȵiæ̃53tsa0mu24

1326. 眼曲联眼圈 ȵiæ̃53tɕhy53liæ̃0

1327. 鼻梁杆子鼻梁骨

phi31liaŋ53kæ̃53tsɿ0

1328. 胭脂骨颧骨 Øiæ̃31tsɿ0ku31

1329. 牙叉骨下巴 Øia31tsha53ku31

1330. 腿猪娃小腿肚 thui53tʂʮ53va0

1331. 瘿瓜瓜甲状腺肿 Øiŋ53kua31kua0

1332. 脚把骨脚后跟 tɕyo31pa44ku31

1333. 羊毛丁急性胃炎 Øiaŋ31mɔ53tiŋ31

1334. 当差天花病 taŋ24tshæ31

1335. 胸吼小儿肺炎 ɕyŋ53xou0

1336. 老鼠疮淋疤结核 lɔ31tʂhʮ0tʂhʮaŋ31

1337. 鸡暮眼夜盲症或视力不好

tɕi53mu0ȵiæ̃0

八、婚丧、信仰

1338. 占媳妇给儿子订婚 tʂæ̃44ɕi53fu0

1339. 送女客结婚时女方送亲的伴娘

suŋ44ȵy53khei31

1340. 添箱女儿出嫁前亲戚朋友送物品

thiæ̃0ɕiaŋ31

1341. 坐席吃酒宴 tsuo44ɕi24

1342. 出棍哭丧棒 tʂhʮ53kuŋ0

1343. 守丧守灵 ʂou53saŋ31

1344. 献的祭祀用的馍、糕 ɕiæ̃44ti0

1345. 殡埋埋葬 piŋ44mæ0

1346. 糟蹋小孩儿死亡 tsɔ53tha0

1347. 没了老年人去世了 mo31liɔ0

1348. 殇了青壮年死亡了 ʂaŋ31liɔ0

1349. 过世成年人或老人去世 kuo44ʂɿ44

九、人品、称谓

1350. 识文读书人 ʂɿ53vəŋ0

1351. 白卡儿文盲 pei24kha53Øər0

1352. 轱辘子惯赌的人 ku53lu0tsɿ0

1353. 麻糜儿不明事理的人 ma24mi24Øər0

1354. 瞎怂坏人 xa31suŋ24

1355. 日八欻做人处事不行，没本事

ʐɿ31pa31tʂhʮa53

1356. 二尿吊儿郎当、不正经的人

Øər44tɕhiu24

1357. 骚情风骚、轻狂、不稳重的人

sɔ24tɕhiŋ31

1358. 瓜娃弱智的人 kua31va44

1359. 轱辘头赌徒 ku53lu0thou24

1360. 二杆子不知高低轻重的人

Øər44kæ̃53tsɿ0

1361. 大拿办事不用心、不在乎的人 tɑ44lɑ24
1362. 冒日鬼做事冒失的人 mɔ44ʐʅ31kui53
1363. 肉头没本事的人 ʐou44thou0
1364. 狰山说话做事放浪冒失的人 tsəŋ31sæ̃0
1365. 冷棒幼稚的人 ləŋ53pɑŋ44
1366. 逛山游手好闲、不爱干活的人 kuɑŋ44sæ̃0
1367. 被窝猫为人胆怯畏缩，不敢见世面 pi44Øuo31mɔ24
1368. 沟子尖比喻人坐不住 kou53tsɿ0tɕiæ̃31
1369. 半山风言行不着边际的人 pæ̃44sæ̃31fəŋ31
1370. 炮筒子说话无顾忌的人 phɔ44thuŋ53tsɿ0
1371. 日弄山不负责任、乱出主意的人 ʐʅ53luŋ0sæ̃0
1372. □猴木偶的别称，也指被人操纵的人 tʂou53xou0
1373. 日眼惹人讨厌 ʐʅ31ȵiæ̃53
1374. 瓷货反应慢、木讷的人 tshɿ31xuo53
1375. 爸爷曾祖父 pɑ53Øiɛ0
1376. 爸婆曾祖母 pɑ53pho0
1377. 阿伯夫兄 Øɑ53pei0
1378. 室兄内兄 ʂʅ53ɕyŋ0
1379. 月娃婴儿 Øyo53vɑ0
1380. 牛牛男性小儿生殖器 ȵiu31ȵiu53
1381. 老生胎夫妻生的最后孩子 lɔ53səŋ31thæ31
1382. 连手关系要好、长期共事的伙伴 liæ̃31ʂou53
1383. 下手助手 ɕiɑ44ʂou0
1384. 毬娃小男孩儿 tɕhiu31vɑ53
1385. 老般指老了的人 lɔ31pæ̃0
1386. 对头冤家 tui44thou0
1387. 原打原还是原来的老样子 Øyæ̃24tɑ53Øyæ̃24
1388. 垢圿脏东西，污垢 kou53tɕiɑ0
1389. 飘儿鬼过分讲究穿戴，爱打扮 phiɔr53kui53
1390. 嫽褒褒漂亮女人 liɔ24pɔ44pɔ44
1391. 烂干手潦倒、困顿的人 læ̃44kæ̃31ʂou0
1392. 栽拐指不成器的人 tsæ31kuæ53

十、农、工、商、文

1393. 平斤锛子 phiŋ31tɕiŋ53
1394. 推刨刨子 thui53pho0
1395. 泥壁铁、木制泥抹子 ȵi44pi31
1396. 杈杈木制两股杈 tshɑ53tshɑ0
1397. 拣拿打场时捡拾秸秆的一种 tɕiæ̃53lɑ24
1398. 枷枷马、驴、骡的套具 tɕiɑ53tɕiɑ0
1399. 牛辏子牛笼嘴 ȵiu31tshou53tsɿ0
1400. 拌笼竹、荆编的笼 phæ̃44luŋ0
1401. 井挂打井水时套在桶梁上的一种木制品 tɕiŋ53kuɑ0
1402. 帮盖塄用土垒高地边 pɑŋ31kæ44ləŋ0
1403. 扳棒棒收玉米 pæ̃31pɑŋ44pɑŋ0
1404. 捎高粱用镰收割成熟了的高粱 sɔ31kɔ53liɑŋ0
1405. 揽荞麦收割荞麦 læ̃53tɕhiɔ31mei53
1406. 卸核桃用长木杆打收核桃 ɕiɛ44xuo31thɔ53
1407. 夹柿子用竹竿做成的夹杆收摘柿子

tɕiɑ31sɿ44tsɿ0

1408. 起洋芋采挖马铃薯 tɕhi53øiɑŋ24øy44

1409. 摞麦草麦子碾打完后堆草垛 luo44mei31tshɔ0

1410. 调树修剪树枝 thiɔ24ʂʮ44

1411. 撮撮簸箕的一种 tshuo53tshuo0

1412. 挖炭采煤 vɑ31thæ̃44

1413. 脚户赶骡马驮运货物的人 tɕyo53xu0

1414. 脚夫以肩挑或推车搞运输的人 tɕyo53fu0

1415. 驮脚畜驮运输 thuo24tɕyo31

1416. 营生职业 øiŋ31səŋ53

1417. 支应支使他人 tsɿ44øiŋ0

1418. 经管管理 tɕiŋ31kuæ̃0

1419. 扯布买布 tʂhɤ53pu44

1420. 揭纸买纸 tɕiɛ31tsɿ53

1421. 割肉买肉 kuo31ʐou44

1422. 打豆腐买豆腐 tɑ53tou44fu0

1423. 倒醋买醋 tɔ44tshu44

1424. 古今故事 ku53tɕiŋ31

1425. 口歌歌谣 khou53khuo31

1426. 画廊壁画 xuɑ44lɑŋ0

十一、动作、行为

1427. 搕用杆子或棍打人或物 khuo31

1428. 缭手工缝补衣物 liɔ24

1429. 挈用肩扛 tɕhiɛ24

1430. □贴 piɑ31

1431. 撇了甩了 phiɛ31liɔ0

1432. □了丢了 øər31liɔ0

1433. 扬撒 øiɑŋ24

1434. 剐用锅铲铲，用勺舀 kuɑ31

1435. 哪吻 pɑŋ24

1436. 咥大口猛吃 tiɛ24

1437. 绊跤摔跤 pæ̃44tɕiɔ31

1438. 爬匍俯身 phɑ31phu53

1439. 仰拌仰面 ȵiɑŋ53pæ̃0

1440. 侧楞侧身 tsei53ləŋ0

1441. 照识照看，诊病 tʂɔ44ʂʅ0

1442. 相端仔细观看 ɕiɑŋ44tuæ̃0

1443. 争竞争执 tsəŋ53tɕiŋ0

1444. 嘞啃故意刁难 lei53khəŋ0

1445. 考教拷问 khɔ53tɕiɔ0

1446. 掇脚抱小孩儿大小便 tuo53tɕyo31

1447. 势翻好动 ʂʅ44fæ̃0

1448. 弹挣调皮 thæ̃31tsəŋ53

1449. 跌拌痛苦地挣扎 tiɛ53pæ̃0

1450. 扭扳故作姿态，不愿意 ȵiu53pæ̃0

1451. 撩乱准备 liɔ31luæ̃53

1452. 瞎账白吃白拿 xɑ53tʂɑŋ0

1453. 招祸遭殃，倒霉 tʂɔ24xuo24

1454. 憋人气愤 piɛ31ʐəŋ0

1455. 损德败坏德行 suŋ53tei31

1456. 不答征不理睬 pu24tɑ31tʂəŋ31

1457. 没麻搭没问题 mo31mɑ31tɑ53

1458. 软拥儿嘲笑讽刺挖苦人 ʐʮæ̃53øyŋ31øər0

1459. 砸讲议论人 tsɑ31tɕiɑŋ53

1460. 谝扎啦话说得使人难堪 phiæ̃53tsɑ0lɑ0

1461. 把作别扭，难受 pɑ53tsuo0

1462. 让人玩弄、戏弄和责备他人 ʐɑŋ24ʐəŋ24

1463. 难日不近人情，不好打交道 læ̃24ʐʅ31

1464. 能不够过分高傲，爱显能耐

ləŋ24pu31kou44

1465. 捻摸捻摸考虑考虑，参谋参谋 ȵiæ̃31mo53ȵiæ̃31mo53

1466. 塞黑拐为求他人办事而行贿 sei24xei31kuæ53

1467. 试和体验，试探 sɿ44xuo0

1468. 望下巴看人家吃饭 vaŋ44xa44pa0

1469. 明晃晃明摆着 miŋ31xuaŋ53xuaŋ0

1470. 失惊惊诧，吃惊 ʂʅ31tɕiŋ0

1471. 叫唤哭叫 tɕiɔ44xuæ̃0

1472. 言喘答应，应声 ȵiæ̃31tʂhɥæ̃53

1473. 舔沟子溜须拍马 thiæ̃53kou53tsɿ0

1474. 下话向人赔情，求情 ɕia44xua44

1475. 眼黑见不得 ȵiæ̃53xei31

1476. 撇白说谎话 phiɛ31phei24

1477. 搡眼讨厌 saŋ31ȵiæ̃53

1478. 撇白放水说谎话 phiɛ31phei24faŋ44ʂɥei53

十二、性质、状态

1479. 爨味香而鲜 tshuæ̃44

1480. 烧勤快 ʂɔ24

1481. 短寿活不长久 tuæ̃53ʂou44

1482. 硬邦形容体质好 ȵiŋ44paŋ31

1483. 不当可怜 pu31taŋ24

1484. 心疼娃长得可爱 ɕiŋ31thəŋ24

1485. 泼皮泼辣 pho31phi24

1486. 利气利索，精干 li44tɕhi44

1487. 活道待人处事灵活 xuo31tɔ53

1488. 和亲和蔼 xuo31tɕhiŋ53

1489. 硬气有志气 ȵiŋ44tɕhi44

1490. 灵醒清醒 liŋ31ɕiŋ53

1491. 干舒衣着干净 kæ̃31ʂɥ0

1492. 力练做事干练 li53liæ̃0

1493. 洋气时髦 Øiaŋ24tɕhi44

1494. 素净衣着朴素 su44tɕiŋ0

1495. 钻机精灵 tsuæ̃31tɕi0

1496. 不卯两人的关系不和睦 pu31mɔ53

1497. 蹿活机敏，能干 tshuæ̃44xuo0

1498. 列折做事干脆利落 liɛ31tʂɤ53

1499. 麻利动作迅速 ma24li44

1500. 尖蹿敏捷，利索 tɕiæ̃53tshuæ̃44

1501. 难缠处人处事纠缠不休，难以对付 læ̃24tʂhæ̃24

1502. 发睁盲目，逞能 fa24tsəŋ31

1503. 落奚不利索 luo31ɕi0

1504. 洋来不精明 Øiaŋ24læ24

1505. 颠懂年龄过大的老人脑筋不清醒 tiæ̃53tuŋ0

1506. 背时不适时，不走运 pei44sɿ24

1507. 日鬼处人处事不诚实，从中捣鬼 zʅ31kui53

1508. 富态体态健胖 fu44thæ0

1509. 浆水啰唆 tɕiaŋ31ʂɥei0

1510. 颇烦不耐烦 pho53fæ̃0

1511. 生分感情疏远 səŋ53fəŋ0

1512. 磨活办事拖沓 mo44xuo0

1513. 帮间喻数量差不多，喻人能干 paŋ24tɕiæ̃31

1514. 皮实结实 phi31ʂʅ53

1515. 张张狂，狂妄 tʂaŋ24

1516. 瓷得很小孩儿好动，不听话 tshɿ31ti53xəŋ53

1517. 软浆形容小孩儿体弱 ʐɥæ̃53tɕiaŋ31

1518. 烂赃质量低劣 læ̃44tsaŋ44

1519. 龟的狼狈的 kui31ti0

1520. 洋芋土气或者脑筋不开窍 Øiaŋ24Øy44

1521. 品麻悠闲自得 phiŋ53ma24

1522. 鬼出出鬼鬼祟祟 kui53tʂhʮ53tʂhʮ0

1523. 忘混大记忆力不好 Øuaŋ44xuŋ31ta44

1524. 难挖的不好打交道 læ31va53ti0

1525. 牙大的能说会道，强词夺理
Øia24ta44ti0

1526. 叶子麻难说话，不好打交道
Øiɛ53tsɿ0ma24

1527. 牙长的多嘴多舌，和别人强辩
Øia24tʂhaŋ31ti53

1528. 森煞人阴森可怕 səŋ31sa0ʐəŋ0

1529. □里马嚓催促别人快点
khuo31li0ma31tsha0

1530. 黏马咕咚说话说不清楚
ʐæ31ma53ku31tuŋ0

1531. 愣娃失道不聪明，不机灵
ləŋ53va0ʂʅ31tɔ0

1532. 白脸失道说怪话不分场合
phei53liæ53ʂʅ31tɔ0

1533. 人眉嘴眼道貌岸然
ʐəŋ31mi53tsui31ȵiæ31

1534. 瓜眉失眼呆傻不灵的样子
kua53mi31ʂʅ31ȵiæ0

1535. 痴不愣登反应迟钝
tʂʅ44pu31ləŋ31thəŋ0

1536. 洋昏倒场神志不清，颠三倒四
Øiaŋ31xuŋ53tɔ31tʂhaŋ0

1537. 疯张倒势言行不稳重
fəŋ31tʂaŋ44tɔ44ʂʅ44

1538. 猫儿戈瑟发冷或被冻得形色不正
mɔ31Øər53kuo31sei0

1539. 鬼六三神鬼鬼祟祟
kui53liu0sæ31ʂəŋ0

1540. 鬼七麻八不诚实，不正派
kui53tɕhi31ma24pa31

1541. 撩撩搔搔欲动手动脚的样子
liɔ31liɔ53tsɔ31tsɔ0

1542. 急迫倒场行动匆忙草率
tɕi31phei53tɔ31tʂhaŋ0

1543. 白光两道事未办成，毫无效果
pei24kuaŋ31liaŋ53tɔ44

1544. 疯说冒撂说大话，吹牛皮
fəŋ31ʂɤ31mɔ44liɔ44

1545. 柯里捣腾形容行动迅速
khuo31li31tɔ31thəŋ31

1546. 懔人霍唠对某些事物不忍听看
liŋ53ʐəŋ0xuo31lɔ0

1547. 乌都实黑一片黑暗
Øu31tou44ʂʅ31xei31

1548. 连不上牵赶不上机会
liæ24pu31ʂaŋ44tɕhiæ44

1549. 面面思违碍于情面
miæ44miæ44sɿ31Øui0

1550. 花不楞登花花绿绿
xua31pu31ləŋ44təŋ44

1551. 嘁嘁楚楚小声议论
tɕhi53tɕhi53tʂhʮ31tʂhʮ31

1552. 鬼眉两眼窝形象诡秘难看
kui53mi0liaŋ31ȵiæ53vo31

1553. 日鬼倒棒棰不务正业
ʐʅ31kui53tɔ53paŋ44tʂhʮei0

1554. 瓷不唧唧呆滞，木讷
tshɿ44pu31tɕi31tɕi0

十三、代词、副词、介词、连词

1555. □那个 Øuæ53

1556. □没有 mou24

1557. 甭了不要 pɛ31liɔ0

1558. 连相全部，整个 liæ24ɕiɑŋ44

1559. 怪道原来有缘由 kuæ44tɔ0

1560. 险忽儿几乎，差点儿 ɕiæ31xur53

1561. 一老一直 Øi31lɔ53

1562. □过刚才 ȵiɛ31kuo44

1563. 一点点很少 Øi31tiæ53tiæ0

1564. 例故儿价故意 li44kur0tɕiɑ0

1565. 一亚亚一瞬间 Øi31Øiɑ44Øiɑ0

1566. 定定儿不要动 tiŋ44tiŋ44Øər0

1567. 满利全部 mæ53li44

第四章　语法与口头文化

第一节　语法例句

1. 你是哪里人？

   你是啊搭人？

   ȵi53sɿ44∅ɑ53tɑ0ʐəŋ24？

2. 我是陕西________人。（说出所在县或市）

   我是陕西陇县人。

   ŋuo53sɿ44ʂæ̃53ɕi0luŋ53ɕiæ̃0ʐəŋ24.

3. 你今年多大？

   你今年多大岁数了？

   ȵi53tɕiŋ31ȵiæ̃24tuo31tɑ44sui44ʂʮ31liɔ0？

4. 我________岁了。（说出自己的实际年龄）

   我七十三了么哈。

   ŋuo53tɕhi31ʂʅ24sæ̃31liɑ0mo0xɑ0.

5. 你叫什么名字？

   你叫啥名字？

   ȵi53tɕiɔ44ʂʮɑ44miŋ31tsɿ53？

6. 我叫________。（说出自己的名字）

   我叫李秋季。

   ŋuo53tɕiɔ44li31tɕhiu31tɕi44.

7. 你家住哪里？

   你屋里在啊搭哩？

   ȵi53vu31li0tɔ44∅ɑ53tɑ0li0？

8. 我家住________。（说出自己居住的地址）

   我屋里在城关镇朱家寨哩。

ŋuo24vu31li0tsæ44tʂhəŋ24kuæ̃31tʂəŋ44tʂʮ31tɕiɑ0tsæ44li0.

9. 谁呀？我是老三。

谁哩开？我是老三哩开。

ʂʮei24li0khæ0？ŋuo53sɿ44lɔ53sæ̃31li0khæ0.

10. 老四呢？他正在跟一个朋友说着话呢。

老四哩？他正跟一个熟人说话啊哩。

lɔ53sɿ44li0？thɑ53tʂəŋ44kəŋ31∅i31kɔ0ʂʮ24ʐəŋ24ʂɤ31xuɑ44∅ɑ0li0.

11. 他还没有说完吗？

他还没说完吗？

thɑ53xɑ24mo31ʂɤ31∅uæ̃24mɑ0？

12. 还没有。大约再有一会儿就说完了。

还没哩。大概还得一下下就说完了。

xɑ24mou24li0. tɑ44kæ44xɑ24tei31∅i0xɑ44xɑ0tɕiu44ʂɤ31∅uæ̃24liɔ0.

13. 他说马上就走，怎么这半天了还在家里呢？

他说仓就走哩，咋么半天了还在屋里哩？

thɑ53ʂɤ31tshɑŋ31tɕiu44tsou53li0，tsɑ31mo0pæ̃44thiæ̃31liɑ0xɑ24tsæ44vu53li0li0？

14. 你到哪儿去？我到城里去。

你到啊搭去呀？我在街道去呀。

ȵi53tɔ44∅ɑ53tɑ0tɕhi44∅iɑ0？ŋuo53tsæ44tɕiɛ53tɔ0tɕhi44∅iɑ0.

15. 在那儿，不在这儿。

在兀搭，不在这搭。

tsæ44vu44tɑ0，pu31tsæ44tʂʅ44tɑ0.

16. 不是那么做，是要这么做的。

不是兀么做，是这么做。

pu31sɿ44∅u44mo0tsu44，sɿ44tʂʅ44mo0tsu44.

17. 太多了，用不着那么多，只要这么多就够了。

太多了，用不了这么多，只要这一点就够了。

thæ31tuo31liɑ0，∅yŋ44pu31liɔ53tʂʅ44mo0tuo31，tsɿ31∅iɔ44tʂʅ44∅i31tiæ̃0tɕiu44kou44liɔ0.

18. 这个大，那个小，这两个哪一个好点呢？

这个大，兀个碎，这俩个哪个好？

tʂʅ44kɔ0tɑ44，∅uæ53kɔ0sui44，tʂʅ44liɑŋ53kɔ0lɑ31kɔ0xɔ53？

19. 这个比那个好。

这个比兀个好。

tʂʅ53kɔ0pi53Øu53kɔ0xɔ53.

20. 这些房子不如那些房子好。

这些房子不如外些房子好。

tʂʅ44ɕiɛ0faŋ31tsɿ53pu31ʐʮ31væ44ɕiɛ0faŋ31tsɿ53xɔ53.

21. 这句话用____话怎么说？（填本地地名，本地音）

这句话用陇县话咋么说哩？

tʂʅ44tɕy31xuɑ44Øyŋ44luŋ53ɕiæ̃0xuɑ44tsɑ31mo0ʂɤ31li0？

22. 他今年多大岁数？

他今年多大了？

thɑ53tɕiŋ31ȵiæ̃24tuo31tɑ44liɑ0？

23. 大概有三十来岁吧。

大概三十上下。

tɑ44kæ44sæ̃53ʂʅ0ʂaŋ44xɑ44.

24. 这个东西有多重呢？

个东西有多重的？

kɔ53tuŋ53ɕi0Øiu53tuo31tʂʮŋ44ti0？

25. 有五十斤重呢。

五十来斤。

vu53ʂʅ0læ0tɕiŋ31.

26. 拿得动吗？

拿得起呀不？

lɑ31tei53tɕhiɛ53Øiɑ0pu31？

27. 我拿得动，他拿不动。

我能拿起，他拿不起。

ŋuo53ləŋ24lɑ24tɕhiɛ53，thɑ53lɑ24pu31tɕhiɛ53.

28. 真不轻，重得连我都拿不动了。

挺重的哩，连我都拿不起。

thiŋ53tʂʮŋ44ti0li0，liæ̃24ŋuo53tou31lɑ24pu53tɕhiɛ53.

29. 你说得很好，你还会说点儿什么呢？

你说的好得很么，你还有啥说的？

ȵi53ʂɤ31ti0xɔ53ti0xəŋ53mo0，ȵi53xɑ24Øiu53ʂʮɑ44ʂɤ31ti0？

30. 我嘴笨，我说不过他。

我不会说话，说不过他。

ŋuo53pu31xui44ʂɤ31xuɑ44，ʂɤ31pu31kuo44thɑ53.

31. 说了一遍，又说了一遍。

说了一遍，又说了一遍。

ʂɤ31liɑ0Øi31piæ̃44，Øiu44ʂɤ31liɑ0Øi31piæ̃44.

32. 请你再说一遍。

要么你再说一遍。

Øiɔ44mo0ȵi53tsæ44ʂɤ31Øi31piæ̃44.

33. 不早了，快去吧！

不早了，赶去！

pu31tsɔ53liɔ0，kæ̃24tɕhi44！

34. 现在还很早呢。等一会儿再去吧。

这会还早着哩。等嘎去。

tʂʅ44xui0xɑ24tsɔ53tʂʮo0li0. təŋ44kɑ0tɕhi44.

35. 吃了饭再去好吧？

吃了再去能行呀不？

tʂhʅ31liɔ0tsæ44tɕhi44ləŋ24ɕiŋ24Øiɑ0pu31？

36. 慢慢儿地吃啊！不要急嘛！

慢慢吃！急啥哩！

mæ̃44mæ̃53tʂhʅ31！tɕi24ʂʮɑ0li0！

37. 坐着吃比站着吃好些。

坐下吃比立下吃好。

tsuo44xɑ0tʂhʅ31pi53li53xɑ0tʂhʅ31xɔ53.

38. 这个吃得，那个吃不得。

这个能吃，兀个不能吃。

tʂɤ44kɔ0ləŋ24tʂhʅ31，vei44kɔ0pu31ləŋ24tʂhʅ31.

39. 他吃了饭了，你吃了饭没有呢？

他把饭吃了，你吃了么？

thɑ53pɑ31fæ̃44tʂhʅ31liɑ0，ȵi53tʂhʅ31liɑ0mo0？

40. 他去过上海，我没有去过。

他去过上海，我没去过。

thɑ53tɕhi44kuo0ʂɑŋ44xæ53，ŋuo53mo31tɕhi44kuo0.

41. 来闻闻这朵花香不香？

来闻一下这花香呀不？

læ24Øuəŋ24Øi31xɑ0tʂʅ44xuɑ31ɕiɑŋ53Øiɑ0pu31？

42. 香得很，是不是？

香很，是啊不？

ɕiɑŋ53xəŋ53，sʅ44Øɑ0pu31？

43. 给我一本书！

给我一本书！

kei44ŋuo53Øi31pəŋ53ʂɥ31！

44. 我实在没有书么！

我就是没书么！

ŋuo53tɕiu44sʅ0mo24ʂɥ31mo0！

45. 你告诉他。

你给他说。

ȵi53kei44thɑ53ʂɤ31.

46. 好好儿地走！不要跑！

慢慢走！甭胡跑！

mæ̃44mæ̃44tsou53！pɛ31xu24phɔ53！

47. 小心跌下去爬也爬不上来！

小心跌下去爬都爬不上来！

ɕiɔ53ɕiŋ31tiɛ31xɑ44tɕhi0phɑ24tou0phɑ24pu31ʂɑŋ44læ0！

48. 医生叫你多睡一睡。

大夫叫你多睡嘎。

tæ44fu0tɕiɔ44ȵi53tuo31ʂɥei44kɑ0.

49. 吸烟或者喝茶都不可以。

吃烟喝茶都没向。

tʂhʅ24Øiæ̃31xuo31tshɑ24tou24mo31ɕiɑŋ44.

50. 烟也好，茶也好，我都不喜欢。

烟连茶我都不爱。

Øiæ̃31liæ̃24tshɑ24ŋuo53tou24pu31ŋæ44.

51. 不管你去不去，反正我是要去的，我非去不可。

管你去不去，我一定要去哩。

kuæ̃53ȵi53tɕhi44pu31tɕhi44，ŋuo53Øi31tiŋ44Øiɔ44tɕhi44li0.

52. 你是哪一年来的？

你是啊一年来的？

ȵi53sɿ44Øɑ53Øi31ȵiæ̃24læ31ti53？

53. 我是前年到的北京。

我前年到北京的。

ŋuo53tɕhiæ̃31ȵiæ̃53tɔ44pei31tɕiŋ0ti0.

54. 今天开会谁的主席？

今儿开会谁是主席？

tɕiŋr31khæ31xui44ʂʮei24sɿ44tʂʮ53ɕi24？

55. 你得请我的客。

你得请客。

ȵi53tei31tɕhiŋ53khei53.

56. 这是他的书，那一本是他哥哥的。

这书是他的，□一本是他哥的。

tʂɤ44ʂʮ31sɿ44thɑ53ti0，Øuæ44Øi31pəŋ53sɿ44thɑ31kɔ24ti0.

57. 一边走，一边说。

旋走旋说。

suæ̃44tsou53suæ̃44ʂɤ31.

58. 看书的看书，看报的看报，写字的写字。

看书的看书哩，看报的看报哩，写字的写字哩。

khæ̃44ʂʮ53ti0khæ̃44ʂʮ53li0，khæ̃44pɔ44ti0khæ̃44pɔ44li0，ɕiɛ53tsɿ44ti0ɕiɛ53tsɿ44li0.

59. 越走越远，越说越多。

越走越远，越说越多么。

Øyo31tsou53Øyo31Øyæ̃31，Øyo24ʂɤ31Øyo24tuo31mo0.

60. 把那个东西拿给我。

把□个东西给我拿来。

pɑ31Øuæ53kɔ0tuŋ53ɕi0kei44ŋuo53lɑ24læ0.

61. 有些地方把太阳叫日头。

有的地方把太阳叫热头爷。

Øiu53ti0ti44fɑŋ31pɑ31thæ44Øiɑŋ0tɕiɔ44ʐɤ53thou0Øiɛ0.

62. 您贵姓？我姓王。

你姓啥？我姓王。

ȵi53ɕiŋ44ʂʮɑ44？ŋuo53ɕiŋ44vɑŋ24.

63. 你姓王，我也姓王，咱们两个人都姓王。

你姓王，我啊姓王，咱俩是一家子。

ȵi53ɕiŋ44vɑŋ24，ŋuo53Øɑ0ɕiŋ44vɑŋ24，tsɑ24liɑŋ0sɿ31Øi31tɕiɑ44tsɿ0.

64. 你先去吧，我们等一会儿再去。

你先走，我的等一下再去。

ȵi53ɕiæ̃31tsou53，ŋuo31ti0təŋ44Øi31xɑ0tsæ44tɕhi44.

第二节　北风和太阳

北风跟太阳

有一回，北风跟太阳在那儿争论谁的本事大。争来争去就是分不出高低来。这时候路上来了个走道儿的，他身上穿着件厚大衣。他们俩就说好了，谁能先叫这个走道儿的脱下他的厚大衣，就算谁的本事大。北风就使劲地刮起来了，不过他刮得越是厉害，那个走道儿的把大衣裹得越紧。后来北风没法儿了，只好就算了。过了一会儿，太阳出来了。他火辣辣地一晒，那个走道儿的马上就把那件厚大衣脱下来了。这下儿北风只好承认，他们俩当中还是太阳的本事大。

北风跟热头爷

pei24fəŋ31kəŋ31ʐɤ53thou0Øiɛ0

有一天，北风跟热头爷在兀搭比谁的能耐大。

Øiu53Øi31thiæ̃31，pei24fəŋ31kəŋ31ʐɤ53thou0Øiɛ0tsæ44vu44tɑ0pi53ʂʮei24ti0ləŋ24læ0tɑ44.

瓦窑里争空比不出个眉眼。

vɑ53Øiɔ31li53tsəŋ31khuŋ31pi53pu24tʂhʮ31kɔ0mi31ȵiæ̃53.

这会，来了个过路的，他身上穿了件棉大褂。

tʂʅ44xui0，læ31liɔ53kɔ0kuo44lu44ti0，thɑ53ʂəŋ31ʂɑŋ0tʂhʮæ̃31liɔ0tɕiæ̃44miæ̃24tɑ44kuɑ44.

他俩就说好了，谁能先叫这个过路的脱下他的棉大褂，就算谁的能耐大。

thɑ31liɑŋ53tɕiu44ʂɤ31xɔ31liɑ0，ʂʮei24ləŋ24ɕiæ̃31tɕiɔ44tʂʅ44kɔ0kuo44lu44ti0thuo31xɑ0thɑ53ti0miæ̃24tɑ44kuɑ44，tɕiu44suæ̃44ʂʮei24ti0ləŋ24læ0tɑ44.

说毕，北风鼓劲刮了起来，他刮的越凶，兀个过路的就把棉大褂夹的越紧。

ʂɤ24pi31，pei24fəŋ31ku53tɕiŋ44kuɑ53liɑ0tɕhi53læ0，thɑ53kuɑ53ti0Øyo31ɕyŋ31，vu44kɔ31kuo44lu44ti0tɕiu44pɑ31miæ̃24tɑ44kuɑ44tɕiɑ31ti0Øyo31tɕiŋ53.

北风高低没法子了，只好窝下了。

pei24fəŋ31kɔ24ti31mo31fɑ53tsɿ0liɑ0，tsɿ31xɔ53vo53xɑ0liɑ0.

过了一下下，热头爷出来了。

kuo44liɑ0Øi31xɑ44xɑ0，ʐɤ53thou0Øiɛ0tʂhʮ31læ0liɑ0.

越晒越韶，把兀个过路的一下子给热的撑不住了，自个把棉大褂脱下了。

Øyo31sæ44yo31ʂɔ24，pɑ0vu53kɔ0kuo44lu44ti0Øi31xɑ44tsɿ0kei0ʐɤ53ti0tshəŋ31pu31tʂhʮ44liɑ0，tsɿ44kuo53pɑ31miæ̃31tɑ44kuɑ44thuo31xɑ0liɑ0.

这么北风只得承认，他俩还是热头爷能耐大。

tʂʅ44mo0pei24fəŋ31tsɿ24tei31tʂhəŋ24ʐəŋ44，thɑ31liɑŋ53xɑ24sɿ44ʐɤ53thou0Øiɛ0ləŋ24læ0tɑ44.

第三节　口头文化

一、二月二炒豆子

每到农历二月二，陇县家家户户都炒黄豆吃，叫作“咬虫”哩！这还有一段来历哩。

传说高堎村有一个媳妇，结婚三年多了还没生娃。一天晌午，她从城里看病后往回走，走着走着，突然发现路上丢着一颗大枣，她拾起来就吃了。回家后觉得肚子又胀又疼，接着就生下一个拳头大小的小人龙。全家人害怕得很。

这事让财主知道了，财主思量：“奇了怪了，龙只能降生在皇家，偏僻的山野小村竟然出了个小人龙，很可能是只孽龙！”财主连夜晚报给了官府。官府立即派官兵来抓小人龙。财主亲自带路。小人龙一看情况紧急，就顺势在地上一滚，“噌”地一下蹿到半空，变成一只鳞光闪闪的大龙，霎时间，天空乌云滚滚，大龙上下舞动，向财主和官兵喷出碗口粗的水柱，喷得财主和官兵晕头转向，浑身索索发抖。水柱越喷越粗，兀些人喊爹叫娘，身体缩成一团，越来越小，最后，一个个变成了黄豆。

大龙见状，哈哈大笑，笑毕，对全家人说道：“你的赶快把这些豆子炒吃了，就没有谁来害你了，就没有虫糟蹋庄稼了。”后来抖动鳞甲，腾空而去。

那天正是二月初二，就这样，二月二炒豆子“咬虫”的习俗一直流传到现在。

二、谚语

1. 春风下雨如下油，麦扎九根九个头。
2. 立夏不光场，麦在土里扬。夏至不起蒜，就在地里烂。
3. 六月韭，臭死狗；八月韭，佛开口。
4. 家栽百棵柳，不往深山走。
5. 正月猪娃腊月狗，上集抢了主人手。

6. 惊蛰闻雷米似泥，春风有雨病人稀。
7. 秋前西风晴，秋后西风雨。
8. 过了九月九，太阳跟山走。
9. 清明有雨麦苗壮，小满有雨麦穗齐。
10. 吃不穷，喝不穷，打当计划不到一世穷。
11. 大雁南飞为温暖，人不停脚为明天。
12. 师傅手艺不高，教下徒弟拧腰。

三、地方曲艺

1. 十炷香
一炷香烧予了玉皇大帝，
二炷香烧予了官洲二郎，
三炷香烧予了三黄治世，
四炷香烧予了四大天王，
五炷香烧予了五方五帝，
六炷香烧予了蓝斗六郎，
七炷香烧予了七星北斗，
八炷香烧予了八大金刚，
九炷香烧予了九天圣母，
十炷香烧予了十殿阎君。

2. 十二个月
正月里冬冰一个冬春雪呀，
二月里鱼儿顺水漂，
三月里桃杏花山川开红呀，
四月里杨柳罩路厅，
五月里麦子一个连山黄呀，
六月里麦子架链上，
七月里葡萄一个吊下架呀，
八月里想吃个开园瓜，
九月里荞麦一个揽成笼，
十月里柿子摘上棚，
十一月雪打一个闭山门呀，
腊月里年货摆出城。

眉县篇

第一章 总 论

第一节 人文地理、历史沿革、人口概况

眉县古称“眉坞”，是“中国猕猴桃之乡”，隶属于宝鸡市，地处东经 107°39′～108°00′，北纬 33°59′～34°19′，位于秦岭主峰太白山脚下，北跨渭河，属秦岭北麓半丘陵地带，总体呈现“七河九原一面坡，六山一水三分田”的地貌特征。眉县境内土壤肥沃，气候湿润，物产丰富，一年三季有花，四季有果。截至 2011 年，全县已种植猕猴桃 27 万亩，是全国猕猴桃标准化生产示范区，猕猴桃国家地理标志通过农业部认证。先后荣获“中国果菜标准化建设十强县”“中国猕猴桃无公害科技示范县”等荣誉称号，被评为“全省一县一业建设示范县”和“全省果业先进县”。截至 2012 年，全县总面积 863 平方千米，居全省第 80 位，其中农耕地 374668 亩。2015 年末辖横渠、槐芽、汤峪、金渠、营头、齐镇、常兴共 7 个建制镇，1 个首善街道办事处，共有 122 个行政村，8 个城镇社区。眉县历史文化底蕴深厚，是西周文化的发祥地之一。境内多次出土西周青铜器、战国编钟等国宝重器。2003 年出土的 27 件西周青铜重器，被誉为 21 世纪重大考古发现之一。眉县也哺育了先秦大将白起、三国蜀汉名臣法正、唐代医学家王焘、宋代理学家张载等一代名流。

旧石器时代，今眉县境内就有人类活动。今眉县，在夏商时，渭水南为微国，渭水北属邰国。战国时代，正式设立郿县，境内有白起城。今眉县渭水南，自秦孝公十二年（前 350 年）即设为武功县。秦始皇统一天下，实行郡县制。在今眉县渭水北先设荣县，后改为郿县。西汉因之，渭水南仍为武功县。汉平帝元始五年（5 年），以武功县为安汉公采地，改名曰汉光邑，渭水南依旧。东汉初年（25 年），撤武功县和郃县。献帝中平元年（189 年），改汉光邑为安汉县。北魏太平真君六年（445 年），改郿城县为平阳县。西魏大统四年（538 年），又改平阳县为郿城县。隋开皇十八年（598 年），改周城为渭滨县。大业二年（606 年），改渭滨为郿县。义宁二年（618 年），于郿县东部设凤泉县，并于郿县境内设郿城郡。唐灭隋，于武德元年（618 年）改郿城郡为郇州，三年（620 年）州废，将郿县城迁今址。贞观八年（634 年），撤凤泉县，

其地并入郿县。北宋景祐三年（1037 年）正月，翰林承旨，评定三等国，郿城属小国。金因北宋制。元初世祖至元十六年（1279 年），升郿县为郿州，于东部设柿林县。顺帝至元元年（1335 年），复改郿州为郿县，并废柿林县，其地复归郿县。此后近 700 年间，一直称郿县。清代郿县属凤翔府辖地，民国初属关中道，不久重新划定全国区划，郿县为省辖 92 县之一，1938 年，改隶陕西省第九督察专员公署。1949 年后郿县先后隶属于宝鸡分区、宝鸡专员公署、宝鸡地区，今属宝鸡市。1958 年 12 月 1 日，根据国务院调整县市规模的通知，撤小县并大县，郿县被撤销建制并入周至县。1961 年 9 月，周郿分县，恢复郿县建制。1964 年 9 月，依据国务院《汉字简化方案》和上级通知，将“郿”字改为“眉”，遂为眉县。①

2011 年末，全县共有 320105 人，其中男性 165519 人，占 51.7%；女性 154586 人，占 48.3%。按民族分，汉族 319902 人，占 99.94%；其余少数民族有蒙古族 18 人、回族 67 人、满族 49 人、藏族 3 人、彝族 5 人、白族 4 人、苗族 6 人、傣族 4 人、黎族 6 人、朝鲜族 2 人、维吾尔族 2 人、哈尼族 2 人、壮族 29 人、土族 2 人、拉祜族 2 人、土家族 2 人，以上 16 个少数民族合计占到总人口的 0.06%。

第二节　方言归属与内部差异

眉县方言主要属于中原官话秦陇片，只有与周至接壤的青化一带方言属于中原官话关中片。全县方言语音较为复杂，分当地方言和客户话两个范畴。当地方言又分为 7 个方言小区：（1）青化一带接近周至西部语音；（2）第五村乡西部接近岐山语音；（3）常兴镇、马家镇接近扶风语音；（4）营头乡山区 6 个村属一小范围方言小区；（5）槐芽镇、汤峪乡、小法仪乡属一个方言小区；（6）横渠乡属介于青化和槐芽、汤峪之间的方言小区；（7）城关镇、齐镇、金渠乡和营头乡平原区及第五村乡东部，属一个较大范围的方言小区，即狭义的眉县方言。客户话在本县境内也极具代表性，主要是清代和民国时期外省、府零星迁居眉地的移民，主要有商洛话、四川话、河南话和山东话等；眉县境内的客户话已经被当地方言同化或趋于同化。

第三节　发音人和调查人概况

方言发音人（一）

1. 姓名：高永怀

---

① 眉县地方志编纂委员会. 眉县志［M］. 陕西人民出版社，2000 年，第 10～11 页。

2. 单位（退休前）：陕西省宝鸡市眉县首善镇北兴村七组

3. 通信地址：陕西省宝鸡市眉县首善镇北兴村七组

4. 性别：男　　民族：汉

5. 出生年月日（公历）：1955 年 8 月 20 日

6. 出生地（从省级至自然村级）：陕西省宝鸡市眉县首善镇北兴村

7. 主要经历：1972 年初中毕业后至今在家务农。

8. 文化程度：初中

9. 职业：农民

10. 会说哪几种话（包括普通话、外语）：眉县方言

11. 父亲是哪里人，会说什么话：宝鸡市眉县首善镇北兴村北兴七组人，会说眉县方言。

12. 母亲是哪里人，会说什么话：宝鸡市眉县首善镇红东村四组人，会说眉县方言。

13. 配偶是哪里人，会说什么话：宝鸡市眉县首善镇新庄村二组人，会说眉县方言。

方言发音人（二）

1. 姓名：王秉会

2. 单位（退休前）：陕西省宝鸡市眉县马家社区车圈六组

3. 通信地址：陕西省宝鸡市眉县马家社区车圈六组

4. 性别：男　　民族：汉

5. 出生年月日（公历）：1946 年 10 月 20 日

6. 出生地（从省级至自然村级）：陕西省宝鸡市眉县马家社区车圈

7. 主要经历：一直在家务农。

8. 文化程度：初中

9. 职业：农民

10. 会说哪几种话（包括普通话、外语）：眉县方言

11. 父亲是哪里人，会说什么话：宝鸡市眉县马家社区车圈村人，会说眉县方言。

12. 母亲是哪里人，会说什么话：宝鸡市眉县马家社区白家村人，会说眉县方言。

13. 配偶是哪里人，会说什么话：宝鸡市眉县马家社区车圈村人，会说眉县方言。

方言发音人（三）

1. 姓名：王世荣
2. 单位（退休前）：陕西省宝鸡市眉县常兴镇白家村四组
3. 通信地址：陕西省宝鸡市眉县常兴镇白家村四组
4. 性别：男　　民族：汉
5. 出生年月日（公历）：1938 年 10 月 21 日
6. 出生地（从省级至自然村级）：陕西省宝鸡市眉县常兴镇白家村
7. 主要经历：一直在家务农。
8. 文化程度：初中
9. 职业：农民
10. 会说哪几种话（包括普通话、外语）：眉县方言
11. 父亲是哪里人，会说什么话：宝鸡市眉县常兴镇白家村人，会说眉县方言。
12. 母亲是哪里人，会说什么话：宝鸡市眉县常兴镇河池村人，会说眉县方言。
13. 配偶是哪里人，会说什么话：宝鸡市眉县常兴镇尧柳村人，会说眉县方言。

方言发音人（四）

1. 姓名：朱刚存
2. 单位（退休前）：陕西省宝鸡市眉县青化社区风池村二组
3. 通信地址：陕西省宝鸡市眉县青化社区风池村二组
4. 性别：男　　民族：汉
5. 出生年月日（公历）：1945 年 9 月 21 日
6. 出生地（从省级至自然村级）：陕西省宝鸡市眉县青化社区风池村
7. 主要经历：一直在家务农。
8. 文化程度：高中
9. 职业：农民
10. 会说哪几种话（包括普通话、外语）：眉县方言
11. 父亲是哪里人，会说什么话：宝鸡市眉县青化社区风池村人，会说眉县方言。
12. 母亲是哪里人，会说什么话：宝鸡市眉县青化社区曹梁村人，会说眉县方言。
13. 配偶是哪里人，会说什么话：宝鸡市眉县青化社区西寨村人，会说眉县方言。

方言发音人（五）

1. 姓名：张风勤

2. 单位（退休前）：陕西省宝鸡市眉县横渠镇横渠村
3. 通信地址：陕西省宝鸡市眉县横渠镇横渠村
4. 性别：男　　民族：汉
5. 出生年月日（公历）：1956 年 9 月 20 日
6. 出生地（从省级至自然村级）：陕西省宝鸡市眉县横渠镇横渠村
7. 主要经历：一直在家务农。
8. 文化程度：初中
9. 职业：农民
10. 会说哪几种话（包括普通话、外语）：眉县方言
11. 父亲是哪里人，会说什么话：宝鸡市眉县横渠镇横渠村人，会说眉县方言。
12. 母亲是哪里人，会说什么话：宝鸡市眉县横渠镇万家塬人，会说眉县方言。
13. 配偶是哪里人，会说什么话：宝鸡市眉县横渠镇河滩村人，会说眉县方言。

方言发音人（六）

1. 姓名：汪庆荣
2. 单位（退休前）：陕西省宝鸡市眉县汤峪镇闫家堡四组
3. 通信地址：陕西省宝鸡市眉县汤峪镇闫家堡四组
4. 性别：男　　民族：汉
5. 出生年月日（公历）：1951 年 2 月 22 日
6. 出生地（从省级至自然村级）：陕西省宝鸡市眉县汤峪镇闫家堡
7. 主要经历：一直在家务农。
8. 文化程度：初中
9. 职业：农民
10. 会说哪几种话（包括普通话、外语）：眉县方言
11. 父亲是哪里人，会说什么话：宝鸡市眉县汤峪镇闫家堡人，会说眉县方言。
12. 母亲是哪里人，会说什么话：宝鸡市眉县汤峪镇上王村人，会说眉县方言。
13. 配偶是哪里人，会说什么话：宝鸡市眉县汤峪镇屈刘堡人，会说眉县方言。

调查人

1. 姓名：孙立新
2. 单位：陕西省社会科学院
3. 通信地址：陕西省西安市含光南路 177 号

4. 协助调查人 1 姓名：杨虎平

5. 协助调查人 2 姓名：范　敏

第二章 语 音

第一节 声 母

声母共二十四个，包括零声母在内。

p 把兵布宝	ph 喷瓶派爬	m 马梅庙明	f 副风飞饭	v 晚文武问
t 多东党刀	th 泰拖讨特			l 拉脑南老
ts 子摘作资	tsh 次柴刺全		s 四是随三	
tʂ 制祝张竹	tʂh 吃出柱初		ʂ 识熟双书	ʐ 人润热软
tɕ 几低焦浆	tɕh 前甜七清	ȵ 牛业女年	ɕ 信欣响虚	
k 该国高哥	kh 开亏柜口	ŋ 安偶熬爱	x 哈下货好	
ø 有月云用				

第二节 韵 母

韵母三十五个，不包括儿化韵。

ɿ 师丝迟试	i 一眉去米	u 不路谋否	y 局取与橘
ʅ 直十出书			
ər 儿而耳二			
a 把他抓袜	ia 家掐夏牙	ua 挂夸话瓜	
o 薄没莫佛		uo 果科货河	yo 脚学约岳
ɤ 个可我桌			
ɯ 后			
	iɛ 别灭列姐		yɛ 决却雪月
æ 开排鞋揣		uæ 怪快坏乖	
ei 北每德追		uei 对类岁国	
au 宝毛老高	iau 嫽叫鸟刁		

ou 楼沟周狗　iou 久留牛求

ã 南盐山专　iã 边连年眼　uã 端缓钻惯　yã 卷权元乱

aŋ 邦当项庄　iaŋ 讲两样良　uaŋ 光狂黄王

əŋ 彭盆准政　iŋ 并岭金银　uŋ 东宗瓮东　yŋ 用容云论

说明：

①北京 tʂ组声母合口呼字读作洪音。

②北京 ən 组韵母并入 əŋ 组韵母，基于此，眉县方言的主体归属于中原官话秦陇片。

③眉县方言的 au 有一定的单元音化倾向。

④眉县方言的 ã 接近 æ 的鼻化音。

⑤儿化以及儿尾的情况是，儿化少数是在基本韵母后的简单黏附，多数情况下儿尾自成音节。

第三节　单字调

单字调四个，轻声在外。

阴平 31　东六麦叶　阳平 35　门牛毒罚　上声 53　懂买老五　去声 44　动后硬地

第四节　连读变调

后字非轻声两字组连调模式见表 2-1。

表 2-1　后字非轻声两字组连调模式

前字＼后字	1 阴平 31	2 阳平 35	3 上声 53	4 去声 44
1 阴平 31	35+31	31+35	31+53	31+44
2 阳平 35	35+31	35+35	35+53	35+44
3 上声 53	53+31	53+35	53+53	53+44
4 去声 44	44+31	44+35	44+53	44+44

非叠字组后字轻声两字组连调模式见表 2-2。

表 2-2 非叠字组后字轻声两字组连调模式

<table>
<tr><th>后字
前字</th><th>1 阴平 31</th><th>2 阳平 35</th><th>3 上声 53</th><th>4 去声 44</th></tr>
<tr><td rowspan="2">1 阴平 31</td><td>31+0</td><td>31+0</td><td rowspan="2">31+0</td><td rowspan="2">53+0</td></tr>
<tr><td>53+0</td><td>53+0</td></tr>
<tr><td>2 阳平 35</td><td>31+53</td><td>31+53</td><td>31+53</td><td>31+53</td></tr>
<tr><td rowspan="3">3 上声 53</td><td rowspan="3">44+0</td><td rowspan="3">44+0</td><td>31+53</td><td>44+0</td></tr>
<tr><td>31+0</td><td rowspan="2">31+0</td></tr>
<tr><td>44+0</td></tr>
<tr><td>4 去声 44</td><td>44+0</td><td>44+0</td><td>44+0</td><td>44+0</td></tr>
</table>

第五节 单 字

0001. 多 tuo31
0002. 拖 thuo31
0003. 大~小 tuo44（白）/ta44（文）
0004. 锣 luo35
0005. 左 tsuo44
0006. 歌 kɤ31
0007. 个一~kɤ31（白）/kɤ44（文）
0008. 可 khɤ53
0009. 鹅 ŋɤ35
0010. 饿 ŋɤ44
0011. 河 xuo35
0012. 茄 tɕhiɛ35
0013. 破 pho44
0014. 婆 pho35
0015. 磨动 mo35 ~刀子，~镰/mo44 ~豆腐
0016. 磨名 mo44
0017. 躲 tuo53
0018. 螺 luo35
0019. 坐 tsuo44
0020. 锁 suo53
0021. 果 kuo53
0022. 过 kuo44
0023. 课 khuo44
0024. 火 xuo53
0025. 货 xu31 ~郎/xuo44
0026. 祸 xuo35 着~：招致祸殃/xuo44
0027. 靴 ɕyɛ31
0028. 把量 pa53
0029. 爬 pha35
0030. 马 ma53
0031. 骂 ma44
0032. 茶 tsha35
0033. 沙 sa31
0034. 假真~tɕia53
0035. 嫁 tɕia44
0036. 牙 Øia35
0037. 虾 ɕia31
0038. 下底~xa44（白）/ɕia44（文）
0039. 夏春~ɕia44
0040. 哑 Øia44
0041. 姐 tɕiɛ35 呼叫/tɕiɛ53 ~夫
0042. 借 tɕiɛ44
0043. 写 ɕiɛ53
0044. 斜 ɕiɛ35
0045. 谢 ɕiɛ44
0046. 车不是棋子 tʂhɤ31
0047. 蛇 ʂɤ35
0048. 射 ʂɤ44
0049. 爷 Øiɛ44（白）/Øiɛ35（文）
0050. 野 Øiɛ53
0051. 夜 Øiɛ44
0052. 瓜 kua31
0053. 瓦 Øua53
0054. 花 xua31
0055. 化 xua44
0056. 华中~xua31
0057. 谱家~，注意声母 phu53
0058. 布 pu44
0059. 铺动 phu31
0060. 簿 phu53
0061. 步 phu44
0062. 赌 tu53
0063. 土 thu53
0064. 图 thu35
0065. 杜 tu44

0066. 奴 lu35
0067. 路 lu44
0068. 租 tsu31
0069. 做 tsou44
0070. 错对～tshuo31
0071. 箍～桶，注意声母 ku31
0072. 古 ku53
0073. 苦 khu53
0074. 裤 khu44
0075. 吴 Øu35
0076. 五 Øu53
0077. 虎 xu53
0078. 壶 xu35
0079. 户 xu44
0080. 乌 Øu31
0081. 女 ȵy53
0082. 吕 ly53
0083. 徐 ɕy35
0084. 猪 tʂʅ31
0085. 除 tʂhʅ35
0086. 初 tʂhʅ31
0087. 锄 tʂhʅ35
0088. 所 ʂɤ53
0089. 书 ʂʅ31
0090. 鼠 ʂʅ53
0091. 如 ʐʅ31
0092. 举 tɕy53
0093. 锯名 tɕy44
0094. 去 tɕhi44（白）/tɕhy44（文）
0095. 渠～道 tɕhy35
0096. 鱼 Øy35
0097. 许 ɕy53
0098. 余剩～，多～ Øy35
0099. 府 fu53
0100. 付 fu44
0101. 父 fu44
0102. 武 vu53
0103. 雾 mu44（白），眼窝～：眼睛看不清/vu44（文）
0104. 取 tɕhy53
0105. 柱 tʂʅ44
0106. 住 tʂʅ44
0107. 数动 ʂʅ53
0108. 数名 ʂʅ44
0109. 主 tʂʅ53
0110. 输 ʂʅ31
0111. 竖 ʂʅ44
0112. 树 ʂʅ44
0113. 句 tɕy44
0114. 区地～tɕhy31
0115. 遇 Øy44
0116. 雨 Øy53
0117. 芋 Øy44
0118. 裕 Øy31
0119. 胎 thæ31
0120. 台戏～thæ35
0121. 袋 tæ44
0122. 来 læ35
0123. 菜 tshæ44
0124. 财 tshæ35
0125. 该 kæ31
0126. 改 kæ53
0127. 开 khæ31
0128. 海 xæ53
0129. 爱 ŋæ44
0130. 贝 pei44
0131. 带动 tæ44
0132. 盖动 kæ44
0133. 害 xæ44
0134. 拜 pæ44
0135. 排 phæ35
0136. 埋 mæ35
0137. 戒 tɕiɛ44
0138. 摆 pæ53
0139. 派注意声调 phæ53～性/phæ44～活
0140. 牌 phæ35
0141. 买 mæ53
0142. 卖 mæ44
0143. 柴 tshæ35
0144. 晒 sæ44
0145. 街 tɕiɛ31
0146. 解～开 tɕiɛ53
0147. 鞋 xæ35
0148. 蟹注意声调 xæ44
0149. 矮 ŋæ53
0150. 败 phæ44
0151. 币 pi44
0152. 制～造 tʂʅ44
0153. 世 ʂʅ44
0154. 艺 Øi44
0155. 米 mi53
0156. 低 tɕi31
0157. 梯 tɕhi31
0158. 剃 tɕhi44
0159. 弟 tɕi44
0160. 递 tɕi44
0161. 泥 ȵi35
0162. 犁 li35
0163. 西 ɕi31
0164. 洗 ɕi53
0165. 鸡 tɕi31
0166. 溪 ɕi31
0167. 契 tɕhi44
0168. 系联～ɕi44
0169. 杯 phei31
0170. 配 phei44
0171. 赔 phei35
0172. 背～诵 pei44
0173. 煤 mei35
0174. 妹 mei44
0175. 对 tuei35（白）：碰/tuei44（文）
0176. 雷 luei35
0177. 罪 tsuei44
0178. 碎 suei44
0179. 灰 xuei31
0180. 回 xuei35
0181. 外 Øuei44（白）/Øuæ44（文）
0182. 会开～xuei44
0183. 怪 kuæ44
0184. 块 khuæ53

0185. 怀 xuæ35
0186. 坏 xuæ44
0187. 拐 kuæ53
0188. 挂 kua44
0189. 歪注意声母 Øuæ53
0190. 画 xua44
0191. 快 khuæ44
0192. 话 xua44
0193. 岁 suei44
0194. 卫 Øuei44
0195. 肺 fei44
0196. 桂 kuei44
0197. 碑 pi31
0198. 皮 phi35
0199. 被～子 pi44
0200. 紫 tsɿ31
0201. 刺 tshɿ44
0202. 知 tʂʅ31
0203. 池 tshɿ35（白）/tʂhʅ35（文）
0204. 纸 tsɿ53
0205. 儿 Øər35
0206. 寄 tɕi44
0207. 骑 tɕhi35
0208. 蚁注意韵母 Øi53
0209. 义 Øi44
0210. 戏 ɕi44
0211. 移 Øi35
0212. 比 pi53
0213. 屁 phi44
0214. 鼻注意声调 phi35
0215. 眉 mi35
0216. 地 tɕi44
0217. 梨 li35
0218. 资 tsɿ31
0219. 死 sɿ53
0220. 四 sɿ44
0221. 迟 tshɿ35（白）/tʂhʅ35（文）
0222. 指 tsɿ53
0223. 师 sɿ31
0224. 二 Øər44
0225. 饥～饿 tɕi31
0226. 器 tɕhi44
0227. 姨 Øi44
0228. 李 li53
0229. 子 tsɿ53
0230. 字 tsɿ44
0231. 丝 sɿ31
0232. 祠 tshɿ35
0233. 寺 sɿ44
0234. 治 tʂʅ44
0235. 柿 sɿ44
0236. 事 sɿ44
0237. 使 sɿ53
0238. 试 sɿ44
0239. 时 sɿ35
0240. 市 sɿ35（白）/sɿ44（文）
0241. 耳 Øər53
0242. 记 tɕi44
0243. 棋 tɕhi35
0244. 喜 ɕi53
0245. 意 Øi44
0246. 几～个 tɕi31（白）/tɕi53（文）
0247. 气 tɕhi44
0248. 希 ɕi31
0249. 衣 ȵi31（白），～包：胎盘/Øi31（文）
0250. 嘴 tsuei53
0251. 随 suei35
0252. 吹 tʂhei31
0253. 垂 tʂhei35
0254. 规 khuei31
0255. 亏 khuei31
0256. 跪注意声调 khuei44
0257. 危 Øuei31
0258. 类 luei44
0259. 醉 tsuei44
0260. 追 tsuei31
0261. 锤 tʂhei35
0262. 水 ʂei53
0263. 龟 kuei31
0264. 季 tɕi44
0265. 柜 khuei44
0266. 位 Øuei44
0267. 飞 fei31
0268. 费 fei44
0269. 肥 fei35
0270. 尾 Øi53
0271. 味 vei44
0272. 鬼 kuei53
0273. 贵 kuei44
0274. 围 Øuei35
0275. 胃 Øuei44
0276. 宝 pau53
0277. 抱 pau44
0278. 毛 mu35（白）/mau35（文）
0279. 帽 mau44
0280. 刀 tau31
0281. 讨 thau53
0282. 桃 thau35
0283. 道 tau44
0284. 脑 lau53
0285. 老 lau53
0286. 早 tsau53
0287. 灶 tsau44
0288. 草 tshau53
0289. 糙注意声调 tshau44
0290. 造 tshau44
0291. 嫂 sau53
0292. 高 kau31
0293. 靠 khau44
0294. 熬 ŋau35
0295. 好～坏 xau53
0296. 号名 xau44
0297. 包 pau31
0298. 饱 pau53
0299. 炮 phau44
0300. 猫 mau35

0301. 闹 lau44
0302. 罩 tsau44
0303. 抓用手～牌 tʂa31
0304. 找～零钱 tsau53
0305. 抄 tshau31
0306. 交 tɕiau31
0307. 敲 tɕhiau31
0308. 孝 ɕiau44
0309. 校学～ɕiau44
0310. 表手～piau53
0311. 票 phiau44
0312. 庙 miau44
0313. 焦 tɕiau31
0314. 小 ɕiau53
0315. 笑 ɕiau44
0316. 朝～代 tʂhau35
0317. 照 ʐau44（白）/tʂau44（文）
0318. 烧 ʂau31
0319. 绕～线 ʐau53
0320. 桥 tɕhiau35
0321. 轿 tɕhiau44
0322. 腰 Øiau31
0323. 要重～Øiau44
0324. 摇 Øiau35
0325. 鸟注意声母 ȵiau53
0326. 钓 tɕiau44
0327. 条 tɕhiau35
0328. 料 liau44
0329. 箫 ɕiau31
0330. 叫 tɕiau44
0331. 母丈～，舅～ mu53
0332. 抖 thou53（白）/tou53（文）
0333. 偷 thou31
0334. 头 thou35
0335. 豆 tou44
0336. 楼 lou35
0337. 走 tsou53
0338. 凑 tshou44
0339. 钩注意声母 kou31
0340. 狗 kou53
0341. 够 kou44
0342. 口 khou53
0343. 藕 ŋou53
0344. 后前～xɯ44（白）/xou44（文）
0345. 厚 xou44
0346. 富 fu44
0347. 副 fu44
0348. 浮 fu35
0349. 妇 fu44
0350. 流 liou44 二～子/liou35
0351. 酒 tɕiou53
0352. 修 ɕiou31
0353. 袖 ɕiou44
0354. 抽 tʂhou31
0355. 绸 tʂhou35
0356. 愁 tshou35
0357. 瘦 sou44
0358. 州 tʂou31
0359. 臭香～tʂhou44
0360. 手 ʂou53
0361. 寿 ʂou44
0362. 九 tɕiou53
0363. 球 tɕhiou35
0364. 舅 tɕiou44
0365. 旧 tɕhiou44
0366. 牛 ȵiou35
0367. 休 ɕiou31
0368. 优 Øiou31
0369. 有 Øiou53
0370. 右 Øiou44
0371. 油 Øiou44（白），～子/Øiou35（文）
0372. 丢 tɕiou31
0373. 幼 Øiou44
0374. 贪 thã31
0375. 潭 thã35
0376. 南 lã35
0377. 蚕 tshã35
0378. 感 kã53
0379. 含～一口水 xã35
0380. 暗 ŋã44
0381. 搭 ta31
0382. 踏注意声调 tha35/tha31 ～实
0383. 拉注意声调 la44（白），一～～：一系列/la31（文）
0384. 杂 tsa35
0385. 鸽 kuo31（白）/kɤ31（文）
0386. 盒 xuo35
0387. 胆 tã53
0388. 毯 thã53
0389. 淡 tã44
0390. 蓝 lã35
0391. 三 sã31
0392. 甘 kã31
0393. 敢 kã53
0394. 喊注意声调 xã53
0395. 塔 tha31
0396. 蜡 la31
0397. 赚 tɕiã44（白）/tʂã44（文）
0398. 杉～木，注意韵母 sa31
0399. 减 tɕiã53
0400. 咸～淡 xã35（白）/ɕiã35（文）
0401. 插 tsha31
0402. 闸 tsa44
0403. 夹～子 tɕia31
0404. 衫 sã31
0405. 监 tɕiã31
0406. 岩 Øiɛ35
0407. 甲 tɕia31

0408. 鸭 Øia31
0409. 黏～液 ʐã35
0410. 尖 tɕiã31
0411. 签～名 tɕhiã31
0412. 占～领 tʂã44
0413. 染 ʐã44
0414. 钳 tɕhiã35
0415. 验 Øiã44
0416. 险 ɕiã53
0417. 厌 Øiã44
0418. 炎 Øiã44
0419. 盐 Øiã35
0420. 接 tɕiɛ31
0421. 折～叠 tʂɤ53
0422. 叶树～Øiɛ31
0423. 剑 tɕiã44
0424. 欠 tɕhiã44
0425. 严 ȵiã35（白）/Øiã35（文）
0426. 业 ȵiɛ31
0427. 点 tɕiã53
0428. 店 tɕiã44
0429. 添 tɕhiã31
0430. 甜 tɕhiã35
0431. 念 ȵiã44
0432. 嫌 ɕiã35
0433. 跌注意声调 tɕiɛ31
0434. 贴 tɕhiɛ31
0435. 碟 tɕiɛ35
0436. 协 ɕiɛ35
0437. 犯 fã44
0438. 法 fa31
0439. 品 phiŋ53
0440. 林 liŋ35
0441. 浸 tɕiŋ31
0442. 心 ɕiŋ31
0443. 寻 ɕiŋ35
0444. 沉 tʂhəŋ35
0445. 参人～səŋ31
0446. 针 tʂəŋ31
0447. 深 ʂəŋ31
0448. 任责～ʐəŋ44
0449. 金 tɕiŋ31
0450. 琴 tɕhiŋ35
0451. 音 Øiŋ31
0452. 立 li31
0453. 集 tɕi31～体，收～/tɕi35～市
0454. 习 ɕi35
0455. 汁 tʂʅ31
0456. 十 ʂʅ35
0457. 入 ʐʅ31
0458. 急 tɕi35
0459. 及 tɕi35
0460. 吸 ɕi31
0461. 单简～tã44
0462. 炭 thã44
0463. 弹～琴 thã35
0464. 难～易 lã35
0465. 兰 lã35
0466. 懒 lã53
0467. 烂 lã44
0468. 伞注意声调 sã53
0469. 肝 kã31
0470. 看～见 khã44
0471. 岸 ŋã44
0472. 汉 xã44
0473. 汗 xã44
0474. 安 ŋã31
0475. 达 ta35
0476. 辣 la31
0477. 擦 tsha31
0478. 割 kuo31
0479. 渴 khuo31
0480. 扮 pã44
0481. 办 pã44
0482. 铲 tshã53
0483. 山 sã31
0484. 产注意声母 tshã53
0485. 间房～，一～房 tɕiã31
0486. 眼 ȵiã53
0487. 限 ɕiã44
0488. 八 pa31
0489. 扎 tsa31
0490. 杀 sa31
0491. 班 pã31
0492. 板 pã53
0493. 慢 mã44
0494. 奸 tɕiã31
0495. 颜 ȵiã35（白）/Øiã35（文）
0496. 瞎 xa31
0497. 变 piã44
0498. 骗欺～phiã44
0499. 便方～piã44
0500. 棉 miã35
0501. 面～孔 miã44
0502. 连 liã35
0503. 剪 tɕiã53
0504. 浅 tɕhiã53
0505. 钱 tɕhiã35
0506. 鲜 ɕiã53
0507. 线 ɕiã44
0508. 缠 tʂhã35
0509. 战 tʂã44
0510. 扇名 ʂã44
0511. 善 tʂhã53（白），美，好，舒服/ʂã44（文）
0512. 件 tɕiã44
0513. 延 Øiã35
0514. 别～人 piɛ35
0515. 灭 miɛ31
0516. 列 liɛ31
0517. 撤 tʂhɤ53
0518. 舌 ʂɤ35
0519. 设 ʂɤ31
0520. 热 ʐɤ31
0521. 杰 tɕiɛ35
0522. 孽 ȵiɛ31
0523. 建 tɕiã44
0524. 健 tɕiã44
0525. 言 ȵiã35（白）/Øiã35（文）
0526. 歇 ɕiɛ31

0527. 扁 pia53（白）/piã53（文）
0528. 片 phiã53/phiã44 冰～
0529. 面～条 miã44
0530. 典 tɕiã53
0531. 天 tɕhiã31
0532. 田 tɕhiã35
0533. 垫 tɕiã44
0534. 年 ȵiã35
0535. 莲 liã35
0536. 前 tɕhiã35
0537. 先 ɕiã31
0538. 肩 tɕiã31
0539. 见 tɕiã44
0540. 牵 tɕhiã31
0541. 显 ɕiã53
0542. 现 ɕiã44
0543. 烟 Øiã31
0544. 憋 piɛ31
0545. 篾 miɛ31
0546. 铁 tɕhiɛ31
0547. 捏 ȵiɛ31
0548. 节 tɕiɛ31
0549. 切动 tɕhiɛ31
0550. 截 tɕiɛ35
0551. 结 tɕiɛ31
0552. 搬 pã31
0553. 半 pã44
0554. 判 phã44
0555. 盘 phã35
0556. 满 mã53
0557. 端～午 tã31
0558. 短 tuã53
0559. 断绳～了 tuã44
0560. 暖 lyã53
0561. 乱 lyã31
0562. 酸 suã31
0563. 算 suã44
0564. 官 kuã31
0565. 宽 khuã31
0566. 欢 xuã31
0567. 完 Øuã35
0568. 换 xuã44
0569. 碗 Øuã53
0570. 拨 po31
0571. 泼 po31 活～/pho31
0572. 末 mo31
0573. 脱 thuo31
0574. 夺 tuo35
0575. 阔 khuo31
0576. 活 xuo35
0577. 顽～皮，～固 Øuã35
0578. 滑 xua35
0579. 挖 Øua31
0580. 闩 ʂã31
0581. 关～门 kuã31
0582. 惯 kuã44
0583. 还动 xuã35
0584. 还副 xa35/xã35
0585. 弯 Øuã31
0586. 刷 ʂa31
0587. 刮 kua31
0588. 全 tshuã35
0589. 选 suã53
0590. 转～眼，～送 tʂã53
0591. 传～下来 tʂhã35
0592. 传～记 tʂã44
0593. 砖 tʂã31
0594. 船 tʂhã35
0595. 软 ʐã53
0596. 卷～起 tɕyã53
0597. 圈圆～tɕhyã31
0598. 权 tɕhyã35
0599. 圆 Øyã35
0600. 院 Øyã44
0601. 铅～笔，注意声调 tɕhiã31
0602. 绝 tɕyɛ35
0603. 雪 ɕyɛ31
0604. 反 fã53～对；～复；平～/fã31～正；～～：～了的
0605. 翻 fã31
0606. 饭 fã44
0607. 晚 vã53
0608. 万麻将牌 vã44
0609. 劝 tɕhyã44
0610. 原 Øyã35
0611. 冤 Øyã31
0612. 园 Øyã35
0613. 远 Øyã53
0614. 发头～fa31
0615. 罚 fa35
0616. 袜 va31
0617. 月 Øyɛ31
0618. 越 Øyɛ31
0619. 县 ɕiã44
0620. 决 tɕyɛ53
0621. 缺 tɕhyɛ31
0622. 血 ɕiɛ31
0623. 吞 thəŋ31
0624. 根 kəŋ31
0625. 恨 xəŋ44
0626. 恩 ŋəŋ31
0627. 贫 phiŋ35
0628. 民 miŋ35
0629. 邻 liŋ35
0630. 进 tɕiŋ44
0631. 亲 tɕhiŋ31
0632. 新 ɕiŋ31
0633. 镇 tʂəŋ44
0634. 陈 tʂhəŋ35
0635. 震 tʂəŋ44
0636. 神 ʂəŋ35
0637. 身 ʂəŋ31
0638. 辰 tʂhəŋ35
0639. 人 ʐəŋ35
0640. 认 ʐəŋ44
0641. 紧 tɕiŋ53
0642. 银 Øiŋ35
0643. 印 Øiŋ44
0644. 引 Øiŋ53
0645. 笔 pi31
0646. 匹 phi53

0647. 密 mi31
0648. 栗 li31
0649. 七 tɕhi31
0650. 侄 tʂʅ35
0651. 虱 sei31
0652. 实 ʂʅ35
0653. 失 ʂʅ31
0654. 日 Øər31
0655. 吉 tɕi31
0656. 一 Øi44 ～定/Øi31
0657. 筋 tɕiŋ31
0658. 劲有～tɕiŋ44
0659. 勤 tɕhiŋ35
0660. 近 tɕiŋ44
0661. 隐 Øiŋ53
0662. 本 pəŋ53
0663. 盆 phəŋ35
0664. 门 məŋ35
0665. 墩 tuŋ31
0666. 嫩 lyŋ44
0667. 村 tshuŋ31
0668. 寸 tshuŋ44
0669. 蹲注意声母 tuŋ31
0670. 孙～子 suŋ31
0671. 滚 kuŋ53
0672. 困 khuŋ44
0673. 婚 xuŋ31
0674. 魂 xuŋ35
0675. 温 Øuŋ31
0676. 卒棋子 tsu35
0677. 骨 ku31
0678. 轮 lyŋ35
0679. 俊注意声母 tsuŋ44
0680. 笋 suŋ53
0681. 准 tʂəŋ53
0682. 春 tʂhəŋ31
0683. 唇 ʂəŋ35
0684. 顺 ʂəŋ44
0685. 纯 tʂhəŋ35
0686. 闰 ʐəŋ44
0687. 均 tɕyŋ31
0688. 匀 Øiŋ35（白）/Øyŋ35（文）
0689. 律 ly31
0690. 出 tʂhʅ31
0691. 橘 tɕy31
0692. 分动 fəŋ31
0693. 粉 fəŋ53
0694. 粪 fəŋ44
0695. 坟 fəŋ35
0696. 蚊 vəŋ35
0697. 问 vəŋ44
0698. 军 tɕyŋ31
0699. 裙 tɕhyŋ35
0700. 熏 ɕyŋ31
0701. 云～彩 Øyŋ35
0702. 运 Øyŋ44
0703. 佛～像 fo35
0704. 物 vo31
0705. 帮 paŋ31
0706. 忙 maŋ35
0707. 党 taŋ53/taŋ44 姓氏
0708. 汤 thaŋ31
0709. 糖 thaŋ35
0710. 浪 laŋ44
0711. 仓 tshaŋ31
0712. 钢 kaŋ31
0713. 糠 khaŋ31
0714. 薄形 po35
0715. 摸注意声调 mau31（白）/mo31（文）
0716. 托 thuo31
0717. 落 luo31
0718. 作 tsuo31
0719. 索 suo31
0720. 各 kɤ31
0721. 鹤 xuo31
0722. 恶形，入声 ŋɤ31
0723. 娘 ȵia44（白）/ȵiaŋ35（文）
0724. 两斤～liaŋ53
0725. 亮 liaŋ44
0726. 浆 tɕiaŋ31
0727. 抢 tɕhiaŋ53
0728. 匠 tɕiaŋ44
0729. 想 ɕiaŋ53
0730. 像 ɕiaŋ44
0731. 张量 tʂaŋ31
0732. 长～短 tʂhaŋ35
0733. 装 tʂaŋ31
0734. 壮 tʂaŋ44
0735. 疮 tʂhaŋ31
0736. 床 tʂhaŋ35
0737. 霜 ʂaŋ31
0738. 章 tʂaŋ31
0739. 厂 tʂhaŋ53
0740. 唱 tʂhaŋ44
0741. 伤 ʂaŋ31
0742. 尝 ʂaŋ35
0743. 上～去 ʂaŋ44
0744. 让 ʐaŋ44
0745. 姜生～tɕiaŋ31
0746. 响 ɕiaŋ53
0747. 向 ɕiaŋ44
0748. 秧 Øiaŋ31
0749. 痒 Øiaŋ53
0750. 样 Øiaŋ44
0751. 雀注意声母 tɕhiau53（白）/tɕhyo31（文）
0752. 削 ɕiau31
0753. 着火～了 tʂhuo35
0754. 勺 ɕyo35
0755. 弱 ʐuo35
0756. 脚 tɕyɤ31
0757. 约 ȵyo31（白）/Øyo31（文）
0758. 药 Øyo31
0759. 光～线 kuaŋ31
0760. 慌 xuaŋ31
0761. 黄 xuaŋ35
0762. 郭 kuo31
0763. 霍 xuo31
0764. 方 faŋ31
0765. 放 faŋ44

0766. 纺 faŋ53
0767. 房 faŋ35
0768. 防 faŋ35
0769. 网 vaŋ53
0770. 筐 khuaŋ31
0771. 狂 khuaŋ35
0772. 王 Øuaŋ35
0773. 旺 Øuaŋ44
0774. 缚 fo53
0775. 绑 paŋ53
0776. 胖 phaŋ44
0777. 棒 paŋ44
0778. 桩 tʂaŋ31
0779. 撞 tʂhaŋ44
0780. 窗 tʂhaŋ31
0781. 双 ʂaŋ31
0782. 江 tɕiaŋ31
0783. 讲 tɕiaŋ53
0784. 降投～ɕiaŋ35
0785. 项 xaŋ44（白）/ɕiaŋ44（文）
0786. 剥 po31
0787. 桌 tʂɤ31
0788. 镯 tsuo35
0789. 角 tɕyo31
0790. 壳 khɤ31（白）/tɕhyo31（文）
0791. 学 ɕyo35
0792. 握 Øuo31
0793. 朋 phəŋ35
0794. 灯 təŋ31
0795. 等 təŋ53
0796. 凳 təŋ44
0797. 藤 thəŋ35
0798. 能 ləŋ35
0799. 层 tshəŋ35
0800. 僧注意声母 səŋ31
0801. 肯 khəŋ53
0802. 北 pei31
0803. 墨 mei35
0804. 得 tei31
0805. 特 thei35
0806. 贼 tsei35
0807. 塞 sei31
0808. 刻 khei31
0809. 黑 xei31
0810. 冰 piŋ31
0811. 证 tʂəŋ44
0812. 秤 tʂhəŋ44
0813. 绳 ʂəŋ35
0814. 剩 ʂəŋ44
0815. 升 ʂəŋ31
0816. 兴高～ɕiŋ44
0817. 蝇注意声母 Øiŋ35
0818. 逼 pi31
0819. 力 li31
0820. 息 ɕi31
0821. 直 tʂʅ35
0822. 侧注意声母 tshei31
0823. 测 tshei31
0824. 色 sei31
0825. 织 tʂʅ31
0826. 食 ʂʅ35
0827. 式 ʂʅ31
0828. 极 tɕi35
0829. 国 kuei31
0830. 或 xuei35
0831. 猛 məŋ53
0832. 打注意韵母 ta53
0833. 冷 ləŋ53
0834. 生 səŋ31
0835. 省～长 səŋ53
0836. 更三～，打～ tɕiŋ31（白）/kəŋ31（文）
0837. 梗注意韵母 kəŋ53
0838. 坑 khəŋ31
0839. 硬 ȵiŋ44
0840. 行～为，～走 xəŋ35（白）/ɕiŋ35（文）
0841. 百 pei31
0842. 拍 phei31
0843. 白 pei35
0844. 拆 tshei31
0845. 择 tsei35
0846. 窄 tsei31
0847. 格 kei31
0848. 客 khei31
0849. 额 ŋei31
0850. 棚 phəŋ35
0851. 争 tsəŋ31
0852. 耕 kəŋ31
0853. 麦 mei31
0854. 摘 tsei35
0855. 策 tshei31
0856. 隔 kei31
0857. 兵 piŋ31
0858. 柄注意声调 piŋ53
0859. 平 phiŋ35
0860. 病 piŋ44
0861. 明 miŋ35
0862. 命 miŋ44
0863. 镜 tɕiŋ44
0864. 庆 tɕhiŋ44
0865. 迎 Øiŋ35
0866. 影 Øiŋ53
0867. 剧戏～tɕy44
0868. 饼 piŋ53
0869. 名 miŋ35
0870. 领 liŋ53
0871. 井 tɕiŋ53
0872. 清 tɕhiŋ31
0873. 静 tɕiŋ44
0874. 姓 ɕiŋ44
0875. 贞 tʂəŋ31
0876. 程 tʂhəŋ35
0877. 整 tʂəŋ53
0878. 正～反 tʂəŋ44
0879. 声 ʂəŋ31
0880. 城 tʂhəŋ35
0881. 轻 tɕhiŋ31
0882. 赢 Øiŋ35
0883. 积 tɕi31
0884. 惜 ɕi31
0885. 席 ɕi35
0886. 尺 tʂhʅ31
0887. 石 ʂʅ35
0888. 益 Øi31

0889. 瓶 phiŋ35
0890. 钉名 tɕiŋ31
0891. 顶 tɕiŋ31（白）/tɕiŋ53（文）
0892. 厅 tɕhiŋ31
0893. 听～见，注意声调 tɕhiŋ31
0894. 停 tɕhiŋ44～止/tɕhiŋ35～当
0895. 挺 tɕhiŋ53
0896. 定 tɕiŋ44
0897. 零 liŋ35
0898. 青 tɕhiŋ31
0899. 星 ɕiŋ31
0900. 经 tɕiŋ44（白），～线/tɕiŋ31（文）
0901. 形 ɕiŋ35
0902. 壁 pi31
0903. 劈 phi53
0904. 踢 tɕhi31
0905. 笛 tɕi35
0906. 历农～li31
0907. 锡 ɕi31
0908. 击 tɕi31
0909. 吃 tʂhʅ31
0910. 横 ɕyɛ35（白）/xuŋ35（文）
0911. 划计～xua44
0912. 兄 ɕyŋ31
0913. 荣 Øyŋ35
0914. 永 Øyŋ53
0915. 营 Øiŋ35
0916. 蓬～松 phəŋ35
0917. 东 tuŋ31
0918. 懂 tuŋ53
0919. 冻 tuŋ44
0920. 通 thuŋ31
0921. 桶注意声调 thuŋ53
0922. 痛 thuŋ44
0923. 铜 thuŋ35
0924. 动 tuŋ44
0925. 洞 tuŋ44
0926. 聋注意声调 luŋ35
0927. 弄注意声母 luŋ44
0928. 粽 tsuŋ44
0929. 葱 tshuŋ31
0930. 送 suŋ44
0931. 公 kuŋ31
0932. 孔 khuŋ53
0933. 烘～干 xuŋ31
0934. 红 xuŋ35
0935. 翁 Øuŋ31
0936. 木 mu31
0937. 读 tu35
0938. 鹿 lu31
0939. 族 tsu35
0940. 谷稻～ku31
0941. 哭 khu31
0942. 屋 Øu31
0943. 冬～至 tuŋ31
0944. 统注意声调 thuŋ53
0945. 脓注意声调 luŋ35
0946. 松～紧 suŋ31
0947. 宋 suŋ44
0948. 毒 tu35
0949. 风 fəŋ31
0950. 丰 fəŋ31
0951. 凤 fəŋ44
0952. 梦 məŋ44
0953. 中当～tʂəŋ31
0954. 虫 tʂhəŋ35
0955. 终 tʂəŋ31
0956. 充 tʂhəŋ53
0957. 宫 kuŋ31
0958. 穷 tɕhyŋ35
0959. 熊注意声母 ɕyŋ35
0960. 雄注意声母 ɕyŋ35
0961. 福 fu31
0962. 服 fu35
0963. 目 mu31
0964. 六 liou31
0965. 宿住～，～舍 ɕy31
0966. 竹 tʂʅ31
0967. 畜～生 tʂhʅ31
0968. 缩 ʂɤ31
0969. 粥 tʂʅ31
0970. 叔 ʂʅ31
0971. 熟 ʂʅ35
0972. 肉 ʐou44
0973. 菊 tɕy31
0974. 育 Øy44
0975. 封 fəŋ31
0976. 蜂 fəŋ31
0977. 缝一条～fəŋ44
0978. 浓 luŋ35
0979. 龙 luŋ35
0980. 松～树，注意声调 suŋ31
0981. 重轻～tʂəŋ44
0982. 肿 tʂəŋ53
0983. 种～树 tʂəŋ44
0984. 冲 tʂhəŋ31
0985. 恭 kuŋ31
0986. 共 kuŋ44
0987. 凶吉～ɕyŋ31
0988. 拥注意声调 Øyŋ31
0989. 容 Øyŋ35
0990. 用 Øyŋ44
0991. 绿 liou31（白）/lu31（文）
0992. 足 tɕy31（白）/tsu31（文）
0993. 烛 tʂʅ31
0994. 赎 ʂʅ35
0995. 属 ʂʅ35
0996. 褥 ʐʅ31
0997. 曲～折，歌～tɕhy31
0998. 局 tɕy35
0999. 玉 Øy31
1000. 浴 Øy31

第三章 词 汇

第一节 规定词汇

一、天文、地理

（一）天文

0001. 太阳～下山了 日头 Øər53thou0

0002. 月亮～出来了 月亮 Øyɛ53liaŋ0

0003. 星星 宿宿 ɕiou53ɕiou0

0004. 云 云 Øyŋ35

0005. 风 风 fəŋ31

0006. 台风 台风 thæ35fəŋ31

0007. 闪电名词 闪电 ʂã53tɕiã44

0008. 雷 雷 luei35

0009. 雨 雨 Øy53

0010. 下雨 下雨 ɕia44Øy53

0011. 淋衣服被雨～湿了 淋 lyŋ35

0012. 晒～粮食 晒 sæ44

0013. 雪 雪 ɕyɛ31

0014. 冰 冰 piŋ31

0015. 冰雹 冷子 ləŋ44tsɿ0

0016. 霜 霜 ʂaŋ31

0017. 雾 雾气 vu44tɕhi44/雾 vu44

0018. 露 露水 lu44ʂei0

0019. 虹统称 虹 tɕiaŋ44

0020. 日食 日食 Øər53ʂʅ0/天狗吃日头 tɕhiã31kou53tʂhʅ31Øər53thou0

0021. 月食 月食 Øyɛ53ʂʅ0/天狗吃月亮 tɕhiã31kou53tʂhʅ31Øyɛ53liaŋ0

0022. 天气 天气 tɕhiã31tɕhi44

0023. 晴天～ 晴 tɕhiŋ35

0024. 阴天～ 阴 Øiŋ31

0025. 旱天～ 旱 xã44/干 kã31/干旱 kã31xã44

0026. 涝天～ 涝 lau44/雨涝 Øy53lau44

0027. 天亮 天亮 tɕhiã31liaŋ44/天明 tɕhiã31miŋ35

（二）地貌

0028. 水田 稻地 thau44tɕi0

0029. 旱地浇不上水的耕地 旱地 xã44tɕi0/坡地 pho31tɕi44

0030. 田埂 塄塄 ləŋ44ləŋ0

0031. 路野外的 路 lu44

0032. 山 山 sã31

0033. 山谷 山沟 sã35kou31

0034. 江大的河 江 tɕiaŋ31

0035. 溪小的河 碎渠渠

suei44tɕhy31tɕhy53
0036. 水沟儿较小的水道　水沟 ʂei53kou31
0037. 湖　湖 xu35
0038. 池塘　池塘 tshʅ31thaŋ53/涝池 lau44tshʅ0
0039. 水坑儿地面上有积水的小洼儿　水潭潭儿 ʂei53thã31thã53Øər0
0040. 洪水　洪水 xuŋ44ʂei53/大水 ta44ʂei53
0041. 淹被水～了　淹 ȵiã31
0042. 河岸　河边儿 xuo31piã44Øər0
0043. 坝拦河修筑拦水的　坝 pa44
0044. 地震　地震 tɕi44tʂəŋ44/地动 tɕi44tuŋ44
0045. 窟窿小的　眼眼 ȵiã44ȵiã0
0046. 缝儿统称　缝缝 fəŋ44fəŋ0

（三）物象

0047. 石头统称　石头 ʂʅ31thou53
0048. 土统称　土 thu53
0049. 泥湿的　泥 ȵi35
0050. 水泥旧称　洋灰 Øiaŋ35xuei31
0051. 沙子　沙子 sa53tsʅ0
0052. 砖整块的　砖头 tʂã53thou0
0053. 瓦整块的　瓦 Øua53
0054. 煤　炭 thã44
0055. 煤油　煤油 mei35Øiou35
0056. 炭木炭　木炭 mu31thã44
0057. 灰烧成的　灰 xuei31
0058. 灰尘桌面上的　灰千 xuei53tɕhiã0
0059. 火　火 xuo53
0060. 烟烧火形成的　烟 Øiã31
0061. 失火　失火 ʂʅ31xuo53/着火 tʂhuo35xuo53
0062. 水　水 ʂei53
0063. 凉水　凉水 liaŋ35ʂei31/生水 səŋ31ʂei53/冰水 piŋ31ʂei53
0064. 热水如洗脸的热水，不是指喝的开水　温温水 Øuŋ53Øuŋ0ʂei53
0065. 开水喝的　开水 khæ31ʂei53/煎水 tɕiã31ʂei53
0066. 磁铁　吸铁石 ɕi31tɕhiɛ31ʂʅ35

二、时间、方位

（一）时间

0067. 时候吃饭的～　时节 sʅ31tɕiɛ53/时间 sʅ31tɕiã53
0068. 什么时候　啥忽 ʂa44xu0
0069. 现在　这阵子 tʂei44tʂəŋ44tsʅ0/这忽 tʂʅ44xu0
0070. 以前十年～　以前 Øi31tɕhiã35/前 tɕhiã35
0071. 以后十年～　以后 Øi31xou44/后 xou44
0072. 一辈子　一辈辈 Øi31pei44pei0
0073. 今年　今年 tɕiŋ53ȵiã0
0074. 明年　明年 miŋ31ȵiã53
0075. 后年　后年 xou44ȵiã0
0076. 去年　年时 ȵiã31sʅ53
0077. 前年　先年 ɕiã31ȵiã0
0078. 往年过去的年份　那几年 læ44tɕi53ȵiã35
0079. 年初　年头 ȵiã35thou35
0080. 年底　年底 ȵiã35tɕi53/年根

ȵiã31kəŋ53

0081. 今天　今日 tɕiŋ53Øər0/今日个 tɕiŋ53Øər0kɤ0

0082. 明天　明日 miŋ35Øər0/明日个 miŋ35Øər0kɤ0

0083. 后天　后日 xou44Øər0

0084. 大后天　外后日 Øuæ44xou0Øər0

0085. 昨天　夜日个 Øiɛ44Øər0kɤ0

0086. 前天　先天 ɕiã31tɕhiã0

0087. 大前天　上先天 ʂaŋ44ɕiã31tɕhiã0

0088. 整天　一天天 Øi31tɕhiã53tɕhiã0/成天 tʂhəŋ35tɕhiã31

0089. 每天　天天天 tɕhiã31tɕhiã35tɕhiã31/天天 tɕhiã31tɕhiã0

0090. 早晨　早起 tsau31tɕhi0

0091. 上午　晌午 ʂaŋ31Øu0

0092. 中午　晌午端 ʂaŋ31Øu35tuã31

0093. 下午　后晌 xou44ʂaŋ0

0094. 傍晚　擦黑儿 tsha31xei53Øər0/黑得了 xei53tei0liau0

0095. 白天　白日呀 pei35Øər0Øia0

0096. 夜晚与白天相对，统称　黑了 xei31liau0

0097. 半夜　半夜 pã44Øiɛ44/三更 sã35kəŋ31/半夜三更 pã44Øiɛ31sã35kəŋ31

0098. 正月农历　正月 tʂəŋ53Øyɛ0/上正时月 ʂaŋ44tʂəŋ53sɿ35Øyɛ31

0099. 大年初一农历　初一 tʂhʅ31Øi0

0100. 元宵节　十五 ʂʅ31Øu53/正月十五 tʂəŋ31Øyɛ31ʂʅ31Øu53

0101. 清明　清明 tɕhiŋ53miŋ0

0102. 端午　五月端午 Øu53Øyɛ35tã31Øu0/端午 tã31Øu0

0103. 七月十五农历，节日名　无

0104. 中秋　八月十五 pa31Øyɛ0ʂʅ31Øu53

0105. 冬至　冬至 tuŋ31tsɿ44

0106. 腊月农历十二月　腊月 la31Øyɛ0

0107. 除夕农历　年三十儿 ȵiã35sã31ʂʅ35Øər0

0108. 历书　历头 li53thou0

0109. 阴历　农历 luŋ31li53/阴历 Øiŋ31li0

0110. 阳历　阳历 Øiaŋ31li53

0111. 星期天　星期天 ɕiŋ53tɕhi0tɕhiã31/星期 ɕiŋ53tɕhi0

（二）方位

0112. 地方　地方 tɕi44faŋ31

0113. 什么地方　哪搭 Øa31ta53

0114. 家里　［屋里］Øuei31

0115. 城里　城里头 tʂhəŋ31li44thou0

0116. 乡下　乡 ɕiaŋ31

0117. 上面从～滚下来　上头 ʂaŋ44thou0

0118. 下面从～爬上去　下头 xa44thou0

0119. 左边　左帮 tsuo44paŋ0

0120. 右边　右帮 Øiou44paŋ0

0121. 中间排队排在～　当中腰 taŋ53tʂəŋ35Øiau31

0122. 前面排队排在～　前头 tɕhiã31thou53

0123. 后面排队排在～　后头 xɯ44thou0

0124. 末尾排队排在～　把把尾儿 pa44pa44Øiər53

0125. 对面　当面 taŋ31miã44

0126. 面前　跟前 kəŋ53tɕhiã0
0127. 背后　背后头 pei44xou44thou0
0128. 里面躲在～　里头 li44thou0/里湾 li44Øuã31
0129. 外面衣服晒在～　外头 Øuæ44thou0
0130. 旁边　偏帮 phiã53paŋ0
0131. 上碗在桌子～　上 ʂaŋ44
0132. 下凳子在桌子～　下 xa44
0133. 边儿桌子的～　边边 piã53piã0
0134. 角儿桌子的～　角角 tɕyo53tɕyo0
0135. 上去他～了　上去 ʂaŋ44tɕhi0
0136. 下来他～了　下来 xa44læ0
0137. 进去他～了　进去 tɕiŋ44tɕhi0
0138. 出来他～了　出来 tʂhʅ53læ0
0139. 出去他～了　出去 tʂhʅ53tɕhi0
0140. 回来他～了　回来 xuei31læ53
0141. 起来天冷～了　开 khæ31

三、植物

（一）一般植物

0142. 树　树 ʂʅ44
0143. 木头　木头 mu53thou0
0144. 松树统称　松树 suŋ53ʂʅ0
0145. 柏树统称　柏树 pei53ʂʅ0
0146. 杉树　杉树 sa53ʂʅ0
0147. 柳树　柳树 liou44ʂʅ0
0148. 竹子统称　竹乌 tʂʅ53Øu0
0149. 笋　笋 suŋ53
0150. 叶子　叶叶 Øiɛ53Øiɛ0
0151. 花　花 xua31
0152. 花蕾花骨朵儿　花苞老 xua31pau44lau31/花苞苞 xua31pau44pau0
0153. 梅花　梅花儿 mei31xua44Øər0
0154. 牡丹　牡丹花 mu44tã0xua31
0155. 荷花　莲花 liã31xua53
0156. 草　草 tshau53
0157. 藤　蔓 vã44
0158. 刺名词　枣子 tsau44tsɿ0
0159. 水果　水果 ʂei31kuo53
0160. 苹果　苹果 phiŋ31kuo53
0161. 桃子　桃 thau35
0162. 梨　梨 li35
0163. 李子　李子 li53tsɿ0
0164. 杏　杏 xəŋ44
0165. 橘子　橘子 tɕy53tsɿ0
0166. 柚子　柚子 Øiou44tsɿ0
0167. 柿子　柿子 sɿ44tsɿ0/蛋柿 tã44sɿ0
0168. 石榴　石榴 ʂʅ31liou53
0169. 枣　枣儿 tsau44Øər0
0170. 栗子　栗子 li53tsɿ0
0171. 核桃　核桃 xɤ31thau53
0172. 银杏白果　银杏 Øiŋ35xəŋ44
0173. 甘蔗　甘蔗 kã31tʂɤ35
0174. 木耳　木耳 mu31Øər0
0175. 蘑菇野生的　狗尿苔 kou53ȵiau44thæ0
0176. 香菇　香菇 ɕiaŋ31ku0

（二）农作物

0177. 稻子指植物　稻子 thau44tsɿ0
0178. 稻谷指籽实（脱粒后是大米）　稻颗 thau31khuo0

0179. 稻草脱粒后的　稻草 thau31tshau0
0180. 大麦指植物　大麦 ta44mei31
0181. 小麦指植物　麦 mei31/小麦 ɕiau44mei31
0182. 麦秸脱粒后的　麦草 mei31tshau0
0183. 谷子指植物（籽实脱粒后是小米）　谷 ku31
0184. 高粱指植物　䅉黍 thau31ʂʅ0
0185. 玉米指成株的植物　御麦 Øy44mei31
0186. 棉花指植物　棉花 miã31xua53
0187. 油菜油料作物，不是蔬菜　油菜 Øiou35tshæ44/菜籽 tshæ44tsʅ0
0188. 芝麻　芝麻 tsʅ53ma0
0189. 向日葵指植物　葵花 khuei31xua53/向日葵 ɕiaŋ44Øər0khuei35
0190. 蚕豆　蚕豆 tshã31tou53
0191. 豌豆　豌豆 Øuã53tou0
0192. 花生指果实，注意婉称　花生豆儿 xua31səŋ0tou44Øər0
0193. 黄豆　白豆 pei31tou53
0194. 绿豆　绿豆 liou53tou0
0195. 豇豆长条形的　豇豆 tɕiaŋ53tou0
0196. 大白菜东北～　白菜 pei31tshæ53
0197. 包心菜卷心菜，圆白菜，球形的　莲花白 liã31xua53pei35/包包菜 pau31pau0tshæ44
0198. 菠菜　菠菜 po53tshæ0/青菜 tɕhiŋ53tshæ0
0199. 芹菜　芹菜 tɕhiŋ31tshæ53
0200. 莴笋　笋子 suŋ44tsʅ0
0201. 韭菜　韭菜 tɕiou44tshæ0
0202. 香菜芫荽　芫荽 Øiã31suei53
0203. 葱　葱 tshuŋ31
0204. 蒜　蒜 suã44
0205. 姜　生姜 səŋ53tɕiaŋ0
0206. 洋葱　洋葱 Øiaŋ35tshuŋ31
0207. 辣椒统称　辣子 la53tsʅ0/辣 laː53
0208. 茄子统称　茄子 tɕhiɛ31tsʅ53
0209. 西红柿　洋柿子 Øiaŋ35sʅ44tsʅ0
0210. 萝卜统称　萝卜 luo31pu53
0211. 胡萝卜　红萝卜 xuŋ35luo31pu53
0212. 黄瓜　黄瓜 xuaŋ31kua53
0213. 丝瓜无棱的　丝瓜 sʅ31kua0
0214. 南瓜扁圆形或梨形，成熟时赤褐色　番瓜 fã31kua0
0215. 荸荠　荸荠 pi44tɕi0
0216. 红薯统称　红芋 xuŋ35Øy44
0217. 马铃薯　洋芋 Øiaŋ35Øy44
0218. 芋头　芋头 Øy44thou0
0219. 山药圆柱形的　山药 sã31Øyo0
0220. 藕　藕 ŋou53/莲藕 liã31ŋou53

四、动物

（一）一般动物

0221. 老虎　老虎 lau31xu0/虎 xu53
0222. 猴子　猴 xou35
0223. 蛇统称　蛇 ʂɤ35/长虫 tʂhaŋ31tʂhəŋ53
0224. 老鼠家里的　老鼠 lau31ʂʅ0
0225. 蝙蝠　蝙蝠 piã44fu0
0226. 鸟儿飞鸟，统称　鸟儿 ȵiau44Øər0/鸟鸟 ȵiau44ȵiau0
0227. 麻雀　雀儿 tɕhiau44Øər0

0228. 喜鹊　野鹊 Øiɛ44tɕhyo0

0229. 乌鸦　老鸹 lau44Øua0

0230. 鸽子　鹁鸽 phu31kuo53

0231. 翅膀鸟的，统称　膀子 paŋ44tsɿ0

0232. 爪子鸟的，统称　爪爪 tsau44tsau0/爪爪 tʂa44tʂa0

0233. 尾巴　尾巴 Øi44pa0

0234. 窝鸟的　窝 Øuo31

0235. 虫子统称　虫虫 tʂhəŋ31tʂhəŋ53/虫 tʂhəŋ35

0236. 蝴蝶统称　蛾儿 ŋər35

0237. 蜻蜓统称　蜻蜓 tɕhiŋ53tɕhiŋ0

0238. 蜜蜂　蜜蜂 mi31fəŋ0/蜂 fəŋ31

0239. 蜂蜜　蜂糖 fəŋ53thaŋ0

0240. 知了统称　知了 tsɿ44lau53

0241. 蚂蚁　蚍蜉蚂 phi31fəŋ44ma0

0242. 蚯蚓　曲蟮 tʂhʅ53ʂã0

0243. 蚕　蚕儿 tshã35Øər0

0244. 蜘蛛会结网的　蛛蛛 tʂʅ53tʂʅ0

0245. 蚊子统称　蚊子 vəŋ31tsɿ53/蚊 vəŋː35

0246. 苍蝇统称　蝇子 Øiŋ31tsɿ53/蝇 Øiŋː35

0247. 跳蚤咬人的　圪蚤 kɤ31tsau0

0248. 虱子　虱 sei31

0249. 鱼　鱼 Øy35

0250. 鲤鱼　鲤鱼 li53Øy35

0251. 鳙鱼胖头鱼　无

0252. 鲫鱼　鲫鱼 tɕi31Øy35

0253. 甲鱼　鳖 piɛ31

0254. 鳞鱼的　鱼甲 Øy35tɕia31

0255. 虾统称　虾米 ɕia31mi0/虾 ɕia31

0256. 螃蟹统称　螃甲 phaŋ31tɕia53

0257. 青蛙统称　青蛙 tɕhiŋ53Øua0

0258. 癞蛤蟆表皮多疙瘩　疥巴□ tɕiɛ44pa31tu0/疥蛙 tɕiɛ44Øua31

（二）家畜、家禽

0259. 马　马 ma53

0260. 驴　驴 ly35

0261. 骡　骡子 luo31tsɿ53/骡 luoː35

0262. 牛　牛 ȵiou35

0263. 公牛统称　公牛 kuŋ31ȵiou35

0264. 母牛统称　乳牛 ʐʅ53ȵiou35

0265. 放牛　放牛 faŋ44ȵiou35

0266. 羊　羊 Øiaŋ35

0267. 猪　猪 tʂʅ31

0268. 种猪配种用的公猪　角猪 tɕyo53tʂʅ0

0269. 公猪成年的，已阉的　牙猪 ȵia31tʂʅ53

0270. 母猪成年的，未阉的　豨猪 tsha31tʂʅ53/豨豨 tsha31tsha53

0271. 猪崽　猪娃 tʂʅ53Øua0

0272. 猪圈　猪圈 tʂʅ31tɕhyã44

0273. 养猪　喂猪 Øuei44tʂʅ31/看猪 khã35tʂʅ31

0274. 猫　猫 mau35

0275. 公猫　郎猫 laŋ31mau53

0276. 母猫　女猫 mi44mau0

0277. 狗统称　狗 kou53

0278. 公狗　牙狗 ȵia31kou53

0279. 母狗　母狗 mu31kou0

0280. 叫狗～　咬 ȵiau53

0281. 兔子　兔 thu44

0282. 鸡　鸡 tɕi31

0283. 公鸡成年的，未阉的　公鸡 kuŋ31tɕi0

0284. 母鸡已下过蛋的　母鸡 mu44tɕi0

0285. 叫公鸡～（打鸣儿）　叫鸣 tɕiau44miŋ35

0286. 下鸡～蛋　下 ɕia44

0287. 孵～小鸡　菢 phu44

0288. 鸭　鸭子 Øia53tsɿ0

0289. 鹅　鹅 ŋɤ35

0290. 阉～公的猪　劁 tɕhiau31

0291. 阉～母的猪　劁 tɕhiau31

0292. 阉～鸡　无

0293. 喂～猪　喂 Øuei44

0294. 杀猪统称，注意婉称　杀猪 sa35tʂʅ31

0295. 杀～鱼　杀 sa31

五、房舍、器具

（一）房舍

0296. 村庄一个～　庄子 tʂaŋ53tsɿ0/庄 tʂaŋː53/村子 tshuŋ53tsɿ0

0297. 胡同统称：一条～　胡同 khu31thuŋ53

0298. 街道　街道 tɕiɛ31tau44

0299. 盖房子　盖房 kæ44faŋ35

0300. 房子整座的，不包括院子　房 faŋ35

0301. 屋子房子里分隔而成的，统称　［屋里］Øuei53

0302. 卧室　房子 faŋ31tsɿ53

0303. 茅屋茅草等盖的　草房 tshau53faŋ35

0304. 厨房　厨房 tʂhʅ31faŋ53/灶房 tsau44faŋ35/灶房 tsau44faŋ0

0305. 灶统称　灶 tsau44

0306. 锅统称　锅 kuo31

0307. 饭锅煮饭的　前锅 tɕhiã31kuo53/大锅 ta44kuo31

0308. 菜锅炒菜的　后锅 xou44kuo31

0309. 厕所旧式的，统称　后院 xou44Øyã0/茅房 mau31faŋ53

0310. 檩左右方向的　檩 liŋ53

0311. 柱子　柱子 tʂʅ44tsɿ0

0312. 大门　头门 thou35məŋ35

0313. 门槛儿　门槛 məŋ31khã53

0314. 窗旧式的　窗子 tʂhaŋ53tsɿ0

0315. 梯子可移动的　梯子 tɕhi53tsɿ0

0316. 扫帚统称　扫帚 sau44tʂhʅ0

0317. 扫地　扫脚底 sau53tɕyo31tɕi53/扫地 sau53tɕi44

0318. 垃圾　垃圾 la53tɕi0

（二）家具

0319. 家具统称　家具 tɕia31tɕy44

0320. 东西我的　东西 tuŋ53ɕi0

0321. 炕土、砖砌的，睡觉用　炕 khaŋ44

0322. 床木制的，睡觉用　床 tʂhaŋ35

0323. 枕头　枕头 tʂəŋ44thou0

0324. 被子　被儿 pi44Øər0

0325. 棉絮　套子 thau44tsɿ0

0326. 床单　单子 tã53tsɿ0

0327. 褥子　褥褥 zʅ53zʅ0

0328. 席子　席 ɕi35

0329. 蚊帐　蚊帐 vəŋ35tʂaŋ44

0330. 桌子统称　桌子 tʂɤ53tsɿ0/桌 tʂɤː53

0331. 柜子统称　柜 khuei44

0332. 抽屉桌子的　抽屉 tʂhou53tɕhi0/抽先 tʂhou53ɕiã0

0333. 案子长条形的　条桌 tɕhiau31tʂɤ53

0334. 椅子统称　椅插 Øi44tsha0

0335. 凳子统称　板凳 pã44təŋ0

0336. 马桶有盖的　无

（三）用具

0337. 菜刀　刀 tau31

0338. 瓢舀水的　马勺 ma44ɕyo0

0339. 缸　瓮 Øuŋ44

0340. 坛子装酒的～　坛坛 thã31thã53

0341. 瓶子装酒的～　瓶瓶 phiŋ31phiŋ53

0342. 盖子杯子的～　盖盖 kæ44kæ0

0343. 碗统称　碗 Øuã53

0344. 筷子　筷子 khuæ44tsɿ0/筷 khuæː44

0345. 汤匙　羹勺 kəŋ53ɕyo0

0346. 柴火统称　柴 tshæ35

0347. 火柴　洋火 Øiaŋ31xuo53

0348. 锁　锁子 suo44tsɿ0/锁 suoː53

0349. 钥匙　钥匙 Øyo53sɿ0

0350. 暖水瓶　电壶 tɕiã44xu35

0351. 脸盆　洗脸盆 ɕi31liã0phəŋ35/脸盆 liã44phəŋ0

0352. 洗脸水　洗脸水 ɕi31liã0ʂei53

0353. 毛巾洗脸用　手巾 ʂou44tɕiŋ0

0354. 手绢　手帕 ʂou44pha0/帕帕 pha53pha0

0355. 肥皂洗衣服用　洋碱 Øiaŋ35tɕiã53

0356. 梳子旧式的，不是篦子　木梳 mu53ʂʅ0

0357. 缝衣针　缝衣裳针 fəŋ35Øi53ʂaŋ35tʂəŋ31

0358. 剪子　剪子 tɕiã44tsɿ0

0359. 蜡烛　蜡烛 la31tʂʅ0

0360. 手电筒　手电 ʂou53tɕiã44

0361. 雨伞挡雨的，统称　雨伞 Øy53sã53

0362. 自行车　自行车 tsɿ44ɕiŋ35tʂhɤ31

六、服饰、饮食

（一）服饰

0363. 衣服统称　衣服 Øi31fu0

0364. 穿～衣服　穿 tʂhã31

0365. 脱～衣服　脱 thuo31

0366. 系～鞋带　绑 paŋ53

0367. 衬衫　衬衣 tshəŋ44Øi31

0368. 背心带两条杠的，内衣　汗衫 xã44sã31

0369. 毛衣　毛衣 mau31Øi53

0370. 棉衣　棉袄 miã31ŋau53

0371. 袖子　袖子 ɕiou44tsɿ0

0372. 口袋衣服上的　囊囊 laŋ53laŋ0

0373. 裤子　裤 khuː44

0374. 短裤外穿的　半截裤 pã44tɕiɛ0khu44

0375. 裤腿　裤腿 khu44thuei53

0376. 帽子统称　帽 mauː44

0377. 鞋子　鞋 xæ35

0378. 袜子　袜子 va53tsɿ0/袜 vaː53

0379. 围巾　围脖 Øuei31pau53

0380. 围裙　游裙 Øiou31tɕhyŋ53

0381. 尿布　褯子 tɕhiɛ44tsɿ0

0382. 扣子　纽子 ȵiou44tsɿ0/纽 ȵiouː53

0383. 扣～扣子　扣 khou44

0384. 戒指　戒指 tɕiɛ44tsɿ0

0385. 手镯　镯儿 tsuo35Øər0

0386. 理发　剃头 tɕhi44thou35/推头 thuei31thou35

0387. 梳头　梳帽盖 ʂʅ31mau44kæ0

（二）饮食

0388. 米饭　蒸饭 tʂəŋ53fã0

0389. 稀饭用米熬的，统称　米汤 mi53thaŋ31

0390. 面粉麦子磨的，统称　面 miã44/麦面 mei53miã0

0391. 面条统称　面 miã44

0392. 面儿玉米～，辣椒～　面面 miã44miã0

0393. 馒头无馅儿的，统称　蒸馍 tʂəŋ53mo0/馍 mo44

0394. 包子　包子 pau53tsɿ0/包 pauː53

0395. 饺子　饺子 tɕiau44tsɿ0/饺 tɕiauː44

0396. 馄饨　馄饨 xuŋ31tuŋ53

0397. 馅儿　馅儿 ɕyã44Øər0

0398. 油条长条形的，旧称　油条 Øiou35tɕhiau35

0399. 豆浆　豆浆 tou44tɕiaŋ44

0400. 豆腐脑儿　豆花 tou44xua31/豆花脑 tou44xua31lau53

0401. 元宵食品　元宵 Øyã31ɕiau53

0402. 粽子　粽子 tsuŋ44tsɿ0

0403. 年糕用黏性大的米或米粉做的　无

0404. 点心统称　点心 tɕiã44ɕiŋ31

0405. 菜吃饭时吃的，统称　菜 tshæ44

0406. 干菜统称　干菜 kã31tshæ44

0407. 豆腐　豆腐 thou44fu0

0408. 猪血当菜的　猪血 tʂʅ35ɕiɛ31

0409. 猪蹄当菜的　猪蹄蹄 tʂʅ31tɕhi31tɕhi53

0410. 猪舌头当菜的，注意婉称　猪舌头 tʂʅ31ʂɤ31thou53

0411. 猪肝当菜的，注意婉称　猪肝子 tʂʅ31kã53tsɿ0/猪肝 tʂʅ31kãː53

0412. 下水猪、牛、羊的内脏　下水 ɕia44ʂei0/杂脏 tsa31tsaŋ53/杂碎 tsa31suei53

0413. 鸡蛋　鸡蛋 tɕi53tã0

0414. 松花蛋　变蛋 piã44tã44

0415. 猪油　脂油 tsɿ31Øiou35/大油 ta44Øiou35

0416. 香油　香油 ɕiaŋ53Øiou35

0417. 酱油　酱油 tɕiaŋ44Øiou35

0418. 盐名词　盐 Øiã35

0419. 醋注意婉称　醋 tshu44

0420. 香烟　纸烟 tsɿ44Øiã31

0421. 旱烟　旱烟 xã44Øiã31

0422. 白酒　烧酒 ʂau53tɕiou0

0423. 黄酒　黄酒 xuaŋ35tɕiou53

0424. 江米酒酒酿，醪糟　醪糟 lau31tsau53

0425. 茶叶　茶叶 tsha31Øiɛ53

0426. 沏～茶　泼 pho31/泡 phau44

0427. 冰棍儿　冰棍儿 piŋ31kuŋ44Øər0

0428. 做饭统称　做饭 tsou44fã44

0429. 炒菜统称，和做饭相对　燣菜 lã35tshæ44/炒菜 tshau53tshæ44

0430. 煮～带壳的鸡蛋　煮 tʂʅ53

0431. 煎～鸡蛋　煎 tɕiã31

0432. 炸～油条　炸 tsa35

0433. 蒸～鱼　蒸 tʂəŋ31

0434. 揉～面做馒头等　揉 ʐou35

0435. 擀～面，～皮儿　擀 kã53

0436. 吃早饭　吃早起饭 tʂhʅ35tsau31tɕhi0fã44

0437. 吃午饭　吃晌午饭 tʂhʅ35ʂaŋ31Øu0fã44/吃晌饭 tʂhʅ35ʂaŋ31fã44

0438. 吃晚饭　喝汤 xuo35thaŋ31

0439. 吃～饭　吃 tʂhʅ31

0440. 喝～酒　喝 xuo31

0441. 喝～茶　喝 xuo31

0442. 抽～烟　吃 tʂhʅ31

0443. 盛～饭　舀 Øiau53

0444. 夹用筷子～菜　夹 tɕia31

0445. 斟～酒　倒 tau44

0446. 渴口～　渴 khuo31/炕 khaŋ44

0447. 饿肚子～　饿 ŋɤ44

0448. 噎吃饭～着了　噎 Øiɛ31

七、身体、医疗

（一）身体

0449. 头人的，统称　□脑 tuo31lau53

0450. 头发　头发 thou31fa53

0451. 辫子　辫子 phiã44tsɿ0/帽絃儿 mau44kæ31Øər0

0452. 旋　旋儿 ɕyã35Øər0

0453. 额头　奔楼 pəŋ53lou35

0454. 相貌　面目 miã44mu31

0455. 脸洗～　脸 liã53

0456. 眼睛　眼窝 ȵiã44Øuo0

0457. 眼珠统称　眼仁珠子 ȵiã44ʐəŋ0tʂʅ53tsɿ0

0458. 眼泪哭的时候流出来的　眼泪 ȵiã44luei0

0459. 眉毛　眉毛 mi31mau53/眼眉眉 ȵiã53mi31mi53

0460. 耳朵　耳朵 Øər44tuo0

0461. 鼻子　鼻子 phi31tsɿ53/鼻 phiː35

0462. 鼻涕统称　鼻 phi35

0463. 擤～鼻涕　擤 ɕiŋ53

0464. 嘴巴人的，统称　嘴 tsuei53

0465. 嘴唇　嘴唇 tsuei53 ʂəŋ35

0466. 口水～流出来　颔水 xã31ʂei0

0467. 舌头　舌头 ʂɤ31thou53

0468. 牙齿　牙 Øia35

0469. 下巴　下巴 xa44pa0

0470. 胡子嘴周围的　胡子 xu31tsɿ53

0471. 脖子　脖浪骨 phu31laŋ44kuo0

0472. 喉咙　葫芦眼 xu31lu44ȵiã0

0473. 肩膀　胛骨 tɕia53kuo0

0474. 胳膊　胳膊 kɤ53pho0/梢把 sau31pa0

0475. 手方言指（打√）：只指手；包括臂：他的～摔断了　手 ʂou53

0476. 左手　左手 tsuo44ʂou53

0477. 右手　右手 Øiou44ʂou53

0478. 拳头　捶头 tʂhei31thou53

0479. 手指　指头 tsɿ53thou0

0480. 大拇指　大拇指头 ta44mu0tsɿ53thou0

0481. 食指　二拇指头 Øər44mu0tsɿ53thou0

0482. 中指　中拇指头
tʂəŋ53mu0tsɿ53thou0
0483. 无名指　四拇指头
sɿ44mu0tsɿ53thou0
0484. 小拇指　小拇指头
ɕiau44mu0tsɿ53thou0
0485. 指甲　指甲 tsɿ53tɕia0
0486. 腿　腿 thuei53
0487. 脚方言指（打√）：只指脚；包括小腿；包括小腿和大腿：他的～轧断了
脚 tɕyo31
0488. 膝盖指部位　□□盖
pau53lau0kæ44
0489. 背名词　脊背 tɕi53pei0
0490. 肚子腹部　肚 tuː44
0491. 肚脐　脖脐窝 phu31tɕhi44Øuo31/脖脖 pau44pau44
0492. 乳房女性的　奶头 læ44thou0
0493. 屁股　沟子 kou53tsɿ0
0494. 肛门　沟门子 kou31məŋ31tsɿ53/屁眼 phi44ȵiã0
0495. 阴茎成人的　尿 tɕhiou35/锤子
tʂhei31tsɿ53
0496. 女阴成人的　屄 phi31
0497. 肏动词　合 ʐʅ31
0498. 精液　㞞 suŋ35/精 tɕiŋ31
0499. 来月经注意婉称　身上来
ʂəŋ53ʂaŋ0læ35
0500. 拉屎　屙屎 pa31sɿ53/屙 pa53
0501. 撒尿　尿尿 ȵiau44ȵiau44/尿
ȵiau44
0502. 放屁　放屁 faŋ44phi44
0503. 相当于"他妈的"的口头禅
把他的 pa35tha31tɕi0/把他家的
pa35tha31tɕia31tɕi0

（二）疾病、医疗

0504. 病了　病啦 piŋ44lia0/不好
pu31xau53
0505. 着凉　着凉 tʂhuo35liaŋ35/凉啦
liaŋ31lia53
0506. 咳嗽　咳嗽 khɤ53sou0
0507. 发烧　发烧 fa35ʂau31
0508. 发抖　抖抖 thu44thu0
0509. 肚子疼　肚子疼 tu44tsɿ0thəŋ35
0510. 拉肚子　拉肚子 la31tu44tsɿ0/拉稀 la35ɕi31/屙稀屎 pa53ɕi31sɿ0
0511. 患疟疾　发半伤 fa31pã44ʂaŋ31
0512. 中暑　中暑 tʂəŋ44ʂʅ53
0513. 肿　肿 tʂəŋ53
0514. 化脓　熟脓 ʂʅ35luŋ35/溃脓
xuei44luŋ35
0515. 疤好了的　疤疤 pa31pa0
0516. 癣　癣 ɕiã53
0517. 痣凸起的　黡子 Øiã44tsɿ0
0518. 疙瘩蚊子咬后形成的　疙瘩
kɤ53ta0
0519. 狐臭　臭根 tʂhou44kəŋ31/臭胎
tʂhou44thæ31
0520. 看病　看病 khã44piŋ44
0521. 诊脉　评脉 phiŋ35mei31/号脉
xau44mei31/捺脉 la35mei31
0522. 针灸　扎干针 tsa31kã35tʂəŋ31
0523. 打针　打针 ta53tʂəŋ31
0524. 打吊针　挂吊针
kua44tɕiau44tʂəŋ31

0525. 吃药统称　喝药 xuo35Øyo31/吃药 tʂhʅ35Øyo31
0526. 汤药　汤药 thaŋ31Øyo0
0527. 病轻了　慢啦 mã44lia0/见眼道啦 tɕiã44ȵiã44tau0lia0

八、婚丧、信仰

（一）婚育

0528. 说媒　说媒 ʂɤ31mei35
0529. 媒人　媒人 mei31ʐəŋ53
0530. 相亲　遇面 Øy44miã44
0531. 订婚　换帖 xuã44tɕhiɛ31/订婚 tɕiŋ44xuŋ31
0532. 嫁妆　嫁妆 tɕia44tʂaŋ31/陪房 phei31faŋ53
0533. 结婚统称　成亲 tʂhəŋ35tɕhiŋ31/结婚 tɕiɛ35xuŋ31
0534. 娶妻子男子～，动宾　娶媳妇 tɕhy53ɕi53fu0
0535. 出嫁女子～　出门 tʂhʅ31məŋ35
0536. 拜堂　拜天地 pæ44tɕhiã53tɕi0
0537. 新郎　新女婿 ɕiŋ31ȵy44ɕi0
0538. 新娘子　新媳妇 ɕiŋ31ɕi53fu0
0539. 孕妇　怀娃婆娘 xuæ31Øua53pho31ȵiaŋ53/大肚子 ta44tu44tsʅ0
0540. 怀孕　有啥 Øiou44ʂa0
0541. 害喜妊娠反应　害娃 xæ44Øua44/择饭 tsei35fã44
0542. 分娩　要娃 Øiau44Øua44/到炕□ tau44khaŋ44Øaŋ0
0543. 流产　小月 ɕiau44Øyɛ0
0544. 双胞胎　双生 ʂaŋ44səŋ31
0545. 坐月子　坐月 tsuo44Øyɛ31
0546. 吃奶　吃奶 tʂhʅ31læ53
0547. 断奶　离奶 li35læ53
0548. 满月　出月 tʂhʅ31Øyɛ0
0549. 生日统称　生日 səŋ31Øər0
0550. 做寿　做生日 tsou44səŋ31Øər0

（二）丧葬

0551. 死统称　死 sʅ53/殁 mo31
0552. 死婉称，最常用的几种，指老人：他～了　老百年 lau44pei0ȵiã0/不在 pu31tsæ44
0553. 自杀　自尽 tsʅ44tɕiŋ44
0554. 咽气　断气 thuã44tɕhi44
0555. 入殓　盛殓 tʂhəŋ35liã44
0556. 棺材　棺材 kuã53tshæ0/材 tshæ35
0557. 出殡　起丧 tɕhi53saŋ31
0558. 灵位　牌位 phæ31Øuei53
0559. 坟墓单个的，老人的　坟 fəŋ35
0560. 上坟　上坟 ʂaŋ44fəŋ35
0561. 纸钱　鬼票 kuei53phiau44

（三）信仰

0562. 老天爷　老天爷 lau53tɕhiã31Øiɛ44
0563. 菩萨统称　菩萨 phu31sa53
0564. 观音　观音 kuã31Øiŋ0
0565. 灶神口头的叫法，其中如有方言亲属称谓要释义　灶爷 tsau44Øiɛ0
0566. 寺庙　寺庙 sʅ44miau44
0567. 祠堂　祠堂 tshʅ35thaŋ35
0568. 和尚　和尚 xuo31ʂaŋ53

0569. 尼姑　尼姑 ȵi31ku53

0570. 道士　道人 tau44ʐəŋ0

0571. 算命统称　算卦 suã44kua44

0572. 运气　运气 Øyŋ44tɕhi0

0573. 保佑　保佑 pau53Øiou44

九、人品、称谓

（一）人品

0574. 人一个～　人 ʐəŋ35

0575. 男人成年的，统称　男人 lã31ʐəŋ53

0576. 女人三四十岁已婚的，统称　婆娘 pho31ȵiaŋ53

0577. 单身汉　光棍 kuaŋ53kuŋ0

0578. 老姑娘　老女子 lau31ȵy44tsɿ0

0579. 婴儿　月娃 Øyɛ53Øua0

0580. 小孩儿三四岁的，统称　碎娃 suei44Øua44

0581. 男孩儿统称：外面有个～在哭　儿子娃 Øər31tsɿ53Øua44

0582. 女孩儿统称：外面有个～在哭　女子娃 ȵy44tsɿ0Øua44

0583. 老人七八十岁的，统称　老人 lau53ʐəŋ35

0584. 亲戚统称　客 khei31

0585. 朋友统称　朋友 phəŋ31Øiou53

0586. 邻居统称　邻家 liŋ31tɕia53

0587. 客人　客 khei31

0588. 农民　庄稼汉 tʂaŋ53Øia0xã0

0589. 商人　做生意的 tsou44səŋ53Øi0tɕi0

0590. 手艺人统称　匠人 tɕiaŋ44ʐəŋ0

0591. 泥水匠　泥水匠 ȵi31ʂei44tɕiaŋ0

0592. 木匠　木匠 mu53tɕiaŋ0

0593. 裁缝　裁缝 tshæ31fəŋ53

0594. 理发师　剃头的 tɕhi44thou31tɕi53/推头的 thuei31thou31tɕi53/待招 tæ44tʂau31

0595. 厨师　做饭的 tsou44fã44tɕi0

0596. 师傅　师傅 sɿ53fu0

0597. 徒弟　徒弟 thu31tɕhi53/徒弟娃 thu31tɕhi44Øua0/学徒 ɕyo35thu35/学徒娃 ɕyo35thu35Øua44

0598. 乞丐统称，非贬称（无统称则记成年男的）　叫花子 tɕiau44xua31tsɿ0

0599. 妓女　婊子 piau44tsɿ0/卖货客 mæ44xuo0khei31/窑子 Øiau31tsɿ53

0600. 流氓　瞎㞞 xa31suŋ35

0601. 贼　贼娃 tsei31Øua44

0602. 瞎子统称，非贬称（无统称则记成年男的）　瞎子 xa53tsɿ0

0603. 聋子统称，非贬称（无统称则记成年男的）　聋子 luŋ31tsɿ53

0604. 哑巴统称，非贬称（无统称则记成年男的）哑巴 Øia44pa0/瓜子 kua53tsɿ0

0605. 驼子统称，非贬称（无统称则记成年男的）　背锅 pei31kuo0

0606. 瘸子统称，非贬称（无统称则记成年男的）跛子 po44tsɿ0/瘸子 tɕhyɛ31tsɿ53

0607. 疯子统称，非贬称（无统称则记成年男的）　疯子 fəŋ53tsɿ0

0608. 傻子统称，非贬称（无统称则记成年男的）　瓜子 kua53tsɿ0

0609. 笨蛋蠢的人　闷㞞 məŋ44suŋ35

（二）称谓

0610. 爷爷呼称，最通用的　爷 Øiɛ44
0611. 奶奶呼称，最通用的　婆 pho44
0612. 外祖父叙称　外爷 Øuei44Øiɛ0
0613. 外祖母叙称　外婆 Øuei44pho0
0614. 父母合称　二老 Øər44lau53/大人 tuo44ʐəŋ0/老的 lau44tɕi0
0615. 父亲叙称　先人 ɕiã53ʐəŋ0/男老的 lã35lau44tɕi0/外前老的 Øuæ44tɕhiã0lau44tɕi0
0616. 母亲叙称　女老的 ȵy53lau44tɕi0/［屋里］老的 Øuei53lau44tɕi0
0617. 爸爸呼称，最通用的　大 ta35
0618. 妈妈呼称，最通用的　妈 ma35
0619. 继父叙称　后大 xou44ta0
0620. 继母叙称　后妈 xou44ma0/姚婆子虐待前夫子女的后妈，贬义词 Øiau31pho44tsɿ0
0621. 岳父叙称　丈母爸 tʂaŋ44mu53pa44/老丈人 lau53tʂaŋ44ʐəŋ0
0622. 岳母叙称　丈母妈 tʂaŋ44mu53ma35/丈母姨 tʂaŋ44mu0Øi44/丈母娘 tʂaŋ44mu53ȵiaŋ35
0623. 公公叙称　阿公 Øa31kuŋ0
0624. 婆婆叙称　阿家 Øa31tɕia0
0625. 伯父呼称，统称　伯 pei35
0626. 伯母呼称，统称　妈妈 ma31ma35/妈 ma35
0627. 叔父呼称，统称　爸 pa44
0628. 叔父呼称，排行最小的，如“幺叔”　碎爸 suei44pa44
0629. 叔母呼称，统称　娘 ȵia44
0630. 姑呼称，统称（无统称则记分称：比父大，比父小；已婚，未婚）　姑 ku35
0631. 姑父呼称，统称　姑父 ku53fu0
0632. 舅舅呼称　舅 tɕiou44
0633. 舅妈呼称　妗子 tɕiŋ44tsɿ0
0634. 姨呼称，统称（无统称则记分称：比母大，比母小；已婚，未婚）　姨 Øi44
0635. 姨父呼称，统称　姨夫 Øi31fu53
0636. 弟兄合称　弟兄 tɕi44ɕyŋ31
0637. 姊妹合称，注明是否可包括男性　姊妹包括男性 tsɿ44mei0
0638. 哥哥呼称，统称　哥 kɤ35
0639. 嫂子呼称，统称　嫂子 sau44tsɿ0
0640. 弟弟叙称　兄弟 ɕyŋ53tɕhi0
0641. 弟媳叙称　兄弟媳妇 ɕyŋ53tɕhi0ɕi53fu0
0642. 姐姐呼称，统称　姐 tɕiɛ35
0643. 姐夫呼称　姐夫 tɕiɛ44fu0
0644. 妹妹叙称　妹子 mei44tsɿ0
0645. 妹夫叙称　妹夫 mei44fu0
0646. 堂兄弟叙称，统称　伯叔兄弟 pei31ʂɿ0ɕyŋ53tɕhi0
0647. 表兄弟叙称，统称　姑表弟兄 ku31piau0tɕi44ɕyŋ31/两姨弟兄 liaŋ44Øi0tɕi44ɕyŋ31
0648. 妯娌弟兄妻子的合称　先后 ɕiã44xou0
0649. 连襟姊妹丈夫的关系，叙称　挑担 tɕhiau44tã0/两挑 liaŋ31tɕhiau53
0650. 儿子叙称：我的～　儿子 Øər31tsɿ53/后人 xou44ʐəŋ0
0651. 儿媳妇叙称：我的～　儿媳妇

Øər31çi44fu0

0652. 女儿叙称：我的～　女子 ȵy44tsɿ0

0653. 女婿叙称：我的～　女婿 ȵy44çi0

0654. 孙子儿子之子　孙子 suŋ53tsɿ0

0655. 重孙子儿子之孙　重孙 tʂhəŋ31suŋ53

0656. 侄子弟兄之子　侄儿 tʂʅ35Øər0

0657. 外甥姐妹之子　外甥 Øuæ44səŋ31

0658. 外孙女儿之子　外孙 Øuæ44suŋ31

0659. 夫妻合称　两口 liaŋ31khou0

0660. 丈夫叙称，最通用的，非贬称：她的～　外头人 Øuæ44thou0ʐəŋ35/掌柜的 tʂaŋ53kuei44tçi0

0661. 妻子叙称，最通用的，非贬称：他的～　婆娘 pho31ȵiaŋ53/媳妇 çi53fu0/老婆 lau44pho0

0662. 名字　名字 miŋ35tsɿ53

0663. 绰号　外号儿 Øuæ44xau44Øər0/妖号 Øiau53xau0

十、农、工、商、文

（一）农业

0664. 干活儿统称：在地里～　做活 tsou44xuo35

0665. 事情一件～　事 sɿ44

0666. 插秧　栽秧 tsæ31Øiaŋ53

0667. 割稻　割稻子 kuo31thau44tsɿ0

0668. 种菜　种菜 tʂəŋ44tshæ44/务菜 vu44tshæ44

0669. 犁名词　犁 li35

0670. 锄头　锄 tʂhʅ35

0671. 镰刀　镰 liã35

0672. 把儿刀～　把把 pa44pa0

0673. 扁担　扁担 piã44tã31

0674. 箩筐　筐筐 khuaŋ53khuaŋ0/筐 khuaŋː53

0675. 筛子统称　筛子 sæ44tsɿ0/筛 sæː44

0676. 簸箕农具，有梁的　撮箕 tshuo31tçi0/撒子 sa44tsɿ0/撒 saː44

0677. 簸箕簸米用　簸箕 po44tçi0

0678. 独轮车　推车儿 thuei53tʂhɤ31Øər0

0679. 轮子旧式的，如独轮车上的　轱轮 ku31lyŋ35

0680. 碓整体　碓窝 tuei44Øuo31

0681. 臼　姜窝子 tçiaŋ53Øuo31tsɿ0

0682. 磨名词　磨子 mo44tsɿ0/磨 moː44

0683. 年成　收成 ʂou53tʂhəŋ0

（二）工商业

0684. 走江湖统称　走江湖 tsou53tçiaŋ53xu0

0685. 打工　打工 ta53kuŋ31

0686. 斧子　斧头 fu44thou0

0687. 钳子　钳子 tçhiã31tsɿ53

0688. 螺丝刀　起子 tçhi44tsɿ0/起 tçhiː44

0689. 锤子　锤子 tʂhei31tsɿ53

0690. 钉子　钉子 tçiŋ53tsɿ0/钉 tçiŋː53

0691. 绳子　绳 ʂəŋ35

0692. 棍子　棍 kuŋ44

0693. 做买卖　做生意 tsou44səŋ53Øi0

0694. 商店　商店 ʂaŋ31tçiã44/铺子

phu44tsɿ0

0695. 饭馆　馆子 kuã44tsɿ0

0696. 旅馆旧称　旅社 ly31ʂɤ44/旅店 ly31tɕiã44/客店 khei31tɕiã44

0697. 贵　贵 kuei44

0698. 便宜　便宜 phiã31Øi53/贱 tɕiã44

0699. 合算　划算 xua31suã53/划来 xua35læ35

0700. 折扣　折扣 tʂɤ31khou44

0701. 亏本　折本 ʂɤ35pəŋ53/贴赔 tɕhiɛ53phei0

0702. 钱统称　钱 tɕhiã35/钆谑称 ka35

0703. 零钱　零钱 liŋ35tɕhiã35

0704. 硬币　硬币 ȵiŋ44pi44

0705. 本钱　本钱 pəŋ44tɕhiã0/本 pəŋ53

0706. 工钱　工钱 kuŋ53tɕhiã0

0707. 路费　盘缠 phã31tʂhã53

0708. 花～钱　花 xua31

0709. 赚卖一斤能～一毛钱　长 tʂhaŋ35

0710. 挣打工～了一千块钱　挣 tsəŋ44

0711. 欠～他十块钱　争 tsəŋ31/欠 tɕhiã44

0712. 算盘　盘子 phã31tsɿ53

0713. 秤统称　秤 tʂhəŋ44

0714. 称用秆秤～　称 tʂhəŋ31/志 tsɿ44/过 kuo44

0715. 赶集　跟集 kəŋ31tɕi35

0716. 集市　集 tɕi35

0717. 庙会　庙会 miau44xuei44

（三）文化、娱乐

0718. 学校　学堂 ɕyo35thaŋ35/书房 ʂɿ53faŋ0

0719. 教室　教室 tɕiau44ʂɿ0

0720. 上学　上学 ʂaŋ44ɕyo35

0721. 放学　放学 faŋ44ɕyo35/下学 xa44ɕyo35

0722. 考试　考试 khau53sɿ44

0723. 书包　书包 ʂɿ31pau0

0724. 本子　本子 pəŋ44tsɿ0/本本 pəŋ44pəŋ0

0725. 铅笔　铅笔 tɕhiã35pi31

0726. 钢笔　钢笔 kaŋ35pi31/水笔 ʂei53pi31

0727. 圆珠笔　油笔 Øiou35pi31

0728. 毛笔　毛笔 mau35pi31

0729. 墨　墨 mei35

0730. 砚台　砚台 Øiã44thæ0

0731. 信一封～　信 ɕiŋ44

0732. 连环画　连环画 liã35xuã35xua44/画本儿 xua44pəŋ0Øər0

0733. 捉迷藏　藏猫老虎 tɕhiaŋ35mau44lau0xu0

0734. 跳绳　跳绳 tɕhiau35ʂəŋ35

0735. 毽子　毽子 tɕiã44tsɿ0

0736. 风筝　风筝 fəŋ31tsəŋ0

0737. 舞狮　舞狮 Øu53sɿ53

0738. 鞭炮统称　鞭 piã53

0739. 唱歌　唱歌 tʂhaŋ44kɤ31

0740. 演戏　唱戏 tʂhaŋ44ɕi44

0741. 锣鼓统称　锣鼓 luo31ku53

0742. 二胡　二胡 Øər44xu0

0743. 笛子　笛子 tɕi31tsɿ53

0744. 划拳　划拳 xua31tɕhyã35

0745. 下棋　下棋 ɕia44tɕhi35

0746. 打扑克　打牌 ta53phæ35
0747. 打麻将　打麻将 ta53ma35tɕiaŋ44
0748. 变魔术　要把戏 ʂa31pa44ɕi0/要魔术 ʂa53mo35ʂʅ35
0749. 讲故事　讲故事 tɕiaŋ53ku44sɿ0
0750. 猜谜语　猜古经 tshæ53ku44tɕiŋ0
0751. 玩儿游玩：到城里～　逛 kuaŋ44
0752. 串门儿　串门儿 tʂhã44məŋ35Øər0
0753. 走亲戚　走亲戚 tsou53tɕhiŋ31tɕhi0

十一、动作、行为

（一）具体动作

0754. 看～电视　看 khã44
0755. 听用耳朵～　听 tɕhiŋ31
0756. 闻嗅：用鼻子～　闻 vəŋ35
0757. 吸～气　吸 ɕi31
0758. 睁～眼　睁 tsəŋ31
0759. 闭～眼　闭 pi44
0760. 眨～眼　眨 tsa31
0761. 张～嘴　张 tʂaŋ31
0762. 闭～嘴　闭 pi44
0763. 咬狗～人　咬 ȵiau53
0764. 嚼把肉～碎　嚼 tɕiau35
0765. 咽～下去　咽 Øiã44
0766. 舔人用舌头　舔 tɕhiã53
0767. 含～在嘴里　噙 tɕhiŋ35
0768. 亲嘴　啵 paŋ35/啵嘴 paŋ35tsuei53
0769. 吮吸用嘴唇聚拢吸取液体，如吃奶时　咂 tsa31
0770. 吐上声，把果核儿～掉　唾 thuo44
0771. 吐去声，呕吐：喝酒喝～了　倒包 tau44pau31
0772. 打喷嚏　打喷嚏 ta53phəŋ44tɕhi0
0773. 拿用手把苹果～过来　取 tɕhy53/拿 la35
0774. 给他～我一个苹果　给 kei44
0775. 摸～头　摸 mau31
0776. 伸～手　刺 tshɿ31/展开 tʂã44khæ0
0777. 挠～痒痒　搔 tsau31
0778. 掐用拇指和食指的指甲～皮肉　掐 tɕhia31
0779. 拧～螺丝　上 ʂaŋ44
0780. 拧～毛巾　扭 ȵiou53
0781. 捻用拇指和食指来回～碎　跐 tshɿ53
0782. 掰把橘子～开，把馒头～开　掰 pei31
0783. 剥～花生　剥 pau31
0784. 撕把纸～了　扯 tʂhɤ53
0785. 折把树枝～断　折 tʂɤ53
0786. 拔～萝卜　拔 pa35
0787. 摘～花　摘 tsei31
0788. 站站立：～起来　立 li31
0789. 倚斜靠：～在墙上　靠 khau44
0790. 蹲～下　蹴 tɕiou35
0791. 坐～下　坐 tsuo44
0792. 跳青蛙～起来　跳 tɕhiau44
0793. 迈跨过高物：从门槛上～过去　跷 tɕhiau31
0794. 踩脚～在牛粪上　踏 tha35
0795. 翘～腿　担 tã31
0796. 弯～腰　猫 mau35
0797. 挺～胸　仰 ȵiaŋ53/挺 tɕhiŋ53
0798. 趴～着睡　趴 pha35

0799. 爬小孩儿在地上～ 爬 pha35
0800. 走慢慢儿～ 走 tsou53
0801. 跑慢慢儿走，别～ 跑 phau35
0802. 逃逃跑：小偷儿～走了 跑 phau53
0803. 追追赶：～小偷儿 撵 ȵiã53
0804. 抓～小偷儿 逮 tæ31
0805. 抱把小孩儿～在怀里 抱 pau44
0806. 背～孩子 背 pei31
0807. 搀～老人 搀 tshã31
0808. 推几个人一起～汽车 推 thuei31
0809. 摔跌：小孩儿～倒了 摔 ʂei31
0810. 撞人～到电线杆 撞 tʂhaŋ44
0811. 挡你～住我了，我看不见 挡 taŋ44
0812. 躲躲藏：他～在床底下 藏 tɕhiaŋ35
0813. 藏藏放，收藏：钱～在枕头下面 抬 thæ35
0814. 放把碗～在桌子上 放 faŋ44
0815. 摞把砖～起来 垒 luei53
0816. 埋～在地下 埋 mæ35
0817. 盖把茶杯～上 盖 kæ44
0818. 压用石头～住 压 Øia31
0819. 摁用手指按：～图钉 压 ȵia44
0820. 捅用棍子～鸟窝 戳 tʂhɤ31
0821. 插把香～到香炉里 别 piɛ35
0822. 戳～个洞 戳 tʂhɤ31
0823. 砍～树 斫 tʂɤ44
0824. 剁把肉～碎做馅儿 斫 tsa53
0825. 削～苹果 削 ɕiau31
0826. 裂木板～开了 炸 tsa44
0827. 皱皮～起来 皱 tsou44
0828. 腐烂死鱼～了 臭 tʂhou44
0829. 擦用毛巾～手 擦 tsha31
0830. 倒把碗里的剩饭～掉 倒 tau44
0831. 扔丢弃：这个东西坏了，～了它 撂 liau44/扔 Øər53/撇 phiɛ31
0832. 扔投掷：比一比谁～得远 撂 liau44
0833. 掉掉落，坠落：树上～下一个梨 掉 tɕiau44
0834. 滴水～下来 淌 thaŋ53
0835. 丢丢失：钥匙～了 遗 Øi35
0836. 找寻找：钥匙～到 找 tsau53
0837. 捡～到十块钱 拾 ʂʅ35
0838. 提用手把篮子～起来 提 tɕhi35
0839. 挑～担 担 tã31
0840. 扛把锄头～在肩上 揭 tɕhiɛ35
0841. 抬～轿 抬 thæ35
0842. 举～旗子 □ tʂou53
0843. 撑～伞 撑 tshəŋ31
0844. 撬把门～开 别 piɛ35
0845. 挑挑选，选择：你自己～一个 挑 tɕhiau53/选 ɕyã53
0846. 收拾～东西 拾掇 ʂʅ31tuo53
0847. 挽～袖子 缏 piã53
0848. 涮把杯子～一下 涮 ʂã44
0849. 洗～衣服 洗 ɕi53
0850. 捞～鱼 捞 lau35
0851. 拴～牛 拴 ʂã31
0852. 捆～起来 捆 khuŋ53
0853. 解～绳子 解 tɕiɛ53
0854. 挪～桌子 挪 luo35
0855. 端～碗 端 tuã31
0856. 摔碗～碎了 绊 pã44
0857. 掺～水 掺 tshã31
0858. 烧～柴 烧 ʂau31
0859. 拆～房子 拆 tshei31
0860. 转～圈儿 转 tʂã44

0861. 捶用拳头～ 砸 tsa35
0862. 打统称：他～了我一下 打 ta53
0863. 打架动手：两个人在～ 打捶 ta53tʂhei35
0864. 休息 歇 ɕiɛ31
0865. 打哈欠 打哈欠 ta53xuo31ɕiã0
0866. 打瞌睡 丢盹 tɕiou31tuŋ53
0867. 睡他已经～了 睡 ʂei44
0868. 打呼噜 扯额水 tʂhɤ53xã44ʂei0
0869. 做梦 做睡梦 tsou44ʂei44məŋ0
0870. 起床 起来 tɕhiɛ44læ0
0871. 刷牙 刷牙 ʂa31Øia35
0872. 洗澡 洗澡 ɕi31tsau53/洗身上 ɕi44ʂəŋ53ʂaŋ0

（二）抽象动作

0873. 想思索：让我～一下 思量 sɿ53liaŋ0
0874. 想想念：我很～他 想 ɕiaŋ53
0875. 打算我～开个店 打算 ta44suã0
0876. 记得 记起 tɕi44tɕhiɛ0
0877. 忘记 忘 Øuaŋ44
0878. 怕害怕：你别～ 怕 pha44
0879. 相信我～你 信 ɕiŋ44
0880. 发愁 发愁 fa31tshou35/愁肠 tshou31tʂhaŋ53
0881. 小心过马路要～ 小心 ɕiau44ɕiŋ0
0882. 喜欢～看电视 爱 ŋæ44
0883. 讨厌～这个人 见不得 tɕiã44pu31tei31/□ ɕyŋ44
0884. 舒服凉风吹来很～ 歹 tæ53
0885. 难受生理的 难受 lã35ʂou44
0886. 难过心理的 难过 lã35kuo44
0887. 高兴 高兴 kau31ɕiŋ44
0888. 生气 着气 tʂhuo35tɕhi44
0889. 责怪 埋怨 mã35Øyã44/怪 kuæ44
0890. 后悔 后悔 xou44xuei0
0891. 忌妒 嫉妒 tɕi44tu0
0892. 害羞 嫌□ ɕiã35ʂəŋ35
0893. 丢脸 丢人 tɕiou31ʐəŋ35/伤脸 ʂaŋ31liã53/丢脸 tɕiou31liã53
0894. 欺负 欺负 tɕhi53fu0
0895. 装～病 装 tʂaŋ31
0896. 疼～小孩儿 爱 ŋæ44/心疼 ɕiŋ31thəŋ35
0897. 要我～这个 要 Øiau44
0898. 有我～一个孩子 有 Øiou53
0899. 没有他～孩子 没得 mo31tei35/没 mo35/没有 mo31Øiou53
0900. 是我～老师 是 sɿ44
0901. 不是他～老师 不是 pu31sɿ44
0902. 在他～家 到 tau44
0903. 不在他～家 没到 mo31tau44
0904. 知道我～这件事 知道 tʂʅ53tau0
0905. 不知道我～这件事 不知道 pu31tʂʅ53tau0
0906. 懂我～英语 懂 tuŋ53
0907. 不懂我～英语 不懂 pu31tuŋ53
0908. 会我～开车 会 xuei44
0909. 不会我～开车 不会 pu31xuei44
0910. 认识我～他 认得 ʐəŋ44tei31
0911. 不认识我～他 认不得 ʐəŋ44pu31tei44
0912. 行应答语 能成 ləŋ35tʂhəŋ35
0913. 不行应答语 弄不成 luŋ44pu31tʂhəŋ35

0914. 肯～来　肯 khəŋ53/爱 ŋæ44
0915. 应该～去　该 kæ31
0916. 可以～去　能 ləŋ35

（三）言语

0917. 说～话　说 ʂɤ31
0918. 话说～　话 xua44
0919. 聊天儿　谝闲传 phiã53xã35tʂhã35
0920. 叫～他一声儿　呐喊 la31xã53
0921. 吆喝大声喊　呐喊 la31xã53
0922. 哭小孩儿～　哭 khu31
0923. 骂当面～人　骂 ma44
0924. 吵架动嘴：两个人在～　骂仗 ma44tʂaŋ44
0925. 骗～人　骗 phiã44/哄 xuŋ53
0926. 哄～小孩儿　哄 xuŋ53
0927. 撒谎　说虚话 ʂɤ31ɕy53xua0
0928. 吹牛　说大话 ʂɤ31ta44xua44
0929. 拍马屁　舔沟子 tɕhiã53kou53tsɿ0
0930. 开玩笑　说笑 ʂɤ31ɕiau44
0931. 告诉～他　给说 kei44ʂɤ31
0932. 谢谢致谢语　多亏 tuo31khuei0
0933. 对不起致歉语　对不住 tuei44pu31tʂhʅ44
0934. 再见告别语　再见 tsæ44tɕiã44

十二、性质、状态

（一）形貌

0935. 大苹果～　大 ta44
0936. 小苹果～　碎 suei44
0937. 粗绳子～　奘 tʂaŋ44
0938. 细绳子～　细 ɕi44
0939. 长线～　长 tʂhaŋ35
0940. 短线～　短 tuã53
0941. 长时间～　长 tʂhaŋ35
0942. 短时间～　短 tuã53
0943. 宽路～　宽 khuã31
0944. 宽敞房子～　宽展 khuã53tʂã0/大得很 ta44tɕi0xəŋ53
0945. 窄路～　窄 tsei31
0946. 高飞机飞得～　高 kau31
0947. 低鸟飞得～　低 tɕi31
0948. 高他比我～　高 kau31
0949. 矮他比我～　低 tɕi31
0950. 远路～　远 Øyã53
0951. 近路～　近 tɕiŋ44
0952. 深水～　深 ʂəŋ31
0953. 浅水～　浅 tɕhiã53
0954. 清水～　清 tɕhiŋ31
0955. 浑水～　粬 xu44
0956. 圆　圆 Øyã35
0957. 扁　扁 pia53
0958. 方　方 faŋ31
0959. 尖　尖 tɕiã31
0960. 平　平 phiŋ35
0961. 肥～肉　肥 fei35
0962. 瘦～肉　瘦 sou44
0963. 肥形容猪等动物　肥 fei35
0964. 胖形容人　胖 phaŋ44
0965. 瘦形容人、动物　瘦 sou44/单薄 tã53po0
0966. 黑黑板的颜色　黑 xei31
0967. 白雪的颜色　白 pei35
0968. 红国旗的主颜色，统称　红 xuŋ35
0969. 黄国旗上五星的颜色　黄 xuaŋ35

0970. 蓝蓝天的颜色　蓝 lã35

0971. 绿绿叶的颜色　绿 liou31

0972. 紫紫药水的颜色　紫 tsɿ31

0973. 灰草木灰的颜色　灰 xuei31

（二）状态

0974. 多东西～　多 tuo31

0975. 少东西～　少 ʂau53

0976. 重担子～　重 tʂəŋ44

0977. 轻担子～　轻 tɕhiŋ31

0978. 直线～　直 tʂʅ35

0979. 陡坡～，楼梯～　陡 tou53

0980. 弯弯曲：这条路是～的　弯 Øuã31

0981. 歪帽子戴～了　歪 Øuæ53

0982. 厚木板～　厚 xou44

0983. 薄木板～　薄 po35

0984. 稠稀饭～　稠 tʂhou35

0985. 稀稀饭～　稀 ɕi31

0986. 密菜种得～　稠 tʂhou35

0987. 稀稀疏：菜种得～　稀 ɕi31

0988. 亮指光线，明亮　亮 liaŋ44

0989. 黑指光线，完全看不见　黑 xei31

0990. 热天气　热 ʐɤ31

0991. 暖和天气　暖和 lyã44xuo0

0992. 凉天气　凉 liaŋ35

0993. 冷天气　冷 ləŋ53

0994. 热水　热 ʐɤ31

0995. 凉水　冷 ləŋ53

0996. 干干燥：衣服晒～了　干 kã31

0997. 湿潮湿：衣服淋～了　湿 ʂʅ31

0998. 干净衣服～　净 tɕiŋ44/干净 kã53tɕiŋ0

0999. 脏肮脏，不干净，统称：衣服～　脏 tsaŋ31

1000. 快锋利：刀子～　利 li44

1001. 钝刀子～　老 lau53

1002. 快坐车比走路～　快 khuæ44

1003. 慢走路比坐车～　□ ȵiã31

1004. 早来得～　早 tsau31

1005. 晚来～了　迟 tshʅ35

1006. 晚天色～　黑 xei31

1007. 松捆得～　松 suŋ31

1008. 紧捆得～　紧 tɕiŋ53

1009. 容易这道题～　容易 Øyŋ31Øi53/简单 tɕiã44tã31/好做 xau53tsou44

1010. 难这道题～　难 lã35

1011. 新衣服～　新 ɕiŋ31

1012. 旧衣服～　旧 tɕhiou44

1013. 老人～　老 lau53

1014. 年轻人～　年轻 ȵiã35tɕhiŋ31

1015. 软糖～　软 ʐã53

1016. 硬骨头～　硬 ȵiŋ44

1017. 烂肉煮得～　烂 lã44

1018. 煳饭烧～了　糊 xu35/着了 tʂhuo31liau53

1019. 结实家具～　结实 tɕiɛ53ʂʅ0

1020. 破衣服～　烂 lã44

1021. 富他家很～　□□ Øuo31Øiɛ53

1022. 穷他家很～　穷 tɕhyŋ35/难肠 lã31tʂhaŋ53

1023. 忙最近很～　忙 maŋ35

1024. 闲最近比较～　闲 xã35

1025. 累走路走得很～　乏 fa35/困 khuŋ44

1026. 疼摔～了　疼 thəŋ35

1027. 痒皮肤～　咬人 ȵiau44ʐəŋ0

1028. 热闹看戏的地方很～　热闹

ʐɤ53lau0

1029. 熟悉这个地方我很～　熟惯 ʂʅ31kuã53

1030. 陌生这个地方我很～　生 səŋ31

1031. 味道尝尝～　味道 vei44tau0

1032. 气味闻闻～　味道 vei44tau0

1033. 咸菜～　咸 xã35

1034. 淡菜～　甜 tɕhiã35

1035. 酸　酸 suã31

1036. 甜　甜 tɕhiã35

1037. 苦　痨 lau44

1038. 辣　辣 la31

1039. 鲜鱼汤～　鲜 ɕiã53

1040. 香　香 ɕiaŋ31

1041. 臭　臭 tʂhou44

1042. 馊饭～　燍气 sɿ53tɕhi0

1043. 腥鱼～　腥气 ɕiŋ53tɕhi0

（三）品性

1044. 好人～　好 xau53

1045. 坏人～　瞎 xa31

1046. 差东西质量～　瞎 xa31

1047. 对账算～了　对 tuei44/好 xau53

1048. 错账算～了　瞎 xa31

1049. 漂亮形容年轻女性的长相：她很～　乖 kuæ31/俊 tsuŋ44

1050. 丑形容人的长相：猪八戒很～　难看 lã35khã44/丑差 tʂhou44tsha0

1051. 勤快　勤苦 tɕhiŋ31khu53

1052. 懒　懒 lã53

1053. 乖　乖 kuæ31

1054. 顽皮　捣蛋 tau53tã44/调皮 tɕhiau44phi35

1055. 老实　实在 ʂʅ31tsæ53/实诚 ʂʅ31tʂhəŋ53

1056. 傻痴呆　瓜 kua31

1057. 笨蠢　笨 pəŋ44

1058. 大方不吝啬　大方 ta44faŋ31/皮张厚 phi31tʂaŋ53xou44/厚道 xou44tau0/舍得 ʂɤ44tei0

1059. 小气吝啬　啬皮 sei31phi35

1060. 直爽性格～　直 tʂhʅ35

1061. 犟脾气～　犟 tɕhiaŋ44

十三、数量

（一）数字

1062. 一～二三四五……，下同　一 Øi31

1063. 二　二 Øər44

1064. 三　三 sã31

1065. 四　四 sɿ44

1066. 五　五 Øu53

1067. 六　六 liou31

1068. 七　七 tɕhi31

1069. 八　八 pa31

1070. 九　九 tɕiou53

1071. 十　十 ʂʅ35

1072. 二十有无合音　二十 Øər44ʂʅ0

1073. 三十有无合音　三十 sã53ʂʅ0

1074. 一百　一百 Øi35pei31

1075. 一千　一千 Øi35tɕhiã31

1076. 一万　一万 Øi31vã44

1077. 一百零五　一百零五 Øi35pei31liŋ35Øu53

1078. 一百五十　百五 pei31Øu53

1079. 第一～，第二　第一 tɕi44Øi31

1080. 二两重量　二两 Øər44liaŋ0

1081. 几个你有～孩子？　几个 tɕi44kɤ0

1082. 俩你们～　两个 liaŋ44kɤ0

1083. 仨你们～　三个 sã53kɤ0

1084. 个把　一半个 Øi31pã44kɤ44

（二）量词

1085. 个一～人　个 kɤ44 一个人 Øi31kɤ44 ʐəŋ35/个 kɤ0 一个人 Øi53kɤ0ʐəŋ35

1086. 匹一～马　个 kɤ44 一个马 Øi31 kɤ44ma53/个 kɤ0 一个马 Øi53kɤ0ma53

1087. 头一～牛　个 kɤ44 一个牛 Øi31kɤ44 ȵiou35/个 kɤ0 一个牛 Øi53kɤ0ȵiou35

1088. 头一～猪　个 kɤ44 一个猪 Øi31 kɤ44tʂʅ31/个 kɤ0 一个猪 Øi53kɤ0tʂʅ31

1089. 只一～狗　个 kɤ44 一个狗 Øi31kɤ44 kou53/个 kɤ0 一个狗 Øi53kɤ0kou53

1090. 只一～鸡　个 kɤ44 一个鸡 Øi31 kɤ44tɕi31/个 kɤ0 一个鸡 Øi53kɤ0tɕi31

1091. 只一～蚊子　个 kɤ44 一个蚊子 Øi31kɤ44vəŋ31tsɿ53/个 kɤ0 一个蚊子 Øi53kɤ0vəŋ31tsɿ53

1092. 条一～鱼　个 kɤ44 一个鱼 Øi31 kɤ44Øy35/个 kɤ0 一个鱼 Øi53kɤ0Øy35

1093. 条一～蛇　个 kɤ44 一个蛇 Øi31kɤ44 ʂɤ35/个 kɤ31 一个蛇 Øi53kɤ31ʂɤ35

1094. 张一～嘴　个 kɤ44 一个嘴 Øi31 kɤ44tsuei53/个 kɤ31 一个嘴 Øi53 kɤ31tsuei53

1095. 张一～桌子　个 kɤ44 一个桌子 Øi31kɤ44tʂɤ53tsɿ0/个 kɤ31 一个桌子 Øi53kɤ31tʂɤ53tsɿ0

1096. 床一～被子　床 tʂhaŋ35

1097. 领一～席子　张 tʂaŋ31

1098. 双一～鞋　双 ʂaŋ31

1099. 把一～刀　个 kɤ44 一个刀 Øi31 kɤ44tau31/个 kɤ0 一个刀 Øi53kɤ0tau31

1100. 把一～锁　个 kɤ44 一个锁 Øi31kɤ44 suoù53/个 kɤ0 一个锁 Øi53kɤ0suoː53

1101. 根一～绳子　条 tɕhiau35

1102. 支一～毛笔　支 tsɿ31

1103. 副一～眼镜　副 fu44

1104. 面一～镜子　面 miã44

1105. 块一～香皂　块 khuæ53

1106. 辆一～车　挂 kua44

1107. 座一～房子　座 tsuo44

1108. 座一～桥　座 tsuo44

1109. 条一～河　个 kɤ44 一个河 Øi31kɤ44 xuo35/个 kɤ0 一个河 Øi53kɤ0xuo35

1110. 条一～路　条 tɕhiau35

1111. 棵一～树　棵 khuo53

1112. 朵一～花　个 kɤ44 一个花 Øi31kɤ44 xua31/个 kɤ0 一个花 Øi53kɤ0xua31

1113. 颗一～珠子　颗 khuo53

1114. 粒一～米　颗 khuo53

1115. 顿一～饭　顿 tuŋ44

1116. 剂一～中药　服 fu44

1117. 股一～香味　股 ku53

1118. 行一～字　行 xaŋ44

1119. 块一～钱　块 khuæ53

1120. 毛角：一～钱　毛 mau35

1121. 件一～事情　个 kɤ44 一个事情 Øi31 kɤ44sɿ44tɕhiŋ0/个 kɤ0 一个事情 Øi53kɤ0sɿ44tɕhiŋ0

1122. 点儿一～东西　点 tɕiã53

1123. 些一～东西　点 tɕiã53

1124. 下打一～，动量，不是时量　下 xa44

1125. 会儿坐了一～　下下 xa53xa0
1126. 顿打一～　顿 tuŋ44
1127. 阵下了一～雨　阵 tʂəŋ44
1128. 趟去了一～　回 xuei35

十四、代词、副词、介词、连词

（一）代词

1129. 我～姓王　我 ŋɤ53
1130. 你～也姓王　你 ȵi53
1131. 您尊称　无
1132. 他～姓张　他 tha53
1133. 我们不包括听话人：你们别去，～去　我 ŋɤ31/我的 ŋɤ31tɕi0
1134. 咱们包括听话人：他们不去，～去吧　咱 tsæ35
1135. 你们～去　你 ȵi31/你的 ȵi31tɕi0
1136. 他们～去　他 tha31/他的 tha31tɕi0
1137. 大家～一起干　大家伙儿 ta44tɕia0xuo53Øər0
1138. 自己我～做的　各家 kɤ31Øia0
1139. 别人这是～的　残人 tshã31ʐəŋ53/残的 tshã31tɕi53
1140. 我爸～今年八十岁　我大 ŋɤ31ta35
1141. 你爸～在家吗？　你大 ȵi31ta35
1142. 他爸～去世了　他大 tha31ta35
1143. 这个我要～，不要那个　这个 tʂʅ44kɤ0
1144. 那个我要这个，不要～［兀一］个 Øuei44kɤ0/那个 læ44kɤ0
1145. 哪个你要～杯子？　哪个 la44kɤ0
1146. 谁你找～？　谁 sei35
1147. 这里在～，不在那里　这搭 tʂʅ44ta0
1148. 那里在这里，不在～　兀搭 Øu44ta0/那搭 læ44ta0
1149. 哪里你到～去？　哪搭 Øa31ta53/搭 ta35
1150. 这样事情是～的，不是那样的　这么个 tʂʅ44mu0kɤ0
1151. 那样事情是这样的，不是～的　兀么个 Øu44mu0kɤ0/那么个 la44mo0kɤ0
1152. 怎样什么样：你要～的？　咋么个 tsa31mu0kɤ0
1153. 这么～贵啊　这么 tʂʅ44mo0
1154. 怎么这个字～写？　咋么 tsa31mo0
1155. 什么这个是～字？　啥 ʂa44
1156. 什么你找～？　啥 ʂa44
1157. 为什么你～不去？　为啥 Øuei44ʂa44
1158. 干什么你在～？　做啥 tsou44ʂa44
1159. 多少这个村有～人？　多少 tuo31ʂau53/多 tuo31

（二）副词

1160. 很今天～热的　很 xəŋ53
1161. 非常比上条程度深：今天～热　非常 fei53tʂhaŋ0
1162. 更今天比昨天～热　还 xa35
1163. 太这个东西～贵，买不起　太 thæ44
1164. 最弟兄三个中他～高　最 tsuei44
1165. 都大家～来了　都 tou35
1166. 一共～多少钱？　一共 Øi31kuŋ44/满共 mã53kuŋ44/总共 tsuŋ53kuŋ44/

共总 kuŋ44tsuŋ53

1167. 一起我和你～去 一搭儿 Øi31ta35Øər0

1168. 只我～去过一趟 只 tsɿ31

1169. 刚这双鞋我穿着～好 刚 kaŋ35

1170. 刚我～到 刚 kaŋ35/才 tshæ35

1171. 才你怎么～来啊？ 才 tshæ35

1172. 就我吃了饭～去 就 tsou44

1173. 经常我～去 肯 khəŋ53/经常 tɕiŋ31tʂhaŋ35

1174. 又他～来了 却 khɤ31

1175. 还他～没回家 还 xã35

1176. 再你明天～来 再 tsæ44

1177. 也我～去；我～是老师 也 Øiɛ53

1178. 反正不用急，～还来得及 反正 fã31tʂəŋ44

1179. 没有昨天我～去 没 mo31

1180. 不明天我～去 不 pu31

1181. 别你～去 覅 pau31

1182. 甭不用，不必：你～客气 不用 pu31Øyŋ44/覅 pau31

1183. 快天～亮了 快 khuæ44

1184. 差点儿～摔倒了 险乎儿 ɕiã44xu53Øər0

1185. 宁可～买贵的 宁愿 ȵiŋ44Øyã44

1186. 故意～打破的 故意 ku44Øi44

1187. 随便～弄一下 随便 suei35piã44

1188. 白～跑一趟 白 pei35

1189. 肯定～是他干的 肯定 khəŋ53tɕiŋ44

1190. 可能～是他干的 可能 khɤ53ləŋ35/大模儿 ta44mu53Øər0

1191. 一边～走，～说 旋 suã44

（三）介词、连词

1192. 和我～他都姓王 和 xuo35/跟 kəŋ31/连 liã35

1193. 和我昨天～他去城里了 和 xuo35/跟 kəŋ31/连 liã35

1194. 对他～我很好 对 tuei44

1195. 往～东走 望 vaŋ44/给 kei44

1196. 向～他借一本书 问 vəŋ44/向 ɕiaŋ44

1197. 按～他的要求做 按 ŋã44/照 tʂau44

1198. 替～他写信 替 tɕhi44/给 kei44

1199. 如果～忙你就别来了 要是 Øiau44sɿ44

1200. 不管～怎么劝他都不听 不管 pu31kuã53/不论 pu31lyŋ44

第二节 自选词汇

一、天文、地理

（一）天文

1201. 暖暖坡阳坡 lyã53lyã0pho31

1202. 晒暖暖晒太阳 sæ44lyã44lyã0

1203. 背坡 pei44pho31/背阴处 pei44ȵiŋ31tʂhɿ0 阴坡

1204. 贼星流星 tsei31ɕiŋ53

1205. 扫帚星彗星 sau44tʂhɿ0ɕiŋ31

1206. 七星勺北斗星 tɕhi31ɕiŋ0ɕyo35

1207. 风圆风晕 fəŋ31Øyã35

1208. 雨圆雨晕 Øy53Øyã35

1209. 呼噜爷雷公 xu53lu0Øiɛ0

1210. 响雷 ɕiaŋ53luei35/打呼噜 ta44xu53lu0 打雷

1211. 早烧朝霞 tsau53ʂau44

1212. 晚烧晚霞 vã53ʂau44

1213. 黄风裹挟黄土的狂风 xuaŋ31fəŋ53

1214. 游游风微风 Øiou31Øiou53fəŋ31

1215. 白雨暴雨 pei31Øy53

1216. 下大雨下瓢泼大雨 ɕia44ta44Øy53

1217. 戗风逆风 tɕhiaŋ53fəŋ31

1218. 大白雨瓢泼大雨 ta44pei31Øy53

1219. 呼噜白雨雷阵雨 xu53lu0pei31Øy53

1220. 霖雨连阴雨 liŋ44Øy0

1221. 毛毛雨牛毛细雨 mau31mau53Øy53

1222. 片片雪鹅毛大雪 phiã44phiã35ɕyɛ31

1223. 糁糁雪霰 tʂəŋ53tʂəŋ0ɕyɛ31

1224. 冰棍儿冰柱 piŋ31kuŋ44Øər0

1225. 起雾下雾 tɕhi53vu44

（二）地貌

1226. 界畔地界 tɕiɛ44phã44

1227. 地顶头地头 tɕi44tɕiŋ31thou35

1228. 胡墼蛋土块 xu31tɕi44tã0

1229. 胡墼土坯 xu31tɕi53

1230. 胡墼模子土坯模子 xu31tɕi53mu44tsɿ0

1231. 料礓石礓石 liau44tɕiaŋ31ʂʅ35

1232. 面面土路上或地里的尘土 miã44miã53thu53

1233. 黄胶泥黏性很大的黄泥 xuaŋ31tɕiau44ȵi35

1234. 瓦渣碎瓦片 Øua44tsa31

1235. 炭糟结成块的煤渣 thã44tsau31

二、时间、方位

（一）时间

1236. 老早 lau31tsau53/那几年 læ44tɕi31ȵiã0 过去

1237. 这阵当下 tʂʅ44tʂəŋ44

1238. 年根农历年末 ȵiã35kəŋ31

1239. 上正时月春节期间 ʂaŋ44tʂəŋ0sɿ35Øyɛ31

（二）方位

1240. 东帮东边 tuŋ53paŋ0

1241. 西帮西边 ɕi53paŋ0

1242. 南帮南边 lã31paŋ53

1243. 北帮北边 pei53paŋ0

1244. 再处别处 tsæ44tʂhʅ0

1245. 咱［这搭］本地 tsæ35tʂa53

1246. 一棒外地 Øi31paŋ44

1247. 走远滚开 tsou53Øyã53

1248. 起去让跟说话人同时睡或坐着的人起来 tɕhiɛ44tɕhi0

三、植物

（一）一般植物

1249. 地蒴地木耳 tɕi44ʐ̩ã0

1250. 狗尿苔野生毒蘑菇 kou53ȵiau44thæ0

1251. 指甲花凤仙花 tsɿ53tɕia0xua31

1252. 马刺蓟大蓟 ma53tshɿ44tɕiŋ31

1253. 刺蓟小蓟 tshɿ44tɕiŋ31

1254. 车前车前草 tʂhɤ53tɕhiã0

1255. 打碗花野牵牛花 ta31Øuã35xua31

1256. 麦禾瓶米瓦罐草 mei53xuo0phiŋ35

1257. 米蒿蒿黄花蒿 mi44xau31xau0

1258. 胖官娃王不留草 phaŋ44kuã31Øua44

1259. 麻柳柽柳 ma31liou53

1260. 颠倒柳垂柳 tɕiã31tau44liou53

1261. 桑桑葚 saŋ31

（二）农作物

1262. 棒棒玉米穗 paŋ44paŋ0

1263. 御麦缨缨玉米穗顶端的丝状絮 Øy44mei31Øiŋ53Øiŋ0

1264. 御麦壳壳玉米穗外边的软皮 Øy44mei31tɕhyo53tɕhyo0

1265. 糁糁玉米糁 tʂəŋ53tʂəŋ0

1266. 御麦颗玉米颗粒 Øy44mei31khuo0

1267. 稻黍秆高粱秆 thau53ʂʅ0kã35

1268. 棉花苞老棉蕾 miã31xua53pau44lau0

1269. 一咕嘟蒜一头大蒜 Øi31ku53tu0suã44

1270. 荠儿菜荠菜 tɕi44Øər0tshæ44

1271. 苦苣苣苦菜 khu44tɕhy31tɕhy0

1272. 马耳菜马齿苋 ma31Øər0tshæ44

1273. 油白菜乌白菜 Øiou35pei31tshæ53

1274. 松塔塔瓦松 suŋ53tha31tha0

1275. 灰菜灰灰菜 xuei53tshæ0

1276. 梨瓜甜瓜 li31kua53

1277. 麦糠麸子麦糠 mei53khaŋ0Øi53tsɿ0

1278. 绿毛苔藓 liou31mu35

1279. 黏黏草茜草 ʐã31ʐã44tshau53

1280. 刺荆芽野枸杞的嫩芽 tshɿ44tɕiŋ31Øia35

四、动物

（一）一般动物

1281. 狐狐狸 xuː35

1282. 鼠狼黄鼠狼 ʂʅ53laŋ0

1283. □□猫头鹰 ɕiŋ44xu0

1284. 麻野鹊灰喜鹊 ma31Øiɛ44tɕhiau31

1285. 黄瓜鹭黄鹂 xuaŋ31kua53lu44

1286. 斑斑斑鸠 pã53pã0

1287. 秋蝉纺线虫 tɕhiou53ʂã0

1288. 野鹁鸽野鸽子 Øiɛ53phu31kuo53

1289. 地碌碌蝼蛄 tɕi44lu31lu0

1290. 钱串儿蜈蚣 tɕhiã35tʂhã44Øər0

1291. 蝎虎壁虎 ɕiɛ53xu0

1292. 瓜瓜牛蜗牛 kua53kua0ȵiou35

1293. 钻子虫水蛭 tsuã44tsɿ0tʂhəŋ0

1294. 水长虫水蛇 ʂei44tʂhaŋ0tʂhəŋ0

1295. 臭虱臭虫 tʂhou44sei31

1296. 金屎趴牛金龟子 tɕiŋ31sɿ0pha0ȵiou35

1297. 红虫虫拐线虫 xuŋ35tʂhəŋ31tʂhəŋ53

1298. 蚂螂蜻蜓 ma31laŋ53

1299. 蚊簪牛虻 vəŋ31tsã53

1300. 蛐蛐蟋蟀 tɕhy53tɕhy0

1301. 猴螳螂 xouː35

1302. 瘦虫蛔虫 sou44tʂhəŋ0

1303. 花媳妇椿象 xua31ɕi53fu0

1304. 鸟鸟飞禽 ȵiau44ȵiau0

1305. 虫虫虫豸 tʂhəŋ31tʂhəŋ53

1306. 叫蚂蚱灰色的蚂蚱 tɕiau44ma31tsa0

1307. 秋蚂蚱绿色的蚂蚱 tɕhiou53ma31tsa0

1308. 龙虱蝗虫 luŋ31sei53

1309. 黑甲潮虫 xei53tɕia0

1310. 吊死鬼槐虫 tɕiau44sɿ0kuei0

1311. 拱腰虫尺蠖 kuŋ44Øiau53tʂhəŋ0

1312. 钓鱼虫鱼鹰 tɕiau44Øy0tʂhəŋ0

（二）家畜、家禽

1313. 㸬牛种公牛 phau31ȵiou35

1314. 牛寻犊牛发情 ȵiou35ɕiŋ35tu35

1315. 牛犄角牛角 ȵiou35tɕi31tɕyo0

1316. 种马种公马 tʂəŋ53ma53

1317. 骒马母马 khuo44ma53

1318. 臊虎种公羊 sau53xu0

1319. 牙狗公狗 ȵia31kou53

1320. 狗连儿狗交配 kou53liã44Øər35

1321. 奶劁母猪自幼骟了的 læ44tɕhiau0

1322. 猪寻儿猪发情 tʂɿ53ɕiŋ35Øər35

1323. 打圈儿猪交配 ta31tɕhyã44Øər0

1324. 壳郎猪架子猪 khɤ53laŋ0tʂɿ31

1325. 猫寻儿猫发情 mau35ɕiŋ35Øər35

1326. 狼娃小狼 laŋ31Øua53

1327. 呱蛋母鸡下蛋前叫唤 kua31tã44

五、农具

1328. 牙门车后尾用来挡麦捆、柴草等的架子 Øia31məŋ53

1329. 粪笆车后边用来挡粪土的木板或篱笆等 fəŋ44pa0

1330. 襻笼篮子 phã44luŋ0

1331. 桲架碌碡架 po53tɕia0

1332. 刮木旧式马车的闸 kua53mu0

1333. 水鞍辕鞍 ʂei53ŋã0

六、婚丧、信仰

1334. 过事过红白喜事 kuo44sɿ44

1335. 劳客过红白喜事期间帮忙的 lau31khei53

1336. 起发女嫁女 tɕhi53fa31ȵy53

1337. 新媳妇车彩车 ɕiŋ31ɕi53fu0tʂhɤ31

1338. 新人房洞房 ɕiŋ53ʐəŋ0faŋ35

1339. 耍房闹房 ʂa53faŋ35

1340. 后走寡妇或离婚女人再嫁 xou44tsou53

1341. 办婆娘鳏夫娶亲 pã44pho31ȵiaŋ53

1342. 月娃初生婴儿 Øyɛ53Øua0

1343. 上门入赘 ʂaŋ44məŋ35

1344. 攒枋做棺材 tshuã35faŋ31

1345. 棺板棺材板 kuã53pã0

1346. 老衣寿衣 lau53Øi31

1347. 打墓掘墓 ta53mu44

1348. 墓壳阆墓穴 mu44khɤ31laŋ0

1349. 乱葬坟乱葬岗子 lyã44tsaŋ44fəŋ35

1350. 柳棍哭丧棒 liou44kuŋ0

1351. 孝盆埋葬老人期间所摔的瓦盆 ɕiau44phəŋ0

1352. 送埋送葬 suŋ44mæ35

七、人品、称谓

（一）人品

1353. 二杆子 Øər44kã53tsɿ0/二㞗 Øər44tɕhiou35/二货 Øər44xuo44 莽夫

1354. 马角神汉和巫婆的统称 ma44tɕyo0

1355. 左瓜呆儿左撇子

tsuo44kua31tæ35Øər0

1356. 对方同名人互称 tuei44faŋ31

1357. 烧山男性淫荡者 ʂau53sã0

1358. 卖货客女性淫荡者 mæ44xuo0khei44

1359. 麻糜儿女性不懂道理者

ma35mi35Øər0

1360. 带犊拖油瓶，母亲再嫁所带的子女

tæ44tu0

1361. 啬皮吝啬鬼 sei31phi35

1362. 死狗无赖之徒 sɿ31kou53

1363. 白眼狼忘恩负义者 pei31ȵiã53laŋ35

1364. 扫帚星灾星 sau44tʂʅ0çiŋ31

1365. 街狗市侩 tçiɛ31kou53

1366. 胡拉塌不计较个人得失者

xu31la44tha0

1367. 㞞管娃马大哈 suŋ35kuã53Øua44

1368. 二尾子中性人 Øər44Øi31tsɿ0

（二）称谓

1369. 阿嫂背称夫嫂 Øa53sau0

1370. 妻哥大舅子 tçhi31kɤ35

1371. 妻弟小舅子 tçhi31tçi44

1372. 妻姐大姨子 tçhi31tçhiɛ53

1373. 妻妹小姨子 tçhi31mei44

1374. 爷父□父子们 Øiɛ31fu44mu0

1375. 娘母□母亲与子女们

ȵiaŋ31mu44mu0

1376. 爷爷孙祖父与孙辈们

Øiɛ31Øiɛ53suŋ53

1377. 婆婆孙祖母与孙辈们

pho31pho53suŋ53

1378. 盖爸爷高祖父 kæ44pa53Øiɛ0

1379. 盖爸婆高祖母 kæ44pa53pho0

1380. 舅爷父母的舅父 tçiou44Øiɛ0

1381. 妗婆父母的舅母 tçiŋ44pho35

1382. 姑爷父母的姑父 ku53Øiɛ0

1383. 姑婆父母的姑母 ku31pho35

1384. 姨夫爷父母的姨父 Øi31fu53Øiɛ44

1385. 姨婆父母的姨娘 Øi35pho35

1386. 叔异族叔父 ʂʅ35

1387. 姨异族伯叔母 Øi44

八、身体、医疗

1388. 罐罐发髻 kuã44kuã0

1389. 囟门口囟门 çiŋ44məŋ0khou0

1390. 后马勺后脑勺 xou44ma53çyo35

1391. 燕絮刘海儿 Øiã44çy44

1392. 鬓间鬓角 piŋ44tçiã31

1393. 后气窝脖后凹进去的部分

xou44tçhi44Øuo31

1394. 眼橛眼角麦粒肿 ȵiã53tçyɛ35

1395. 痘痘粉刺 tou44tou0

1396. 蚰蜒 Øiou31Øiã53/蚰蜒点

Øiou31Øiã44tçiã0 雀斑

1397. 胳搔窝腋窝 kei53tsau35Øuo31

1398. 呵吡哮喘 xɤ53tshɿ0

1399. 腿猪娃小腿肚 thuei44tʂʅ53Øua0

1400. 骭腿小腿骨 kã53thuei0

1401. 核桃疙瘩踝骨 xei31thau53kei53ta0

1402. 发潮作呕 fa31tʂhau35

1403. □膏药贴膏药 pia35kau53Øyo0

1404. 害瘸瘸患小疮 xæ44khuo44khuo0

1405. 清鼻因感冒导致所流出的非黏性鼻涕

tçhiŋ31phi35

1406. 黄鼻黏稠的鼻涕 xuaŋ35phi35

1407. 耳塞耳垢 Øər44sei0

1408. 跐烂啦蹭破了 tshɿ53lã44lia0
1409. 梢把长胳膊长 sau31pa0tʂhaŋ35
1410. 精溜光上身 tɕiŋ31liou44
1411. 精尿溜沟赤身裸体 tɕiŋ31tɕhiou35liou44kou53
1412. 拉肚子泻肚 la31tu44tsɿ0
1413. 㧜落抚摸 phu31luo53
1414. 丢盹打盹儿 tɕiou31tuŋ53
1415. 绊倒摔倒 pã44tau53
1416. 坐蹲屁股墩儿 tsuo44tuŋ31
1417. 仰帮面朝天 ȵiaŋ44paŋ0
1418. 嵌活舒服 tɕhiã44xuo0
1419. 严窝严实 ȵiã31Øuo53
1420. 敬嘴 tɕiŋ44tsuei53/馋嘴 tshã35tsuei53 喜欢吃好的
1421. 恓惶可怜 ɕi53xuaŋ0
1422. 轻省轻松 tɕhiŋ53səŋ0
1423. 利洒动作敏捷麻利 li44sa0
1424. 扫舍春节前打扫屋子 sau53ʂɤ44
1425. 一爪葡萄一串葡萄 Øi31tʂa44phu31thau53
1426. 一挂车一辆马车 Øi31kua35tʂhɤ31
1427. 棒个半个 paŋ44kɤ0
1428. 支应应付 tsɿ53Øiŋ0
1429. 整瞎下被彻底整惨 tʂəŋ44xa53xa0
1430. 认皇皇彻底接受教训 ʐəŋ44xuaŋ31xuaŋ53

九、农、工、商、文

1431. 拉长工扛长工 la31tʂhaŋ31kuŋ53
1432. 钐钐子 sãː44
1433. 打磨磨面 ta31mo44
1434. 钆 ka35/票子 phiau44tsɿ0 对钱的谑称
1435. 志称重量 tsɿ44
1436. 灌油买油 kuã44Øiou35
1437. 扯布买布料 tʂhɤ53pu44
1438. 坢草用锄头除草 phã53tshau53
1439. 劘用斧子砍楔子等 phiã53
1440. 漾粪撒粪 Øiaŋ44fəŋ44
1441. 豆麸子豆糠 tou44Øi53tsɿ0
1442. 胡胡二胡和板胡等的统称 xu31xu53
1443. 断货趸货 tuã44xuo44
1444. 丢方占方 tɕiou35faŋ31
1445. 口波歌谣 khou44pho0

十、动作、行为

1446. 楞楞婴儿学会站立 ləŋ44ləŋ44
1447. 挪脚婴儿开始移步 luo35tɕyo31
1448. 抬杠斗嘴，争辩 thæ35kaŋ44
1449. 摆置摆布 pæ44tʂʅ0
1450. 驳杂不同意，找理由推脱 po53tsa31
1451. 不卯合不来，有隔阂 pu31mau53
1452. 㧜挲衣物等将干时用手抚平 phu53suo0
1453. 戳窝私下打小报告 tʂhɤ35Øuo31
1454. 抻出把握着花销 tʂhəŋ44tʂhʅ0
1455. 戳弄教唆 tʂhɤ53luŋ0
1456. 糟蹋挥霍 tsau53tha0
1457. 受话对不好听的话能够接受 ʂou44xua44
1458. 劐开把阻挡人前进的东西向左右分开 xuo53khæ0
1459. 跐蹭，磨动着脚把地上的液状物或字迹蹭掉 tshɿ53
1460. 捩 liɛ31/扭 ȵiou53 拧：胳膊～不过大腿

1461. 趄斜卧在炕上 tɕhiɛ44
1462. 尺谋估计，掂量 tʂhʅ53mu0
1463. 规模想想利弊和分量 khuei53mo0
1464. 闷湿剃头以前把头发弄湿 mən44ʂʅ31
1465. 抿纸扯开纸以前用舌头把将扯处弄湿 miŋ53tsɿ53
1466. 抿缝子抹缝子 miŋ53fəŋ44tsɿ0
1467. 掼 tɕiɛ35/绽 tshã44 教训性地揍
1468. 擂打：～了一杠子 luei35
1469. 剜训斥性地瞪 Øuã31
1470. 搕用杆状物打 khuo31
1471. 摽打了一砖头 piau31
1472. 承系帮助，养活 tʂhəŋ31ɕi53
1473. 学说人 ɕyo31ʂɤ53ʐəŋ35/卖派人 mæ44phæ0ʐəŋ35 背后说人坏话
1474. 硬撑坚持，支持着 ȵiŋ44tshəŋ31
1475. 董烂子闯乱子 tuŋ53lã44tsɿ0
1476. 董脏弄脏 tuŋ53tsaŋ31
1477. 发烧自觉有错而脸红 fa35ʂau31
1478. 顶塄顶嘴辩驳 tɕiŋ35ləŋ35
1479. 捋治分类整理 ly53tʂʅ0
1480. 逮紧 tæ31tɕiŋ53/逮牢 tæ31lau35 用力捉住
1481. 言镵说话欺人 Øiã35tshã35
1482. 谢承酬谢，答谢 ɕiɛ44tʂhəŋ0
1483. 两耽两头都落空 liaŋ44tã0
1484. 张的自傲，显摆 tʂaŋ31tɕi53
1485. 捻弄修理 ȵiã44luŋ0
1486. 撕搲又抓又抠打起来 sɿ53Øua0
1487. 伤脸让人面子搁不住 ʂaŋ31liã53
1488. 下话说下情 ɕia44xua44
1489. 招识理睬 tʂau53ʂʅ0
1490. 搞 kau53/奈何 læ44xuo0 应付
1491. 扎庄驻地专事采购 tsa53tʂaŋ0
1492. 掐随便抱 tɕhia44
1493. 系挂随便绑 tɕi44kua0
1494. 光摸想法套要长辈的钱 kuaŋ53mo0
1495. 给脸给面子，给台阶下 kei44liã53

十一、性质、状态

1496. □□顺当，妥帖 Øuo31Øiɛ53
1497. 险乎儿差点儿 ɕiã31xu53Øər0
1498. 心疼 ɕiŋ31thəŋ35/乖 kuæ31 漂亮
1499. 齐茬 tɕhi31tsha53/齐促 tɕhi31tshu53 整齐划一
1500. 窄狭地方窄小 tsei53tɕhia0
1501. 镵刀具锋利 tshã35
1502. 人镵火人厉害 ʐəŋ35tshã31xuo53
1503. 人愴人恶 ʐəŋ35Øuæ31
1504. 淹 ȵiã31/暮气 mu44tɕhi44/暮囊 mu44laŋ0 举止迟缓
1505. 渗冷得入骨 səŋ44
1506. 生撑冷倔待人不热情且倔强不堪 səŋ31tshəŋ44ləŋ53tɕyɛ44
1507. 出展行动大方无拘束 tʂhʅ31tʂã53
1508. 嫩面不显老 lyŋ44miã0
1509. 戳撑大方，敢于出头露面 tʂhɤ53tshəŋ0
1510. 惨情凄惨令人伤情 tshã53tɕhiŋ35
1511. 低搭下贱 tɕi53ta0
1512. 耳朵背听力不好 Øər44tuo0pei44
1513. 够劲做事很有心劲 kou44tɕiŋ44
1514. 圪顽说话做事不爽快 kɤ53Øuã0
1515. 奸餐挑食 tɕiã53tshã0
1516. 口粗不挑食 khou53tshu31
1517. 把拙拘束 pa53tʂɤ0

1518. 宽展宽裕 khuã53tʂã0

1519. 胆正遇到险要很冷静 tã53tʂəŋ44

1520. 抠掐吝啬，计较小利 khou53tɕhia0

1521. 烂耽不讲卫生 lã44tã0

1522. 能演有能力爱显摆 ləŋ35Øiã53

1523. 难畅不顺利 lã31tʂhaŋ53

1524. 硬气有志气，拒绝外援 ȵiŋ44tɕhi44

1525. 攮在舒适，裕如 laŋ53tsæ0

1526. 皮实结实，经得起摔打 phi31ʂɿ53

1527. 全合人员到得齐全 tshuã31xuo53

1528. 受看耐人看 ʂou44khã44

1529. 手稠做某种生意的人多 ʂou53tʂhou35

1530. 傻白惨白 ʂa53pei35

1531. 惊生受不了一点惊吓 tɕiŋ53səŋ0

1532. 眼目硬看到悲惨情景不动容 ȵiã53mu31ȵiŋ44

1533. 眼目软看到悲伤的事就流泪 ȵiã53mu31ʐã53

1534. 黑麻咕咚黑咕隆咚 xei53ma0ku31tuŋ0

1535. 黏麻咕咚表达不清 ʐã31ma44ku31tuŋ0

1536. 稀里八差很稀少 ɕi53li0pa31tsha0

1537. 真扎实料很纯正的 tʂəŋ35tsa31ʂɿ35liau44

1538. 贼模式样鬼鬼祟祟 tsei31mu53ʂɿ31Øiaŋ0

1539. 汉小力薄个子不高，力气不大 xã44ɕiau53li31po35

1540. 生哇失道人地两生 səŋ53Øua0ʂɿ31tau0

第四章　语法与口头文化

第一节　语法例句

1. 你是哪里人？

   你是啊搭人？/你是搭啊人？

   ȵi53sɿ44Øa31ta53ʐəŋ35？/ȵi53sɿ44ta31Øa53ʐəŋ35？

2. 我是陕西____人。（说出所在县或市）

   我是陕西眉县人。

   ŋɤ53sɿ44ʂã44ɕi31mi31ɕiã53ʐəŋ35.

3. 你今年多大？

   你今年多大岁数？/你多大啦？

   ȵi53tɕiŋ53ȵiã35tuo31ta44suei44ʂʅ0？/ȵi53tuo31ta44lia0？

4. 我____岁了。（说出自己的实际年龄）

   我六十一岁啦。

   ŋɤ53liou53ʂʅ35Øi31suei44lia0.

5. 你叫什么名字？

   你叫啥名字？

   ȵi53tɕiau44ʂa44miŋ31tsɿ53？

6. 我叫________。（说出自己的名字）

   我叫高永怀。

   ŋɤ53tɕiau44kau31Øyŋ53xuæ35.

7. 你家住哪里？

   你［屋里］在啊搭呢？/你［屋里］在搭呢？

   ȵi35Øuei31tsæ44Øa31ta53ȵi0？/ȵi35Øuei31tsæ44ta35ȵi0？

8. 我家住________。（说出自己居住的地址）

   我［屋里］在北兴七组 。

ŋɤ35Øuei31tsæ44pei35ɕiŋ31tɕhi31tsu53.

9. 谁呀？我是老三。

谁呀？我是老三。/谁一个？我是老三。

sei31Øia53？ŋɤ53sʅ44lau53sã31. / sei31Øi44kɤ0？ŋɤ53sʅ44lau53sã31.

10. 老四呢？他正在跟一个朋友说着话呢。

老四呢？他正跟个朋友说话呢。

lau53sʅ44ȵi0？tha53tʂəŋ44kəŋ31kɤ0phəŋ31Øiou53ʂɤ31xua44ȵi0.

11. 他还没有说完吗？

他还没说完？/他还没说毕吗？

tha53xã35mo35ʂɤ31Øuã35？/tha53xã35mo31ʂɤ35pi31ma0？

12. 还没有。大约再有一会儿就说完了。

还没呢。大摸还得一下儿。

xã35mo35ȵi0. ta44mu53xã35tei31Øi31xar53.

13. 他说马上走，怎么这半天了还在家里呢？

他说马上走，咋么［这个］半天啦还在［屋里］呢？

tha53ʂɤ31ma53ʂaŋ0tsou53，tsa31mo0tʂæ44pã44tɕhiã31lia0xa35tsæ44Øuei53ȵi0？

14. 你到哪儿去？我到城里去。

你到搭去呀？我到城里去呀。

ȵi53tau44ta35tɕhi44Øia0？ŋɤ53tau44tʂhəŋ31li53tɕhi44Øia0.

15. 在那儿，不在这儿。

在兀搭，不在这搭。/在［兀搭］，不在［这搭］。

tsæ44Øu44ta0，pu31tsæ44tʂʅ44ta0. /tsæ44Øua44，pu31tsæ44tʂa44.

到兀搭，不到这搭。/到［兀搭］，不到［这搭］。

tau44Øu44ta0，pu31tau44tʂʅ44ta0. /tau44Øua44，pu31tau44tʂa44.

16. 不是那么做，是要这么做的。

不是干么弄，是这么弄。

pu31sʅ44kã31mu53luŋ44，sʅ44tʂʅ44mu0luŋ44.

17. 太多了，用不着那么多，只要这么多就够了。

太多了，用不着兀些，只要这些就够了。

thæ44tuo31liau0，Øyŋ44pu31tʂɤ35Øu44ɕiɛ31，tsʅ31Øiau44tʂʅ44ɕiɛ31tsou44kou44liau0.

18. 这个大，那个小，这两个哪一个好点呢？

这个大，兀个碎，这两个哪个好？

tʂʅ44kɤ0ta44，Øu44kɤ0suei44，tʂʅ44liaŋ44kɤ0la44kɤ0xau53？

19. 这个比那个好。

这个比［兀一］个好。

tʂɤ44kɤ0pi53Øuei44kɤ0xau53.

20. 这些房子不如那些房子好。

这些房不如［兀一］些房好。

tʂɤ44ɕiɛ31faŋ35pu35ʐʅ31Øuei44ɕiɛ31faŋ35xau53.

21. 这句话用____话怎么说？（填本地地名，本地音）

这句话用眉县话咋么说呢？/这句话拿眉县话咋说呢？

tʂʅ44tɕy44xua44Øyŋ44mi31ɕiã53xua44tsa31mo0ʂɤ31ȵi0？/tʂʅ44tɕy44xua44la35mi31 ɕiã53xua44tsa31mo0ʂɤ31ȵi0？

22. 他今年多大岁数？

他今年多大啦？/［兀一］个今年多大啦？

tha53tɕiŋ31ȵiã35tuo31ta44lia0？/Øuei44kɤ0tɕiŋ31ȵiã35tuo31ta44lia0？

23. 大概有三十来岁吧。

大摸有三十来岁。

ta44mu53Øiou53sã53ʂʅ0læ0suei44.

24. 这个东西有多重呢？

这个东西有多重？

tʂʅ44kɤ0tuŋ53ɕi0Øiou44tuo31tʂəŋ44？

25. 有五十斤重呢。

有五十斤重。/要五十斤重呢。

Øiou53Øu44ʂʅ0tɕiŋ31tʂəŋ44. /Øiau44Øu44ʂʅ0tɕiŋ31tʂəŋ44ȵi0.

26. 拿得动吗？

拿得动？/拿得起？/拿得动吗？/拿得起吗？

la31tei53tuŋ44？/la31tei53tɕhiɛ53？/la31tei53tuŋ44ma0？/la31tei53tɕhiɛ53ma0？

27. 我拿得动，他拿不动。

我能拿动，他拿不动。/我能拿起，他拿不起。

ŋɤ53ləŋ35la31tuŋ53，tha53la35pu31tuŋ44. /ŋɤ53ləŋ35la31tɕhiɛ53，tha53la35pu31tɕhiɛ53.

28. 真不轻，重得连我都拿不动了。

真不轻，重的连我都拿不动了。/真不轻，重的连我也拿不起了。

tʂəŋ35pu35tɕhiŋ31，tʂəŋ44tɕi0liã35ŋɤ53tou31la31pu53tuŋ44liau0. /tʂəŋ31pu35tɕhiŋ31，tʂəŋ44tɕi0liã35ŋɤ53Øiɛ53la31pu53tɕhiɛ53liau0.

29. 你说得很好，你还会说点儿什么呢？

你说得好□很，你还会说些啥呢？

ȵi53ʂɤ53tɕi0xau53Øau0xəŋ53，ȵi53xa35xuei44ʂɤ53ɕiɛ31ʂa44ȵi0？

30. 我嘴笨，我说不过他。

我嘴笨，我说不过他。/我嘴笨，说不过他。

ŋɤ53tsuei53pəŋ44，ŋɤ53ʂɤ53pu31kuo44tha53. /ŋɤ53tsuei53pəŋ44，ʂɤ31pu31kuo44 tha53.

31. 说了一遍，又说了一遍。

说了一遍，还说了一遍。/说了一遍，却说了一遍。

ʂɤ31liau0Øi31piã44，xa35ʂɤ31liau0Øi31piã44. /ʂɤ31liau0Øi31piã44，khɤ53ʂɤ31liau0 Øi31piã44.

32. 请你再说一遍。

你再说一遍□。

ȵi53tsæ44ʂɤ31Øi31piã44ɕia0.

33. 不早了，快去吧！

不早了，赶紧去！

pu31tsau44liau0，kã31tɕiŋ53tɕhi44！

34. 现在还很早呢，等一会儿再去吧。

这阵还早很呢，等一下再去。

tʂei44tʂəŋ44xa35tsau53xəŋ53ȵi0，təŋ53Øi31xa44tsæ44tɕhi44.

35. 吃了饭再去好吧？

饭吃了再去能成也不？

fã44tʂhʅ31liau0tsæ44tɕhi44ləŋ35tʂhəŋ35Øia0pu31？

36. 慢慢儿地吃啊！不要急嘛！

吃慢［给下］！要急！

tʂhʅ31mã44ka0！pau31tɕi35！

37. 坐着吃比站着吃好些。

坐下吃比立下吃好些。

tsuo44xa0tʂhʅ31pi53li53xa0tʂhʅ31xau53ɕiɛ31.

38. 这个吃得，那个吃不得。

这个能吃，［兀一］个吃不成。

tʂei53kɤ0ləŋ35tʂhʅ31，Øuei53kɤ0tʂhʅ31pu31tʂhəŋ35.

39. 他吃了饭了，你吃了饭没有呢？

他饭吃了，你吃了没？/他把饭吃了，你吃了没？

tha53fã44tʂhʅ31liau0，ȵi53tʂhʅ31liau0mo31？/tha53pa31fã44tʂhʅ31liau0，ȵi53tʂhʅ31 liau0mo31？

40. 他去过上海，我没有去过。

他到上海去过，我没去过。

tha53tau44ʂaŋ44xæ53tɕhi44kuo0，ŋɤ53mo31tɕhi44kuo0.

41. 来闻闻这朵花香不香？

来闻［给下］这个花香也不？

læ35vəŋ31ka53tʂei44kɤ0xua31ɕiaŋ53Øia0pu31？

42. 香得很，是不是？

香昂很，得是？

ɕiaŋ31Øaŋ0xəŋ53，tei31sʅ44？

43. 给我一本书！

给我给个书！/给我一本书！

kei44ŋɤ53kei44kɤ0ʂʅ31！/kei44ŋɤ53Øi31pəŋ53ʂʅ31！

44. 我实在没有书么！

我实在没的书！

ŋɤ53ʂʅ35tsæ44mu31tɕi35ʂʅ31！

45. 你告诉他。

你给他说。

ȵi53kei44tha53ʂɤ31.

46. 好好儿地走！不要跑！

好好走！嫑跑！

xau53xau35tsou53！pau31phau53！

47. 小心跌下去爬也爬不上来！

小心跌下去爬不上来了！

ɕiau53ɕiŋ31tɕiɛ31xa44tɕhi0pha35pu31ʂaŋ44læ0liau0！

48. 医生叫你多睡一睡。

先生叫你多睡［给下］。

ɕiã53səŋ0tɕiau55ȵi53tuo31ʂei44ka0.

49. 吸烟或者喝茶都不可以。

吃烟喝茶都不行。/吃烟喝茶都不成。

tʂhʅ35Øiã31xuo31tsha35tou35pu31ɕiŋ35./tʂhʅ35Øiã31xuo31tsha35tou35pu31tʂhəŋ35.

50. 烟也好，茶也好，我都不喜欢。

吃烟喝茶我都不爱。

tʂhʅ35Øiã31xuo31tsha35ŋɤ53tou35pu35ŋæ44.

51. 不管你去不去，反正我要去呢，我非去不可。

不管你去不去，反正我要去呢，我非去不可。

pu31kuã53ȵi53tɕhi44pu31tɕhi44，fã31tʂəŋ44ŋɤ53Øiau44tɕhi44ȵi0，ŋɤ53fei31tɕhi44pu31khɤ53.

52. 你是哪一年来的？

你是哪一年来的？/你是哪一年来的？

ȵi53sɿ44la31Øi31ȵiã35læ35tɕi0？/ȵi53sɿ44Øa31Øi31ȵiã35læ35tɕi0？

53. 我是前年到的北京。

我是先年到的北京。

ŋɤ53sɿ44ɕiã31ȵiã35tau44tɕi0pei31tɕiŋ31.

54. 今天开会谁的主席？

今个开会谁当主席？

tɕiŋ31kɤ0khæ31xuei44sei35taŋ31tʂʅ53ɕi35？

55. 你得请我的客。

你得请我的客。

ȵi53tei31tɕhiŋ53ŋɤ53tɕi0khei31.

56. 这是他的书，那一本是他哥哥的。

［这个］是他的书，［兀一］一本是他哥的。

tʂæ44sɿ44tha53tɕi0ʂʅ31，Øuei53Øi31pəŋ53sɿ44tha31kɤ31tɕi53.

57. 一边走，一边说。

旋走旋说。

suã44tsou53suã44ʂɤ31.

58. 看书的看书，看报的看报，写字的写字。

看书的看书，看报的看报，写字的写字。

khã44ʂʅ53tɕi0khã44ʂʅ31，khã44pau44tɕi0khã44pau44，ɕiɛ53tsɿ44tɕi0ɕiɛ53tsɿ44.

59. 越走越远，越说越多。

越走越远，越说越多。

Øyɛ31tsou53Øyɛ31Øyã53，Øyɛ35ʂɤ31Øyɛ35tuo31.

60. 把那个东西拿给我。

把［兀一］个东西给我。/把［兀一］个东西给我取吁来。

pa31Øuei53kɤ0tuŋ53ɕi0kei53ŋɤ53./pa31Øuei53kɤ0tuŋ53ɕi0kei53ŋɤ53tɕhy53Øy0læ0.

61. 有些地方把太阳叫日头。

有些地方把太阳叫日头。

Øiou53ɕiɛ31tɕi44faŋ53pa31thæ44Øiaŋ53tɕiau44Øər53thou0.

62. 您贵姓？我姓王。

你贵姓？我姓王。

ȵi53kuei44ɕiŋ44？ ŋɤ53ɕiŋ44Øuaŋ35.

63. 你姓王，我也姓王，咱们两个人都姓王。

你姓王，我也姓王，咱两个都姓王。

ȵi53ɕiŋ44Øuaŋ35，ŋɤ53Øa0ɕiŋ44Øuaŋ35，tsæ35liaŋ44kɤ0tou35ɕiŋ44Øuaŋ35.

64. 你先去吧，我们等一会儿再去。

你先去，我的等一会儿再去。

ȵi53ɕiã31tɕhi44，ŋɤ31tɕi0təŋ53Øi31xa44tsæ44tɕhi44.

第二节　北风和太阳

北风跟太阳

有一回，北风跟太阳在那儿争论谁的本事大。争来争去就是分不出高低来。这时候路上来了个走道儿的，他身上穿着件厚大衣。他们俩就说好了，谁能先叫这个走道儿的脱下他的厚大衣，就算谁的本事大。北风就使劲地刮起来了，不过他刮得越是厉害，那个走道儿的把大衣裹得越紧。后来北风没法儿了，只好就算了。过了一会儿，太阳出来了。他火辣辣地一晒，那个走道儿的马上就把那件厚大衣脱下来了。这下儿北风只好承认，他们俩当中还是太阳的本事大。

北风跟日头

pei35fəŋ31kəŋ31Øər53thou0

有一回，北风跟日头到兀搭争竞谁的本事大呢。

Øiou53Øi31xuei35，pei35fəŋ31kəŋ31Øər53thou0tau44Øu44ta0tsəŋ53tɕiŋ0sei31tɕi53 pəŋ44sɿ0ta44ȵi0.

争竞来争竞去，就是分不出个高低。

tsəŋ53tɕiŋ0læ35tsəŋ53tɕiŋ0tɕhi44，tsou44sɿ44fəŋ31pu35tʂhʅ53kɤ0kau35tɕi31.

这阵路上来了个过路的，他身上穿了个厚大衣。

tʂei44tʂəŋ44lu44ʂaŋ0læ31liau53kɤ0kuo44lu44tɕi0，tha53ʂəŋ31ʂaŋ0tʂhã31liau0kɤ0xou44 ta44Øi31.

他两个就说好了，谁能先叫这个过路的把厚大衣脱了，就算谁的本事大。

tha31liaŋ44kɤ0tsou44ʂɤ31xau53liau0，sei35ləŋ35ɕiã31tɕiau44tʂei44kɤ0kuo44lu44tɕi0 pa31xou44ta44Øi31thuo31liau0，tsou44suã44sei31tɕi53pəŋ44sɿ0ta44.

北风就冷灰的刮开了，越刮越劲，不过他刮的越争，那个过路的把大衣裹的就越紧。

pei35fəŋ31tsou44ləŋ53suŋ35tɕi0kua53khæ31liau0，Øyɛ31kua53Øyɛ31ʂau35，pu31kuo44 tha53kua44tɕi0Øyɛ35tsəŋ31，læ44kɤ0kuo44lu44tɕi0pa31ta44Øi31kuo44tɕi0tsou44Øyɛ31tɕiŋ53.

后来，北风没办法了，只得算灰了。

xou44læ35，pei35fəŋ31mo31pã44fa31liau0，tsɿ35tei31suã44tɕhiou0liau0.

过了一下下，日头出来了。

kuo44liau0Øi31xa44xa0，Øər53thou0tʂhʅ31læ0liau0.

他杠红杠红的一晒，[兀一] 个过路的赶紧就把厚大衣脱了。

tha53kaŋ44xuŋ35kaŋ44xuŋ35tɕi0Øi31sæ44，Øuei44kɤ0kuo44lu44tɕi0kã31tɕiŋ53tsou44 pa31xou44ta44Øi31thuo31liau0.

这下北风只得认黄，他两个还是人 [人家] 日头的本事大。

tʂei53xa44pei35fəŋ31tsɿ35tei31ʐəŋ44xuaŋ35，tha31liaŋ44kɤ0xã35sɿ44ʐəŋ31ȵia53 Øər53thou0tɕi0pəŋ44sɿ0ta44.

第三节　口头文化

一、眉县曲子

1. 粮食

他姨夫悄悄地溜走了，今夜晚藏粮把地窖掏，睡半夜起鸡叫，庄稼本是汗水浇，一苗一苗都浇到，一颗一颗赛玛瑙。……今夜晚黑洞洞寒风呼啸，凉水浇头我心发烧，盼只盼这地能买到，怕只怕走了风声事弄烂包。

2. 梁秋燕

阳春儿天，秋燕去田间，咹……慰劳军属把呀把菜剜，样样事我要走在前边，咹……人家英雄上了前线，为保卫咱的好田园，金字光荣匾，功臣们门上悬，把他们美名儿天下传，咹……手提上竹篮篮，咹……又拿着铁铲铲，虽然说野菜儿不出钱，咹……总算是娃娃们心一片，秋燕只觉心里喜，放大脚步走呀走的急，二嫂说和我一同去，约会好等她在这里。

3. 赞盛世

五月初夏天，遍地麦浪翻。我老婆今日把盛世赞，样样事儿都叫人喜欢。如今社会大改变，现代化设备不断添。洗衣机和电话，网络配彩电，家中的电器都装全，生活过得赛神仙，丰衣足食是康乐天。肉、蛋是家常饭，每天把牛奶餐；日子美满不缺钱，国家现在把农业税免，千古好事我碰见。村中的道路全硬化，路灯明亮一串串，机械化耕作普了遍，田间灌溉把水管安，合作医疗办的谄，学生上学把学费免，人活六十有养老款，能给儿女减负担，我老婆思想积极心良善，我也是县乡政协一成员。儿子开车媳妇开商店，我和老汉把门看。孙子聪明上幼儿园，老两口最爱这宝贝蛋蛋。听看收录机秦腔大叫板，我也能唱上几段段。共产党给咱把实事办，和谐社会幸福年。

二、下河寨道情

1. 韩湘子表出身

湘子（白）：这是老夫人，是你今天三番四五与贫道要你家湘子侄男，你可知你家湘子侄男，他首一辈是何人一转呢？

杜氏（白）：我想为人终生在世，连今世也不知，怎知前世的道理来。

湘子（白）：老夫人不知，贫道我不才晓得一二。

杜氏（白）：既然知晓就该听讲啊！

湘子（白）：老夫人你听：你家湘子侄男，他首一辈是申公豹一转。只因三教共议封神大榜，才命姜子牙背榜下山斩将封神，路过猛兽崖前，遇见申公豹孽障，拦住了姜子牙的路径，使姜子牙不能前进。姜子牙言道：是谁有多大的本领，敢来侄挡于吾。这申公豹言道：是我无有多大的本领，手执春风宝剑将我项上这颗首级刎将下来，哗……啦啦，丢在半虚空中，一时三刻仍然还在项上。姜子牙言道：汝如有此本领的时候，你看贫道我火焚榜文，不能前进你看如何？姜子牙一言未罢，申公豹手执春风宝剑将他项上这颗首级刎将下来，哗……啦啦，丢在半虚空中。这南极仙从空射过，观见纣室皆休，周室立业，他命白鹤童子，将申公豹的首级，叼在了东海岸上玩耍。眼看一时三刻，将一个大仙，可该项冒鲜血一死。才多亏姜子牙上前苦苦哀告，南极仙才命白鹤童子将申公豹的首级送来，申公豹正在慌忙之处，上前双手接了首级，不料翻安在项上，世人不知称他为扭头列项的申公豹。老夫人不知，啊！听我道来呀！

（唱花音梅花点）申公豹扭头列项，全凭的嘴舌波浪，众仙家一见塞满腔，到处与人诉一场。众仙家伙里，称他好强，喊笑了玉帝，懦弱无刚，玉帝怒，塞了海眼把命丧。

（白）只因申公豹喊笑了玉帝，玉帝恼怒将他打了八十禅杖，打成孽木一根，塞了海眼永不能转生于人世。

杜氏（白）：我想将一个大仙打成孽木一根塞了海眼，他怎么还能转生于人世呀！

湘子（白）：老夫人不知，他可有一桩奇意者在内呀！

杜氏（白）：我想他还有什么奇在内呀！

湘子（白）：老夫人你听啊，只因孔夫子周游列国，教愚化贤，教下了八百门徒，七百大贤，行走在郑蔡二国，遇见送司马环特，绝粮七日七夜，多亏公冶长先生善能听百鸟之言，对亏了先生入燕搬兵，搬来了一人姓孙名雄，道号一武子。只因孙武子从前行兵不仁，伤害了老龙的四子，老龙和他一处结构，那夜晚上会就了九江八河，五湖四海的龙君，水涨数十余丈，要淹孙武子的营寨。谁知孙武子手段皆大，抓住孽木一根，哗……啦啦一雾过了沙江。将着孽木丢在东海岸上流来流去，流了五百余年。到后来脱化了黄柏洋，又不务其正道，玉帝恼怒，又将他打了八十禅杖。打成扁毛之鸟，白鹤一只，以在东海岸上单爪独立五百余年。

杜氏（白）：我想将一个大仙，打成扁毛之鸟白鹤一只，以在东海岸上单爪独立五百余年，冻也将他冻杀了，饿也将他饿杀了，他怎么还能转生于人世呀！

湘子（白）：老夫人不知，他可有一桩阴功在内。

杜氏（白）：我想他还有什么阴功在内呀！

湘子（白）：老夫人你听：只因玉帝殿前有一幼英女，是她损坏了王母的玻璃二盏，王母恼怒将她一袍袖打下凡来，脱化了灵芝贵草一根，以在荆王坟中社长，到后来又脱化了育英鸟一只，使她日每千里打食奉起白鹤，到晚来一处歇卧，好似民间夫妇的一般。这是老夫人，你可晓得钟吕二仙否？

杜氏（白）：这钟吕二仙骗走了我的侄男，老身焉有不知之理？

湘子（白）：这钟吕二仙，三月初三会罢了王母的蟠桃大宴已毕，一出南天门来，观见东海岸上明星朗朗，白气冲天，必出什么妖邪做乱。他二人取出尚方宝剑，哗……啦啦，撒在半虚空中。这育英正在打食奉起白鹤，观见仙剑下凡，哗……啦啦，展翅飞在半虚空中。这白鹤大叫好一贪生怕死的育英孽障，你今生耽搁我一口，我来世耽搁你一世。白鹤叫骂育英已毕，回头绞项一死。这育英已在半虚空中，大叫“可怜呀哈哈”“可怜”，可怜我千里打食奉起你五百余年，到今闪的我劳而无功。这育英已在半虚空中，痛痛的哭得了一场，也是身扑海水一死。这钟吕二仙，一个将白鹤的阴魂捅在了袍袖内边，一个将育英的阴魂装在了玉鼓内边。行走了三十六州，九十四县，有好年无好月，有好月无好时。行走在大国长安，观见韩、林两家，七辈吃斋，八辈向善，一个将白鹤的阴魂撒奔韩门，所生一子名曰韩湘子。一个将育英的阴魂撒奔林门，所生一花，名曰林英女。因而他二人是空床夫妻。老夫人不知，啊！听我道来呀！

（唱花音梅花点）小湘子便讲其情，老夫人话听心中，白鹤阴魂撒韩门，乳名湘子为儿童，年年在外，月月回城，身在清风，不贪恋红尘，要相逢，除非撇家入山林。

杜氏（白）：老身便叫这位小道童，不怕你今天讲的天花地瑞，地秀金莲，我总与你要我家湘子侄男，我总与你要我家湘子侄男。

湘子（白）：这是老夫人，是你今天三番四五，与贫道要你家湘子侄男，你说紧要吗？还是慢要呢？

杜氏（白）：这紧慢二字怎讲啊？

湘子（白）：老夫人若还慢要的时候，贫道我上山五百余年，见面五百余年，下山五百余年，共是一千五百余年，你母子才能相见。老夫人若还紧要的时候，贫道我巳时驾云，午时即到，你家湘子侄男即到你的面前。

杜氏（白）：老身听言，我想为人生身在世，怎能活下五百余年。老身我还是紧要。

湘子（白）：老夫人若还紧要的时候，头顶香盘向东南而跪了，口念三声普化大天宗，你家湘子侄男即到你的面前。

杜氏（白）：老身听言，便叫了丫鬟院子，随太婆头顶香盘向东南而跪了呀！

（唱哭音梅花点）有老身跪倒流平，口念声普化天尊，为只为我儿不回城，老身恳在无奈中，丫鬟院子，莫把眼睁，你们不必道童，有老身为儿出膝跪流平。

湘子（白）：（唱滚板，转梅花点过板）哎呀！啊，啊，啊，我的婶娘呀哎……小湘子大显神通，吹一口改换真容，叫一声婶娘你当听，儿是百景回府中。

（过板）这是婶娘，我是你儿湘子回府来了。

杜氏（白过板）：不是的，不是的，你是方才那位小道童。

湘子（过板）：这是婶娘，孩儿适才进府的时候，那位道童出府去了。

杜氏（过板）：怎么说，你是韩湘子？

湘子（过板）：是孩儿。

杜氏（过板）：韩百景。

湘子（过板）：儿在。

杜氏（同唱滚板）：哎呀，我的湘子儿呀！我的婶娘呀！

杜氏：（唱哭音梅花点）有老身抬头观看，湘子儿跪倒面前，只因你一去不回返，为娘恳在无奈间，你叔父为你，懒做高官，婶娘我为你，将双眼哭烂，你的妻为你，珠泪而不干，湘子儿，你今出家为哪件。

湘子：（唱花音梅花点）唉！我的婶娘呀！小湘子即便开言，叫婶娘话听心间。你的儿生来懒做官，儿把做官看的淡。国王家有难，臣子们不安。一事不到，比遭险然，叫婶娘，你随孩儿学修炼。

2. 三请诸葛亮

刘：（诗）天下惶惶刀兵乱，干戈何日得太平。若要孤把愁眉展，马踏江南灭曹公。

（白）念孤穷河南大树鸟桑郡人氏，姓刘名备字玄德。只因徐元直走马回上中原，我弟兄送在十里长亭，恋恋不舍先生，恳得那位先生无其奈间，与我弟兄荐下南阳卧龙岗孔明先生。孤穷今天闲暇无事，心想奔上卧龙岗前去请，须和二弟三弟商议。玄德吩咐人来也。

人役：（白）有。

刘：（白）以在门以外，有请你家二千岁，三五爷进帐。

3. 菩萨搧墓

（诗）日每在深山，烧魔曾炼丹。闲了观虎斗，闷了听鸟喧。

（白）贫道楚国蒙逸县人氏。姓庄名周字自修。是吾忆想当年，以在楚平王驾前为臣，官居上大夫之职。只因昏王贪淫无道，贬子休妻，是吾实在不愿在朝做官，来在昆仑山前拜大医真人为师。是我百日功过完满，吾师领我上朝玉帝，玉帝一见欣喜，敕封我为兰花了道的真人。今坐在白云洞中，忽然一阵心血潮翻，待吾袖筒八卦屈指一算，哎嗨呀，我当为这何来，原是我妻田氏、儿女在家赞叹者于我。我弟子走来！

童子：（白）童儿答曰弟子今当伺候，动问师父，唤弟子到来，有何法语相传。

庄周：（白）我弟子不知，是你挑了师父的勤俭书箱，跟随师父下山遨游访道，一来云游访道，二来探望你师娘一回。啊！有何不可呀！

4. 丁兰刻母

丁兰：（诗）田园正务农，乌鸦来奉亲。哎！老娘来做饭，站躬去接迎了呀！

（唱梅花点）小丁兰抬头观看，见母亲送膳不远。猛想起乌鸦事一端，只得上前把娘搀。双腿加力跑过了几弯，恨不得一步到娘面前，我丁兰，恨不得一步把娘见。

岐山县篇

第一章　总　论

第一节　人文地理、历史沿革、人口概况

岐山县位于宝鸡市境东北部，跨东经 107°33′～107°55′，北纬 34°07′～34°37′。北接麟游县，南连太白县，东与扶风、眉县接壤，西同凤翔、陈仓区毗邻。全县共 9 个镇，101 个行政村，1 个省级经济技术开发区，面积 856 平方千米。岐山是炎帝生息、周室肇基之地，是周文化的发祥地，是民族医学巨著《黄帝内经》、古代哲学宏著《周易》诞生之地。周公曾在这里制礼作乐，诸葛武侯曾在这里鞠躬尽瘁，中医始祖岐伯曾在这里悬壶济世。岐山是中华民族的发祥地之一，历史悠久，文化灿烂，享有"青铜器之乡""甲骨文之乡""中国千年古县""民间艺术之乡"和"陕菜之乡""转鼓之乡"的美誉。岐山也是一座美食之城，"神来之食"臊子面列入全国非物质文化遗产，起源于西周时期的"岐山香醋"被誉为"中国第一香醋"，擀面皮、锅盔、酥饺、空心挂面等民间小吃花样繁多，闻名遐迩。

岐山县以境内有岐山而得名。境内渭河、雍河、横水河及沿北山一带有新石器时代遗址 19 处，说明当时已有先民在此劳动生息。黄帝时代，岐伯就居于岐山之下。夏禹治水，遍识山川，岐山地区属雍州。商沿夏制，岐地仍属雍州。周平王东迁洛阳（前 770 年），秦襄公率兵护送有功，赐岐地为襄公所辖。秦始皇统一六国，设郡县后，岐地属内史郡。西汉太初元年（前 104 年），岐地南部分属武功县、眉县、虢县，西部属雍县，东部属美阳县，北部属杜阳县。东汉时期岐地南部分属眉县、武功县，其余所属未变。西晋时，州辖郡，郡辖县。岐地西属雍县，南属眉县，东属美阳县，为雍州扶风郡辖。北魏太和十一年（487 年），设岐州，领 3 郡 9 县。平秦郡的周城县辖岐地东部，横水县辖岐地西部，武都郡的平阳县辖岐区南部，武功郡的美阳县辖岐地东北部。西魏大统四年（538 年），改平秦郡为岐山郡，改平阳县为眉城县，岐地分属未变。北周武帝天和四年（569 年），分泾州鹑觚县南境置三龙县，县以山得名，治岐阳镇，属岐山郡。隋改岐山郡为扶风郡，开皇十六年（596 年），移三龙县治于西四十里（今凤鸣镇），改名岐山县。大业九年（613 年），又移县治于东北八里（今故郡寺、渚

村一带）。唐撤扶风郡设关内道凤翔府，岐山为其所属。武德元年（618 年），移县治于张堡；三年（620 年），分岐山县东部置韦川县；七年（624 年），移县治于龙尾堡。贞观七年（633 年），分岐山东北部及上宜县置岐阳县；八年（634 年），废虢县入岐山县，移县治于今址。五代十国时，岐地仍属凤翔府。北宋熙宁五年（1072 年），分陕西路西部置秦凤路，岐山县属秦凤路凤翔府。金大定二十七年（1187 年），置凤翔路，岐山县属凤翔路凤翔府。元废凤翔路，岐山县属陕西行中书省凤翔府所辖。明改陕西行中书省为陕西承宣布政使司，凤翔府未变，岐山县仍属其辖。清岐山县属凤邠道凤翔府。民国废府留县，先属陕西关中道。1933 年撤道，设行政区，岐山县属陕西省第九行政区。1949 年后属陕甘宁边区宝鸡分区所辖。1956 年 10 月宝鸡专区撤销，岐山县隶属陕西省。1958 年 12 月 10 日，岐山县并入凤翔县。1961 年 9 月恢复宝鸡专区及岐山县制，岐山县隶属宝鸡专区。1968 年 2 月 28 日成立宝鸡专区革命委员会，1969 年 10 月 1 日改宝鸡专区为宝鸡地区，岐山县随其所属。1971 年 12 月 8 日撤销宝鸡地区，辖区归宝鸡市，岐山县属宝鸡市。1979 年复设宝鸡地区，岐山县归其属。1980 年 8 月 1 日撤宝鸡地区并入宝鸡市，岐山县为宝鸡市辖。

2010 年全国第六次人口普查，全县 45 万人，占宝鸡市总人口的 12.54%。

第二节　方言归属与内部差异

岐山方言属于中原官话秦陇片。岐山县共有三种不同的口音：北部岐山山区的北山话；北塬地区以凤鸣镇话为代表的城关话，包含益店镇、凤鸣镇、故郡镇、蒲村镇、祝家庄镇、青化镇、京当镇等岐山南麓、渭河以北地区；以曹家村话为代表的南塬话，包含蔡家坡镇所辖渭河以南秦岭北麓浅山地区。三种口音从语音系统上看差别并不十分大，只是个别词语的语音有异。[①]

第三节　发音人和调查人概况

方言发音人（一）

1. 姓名：刘丑劳
2. 单位（退休前）：陕西省宝鸡市岐山县益店镇人民政府
3. 通信地址：陕西省宝鸡市岐山县凤鸣镇刘家河村五组 44 号

---

① 吴媛、韩宝育．岐山方言调查研究［M］．中华书局，2016 年，第 5 页。

4. 性别：男　　　民族：汉

5. 出生年月日（公历）：1953 年 4 月 27 日

6. 出生地（从省级至自然村级）：陕西省宝鸡市岐山县凤鸣镇刘家河村

7. 主要经历：1961 年 ～1969 年上学；1970 年 ～1996 年先后在生产队、村委会镇企业办担任基层干部；1996 年 9 月在凤鸣镇、益店镇工作；2013 年退休。

8. 文化程度：初中

9. 职业：基层干部

10. 会说哪几种话（包括普通话、外语）：岐山方言

11. 父亲是哪里人，会说什么话：宝鸡市岐山县凤鸣镇刘家河村人，会说岐山方言。

12. 母亲是哪里人，会说什么话：宝鸡市岐山县凤鸣镇北寨子村人，会说岐山方言。

13. 配偶是哪里人，会说什么话：宝鸡市岐山县凤鸣镇朱家塬村人，会说岐山方言。

方言发音人（二）

1. 姓名：杨天鹏

2. 单位（退休前）：陕西省宝鸡市岐山县蔡家坡镇华祥食品厂

3. 通信地址：陕西省宝鸡市岐山县蔡家坡镇水寨村四组

4. 性别：男　　　民族：汉

5. 出生年月日（公历）：1946 年 12 月 2 日

6. 出生地（从省级至自然村级）：陕西省宝鸡市岐山县蔡家坡镇水寨村

7. 主要经历：一直在蔡家坡镇水寨村四组务农，曾担任生产队会计。

8. 文化程度：初中

9. 职业：农民

10. 会说哪几种话（包括普通话、外语）：岐山方言

11. 父亲是哪里人，会说什么话：宝鸡市岐山县蔡家坡镇水寨村人，会说岐山方言。

12. 母亲是哪里人，会说什么话：宝鸡市岐山县蔡家坡镇东堡子村人，会说岐山方言。

13. 配偶是哪里人，会说什么话：宝鸡市岐山县蔡家坡镇岐星村人，会说岐山方言。

方言发音人（三）

1. 姓名：李宝成

2. 单位（退休前）：陕西省宝鸡市岐山县环境卫生管理局

3. 通信地址：陕西省宝鸡市岐山县和氏金地小区2号楼5单元一楼西户

4. 性别：男　　民族：汉

5. 出生年月日（公历）：1956年6月2日

6. 出生地（从省级至自然村级）：陕西省宝鸡市岐山县蔡家坡镇岐星村

7. 主要经历：1985年在岐山县工商行政管理局工作；2003年至今一直在岐山县环境卫生管理局工作。在创作的许多小品中，《老妹妹的烦心事》获得陕西省宣传部一等奖，《老妹妹逛岐山》获得宝鸡群众大赛二等奖。

8. 文化程度：初中

9. 职业：工人

10. 会说哪几种话（包括普通话、外语）：岐山方言

11. 父亲是哪里人，会说什么话：宝鸡市岐山县蔡家坡镇岐星村人，会说岐山方言。

12. 母亲是哪里人，会说什么话：宝鸡市岐山县蔡家坡镇岐星村人，会说岐山方言。

13. 配偶是哪里人，会说什么话：宝鸡市岐山县蔡家坡镇岐星村人，会说岐山方言。

方言发音人（四）

1. 姓名：刘剑锋

2. 单位（退休前）：陕西省宝鸡市岐山县委宣传部弘扬办

3. 通信地址：陕西省宝鸡市岐山县城文景园小区22号楼3单元102室

4. 性别：男　　民族：汉

5. 出生年月日（公历）：1971年5月17日

6. 出生地（从省级至自然村级）：陕西省宝鸡市岐山县凤鸣镇陵头村

7. 主要经历：1988年6月～2004年1月在岐山县周公庙管理处工作；2004年1月～2008年10月在岐山县文化旅游局工作；2008年10月～2011年2月在岐山县诸葛亮庙博物馆工作；2011年2月～2016年7月在中共岐山县委组织部工作；2016年7月至今在中共岐山县委宣传部工作。

8. 文化程度：大专

9. 职业：干部

10. 会说哪几种话（包括普通话、外语）：岐山方言、普通话。

11. 父亲是哪里人，会说什么话：宝鸡市岐山县凤鸣镇陵头村老庄六组人，会说岐山方言。

12. 母亲是哪里人，会说什么话：宝鸡市凤翔县横水镇尹稼务村三甲堡组人，会说岐山方言。

13. 配偶是哪里人，会说什么话：宝鸡市岐山县凤鸣镇董家台村董家堡组人，会说岐山方言。

方言发音人（五）

1. 姓名：唐占劳

2. 单位（退休前）：陕西省宝鸡市岐山县人民剧团

3. 通信地址：陕西省宝鸡市岐山县蒲村镇洗马庄村民小组张东小组

4. 性别：男　　民族：汉

5. 出生年月日（公历）：1952 年 6 月 29 日

6. 出生地（从省级至自然村级）：陕西省岐山县蒲村镇右卫营村唐家门村民小组

7. 主要经历：1974 年考入岐山县剧团，直至退休。

8. 文化程度：初中

9. 职业：秦腔演员

10. 会说哪几种话（包括普通话、外语）：岐山方言

11. 父亲是哪里人，会说什么话：宝鸡市岐山县蒲村镇洗马庄村人，会说岐山方言。

12. 母亲是哪里人，会说什么话：宝鸡市岐山县蒲村镇双桥村人，会说岐山方言。

13. 配偶是哪里人，会说什么话：宝鸡市岐山县蒲村镇洗马庄村人，会说岐山方言。

方言发音人（六）

1. 姓名：李想

2. 单位（退休前）：陕西省宝鸡市岐山县雍川镇马江村五组

3. 通信地址：陕西省宝鸡市岐山县雍川镇马江村五组

4. 性别：男　　民族：汉

5. 出生年月日（公历）：1995 年 2 月 20 日

6. 出生地（从省级至自然村级）：陕西省宝鸡市岐山县雍川镇马江村

7. 主要经历：2000 年 ～ 2006 年在马江小学上学，2006 年 ～ 2009 年在马江中学上学，2009 年 ～ 2012 年在岐山高中上学，2012 年 ～ 2016 年在商洛学院上学。

8. 文化程度：大学

9. 职业：农民

10. 会说哪几种话（包括普通话、外语）：岐山方言、普通话、英语、日语等。

11. 父亲是哪里人，会说什么话：宝鸡市岐山县雍川镇马江村人，会说岐山方言。

12. 母亲是哪里人，会说什么话：宝鸡市岐山县益店镇益平村人，会说岐山方言。

13. 配偶是哪里人，会说什么话：宝鸡市扶风县法门镇云岭村人，会说普通话、岐山方言、扶风方言。

调查人

1. 姓名：王应龙

2. 单位：宝鸡文理学院关陇方言与民俗研究中心

3. 通信地址：宝鸡市高新大道 1 号宝文理文传院语言教研室

4. 协助调查人 1 姓名：李沛生

5. 协助调查人 2 姓名：王　锋

第二章　语　音

第一节　声　母

声母共二十六个，包括零声母在内。

p 八兵布宝	ph 派片爬病	m 麦明母庙	f 风副肥饭	v 味问温完
t 多党东刀	th 讨毒脱特			l 脑南老蓝连路
ȶ 酒焦店浆	ȶh 天铁七清			
ts 资早租左	tsh 刺寸字全		s 三酸想谢	
tʂ 张竹装主	tʂh 柱初床车		ʂ 双船顺书	ʐ 热软让褥
tɕ 九金假举	tɕh 轻穷去茄	ȵ 年泥哑硬	ɕ 响县虚雪	
k 高共瓜哥	kh 开柜跪口	ŋ 熬安藕爱	x 好灰活下	
Ø 月王云用药				

第二节　韵　母

韵母三十三个，不包括儿化韵。

ɿ 师迟试指			
ʅ 猪出十尺	i 米戏急七	u 苦五骨谷	y 雨橘局女
ɑ 茶瓦塔法	iɑ 牙鸭家夹	uɑ 刮瓜花滑	
ɤ 折磨歌拨		uo 着脱坐活	yo 药学雀约
	iɛ 写接贴节		yɛ 靴月镢掘
ɔ 宝饱早贸	iɔ 笑桥飘鸟		
æ 开排鞋歪		uæ 怪快坏拐	
ei 赔飞色白		ui 对鬼国雷	
ou 豆走狗凑	iu 油六绿丢		
ər 二儿耳日			

æ南山半碗　iæ盐年眼间　uæ短官幻惯　yæ权院卷馅
ɑŋ 糖床双邦　iɑŋ 响讲良强　uɑŋ 王黄矿光
əŋ 深根春灯　iŋ 心新硬病　uŋ 寸滚横东　yŋ 云用兄穷

第三节　单字调

单字调四个。

阴平 31 东麦滴月　阳平 24 门牛盒罚　上声 53 懂老敢暖　去声 44 动厚是试

第四节　连读变调

后字非轻声两字组连调模式见表 2-1。

表 2-1　后字非轻声两字组连调模式

前字＼后字	1 阴平 31	2 阳平 24	3 上声 53	4 去声 44
1 阴平 31	24+31	31+24	31+53	31+44 53+44
2 阳平 24	24+31	24+24	24+53	24+44
3 上声 53	53+31	53+24	53+53	53+44
4 去声 44	44+31 44+53	44+24	44+53	44+44

非叠字组后字轻声两字组连调模式见表 2-2。

表 2-2　非叠字组后字轻声两字组连调模式

前字＼后字	1 阴平 31	2 阳平 24	3 上声 53	4 去声 44
1 阴平 31	53+0	53+0	31+0	53+0
2 阳平 24	31+53	31+53	31+53	31+53
3 上声 53	44+0	44+0	31+53 31+0	44+0
4 去声 44	53+0	44+0	44+0	44+0

第五节 单 字

0001. 多 tuo31
0002. 拖 thuo31
0003. 大～小 tɑ44
0004. 锣 luo24
0005. 左 tsuo44
0006. 歌 kɤ31
0007. 个一～kɤ44
0008. 可 khɤ53
0009. 鹅 ŋɤ24
0010. 饿 ŋɤ44
0011. 河 xuo24
0012. 茄 tɕhiɛ24
0013. 破 phɤ44
0014. 婆 phɤ24
0015. 磨动 mɤ24
0016. 磨名 mɤ44
0017. 躲 tuo53
0018. 螺 luo24
0019. 坐 tshuo44
0020. 锁 suo53
0021. 果 kuo53
0022. 过 kuo44
0023. 课 khuo44
0024. 火 xuo53
0025. 货 xuo44
0026. 祸 xuo44
0027. 靴 ɕyɛ31
0028. 把量 pɑ53
0029. 爬 phɑ24
0030. 马 mɑ53
0031. 骂 mɑ44
0032. 茶 tshɑ24
0033. 沙 sɑ31
0034. 假真～tɕiɑ53
0035. 嫁 tɕiɑ44
0036. 牙 Øiɑ24
0037. 虾 ɕiɑ31
0038. 下底～xɑ44
0039. 夏春～ɕiɑ44
0040. 哑 Øiɑ53
0041. 姐 ȶiɛ24
0042. 借 ȶiɛ44
0043. 写 siɛ53
0044. 斜 siɛ24
0045. 谢 siɛ44
0046. 车不是棋子 tʂhɤ31
0047. 蛇 ʂɤ24
0048. 射 ʂɤ44
0049. 爷 Øiɛ44
0050. 野 Øiɛ53
0051. 夜 Øiɛ44
0052. 瓜 kuɑ31
0053. 瓦 Øuɑ53
0054. 花 xuɑ31
0055. 化 xuɑ44
0056. 华中～xuɑ31
0057. 谱家～，注意声母 phu53
0058. 布 pu44
0059. 铺动 phu31
0060. 簿 phu53
0061. 步 phu44
0062. 赌 tu53
0063. 土 thu53
0064. 图 thu24
0065. 杜 thu44
0066. 奴 lu24
0067. 路 lu44
0068. 租 tsu31
0069. 做 tsu44
0070. 错对～tshuo31
0071. 箍～桶，注意声母 ku31
0072. 古 ku53
0073. 苦 khu53
0074. 裤 khu44
0075. 吴 Øu24
0076. 五 Øu53
0077. 虎 xu53
0078. 壶 xu24
0079. 户 xu44
0080. 乌 Øu31
0081. 女 ȵy53
0082. 吕 ly53
0083. 徐 ɕy24
0084. 猪 tʂʅ31
0085. 除 tʂhʅ24
0086. 初 tʂhʅ31
0087. 锄 tʂhʅ24
0088. 所 ʂuo53
0089. 书 ʂʅ31
0090. 鼠 ʂʅ53
0091. 如 ʐʅ31
0092. 举 tɕy53
0093. 锯名 tɕy44
0094. 去 tɕhi44
0095. 渠～道 tɕhy24
0096. 鱼 Øy24
0097. 许 ɕy53
0098. 余剩～，多～Øy24
0099. 府 fu53
0100. 付 fu44
0101. 父 fu44
0102. 武 vu53
0103. 雾 vu44
0104. 取 tɕhy53
0105. 柱 tʂhʅ44
0106. 住 tʂhʅ44
0107. 数动 ʂʅ53
0108. 数名 ʂʅ44
0109. 主 tʂʅ53
0110. 输 ʂʅ31
0111. 竖 ʂʅ53
0112. 树 ʂʅ44
0113. 句 tɕy44
0114. 区地～tɕhy31
0115. 遇 Øy44
0116. 雨 Øy53

0117. 芋 Øy44
0118. 裕 Øy31
0119. 胎 thæ31
0120. 台戏～thæ24
0121. 袋 tæ44
0122. 来 læ24
0123. 菜 tshæ44
0124. 财 tshæ24
0125. 该 kæ31
0126. 改 kæ53
0127. 开 khæ31
0128. 海 xæ53
0129. 爱 ŋæ44
0130. 贝 pei44
0131. 带动 tæ44
0132. 盖动 kæ44
0133. 害 xæ44
0134. 拜 pæ44
0135. 排 phæ24
0136. 埋 mæ24
0137. 戒 tɕiɛ44
0138. 摆 pæ53
0139. 派注意声调 phæ53～别/phæ44～出
0140. 牌 phæ24
0141. 买 mæ53
0142. 卖 mæ44
0143. 柴 tshæ24
0144. 晒 sæ44
0145. 街 tɕiɛ31
0146. 解～开 tɕiɛ53
0147. 鞋 xæ24
0148. 蟹注意声调 ɕiɛ31
0149. 矮 ŋæ53
0150. 败 phæ44
0151. 币 pi44
0152. 制～造 tʂʅ44
0153. 世 ʂʅ44
0154. 艺 Øi44
0155. 米 mi53
0156. 低 ȶi31
0157. 梯 ȶhi31
0158. 剃 ȶhi44
0159. 弟 ȶi44
0160. 递 ȶi44
0161. 泥 ȵi24
0162. 犁 li24
0163. 西 si31
0164. 洗 si53
0165. 鸡 tɕi31
0166. 溪 sɿ31
0167. 契 tɕhi31
0168. 系联～ɕi44
0169. 杯 phei31
0170. 配 phei44
0171. 赔 phei24
0172. 背～诵 phei44
0173. 煤 mei24
0174. 妹 mei44
0175. 对 tui44
0176. 雷 lui24
0177. 罪 tsui44
0178. 碎 sui44
0179. 灰 xui31
0180. 回 xui24
0181. 外 Øuæ44
0182. 会开～xui44
0183. 怪 kuæ44
0184. 块 khuæ53
0185. 怀 xuæ24
0186. 坏 xuæ44
0187. 拐 kuæ53
0188. 挂 kuɑ44
0189. 歪注意声母 lyɛ53
0190. 画 xuɑ44
0191. 快 khuæ44
0192. 话 xuɑ44
0193. 岁 sui44
0194. 卫 Øui44
0195. 肺 fei44
0196. 桂 kui44
0197. 碑 pi31
0198. 皮 phi24
0199. 被～子 pi44
0200. 紫 tsɿ31
0201. 刺 tshɿ44
0202. 知 tʂʅ31
0203. 池 tʂhʅ24
0204. 纸 tsɿ53
0205. 儿 Øər24
0206. 寄 tɕi44
0207. 骑 tɕhi24
0208. 蚁注意韵母 Øi31
0209. 义 Øi44
0210. 戏 ɕi44
0211. 移 Øi24
0212. 比 pi53
0213. 屁 phi44
0214. 鼻注意声调 phi24
0215. 眉 mi24
0216. 地 ȶhi44
0217. 梨 li24
0218. 资 tsɿ31
0219. 死 sɿ53
0220. 四 sɿ44
0221. 迟 tshɿ24
0222. 指 tsɿ53
0223. 师 sɿ31
0224. 二 Øər44
0225. 饥～饿 tɕi31
0226. 器 tɕhi44
0227. 姨 Øi24
0228. 李 li53
0229. 子 tsɿ53
0230. 字 tshɿ44
0231. 丝 sɿ31
0232. 祠 tshɿ24
0233. 寺 sɿ44
0234. 治 tʂʅ44
0235. 柿 sɿ44
0236. 事 sɿ44
0237. 使 sɿ53
0238. 试 sɿ44
0239. 时 sɿ24
0240. 市 sɿ44
0241. 耳 Øər53
0242. 记 tɕi44

0243. 棋 tɕhi24
0244. 喜 ɕi53
0245. 意 Øi44
0246. 几～个 tɕi53
0247. 气 tɕhi44
0248. 希 ɕi31
0249. 衣 Øi31
0250. 嘴 tsui53
0251. 随 sui24
0252. 吹 tʂhei31
0253. 垂 tʂhei44
0254. 规 khui31
0255. 亏 khui31
0256. 跪注意声调 khui44
0257. 危 Øui31
0258. 类 lui53
0259. 醉 tsui44
0260. 追 tʂei31
0261. 锤 tʂhei24
0262. 水 ʂei53
0263. 龟 kui31
0264. 季 tɕi44
0265. 柜 khui44
0266. 位 Øui44
0267. 飞 fei31
0268. 费 fei44
0269. 肥 fei24
0270. 尾 Øi53～巴/ʐei53 末～
0271. 味 vei44
0272. 鬼 kui53
0273. 贵 kui44
0274. 围 Øui24
0275. 胃 Øui44
0276. 宝 pɔ53
0277. 抱 pɔ44
0278. 毛 mɔ24
0279. 帽 mɔ44
0280. 刀 tɔ31
0281. 讨 thɔ53
0282. 桃 thɔ24
0283. 道 thɔ44
0284. 脑 lɔ53
0285. 老 lɔ53
0286. 早 tsɔ53
0287. 灶 tsɔ44
0288. 草 tshɔ53
0289. 糙注意声调 tshɔ44
0290. 造 tshɔ44
0291. 嫂 sɔ53
0292. 高 kɔ31
0293. 靠 khɔ44
0294. 熬 ŋɔ24
0295. 好～坏 xɔ53
0296. 号名 xɔ44
0297. 包 pɔ31
0298. 饱 pɔ53
0299. 炮 phɔ44
0300. 猫 mɔ24
0301. 闹 lɔ44
0302. 罩 tsɔ44
0303. 抓用手～牌 tʂɑ31
0304. 找～零钱 tsɔ53
0305. 抄 tshɔ31
0306. 交 tɕiɔ31
0307. 敲 tɕhiɔ31
0308. 孝 ɕiɔ44
0309. 校学～ɕiɔ44
0310. 表手～piɔ53
0311. 票 phiɔ44
0312. 庙 miɔ44
0313. 焦 ȶiɔ31
0314. 小 siɔ53
0315. 笑 siɔ44
0316. 朝～代 tʂhɔ24
0317. 照 tʂɔ44
0318. 烧 ʂɔ31
0319. 绕～线 ʐɔ53
0320. 桥 tɕhiɔ24
0321. 轿 tɕhiɔ44
0322. 腰 Øiɔ31
0323. 要重～Øiɔ44
0324. 摇 Øiɔ24
0325. 鸟注意声母 ȵiɔ53
0326. 钓 ȶiɔ44
0327. 条 ȶhiɔ24
0328. 料 liɔ44
0329. 箫 siɔ31
0330. 叫 tɕiɔ44
0331. 母丈～，舅～ mu53
0332. 抖 thou53
0333. 偷 thou31
0334. 头 thou24
0335. 豆 tou44
0336. 楼 lou24
0337. 走 tsou53
0338. 凑 tshou44
0339. 钩注意声母 kou31
0340. 狗 kou53
0341. 够 kou44
0342. 口 khou53
0343. 藕 ŋou53
0344. 后前～xou44
0345. 厚 xou44
0346. 富 fu44
0347. 副 fu44
0348. 浮 fu24
0349. 妇 fu44
0350. 流 liu24
0351. 酒 ȶiu53
0352. 修 siu31
0353. 袖 siu44
0354. 抽 tʂhou31
0355. 绸 tʂhou24
0356. 愁 tshou24
0357. 瘦 sou44
0358. 州 tʂou31
0359. 臭香～tʂhou44
0360. 手 ʂou53
0361. 寿 ʂou44
0362. 九 tɕiu53
0363. 球 tɕhiu24
0364. 舅 tɕiu44
0365. 旧 tɕhiu44
0366. 牛 ȵiu24
0367. 休 ɕiu31

0368. 优 Øiu31
0369. 有 Øiu53
0370. 右 Øiu44
0371. 油 Øiu24
0372. 丢 ȶiu31
0373. 幼 Øiu44
0374. 贪 thæ̃31
0375. 潭 thæ̃24
0376. 南 læ̃24
0377. 蚕 tshæ̃24
0378. 感 kæ̃53
0379. 含～一口水 xæ̃24
0380. 暗 ŋæ̃44
0381. 搭 tɑ31
0382. 踏注意声调 thɑ24
0383. 拉注意声调 lɑ31
0384. 杂 tsɑ24
0385. 鸽 kɤ31
0386. 盒 xuo24
0387. 胆 tæ̃53
0388. 毯 thæ̃53
0389. 淡 thæ̃44
0390. 蓝 læ̃24
0391. 三 sæ̃31
0392. 甘 kæ̃31
0393. 敢 kæ̃53
0394. 喊注意声调 xæ̃53
0395. 塔 thɑ31
0396. 蜡 lɑ31
0397. 赚 tʂæ̃44
0398. 杉～木，注意韵母 sɑ31
0399. 减 tɕiæ̃53
0400. 咸～淡 xæ̃24
0401. 插 tshɑ31
0402. 闸 tsɑ44
0403. 夹～子 tɕiɑ31
0404. 衫 sæ̃31
0405. 监 tɕiæ̃31
0406. 岩 Øiæ̃24
0407. 甲 tɕiɑ31
0408. 鸭 Øiɑ31
0409. 黏～液 ʐæ̃24
0410. 尖 ȶiæ̃31
0411. 签～名 ȶhiæ̃31
0412. 占～领 tʂæ̃44
0413. 染 ʐæ̃53
0414. 钳 tɕhiæ̃24
0415. 验 Øiæ̃44
0416. 险 ɕiæ̃53
0417. 厌 Øiæ̃44
0418. 炎 Øiæ̃44
0419. 盐 Øiæ̃24
0420. 接 ȶiɛ31
0421. 折～叠 tʂɤ53
0422. 叶树～Øiɛ31
0423. 剑 tɕiæ̃44
0424. 欠 tɕhiæ̃44
0425. 严 Øiæ̃24
0426. 业 ȵiɛ31
0427. 点 ȶiæ̃53
0428. 店 ȶiæ̃44
0429. 添 ȶhiæ̃31
0430. 甜 ȶhiæ̃24
0431. 念 ȵiæ̃44
0432. 嫌 ɕiæ̃24
0433. 跌注意声调 ȶiɛ31
0434. 贴 ȶhiɛ31
0435. 碟 ȶhiɛ24
0436. 协 ɕiɛ24
0437. 犯 fæ̃44
0438. 法 fɑ31
0439. 品 phiŋ53
0440. 林 liŋ24
0441. 浸 ȶiŋ53
0442. 心 siŋ31
0443. 寻 siŋ24
0444. 沉 tʂhəŋ24
0445. 参人～səŋ31
0446. 针 tʂəŋ31
0447. 深 ʂəŋ31
0448. 任责～ʐəŋ44
0449. 金 tɕiŋ31
0450. 琴 tɕhiŋ24
0451. 音 Øiŋ31
0452. 立 lei31
0453. 集 ȶhi24
0454. 习 si24
0455. 汁 tʂʅ31
0456. 十 ʂʅ24
0457. 入 ʐʅ31
0458. 急 tɕi24
0459. 及 tɕi24
0460. 吸 ɕi31
0461. 单简～tæ̃31
0462. 炭 thæ̃44
0463. 弹～琴 thæ̃24
0464. 难～易 læ̃24
0465. 兰 læ̃24
0466. 懒 læ̃53
0467. 烂 læ̃44
0468. 伞注意声调 sæ̃53
0469. 肝 kæ̃31
0470. 看～见 khæ̃44
0471. 岸 ŋæ̃44
0472. 汉 xæ̃44
0473. 汗 xæ̃44
0474. 安 ŋæ̃31
0475. 达 tɑ24
0476. 辣 lɑ31
0477. 擦 tshɑ31
0478. 割 kɤ31 县城/kuo31 县城以外
0479. 渴 khɤ31
0480. 扮 pæ̃44
0481. 办 pæ̃44
0482. 铲 tshæ̃53
0483. 山 sæ̃31
0484. 产注意声母 tshæ̃53
0485. 间房～，一～房 tɕiæ̃31
0486. 眼 ȵiæ̃53
0487. 限 ɕiæ̃44
0488. 八 pɑ31
0489. 扎 tsɑ31

0490. 杀 sɑ31
0491. 班 pæ̃31
0492. 板 pæ̃53
0493. 慢 mæ̃44
0494. 奸 tɕiæ̃31
0495. 颜 Øiæ̃24
0496. 瞎 xɑ31
0497. 变 piæ̃44 ～化/phiæ̃44 ～工
0498. 骗欺～ phiæ̃44
0499. 便方～ piæ̃44
0500. 棉 miæ̃24
0501. 面～孔 miæ̃44
0502. 连 liæ̃24
0503. 剪 ȶiæ̃53
0504. 浅 ȶhiæ̃53
0505. 钱 ȶhiæ̃24
0506. 鲜 siæ̃53 新～/ȶiæ̃53 味～
0507. 线 siæ̃44
0508. 缠 tʂhæ̃24
0509. 战 tʂæ̃44
0510. 扇名 ʂæ̃44
0511. 善 ʂæ̃44
0512. 件 tɕhiæ̃44
0513. 延 Øiæ̃24
0514. 别～人 piɛ24
0515. 灭 miɛ31
0516. 列 liɛ31
0517. 撤 tʂhɤ53
0518. 舌 ʂɤ24
0519. 设 ʂɤ53
0520. 热 ʐɤ31
0521. 杰 tɕiɛ24
0522. 孽 ȵiɛ31
0523. 建 tɕiæ̃53
0524. 健 tɕiæ̃53
0525. 言 Øiæ̃24
0526. 歇 ɕiɛ31
0527. 扁 piæ̃53
0528. 片 phiæ̃53
0529. 面～条 miæ̃44
0530. 典 ȶiæ̃53
0531. 天 ȶhiæ̃31
0532. 田 ȶhiæ̃24
0533. 垫 ȶhiæ̃44
0534. 年 ȵiæ̃24
0535. 莲 liæ̃24
0536. 前 ȶhiæ̃24
0537. 先 siæ̃31
0538. 肩 tɕiæ̃31
0539. 见 tɕiæ̃44
0540. 牵 tɕhiæ̃31
0541. 显 ɕiæ̃53
0542. 现 ɕiæ̃44
0543. 烟 Øiæ̃31
0544. 憋 piɛ31
0545. 篾 mi24
0546. 铁 ȶhiɛ31
0547. 捏 ȵiɛ31
0548. 节 ȶiɛ31
0549. 切动 ȶhiɛ31
0550. 截 ȶhiɛ24
0551. 结 tɕiɛ31
0552. 搬 pæ̃31
0553. 半 pæ̃44 一～/pɔ44 ～碗
0554. 判 phæ̃44
0555. 盘 phæ̃24
0556. 满 mæ̃53
0557. 端～午 tæ̃31
0558. 短 tuæ̃53
0559. 断绳～了 thuæ̃44
0560. 暖 lyæ̃53
0561. 乱 lyæ̃44
0562. 酸 suæ̃31
0563. 算 suæ̃44
0564. 官 kuæ̃31
0565. 宽 khuæ̃31
0566. 欢 xuæ̃31
0567. 完 Øuæ̃24
0568. 换 xuæ̃44
0569. 碗 Øuæ̃53
0570. 拨 pɤ31
0571. 泼 phɤ31
0572. 末 mɤ31
0573. 脱 thuo31
0574. 夺 tuo24
0575. 阔 khuo31
0576. 活 xuo24
0577. 顽～皮，～固 Øuæ̃24
0578. 滑 xuɑ24
0579. 挖 Øuɑ31
0580. 闩 ʂæ̃44
0581. 关～门 kuæ̃31
0582. 惯 kuæ̃44
0583. 还动 xuæ̃24
0584. 还副 xɑ24
0585. 弯 Øuæ̃31
0586. 刷 ʂɑ31
0587. 刮 kuɑ31
0588. 全 tshuæ̃24
0589. 选 suæ̃53
0590. 转～眼，～送 tʂæ̃53
0591. 传～下来 tʂhæ̃24
0592. 传～记 tʂæ̃44
0593. 砖 tʂæ̃31
0594. 船 ʂæ̃24
0595. 软 ʐæ̃53
0596. 卷～起 tɕyæ̃53
0597. 圈圆～ tɕhyæ̃31
0598. 权 tɕhyæ̃24
0599. 圆 Øyæ̃24
0600. 院 Øyæ̃44
0601. 铅～笔，注意声调 tɕhiæ̃31
0602. 绝 tɕyɛ24
0603. 雪 ɕyɛ31
0604. 反 fæ̃53
0605. 翻 fæ̃31
0606. 饭 fæ̃44
0607. 晚 væ̃53
0608. 万麻将牌 væ̃44
0609. 劝 tɕhyæ̃44
0610. 原 Øyæ̃24
0611. 冤 Øyæ̃31
0612. 园 Øyæ̃24

0613. 远 Øyæ53
0614. 发头～fɑ31
0615. 罚 fɑ24
0616. 袜 vɑ31
0617. 月 Øyɛ31
0618. 越 Øyɛ31
0619. 县 ɕiæ44
0620. 决 tɕyɛ53
0621. 缺 tɕhyɛ31
0622. 血 ɕiɛ31
0623. 吞 thəŋ31
0624. 根 kəŋ31
0625. 恨 xəŋ44
0626. 恩 ŋəŋ31
0627. 贫 phiŋ24
0628. 民 miŋ24
0629. 邻 liŋ24
0630. 进 ȶiŋ44
0631. 亲 ȶhiŋ31
0632. 新 siŋ31
0633. 镇 tʂəŋ44
0634. 陈 tʂhəŋ24
0635. 震 tʂəŋ44
0636. 神 ʂəŋ24
0637. 身 ʂʅ31～上/ ʂəŋ31～体
0638. 辰 ʂəŋ24
0639. 人 ʐəŋ24
0640. 认 ʐəŋ44
0641. 紧 tɕiŋ53
0642. 银 Øiŋ24
0643. 印 Øiŋ44
0644. 引 Øiŋ53
0645. 笔 pi31
0646. 匹 phi44
0647. 密 mi31
0648. 栗 li31
0649. 七 ȶhi31
0650. 侄 tʂhʅ24
0651. 虱 sei31
0652. 实 ʂʅ24
0653. 失 ʂʅ31
0654. 日 Øər31
0655. 吉 tɕi31
0656. 一 Øi31
0657. 筋 tɕiŋ31
0658. 劲有～tɕiŋ44
0659. 勤 tɕhiŋ24
0660. 近 tɕhiŋ44
0661. 隐 Øiŋ53
0662. 本 pəŋ53
0663. 盆 phəŋ24
0664. 门 məŋ24
0665. 墩 tuŋ31
0666. 嫩 lyŋ44
0667. 村 tshuŋ31
0668. 寸 tshuŋ44
0669. 蹲注意声母 tuŋ31
0670. 孙～子 suŋ31
0671. 滚 kuŋ53
0672. 困 khuŋ44
0673. 婚 xuŋ31
0674. 魂 xuŋ24
0675. 温 vəŋ31
0676. 卒棋子 tsu24
0677. 骨 ku31
0678. 轮 lyŋ24
0679. 俊注意声母 tsuŋ44
0680. 笋 suŋ53
0681. 准 tʂəŋ53
0682. 春 tʂhəŋ31
0683. 唇 ʂəŋ24
0684. 顺 ʂəŋ44
0685. 纯 tʂhəŋ24
0686. 闰 ʐəŋ44
0687. 均 tɕyŋ31
0688. 匀 Øiŋ24
0689. 律 ly31
0690. 出 tʂhʅ31
0691. 橘 tɕy31
0692. 分动 fəŋ31
0693. 粉 fəŋ53
0694. 粪 fəŋ44
0695. 坟 fəŋ24
0696. 蚊 vəŋ24
0697. 问 vəŋ44
0698. 军 tɕyŋ31
0699. 裙 tɕhyŋ24
0700. 熏 ɕyŋ31
0701. 云～彩 Øyŋ24
0702. 运 Øyŋ44
0703. 佛～像 fɤ24
0704. 物 vɤ31
0705. 帮 paŋ31
0706. 忙 maŋ24
0707. 党 taŋ53
0708. 汤 thaŋ31
0709. 糖 thaŋ24
0710. 浪 laŋ44
0711. 仓 tshaŋ31
0712. 钢 kaŋ31
0713. 糠 khaŋ31
0714. 薄形 phɤ24
0715. 摸注意声调 mɤ31
0716. 托 thuo31
0717. 落 luo31
0718. 作 tsuo31
0719. 索 suo31
0720. 各 kɤ31
0721. 鹤 xuo31
0722. 恶形，入声 ŋɤ31
0723. 娘 ȵia24
0724. 两斤～liaŋ53
0725. 亮 liaŋ44
0726. 浆 ȶiaŋ31
0727. 抢 ȶhiaŋ53
0728. 匠 ȶiaŋ44
0729. 想 siaŋ53
0730. 像 siaŋ44
0731. 张量 tʂaŋ31
0732. 长～短 tʂhaŋ24
0733. 装 tʂaŋ31
0734. 壮 tʂaŋ44
0735. 疮 tʂhaŋ31
0736. 床 tʂhaŋ24
0737. 霜 ʂaŋ31
0738. 章 tʂaŋ31
0739. 厂 tʂhaŋ53

0740. 唱 tʂhaŋ44
0741. 伤 ʂaŋ31
0742. 尝 ʂaŋ24
0743. 上～去 ʂaŋ44
0744. 让 ʐaŋ44
0745. 姜生～tɕiaŋ31
0746. 响 ɕiaŋ53
0747. 向 ɕiaŋ44
0748. 秧 Øiaŋ31
0749. 痒 Øiaŋ53
0750. 样 Øiaŋ44
0751. 雀注意声母 tɕhyo31
0752. 削 siɔ31
0753. 着火～了 tʂhuo24
0754. 勺 ʂuo24
0755. 弱 ʐuo31
0756. 脚 tɕyo31
0757. 约 Øyo31
0758. 药 Øyo31
0759. 光～线 kuaŋ31
0760. 慌 xuaŋ31
0761. 黄 xuaŋ24
0762. 郭 kuo31
0763. 霍 xuo31
0764. 方 faŋ31
0765. 放 faŋ44
0766. 纺 faŋ53
0767. 房 faŋ24
0768. 防 faŋ24
0769. 网 Øuaŋ53
0770. 筐 khuaŋ31
0771. 狂 khuaŋ24
0772. 王 Øuaŋ24
0773. 旺 Øuaŋ44
0774. 缚 fu24
0775. 绑 paŋ53
0776. 胖 phaŋ44
0777. 棒 phaŋ44
0778. 桩 tʂaŋ31
0779. 撞 tʂhaŋ44
0780. 窗 tʂhaŋ31
0781. 双 ʂaŋ31
0782. 江 tɕiaŋ31
0783. 讲 tɕiaŋ53
0784. 降投～ɕiaŋ24
0785. 项 xaŋ44
0786. 剥 pɔ31
0787. 桌 tʂuo31
0788. 镯 tshuo24
0789. 角 tɕyo31
0790. 壳 khuo31 鸡蛋～～/tɕhyo31 玉麦～～
0791. 学 ɕyo24
0792. 握 Øyo31
0793. 朋 phəŋ24
0794. 灯 təŋ31
0795. 等 təŋ53
0796. 凳 təŋ44
0797. 藤 thəŋ24
0798. 能 ləŋ24
0799. 层 tshəŋ24
0800. 僧注意声母 səŋ31
0801. 肯 khəŋ53
0802. 北 pei31
0803. 墨 mei24
0804. 得 tei31
0805. 特 thei24
0806. 贼 tsei24
0807. 塞 sei31
0808. 刻 khei31
0809. 黑 xei31
0810. 冰 piŋ31
0811. 证 tʂəŋ44
0812. 秤 tʂhəŋ44
0813. 绳 ʂəŋ24
0814. 剩 ʂəŋ44
0815. 升 ʂəŋ31
0816. 兴高～ɕiŋ31
0817. 蝇注意声母 Øiŋ24
0818. 逼 pi31
0819. 力 lei31
0820. 息 si31
0821. 直 tʂhʅ24
0822. 侧注意声母 tshei31
0823. 测 tshei31
0824. 色 sei31
0825. 织 tʂʅ31
0826. 食 ʂʅ24
0827. 式 ʂʅ31
0828. 极 tɕi24
0829. 国 kui31
0830. 或 xui24
0831. 猛 məŋ53
0832. 打注意韵母 tɑ53
0833. 冷 ləŋ53
0834. 生 səŋ31
0835. 省～长 səŋ53
0836. 更三～，打～ tɕiŋ31
0837. 梗注意韵母 kəŋ44
0838. 坑 khəŋ31
0839. 硬 ȵiŋ44
0840. 行～为，～走 ɕiŋ24
0841. 百 pei31
0842. 拍 phei31
0843. 白 phei24
0844. 拆 tshei31
0845. 择 tshei24
0846. 窄 tsei31
0847. 格 kei31
0848. 客 khei31
0849. 额 ŋei31
0850. 棚 phəŋ24
0851. 争 tsəŋ31
0852. 耕 kəŋ31
0853. 麦 mei31
0854. 摘 tsei31
0855. 策 tshei31
0856. 隔 kei31
0857. 兵 piŋ31
0858. 柄注意声调 piŋ53
0859. 平 phiŋ24

0860. 病 piŋ44
0861. 明 miŋ24
0862. 命 miŋ44
0863. 镜 tɕiŋ44
0864. 庆 tɕhiŋ44
0865. 迎 Øiŋ24
0866. 影 Øiŋ53
0867. 剧戏～tɕy44
0868. 饼 piŋ53
0869. 名 miŋ24
0870. 领 liŋ53
0871. 井 ȶiŋ53
0872. 清 ȶhiŋ31
0873. 静 ȶiŋ44
0874. 姓 siŋ44
0875. 贞 tʂəŋ31
0876. 程 tʂhəŋ24
0877. 整 tʂəŋ53
0878. 正～反 tʂəŋ44
0879. 声 ʂəŋ31
0880. 城 tʂhəŋ24
0881. 轻 tɕhiŋ31
0882. 赢 Øiŋ24
0883. 积 tɕi31
0884. 惜 si31
0885. 席 si24
0886. 尺 tʂhʅ31
0887. 石 ʂʅ24
0888. 益 Øi31
0889. 瓶 phiŋ24
0890. 钉名 ȶiŋ31
0891. 顶 ȶiŋ53
0892. 厅 ȶhiŋ31
0893. 听～见，注意声调 ȶhiŋ31
0894. 停 ȶhiŋ44
0895. 挺 ȶhiŋ53
0896. 定 ȶiŋ44
0897. 零 liŋ24
0898. 青 ȶhiŋ31
0899. 星 siŋ31
0900. 经 tɕiŋ31
0901. 形 ɕiŋ24
0902. 壁 pi31
0903. 劈 phi53
0904. 踢 ȶhi31
0905. 笛 ȶhi24
0906. 历农～li31
0907. 锡 si31
0908. 击 tɕi31
0909. 吃 tʂhʅ31
0910. 横 xuŋ44
0911. 划计～xuɑ44
0912. 兄 ɕyŋ31
0913. 荣 Øyŋ24
0914. 永 Øyŋ53
0915. 营 Øiŋ24
0916. 蓬～松 phəŋ24
0917. 东 tuŋ31
0918. 懂 tuŋ53
0919. 冻 tuŋ44
0920. 通 thuŋ31
0921. 桶注意声调 thuŋ53
0922. 痛 thuŋ44
0923. 铜 thuŋ24
0924. 动 tuŋ44 劳～/thuŋ44～弹
0925. 洞 tuŋ44
0926. 聋注意声调 luŋ24
0927. 弄注意声母 luŋ44
0928. 粽 tsuŋ44
0929. 葱 tshuŋ31
0930. 送 suŋ44
0931. 公 kuŋ31
0932. 孔 khuŋ53
0933. 烘～干 xuŋ31
0934. 红 xuŋ24
0935. 翁 vəŋ31
0936. 木 mu31
0937. 读 thu24
0938. 鹿 lu31
0939. 族 tshu24
0940. 谷稻～ku31
0941. 哭 khu31
0942. 屋 Øu31
0943. 冬～至 tuŋ31
0944. 统注意声调 thuŋ53
0945. 脓注意声调 luŋ24
0946. 松～紧 suŋ31
0947. 宋 suŋ44
0948. 毒 thu24
0949. 风 fəŋ31
0950. 丰 fəŋ31
0951. 凤 fəŋ44
0952. 梦 məŋ44
0953. 中当～tʂəŋ31
0954. 虫 tʂhəŋ24
0955. 终 tʂəŋ31
0956. 充 tʂhəŋ53
0957. 宫 kuŋ31
0958. 穷 tɕhyŋ24
0959. 熊注意声母 ɕyŋ24
0960. 雄注意声母 ɕyŋ24
0961. 福 fu31
0962. 服 fu24
0963. 目 mu31
0964. 六 liu31
0965. 宿住～，～舍 ɕy31
0966. 竹 tʂʅ31
0967. 畜～生 ɕy31
0968. 缩 ʂuo31～小/ʂɑŋ53～脖子
0969. 粥 tʂʅ31
0970. 叔 ʂʅ24
0971. 熟 ʂʅ24
0972. 肉 ʐou44
0973. 菊 tɕy31
0974. 育 Øy44
0975. 封 fəŋ31
0976. 蜂 fəŋ31
0977. 缝一条～fəŋ44
0978. 浓 luŋ24
0979. 龙 lyŋ24
0980. 松～树，注意声

调 suŋ31

0981. 重轻～tʂhəŋ44

0982. 肿 tʂəŋ53

0983. 种～树 tʂəŋ44

0984. 冲 tʂhəŋ31

0985. 恭 kuŋ31

0986. 共 kuŋ44

0987. 凶吉～ɕyŋ31

0988. 拥注意声调 Øyŋ31

0989. 容 Øyŋ24

0990. 用 Øyŋ44

0991. 绿 liu31

0992. 足 tsu31～球/tɕy31～够

0993. 烛 tʂʅ31

0994. 赎 ʂʅ24

0995. 属 ʂʅ53

0996. 褥 ʐʅ31

0997. 曲～折，歌～tɕhy31

0998. 局 tɕhy24

0999. 玉 Øy31

1000. 浴 Øy31

第三章 词 汇

第一节 规定词汇

一、天文、地理

（一）天文

0001. 太阳～下山了　爷婆 Øiɛ24phɤ0/日头 Øər53thou0
0002. 月亮～出来了　月亮 Øyɛ31liaŋ0
0003. 星星　宿宿 siu53siu0
0004. 云　云 Øyŋ24
0005. 风　风 fəŋ31
0006. 台风　台风 thæ24fəŋ31
0007. 闪电名词　闪电 ʂæ̃53ȶiæ̃44
0008. 雷　呼噜爷 xu53lu0Øiɛ0
0009. 雨　雨 Øy53
0010. 下雨　下哩 ɕiɑ44li0
0011. 淋衣服被雨～湿了　淋雨 lyŋ24Øy53
0012. 晒～粮食　晾 liaŋ44
0013. 雪　雪 ɕyɛ31
0014. 冰　冰溜 piŋ53liu0
0015. 冰雹　冷子 ləŋ53tsɿ0/硬雨 ȵiŋ44Øy53
0016. 霜　霜 ʂaŋ31
0017. 雾　雾 vu44
0018. 露　露水 lou44ʂei0
0019. 虹统称　虹 tɕiaŋ44
0020. 日食　日食 Øər53ʂʅ0
0021. 月食　天狗吃月亮 ȶhiæ̃31kou53tʂhʅ31Øyɛ31liaŋ0
0022. 天气　天气 ȶhiæ̃53tɕhi0
0023. 晴天～　晴 ȶhiŋ24
0024. 阴天～　阴 ȵiŋ31
0025. 旱天～　旱 xæ̃44
0026. 涝天～　涝 lɔ44
0027. 天亮　明了 miŋ31liɑ53

（二）地貌

0028. 水田　水地 ʂei53ȶhi0
0029. 旱地浇不上水的耕地　旱地 xæ̃44ȶhi0
0030. 田埂　塄坎 ləŋ44khæ̃53
0031. 路野外的　小路 siɔ53lu0
0032. 山　山 sæ̃31
0033. 山谷　山沟 sæ̃24kou31
0034. 江大的河　江 tɕiaŋ31
0035. 溪小的河　溪 sɿ31

0036. 水沟儿较小的水道　水沟 ʂei53kou31

0037. 湖　湖 xu24

0038. 池塘　涝池 lɔ44tʂhʅ0

0039. 水坑儿地面上有积水的小洼儿　水滩 ʂei53thæ̃31/水窝 ʂei53Øuo31

0040. 洪水　洪水 xuŋ44ʂei0

0041. 淹被水～了　淹 Øiæ̃31

0042. 河岸　河边 xuo31piæ̃53

0043. 坝拦河修筑拦水的　水坝 ʂei53pɑ44/堰 Øiæ̃44

0044. 地震　地动 ȶhi44thuŋ44/金牛翻身 tɕiŋ31ȵiu24fæ̃24ʂəŋ31

0045. 窟窿小的　窝窝 Øuo53Øuo0

0046. 缝儿统称　缝缝 fəŋ44fəŋ0

（三）物象

0047. 石头统称　石头 ʂʅ31thou53

0048. 土统称　土 thu53

0049. 泥湿的　泥 ȵi24

0050. 水泥旧称　洋灰 Øiɑŋ24xui31

0051. 沙子　沙子 sɑ53tsɿ0

0052. 砖整块的　砖头 tʂæ̃53thou0

0053. 瓦整块的　瓦 Øuɑ53

0054. 煤　炭 thæ̃44

0055. 煤油　煤油 mei24Øiu24

0056. 炭木炭　木炭 mu53thæ̃0

0057. 灰烧成的　灰 xui31

0058. 灰尘桌面上的　塘土 thɑŋ31thu53

0059. 火　火 xuo53

0060. 烟烧火形成的　烟 Øiæ̃31

0061. 失火　着火 tʂhuo24xuo53

0062. 水　水 ʂei53

0063. 凉水　冰水 piŋ31ʂei53

0064. 热水如洗脸的热水，不是指喝的开水　洗脸水 si31liæ̃53ʂei53/温温水 vəŋ53vəŋ0ʂei53

0065. 开水喝的　煎水 ȶiæ̃31ʂei53

0066. 磁铁　吸铁石 ɕi31ȶhiɛ31ʂʅ24

二、时间、方位

（一）时间

0067. 时候吃饭的～　时节 sɿ31ȶiɛ53

0068. 什么时候　啥会 ʂɑ44xui0

0069. 现在　这一会 tʂeiː44xui0/这一阵 tʂeiː53tʂəŋ0

0070. 以前十年～　老么 lɔ31mɤ53/老些 lɔ53siɛ0

0071. 以后十年～　往后 Øuɑŋ44xou44

0072. 一辈子　一辈辈 Øi31pei44pei0

0073. 今年　当年 tɑŋ53ȵiæ̃0

0074. 明年　过年 kuo55ȵiæ̃0

0075. 后年　后年 xou44ȵiæ̃0

0076. 去年　年时 ȵiæ̃31sɿ53

0077. 前年　上一年 ʂɑŋ44Øi31ȵiæ̃0

0078. 往年过去的年份　上往年 ʂɑŋ44Øuɑŋ53ȵiæ̃0

0079. 年初　年头头 ȵiæ̃24thou31thou53

0080. 年底　年□□ ȵiæ̃24pɑ44pɑ0

0081. 今天　今儿 tɕiŋr31

0082. 明天　明儿 miŋr24

0083. 后天　后儿 xour53

0084. 大后天　外后儿 Øuæ44xour53

0085. 昨天　夜来 Øiɛ44læ0

0086. 前天　先天 siæ̃31ȶhiæ̃0

0087. 大前天　上先天 ʂaŋ44siæ31ȶhiæ0

0088. 整天　一天 Øi24ȶhiæ31

0089. 每天　天天 ȶhiæ31ȶhiæ0

0090. 早晨　早晌 tsɔ31ʂaŋ0

0091. 上午　吃□饭 tʂhʅ31Øɤ0fæ44

0092. 中午　晌午 ʂaŋ31Øu0

0093. 下午　后晌 xou44ʂaŋ0

0094. 傍晚　黑得 xei53tei0

0095. 白天　白日 phei31Øər53

0096. 夜晚与白天相对，统称　黑了 xei53liɔ0

0097. 半夜　交夜 tɕiɔ53Øiɛ0

0098. 正月农历　上正时月 ʂaŋ44tʂəŋ0sʅ0Øyɛ0

0099. 大年初一农历　大年初一 ta44ȵiæ24tʂhʅ31Øi0

0100. 元宵节　正月十五 tʂəŋ31Øyɛ0ʂʅ31Øu53

0101. 清明　清明 ȶhiŋ53miŋ0

0102. 端午　端午 tæ31Øu0

0103. 七月十五农历，节日名　中元节 tʂəŋ31Øyæ24ȶiɛ31

0104. 中秋　八月十五 pa31Øyɛ0ʂʅ31Øu53

0105. 冬至　数九 ʂʅ53tɕiu53

0106. 腊月农历十二月　腊月 la31Øyɛ0

0107. 除夕农历　年三十 ȵiæ24sæ31ʂʅ24

0108. 历书　历头 lei53thou0

0109. 阴历　农历 luŋ24li31

0110. 阳历　阳历 Øiaŋ24li31

0111. 星期天　星期日 siŋ53tɕhi0Øər0

（二）方位

0112. 地方　地方 ȶi44faŋ31

0113. 什么地方　啊搭 Øa24ta0/啥地方 ʂa44ȶi44faŋ31

0114. 家里　屋里 Øu53li0

0115. 城里　县里 ɕiæ44li0/街上 tɕiɛ53ʂaŋ0

0116. 乡下　乡里 ɕiaŋ53li0

0117. 上面从～滚下来　上头 ʂaŋ44thou0

0118. 下面从～爬上去　下头 xa44thou0

0119. 左边　左面 tsuo44miæ0/里手 li31ʂou0

0120. 右边　右面 Øiu44miæ0/外手 Øuæ44ʂou0

0121. 中间排队排在～　当中 taŋ31tʂhəŋ24

0122. 前面排队排在～　前头 ȶhiæ31thou53

0123. 后面排队排在～　后头 xou44thou0

0124. 末尾排队排在～　□□尾 pa44pa44Øi53

0125. 对面　端前 tuæ31ȶhiæ24

0126. 面前　当面 taŋ31miæ44

0127. 背后　后头 xou44thou0

0128. 里面躲在～　黑头 xei53thou0

0129. 外面衣服晒在～　外头 Øuæ44thou0

0130. 旁边　偏巴 phiæ53pa0

0131. 上碗在桌子～　上头 ʂaŋ44thou0

0132. 下凳子在桌子～　下头 xa44thou0

0133. 边儿桌子的～　边边 piæ53piæ0

0134. 角儿桌子的～　角角 tɕyɛ53tɕyɛ0

0135. 上去他～了　上起 ʂaŋ44tɕhi0

0136. 下来他～了　下来 xa44læ0

0137. 进去他～了　进去 ȶiŋ44tɕhi0

0138. 出来他～了　出来 tʂhʅ53læ0

0139. 出去他～了　出去 tʂhʅ53tɕhi0

0140. 回来他～了　回来 xui31læ53

0141. 起来天冷～了　起来 tɕhiɛ53læ0

三、植物

（一）一般植物

0142. 树　树 ʂʅ44

0143. 木头　木头 mu53thou0

0144. 松树统称　松树 suŋ53ʂʅ0

0145. 柏树统称　柏树 pei53ʂʅ0

0146. 杉树　杉木 sɑ53mu0

0147. 柳树　柳木 liu53mu0

0148. 竹子统称　竹子 tʂʅ53tsɿ0

0149. 笋　笋子 suŋ44tsɿ0

0150. 叶子　叶叶 Øiɛ53Øiɛ0

0151. 花　花 xuɑ31

0152. 花蕾花骨朵儿　花苞苞 xuɑ31pɔ44pɔ0

0153. 梅花　腊梅花 lɑ31mei31xuɑ53

0154. 牡丹　牡丹花 mu53tæ̃31xuɑ31

0155. 荷花　莲花 liæ̃31xuɑ53

0156. 草　草草 tshɔ53tshɔ0

0157. 藤　蔓 væ̃44

0158. 刺名词　枣子 tsɔ53tsɿ0/签 ȶhiæ̃31

0159. 水果　果木 kuo53mu31

0160. 苹果　苹果 phiŋ31kuo53

0161. 桃子　桃 thɔ24

0162. 梨　梨 li24

0163. 李子　麦李 mei31li0

0164. 杏　杏 xəŋ44

0165. 橘子　橘子 tɕy53tsɿ0

0166. 柚子　柚子 Øiu44tsɿ0

0167. 柿子　柿子 sɿ44tsɿ0

0168. 石榴　石榴 ʂʅ31liu53

0169. 枣　枣儿 tsɔr53

0170. 栗子　毛栗 mɔ31li53

0171. 核桃　核桃 xei31thɔ53

0172. 银杏白果　银杏 Øiŋ24xəŋ44

0173. 甘蔗　甘蔗 kæ̃31tʂɤ24

0174. 木耳　木耳 mu31Øər0

0175. 蘑菇野生的　尿卷卷 ȵiɔ44tɕyæ̃53tɕyæ̃0/狗尿苔 kou53ȵiɔ44thæ24

0176. 香菇　香菇 ɕiɑŋ24ku31

（二）农作物

0177. 稻子指植物　稻子 thɔ44tsɿ0

0178. 稻谷指籽实（脱粒后是大米）　稻谷 thɔ53ku31

0179. 稻草脱粒后的　稻草 tɔ31tshɔ0

0180. 大麦指植物　大麦 tɑ44mei31

0181. 小麦指植物　麦 mei31

0182. 麦秸脱粒后的　麦秆 mei31kæ̃0/麦草 mei31tshɔ0

0183. 谷子指植物（籽实脱粒后是小米）　谷 ku31

0184. 高粱指植物　稻黍 thɔ31ʂʅ0

0185. 玉米指成株的植物　御麦秆 Øy44mei31kæ̃53

0186. 棉花指植物　棉花 miæ̃31xuɑ53

0187. 油菜油料作物，不是蔬菜　菜籽 tshæ44tsɿ0/蔓菁 mæ̃31ȶiŋ53

0188. 芝麻　芝麻 tsɿ53mɑ0

0189. 向日葵指植物　望日葵 Øuɑŋ44Øər0khui24

0190. 蚕豆　大豌豆 tɑ44Øuæ̃53tou0

0191. 豌豆　豌豆 Øuæ53tou0

0192. 花生指果实，注意婉称　落花生 luo31xuɑ24səŋ31

0193. 黄豆　白豆 phei31tou53

0194. 绿豆　绿豆 liu53tou0

0195. 豇豆长条形的　豇豆 tɕiɑŋ53tou0

0196. 大白菜东北～　白菜 phei31tshæ53

0197. 包心菜卷心菜，圆白菜，球形的　莲花白 liæ31xuɑ53phei24

0198. 菠菜　青菜 ȶhiŋ53tshæ0

0199. 芹菜　芹菜小 tɕhiŋ31tshæ53/芹筒大 tɕhiŋ31thuŋ53

0200. 莴笋　笋子 suŋ44tsɿ0

0201. 韭菜　韭菜 tɕiu53tshæ0

0202. 香菜芫荽　芫荽 Øiæ31sui53

0203. 葱　羊角葱 Øiɑŋ31tɕyɛ53tshuŋ31

0204. 蒜　蒜 suæ44

0205. 姜　生姜 səŋ31tɕiɑŋ0

0206. 洋葱　洋葱 Øiɑŋ24tshuŋ31

0207. 辣椒统称　辣子 lɑ53tsɿ0

0208. 茄子统称　茄子 tɕhiɛ31tsɿ53

0209. 西红柿　洋柿子 Øiɑŋ24sɿ44tsɿ0

0210. 萝卜统称　萝卜 luo31phu53

0211. 胡萝卜　红萝卜 xuŋ31luo44phu0

0212. 黄瓜　黄瓜 xuɑŋ31kuɑ53

0213. 丝瓜无棱的　抹布瓜 mɑ53phu0kuɑ31

0214. 南瓜扁圆形或梨形，成熟时赤褐色　番瓜 fæ31kuɑ0

0215. 荸荠　马蹄儿 mɑ53ȶhir0

0216. 红薯统称　红芋 xuŋ24Øy44

0217. 马铃薯　洋芋 Øiɑŋ24Øy44

0218. 芋头　芋头 Øy44thou0

0219. 山药圆柱形的　山药 sæ31Øyɛ0

0220. 藕　莲菜 liæ31tshæ53

四、动物

（一）一般动物

0221. 老虎　老虎 lɔ31xu0

0222. 猴子　猴 xou24

0223. 蛇统称　长虫 tʂhɑŋ31tʂhəŋ53

0224. 老鼠家里的　老鼠 lɔ31ʂʅ0

0225. 蝙蝠　夜蝙蝠 Øiɛ44piɛ0fu0

0226. 鸟儿飞鸟，统称　雀儿 ȶhiɔr53

0227. 麻雀　□□ ɕy53ɕy0

0228. 喜鹊　野鹊 Øiɛ44ȶhiɔ0

0229. 乌鸦　老鸹 lɔ53Øuɑ0

0230. 鸽子　鹁鸽 phu31kɔ53

0231. 翅膀鸟的，统称　膀子 pɑŋ53tsɿ0

0232. 爪子鸟的，统称　爪爪 tʂɑ53tʂɑ0

0233. 尾巴　尾巴 Øi53phɑ0

0234. 窝鸟的　窝 Øuo31

0235. 虫子统称　虫虫 tʂhəŋ31tʂhəŋ53

0236. 蝴蝶统称　蛾蛾 ŋɤ31ŋɤ53

0237. 蜻蜓统称　蚂螂 mɑ31lɑŋ53

0238. 蜜蜂　蜂 fəŋ31

0239. 蜂蜜　蜂蜜 fəŋ31mi0

0240. 知了统称　知了 tsɿ31lɔ53

0241. 蚂蚁　蚍蜉蚂 phi31fəŋ53mɑ0

0242. 蚯蚓　曲蟮 tʂhʅ53ʂæ0

0243. 蚕　蚕儿 tshæ̃r24

0244. 蜘蛛会结网的　蜘蛛 tʂʅ53tʂʅ0

0245. 蚊子统称　蚊子 vəŋ31tsɿ53

0246. 苍蝇统称　蝇子 Øiŋ31tsɿ53

0247. 跳蚤咬人的　虼蚤 kei31tsɔ0

0248. 虱子　虱 sei31
0249. 鱼　鱼 Øy24
0250. 鲤鱼　鲤鱼 li53Øy24
0251. 鳙鱼胖头鱼　鳙鱼 Øyŋ53Øy24
0252. 鲫鱼　鲫鱼 ȶi31Øy24
0253. 甲鱼　鳖 piɛ31
0254. 鳞鱼的　鱼鳞 Øy24liŋ24
0255. 虾统称　虾 ɕiɑ31
0256. 螃蟹统称　螃甲 phɑŋ31tɕiɑ53
0257. 青蛙统称　绿腿 liu31thui53
0258. 癞蛤蟆表皮多疙瘩　疥□□ tɕiɛ44mɑ31thu0/疥蛙 tɕiɛ44Øuɑ44

（二）家畜、家禽

0259. 马　马 mɑ53
0260. 驴　驴 ly24
0261. 骡　骡子 luo31tsɿ53
0262. 牛　牛 ȵiu24
0263. 公牛统称　犍牛 tɕiæ̃53ȵiu0
0264. 母牛统称　乳牛 ʐʅ53ȵiu0
0265. 放牛　放牛 fɑŋ44ȵiu24
0266. 羊　羊 Øiɑŋ24
0267. 猪　唠唠 lɔ44lɔ44
0268. 种猪配种用的公猪　角猪 tɕyo31tʂʅ0
0269. 公猪成年的，已阉的　牙猪 Øiɑ31tʂʅ53
0270. 母猪成年的，未阉的　豠豠 tshɑ31tshɑ53
0271. 猪崽　猪娃 tʂʅ53Øuɑ0
0272. 猪圈　猪圈 tʂʅ53tɕhyæ̃0
0273. 养猪　喂猪 Øui44tʂʅ31
0274. 猫　咪咪 mi44mi44
0275. 公猫　狸猫 li53mɔ0
0276. 母猫　咪猫 mi44mɔ0
0277. 狗统称　狗 kou53
0278. 公狗　牙狗 Øiɑ31kou53
0279. 母狗　草狗 tshɔ31kou53
0280. 叫狗～　咬 ȵiɔ53
0281. 兔子　兔 thu44
0282. 鸡　鸡 tɕi31
0283. 公鸡成年的，未阉的　叫鸣鸡 tɕiɔ44miŋ24tɕi31
0284. 母鸡已下过蛋的　下蛋鸡 ɕiɑ31thæ̃44tɕi31
0285. 叫公鸡～（打鸣儿）　叫鸣 tɕiɔ44miŋ24
0286. 下鸡～蛋　下 ɕiɑ44
0287. 孵～小鸡　菢 phu53
0288. 鸭　鸭娃 Øiɑ53Øuɑ0
0289. 鹅　鹅 ŋɤ24
0290. 阉～公的猪　择 tshei24
0291. 阉～母的猪　择 tshei24
0292. 阉～鸡　骟 ʂæ̃44
0293. 喂～猪　喂 Øui44
0294. 杀猪统称，注意婉称　杀猪 sɑ24tʂʅ31
0295. 杀～鱼　杀 sɑ31

五、房舍、器具

（一）房舍

0296. 村庄一个～　村子 tshuŋ53tsɿ0/庄子 tʂɑŋ53tsɿ0
0297. 胡同统称：一条～　巷子 xɑŋ53tsɿ0/巷巷 xɑŋ53xɑŋ0
0298. 街道　街道 tɕiɛ53thɔ0

0299. 盖房子　盖房 kæ44faŋ24

0300. 房子整座的，不包括院子　房 faŋ24

0301. 屋子房子里分隔而成的，统称　房子 faŋ31tsɿ53

0302. 卧室　里屋 li53Øu31

0303. 茅屋茅草等盖的　草房 tshɔ53faŋ24

0304. 厨房　灶房 tsɔ44faŋ24

0305. 灶统称　锅灶 kuo53tsɔ0

0306. 锅统称　锅 kuo31

0307. 饭锅煮饭的　锅 kuo31

0308. 菜锅炒菜的　炒瓢 tshɔ53phiɔ0

0309. 厕所旧式的，统称　茅房 mɔ24faŋ24/后院 xou44Øyæ̃0

0310. 檩左右方向的　檩条 liŋ53ȶhiɔ0

0311. 柱子　柱子 tʂhʅ44tsɿ0

0312. 大门　头门 thou31məŋ53

0313. 门槛儿　门槛 məŋ31khæ̃53

0314. 窗旧式的　窗子 tʂhaŋ31tsɿ0

0315. 梯子可移动的　梯子 ȶhi53tsɿ0

0316. 扫帚统称　扫帚 ʂɔ44tʂhʅ0

0317. 扫地　戳地 tʂhuo31ȶhi44

0318. 垃圾　渣渣 tsɑ53tsɑ0/底巴 ȶi53pɑ0

（二）家具

0319. 家具统称　家具 tɕiɑ53tɕy0

0320. 东西我的　东西 tuŋ53si0

0321. 炕土、砖砌的，睡觉用　炕 khaŋ44

0322. 床木制的，睡觉用　木床 mu31tʂhaŋ24

0323. 枕头　枕头 tʂəŋ53thou0

0324. 被子　被儿 piɛr53

0325. 棉絮　套子 thɔ44tsɿ0

0326. 床单　单子 tæ̃31tsɿ0

0327. 褥子　褥子 ʐʅ31tsɿ0

0328. 席子　席 si24

0329. 蚊帐　蚊帐 vəŋ24tʂɑŋ44

0330. 桌子统称　桌子 tʂuo31tsɿ0

0331. 柜子统称　柜 khui44

0332. 抽屉桌子的　抽掀 tʂhou53ɕiæ̃0

0333. 案子长条形的　案案 ŋæ̃44ŋæ̃0

0334. 椅子统称　椅子 Øi53tsɿ0

0335. 凳子统称　板凳 pæ̃53təŋ0

0336. 马桶有盖的　尿桶 ȵiɔ44thuŋ53

（三）用具

0337. 菜刀　刀 tɔ31

0338. 瓢舀水的　马勺 mɑ53ʂuo0

0339. 缸　瓮 Øuəŋ44

0340. 坛子装酒的～　坛坛 thæ̃31thæ̃53

0341. 瓶子装酒的～　瓶瓶 phiŋ31phiŋ53

0342. 盖子杯子的～　盖盖 kæ44kæ0

0343. 碗统称　碗 Øuæ̃53

0344. 筷子　筷子 khuæ44tsɿ0

0345. 汤匙　汤匙 thaŋ31sɿ24

0346. 柴火统称　柴 tshæ24

0347. 火柴　洋火 Øiaŋ31xuo53

0348. 锁　锁子 suo53tsɿ0

0349. 钥匙　钥匙 Øyo53sɿ0

0350. 暖水瓶　电壶 ȶiæ̃44xu24

0351. 脸盆　洗脸盆 si31liæ̃53phəŋ24

0352. 洗脸水　洗脸水 si31liæ̃53ʂei53

0353. 毛巾洗脸用　羊肚手帕 Øiaŋ31tu53ʂou53phɑ0

0354. 手绢　帕帕 phɑ53phɑ0

0355. 肥皂洗衣服用　洋碱 Øiaŋ24tɕiæ̃53

0356. 梳子旧式的，不是篦子 木梳 mu53ʂʅ0
0357. 缝衣针 针 tʂəŋ31
0358. 剪子 剪子 ȶiæ53tsɿ0
0359. 蜡烛 蜡蜡 lɑ53lɑ0
0360. 手电筒 手电 ʂou53ȶiæ44
0361. 雨伞挡雨的，统称 伞 sæ53
0362. 自行车 车子 tʂhɤ53tsɿ0

六、服饰、饮食

（一）服饰

0363. 衣服统称 衣服 Øi31fu0
0364. 穿～衣服 穿 tʂhæ31
0365. 脱～衣服 脱 thuo31
0366. 系～鞋带 绑 pɑŋ53
0367. 衬衫 衬衣 tshəŋ44Øi31
0368. 背心带两条杠的，内衣 汗夹 xæ44tɕiɑ31
0369. 毛衣 毛衣 mɔ31Øi53
0370. 棉衣 棉袄 miæ31ŋɔ53
0371. 袖子 袖子 siu44tsɿ0
0372. 口袋衣服上的 兜兜 tou53tou0
0373. 裤子 裤儿 khur44
0374. 短裤外穿的 套裤儿 thɔ44khur0
0375. 裤腿 裤腿 khu44thui0
0376. 帽子统称 帽子 mɔ44tsɿ0
0377. 鞋子 鞋 xæ24
0378. 袜子 袜子 vɑ53tsɿ0
0379. 围巾 围脖 Øui31phɤ53
0380. 围裙 遮腰 tʂɤ31Øiɔ0
0381. 尿布 褯子 ȶhiɛ44tsɿ0
0382. 扣子 钮子 ȵiu53tsɿ0
0383. 扣～扣子 扣 khou44
0384. 戒指 箍子 ku53tsɿ0
0385. 手镯 镯子 tshuo31tsɿ53
0386. 理发 剃头 ȶhi44thou24/刮头 kuɑ31thou24
0387. 梳头 梳头 ʂʅ31thou24

（二）饮食

0388. 米饭 干饭 kæ53fæ0
0389. 稀饭用米熬的，统称 米汤 mi53thɑŋ31
0390. 面粉麦子磨的，统称 麦面 mei31miæ44
0391. 面条统称 面 miæ44
0392. 面儿玉米～，辣椒～ 面 miæ44
0393. 馒头无馅儿的，统称 蒸馍馍 tʂəŋ53mɤ31mɤ0
0394. 包子 包子 pɔ53tsɿ0
0395. 饺子 扁食 piæ53ʂʅ0
0396. 馄饨 馄饨 xuŋ44tuŋ0
0397. 馅儿 馅馅 ɕyæ44ɕyæ0
0398. 油条长条形的，旧称 油胖儿 Øiu24phɑŋr44
0399. 豆浆 白汤 phei31thɑŋ53
0400. 豆腐脑儿 豆花 tou44xuɑ31
0401. 元宵食品 元宵 Øiæ24siɔ44
0402. 粽子 粽子 tsuŋ44tsɿ0
0403. 年糕用黏性大的米或米粉做的 甜糕 ȶhiæ31kɔ53
0404. 点心统称 □的 xɑ53ȶi0
0405. 菜吃饭时吃的，统称 就菜 ȶhiu44tshæ0
0406. 干菜统称 干货 kæ31xuo44

0407. 豆腐　豆腐 tou44fu0
0408. 猪血当菜的　猪血 tʂʅ24ɕiɛ31
0409. 猪蹄当菜的　猪爪爪 tʂʅ31tʂɑ53tʂɑ0
0410. 猪舌头当菜的，注意婉称　口条 khou53ȶhiɔ24
0411. 猪肝当菜的，注意婉称　肝子 kæ̃53tsɿ0
0412. 下水猪、牛、羊的内脏　肠肠肚肚 tʂhaŋ31tʂhaŋ53tu53tu0
0413. 鸡蛋　鸡蛋 tɕi53thæ̃0
0414. 松花蛋　松花蛋 suŋ31xuɑ31thæ̃44
0415. 猪油　荤油 xuŋ31Øiu24
0416. 香油　香油 ɕiaŋ31Øiu24
0417. 酱油　套油 thɔ44Øiu24
0418. 盐名词　盐 Øiæ̃24
0419. 醋注意婉称　醋 tshu44
0420. 香烟　纸烟 tsɿ53Øiæ̃31
0421. 旱烟　旱烟 xæ̃44Øiæ̃31
0422. 白酒　烧酒 ʂɔ31ȶiu0
0423. 黄酒　药酒 Øyɛ31ȶiu0
0424. 江米酒酒酿，醪糟　醪糟 lɔ31tsɔ53
0425. 茶叶　茶叶 tshɑ31Øiɛ53
0426. 沏～茶　泼 phɤ31
0427. 冰棍儿　冰棒儿 piŋ31paŋr44
0428. 做饭统称　做饭 tsu44fæ̃44
0429. 炒菜统称，和做饭相对　炒菜 tshɔ53tshæ44
0430. 煮～带壳的鸡蛋　煮 tʂʅ53
0431. 煎～鸡蛋　摊 thæ̃31
0432. 炸～油条　炸 tshɑ24
0433. 蒸～鱼　蒸 tʂəŋ31
0434. 揉～面做馒头等　揉 ʐou24
0435. 擀～面，～皮儿　擀 kæ̃53
0436. 吃早饭　吃早上 tʂhʅ31tsɔ53ʂaŋ0
0437. 吃午饭　吃晌午 tʂhʅ24ʂaŋ31Øu0
0438. 吃晚饭　喝汤 xuo24thaŋ31
0439. 吃～饭　吃 tʂhʅ31
0440. 喝～酒　抿 miŋ53
0441. 喝～茶　喝 xuo31
0442. 抽～烟　吃 tʂhʅ31
0443. 盛～饭　舀 Øiɔ53
0444. 夹用筷子～菜　抄 tshɔ31
0445. 斟～酒　升 ʂəŋ31
0446. 渴口～　渴 khɤ31
0447. 饿肚子～　饥 tɕi31
0448. 噎吃饭～着了　噎 Øiɛ31

七、身体、医疗

（一）身体

0449. 头人的，统称　头 thou24
0450. 头发　帽盖 mɔ44kæ0
0451. 辫子　帽辫儿 mɔ44phiæ̃r0
0452. 旋　旋 suæ̃24
0453. 额头　额颅 ŋei53lu0
0454. 相貌　模样 mu31Øiaŋ53
0455. 脸洗～　脸 liæ̃53
0456. 眼睛　眼 ȵiæ̃53
0457. 眼珠统称　眼睛豆儿 ȵiæ̃53ȶiŋ31tour44
0458. 眼泪哭的时候流出来的　眼泪 ȵiæ̃53lui0
0459. 眉毛　眉毛 mi31mɔ53
0460. 耳朵　耳朵 Øər53tuo0
0461. 鼻子　鼻子 phi31tsɿ53
0462. 鼻涕统称　鼻 phi24

0463. 擤～鼻涕　擤 siŋ53
0464. 嘴巴人的，统称　嘴 tsui53
0465. 嘴唇　嘴唇 tsui53ʂəŋ0
0466. 口水～流出来　颔水 xæ̃31ʂei0
0467. 舌头　舌头 ʂɤ31thou53
0468. 牙齿　牙 Øiɑ24
0469. 下巴　牙叉骨 Øiɑ31tshɑ53ku31
0470. 胡子嘴周围的　胡子 xu31tsɿ53
0471. 脖子　脖浪骨 phu31lɑŋ53kuo31
0472. 喉咙　喉咙眼 xu31luŋ53ȵiæ̃0
0473. 肩膀　胛骨 tɕiɑ53kuo0
0474. 胳膊　胳膊 kei53phɤ0
0475. 手方言指（打√）：只指手；包括臂：他的～摔断了　手 ʂou53
0476. 左手　左挂 tsuo44kuɑ0
0477. 右手　右挂 Øiu44kuɑ0
0478. 拳头　捶头 tʂhei31thou53
0479. 手指　手指头 ʂou53tsɿ53thou0
0480. 大拇指　大拇指头 tɑ44mu0tsɿ53thou0
0481. 食指　二拇指头 Øər44mu0tsɿ53thou0
0482. 中指　中拇指头 tʂəŋ31mu0tsɿ53thou0
0483. 无名指　无名指 Øu24miŋ24tsɿ0
0484. 小拇指　小拇指头 siɔ53mu0tsɿ53thou0
0485. 指甲　指甲 tsɿ53tɕiɑ31
0486. 腿　腿 thui53
0487. 脚方言指（打√）：只指脚；包括小腿；包括小腿和大腿：他的～轧断了　脚 tɕyo31
0488. 膝盖指部位　□□盖 pɔ53lɔ0kæ44
0489. 背名词　脊背 ȶi53pei0
0490. 肚子腹部　肚子 thu44tsɿ0
0491. 肚脐　暴暴 pɔ44pɔ44
0492. 乳房女性的　奶头 læ53thou0
0493. 屁股　沟子 kou53tsɿ0
0494. 肛门　屁眼 phi44ȵiæ̃0
0495. 阴茎成人的　㞗 tɕhiu24
0496. 女阴成人的　下身 xɑ44ʂəŋ31
0497. 肏动词　合 ʐʅ31
0498. 精液　㞞 suŋ24
0499. 来月经注意婉称　身上来了 ʂʅ53ʂɑŋ0læ31liɑ53
0500. 拉屎　㞎屎 pɑ31sʅ53
0501. 撒尿　尿尿 ȵiɔ44ȵiɔ44
0502. 放屁　放屁 fɑŋ44phi44
0503. 相当于"他妈的"的口头禅　日他娘 ʐʅ31thɑ31ȵiɑ44

（二）疾病、医疗

0504. 病了　不好了 pu24xɔ31liɑ0
0505. 着凉　冒风 mɔ44fəŋ31
0506. 咳嗽　咳嗽 khei53sou0
0507. 发烧　发烧 fɑ24ʂɔ31
0508. 发抖　打颤 tɑ53tʂæ̃44
0509. 肚子疼　肚子疼 thu44tsɿ0thəŋ24
0510. 拉肚子　跑后 phɔ53xou44
0511. 患疟疾　打摆子 tɑ31pæ53tsɿ0
0512. 中暑　受热 ʂou44ʐɤ31
0513. 肿　肿 tʂəŋ53
0514. 化脓　熟脓 ʂʅ24luŋ24
0515. 疤好了的　疤疤 pɑ53pɑ0
0516. 癣　癣 siæ̃53
0517. 痣凸起的　瘊子 xou31tsɿ53

0518. 疙瘩蚊子咬后形成的　疙瘩 kei53tɑ0

0519. 狐臭　臭眼 tʂhou44ȵiæ53

0520. 看病　照识 tʂɔ44ʂʅ0

0521. 诊脉　掂脉 ȶiæ24mei31

0522. 针灸　针灸 tʂəŋ31tɕiu53

0523. 打针　打针 tɑ53tʂəŋ31

0524. 打吊针　挂针 kuɑ44tʂəŋ31

0525. 吃药统称　吃六谷 tʂhʅ24liu31ku31

0526. 汤药　中药 tʂəŋ31øyɛ0

0527. 病轻了　松活 suŋ53xuo0/轻省 tɕhiŋ31səŋ0

八、婚丧、信仰

（一）婚育

0528. 说媒　说媒 ʂɤ31mei24

0529. 媒人　媒婆 mei31phɤ53

0530. 相亲　遇面 øy44miæ44

0531. 订婚　送礼 suŋ44li53

0532. 嫁妆　陪房 phei31fɑŋ53

0533. 结婚统称　娶媳妇 tɕhy53si53fu0

0534. 娶妻子男子～，动宾　娶婆娘 tɕhy53phɤ31ȵiɑŋ53

0535. 出嫁女子～　起发 tɕhi53fɑ31

0536. 拜堂　拜天地 pæ44ȶhiæ53ȶi0

0537. 新郎　新女婿 siŋ31ȵy53ɕy0

0538. 新娘子　新媳妇 siŋ31si53fu0

0539. 孕妇　怀娃婆娘 xuæ24øuɑ44phɤ31ȵiɑŋ53

0540. 怀孕　有啥 øiu53ʂɑ0

0541. 害喜妊娠反应　择饭 tshei24fæ44

0542. 分娩　抓娃娃 tʂɑ31øuɑ31øuɑ53

0543. 流产　小月 siɔ53øyɛ31

0544. 双胞胎　双生 ʂɑŋ44səŋ31

0545. 坐月子　坐月 tshuo44øyɛ31

0546. 吃奶　咂奶 tsɑ31læ53

0547. 断奶　择奶 tshei24læ53

0548. 满月　满月 mæ53øyɛ31

0549. 生日统称　好天 xɔ53ȶhiæ31

0550. 做寿　做好天 tsu44xɔ53ȶhiæ31

（二）丧葬

0551. 死统称　殁 mɤ31

0552. 死婉称，最常用的几种，指老人：他～了　老百年 lɔ53pei31ȵiæ0

0553. 自杀　寻回避 siŋ24xui31pi53

0554. 咽气　断气 thuæ44tɕhi44

0555. 入殓　成殓 tʂhəŋ24liæ44

0556. 棺材　棺子 kuæ53tsɿ0

0557. 出殡　出丧 tʂhʅ24sɑŋ31

0558. 灵位　神主牌牌 ʂəŋ31tʂʅ53phæ31phæ53

0559. 坟墓单个的，老人的　阙 tɕhyɛ31

0560. 上坟　烧纸去 ʂɔ31tsɿ53tɕhi0

0561. 纸　纸钱 tsɿ53ȶhiæ0

（三）信仰

0562. 老天爷　老天爷 lɔ53ȶhiæ53øiɛ0

0563. 菩萨统称　佛爷 fɤ31øiɛ53

0564. 观音　娘娘阿婆 ȵiɑŋ31ȵiɑŋ53øɑ31phɤ0

0565. 灶神口头的叫法，其中如有方言亲属称谓要释义　灶爷 tsɔ44øiɛ0

0566. 寺庙　爷爷庙 øiɛ31øiɛ53miɔ44

0567. 祠堂　祠堂 tshɿ31thɑŋ53

0568. 和尚　和尚 xuo31ʂaŋ53
0569. 尼姑　尼姑 ȵi31ku53
0570. 道士　道人 tɔ44ʐəŋ0
0571. 算命统称　算卦 suæ̃44kuɑ44/相面 siɑŋ44miæ̃44
0572. 运气　运气 Øyŋ44tɕhi0
0573. 保佑　照管 tʂɔ44kuæ̃0

九、人品、称谓

（一）人品

0574. 人一个～　人 ʐəŋ24
0575. 男人成年的，统称　男的 læ̃31ʈi53
0576. 女人三四十岁已婚的，统称　婆娘 phɤ31ȵiɑŋ53
0577. 单身汉　光棍 kuɑŋ53kuŋ0
0578. 老姑娘　老姐姐 lɔ53ʈiɛ53ʈiɛ0
0579. 婴儿　月娃 Øyɛ53Øuɑ0
0580. 小孩儿三四岁的，统称　碎崽娃 sui44tsæ53Øuɑ0
0581. 男孩儿统称：外面有个～在哭　碎娃 sui44Øuɑ44
0582. 女孩儿统称：外面有个～在哭　碎女子 sui44ȵy53tsɿ0
0583. 老人七八十岁的，统称　老人 lɔ53ʐəŋ0
0584. 亲戚统称　亲亲 ʈhiŋ53ʈhiŋ0
0585. 朋友统称　伙家 xuo31Øiɑ0
0586. 邻居统称　邻家 liŋ31Øiɑ53
0587. 客人　客 khei31
0588. 农民　庄稼汉 tʂɑŋ53Øɑ0xæ̃0
0589. 商人　生意人 səŋ53Øi0ʐəŋ0
0590. 手艺人统称　匠人 ʈhiɑŋ44ʐəŋ0
0591. 泥水匠　泥瓦匠 ȵi31Øuɑ53ʈhiɑŋ0
0592. 木匠　木匠 mu53ʈhiɑŋ0
0593. 裁缝　绞衣服的 tɕiɔ53Øi31fu0ʈi0
0594. 理发师　待招 tæ44tʂɔ31
0595. 厨师　厨子 tʂhʅ31tsɿ53
0596. 师傅　把式 pɑ53ʂʅ0
0597. 徒弟　伙计 xuo53tɕi0
0598. 乞丐统称，非贬称（无统称则记成年男的）　叫花子 tɕiɔ44xuɑ31tsɿ0
0599. 妓女　婊子 piɔ53tsɿ0
0600. 流氓　瞎瞎 xɑ53xɑ0
0601. 贼　贼娃子 tsei31Øuɑ53tsɿ0
0602. 瞎子统称，非贬称（无统称则记成年男的）　瞎子 xɑ53tsɿ0
0603. 聋子统称，非贬称（无统称则记成年男的）　聋聋 luŋ31luŋ53
0604. 哑巴统称，非贬称（无统称则记成年男的）　瓜子 kuɑ53tsɿ0
0605. 驼子统称，非贬称（无统称则记成年男的）　背锅 pei31kuo0
0606. 瘸子统称，非贬称（无统称则记成年男的）　跛子 pɤ53tsɿ0
0607. 疯子统称，非贬称（无统称则记成年男的）　洋来 Øiɑŋ24læ24
0608. 傻子统称，非贬称（无统称则记成年男的）　凉娃 liɑŋ24Øuɑ44
0609. 笨蛋蠢的人　拙㞞 tʂɤ31suŋ24

（二）称谓

0610. 爷爷呼称，最通用的　爷 Øiɛ44
0611. 奶奶呼称，最通用的　婆 phɤ24
0612. 外祖父叙称　外爷 Øui44Øiɛ0
0613. 外祖母叙称　外婆 Øui44phɤ0

0614. 父母合称 老的 lɔ53ʈi0

0615. 父亲叙称 爹爹 ʈiɛ53ʈiɛ0

0616. 母亲叙称 娘 ɳiɑ24

0617. 爸爸呼称，最通用的 爹爹 ʈiɛ53ʈiɛ0

0618. 妈妈呼称，最通用的 娘 ɳiɑ24

0619. 继父叙称 后爸 xou44pɑ0

0620. 继母叙称 后娘 xou44ɳiɑ0

0621. 岳父叙称 丈人爸 tʂhɑŋ44ʐəŋ0pɑ44

0622. 岳母叙称 丈母娘 tʂhɑŋ44mu0ɳiɑ44

0623. 公公叙称 阿公 Øɑ31kuŋ0

0624. 婆婆叙称 阿家 Øɑ31tɕiɑ0

0625. 伯父呼称，统称 伯 pei44

0626. 伯母呼称，统称 大大 tɑ44tɑ0

0627. 叔父呼称，统称 爸爸 pɑ44pɑ0

0628. 叔父呼称，排行最小的，如“幺叔” 碎爸 sui44pɑ44

0629. 叔母呼称，统称 新娘 siŋ31ɳiɑ44

0630. 姑呼称，统称（无统称则记分称：比父大，比父小；已婚，未婚） 姑 ku24

0631. 姑父呼称，统称 姑父 ku53fu0

0632. 舅舅呼称 舅 ʨiu44

0633. 舅妈呼称 妗子 ʨhiŋ44tsɿ0

0634. 姨呼称，统称（无统称则记分称：比母大，比母小；已婚，未婚） 姨 Øi44

0635. 姨父呼称，统称 姨夫 Øi31fu53

0636. 弟兄合称 弟兄们 ʈi44ɕyŋ31mu0

0637. 姊妹合称，注明是否可包括男性 姊妹们包括男性 tsɿ53mei0mei0

0638. 哥哥呼称，统称 哥 kɤ24

0639. 嫂子呼称，统称 嫂子 sɔ53tsɿ0

0640. 弟弟叙称 兄弟 ɕyŋ53ʈhi0

0641. 弟媳叙称 兄弟媳妇 ɕyŋ53ʈhi0si53fu0

0642. 姐姐呼称，统称 姐姐 ʈiɛ53ʈiɛ0

0643. 姐夫呼称 姐夫 ʈiɛ53fu0

0644. 妹妹叙称 妹子 mei44tsɿ0

0645. 妹夫叙称 妹夫 mei44fu0

0646. 堂兄弟叙称，统称 家门兄弟 tɕiɑ53məŋ0ɕyŋ53ʈhi0

0647. 表兄弟叙称，统称 表兄弟 piɔ53ɕyŋ31ʈhi44

0648. 妯娌弟兄妻子的合称 先后 siæ̃44xou0

0649. 连襟姊妹丈夫的关系，叙称 挑担 ʈhiɔ53tæ̃31

0650. 儿子叙称：我的～ 儿 Øər24

0651. 儿媳妇叙称：我的～ 儿媳妇 Øər31si53fu0

0652. 女儿叙称：我的～ 女子 ɳy53tsɿ0

0653. 女婿叙称：我的～ 女婿 ɳy53ɕy0

0654. 孙子儿子之子 孙子 suŋ31tsɿ0

0655. 重孙子儿子之孙 重孙 tʂhəŋ31suŋ53

0656. 侄子弟兄之子 侄儿 tʂhʅr24

0657. 外甥姐妹之子 外甥 Øuæ44səŋ31

0658. 外孙女儿之子 外孙 Øuæ44suŋ31

0659. 夫妻合称 两口 liɑŋ31khou0

0660. 丈夫叙称，最通用的，非贬称：她的～ 男人 læ̃31ʐəŋ53/当家人 tɑŋ31Øiɑ0ʐəŋ0

0661. 妻子叙称，最通用的，非贬称：他的～ 婆娘 phɤ31ɳiɑŋ53/屋里人 Øu53li0ʐəŋ0

0662. 名字 名字 miŋ31tsɿ53

0663. 绰号 外号 Øuæ44xɔ53

十、农、工、商、文

（一）农业

0664. 干活儿统称：在地里～　做活 tsu44xuo24
0665. 事情一件～　事 sɿ44
0666. 插秧　插稻子 tshɑ31thɔ44tsɿ0
0667. 割稻　割稻子 kɤ31thɔ44tsɿ0
0668. 种菜　务菜 vu44tshæ44
0669. 犁名词　犁 li24
0670. 锄头　锄 tʂhʅ24
0671. 镰刀　镰 liæ̃24
0672. 把儿刀～　把把 pɑ44pɑ0
0673. 扁担　担 tæ̃44
0674. 箩筐　箩斗筐子 luo31tou53khuɑŋ53tsɿ0
0675. 筛子统称　筛筛 sæ53sæ0
0676. 簸箕农具，有梁的　大抄抄 tɑ44tshɔ53tshɔ0
0677. 簸箕簸米用　簸箕 po44tɕi0
0678. 独轮车　卡娃车 tɕhiɑ53Øuɑ0tʂhɤ31
0679. 轮子旧式的，如独轮车上的　轮轮 lyŋ31lyŋ53
0680. 碓整体　蒜罐 suæ̃44kuæ̃0
0681. 臼　碓窝 tui44Øuo31
0682. 磨名词　磨子 mɤ44tsɿ0
0683. 年成　年景 ȵiæ̃31tɕiŋ53

（二）工商业

0684. 走江湖统称　跑生意 phɔ53səŋ53Øi0
0685. 打工　打工 tɑ53kuŋ31
0686. 斧子　斧头 fu53thou0
0687. 钳子　钳子 tɕhiæ̃31tsɿ53
0688. 螺丝刀　起子 tɕhi53tsɿ0
0689. 锤子　锤锤 tʂhei31tʂhei53
0690. 钉子　钉钉 ȶiŋ53ȶiŋ0
0691. 绳子　绳绳 ʂəŋ31ʂəŋ53
0692. 棍子　棍 kuŋ44
0693. 做买卖　做生意 tsu44səŋ53Øi0
0694. 商店　店铺 ȶiæ̃44phu0
0695. 饭馆　馆子 kuæ̃53tsɿ0
0696. 旅馆旧称　店房 ȶiæ̃44fɑŋ0
0697. 贵　贵 kui44
0698. 便宜　贱 ȶhiæ̃44
0699. 合算　划算 xuɑ31suæ̃53
0700. 折扣　让斩 ʐɑŋ31tsæ̃53
0701. 亏本　贴赔 ȶhiɛ53phei0
0702. 钱统称　钱 ȶhiæ̃24
0703. 零钱　零钱 liŋ24ȶhiæ̃24
0704. 硬币　分分洋 fəŋ53fəŋ0Øiɑŋ24
0705. 本钱　本 pəŋ53
0706. 工钱　工钱 kuŋ53ȶhiæ̃0
0707. 路费　盘缠 phæ̃31tʂhæ̃53
0708. 花～钱　开销 khæ31siɔ0
0709. 赚卖一斤能～一毛钱　见 tɕiæ̃44
0710. 挣打工～了一千块钱　挣 tsəŋ44
0711. 欠～他十块钱　该 kæ31
0712. 算盘　盘子 phæ̃31tsɿ53
0713. 秤统称　秤 tʂhəŋ44
0714. 称用秆秤～　过秤 kuo44tʂhəŋ44
0715. 赶集　跟集 kəŋ31ȶhi24
0716. 集市　集 ȶhi24
0717. 庙会　爷爷庙会 Øiɛ31Øiɛ53miɔ44xui44

（三）文化、娱乐

0718. 学校　学校 ɕyo24ɕiɔ44/书房 ʂʅ53faŋ0

0719. 教室　教室 tɕiɔ44ʂʅ0

0720. 上学　念书 ȵiæ̃44ʂʅ31

0721. 放学　下学 xɑ44ɕyo24

0722. 考试　考试 khɔ53sʅ44

0723. 书包　书包 ʂʅ31pɔ0

0724. 本子　本本 pəŋ53pəŋ0

0725. 铅笔　铅笔 tɕhiæ̃24pi31

0726. 钢笔　水笔 ʂei53pi31

0727. 圆珠笔　油笔 Øiu24pi31

0728. 毛笔　毛笔 mɔ24pi31

0729. 墨　墨 mei24

0730. 砚台　砚台 Øiæ̃44thæ0

0731. 信一封～　信 siŋ44

0732. 连环画　画书 xuɑ24ʂʅ31

0733. 捉迷藏　藏马猴 ȶhiɑŋ31mɑ53xou0

0734. 跳绳　跳绳 ȶhiɔ44ʂəŋ24

0735. 毽子　毽子 tɕiæ̃44tsʅ0

0736. 风筝　风筝 fəŋ31tsəŋ0

0737. 舞狮　耍狮子 ʂɑ53sʅ53tsʅ0

0738. 鞭炮统称　挂□鞭 kuɑ44lɑ44piæ̃53

0739. 唱歌　唱歌儿 tʂhɑŋ44kɤr31

0740. 演戏　唱戏 tʂhɑŋ44ɕi44

0741. 锣鼓统称　锣鼓家什 luo31ku53tɕiɑ53sʅ0

0742. 二胡　胡胡 xu31xu53

0743. 笛子　笛 ȶhi24

0744. 划拳　划拳 xuɑ31tɕhyæ̃24

0745. 下棋　下棋 ɕiɑ44tɕhi24

0746. 打扑克　耍牌 ʂɑ53phæ24

0747. 打麻将　打麻将 tɑ53mɑ24ȶiɑŋ44

0748. 变魔术　耍魔术 ʂɑ53mɤ24ʂʅ44

0749. 讲故事　说古今 ʂɤ31ku53tɕiŋ31

0750. 猜谜语　猜古今 tshæ53ku53tɕiŋ31

0751. 玩儿游玩：到城里～　耍 ʂɑ53

0752. 串门儿　串门子 tʂhæ̃44məŋ31tsʅ53

0753. 走亲戚　走亲亲 tsou53ȶhiŋ31ȶhiŋ0

十一、动作、行为

（一）具体动作

0754. 看～电视　看 khæ̃44

0755. 听用耳朵～　听 ȶhiŋ31

0756. 闻嗅：用鼻子～　闻 vəŋ24

0757. 吸～气　吸 ɕi31

0758. 睁～眼　睁 tsəŋ31

0759. 闭～眼　闭 pi44

0760. 眨～眼　眨 tsæ̃31

0761. 张～嘴　张 tʂɑŋ31

0762. 闭～嘴　闭 pi44

0763. 咬狗～人　咬 ȵiɔ53

0764. 嚼把肉～碎　嚼 tɕhyɛ24

0765. 咽～下去　咽 Øiæ̃44

0766. 舔人用舌头　舔 ȶhiæ̃53

0767. 含～在嘴里　噙 tɕhiŋ24

0768. 亲嘴　啵 pɑŋ24

0769. 吮吸用嘴唇聚拢吸取液体，如吃奶时　咂 tsɑ31

0770. 吐上声，把果核儿～掉　唾 thuo44

0771. 吐去声，呕吐：喝酒喝～了　吐 thu53

0772. 打喷嚏　打喷嚏 tɑ53phəŋ44ȶhiɛ0

0773. 拿用手把苹果～过来　拿 la24
0774. 给他～我一个苹果　给 kei44
0775. 摸～头　揣 tʂhæ53
0776. 伸～手　乍 tsa44
0777. 挠～痒痒　搔 tsɔ31
0778. 掐用拇指和食指的指甲～皮肉　掐 tɕhia31
0779. 拧～螺丝　扭 ȵiu53
0780. 拧～毛巾　扭 ȵiu53
0781. 捻用拇指和食指来回～碎　捻 ȵiæ̃53
0782. 掰把橘子～开，把馒头～开　掰 pei31
0783. 剥～花生　剥 pɔ31
0784. 撕把纸～了　扯 tʂhɤ53
0785. 折把树枝～断　折 tʂɤ31
0786. 拔～萝卜　拔 pha24
0787. 摘～花　摘 tsei31
0788. 站站立：～起来　站 tsæ̃44
0789. 倚斜靠：～在墙上　趄 ȶhiɛ44
0790. 蹲～下　蹴 ȶiu44
0791. 坐～下　坐 tshuo44
0792. 跳青蛙～起来　跳 ȶhiɔ24
0793. 迈跨过高物：从门槛上～过去　跷 tɕhiɔ31
0794. 踩脚～在牛粪上　踏 tha24
0795. 翘～腿　翘 tɕhiɔ44
0796. 弯～腰　弯 Øuæ̃31
0797. 挺～胸　鼓 ku53
0798. 趴～着睡　趴 pha24
0799. 爬小孩儿在地上～　爬 pha24
0800. 走慢慢儿～　挪 luo24
0801. 跑慢慢儿走，别～　跑 phɔ53
0802. 逃逃跑：小偷儿～走了　溜 liu44
0803. 追追赶：～小偷儿　撵 ȵiæ̃53
0804. 抓～小偷儿　拉 la31
0805. 抱把小孩儿～在怀里　搭 tɕhia53
0806. 背～孩子　背 pei31
0807. 搀～老人　按 ŋæ̃44
0808. 推几个人一起～汽车　掀 ɕiæ̃31
0809. 摔跌：小孩儿～倒了　跌 ȶiɛ31
0810. 撞人～到电线杆　碰 phəŋ44
0811. 挡你～住我了，我看不见　挡 taŋ44
0812. 躲躲藏：他～在床底下　藏 ȶhiaŋ24
0813. 藏藏放，收藏：钱～在枕头下面　藏 ȶhiaŋ24
0814. 放把碗～在桌子上　放 faŋ44
0815. 摞把砖～起来　摞 luo44
0816. 埋～在地下　埋 mæ24
0817. 盖把茶杯～上　盖 kæ44
0818. 压用石头～住　压 ȵia44
0819. 摁用手指按：～图钉　压 ȵia44
0820. 捅用棍子～鸟窝　戳 tʂhuo31
0821. 插把香～到香炉里　插 tsha31
0822. 戳～个洞　戳 tʂhuo31
0823. 砍～树　劈 phiæ̃53
0824. 剁把肉～碎做馅儿　斫 tsa53
0825. 削～苹果　削 siɔ31
0826. 裂木板～开了　迸 piɛ44
0827. 皱皮～起来　□ tʂhʅ31
0828. 腐烂死鱼～了　烂 læ̃44
0829. 擦用毛巾～手　沾 tʂæ̃31
0830. 倒把碗里的剩饭～掉　倒 tɔ44
0831. 扔丢弃：这个东西坏了，～了它　扔 Øər53
0832. 扔投掷：比一比谁～得远　撇 phiɛ31

0833. 掉掉落，坠落：树上～下一个梨 跌 ȶiɛ31

0834. 滴水～下来 滴 ȶiɛ31

0835. 丢丢失：钥匙～了 遗 Øi24

0836. 找寻找：钥匙～到 寻 siŋ24

0837. 捡～到十块钱 拾 ʂʅ24

0838. 提用手把篮子～起来 提 ȶhi24

0839. 挑～担 担 tæ̃31

0840. 扛把锄头～在肩上 □ ȶhiɛ24

0841. 抬～轿 抬 thæ24

0842. 举～旗子 打 tɑ53

0843. 撑～伞 打 tɑ53

0844. 撬把门～开 别 phiɛ24

0845. 挑挑选，选择：你自己～一个 拣 tɕiæ̃53

0846. 收拾～东西 拾掇 ʂʅ31tuo53

0847. 挽～袖子 缏 piæ̃53

0848. 涮把杯子～一下 涮 ʂæ̃44

0849. 洗～衣服 洗 si53

0850. 捞～鱼 捞 lɔ24

0851. 拴～牛 拴 ʂæ̃31

0852. 捆～起来 扎 tsɑ31

0853. 解～绳子 松开 suŋ31khæ0

0854. 挪～桌子 挪 luo24

0855. 端～碗 端 tuæ̃31

0856. 摔碗～碎了 绊 pæ̃44

0857. 掺～水 掺 tshæ̃31

0858. 烧～柴 烧 ʂɔ31

0859. 拆～房子 拆 tshei31

0860. 转～圈儿 转 tʂæ̃44

0861. 捶用拳头～ 揑 ȶiɛ24

0862. 打统称：他～了我一下 揑 ȶiɛ24

0863. 打架动手：两个人在～ 打捶 tɑ53tʂhei24

0864. 休息 歇 ɕiɛ31

0865. 打哈欠 打哈欠 tɑ53xuo53ɕiæ̃0

0866. 打瞌睡 丢盹 ȶiu31tuŋ53

0867. 睡他已经～了 睡 ʂei44

0868. 打呼噜 扯颔水 tʂhɤ53xæ̃44ʂei0

0869. 做梦 做睡梦 tsu44ʂei44məŋ0

0870. 起床 起来 tɕhiɛ53læ0

0871. 刷牙 刷牙 ʂɑ31Øiɑ24

0872. 洗澡 洗身上 si53ʂʅ53ʂɑŋ0

（二）抽象动作

0873. 想思索：让我～一下 思量 sɿ53liɑŋ0

0874. 想想念：我很～他 心慌 siŋ31xuɑŋ0/念挂 ȵiæ̃44kuo0

0875. 打算我～开个店 尺谋 tʂhʅ31mu0

0876. 记得 记起 tɕi44tɕhiɛ0

0877. 忘记 忘了 Øuɑŋ44liɑ0

0878. 怕害怕：你别～ 怯火 tɕhiɛ53xuo0

0879. 相信我～你 信 siŋ44

0880. 发愁 犯愁 fæ̃44tshou24

0881. 小心过马路要～ 防估 fɑŋ31ku53

0882. 喜欢～看电视 爱 ŋæ44

0883. 讨厌～这个人 见不得 tɕiæ̃44pu31tei0

0884. 舒服凉风吹来很～ □□ Øuo31Øiɛ53

0885. 难受生理的 难受 læ̃24ʂou44

0886. 难过心理的 难过 læ̃24kuo44

0887. 高兴 兴的 ɕiŋ53ȶi0

0888. 生气 着气 tʂhuo24tɕhi44

0889. 责怪 怪 kuæ44

0890. 后悔　后悔 xou44xui0
0891. 忌妒　发眼憋人 fɑ31ȵiæ̃53piɛ53ʐəŋ0
0892. 害羞　□ ʂəŋ24
0893. 丢脸　丢人 ȶiu31ʐəŋ24
0894. 欺负　欺负 tɕhi53fu0
0895. 装～病　装 tʂɑŋ31
0896. 疼～小孩儿　疼 thəŋ24
0897. 要我～这个　要 Øiɔ44
0898. 有我～一个孩子　有 Øiu53
0899. 没有他～孩子　没 mɤ31
0900. 是我～老师　是 sɿ44
0901. 不是他～老师　不是 pu31sɿ44
0902. 在他～家　到 tɔ44
0903. 不在他～家　不到 pu31tɔ44
0904. 知道我～这件事　知道 tʂʅ53tɔ0
0905. 不知道我～这件事　不知道 pu31tʂʅ53tɔ0
0906. 懂我～英语　会 xui44
0907. 不懂我～英语　不会 pu31xui44
0908. 会我～开车　会 xui44
0909. 不会我～开车　不会 pu31xui44
0910. 认识我～他　认得 ʐəŋ44tei0
0911. 不认识我～他　不认得 pu31ʐəŋ44tei0
0912. 行应答语　能成 ləŋ24tʂhəŋ24
0913. 不行应答语　不得成 pu53tei31tʂhəŋ24
0914. 肯～来　肯 khəŋ53
0915. 应该～去　该 kæ31
0916. 可以～去　能 ləŋ24

（三）言语

0917. 说～话　说 ʂɤ31
0918. 话说～　话 xuɑ44
0919. 聊天儿　谝闲传 phiæ̃31xæ̃24tʂhæ̃24
0920. 叫～他一声儿　叫 tɕiɔ44
0921. 吆喝大声喊　呐喊 lɑ31xæ̃53
0922. 哭小孩儿～　哭 khu31
0923. 骂当面～人　骂 mɑ44
0924. 吵架动嘴：两个人在～　骂仗 mɑ44tʂɑŋ44
0925. 骗～人　哄 xuŋ53
0926. 哄～小孩儿　光摸 kuɑŋ53mɤ0
0927. 撒谎　变说 piæ̃44ʂɤ31
0928. 吹牛　胡吹冒撂 xu24tʂhei31mɔ44liɔ44
0929. 拍马屁　舔沟子 ȶhiæ̃53kou31tsɿ0
0930. 开玩笑　说笑 ʂɤ31siɔ44
0931. 告诉～他　捎话 sɔ31xuɑ44
0932. 谢谢致谢语　多谢 tuo31siɛ44
0933. 对不起致歉语　对不住 tui44pu31tʂhʅ44
0934. 再见告别语　再会 tsæ44xui44

十二、性质、状态

（一）形貌

0935. 大苹果～　大 tɑ44
0936. 小苹果～　碎 sui44
0937. 粗绳子～　奘 tʂɑŋ44
0938. 细绳子～　细 si44
0939. 长线～　长 tʂhɑŋ24
0940. 短线～　短 tuæ̃53
0941. 长时间～　长 tʂhɑŋ24
0942. 短时间～　短 tuæ̃53

0943. 宽路～　大 tɑ44

0944. 宽敞房子～　宽展 khuæ̃31tʂæ̃0

0945. 窄路～　小 siɔ53

0946. 高飞机飞得～　高 kɔ31

0947. 低鸟飞得～　低 ȶi31

0948. 高他比我～　高 kɔ31

0949. 矮他比我～　低 ȶi31

0950. 远路～　远 Øyæ̃53

0951. 近路～　近 tɕhiŋ44

0952. 深水～　深 ʂəŋ31

0953. 浅水～　浅 ȶhiæ̃53

0954. 清水～　清 ȶhiŋ31

0955. 浑水～　糊 xu44

0956. 圆　圆 Øyæ̃24

0957. 扁　扁 piæ̃53

0958. 方　方 fɑŋ31

0959. 尖　尖 ȶiæ̃31

0960. 平　平 phiŋ24

0961. 肥～肉　肥 fei24

0962. 瘦～肉　瘦 sou44

0963. 肥形容猪等动物　成色好 tʂhəŋ31sei53xɔ53

0964. 胖形容人　圆实 Øyæ̃31ʂʅ53

0965. 瘦形容人、动物　癯 tɕhyɛ44

0966. 黑黑板的颜色　黑 xei31

0967. 白雪的颜色　白 phei24

0968. 红国旗的主颜色，统称　红 xuŋ24

0969. 黄国旗上五星的颜色　黄 xuɑŋ24

0970. 蓝蓝天的颜色　蓝 læ̃24

0971. 绿绿叶的颜色　绿 liu31

0972. 紫紫药水的颜色　雪青 ɕyɛ31ȶhiŋ0

0973. 灰草木灰的颜色　灰 xui31

（二）状态

0974. 多东西～　多 tuo31

0975. 少东西～　少 ʂɔ53

0976. 重担子～　重 tʂhəŋ44

0977. 轻担子～　轻 ȶhiŋ31

0978. 直线～　端 tuæ̃31

0979. 陡坡～，楼梯～　立 lei31

0980. 弯弯曲：这条路是～的　弯 Øuæ̃31

0981. 歪帽子戴～了　斜 siɛ24/劣 lyɛ53

0982. 厚木板～　厚 xou44

0983. 薄木板～　薄 phɤ24

0984. 稠稀饭～　糊 xu44

0985. 稀稀饭～　清 ȶhiŋ31

0986. 密菜种得～　扎 tsɑ31

0987. 稀稀疏：菜种得～　帕 phɑ31

0988. 亮指光线，明亮　亮 liɑŋ44

0989. 黑指光线，完全看不见　黑 xei31

0990. 热天气　热 ʐɤ31

0991. 暖和天气　暖和 luæ̃53xuo0

0992. 凉天气　森 səŋ44

0993. 冷天气　冷 ləŋ53

0994. 热水　煎 ȶiæ̃31

0995. 凉水　冰 piŋ31

0996. 干干燥：衣服晒～了　干 kæ̃31

0997. 湿潮湿：衣服淋～了　湿 ʂʅ31

0998. 干净衣服～　净 ȶhiŋ44

0999. 脏肮脏，不干净，统称：衣服～　脏 tsɑŋ31

1000. 快锋利：刀子～　镵火 tshæ̃31xuo53

1001. 钝刀子～　老 lɔ53

1002. 快坐车比走路～　快 khuæ44

1003. 慢走路比坐车～　淹 ȵiæ̃31

1004. 早来得～　早 tsɔ53

1005. 晚来～了　迟 tshɿ24

1006. 晚天色～　晚 væ̃53

1007. 松捆得～　松 suŋ31

1008. 紧捆得～　紧 tɕiŋ53

1009. 容易这道题～　简单 tɕiæ̃53tæ̃31

1010. 难这道题～　难 læ̃24

1011. 新衣服～　新 siŋ31

1012. 旧衣服～　旧 tɕhiu44

1013. 老人～　老 lɔ53

1014. 年轻人～　年轻 ȵiæ̃24tɕhiŋ31

1015. 软糖～　软 ʐæ̃53

1016. 硬骨头～　硬 ȵiŋ44

1017. 烂肉煮得～　烂 læ̃44

1018. 煳饭烧～了　焦 ȶiɔ31

1019. 结实家具～　牢 lɔ24

1020. 破衣服～　烂 læ̃44

1021. 富他家很～　财东 tshæ̃31tuŋ53

1022. 穷他家很～　难 læ̃24

1023. 忙最近很～　忙 mɑŋ24

1024. 闲最近比较～　闲 xæ̃24

1025. 累走路走得很～　乏 fɑ24

1026. 疼摔～了　疼 thəŋ24

1027. 痒皮肤～　咬 ȵiɔ53

1028. 热闹看戏的地方很～　热闹 ʐɤ53lɔ0

1029. 熟悉这个地方我很～　熟 ʂʅ24

1030. 陌生这个地方我很～　生 səŋ31

1031. 味道尝尝～　味 vei44

1032. 气味闻闻～　气气 tɕhi44tɕhi0

1033. 咸菜～　咸 xæ̃24

1034. 淡菜～　甜 ȶhiæ̃24/淡 thæ̃44

1035. 酸　酸 suæ̃31

1036. 甜　甜 ȶhiæ̃24

1037. 苦　痨 lɔ44

1038. 辣　辣 lɑ31

1039. 鲜鱼汤～　鲜 ȶiæ̃53

1040. 香　爨 tshuæ̃44

1041. 臭　臭 tʂhou44

1042. 馊饭～　燍气 sɿ53tɕhi0

1043. 腥鱼～　腥气 siŋ53tɕhi0

（三）品性

1044. 好人～　好 xɔ53

1045. 坏人～　瞎 xɑ31

1046. 差东西质量～　别 phiɛ44/次 tshɿ44

1047. 对账算～了　好 xɔ53

1048. 错账算～了　错 tshuo31

1049. 漂亮形容年轻女性的长相：她很～　俊样 tsuŋ44øiɑŋ44

1050. 丑形容人的长相：猪八戒很～　难看 læ̃24khæ̃44

1051. 勤快　勤苦 tɕhiŋ31khu53

1052. 懒　懒 læ̃53

1053. 乖　听话 ȶhiŋ31xuɑ44

1054. 顽皮　费事 fei44sɿ44

1055. 老实　实受 ʂʅ24ʂou44

1056. 傻痴呆　凉 liɑŋ24

1057. 笨蠢　拙 tʂɤ31

1058. 大方不吝啬　大气 tɑ44tɕhi44

1059. 小气吝啬　啬皮 sei31phi24

1060. 直爽性格～　端戳戳 tuæ̃31tʂhuo53tʂhuo0/直杠杠 tʂhʅ24kɑŋ44kɑŋ0

1061. 犟脾气～　背劲风 pei44tɕiŋ44fəŋ31

十三、数量

（一）数字

1062. 一～二三四五……，下同　一 Øi31
1063. 二　二 Øər44
1064. 三　三 sæ̃31
1065. 四　四 sɿ44
1066. 五　五 Øu53
1067. 六　六 liu31
1068. 七　七 ʨhi31
1069. 八　八 pɑ31
1070. 九　九 tɕiu53
1071. 十　十 ʂʅ24
1072. 二十有无合音　二十 Øər44ʂʅ0
1073. 三十有无合音　三十 sæ̃53ʂʅ0
1074. 一百　一百 Øi24pei31
1075. 一千　一千 Øi24ʨhiæ̃31
1076. 一万　一万 Øi31væ̃44
1077. 一百零五　一百零五 Øi24pei31liŋ24Øu53
1078. 一百五十　百五 pei31Øu53
1079. 第一～，第二　第一 ʨi44Øi31
1080. 二两重量　二两 Øər44liɑŋ0
1081. 几个你有～孩子？　几个 tɕi53kɤ0
1082. 俩你们～　俩 liɑŋ53
1083. 仨你们～　仨 sæ̃31
1084. 个把　个把 kɤ44pɑ0

（二）量词

1085. 个一～人　个 kɤ0
1086. 匹一～马　个 kɤ0
1087. 头一～牛　个 kɤ0
1088. 头一～猪　个 kɤ0
1089. 只一～狗　个 kɤ0
1090. 只一～鸡　个 kɤ0
1091. 只一～蚊子　个 kɤ0
1092. 条一～鱼　个 kɤ0
1093. 条一～蛇　个 kɤ0
1094. 张一～嘴　个 kɤ0
1095. 张一～桌子　个 kɤ0
1096. 床一～被子　个 kɤ0
1097. 领一～席子　页 Øiɛ31
1098. 双一～鞋　双 ʂɑŋ31
1099. 把一～刀　个 kɤ0
1100. 把一～锁　个 kɤ0
1101. 根一～绳子　根 kəŋ31
1102. 支一～毛笔　个 kɤ0
1103. 副一～眼镜　个 kɤ0
1104. 面一～镜子　个 kɤ0
1105. 块一～香皂　个 kɤ0
1106. 辆一～车　个 kɤ0
1107. 座一～房子　个 kɤ0
1108. 座一～桥　个 kɤ0
1109. 条一～河　个 kɤ0
1110. 条一～路　个 kɤ0
1111. 棵一～树　个 kɤ0
1112. 朵一～花　个 kɤ0
1113. 颗一～珠子　个 kɤ0
1114. 粒一～米　颗 khɤ53
1115. 顿一～饭　顿 tuŋ44
1116. 剂一～中药　服 fu44
1117. 股一～香味　股 ku53
1118. 行一～字　行 xɑŋ24
1119. 块一～钱　块 khuæ53
1120. 毛角：一～钱　毛 mɔ24

1121. 件一～事情　件 tɕhiæ44
1122. 点儿一～东西　点 ȶiæ53
1123. 些一～东西　些 siɛ31
1124. 下打一～，动量，不是时量　下 xɑ44
1125. 会儿坐了一～　会会 xui44xui0
1126. 顿打一～　顿 tuŋ44
1127. 阵下了一～雨　阵 tʂəŋ44
1128. 趟去了一～　回 xui24

十四、代词、副词、介词、连词

（一）代词

1129. 我～姓王　我 ŋɤ53
1130. 你～也姓王　你 ȵi53
1131. 您尊称　无
1132. 他～姓张　他 thɑ53
1133. 我们不包括听话人：你们别去，～去　我 ŋɤ31/我的 ŋɤ31ȶi0
1134. 咱们包括听话人：他们不去，～去吧　□的 thɑ24ȶi0
1135. 你们～去　你 ȵi31/你的 ȵi31ȶi0
1136. 他们～去　他 thɑ31/他的 thɑ31ȶi0
1137. 大家～一起干　大家伙 tɑ44Øiɑ0xuo53
1138. 自己我～做的　各家 kɤ31Øiɑ53
1139. 别人这是～的　旁人 phɑŋ31ʐəŋ53/人家 ʐəŋ31Øiɑ53
1140. 我爸～今年八十岁　我爹 ŋɤ24ȶiɛ31
1141. 你爸～在家吗？　你爹 ȵi24ȶiɛ31
1142. 他爸～去世了　他爹 thɑ24ȶiɛ31
1143. 这个我要～，不要那个　这个 tʂei53kɤ0
1144. 那个我要这个，不要～　兀个 Øui53kɤ0
1145. 哪个你要～杯子？　哪个 lɑ31kɤ0
1146. 谁你找～？　谁 sei24
1147. 这里在～，不在那里　这搭 tʂʅ44tɑ0
1148. 那里在这里，不在～　兀搭 Øu44tɑ0
1149. 哪里你到～去？　啊搭 Øɑ24tɑ0
1150. 这样事情是～的，不是那样的　这样 tʂei53Øiɑŋ0
1151. 那样事情是这样的，不是～的　兀样 Øui53Øiɑŋ0
1152. 怎样什么样：你要～的？　咋样 tʂɑ31Øiɑŋ0
1153. 这么～贵啊　这么 tʂʅ44mɤ0
1154. 怎么这个字～写？　咋么 tʂɑ31mɤ0
1155. 什么这个是～字？　啥 ʂɑ44
1156. 什么你找～？　啥 ʂɑ44
1157. 为什么你～不去？　为啥 Øui44ʂɑ44
1158. 干什么你在～？　弄啥 luŋ44ʂɑ44
1159. 多少这个村有～人？　多□ tuo31Øɤ0

（二）副词

1160. 很今天～热的　太 thæ44
1161. 非常比上条程度深：今天～热　溢外 Øi31Øuæ44
1162. 更今天比昨天～热　还 xɑ24

1163. 太这个东西～贵，买不起　溢外 Øi31Øuæ44

1164. 最弟兄三个中他～高　最 tsui44

1165. 都大家～来了　浑 xuŋ24

1166. 一共～多少钱？　满共 mæ̃53kuŋ44

1167. 一起我和你～去　一搭 Øi53tɑ0

1168. 只我～去过一趟　蛮 mæ̃24

1169. 刚这双鞋我穿着～好　刚 kɑŋ24

1170. 刚我～到　才 tshæ24

1171. 才你怎么～来啊？　才 tshæ24

1172. 就我吃了饭～去　就 ʨiu44

1173. 经常我～去　定定儿 ʨiŋ44ʨiŋr44

1174. 又他～来了　可 khɤ31

1175. 还他～没回家　还 xɑ24

1176. 再你明天～来　可 khɤ31

1177. 也我～去；我～是老师　也 Øɑ24

1178. 反正不用急，～还来得及　横顺 ɕyɛ24ʂəŋ44

1179. 没有昨天我～去　没 mɤ31

1180. 不明天我～去　不 pu31

1181. 别你～去　覅 pɤ31

1182. 甭不用，不必：你～客气　覅 pɤ31

1183. 快天～亮了　快 khuæ44

1184. 差点儿～摔倒了　险乎儿 ɕiæ̃53xur24

1185. 宁可～买贵的　情愿 ʨhiŋ31Øyæ̃44

1186. 故意～打破的　□□ li44kuɑ0

1187. 随便～弄一下　或管 xui31kuæ̃53

1188. 白～跑一趟　白 phei24

1189. 肯定～是他干的　保险 pɔ31ɕiæ̃53

1190. 可能～是他干的　规模 khui31mɤ0

1191. 一边～走，～说　旋 suæ̃44

（三）介词、连词

1192. 和我～他都姓王　对 tei44/连 liæ̃24

1193. 和我昨天～他去城里了　对 tei44/连 liæ̃24

1194. 对他～我很好　对 tei44

1195. 往～东走　往 vɑŋ44

1196. 向～他借一本书　问 vəŋ44

1197. 按～他的要求做　照 tʂɔ44

1198. 替～他写信　替 ʨhi44

1199. 如果～忙你就别来了　要么 Øiɔ44mɤ0

1200. 不管～怎么劝他都不听　不管 pu31kuæ̃53

第二节　自选词汇

一、天文、地理

1201. 月圆月晕 Øyɛ31Øyæ̃24

1202. 日圆日晕 Øər31Øyæ̃24

1203. 露水珠珠白露节气后百草皆有露水珠 lou44ʂei0tʂʅ53tʂʅ0

1204. 水霜霜降节气后，百草露变霜 ʂei53ʂɑŋ31

1205. 黑霜立冬后，天气乍冷，出现霜冻，受寒流影响，小麦出现黑霜 xei31ʂɑŋ31

1206. 烧火烧云 ʂɔ44

1207. 塌霜冬天早晨晴变阴 thɑ31ʂɑŋ31

1208. 二阴子多云天气 Øər44ȵiŋ31tsɿ0
1209. 连阴雨持续降雨数天 liæ̃31ȵiŋ53Øy53
1210. 白雨雷雨，大到暴雨 phei24Øy53
1211. 蒙凇毛毛雨 məŋ44səŋ0
1212. 绰凌霜冻雨，树挂 tʂhuo31liŋ31ʂaŋ53
1213. 脚地屋内地面 tɕyo31ȶi53
1214. 红紫土红中带紫的土 xuŋ24tsɿ31thu53
1215. 白墡土松而细的黄土 phei24ʂæ̃44thu53
1216. 五花土像五花肉一样的土壤 Øu53xuɑ31thu53
1217. 板板土俗传可吃的土，又叫"观音土" pæ̃53pæ̃0thu53
1218. 崖哇哇回声 ŋæ24Øuɑ44Øuɑ0
1219. 塄坎土坎，有高有低 ləŋ44khæ̃0
1220. 犁沟犁镬过的浅沟，地界 li31kou53
1221. 土堆由土场拉回备用，堆如小山 thu53tui31
1222. 趄坡子稍斜的土坡或田地 ȶhiɛ44phɤ31tsɿ0
1223. 资福烟霞资福庵晚景，是岐山八景之一 tsɿ31fu24Øiæ̃31ɕiɑ31
1224. 双耳单背光太阳两侧有发光点，上有弧形亮带的一种自然现象。古有双耳单背光，改朝换帝王一说，意为不祥之兆 ʂaŋ31Øər53tæ̃31pei44kuaŋ31
1225. 爷婆落空窝日落时下边无云 Øiɛ24phɤ0luo24khuŋ31Øuo31
1226. 爷婆吊下胡后晌日落前下面形成光束的一种自然现象 Øiɛ24phɤ0ȶiɔ44xɑ44xu0
1227. 黑云接日日落时下边有黑云一片 xei31Øyŋ24ȶiɛ24ʐʅ31
1228. 月亮响火月亮周边有红色云围绕 Øyɛ31liaŋ0ɕiaŋ53xuo53
1229. 旋风龙卷风 suæ̃31fəŋ53
1230. 落贼星流星雨 luo31tsei31siŋ53
1231. 渣渣子残屑，废弃物 tsɑ53tsɑ31tsɿ0

二、地名

1232. 京当周代京城之中，现设京当镇 tɕiŋ31taŋ0
1233. 戢武戢是古时兵器，戢武为地名，相传周兵练武场所 tɕhi31vu53
1234. 杀人沟古时处斩罪犯之地 sɑ53ʐəŋ24kou31
1235. 教场县城西，古时公审人犯场所 tɕiɔ44tʂhaŋ0
1236. 落星湾诸葛亮病死后，有陨石降落，后人称此地为"落星湾" luo31siŋ24Øuæ̃31
1237. 斜峪关因山沟走向东北西南而称"斜峪关" siɛ31Øi53kuæ̃31
1238. 陵头因在周大墓群边沿而得名 liŋ31thou53
1239. 净宫周时宦官居住地 ȶhiŋ44kuŋ31
1240. 索王在今故郡镇 suo53Øuaŋ0
1241. 后周公庙址，在凤凰山后，建筑似周公庙 xou44tʂou31kuŋ31
1242. 蔡家坡因蔡姓宗族沿坡葬坟而得名 tshæ44Øiɑ0pho31
1243. 砚瓦沟古时岐山出产砚台及陶制品的场所 Øiæ̃44Øuɑ0kou31
1244. 召亭村今刘家原，周召伯封邑，因召伯建碑亭而得名 ʂɔ24ȶhiŋ24tshuŋ31
1245. 召公祠今县特殊教育学校所用，是为

纪念召公所建 ʂɔ24kuŋ53sɿ0

1246. 雁儿岭在市农科场地内，因冬天大群大雁在此觅食而得名 Øiæ r44liŋ53

1247. 下周公庙道在今西街卫材厂 xɑ44tʂou31kuŋ31miɔ44thɔ0

1248. 西巷子今三民路 si31xɑŋ53tsɿ0

1249. 北［门上］今北大街桥北 pei31mɑŋ24

1250. 县［门上］即古县衙门口 ɕiæ44mɑŋ24

1251. 木牌楼在东大街老剧院东边，为纪念梁星源所建 mu31phæ31lou53

1252. 不满池池塘，在现太平路西侧 pu31mæ0tʂhʅ24

1253. 中学巷子今南大街，东邻岐山中学 tʂəŋ53ɕyo0xɑŋ53tsɿ0

1254. 东什字今新华书店什字 tuŋ31ʂʅ24tshɿ0

1255. 老君庵巷子今医苑路南段 lɔ53tɕyŋ31ŋæ31xɑŋ53tsɿ0

1256. 渭河 Øy44xuo24

1257. 吉兆在今凤鸣镇北吴邵村 tɕi31tsɔ0

1258. 衙里古时衙门之地，村名，在今京当镇 Øiɑ31li53

1259. 太慈村在今凤鸣镇 thæ44tshɿ0tshuŋ31

1260. 曹交陵在今凤鸣镇 tshɔ44tɕiɔ31liŋ0

1261. 尹家坞在今凤翔横水镇与岐山毗邻 Øiŋ53Øɑ0vu44

1262. 齐家道在今凤鸣镇南吴邵村 ȶhi31Øiɑ53thɔ0

1263. 半个城今凤鸣镇半个城村 pɑŋ44kɤ0tʂhəŋ0

1264. 南溪沟县城西门外西门沟南端 læ31sɿ53kou53

1265. 巨家原今凤鸣镇巨家原村 tɕhy53Øiɑ0Øyæ24

1266. 北寨子今凤鸣镇北寨子村 pei31tshæ44tsɿ0

1267. 马家团庄今凤鸣镇北寨子村所辖 mɑ53Øɑ0thuæ31tʂɑŋ53

1268. 募化今青化镇募化村 məŋ44xuɑ0

1269. 屯子头今京当镇所辖 thuŋ31tsɿ53thou0

1270. 窟山今蒲村镇境内 khu31sæ31

1271. 圣佛寺今雍川镇境内 ʂəŋ44phɤ0sɿ0

1272. 堰河今凤鸣镇堰河村，1958 年国务院命名为全国卫生村 ȵiæ44xuo0

1273. 佛指沟今凤鸣镇境内，因曾存放佛指舍利而得名 phɤ31Øər53kou31

1274. 独殿头在今雍川镇境内，岐蔡公路经过该村 thu31ȶhiæ53thou0

1275. 庞仪在今故郡镇，属西塬村，老城门楼还存在 phɑŋ31ȵiŋ53

1276. 龙尾沟岐山八景之一，岐山有“龙尾春波三九绽”之说。春波意为椿苞，指龙尾沟自然景观 lyŋ31Øi53kou31

三、时间

1277. 时月时令 sɿ31Øyɛ53

1278. 当时即时，立即 tɑŋ44sɿ24

1279. 老么过去 lɔ31mɤ53

1280. 老早过去 lɔ31tsɔ53

1281. 老古时古时候 lɔ31ku53sɿ24

1282. 上往年过去 ʂɑŋ44vɑŋ53ȵiæ0

1283. 外后年大后年 Øui44xou0ȵiæ0

1284. 上半日前半日 ʂɑŋ44pæ0Øər0

1285. 自碎儿从幼年起 tsɿ53suir44

1286. 清早巴起清晨 ȶhiŋ31tsɔ0pɑ0tɕhi0

1287. 吃得早晨啦快吃早饭的时候 tʂhʅ31tei31tsɔ31ʂəŋ0liɑ0

1288. 精刚晌午正午太阳直射头顶时分 ȶiŋ24kɑŋ31ʂɑŋ31Øu0

1289. 晌午端正午太阳直射 ʂɑŋ31Øu0tuæ̃31

1290. 吃呃饭上午 tʂhʅ31Øɤ0fæ̃44

1291. 才黑儿天刚黑时 tshæ31xeir53

1292. 黑扎了天完全黑了 xei24tsɑ31liɑ0

1293. 交夜前后晚上零时前后 tɕiɔ31Øiɛ0ȶhiæ̃24xou44

1294. 鸡叫了凌晨两三点以后 tɕi31tɕiɔ44liɑ0

1295. 鸡叫头遍前半夜 tɕi31tɕiɔ44thou31piæ̃53

1296. 卢麻明黎明时分 lu53mɑ0miŋ0

1297. 夜黑儿昨夜 Øiɛ31xei53Øər0

四、工、农、商、文

1298. 庄稼汉农民 tʂɑŋ53Øɑ0xæ̃0

1299. 收黄田夏收 ʂou31xuɑŋ31ȶhiæ̃53

1300. 忙里三夏大忙 mɑŋ31li53

1301. 忙天三夏大忙 mɑŋ31ȶhiæ̃53

1302. 忙毕夏收毕 mɑŋ24pi31

1303. 揽豌豆收割豌豆 læ̃35Øuæ̃53tou0

1304. 光场把土场泼湿或雨后碾平 kuɑŋ31tʂhɑŋ24

1305. 碾生场碾轧头遍小麦 ȵiæ̃53səŋ53tʂhɑŋ0

1306. 碾乱场把田禾抖乱碾轧 ȵiæ̃53luæ̃44tʂhɑŋ0

1307. 落场场里散落的粮食粒 luo53tʂhɑŋ0

1308. 掠场扬麦时，轻扫麦堆上杂物 lyɛ31tʂhɑŋ24

1309. 掠□子掠小麦粒里未扬净的麦衣 lyɛ31Øi53tsɿ0

1310. 刮板一种带把推粮食的农具 kuɑ31pæ̃0

1311. 掮装子扛粮食口袋 tɕhiɛ24tʂɑŋ53tsɿ0

1312. 隔用筛子把小麦里的土隔出来 kei31

1313. □麦用镢头挖地种麦 phæ̃53mei31

1314. 擩草用手把草整理后喂进铡口 ʐʅ31tshɔ53

1315. 拌草给草加水加料搅拌 phæ̃44tshɔ53

1316. □土把土端走或装筐 tshei31thu53

1317. 起土去一层土，使之平坦 tɕhi53thu53

1318. 垫圈牲口圈里撒干土 ȶhiæ̃44tɕhyæ̃44

1319. 起圈把牲口圈内的粪便运出去 tɕhi53tɕhyæ̃44

1320. □碾子在碾子上脱粮食皮、壳等 tʂhæ̃53ȵiæ̃44tsɿ0

1321. 刃片麦镰上安装的刀片 ʐəŋ44phiæ̃0

1322. 料杈给牲口拌草时用的棍，带叉 liɔ44tshɑ31

1323. 眼扣篓给牲口蒙眼的农具 Øiæ̃53khou0lou0

1324. 牛鼻桊穿在牛鼻子上的小铁环或小木棍儿，用以牵牛 ȵiu24phi31tɕhyæ̃53

1325. 牛笼嘴牲口嘴上带的用具，防偷吃 ȵiu24luŋ31tsui53

1326. 扬场锨木锨，扬场专用，很轻巧 Øiɑŋ31tʂhɑŋ53ɕiæ̃31

1327. 浪圈牲口平时休息场地 lɑŋ44tɕhyæ̃0

1328. 炉院冶炼翻砂场所 lu31Øiæ̃53

1329. 篾篾匠用竹皮修补竹器或陶器的串乡手艺人 mi31mi53ȶhiaŋ0

1330. 找背兜修补破损的背兜 tsɔ53pei44tou31

1331. 刻字匠在各种材料上刻字的人 khei53tshʅ0ȶhiaŋ0

1332. 錾碑子在石碑上做坯、磨平、刻字、花边的全过程 tshæ̃44pi53tsʅ0

1333. 漏桶制作木桶 lou44thuŋ53

1334. 解锯匠扯板的匠人 tɕiɛ53tɕy0ȶhiaŋ0

1335. 掌客专门给马、驴、骡钉掌的人 tʂaŋ53khei0

1336. 车户赶车的车夫 tʂhɤ53xu0

1337. 吹手吹唢呐的艺人 tʂhei31ʂou0

1338. 油泼师老油坊榨油技师 Øiu31phɤ53sʅ31

1339. 耍手艺转乡加工东西的艺人 ʂɑ53ʂou53Øi0

1340. 转乡卖货郎之类 tʂæ̃44ɕiaŋ31

1341. 纺线过去农家用棉花自己加工线 faŋ53siæ̃44

1342. 织布过去农家用棉花自己加工布 tʂʅ31pu44

1343. 浆线用糨子给织布线上浆，增加硬度 ȶiaŋ44siæ̃44

1344. 车儿纺线车子 tʂhɤr53

1345. 经布织布前把经线理顺，卷在滕子上 tɕiŋ31pu44

1346. 经子经线 tɕiŋ44tsʅ0

1347. 纬线织布梭子里装的线 Øy44siæ̃0

1348. 瓜儿纺车上卸下的锥形线团 kuɑr53

1349. 拐线用线拐子把瓜儿拐成绺子 kuæ53siæ̃44

1350. 发市售出货物 fɑ53sʅ0

1351. 字号家老商号 tshʅ44xɔ0Øiɑ0

1352. 摆摊子卖东西摆摊设点，泛指地摊 pæ53thæ̃53tsʅ0

1353. 开门面在集镇开设固定门店 khæ31məŋ31miæ̃53

1354. 转货郎走街串巷卖货的 tʂæ̃44xu0laŋ0

1355. 架子摆架子卖肉 tɕiɑ44tsʅ0

1356. 牙行经纪 Øiɑ31xaŋ53

1357. 脚乘代步的总称 tɕyo53tʂhəŋ0

1358. 轿车搭上篷布的马车 tɕhiɔ44tʂhɤ31

1359. 牛车用牛马曳的大车，泛指硬脚车 ȵiu31tʂhɤ53

1360. 拉拉车用橡胶轮胎的大车 lɑ53lɑ0tʂhɤ31

1361. 吆车赶车 Øiɔ24tʂhɤ31

1362. 套车牲口套在车上 thɔ44tʂhɤ31

1363. 单套儿辕里一头牲口拉的车 tæ̃53thɔr0

1364. 双套儿除驾辕牲口外，稍里还有 2 ～3 个牲口拉 ʂaŋ53thɔr0

1365. 辕里指牲口驾的辕 Øyæ̃31li53

1366. 稍挂套在稍里的牲口 sɔ53kuɑ0

1367. 膏葫芦膏大车轴头的油葫芦 kɔ44xu0lu0

1368. 膏刷给大车轴头膏油的刷子 kɔ44ʂɑ31

1369. 车印车辙痕 tʂhɤ53Øiŋ0

1370. 开辙第一辆车通过的辙痕 khæ31tʂhɤ24

1371. 船家娃船公，船夫 ʂæ̃31tɕiɑ53Øuɑ0

1372. 背河背人过水 pei31xuo24

1373. 砅石过河时踩着的石头 liɛ53ʂʅ0

1374. 车辕马车辕，架子车辕 tʂhɤ31Øyæ̃24

1375. 套绳又叫“稍挂绳” thɔ44ʂəŋ24

1376. 槅头牛拉犁时脖子上系的弯木 kei53thou0

1377. 拥脖马拉车时套在脖子上的挽具 Øyŋ53phɤ0

1378. 车盘子马车前后辕安装的木盘 tʂhɤ31phæ̃31tsɿ53

1379. □尾子马车前后辕安装的立式木架 Øiaŋ44Øi31tsɿ0

1380. 步□徒步行走 phu44piæ̃53

五、动物、植物

1381. 召伯甘棠召公祠内的树，相传为召伯亲植 ʂɔ31pei53kæ̃53thaŋ0

1382. 雌雄银杏树在益店高中院内，被列为县名树保护目录 tshɿ53ɕyŋ24Øiŋ24xəŋ44ʂʅ44

1383. 龙爪槐树形像龙爪，在周公庙内，相传周人所植 lyŋ31tsɔ53xuæ24

1384. 吊刀树皂角树，又叫“黑煞木”，可镇邪 ȶiɔ44tɔ31ʂʅ44

1385. 酸枣树古时岐山独有一棵，在蒲村景家 suæ̃31tsɔ0ʂʅ44

1386. 白皮松古时岐山独有一棵，在今陵头村 phei24phi24suŋ31

1387. 红秆秆绿叶叶荞麦 xuŋ24kæ̃53kæ̃0liu31Øiɛ53Øiɛ0

1388. 头口牲口 thou31kou53

1389. 瘖哑指牲口不会说，但懂人话 Øiŋ31Øia0

1390. 高脚指马、驴、骡等 kɔ31tɕyo0

1391. 大牲口指马、驴、骡等 ta44səŋ31khou0

1392. 儿马公马 Øər31ma53

1393. 儿骡公骡 Øər31luo53

1394. 骒骡母骡 khuo44luo0

1395. 公子驴种公驴 kuŋ31tsɿ0ly24

1396. 驴骡公马、母驴交配下的骡子 ly31luo53

1397. 马骡公驴、母马交配下的骡子 ma53luo0

1398. 驴驹驴下的驴娃 ly31tɕy53

1399. 烂脊梁驴脊梁有烂疤的驴，俗称身上有毛病的人 læ̃44ȶi31liaŋ0ly24

1400. 犢犢不孕的母牛 tshæ53tshæ0

1401. □眉猪一种额头纹多的猪 pa53mi24tʂʅ31

1402. □郎猪架子猪 khaŋ53laŋ0tʂʅ31

1403. 轻口指牲口年龄小 tɕhiŋ31khou0

1404. 毛色泛指牲口颜色 mɔ31sei53

1405. 倒毛脱毛，换毛 tɔ44mɔ24

1406. 吃□牲口食量 tʂhʅ31ʂou0

1407. 慢食动物因病等不爱吃食 mæ̃44ʂʅ24

1408. 认食给断奶动物喂食 ʐəŋ44ʂʅ24

1409. 回草反刍 xui24tshɔ53

1410. 夜眼喜晚间活动的动物 Øiɛ44ȵiæ̃0

1411. 奶膀动物乳房 læ53phaŋ0

1412. 馇猪食煮猪食 tsha31tʂʅ31ʂʅ24

1413. 毁墙根猪拱墙根 xui53ȶhiaŋ31kəŋ53

1414. 鼠狼黄鼠狼 ʂʅ53laŋ0

1415. □蛋鸡蛋坏了 tuŋ53thæ̃0

1416. 鹞鸪子夜猫子 Øiɔ44Øua0tsɿ0

1417. □□猫头鹰 ɕiŋ44xou0

1418. 揭被虫杜鹃鸟 tɕiɛ53pi0tʂhəŋ0

1419. 鸰□□啄木鸟 tɕhiæ31pɔ44pɔ44
1420. 饿老雏老鹰 ŋɤ44lɔ0tʂhʅ0
1421. 燕唧唧燕子 Øiæ44ȶi31ȶi0
1422. 老家家老的禽兽 lɔ53tɕiɑ31tɕiɑ53
1423. 簸箕虫土鳖虫 po44tɕi0tʂhəŋ0
1424. 麦牛麦象，米象 mei53ȵiu0
1425. 麦蛾儿小麦害虫 mei53ŋɤr0
1426. 屎爬牛屎壳郎 sʅ53phɑ0ȵiu24
1427. 知了蝉 tsʅ31lɔ53
1428. 钻子虫蚂蟥 tsuæ44tsʅ0tʂhəŋ0
1429. 蛴螬一种地下害虫 tshʅ31tshɔ53
1430. 醋虫食醋中的蝇蛆 tshu44tʂhəŋ0
1431. 黑家婆伏天晚间乱飞的小黑蛾 xei31tɕiɑ0phɤ0
1432. 促织蟋蟀 su44tʂʅ31
1433. 椿媳妇椿树上漂亮的飞蛾 tʂhəŋ31si0fu0
1434. 槐虫尺蠖 xuæ31tʂhəŋ53
1435. 蜗蜗牛蜗牛 kuɑ53kuɑ0ȵiu24
1436. 瞌头虫麦秆蝇，害虫 khɤ53thou0tʂhəŋ0
1437. 片叶蜂巢 phiæ44Øiɛ0
1438. 蛤蟆骨都蝌蚪 xuo31mɑ53ku31tu0
1439. 蛛蛛罗网蜘蛛网 tʂʅ53tʂʅ0luo31Øuɑŋ53
1440. 卧冬动物冬眠 Øuo44tuŋ31
1441. 芽麦出了芽的麦 Øiɑ31mei53
1442. 康宧麦被虫蛀空的小麦粒 khɤ53lou0mei31
1443. 籽种作物种子 tsʅ31tʂəŋ0
1444. 立死干青干，因病害或旱 lei31sʅ0kæ̃0
1445. 针金金针菜 tʂəŋ31tɕiŋ0
1446. 扯莲苤蓝 tʂhɤ53liæ0
1447. 香椿芽一种可食用的椿树叶子 ɕiɑŋ31tʂhəŋ0Øiɑ0
1448. 马耳子菜马齿苋，中药名 mɑ31Øər0tsʅ0tshæ44
1449. 拐枣一种水果 kuæ31tsɔ0
1450. 檽枣黑枣，古代叫“羊枣” ʐæ̃31tsɔ0
1451. 漤柿子未变软的柿子用温水脱涩后食用 lyæ53sʅ44tsʅ0
1452. 桑椹桑树结的果，可食用 sɑŋ53ʐəŋ0
1453. 新物刚成熟的水果 siŋ31vɤ0
1454. 老桄老化了的果、菜、禽畜等 lɔ53kuɑŋ44
1455. 枸桃枸树结的果实，可食用 kou44thɔ0
1456. 枸纸用枸树皮造的纸 kou44tsʅ53
1457. 椿姑姑椿树结的籽 tʂhəŋ31ku44ku44
1458. 榆树一树种 ʐʅ31ʂʅ53
1459. 榆钱榆树结的籽，像铜钱 ʐʅ31ȶhiæ53
1460. 槐子槐米，一味中药，7 月份是采摘最好时间 xuæ31tsʅ53
1461. 咪咪茅猫尾草，牧草 mi44mi44mɔ24
1462. 茨藜骨朵一味中药，蒺藜 tshʅ44li0ku31tu0
1463. 刺蓟大蓟，可入药 tshʅ44tɕiɛ0
1464. 宿宿花一种野菊花，蓝色花 siu31siu0xuɑ31
1465. 蓿儿苔草前胡，蒿科野草，可食 ɕyr53thæ24
1466. 枸曲□野枸杞，其根皮可入药 kou53tɕhy0ȵiæ24
1467. 枸扎扎又名鬼针草，籽可入药 kou53tsɑ31tsɑ0

1468. 黄瓜露一味中药 xuɑŋ31kuɑ53lu44

1469. 水葫芦凤眼莲 ʂei53xu31lu53

1470. 麦蒿蒿米蒿蒿，麦田害草 mei31xɔ31xɔ53

1471. 麦禾瓶花似瓶状，麦田害草 mei53xuo0phiŋ24

1472. 单碗花一种杂草，可喂猪羊 tæ̃31Øuæ̃0xuɑ31

1473. 毛蜡烛一种草名，籽实可止血 mɔ31lɑ53tʂʅ31

1474. 尿蓉蓉野生蘑菇，不能食用 ȵiɔ44tɕyæ̃31tɕyæ̃0

1475. 地荬地耳，菌生，多长塄边 ʈhi44ʐæ̃0

六、房屋、建筑

1476. 院颀子天井 Øyæ̃44tɕhiŋ31tsʅ0

1477. 柱顶石柱子下大石 tʂhʅ44ʈiŋ0ʂʅ0

1478. 房檐水房檐滴下的雨水 fɑŋ31Øiæ̃53ʂei0

1479. 界墙隔开两邻或两室的墙 tɕiɛ44ʈhiɑŋ0

1480. 转扇车门中间转轴，控制启闭 tʂæ44ʂæ̃0

1481. 地窨子地窑，可藏人藏物 ʈi44ȵiŋ44tsʅ0

1482. 高窑高崖上打的窑洞，可避难 kɔ53Øiɔ0

1483. 水眼下水道 ʂei31ȵiæ̃0

1484. 连锅灶炕连锅用同一火洞 liæ̃31kuo53tsɔ0

1485. 捻弄修理 ȵiæ̃53luŋ0

1486. 墙土粪老旧土坯房拆的墙土 ʈhiɑŋ31thu53fəŋ44

七、服饰

1487. 络络子妇女用，发网 luo53luo0tsʅ0

1488. 浑裆裤儿和开裆裤相对 xuŋ31tɑŋ53khur53

1489. 领甲坎肩 liŋ53tɕiɑ0

1490. 耳挂耳套儿 Øər53kuɑ0

1491. 布絮缕布条子 pu44ɕy0liu0

1492. 针线笸篮放针线的柳编笸篮 tʂəŋ53siæ̃0phɤ31læ̃53

1493. 苫枕枕巾 ʂæ̃44tʂəŋ0

1494. 窝窝棉鞋 Øuo53Øuo0

1495. □色衣服等褪了颜色 Øiɛ31sei0

1496. 衿系裤腰带 tɕiŋ31

1497. 装往外衬内装棉花 tʂɑŋ44

1498. 穿布农家自织布 tʂhæ̃53pu0

1499. 花架绣花用的绷架 xuɑ53tɕiɑ0

1500. 一䌷针用同样针脚做针线活 Øi31ȵiɛ0tʂəŋ31

1501. 缏钮门一种缠绕式技法 phiæ̃44ȵiu53mu0

八、工具、用具

1502. 跑杆牲畜拉东西用的挽具 phɔ44kæ̃0

1503. 梱头牲畜身下控制挽具的绳索 khuŋ53thou0

1504. 仰带用来系牢榻头的绳索 ȵiɑŋ53tæ0

1505. 水鞍架在牲畜前背起扶住作用的用具 ʂei53ŋæ̃0

1506. 驮鞍架在牲畜前背驮东西的鞍架 thuo31ŋæ̃53

1507. 碾子细长圆形石滚，两头有脐 ȵiæ̃53tsʅ0

1508. 碾夹控制碾子的用具 ȵiæ̃53tɕiɑ31

1509. 挑脐安装在碾夹两端，起夹住脐窝的作用 ȶhiɔ53ȶhi0

1510. 麦钩用于移动柴草的铁钩 mei31kou0

1511. 谷杈用于挑成捆谷物的铁杈 ku31tshɑ0

1512. 杈用于翻动谷物的杈 tshɑ31

1513. 蹬骑马时用于上人的脚蹬 təŋ44

1514. 稍马褡裢，马背上装生活用品的袋子 sɔ44mɑ0

1515. 撑用于撑车辕的架子 tshəŋ31

1516. 火镰旧时击打取火种的工具 xuo53liæ̃0

1517. 呱木木制大车闸，用闸时呱呱响 kuɑ31mu0

1518. 链枷用于捶打谷物的农具 liæ̃31tɕiɑ53

1519. 晒耙用于推晒谷物的农具，有齿 sæ44phɑ0

1520. 钉耙用于整平土地的农具，有齿 ȶiŋ53phɑ0

1521. 粉骨嘟罩罩漏鱼儿的工具 fəŋ53ku31tu31tsɔ44tsɔ0

1522. 岔子套在骡、马、驴口中的铁件 tshɑ44tsɿ0

1523. 耱种地时用来整平保墒的农具 mɤ44

1524. 耙一种带铁齿的木架农具 phɑ44

1525. 粪板一种拉东西时装在车厢两端的挡板 fəŋ44pæ̃0

1526. 鐴土犁铧旁带劐土的铁板 pi31thu0

1527. 鋬笼一种带鋬的笼子 phæ̃44luŋ0

1528. 水镊井绳上套桶梁的铁钩 ʂei53ȵiɛ31

1529. 辘轳把打水辘轳上的“Z”形把手 lu53lu0pɑ44

1530. 鎵忽联井绳上套桶梁的铁连环 məŋ44xu31lyæ̃0

1531. 车辋子车轮周围的框子 tʂhɤ31vɑŋ53tsɿ0

1532. 脐石磨中心转动的铁芯 ȶhi24

1533. 鉎泥生锈 səŋ53ȵi0

1534. 供桌祭祀时摆放供品的桌子 kuŋ44tʂuo31

1535. 锅眼门灶台进柴的门户 kuo31ȵiæ̃0məŋ0

1536. 风掀风箱 fəŋ53ɕiæ̃0

1537. 锅板锅盖 kuo31pæ̃0

1538. 锅刷洗锅用的刷子 kuo31ʂɑ0

1539. 锅墨铁锅底部的炭黑，可作中药，即“百草霜” kuo53mei0

1540. 叠口蒸笼 ȶiɛ31khou0

1541. 甑笆蒸笼中间的套层箅子 tsəŋ44pɑ0

1542. 席盖盖在蒸笼上收气的席片 si31kæ53

1543. 瓦缸盛面用的陶土缸 Øuɑ53kɑŋ31

1544. 铁匙锅铲 ȶhiɛ31sɿ24

1545. □□木制的小碗，小儿专用 mæ̃53mæ̃0

1546. 擀杖擀面杖 kæ̃53tʂhɑŋ0

1547. 调羹席桌上用作舀汤的小勺 ȶhiɔ31kəŋ53

1548. 罗儿罗面用的工具 luor24

1549. 馍馍罩罩一种盛馍用的竹编小盘 mɤ31mɤ53tsɔ44tsɔ0

1550. 醋筲细颈带耳的瓮瓮，盛醋用 tshu44sɔ31

1551. 箸篓罐墙上挂的一种插筷子的竹编圆筒 tʂʅ44lou0kuæ̃44

1552. 筷筒桌上放的一种木制或竹编的插筷子圆筒 kuæ44thuŋ0

1553. 炉齿灶底过灰的铁齿子 lu31tshɿ53

1554. 火腰艾蒿拧成的引火绳 xuo53Øiɔ31

1555. 媒头一种用火纸卷成的小圆筒，吹后发火 mei31thou53

1556. 灯盏点清油的灯具，生铁铸 təŋ31tsæ̃0

1557. 草把用麦草编的圆形草垫坐具 tshɔ31pɑ0

1558. 尿盆夜间撒尿用的瓦盆 ȵiɔ44phəŋ0

1559. 拐棍拐杖 kuæ53kuŋ0

1560. 泥壁泥抹子 ȵi44pi31

1561. 洒壶淋水壶 sɑ53xu0

1562. 食槽喂猪用的槽子 ʂʅ31tshɔ53

1563. 狗食钵钵盛狗食的小盆 kou53ʂʅ0pɔ53pɔ0

1564. 锭儿手工纺线车用 ʈhiŋr44

1565. 滕子手工织布机卷经线用 ʂəŋ44tsɿ0

1566. 平斤木工用的平刃大斧 phiŋ31tɕiŋ53

1567. 笸篮盛粮食用的竹编大匾篮 phu31læ̃53

1568. □□捆住一束东西中间的绳子 Øiɔ44Øiɔ0

1569. 矛枪长矛 miɔ31ʈhiɑŋ53

1570. 泥屐子一种绑在脚上的木制小凳 ȵi31ʈhi53tsɿ0

1571. 老橛一种手工织布经布用的工具 lɔ53tɕhyɛ31

1572. 烟锅用来抽旱烟的一种烟具 Øiæ̃31kuo0

1573. 挖耳勺耳勺 Øuɑ31Øər0ʂuo24

1574. 对子对联 tui44tsɿ0

1575. 画张年画 xuɑ44tʂɑŋ31

1576. 窗花剪贴在窗格上的花纸 tʂhɑŋ31xuɑ0

1577. 烟格贴在窗格上刻空透烟的花纸 Øiæ̃31kei0

1578. 砚瓦砚台 Øiæ̃44Øuɑ0

九、食物

1579. 铡面用铡刀切成的面条 tsɑ53miæ̃0

1580. 水围城搅团的一种吃法 ʂei53Øui24tʂhəŋ24

1581. 叫花裤裆索索油饼 tɕiɔ44xuɑ31khu44tɑŋ31

1582. 架粮馍用麦面和高粱面分层卷做的馍 tɕiɑ44liɑŋ0mɤ44

1583. 锅灶专指妇女做饭技术 kuo53tsɔ0

1584. 腊八粥农历腊月初八煮的米粥 lɑ53pɑ24tʂʅ31

1585. 麦饭用面和菜等蒸的饭 mei53fæ̃0

1586. 刮刮锅巴 kuɑ53kuɑ0

1587. 粉馉饳粉鱼儿 fəŋ53ku31tuo0

1588. 起面用酵子发好的面 tɕhi53miæ̃0

1589. 死面未发酵的面 sɿ53miæ̃0

1590. 节节面一种麦面同杂粮面夹层而做的面条 ʈiɛ53ʈiɛ0miæ̃44

1591. 臊子面专浇臊子肉的汤面 sɔ44tsɿ0miæ̃44

1592. 钢丝面饸饹 kɑŋ24sɿ31miæ̃44

1593. 油卷子多层加油蒸的花卷馍 Øiu24tɕyæ̃53tsɿ0

1594. 干粮烧饼 kæ̃53liɑŋ0

1595. 棋豆面发酵擀切成小丁烙制的石块状面食，二月二送棋豆子 tɕhi31tou53

1596. 煮角芽麦面制成的甜面角，形如饺子 tʂʅ53tɕyɛ31

1597. 面饽擀面时防止面粘的糜面或粉面 miæ̃44phu0

1598. 流水席客人如流水般坐席吃饭 liu31ʂei53si24

1599. 九碗饭丧事只上九道菜

tɕiu31Øuæ̃0fæ̃44

1600. 十碗饭喜事要上十道菜

ʂʅ31Øuæ̃53fæ̃44

1601. 窖水积存在窖里的雨水 tɕiɔ44ʂei0

1602. 麻糖麻花 mɑ31thɑŋ53

1603. 干糖芝麻糖 kæ̃31thɑŋ24

1604. 御京粉面皮 Øy44tɕiŋ31fəŋ53

1605. 涨泛蒸馍的面发的松泡 tʂɑŋ44fæ̃0

1606. 克化消化 khei53xuɑ0

1607. 黏糯稀稠适中可口 ʐæ̃31luo53

1608. 恶水泔水 ŋɤ31ʂei0

十、人体、疾病、医药

1609. 身坯体形 ʂəŋ31phei0

1610. 捶头拳头 tʂhei31thou53

1611. 变狗小儿生病 piæ̃44kou53

1612. 绞肠痧肠梗阻 tɕiɔ31tʂhɑŋ24sɑ31

1613. 羊羔疯癫痫 Øiɑŋ31kɔ53fəŋ31

1614. 记坨肚记 tɕi44thuo0

1615. 打单子开药方 tɑ53tæ̃53tsʅ0

1616. 海昌法一种单方 xæ53tʂhɑŋ0fɑ31

1617. 抓药买汤药 tʂɑ24Øyo31

1618. 煎药熬药 ʈiæ̃24Øyo31

1619. 刀箭药用于刀伤的药 tɔ31ʈiæ̃44Øyo31

1620. 臭蛋儿卫生蛋，樟脑球 tʂhou44thæ̃r44

十一、生育、嫁娶

1621. 挪窝窝满月后小儿去外婆家

luo24Øuo53Øuo0

1622. 送曲莲送环形馍 suŋ44tɕhy53liæ̃0

1623. 做晬给小孩儿过生日 tsu44tsui44

1624. 下家给姑娘寻找的婆家 ɕiɑ44tɕiɑ31

1625. 开脸女娃出嫁时刮脸绾发髻 khæ31liæ̃53

1626. 封子赏钱，红包 fəŋ53tsʅ0

1627. 耍新人闹洞房 ʂɑ53siŋ53ʐəŋ0

1628. 门牌大门口贴讣告 məŋ31phæ53

1629. 七单列出头七至尽七具体日期的单子

ʈhi31tæ̃0

1630. 望门纸丧家门口挂的白筒纸

Øuɑŋ44məŋ0tsʅ53

1631. 阴宅坟地 Øiŋ31tsei0

十二、品行、交际

1632. 翻弄神爱捣腾的成人、小娃

fæ̃53luŋ0ʂəŋ0

1633. 倒灶鬼变卖家业、不务正业之人

tɔ44tshɔ0kui0

1634. 转扇脸两面派 tʂæ̃44ʂæ̃44liæ̃53

1635. 初庐庐新手 tʂhʅ53lou0lou0

1636. 隔脉隔行 kei24mei31

1637. 单撇手无依靠的人 tæ̃31phiɛ31ʂou0

1638. 二毛狗恶少年 Øər44mɔ0kou53

1639. 足情知足 tɕy53ʈhiŋ0

1640. 横凶横不讲理 ɕyɛ24

1641. 改号坏得出众的人 kæ53xɔ0

1642. 讹头讹诈别人 ŋɤ31thou53

1643. 看笑声兴灾乐祸 khæ̃44siɔ44ʂəŋ31

1644. 偏刃斧头刃子偏向一侧，指办事不公

phiæ̃53ʐəŋ0fu53thou0

1645. 黑杆秤俗称“八两秤”

xei31kæ̃0tʂhəŋ44

1646. 烂杆游手好闲，不务正业 læ̃44kæ̃53

1647. 细毛神吝啬之人 si44mɔ0ʂəŋ0

1648. 别股子非嫡亲 phiɛ53ku31tsʅ0

1649. 天天子天天工，临时工

ȶhiæ̃53ȶhiæ̃0tsɿ0

1650. 麦客外来割麦的客人 mei31khei0

1651. 上岗坐上席 ʂɑŋ44kɑŋ53

1652. 花案男女关系犯的案 xuɑ53ŋæ̃0

1653. 带犊子改嫁时带的娃 tæ44tu31tsɿ0

1654. 歇黑店住宿在谋财害命的旅店 ɕiɛ31xei53ȶiæ̃0

1655. 破船漏馅儿 phɤ44ʂæ̃0

1656. 口茬口才 khou53tshɑ0

1657. 酸话下流话 suæ̃31xuɑ44

1658. 纳礼送礼 lɑ31li53

1659. 扫舍打扫家庭卫生 sɔ53ʂɤ44

十三、宗教、文化、艺术

1660. 封神把神位、对联、门旗贴上 fəŋ31ʂəŋ24

1661. 送寒衣农历十月初一上坟 suŋ44xæ̃24Øi31

1662. □猴子木偶戏 tʂou53xou0tsɿ0

1663. 轱辘赌徒 ku53lu0

1664. 兽脸面具 ʂou44liæ̃53

1665. 篾篾口哨 mi44mi0

十四、亲戚、家庭

1666. 姚婆后娘，贬称 Øiɔ31phɤ53

1667. 一父两娘异母兄弟 Øi31fu44liɑŋ53ȵiɑŋ24

1668. 独家无邻居的人家 thu31tɕiɑ53

1669. 窝子班小团体内部 Øuo53tsɿ0pæ̃31

1670. 绝业绝户人的家业 tɕyɛ31ȵiɛ53

十五、抽象动作、性质类

1671. 法程各种工艺的操作规程 fɑ31tʂhəŋ0

1672. 拿法操作方法 lɑ31fɑ53

1673. 打满全部 tɑ31mæ̃53

1674. 掂检自己估量，掌握分寸 ȶiæ̃31tɕiæ̃0

1675. 望想希望，盼头 Øuɑŋ44siɑŋ0

1676. 把作受作难 pɑ53tsuo0

1677. 变工依工换工 phiæ̃44kuŋ31

1678. 铸熔铸金属 tɔ44

1679. 斗连在一起 tou44

1680. 刁抢吃 ȶiɔ31

1681. 逗用手揣摸 tou44

1682. 颠颠簸 ȶiæ̃31

1683. 丁岔开，分开 ȶiŋ31

1684. 断驱逐，审判 thuæ̃44

1685. 透用清水再洗一次 thou44

1686. 弹嫌找毛病 thæ̃31ɕiæ̃53

1687. 散伙散了 sæ̃44xuo0

1688. 折损折耗 ʂɤ31suŋ53

1689. 引溜引诱 Øiŋ31liu0

1690. 一讹二鼓敲诈勒索 Øi31ŋɤ24Øər44ku53

1691. 和和绳，和线 xuo24

1692. 衍出来液体溢出 Øiæ̃53tʂhʅ0læ0

1693. 泼诚干活卖力 phɤ53tʂhəŋ0

1694. 来得能干手巧 læ31tei53

1695. 纸没白吃白拿 tsɿ53mɤ0

1696. 严窝严密 ȵiæ̃31Øuo53

1697. 芽芽茬茬不整齐 Øiɑ31Øiɑ53tshɑ31tshɑ53

1698. 险忽儿几乎，就要 ɕiæ̃31xuor24

1699. 零干东西散架的样子 liŋ31kæ̃53

十六、文物文化

1700. 石牌楼用石块建成的牌楼，已毁，在

今县医院门前 ʂʅ24phæ31lou53

1701. 九龙照碑在县城大什字西南侧，已毁，相传是慈禧西行时所赐 tɕiu53luŋ0tʂɔ44pi31

1702. 龙凤旗在九龙照碑两侧竖立，系慈禧太后西行所赐 luŋ24fəŋ44tɕhi24

1703. 鲁班桥此桥古传为鲁班所建而得名，在今西宝北线上 lu53pæ̃31tɕhiɔ24

1704. 七心灶一灶有七孔，一火门，已毁，相传鲁班所建，在照碑背后饭馆 ʈhi31siŋ31tsɔ44

1705. 照壁背后饭馆名，因在九龙碑后得名 tʂɔ44pi31pei44xou0

1706. 往岐县城东门门匾，为纪念周公所立，意为周族迁岐 Øuaŋ44tɕhi24

1707. 怀邠县城西门门匾，为纪念周公所立，意为周人怀念邠州故地 xuæ24piŋ31

1708. 召伯甘棠碑刻有召伯甘棠图的石碑，是为纪念召伯植甘棠而造 ʂɔ31pei53kæ̃53thaŋ0pi31

第四章　语法与口头文化

第一节　语法例句

1. 你是哪里人？

   你是啊搭人？

   ȵi53sʅ44∅ɑ24tɑ0ʐəŋ24？

2. 我是陕西__________人。（说出所在县或市）

   我是陕西岐山人。

   ŋɤ53sʅ44ʂæ̃53si31tɕhi31sæ̃53ʐəŋ24.

3. 你今年多大？

   你今年多岁数？

   ȵi53tɕiŋ31ȵiæ̃24tuo31sui44ʂʅ0？

4. 我______岁了。（说出自己的实际年龄）

   我六十三岁。

   ŋɤ53liu53ʂʅ31sæ̃53sui44.

5. 你叫什么名字？

   你叫啥名字？

   ȵi53tɕiɔ44ʂɑ44miŋ31tsʅ53？

6. 我叫________。（说出自己的名字）

   我叫刘丑劳。

   ŋɤ53tɕiɔ44liu24tʂhou53lɔ24.

7. 你家住哪里？

   你屋里到啊搭？

   ȵi53∅u53li0tɔ44∅ɑ24tɑ0？

8. 我家住______________。（说出自己居住的地址）

   我屋里到岐山县凤鸣镇刘家河村。

ŋɤ24Øu53li0tɔ44tɕhi31sæ̃53ɕiæ̃44fəŋ31miŋ24tʂəŋ44liu31Øiɑ53xuo24tshuŋ31.

9. 谁呀？我是老三。

谁哩开？我是老三。

sei24li0khæ0？ŋɤ53sɿ44lɔ53sæ̃31.

10. 老四呢？他正在跟一个朋友说着话呢。

老四唧？他正跟一个伙家谝哩。

lɔ53sɿ44lɑŋ0？thɑ53tʂəŋ44kəŋ31Øi31kɤ0xuo53Øiɑ0phiæ̃53li0.

11. 他还没有说完吗？

他还没谝毕吗？

thɑ53xɑ24mɤ31phiæ̃53pi31mɑ0？

12. 还没有。大约再有一会儿就说完了。

还没。大摸还要一下下就谝毕了。

xɑ24mɤ24. tɑ44mɤ31xɑ24Øiɔ44Øi31xɑ44xɑ0ʈiu44phiæ̃53pi31liɑ0.

13. 他说马上就走，怎么这半天了还在家里呢？

他说当时走，咋半天还在屋里？

thɑ53ʂɤ31tɑŋ53sɿ24tsou53，tʂɑ31pæ̃44ʈhiæ̃31xɑ24tsæ44Øu53li0？

14. 你到哪儿去？我到城里去。

你到啊搭去？我到街儿去。

ȵi53tɔ44Øɑ24tɑ0tɕhi44？ŋɤ53tɔ44tɕiɛ53Øər0tɕhi44.

15. 在那儿，不在这儿。

到兀搭，不到这搭。

tɔ44Øu44tɑ0，pu31tɔ44tʂʅ44tɑ0.

16. 不是那么做，是要这么做的。

不是兀么做，要这么做。

pu31sɿ44Øu44mɤ0tsu44，Øiɔ31tʂʅ44mɤ0tsu44.

17. 太多了，用不着那么多，只要这么多就够了。

太多了，用不下么多，要这么些就够了。

thæ44tuo31liɑ0，Øyŋ44pu31xɑ44mɤ53tuo31，Øiɔ44tʂʅ44mɤ0siɛ0ʈiu44kou44liɑ0.

18. 这个大，那个小，这两个哪一个好点呢？

这个大，兀个碎，这俩哪个嫽一点？

tʂei53kɤ0tɑ44，Øui53kɤ0sui44，tʂʅ44liɑŋ53lɑ31kɤ0liɔ24Øi31ʈiæ̃0？

19. 这个比那个好。

这个比兀个嫽。

tʂei53kɣ0pi53Øui53kɣ0liɔ24.

20. 这些房子不如那些房子好。

这些房不及兀些房。

tʂei44siɛ0faŋ24pu31tɕi44Øui44siɛ0faŋ24.

21. 这句话用____话怎么说？（填本地地名，本地音）

这句话用岐山话咋么说？

tʂei53tɕy44xuɑ44Øyŋ44tɕhi31sæ̃53xuɑ44tʂɑ31mɣ0ʂɣ31？

22. 他今年多大岁数？

他今年多大了？

thɑ53tɕiŋ31ȵiæ̃24tuo31tɑ44liɑ0？

23. 大概有三十来岁吧。

规模有三十来岁。

khui31mɣ53Øiu53sæ̃53ʂʅ0læ0sui44.

24. 这个东西有多重呢？

这个东西有多重？

tʂei53kɣ0tuŋ53si0Øiu53tuo31tʂhəŋ44？

25. 有五十斤重呢。

有半百重。

Øiu53pæ̃44pei31tʂhəŋ44.

26. 拿得动吗？

拿得动呀不？

lɑ31tei53thuŋ44Øiɑ0pu31？

27. 我拿得动，他拿不动。

我能拿动，拐拿不动。

ŋɣ53ləŋ24lɑ24thuŋ44，kuæ53lɑ24pu31thuŋ44.

28. 真不轻，重得连我都拿不动了。

真重，重的我也拿不动。

tʂəŋ31tʂhəŋ44，tʂhəŋ44ȶi0ŋɣ53Øɑ0lɑ24pu31thuŋ44.

29. 你说得很好，你还会说点儿什么呢？

你谝的好的很，你还能谝些啥？

ȵi53phiæ̃53ȶi0xɔ53ȶi0xəŋ53，ȵi53xɑ24ləŋ24phiæ̃53siɛ0ʂɑ44？

30. 我嘴笨，我说不过他。

我嘴拙，我说不过拐。

ŋɤ53tsui53tʂɤ31，ŋɤ53ʂɤ31pu31kuo44kuæ53.

31. 说了一遍，又说了一遍。

谝□一绽又一绽。

phiæ̃53Øɑ0Øi31tshæ̃44Øiu44Øi31tshæ̃44.

32. 请你再说一遍。

你再谝一绽。

ȵi53tsæ44phiæ̃53Øi31tshæ̃44.

33. 不早了，快去吧！

不早了，赶紧去！

pu24tsɔ31liɑ0，kæ̃31tɕiŋ53tɕhi44！

34. 现在还很早呢。等一会儿再去吧。

这阵还早哩。等一阵去。

tʂei53tʂəŋ44xɑ24tsɔ53li0. təŋ44Øi31tʂəŋ44tɕhi44.

35. 吃了饭再去好吧？

饭吃了再去，能成啊不？

fæ̃44tʂhʅ31liɔ0tsæ44tɕhi44，ləŋ24tʂhəŋ24Øɑ0pu31？

36. 慢慢儿地吃啊！不要急嘛！

慢慢吃！嫑急！

mæ̃44mæ̃53tʂhʅ31！pɤ31tɕi24！

37. 坐着吃比站着吃好些。

坐下吃看比立下吃好么。

tshuo44xɑ0tʂhʅ31khæ̃44pi53lei53xɑ0tʂhʅ31xɔ53mɤ0.

38. 这个吃得，那个吃不得。

这个能吃，兀个吃不成。

tʂei53kɤ0ləŋ24tʂhʅ31，Øui53kɤ0tʂhʅ31pu31tʂhəŋ24.

39. 他吃了饭了，你吃了饭没有呢？

拐把饭吃了，你吃了么？

kuæ53pɑ31fæ̃44tʂhʅ31liɑ0，ȵi53tʂhʅ31liɑ0mɤ0？

40. 他去过上海，我没有去过。

拐到上海去过，我没去过。

kuæ53tɔ44ʂɑŋ44xæ53tɕhi44kuo0，ŋɤ53mɤ31tɕhi44kuo0.

41. 来闻闻这朵花香不香？

来闻这朵花爨呀不？

læ24Øuəŋ24tʂei53tuo53xuɑ31tshuæ̃44Øiɑ0pu31？

42. 香得很，是不是？

爨得很，对呃呢么？

tshuæ̃44ȶi0xəŋ53，tui44Øɤ0ȵi0mɤ0？

43. 给我一本书！

给我拿一本书！

kei44ŋɤ53lɑ31Øi31pəŋ53ʂʅ31！

44. 我实在没有书么！

我真□没书！

ŋɤ53tʂəŋ53Øuæ0mɤ24ʂʅ31！

45. 你告诉他。

你给拐说。

ȵi53kei44kuæ53ʂɤ31.

46. 好好儿地走！不要跑！

好好走！嫑跑□！

xɔ53xɔ24tsou53！pɤ31phɔ53lɑŋ0！

47. 小心跌下去爬也爬不上来！

防估跌下去拾坎爬不上来！

fɑŋ31ku53ȶiɛ53xɑ0tɕhi0ʂʅ31khæ̃53phɑ24pu31ʂɑŋ44læ0！

48. 医生叫你多睡一睡。

大夫叫你多睡一下下哩。

tæ44fu0tɕiɔ44ȵi53tuo31ʂei44Øi31xɑ44xɑ0li0.

49. 吸烟或者喝茶都不可以。

吃烟□喝茶都没向。

tʂhʅ24Øiæ̃31tei31xuo31tshɑ24tou31mɤ31ɕiɑŋ44.

50. 烟也好，茶也好，我都不喜欢。

烟也罢，茶也罢，我浑不爱。

Øiæ̃31Øɑ0pɑ44，tshɑ24Øɑ0pɑ44，ŋɤ53xuŋ24pu31ŋæ44.

51. 不管你去不去，反正我是要去的，我非去不可。

嫑管你去不去，反正我非去不可。

pɤ31kuæ̃53ȵi53tɕhi44pu31tɕhi44，fæ̃31tʂəŋ44ŋɤ53fei31tɕhi44pu31khɤ53.

52. 你是哪一年来的？

你是啊一年来的？

ȵi53sɿ44Øɑ31Øi31ȵiæ̃24læ31ȶi53？

53. 我是前年到的北京。

我上一年到北京□。

ŋɤ53ʂɑŋ44Øi31ȵiæ̃0tɔ44pei31tɕiŋ0Øuæ0.

54. 今天开会谁的主席？

今儿个开会谁是主席哩开？

tɕiŋr31kɤ0khæ31xui44sei24sɿ44tʂʅ53si24li0khæ0？

55. 你得请我的客！

你怕要请客哩！

ȵi53phɑ44Øiɔ44ȶhiŋ53khei31li0！

56. 这是他的书，那一本是他哥哥的。

这一本是㧟的书，兀本是他哥□。

tʂei53Øi31pəŋ53sɿ44kuæ53ȶi0ʂʅ31，Øui53pəŋ53sɿ44thɑ31kɤ24Øuæ0.

57. 一边走，一边说。

旋走旋说。

suæ̃44tsou53suæ̃44ʂɤ31.

58. 看书的看书，看报的看报，写字的写字。

看书□看书，看报□看报，写字□写字。

khæ̃44ʂʅ53Øuæ0khæ̃44ʂʅ53，khæ̃44pɔ44Øuæ0khæ̃44pɔ44，siɛ53tshɿ44Øuæ0siɛ53tshɿ44.

59. 越走越远，越说越多。

越走越远了，越说越多了。

Øyɛ31tsou53Øyɛ24Øyæ̃53liɑ0，Øyɛ24ʂɤ31Øyɛ24tuo31liɑ0.

60. 把那个东西拿给我。

把兀个㧟拿来。

pɑ31Øui53kɤ0kuæ53lɑ31læ53.

61. 有些地方把太阳叫日头。

有地方把太阳叫爷婆哩。

Øiu53ȶi44fɑŋ31pɑ31thæ44Øiɑŋ0tɕiɔ44Øiɛ24phɤ0li0.

62. 您贵姓？我姓王。

你姓啥？我姓王。

ȵi53siŋ44ʂɑ44？ŋɤ53siŋ44Øuɑŋ24.

63. 你姓王，我也姓王，咱们两个人都姓王。

你姓王，我也姓王，□俩都姓王。

ȵi53siŋ44Øuaŋ24，ŋɤ53Øɑ24siŋ44Øuaŋ24，thɑ24liaŋ0tou24siŋ44Øuaŋ24.

64. 你先去吧，我们等一会儿再去。

你先去，我等嘎再去。

ȵi53siæ̃31tɕhi44，ŋɤ31təŋ44kɑ0tsæ44tɕhi44.

第二节　北风和太阳

北风跟太阳

有一回，北风跟太阳在那儿争论谁的本事大。争来争去就是分不出高低来。这时候路上来了个走道儿的，他身上穿着件厚大衣。他们俩就说好了，谁能先叫这个走道儿的脱下他的厚大衣，就算谁的本事大。北风就使劲地刮起来了，不过他刮得越是厉害，那个走道儿的把大衣裹得越紧。后来北风没法儿了，只好就算了。过了一会儿，太阳出来了。他火辣辣地一晒，那个走道儿的马上就把那件厚大衣脱下来了。这下儿北风只好承认，他们俩当中还是太阳的本事大。

北风对爷婆

pei24fəŋ31tei44Øiɛ24phɤ0

有一回，北风对爷婆在兀搭争竞谁能成。

Øiu53Øi31xui24，pei24fəŋ31tei44Øiɛ24phɤ0tsæ44Øu44tɑ0tsəŋ31tɕiŋ0sei24ləŋ24tʂhəŋ24.

争来争去也分不出个上下。

tsəŋ31læ24tsəŋ31tɕhi44Øiɛ53fəŋ31pu24tʂhʅ31kɤ0ʂɑŋ44xɑ44.

刚嫽兀搭来了个过路的，身上穿个皮袄。

kɑŋ24liɔ24Øu44tɑ0læ31liɔ53kɤ0kuo44lu44ʈi0，ʂʅ31ʂɑŋ0tʂhæ̃31kɤ0phi24ŋɔ53.

他俩说好，谁能叫拐人把皮袄脱了就算谁能成。

thɑ31liaŋ53ʂɤ31xɔ53，sei24ləŋ24tɕiɔ44kuæ53ʐəŋ24pɑ31phi24ŋɔ53thuo31liɑ0ʈiu44suæ̃44sei24ləŋ24tʂhəŋ24.

北风就谋劲的吹，吹的越韶，拐人把皮袄夹的越紧，后节北风没法了。

pei24fəŋ31ʈiu44mei24tɕiŋ31ʈi0tʂhei31，tʂhei31ʈi0Øyɛ31ʂɔ24，kuæ53ʐəŋ24pɑ31phi24ŋɔ53tɕiɑ31ʈi0Øyɛ31tɕiŋ53，xou44ʈiɛ31pei24fəŋ31mɤ31fɑ53liɑ0.

等一下下，爷婆出来了，冷夙地晒，拐人热的撑不住，各家把皮袄给脱了。

təŋ44Øi31xɑ44xɑ0，Øiɛ24phɤ0tʂhʅ31læ0liɑ0，ləŋ53suŋ24ʈi0sæ44，kuæ53ʐəŋ24ʐɤ53ʈi0tshəŋ53pu31tʂhʅ44，kuo31Øiɑ0pɑ31phi24ŋɔ53kei0thuo31liɑ0.

这嘛北风只得认输，说来说去，还是爷婆能成。

tʂʅ44mɑ0pei24fəŋ31tsʅ24tei53ʐəŋ44ʂʅ31，ʂɤ31læ24ʂɤ31tɕhi44，xɑ24sʅ44Øiɛ24phɤ0 ləŋ24tʂhəŋ24.

改就是□岐山俗话说的“皮袄热了各家脱”。

kæ53ʈiu44sʅ44thɑ24tɕhi31sæ̃53ɕy24xuɑ44ʂɤ31ʈi0 “phi24ŋɔ53ʐɤ31liɑ0kuo31Øiɑ0thuo31”.

第三节　口头文化

一、周公判牛

岐山是圣人周公的故乡，周公老了以后，回到家乡，就住周公庙兀搭，他常夯去跟前庄子里，与乡党拉家常，看大家伙的日子过的咋个向。

一天早上，周公出了门，走到一个山坡前，老远看着两个放牛的，骂骂呱呱，拉拉扯扯。周公麻利走过去，一问才知道，这两个放牛的是一个庄子的，在一搭放了十几年牛，平时要的嫽得太，谁知道，今儿个两家牛抵起仗，这家牛把外家牛给抵到沟里去咧，一下就给拌日塌咧。

牛死了，死牛的叫外个赔牛，但个人说，两牛抵仗，都有不对处，咋能叫我赔哩，说啊说啊两人可抡起了锤头。

周公听了两人的向学，觉得都有理，思量了一下，说：“你俩是一个庄子的，都是懂事理的，碰着这事，应该商量，划不着打锤惹气。我给你俩出个主意，看能行呀不？”两人都说：“能成。”周公捡了个树棍棍，在地下写了“牛抵牛，甭结仇，活牛两家用，死牛两家分。”两人一看，都没啥说的，心里都嵌活很。周公就这么判了个官司。

二、孝母得金

听老人说，周文王在岐山当诸侯兀阵，定下了对百姓有好处的规程。当时岐山一带，老人都很疼儿女，儿女都很孝顺老人。

周城岐阳偏巴，有个庄子叫礼村，村里有个媳妇叫刘巧兰，男人年轻轻地得了瞎瞎病走了，撇下两个碎娃和病罐罐阿家。

巧兰是个善良的好媳妇，她打定主意不改嫁，一心经管老人和娃娃。家里的日子难场地很，她就到富人屋里当用人。常夯搋面些，手上老是沾些面痂，洗完手就把面痂水倒了。有一天她思量，在清水里洗手就可以用洗手面水给老人做面糊糊。为这她专门请求主人，主人被她的孝心感动了，满口应承。打这以后，老娘喝上面糊糊，身体慢慢好起来了，还能安顿屋里咧，巧兰十分高兴。

谁知道，一天黑了，天上黑云翻滚，呼噜爷响地吓人，在窑顶上打旋旋，巧兰心里害怕得很，她以为占了富人家便宜，呼噜爷要击她。她连忙把手伸出窑外，喊叫说："呼噜爷你击我吧，不要连累老人和娃娃。"接着一声炸响，巧兰觉得手里重重的、麻麻的，当叫雷击了。谁知哗给下，天变晴了，满天的宿宿，她把手收回来一看，手里有块闪闪发光的金子。改事传开以后，人都说，巧兰积德行善，孝心感化了老天，天爷都奖她哩。

从打以后，岐山人更孝敬老人了。

三、日新月异看岐山

各位乡党听我谝，听我给咱说岐山。
岐山有山又有水，地理环境实在美。
千年柏树千年槐，千年的宝贝土里埋。
周原遗址真罕见，青铜甲骨震世间。
周公庙内好风景，全国各地有名声。
两公三王大圣贤，文王的功德天下传。
渭河南岸五丈原，诸葛孔明扎营盘。
出师表，八卦亭，汉蜀大将显威名。
白雀寺里钟声远，松柏一片青万年。
西观山上好景观，三霄姐妹显手段。
东西崛山面对面，舍身崖上摘牡丹。
魔女沟里神鬼怨，箭括岭本是一箭穿。
爱和平神话有千万，四峪沟里把炭担。
南佛寺里把佛念，雍水河里行灯船。
塔寺庙在县当中，木牌楼建筑真迷人。
鲁班桥有道观，龙尾椿苞三九绽。
看晚霞在资福庵，五光十色照周原。
召伯甘棠真稀罕，千年碑图传世间。
黄帝岐伯会岐山，《内经》《素问》皆名篇。
西岐民俗年代远，转鼓唢呐有特点。
皮影脸谱和刺绣，民风民俗看不够。
剪纸面花臊子面，各有特点不一般。
御京粉名声亮，柔韧筋道味绵长。

空心挂面岐山醋，油酥锅盔肘花肉。
古岐山声名显，新岐山大发展。
凤鸣湖在城南，波光粼粼生态园。
高速公路高铁过，经济崛起蔡家坡。
步行街，看古建，凤鸣东路把彩添。
岁月如梭几千年，日新月异看岐山。
五丈原上秋风爽，润德池内泉水香。
龙吟渭水气象新，凤鸣岐山万年春。

四、民谣荟萃

泰伯仲雍赴江南，三让王位美名传。
文王姬昌承伟业，开创周朝八百年。
召公采邑县西南，就在今天刘家原。
廉政清风今犹在，甘棠遗爱九州传。
虞芮之讼难定断，不远千里到岐山。
农夫耕田让界畔，民风淳朴亲眼见。
虞芮二君神有感，腾出闲田以相安。
周公制礼树典范，上至朝堂下民间。
礼制一定成方圆，天下长治又久安。
礼贤下士在岐山，广施仁政渭水边。
唯才是用五十载，江山社稷在心间。
岐山民间谚语多，哲理常在口边说。
穷汉么钱低三辈，侄儿有钱不叫爸。
队长媳妇比天大，会计他爹惹不下。
穷在大街么人问，富在深山有远亲。
再有钱不欺穷汉，再有势不压乡亲。
唉，人情就是一张纸，人在情就在，人走情就散。
墙倒众人掀，狗扯烂布衫。
好人多遭难，恶人活千年。
为人不做亏心事，半夜打门心不惊。
身正不怕影子斜，脚正不怕皮鞋掠。
借下钱不昧，见了官没罪。
心里没冷病，不怕吃西瓜。

人的心要实，火的心要空。
纵有十分理，也应让三分。
牛无力拉横耙，人没理说横话。
卖盐的喝淡汤，木匠住的匼茬房，医生炕上病婆娘。
岐山人民很团结，齐心协力似钢铁。
一根竹竿容易断，三根竹竿压不弯。
帮人帮到底，打井打出水。
浇树要浇根，帮人要帮心。
合了群的羊，不怕狼。
土帮土成墙，穷帮穷成王。
一页砖垒不成墙，一根椽盖不成房。
一只手儿拍不响，两只手儿响当当。
岐山锦绣好河山，两山夹一川，二水分三塬。
农林牧副齐发展，勤劳致富广种田。
种地讲究多，一年粮食打得多。
小麦种在泥窝窝，来年吃的白馍馍。
三百六十行，庄稼汉为王。
清明不光场，麦在土里扬。
庄稼汉，你别犟，玉米稠了不结棒，过了秋分麦不旺。
庄稼汉，要吃面，九九雪不断，夏至十日旱。
庄稼汉，要吃米，一伏三场雨。
麦长地里光能看，收到场里蛮一半，装在包里那才算。
白露早，寒露迟，秋分种麦正当时。
种麦离不了八月土，霜降种麦是二百五。
岐山菜，岐山饭，西周时期是国宴。
首当其冲臊子面，细面细，宽面宽。
面皮烙蒸还有擀，待客席面嫑弹嫌。
四大四小四拼盘，大和盘，摆中间。
十三花，往上端，硬配硬，软配软。
丝配丝的片配片，各式各样都齐全。
味道酸甜苦辣咸，吃的客人喜心间。
岐山人民五十万，勤俭节约好习惯。
一天省一把，十年买匹马。

有钱时候大把花，没钱还不如叫花。
节约好比针挑土，浪费就像水推沙。
毛毛雨淋湿衣裳，零碎嘴吃光家当。
岐山人民生活好，饮食健身少不了。
饭后百步走，能活九十九。
要想身体好，吃饭别过饱。
早上吃少，中午吃好，晚上不吃才好。
小儿要安康，一月剃上三个光，多喝刺芥薄荷汤。
平日多吃绿菜，身体又轻又快。
吃饭之前先喝汤，冬吃萝卜夏吃姜，不用医生开药方。
多吃醋，少吃盐，益寿又延年。
吃药不如吃饭，吃饭不忘锻炼。
药补不如食补，食补不如汤补。
少耍手机多走路，安全健身都兼顾。
黑了跳嘎广场舞，娱乐锻炼两不误。

五、文王访贤[①]

时运未转，稳坐渭水湾。
身坐鱼台执钓竿，
武吉子打柴在深山。
灵台得梦真凶险，
忙宣来文武把梦圆。
我梦见飞熊扑面好大胆，
口似血盆样，眼如铃一般。
梦醒来冷汗淋淋湿衣衫。
散宜生便开言，
吾主人听心间。
夜梦飞熊必得大贤，
吾主人去把贤臣搬。

① 西府曲子选段。

六、文王回西岐[1]

乘黑夜，离朝歌，乔装改扮，
跨官道，担惊慌，策马加鞭，
幸喜得，过孟津，无人查问，
渡黄河，买小舟，越过险滩。
渑池县遇盘查十分凶险，
使铜符，借军务跳出禁圈，
数日来我不敢立马歇店，
惊弓鸟，漏网鱼只求生还，
绕官道，抄小径穿林越涧，
紧加鞭，我进了旷野深山。
耳听后面人声喊，
不回西岐誓不还！

① 秦腔选段。

千阳县篇

第一章 总 论

第一节 人文地理、历史沿革、人口概况

千阳县地处陕西省关中西部渭北高塬丘陵沟壑区，隶属于宝鸡市。南接宝鸡市区，东邻凤翔县、麟游县，西倚陇县，北靠甘肃省灵台县。地理坐标为东经106°56′～107°22′，北纬34°33′～34°56′，东西广39.7千米，南北袤42.9千米，面积996.46平方千米。现辖7镇97个村，总人口13.4万，汉族人口占98.9%，还有回族、满族、蒙古族、藏族等少数民族。县城距省会西安201千米，距宝鸡市区42千米。境内千山横亘东北，陇山绵延西南，滔滔千河自西向东穿境而过，山峦起伏，沟壑连绵，台塬相间，形成“七山二塬一分川”的地形地貌。千阳县历史悠久，人杰地灵，是周秦文化的发祥地和古丝绸之路的重要驿站。古代的千阳，被诗人赞誉为“千水悠悠去似絣，远山如画翠眉横”。春秋时期，燕伋赴鲁从学孔丘，归里后设教桑梓，筑台望鲁，被奉为“七十二贤”之一。隃麋人利用松林资源创造出誉满天下的隃麋墨，成为不可或缺的文房用品，为繁荣中华文化做出了卓越贡献。宝中铁路、204省道宝平公路、千凤公路过境。

千阳县西周时，属矢国领地。春秋战国时期，为秦国地。秦统一六国后，置汧县。西汉高祖二年（前205年），设隃麋县（今陕西千阳县城关镇东南千川村），以城东周代名泽定名。王莽新朝时，改隃麋县为扶亭县。东汉初，恢复原县名，更“隃”作“渝”。建武四年（28年），刘秀封武将耿况为渝麋侯，设相管理县政，县为侯国。建安二十三年（218年），曹操灭耿氏三族，夺耿况五代孙耿援侯国袭爵，恢复渝麋县。晋初，渝麋县并入汧县。北魏孝昌二年（526年），分汧县所属原渝麋县地，于长蛇川置长蛇县。北周天和五年（570年），分长蛇县原渝麋县东部地，置汧阳县，以在汧水之阳而名。元（后）至元二年（1336年），陇安县并入汧源县。明嘉靖二十七年（1548年），将麟游县雪白里（今高崖、普社两乡地）划归汧阳。1957年8月24日，又将麟游县后坡沟村6户180亩土地划属汧阳。1958年12月1日，陕西省人民委员会通知国务院11月21日决定，撤销汧阳县建制，属地归并陇县。1961年9月10日，恢

复汧阳县建制，辖区仍旧。1964 年 10 月，国务院公布改“汧”为“千”。从此，凡地名中的“汧”，一律使用“千”。

第二节 方言归属与内部差异

千阳方言从全国范围来看，属中原官话秦陇片；从陕西境内来看，则属于关中方言区西府小片，俗称“西府话”。它在语音、词汇、语法等方面呈现出较为复杂的状态，形成区域、新老派二大差异。其差异特点为：（一）区域差异，分两类：1. 南北差异：北部高崖镇一带方言与中南部的千阳主体方言对比来看，语音差异有三点：1）以城关为代表的千阳主体方言的［ly］，如：捋［ly21］/驴［ly24］/吕［ly52］/虑滤［ly44］；高崖读作［y］，如：捋［y21］/驴［y24］/吕［y52］/虑滤［y44］。2）城关等处读作［uo］韵的部分字，如：胳圪疙［kuo21］/咳［khuo21］/核［xuo24］/后［xuo44］（后头）；高崖读作［ei］韵母，如：胳圪疙［kei21］/咳［khei21］/核［xei24］/后（后头）［xei44］。3）古全浊仄声字，城关等处读不送气清声母，如：地［ti44］/杜［tu44］/病［piŋ44］；高崖读送气清声母，如：地［thi44］/杜［thu44］/病［phiŋ44］。2. 东西差异：西部水沟镇水沟村以西、草碧镇屈家湾村四组和东部崔家头镇分别与千阳主体方言有区别。崔家头镇方言与凤翔县汉丰乡相近，零声母可以拼合口呼，如：雾［Øu44］；西部水沟等地其方言基本上属于陇县南乡话，其语音特点：1）《切韵》系统知庄章三组及日纽逢合口三等的字（包括宕摄开口三等庄组字和江摄开口三等知庄组字）读［tʂ］类声母拼开口呼［ʅ、a、æ、ei、æ̃、aŋ、əŋ］等七韵母，如猪［tʂʅ21］/抓［tʂa21］/揣［tʂhæ21］/睡［ʂei44］/软［ʐæ̃52］/疮［tʂhaŋ21］/春=冲［tʂhəŋ21］。2）以城关为代表的千阳方言所具有的［yɛ］韵母，水沟等处读［yo］韵母，如撅［tɕyo21］/缺阙［tɕhyo21］/雪［ɕyo21］/月越阅悦［Øyo21］。（二）新老派差异：年轻人与老年人的口音区别即新老派的差异，大致分八类。1. 尖音老派读［s］，如：西［si21］/先［siæ̃21］/想［siaŋ52］；新派读［ɕ］，与团音混合，如：西［ɕi21］/先［ɕiæ̃21］/想［ɕiaŋ52］。2. 古精清从三声纽老派读作［ti-、thi-］的字，如：接［tiɛ21］/七［thi21］/秦［thiŋ24］/清［thiŋ21］；新派读［tɕi-、tɕhi-］，如：接［tɕiɛ21］/七［tɕhi21］/秦［tɕhiŋ24］/清［tɕhiŋ21］。3. 多数古全浊仄声字老派读送气音，如笨［phəŋ44］/垫［thiæ̃44］；新派已读不送气，如：笨［pəŋ44］/垫［tiæ̃44］。4. 老派读［uo］韵母的一些字，如：割各［kuo21］/科［khuo21］/合［xuo24］；新派读［ɤ］韵母，如：割各［kɤ21］/科［khɤ21］/合［xɤ24］。5. 老派读［ei］韵母的一些字，如：德［tei21］/则［tsei21］/测［tshei21］/色［sei21］/革［kei21］/克客［khei21］/赫［xei21］；新派读［ɤ］韵母，如：德［tɤ21］/则［tsɤ21］/测［tshɤ21］/色［sɤ21］/革［kɤ21］/克客［khɤ21］/赫［xɤ21］。6. 老派读作［i］韵母的一些字，如：卑碑［pi21］/裴［phi24］/眉［mi24］；新派读作［ei］韵母，如：卑碑［pei21］/裴［phei24］/眉［mei24］。7. 知系合口字老派读作［ɥ］类韵，如：诸珠竹［tsɥ21］/出初［tshɥ21］/书舒蔬［sɥ21］；新派读作［u］类韵，如：诸珠竹［tʂu21］/出初［tʂhu21］/书舒蔬［ʂu21］。8. 知系开口字老派读［ts］组声母，如：找［tsau52］/吵［tshau52］/站［tsæ44］/绽［tshæ44］/产［tshæ52］/山［sæ21］/衬［tshəŋ44］/渗［səŋ44］/争［tsəŋ21］/撑［tshəŋ21］/生［səŋ21］/省［səŋ52］；新派读作［tʂ］组声母，如：找［tʂau52］/吵［tʂhau52］/站［tʂæ44］/绽［tʂhæ44］/产［tʂhæ52］/山［ʂæ21］/衬［tʂhəŋ44］/渗［ʂəŋ44］/争［tʂəŋ21］/撑［tʂhəŋ21］/生［ʂəŋ21］/省［ʂəŋ52］。

第三节　发音人和调查人概况

方言发音人（一）

1. 姓名：张志发

2. 单位（退休前）：陕西省宝鸡市千阳县张家塬镇王家庄村三组

3. 通信地址：陕西省宝鸡市千阳县张家塬镇王家庄村三组

4. 性别：男　　民族：汉

5. 出生年月日（公历）：1947 年 6 月 7 日

6. 出生地（从省级至自然村级）：陕西省宝鸡市千阳县张家塬镇王家庄村（原张家塬村）

7. 主要经历：1963 年初中毕业后在家务农，1973 年 ~ 1982 年任原张家塬大队大队长，2003 年 ~ 2007 年任王家庄村党支部副书记（2001 年张家塬村与王家庄村合并）。

8. 文化程度：初中

9. 职业：农民

10. 会说哪几种话（包括普通话、外语）：千阳方言

11. 父亲是哪里人，会说什么话：宝鸡市千阳县张家塬镇王家庄村（原张家塬村）人，会说千阳方言。

12. 母亲是哪里人，会说什么话：宝鸡市千阳县城关镇段坊村人，会说千阳方言。

13. 配偶是哪里人，会说什么话：宝鸡市千阳县张家塬镇寺坡村人，会说千阳方言。

方言发音人（二）

1. 姓名：齐秦忠

2. 单位（退休前）：陕西省宝鸡市千阳县南寨镇南寨村一组

3. 通信地址：陕西省宝鸡市千阳县南寨镇南寨村一组

4. 性别：男　　民族：汉

5. 出生年月日（公历）：1945 年 9 月 20 日

6. 出生地（从省级至自然村级）：陕西省宝鸡市千阳县南寨镇南寨村

7. 主要经历：1962 年毕业后至今务农。

8. 文化程度：小学

9. 职业：农民

10. 会说哪几种话（包括普通话、外语）：千阳方言

11. 父亲是哪里人，会说什么话：宝鸡市千阳县南寨镇南寨村人，会说千阳方言。

12. 母亲是哪里人，会说什么话：宝鸡市凤翔县陈村镇人，会说凤翔方言、千阳方言。

13. 配偶是哪里人，会说什么话：宝鸡市千阳县南寨镇闫家村人，会说千阳方言。

调查人

1. 姓名：王应龙

2. 单位：宝鸡文理学院关陇方言民俗研究中心

3. 通信地址：宝鸡市高新大道 1 号文理学院文传院语言教研室

4. 协助调查人 1 姓名：胡文志

5. 协助调查人 2 姓名：李满成

6. 协助调查人 3 姓名：王兴国

7. 协助调查人 4 姓名：王婷婷

第二章　语　音

第一节　声　母

声母共三十个，包括零声母在内。

p 八兵布宝	ph 派片爬病	m 麦明母庙	f 风副肥饭	v 味问温完
t 多党东刀	th 讨毒脱特			l 脑南老蓝连路
ȶ 酒焦店浆	ȶh 天铁七清			
ts 资左租贼	tsh 刺寸字全		s 三酸想谢	
tʂ 张照占治	tʂh 车抽长吃		ʂ 十上少设	ʐ 热让绕染
tʃ 猪装抓砖	tʃh 出床川吹		ʃ 双拴顺书	ʒ 软入闰褥
tɕ 九金假举	tɕh 轻穷去茄	ȵ 年泥哑硬	ɕ 响县虚雪	
k 高共瓜哥	kh 开柜跪口	ŋ 熬安藕爱	x 好灰活下	
ø 月王云用药				

第二节　韵　母

韵母三十三个，不包括儿化韵。

ɿ 师迟试指			
ʅ 猪出十尺	i 米戏急七	u 苦五骨谷	y 雨橘局女
ɑ 茶瓦塔法	iɑ 牙鸭家夹	uɑ 刮瓜花滑	
ɤ 折热婆磨		uo 歌坐活着	yo 药学雀约
	iɛ 写接贴节		yɛ 靴月缺镢
ɔ 宝饱早贸	iɔ 笑桥飘鸟		
æ 开排鞋歪		uæ 怪快坏拐	
ei 赔飞色白		ui 对鬼国雷	
ou 豆走狗凑	iu 油六绿丢		

ər 二儿耳日

æ̃南山半碗　　iæ̃盐年眼间　　uæ̃短官幻惯　　yæ̃权院卷馅

ɑŋ 糖床双邦　　iɑŋ 响讲良强　　uɑŋ 王黄矿光

əŋ 深根春灯　　iŋ 心新硬病　　uŋ 寸滚横东　　yŋ 云用兄穷

第三节　单字调

单字调四个。

阴平 31　东刻六叶　阳平 24　门白盒罚　上声 53　懂买老五　去声 44　动硬乱地

第四节　连读变调

后字非轻声两字组连调模式见表 2-1。

表 2-1　后字非轻声两字组连调模式

<table>
<tr><th>后字
前字</th><th>1 阴平 31</th><th>2 阳平 24</th><th>3 上声 53</th><th>4 去声 44</th></tr>
<tr><td rowspan="2">1 阴平 31</td><td rowspan="2">24+31</td><td rowspan="2">31+24</td><td rowspan="2">31+53</td><td>31+44</td></tr>
<tr><td>53+44</td></tr>
<tr><td>2 阳平 24</td><td>24+31</td><td>24+24</td><td>24+53</td><td>24+44</td></tr>
<tr><td>3 上声 53</td><td>53+31</td><td>53+24</td><td>53+53</td><td>53+44</td></tr>
<tr><td>4 去声 44</td><td>44+31</td><td>44+24</td><td>44+53</td><td>44+44</td></tr>
</table>

非叠字组后字轻声两字组连调模式见表 2-2。

表 2-2　非叠字组后字轻声两字组连调模式

<table>
<tr><th>后字
前字</th><th>1 阴平 31</th><th>2 阳平 24</th><th>3 上声 53</th><th>4 去声 44</th></tr>
<tr><td rowspan="2">1 阴平 31</td><td>31+0</td><td>31+0</td><td rowspan="2">31+0</td><td rowspan="2">53+0</td></tr>
<tr><td>53+0</td><td>53+0</td></tr>
<tr><td>2 阳平 24</td><td>31+53</td><td>31+53</td><td>31+53</td><td>31+53</td></tr>
<tr><td rowspan="3">3 上声 53</td><td rowspan="3">44+0</td><td rowspan="3">44+0</td><td>31+53</td><td>44+0</td></tr>
<tr><td>31+0</td><td rowspan="2">31+0</td></tr>
<tr><td>44+0</td></tr>
<tr><td>4 去声 44</td><td>44+0</td><td>44+0</td><td>44+0</td><td>44+0</td></tr>
</table>

第五节 单字

0001. 多 tuo31
0002. 拖 thuo31
0003. 大~小 tɑ44
0004. 锣 luo24
0005. 左 tsuo44
0006. 歌 kuo31
0007. 个一~ kɔ44
0008. 可 khuo53
0009. 鹅 ŋuo24
0010. 饿 ŋuo44
0011. 河 xuo24
0012. 茄 tɕhiɛ24
0013. 破 phɤ44
0014. 婆 phɤ24
0015. 磨动 mɤ24
0016. 磨名 mɤ44
0017. 躲 tuo53
0018. 螺 luo24
0019. 坐 tshuo44
0020. 锁 suo53
0021. 果 kuo53
0022. 过 kuo44
0023. 课 khuo44
0024. 火 xuo53
0025. 货 xuo44
0026. 祸 xuo44
0027. 靴 ɕyo31
0028. 把量 pɑ53
0029. 爬 phɑ24
0030. 马 mɑ53
0031. 骂 mɑ44
0032. 茶 tshɑ24
0033. 沙 sɑ31
0034. 假真~ tɕiɑ53
0035. 嫁 tɕiɑ44
0036. 牙 Øiɑ24
0037. 虾 ɕiɑ31
0038. 下底~ xɑ44
0039. 夏春~ ɕiɑ44
0040. 哑 ȵiɑ53
0041. 姐 ȶiɛ24
0042. 借 ȶiɛ44
0043. 写 siɛ53
0044. 斜 siɛ24
0045. 谢 siɛ44
0046. 车不是棋子 tʂhɤ31
0047. 蛇 ʂɤ24
0048. 射 ʂɤ44
0049. 爷 Øiɛ24
0050. 野 Øiɛ53
0051. 夜 Øiɛ44
0052. 瓜 kuɑ31
0053. 瓦 Øuɑ53
0054. 花 xuɑ31
0055. 化 xuɑ44
0056. 华中~ xuɑ31
0057. 谱家~，注意声母 phu53
0058. 布 pu44
0059. 铺动 phu31
0060. 簿 phu53
0061. 步 phu44
0062. 赌 tu53
0063. 土 thu53
0064. 图 thu24
0065. 杜 thu44
0066. 奴 lu24
0067. 路 lu44
0068. 租 tsu31
0069. 做 tsu44
0070. 错对~ tshuo31
0071. 箍~桶，注意声母 ku31
0072. 古 ku53
0073. 苦 fu53
0074. 裤 fu44
0075. 吴 vu24
0076. 五 vu53
0077. 虎 xu53
0078. 壶 xu24
0079. 户 xu44
0080. 乌 vu31
0081. 女 ȵy53
0082. 吕 ly53
0083. 徐 ɕy24
0084. 猪 tʃu31
0085. 除 tʃhu24
0086. 初 tʃhu31
0087. 锄 tʃhu24
0088. 所 suo53
0089. 书 ʃu31
0090. 鼠 tʃhu53
0091. 如 ʒu24
0092. 举 tɕy53
0093. 锯名 tɕy44
0094. 去 tɕhi44
0095. 渠~道 tɕhy24
0096. 鱼 Øy24
0097. 许 ɕy53
0098. 余剩~，多~ Øy24
0099. 府 fu53
0100. 付 fu53
0101. 父 fu44
0102. 武 vu53
0103. 雾 vu44
0104. 取 tɕhy53
0105. 柱 tʃhu44
0106. 住 tʃhu44
0107. 数动 ʃu53
0108. 数名 ʃu44
0109. 主 tʃu53
0110. 输 ʃu31
0111. 竖 ʃu53
0112. 树 ʃu44
0113. 句 tɕy44
0114. 区地~ tɕhy31
0115. 遇 Øy44
0116. 雨 Øy53

0117. 芋 Øy44
0118. 裕 Øy31
0119. 胎 thæ31
0120. 台戏～thæ24
0121. 袋 tæ44
0122. 来 læ24
0123. 菜 tshæ44
0124. 财 tshæ24
0125. 该 kæ31
0126. 改 kæ53
0127. 开 khæ31
0128. 海 xæ53
0129. 爱 ŋæ44
0130. 贝 pei44
0131. 带动 tæ44
0132. 盖动 kæ44
0133. 害 xæ44
0134. 拜 pæ44
0135. 排 phæ24
0136. 埋 mæ24
0137. 戒 ʨiɛ44
0138. 摆 pæ53
0139. 派注意声调 phæ44～出/ phæ53～别
0140. 牌 phæ24
0141. 买 mæ53
0142. 卖 mæ44
0143. 柴 tshæ24
0144. 晒 sæ44
0145. 街 ʨiɛ31
0146. 解～开 ʨiɛ53
0147. 鞋 xæ24
0148. 蟹注意声调 ɕiɛ31
0149. 矮 ŋæ53
0150. 败 phæ44
0151. 币 pi44
0152. 制～造 tʂʅ44
0153. 世 ʂʅ44
0154. 艺 Øi44
0155. 米 mi53
0156. 低 ȶi31
0157. 梯 ȶhi31
0158. 剃 ȶhi44
0159. 弟 ȶi44
0160. 递 ȶi44
0161. 泥 ȵi24
0162. 犁 li24
0163. 西 si31
0164. 洗 si53
0165. 鸡 ʨi31
0166. 溪 ɕi31
0167. 契 ʨhi31
0168. 系联～ɕi44
0169. 杯 phei31
0170. 配 phei44
0171. 赔 phei24
0172. 背～诵 pei44
0173. 煤 mei24
0174. 妹 mei44
0175. 对 tui44
0176. 雷 lui24
0177. 罪 tsui44
0178. 碎 sui44
0179. 灰 xui31
0180. 回 xui24
0181. 外 Øuæ44
0182. 会开～xui44
0183. 怪 kuæ44
0184. 块 khuæ53
0185. 怀 xuæ24
0186. 坏 xuæ44
0187. 拐 kuæ53
0188. 挂 kuɑ44
0189. 歪注意声母 væ53
0190. 画 xuɑ44
0191. 快 khuæ44
0192. 话 xuɑ44
0193. 岁 tsui44
0194. 卫 vei24
0195. 肺 fei44
0196. 桂 kui44
0197. 碑 pi31
0198. 皮 phi24
0199. 被～子 pi44
0200. 紫 tsɿ31
0201. 刺 tshɿ44
0202. 知 tʂʅ31
0203. 池 tʂhʅ24
0204. 纸 tsɿ53
0205. 儿 Øər24
0206. 寄 ʨi44
0207. 骑 ʨhi24
0208. 蚁注意韵母 Øi44
0209. 义 Øi44
0210. 戏 ɕi44
0211. 移 Øi24
0212. 比 pi53
0213. 屁 phi44
0214. 鼻注意声调 phi24
0215. 眉 mi24
0216. 地 ȶhi44
0217. 梨 li24
0218. 资 tsɿ31
0219. 死 sɿ53
0220. 四 sɿ44
0221. 迟 tshɿ24
0222. 指 tsɿ53
0223. 师 sɿ31
0224. 二 Øər44
0225. 饥～饿 ʨi31
0226. 器 ʨhi44
0227. 姨 Øi24
0228. 李 li53
0229. 子 tsɿ53
0230. 字 tsɿ44
0231. 丝 sɿ31
0232. 祠 tshɿ24
0233. 寺 sɿ44
0234. 治 tʂʅ44
0235. 柿 sɿ44
0236. 事 sɿ44
0237. 使 sɿ53
0238. 试 sɿ44
0239. 时 sɿ24
0240. 市 sɿ44
0241. 耳 Øər53
0242. 记 ʨi44

0243. 棋 tɕhi24
0244. 喜 ɕi53
0245. 意 Øi44
0246. 几～个 tɕi53
0247. 气 tɕhi44
0248. 希 ɕi31
0249. 衣 Øi31
0250. 嘴 tsui53
0251. 随 sui24
0252. 吹 tʃhui31
0253. 垂 tʃhui24
0254. 规 khui31
0255. 亏 khui31
0256. 跪注意声调 khui44
0257. 危 Øui31
0258. 类 lui53
0259. 醉 tsui44
0260. 追 tʃui31
0261. 锤 tʃhui24
0262. 水 ʃui53
0263. 龟 kui31
0264. 季 tɕi44
0265. 柜 khui44
0266. 位 Øui44
0267. 飞 fei31
0268. 费 fei44
0269. 肥 fei24
0270. 尾 Øi53～巴/vei53 末～
0271. 味 vei44
0272. 鬼 kui53
0273. 贵 kui44
0274. 围 vei24
0275. 胃 vei44
0276. 宝 pɔ53
0277. 抱 pɔ44
0278. 毛 mɔ24
0279. 帽 mɔ44
0280. 刀 tɔ31
0281. 讨 thɔ53
0282. 桃 thɔ24
0283. 道 tɔ44
0284. 脑 lɔ53
0285. 老 lɔ53
0286. 早 tsɔ53
0287. 灶 tsɔ44
0288. 草 tshɔ53
0289. 糙注意声调 tshɔ44
0290. 造 tshɔ44
0291. 嫂 sɔ53
0292. 高 kɔ31
0293. 靠 khɔ44
0294. 熬 ŋɔ24
0295. 好～坏 xɔ53
0296. 号名 xɔ44
0297. 包 pɔ31
0298. 饱 pɔ53
0299. 炮 phɔ44
0300. 猫 mɔ24
0301. 闹 lɔ44
0302. 罩 tsɔ44
0303. 抓用手～牌 tʃuɑ31
0304. 找～零钱 tsɔ53
0305. 抄 tshɔ31
0306. 交 tɕiɔ31
0307. 敲 tɕhiɔ31
0308. 孝 ɕiɔ44
0309. 校学～ɕiɔ44
0310. 表手～piɔ53
0311. 票 phiɔ44
0312. 庙 miɔ44
0313. 焦 ʈiɔ31
0314. 小 siɔ52
0315. 笑 siɔ44
0316. 朝～代 tʂhɔ24
0317. 照 tʂɔ44
0318. 烧 ʂɔ31
0319. 绕～线 ʐɔ53
0320. 桥 tɕhiɔ24
0321. 轿 tɕhiɔ44
0322. 腰 Øiɔ31
0323. 要重～Øiɔ44
0324. 摇 Øiɔ24
0325. 鸟注意声母 ȵiɔ53
0326. 钓 ʈiɔ44
0327. 条 ʈhiɔ24
0328. 料 liɔ44
0329. 箫 siɔ31
0330. 叫 tɕiɔ44
0331. 母丈～，舅～mu53
0332. 抖 thou53
0333. 偷 thou31
0334. 头 thou24
0335. 豆 tou44
0336. 楼 lou24
0337. 走 tsou53
0338. 凑 tshou44
0339. 钩注意声母 kou31
0340. 狗 kou53
0341. 够 kou44
0342. 口 khou53
0343. 藕 ŋou53
0344. 后前～xou44
0345. 厚 xou44
0346. 富 fu44
0347. 副 fu44
0348. 浮 fu24
0349. 妇 fu44
0350. 流 liu24
0351. 酒 ʈiu53
0352. 修 siu31
0353. 袖 siu44
0354. 抽 tʂhou31
0355. 绸 tʂhou24
0356. 愁 tshou24
0357. 瘦 sou44
0358. 州 tʂou31
0359. 臭香～tʂhou44
0360. 手 ʂou53
0361. 寿 ʂou44
0362. 九 tɕiu53
0363. 球 tɕhiu24
0364. 舅 tɕiu44
0365. 旧 tɕhiu44
0366. 牛 ȵiu24
0367. 休 ɕiu31

0368. 优 Øiu31
0369. 有 Øiu53
0370. 右 Øiu44
0371. 油 Øiu24
0372. 丢 ȶiu31
0373. 幼 Øiu44
0374. 贪 thæ̃31
0375. 潭 thæ̃24
0376. 南 læ̃24
0377. 蚕 tshæ̃24
0378. 感 kæ̃53
0379. 含 ~一口水 xæ̃24
0380. 暗 ŋæ̃44
0381. 搭 tɑ31
0382. 踏注意声调 thɑ24
0383. 拉注意声调 lɑ31
0384. 杂 tsɑ24
0385. 鸽 kuo31
0386. 盒 xuo24
0387. 胆 tæ̃53
0388. 毯 thæ̃31
0389. 淡 thæ̃44
0390. 蓝 læ̃24
0391. 三 sæ̃31
0392. 甘 kæ̃31
0393. 敢 kæ̃53
0394. 喊注意声调 xæ̃53
0395. 塔 thɑ31
0396. 蜡 lɑ31
0397. 赚 tʃuæ̃44
0398. 杉 ~木，注意韵母 sɑ31
0399. 减 tɕiæ̃53
0400. 咸 ~淡 xæ̃24
0401. 插 tshɑ31
0402. 闸 tsɑ44
0403. 夹 ~子 tɕiɑ31
0404. 衫 sæ̃31
0405. 监 tɕiæ̃31
0406. 岩 Øiæ̃24
0407. 甲 tɕiɑ31
0408. 鸭 Øiɑ31
0409. 黏 ~液 ʐæ̃24
0410. 尖 ȶiæ̃31
0411. 签 ~名 ȶhiæ̃31
0412. 占 ~领 tʂæ̃44
0413. 染 ʐæ̃44
0414. 钳 tɕhiæ̃24
0415. 验 Øiæ̃44
0416. 险 ɕiæ̃53
0417. 厌 Øiæ̃44
0418. 炎 Øiæ̃44
0419. 盐 Øiæ̃24
0420. 接 ȶiɛ31
0421. 折 ~叠 tʂɤ53
0422. 叶树 ~Øiɛ31
0423. 剑 tɕiæ̃44
0424. 欠 tɕhiæ̃44
0425. 严 Øiæ̃24
0426. 业 ȵiɛ31
0427. 点 ȶiæ̃53
0428. 店 ȶiæ̃44
0429. 添 ȶhiæ̃31
0430. 甜 ȶhiæ̃24
0431. 念 ȵiæ̃44
0432. 嫌 ɕiæ̃24
0433. 跌注意声调 ȶiɛ31
0434. 贴 ȶhiɛ31
0435. 碟 ȶhiɛ24
0436. 协 ɕiɛ24
0437. 犯 fæ̃44
0438. 法 fɑ31
0439. 品 phiŋ53
0440. 林 liŋ24
0441. 浸 ȶiŋ31
0442. 心 siŋ31
0443. 寻 siŋ24
0444. 沉 tʂhəŋ24
0445. 参人 ~səŋ31
0446. 针 tʂəŋ31
0447. 深 ʂəŋ31
0448. 任责 ~ʐəŋ44
0449. 金 tɕiŋ31
0450. 琴 tɕhiŋ24
0451. 音 Øiŋ31
0452. 立 li31
0453. 集 ȶhi24
0454. 习 si24
0455. 汁 tʂʅ31
0456. 十 ʂʅ24
0457. 入 ʒu31
0458. 急 tɕi24
0459. 及 tɕi24
0460. 吸 ɕi31
0461. 单简 ~tæ̃31
0462. 炭 thæ̃44
0463. 弹 ~琴 thæ̃24
0464. 难 ~易 læ̃24
0465. 兰 læ̃24
0466. 懒 læ̃53
0467. 烂 læ̃44
0468. 伞注意声调 sæ̃53
0469. 肝 kæ̃31
0470. 看 ~见 khæ̃44
0471. 岸 ŋæ̃44
0472. 汉 xæ̃44
0473. 汗 xæ̃44
0474. 安 ŋæ̃31
0475. 达 tɑ24
0476. 辣 lɑ31
0477. 擦 tshɑ31
0478. 割 kuo31
0479. 渴 khuo31
0480. 扮 phæ̃44
0481. 办 pæ̃44
0482. 铲 tshæ̃53
0483. 山 sæ̃31
0484. 产注意声母 tshæ̃53
0485. 间房 ~，一 ~房 tɕiæ̃31
0486. 眼 ȵiæ̃53
0487. 限 ɕiæ̃44
0488. 八 pɑ31
0489. 扎 tsɑ31
0490. 杀 sɑ31

0491. 班 pæ̃31
0492. 板 pæ̃53
0493. 慢 mæ̃44
0494. 奸 tɕiæ̃31
0495. 颜 Øiæ̃24
0496. 瞎 xɑ31
0497. 变 piæ̃44
0498. 骗欺～phiæ̃44
0499. 便方～piæ̃44
0500. 棉 miæ̃24
0501. 面～孔 miæ̃44
0502. 连 liæ̃24
0503. 剪 ȶiæ̃53
0504. 浅 ȶhiæ̃53
0505. 钱 ȶhiæ̃24
0506. 鲜 siæ̃53
0507. 线 siæ̃44
0508. 缠 tʂhæ̃24
0509. 战 tʂæ̃44
0510. 扇名 ʂæ̃44
0511. 善 ʂæ̃44
0512. 件 tɕhiæ̃44
0513. 延 Øiæ̃24
0514. 别～人 piɛ24
0515. 灭 miɛ31
0516. 列 liɛ31
0517. 撤 tʂhɤ53
0518. 舌 ʂɤ24
0519. 设 ʂɤ53
0520. 热 ʐɤ31
0521. 杰 tɕiɛ24
0522. 孽 ȵiɛ31
0523. 建 tɕiæ̃53
0524. 健 tɕiæ̃53
0525. 言 Øiæ̃24
0526. 歇 ɕiɛ31
0527. 扁 piæ̃53
0528. 片 phiæ̃53
0529. 面～条 miæ̃44
0530. 典 ȶiæ̃53
0531. 天 ȶhiæ̃31
0532. 田 ȶhiæ̃24
0533. 垫 ȶhiæ̃44
0534. 年 ȵiæ̃24
0535. 莲 liæ̃24
0536. 前 ȶhiæ̃24
0537. 先 siæ̃31
0538. 肩 tɕiæ̃31
0539. 见 tɕiæ̃44
0540. 牵 tɕhiæ̃31
0541. 显 ɕiæ̃53
0542. 现 ɕiæ̃44
0543. 烟 Øiæ̃31
0544. 憋 piɛ31
0545. 篾 mi24
0546. 铁 ȶhiɛ31
0547. 捏 ȵiɛ31
0548. 节 ȶiɛ31
0549. 切动 ȶhiɛ31
0550. 截 ȶiɛ24
0551. 结 tɕiɛ31
0552. 搬 pæ̃31
0553. 半 pæ̃44
0554. 判 phæ̃44
0555. 盘 phæ̃24
0556. 满 mæ̃53
0557. 端～午 tæ̃31
0558. 短 tuæ̃53
0559. 断绳～了 thuæ̃44
0560. 暖 luæ̃53
0561. 乱 luæ̃44
0562. 酸 suæ̃31
0563. 算 suæ̃44
0564. 官 kuæ̃31
0565. 宽 khuæ̃31
0566. 欢 xuæ̃31
0567. 完 Øuæ̃24
0568. 换 xuæ̃44
0569. 碗 væ̃53
0570. 拨 pɤ31
0571. 泼 phɤ31
0572. 末 mɤ31
0573. 脱 thuo31
0574. 夺 tuo24
0575. 阔 khuo31
0576. 活 xuo24
0577. 顽～皮，～固 væ̃24
0578. 滑 xuɑ24
0579. 挖 vɑ31
0580. 闩 ʃuæ̃44
0581. 关～门 kuæ̃31
0582. 惯 kuæ̃44
0583. 还动 xuæ̃24
0584. 还副 xɑ24
0585. 弯 væ̃31
0586. 刷 ʃuɑ31
0587. 刮 kuɑ31
0588. 全 tshuæ̃24
0589. 选 suæ̃53
0590. 转～眼，～送 tʃuæ̃44
0591. 传～下来 tʃhuæ̃24
0592. 传～记 tʃuæ̃44
0593. 砖 tʃuæ̃31
0594. 船 ʃuæ̃24
0595. 软 ʒuæ̃53
0596. 卷～起 tɕyæ̃53
0597. 圈圆～ tɕhyæ̃31
0598. 权 tɕhyæ̃24
0599. 圆 Øyæ̃24
0600. 院 Øyæ̃44
0601. 铅～笔，注意声调 tɕhiæ̃31
0602. 绝 tɕyo24
0603. 雪 ɕyo31
0604. 反 fæ̃53
0605. 翻 fæ̃31
0606. 饭 fæ̃44
0607. 晚 væ̃53
0608. 万麻将牌 væ̃44
0609. 劝 tɕhyæ̃44
0610. 原 Øyæ̃24
0611. 冤 Øyæ̃31
0612. 园 Øyæ̃24
0613. 远 Øyæ̃53
0614. 发头～fɑ31
0615. 罚 fɑ24
0616. 袜 vɑ31

0617. 月 Øyɛ31
0618. 越 Øyɛ31
0619. 县 ɕiæ44
0620. 决 tɕyɛ53
0621. 缺 tɕhyɛ31
0622. 血 ɕiɛ31
0623. 吞 thəŋ31
0624. 根 kəŋ31
0625. 恨 xəŋ44
0626. 恩 ŋəŋ31
0627. 贫 phiŋ24
0628. 民 miŋ24
0629. 邻 liŋ24
0630. 进 ȶiŋ44
0631. 亲 ȶhiŋ31
0632. 新 siŋ31
0633. 镇 tʂəŋ44
0634. 陈 tʂhəŋ24
0635. 震 tʂəŋ44
0636. 神 ʂəŋ24
0637. 身 ʂəŋ31
0638. 辰 tʂhəŋ24
0639. 人 ʐəŋ24
0640. 认 ʐəŋ44
0641. 紧 tɕiŋ53
0642. 银 Øiŋ24
0643. 印 Øiŋ44
0644. 引 Øiŋ53
0645. 笔 pi31
0646. 匹 phi44
0647. 密 mi31
0648. 栗 li31
0649. 七 ȶhi31
0650. 侄 tʂhʅ24
0651. 虱 sei31
0652. 实 ʂʅ24
0653. 失 ʂʅ31
0654. 日 Øər31
0655. 吉 tɕi31
0656. 一 Øi31
0657. 筋 tɕiŋ31
0658. 劲有～ tɕiŋ44
0659. 勤 tɕhiŋ24
0660. 近 tɕhiŋ44
0661. 隐 Øiŋ53
0662. 本 pəŋ53
0663. 盆 phəŋ24
0664. 门 məŋ24
0665. 墩 tuŋ31
0666. 嫩 lyŋ44
0667. 村 tshuŋ31
0668. 寸 tshuŋ44
0669. 蹲注意声母 tuŋ31
0670. 孙～子 suŋ31
0671. 滚 kuŋ53
0672. 困 khuŋ44
0673. 婚 xuŋ31
0674. 魂 xuŋ24
0675. 温 vəŋ31
0676. 卒棋子 tsu24
0677. 骨 ku31
0678. 轮 lyŋ24
0679. 俊注意声母 tsuŋ44
0680. 笋 suŋ53
0681. 准 tʃuŋ53
0682. 春 tʃhuŋ31
0683. 唇 ʃuŋ24
0684. 顺 ʃuŋ44
0685. 纯 tʃhuŋ24
0686. 闰 ʒuŋ44
0687. 均 tɕyŋ31
0688. 匀 Øiŋ24
0689. 律 ly31
0690. 出 tʃhu31
0691. 橘 tɕy31
0692. 分动 fəŋ31
0693. 粉 fəŋ53
0694. 粪 fəŋ44
0695. 坟 fəŋ24
0696. 蚊 vəŋ24
0697. 问 vəŋ44
0698. 军 tɕyŋ31
0699. 裙 tɕhyŋ24
0700. 熏 ɕyŋ31
0701. 云～彩 Øyŋ24
0702. 运 Øyŋ44
0703. 佛～像 fɤ24
0704. 物 vɤ31
0705. 帮 pɑŋ31
0706. 忙 mɑŋ24
0707. 党 tɑŋ53
0708. 汤 thɑŋ31
0709. 糖 thɑŋ24
0710. 浪 lɑŋ44
0711. 仓 tshɑŋ31
0712. 钢 kɑŋ31
0713. 糠 khɑŋ31
0714. 薄形 phɤ24
0715. 摸注意声调 mɤ53
0716. 托 thuo31
0717. 落 luo31
0718. 作 tsuo31
0719. 索 suo31
0720. 各 kuo31
0721. 鹤 xuo44
0722. 恶形，入声 ŋuo31
0723. 娘 ȵiɑ24
0724. 两斤～ liɑŋ53
0725. 亮 liɑŋ44
0726. 浆 ȶiɑŋ31
0727. 抢 ȶhiɑŋ53
0728. 匠 ȶiɑŋ44
0729. 想 siɑŋ53
0730. 像 siɑŋ44
0731. 张量 tʂɑŋ31
0732. 长～短 tʂhɑŋ24
0733. 装 tʃuɑŋ31
0734. 壮 tʃuɑŋ44
0735. 疮 tʃhuɑŋ31
0736. 床 tʃhuɑŋ24
0737. 霜 ʃuɑŋ31
0738. 章 tʂɑŋ31
0739. 厂 tʂhɑŋ53
0740. 唱 tʂhɑŋ44
0741. 伤 ʂɑŋ31
0742. 尝 ʂɑŋ24
0743. 上～去 ʂɑŋ44
0744. 让 ʐɑŋ44

0745. 姜生～tɕiaŋ31
0746. 响 ɕiaŋ53
0747. 向 ɕiaŋ44
0748. 秧 Øiaŋ31
0749. 痒 Øiaŋ53
0750. 样 Øiaŋ44
0751. 雀注意声母 tɕhyo31
0752. 削 ɕyo31
0753. 着火～了 tʃhuo24
0754. 勺 suo24
0755. 弱 ʒuo31
0756. 脚 tɕyo31
0757. 约 Øyo31
0758. 药 Øyo31
0759. 光～线 kuaŋ31
0760. 慌 xuaŋ31
0761. 黄 xuaŋ24
0762. 郭 kuo31
0763. 霍 xuo44
0764. 方 faŋ31
0765. 放 faŋ44
0766. 纺 faŋ53
0767. 房 faŋ24
0768. 防 faŋ24
0769. 网 vaŋ53
0770. 筐 khuaŋ31
0771. 狂 khuaŋ24
0772. 王 Øuaŋ24
0773. 旺 Øuaŋ44
0774. 缚 fɤ24
0775. 绑 paŋ53
0776. 胖 phaŋ44
0777. 棒 paŋ44
0778. 桩 tʃuaŋ31
0779. 撞 tʃhuaŋ44
0780. 窗 tʃhuaŋ31
0781. 双 ʃuaŋ31
0782. 江 tɕiaŋ31
0783. 讲 tɕiaŋ53
0784. 降投～ɕiaŋ24
0785. 项 xaŋ44
0786. 剥 pɤ31
0787. 桌 tsuo31
0788. 镯 tshuo24
0789. 角 tɕyo31
0790. 壳 khuo31 大烟～～/tɕhyo31 玉麦～～
0791. 学 ɕyo24
0792. 握 Øuo31
0793. 朋 phəŋ24
0794. 灯 təŋ31
0795. 等 təŋ53
0796. 凳 təŋ44
0797. 藤 thəŋ31
0798. 能 ləŋ24
0799. 层 tshəŋ24
0800. 僧注意声母 səŋ31
0801. 肯 khəŋ53
0802. 北 pei31
0803. 墨 mei24
0804. 得 tei31
0805. 特 thei24
0806. 贼 tsei24
0807. 塞 sei31
0808. 刻 khei31
0809. 黑 xei31
0810. 冰 piŋ31
0811. 证 tʂəŋ44
0812. 秤 tʂhəŋ44
0813. 绳 ʂəŋ24
0814. 剩 ʂəŋ44
0815. 升 ʂəŋ31
0816. 兴高～ɕiŋ31
0817. 蝇注意声母 Øiŋ24
0818. 逼 pi31
0819. 力 li31
0820. 息 si31
0821. 直 tʂʅ24
0822. 侧注意声母 tshei31
0823. 测 tshei31
0824. 色 sei31
0825. 织 tʂʅ31
0826. 食 ʂʅ24
0827. 式 ʂʅ31
0828. 极 tɕi24
0829. 国 kui31
0830. 或 xui24
0831. 猛 məŋ53
0832. 打注意韵母 ta53
0833. 冷 ləŋ53
0834. 生 səŋ31
0835. 省～长 səŋ53
0836. 更三～，打～ kəŋ44
0837. 梗注意韵母 kəŋ44
0838. 坑 khəŋ31
0839. 硬 ȵiŋ44
0840. 行～为，～走 ɕiŋ24
0841. 百 pei31
0842. 拍 phei31
0843. 白 pei24
0844. 拆 tshei31
0845. 择 tshei24
0846. 窄 tsei31
0847. 格 kei31
0848. 客 khei31
0849. 额 ŋei31
0850. 棚 phəŋ24
0851. 争 tsəŋ31
0852. 耕 kəŋ31
0853. 麦 mei31
0854. 摘 tsei31
0855. 策 tshei31
0856. 隔 kei31
0857. 兵 piŋ31
0858. 柄注意声调 piŋ53
0859. 平 phiŋ24
0860. 病 piŋ44
0861. 明 miŋ24
0862. 命 miŋ44
0863. 镜 tɕiŋ44
0864. 庆 tɕhiŋ44

0865. 迎 Øiŋ24
0866. 影 Øiŋ53
0867. 剧戏～tɕy44
0868. 饼 piŋ53
0869. 名 miŋ24
0870. 领 liŋ53
0871. 井 ȶiŋ53
0872. 清 ȶhiŋ31
0873. 静 ȶiŋ44
0874. 姓 siŋ44
0875. 贞 tʂəŋ31
0876. 程 tʂhəŋ24
0877. 整 tʂəŋ53
0878. 正～反 tʂəŋ44
0879. 声 ʂəŋ31
0880. 城 tʂhəŋ24
0881. 轻 tɕhiŋ31
0882. 赢 Øiŋ24
0883. 积 ȶi31
0884. 惜 siɛ31
0885. 席 si24
0886. 尺 tʂhʅ31
0887. 石 ʂʅ24
0888. 益 Øi31
0889. 瓶 phiŋ24
0890. 钉名 ȶiŋ31
0891. 顶 ȶiŋ53
0892. 厅 ȶhiŋ31
0893. 听～见，注意声调 ȶhiŋ31
0894. 停 ȶhiŋ44
0895. 挺 ȶhiŋ53
0896. 定 ȶiŋ44
0897. 零 liŋ24
0898. 青 ȶhiŋ31
0899. 星 siŋ31
0900. 经 tɕiŋ31
0901. 形 ɕiŋ24
0902. 壁 pi31
0903. 劈 phi53
0904. 踢 ȶhi31
0905. 笛 ȶhi24
0906. 历农～li31
0907. 锡 si31
0908. 击 tɕi31
0909. 吃 tʂhʅ31
0910. 横 ɕyɛ24
0911. 划计～xuɑ44
0912. 兄 ɕyŋ31
0913. 荣 Øyŋ24
0914. 永 Øyŋ53
0915. 营 Øiŋ24
0916. 蓬～松 phəŋ24
0917. 东 tuŋ31
0918. 懂 tuŋ53
0919. 冻 tuŋ44
0920. 通 thuŋ31
0921. 桶注意声调 thuŋ53
0922. 痛 thuŋ44
0923. 铜 thuŋ24
0924. 动 tuŋ44 劳～/thuŋ44～弹
0925. 洞 tuŋ44
0926. 聋注意声调 luŋ24
0927. 弄注意声母 luŋ44
0928. 粽 tsuŋ31
0929. 葱 tshuŋ31
0930. 送 suŋ44
0931. 公 kuŋ31
0932. 孔 khuŋ53
0933. 烘～干 xuŋ31
0934. 红 xuŋ24
0935. 翁 vəŋ31
0936. 木 mu31
0937. 读 tu24
0938. 鹿 lu31
0939. 族 tsu24
0940. 谷稻～ku31
0941. 哭 fu31
0942. 屋 vu31
0943. 冬～至 tuŋ31
0944. 统注意声调 thuŋ53
0945. 脓注意声调 luŋ24
0946. 松～紧 suŋ31
0947. 宋 suŋ44
0948. 毒 thu24
0949. 风 fəŋ31
0950. 丰 fəŋ31
0951. 凤 fəŋ44
0952. 梦 məŋ44
0953. 中当～tʃhuŋ24
0954. 虫 tʃhuŋ24
0955. 终 tʃuŋ31
0956. 充 tʃhuŋ53
0957. 宫 kuŋ31
0958. 穷 tɕhyŋ24
0959. 熊注意声母 ɕyŋ24
0960. 雄注意声母 ɕyŋ24
0961. 福 fu31
0962. 服 fu24
0963. 目 mu31
0964. 六 liu31
0965. 宿住～，～舍 ɕy31
0966. 竹 tʃu31
0967. 畜～生 ɕy31
0968. 缩 suo31～小/ʃuɑŋ53～脖子
0969. 粥 tʃu31
0970. 叔 ʃu24
0971. 熟 ʃu24
0972. 肉 ʐou44
0973. 菊 tɕy31
0974. 育 Øy44
0975. 封 fəŋ31
0976. 蜂 fəŋ31
0977. 缝一条～fəŋ44
0978. 浓 luŋ24
0979. 龙 luŋ24
0980. 松～树，注意声调 suŋ31
0981. 重轻～tʃuŋ44
0982. 肿 tʃuŋ53
0983. 种～树 tʃuŋ44
0984. 冲 tʃhuŋ31

0985. 恭 kuŋ31
0986. 共 kuŋ44
0987. 凶吉～ɕyŋ31
0988. 拥注意声调 Øyŋ31
0989. 容 Øyŋ24
0990. 用 Øyŋ44
0991. 绿 liu31
0992. 足 tsu31
0993. 烛 tʃu31
0994. 赎 ʃu24
0995. 属 ʃu24
0996. 褥 ʒu31
0997. 曲～折，歌～ tɕhy31
0998. 局 tɕhy24
0999. 玉 Øy31
1000. 浴 Øy31

第三章 词 汇

第一节 规定词汇

一、天文、地理

（一）天文

0001. 太阳～下山了 日头爷 Øər53thou0Øiɛ0
0002. 月亮～出来了 月亮 Øyɛ53liaŋ0
0003. 星星 宿宿 siu53siu0
0004. 云 云 Øyŋ24
0005. 风 风 fəŋ31
0006. 台风 台风 thæ24fəŋ31
0007. 闪电名词 闪电 ʂæ̃53ȶiæ̃44
0008. 雷 呼噜爷 xu53lu0Øiɛ0/雷神爷 lei31ʂəŋ53Øiɛ0
0009. 雨 雨 Øy53
0010. 下雨 下雨 ɕia44Øy53
0011. 淋衣服被雨～湿了 淋 lyŋ24
0012. 晒～粮食 晒 sæ44
0013. 雪 雪 ɕyo31
0014. 冰 冰凌 piŋ53liŋ0
0015. 冰雹 冷子 ləŋ53tsɿ0
0016. 霜 霜 ʃuaŋ31
0017. 雾 雾 vu44
0018. 露 露水 lou44ʃui0
0019. 虹统称 虹 tɕiaŋ44
0020. 日食 日食 Øər53ʂʅ0
0021. 月食 月食 Øyɛ53ʂʅ0
0022. 天气 天气 ȶhiæ̃31tɕhi44
0023. 晴天～ 晴 ȶhiŋ24
0024. 阴天～ 阴下了 ȵiŋ31xa0lia0
0025. 旱天～ 旱 xæ̃44
0026. 涝天～ 涝 lɔ44
0027. 天亮 明了 miŋ31lia53

（二）地貌

0028. 水田 水地 ʃui53ȶhi0
0029. 旱地浇不上水的耕地 旱地 xæ̃44ȶhi0
0030. 田埂 盖塄 kæ44ləŋ0
0031. 路野外的 路 lu44
0032. 山 山 sæ̃31
0033. 山谷 山沟 sæ̃24kou31
0034. 江大的河 江 tɕiaŋ31
0035. 溪小的河 小河 siɔ53xuo24
0036. 水沟儿较小的水道 水沟 ʃui53kou31

0037. 湖　湖 xu24

0038. 池塘　涝坝 lɔ44pɑ0/涝池 lɔ44tʂhʅ0

0039. 水坑儿地面上有积水的小洼儿　水坑坑 ʃui53khəŋ53khəŋ0

0040. 洪水　洪水 xuŋ24ʃui53

0041. 淹被水～了　淹 ȵiæ31/漫 mæ44

0042. 河岸　河边 xuo24piæ31

0043. 坝拦河修筑拦水的　水坝 ʃui53pɑ44

0044. 地震　地动 ȶhi44tuŋ44

0045. 窟窿小的　窟窿 fu53luŋ0

0046. 缝儿统称　缝缝 fəŋ44fəŋ0

（三）物象

0047. 石头统称　石头 ʂʅ31thou53

0048. 土统称　土 thu53

0049. 泥湿的　泥 ȵi24

0050. 水泥旧称　洋灰 Øiɑŋ24xui31

0051. 沙子　沙石 sɑ53ʂʅ0

0052. 砖整块的　砖头 tʃuæ53thou0

0053. 瓦整块的　瓦 Øuɑ53

0054. 煤　炭 thæ44/煤 mei24

0055. 煤油　煤油 mei24Øiu24

0056. 炭木炭　木炭 mu31thæ44

0057. 灰烧成的　灰 xui31

0058. 灰尘桌面上的　搪土 thɑŋ31thu53/灰灰 xui53xui0

0059. 火　火 xuo53

0060. 烟烧火形成的　烟 Øiæ31

0061. 失火　着火 tʃhuo24xuo53

0062. 水　水 ʃui53

0063. 凉水　冰水 piŋ31ʃui53/凉水 liɑŋ31ʃui53

0064. 热水如洗脸的热水，不是指喝的开水　温水 vəŋ31ʃui53

0065. 开水喝的　煎水 ȶiæ31ʃui53

0066. 磁铁　吸铁石 ɕi31ȶhiɛ31ʂʅ24

二、时间、方位

（一）时间

0067. 时候吃饭的～　时间 sʅ31tɕiæ53/时节 sʅ31ȶiɛ53

0068. 什么时候　啥会 ʃuɑ44xui0

0069. 现在　壬庚 ʐəŋ31kəŋ53

0070. 以前十年～　前 ȶhiæ24

0071. 以后十年～　后 xou44

0072. 一辈子　一辈子 Øi31pei44tsʅ0

0073. 今年　今年 tɕiŋ53ȵiæ0

0074. 明年　过年 kuo44ȵiæ0

0075. 后年　后年 xou44ȵiæ0

0076. 去年　年时个 ȵiæ31sʅ53kɔ0

0077. 前年　前年 ȶhiæ31ȵiæ53

0078. 往年过去的年份　往年 Øuɑŋ53ȵiæ0

0079. 年初　年初 ȵiæ24tʃhu31

0080. 年底　年根前 ȵiæ24kəŋ53ȶhiæ0

0081. 今天　今儿 tɕiŋr31/今儿个 tɕiŋr31kɔ0

0082. 明天　明儿 miŋr24/明儿个 miŋr24kɔ0

0083. 后天　后儿 xour53/后儿个 xour53kɔ0

0084. 大后天　外后儿 Øuæ44xour53

0085. 昨天　夜来个 Øiɛ44læ0kɔ0/夜儿个 Øiɛr44kɔ0

0086. 前天　前儿个 ȶhiær24kɔ0

0087. 大前天　上前天 ʂaŋ44ȶhiæ31ȶhiæ53/大前天 tɑ44ȶhiæ31ȶhiæ53

0088. 整天　整天 tʂəŋ53ȶhiæ31

0089. 每天　天天天 ȶhiæ31ȶhiæ24ȶhiæ31

0090. 早晨　赶早 kæ31tsɔ53

0091. 上午　早上 tsɔ53ʂaŋ0

0092. 中午　晌午 ʂaŋ31Øu0

0093. 下午　后晌 xou44ʂaŋ0

0094. 傍晚　黑得啦 xei53tei31liɑ0

0095. 白天　白天 pei31ȶhiæ53

0096. 夜晚与白天相对，统称　晚上 væ53ʂaŋ0

0097. 半夜　半晚上 pæ44væ53ʂaŋ0

0098. 正月农历　正月 tʂəŋ31Øyɛ0

0099. 大年初一农历　大年初一 tɑ44ȵiæ24tʃu31Øi0

0100. 元宵节　正月十五 tʂəŋ31Øyɛ0ʂʅ31vu53

0101. 清明　清明 ȶhiŋ53miŋ0

0102. 端午　端午 tæ31vu0

0103. 七月十五农历，节日名　七月十五 ȶhi31Øyɛ0ʂʅ31vu53

0104. 中秋　八月十五 pɑ31Øyɛ0ʂʅ31vu53

0105. 冬至　数九 ʃu31tɕiu53

0106. 腊月农历十二月　年根 ȵiæ24kəŋ31/腊月 lɑ31Øyɛ0

0107. 除夕农历　大年三十 tɑ44ȵiæ24sæ31ʂʅ24

0108. 历书　历头 li53thou0

0109. 阴历　农历 luŋ24li31

0110. 阳历　阳历 Øiaŋ24li31

0111. 星期天　礼拜日 li53pæ0Øər0

（二）方位

0112. 地方　地方 ȶi44faŋ31

0113. 什么地方　啥地方 ʃuɑ44ȶi44faŋ31

0114. 家里　屋里 Øu53li0

0115. 城里　城里 tʂhəŋ31li53

0116. 乡下　乡里 ɕiaŋ53li0

0117. 上面从～滚下来　上头 ʂaŋ44thou0

0118. 下面从～爬上去　下头 xɑ44thou0

0119. 左边　左面 tsuo44miæ0

0120. 右边　右面 Øiu44miæ0

0121. 中间排队排在～　中间 tʂəŋ31tɕiæ24

0122. 前面排队排在～　前头 ȶhiæ31thou53

0123. 后面排队排在～　后头 xei44thou0

0124. 末尾排队排在～　尾巴 Øi53phɑ0/后头 xou44thou0

0125. 对面　对面 tui44miæ44

0126. 面前　跟前 kəŋ53ȶhiæ0

0127. 背后　背后 pei44xou0/沟子后头 kou53tsɿ0xou44thou0

0128. 里面躲在～　里头 li53thou0

0129. 外面衣服晒在～　外头 Øuæ44thou0

0130. 旁边　侧面 tshei31miæ0

0131. 上碗在桌子～　头起 thou31tɕhiɛ53

0132. 下凳子在桌子～　底下 ȶi53xɑ0

0133. 边儿桌子的～　边边 piæ53piæ0

0134. 角儿桌子的～　角角 tɕyo53tɕyo0

0135. 上去他～了　上去 ʂaŋ44tɕhi0

0136. 下来他～了　下来 xɑ44læ0

0137. 进去他～了　进去 ȶiŋ44tɕhi0

0138. 出来他～了　出来 tʃhu53læ0

0139. 出去他～了　出去 tʃhu53tɕhi0

0140. 回来他～了　回来 xui31læ53

0141. 起来天冷～了　起来 tɕhiɛ53læ0

三、植物

（一）一般植物

0142. 树　树 ʃu44

0143. 木头　木头 mu53thou0

0144. 松树统称　松树 suŋ53ʃu0

0145. 柏树统称　柏树 pei53ʃu0

0146. 杉树　杉树 sɑ53ʃu0

0147. 柳树　柳树 liu53ʃu0

0148. 竹子统称　竹子 tʃu53tsɿ0

0149. 笋　竹笋 tʃu31suŋ53

0150. 叶子　叶叶 Øiɛ53Øiɛ0

0151. 花　花 xuɑ31

0152. 花蕾花骨朵儿　花骨都 xuɑ31ku31tu0/花芯芯 xuɑ31siŋ44siŋ0

0153. 梅花　腊梅花 lɑ31mei31xuɑ53

0154. 牡丹　牡丹花 mu53tæ̃0xuɑ31

0155. 荷花　荷花 xuo31xuɑ53

0156. 草　草 tshɔ53

0157. 藤　蔓 væ̃44

0158. 刺名词　刺 tshɿ44

0159. 水果　果木 kuo53mu31

0160. 苹果　苹果 phiŋ31kuo53

0161. 桃子　桃儿 thɔr24

0162. 梨　梨 li24/梨儿 lir24

0163. 李子　李子 li31tsɿ0

0164. 杏　杏 xəŋ44

0165. 橘子　橘子 tɕy53tsɿ0

0166. 柚子　柚子 Øiu44tsɿ0

0167. 柿子　柿子 sɿ44tsɿ0

0168. 石榴　石榴 ʂʅ31liu53

0169. 枣　枣 tsɔ53

0170. 栗子　毛栗豆 mɔ31li53tou44

0171. 核桃　核桃 xuo31thɔ53

0172. 银杏白果　银杏 Øiŋ24xəŋ44

0173. 甘蔗　甘蔗 kæ̃31tʂɤ24

0174. 木耳　木耳 mu31Øər0

0175. 蘑菇野生的　蘑菇 mɤ31ku53

0176. 香菇　香菇 ɕiɑŋ24ku31

（二）农作物

0177. 稻子指植物　稻子 thɔ44tsɿ0

0178. 稻谷指籽实（脱粒后是大米）　稻子 thɔ44tsɿ0

0179. 稻草脱粒后的　稻草 thɔ31tshɔ0

0180. 大麦指植物　大麦 tɑ44mei31

0181. 小麦指植物　小麦 siɔ53mei31/麦 mei31

0182. 麦秸脱粒后的　麦草 mei31tshɔ0/麦秆 mei31kæ̃0

0183. 谷子指植物（籽实脱粒后是小米）谷子 ku53tsɿ0

0184. 高粱指植物　稻黍 thɔ31ʃu0/高粱 kɔ53liɑŋ0

0185. 玉米指成株的植物　番麦 fæ̃31mei0/御麦 Øy44mei31

0186. 棉花指植物　棉花 miæ̃31xuɑ53

0187. 油菜油料作物，不是蔬菜　菜籽 tshæ44tsɿ0

0188. 芝麻　芝麻 tsɿ53mɑ0

0189. 向日葵指植物　望日葵 Øuɑŋ44Øər0khui24
0190. 蚕豆　蚕豆 tshæ̃24tou44
0191. 豌豆　豌豆 væ̃53tou0
0192. 花生指果实，注意婉称 花生 xuɑ31səŋ0
0193. 黄豆　白豆 pei31tou53/豆子 tou44tsɿ0
0194. 绿豆　绿豆 liu53tou0
0195. 豇豆长条形的　豇豆 tɕiɑŋ53tou0
0196. 大白菜东北～　白菜 pei31tshæ53
0197. 包心菜卷心菜，圆白菜，球形的　包包菜 pɔ53pɔ0tshæ44
0198. 菠菜　菠菜 pɤ53tshæ0
0199. 芹菜　芹菜 tɕhiŋ31tshæ53
0200. 莴笋　笋子 suŋ44tsɿ0
0201. 韭菜　韭菜 tɕiu53tshæ0
0202. 香菜芫荽　芫荽 Øiæ̃31sui53
0203. 葱　葱 tshuŋ31
0204. 蒜　蒜 suæ̃44
0205. 姜　生姜 səŋ31tɕiɑŋ0
0206. 洋葱　洋葱 Øiɑŋ24tshuŋ31
0207. 辣椒统称　辣子 lɑ53tsɿ0
0208. 茄子统称　茄子 ʨhiɛ31tsɿ53
0209. 西红柿　洋柿子 Øiɑŋ24sɿ44tsɿ0
0210. 萝卜统称　萝卜 luo31phu53
0211. 胡萝卜　红萝卜 xuŋ31luo53phu0
0212. 黄瓜　黄瓜 xuɑŋ31kuɑ53
0213. 丝瓜无棱的　丝瓜 sɿ31kuɑ0
0214. 南瓜扁圆形或梨形，成熟时赤褐色 倭瓜 Øuo31kuɑ0
0215. 荸荠　荸荠 pi31tɕiɛ0
0216. 红薯统称　红芋 xuŋ24Øy44
0217. 马铃薯　洋芋 Øiɑŋ24Øy44
0218. 芋头　芋头 Øy44thou0
0219. 山药圆柱形的　山药 sæ̃31Øyo0
0220. 藕　莲菜 liæ̃31tshæ53

四、动物

（一）一般动物

0221. 老虎　老虎 lɔ31xu0
0222. 猴子　猴 xou24
0223. 蛇统称　长虫 tʂhɑŋ31tʃhuŋ53
0224. 老鼠家里的　老鼠 lɔ31tʃhu0
0225. 蝙蝠　夜蝙蝠 Øiɛ44piɛ31xu0
0226. 鸟儿飞鸟，统称　鸟鸟儿 ȵɔ53ȵiɔr0/鸟鸟 ȵiɔ53ȵiɔ0
0227. 麻雀　□□ ɕy53ɕy0
0228. 喜鹊　夜雀儿 Øiɛ53ʨhiɔ0
0229. 乌鸦　黑老鸹 xei31lɔ53Øuɑ0
0230. 鸽子　鹁鸽 phu31kuo53
0231. 翅膀鸟的，统称　翎膀 liŋ31pɑŋ53
0232. 爪子鸟的，统称　爪爪 tsɔ53tsɔ0
0233. 尾巴　尾巴 Øi53phɑ0
0234. 窝鸟的　窝 vɤ31
0235. 虫子统称　虫虫 tʃhuŋ31tʃhuŋ53
0236. 蝴蝶统称　蝴蝶 xu31ʨiɛ53
0237. 蜻蜓统称　蜻蜓 ʨhiŋ53ʨhiŋ0
0238. 蜜蜂　蜂 fəŋ31
0239. 蜂蜜　蜂蜜 fəŋ31mi0
0240. 知了统称　知了 tsɿ31lɔ53
0241. 蚂蚁　蚍蜂蚂 phi31fəŋ53mɑ0
0242. 蚯蚓　搐蟮 tʂhʅ53ʂæ̃0/曲蟮 tɕhy53ʂæ̃0
0243. 蚕　蚕儿 tshæ̃r24

0244. 蜘蛛会结网的　蛛蛛 tʃu53tʃu0
0245. 蚊子统称　蚊子 vəŋ31tsɿ53
0246. 苍蝇统称　苍蝇 tshaŋ53Øiŋ0
0247. 跳蚤咬人的　虼蚤 kuo31tsɔ0
0248. 虱子　虱 sei31
0249. 鱼　鱼 Øy24
0250. 鲤鱼　鲤鱼 li53Øy24
0251. 鳙鱼胖头鱼　鳙鱼 Øyŋ31Øy24
0252. 鲫鱼　鲫鱼 ȶi31Øy24
0253. 甲鱼　鳖 piɛ31
0254. 鳞鱼的　鱼鳞 Øy24liŋ24
0255. 虾统称　虾 ɕiɑ31
0256. 螃蟹统称　螃甲 phaŋ31tɕiɑ53
0257. 青蛙统称　青蛙 ȶhiŋ53Øuɑ0
0258. 癞蛤蟆表皮多疙瘩　疥□□ tɕiɛ44mɑ31thu0

（二）家畜、家禽

0259. 马　马 mɑ53
0260. 驴　驴 ly24
0261. 骡　骡子 luo31tsɿ53
0262. 牛　牛 ȵiu24
0263. 公牛统称　犍牛 tɕiæ̃53ȵiu0
0264. 母牛统称　乳牛 ʒu53ȵiu0
0265. 放牛　放牛 faŋ44ȵiu24
0266. 羊　羊 Øiaŋ24
0267. 猪　唠唠 lɔ44lɔ44
0268. 种猪配种用的公猪　角猪 tɕyo31tʃu0
0269. 公猪成年的，已阉的　牙猪 Øiɑ31tʃu53
0270. 母猪成年的，已阉的　草猪 tshɔ31tʃu0/㹠㹠猪 tshɑ31tshɑ53tʃu31
0271. 猪崽　猪娃 tʃu53Øuɑ0
0272. 猪圈　猪圈 tʃu31tɕhyæ̃44
0273. 养猪　看猪 khæ̃24tʃu31
0274. 猫　咪咪 mi44mi44
0275. 公猫　郎猫 laŋ31mɔ53
0276. 母猫　咪猫 mi44mɔ0
0277. 狗统称　狗 kou53
0278. 公狗　牙狗 Øiɑ31kou53
0279. 母狗　草狗 tshɔ31kou0
0280. 叫狗～　咬 ȵiɔ53
0281. 兔子　兔 thu44
0282. 鸡　鸡 tɕi31
0283. 公鸡成年的，未阉的　公鸡 kuŋ31tɕi31
0284. 母鸡已下过蛋的　母鸡 mu53tɕi31
0285. 叫公鸡～（打鸣儿）　叫鸣 tɕiɔ44miŋ24
0286. 下鸡～蛋　下 ɕiɑ44
0287. 孵～小鸡　菢 phu44
0288. 鸭　鸭子 Øiɑ53tsɿ0
0289. 鹅　鹅 ŋuo24
0290. 阉～公的猪　骟 ʂæ̃44
0291. 阉～母的猪　择 tshei24
0292. 阉～鸡　无
0293. 喂～猪　喂 vei44
0294. 杀猪统称，注意婉称　杀猪 sɑ24tʃu31
0295. 杀～鱼　杀 sɑ31

五、房舍、器具

（一）房舍

0296. 村庄一个～　庄子 tʃuaŋ53tsɿ0

0297. 胡同统称：一条～　巷巷 xaŋ44xaŋ0

0298. 街道　街道 tɕiɛ53thɔ0

0299. 盖房子　盖房 kæ44faŋ24

0300. 房子整座的，不包括院子　房 faŋ24

0301. 屋子房子里分隔而成的，统称　房子 faŋ31tsɿ53

0302. 卧室　睡处 ʃui44tʃhu0

0303. 茅屋茅草等盖的　草房 tshɔ53faŋ0

0304. 厨房　灶房 tsɔ44faŋ0

0305. 灶统称　灶 tsɔ44

0306. 锅统称　锅 kuo31

0307. 饭锅煮饭的　锅 kuo31

0308. 菜锅炒菜的　锅 kuo31

0309. 厕所旧式的，统称　后院 xou44øyæ0/茅房 mɔ31faŋ53

0310. 檩左右方向的　檩条 liŋ53ȶhiɔ0

0311. 柱子　柱子 tʃhu44tsɿ0

0312. 大门　街门 tɕiɛ53məŋ0

0313. 门槛儿　门槛 məŋ31khæ53

0314. 窗旧式的　窗子 tʃhuaŋ31tsɿ0

0315. 梯子可移动的　梯子 ȶhi31tsɿ0

0316. 扫帚统称　扫帚 sɔ44tʃu0

0317. 扫地　扫地 sɔ53ȶhi44

0318. 垃圾　垃圾 la31ȶɕi0

（二）家具

0319. 家具统称　家具 ȶɕia31tɕy44

0320. 东西我的　东西 tuŋ53si0

0321. 炕土、砖砌的，睡觉用　炕 khaŋ44

0322. 床木制的，睡觉用　床 tʃhuaŋ24

0323. 枕头　枕头 tʂəŋ53thou0

0324. 被子　被儿 piɛr53

0325. 棉絮　网套 vaŋ53thɔ44

0326. 床单　单子 tæ53tsɿ0

0327. 褥子　褥子 ʒu53tsɿ0

0328. 席子　席 si24

0329. 蚊帐　蚊帐 vəŋ24tʂaŋ44

0330. 桌子统称　桌子 tsuo53tsɿ0

0331. 柜子统称　柜 khui44

0332. 抽屉桌子的　抽撤 tʂhou53ɕiæ0/抽斗 tʂhou31tou53

0333. 案子长条形的　案 ŋæ44

0334. 椅子统称　椅子 øi44tsɿ0

0335. 凳子统称　板凳 pæ44təŋ0

0336. 马桶有盖的　尿盆 ȵiɔ44phəŋ0

（三）用具

0337. 菜刀　刀 tɔ31

0338. 瓢舀水的　马勺 ma53suo0

0339. 缸　水瓮 ʃui53øuəŋ44

0340. 坛子装酒的～　坛坛 thæ31thæ53

0341. 瓶子装酒的～　瓶瓶 phiŋ31phiŋ53

0342. 盖子杯子的～　盖盖 kæ44kæ0

0343. 碗统称　碗 væ53

0344. 筷子　筷子 khuæ44tsɿ0

0345. 汤匙　勺勺 suo31suo53

0346. 柴火统称　柴 tshæ24

0347. 火柴　洋火 øiaŋ31xuo53

0348. 锁　锁子 suo53tsɿ0

0349. 钥匙　钥匙 øyo53sɿ0

0350. 暖水瓶　电壶 ȶiæ44xu24

0351. 脸盆　脸盆 liæ53phəŋ0

0352. 洗脸水　洗脸水 si31liæ53ʃuei53

0353. 毛巾洗脸用　手巾 ʂou53tɕiŋ31

0354. 手绢　帕帕 pha53pha0

0355. 肥皂洗衣服用　洋碱 øiaŋ24ȶɕiæ53

0356. 梳子旧式的，不是篦子　木梳 mu53ʃu0
0357. 缝衣针　针 tʂəŋ44
0358. 剪子　剪子 ȶiæ̃44tsɿ0
0359. 蜡烛　洋蜡 lɑ31lɑ53
0360. 手电筒　手电 ʂou53ȶiæ̃44
0361. 雨伞挡雨的，统称　伞 sæ̃53
0362. 自行车　车子 tʂhɤ53tsɿ0

六、服饰、饮食

（一）服饰

0363. 衣服统称　衣裳 Øi31ʂɑŋ0
0364. 穿～衣服　穿 tʃhuæ̃31
0365. 脱～衣服　脱 thuo31
0366. 系～鞋带　绑 pɑŋ53
0367. 衬衫　衬衫 tshəŋ44sæ̃31
0368. 背心带两条杠的，内衣　背心 pei44siŋ31
0369. 毛衣　毛衣 mɔ31Øi53
0370. 棉衣　棉袄 miæ̃31ŋɔ53
0371. 袖子　袖子 siu44tsɿ0
0372. 口袋衣服上的　叉叉 tshɑ53tshɑ0/兜兜 tou53tou0
0373. 裤子　裤儿 fur53
0374. 短裤外穿的　半截裤儿 pæ̃44ȶhiɛ0fur53
0375. 裤腿　裤腿 fu44thui53
0376. 帽子统称　帽子 mɔ44tsɿ0
0377. 鞋子　鞋 xæ24
0378. 袜子　袜子 Øuɑ53tsɿ0
0379. 围巾　围脖 Øui31phɤ53
0380. 围裙　遮腰 tʂɤ31Øiɔ0
0381. 尿布　褯褯 ȶhiɛ44ȶhiɛ0
0382. 扣子　纽子 ȵiu53tsɿ0
0383. 扣～扣子　扣 khou44
0384. 戒指　箍子 ku53tsɿ0
0385. 手镯　手镯 ʂou44tshuo0
0386. 理发　剃头 ȶhi44thou24/推头 thui31thou24
0387. 梳头　梳头 ʃu31thou24

（二）饮食

0388. 米饭　米饭 mi53fæ̃44
0389. 稀饭用米熬的，统称　米汤 mi53thɑŋ31
0390. 面粉麦子磨的，统称　面 miæ̃44
0391. 面条统称　面 miæ̃44
0392. 面儿玉米～，辣椒～　面面 miæ̃44miæ̃0
0393. 馒头无馅儿的，统称　馍馍 mɤ31mɤ53
0394. 包子　包子 pɔ53tsɿ0
0395. 饺子　煮角 tʃu53tɕyo31
0396. 馄饨　馄饨 xuŋ24tuŋ44
0397. 馅儿　馅子 ɕyæ̃44tsɿ0
0398. 油条长条形的，旧称　油条 Øiu24ȶhiɔ24
0399. 豆浆　豆浆 tou44ȶiɑŋ31
0400. 豆腐脑儿　豆花脑 tou44xuɑ31lɔ53
0401. 元宵食品　元宵 Øyæ̃31siɔ53
0402. 粽子　粽子 tsuŋ44tsɿ0
0403. 年糕用黏性大的米或米粉做的　年糕 ȵiæ̃31kɔ53
0404. 点心统称　点心 ȶiæ̃53siŋ31
0405. 菜吃饭时吃的，统称　菜 tshæ44

0406. 干菜统称　干菜 kæ̃31tshæ44
0407. 豆腐　豆腐 tou44fu0
0408. 猪血当菜的　猪血 tʃu24ɕiɛ31
0409. 猪蹄当菜的　猪脚 tʃu24tɕyo31
0410. 猪舌头当菜的，注意婉称　猪舌头 tʃu31ʂɤ31thou53
0411. 猪肝当菜的，注意婉称　猪肝 tʃu24kæ̃31
0412. 下水猪、牛、羊的内脏　下水 ɕiɑ44ʃui0
0413. 鸡蛋　鸡蛋 tɕi53thæ̃0
0414. 松花蛋　变蛋 piæ̃44tæ̃44
0415. 猪油　大油 tɑ44Øiu24
0416. 香油　香油 ɕiɑŋ31Øiu24
0417. 酱油　□油 thɔ53Øiu24
0418. 盐名词　盐 Øiæ̃24
0419. 醋注意婉称　醋 tshu44
0420. 香烟　纸烟 tsɿ44Øiæ̃0
0421. 旱烟　旱烟 xæ̃44Øiæ̃0
0422. 白酒　烧酒 ʂɔ31ȶiu0
0423. 黄酒　黄酒 xuɑŋ31ȶiu53
0424. 江米酒酒酿，醪糟　醪糟 lɔ31tsɔ53
0425. 茶叶　茶叶 tshɑ31Øiɛ53
0426. 沏～茶　泼 phɤ31
0427. 冰棍儿　冰棍 piŋ31kuŋ44
0428. 做饭统称　做饭 tsu44fæ̃44
0429. 炒菜统称，和做饭相对　炒菜 tshɔ53tshæ44
0430. 煮～带壳的鸡蛋　煮 tʃu53
0431. 煎～鸡蛋　煎 ȶiæ̃31
0432. 炸～油条　炸 tshɑ24
0433. 蒸～鱼　蒸 tʂəŋ31
0434. 揉～面做馒头等　揉 ʐou24
0435. 擀～面，～皮儿　擀 kæ̃53
0436. 吃早饭　吃赶早饭 tʂhʅ31kæ̃31tsɔ53fæ̃44
0437. 吃午饭　吃晌午饭 tʂhʅ31ʂɑŋ31Øu0fæ̃44/吃后晌饭 tʂhʅ31xou44ʂɑŋ0fæ̃44
0438. 吃晚饭　喝汤 xuo24thɑŋ31
0439. 吃～饭　吃 tʂhʅ31
0440. 喝～酒　喝 xuo31
0441. 喝～茶　喝 xuo31
0442. 抽～烟　吃 tʂhʅ31
0443. 盛～饭　舀 Øiɔ53
0444. 夹用筷子～菜　抄 tshɔ31
0445. 斟～酒　倒 tɔ44
0446. 渴口～　渴的 khuo53ȶi0
0447. 饿肚子～　饥 tɕi31
0448. 噎吃饭～着了　噎住 Øiɛ53tʃhu0/卡住 tɕhiɑ53tʃhu0

七、身体、医疗

（一）身体

0449. 头人的，统称　□脑 tuo31lɔ53/颡 sɑ24
0450. 头发　帽盖 mɔ44kæ0
0451. 辫子　帽辫 mɔ44phiæ̃44
0452. 旋　旋 suæ̃24
0453. 额头　额颅 ŋæ53lu0
0454. 相貌　面目 miæ̃44mu31
0455. 脸洗～　脸 liæ̃53
0456. 眼睛　眼睛 ȵiæ̃44ȶiŋ0
0457. 眼珠统称　眼仁 ȵiæ̃53ʐəŋ24/眼仁子 ȵiæ̃53ʐəŋ31tsɿ53

0458. 眼泪哭的时候流出来的　眼泪 ȵiæ̃53lui0
0459. 眉毛　眼眉眉 ȵiæ̃53mi31mi53
0460. 耳朵　耳朵 Øər44tuo0
0461. 鼻子　鼻子 phi31tsɿ53
0462. 鼻涕统称　清鼻 ʨhiŋ53phi0
0463. 擤～鼻涕　擤 siŋ53
0464. 嘴巴人的，统称　嘴 tsui53
0465. 嘴唇　嘴唇 tsui53ʃuŋ24
0466. 口水～流出来　颔水 xæ̃31ʃui0
0467. 舌头　舌头 ʂɤ31thou53
0468. 牙齿　牙 Øia24
0469. 下巴　下巴 xa44pa0
0470. 胡子嘴周围的　胡子 xu31tsɿ53
0471. 脖子　脖浪骨 phɤ31laŋ53kuo31
0472. 喉咙　喉咙眼 xu31luŋ53ȵiæ̃0
0473. 肩膀　胛骨 tɕia31ku0
0474. 胳膊　胳臂 kuo53phei0
0475. 手方言指（打√）：只指手；包括臂：他的～摔断了　手 ʂou53
0476. 左手　左手 tsuo44ʂou53
0477. 右手　右手 Øiu44ʂou53
0478. 拳头　捶头 tʃhui31thou53
0479. 手指　手指头 ʂou53tsɿ53thou0
0480. 大拇指　大拇指头 ta44mu0tsɿ53thou0
0481. 食指　二拇指头 Øər44mu0tsɿ53thou0
0482. 中指　中指 tʃuŋ31tsɿ0
0483. 无名指　无名指 Øu24miŋ24tsɿ0
0484. 小拇指　小拇尕 siɔ53mu0ka24
0485. 指甲　指甲 tsɿ53Øia0
0486. 腿　腿 thui53
0487. 脚方言指（打√）：只指脚；包括小腿；包括小腿和大腿：他的～轧断了　脚 tɕyo31
0488. 膝盖指部位　磕膝盖 khuo53si0kæ44
0489. 背名词　脊背 ʨi53pei0
0490. 肚子腹部　肚子 thu44tsɿ0
0491. 肚脐　脖脐眼窝 phu31tɕhi53ȵiæ̃53Øuo0
0492. 乳房女性的　奶头 læ53thou0
0493. 屁股　沟子 kou53tsɿ0
0494. 肛门　沟门 kou53məŋ0
0495. 阴茎成人的　㞗 tɕhiu24/锤子 tʃhui31tsɿ53
0496. 女阴成人的　屄 phi31
0497. 肏动词　合 ʐʅ31
0498. 精液　㞞 suŋ24
0499. 来月经注意婉称　来血气 læ24ɕiɛ53ʨhi0
0500. 拉屎　屙屎 pa31sɿ53
0501. 撒尿　尿尿 ȵiɔ44ȵiɔ44
0502. 放屁　放屁 faŋ44phi44
0503. 相当于"他妈的"的口头禅　他娘屄 ta31ȵia44phi31

（二）疾病、医疗

0504. 病了　不嵌活 pu31tɕhiæ̃44xuo0
0505. 着凉　凉啦 liaŋ31lia53
0506. 咳嗽　咳嗽 kuo53sou0
0507. 发烧　发烧 fa24ʂɔ31
0508. 发抖　打颤 ta53tʂæ̃44
0509. 肚子疼　肚子疼 thu44tsɿ0thəŋ24
0510. 拉肚子　拉稀屎 la24ɕi31sɿ0

0511. 患疟疾　跑牛 phɔ53ȵiu0

0512. 中暑　中暑 tʃuŋ44ʃu53

0513. 肿　肿 tʃuŋ53

0514. 化脓　熟脓 ʃu24luŋ24

0515. 疤好了的　疤疤 pɑ53pɑ0

0516. 癣　癣 siæ̃53

0517. 痣凸起的　瘊子 xou31tsɿ53

0518. 疙瘩蚊子咬后形成的　疙瘩 kuo53tɑ0

0519. 狐臭　臭根 tʂhou44kəŋ31

0520. 看病　看病 khæ̃44piŋ44

0521. 诊脉　掂脉 ȶiæ̃24mei31

0522. 针灸　针灸 tʂəŋ31tɕiu53

0523. 打针　打针 tɑ53tʂəŋ31

0524. 打吊针　挂吊针 kuɑ44ȶiɔ44tʂəŋ31

0525. 吃药统称　喝药 xuo24Øyo31

0526. 汤药　中药 tʃuŋ31Øyo0

0527. 病轻了　轻省啦 tɕhiŋ31səŋ0liɑ0/病行啦 piŋ44ɕiŋ31liɑ53/尾巴出来啦小孩儿 Øi53phɑ0tʃhu31læ0liɑ0

八、婚丧、信仰

（一）婚育

0528. 说媒　发媒 fɑ31mei24

0529. 媒人　媒人 mei31ʐəŋ53

0530. 相亲　见面 ȶɕiæ̃44miæ̃44

0531. 订婚　订婚 ȶiŋ44xuŋ31

0532. 嫁妆　陪房 phei31fɑŋ53

0533. 结婚统称　结婚 ȶɕiɛ24xuŋ31

0534. 娶妻子男子～，动宾　娶媳妇 tɕhy53si53fu0

0535. 出嫁女子～　出门 tʃhu31məŋ24

0536. 拜堂　拜人 pæ44ʐəŋ24

0537. 新郎　新女婿 siŋ31ȵy53ɕy0

0538. 新娘子　新媳妇 siŋ31si53fu0

0539. 孕妇　怀娃婆娘 xuæ31Øuɑ53phɤ31ȵiɑŋ53

0540. 怀孕　有啥啦 Øiu53ʃuɑ0liɑ0/身不空 ʂəŋ31pu31khuŋ44/身不闲 ʂəŋ31pu31ɕiæ̃24

0541. 害喜妊娠反应　拣饭 tɕiæ̃53fæ̃44

0542. 分娩　养娃娃 Øiɑŋ53Øuɑ31Øuɑ53

0543. 流产　小产 siɔ31tshæ̃53

0544. 双胞胎　双生 ʃuɑŋ44səŋ31

0545. 坐月子　坐月子 tshuo44Øyɛ31tsɿ0

0546. 吃奶　吃奶 tʂhɿ31læ53

0547. 断奶　离奶 li24læ53

0548. 满月　满月 mæ̃53Øyɛ31

0549. 生日统称　大头朝下 tɑ44thou0tʂhɔ24xɑ44

0550. 做寿　做生日 tsu44səŋ31Øər0

（二）丧葬

0551. 死统称　死 sɿ53

0552. 死婉称，最常用的几种，指老人：他～了　殁 mɤ31/老百年啦 lɔ53pei31ȵiæ̃0liɑ0

0553. 自杀　寻短见 siŋ24tuæ̃53tɕiæ̃44

0554. 咽气　断气 thuæ̃44tɕhi44

0555. 入殓　卷殓 tɕyæ̃53liæ̃44

0556. 棺材　棺子 kuæ̃53tsɿ0

0557. 出殡　起丧 tɕhi53sɑŋ31

0558. 灵位　灵堂 liŋ31thɑŋ53

0559. 坟墓单个的，老人的　阙地 ȶɕhyɛ53ȶhi0

0560. 上坟　上坟 ʂɑŋ44fəŋ24/挂坟 kuɑ44fəŋ24

0561. 纸钱　烧纸 ʂɔ31tsɿ0/冥国票子 miŋ53kui31phiɔ44tsɿ0

（三）信仰

0562. 老天爷　老天爷 lɔ53ȶhiæ̃53Øiɛ0

0563. 菩萨统称　菩萨 phu31sɑ53

0564. 观音　观音菩萨 kuæ̃53Øiŋ0phu31sɑ53

0565. 灶神口头的叫法，其中如有方言亲属称谓要释义　灶火爷 tsɔ44xuo0Øiɛ0

0566. 寺庙　寺院 sɿ44Øyæ̃0

0567. 祠堂　祠堂 tshɿ24thɑŋ24

0568. 和尚　和尚 xuo31ʂɑŋ53

0569. 尼姑　尼姑 ȵi31ku53

0570. 道士　道人 tɔ44ʐəŋ0

0571. 算命统称　算卦 suæ̃44kuɑ44

0572. 运气　运气 Øyŋ44tɕhi0

0573. 保佑　保佑 pɔ53Øiu44

九、人品、称谓

（一）人品

0574. 人一个～　人 ʐəŋ24

0575. 男人成年的，统称　掌柜的 tʂɑŋ53khui44ȶi0

0576. 女人三四十岁已婚的，统称　屋里人 Øu53li0ʐəŋ24

0577. 单身汉　光棍 kuɑŋ53kuŋ0

0578. 老姑娘　老姐姐 lɔ31ȶiɛ53ȶiɛ0

0579. 婴儿　月留娃 Øyɛ53liu0Øuɑ0

0580. 小孩儿三四岁的，统称　娃伙 Øuɑ31xuo53

0581. 男孩儿统称：外面有个～在哭　儿娃 Øər31Øuɑ53

0582. 女孩儿统称：外面有个～在哭　女娃 ny53Øuɑ0

0583. 老人七八十岁的，统称　老年人 lɔ53ȵiæ̃0ʐəŋ24

0584. 亲戚统称　亲亲 ȶhiŋ31ȶhiŋ0

0585. 朋友统称　朋友 phəŋ31Øiu53

0586. 邻居统称　隔壁子 kei31pi53tsɿ0/邻家 liŋ31tɕiɑ53

0587. 客人　客人 khei53ʐəŋ0

0588. 农民　庄稼汉 tʂɑŋ53Øiɑ0xæ̃0

0589. 商人　生意人 səŋ53Øi0ʐəŋ24

0590. 手艺人统称　艺人 Øi44ʐəŋ0

0591. 泥水匠　瓦工 Øuɑ53kuŋ31

0592. 木匠　木匠 mu53ȶhiɑŋ0

0593. 裁缝　裁缝 tshæ31fəŋ53

0594. 理发师　待招 tæ44tʂɔ31

0595. 厨师　厨子 tʃhu31tsɿ53/大师傅 tɑ44sɿ31fu0

0596. 师傅　师傅 sɿ53fu0

0597. 徒弟　徒弟 thu31ȶhi53

0598. 乞丐统称，非贬称（无统称则记成年男的）　要吃的 Øiɔ44tʂhʅ31ȶi0

0599. 妓女　卖屄的 mæ44phi31ȶi0

0600. 流氓　瞎㞞 xɑ31suŋ24

0601. 贼　贼娃子 tsei31Øuɑ53tsɿ0/绺娃子 liu53Øuɑ0tsɿ0

0602. 瞎子统称，非贬称（无统称则记成年男的）　瞎子 xɑ53tsɿ0

0603. 聋子统称，非贬称（无统称则记成年男的）　聋子 luŋ31tsɿ53

0604. 哑巴统称，非贬称（无统称则记成年男的） 哑巴 ȵia44pa0
0605. 驼子统称，非贬称（无统称则记成年男的） 背锅 pei31kuo0
0606. 瘸子统称，非贬称（无统称则记成年男的） 拐子 kuæ44tsɿ0
0607. 疯子统称，非贬称（无统称则记成年男的） 疯子 fəŋ53tsɿ0
0608. 傻子统称，非贬称（无统称则记成年男的） 瓜子 kua53tsɿ0
0609. 笨蛋蠢的人 闷㞞 məŋ44suŋ24/闷待醒 məŋ44tæ31siŋ53

（二）称谓

0610. 爷爷呼称，最通用的 爷 Øiɛ24
0611. 奶奶呼称，最通用的 婆 phɤ24
0612. 外祖父叙称 外爷 Øui44Øiɛ0
0613. 外祖母叙称 外婆 Øui44phɤ0
0614. 父母合称 爹娘 ȶiɛ31ȵia24
0615. 父亲叙称 爹 ȶiɛ31
0616. 母亲叙称 娘 ȵia24
0617. 爸爸呼称，最通用的 爹 ȶiɛ31
0618. 妈妈呼称，最通用的 娘 ȵia24
0619. 继父叙称 后大 xou44ta0
0620. 继母叙称 后妈 xou44ma0
0621. 岳父叙称 丈人 tʂhaŋ44ʐəŋ0
0622. 岳母叙称 丈母娘 tʂhaŋ44mu0ȵia24
0623. 公公叙称 阿公 Øa31kuŋ0
0624. 婆婆叙称 阿家 Øa31tɕia0
0625. 伯父呼称，统称 伯 pei24
0626. 伯母呼称，统称 大大 ta44ta0
0627. 叔父呼称，统称 爸爸 pa31pa53
0628. 叔父呼称，排行最小的，如“幺叔” 碎爸爸 sui44pa31pa53
0629. 叔母呼称，统称 姨 Øi24
0630. 姑呼称，统称（无统称则记分称：比父大，比父小；已婚，未婚） 姑 ku24
0631. 姑父呼称，统称 姑父 ku53fu0
0632. 舅舅呼称 舅 tɕiu24
0633. 舅妈呼称 妗子 tɕhiŋ44tsɿ0
0634. 姨呼称，统称（无统称则记分称：比母大，比母小；已婚，未婚） 姨 Øi24
0635. 姨父呼称，统称 姨父 Øi31fu53
0636. 弟兄合称 弟兄们 ȶi44ɕyŋ31mu0
0637. 姊妹合称，注明是否可包括男性 姊妹们包括男性 tsɿ53mei0mu0
0638. 哥哥呼称，统称 哥 kuo24
0639. 嫂子呼称，统称 新姐 siŋ31ȶiɛ53
0640. 弟弟叙称 兄弟 ɕyŋ53ȶhi0
0641. 弟媳叙称 兄弟媳妇 ɕyŋ53ȶhi0si53fu0
0642. 姐姐呼称，统称 姐 ȶiɛ24/姐姐 ȶiɛ31ȶiɛ53
0643. 姐夫呼称 姐夫 ȶiɛ53fu0
0644. 妹妹叙称 妹子 mei44tsɿ0
0645. 妹夫叙称 妹夫 mei44fu0
0646. 堂兄弟叙称，统称 伯叔弟兄 pei31ʃu0ȶi44ɕyŋ31/家门弟兄 tɕia53məŋ0ȶi44ɕyŋ31
0647. 表兄弟叙称，统称 表兄弟 piɔ53ɕyŋ31ȶi44
0648. 妯娌弟兄妻子的合称 先后 siæ̃44xou0
0649. 连襟姊妹丈夫的关系，叙称 挑担 ȶhiɔ53tæ̃31

0650. 儿子叙称：我的～　儿 Øər24/儿子 Øər31tsɿ53
0651. 儿媳妇叙称：我的～　儿媳妇 Øər31si53fu0
0652. 女儿叙称：我的～　女 ȵy53/女子 ȵy53tsɿ0
0653. 女婿叙称：我的～　女婿 ȵy53ɕy0
0654. 孙子儿子之子　孙子 suŋ53tsɿ0
0655. 重孙子儿子之孙　重孙 tʃhuŋ31suŋ53
0656. 侄子弟兄之子　侄儿 tʂhʅr24
0657. 外甥姐妹之子　外甥 Øuæ44səŋ31
0658. 外孙女儿之子　外孙 Øuæ44suŋ31
0659. 夫妻合称　两口 liɑŋ31khou0
0660. 丈夫叙称，最通用的，非贬称：她的～　男的 læ̃31ʈi53
0661. 妻子叙称，最通用的，非贬称：他的～　老婆 lɔ53phɤ0
0662. 名字　名字 miŋ31tsɿ53
0663. 绰号　外号 Øuæ44xɔ44

十、农、工、商、文

（一）农业

0664. 干活儿统称：在地里～　做活 tsu44xuo24
0665. 事情一件～　事 sɿ44
0666. 插秧　栽稻子 tsæ31thɔ44tsɿ0
0667. 割稻　割稻子 kuo31thɔ44tsɿ0
0668. 种菜　种菜 tʃuŋ44tshæ44
0669. 犁名词　犁 li24/耩 tɕiɑŋ53
0670. 锄头　锄 tʃhu24
0671. 镰刀　镰 liæ̃24
0672. 把儿刀～　把把 pɑ44pɑ0/把杖 pɑ44tʂɑŋ0
0673. 扁担　扁担 piæ̃53tæ̃0
0674. 箩筐　筐子 khuɑŋ53tsɿ0/筐筐 khuɑŋ53khuɑŋ0
0675. 筛子统称　筛筛 sæ53sæ0
0676. 簸箕农具，有梁的　撮斗 tshuo31tou0
0677. 簸箕簸米用　簸箕 pɤ44tɕi0
0678. 独轮车　土车 thu53tʂhɤ31/蚂蚱车车 mɑ31tsɑ0tʂhɤ53tʂhɤ0
0679. 轮子旧式的，如独轮车上的　轮轮 lyŋ31lyŋ53
0680. 碓整体　碓窝 tui44Øuo31
0681. 臼　石窝 ʂʅ31Øuo53
0682. 磨名词　磨子 mɤ44tsɿ0
0683. 年成　年成 ȵiæ̃31tʂhəŋ53

（二）工商业

0684. 走江湖统称　跑江湖 phɔ53tɕiɑŋ53xu0
0685. 打工　做活 tsu44xuo24
0686. 斧子　斧头 fu53thou0
0687. 钳子　钳子 tɕhiæ̃31tsɿ53
0688. 螺丝刀　改锥 kæ53tʃui31/起子 tɕhi53tsɿ0
0689. 锤子　锤锤 tʃhui31tʃhui53/榔头 lɑŋ31thou53
0690. 钉子　钉子 ʈiŋ53tsɿ0
0691. 绳子　绳 ʂəŋ24/绳绳 ʂəŋ31ʂəŋ53
0692. 棍子　棍 kuŋ44/棍棍 kuŋ44kuŋ0
0693. 做买卖　做生意 tsu44səŋ53Øi0

0694. 商店　铺铺 phu44phu0

0695. 饭馆　馆子 kuæ̃53tsɿ0

0696. 旅馆旧称　店房 ȶiæ̃44faŋ0

0697. 贵　贵 kui44

0698. 便宜　贱 ȶhiæ̃44

0699. 合算　划算 xuɑ31suæ̃53

0700. 折扣　折扣 tʂɤ31khou44

0701. 亏本　贴啦 ȶhiɛ31liɑ0

0702. 钱统称　钱 ȶhiæ̃24

0703. 零钱　零钱 liŋ24ȶhiæ̃24

0704. 硬币　分分元 fəŋ53fəŋ0Øyæ̃24

0705. 本钱　本钱 pəŋ53ȶhiæ̃0

0706. 工钱　工钱 kuŋ53ȶhiæ̃0

0707. 路费　盘缠 phæ̃31tʂhæ̃53

0708. 花～钱　花 xuɑ31

0709. 赚卖一斤能～一毛钱　赚 tʃuæ̃44

0710. 挣打工～了一千块钱　挣 tsəŋ44

0711. 欠～他十块钱　该 kæ31

0712. 算盘　算盘 suæ̃44phæ̃0

0713. 秤统称　秤 tʂhəŋ44

0714. 称用秆秤～　志 tsɿ44

0715. 赶集　跟集 kəŋ31ȶhi24

0716. 集市　集 ȶhi24

0717. 庙会　古会 ku53xui44

（三）文化、娱乐

0718. 学校　书房 ʃu53faŋ0/学校 ɕyo24ɕiɔ44

0719. 教室　教室 tɕiɔ44ʂʅ31

0720. 上学　上学 ʂaŋ44ɕyo24

0721. 放学　放学 faŋ44ɕyo24

0722. 考试　考试 khɔ53sɿ44

0723. 书包　书包 ʃu31pɔ0

0724. 本子　本子 pəŋ53tsɿ0

0725. 铅笔　铅笔 tɕhiæ̃24pi31

0726. 钢笔　水笔 ʃui53pi31

0727. 圆珠笔　原子笔 Øyæ̃31tsɿ53pi31

0728. 毛笔　毛笔 mɔ24pi31

0729. 墨　墨 mei24

0730. 砚台　砚台 Øiæ̃44thæ0

0731. 信一封～　信 ɕiŋ44

0732. 连环画　图书 thu24ʃu31

0733. 捉迷藏　藏马马猴 ȶhiaŋ24mɑ44mɑ44xou24

0734. 跳绳　跳绳 ȶhiɔ24ʂəŋ24

0735. 毽子　毽子 tɕiæ̃44tsɿ0

0736. 风筝　风筝 fəŋ31tsəŋ0

0737. 舞狮　耍狮子 ʃuɑ53sɿ53tsɿ0

0738. 鞭炮统称　鞭炮 piæ̃53phɔ0

0739. 唱歌　唱歌儿 tʂhaŋ44kuor31/唱歌 tʂhaŋ44kuo31

0740. 演戏　唱戏 tʂhaŋ44ɕi44

0741. 锣鼓统称　锣鼓家什 luo31ku53tɕiɑ53sɿ0

0742. 二胡　嗡子 vəŋ53tsɿ0

0743. 笛子　笛 ȶhi24

0744. 划拳　猜拳 tshæ53tɕhyæ̃24

0745. 下棋　下棋 ɕiɑ44tɕhi24

0746. 打扑克　打牌 tɑ53phæ24

0747. 打麻将　打麻将 tɑ53mɑ24ȶiaŋ44/打牌 tɑ53phæ24

0748. 变魔术　耍把戏 ʃuɑ31pɑ53ɕi0

0749. 讲故事　讲故事 tɕiaŋ53ku44sɿ0/说古今 ʂɤ31ku53tɕiŋ31

0750. 猜谜语　猜谜语 tshæ53mi44Øy0/猜古今 tshæ53ku53tɕiŋ31

0751. 玩儿游玩：到城里～　耍 ʃuɑ53
0752. 串门儿　游门子 Øiu24məŋ31tsɿ53
0753. 走亲戚　走亲亲 tsou53ʨhiŋ31ʨhiŋ0

十一、动作、行为

（一）具体动作

0754. 看～电视　看 khæ̃44
0755. 听用耳朵～　听 ʨhiŋ31
0756. 闻嗅：用鼻子～　闻 vəŋ24
0757. 吸～气　吸 ɕi31
0758. 睁～眼　睁 tsəŋ31
0759. 闭～眼　闭 pi44
0760. 眨～眼　眨 tsɑ31
0761. 张～嘴　张 tʂɑŋ31
0762. 闭～嘴　闭 pi44
0763. 咬狗～人　咬 ȵiɔ53
0764. 嚼把肉～碎　嚼 tɕhyɛ24
0765. 咽～下去　咽 Øiæ̃44
0766. 舔人用舌头　舔 ʨhiæ̃53
0767. 含～在嘴里　噙 tɕhiŋ24
0768. 亲嘴　啵嘴 pɑŋ31tsui53
0769. 吮吸用嘴唇聚拢吸取液体，如吃奶时　咂 tsɑ31
0770. 吐上声，把果核儿～掉　唾 thuo44
0771. 吐去声，呕吐：喝酒喝～了　吐 thu53
0772. 打喷嚏　打喷嚏 tɑ53phəŋ44ʨhi0
0773. 拿用手把苹果～过来　拿 lɑ24
0774. 给他～我一个苹果　给 kei44
0775. 摸～头　揣 tʃhuæ53
0776. 伸～手　展 tʂæ̃53
0777. 挠～痒痒　搔 tsɔ31
0778. 掐用拇指和食指的指甲～皮肉　掐 tɕhiɑ31
0779. 拧～螺丝　拧 ȵiŋ24
0780. 拧～毛巾　扭 ȵiu53
0781. 捻用拇指和食指来回～碎　搓 tshuo31
0782. 掰把橘子～开；把馒头～开　掰 pei31
0783. 剥～花生　剥 pɔ31
0784. 撕把纸～了　扯 tʂhɤ53
0785. 折把树枝～断　折 tʂɤ53
0786. 拔～萝卜　拔 phɑ24
0787. 摘～花　摘 tsei31
0788. 站站立：～起来　立 li31
0789. 倚斜靠：～在墙上　垫 ʨiæ̃44
0790. 蹲～下　蹴 ʨiu44
0791. 坐～下　坐 tshuo44
0792. 跳青蛙～起来　跳 ʨhiɔ24
0793. 迈跨过高物：从门槛上～过去　跷 tɕhiɔ31
0794. 踩脚～在牛粪上　踏 thɑ24
0795. 翘～腿　翘 tɕhiɔ44
0796. 弯～腰　蜷 tɕhyæ̃24
0797. 挺～胸　挺 ʨhiŋ53
0798. 趴～着睡　趴 pɑ31
0799. 爬小孩儿在地上～　爬 phɑ24
0800. 走慢慢儿～　走 tsou53
0801. 跑慢慢儿走，别～　跑 phɔ53
0802. 逃逃跑：小偷儿～走了　跑 phɔ53
0803. 追追赶：～小偷儿　撵 ȵiæ̃53
0804. 抓～小偷儿　拉 lɑ31
0805. 抱把小孩儿～在怀里　搂 lou24/搭 tɕhiɑ53

0806. 背～孩子　背 pei31
0807. 搀～老人　搀 tshæ̃31
0808. 推几个人一起～汽车　掀 ɕiæ̃31/揭 tɕiɛ31
0809. 摔跌：小孩儿～倒了　绊 pæ̃44/跌 ȶiɛ31
0810. 撞人～到电线杆　碰 phəŋ44
0811. 挡你～住我了，我看不见　堵 tu53
0812. 躲躲藏：他～在床底下　藏 ȶhiaŋ24
0813. 藏藏放，收藏：钱～在枕头下面　藏 tshaŋ24
0814. 放把碗～在桌子上　放 faŋ44
0815. 摞把砖～起来　摞 luo44
0816. 埋～在地下　埋 mæ24
0817. 盖把茶杯～上　盖 kæ44
0818. 压用石头～住　压 ȵia44
0819. 摁用手指按：～图钉　研 Øiæ̃24
0820. 捅用棍子～鸟窝　戳 tshuo31
0821. 插把香～到香炉里　插 tsha31
0822. 戳～个洞　戳 tshuo31
0823. 砍～树　斫 tsuo44
0824. 剁把肉～碎做馅儿　斫 tsa53
0825. 削～苹果　削 ɕyɛ31
0826. 裂木板～开了　迸 piɛ44
0827. 皱皮～起来　□ tʃhu31
0828. 腐烂死鱼～了　臭啦 tʂhou44lia0
0829. 擦用毛巾～手　擦 tsha31
0830. 倒把碗里的剩饭～掉　倒 tɔ44
0831. 扔丢弃：这个东西坏了，～了它　着 tʂɔ24
0832. 扔投掷：比一比谁～得远　撇 phiɛ31
0833. 掉掉落，坠落：树上～下一个梨　滴 ȶiɛ31
0834. 滴水～下来　滴 ȶiɛ31
0835. 丢丢失：钥匙～了　扔 Øər53
0836. 找寻找：钥匙～到　寻 siŋ24
0837. 捡～到十块钱　拾 ʂʅ24
0838. 提用手把篮子～起来　提 ȶhi24
0839. 挑～担　担 tæ̃31
0840. 扛把锄头～在肩上　□ tɕhiɛ24
0841. 抬～轿　抬 thæ24
0842. 举～旗子　□ tʂou53
0843. 撑～伞　打 ta53
0844. 撬把门～开　别 phiɛ24
0845. 挑挑选，选择：你自己～一个　拣 tɕiæ̃53
0846. 收拾～东西　拾掇 ʂʅ31tuo53
0847. 挽～袖子　缠 piæ̃53
0848. 涮把杯子～一下　涮 ʃuæ̃44
0849. 洗～衣服　洗 si53
0850. 捞～鱼　捞 lɔ24
0851. 拴～牛　绑 paŋ53
0852. 捆～起来　捆 khuŋ53
0853. 解～绳子　解 tɕiɛ53
0854. 挪～桌子　挪 luo24
0855. 端～碗　端 tuæ̃31
0856. 摔碗～碎了　绊 pæ̃44
0857. 掺～水　掺 tshæ̃31
0858. 烧～柴　烧 ʂɔ31
0859. 拆～房子　拆 tshei31
0860. 转～圈儿　转 tʃuæ̃44
0861. 捶用拳头～　打 ta53
0862. 打统称：他～了我一下　挃 ȶiɛ24/打 ta53
0863. 打架动手：两个人在～　打捶

tɑ53tʃhui24

0864. 休息 缓下 xuæ̃53xɑ0

0865. 打哈欠 打懒□□ tɑ53læ̃53 tʂɑŋ53tʂɑŋ0

0866. 打瞌睡 丢盹 ȶiu31tuŋ53

0867. 睡他已经～了 睡下 ʃui44xɑ0

0868. 打呼噜 拉鼾水 lɑ31xæ̃44ʃui0

0869. 做梦 做睡梦 tsu44ʃui44məŋ0

0870. 起床 起来 tɕhiɛ53læ0

0871. 刷牙 刷牙 ʃuɑ31Øiɑ24

0872. 洗澡 洗身上 si53ʂʅ53ʂɑŋ0

（二）抽象动作

0873. 想思索：让我～一下 思量 sɿ53liɑŋ0

0874. 想想念：我很～他 想 siɑŋ53

0875. 打算我～开个店 尺察 tʂhʅ53tshɑ0

0876. 记得 记起 tɕi44tɕhiɛ0

0877. 忘记 忘啦 Øuɑŋ44liɑ0

0878. 怕害怕：你别～ 害怕 xæ44phɑ44

0879. 相信我～你 信 siŋ44

0880. 发愁 愁 tshou24

0881. 小心过马路要～ 小心 siɔ53siŋ31

0882. 喜欢～看电视 爱 ŋæ44

0883. 讨厌～这个人 眼黑 ȵiæ̃53xei31

0884. 舒服凉风吹来很～ 嵌活 tɕhiæ̃44xuo0

0885. 难受生理的 不嵌活 pu31tɕhiæ̃44xuo0

0886. 难过心理的 难受 læ̃24ʂou44/伤心 ʂɑŋ24siŋ31

0887. 高兴 兴的 ɕiŋ31ȶi0

0888. 生气 着气 tʃhuo24tɕhi44

0889. 责怪 怪 kuæ44

0890. 后悔 后悔 xou44xui0

0891. 忌妒 眼热 ȵiæ̃53ʐɤ31

0892. 害羞 害臊 xæ44sɔ44

0893. 丢脸 丢人 ȶiu31ʐəŋ24

0894. 欺负 欺 tɕhi31

0895. 装～病 装 tʃuɑŋ31

0896. 疼～小孩儿 爱 ŋæ44

0897. 要我～这个 要 Øiɔ44

0898. 有我～一个孩子 有 Øiu53

0899. 没有他～孩子 没 mɤ31

0900. 是我～老师 是 sɿ44

0901. 不是他～老师 不是 pu31sɿ44

0902. 在他～家 在 tsæ44

0903. 不在他～家 不在 pu31tsæ44

0904. 知道我～这件事 知道 tʂʅ53tɔ0

0905. 不知道我～这件事 不知道 pu31tʂʅ53tɔ0

0906. 懂我～英语 会 xui44

0907. 不懂我～英语 不会 pu31xui44

0908. 会我～开车 会 xui44

0909. 不会我～开车 不会 pu31xui44

0910. 认识我～他 认得 ʐəŋ44tei31

0911. 不认识我～他 不认得 pu31ʐəŋ44tei31

0912. 行应答语 能成 ləŋ24tʂhəŋ24

0913. 不行应答语 没向 mɤ31ɕiɑŋ44

0914. 肯～来 肯 khəŋ53

0915. 应该～去 该 kæ31

0916. 可以～去 可以 khuo53Øi31

（三）言语

0917. 说～话 说 ʂɤ31

0918. 话说～　话 xuɑ44

0919. 聊天儿　谝光传 phiæ̃53kuɑŋ44tʃhuæ̃0/说闲话 ʂɤ31ɕiæ̃24xuɑ44

0920. 叫～他一声儿　叫 tɕiɔ44

0921. 吆喝大声喊　吆喝 Øiɔ31xuo0

0922. 哭小孩儿～　哭 fu31

0923. 骂当面～人　骂 mɑ44

0924. 吵架动嘴：两个人在～　骂仗 mɑ44tʂɑŋ44

0925. 骗～人　哄 xuŋ53

0926. 哄～小孩儿　哄 xuŋ53

0927. 撒谎　撇白 phiɛ31pei24

0928. 吹牛　吹牛皮 tʃhui31ȵiu24phi24

0929. 拍马屁　舔沟子 ȶhiæ̃31kou53tsɿ0

0930. 开玩笑　说笑 ʂɤ31siɔ44

0931. 告诉～他　说给 ʂɤ53kei0

0932. 谢谢致谢语　多谢 tuo31siɛ44

0933. 对不起致歉语　对不起 tui44pu31tɕhiɛ53

0934. 再见告别语　再见 tsæ44tɕiæ̃44

十二、性质、状态

（一）形貌

0935. 大苹果～　大 tɑ44

0936. 小苹果～　碎 sui44

0937. 粗绳子～　奘 tʃuɑŋ44

0938. 细绳子～　细 si44

0939. 长线～　长 tʂhɑŋ24

0940. 短线～　短 tuæ̃53

0941. 长时间～　长 tʂhɑŋ24

0942. 短时间～　短 tuæ̃53

0943. 宽路～　宽 khuæ̃31

0944. 宽敞房子～　大拉 tɑ44lɑ31

0945. 窄路～　小 siɔ53

0946. 高飞机飞得～　高 kɔ31

0947. 低鸟飞得～　低 ȶi31

0948. 高他比我～　高 kɔ31

0949. 矮他比我～　低 ȶi31

0950. 远路～　远 Øyæ̃53

0951. 近路～　近 tɕhiŋ44

0952. 深水～　深 ʂəŋ31

0953. 浅水～　浅 ȶhiæ̃53

0954. 清水～　清 ȶhiŋ31

0955. 浑水～　糊 xu44

0956. 圆　圆 Øyæ̃24

0957. 扁　扁 piæ̃53

0958. 方　方 fɑŋ31

0959. 尖　尖 ȶiæ̃31

0960. 平　平 phiŋ24

0961. 肥～肉　肥 fei24

0962. 瘦～肉　瘦 sou44

0963. 肥形容猪等动物　肥 fei24

0964. 胖形容人　奘实 tʃuɑŋ44ʂʅ0

0965. 瘦形容人、动物　咩气 miɛ44tɕhi44/癯气 tɕhyɛ44tɕhi44/恓惶 si53xuɑŋ0/瘦 sou44

0966. 黑黑板的颜色　黑 xei31

0967. 白雪的颜色　白 pei24

0968. 红国旗的主颜色，统称　红 xuŋ24

0969. 黄国旗上五星的颜色　黄 xuɑŋ24

0970. 蓝蓝天的颜色　蓝 læ̃24

0971. 绿绿叶的颜色　绿 liu31

0972. 紫紫药水的颜色　绛色 tɕiɑŋ44sei31/紫 tsɿ31

0973. 灰草木灰的颜色　灰 xui31

（二）状态

0974. 多东西～　多 tuo31

0975. 少东西～　少 ʂɔ53

0976. 重担子～　重 tʃuŋ44

0977. 轻担子～　轻 tɕhiŋ31

0978. 直线～　端 tuæ̃31

0979. 陡坡～，楼梯～　陡 tou53

0980. 弯弯曲：这条路是～的　弯 væ̃31

0981. 歪帽子戴～了　偏 phiæ̃31

0982. 厚木板～　厚 xou44

0983. 薄木板～　薄 phɤ24

0984. 稠稀饭～　稠 tʂhou24

0985. 稀稀饭～　稀 ɕi31

0986. 密菜种得～　稠 tʂhou24

0987. 稀稀疏：菜种得～　稀 ɕi31

0988. 亮指光线，明亮　亮 liɑŋ44

0989. 黑指光线，完全看不见　黑 xei31

0990. 热天气　热 ʐɤ31

0991. 暖和天气　暖和 luæ̃53xuo0

0992. 凉天气　凉 liɑŋ24

0993. 冷天气　冷 ləŋ53

0994. 热水　热 ʐɤ31

0995. 凉水　冰 piŋ31

0996. 干干燥：衣服晒～了　干 kæ̃31

0997. 湿潮湿：衣服淋～了　湿 ʂʅ31

0998. 干净衣服～　干净 kæ̃53ȶhiŋ0

0999. 脏肮脏，不干净，统称：衣服～　脏 tsɑŋ31

1000. 快锋利：刀子～　利 li44

1001. 钝刀子～　老 lɔ53

1002. 快坐车比走路～　快 khuæ44

1003. 慢走路比坐车～　慢 mæ̃44

1004. 早来得～　早 tsɔ53

1005. 晚来～了　迟 tshʅ24

1006. 晚天色～　黑啦 xei31liɑ0

1007. 松捆得～　松 suŋ31

1008. 紧捆得～　紧 tɕiŋ53

1009. 容易这道题～　容易 Øyŋ31Øi53

1010. 难这道题～　难 læ̃24

1011. 新衣服～　新 siŋ31

1012. 旧衣服～　旧 tɕhiu44

1013. 老人～　老 lɔ53

1014. 年轻人～　年轻 ȵiæ̃24tɕhiŋ31

1015. 软糖～　软 ʒuæ̃53

1016. 硬骨头～　硬 ȵiŋ44

1017. 烂肉煮得～　烂 læ̃44

1018. 煳饭烧～了　着 tshuo24

1019. 结实家具～　牢 lɔ24

1020. 破衣服～　烂 læ̃44

1021. 富他家很～　财墩 tshæ31tuŋ53/厚憨 xou44xæ̃31

1022. 穷他家很～　穷 tɕhyŋ24

1023. 忙最近很～　忙 mɑŋ24

1024. 闲最近比较～　闲 ɕiæ̃24

1025. 累走路走得很～　乏 fɑ24

1026. 疼摔～了　疼 thəŋ24

1027. 痒皮肤～　咬 ȵiɔ53

1028. 热闹看戏的地方很～　热闹 ʐɤ53lɔ0

1029. 熟悉这个地方我很～　熟 ʃu24

1030. 陌生这个地方我很～　生 səŋ31

1031. 味道尝尝～　味道 vei44tɔ0

1032. 气味闻闻～　气气 tɕhi44tɕhi0

1033. 咸菜～　咸 xæ̃24

1034. 淡菜～　甜 ȶhiæ̃24

1035. 酸　酸 suæ̃31

1036. 甜　甜 ȶhiæ̃24

1037. 苦　苦 fu53

1038. 辣　辣 lɑ31

1039. 鲜鱼汤～　鲜 siæ̃53

1040. 香　爨 tshuæ̃44

1041. 臭　臭 tʂhou44

1042. 馊饭～　斯气 sɿ53tɕhi0

1043. 腥鱼～　腥气 siŋ53tɕhi0

（三）品性

1044. 好人～　好 xɔ53

1045. 坏人～　瞎 xɑ31

1046. 差东西质量～　差 tshɑ31

1047. 对账算～了　对 tui44

1048. 错账算～了　错 tshuo31

1049. 漂亮形容年轻女性的长相：她很～　俊样 tsuŋ44Øiɑŋ44/心疼 siŋ31thəŋ24

1050. 丑形容人的长相：猪八戒很～　难看 læ̃24khæ̃44

1051. 勤快　勤苦 tɕhiŋ31fu53

1052. 懒　死人 sɿ53ʐəŋ0

1053. 乖　蛮 mæ̃24

1054. 顽皮　调皮 ȶhiɔ24phi24

1055. 老实　老实 lɔ44ʂʅ0

1056. 傻痴呆　瓜 kuɑ31

1057. 笨蠢　闷 məŋ44

1058. 大方不吝啬　大方 tɑ44fɑŋ31

1059. 小气吝啬　啬皮 sei31phi24

1060. 直爽性格～　直爽 tʂʅ24ʃuɑŋ53

1061. 犟脾气～　倔 tɕyɛ44/牛 ȵiu24

十三、数量

（一）数字

1062. 一～二三四五……，下同　一 Øi31

1063. 二　二 Øər44

1064. 三　三 sæ̃31

1065. 四　四 sɿ44

1066. 五　五 vu53

1067. 六　六 liu31

1068. 七　七 ȶhi31

1069. 八　八 pɑ31

1070. 九　九 tɕiu53

1071. 十　十 ʂʅ24

1072. 二十有无合音　二十 Øər44ʂʅ0

1073. 三十有无合音　三十 sæ̃53ʂʅ0

1074. 一百　一百 Øi24pei31

1075. 一千　一千 Øi24ȶhiæ̃31

1076. 一万　一万 Øi31væ̃44

1077. 一百零五　一百零五 Øi24pei31liŋ24vu53

1078. 一百五十　百五 pei31vu53

1079. 第一～，第二　第一 ȶi44Øi31

1080. 二两重量　二两 Øər44liɑŋ53

1081. 几个你有～孩子？　几个 tɕi53kɔ0

1082. 俩你们～　俩 liɑŋ53

1083. 仨你们～　仨 sæ̃31

1084. 个把　个别 kɔ44piɛ24

（二）量词

1085. 个一～人　个 kɔ44

1086. 匹一～马　个 kɔ44

1087. 头一～牛　个 kɔ44

1088. 头一～猪 个 kɔ44
1089. 只一～狗 个 kɔ44
1090. 只一～鸡 个 kɔ44
1091. 只一～蚊子 个 kɔ44
1092. 条一～鱼 个 kɔ44
1093. 条一～蛇 个 kɔ44
1094. 张一～嘴 个 kɔ44
1095. 张一～桌子 个 kɔ44
1096. 床一～被子 个 kɔ44
1097. 领一～席子 张 tʂɑŋ31
1098. 双一～鞋 双 ʃuɑŋ31
1099. 把一～刀 个 kɔ44
1100. 把一～锁 把 pɑ53
1101. 根一～绳子 根 kəŋ31
1102. 支一～毛笔 个 kɔ44
1103. 副一～眼镜 副 fu44
1104. 面一～镜子 个 kɔ44/面 miæ̃44
1105. 块一～香皂 块 khuæ53/个 kɔ44
1106. 辆一～车 辆 liɑŋ53
1107. 座一～房子 座 tshuo44
1108. 座一～桥 座 tshuo44
1109. 条一～河 条 ȶhiɔ24
1110. 条一～路 条 ȶhiɔ24
1111. 棵一～树 棵 khuo53
1112. 朵一～花 个 kɔ44/朵 tuo53
1113. 颗一～珠子 个 kɔ44/颗 khuo53
1114. 粒一～米 颗 khuo53
1115. 顿一～饭 顿 tuŋ44
1116. 剂一～中药 服 fu44
1117. 股一～香味 股 ku53
1118. 行一～字 行 xɑŋ44
1119. 块一～钱 块 khuæ53
1120. 毛角：一～钱 角 tɕyɛ31/毛 mɔ24
1121. 件一～事情 件 tɕhiæ̃44/个 kɔ44
1122. 点儿一～东西 点点 ȶiæ̃53ȶiæ̃0
1123. 些一～东西 些 siɛ31
1124. 下打一～，动量，不是时量 下 xɑ44
1125. 会儿坐了一～ 下下 xɑ44xɑ0/会会 xui44xui0
1126. 顿打一～ 顿 tuŋ44
1127. 阵下了一～雨 阵 tʂəŋ44
1128. 趟去了一～ 回 xui24

十四、代词、副词、介词、连词

（一）代词

1129. 我～姓王 我 ŋuo53
1130. 你～也姓王 你 ȵi53
1131. 您尊称 无
1132. 他～姓张 他 thɑ53
1133. 我们不包括听话人：你们别去，～去 我的 ŋuo31ȶi0
1134. 咱们包括听话人：他们不去，～去吧 咱的 tsɑ31ȶi53
1135. 你们～去 你的 ȵi31ȶi0
1136. 他们～去 他的 thɑ31ȶi0
1137. 大家～一起干 大家 tɑ44Øiɑ0
1138. 自己我～做的 各家 kuo53Øɑ0
1139. 别人这是～的 旁人 phɑŋ31ʐəŋ53/人家 ʐəŋ31Øɑ53
1140. 我爸～今年八十岁 我爹 ŋuo24ȶiɛ31
1141. 你爸～在家吗？ 你爹 ȵi24ȶiɛ31
1142. 他爸～去世了 他爹 thɑ24ȶiɛ31
1143. 这个我要～，不要那个 这个 tʂæ44kɔ0

1144. 那个我要这个，不要～ 兀个 Øu44kɔ0

1145. 哪个你要～杯子？ 啊个 Øɑ31kɔ0

1146. 谁你找～？ 谁 ʃui24

1147. 这里在～，不在那里 这搭 tʂʅ31tɑ53

1148. 那里在这里，不在～ 兀搭 Øu31tɑ53

1149. 哪里你到～去？ 啊搭 Øɑ44tɑ0

1150. 这样事情是～的，不是那样的 这么可 tʂʅ44mɤ0khuo0

1151. 那样事情是这样的，不是～的 兀么可 Øu44mɤ0khuo0

1152. 怎样什么样：你要～的？ 咋么 tʂɑ31mɤ0

1153. 这么～贵啊 这么 tʂʅ44mɤ0

1154. 怎么这个字～写？ 咋么 tʂɑ31mɤ0

1155. 什么这个是～字？ 啥 ʃuɑ44

1156. 什么你找～？ 啥 ʃuɑ44

1157. 为什么你～不去？ 为啥 Øui44ʃuɑ44

1158. 干什么你在～？ 做啥 tsu44ʃuɑ44

1159. 多少这个村有～人？ 多吗 tuo53mɑ0

（二）副词

1160. 很今天～热的 很 xəŋ53

1161. 非常比上条程度深：今天～热 很 xəŋ53

1162. 更今天比昨天～热 还 xɑ24

1163. 太这个东西～贵，买不起 太 thæ44

1164. 最弟兄三个中他～高 最 tsui44

1165. 都大家～来了 都 tou24

1166. 一共～多少钱？ 满共 mæ̃53kuŋ44/一共 Øi31kuŋ44

1167. 一起我和你～去 一搭 Øi53tɑ0

1168. 只我～去过一趟 只 tsʅ31

1169. 刚这双鞋我穿着～好 刚 kaŋ24

1170. 刚我～到 刚 kaŋ24

1171. 才你怎么～来啊？ 才 tshæ24

1172. 就我吃了饭～去 就 ȶiu44

1173. 经常我～去 常 tʂhaŋ24

1174. 又他～来了 可 khuo31

1175. 还他～没回家 还 xɑ24

1176. 再你明天～来 再 tsæ44

1177. 也我～去；我～是老师 也 Øɑ53

1178. 反正不用急，～还来得及 反正 fæ̃31tʂəŋ44

1179. 没有昨天我～去 没 mɤ31

1180. 不明天我～去 不 pu31

1181. 别你～去 不了 pu53liɔ0

1182. 甭不用，不必：你～客气 不了 pu53liɔ0

1183. 快天～亮了 快 khuæ44

1184. 差点儿～摔倒了 差点 tsɑ31ȶiæ̃53

1185. 宁可～买贵的 宁愿 ȵiŋ24Øyæ̃44

1186. 故意～打破的 □□ li44kuæ̃0

1187. 随便～弄一下 随便 sui24piæ̃44

1188. 白～跑一趟 白 pei24

1189. 肯定～是他干的 保险 pɔ31çiæ̃53

1190. 可能～是他干的 兴许 çiŋ44çy53

1191. 一边～走，～说 旋 suæ̃44

（三）介词、连词

1192. 和我～他都姓王 和 xuo24/连

liæ̃24

1193. 和我昨天～他去城里了　和 xuo24/连 liæ̃24

1194. 对他～我很好　待 tæ44

1195. 往～东走　往 vaŋ44

1196. 向～他借一本书　向 ɕiaŋ44

1197. 按～他的要求做　按 ŋæ̃44

1198. 替～他写信　替 ʈhi44

1199. 如果～忙你就别来了　要 Øiɔ44

1200. 不管～怎么劝他都不听　不管 pu31kuæ̃53

第二节　自选词汇

一、天文、地理、时间

1201. 贼星流星 tsei31siŋ53

1202. 白雨暴雨 pei24Øy53

1203. 扬风搅雪大雪 Øiaŋ31fəŋ53tɕiɔ53ɕyɛ31

1204. 雪小雪 ɕyo31

1205. 旋风龙卷风 suæ̃31fəŋ53

1206. 渗坑院墙挖井用来蓄水的坑 səŋ44khəŋ31

1207. 城壕城外取土的地方 tʂhəŋ24xɔ24

1208. 高窑在窑内往上挖的洞 kɔ53Øiɔ0

1209. 拐窑洞内横套挖的窑 kuæ53Øiɔ0

1210. 窑窝子在洞墙上挖的小洞 Øiɔ31Øuo53tsɿ0

1211. 山角角山峰的顶端 sæ̃31tɕyɛ53tɕyɛ0

1212. 山卡卡大山沟里 sæ̃31tɕhia44tɕhia0

1213. 山圪塄大山角落 sæ̃31kuo31lɔ53

1214. 鱼脊梁中间突出的地形 Øy31ʈi53liaŋ0

1215. 河滩地沙滩地 xuo24thæ̃31ʈhi44

1216. 梯桄地梯田地 ʈhi31kuaŋ0ʈhi44

1217. 烂泥地沼泽地 læ̃44ȵi24ʈhi44

1218. 趄坡子地斜坡地 ʈhiɛ44phɤ31tsɿ0ʈhi44

1219. 捷路近路 ʈhiɛ31lu53

1220. 远路弯路 Øyæ̃44lu44

1221. 啼起清早 ʈhi31tɕhi53

1222. 今黑今晚 tɕhiŋ24xei31

1223. 夜儿晚昨晚 Øiɛr53væ̃53

1224. □过刚才 ȵiɛ31kuo53

1225. 兀会那时候 vu44xui0

1226. 打春立春 ta53tʃhuəŋ31

1227. 一向好些天 Øi31ɕiaŋ44

1228. 三天两后晌做事时间缺乏持续性 sæ̃24ʈhiæ̃31liaŋ53xou44ʂaŋ0

1229. 才黑傍晚 tshæ24xei31

二、植物、动物

1230. 巴拨瓜秸蔓上结的最后一批瓜 pha53phɤ31kua31

1231. 蔓根老油菜根 mæ̃44kəŋ31

1232. 火罐罐柿子小柿子 xuo53kuæ̃44kuæ̃44sɿ44tsɿ0

1233. 犁瓜甜瓜 li31kua53

1234. 妈妈奶头生地花

maɑ53maɑ0læ53thou0

1235. 麦蒿蒿黄花蒿 mei53xɔ31xɔ0

1236. 马刺蓟大蓟 mɑ53tshʅ44tɕiɛ0

1237. 望葵向日葵 vɑŋ44khui24

1238. 冰豆扁豆 piŋ53tou0

1239. 姑姑等斑鸠 ku44ku0təŋ53

1240. 鸽□□啄木鸟 ʨhiæ̃31pɔ44pɔ44

1241. 饿老雏老鹰 ŋuo44lɔ31tʃhu0

1242. □□猫头鹰 çiŋ44xou0

1243. 旋黄虫杜鹃 suæ̃44xuɑŋ0tʃhuŋ0

1244. 揭被虫黑卷尾 tɕiɛ31pi44tʃhuŋ0

1245. 毛驹溜松鼠 mɔ31ʨy53liu44

1246. 水狼黄鼠狼 ʃui53lɑŋ0

1247. 蝎虎壁虎 çiɛ53xu0

1248. 屎爬牛屎壳郎 sʅ53phɑ0ȵiu24

1249. 明火虫萤火虫 miŋ31xuo53tʃhuŋ0

1250. 臭蟹蟹臭蟹虫 tʂhou44pæ̃31pæ̃0

1251. 水钻子蚂蝗 ʃui53tsuæ̃44tsʅ0

1252. 崖过巴灰松鼠 ŋæ31kuo53pɑ0

1253. 地蝼蝼蝼蛄 ʈi44lou31lou0

1254. 腻虫蚜虫 ȵi53tʃhuŋ0

1255. 壁壁虫蠹虫 pi53pi0tʃhuŋ0

1256. 放牛娃瓢虫 fɑŋ44ȵiu0Øuɑ0

1257. 瞎瞎鼹鼠 xɑ53xɑ0

1258. 蜗蜗牛蜗牛 kuɑ53kuɑ0ȵiu24

1259. 虻嚼牛虻 mɑŋ31tsæ̃53

1260. 簸箕虫土元 pɤ44ʨi0tʃhuŋ0

1261. 野狐狐狸 Øiɛ44xu0

1262. 骡驹小骡子 luo31ʨy53

1263. 骒马母马 khuo44mɑ53

1264. 叫驴公驴 ʨiɔ44ly0

1265. 草驴母驴 tshɔ53ly0

1266. 驴骡驴母马父 ly31luo53

1267. 驹骝羊山羊 ʨy53liu0Øiɑŋ24

1268. 牙狗公狗 Øiɑ31kou53

1269. 草狗母狗 tshɔ31kou0

1270. 牛配犊牛交配 ȵiu24phei44thu24

1271. 驴搭驹驴交配 ly24tɑ24ʨy31

1272. 狗练儿子狗交配

kou53liæ̃44Øər31tsʅ53

1273. 鸡踏蛋鸡交配 ʨi31thɑ24thæ̃44

1274. 头牯牲畜 thou31kou53

1275. □□畜不孕，也用来詈骂不孕妇女

tshæ53tshæ0

1276. 回草牛羊回咀嚼 xui24tshɔ53

三、房屋、器用

1277. 大房上房，楼房 tɑ44fɑŋ0

1278. 厢房院子两侧的房 siɑŋ53fɑŋ0

1279. 偏房一面盖的房 phiæ̃53fɑŋ0

1280. 柱顶石柱石 tʂhʅ44ʈiŋ0ʂʅ0

1281. 山华房屋的侧墙 sæ̃31xuɑ0

1282. 飞檐房屋上檐头伸出的部分 fei53Øiæ̃0

1283. 连檐房屋椽之间连接的部分 liæ̃31Øiæ̃53

1284. 扎墙砌墙 tsɑ31ʈhiɑŋ24

1285. 胡墼用黏土踩踏制作的土坯

xu31tɕi53

1286. 踏墙用椽翻、锤锥夯实的土墙

thɑ24ʈhiɑŋ24

1287. 小瓦青瓦 siɔ31Øuɑ53

1288. 大瓦机瓦 tɑ44Øuɑ53

1289. 立木盖房上梁 li24mu31

1290. 炕眼门炕门 khɑŋ44ȵiæ̃53məŋ24

1291. 脚底房屋地面 tɕyo31ʈi53

1292. 条凳长凳 ʈhiɔ24təŋ44

1293. 太师椅一种仿古椅 thæ44sɿ0Øi53

1294. 梳头匣匣梳妆盒 ʃu31thou24ɕiɑ31ɕiɑ53

1295. 洋碱盒盒肥皂盒 Øiaŋ24tɕiæ̃53xuo31xuo53

1296. 马眼椽缝 mɑ31ȵiæ̃0

1297. 画张年画 xuɑ44tʂɑŋ31

1298. 烟筒烟囱 Øiæ̃53thuŋ0

1299. 锅板锅盖 kuo31pæ̃0

1300. 锅眼门灶门 kuo31ȵiæ̃0məŋ24

1301. 甑笆箅子 ȶiŋ44pɑ0

1302. 风限风箱 fəŋ53ɕiæ̃0

1303. 蒸布笼布 tʂəŋ53pu0

1304. 振布抹布 tʂæ̃44pu0

1305. 老瓮水瓮 lɔ44vəŋ0

1306. 瓦缸面缸 Øuɑ44kɑŋ0

1307. 老碗大碗 lɔ31Øuæ̃0

1308. 品品碗 phiŋ53

1309. □□木碗 mæ̃53mæ̃0

1310. 揽盘大碟子 læ̃44phæ̃0

1311. 碟碟小碟子 ȶhiɛ31ȶhiɛ53

1312. 条盘鱼盘 ȶhiɔ24phæ̃24

1313. 铁勺饭勺 ȶhiɛ53suo0

1314. 漏勺一种漏汤水的勺 lou44suo0

1315. 马勺水瓢 mɑ44suo0

1316. 笸篮竹编口大浅篮子 phu31læ̃53

1317. 箸笼罐筷子笼 tʃhu44luŋ0kuæ̃0

1318. 铲刮匙铁铲 tshæ̃53kuɑ31tshɿ24

1319. 粉糊筵筵用来漏制粉鱼的厨具 fəŋ53xu0Øiæ̃31Øiæ̃53

1320. 穰柴麦草、茅草等 ʐɑŋ44tshæ0

四、服饰、饮食

1321. 汗夹单布背心 xæ̃44tɕiɑ31

1322. 缭缭衣襟 liɔ31liɔ53

1323. 筒袖棉制短袖头 thuŋ53siu0

1324. 大氅冬天穿的大衣 tɑ44tʂhɑŋ53

1325. 绉绉帽子顶部绉褶的帽子 tʃhu53tʃhu0mɔ44tsɿ0

1326. 欻屎帽子从头抹到脖子的老年人帽子 tʃhuɑ53tɕhiu0mɔ44tsɿ0

1327. 老虎帽子虎头帽 lɔ31xu0mɔ44tsɿ0

1328. 耳刮子护耳 Øər53kuɑ31tsɿ0

1329. 围脖围在脖子上御寒的服饰 Øui31phɤ53

1330. 袍子长袍 phɔ31tsɿ53

1331. 褂子汗褂 kuɑ44tsɿ0

1332. 袒架汗架 tæ̃44tɕiɑ0

1333. 棉褂褂棉袄 miæ̃24kuɑ44kuɑ0

1334. 棉裤儿 miæ̃31fur53

1335. 领豁领口 liŋ53xuo0

1336. 奔肚裹肚 pəŋ53thu0

1337. 护巾小孩儿护胸 xu44tɕiŋ31

1338. 开裆裤留口裤子 khæ31tɑŋ31fu44

1339. 八眼鞋气眼鞋 pɑ31ȵiæ̃53xæ24

1340. 尖尖小脚鞋 ȶiæ̃53ȶiæ̃0

1341. 绱鞋做鞋 ʂɑŋ44xæ24

1342. 鞔鞋为守孝缦一层白布 mæ̃24xæ24

1343. 裂帮鞋鞋托开了 liɛ31pɑŋ31xæ24

1344. 屁骨杵鞋底偏了 phi44ku31tʃhu0

1345. 纫被儿缝制棉被 ȵiŋ53piɛr53

1346. 缏钮门做老式布扣 phiæ̃24ȵiu53məŋ0

1347. 缉鞋口把鞋口缝合在一起 ȶhi31xæ31khou53

1348. 簪钮子钉扣子 tsæ̃44ȵiu53tsɿ0

1349. 袼褙鞋底背子 kuo53phei0

1350. 撩襟上衣的下摆 liɔ31tɕiŋ53

1351. 耳坠耳环 Øər44tʃhui0

1352. 纂纂老年妇女的发髻 tsuæ̃44tsuæ̃0

1353. 络络发髻网子 luo53luo0

1354. 糁糁玉米糁儿 tʂəŋ53tʂəŋ0

1355. 糊汤面糊糊 xu44thaŋ31

1356. 连锅转搅团 liæ̃24kuo31tʃuæ̃44

1357. 河马骨都河马鱼鱼 xuo31ma53ku31tu0

1358. 干粮烧饼 kæ̃53liaŋ0

1359. 辫粉粉条 phiæ̃44fəŋ0

1360. 菜蔬蔬菜 tshæ44ʃu0

1361. 刮刮锅巴 kua53kua0

1362. 麻糖麻花 ma31thaŋ53

1363. 油糕糖糕 Øiu31kɔ53

1364. 犁面切面 li24miæ̃44

1365. 搋面和面 tshæ31miæ̃44

1366. 清液态表面凝固 ȶhiŋ44

1367. 抿酒少量地饮酒 miŋ31ȶiu53

1368. 爚菜用小的火势焯菜 lyo31tshæ44

1369. 熁烤 ɕiɛ31

1370. 熁馍烤馍 ɕiɛ31mɤ44

1371. 焪红芋烤红薯 tɕhyŋ53xuŋ24Øy44

1372. 吃干搂捞干面 tʂhʅ31kæ̃31lou53

1373. 吃腰食吃中午饭 tʂhʅ31Øiɔ53ʂʅ0

1374. 吃瞎账白吃白喝 tʂhʅ31xa53tʂaŋ0

1375. 吃盛熟吃现成 tʂhʅ31ʂəŋ31ʂʅ53

1376. 吃伤啦吃得不想再吃了 tʂhʅ24ʂaŋ31lia0

1377. 吃嘴吃零食 tʂhʅ31tsui53

1378. 醭气啦面坏了 phu53tɕhi0lia0

1379. 清汤寡水汤多面少 ȶhiŋ31thaŋ31kua31ʃui0

1380. 干嘣嘣酥脆 kæ̃31pəŋ44pəŋ44

1381. 煨热一下 Øui31

五、身体、医疗

1382. 生姜头疙瘩头 səŋ31tɕiaŋ31thou24

1383. 偏头歪脖子 phiæ̃31thou24

1384. 炙疮疤嘴角被烧瘢痕 tʂʅ44tʃhuaŋ31pa0

1385. 脑瓜盖颅骨 lɔ53kua31kæ44

1386. 囟门口脑门 siŋ44məŋ0khou0

1387. 后巴老勺后脑 xou44pa0lɔ53suo0

1388. 鼻梁杆鼻梁 phi31liaŋ53kæ̃53

1389. 眼窍眼神 ȵiæ̃53tɕhiɔ44

1390. 重眼皮双眼皮 tʃhuŋ31ȵiæ̃53phi24

1391. 眯眯眼小眼睛 mi44mi0ȵiæ̃53

1392. 单枪眼独眼 tæ̃31tɕhiaŋ31ȵiæ̃53

1393. 鼻窟窿鼻孔 phi31fu53luŋ0

1394. 塌塌鼻子鼻梁塌塌 tha53tha0phi31tsʅ53

1395. 豁豁牙缺牙 xuo53xuo0Øia24

1396. 豁豁嘴兔唇 xuo53xuo0tsui53

1397. 奶牙乳牙 læ53Øia0

1398. 包齿牙门牙外露 pɔ31tshʅ0Øia24

1399. 牙台子牙床 Øia31thæ53tsʅ0

1400. 续牙换牙 ɕy44Øia24

1401. 天花板上下颌 ȶhiæ̃31xua31pæ̃53

1402. 牵舌子说话不清 tɕhiæ̃53ʂɤ0tsʅ0

1403. 结结结巴 tɕiɛ53tɕiɛ0

1404. 脊梁骨脊柱骨 ȶi53liaŋ0ku31

1405. 掀板骨肩胛骨 ɕiæ̃31pæ̃0ku31

1406. 胳肢洼腋窝 kuo53tsʅ0Øua44

1407. 心口胸口 siŋ31khou0

1408. 死皮干皮 sʅ53phi24

1409. 小肚下腹 siɔ44thu0
1410. 牛牛男孩儿生殖器 ȵiu31ȵiu53
1411. 卵子阴囊 luæ̃53tsɿ0
1412. 扁屎女阴 piæ̃53tɕhiu24
1413. 衣包胎盘 ȵi31pɔ0
1414. 卵蛋子睾丸 luæ̃53thæ̃0tsɿ0
1415. 腿卡大腿内侧 thui53tɕhiɑ0
1416. 大腿面大腿肌肉 tɑ44thui53miæ̃44
1417. 干腿梁小腿 kæ̃31thui0liɑŋ24
1418. 腿猪娃腿肚子 thui53tʃu53Øuɑ0
1419. 拨枷腿X形腿 pɤ53tɕiɑ0thui53
1420. 罗圈腿O形腿 luo31tɕhyæ̃53thui53
1421. 懒筋跟腱 læ̃53tɕiŋ31
1422. 尖尖脚缠过的小脚
ȶiæ̃53ȶiæ̃0tɕyo31
1423. 精溜溜光身子 ȶiŋ31liu44liu44
1424. 精沟子光下身 ȶiŋ31kou53tsɿ0
1425. 身坯体形 ʂəŋ31phei0
1426. 披掛体态 phei31kuɑ0
1427. 短奘儿又矮又粗 tuæ̃53tʃuɑŋr44
1428. 受看长得漂亮 ʂou44khæ̃53
1429. 害眼眼疾 xæ̃44ȵiæ̃53
1430. 呻唤呻吟 ʂəŋ53xuæ̃0
1431. 不乖小孩儿有病 pu24kuæ31
1432. 绞肠痧腹疼 tɕiɔ44tʂhɑŋ24sɑ31
1433. 胸吼大叶性肺炎 ɕyŋ53xou0
1434. 瞎瞎病肺结核 xɑ53xɑ0piŋ44
1435. 顽孽病久治不愈的病
Øuæ̃31ȵiɛ53piŋ44
1436. 老病无法治好的病 lɔ53piŋ44
1437. 中风脑溢血 tʃuŋ44fəŋ31
1438. 先生中医 siæ̃31səŋ0
1439. 号脉诊脉 xɔ44mei31
1440. 单方民间验方 tæ̃31fɑŋ0
1441. 抓药买药 tʃuɑ24Øyo31
1442. 熬药煎药 ŋɔ24Øyo31
1443. 滗药过滤汤药 pi53Øyo31
1444. 通药泻药 thuŋ31Øyo0
1445. 钉甲老茧 ȶiŋ31tɕiɑ0
1446. 垢圿污垢 kou44tɕiɑ0
1447. 气卵卵疝气 tɕhi44luæ̃0luæ̃0
1448. 瘿瓜瓜大脖病 Øiŋ53kuɑ31kuɑ53
1449. 惹上传染 ʐɤ53ʂɑŋ0
1450. 发感染溃脓 fɑ31

六、婚丧嫁娶

1451. 婕婕大姑娘 ȶiɛ53ȶiɛ0
1452. 寻下家找婆家 siŋ24ɕiɑ44tɕiɑ31
1453. 停媳妇定媳妇 ȶhiŋ44si53fu0
1454. 回门回娘家 xui24məŋ24
1455. 行情纳礼 ɕiŋ24ȶhiŋ24
1456. 坐席吃宴 tshuo44si24
1457. 新房洞房 siŋ31fɑŋ24
1458. 耍新人闹洞房 ʃuɑ53siŋ53ʐəŋ0
1459. 劳客帮忙之人 lɔ31khei53
1460. 谢劳客酬谢帮忙的人
siɛ44lɔ31khei53
1461. 头月子第一胎 thou31Øyɛ53tsɿ0
1462. 抓娃分娩 tʃuɑ31Øuɑ44
1463. 见面红订婚时男方送给女方红色衣物
tɕiæ̃44miæ̃44xuŋ24
1464. 礼兴钱买卖婚姻中的彩礼
li53ɕiŋ31ȶhiæ̃0
1465. 夹牛□男娃 tɕiɑ31ȵiu31Øuæ53
1466. 婕婕娃女娃 ȶiɛ53ȶiɛ0Øuɑ44
1467. 坐月婆娘产妇

tshuo44Øyɛ31phɤ31ȵiaŋ53

1468. 忌人忌讳 tɕi44ʐəŋ24

1469. 过百晬百天 kuo44pei53tsui0

1470. 过晬周岁 kuo44tsui44

1471. 心疼可爱的 siŋ31thəŋ24

1472. 老衣寿衣 lɔ53Øi31

1473. 殇啦青少年死了，限于36岁以下 ʂɑŋ31liɑ0

1474. 铺的褥子 phu53ʈi0

1475. 阴阳先生风水先生 Øiŋ53Øiɑŋ0siæ̃31səŋ0

1476. 出门牌讣告 tʃhu31məŋ31phæ53

1477. 七单忌日单 ʈhi31tæ̃0

1478. 破土打墓 phɤ44thu53

1479. 明廎墓穴 miŋ31tɕhiŋ53

1480. 老坟祖坟 lɔ53fəŋ24

1481. 新坟新墓 siŋ31fəŋ24

1482. 散白散孝 sæ̃44pei24

1483. 拌纸盆摔纸盆 pæ̃44tsɿ53phəŋ0

1484. 躲殃外躲两个小时 tuo53Øiɑŋ31

1485. 墓骨堆坟墓 mu44ku31tui0

1486. 黑堂墓洞 xei53thɑŋ0

1487. 守丧守灵 ʂou53sɑŋ31

1488. 柳棍哭丧棒 liu44kuŋ0

1489. 请神买神像 ʈhiŋ53ʂəŋ24

1490. 爷爷神像 Øiɛ31Øiɛ53

1491. 脚马脚子 tɕyo31mɑ0

七、称谓、人品

1492. 先人祖先 siæ̃53ʐəŋ0

1493. 后辈儿孙 xou44pei44

1494. 班辈辈分 pæ̃53pei0

1495. 二点兄弟中排行老二 Øər44ʈiæ̃53

1496. 爷父们父子 Øiɛ31fu53məŋ0

1497. 娘母们母子 ȵiɑŋ31mu53məŋ0

1498. 亲家们双方父母 ʈhiŋ44Øiɑ0məŋ0

1499. 干大义父 kæ̃53tɑ0

1500. 干娘义母 kæ̃53ȵiɑ0

1501. 奶婆娘乳妇 læ44phɤ0ȵiɑ0

1502. 腊婆老年妇女 lɑ31phɤ0

1503. 老骚情上了年纪但行为举止轻浮的人 lɔ53sɔ24tɕhiŋ31

1504. 老惯惗怪毛病多的老年人 lɔ53kuæ̃44ʈhiæ̃0

1505. 老妖婆尖酸刻薄的老年妇女 lɔ53Øiɔ31phɤ53

1506. 老牛筋思想保守顽固的老年人 lɔ53ȵiu24tɕiŋ31

1507. 老害货性格古怪爱滋事的老年人 lɔ53xæ̃44xuo0

1508. 地理鬼熟悉地理环境、空间方位感比较强的人 ʈi44li53kui53

1509. 死样子形容看对方不顺眼 sɿ53Øiɑŋ44tsɿ0

1510. 二窝娃第二胎生的娃 Øər44Øuo31Øuɑ44

1511. 八哥嘴能说会道的人 pɑ31kuo31tsui53

1512. 二百五莽夫，二杆子 Øər44pei53vu53

1513. 半山风说话无分寸，做事无体统的人 pæ̃44sæ̃31fəŋ31

1514. 硬米不通情达理的人 ȵiŋ44mi53

1515. 麻糜不分是非的人 mɑ24mi24

1516. 踢山败家子 ʈhi31sæ̃0

1517. 二㞎脑子不够数、缺心眼儿的人

Øər44tɕhiu24

1518. 逛山不务正业的人 kuaŋ44sæ̃0

1519. 争山说话办事蛮干的人 tsəŋ31sæ̃0

1520. 轱辘赌徒 ku53lu0

1521. 窝里罩只在家里横的人 Øuo53li0tshɔ44

1522. 歪猹猹贬称过于厉害的女人 Øuæ31tshɑ31tshɑ53

1523. 乡棒贬称乡下人 ɕiaŋ31paŋ24

1524. 死哇哇牙无赖之徒 sɿ53vɑ0vɑ0Øiɑ24

1525. 清尿蔑称古板者 ȶhiŋ44suŋ24

1526. 罩庄树指村庄里最霸道的人，谁也不敢惹 tsɔ44tʃuaŋ31ʃu44

1527. 说扁猴爱说是非的人 ʂɤ31piæ̃53xou24

1528. 盖庄货村庄里长得最漂亮的女人，含贬义 kæ44tʃuaŋ31xuo44

1529. 一面人外地人 Øi31miæ̃44ʐəŋ24

1530. 拐奎拉瘸子 kuæ53tɑ31lɑ53

1531. 二尾子中性人 Øər44Øi31tsɿ0

1532. 实悫人实在人，诚实人 ʂʅ31tɕhyo53ʐəŋ24

1533. 土锤头脑简单、四肢发达、不通人情的人 thu53tʃhui24

1534. 一屎货品行坏的一类人 Øi31tɕhiu0xuo44

八、农、工、商、文

1535. 庄稼汉活农活 tʃuaŋ53Øiɑ0xæ̃0xuo24

1536. 地里活田间播收 ȶhi44li0xuo24

1537. 磨地耙地 mɤ44ȶhi44

1538. 拾粪捡粪 ʂʅ24fəŋ44

1539. 攒粪积肥 tsæ̃53fəŋ44

1540. 上粪施肥 ʂaŋ44fəŋ44

1541. 倒茬茬口轮作 tɔ53tshɑ24

1542. 硬茬地闲地 ȵiŋ44tshɑ0ȶhi44

1543. 生生地大生地 səŋ53səŋ0ȶhi44

1544. 坨坨地小块地 thuo31thuo53ȶhi44

1545. 溜溜地狭窄的地 liu44liu0ȶhi44

1546. 起土取土 tɕhi31thu53

1547. □土铲土 tshei31thu53

1548. 耩土仝土 ȶɕiaŋ53thu53

1549. 种几样子间作套种 tʂəŋ44ȶɕi53Øiaŋ44tsɿ0

1550. 点窝窝垅沟点种 ȶiæ̃53Øuo53Øuo0

1551. 砵石放在水里用来供人踩着过河的石头 liɛ53ʂʅ0

1552. 割麦机收割机 kuo31mei24ȶɕi31

1553. 杈杈木制两股杈 tshɑ31tshɑ0

1554. 尖杈麦场上用来运送麦捆、麦草等的工具 tɕiæ̃31tshɑ0

1555. 箭拿收场时拾取麦草的一种杈 tɕiæ̃44lɑ24

1556. 背斗背篓 pei44tou0

1557. 牛□子牛笼嘴 ȵiu24tshou53tsɿ0

1558. 拌笼篮子 phæ̃44luŋ0

1559. 马车大车 mɑ53tʂhɤ31

1560. 碾场碾麦 ȵiæ̃53tʂhaŋ24

1561. 摞摞子摞麦 luo44luo0tsɿ0

1562. □草剁草 tsuo44tshɔ53

1563. 投耩做犁 thou24tɕiaŋ53

1564. 夹嘴木做的犁头 tɕiɑ31tsui0

1565. 拥脖套包 Øyŋ53phɤ0

1566. 纺线车儿纺车 faŋ53siæ̃44tʂhɤr31

1567. 捻子棉条 ȵiæ̃53tsɿ0

1568. 瓜儿穗穗 kuɑr53

1569. 平底锤子用来打土坯的工具
phiŋ31ȶi53tʃhui53tsɿ0
1570. 尖底锤子用来打墙的工具
ȶiæ̃31ȶi53tʃhui53tsɿ0
1571. 胡墼模子打土坯的模子
xu31tɕi53mu44tsɿ0
1572. 烧锅酒坊 ʂɔ31kuo0
1573. 油坊榨油的地方 Øiu31fɑŋ53
1574. 醋坊酿醋的地方 tshu44fɑŋ0
1575. 磨坊粮食加工的地方 mɤ44fɑŋ0
1576. 钉锅补锅 ȶiŋ44kuo31
1577. 掌客钉掌的人 tʂɑŋ44khei0
1578. 把式匠人 pɑ44ʂʅ0
1579. 学手匠学徒 ɕyo31ʂou53ȶhiɑŋ0
1580. 篾篾匠竹子匠 mi31mi53ȶhiɑŋ0
1581. 打席编席 tɑ53si24
1582. 拐尺角尺 kuæ44tʂhʅ0
1583. 平斤锛子 phiŋ31tɕiŋ53
1584. 推刨刨子 thui53phɤ0
1585. 解锯大锯 tɕiɛ44tɕy0
1586. 搂锯手锯 lou53tɕy0
1587. 东家称呼租给自己土地的人
tuŋ31tɕiɑ0
1588. 掌柜的经理 tʂɑŋ53khui44ȶi0
1589. 拿事□主事的人 lɑ24sɿ44Øuæ0
1590. 管账□会计 kuæ̃53tʂɑŋ44Øuæ0
1591. 伙计雇员 xuo44tɕi0
1592. 关门停业 kuæ̃31məŋ24
1593. 开门面开业 khæ31məŋ31miæ̃53
1594. 盘点结账 phæ̃24ȶiæ̃53
1595. 要账收账 Øiɔ44tʂɑŋ44
1596. 倒灶歇业 tɔ44tsɔ0
1597. 搭车乘车 tɑ24tʂhɤ31
1598. 歇店住旅馆 ɕiɛ31ȶiæ̃44
1599. 朝山上山进香 tʂhɔ24sæ̃31
1600. 上布施捐资 ʂɑŋ44pu44sɿ31
1601. 退槽货劣等货物 thui44tshɔ0xuo44
1602. 念书读书 ȵiæ̃44ʂʅ31
1603. 影格描红纸 Øiŋ44kei0
1604. 洋马号数字 Øiɑŋ24mɑ44xɔ0
1605. 唱旦的女角 tʂhɑŋ44tæ̃44ȶi0
1606. 大花脸大净 tɑ44xuɑ31liæ̃53
1607. 媒婆婆丑旦 mei31phɤ53phɤ0
1608. 胡子生老生 xu31tsɿ53səŋ31
1609. 旦娃子小旦 tæ̃44Øuɑ0tsɿ0
1610. 耍丑□丑角 ʃuɑ31tʂhou53Øuæ0

九、动作、行为

1611. □用手接触 tou44
1612. 掫托 tʂou53
1613. 撇扔 phiɛ31
1614. □扛 tɕhiɛ24
1615. 搊扶 tshou31
1616. □扯 tʃhuɑ53
1617. 挌抱 tɕhiɑ53
1618. 透嘎慢慢移动 vei31khɑ53
1619. □轻捷快行 piɔ31
1620. 抿用唾沫把零落的头发弄整齐 miŋ53
1621. 揎过多地占有空间 ɕyɛ44
1622. 靸把鞋拖上 sɑ31
1623. 呡嘴闭上 miŋ24
1624. 潲把地洒湿 sɔ44
1625. 浮水游泳 fu24ʃui53
1626. 饮船啦船沉水了 ȵiŋ44ʃuæ̃0liɑ0
1627. 损德做事违反伦理道德 suŋ53tei31
1628. 下话向人乞情 ɕiɑ44xuɑ44

1629. 打发下逐客令 tɑ44fɑ0

1630. 捻弄修理 ȵiæ̃44luŋ0

1631. □碰 tui24

1632. 拜往求人 pæ44vaŋ0

1633. 挡挂阻拦 taŋ44kuɑ0

1634. 伤脸使人丢脸 ʂaŋ31liæ̃53

1635. 怯火害怕 tɕhiɛ31xuo53

1636. 铺腾铺张排场 phu53thəŋ0

1637. 争竞吵架 tsəŋ53tɕiŋ0

1638. 支应勉强应酬 tsʅ53Øiŋ0

1639. 照识理睬 tʂɔ44ʂʅ0

1640. 奈合凑合 læ44xuo0

1641. 扬百挥霍 Øiaŋ31pei53

1642. 供经抚养 kuŋ53tɕiŋ0

1643. 打当当因事与人争吵 tɑ53taŋ53taŋ0

1644. 损阴骘损阴德 suŋ53Øiŋ31tʂʅ0

1645. 吃瞎账白吃白拿 tʂhʅ31xɑ53tʂaŋ0

1646. 丢凉腔拐弯抹角骂人

ȶiu31liaŋ31tɕhiaŋ53

1647. 打褙子把碎布片粘成一大片

tɑ53pei44tsʅ0

1648. 揽后手处理善后事宜 læ̃53xou44ʂou0

1649. 要欺头借势欺人，好占上风

Øiɔ44tɕhi53thou0

1650. 胡吹冒撂说大话，吹嘘

xu24tʃhui31mɔ44liɔ44

1651. 撇白放当爱说虚话

phiɛ31pei24faŋ44taŋ53

十、性质、状态

1652. 横一脸横肉 ɕyɛ24

1653. 软将身体单薄 ʐæ̃44ȶiaŋ0

1654. 干□能干 kæ̃31ʃu0

1655. 刚结指老年人身体刚强 kaŋ31tɕiɛ0

1656. 口敞说话随意，口不把关

khou31tʂhaŋ53

1657. 绵密乖巧 miæ̃31mi53

1658. 馋火利害 tshæ̃31xuo53

1659. 浆水乏味 ȶiaŋ31ʃui0

1660. 能不够本事大 ləŋ31pu53kou44

1661. 日巴欻不中用 ʐʅ31pɑ0tʃhuɑ53

1662. 窄微地方小 tsei53vei0

1663. 骚情轻浮 sɔ24tɕhiŋ31

1664. 费事调皮 fei44sʅ44

1665. 豁海大方，充足 xuo31xæ0

1666. 利练利气 li53liæ̃0

1667. 粘牙难缠 ʐæ̃24ȵiɑ24

1668. 对茬凑合 tui44tshɑ24

1669. 日塌弄坏 ʐʅ53thɑ0

1670. 抠抠掐掐吝啬

khou31khou0tɕhiɑ31tɕhiɑ0

1671. 黏串说不清，事难办 ʐæ̃24tʃhuæ̃44

1672. 仓仓赶快 tshaŋ31tshaŋ0

1673. 脏稀肮脏 tsaŋ31ɕi0

1674. 帮间差不多 paŋ24tɕiæ̃31

1675. 干光光场面冷清的样子

kæ̃31kuaŋ31kuaŋ0

1676. 白脸失道指人开玩笑不分场合

pei31liæ̃53ʂʅ31tɔ0

1677. 瘦麻掐掐瘦骨嶙峋的样子

sou44mɑ0tɕhiɑ31tɕhiɑ0

1678. 闪腰麻胯个子高而难看

ʂæ̃53Øiɔ31mɑ31khuɑ0

1679. 稀眉来嗨不修边幅，说话时唾沫乱溅 ɕi31mi44læ31xæ0

1680. 瓜眉失眼痴呆迟钝

kuɑ53mi0ʂʅ31ȵiæ̃0

1681. 凛人嚯唠不忍心看的样子

liŋ44ʐəŋ0xuo31lɔ0

1682. 冷汤洼水茶凉饭冷的样子

ləŋ53thɑŋ31Øuɑ31ʃui0

1683. 刚邦硬正为人做事光明正大

kɑŋ31pɑŋ31ȵiŋ44tʂəŋ44

1684. 蔫不邋遢没精打采的样子

ȵiæ̃31pu31lɑ31thɑ0

第四章 语法与口头文化

第一节 语法例句

1. 你是哪里人？

 你是啊搭人？

 ȵi53sɿ44∅a44ta0ʐəŋ24？

2. 我是陕西________人。（说出所在县或市）

 我是陕西千阳人。

 ŋuo53sɿ44ʂæ̃53si31ȶhiæ̃53∅iaŋ0ʐəŋ24.

3. 你今年多大？

 你今年多岁数？

 ȵi53tɕiŋ31ȵiæ̃24tuo31sui44ʃu0？

4. 我________岁了。（说出自己的实际年龄）

 我七十了么哈。

 ŋuo53ȶhi53ʂʅ0liɑ0mɤ0xa0.

5. 你叫什么名字？

 你叫个啥名字？

 ȵi53tɕiɔ44kɔ0ʃua44miŋ31tsɿ53？

6. 我叫________。（说出自己的名字）

 我叫张志发。

 ŋuo53tɕiɔ44tʂaŋ31tsɿ53fa31.

7. 你家住哪里？

 你家在啊搭哩？

 ȵi53tɕia31tsæ44∅a44ta0li0？

8. 我家住________。（说出自己居住的地址）

 我家在张家塬哩么。

ŋuo24tɕiɑ31tsæ44tʂɑŋ31∅ɑ0∅yæ̃24li0mɤ0.

9. 谁呀？我是老三。

谁哩开？我是老三。

ʃui24li0khæ0？ŋuo53sɿ44lɔ53sæ̃31.

10. 老四呢？他正在跟一个朋友说着话呢。

老四哩？他正连一个伙计说话□哩。

lɔ53sɿ44li0？thɑ53tʂəŋ44liæ̃24∅i31kɔ0xuo53tɕi0ʂɤ31xuɑ44∅ɑ0li0.

11. 他还没有说完吗？

他还没说完吗？

thɑ53xɑ24mɤ31ʂɤ31∅uæ̃24mɑ0？

12. 还没有。大约再有一会儿就说完了。

还没哩。大约再一下下就说完啦。

xɑ24mɤ31li0. tɑ44∅yo31tsæ44∅i31xɑ44xɑ0ȶiu44ʂɤ31∅uæ̃24liɑ0.

13. 他说马上就走，怎么这半天了还在家里呢？

他说立马就走哩，咋么半天了还在屋里？

thɑ53ʂɤ31li31mɑ53ȶiu44tsou53li0，tʂɑ31mɤ0pæ̃44ȶhiæ̃31liɑ0xɑ24tsæ44∅u53li0？

14. 你到哪儿去？我到城里去。

你到啊搭去呀？我在城里去呀。

ȵi53tɔ44∅ɑ44tɑ0tɕhi44∅iɑ0？ŋuo53tsæ44tʂhəŋ31li53tɕhi44∅iɑ0.

15. 在那儿，不在这儿。

在兀搭，不在这搭。

tsæ44∅u31tɑ53，pu3tsæ44tʂʅ31tɑ53.

16. 不是那么做，是要这么做的。

不是兀么做，是这么做哩。

pu31sɿ44∅u44mɤ0tsu44，sɿ44tʂʅ44mɤ0tsu44li0.

17. 太多了，用不着那么多，只要这么多就够了。

太多啦，用不了么多，只要这么多就够啦。

thæ44tuo31liɑ0，∅yŋ44pu31liɔ53mɤ53tuo31，tsɿ31∅iɔ44tʂʅ44mɤ0tuo31ȶiu44kou44liɑ0.

18. 这个大，那个小，这两个啊一个好点呢？

这个大，兀个碎，这俩啊个好些？

tʂæ44kɔ0tɑ44，∅u44kɔ0sui44，tʂæ44liɑŋ53∅ɑ31kɔ0xɔ53siɛ0？

19. 这个比那个好。

这个比兀个好。

tʂæ44kɔ0pi53Øu44kɔ0xɔ53.

20. 这些房子不如那些房子好。

这些房子不如那些房子好。

tʂæ44siɛ0faŋ31tsɿ53pu31ʒu44læ44siɛ0faŋ31tsɿ53xɔ53.

21. 这句话用____话怎么说？（填本地地名，本地音）

这句话用千阳话咋么说哩？

tʂei44tɕy31xuɑ44Øyŋ44ȶhiæ̃53Øiaŋ0xuɑ44tʂɑ31mɤ0ʂɤ31li0？

22. 他今年多大岁数？

他今年多大啦？

thɑ53tɕiŋ31ȵiæ̃24tuo31tɑ44liɑ0？

23. 大概有三十来岁吧。

大约三十来岁。

tɑ44Øyo31sæ̃53ʂʅ0læ0sui44.

24. 这个东西有多重呢？

个东西有多重？

kɔ53tuŋ53si0Øiu53tuo31tʃuŋ44？

25. 有五十斤重呢。

五十来斤重。

Øu53ʂʅ0læ0tɕiŋ31tʃuŋ44.

26. 拿得动吗？

拿得动呀不？

lɑ31tei53thuŋ44Øiɑ0pu31？

27. 我拿得动，他拿不动。

我能拿动，他拿不动。

ŋuo53ləŋ24lɑ24thuŋ44，thɑ53lɑ24pu31thuŋ44.

28. 真不轻，重得连我都拿不动了。

真的不轻，重的连我都拿不起。

tʂəŋ31ȶi0pu24tɕhiŋ31，tʃuŋ44ȶi0liæ̃24ŋuo53tou31lɑ31pu53tɕhiɛ53.

29. 你说得很好，你还会说点儿什么呢？

你说的好的很么，你还会说点啥？

ȵi53ʂɤ31ȶi0xɔ53ȶi0xəŋ53mɤ0，ȵi53xɑ24xui44ʂɤ31ȶiæ̃0ʃuɑ44？

30. 我嘴笨，我说不过他。

我嘴笨，说不过他。

ŋɔ53tsui53pəŋ44，ʂɤ31pu31kuo44thɑ53.

31. 说了一遍，又说了一遍。

说啦一遍，又说啦一遍。

ʂɤ31liɑ0Øi31piæ̃44，Øiu44ʂɤ31liɑ0Øi31piæ̃44.

32. 请你再说一遍。

你再说一遍。

ȵi53tsæ44ʂɤ31Øi31piæ̃44.

33. 不早了，快去吧！

不早啦，快去！

pu24tsɔ31liɑ0，khuæ44tɕhi44！

34. 现在还很早呢。等一会儿再去吧。

还早噢哩。等一会儿再去。

xɑ24tsɔ53Øɔ0li0. təŋ44Øi31xui44Øər0tsæ44tɕhi44.

35. 吃了饭再去好吧？

吃啦饭再去，能行呀不？

tʂhʅ31liɑ0fæ̃44tsæ44tɕhi44，ləŋ24ɕiŋ24Øiɑ0pu31？

36. 慢慢儿地吃啊！不要急嘛！

慢慢吃！嫑了急！

mæ̃44mæ̃53tʂhʅ31，pɤ31liɔ0tɕi24！

37. 坐着吃比站着吃好些。

坐下吃比立下吃好。

tshuo44xɑ0tʂhʅ31pi53li53xɑ0tʂhʅ31xɔ53.

38. 这个吃得，那个吃不得。

这个能吃，兀个不能吃。

tʂæ44kɔ0ləŋ24tʂhʅ31，Øu44kɔ0pu31ləŋ24tʂhʅ31.

39. 他吃了饭了，你吃了饭没有呢？

他先吃啦，你吃啦么？

thɑ53siæ̃24tʂhʅ31liɑ0，ȵi53tʂhʅ31liɑ0mɤ0？

40. 他去过上海，我没有去过。

他去过上海，我没去过。

thɑ53tɕhi44kuo0ʂɑŋ44xæ53，ŋuo53mɤ31tɕhi44kuo0.

41. 来闻闻这朵花香不香？

来闻一下这花香呀不？

læ24vəŋ24Øi31xɑ0tʂɤ44xuɑ31ɕiɑŋ31Øiɑ0pu31？

42. 香得很，是不是？

香很，是啊不？

ɕiɑŋ53xəŋ53，sɿ44Øɑ0pu31？

43. 给我一本书！

给我一本书！

kei44ŋuo53Øi31pəŋ53ʃu31！

44. 我实在没有书么！

我高低没书么！

ŋuo53kɔ24ʈi31mɤ24ʃu31mɤ0！

45. 你告诉他。

你给他说。

ȵi53kei44thɑ53ʂɤ31.

46. 好好儿地走！不要跑！

好好走！嫑了乱跑！

xɔ53xɔ24tsou53！pɤ31liɔ0luæ̃44phɔ53！

47. 小心跌下去爬也爬不上来！

小心跌下去爬都爬不上来！

siɔ53siŋ31ʈiɛ53xɑ0tɕhi0phɑ24tou0phɑ24pu31ʂɑŋ44læ0！

48. 医生叫你多睡一睡。

大夫叫你多睡嘎。

tæ44fu31tɕiɔ44ȵi53tuo31ʃui44kɑ0.

49. 吸烟或者喝茶都不可以。

吃烟喝茶都没向。

tʂhʅ24Øiæ̃31xuo31tshɑ24tou31mɤ31ɕiɑŋ44.

50. 烟也好，茶也好，我都不喜欢。

烟连茶我都不爱。

Øiæ̃31liæ̃24tshɑ24ŋuo53tou24pu31ŋæ44.

51. 不管你去不去，反正我是要去的，我非去不可。

管你去不去，反正我非去不可。

kuæ̃53ȵi53tɕhi44pu31tɕhi44，fæ̃31tʂəŋ44ŋuo53fei31tɕhi44pu31khuo53.

52. 你是哪一年来的？

你是啊一年来的？

ȵi53sɿ44Øɑ31Øi31ȵiæ̃24læ31ȶi53？

53. 我是前年到的北京。

我前年到北京的。

ŋuo53ȶhiæ̃31ȵiæ̃53tɔ44pei31tɕiŋ0ȶi0.

54. 今天开会谁的主席？

今儿开会谁是主席？

tɕiŋr31khæ31xui44ʃui24sɿ44tʃu53si24？

55. 你得请我的客。

你得请我的客。

ȵi53tei31ȶhiŋ53ŋuo53ȶi0khei31.

56. 这是他的书，那一本是他哥哥的。

这书是他的，□一本是他哥的。

tʂæ44ʃu31sɿ44thɑ53ȶi0，Øuæ44Øi31pəŋ53sɿ44thɑ31kuo24ȶi0.

57. 一边走，一边说。

旋走旋说。

suæ̃44tsou53suæ̃44ʂɤ31.

58. 看书的看书，看报的看报，写字的写字。

看书的看书，看报的看报，写字的写字。

khæ̃44ʃu53ȶi0khæ̃44ʃu53，khæ̃44pɔ44ȶi0khæ̃44pɔ44，siɛ53tsɿ44ȶi0siɛ53tsɿ44.

59. 越走越远，越说越多。

越走越远，越说越多么。

Øyɛ31tsou53Øyɛ31Øyæ̃31，Øyɛ24ʂɤ31Øyɛ24tuo31mɤ0.

60. 把那个东西拿给我。

把兀个东西给我拿来。

pɑ31Øu44kɔ0tuŋ53si0kei44ŋuo53lɑ31læ53.

61. 有些地方把太阳叫日头。

有的地方把太阳叫日头爷。

Øiu53ȶi0ȶi44fɑŋ31pɑ31thæ44Øiɑŋ0tɕiɔ44Øər53thou0Øiɛ0.

62. 您贵姓？我姓王。

你姓啥？我姓王。

ȵi53siŋ44ʃuɑ44？ŋuo53siŋ44Øuɑŋ24.

63. 你姓王，我也姓王，咱们两个人都姓王。

你姓王，我也姓王，咱俩都姓王。

ȵi53siŋ44Øuɑŋ24，ŋuo53Øɑ53siŋ44Øuɑŋ24，tsɑ24liɑŋ53tou24siŋ44Øuɑŋ24.

64. 你先去吧，我们等一会儿再去。

你先去，我的等一下再去。

ȵi53siæ̃31tɕhi44，ŋuo31ʈi0təŋ44Øi31xɑ0tsæ44tɕhi44.

第二节　北风和太阳

北风跟太阳

有一回，北风跟太阳在那儿争论谁的本事大。争来争去就是分不出高低来。这时候路上来了个走道儿的，他身上穿着件厚大衣。他们俩就说好了，谁能先叫这个走道儿的脱下他的厚大衣，就算谁的本事大。北风就使劲地刮起来了，不过他刮得越是厉害，那个走道儿的把大衣裹得越紧。后来北风没法儿了，只好就算了。过了一会儿，太阳出来了。他火辣辣地一晒，那个走道儿的马上就把那件厚大衣脱下来了。这下儿北风只好承认，他们俩当中还是太阳的本事大。

北风和日头爷

pei24fəŋ31xuo24Øər53thou0Øiɛ0

有一天，北风和日头爷在兀搭争竞谁的本事大，争啦半天分不出个上下。

Øiu53Øi31ʈhiæ̃31，pei24fəŋ31xuo24Øər53thou0Øiɛ0tsæ44Øu44tɑ0tsəŋ53tɕiŋ0sei31ʈi53pəŋ53sʅ0tɑ44，tsəŋ31liɑ0pæ̃44ʈhiæ̃31feŋ31pu24tʃhu31kɔ0ʂɑŋ44xɑ44.

这时，来了个过路的，他身上穿了个棉大衣。

tʂæ44sʅ24，læ31liɔ53kɔ0kuo44lu44ʈi0，thɑ53ʂəŋ31ʂɑŋ0tʃhuæ̃31liɔ0kɔ0miæ̃24tɑ44Øi31.

他俩个就说好啦，谁能先叫该过路的脱下他的棉大衣，就算谁□本事大。

thɑ31liɑŋ53kɔ0ʈiu44ʂɤ31xɔ53liɑ0，sei24ləŋ24siæ̃31tɕiɔ44kæ53kuo44lu44ʈi0thuo31xɑ0thɑ53ʈi0miæ̃24tɑ44Øi31，ʈiu44suæ̃44sei24Øuæ0pəŋ53sʅ0tɑ44.

说毕，北风鼓劲刮了起来，他刮的越韶，该过路的就把棉大衣夹的越紧。

ʂɤ24pi31，pei24fəŋ31ku53tɕiŋ44kuɑ31liɔ0tɕhiɛ53læ0，thɑ53kuɑ53ʈi0Øyɛ31ʂɔ24，kæ53kuo44lu44ʈi0ʈiu44pɑ31miæ̃24tɑ44Øi31tɕiɑ31ʈi0Øyɛ31tɕiŋ53.

北风到□没法子，只好算啦。

pei24fəŋ31tɔ44Øɤ0mɤ31fɑ53tsʅ0，tsʅ31xɔ53suæ̃44liɑ0.

过了一下下，日头爷出来啦，没面的一晒，把该过路的一下子给热的着不住啦，赶紧把棉大衣给脱啦。

kuo44liɔ0Øi31xɑ44xɑ0，Øər53thou0Øiɛ0tʃhu31læ0liɑ0，mɤ53miæ̃0ȶi0Øi31sæ44，pɑ31 kæ53kuo44lu44ȶi0Øi31xɑ44tsʅ0kei0ʐɤ53ȶi0tʂɔ24pu31tʃhu44liɑ0，kæ̃31ȶɕiŋ53pɑ31miæ̃24 tɑ44Øi31kei0thuo31liɑ0.

这么北风一看，只得承认，他俩还是数日头爷本事大。

tʂʅ44mɤ0pei24fəŋ31Øi31khæ̃44，tsʅ24tei31tʂhəŋ24ʐəŋ44，thɑ31liɑŋ53xɑ24sʅ44ʃu53 Øər53thou0Øiɛ0pəŋ53sʅ0tɑ44.

第三节 口头文化

一、骆状元来千阳

清朝光绪手里，千阳有一任县令姓骆，叫骆腾焕，人称骆太爷。骆太爷的儿子是状元，叫骆毅荣。那一年状元来千阳看他爸，走到凤翔时，一些舔沟子报信的就飞马前来给骆太爷说："报太爷，状元到！"骆太爷没言传。状元已走到县衙大门口了，报信的一看骆太爷两次都不搭理，不知啥缘故，不敢再报信了。这时千阳公堂上的李差人上前禀道："报老爷，公子到！"骆太爷这一下才开了腔，当着那些舔沟子报信的面说："你们不懂人情世故。李差人够人，他懂。"当堂封李差人为四大班头，出门赏了个偏套车，还给挂了一块"盛世耆英"的牌匾。

二、石龙桥

在南寨乡和文家坡乡分界的天池沟里，有一座龙形的天然石桥，关于这桥还有个传说哩。据说一个娃娃割草时，捡到一个很好看的碎石头，拿回家玩，一不小心石头掉到瓮里，还没等得去捞，瓮里的水就满了。娃娃的娘知道是宝，捞出来又放到米缸里试，米也满了。他娘喜不自禁，嘴不牢，给人撂白哩。一个财主听着了，说是他家的，硬要。财主把屋里屋外搜遍了，搜不着，把娃娃拉住就打，打得娃娃吐了血，娃娃一口把石头咽了，没想到娃娃变成了一条龙要上天。他娘一把抓住儿的腿，不让飞。儿的腿没有变全，飞不到天上去，娃娃龙就像鸟一样在财主房里地里盘圈子。几阵恶风暴雨把财主家的田地冲成几道沟，把财主也埋在泥里头。娃娃龙自己也落了下来爬在天池沟里的两个土梁中间，变成龙形的石桥。这个桥至今把樊家原村的沟坡和一致村的沟坡连了起来。

三、剪红灯[①]

出场人：吴文正（唱二六板）

观灯：

一日离家一旦空，好事孤雁半山林。

人人都说出门好，难免思家一片心。

（转大板）

剪灯人杨月真 32 岁，住山西翼城县有我家门。

奴兄长吴文清江湖贸易，吴文正本是奴丈夫学名。

大毕年皇王爷开了科论，有为妻送丈夫去求功名。

一去了数十载无有音讯，把一封败坏书捎进家门。

奴兄嫂见书信心中毒恨，她叫奴反穿裙另配夫君。

杨月真主意定始终不用，她把我打磨坊曾受苦情。

杨月真在磨坊苦情受尽，三更后把磨坊一火结封。

杨月真在磨坊不该丧命，多亏了奈侄子通信走风。

奈子儿他给我盘费一锭，三更后打发我远处逃生。

出门来妻不知东西路径，三岔路遇一位白头老公。

实感动老公公恩情盛重，一把车推你妻越国城中。

到越国无亲眷无处投奔，朱家店把店妈妈拜为干亲。

我母子在店官十分情重，赛过了亲生母一母同生。

到后来遭荒年无有度用，立逼得你的妻剪卖红灯。

吴郎夫若念起夫妻情重，离长安到越国夫妻相逢。

吴郎夫若不念夫妻情重，将你妻困死在越国城中。

灯带上与奴夫捎书带信，晓谕了各路的来往客人。

哪一家与奴夫捎书带信，来世里转儿女补报君恩。

吴文正观书来心中作隐，唤来了女公主细问分明。

---

① 当地戏曲碗碗腔选段。

太白城关篇

第一章　总　论

第一节　人文地理、历史沿革、人口概况

太白县位于宝鸡市东南部，地处东经107°03′～107°46′，北纬33°38′～34°09′，横亘秦岭山脉腹地，因秦岭主峰太白山在境内而得名。全县横跨黄河、长江两大流域，北连秦川，南通巴蜀，为川陕之要冲，地理位置十分优越，自然风光、民情风俗和地方方言等既有关中风情，又具巴蜀特色。县城距西安180千米，距宝鸡64千米，距汉中170千米，距杨陵100千米，距咸阳160千米。境内海拔最高3767米，最低740米，平均海拔在1000米以上，县城海拔1543米，是陕西省107个县中海拔最高的县。太白长冬无夏，春秋相连，年平均气温7.7℃，夏季平均气温19℃，是名副其实的“天然空调城”和冬赏瑞雪、夏避酷暑的胜地，“太白积雪六月天”是有名的关中八景之一。太白县1953年设区，1961年建县，是陕西省最年轻的县。全县总面积2780平方千米，辖7镇66个行政村。秦岭的两大高峰太白山、鳌山都在境内。太白林地面积390万亩，绿色植被覆盖率95%，森林覆盖率89.5%，是全球同纬度生态环境最为良好的地区之一，也是绿色有机蔬菜的最佳生长地。近年来，太白相继荣获“国家级生态示范区”“国家卫生县城”“国家园林县城”“全国农产品标准化生产综合示范区”“全国无公害蔬菜生产示范区”“全国群众体育先进县”“国家级水利风景区”“全国绿化模范县”以及“省级平安县”“省级双高双普县”“省级教育强县”等称号。

太白县历史上曾属雍州、梁州分辖。东周时，北部属虢县，西北属陈仓县，东北属武功县。秦、西汉时，北部属虢县，西北属陈仓县，西南属故道县。东汉、三国、两晋时，北部属陈仓县，东北属郿县，西南属故道县。十六国时，北部属苑川县，东部属郿县，西南属故道县。北魏时，西北部属苑川县，东南属盩厔县，西南属故道县。西魏时，北部属陈仓县，东南属盩厔县，西南属梁泉县。隋时，西北属陈仓县，东南属盩厔县，东北属岐山县，西南属梁泉县。唐时，西北属宝鸡县，东南属真符县，东北属岐山县，西南属梁泉县。宋、金时，西北属宝鸡县，东南属盩厔县，东北属岐山县，西南属梁泉县。元、明时，西北属宝鸡县，东南属盩厔县，东北属岐山县，西南

属凤州、凤县。清时，西北部属宝鸡县，东南属佛坪县，东北属岐山县，西南属凤县。1952年12月27日，中华人民共和国中央人民政府内务部批准设太白中心区，按丁等县编制。1953年1月27日，陕西人民政府命令设太白区，暂属宝鸡专区管辖。1953年2月17日，太白区人民政府正式成立，区政府驻地咀头街，1955年改区政府为区人民委员会。1958年12月，太白区并入宝鸡市，成立太白人民公社。1961年8月22日，国务院批准设立太白县制。9月1日，太白县人民委员会成立，驻地咀头街，属宝鸡专区管辖。1968年4月10日，撤销县人民委员会，成立太白县革命委员会。1971年12月，宝鸡地区撤销后，归宝鸡市管辖。1979年3月1日，宝鸡地区恢复后，归宝鸡地区行政公署管辖。1980年8月1日，宝鸡地、市合并后，归宝鸡市管辖。1980年12月31日，撤销县革命委员会，成立县人民政府，驻地咀头街，属宝鸡市管辖。1996年，全县人口4.9万人，辖1个镇，10个乡：咀头镇，靖口乡、桃川乡、太白河乡、二郎坝乡、黄柏塬乡、高码头乡、龙窝乡、鹦鸽乡、王家堎乡、白云乡。县政府驻咀头镇。1997年，撤销高码头乡、龙窝乡，两乡合并设立高龙乡；桃川乡改为桃川镇，鹦鸽乡改为鹦鸽镇，太白河乡改为太白河镇，靖口乡改为靖口镇。2000年第五次人口普查，全县总共有51332人，其中：咀头镇22360人，桃川镇5947人，鹦鸽镇7087人，靖口镇3685人，太白河镇3899人，白云乡1521人，王家堎乡2338人，黄柏塬乡889人，高龙乡2311人，二郎坝乡1295人。2010年，太白县辖5个镇，3个乡：咀头镇、桃川镇、鹦鸽镇、靖口镇、太白河镇，王家堎乡、黄柏塬乡、高龙乡。2001年，撤销白云乡并入咀头镇，撤销二郎坝乡并入黄柏塬乡。2011年，撤销高龙乡并入鹦鸽镇，撤销黄柏塬乡设立黄柏塬镇，撤销王家堎乡设立王家堎镇。调整后，太白县辖7个镇：咀头镇、鹦鸽镇、桃川镇、靖口镇、太白河镇、王家堎镇、黄柏塬镇。

第二节　方言归属与内部差异

本县南北语言迥异。北部咀头镇及靖口、白云、桃川、鹦鸽、高码头、龙窝6个乡语言同属中原官话秦陇片。县政府驻地咀头镇，北片方言为全县优势方言。南部黄柏塬、二郎坝、王家堎、太白河4个乡语言属西南官话陕南片。

第三节　发音人和调查人概况

方言发音人（一）

1. 姓名：张有绪

2. 单位（退休前）：陕西省宝鸡市太白县咀头镇拐里村卫生室

3. 通信地址：陕西省宝鸡市太白县咀头镇拐里村三组

4. 性别：男　　民族：汉

5. 出生年月日（公历）：1947 年 10 月 14 日

6. 出生地（从省级至自然村级）：陕西省宝鸡市太白县咀头镇拐里村

7. 主要经历：一直在本村从事医疗卫生工作。

8. 文化程度：初中

9. 职业：乡村医生

10. 会说哪几种话（包括普通话、外语）：太白方言

11. 父亲是哪里人，会说什么话：宝鸡市太白县咀头镇拐里村人，会说太白方言。

12. 母亲是哪里人，会说什么话：宝鸡市太白县咀头镇拐里村人，会说太白方言。

13. 配偶是哪里人，会说什么话：宝鸡市太白县咀头镇上河村人，会说太白方言。

方言发音人（二）

1. 姓名：吕向党

2. 单位（退休前）：陕西省宝鸡市太白县公路站

3. 通信地址：陕西省宝鸡市太白县太白河镇东青村五组

4. 性别：男　　民族：汉

5. 出生年月日（公历）：1952 年 6 月 12 日

6. 出生地（从省级至自然村级）：陕西省宝鸡市太白县太白河镇东青村

7. 主要经历：1970 年 2 月 ～1988 年 8 月在太白河小学任教；1988 年 9 月 ～1998 年 8 月在太白河镇政府工作；1998 年 9 月 ～2002 年 8 月在太白县运管所工作；2002 年 9 月 ～2005 年 5 月在太白县公路站工作；2005 年 6 月正式退休。

8. 文化程度：中学

9. 职业：干部

10. 会说哪几种话（包括普通话、外语）：太白河镇方言

11. 父亲是哪里人，会说什么话：宝鸡市太白县太白河镇人，会说太白河镇方言。

12. 母亲是哪里人，会说什么话：宝鸡市太白县太白河镇人，会说太白河镇方言。

13. 配偶是哪里人，会说什么话：宝鸡市太白县太白河镇人，会说太白河镇方言。

调查人

1. 姓名：王应龙

2. 单位：宝鸡文理学院关陇方言民俗研究中心

3. 通信地址：宝鸡市高新大道 1 号文理学院文传院语言教研室

4. 协助调查人 1 姓名：唐　晖

5. 协助调查人 2 姓名：余江琴

6. 协助调查人 3 姓名：宋　英

7. 协助调查人 4 姓名：岳　丽

第二章 语 音

第一节 声 母

声母共二十六个，包括零声母在内。

p 八兵布宝	ph 派片爬病	m 麦明母庙	f 风副肥饭	v 味问温完
t 多党东刀	th 讨毒脱特			l 脑南老蓝连路
ȶ 酒焦店浆	ȶh 天铁七清			
ts 资早租贼	tsh 刺寸字全		s 三酸想谢	
tʂ 张竹装主	tʂh 柱初床车		ʂ 双船顺书	ʐ 热软让褥
tɕ 九金假举	tɕh 轻穷去茄	ȵ 年泥哑硬	ɕ 响县虚雪	
k 高共瓜哥	kh 开柜跪口	ŋ 熬安藕爱	x 好灰活下	
Ø 月王云用药				

第二节 韵 母

韵母三十三个，不包括儿化韵。

ɿ 师迟试指			
ʅ 猪出十尺	i 米戏急七	u 苦五骨谷	y 雨橘局女
ɑ 茶瓦塔法	iɑ 牙鸭家夹	uɑ 刮瓜花滑	
o 婆磨拨佛		uo 歌坐活壳	yo 药学靴月
ɤ 折车热蛇	iɛ 写接贴节		
ɔ 宝饱早贸	iɔ 笑桥飘鸟		
æ 开排鞋歪		uæ 怪快坏拐	
ei 赔飞色白		ui 对鬼国雷	
ou 豆走狗凑	iu 油六绿丢		
ər 二儿耳日			

ǣ南山半碗　　iǣ盐年眼间　　uǣ短官幻惯　　yǣ权院卷馅
ɑŋ 糖床双邦　　iɑŋ 响讲良强　　uɑŋ 王黄矿光
əŋ 深根春灯　　iŋ 心新硬病　　uŋ 寸滚横东　　yŋ 云用兄穷

第三节　单字调

单字调四个。

阴平 31　东春百搭　阳平 24　门牛油铜　上声 53　懂古九统　去声 44　动近后寸

第四节　连读变调

后字非轻声两字组连调模式见表 2-1。

表 2-1　后字非轻声两字组连调模式

<table>
<tr><th>后字 / 前字</th><th>1 阴平 31</th><th>2 阳平 24</th><th>3 上声 53</th><th>4 去声 44</th></tr>
<tr><td rowspan="2">1 阴平 31</td><td rowspan="2">24+31</td><td rowspan="2">31+24</td><td rowspan="2">31+53</td><td>31+44</td></tr>
<tr><td>53+44</td></tr>
<tr><td>2 阳平 24</td><td>24+31</td><td>24+24</td><td>24+53</td><td>24+44</td></tr>
<tr><td>3 上声 53</td><td>53+31</td><td>53+24</td><td>53+53</td><td>53+44</td></tr>
<tr><td>4 去声 44</td><td>44+31</td><td>44+24</td><td>44+53</td><td>44+44</td></tr>
</table>

非叠字组后字轻声两字组连调模式见表 2-2。

表 2-2　非叠字组后字轻声两字组连调模式

<table>
<tr><th>后字 / 前字</th><th>1 阴平 31</th><th>2 阳平 24</th><th>3 上声 53</th><th>4 去声 44</th></tr>
<tr><td rowspan="2">1 阴平 31</td><td>31+0</td><td>31+0</td><td rowspan="2">31+0</td><td rowspan="2">53+0</td></tr>
<tr><td>53+0</td><td>53+0</td></tr>
<tr><td>2 阳平 24</td><td>31+53</td><td>31+53</td><td>31+53</td><td>31+53</td></tr>
<tr><td rowspan="3">3 上声 53</td><td rowspan="3">44+0</td><td rowspan="3">44+0</td><td>31+53</td><td>44+0</td></tr>
<tr><td>31+0</td><td rowspan="2">31+0</td></tr>
<tr><td>44+0</td></tr>
<tr><td>4 去声 44</td><td>44+0</td><td>44+0</td><td>44+0</td><td>44+0</td></tr>
</table>

第五节 单字

0001. 多 tuo31
0002. 拖 thuo31
0003. 大～小 ta44
0004. 锣 luo24
0005. 左 tsuo44
0006. 歌 kuo31
0007. 个一～kɔ44
0008. 可 khuo53
0009. 鹅 ŋuo24
0010. 饿 ŋuo44
0011. 河 xuo24
0012. 茄 tɕhiɛ24
0013. 破 pho44
0014. 婆 pho24
0015. 磨动 mo24
0016. 磨名 mo44
0017. 躲 tuo53
0018. 螺 luo24
0019. 坐 tshuo44
0020. 锁 suo53
0021. 果 kuo53
0022. 过 kuo44
0023. 课 khuo44
0024. 火 xuo53
0025. 货 xuo44
0026. 祸 xuo44
0027. 靴 ɕyo31
0028. 把量 pa53
0029. 爬 pha24
0030. 马 ma53
0031. 骂 ma44
0032. 茶 tsha24
0033. 沙 sa31
0034. 假真～tɕia53
0035. 嫁 tɕia44
0036. 牙 Øia24
0037. 虾 ɕia31
0038. 下底～xa44
0039. 夏春～ɕia44
0040. 哑 ȵia53
0041. 姐 ȶiɛ24
0042. 借 ȶiɛ44
0043. 写 siɛ53
0044. 斜 siɛ24
0045. 谢 siɛ44
0046. 车不是棋子 tʂhɤ31
0047. 蛇 ʂɤ24
0048. 射 ʂɤ44
0049. 爷 Øiɛ24
0050. 野 Øiɛ53
0051. 夜 Øiɛ44
0052. 瓜 kua31
0053. 瓦 Øua53
0054. 花 xua31
0055. 化 xua44
0056. 华中～xua31
0057. 谱家～，注意声母 phu53
0058. 布 pu44
0059. 铺动 phu31
0060. 簿 phu53
0061. 步 phu44
0062. 赌 tu53
0063. 土 thu53
0064. 图 thu24
0065. 杜 thu44
0066. 奴 lu24
0067. 路 lu44
0068. 租 tsu31
0069. 做 tsu44
0070. 错对～tshuo31
0071. 箍～桶，注意声母 ku31
0072. 古 ku53
0073. 苦 phu53 辛～/khu53 勤～
0074. 裤 phu44
0075. 吴 vu24
0076. 五 Øu53
0077. 虎 xu53
0078. 壶 xu24
0079. 户 xu44
0080. 乌 Øu31
0081. 女 ȵy53
0082. 吕 ly53
0083. 徐 ɕy24
0084. 猪 tʂʅ31
0085. 除 tʂhʅ24
0086. 初 tʂhʅ31
0087. 锄 tʂhʅ24
0088. 所 ʂuo53
0089. 书 ʂʅ31
0090. 鼠 ʂʅ53
0091. 如 ʐʅ24
0092. 举 tɕy53
0093. 锯名 tɕy44
0094. 去 tɕhi44
0095. 渠～道 tɕhy24
0096. 鱼 Øy24
0097. 许 ɕy53
0098. 余剩～，多～Øy24
0099. 府 fu53
0100. 付 fu44
0101. 父 fu44
0102. 武 vu53
0103. 雾 vu44
0104. 取 tɕhy53
0105. 柱 tʂhʅ44
0106. 住 tʂhʅ44
0107. 数动 ʂʅ53
0108. 数名 ʂʅ44
0109. 主 t ʂʅ53
0110. 输 ʂʅ31
0111. 竖 ʂʅ53
0112. 树 ʂʅ44
0113. 句 tɕy44
0114. 区地～tɕhy31
0115. 遇 Øy44

0116. 雨 Øy53
0117. 芋 Øy44
0118. 裕 Øy31
0119. 胎 thæ31
0120. 台戏～thæ24
0121. 袋 tæ44
0122. 来 læ24
0123. 菜 tshæ44
0124. 财 tshæ24
0125. 该 kæ31
0126. 改 kæ53
0127. 开 khæ31
0128. 海 xæ53
0129. 爱 ŋæ44
0130. 贝 pei44
0131. 带动 tæ44
0132. 盖动 kæ44
0133. 害 xæ44
0134. 拜 pæ44
0135. 排 phæ24
0136. 埋 mæ24
0137. 戒 ʨiɛ44
0138. 摆 pæ53
0139. 派注意声调 phæ53～别/phæ44～出
0140. 牌 phæ24
0141. 买 mæ53
0142. 卖 mæ44
0143. 柴 tshæ24
0144. 晒 sæ44
0145. 街 ʨiɛ31
0146. 解～开 ʨiɛ53
0147. 鞋 xæ24
0148. 蟹注意声调 ɕiɛ31
0149. 矮 ŋæ53
0150. 败 phæ44
0151. 币 pi44
0152. 制～造 tʂʅ44
0153. 世 ʂʅ44
0154. 艺 Øi44
0155. 米 mi53
0156. 低 ȶi31
0157. 梯 ȶhi31
0158. 剃 ȶhi44
0159. 弟 ȶhi44
0160. 递 ȶi44
0161. 泥 ȵi24
0162. 犁 li24
0163. 西 si31
0164. 洗 si53
0165. 鸡 ʨi31
0166. 溪 ɕi44
0167. 契 ʨhi31
0168. 系联～ɕi44
0169. 杯 phei31
0170. 配 phei44
0171. 赔 phei24
0172. 背～诵 phei44
0173. 煤 mei24
0174. 妹 mei44
0175. 对 tui44
0176. 雷 lui24
0177. 罪 tsui44
0178. 碎 sui44
0179. 灰 xui31
0180. 回 xui24
0181. 外 Øuæ44
0182. 会开～xui44
0183. 怪 kuæ44
0184. 块 khuæ53
0185. 怀 xuæ24
0186. 坏 xuæ44
0187. 拐 kuæ53
0188. 挂 kuɑ44
0189. 歪注意声母 Øuæ53
0190. 画 xuɑ44
0191. 快 khuæ44
0192. 话 xuɑ44
0193. 岁 sui44
0194. 卫 Øui44
0195. 肺 fei44
0196. 桂 kui44
0197. 碑 pi31
0198. 皮 phi24
0199. 被～子 pi44
0200. 紫 tsɿ31
0201. 刺 tshɿ44
0202. 知 tʂʅ31
0203. 池 tʂhʅ24
0204. 纸 tsɿ53
0205. 儿 Øər24
0206. 寄 ʨi44
0207. 骑 ʨhi24
0208. 蚁注意韵母 Øi44
0209. 义 Øi44
0210. 戏 ɕi44
0211. 移 Øi24
0212. 比 pi53
0213. 屁 phi44
0214. 鼻注意声调 phi24
0215. 眉 mi24
0216. 地 ȶhi44
0217. 梨 li24
0218. 资 tsɿ31
0219. 死 sɿ53
0220. 四 sɿ44
0221. 迟 tshɿ24
0222. 指 tsɿ53
0223. 师 sɿ31
0224. 二 Øər44
0225. 饥～饿 ʨi31
0226. 器 ʨhi44
0227. 姨 Øi24
0228. 李 li53
0229. 子 tsɿ53
0230. 字 tshɿ44
0231. 丝 sɿ31
0232. 祠 tshɿ24
0233. 寺 sɿ44
0234. 治 tʂʅ44
0235. 柿 sɿ44
0236. 事 sɿ44
0237. 使 sɿ44
0238. 试 sɿ44
0239. 时 sɿ24
0240. 市 sɿ44
0241. 耳 Øər53

0242. 记 tɕi44
0243. 棋 tɕhi24
0244. 喜 ɕi53
0245. 意 Øi44
0246. 几～个 tɕi53
0247. 气 tɕhi44
0248. 希 ɕi31
0249. 衣 Øi31
0250. 嘴 tsui53
0251. 随 sui24
0252. 吹 tʂhei31
0253. 垂 tʂhei44
0254. 规 khui31
0255. 亏 khui31
0256. 跪注意声调 khui44
0257. 危 Øui31
0258. 类 lui53
0259. 醉 tsui44
0260. 追 tʂei31
0261. 锤 tʂhei24
0262. 水 ʂei53
0263. 龟 kui31
0264. 季 tɕi44
0265. 柜 khui44
0266. 位 Øui44
0267. 飞 fei31
0268. 费 fei44
0269. 肥 fei24
0270. 尾 Øi53 ～巴/ Øui53 末～
0271. 味 vei44
0272. 鬼 kui53
0273. 贵 kui44
0274. 围 Øui24
0275. 胃 Øui44
0276. 宝 pɔ53
0277. 抱 pɔ44
0278. 毛 mɔ24
0279. 帽 mɔ44
0280. 刀 tɔ31
0281. 讨 thɔ53
0282. 桃 thɔ24
0283. 道 thɔ44
0284. 脑 lɔ53
0285. 老 lɔ53
0286. 早 tsɔ53
0287. 灶 tsɔ44
0288. 草 tshɔ53
0289. 糙注意声调 tshɔ44
0290. 造 tshɔ44
0291. 嫂 sɔ53
0292. 高 kɔ31
0293. 靠 khɔ44
0294. 熬 ŋɔ24
0295. 好～坏 xɔ53
0296. 号名 xɔ44
0297. 包 pɔ31
0298. 饱 pɔ53
0299. 炮 phɔ44
0300. 猫 mɔ24
0301. 闹 lɔ44
0302. 罩 tsɔ44
0303. 抓用手～牌 tʂɑ31
0304. 找～零钱 tsɔ53
0305. 抄 tshɔ31
0306. 交 tɕiɔ31
0307. 敲 tɕhiɔ31
0308. 孝 ɕiɔ44
0309. 校学～ɕiɔ44
0310. 表手～piɔ53
0311. 票 phiɔ44
0312. 庙 miɔ44
0313. 焦 ȶiɔ31
0314. 小 siɔ53
0315. 笑 siɔ44
0316. 朝～代 tʂhɔ24
0317. 照 tʂɔ44
0318. 烧 ʂɔ31
0319. 绕～线 ʐɔ53
0320. 桥 tɕhiɔ24
0321. 轿 tɕhiɔ44
0322. 腰 Øiɔ31
0323. 要重～Øiɔ44
0324. 摇 Øiɔ24
0325. 鸟注意声母 ȵiɔ53
0326. 钓 ȶiɔ44
0327. 条 ȶhiɔ24
0328. 料 liɔ44
0329. 箫 siɔ31
0330. 叫 tɕiɔ44
0331. 母丈～，舅～ mu53
0332. 抖 thou53
0333. 偷 thou31
0334. 头 thou24
0335. 豆 tou44
0336. 楼 lou24
0337. 走 tsou53
0338. 凑 tshou44
0339. 钩注意声母 kou31
0340. 狗 kou53
0341. 够 kou44
0342. 口 khou53
0343. 藕 ŋou53
0344. 后前～xou44
0345. 厚 xou44
0346. 富 fu44
0347. 副 fu44
0348. 浮 fu24
0349. 妇 fu44
0350. 流 liu24
0351. 酒 ȶiu53
0352. 修 siu31
0353. 袖 siu44
0354. 抽 tʂhou31
0355. 绸 tʂhou24
0356. 愁 tshou24
0357. 瘦 sou44
0358. 州 tʂou31
0359. 臭香～tʂhou44
0360. 手 ʂou53
0361. 寿 ʂou44
0362. 九 tɕiu53
0363. 球 tɕhiu24
0364. 舅 tɕiu44
0365. 旧 tɕhiu44
0366. 牛 ȵiu24

0367. 休 çiu31
0368. 优 Øiu31
0369. 有 Øiu53
0370. 右 Øiu44
0371. 油 Øiu24
0372. 丢 ȶiu31
0373. 幼 Øiu44
0374. 贪 thæ̃31
0375. 潭 thæ̃24
0376. 南 læ̃24
0377. 蚕 tshæ̃24
0378. 感 kæ̃53
0379. 含 ～一口水 xæ̃24
0380. 暗 ŋæ̃44
0381. 搭 tɑ31
0382. 踏注意声调 thɑ24
0383. 拉注意声调 lɑ31
0384. 杂 tsɑ24
0385. 鸽 kuo31
0386. 盒 xuo24
0387. 胆 tæ̃53
0388. 毯 thæ̃53
0389. 淡 thæ̃44
0390. 蓝 læ̃24
0391. 三 sæ̃31
0392. 甘 kæ̃31
0393. 敢 kæ̃53
0394. 喊注意声调 xæ̃31
0395. 塔 thɑ31
0396. 蜡 lɑ31
0397. 赚 tɕiæ̃44
0398. 杉～木，注意韵母 sɑ31
0399. 减 tɕiæ̃53
0400. 咸～淡 xæ̃24
0401. 插 tshɑ31
0402. 闸 tsɑ44
0403. 夹～子 tɕiɑ31
0404. 衫 sæ̃31
0405. 监 tɕiæ̃31
0406. 岩 ŋæ̃24
0407. 甲 tɕiɑ31
0408. 鸭 Øiɑ31
0409. 黏～液 ʐæ̃24
0410. 尖 ȶiæ̃31
0411. 签～名 ȶhiæ̃31
0412. 占～领 tʂæ̃44
0413. 染 ʐæ̃53
0414. 钳 tɕhiæ̃24
0415. 验 Øiæ̃44
0416. 险 çiæ̃53
0417. 厌 Øiæ̃44
0418. 炎 Øiæ̃44
0419. 盐 Øiæ̃24
0420. 接 ȶiɛ31
0421. 折～叠 tʂɤ24
0422. 叶树～Øiɛ31
0423. 剑 tɕiæ̃44
0424. 欠 tɕhiæ̃44
0425. 严 Øiæ̃24～格/ȵiæ̃24 把门关～
0426. 业 ȵiɛ31
0427. 点 ȶiæ̃53
0428. 店 ȶiæ̃44
0429. 添 ȶhiæ̃53
0430. 甜 ȶhiæ̃24
0431. 念 ȵiæ̃44
0432. 嫌 çiæ̃24
0433. 跌注意声调 ȶiɛ31
0434. 贴 ȶhiɛ31
0435. 碟 ȶhiɛ24
0436. 协 çiɛ24
0437. 犯 fæ̃44
0438. 法 fɑ31
0439. 品 phiŋ53
0440. 林 liŋ24
0441. 浸 ȶiŋ31
0442. 心 siŋ31
0443. 寻 siŋ24
0444. 沉 tʂhəŋ24
0445. 参人～səŋ31
0446. 针 tʂəŋ31
0447. 深 ʂəŋ31
0448. 任责～ʐəŋ44
0449. 金 tɕiŋ31
0450. 琴 tɕhiŋ24
0451. 音 Øiŋ31
0452. 立 li31
0453. 集 ȶhi24
0454. 习 si24
0455. 汁 tʂʅ31
0456. 十 ʂʅ24
0457. 入 ʐʅ31
0458. 急 tɕi24
0459. 及 tɕi24
0460. 吸 çi31
0461. 单简～tæ̃31
0462. 炭 thæ̃44
0463. 弹～琴 thæ̃24
0464. 难～易 læ̃24
0465. 兰 læ̃24
0466. 懒 læ̃53
0467. 烂 læ̃44
0468. 伞注意声调 sæ̃53
0469. 肝 kæ̃31
0470. 看～见 khæ̃44
0471. 岸 ŋæ̃44
0472. 汉 xæ̃44
0473. 汗 xæ̃44
0474. 安 ŋæ̃31
0475. 达 tɑ24
0476. 辣 lɑ31
0477. 擦 tshɑ31
0478. 割 kuo31
0479. 渴 khuo31
0480. 扮 phæ̃44
0481. 办 pæ̃44
0482. 铲 tshæ̃53
0483. 山 sæ̃31
0484. 产注意声母 tshæ̃53
0485. 间房～，一～房 tɕiæ̃31
0486. 眼 ȵiæ̃53
0487. 限 çiæ̃53

0488. 八 pɑ31
0489. 扎 tsɑ31
0490. 杀 sɑ31
0491. 班 pæ̃31
0492. 板 pæ̃53
0493. 慢 mæ̃44
0494. 奸 tɕiæ̃31
0495. 颜 Øiæ̃24
0496. 瞎 xɑ31
0497. 变 phiæ̃44 ～工/ piæ̃44 ～化
0498. 骗欺～phiæ̃44
0499. 便方～piæ̃44
0500. 棉 miæ̃24
0501. 面～孔 miæ̃44
0502. 连 læ̃24
0503. 剪 ȶiæ̃53
0504. 浅 ȶhiæ̃53
0505. 钱 ȶhiæ̃24
0506. 鲜 siæ̃53 新～/ ȶiæ̃53 味～
0507. 线 siæ̃44
0508. 缠 tʂhæ̃24
0509. 战 tʂæ̃44
0510. 扇名 ʂæ̃44
0511. 善 ʂæ̃44
0512. 件 tɕhiæ̃44
0513. 延 Øiæ̃24
0514. 别～人 piɛ24
0515. 灭 miɛ31
0516. 列 liɛ31
0517. 撤 tʂhɤ53
0518. 舌 ʂɤ24
0519. 设 ʂɤ53
0520. 热 ʐɤ31
0521. 杰 tɕiɛ24
0522. 孽 ȵiɛ31
0523. 建 tɕiæ̃53
0524. 健 tɕiæ̃53
0525. 言 Øiæ̃24 ～语/ ȵiæ̃24 ～传
0526. 歇 ɕiɛ31
0527. 扁 piæ̃53
0528. 片 phiæ̃53
0529. 面～条 miæ̃44
0530. 典 ȶiæ̃53
0531. 天 ȶhiæ̃31
0532. 田 ȶhiæ̃24
0533. 垫 ȶhiæ̃44
0534. 年 ȵiæ̃24
0535. 莲 liæ̃24
0536. 前 ȶhiæ̃24
0537. 先 siæ̃31
0538. 肩 tɕiæ̃31
0539. 见 tɕiæ̃44
0540. 牵 tɕhiæ̃31
0541. 显 ɕiæ̃53
0542. 现 ɕiæ̃44
0543. 烟 Øiæ̃31
0544. 憋 piɛ31
0545. 篾 mi24
0546. 铁 ȶhiɛ31
0547. 捏 ȵiɛ31
0548. 节 ȶiɛ31
0549. 切动 ȶhiɛ31
0550. 截 ȶhiɛ24
0551. 结 tɕiɛ31
0552. 搬 pæ̃31
0553. 半 pæ̃44
0554. 判 phæ̃44
0555. 盘 phæ̃24
0556. 满 mæ̃53
0557. 端～午 tæ̃31
0558. 短 tuæ̃53
0559. 断绳～了 thuæ̃44
0560. 暖 luæ̃53
0561. 乱 luæ̃44
0562. 酸 suæ̃31
0563. 算 suæ̃44
0564. 官 kuæ̃31
0565. 宽 khuæ̃31
0566. 欢 xuæ̃31
0567. 完 Øuæ̃24
0568. 换 xuæ̃44
0569. 碗 Øuæ̃53
0570. 拨 po31
0571. 泼 pho31
0572. 末 mo31
0573. 脱 thuo31
0574. 夺 tuo24
0575. 阔 khuo31
0576. 活 xuo24
0577. 顽～皮，～固 Øuæ̃24
0578. 滑 xuɑ24
0579. 挖 Øuɑ31
0580. 闩 ʂæ̃44
0581. 关～门 kuæ̃31
0582. 惯 kuæ̃44
0583. 还动 xuæ̃24
0584. 还副 xɑ24
0585. 弯 Øuæ̃31
0586. 刷 ʂɑ31
0587. 刮 kuɑ31
0588. 全 tshuæ̃24
0589. 选 suæ̃53
0590. 转～眼，～送 tʂæ̃44
0591. 传～下来 tʂhæ̃24
0592. 传～记 tʂæ̃44
0593. 砖 tʂæ̃31
0594. 船 ʂæ̃24
0595. 软 ʐæ̃53
0596. 卷～起 tɕyæ̃53
0597. 圈圆～ tɕhyæ̃31
0598. 权 tɕhyæ̃24
0599. 圆 Øyæ̃24
0600. 院 Øyæ̃44
0601. 铅～笔，注意声调 tɕhiæ̃31
0602. 绝 tɕyo24
0603. 雪 ɕyo31
0604. 反 fæ̃53
0605. 翻 fæ̃31
0606. 饭 fæ̃44
0607. 晚 Øuæ̃53
0608. 万麻将牌 væ̃44
0609. 劝 tɕhyæ̃44
0610. 原 Øyæ̃24

0611. 冤 Øyæ̃31
0612. 园 Øyæ̃44
0613. 远 Øyæ̃53
0614. 发头～fɑ31
0615. 罚 fɑ24
0616. 袜 vɑ31
0617. 月 Øyo31
0618. 越 Øyo31
0619. 县 ɕiæ̃44
0620. 决 tɕyo53
0621. 缺 tɕhyo31
0622. 血 ɕiɛ31
0623. 吞 thəŋ31
0624. 根 kəŋ31
0625. 恨 xəŋ44
0626. 恩 ŋəŋ31
0627. 贫 phiŋ24
0628. 民 miŋ24
0629. 邻 liŋ24
0630. 进 ȶiŋ44
0631. 亲 ȶhiŋ31
0632. 新 siŋ31
0633. 镇 tʂəŋ44
0634. 陈 tʂhəŋ24
0635. 震 tʂəŋ44
0636. 神 ʂəŋ24
0637. 身 ʂəŋ31～体/ʂʅ31～上
0638. 辰 tʂhəŋ24
0639. 人 ʐəŋ24
0640. 认 ʐəŋ44
0641. 紧 tɕiŋ53
0642. 银 Øiŋ24
0643. 印 Øiŋ44
0644. 引 Øiŋ53
0645. 笔 pi31
0646. 匹 phi44
0647. 密 mi31
0648. 栗 li31
0649. 七 ȶhi31
0650. 侄 tʂhʅ24
0651. 虱 sei31
0652. 实 ʂʅ24
0653. 失 ʂʅ31
0654. 日 Øər31
0655. 吉 tɕi31
0656. 一 Øi31
0657. 筋 tɕiŋ31
0658. 劲有～tɕiŋ44
0659. 勤 tɕhiŋ24
0660. 近 tɕhiŋ44
0661. 隐 Øiŋ53
0662. 本 pəŋ53
0663. 盆 phəŋ24
0664. 门 məŋ24
0665. 墩 tuŋ31
0666. 嫩 lyŋ44
0667. 村 tshuŋ31
0668. 寸 tshuŋ44
0669. 蹲注意声母 tuŋ31
0670. 孙～子 suŋ31
0671. 滚 kuŋ53
0672. 困 khuŋ44
0673. 婚 xuŋ31
0674. 魂 xuŋ24
0675. 温 vəŋ31
0676. 卒棋子 tsu24
0677. 骨 ku31
0678. 轮 lyŋ24
0679. 俊注意声母 tsuŋ44
0680. 笋 suŋ53
0681. 准 tʂəŋ53
0682. 春 tʂhəŋ31
0683. 唇 ʂəŋ24
0684. 顺 ʂəŋ44
0685. 纯 tʂhəŋ24
0686. 闰 ʐəŋ44
0687. 均 tɕyŋ31
0688. 匀 Øiŋ24
0689. 律 ly31
0690. 出 tʂhʅ31
0691. 橘 tɕy31
0692. 分动 fəŋ31
0693. 粉 fəŋ53
0694. 粪 fəŋ44
0695. 坟 fəŋ24
0696. 蚊 vəŋ24
0697. 问 vəŋ44
0698. 军 tɕyŋ31
0699. 裙 tɕhyŋ24
0700. 熏 ɕyŋ31
0701. 云～彩 Øyŋ24
0702. 运 Øyŋ44
0703. 佛～像 fo24
0704. 物 vo31
0705. 帮 pɑŋ31
0706. 忙 mɑŋ24
0707. 党 tɑŋ53
0708. 汤 thɑŋ31
0709. 糖 thɑŋ24
0710. 浪 lɑŋ44
0711. 仓 tshɑŋ31
0712. 钢 kɑŋ31
0713. 糠 khɑŋ31
0714. 薄形 pho24
0715. 摸注意声调 mo31
0716. 托 thuo31
0717. 落 luo31
0718. 作 tsuo31
0719. 索 suo31
0720. 各 kuo31
0721. 鹤 xuo31
0722. 恶形，入声 ŋuo31
0723. 娘 ȵiɑ24
0724. 两斤～liɑŋ53
0725. 亮 liɑŋ44
0726. 浆 ȶiɑŋ31
0727. 抢 ȶhiɑŋ53
0728. 匠 ȶiɑŋ44
0729. 想 siɑŋ53
0730. 像 siɑŋ44
0731. 张量 tʂɑŋ31
0732. 长～短 tʂhɑŋ24
0733. 装 tʂɑŋ31
0734. 壮 tʂɑŋ44
0735. 疮 tʂhɑŋ31
0736. 床 tʂhɑŋ24
0737. 霜 ʂɑŋ31

0738. 章 tʂaŋ31
0739. 厂 tʂhaŋ53
0740. 唱 tʂhaŋ44
0741. 伤 ʂaŋ31
0742. 尝 ʂaŋ24
0743. 上～去 ʂaŋ44
0744. 让 ʐaŋ44
0745. 姜生～tɕiaŋ31
0746. 响 ɕiaŋ53
0747. 向 ɕiaŋ44
0748. 秧 Øiaŋ31
0749. 痒 Øiaŋ53
0750. 样 Øiaŋ44
0751. 雀注意声母 tɕhyo31
0752. 削 ɕyo31
0753. 着火～了 tʂhuo24
0754. 勺 ʂuo24
0755. 弱 ʐuo31
0756. 脚 tɕyo31
0757. 约 Øyo31
0758. 药 Øyo31
0759. 光～线 kuaŋ31
0760. 慌 xuaŋ31
0761. 黄 xuaŋ24
0762. 郭 kuo31
0763. 霍 xuo31
0764. 方 faŋ31
0765. 放 faŋ44
0766. 纺 faŋ53
0767. 房 faŋ24
0768. 防 faŋ24
0769. 网 Øuaŋ53
0770. 筐 khuaŋ31
0771. 狂 khuaŋ24
0772. 王 Øuaŋ24
0773. 旺 Øuaŋ44
0774. 缚 fo53
0775. 绑 paŋ53
0776. 胖 paŋ44
0777. 棒 phaŋ44
0778. 桩 tʂaŋ31
0779. 撞 tʂhaŋ53
0780. 窗 tʂhaŋ31
0781. 双 ʂaŋ31
0782. 江 tɕiaŋ31
0783. 讲 tɕiaŋ53
0784. 降投～ɕiaŋ24
0785. 项 xaŋ44
0786. 剥 pɔ31
0787. 桌 tʂuo31
0788. 镯 tshuo24
0789. 角 tɕyo31
0790. 壳 khuo31 大烟～/tɕhyo31 玉麦～
0791. 学 ɕyo24
0792. 握 Øuo31
0793. 朋 phəŋ24
0794. 灯 təŋ31
0795. 等 təŋ53
0796. 凳 təŋ44
0797. 藤 thəŋ24
0798. 能 ləŋ24
0799. 层 tshəŋ24
0800. 僧注意声母 səŋ31
0801. 肯 khəŋ53
0802. 北 pei31
0803. 墨 mei24
0804. 得 tei31
0805. 特 thei24
0806. 贼 tsei24
0807. 塞 sei31
0808. 刻 khei31
0809. 黑 xei31
0810. 冰 piŋ31
0811. 证 tʂəŋ44
0812. 秤 tʂhəŋ44
0813. 绳 ʂəŋ24
0814. 剩 ʂəŋ44
0815. 升 ʂəŋ31
0816. 兴高～ɕiŋ31
0817. 蝇注意声母 Øiŋ24
0818. 逼 pi31
0819. 力 li31
0820. 息 si31
0821. 直 tʂʅ24
0822. 侧注意声母 tshei31
0823. 测 tshei31
0824. 色 sei31
0825. 织 tʂʅ31
0826. 食 ʂʅ24
0827. 式 ʂʅ31
0828. 极 tɕi24
0829. 国 kui31
0830. 或 xui24
0831. 猛 məŋ53
0832. 打注意韵母 ta53
0833. 冷 ləŋ53
0834. 生 səŋ31
0835. 省～长 səŋ53
0836. 更三～，打～ kəŋ44
0837. 梗注意韵母 kəŋ44
0838. 坑 khəŋ31
0839. 硬 ȵiŋ44
0840. 行～为，～走 ɕiŋ24
0841. 百 pei31
0842. 拍 phei31
0843. 白 phei24
0844. 拆 tshei31
0845. 择 tshei24
0846. 窄 tsei31
0847. 格 kei31
0848. 客 khei31
0849. 额 ŋei31
0850. 棚 phəŋ24
0851. 争 tsəŋ31
0852. 耕 kəŋ31
0853. 麦 mei31
0854. 摘 tsei31
0855. 策 tshei31
0856. 隔 kei31
0857. 兵 piŋ31
0858. 柄注意声调

piŋ53
0859. 平 phiŋ24
0860. 病 phiŋ44
0861. 明 miŋ24
0862. 命 miŋ44
0863. 镜 tɕiŋ44
0864. 庆 tɕhiŋ44
0865. 迎 Øiŋ24
0866. 影 Øiŋ53
0867. 剧戏～tɕy44
0868. 饼 piŋ53
0869. 名 miŋ24
0870. 领 liŋ53
0871. 井 ȶiŋ53
0872. 清 ȶhiŋ31
0873. 静 ȶiŋ44
0874. 姓 siŋ44
0875. 贞 tʂəŋ31
0876. 程 tʂhəŋ24
0877. 整 tʂəŋ53
0878. 正～反 tʂəŋ44
0879. 声 ʂəŋ31
0880. 城 tʂhəŋ24
0881. 轻 tɕhiŋ31
0882. 赢 Øiŋ24
0883. 积 ȶi31
0884. 惜 ɕiɛ31
0885. 席 si24
0886. 尺 tʂhʅ31
0887. 石 ʂʅ24
0888. 益 Øi31
0889. 瓶 phiŋ24
0890. 钉名 ȶiŋ31
0891. 顶 ȶiŋ53
0892. 厅 ȶhiŋ31
0893. 听～见，注意声调 ȶhiŋ31
0894. 停 ȶhiŋ44
0895. 挺 ȶhiŋ53
0896. 定 ȶiŋ44
0897. 零 liŋ24
0898. 青 ȶhiŋ31
0899. 星 siŋ31
0900. 经 tɕiŋ31
0901. 形 ɕiŋ24
0902. 壁 pi31
0903. 劈 phi53
0904. 踢 ȶhi31
0905. 笛 ȶhi24
0906. 历农～li31
0907. 锡 si31
0908. 击 tɕi31
0909. 吃 tʂhʅ31
0910. 横 xuŋ44
0911. 划计～xuɑ44
0912. 兄 ɕyŋ31
0913. 荣 Øyŋ24
0914. 永 Øyŋ53
0915. 营 Øiŋ24
0916. 蓬～松 phəŋ24
0917. 东 tuŋ31
0918. 懂 tuŋ53
0919. 冻 tuŋ44
0920. 通 thuŋ31
0921. 桶注意声调 thuŋ53
0922. 痛 thuŋ44
0923. 铜 thuŋ24
0924. 动 tuŋ44 劳～/ thuŋ44 ～弹
0925. 洞 tuŋ44
0926. 聋注意声调 luŋ24
0927. 弄注意声母 luŋ44
0928. 粽 tsuŋ44
0929. 葱 tshuŋ31
0930. 送 ʂuŋ44
0931. 公 kuŋ31
0932. 孔 khuŋ53
0933. 烘～干 xuŋ31
0934. 红 xuŋ24
0935. 翁 Øuəŋ31
0936. 木 mu31
0937. 读 thu24
0938. 鹿 lou31
0939. 族 tshu24
0940. 谷稻～ku31
0941. 哭 phu31
0942. 屋 Øu31
0943. 冬～至 tuŋ31
0944. 统注意声调 thuŋ53
0945. 脓注意声调 luŋ24
0946. 松～紧 suŋ31
0947. 宋 suŋ44
0948. 毒 thu24
0949. 风 fəŋ31
0950. 丰 fəŋ31
0951. 凤 fəŋ44
0952. 梦 məŋ44
0953. 中当～tʂhəŋ24
0954. 虫 tʂhəŋ24
0955. 终 tʂəŋ31
0956. 充 tʂhəŋ53
0957. 宫 kuŋ31
0958. 穷 tɕhyŋ24
0959. 熊注意声母 ɕyŋ24
0960. 雄注意声母 ɕyŋ24
0961. 福 fu31
0962. 服 fu24
0963. 目 mu31
0964. 六 liu31
0965. 宿住～，～舍 ɕy31
0966. 竹 tʂʅ31
0967. 畜～生 ɕy31
0968. 缩 ʂuo31 ～小/ ʂɑŋ53 ～脖子
0969. 粥 tʂʅ31
0970. 叔 ʂʅ24
0971. 熟 ʂʅ24
0972. 肉 ʐou44
0973. 菊 tɕy31
0974. 育 Øy44
0975. 封 fəŋ31
0976. 蜂 fəŋ24
0977. 缝一条～fəŋ44
0978. 浓 luŋ24

0979. 龙 luŋ24
0980. 松～树，注意声调 suŋ31
0981. 重轻～tʂhəŋ44
0982. 肿 tʂəŋ53
0983. 种～树 tʂəŋ44
0984. 冲 tʂhəŋ31
0985. 恭 kuŋ31
0986. 共 kuŋ44
0987. 凶吉～ɕyŋ31
0988. 拥注意声调 Øyŋ31
0989. 容 Øyŋ24
0990. 用 Øyŋ44
0991. 绿 liu31
0992. 足 tsu31
0993. 烛 tʂʅ24
0994. 赎 ʂʅ24
0995. 属 ʂʅ53
0996. 褥 ʐʅ31
0997. 曲～折，歌～ tɕhy31
0998. 局 tɕhy24
0999. 玉 Øy31
1000. 浴 Øy31

第三章　词　汇

第一节　规定词汇

一、天文、地理

（一）天文

0001. 太阳～下山了　热头 ʐɤ53thou0
0002. 月亮～出来了　月亮 Øyo53liɑŋ0
0003. 星星　宿宿 siu53siu0
0004. 云　云 Øyŋ24
0005. 风　风 fəŋ31
0006. 台风　胡刮风 xu31kuɑ53fəŋ31
0007. 闪电名词　闪电 ʂæ̃53ʈiæ̃44
0008. 雷　呼噜爷 xu53lu0Øiɛ0
0009. 雨　雨 Øy53
0010. 下雨　下雨 ɕiɑ44Øy53
0011. 淋衣服被雨～湿了　淋 lyŋ24
0012. 晒～粮食　晒 sæ44
0013. 雪　雪 ɕyo31
0014. 冰　冰 piŋ31
0015. 冰雹　冷子 ləŋ53tsɿ0
0016. 霜　霜 ʂɑŋ31
0017. 雾　烟雾 Øiæ̃53vu0
0018. 露　露水 lou44ʂei0
0019. 虹统称　虹 tɕiɑŋ44
0020. 日食　日食 Øər53ʂʅ0
0021. 月食　月食 Øyo53ʂʅ0
0022. 天气　天气 ʈhiæ̃53tɕhi0
0023. 晴天～　晴 ʈhiŋ24
0024. 阴天～　阴 ȵiŋ31
0025. 旱天～　旱 xæ̃44
0026. 涝天～　涝 lɔ44
0027. 天亮　天明 ʈhiæ̃31miŋ24

（二）地貌

0028. 水田　水地 ʂei53ʈhi0
0029. 旱地浇不上水的耕地　旱地 xæ̃44ʈhi0
0030. 田埂　塄坎 ləŋ44khæ̃53
0031. 路野外的　路 lu44
0032. 山　山 sæ̃31
0033. 山谷　沟沟 kou53kou0/丫豁 Øiɑ31xuo0
0034. 江大的河　江 tɕiɑŋ31
0035. 溪小的河　小水沟 siɔ53ʂei53kou31/渠渠 tɕhy31tɕhy53
0036. 水沟儿较小的水道　渠渠

tɕhy31tɕhy53

0037. 湖　湖 xu24

0038. 池塘　涝池 lɔ44tshɿ0

0039. 水坑儿地面上有积水的小洼儿　水坑坑 ʂei53khəŋ53khəŋ0

0040. 洪水　涨水 tʂɑŋ53ʂei0

0041. 淹被水～了　淹 ȵiæ31

0042. 河岸　河边 xuo31piæ53

0043. 坝拦河修筑拦水的　坝 pɑ44

0044. 地震　地动 ȶi44tuŋ44

0045. 窟窿小的　洞洞 tuŋ44tuŋ0

0046. 缝儿统称　缝缝 fəŋ44fəŋ0

（三）物象

0047. 石头统称　石头 ʂʅ31thou53

0048. 土统称　土 thu53

0049. 泥湿的　泥 ȵi24

0050. 水泥旧称　洋灰 Øiɑŋ24xui31

0051. 沙子　沙子 sɑ53tsɿ0

0052. 砖整块的　砖 tʂæ31

0053. 瓦整块的　瓦 Øuɑ53

0054. 煤　煤 mei24

0055. 煤油　煤油 mei24Øiu24

0056. 炭木炭　炭 thæ44

0057. 灰烧成的　灰 xui31

0058. 灰尘桌面上的　圤土 phu31thu53

0059. 火　火 xuo53

0060. 烟烧火形成的　烟 Øiæ31

0061. 失火　着火 tʂhuo24xuo53

0062. 水　水 ʂei53

0063. 凉水　冷水 ləŋ31ʂei53

0064. 热水如洗脸的热水，不是指喝的开水　热水 ʐɤ31ʂei53

0065. 开水喝的　煎水 ȶiæ31ʂei53

0066. 磁铁　磁石 tshɿ24ʂʅ24

二、时间、方位

（一）时间

0067. 时候吃饭的～　时候 sɿ31xou53

0068. 什么时候　啥时候 ʂɑ44sɿ31xou53

0069. 现在　这阵 tʂeiː53tʂəŋ44

0070. 以前十年～　老日 lɔ44Øər0

0071. 以后十年～　往后 Øuɑŋ44xou44

0072. 一辈子　一辈辈 Øi31pei44pei0

0073. 今年　今年 tɕiŋ53ȵiæ0

0074. 明年　明年 miŋ31ȵiæ53

0075. 后年　后年 xou44ȵiæ0

0076. 去年　年时 ȵiæ31sɿ53

0077. 前年　前年 ȶhiæ31ȵiæ53

0078. 往年过去的年份　往常年 Øuɑŋ53tʂhɑŋ0ȵiæ0

0079. 年初　年头 ȵiæ24thou24

0080. 年底　年□□ ȵiæ24pɑ44pɑ0

0081. 今天　今儿 tɕiŋ31Øər0

0082. 明天　明儿 miŋ24Øər0

0083. 后天　后儿 xou53Øər0

0084. 大后天　大后儿 tɑ44xou53Øər0

0085. 昨天　夜儿个 Øiɛ44Øər0kɔ0

0086. 前天　前儿个 ȶhiæ24Øər0kɔ0/先天 siæ31ȶhiæ0

0087. 大前天　大前儿 tɑ44ȶhiæ24Øər0kɔ0/上先天 ʂɑŋ44siæ31ȶhiæ0

0088. 整天　一天呀 Øi31ȶhiæ53Øiɑ0

0089. 每天　天天 ȶhiæ31ȶhiæ0

0090. 早晨　早晨 tsɔ53ʂəŋ0

0091. 上午　晌午 ʂaŋ31Øu0

0092. 中午　晌午 ʂaŋ31Øu0

0093. 下午　后晌 xou44ʂaŋ0

0094. 傍晚　才黑 tshæ31xei53

0095. 白天　白天 phei31ȶhiæ53

0096. 夜晚与白天相对，统称　黑了 xei31liɔ0

0097. 半夜　半夜 pæ44Øiɛ0

0098. 正月农历　正月 tʂəŋ31Øyo0

0099. 大年初一农历　大年初一 tɑ44ȵiæ24tʂhʅ31Øi0

0100. 元宵节　正月十五 tʂəŋ31Øyo0ʂʅ31Øu53

0101. 清明　清明 ȶhiŋ53miŋ0

0102. 端午　端午 tæ31Øu0

0103. 七月十五农历，节日名　七月十五 ȶhi31Øyo0ʂʅ31Øu53

0104. 中秋　中秋 tʂəŋ31ȶhiu0

0105. 冬至　冬□ tuŋ31ȶhiŋ44

0106. 腊月农历十二月　腊月 lɑ31Øyo0

0107. 除夕农历　大年三十儿 tɑ44ȵiæ24sæ31ʂʅ24Øər0

0108. 历书　历头 lei53thou0

0109. 阴历　阴历 Øiŋ31li31

0110. 阳历　阳历 Øiaŋ24li31

0111. 星期天　星期天 siŋ53tɕhi31ȶhiæ31

（二）方位

0112. 地方　地方 ȶi44faŋ31

0113. 什么地方　啥地方 ʂɑ44ȶi44faŋ31

0114. 家里　屋里 Øu53li0

0115. 城里　城里 tʂhəŋ31li53

0116. 乡下　乡里 ɕiaŋ53li0

0117. 上面从～滚下来　上头 ʂaŋ44thou0

0118. 下面从～爬上去　下头 xɑ44thou0

0119. 左边　左傍 tsuo44paŋ0

0120. 右边　右傍 Øiu44paŋ0

0121. 中间排队排在～　中间儿 tʂəŋ31tɕiæ24Øər0

0122. 前面排队排在～　前面 ȶhiæ31miæ53

0123. 后面排队排在～　后面 xou44miæ0

0124. 末尾排队排在～　尾尾 Øi53Øi0

0125. 对面　对面儿 tui44miæ44Øər0

0126. 面前　面前 miæ44ȶhiæ0

0127. 背后　后头 xou44thou0

0128. 里面躲在～　里头 li53thou0

0129. 外面衣服晒在～　外头 Øuæ44thou0

0130. 旁边　偏巴 phiæ53pɑ0

0131. 上碗在桌子～　上 ʂaŋ44

0132. 下凳子在桌子～　下 xɑ44

0133. 边儿桌子的～　边边 piæ53piæ0

0134. 角儿桌子的～　角角 tɕyo53tɕyo0

0135. 上去他～了　上去 ʂaŋ44tɕhi0

0136. 下来他～了　下来 xɑ44læ0

0137. 进去他～了　进去 ȶiŋ44tɕhi0

0138. 出来他～了　出来 tʂhʅ53læ0

0139. 出去他～了　出去 tʂhʅ53tɕhi0

0140. 回来他～了　回来 xui31læ53

0141. 起来天冷～了　起来 tɕhiɛ53læ0

三、植物

（一）一般植物

0142. 树　树 ʂʅ44

0143. 木头　木头 mu53thou0

0144. 松树统称　松树 suŋ53ʂʅ0

0145. 柏树统称　柏树 pei53ʂʅ0

0146. 杉树　杉树 sɑ53ʂʅ0

0147. 柳树　柳树 liu44ʂʅ0

0148. 竹子统称　竹子 tʂʅ53tsɿ0

0149. 笋　笋子 suŋ44tsɿ0

0150. 叶子　叶叶 Øiɛ53Øiɛ0

0151. 花　花 xuɑ31

0152. 花蕾花骨朵儿　花骨都 xuɑ31ku53tu0

0153. 梅花　梅花 mei31xuɑ53

0154. 牡丹　牡丹 mu44tæ̃0

0155. 荷花　荷花 xuo31xuɑ53

0156. 草　草 tshɔ53

0157. 藤　蔓 Øuæ̃44

0158. 刺名词　刺 tshɿ44

0159. 水果　果木 kuo53mu31

0160. 苹果　苹果 phiŋ31kuo53

0161. 桃子　桃 thɔ24

0162. 梨　梨 li24

0163. 李子　李子 li53tsɿ0

0164. 杏　杏儿 xəŋ44Øər0

0165. 橘子　橘子 tɕy53tsɿ0

0166. 柚子　柚子 Øiu44tsɿ0

0167. 柿子　柿子 sɿ44tsɿ0

0168. 石榴　石榴 ʂʅ31liu53

0169. 枣　枣儿 tsɔ53Øər0

0170. 栗子　毛栗 mɔ31li53

0171. 核桃　核桃 xei31thɔ53

0172. 银杏白果　银杏 Øiŋ24xəŋ44

0173. 甘蔗　甘蔗 kæ̃31tʂɤ24

0174. 木耳　木耳 mu31Øər0

0175. 蘑菇野生的　菌儿 tɕyŋ44Øər0

0176. 香菇　香菇 ɕiɑŋ31ku0

（二）农作物

0177. 稻子指植物　稻子 thɔ44tsɿ0

0178. 稻谷指籽实（脱粒后是大米）　稻颗 thɔ31khuo0

0179. 稻草脱粒后的　稻草 thɔ31tshɔ0

0180. 大麦指植物　大麦 tɑ44mei31

0181. 小麦指植物　麦 mei31

0182. 麦秸脱粒后的　麦秆 mei31kæ̃0

0183. 谷子指植物（籽实脱粒后是小米）　谷子 ku53tsɿ0

0184. 高粱指植物　䅟黍 thɔ31ʂʅ0

0185. 玉米指成株的植物　御麦 Øy44mei31

0186. 棉花指植物　棉花 miæ̃31xuɑ53

0187. 油菜油料作物，不是蔬菜　菜籽 tshæ44tsɿ0

0188. 芝麻　芝麻 tsɿ53mɑ0

0189. 向日葵指植物　葵花 khui31xuɑ53

0190. 蚕豆　胡豆 xu31tou53

0191. 豌豆　豌豆 Øuæ̃53tou0

0192. 花生指果实，注意婉称　花生 xuɑ31səŋ0

0193. 黄豆　白豆 phei31tou53

0194. 绿豆　绿豆 liu53tou0

0195. 豇豆长条形的　豇豆 tɕiŋ53tou0

0196. 大白菜东北～　白菜 phei31tshæ53

0197. 包心菜卷心菜，圆白菜，球形的　包包菜 pɔ53pɔ0tshæ44

0198. 菠菜　菠菜 po53tshæ0

0199. 芹菜　芹菜 tɕhiŋ31tshæ53

0200. 莴笋　笋子 suŋ44tsɿ0

0201. 韭菜　韭菜 tɕiu53tshæ0

0202. 香菜芫荽　芫荽 Øiæ̃31sui53

0203. 葱　葱 tshuŋ31

0204. 蒜　蒜 suæ̃44

0205. 姜　姜 tɕiaŋ31

0206. 洋葱　洋葱 Øiaŋ24tshuŋ31

0207. 辣椒统称　辣子 la53tsɿ0

0208. 茄子统称　茄子 tɕhiɛ31tsɿ53

0209. 西红柿　洋柿子 Øiaŋ24sɿ44tsɿ0

0210. 萝卜统称　萝卜 luo31phu53

0211. 胡萝卜　红萝卜 xuŋ31luo53phu0

0212. 黄瓜　黄瓜 xuaŋ31kua53

0213. 丝瓜无棱的　丝瓜 sɿ31kua0

0214. 南瓜扁圆形或梨形，成熟时赤褐色　南瓜 læ̃31kua53

0215. 荸荠　荸荠 pi53ȶhi24

0216. 红薯统称　红芋 xuŋ24Øy44

0217. 马铃薯　洋芋 Øiaŋ24Øy44

0218. 芋头　芋头 Øy44thou0

0219. 山药圆柱形的　山药 sæ̃31Øyo0

0220. 藕　莲藕 liæ̃31ŋou53

四、动物

（一）一般动物

0221. 老虎　老虎 lɔ31xu0

0222. 猴子　猴 xou24

0223. 蛇统称　长虫 tʂhaŋ31tʂhəŋ53

0224. 老鼠家里的　老鼠 lɔ31ʂʅ0

0225. 蝙蝠　夜蝙蝠 Øiɛ44piɛ31xu0

0226. 鸟儿飞鸟，统称　雀雀 ȶhiɔ53ȶhiɔ0

0227. 麻雀　麻雀儿 ma31ȶhiɔ53

0228. 喜鹊　野雀 Øiɛ44ȶhiɔ0

0229. 乌鸦　老鸹 lɔ53Øua0

0230. 鸽子　鹁鸽 phu31kuo53

0231. 翅膀鸟的，统称　膀子 paŋ53tsɿ0

0232. 爪子鸟的，统称　爪爪 tʂa53tʂa0

0233. 尾巴　尾巴 Øi53pha0

0234. 窝鸟的　窝 Øuo31

0235. 虫子统称　虫虫 tʂhəŋ31tʂhəŋ53

0236. 蝴蝶统称　蛾儿 ŋuo24Øər0

0237. 蜻蜓统称　蜻蜓 ȶhiŋ31ȶhiŋ53

0238. 蜜蜂　蜂儿 fəŋ31Øər0

0239. 蜂蜜　蜂蜜 fəŋ31mi0

0240. 知了统称　知了 tsɿ31lɔ53

0241. 蚂蚁　蚍蚡蚂 phi31fəŋ53ma0

0242. 蚯蚓　曲蟮 tɕhy53ʂæ̃0

0243. 蚕　蚕儿 tshæ̃31Øər53

0244. 蜘蛛会结网的　蛛蛛 tʂʅ53tʂʅ0

0245. 蚊子统称　蚊子 vəŋ31tsɿ53

0246. 苍蝇统称　蝇子 Øiŋ31tsɿ53

0247. 跳蚤咬人的　虼蚤 kei31tsɔ0

0248. 虱子　虱 sei31

0249. 鱼　鱼 Øy24

0250. 鲤鱼　鲤鱼 li53Øy24

0251. 鳙鱼胖头鱼　鳙鱼 Øyŋ24Øy24

0252. 鲫鱼　鲫鱼 ȶi31Øy24

0253. 甲鱼　鳖 piɛ31

0254. 鳞鱼的　鳞 liŋ24

0255. 虾统称　虾 ɕiɑ31

0256. 螃蟹统称　螃甲 phɑŋ31tɕiɑ53

0257. 青蛙统称　青蛙 ȶhiŋ53Øuɑ0

0258. 癞蛤蟆表皮多疙瘩　疥巴□ tɕiɛ44pɑ31thu0

（二）家畜、家禽

0259. 马　马 mɑ53

0260. 驴　驴 ly24

0261. 骡　骡子 luo31tsɿ53

0262. 牛　牛 ȵiu24

0263. 公牛统称　犍牛 tɕiæ̃53ȵiu0

0264. 母牛统称　乳牛 ʐʅ44Øȵiu0

0265. 放牛　看牛 khæ̃44ȵiu24

0266. 羊　羊 Øiɑŋ24

0267. 猪　猪 tʂʅ31

0268. 种猪配种用的公猪　角猪 tɕyo31tʂʅ0

0269. 公猪成年的，已阉的　牙猪 Øiɑ31tʂʅ53

0270. 母猪成年的，已阉的　草猪 tshɔ53tʂʅ31

0271. 猪崽　猪娃 tʂʅ53Øuɑ0

0272. 猪圈　猪圈 tʂʅ53tɕhyæ̃0

0273. 养猪　喂猪 Øui44tʂʅ31

0274. 猫　猫 mɔ24

0275. 公猫　男猫 læ̃24mɔ24

0276. 母猫　咪猫 mi44mɔ0

0277. 狗统称　狗 kou53

0278. 公狗　牙狗 Øiɑ31kou53

0279. 母狗　草狗 tshɔ31kou53

0280. 叫狗～　咬 ȵiɔ53

0281. 兔子　兔儿 thu44Øər0

0282. 鸡　鸡 tɕi31

0283. 公鸡成年的，未阉的　鸡公 tɕi53kuŋ0

0284. 母鸡已下过蛋的　母鸡 mu53tɕi31

0285. 叫公鸡～（打鸣儿）　叫 tɕiɔ44

0286. 下鸡～蛋　下 ɕiɑ44

0287. 孵～小鸡　菢 phu44

0288. 鸭　鸭子 Øiɑ31tsɿ0

0289. 鹅　鹅 ŋuo24

0290. 阉～公的猪　骟 ʂæ̃44

0291. 阉～母的猪　劁 ȶhiɔ53

0292. 阉～鸡　阉 Øiæ̃31

0293. 喂～猪　喂 Øui44

0294. 杀猪统称，注意婉称　杀猪 sɑ24tʂʅ31

0295. 杀～鱼　杀 sɑ31

五、房舍、器具

（一）房舍

0296. 村庄一个～　村子 tshuŋ53tsɿ0

0297. 胡同统称：一条～　巷巷 xɑŋ53xɑŋ0

0298. 街道　街道 tɕiɛ53thɔ0

0299. 盖房子　盖房 kæ44fɑŋ24

0300. 房子整座的，不包括院子　房 fɑŋ24

0301. 屋子房子里分隔而成的，统称　房子 fɑŋ31tsɿ53

0302. 卧室　房子 fɑŋ31tsɿ53

0303. 茅屋茅草等盖的　草房 tshɔ53fɑŋ0

0304. 厨房　厨房 tʂhʅ31fɑŋ53

0305. 灶统称　锅头 kuo53thou0

0306. 锅统称　锅 kuo31

0307. 饭锅煮饭的　锅 kuo31

0308. 菜锅炒菜的　锅 kuo31

0309. 厕所旧式的，统称　茅房 mɔ31faŋ53/后院 xou44Øyæ̃0

0310. 檩左右方向的　檩条 liŋ53ȶhiɔ0

0311. 柱子　柱子 tʂhʅ44tsɿ0

0312. 大门　大门 tɑ44məŋ24

0313. 门槛儿　门槛 məŋ31khæ̃53

0314. 窗旧式的　窗子 tʂhaŋ31tsɿ0

0315. 梯子可移动的　梯子 ȶhi53tsɿ0

0316. 扫帚统称　笤帚 ȶhiɔ31tʂhʅ53

0317. 扫地　扫脚地 sɔ53tɕyo31ȶhi53

0318. 垃圾　渣渣 tsɑ53tsɑ0

（二）家具

0319. 家具统称　家具 tɕiɑ53tɕy0

0320. 东西我的　物件 vo53tɕhiæ̃0

0321. 炕土、砖砌的，睡觉用　炕 khaŋ44

0322. 床木制的，睡觉用　床 tʂhaŋ24

0323. 枕头　枕头 tʂəŋ53thou0

0324. 被子　被儿 pi53Øər0

0325. 棉絮　套子 thɔ44tsɿ0

0326. 床单　单子 tæ̃53tsɿ0

0327. 褥子　褥子 ʐʅ53tsɿ0

0328. 席子　席 si24

0329. 蚊帐　蚊帐 vəŋ24tʂɑŋ44

0330. 桌子统称　桌子 tʂuo53tsɿ0

0331. 柜子统称　柜柜 khui44khui0

0332. 抽屉桌子的　抽匣 tʂhou53ɕiɑ0

0333. 案子长条形的　案板 ŋæ̃44pæ̃0

0334. 椅子统称　椅子 Øi53tsɿ0

0335. 凳子统称　板凳 pæ̃53təŋ0

0336. 马桶有盖的　马桶 mɑ31thuŋ53

（三）用具

0337. 菜刀　菜刀 tshæ44tɔ31

0338. 瓢舀水的　马勺 mɑ44ʂuo0

0339. 缸　瓮 vəŋ44

0340. 坛子装酒的～　坛坛 thæ̃31thæ̃53

0341. 瓶子装酒的～　瓶瓶 phiŋ31phiŋ53

0342. 盖子杯子的～　盖盖 kæ44kæ0

0343. 碗统称　碗 Øuæ̃53

0344. 筷子　筷子 khuæ44tsɿ0

0345. 汤匙　勺勺 ʂuo31ʂuo53

0346. 柴火统称　柴 tshæ24

0347. 火柴　洋火 Øiɑŋ31xuo53

0348. 锁　锁子 suo44tsɿ0

0349. 钥匙　钥匙 Øyo53sɿ0

0350. 暖水瓶　电壶 ȶiæ̃44xu24

0351. 脸盆　脸盆 liæ̃53phəŋ0

0352. 洗脸水　洗脸水 si31liæ̃0ʂei53

0353. 毛巾洗脸用　毛巾 mɔ31tɕiŋ53

0354. 手绢　手帕 ʂou53phɑ0

0355. 肥皂洗衣服用　洋碱 Øiɑŋ24tɕiæ̃53

0356. 梳子旧式的，不是篦子　木梳 mu53ʂʅ0

0357. 缝衣针　针 tʂəŋ31

0358. 剪子　剪子 ȶiæ̃53tsɿ0

0359. 蜡烛　洋蜡 Øiɑŋ24lɑ31

0360. 手电筒　手电 ʂou53ȶiæ̃44

0361. 雨伞挡雨的，统称　伞 sæ̃53

0362. 自行车　自行车 tsɿ44ɕiŋ24tʂhɤ31

六、服饰、饮食

（一）服饰

0363. 衣服统称　袄儿 ŋɔ53Øər0

0364. 穿～衣服　穿 tʂhæ̃31
0365. 脱～衣服　脱 thuo31
0366. 系～鞋带　绑 pɑŋ53
0367. 衬衫　衬衣 tshəŋ44Øi31
0368. 背心带两条杠的，内衣　汗衫 xæ̃44sæ̃31
0369. 毛衣　毛衣 mɔ31Øi53
0370. 棉衣　棉袄 miæ̃31ŋɔ53
0371. 袖子　袖子 siu44tsɿ0
0372. 口袋衣服上的　兜兜 tou53tou0
0373. 裤子　裤儿 phu44Øər0
0374. 短裤外穿的　半截裤儿 pæ̃44ȶhiɛ0phur53
0375. 裤腿　裤腿 phu44thui0
0376. 帽子统称　帽子 mɔ44tsɿ0
0377. 鞋子　鞋 xæ24
0378. 袜子　袜子 vɑ53tsɿ0
0379. 围巾　围脖 Øui31pho53
0380. 围裙　遮腰 tʂɤ31Øiɔ0
0381. 尿布　褯片 ȶhiɛ44phiæ̃0
0382. 扣子　纽子 ȵiu44tsɿ0
0383. 扣～扣子　扣 khou44
0384. 戒指　戒指 tɕiɛ44tsɿ0
0385. 手镯　镯子 tshuo31tsɿ53
0386. 理发　剃头 ȶhi44thou24
0387. 梳头　梳头 ʂʅ31thou24

（二）饮食

0388. 米饭　米饭 mi53fæ̃44
0389. 稀饭用米熬的，统称　米汤 mi53thɑŋ31
0390. 面粉麦子磨的，统称　面 miæ̃44
0391. 面条统称　面 miæ̃44
0392. 面儿玉米～，辣椒～　面 miæ̃44
0393. 馒头无馅儿的，统称　馍馍 mo31mo53
0394. 包子　包子 pɔ53tsɿ0
0395. 饺子　饺子 tɕiɔ44tsɿ0
0396. 馄饨　馄饨 xuŋ44tuŋ44
0397. 馅儿　馅馅 ɕyæ̃44ɕyæ̃0
0398. 油条长条形的，旧称　油条 Øiu24ȶhiɔ24
0399. 豆浆　豆浆 tou44ȶiɑŋ44
0400. 豆腐脑儿　豆腐脑 tou44fu0lɔ53
0401. 元宵食品　元宵 Øyæ̃31siɔ53
0402. 粽子　粽子 tsuŋ44tsɿ0
0403. 年糕用黏性大的米或米粉做的　年糕 ȵiæ̃31kɔ53
0404. 点心统称　点心 ȶiæ̃53siŋ31
0405. 菜吃饭时吃的，统称　菜 tshæ44
0406. 干菜统称　干菜 kæ̃31tshæ44
0407. 豆腐　豆腐 tou44fu0
0408. 猪血当菜的　猪血 tʂʅ24ɕiɛ31
0409. 猪蹄当菜的　猪蹄 tʂʅ31ȶhi24
0410. 猪舌头当菜的，注意婉称　口条 khou44ȶhiɔ0
0411. 猪肝当菜的，注意婉称　肝子 kæ̃53tsɿ0
0412. 下水猪牛羊的内脏　下水 ɕiɑ44ʂei0
0413. 鸡蛋　鸡蛋 tɕi53thæ̃0
0414. 松花蛋　变蛋 piæ̃44tæ̃44
0415. 猪油　板油 pæ̃53Øiu24
0416. 香油　香油 ɕiɑŋ31Øiu24
0417. 酱油　酱油 ȶiɑŋ44Øiu24
0418. 盐名词　盐 Øiæ̃24
0419. 醋注意婉称　醋 tshu44

0420. 香烟　纸烟 tsɿ53Øiæ̃31

0421. 旱烟　旱烟 xæ̃44Øiæ̃31

0422. 白酒　烧酒 ʂɔ31ȶiu0

0423. 黄酒　黄酒 xuaŋ31ȶiu53

0424. 江米酒酒酿，醪糟　江米酒 tɕiaŋ31mi53ȶiu53

0425. 茶叶　茶叶 tshɑ31Øiɛ53

0426. 沏～茶　泼 pho31

0427. 冰棍儿　冰棍儿 piŋ31kuŋr53

0428. 做饭统称　做饭 tsu44fæ̃44

0429. 炒菜统称，和做饭相对　炒菜 tshɔ53tshæ44

0430. 煮～带壳的鸡蛋　煮 tʂɿ53

0431. 煎～鸡蛋　煎 ȶiæ̃31

0432. 炸～油条　炸 tshɑ24

0433. 蒸～鱼　蒸 tʂəŋ31

0434. 揉～面做馒头等　揉 ʐou24

0435. 擀～面，～皮儿　擀 kæ̃53

0436. 吃早饭　吃早上 tʂhʅ31tsɔ53ʂaŋ0

0437. 吃午饭　吃晌午 tʂhʅ24ʂaŋ31Øu0

0438. 吃晚饭　喝汤 xuo24thaŋ31

0439. 吃～饭　吃 tʂhʅ31

0440. 喝～酒　喝 xuo31

0441. 喝～茶　喝 xuo31

0442. 抽～烟　吃 tʂhʅ31

0443. 盛～饭　舀 Øiɔ53

0444. 夹用筷子～菜　夹 tɕiɑ31

0445. 斟～酒　倒 tɔ44

0446. 渴口～　渴 khuo31

0447. 饿肚子～　饥 tɕi31

0448. 噎吃饭～着了　噎 Øiɛ31

七、身体、医疗

（一）身体

0449. 头人的，统称　头 thou24

0450. 头发　帽盖 mɔ44kæ0

0451. 辫子　辫子 phiæ̃44tsɿ0

0452. 旋　旋 suæ̃24

0453. 额头　额颅 ŋei53lu0

0454. 相貌　模样 mu31Øiaŋ53

0455. 脸洗～　脸 liæ̃53

0456. 眼睛　眼睛 ȵiæ̃44ȶiŋ0

0457. 眼珠统称　眼仁 ȵiæ̃44ʐəŋ0

0458. 眼泪哭的时候流出来的　眼泪 ȵiæ̃44lui0

0459. 眉毛　眉毛 mi31mɔ53

0460. 耳朵　耳朵 Øər53tuo0

0461. 鼻子　鼻子 phi31tsɿ53

0462. 鼻涕统称　鼻 phi24

0463. 擤～鼻涕　擤 siŋ53

0464. 嘴巴人的，统称　嘴 tsui53

0465. 嘴唇　嘴唇 tsui53ʂəŋ0

0466. 口水～流出来　颔水 xæ̃31ʂei0

0467. 舌头　舌头 ʂɤ31thou53

0468. 牙齿　牙 Øiɑ24

0469. 下巴　下巴 xɑ44pɑ0

0470. 胡子嘴周围的　胡子 xu31tsɿ53

0471. 脖子　脖浪骨 phu31laŋ53ku31

0472. 喉咙　喉咙眼 xu31luŋ53ȵiæ̃0

0473. 肩膀　胛骨 tɕiɑ31ku0

0474. 胳膊　胳膊 kei53pho0

0475. 手方言指（打√）：只指手；包括臂：他的～摔断了　手 ʂou53

0476. 左手　左手 tsuo44ʂou53

0477. 右手　右手 Øiu44ʂou53

0478. 拳头　拳头 tɕhyæ̃31thou53

0479. 手指　手指头 ʂou53tsɿ53thou0

0480. 大拇指　大拇指 tɑ44mu53tsɿ31

0481. 食指　食指 ʂʅ24tsɿ31

0482. 中指　中指 tʂəŋ31tsɿ31

0483. 无名指　无名指 Øu24miŋ24tsɿ31

0484. 小拇指　小拇指头 siɔ53mu0tsɿ53thou0

0485. 指甲　指甲 tsɿ53tɕiɑ31

0486. 腿　腿 thui53

0487. 脚方言指（打√）：只指脚；包括小腿；包括小腿和大腿：他的～轧断了　脚 tɕyo31

0488. 膝盖指部位　□□盖 pɔ53lɔ0kæ44

0489. 背名词　脊背 ȶi53pei0

0490. 肚子腹部　肚子 thu44tsɿ0

0491. 肚脐　脖脐眼窝 phu31ȶhi53ȵiæ̃31Øuo0

0492. 乳房女性的　奶头 læ53thou0

0493. 屁股　沟子 kou53tsɿ0

0494. 肛门　屁眼 phi44ȵiæ̃0

0495. 阴茎成人的　尿 tɕhiu24

0496. 女阴成人的　屄 phi31

0497. 肏动词　合 ʐʅ31

0498. 精液　㞞 suŋ24

0499. 来月经注意婉称　来身上 læ24ʂʅ53ʂɑŋ0

0500. 拉屎　屙屎 pɑ31sɿ53

0501. 撒尿　尿尿 ȵiɔ44ȵiɔ44

0502. 放屁　放屁 fɑŋ44phi44

0503. 相当于"他妈的"的口头禅　日他妈 ʐʅ31thɑ31ȵiɑ24

（二）疾病、医疗

0504. 病了　不嵌活 pu31tɕhæ̃44xuo0

0505. 着凉　着凉 tʂuo24liɑŋ24

0506. 咳嗽　咳嗽 khei53sou0

0507. 发烧　发烧 fɑ24ʂɔ31

0508. 发抖　抖 thou53

0509. 肚子疼　肚子疼 thu44tsɿ0thəŋ24

0510. 拉肚子　跑后 phɔ53xou44

0511. 患疟疾　打摆子 tɑ31pæ53tsɿ0

0512. 中暑　中暑 tʂəŋ44ʂʅ53

0513. 肿　肿 tʂəŋ53

0514. 化脓　熟脓 ʂʅ24luŋ24

0515. 疤好了的　疤疤 pɑ53pɑ0

0516. 癣　癣 siæ̃53

0517. 痣凸起的　痣 tsɿ44

0518. 疙瘩蚊子咬后形成的　疙瘩 kei53tɑ0

0519. 狐臭　臭根 tʂhou44kəŋ31/臭胎 tʂhou44thæ31

0520. 看病　看病 khæ̃44piŋ44

0521. 诊脉　拉脉 lɑ24mei31

0522. 针灸　扎干针 tsɑ31kæ̃24tʂəŋ31

0523. 打针　打针 tɑ53tʂəŋ31

0524. 打吊针　挂吊针 kuɑ44ȶiɔ44tʂəŋ31

0525. 吃药统称　吃药 tʂhʅ24Øyo31

0526. 汤药　汤药 thɑŋ31Øyo0

0527. 病轻了　病慢啦 phiŋ44mæ̃44liɑ0

八、婚丧、信仰

（一）婚育

0528. 说媒　说媒 ʂɤ31mei24

0529. 媒人　媒人 mei31ʐəŋ53

0530. 相亲　遇面 Øy44miæ̃44

0531. 订婚　订婚 ȶiŋ44xuŋ31

0532. 嫁妆　陪房 phei31fɑŋ53

0533. 结婚统称　结婚 tɕiɛ24xuŋ31

0534. 娶妻子男子～，动宾　娶媳妇 tɕhy53si53fu0

0535. 出嫁女子～　出门 tʂhʅ31məŋ24

0536. 拜堂　拜天地 pæ44ȶhiæ̃53ȶhi0

0537. 新郎　新女婿 siŋ31ȵy53ɕy0

0538. 新娘子　新媳妇 siŋ31si53fu0

0539. 孕妇　怀娃婆娘 xuæ31Øuɑ53pho0ȵiɑŋ0

0540. 怀孕　有啥啦 Øiu53ʂɑ0liɑ0

0541. 害喜妊娠反应　害口 xæ44khou53

0542. 分娩　坐月 tshuo44Øyo31

0543. 流产　小月 siɔ53Øyo31

0544. 双胞胎　双生 ʂɑŋ44səŋ31

0545. 坐月子　坐月子 tshuo44Øyo53tsɿ0

0546. 吃奶　吃奶 tʂhʅ31læ53

0547. 断奶　择奶 tshei24læ53

0548. 满月　出月 tʂhʅ31Øyo0

0549. 生日统称　生日 səŋ31Øər0

0550. 做寿　做生日 tsu44səŋ31Øər0

（二）丧葬

0551. 死统称　死 sɿ53

0552. 死婉称，最常用的几种，指老人：他～了　殁啦 mo31liɑ0/不在啦 pu31tsæ44liɑ0

0553. 自杀　寻回逼 siŋ24xui31pi53

0554. 咽气　咽气 Øiæ̃44tɕhi44

0555. 入殓　入殓 ʐʅ31liæ̃44

0556. 棺材　棺材 kuæ̃53tshæ0

0557. 出殡　起丧 tɕhi53sɑŋ31

0558. 灵位　灵位 liŋ31Øui53

0559. 坟墓单个的，老人的　墓子 mu44tsɿ0

0560. 上坟　上坟 ʂɑŋ44fəŋ24

0561. 纸钱　纸钱 tsɿ53ȶhiæ̃0

（三）信仰

0562. 老天爷　老天爷 lɔ53ȶhiæ̃53Øiɛ0

0563. 菩萨统称　菩萨 phu31sɑ53

0564. 观音　观音 kuæ̃31Øiŋ0

0565. 灶神口头的叫法，其中如有方言亲属称谓要释义　灶爷 tsɔ44Øiɛ0

0566. 寺庙　寺院 sɿ44Øyæ̃0

0567. 祠堂　祠堂 tshɿ31thɑŋ53

0568. 和尚　和尚 xuo31ʂɑŋ53

0569. 尼姑　尼姑 ȵi31ku53

0570. 道士　道人 tɔ44ʐəŋ0

0571. 算命统称　算卦 suæ̃44kuɑ44

0572. 运气　运气 Øyŋ44tɕhi0

0573. 保佑　保佑 pɔ53Øiu44

九、人品、称谓

（一）人品

0574. 人一个～　人 ʐəŋ24

0575. 男人成年的，统称　男人家 læ̃31ʐəŋ53Øiɑ0

0576. 女人三四十岁已婚的，统称　女人家 ȵy53ʐəŋ0Øiɑ0

0577. 单身汉　光棍 kuɑŋ53kuŋ0

0578. 老姑娘　老姐姐 lɔ53ȶiɛ53ȶiɛ0

0579. 婴儿　月娃 Øyo53Øua0

0580. 小孩儿三四岁的，统称　碎娃 sui44Øua44

0581. 男孩儿统称：外面有个～在哭　儿子娃 Øər31tsɿ53Øua44

0582. 女孩儿统称：外面有个～在哭　女子娃 ȵy53tsɿ0Øua44

0583. 老人七八十岁的，统称　老的 lɔ53ȶi0

0584. 亲戚统称　亲亲 ȶhiŋ53ȶhiŋ0

0585. 朋友统称　朋亲 phəŋ31ȶhiŋ53

0586. 邻居统称　邻家 liŋ31tɕia53

0587. 客人　客 khei31

0588. 农民　农民 luŋ24miŋ24

0589. 商人　生意人 səŋ53Øi0ʐəŋ0

0590. 手艺人统称　手艺人 ʂou53Øi0ʐəŋ0

0591. 泥水匠　泥瓦匠 ȵi31Øua53ȶhiaŋ0

0592. 木匠　木匠 mu53ȶhiaŋ0

0593. 裁缝　裁缝 tshæ31fəŋ53

0594. 理发师　待招 tæ44tʂɔ31

0595. 厨师　厨子 tʂhʅ31tsɿ53

0596. 师傅　师傅 sɿ53fu0

0597. 徒弟　徒弟 thu31ȶhi53

0598. 乞丐统称，非贬称（无统称则记成年男的）　叫花子 tɕiɔ44xua31tsɿ0

0599. 妓女　卖身□ mæ44ʂəŋ53Øuæ0

0600. 流氓　流氓 liu24maŋ24

0601. 贼　贼娃 tsei31Øua53/绺娃 liu53Øua0

0602. 瞎子统称，非贬称（无统称则记成年男的）　瞎子 xa53tsɿ0

0603. 聋子统称，非贬称（无统称则记成年男的）　聋子 luŋ31tsɿ53

0604. 哑巴统称，非贬称（无统称则记成年男的）　瓜子 kua53tsɿ0

0605. 驼子统称，非贬称（无统称则记成年男的）　驼背 thuo24pei44

0606. 瘸子统称，非贬称（无统称则记成年男的）　跛子 po53tsɿ0

0607. 疯子统称，非贬称（无统称则记成年男的）　疯子 fəŋ53tsɿ0

0608. 傻子统称，非贬称（无统称则记成年男的）　二楞 Øər44ləŋ44

0609. 笨蛋蠢的人　闷㞞 məŋ44suŋ24

（二）称谓

0610. 爷爷呼称，最通用的　爷 Øiɛ24

0611. 奶奶呼称，最通用的　婆 pho24

0612. 外祖父叙称　外爷 Øui44Øiɛ0

0613. 外祖母叙称　外婆 Øui44pho0

0614. 父母合称　老的 lɔ53ȶi0

0615. 父亲叙称　爸 pa24/大 ta24/爹 ȶiɛ31

0616. 母亲叙称　妈 ma24/娘 ȵia24

0617. 爸爸呼称，最通用的　爸 pa24

0618. 妈妈呼称，最通用的　妈 ma24

0619. 继父叙称　后爸 xou44pa0

0620. 继母叙称　后娘 xou44ȵia0

0621. 岳父叙称　丈人 tʂhaŋ44ʐəŋ0

0622. 岳母叙称　丈母娘 tʂhaŋ44mu0ȵiaŋ24

0623. 公公叙称　阿公 Øa31kuŋ0

0624. 婆婆叙称　阿家 Øa31tɕia0

0625. 伯父呼称，统称　伯 pei24

0626. 伯母呼称，统称　大大 ta44ta0

0627. 叔父呼称，统称　爸爸 pa31pa53

0628. 叔父呼称，排行最小的，如“幺叔” 碎爸 sui44pɑ24

0629. 叔母呼称，统称 新娘 siŋ31ȵiɑ24

0630. 姑呼称，统称（无统称则记分称：比父大，比父小；已婚，未婚） 姑 ku24

0631. 姑父呼称，统称 姑父 ku53fu0

0632. 舅舅呼称 舅 tɕiu44

0633. 舅妈呼称 妗子 tɕhiŋ44tsɿ0

0634. 姨呼称，统称（无统称则记分称：比母大，比母小；已婚，未婚） 姨 Øi24

0635. 姨父呼称，统称 姨父 Øi31fu53

0636. 弟兄合称 弟兄们 ȶhi44ɕyŋ31mu0

0637. 姊妹合称，注明是否可包括男性 姊妹们包括男性 tsɿ53mei0mu0

0638. 哥哥呼称，统称 哥 kɔ24

0639. 嫂子呼称，统称 嫂子 sɔ53tsɿ0

0640. 弟弟叙称 兄弟 ɕyŋ53ȶhi0

0641. 弟媳叙称 兄弟媳妇 ɕyŋ53ȶhi0si53fu0

0642. 姐姐呼称，统称 姐 ȶiɛ53

0643. 姐夫呼称 姐夫 ȶiɛ53fu0

0644. 妹妹叙称 妹子 mei44tsɿ0

0645. 妹夫叙称 妹夫 mei44fu0

0646. 堂兄弟叙称，统称 伯叔兄弟 pei31ʂʅ0ɕyŋ53ȶhi0

0647. 表兄弟叙称，统称 姑表弟兄 ku31piɔ53ȶi44ɕyŋ31

0648. 妯娌弟兄妻子的合称 先后们 siæ̃44xou31mu0

0649. 连襟姊妹丈夫的关系，叙称 两挑儿 liɑŋ31ȶhiɔ53Øər0

0650. 儿子叙称：我的～ 儿 Øər24

0651. 儿媳妇叙称：我的～ 儿媳妇 Øər31si53fu0

0652. 女儿叙称：我的～ 女 ȵy53

0653. 女婿叙称：我的～ 女婿 ȵy53ɕy0

0654. 孙子儿子之子 孙子 suŋ53tsɿ0

0655. 重孙子儿子之孙 重孙 tʂhəŋ31suŋ53

0656. 侄子弟兄之子 侄儿 tʂhʅ31Øər53

0657. 外甥姐妹之子 外甥 Øuæ44səŋ31

0658. 外孙女儿之子 外孙 Øuæ44suŋ31

0659. 夫妻合称 两口 liɑŋ31khou0

0660. 丈夫叙称，最通用的，非贬称：她的～ 老汉 lɔ53xæ̃0

0661. 妻子叙称，最通用的，非贬称：他的～ 婆娘 pho31ȵiɑŋ53

0662. 名字 名字 miŋ31tsɿ53

0663. 绰号 外号 Øuæ44xɔ53

十、农、工、商、文

（一）农业

0664. 干活儿统称：在地里～ 做活 tsu44xuo24

0665. 事情一件～ 事 sɿ44

0666. 插秧 插秧 tshɑ24Øiɑŋ31

0667. 割稻 割稻子 kuo31thɔ44tsɿ0

0668. 种菜 种菜 tʂəŋ44tshæ44

0669. 犁名词 犁头 li31thou53

0670. 锄头 锄 tʂhʅ24

0671. 镰刀 镰 liæ̃24

0672. 把儿刀～ 把把 pɑ44pɑ0

0673. 扁担 水担 ʂei53tæ̃31

0674. 箩筐 筐筐 khuɑŋ53khuɑŋ0

0675. 筛子统称 筛子 sæ53tsɿ0

0676. 簸箕农具，有梁的　簸箕 po44tɕi0

0677. 簸箕簸米用　簸箕 po44tɕi0

0678. 独轮车　推车 thui31tʂhɤ31

0679. 轮子旧式的，如独轮车上的　轮轮 lyŋ31lyŋ53

0680. 碓整体　碓窝 tui44Øuo31

0681. 臼　碓窝 tui44Øuo31

0682. 磨名词　磨子 mo44tsɿ0

0683. 年成　年成 ȵiæ̃31tʂəŋ53

（二）工商业

0684. 走江湖统称　跑江湖 phɔ53tɕiɑŋ53xu0

0685. 打工　跑天天 phɔ53ȶhiæ̃53ȶhiæ̃0

0686. 斧子　斧头 fu53thou0

0687. 钳子　钳子 tɕiæ̃31tsɿ53

0688. 螺丝刀　改锥 kæ53tʂei31

0689. 锤子　锤锤 tʂhei31tʂhei53

0690. 钉子　钉钉 ȶiŋ53ȶiŋ0

0691. 绳子　绳绳 ʂəŋ31ʂəŋ53

0692. 棍子　棍棍 kuŋ44kuŋ0

0693. 做买卖　做买卖 tsu44mæ53mæ0

0694. 商店　铺铺 phu44phu0

0695. 饭馆　馆子 kuæ̃53tsɿ0

0696. 旅馆旧称　店 ȶiæ̃44/旅社 ly31ʂɤ44

0697. 贵　贵 kui44

0698. 便宜　贱 ȶhiæ̃44

0699. 合算　划得来 xuɑ24tei31læ24

0700. 折扣　除皮 tʂhʅ24phi24

0701. 亏本　折本 ʂɤ24pəŋ53

0702. 钱统称　票子 phiɔ44tsɿ0

0703. 零钱　零钱 liŋ24ȶhiæ̃24

0704. 硬币　分分 fəŋ53fəŋ0

0705. 本钱　本钱 pəŋ44ȶhiæ̃0

0706. 工钱　工钱 kuŋ53ȶhiæ̃0

0707. 路费　盘缠 phæ̃31tʂhæ̃53/脚钱 tɕyo53ȶhiæ̃0

0708. 花～钱　花钱 xuɑ31ȶhiæ̃24

0709. 赚卖一斤能～一毛钱　见 tɕiæ̃44

0710. 挣打工～了一千块钱　挣 tsəŋ44

0711. 欠～他十块钱　该 kæ31/争 tsəŋ31

0712. 算盘　算盘 suæ̃44phæ̃0

0713. 秤统称　秤 tʂhəŋ44

0714. 称用秆秤～　约 Øyo31/志 tsɿ44

0715. 赶集　跟集 kəŋ31ȶhi24

0716. 集市　集 ȶhi24

0717. 庙会　庙会 miɔ44xui44

（三）文化、娱乐

0718. 学校　学校 ɕyo24ɕiɔ44

0719. 教室　教室 tɕiɔ44ʂʅ31

0720. 上学　念书 ȵiæ̃44ʂʅ31

0721. 放学　放学 fɑŋ44ɕyo24

0722. 考试　考试 khɔ53sɿ44

0723. 书包　书包 ʂʅ31pɔ0

0724. 本子　本本 pəŋ53pəŋ0

0725. 铅笔　铅笔 tɕhiæ̃24pi31

0726. 钢笔　水笔 ʂei53pi31

0727. 圆珠笔　油笔 Øiu24pi31

0728. 毛笔　毛笔 mɔ24pi31

0729. 墨　墨汁 mei24tʂʅ31

0730. 砚台　砚台 Øiæ̃44thæ0

0731. 信一封～　信 siŋ44

0732. 连环画　娃娃书 Øuɑ31Øuɑ53ʂʅ31

0733. 捉迷藏　藏猫猫猴

ȶhiaŋ24mɔ44mɔ44xou24
0734. 跳绳　跳绳 ȶhiɔ24ʂəŋ24
0735. 毽子　毽子 tɕiæ44tsɿ0
0736. 风筝　风筝 fəŋ31tsəŋ0
0737. 舞狮　耍狮子 ʂɑ53sɿ53tsɿ0
0738. 鞭炮统称　鞭炮 piæ53phɔ0
0739. 唱歌　唱歌 tʂhaŋ44kuo31
0740. 演戏　唱戏 tʂhaŋ44ɕi44
0741. 锣鼓统称　家什 tɕiɑ53sɿ0
0742. 二胡　胡胡 xu31xu53
0743. 笛子　笛 ȶhi24
0744. 划拳　划拳 xuɑ31tɕhyæ24
0745. 下棋　下棋 ɕiɑ44tɕhi24
0746. 打扑克　打牌 tɑ53phæ24
0747. 打麻将　打麻将 tɑ53mɑ24ȶiaŋ44
0748. 变魔术　耍把戏 ʂɑ31pɑ53ɕi0
0749. 讲故事　说古今 ʂɤ31ku53tɕiŋ31
0750. 猜谜语　估古今 ku53ku53tɕiŋ31
0751. 玩儿游玩：到城里～　耍 ʂɑ53
0752. 串门儿　串门 tʂhæ44məŋ24
0753. 走亲戚　走亲亲
tsou53ȶhiŋ31ȶhiŋ0

十一、动作、行为

（一）具体动作

0754. 看～电视　看 khæ44
0755. 听用耳朵～　听 ȶhiŋ31
0756. 闻嗅：用鼻子～　闻 vəŋ24
0757. 吸～气　吸 ɕi31
0758. 睁～眼　睁 tsəŋ31
0759. 闭～眼　闭 pi44
0760. 眨～眼　眨 tsæ31
0761. 张～嘴　张 tʂaŋ31
0762. 闭～嘴　闭 pi44
0763. 咬狗～人　咬 ȵiɔ53
0764. 嚼把肉～碎　嚼 tshuo24
0765. 咽～下去　咽 Øiæ44
0766. 舔人用舌头　舔 ȶhiæ53
0767. 含～在嘴里　噙 tɕhiŋ24
0768. 亲嘴　啷嘎 paŋ31kɑ53
0769. 吮吸用嘴唇聚拢吸取液体，如吃奶时
咂 tsɑ31
0770. 吐上声，把果核儿～掉　唾 thuo44
0771. 吐去声，呕吐：喝酒喝～了　吐
thu53
0772. 打喷嚏　打喷嚏 tɑ53phəŋ44ȶhi0
0773. 拿用手把苹果～过来　拿 lɑ24
0774. 给他～我一个苹果　给 kei44
0775. 摸～头　揣 tʂhæ53
0776. 伸～手　展 tʂæ53
0777. 挠～痒痒　搔 tsɔ31
0778. 掐用拇指和食指的指甲～皮肉
掐 tɕhiɑ31
0779. 拧～螺丝　拧 ȵiŋ24
0780. 拧～毛巾　拧 ȵiŋ24
0781. 捻用拇指和食指来回～碎　捻 ȵiæ53
0782. 掰把橘子～开；把馒头～开
掰 pei31
0783. 剥～花生　剥 pɔ31
0784. 撕把纸～了　扯 tʂhɤ53
0785. 折把树枝～断　拨 Øuo31
0786. 拔～萝卜　拔 phɑ24
0787. 摘～花　折 tʂɤ31
0788. 站站立：～起来　立 li31
0789. 倚斜靠：～在墙上　靠 khɔ44

0790. 蹲～下　蹴 ȶiu44
0791. 坐～下　坐 tshuo44
0792. 跳青蛙～起来　跳 ȶhiɔ44
0793. 迈跨过高物：从门槛上～过去
跷 tɕhiɔ31
0794. 踩脚～在牛粪上　踏 thɑ24
0795. 翘～腿　担 tæ̃31
0796. 弯～腰　蜷 tɕhyæ̃31
0797. 挺～胸　杠 kɑŋ44
0798. 趴～着睡　趴 phɑ24
0799. 爬小孩儿在地上～　爬 phɑ24
0800. 走慢慢儿～　走 tsou53
0801. 跑慢慢儿走，别～　跑 phɔ53
0802. 逃逃跑：小偷儿～走了　跑 phɔ53
0803. 追追赶：～小偷儿　撵 ȵiæ̃53
0804. 抓～小偷儿　拉 lɑ31
0805. 抱把小孩儿～在怀里　搇 tɕhiɑ53
0806. 背～孩子　背 pei31
0807. 搀～老人　搀 tshæ̃31
0808. 推几个人一起～汽车　掀 ɕiæ̃31
0809. 摔跌：小孩儿～倒了　绊 pæ̃44
0810. 撞人～到电线杆　碰 phəŋ44
0811. 挡你～住我了，我看不见　堵 tu53
0812. 躲躲藏：他～在床底下　藏 ȶhiɑŋ24
0813. 藏藏放，收藏：钱～在枕头下面
藏 ȶhiɑŋ24
0814. 放把碗～在桌子上　墩 tuŋ31
0815. 摞把砖～起来　摞 luo44
0816. 埋～在地下　埋 mæ24
0817. 盖把茶杯～上　盖 kæ44
0818. 压用石头～住　压 ȵiɑ44
0819. 摁用手指按：～图钉　压 ȵiɑ44
0820. 捅用棍子～鸟窝　戳 tʂhuo31
0821. 插把香～到香炉里　插 tshɑ31
0822. 戳～个洞　戳 tʂhuo31
0823. 砍～树　剁 tuo44
0824. 剁把肉～碎做馅儿　剁 tuo44
0825. 削～苹果　削 siɔ31
0826. 裂木板～开了　迸 piɛ44
0827. 皱皮～起来　□ tʂhʅ31
0828. 腐烂死鱼～了　臭 tʂhou44
0829. 擦用毛巾～手　擦 tshɑ31
0830. 倒把碗里的剩饭～掉　倒 tɔ44
0831. 扔丢弃：这个东西坏了，～了它
撇 phiɛ31
0832. 扔投掷：比一比谁～得远
撇 phiɛ31
0833. 掉掉落，坠落：树上～下一个梨
跌 ȶiɛ31
0834. 滴水～下来　滴 ȶiɛ31
0835. 丢丢失：钥匙～了　遗 Øi24
0836. 找寻找：钥匙～到　寻 siŋ24
0837. 捡～到十块钱　拾 ʂʅ24
0838. 提用手把篮子～起来　提 ȶhi24
0839. 挑～担　担 tæ̃31
0840. 扛把锄头～在肩上　掮 tɕhiɛ24
0841. 抬～轿　抬 thæ24
0842. 举～旗子　打 tɑ53
0843. 撑～伞　打 tɑ31
0844. 撬把门～开　拗 ŋɔ44
0845. 挑挑选，选择：你自己～一个
挑 ȶhiɔ31
0846. 收拾～东西　拾掇 ʂʅ31tuo53
0847. 挽～袖子　缏 piæ̃53
0848. 涮把杯子～一下　涮 ʂæ̃44
0849. 洗～衣服　洗 si53

0850. 捞～鱼　捞 lɔ24
0851. 拴～牛　绑 paŋ53
0852. 捆～起来　扎 tsa31
0853. 解～绳子　解 tɕiɛ53
0854. 挪～桌子　挪 luo24
0855. 端～碗　端 tuæ̃31
0856. 摔碗～碎了　打 ta53/绊 pæ̃44
0857. 掺～水　掺 tshæ̃31
0858. 烧～柴　烧 ʂɔ31
0859. 拆～房子　拆 tshei31
0860. 转～圈儿　转 tʂæ̃44
0861. 捶用拳头～　打 ta53
0862. 打统称：他～了我一下　打 ta53
0863. 打架动手：两个人在～　打捶 ta53tʂhei24
0864. 休息　歇气 ɕiɛ31tɕhi44
0865. 打哈欠　打哈欠 ta53xuo31ɕiæ̃0
0866. 打瞌睡　丢盹 ʈiu31tuŋ53
0867. 睡他已经～了　睡 ʂei44
0868. 打呼噜　噎颔水 Øiɛ31xæ̃44ʂei0
0869. 做梦　做睡梦 tsu44ʂei44məŋ0
0870. 起床　睡起来 ʂei44tɕhiɛ0læ0
0871. 刷牙　刷牙 ʂa31Øia24
0872. 洗澡　洗身上 si53ʂʅ53ʂaŋ0

（二）抽象动作

0873. 想思索：让我～一下　思量 sɿ53liaŋ0
0874. 想想念：我很～他　挂牵 kua44tɕhiæ̃0
0875. 打算我～开个店　谋□ mu31tʂʅ53
0876. 记得　记着 tɕi44tʂɔ0
0877. 忘记　忘啦 Øuaŋ44lia0
0878. 怕害怕：你别～　怕 pha44
0879. 相信我～你　信奉 siŋ44fəŋ0
0880. 发愁　愁肠人 tshou31tʂhaŋ53ʐəŋ0
0881. 小心过马路要～　操心 tshɔ24siŋ31
0882. 喜欢～看电视　爱 ŋæ44
0883. 讨厌～这个人　见不得 tɕiæ̃44pu31tei0/丧眼 saŋ31ȵiæ̃53/日眼 ʐʅ31ȵiæ̃53
0884. 舒服凉风吹来很～　嵌活 tɕhiæ̃44xuo0
0885. 难受生理的　不嵌活 pu31tɕhiæ̃44xuo0
0886. 难过心理的　不嵌活 pu31tɕhiæ̃44xuo0
0887. 高兴　兴的 ɕiŋ53ʈi0
0888. 生气　着气 tʂhuo24tɕhi44
0889. 责怪　怪妨 kuæ44faŋ0
0890. 后悔　后悔 xou44xui0
0891. 忌妒　眼红 ȵiæ̃53xuŋ24
0892. 害羞　羞脸 siu31liæ̃0/□ ʂəŋ24
0893. 丢脸　□ ʂəŋ24
0894. 欺负　相欺 siaŋ24tɕhi31
0895. 装～病　装 tʂaŋ31
0896. 疼～小孩儿　疼 thəŋ24
0897. 要我～这个　要 Øiɔ44
0898. 有我～一个孩子　有 Øiu53
0899. 没有他～孩子　没 mo31
0900. 是我～老师　是 sɿ44
0901. 不是他～老师　不是 pu31sɿ44
0902. 在他～家　到 tɔ44
0903. 不在他～家　没到 mo31tɔ44
0904. 知道我～这件事　知道 tʂʅ53tɔ0

0905. 不知道我～这件事　不知道 pu31tʂʅ53tɔ0

0906. 懂我～英语　知道 tʂʅ53tɔ0

0907. 不懂我～英语　不知道 pu31tʂʅ53tɔ0

0908. 会我～开车　会 xui44

0909. 不会我～开车　不会 pu31xui44

0910. 认识我～他　认得 ʐəŋ44tei0

0911. 不认识我～他　认不得 ʐəŋ44pu31tei0

0912. 行应答语　能成 ləŋ24tʂhəŋ24

0913. 不行应答语　弄不成 luŋ44pu31tʂhəŋ24

0914. 肯～来　肯 khəŋ53

0915. 应该～去　该 kæ31

0916. 可以～去　能 ləŋ24

（三）言语

0917. 说～话　说 ʂɤ31

0918. 话说～　话 xuɑ44

0919. 聊天儿　谝□□ phiæ̃53kæ̃44kæ̃0

0920. 叫～他一声儿　叫 tɕiɔ44

0921. 吆喝大声喊　吆喝 Øiɔ31xuo0

0922. 哭小孩儿～　哭 phu31/叫唤 tɕiɔ44xuæ̃0

0923. 骂当面～人　骂 mɑ44

0924. 吵架动嘴：两个人在～　骂仗 mɑ44tʂɑŋ44

0925. 骗～人　哄 xuŋ53

0926. 哄～小孩儿　哄 xuŋ53

0927. 撒谎　哄人 xuŋ53ʐəŋ24/说谎 ʂɤ31xuɑŋ53

0928. 吹牛　谝大话 phiæ̃53tɑ44xuɑ44

0929. 拍马屁　舔沟子 ȶhiæ̃53kou53tsɿ0

0930. 开玩笑　说笑 ʂɤ31siɔ44

0931. 告诉～他　说给 ʂɤ31kei44

0932. 谢谢致谢语　麻烦你啦 mɑ24fæ̃24ȵi53liɑ0

0933. 对不起致歉语　不好意思 pu31xɔ53Øi44sɿ31

0934. 再见告别语　你在 ȵi53tsæ44

十二、性质、状态

（一）形貌

0935. 大苹果～　大 tɑ44

0936. 小苹果～　碎 sui44

0937. 粗绳子～　奘 tʂɑŋ44

0938. 细绳子～　细 si44

0939. 长线～　长 tʂhɑŋ24

0940. 短线～　短 tuæ̃53

0941. 长时间～　长 tʂhɑŋ24

0942. 短时间～　短 tuæ̃53

0943. 宽路～　畅 tʂhɑŋ53

0944. 宽敞房子～　宽展 khuæ̃31tʂæ̃0

0945. 窄路～　窄 tsei31

0946. 高飞机飞得～　高 kɔ31

0947. 低鸟飞得～　低 ȶi31

0948. 高他比我～　高 kɔ31

0949. 矮他比我～　低 ȶi31

0950. 远路～　远 Øyæ̃53

0951. 近路～　近 tɕhiŋ44

0952. 深水～　深 ʂəŋ31

0953. 浅水～　浅 ȶhiæ̃53

0954. 清水～　清 ȶhiŋ31

0955. 浑水～　糊 xu44
0956. 圆　圆 Øyæ̃24
0957. 扁　扁 piæ̃53
0958. 方　方 faŋ31
0959. 尖　尖 ȶiæ̃31
0960. 平　平 phiŋ24
0961. 肥～肉　肥 fei24
0962. 瘦～肉　瘦 sou44
0963. 肥形容猪等动物　肥 fei24
0964. 胖形容人　胖 phaŋ44
0965. 瘦形容人、动物　瘦 sou44
0966. 黑黑板的颜色　黑 xei31
0967. 白雪的颜色　白 phei24
0968. 红国旗的主颜色，统称　红 xuŋ24
0969. 黄国旗上五星的颜色　黄 xuaŋ24
0970. 蓝蓝天的颜色　蓝 læ̃24
0971. 绿绿叶的颜色　绿 liu31
0972. 紫紫药水的颜色　酱红色 ȶiaŋ44xuŋ0sei31
0973. 灰草木灰的颜色　灰 xui31

（二）状态

0974. 多东西～　多 tuo31
0975. 少东西～　少 ʂɔ53
0976. 重担子～　重 tʂhəŋ44
0977. 轻担子～　轻 tɕhiŋ31
0978. 直线～　直 tʂʅ24
0979. 陡坡～，楼梯～　陡 tou53
0980. 弯弯曲：这条路是～的　弯 Øuæ̃31
0981. 歪帽子戴～了　斜 siɛ24
0982. 厚木板～　厚 xou44
0983. 薄木板～　薄 pho24
0984. 稠稀饭～　稠 tʂhou24
0985. 稀稀饭～　稀 ɕi31
0986. 密菜种得～　密 mi31/稠 tʂhou24
0987. 稀稀疏：菜种得～　稀 ɕi31
0988. 亮指光线，明亮　亮 liaŋ44
0989. 黑指光线，完全看不见　黑 xei31
0990. 热天气　热 ʐɤ31
0991. 暖和天气　暖和 luæ̃53xuo0
0992. 凉天气　凉色 liaŋ31sei53
0993. 冷天气　冷 tuŋ53
0994. 热水　热 ʐɤ31
0995. 凉水　凉 liaŋ24
0996. 干干燥：衣服晒～了　干 kæ̃31
0997. 湿潮湿：衣服淋～了　湿 ʂʅ31
0998. 干净衣服～　净 ȶhiŋ44
0999. 脏肮脏，不干净，统称：衣服～　脏 tsaŋ31
1000. 快锋利：刀子～　利 li44
1001. 钝刀子～　木 mu31/老 lɔ53
1002. 快坐车比走路～　快 khuæ44
1003. 慢走路比坐车～　蔫 ȵiæ̃31
1004. 早来得～　早 tsɔ53
1005. 晚来～了　迟 tshʅ24
1006. 晚天色～　黑啦 xei31lia0
1007. 松捆得～　松 suŋ31
1008. 紧捆得～　紧 tɕiŋ53
1009. 容易这道题～　容易 Øyŋ31Øi53
1010. 难这道题～　难 læ̃24
1011. 新衣服～　新 siŋ31
1012. 旧衣服～　旧 tɕhiu44
1013. 老人～　老 lɔ53
1014. 年轻人～　年轻 ȵiæ̃24tɕhiŋ31
1015. 软糖～　软 ʐæ̃53
1016. 硬骨头～　硬 ȵiŋ44

1017. 烂肉煮得～　烂 læ̃44

1018. 煳饭烧～了　焦 ȶiɔ31

1019. 结实家具～　结实 tɕiɛ53ʂʅ0

1020. 破衣服～　烂 læ̃44

1021. 富他家很～　富 fu44

1022. 穷他家很～　穷 tɕhyŋ24

1023. 忙最近很～　忙 mɑŋ24

1024. 闲最近比较～　闲 xæ̃24

1025. 累走路走得很～　乏 fɑ24

1026. 疼摔～了　疼 thəŋ24

1027. 痒皮肤～　咬人 ȵiɔ44ʐəŋ0

1028. 热闹看戏的地方很～　热闹 ʐɤ53lɔ0

1029. 熟悉这个地方我很～　熟惯 ʂʅ31kuæ̃53

1030. 陌生这个地方我很～　生疏 səŋ31ʂʅ0/生 səŋ31

1031. 味道尝尝～　味儿 vei44Øər0

1032. 气味闻闻～　气气 tɕhi44tɕhi0

1033. 咸菜～　咸 xæ̃24

1034. 淡菜～　甜 ȶhiæ̃24

1035. 酸　酸 suæ̃31

1036. 甜　甜 ȶhiæ̃24

1037. 苦　苦 phu53

1038. 辣　辣 lɑ31

1039. 鲜鱼汤～　鲜 ȶiæ̃53

1040. 香　爨 tshuæ̃44

1041. 臭　臭 tʂhou44

1042. 馊饭～　燍气 sɿ53tɕhi0

1043. 腥鱼～　腥气 siŋ53tɕhi0

（三）品性

1044. 好人～　好 xɔ53

1045. 坏人～　瞎 xɑ31

1046. 差东西质量～　差 tshɑ31

1047. 对账算～了　对 tui44

1048. 错账算～了　错 tshuo31

1049. 漂亮形容年轻女性的长相：她很～　俊 tsuŋ44

1050. 丑形容人的长相：猪八戒很～　难看 læ̃24khæ̃44

1051. 勤快　勤苦 tɕhiŋ31phu53/朴实 phu53ʂʅ0

1052. 懒　懒 læ̃53

1053. 乖　乖 kuæ̃31

1054. 顽皮　贱 ȶiæ̃44

1055. 老实　实诚 ʂʅ31tʂhəŋ53

1056. 傻痴呆　二气子 Øər44tɕhi44tsɿ0

1057. 笨蠢　闷 məŋ44

1058. 大方不吝啬　大气 tɑ44tɕhi44

1059. 小气吝啬　啬皮 sei31phi24

1060. 直爽性格～　直筒筒 tʂʅ31thuŋ53thuŋ0

1061. 犟脾气～　犟 tɕhiɑŋ44

十三、数量

（一）数字

1062. 一～二三四五……，下同　一 Øi31

1063. 二　二 Øər44

1064. 三　三 sɑŋ31

1065. 四　四 sɿ44

1066. 五　五 Øu53

1067. 六　六 liu31

1068. 七　七 ȶhi31

1069. 八　八 pɑ31

1070. 九　九 tɕiu53
1071. 十　十 ʂʅ24
1072. 二十有无合音　二十 Øər44ʂʅ0
1073. 三十有无合音　三十 sæ̃53ʂʅ0
1074. 一百　一百 Øi24pei31
1075. 一千　一千 Øi24ȶhiæ̃31
1076. 一万　一万 Øi31væ̃44
1077. 一百零五　一百零五 Øi31pei31liŋ24Øu53
1078. 一百五十　百五 pei31Øu53
1079. 第一～，第二　第一 ȶi44Øi31
1080. 二两重量　二两 Øər44liɑŋ31
1081. 几个你有～孩子？　几个 tɕi53kɔ0
1082. 俩你们～　俩 liɑŋ53
1083. 仨你们～　仨 sæ̃31
1084. 个把　一半个 Øi31pæ̃44kɔ44

（二）量词

1085. 个一～人　个 kɔ44
1086. 匹一～马　个 kɔ44
1087. 头一～牛　个 kɔ44
1088. 头一～猪　个 kɔ44
1089. 只一～狗　个 kɔ44
1090. 只一～鸡　个 kɔ44
1091. 只一～蚊子　个 kɔ44
1092. 条一～鱼　个 kɔ44
1093. 条一～蛇　个 kɔ44
1094. 张一～嘴　个 kɔ44
1095. 张一～桌子　个 kɔ44
1096. 床一～被子　个 kɔ44
1097. 领一～席子　个 kɔ44
1098. 双一～鞋　双 ʂɑŋ31
1099. 把一～刀　个 kɔ44
1100. 把一～锁　个 kɔ44
1101. 根一～绳子　个 kɔ44
1102. 支一～毛笔　个 kɔ44
1103. 副一～眼镜　个 kɔ44
1104. 面一～镜子　个 kɔ44
1105. 块一～香皂　个 kɔ44
1106. 辆一～车　个 kɔ44
1107. 座一～房子　个 kɔ44
1108. 座一～桥　个 kɔ44
1109. 条一～河　条 ȶhiɔ24
1110. 条一～路　个 kɔ44
1111. 棵一～树　个 kɔ44
1112. 朵一～花　个 kɔ44
1113. 颗一～珠子　个 kɔ44
1114. 粒一～米　个 kɔ44
1115. 顿一～饭　顿 tuŋ44
1116. 剂一～中药　服 fu44
1117. 股一～香味　股 ku53
1118. 行一～字　行 xɑŋ24
1119. 块一～钱　块 khuæ53
1120. 毛角：一～钱　毛 mɔ24
1121. 件一～事情　样 Øiɑŋ44
1122. 点儿一～东西　点点 ȶiæ̃53ȶiæ̃0
1123. 些一～东西　丝丝 sɿ53sɿ0
1124. 下打一～，动量，不是时量　下 xɑ44
1125. 会儿坐了一～　下下 xɑ44xɑ0
1126. 顿打一～　顿 tuŋ44
1127. 阵下了一～雨　阵阵 tʂəŋ44tʂəŋ0
1128. 趟去了一～　回 xui24

十四、代词、副词、介词、连词

（一）代词

1129. 我～姓王　我 ŋɔ53

1130. 你～也姓王　你 ȵi53
1131. 您尊称　无
1132. 他～姓张　他 tha53
1133. 我们不包括听话人：你们别去，～去　我的 ŋɔ31ʈi0/我几个 ŋɔ31tɕi53kɔ44
1134. 咱们包括听话人：他们不去，～去吧　咱的 tsha31ʈi53
1135. 你们～去　你的 ȵi31ʈi0
1136. 他们～去　他的 tha31ʈi0
1137. 大家～一起干　大家 ta44Øia0
1138. 自己我～做的　各家 kuo53Øia0
1139. 别人这是～的　旁人 phaŋ31ʐəŋ53
1140. 我爸～今年八十岁　我爸 ŋɔ31pa24
1141. 你爸～在家吗？　你爸 ȵi31pa24
1142. 他爸～去世了　他爸 tha31pa24
1143. 这个我要～，不要那个　这个 tʂei53kɔ0
1144. 那个我要这个，不要～　兀个 vei53kɔ0
1145. 哪个你要～杯子？　哪个 la31kɔ0
1146. 谁你找～？　谁 sei24
1147. 这里在～，不在那里　这搭 tʂʅ31ta53
1148. 那里在这里，不在～　兀搭 Øu31ta53
1149. 哪里你到～去？　哪搭 la24ta0
1150. 这样事情是～的，不是那样的　这么开 tʂʅ44mu0khæ0
1151. 那样事情是这样的，不是～的　兀么开 Øu44mu0khæ0
1152. 怎样什么样：你要～的？　咋么 tʂa31mu53
1153. 这么～贵啊　这么 tʂʅ44mu0
1154. 怎么这个字～写？　咋么 tʂa31mu53
1155. 什么这个是～字？　啥 ʂa44
1156. 什么你找～？　啥 ʂa44
1157. 为什么你～不去？　为啥 Øui44ʂa44
1158. 干什么你在～？　做啥 tsu44ʂa44
1159. 多少这个村有～人？　多□ tuo31Øɔ0

（二）副词

1160. 很今天～热的　很 xəŋ53
1161. 非常比上条程度深：今天～热　太 thæ44
1162. 更今天比昨天～热　还 xa24
1163. 太这个东西～贵，买不起　太 thæ44
1164. 最弟兄三个中他～高　最 tsui44
1165. 都大家～来了　都 tou24
1166. 一共～多少钱？　满共 mæ̃53kuŋ44
1167. 一起我和你～去　一搭 Øi31ta24
1168. 只我～去过一趟　只 tsʅ31/就 ʈiu44
1169. 刚这双鞋我穿着～好　刚 kaŋ24
1170. 刚我～到　刚刚 kaŋ24kaŋ24
1171. 才你怎么～来啊？　才 tshæ24
1172. 就我吃了饭～去　就 ʈiu44
1173. 经常我～去　经常 tɕiŋ53tʂhaŋ0
1174. 又他～来了　可 khuo31
1175. 还他～没回家　还 xa24

1176. 再你明天～来　再 tsæ44
1177. 也我～去；我～是老师　也 Øɑ31
1178. 反正不用急，～还来得及　反正 fæ31tʂəŋ44
1179. 没有昨天我～去　没有 mo31Øiu53
1180. 不明天我～去　不 pu31
1181. 别你～去　嫑 po31
1182. 甭不用，不必：你～客气　嫑 po31
1183. 快天～亮了　快 khuæ44
1184. 差点儿～摔倒了　错一点 tshuo44Øi31ȶiæ53
1185. 宁可～买贵的　哪怕 lɑ44phɑ44
1186. 故意～打破的　□□ li44ku0
1187. 随便～弄一下　随便 sui24piæ44
1188. 白～跑一趟　白 phei24
1189. 肯定～是他干的　保管 pɔ31kuæ53
1190. 可能～是他干的　强不住 tɕhiɑŋ44pu31tʂhʅ44
1191. 一边～走，～说　旋 suæ44

（三）介词、连词

1192. 和我～他都姓王　跟 kəŋ31
1193. 和我昨天～他去城里了　跟 kəŋ31
1194. 对他～我很好　对 tui44
1195. 往～东走　朝 tʂhɔ24
1196. 向～他借一本书　问 vəŋ44
1197. 按～他的要求做　依 Øi31
1198. 替～他写信　替 ȶhi44
1199. 如果～忙你就别来了　要是 Øiɔ44sʅ44
1200. 不管～怎么劝他都不听　嫑管 po31kuæ53

第二节　自选词汇

一、天文、地理

1201. 白雨暴雨：今儿下～了 phei31Øy53
1202. 糁糁雪粒状的雪：今儿下的是～ tʂəŋ53tʂəŋ0ɕyo31
1203. 不下了雨停了：一阵就～ pu31ɕiɑ44liɑ0
1204. 霖雨连阴雨：秋天爱下～lyŋ44Øy53
1205. 天河银河：～把牛郎织女隔开了 ȶhiæ53xuo0
1206. 贼宿流星：天上落了个～tsei31siu53
1207. 二阴多云：今儿是个～天 Øər44ȵiŋ31
1208. 烧霞：天边出～了 ʂɔ44
1209. 面面土细土：这～多得很 miæ44miæ0thu53

二、时间、方位

1210. 一向好些天：～都没见你了 Øi31ɕiɑŋ44
1211. 后截后来：～他就走了 xou44ȶiɛ0
1212. 冬上冬天：今年～冷得很 tuŋ53ʂɑŋ0
1213. 春上春天：等～就暖和了 tʂhəŋ53ʂɑŋ0
1214. 秋上秋天：～瓜果多 ȶhiu53ʂɑŋ0
1215. 打春立春：快～了 tɑ53tʂhəŋ31

1216. 交节季节交替的当口：明儿几点～呢 tɕiɔ24ȶiɛ31

1217. 交九数九中每九交替的时候：过几天就～了 tɕiɔ31tɕiu53

1218. 老早很早：他～就来了 lɔ31tsɔ53

1219. 麻刺眼黎明：鸡～就叫了 mɑ31tshʅ53ȵiæ̃0

1220. 啼起鸡叫头遍时分：他～就走了 ȶhi31tɕhi53

1221. 半早晨早八点左右：～了还不起来 pæ̃44tsɔ53ʂəŋ0

1222. 半后晌半下午：～了还没吃饭 pæ̃44xou44ʂɑŋ0

1223. □过刚才：他～还在呢 ȵiɛ31kuo44

1224. 先头前面：～走的那人是谁 siæ̃31thou24

1225. 脚底屋内地面：～一个坑坑 tɕyo31ȶi53

1226. 外天室外：～热的 Øuæ44ȶhiæ̃0

1227. 门上门口：他到～去了 mɑ31ʂɑŋ53

1228. 山华房侧：房～有个人 sæ̃31xuɑ0

1229. 阴凉坡庇荫处：树底下有～ ȵiŋ31liɑŋ0pho31

1230. 一下下一会儿：等～再走 Øi31xɑ44xɑ0

1231. 一坨坨一块块地方：这～菜好得很 Øi31thuo31thuo53

1232. 半中腰中间：山上～那是啥花 pæ̃44tʂəŋ44Øiɔ53

1233. 头起上面：桌子～放啥呀 thou31tɕhiɛ53

1234. 务会那会儿：～他还没来 Øu44xui0

1235. 再处其他地方：你到～问问 tsæ44tʂhʅ0

三、植物

1236. 番瓜南瓜：这～大的 fæ̃31kuɑ0

1237. 刀刀菜豆角菜：你种没种～ tɔ53tɔ0tshæ44

1238. 眯眯毛狗尾草：路边有～ mi44mi44mɔ24

1239. 树扑冷树冠：～里面有个鸟 ʂʅ44phu31ləŋ53

1240. 蓑草龙须草：塄边有很多～ suo31tshɔ0

1241. 蜜蜜秆甜玉米秆：小娃爱吃～ mi44mi0kæ̃53

1242. 麸子小麦麸皮：有人拿～换醋 fu53tsɿ0

1243. 糁糁玉米去掉皮和渣的颗粒：早饭吃～对身体好 tʂəŋ53tʂəŋ0

1244. 呛子土油菜：～能做酸菜 tɕhiɑŋ44tsɿ0

1245. 扯莲茄莲：～吃起来很脆 tʂhɤ44liæ̃0

1246. 火罐儿柿子小柿子：树上的～像一个个小灯笼 xuo53kuæ̃44Øər0sɿ44tsɿ0

1247. 灰藋灰灰菜：到地里去掐点～ xui53ȶhiɔ0

1248. 梨瓜甜瓜：这个～甜得很 li31kuɑ53

1249. 马莲马兰草：路边有很多～ mɑ44liæ̃0

1250. 笋瓜西葫芦：有人爱吃～ suŋ53kuɑ31

四、动物

1251. □□猫头鹰：～捉老鼠 ɕiŋ44xou0

1252. 姑姑等斑鸠：这几天～不停地叫 ku53ku0təŋ53

1253. 猴子螳螂：草上爬了一个～ xou31tsɿ53

1254. 寻犊母牛发情：这个牛这几天～呢 siŋ24thu24

1255. 高脚牲口骡马：你喂了几个～ kɔ31tɕyo24səŋ31khou0

1256. 草驴母驴：这个驴是～tshɔ31ly24

1257. 叫驴公驴：这个驴是～tɕiɔ44ly24

1258. 配犊牛交配：给牛～去呀 phei44thu24

1259. 打圈猪交配：猪～呢 tɑ53tɕhyæ̃44

1260. 克郎架子猪：～费草料得很 khei53lɑŋ0

1261. 跑圈子母猪发情：这猪～ phɔ53tɕhyæ̃44tsɿ0

1262. 野狐狐狸：山上有～Øiɛ44xu0

1263. 毛驹骝松鼠：看，树上有个～ mɔ31tɕy53liu44

1264. 燕嘀嘀燕子：～在房梁上搭了个窝 Øiæ̃44ȶi31ȶi24

1265. 鸽□□啄木鸟：～给树捉虫呢 tɕhiæ̃31pɔ44pɔ44

1266. 饿老鸱老鹰：～抓鸡娃 ŋuo44lɔ31tʂhʅ0

1267. 麻野雀喜鹊的一种，灰麻色，长长的尾巴：山里有～mɑ31Øiɛ53ȶhiɔ0

1268. 黄瓜露黄鹂：～的毛很好看 xuɑŋ31kuɑ53lu44

1269. 踏蛋禽类交配：两个鸡～呢 thɑ24thæ̃44

1270. 地蛄蝼蟋蟀：夏天的晚上～爱叫 ȶi44ku31lou0

1271. 歇虎壁虎：墙上爬了个～ɕiɛ53xu0

1272. 蛤蟆骨都蝌蚪：春天河里有～ xuo31mɑ53ku31tou0

1273. 明火虫萤火虫：夏天的晚上～飞来飞去 miŋ31xuo53tʂhəŋ0

1274. 屎爬牛屎壳郎：这几年～少了 sɿ53phɑ0ȵiu24

五、房舍、器具

1275. 老瓮大瓮：有人用～装水 lɔ44Øuəŋ0

1276. 踏蒜捣蒜：吃搅团要～thɑ24suæ̃44

1277. 钩搭钩子：房梁上挂了个～kou53tɑ0

1278. 接嘴漏斗：把你～用一下 ȶiɛ31tsui0

1279. 斫刀菜刀：这个～很利 tsɑ44tɔ31

1280. 臭蛋儿卫生球：衣柜里面放～防虫 tʂhou44tæ̃44Øər0

1281. 箸篓罐插筷子的笼罐：厨房里有～ tʂhʅ44lou31kuæ̃0

1282. 接口能套在一起的高大蒸笼：过去大家庭蒸馍要用～ȶiɛ31khou0

1283. 甑箅箅子：把馍放～上热一下 tsəŋ44pɑ0

1284. 搌布抹布：把～洗干净 tʂæ̃44phu0

1285. □□旧时木制碗：过去小娃用～吃饭 mæ̃53mæ̃0

1286. 钵钵小盆：菜太多，铲到～里面 po53po0

1287. 橛橛木桩或木楔：给地上钉个～ tɕhyo31tɕhyo53

1288. 桄桄家具上的横条：梯子～ kuɑŋ53kuɑŋ0

1289. 腰腰用以扎捆的东西：把～取下

Øiɔ44Øiɔ0

1290. 顺水厦房上顺着水流方向的大木：盖房要用多少～ʂəŋ44ʂei0

1291. 搭帘房向两边淌水的房：现在～少了 tɑ53liæ0fɑŋ24

1292. 芯芯内核：玉米～siŋ44siŋ0

1293. 泥匕泥抹子：用～抹墙 ȵi44pi31

1294. 撇沿敞口，沿外张：这锅是个～phiɛ44Øiæ0

1295. 铆窍家具、人体关节连接部位：这家具～还好 mɔ44tɕhiɔ0

1296. 罩滤笊篱：用～捞面 tsɔ44ly0

六、服饰、饮食

1297. 袄袄衣服：出去的时候穿件～ŋɔ53ŋɔ0

1298. 褂褂小棉袄：把～穿上 kuɑ44kuɑ0

1299. 架架无袖背心：秋天要穿～tɕiɑ44tɕiɑ0

1300. 大襟袄儿纽扣在侧身的上衣：过去老太太都穿～tɑ44tɕiŋ31ŋɔ53Øər0

1301. 窝窝棉鞋：冬天要穿～Øuo53Øuo0

1302. 靸板鞋拖鞋：有人穿个～就出门了 sɑ31pæ53xæ24

1303. 泥鞋雨鞋：下雨了要穿～ȵi24xæ24

1304. 纫头绳线方便穿针的细头头：纳鞋底绳上要有～ʐəŋ44thou0

1305. 搭搭携带的口袋：他背个～上山了 tɑ53tɑ0

1306. 曲连娃满月和过岁时做的圆形礼馍：这地方娃满月都送～tɕhy53liæ0

1307. 献的祭馍，大馒头形：过年要蒸～ɕiæ44ȶi0

1308. 刮刮锅巴：锅里长～了 kuɑ53kuɑ0

1309. 麻糖麻花：走亲戚送～mɑ31thɑŋ53

1310. 清油菜油：炒菜用～ȶhiŋ31Øiu24

1311. 调和调料：炒菜要放点～ȶhiɔ31xuo53

1312. 礼当礼品：提～走亲戚 li44tɑŋ0

1313. 起面用酵母发酵的面：蒸馍要用～tɕhi53miæ0

1314. 死面未发酵的面团：烙油饼馍可以用～sɿ53miæ0

七、身体、医疗

1315. 腿猪娃腿肚子：～疼的 thui53tʂʅ53Øuɑ0

1316. 精脚赤脚：小孩儿～在地上跑 ȶiŋ24tɕyo31

1317. 捶头拳头：谁的～硬就听谁的 tʂhei31thou53

1318. 囟门口囟门：这娃～还没长全 siŋ44məŋ0khou0

1319. 鬓间太阳穴：他～有白头发了 piŋ44tɕiæ31

1320. 胭脂骨颧骨：这女人～高的 Øiæ31tsɿ0ku0

1321. 耳茬根耳后与头相接处：笑得嘴咧到～了 Øər53tshɑ31kəŋ53

1322. 鼻梁桄鼻梁上面：眼镜把～压得疼 phi31liɑŋ53kuɑŋ44

1323. 掀板骨肩前大骨：～疼 ɕiæ31pæ0ku0

1324. 肋巴肋部：～骨折了 lei53pɑ0

1325. 脚巴骨脚后跟：看，踏到你～了 tɕyo31pɑ44ku0

1326. 牙叉骨下巴：~都笑掉了 Øia31tsha53ku0

1327. 镜儿骨膝盖骨：~摔破了 tɕiŋ44Øər0ku0

1328. 后马勺后脑勺：他在儿子~扇了一巴掌 xou44ma53ʂuo0

1329. 干腿梁小腿骨：一脚踢到~上 kæ̃31thui0liaŋ24

1330. 交裆两大腿根之间：裤子~那破了 tɕiɔ31taŋ0

1331. 倒拐肘弯：他墩了我一~tɔ44kuæ53

1332. 核桃疙瘩脚踝骨：踢到~上了 xei31thɔ53kei31ta0

1333. 精溜溜光身子：这娃~的从屋里跑出来了 ȶiŋ31liu44liu44

1334. 精溜子光着上身：热得他脱了个~ ȶiŋ31liu44tsɿ0

1335. 精屁眼光屁股：这娃~乱跑 ȶiŋ31phi44ȵiæ̃0

1336. 圈脸胡子络腮胡：那人长了个~ tɕhyæ̃44liæ̃53xu31tsɿ53

1337. 纂纂旧称女人脑后发髻：旧社会结婚的女人都要绾~tsuæ̃44tsuæ̃0

1338. 癯身体瘦弱：这娃~的 tɕhyo44

1339. 入暮啦视力差：你眼睛咋是个~ ʐʅ31mu44lia0

1340. 风司荨麻疹：身上长~了 fəŋ31sɿ0

1341. 忘昏大记性不好，健忘：上年龄的人~Øuaŋ44xuŋ31ta44

1342. 近看眼近视眼：这人是个~ tɕhiŋ44khæ̃31ȵiæ̃0

1343. 洋来精神不正常的人：那人是个~ Øiaŋ24læ24

1344. 齁齁病哮喘：冬天~就严重了 xou53xou0piŋ44

1345. 虚人身体虚弱的人：病刚好还是个~ ɕy31ʐəŋ24

1346. 疴疴疮：身上长~了 khuo44khuo0

1347. 坐痂痂结痂：身上的疮这几天~ tshuo44tɕia53tɕia0

1348. 垢圿污垢：把身上~好好洗洗 kou44tɕia0

1349. 惹传染：小心把感冒给你~上 ʐɤ53

1350. 发感染溃脓：耳洞~了 fa31

1351. 气卵子疝气：~要做手术治疗 tɕhi44luæ̃31tsɿ0

1352. 鸡暮眼夜盲眼：天一黑~就看不到东西了 tɕi53mu0ȵiæ̃0

1353. 淌清鼻流鼻涕：感冒了光~ thaŋ53ȶhiŋ53phi0

1354. 变狗指小娃有病：这娃那几天~ piæ̃44kou53

1355. 克化消化：肉吃多了~不了 khei53xua0

1356. 瘿呱呱甲状腺肥大：过去长~的人很多 Øiŋ53kua0kua0

1357. 齉鼻子不通：感冒了鼻子~的 laŋ53

1358. 豁豁嘴兔唇：~可以通过手术矫正 xuo53xuo0tsui53

1359. 腰干啦妇女绝经：女人五十多岁就~ Øiɔ24kæ̃31lia0

1360. 憨实形容小娃胖、结实：这娃~得很 xæ̃53ʂʅ0

1361. 莽实结实粗壮：这小伙~得很 maŋ44ʂʅ0

1362. 周溜周正：这小伙~得很 tʂou53liu0

1363. 接扮打扮：姑娘娃出门前都爱～ ȶiɛ53pæ̃0

1364. 硬邦身体结实有力气，多指小孩儿：这娃～得很 ȵiŋ44paŋ0

1365. 软兮无力，多指小孩儿：这娃～得很 ʐæ̃44ɕi0

1366. 脱条苗条：这女子～得很 thuo53ȶhiɔ0

1367. 捋直端正：小伙～得很 ly44tʂʅ0

1368. 罩巴衣帽整洁人精神：今儿个收拾的很～tsɔ44pɑ0

1369. 汉场指身高：这人～高得很 xæ̃44tʂhaŋ0

1370. 牙媳妇牙龈：～上火肿了 Øiɑ31si53fu0

八、人品、称谓

1371. 瞎种坏蛋：那人是个～xɑ31tʂəŋ53

1372. 爷父俩父子俩：～长得真像 Øiɛ31fu53liɑŋ53

1373. 冷㞞蠢货：看你个～货 ləŋ44suŋ0

1374. 爸爷曾祖父：他～九十多岁了 pɑ53Øiɛ0

1375. 姐姐大姑娘：你～嫁哪了 ȶiɛ53ȶiɛ0

1376. 班辈辈分：年龄不大～还高得很 pæ̃53pei0

1377. 姚婆恶后娘：人人都讨厌～ Øiɔ31pho53

1378. 再□人别的人：～不知道 tsæ44Øɤ0ʐəŋ24

1379. 客货旧指娶来的外地女人：他老婆是个～khei53xuo0

1380. 家门本家：他俩个是～tɕiɑ53məŋ0

1381. 月娃未满一月的小娃：这～长得心疼的 Øyo53Øuɑ0

1382. 半吊子鲁莽，做事无分寸：那人是个～pæ̃44ȶiɔ44tsɿ0

1383. 二流子愣头青：那娃是个～ Øər44liu44tsɿ0

1384. 二㞞粗俗、不讲理的人：那人是个～ Øər44tɕhiu24

1385. 愴人厉害而凶恶的人：大多数人怕～ Øuæ31ʐəŋ24

1386. 粘头糊涂人：真是个～ʐæ̃24thou24

1387. 肉头没能力：～，那么简单都不会 ʐou44thou24

1388. 没下数不懂规矩：长辈面前不能～ mo31xɑ44ʂʅ0

1389. 没眉眼分不清是非，看不清动向：不能干～的事 mo31mi31ȵiæ̃53

1390. 倒遭鬼败家子：这人是个～ tɔ44tsɔ31kui0

1391. □皮呆痴：这人～着呢 tɕhiŋ44phi24

1392. 麻靡儿不讲理：把不讲理的人叫～ mɑ24mi24Øər0

1393. 呲牙强词夺理的人：你就是个～ tshɿ53Øiɑ0

1394. 难挖难说话，不合群的人：你就～得很 læ̃24Øuɑ31

1395. 瓷㞞软弱，不出头的人：真是个～ tshɿ31suŋ53

1396. 飞把胆大妄为的人：他是个～ fei31pɑ0

1397. 瞎㞞坏蛋：这人是～xɑ31suŋ24

1398. 铅客一身坏习气的人：这娃是个～ tɕhiæ̃31khei0

1399. 环客不务正业贪玩的人：这娃是个～ xuæ31khei53

1400. 毛客脾气火爆的人：这娃是个～ mɔ31khei53

1401. 费客善挑剔寻事者：这人是～ fei44khei0

1402. 牙客善辩的人：这人是个～ Øiɑ31khei53

1403. 沟子客不合群捣鬼的人：真是个～ kou53tsɿ0khei31

1404. 眼药客拍马溜须邀功争宠的人：这人真会来事，是个～ȵiæ53Øyo31khei31

1405. 水烟客一身坏毛病的人：这人不干正事，是个～ʂei53Øiæ31khei31

1406. 扑气客不吉利不成事的人：～干不成事 phu53tɕhi0khei31

1407. 嘴儿客光说不干的人：光说不干是个～tsui53Øər0khei31

1408. 谝传客健谈而有风趣的人：华而不实，是个～phiæ53tʂhæ0khei31

1409. 轱辘客赌徒：～败家 ku53lu0khei31

1410. 踢山败家子：这娃是个～，把家败光了 ȶhi31sæ31

1411. 逛山游手好闲的人：这人整天游游荡荡，是个～kuaŋ44sæ31

1412. 争山莽撞好出头的人：遇事要冷静，别当～tsəŋ31sæ31

1413. 屃管娃啥事都不管不做的人：怎么有事就成～了 suŋ24kuæ53Øuɑ44

1414. 日干山做事没成功：这件事要认真对待，不能～ʐʅ53kæ31sæ31

1415. 日滴滴没本事的人：这人啥事也干不了，就是个～ʐʅ31ȶi44ȶi44

1416. 被窝猫怕羞而不善于表现自己的人：遇事别当～pi44Øuo31mɔ24

1417. 胡邋遢胸无城府的人：那就是个～人 xu31lɑ53thɑ0

1418. 历练人能干的人：他媳妇是个～ li53liæ0ʐəŋ24

1419. 人颡儿能说会道，凡事爱出头：那是个～，啥事都有她 ʐəŋ24sɑ24Øər0

1420. 死娃牙胡说不讲理的人：说话要讲道理，别当～sɿ53Øuɑ0Øiɑ24

1421. 列筋头凡事必别出心裁，和别人对着干：那娃是个～liɛ31tɕiŋ31thou0

1422. 花稍说话热情客气，易于相处：他妹子见人～得很 xuɑ53sɔ0

1423. 不卯关系不好：那两个人～ pu31mɔ53

1424. 生分关系疏远：他俩～得很 səŋ53fəŋ0

九、农、工、商、文

1425. 搭磨子磨面：～去呀 tɑ31mo44tsɿ0

1426. 踏杂花费：结婚～了不少钱 thɑ31tsɑ53

1427. 牛槅头牛挽具：借你家～用一下 ȵiu24kei53thou0

1428. 马拥拥马挽具：这～合适得很 mɑ53Øyŋ53Øyŋ0

1429. 拨件带动碌碡的木构件：把～安上 po53tɕhiæ0

1430. 拨挑拧绳的工具：以前用～拧麻绳 po53ȶhiɔ0

1431. 笸篮竹编粮食盛具：装了一～大豆

phu31læ̃53

1432. 拌笼篮子：提～去割猪草 phæ̃44luŋ0

1433. 火镰旧时击打取火种的工具：古时人们用～生火 xuo44liæ̃0

1434. 灰耙烧炕时捅火的工具：用～掏炕灰 xui53phɑ0

1435. 胡墼田土板结形成的土块：提锄头打～xu31tɕi53

1436. 根根液体的剩渣：喝的只剩下～了 kəŋ53kəŋ0

1437. 口把别人吃剩的食品：不吃别人的～ khou31pɑ0

1438. 木老壳木偶：现在人们不爱看～戏了 mu31lɔ0khuo31

1439. 梆榔圆柱体：找个～翘一下 pɑŋ31lɑŋ53

1440. 爆鼓梆子戏伴奏用的干鼓：他在剧团敲～pɔ44ku0

1441. 弦索戏剧伴奏的文乐队：这剧团～还齐得很 ɕiæ̃31suo53

1442. 场伙赌场：雨大～稳 tʂhɑŋ31xuo53

1443. 伐马脚伐神弄怪：过去有人病了就找人～fɑ24mɑ53tɕyo31

十、动作、行为

1444. 和和轻轻：放鸡蛋要～的 xuo44xuo53

1445. 杀瓜切瓜：太热了，快～解渴 sɑ24kuɑ31

1446. 扎花刺绣：过去姑娘们都会～ tsɑ24xuɑ31

1447. 歇凉乘凉：人们都在树下～ ɕiɛ31liɑŋ24

1448. 熻火烤火：天冷了要～ɕiɛ31xuo53

1449. 丢盹打盹儿：人老了天一黑就～ ȶiu31tuŋ53

1450. 熬眼熬夜：看来今晚要～了 ŋɔ24ȵiæ̃53

1451. 打抢抢劫：让人～了 tɑ31tɕhiɑŋ0

1452. 受法服刑：他～了 ʂou44fɑ31

1453. 劚砍：上山～柴去了 phiæ̃53

1454. 经管照料：娃太小还需要人～ tɕiŋ31kuæ̃0

1455. 绊命拼命：气得～pæ̃44miŋ44

1456. 插挡阻止：那两人吵架呢，快去～一下 tshɑ31tɑŋ53

1457. 摆罩陈设：富豪家庭～就不一样 pæ53tsɔ0

1458. 趔让：～点地方 liɛ44

1459. 枵薄不结实：这凳子～得很 ɕiɔ53pho0

1460. 偎慢移；摩擦：坐下往前～；～沟子 Øui24

1461. 爽缩着脖子；缩退不前：冬天冷得人都～着；往前走，别往后～ʂɑŋ53

1462. 捋用鞭子抽打：牛走得太慢，快～一下 ly31

1463. 撧大把的揪：春天～苜蓿 tɕyo31

1464. 引借火种：把炕～着 Øiŋ53

1465. 戳扫：～脚底 tʂhuo31

1466. 缭缝：～衣服 liɔ24

1467. 篸把纽扣、衣兜等饰物缝到衣服上：把纽子～上 tsæ̃44

1468. 搋揉和：～面烙锅盔 tshæ31

1469. 弥把断了的绳索接续在一起：把绳子～上 mi24

1470. 扽拉拽：～绳子 tuŋ44
1471. 击利用惯性冲击：～上坡 tɕi31
1472. 闹搽：～雪花膏 lɔ44
1473. 擦刨丝：～萝卜 tshɑ31
1474. 膏润：～油，～辘轳 kɔ44
1475. 攒把散开的聚在一起：～丸药 tshuæ̃24
1476. 趄半躺小憩：～那歇歇 tɕhiɛ44
1477. 跐摩擦：把鞋底上～净 tshɿ53
1478. 叼抢：把东西～去了 ȶiɔ31
1479. 咥吃：中午～饱 ȶiɛ24
1480. 嚌蚊子叮咬：他让蚊子～了 tsæ̃31
1481. 掱把端直的东西变曲：～个半圆 ∅uo31
1482. 拽强行让对方接受：不要硬给人～呢 tʂæ24
1483. 装把棉絮装入衣被：～褥子 tʂɑŋ44
1484. 瞅识张望：你去～一下，看他来了没有 tshou53ʂʅ0
1485. 盯察寻找、查考：你把人～一下，看谁还没来 ȶiŋ53tshɑ0
1486. 干□吃干食不加水：你怎么光～不喝汤 kæ̃31tshæ̃44
1487. 胡趸破坏秩序、卫生：保持干净别～ xu24tuŋ53
1488. 尺察谋算：我～一下看这事能花多钱 tʂhʅ53tshɑ0
1489. 挌摸利用管钱管物的机会给自己谋点小利：她经常借机～钱 tɕhiɑ44mo0
1490. 撩乱谋划、准备：明天的事赶紧～，小心耽误了 liɔ31luæ̃53
1491. 惹贱挑衅：两个娃走一起就～ ʐɤ53ȶhiæ̃44
1492. 念聒念叨：妈妈经常～在外当兵的儿子 ȵiæ̃44kuo31
1493. 言传说：有事就～ȵiæ̃31tʂhæ̃53
1494. 淘神起纠纷：这小两口隔几天就～ thɔ24ʂəŋ24
1495. 谝翍卖大话：他光爱在人多处～ phiæ̃44pei0
1496. 胳搂逗人身体敏感部位让其发笑：哥哥～他，把他笑得直不起腰 kei31lou53
1497. 学说在乙跟前说甲的不是：一群老婆婆在一起～儿媳妇 ɕyo31ʂɤ53
1498. 向学诉说：你把那事给我～一下 ɕiɑŋ44ɕyo0
1499. 拧磨扭捏：快去表演节目，别～了 ȵiŋ31mo53
1500. 吐情告诉：有啥事就～thu31ȶhiŋ0
1501. 下话求人：他为借钱到处向人～ ɕiɑ44xuɑ44
1502. 犟嘴语言顶撞：这娃在他妈面前老～ tɕhiɑŋ44tsui53
1503. 禁端大声责备：他在那大声～犯错的儿子 tɕiŋ44tuæ̃31
1504. 日噘斥骂：他把小偷儿抓住狠狠地～了一顿 ʐʅ53tɕyo0
1505. 喊喝大声斥责：好好给娃说，别～ xæ̃44xuo0
1506. 日囊用言行表达不满和反抗：他饿着肚子干活，嘴里不停地～ʐʅ53lɑŋ0
1507. 噼囊喋喋不休地发泄：赶快走，别～ phi53lɑŋ0
1508. 咯喋自言自语让人生烦：好好睡觉，别～了 kuo53ȶiɛ0
1509. 蹦跳跳跳蹦蹦：那个孩子不停地在院子～piɛ44ȶhiɔ0

1510. 规模猜测：～这时间他早到家了 khui31mo0

1511. 秤摸掂量：你～着，别喝醉了 tʂhəŋ44mo0

1512. 捡弄收拾修理：凳子坏了，你给～嘎 ȵiæ̃44luŋ0

1513. 装罩人陷人于为难中：别干～的事 tʂɑŋ31tsɔ0ʐəŋ24

1514. 圆帮调解、说和：给他俩～一下，别斗气了 Øyæ̃31pɑŋ53

1515. 仰般仰卧倒地：他在泥地摔了个～ ȵiɑŋ53pæ̃0

1516. 拾坎克服困难而行动：～不起来 ʂʅ31khæ̃53

1517. 挣弹挣扎着：～吃点饭，病慢慢就好了 tsəŋ44thæ̃0

1518. 畔缠打搅：娃把她～得啥也干不成 phæ̃44tʂhæ̃0

1519. 肘扎挣扎撑持着：这个姿势～人得很 tʂou53tsɑ0

1520. 谋劲鼓劲：～吃 mei24tɕiŋ44

1521. 踪脱快速跑：他吓得～跑了 Øuɑ31thuo0

1522. 势翻小孩儿好动：好好地，别～ ʂʅ44fæ̃0

1523. 收挂控制：下坡车～不住了 ʂou53kuɑ0

1524. 系挎拴住：把花给～上 ɕi44khuɑ0

1525. 系索拴、绑：把鞋带给～住 ɕi44suo0

1526. 漾液体洒落：不小心把汤给～了 Øiɑŋ44

1527. 拾掇收拾东西：赶快～，一会儿就走 ʂʅ31tuo53

1528. 打摭清理：～摊子卷单子 tɑ44tʂɤ0

1529. 扑靸走路抬不起脚的声音：他走路～得很 phu31sɑ0

1530. 弹嫌挑剔：他～饭不好吃 thæ̃31ɕiæ̃53

1531. 铺络用手抚摩：把肚子～噶就不涨了 phu31luo53

1532. 挼反复揉搓：小心把菜～烂了 ʐɑ24

1533. 撕挖撕扯：两个女人一会儿就～一搭了 sʅ31Øuɑ0

1534. 挖抓抓紧不放：～紧，小心他跑了 Øuɑ31tʂɑ0

1535. 掂摸用手掂估重量：把袋子里的东西～一下，看有多重 ȶiæ̃31mo0

1536. 卖派显摆卖弄：在人前～她的新衣服 mæ44phæ0

1537. 托扯人托人办事：～人把事给办了 thuo31tʂhɤ0

1538. 接承接受对方的请托：人来了～下 ȶiɛ53tʂhəŋ0

1539. □咐再三叮咛：女儿出门前她再三～要注意安全 Øi53fu0

1540. 瞅识瞄上：她～上那件漂亮衣服 tshou53ʂʅ0

1541. 疲磨磨蹭：利索点，别～了 phi31mo53

1542. 嚓挡制止，劝架：把两人～一下，不要吵起来 tshɑ31tɑŋ53

1543. 沤人动作慢而影响他人：快走，～得很 ŋou53ʐəŋ0

1544. 批把打嘴巴：打了他一个～phi31pɑ0

1545. 气躁了气急了发脾气：～打人 tɕhi44tshɔ44liɑ0

1546. 跟沟子紧跟着：～他就来了

kəŋ31kou53tsɿ0

1547. 打愣愣小孩儿学站立：这几天孩子会～了 tɑ53ləŋ44ləŋ0

1548. 看样样模仿：别～了 khæ̃44Øiɑŋ44Øiɑŋ0

1549. 变工以工换工：农忙时都打～ phiæ̃44kuŋ31

1550. 艳炫耀：在人前把新衣服～一下 Øiæ̃44

1551. 拘憋，急：尿～了 tɕy31

1552. 当碰运气：把好事给～上了 tɑŋ24

1553. 抬攒：馍馍没吃在笼笼～哩 thæ24

1554. 详揣测：那人～着说话哩 siɑŋ24

1555. 额比量：～你那媳妇去我这媳妇还算勤快 ŋei31

1556. 嫽好：他俩关系～得很 liɔ24

1557. □举：～旗，～竿子 tʂou53

1558. 定再执意：他～让朋友玩一天再走 ȶiŋ44tsæ44

1559. 害狠狠下心：你～吃几口 xæ44xəŋ44

1560. 出劲用劲：～掀车 tʂhʅ31tɕiŋ44

1561. 诧生怕见生人：这娃见人～ tshɑ44səŋ31

1562. 箍人强制别人：别～喝酒 ku53ʐəŋ24

1563. 摆调故意折腾人：别～人 pæ53ȶiɔ0

1564. 强为力不达而强行为之：～吃点饭 tɕhiɑŋ53Øui0

1565. 防顾提防，防备：～有人骂你 fɑŋ31ku53

1566. 醒动动静：这时候了还没～siŋ53tuŋ0

1567. 托扯人托人办事：他～人给儿子找对象 thuo31tʂhɤ0

1568. □摸溜到人群后边：往前走，别往后～ tʂhɑ44mo0

1569. 奈何凑合代替：没有新的，用这个旧的先～læ44xuo0

1570. 供经供给：他们要～两个学生上大学 kuŋ53tɕiŋ0

1571. 拉扯养活：他一个人要～两个娃 lɑ31tʂhɤ0

1572. 忌顾自己照顾自己身体：月子里要把身子～好 tɕi44ku0

1573. 唠叨要求过严，爱挑剔：你就爱～得很 lɔ31tɔ53

1574. 敬嘴贪吃美味：这娃～得很 tɕiŋ44tsui53

1575. 倡扬散布：这事别～了 tʂhɑŋ53Øiɑŋ0

1576. 倒势使人感觉形象大跌：今天～得很 tɔ53ʂʅ44

1577. 怪为不好意思：事没办好，～得很 kuæ̃44vei44

1578. 补当可怜，可悲：这娃小小年龄就没了父母，太～了 pu53tɑŋ0

1579. 枉怜日子清苦得难以维系：一个大男人领两个小娃～得很 Øuɑŋ53liæ̃0

1580. 拐带连累和影响别人：别～人了 kuæ53tæ0

1581. 下串人故意在言行上小瞧打压对方：家庭好，但不要～ɕiɑ44tʂhæ̃44ʐəŋ24

1582. 日弄告黑账：那人爱～人 ʐʅ53luŋ0

1583. 日鬼作假：靠～把事给弄成了 ʐʅ31kui53

1584. 日倒坏了：不好了，～了 ʐʅ31tɔ53

1585. 难言糟糕得一言难尽：他家那情况～

得很 lǣ24Øiǣ24

1586. 打虑打算：明天你～干啥 tɑ44ly0

1587. 回话道歉讨饶：事做错了还不～ xui24xuɑ44

1588. 臊搅扰乱，捣乱：我忙着呢，别～ sɔ44tɕiɔ0

1589. 补白道歉：给人～一下 pu53phei0

1590. 焯火煽风点火：好好的，别～了，小心两人打起来 tʂhɔ44xuo0

1591. 把作难堪、为难：别～人了 pɑ44tsuo0

1592. 反乱乱动，不安分：这娃～得很 fǣ44luǣ0

十一、性质、状态

1593. 骚情言语行为轻浮：那个女人～得很 sɔ24tɕhiŋ31

1594. 张张狂：别～了，小心挨打 tʂɑŋ24

1595. 骨忍忍虫蠕动的样子：虫子～的 ku31ʐəŋ31ʐəŋ0

1596. 麻利做事敏捷：他做事很～mɑ24li44

1597. 呼碌松动：石头～了 xu53lou0

1598. 些微轻微：～早一点就能赶上了 siɛ31vei24

1599. □没白白送给人：～把房送人了 tsɿ53mo0

1600. 翘暴不灵活：把手冻～了 tɕhiɔ44pɔ0

1601. 绵密温和，腼腆：这女子～得很 miǣ31mi53

1602. 活道处事圆滑：他做生意很～ xuo31tɔ53

1603. 己肠热情：他见人很～tɕi44tʂhɑŋ0

1604. 品麻安闲，自在：你一天～得很 phiŋ53mɑ24

1605. 烂蛋邋遢：他媳妇～得很 lǣ44tǣ0

1606. 心瓷心硬：你咋这么～siŋ31tshɿ24

1607. 心重贪心：那人做生意～得很 siŋ31tʂhəŋ44

1608. 悬乎危险：这事太～了 ɕyǣ31xu53

1609. 凉瑟感觉冷：今天～得很 liɑŋ31sei53

1610. 麻暮性子慢，动作迟缓：这人～得很 mɑ24mu44

1611. 木气言行木讷：这人～得很 mu53tɕhi0

1612. 落兮邋遢：这人～得很 luo53ɕi0

1613. 细详细心，节约：他是个～人 si44siɑŋ0

1614. 粑贴：把年画～墙上 piɑ31

1615. 颇烦心里烦躁：～得不想动 pho53fǣ0

1616. 得劲能干，能独当一面：他做事很～ tei31tɕiŋ44

1617. 踮扎动作敏捷：那娃打球～得很 ȶiǣ44tsɑ0

1618. 溜洒干事手脚利索：他做起事来很～ liu44sɑ0

1619. □□整洁，利落，干脆：他做事～ liɛ31tʂɤ53

1620. 利气做事利落：他家媳妇很～ li44tɕhi44

1621. 攒劲有精神：她跳舞很～tsǣ53tɕiŋ44

1622. 索撇利索：做事～点 suo31phiɛ0

1623. 来根拙笨：他做啥～着呢 læ31kəŋ53

1624. □□合适，舒服：你家收拾得真～ Øuo31Øiɛ53

1625. 浑全完整：他吃了个～馍 xuŋ31tshuæ̃53

1626. 帮间差不多：这娃～呢 pɑŋ24tɕiæ̃31

1627. 细法精细，细心：他做事～得很 si44fɑ0

十二、代词、副词、介词、连词

1628. 兴许也许：～他不高兴了 ɕiŋ44ɕy53

1629. 一老经常：他～就是那么个人 Øi31lɔ53

1630. 可又：你怎么～来了 khuo31

1631. 单另另外：她经常～给老人做好吃的 tæ̃31liŋ44

1632. 亏当多亏：～有你，不然事情就搞砸了 khui31tɑŋ0

1633. 一□一块，一起：咱俩～走 Øi31ɕiɛ53

1634. 大模儿大概，兴许：事情～就这样 tɑ44mo53Øər0

1635. 定定儿经常性的：～不长记性 ʈiŋ44ʈiŋ53Øər0

1636. 一经儿一贯，经常：她～都勤快 Øi31tɕiŋ53Øər0

1637. 一气子一鼓作气：～把草割完了 Øi31tɕhi44tsɿ0

1638. 按目住万一：～，错了咋办？ ŋæ̃44mu31tʂhʅ0

第四章 语法与口头文化

第一节 语法例句

1. 你是哪里人？

你是哪搭人？

ȵi53sɿ44la24ta0ʐəŋ24？

2. 我是陕西______人。（说出所在县城市）

我是陕西太白人。

ŋɔ53sɿ44ʂæ53si0thæ44pei0ʐəŋ24.

3. 你今年多大？

你今年多大啦？

ȵi53tɕiŋ31ȵiæ24tuo31ta44lia0？

4. 我________岁了。（说出自己的实际年龄）

我六十九啦。

ŋɔ53liu31ʂʅ0tɕiu53lia0.

5. 你叫什么名字？

你叫啥名字？

ȵi53tɕiɔ44ʂa44miŋ31tsɿ53？

6. 我叫________。（说出自己的名字）

我叫张有绪。

ŋɔ53tɕiɔ44tʂaŋ31Øiu53ɕy44.

7. 你家住哪里？

你屋到哪搭哩？

ȵi53Øu53tɔ44la24ta0li0？

8. 我家住________。（说出自己居住的地址）

我屋在咀头镇拐里村。

ŋɔ24Øu53tsæ44tsui53thou0tʂəŋ44kuæ53li0tshuŋ31.

9. 谁呀？我是老三。

谁哩开？我是老三。

sei31li53khæ0？ŋɔ53sɿ44lɔ53sæ̃31.

10. 老四呢？他正在跟一个朋友说着话呢。

老四哩？他正跟朋友说话哩。

lɔ53sɿ44li0？thɑ53tʂəŋ44kəŋ31phəŋ31Øiu53ʂɤ31xuɑ44li0.

11. 他还没有说完吗？

他还没说完吗？

thɑ53xɑ24mo31ʂɤ31Øuæ̃24mɑ0？

12. 还没有。大约再有一会儿就说完了。

还没有。约摸再有一下下就完啦。

xɑ24mo31Øiu53. Øyo44mo0tsæ44Øiu53Øi31xɑ44xɑ0ȶiu44Øuæ̃24liɑ0.

13. 他说马上就走，怎么这半天了还在家里呢？

他说麻利就走呀，咋么这半晌还在屋哩？

thɑ53ʂɤ31mɑ24li44ȶiu44tsou53Øiɑ0，tʂɑ31mu53tʂɤ44pæ̃44ʂɑŋ44xɑ24tsæ44Øu53li0？

14. 你到哪儿去？我到城里去。

你到搭去？我到街上去呀。

ȵi53tɔ44tɑ53tɕhi44？ŋɔ53tɔ44tɕiɛ53ʂɑŋ0tɕhi44Øiɑ0.

15. 在那儿，不在这儿。

在兀搭，不在这搭。

tsæ44Øu31tɑ53，pu31tsæ44tʂʅ31tɑ53.

16. 不是那么做，是要这么做的。

不是兀么做，是要这么做哩。

pu31sɿ44Øu44mu0tsu44，sɿ44Øiɔ44tʂʅ44mu0tsu44li0.

17. 太多了，用不着那么多，只要这么多就够了。

太多啦，要不下那么多，这改就够啦。

thæ44tuo31liɑ0，Øiɔ44pu31xɑ44lɑ44mu0tuo31，tʂʅ31kæ53ȶiu44kou44liɑ0.

18. 这个大，那个小，这两个哪一个好点呢？

这个大，兀个碎，这俩个哪个好呢？

tʂei53kɔ0tɑ44，Øui53kɔ0sui44，tʂʅ44liɑŋ53kɔ0lɑ31kɔ0xɔ53ȵi0？

19. 这个比那个好。

这个比兀个好。

tʂei53kɔ0pi53Øui53kɔ0xɔ53.

20. 这些房子不如那些房子好。

这些房子没几些房子好。

tʂei44siɛ0faŋ31tsʅ53mo31Øui53siɛ0faŋ31tsʅ53xɔ53.

21. 这句话用____话怎么说?(填本地地名,本地音)

这句话用咀头话咋么说?

tʂɤ44tɕy44xuɑ44Øyŋ44tsui53thou0xuɑ44tʂɑ31mu53ʂɤ31?

22. 他今年多大岁数?

他今年多大啦?

thɑ53tɕiŋ31ȵiæ̃24tuo31tɑ44liɑ0?

23. 大概有三十来岁吧。

约摸有三十好几。

Øyo31mo0Øiu53sæ̃53ʂʅ0xɔ31tɕi53.

24. 这个东西有多重呢?

这个东西有多重?

tʂei53kɔ0tuŋ53si0Øiu53tuo31tʂhəŋ44?

25. 有五十斤重呢。

五十斤重。

Øu53ʂʅ0tɕiŋ31tʂhəŋ44.

26. 拿得动吗?

能拿起啊不?

ləŋ24lɑ31tɕhiɛ53Øɑ0pu31?

27. 我拿得动,他拿不动。

我能成,他不行。

ŋɔ53ləŋ24tʂhəŋ24, thɑ53pu31ɕiŋ24.

28. 真不轻,重得连我都拿不动了。

重得很,我□拿不起。

tʂhəŋ44ʈi0xəŋ53, ŋɔ53Øɑ0lɑ31pu53tɕhiɛ53.

29. 你说得很好,你还会说点儿什么呢?

你说好很,你还会说啥?

ȵi53ʂɤ53xɔ53xəŋ53, ȵi53xɑ24xui44ʂɤ31ʂɑ44?

30. 我嘴笨,我说不过他。

我嘴笨的,说不过他。

ŋɔ53tsui53phəŋ44ʈi0，ʂɤ31pu31kuo44thɑ53.

31. 说了一遍，又说了一遍。

说一遍，又一遍。

ʂɤ31Øi31piæ̃44，Øiu44Øi31piæ̃44.

32. 请你再说一遍。

你再说一遍。

ȵi53tsæ44ʂɤ31Øi31piæ̃44.

33. 不早了，快去吧！

不早啦，赶走！

pu31tsɔ53liɑ0，kæ̃24tsou53！

34. 现在还很早呢。等一会儿再去吧。

这阵还早哩。等嘎去。

tʂei53tʂəŋ44xɑ24tsɔ53li0. təŋ53kɑ0tɕhi44.

35. 吃了饭再去好吧？

吃啦去能成啊不？

tʂhʅ31liɑ0tɕhi44ləŋ24tʂhəŋ24Øɑ0pu31？

36. 慢慢儿地吃啊！不要急嘛！

慢慢吃！覅□急！

mæ̃44mæ̃44tʂhʅ31！po31Øɔ0tɕi24！

37. 坐着吃比站着吃好些。

坐下吃比立下吃好。

tshuo44xɑ0tʂhʅ31pi53li53xɑ0tʂhʅ31xɔ53.

38. 这个吃得，那个吃不得。

这个能吃，兀个吃不成。

tʂei53kɔ0ləŋ24tʂhʅ31，vei53kɔ0tʂhʅ31pu31tʂhəŋ24.

39. 他吃了饭了，你吃了饭没有呢？

他吃啦，你吃啦没？

thɑ53tʂhʅ31liɑ0，ȵi53tʂhʅ31liɑ0mo0？

40. 他去过上海，我没有去过。

他去过上海，我没去过。

thɑ31tɕhi44kuo0ʂɑŋ44xæ53，ŋɔ53mo31tɕhi44kuo0.

41. 来闻闻这朵花香不香？

闻嘎改花㸌不㸌？

vəŋ31kɑ53kæ53xuɑ31tshuæ̃44pu31tshuæ̃44?

42. 香得很，是不是？

爨很，得是？

tshuæ̃44xəŋ53，tei31sɿ44?

43. 给我一本书！

给个书！

kei44kɔ0ʂʅ31！

44. 我实在没有书么！

我到底没书么！

ŋɔ53tɔ44ʈi0mo24ʂʅ31mo0！

45. 你告诉他。

你给他说嘎。

ȵi53kei44thɑ53ʂɤ31kɑ0.

46. 好好儿地走！不要跑！

好好走！嫑□跑！

xɔ53xɔ24tsou53！ po31Øɔ0phɔ53！

47. 小心跌下去爬也爬不上来！

徐顾跌下去爬不上来！

ɕy31ku53ʈiɛ31xɑ44tɕhi0phɑ24pu31ʂɑŋ44læ0！

48. 医生叫你多睡一睡。

先生叫你多睡嘎。

siæ̃31səŋ0tɕiɔ44ȵi53tuo31ʂei44kɑ0.

49. 吸烟或者喝茶都不可以。

吃烟喝茶都不成。

tʂhʅ24Øiæ̃31xuo31tshɑ24tou31pu31tʂhəŋ24.

50. 烟也好，茶也好，我都不喜欢。

烟连茶我都不爱。

Øiæ̃31liæ̃24tshɑ24ŋɔ53tou24pu31ŋæ44.

51. 不管你去不去，反正我是要去的，我非去不可。

管你去不去，反正我要去。

kuæ̃53ȵi53tɕhi44pu31tɕhi44，fæ̃31tʂəŋ44ŋɔ53Øiɔ44tɕhi44.

52. 你是哪一年来的？

你是哪啊年来的？

ȵi53sɿ44lɑ53Øɑ0ȵiæ̃24læ31ȶi53？

53. 我是前年到的北京。

我前年到北京的。

ŋɔ53ȶhiæ̃31ȵiæ̃53tɔ44pei31tɕiŋ0ȶi0.

54. 今天开会谁的主席？

今儿开会谁是头头？

tɕiŋ31Øər0khæ31xui44sei24sɿ44thou31thou53？

55. 你得请我的客。

你要请我客。

ȵi53Øiɔ44ȶhiŋ53ŋɔ53khei31.

56. 这是他的书，那一本是他哥哥的。

改是他的书，拐是他哥的。

kæ53sɿ44thɑ531ȶi0ʂʅ31，kuæ53sɿ44thɑ31kɔ31ȶi53.

57. 一边走，一边说。

旋走旋说。

suæ̃44tsou53suæ̃44ʂɤ31.

58. 看书的看书，看报的看报，写字的写字。

看书的看书，看报的看报，写字的写字。

khæ̃44ʂʅ53ȶi0khæ̃44ʂʅ31，khæ̃44pɔ44ȶi0khæ̃44pɔ44，siɛ53tshɿ44ȶi0siɛ53tshɿ44.

59. 越走越远，越说越多。

越走越远，越说越多。

Øyo31tsou53Øyo31Øyæ̃53，Øyo24ʂɤ31Øyo24tuo53.

60. 把那个东西拿给我。

把兀个东西给我。

pɑ31vei53kɔ0tuŋ53si0kei44ŋɔ53.

61. 有些地方把太阳叫日头。

有的地方把太阳叫热头。

Øiu53ȶi0ȶi44fɑŋ31pɑ31thæ44Øiɑŋ0tɕiɔ44ʐɤ53thou0.

62. 您贵姓？我姓王。

你姓啥？我姓王。

ȵi53siŋ44ʂɑ44？ŋɔ53siŋ44Øuɑŋ24.

63. 你姓王，我也姓王，咱们两个人都姓王。

你姓王，我也姓王，咱两个都姓王。

ȵi53siŋ44Øuaŋ24，ŋɔ53Øɑ0siŋ44Øuaŋ24，tshɑ24liaŋ31kɔ0tou24siŋ44Øuaŋ24.

64. 你先去吧，我们等一会儿再去。

你先去，我等嘎再去。

ȵi53siæ̃31tɕhi44，ŋɔ31təŋ53kɑ0tsæ44tɕhi44.

第二节　北风和太阳

北风跟太阳

有一回，北风跟太阳在那儿争论谁的本事大。争来争去就是分不出高低来。这时候路上来了个走道儿的，他身上穿着件厚大衣。他们俩就说好了，谁能先叫这个走道儿的脱下他的厚大衣，就算谁的本事大。北风就使劲地刮起来了，不过他刮得越是厉害，那个走道儿的把大衣裹得越紧。后来北风没法儿了，只好就算了。过了一会儿，太阳出来了。他火辣辣地一晒，那个走道儿的马上就把那件厚大衣脱下来了。这下儿北风只好承认，他们俩当中还是太阳的本事大。

北风跟热头

pei24fəŋ31kəŋ31ʐɤ53thou0

有一回，北风跟热头在兀搭卖派谁的本事大，争了半天也没分出个眉眼。

Øiu53Øi31xui24，pei24fəŋ31kəŋ31ʐɤ53thou0tsæ44Øu31tɑ53mæ44phæ0sei31ȶi53pəŋ53sɿ0tɑ44，tsəŋ31liɔ0pæ̃44ȶhiæ̃31Øiɛ53mo31feŋ31tʂhʅ31kɔ0mi31ȵiæ̃53.

改时候来个过路的，他身上穿了个厚大氅。

kæ53sɿ31xou53læ24kɔ0kuo44lu44ȶi0，thɑ53ʂʅ53ʂɑŋ0tʂhæ̃31liɔ0kɔ0xou44tɑ44tʂhɑŋ53.

他俩个说好，谁能先叫过路的脱下他的厚大氅，就算谁的本事大。

thɑ31liɑŋ53kɔ0ʂɤ24xɔ53，sei24ləŋ24siæ̃31tɕiɔ44kuo44lu44ȶi0thuo31xɑ0thɑ53ȶi0xou44tɑ44tʂhɑŋ53，ȶiu44suæ̃44sei31ȶi53pəŋ53sɿ0tɑ44.

北风就谋劲的刮起来，不过他刮的越厉害，兀个过路的把厚大氅裹的越紧。

pei24fəŋ31ȶiu44mei24tɕiŋ31ȶi0kuɑ53tɕhi53læ0，pu31kuo44thɑ53kuɑ53ȶi0Øyo31li44xæ0，vei53kɔ0kuo44lu44ȶi0pɑ31xou44tɑ44tʂhɑŋ53kuo31ȶi0Øyo31tɕiŋ53.

最后北风没办法啦，只好就算啦。

tsui44xou44pei24fəŋ31mo31pæ̃44fɑ31liɑ0，tsɿ31xɔ53ȶiu44suæ̃44liɑ0.

过了一下下，热头出来啦。

kuo44liɔ0Øi31xɑ44xɑ0，ʐɤ53thou0tʂhʅ53læ0liɑ0.

他扎辣辣一晒，兀个过路的麻利就把厚大氅脱下啦。

thɑ53tsɑ31lɑ31lɑ0Øi31sæ44，vei53kɔ0kuo44lu44ʈi0mɑ24li44ʈiu44pɑ31xou44tɑ44tʂhɑŋ53 thuo31xɑ0liɑ0.

这下北风只好承认，他俩当中还是热头的本事大。

tʂʅ44xɑ0pei24fəŋ31tsɿ24xɔ53tʂhəŋ44ʐəŋ44，thɑ44liɑŋ53tɑŋ31tʂhəŋ24xɑ24sɿ44ʐɤ53thou0 ʈi0pəŋ53sɿ0tɑ44.

第三节　口头文化

一、舍身崖的传说

唐太宗的时候，青峰寺有个会看病的和尚，他给太后治好了“背瘩疮”病，太后就当面许愿，让女儿英灵公主长大后到青峰寺修行还愿。

几年后，朝廷新科大考，长安城一个姓蔡咻高中了新科状元。唐太宗看兀人才华出众、仪表堂堂，有意招为英灵公主的驸马，但太后认为已经替公主许愿出家，就没应承，太宗也没办法。英灵公主听说后，在宫女的牵线下与状元一见钟情，私定终身。太后知道后，怕夜长梦多，当即选定黄道吉日，送英灵公主到青峰寺修行。

公主走后，蔡状元日夜思念，一气之下辞了官，到青峰寺做了和尚，与公主相伴。天长日久，公主有了身孕。几个月后，太子奉命看望姑姑，青峰寺的高僧害怕上头怪罪，打算用毒酒害死蔡和尚，结果阴差阳错，毒死了太子。高僧陷害说蔡和尚害死了太子，蔡和尚与公主被迫双双出逃，最后两个人爬上了寺后的崖，追兵杀声震天，两人逃生无望，抱头大哭，一起跳下百丈悬崖。

后截，唐太宗赶到了高码头，听到二人身亡，传旨厚葬太子，拨马回京。改地方后来就叫回龙湾，人们把二人跳下的拐山崖叫“舍身崖”。

二、歌谣

咕嘟咕嘟打链架，十亩地里种红花。一头种的大红花，一头种的小红花。一个女儿摘花哩，半路来个相公娃，姐姐把你嫁我吧。我还不到十七八，你到别处另找吧。

三、谚语

1. 早上雾一雾，晌午晒死兔。
2. 一黑一亮，石头泡胀。
3. 白露早，寒露迟，秋分种麦正适时。

4. 地逢勤汉多打粮，鼠逢懒汉光啃墙。

5. 话怕三头对面，事怕挖根寻蔓。

6. 救人一命，强似探病。

四、歇后语

1. 疥疤蛤打哈欠——好大的口气。

2. 蜜蜂钻进玻璃瓶——前途光明，出路有限。

3. 高粱面蒸献祭——日弄糊弄先人。

4. 秃子头上的虱——明摆着。

5. 黄泥巴掉进裤裆里——不是屎也成了屎。

6. 秃子剃头——没畔畔。

7. 大姑娘备褯片——早预。

8. 棒槌挖豁牙——夯口说不出。

五、曲子

赐福

赐福天官，如意儿抱在胸前，左跨梅鹿并仙丹，吉庆堂赐福走一番。

连升三级呈加官，福如东海寿南山，金玉共满堂财宝堆成山，保佑你阖家人等落平安。

启禀众大仙，小神来参见，清风御子奉命灵官手掌上元宝来贡献。

怀抱上麒麟子送到了你家园，长命百岁福禄双全，到后来他就必然进状元。

一点一滴桂花香，怀抱上婴儿下了天堂，麒麟子产生麒麟子，状元郎产生状元郎。从来没见今天喜，喜罢了今年又喜来年，喜得天官门首站，喜得豁豁二位神仙，喜得白元把果献，喜得刘海撒金钱。喜得春光铺满院，喜得红灯挂在青天。喜得一夜连双岁，喜得五更分二年。

刘海本是万八仙，步步与人撒金钱，金钱撒在了福禄地，荣华富贵万万年。

此房盖得甚风流，周公点穴鲁班修，盖在了八卦乾子口，祖祖辈辈要做高官。

一保你风调多雨顺，二保你国泰民自安，三保玉主点上三元，四保你四季落平安，五保你五子五魁首，六保六位又入朝班，七保七子多相会，八保八仙庆寿南，九保人间常不老，十保你富贵万万年。

香在炉里蜡在台，瓶内鲜花四季开，喜心怀这才是天官赐福下人间。

太白南乡篇

第一章 声母系统

声母共二十三个，包括零声母在内。

p 八兵布宝	ph 派片爬婆	m 麦明母庙	f 风副肥饭	
t 多党店刀	th 讨毒铁特	n 女鸟年泥		l 脑南老蓝连路
ts 资早租贼	tsh 刺草寸祠		s 丝三酸事	
tʂ 张猪制追	tʂh 抽初床车		ʂ 山双顺书	ʐ 热软绕如
tç 九酒假举	tçh 轻清茄权		ç 想谢响县	
k 高共瓜哥	kh 开口可亏	ŋ 安熬鹅爱	x 好灰活下	
Ø 月王药问				

第二章　韵母系统

韵母三十九个，不包括儿化韵。

ɿ 师丝紫刺			
ʅ 试十直尺	i 米戏急七	u 猪五骨谷	y 雨橘局女
ɑ 茶塔法辣	iɑ 牙鸭家夹	uɑ 刮瓜瓦滑	
o 婆磨拨佛		uo 活托郭壳	yo 药学绝雀
ɤ 歌个鸽			
ɛ 折车热蛇	iɛ 写接贴节		yɛ 靴月镢越
ɔ 宝饱早贸	iɔ 笑桥飘鸟		
æ 开排鞋买		uæ 怪快坏外	
ei 北色赔飞		ui 国对鬼雷	
ou 豆走狗凑	iu 油六绿丢		
ər 儿二耳			
an 南山半产	ian 盐年眼间	uan 短官幻惯	yan 权院卷馅
ən 深根针沉	in 心新林金	un 寸滚春孙	yn 均裙熏云
ɑŋ 糖邦忙浪	iɑŋ 响讲良强	uɑŋ 床王矿光	
əŋ 灯升藤争	iŋ 硬病明星	uŋ 横东铜送	yŋ 兄用穷容

第三章 单字调系统

单字调四个。

阴平 24 东通春歌　阳平 21 门刻月罚　上声 53 懂五有卖　去声 213 动近洞饭

第四章　单　字

0001. 多 tuo24
0002. 拖 thuo24
0003. 大～小 tɑ213
0004. 锣 luo21
0005. 左 tsuo53
0006. 歌 kɤ24
0007. 个一～kɤ213
0008. 可 khuo53
0009. 鹅 ŋuo21
0010. 饿 ŋuo213
0011. 河 xuo21
0012. 茄 tɕhiɛ21
0013. 破 pho213
0014. 婆 pho21
0015. 磨动 mo21
0016. 磨名 mo213
0017. 躲 tuo53
0018. 螺 luo21
0019. 坐 tsuo213
0020. 锁 suo53
0021. 果 kuo53
0022. 过 kuo213
0023. 课 khuo213
0024. 火 xuo53
0025. 货 xuo213
0026. 祸 xuo213
0027. 靴 ɕyɛ24
0028. 把量 pɑ53
0029. 爬 phɑ21
0030. 马 mɑ53
0031. 骂 mɑ213
0032. 茶 tʂhɑ21
0033. 沙 ʂɑ24
0034. 假真～tɕiɑ53
0035. 嫁 tɕiɑ213
0036. 牙 Øiɑ21
0037. 虾 ɕiɑ24
0038. 下底～xɑ213
0039. 夏春～ɕiɑ213
0040. 哑 Øiɑ53
0041. 姐 tɕiɛ53
0042. 借 tɕiɛ213
0043. 写 ɕiɛ53
0044. 斜 ɕiɛ21
0045. 谢 ɕiɛ213
0046. 车不是棋子 tʂhɛ24
0047. 蛇 ʂɛ21
0048. 射 ʂɛ213
0049. 爷 Øiɛ213
0050. 野 Øiɛ53
0051. 夜 Øiɛ213
0052. 瓜 kuɑ24
0053. 瓦 Øuɑ53
0054. 花 xuɑ24
0055. 化 xuɑ213
0056. 华中～xuɑ24
0057. 谱家～，注意声母 phu53
0058. 布 pu213
0059. 铺动 phu24
0060. 簿 pu53
0061. 步 pu213
0062. 赌 tu53
0063. 土 thu53
0064. 图 thu21
0065. 杜 tu213
0066. 奴 lu21
0067. 路 lu213
0068. 租 tsu24
0069. 做 tsu213
0070. 错对～tshuo21
0071. 箍～桶，注意声母 ku53
0072. 古 ku53
0073. 苦 khu53
0074. 裤 khu213
0075. 吴 Øu21
0076. 五 Øu53
0077. 虎 xu53
0078. 壶 xu21
0079. 户 xu213
0080. 乌 Øu24
0081. 女 ny53
0082. 吕 ly53
0083. 徐 ɕy53
0084. 猪 tʂu24
0085. 除 tʂhu24
0086. 初 tʂhu24
0087. 锄 tʂhu21
0088. 所 suo53
0089. 书 ʂu24
0090. 鼠 ʂu53
0091. 如 ʐu24
0092. 举 tɕy53
0093. 锯名 tɕy213

0094. 去 tɕhy213
0095. 渠～道 tɕhy21
0096. 鱼 Øy21
0097. 许 ɕy53
0098. 余剩～，多～ Øy21
0099. 府 fu53
0100. 付 fu213
0101. 父 fu213
0102. 武 Øu53
0103. 雾 Øu213
0104. 取 tɕhy53
0105. 柱 tʂu213
0106. 住 tʂu213
0107. 数动 su53
0108. 数名 su213
0109. 主 tʂu53
0110. 输 ʂu24
0111. 竖 ʂu53
0112. 树 ʂu213
0113. 句 tɕy213
0114. 区地～tɕhy24
0115. 遇 Øy213
0116. 雨 Øy53
0117. 芋 Øy213
0118. 裕 Øy24
0119. 胎 thæ24
0120. 台戏～thæ21
0121. 袋 tæ213
0122. 来 læ21
0123. 菜 tshæ213
0124. 财 tshæ21
0125. 该 kæ24
0126. 改 kæ53
0127. 开 khæ24
0128. 海 xæ53
0129. 爱 ŋæ213
0130. 贝 pei213
0131. 带动 tæ213
0132. 盖动 kæ213
0133. 害 xæ213
0134. 拜 pæ213
0135. 排 phæ21
0136. 埋 mæ21
0137. 戒 tɕiɛ213
0138. 摆 pæ53
0139. 派注意声调 phæ53
0140. 牌 phæ21
0141. 买 mæ53
0142. 卖 mæ213
0143. 柴 tʂhæ21
0144. 晒 ʂæ213
0145. 街 kæ24
0146. 解～开 kæ53
0147. 鞋 xæ21
0148. 蟹注意声调 xæ24
0149. 矮 ŋæ53
0150. 败 pæ213
0151. 币 pi213
0152. 制～造 tʂʅ213
0153. 世 ʂʅ213
0154. 艺 Øi213
0155. 米 mi53
0156. 低 ti24
0157. 梯 thi24
0158. 剃 thi213
0159. 弟 ti213
0160. 递 ti213
0161. 泥 ni21
0162. 犁 li21
0163. 西 ɕi24
0164. 洗 ɕi53
0165. 鸡 tɕi24
0166. 溪 ɕi24
0167. 契 tɕhi53
0168. 系联～ɕi53
0169. 杯 pei24
0170. 配 phei213
0171. 赔 phei21
0172. 背～诵 pei213
0173. 煤 mei21
0174. 妹 mei213
0175. 对 tui213
0176. 雷 lui21
0177. 罪 tsui213
0178. 碎 sui213
0179. 灰 xui24
0180. 回 xui21
0181. 外 Øuæ213
0182. 会开～xui213
0183. 怪 kuæ213
0184. 块 khuæ53
0185. 怀 xuæ21
0186. 坏 xuæ213
0187. 拐 kuæ53
0188. 挂 kuɑ213
0189. 歪注意声母 Øuæ213
0190. 画 xuɑ213
0191. 快 khuæ213
0192. 话 xuɑ213
0193. 岁 sui213
0194. 卫 Øui21
0195. 肺 fei213
0196. 桂 kui213
0197. 碑 pi24
0198. 皮 phi21
0199. 被～子 pi213
0200. 紫 tsɿ24
0201. 刺 tshɿ213
0202. 知 tʂʅ24
0203. 池 tʂhʅ21
0204. 纸 tsɿ53
0205. 儿 Øər21
0206. 寄 tɕi213
0207. 骑 tɕhi21
0208. 蚁注意韵母 Øi24
0209. 义 Øi213
0210. 戏 ɕi213
0211. 移 Øi21
0212. 比 pi53
0213. 屁 phi213
0214. 鼻注意声调 pi21
0215. 眉 mi21
0216. 地 ti213
0217. 梨 li21
0218. 资 tsɿ24
0219. 死 sɿ53

0220. 四 sɿ213
0221. 迟 tʂhʅ21
0222. 指 tsɿ53
0223. 师 sɿ24
0224. 二 Øər213
0225. 饥～饿 tɕi24
0226. 器 tɕhi213
0227. 姨 Øi21
0228. 李 li53
0229. 子 tsɿ53
0230. 字 tsɿ213
0231. 丝 sɿ24
0232. 祠 tshɿ21
0233. 寺 sɿ213
0234. 治 tʂʅ213
0235. 柿 ʂʅ213
0236. 事 sɿ213
0237. 使 ʂʅ53
0238. 试 ʂʅ213
0239. 时 ʂʅ21
0240. 市 sɿ213
0241. 耳 Øər53
0242. 记 tɕi213
0243. 棋 tɕhi21
0244. 喜 ɕi53
0245. 意 Øi213
0246. 几～个 tɕi53
0247. 气 tɕhi213
0248. 希 ɕi24
0249. 衣 Øi24
0250. 嘴 tsui53
0251. 随 sui21
0252. 吹 tʂhui24
0253. 垂 tʂhui213
0254. 规 khui24
0255. 亏 khui24
0256. 跪注意声调 khui213
0257. 危 Øui24
0258. 类 lui53
0259. 醉 tsui213
0260. 追 tʂui24
0261. 锤 tʂhui21
0262. 水 ʂui53
0263. 龟 kui24
0264. 季 tɕi213
0265. 柜 khui213
0266. 位 Øui213
0267. 飞 fei24
0268. 费 fei213
0269. 肥 fei21
0270. 尾 Øui53
0271. 味 Øui213
0272. 鬼 kui53
0273. 贵 kui213
0274. 围 Øui21
0275. 胃 Øui213
0276. 宝 pɔ53
0277. 抱 pɔ213
0278. 毛 mɔ21
0279. 帽 mɔ213
0280. 刀 tɔ24
0281. 讨 thɔ53
0282. 桃 thɔ21
0283. 道 tɔ213
0284. 脑 lɔ53
0285. 老 lɔ53
0286. 早 tsɔ53
0287. 灶 tsɔ213
0288. 草 tshɔ53
0289. 糙注意声调 tshɔ213
0290. 造 tshɔ213
0291. 嫂 sɔ53
0292. 高 kɔ24
0293. 靠 khɔ213
0294. 熬 ŋɔ24
0295. 好～坏 xɔ53
0296. 号名 xɔ213
0297. 包 pɔ24
0298. 饱 pɔ53
0299. 炮 phɔ213
0300. 猫 mɔ24
0301. 闹 lɔ213
0302. 罩 tsɔ213
0303. 抓用手～牌 tʂuɑ24
0304. 找～零钱 tʂɔ53
0305. 抄 tʂhɔ24
0306. 交 tɕiɔ24
0307. 敲 tɕhiɔ24
0308. 孝 ɕiɔ213
0309. 校学～ɕiɔ213
0310. 表手～piɔ53
0311. 票 phiɔ213
0312. 庙 miɔ213
0313. 焦 tɕiɔ24
0314. 小 ɕiɔ53
0315. 笑 ɕiɔ213
0316. 朝～代 tʂhɔ21
0317. 照 tʂɔ213
0318. 烧 ʂɔ24
0319. 绕～线 ʐɔ53
0320. 桥 tɕhiɔ21
0321. 轿 tɕhiɔ213
0322. 腰 Øiɔ24
0323. 要重～Øiɔ213
0324. 摇 Øiɔ21
0325. 鸟注意声母 niɔ53
0326. 钓 tiɔ213
0327. 条 thiɔ21
0328. 料 liɔ213
0329. 箫 ɕiɔ24
0330. 叫 tɕiɔ213
0331. 母丈～，舅～ mu53
0332. 抖 thou53
0333. 偷 thou24
0334. 头 thou21
0335. 豆 tou213
0336. 楼 lou21
0337. 走 tsou53
0338. 凑 tshou213
0339. 钩注意声母 kou24
0340. 狗 kou53
0341. 够 kou213
0342. 口 khou53
0343. 藕 ŋou53
0344. 后前～xou213
0345. 厚 xou213

0346. 富 fu213
0347. 副 fu213
0348. 浮 fu21
0349. 妇 fu213
0350. 流 liu21
0351. 酒 tɕiu53
0352. 修 ɕiu24
0353. 袖 ɕiu213
0354. 抽 tʂhou24
0355. 绸 tʂhou21
0356. 愁 tshou21
0357. 瘦 sou213
0358. 州 tʂou24
0359. 臭香～ tʂhou213
0360. 手 ʂou53
0361. 寿 ʂou213
0362. 九 tɕiu53
0363. 球 tɕhiu21
0364. 舅 tɕiu213
0365. 旧 tɕiu213
0366. 牛 niu21
0367. 休 ɕiu24
0368. 优 Øiu24
0369. 有 Øiu53
0370. 右 Øiu213
0371. 油 Øiu21
0372. 丢 tiu24
0373. 幼 Øiu213
0374. 贪 than24
0375. 潭 than21
0376. 南 lan21
0377. 蚕 tshan21
0378. 感 kan53
0379. 含～一口水 xan21
0380. 暗 ŋan213
0381. 搭 tɑ21
0382. 踏注意声调 thɑ21
0383. 拉注意声调 lɑ24
0384. 杂 tsɑ21
0385. 鸽 kɤ24
0386. 盒 xuo21
0387. 胆 tan53
0388. 毯 than53
0389. 淡 thæ213
0390. 蓝 lan21
0391. 三 san24
0392. 甘 kan24
0393. 敢 kan53
0394. 喊注意声调 xan53
0395. 塔 thɑ21
0396. 蜡 lɑ21
0397. 赚 tʂuan213
0398. 杉～木，注意韵母 sɑn24
0399. 减 tɕian53
0400. 咸～淡 xan21
0401. 插 tʂhɑ21
0402. 闸 tsɑ21
0403. 夹～子 tɕiɑ31
0404. 衫 san24
0405. 监 tɕian24
0406. 岩 Øian21
0407. 甲 tɕiɑ21
0408. 鸭 Øiɑ21
0409. 黏～液 tʂan24
0410. 尖 tɕian24
0411. 签～名 tɕhian24
0412. 占～领 tʂan213
0413. 染 ʐan213
0414. 钳 tɕhian21
0415. 验 Øian213
0416. 险 ɕian53
0417. 厌 Øian213
0418. 炎 Øian213
0419. 盐 Øian21
0420. 接 tɕiɛ21
0421. 折～叠 tʂɛ21
0422. 叶树～ Øiɛ21
0423. 剑 tɕian213
0424. 欠 tɕhian213
0425. 严 Øian21
0426. 业 niɛ21
0427. 点 tian53
0428. 店 tian213
0429. 添 thian24
0430. 甜 thian21
0431. 念 nian213
0432. 嫌 ɕian21
0433. 跌注意声调 tiɛ21
0434. 贴 thiɛ21
0435. 碟 tiɛ21
0436. 协 ɕiɛ21
0437. 犯 fan213
0438. 法 fɑ21
0439. 品 phiŋ53
0440. 林 lin21
0441. 浸 thin24
0442. 心 ɕin24
0443. 寻 ɕin21
0444. 沉 tʂhən21
0445. 参人～ sən24
0446. 针 tʂən24
0447. 深 ʂən24
0448. 任责～ ʐən213
0449. 金 tɕin24
0450. 琴 tɕhin21
0451. 音 Øin24
0452. 立 li21
0453. 集 tɕi21
0454. 习 ɕi21
0455. 汁 tʂʅ24
0456. 十 ʂʅ21
0457. 入 Øu24
0458. 急 tɕi21
0459. 及 tɕi21
0460. 吸 ɕi24
0461. 单简～ tan24
0462. 炭 than213
0463. 弹～琴 than21
0464. 难～易 lan21
0465. 兰 lan21
0466. 懒 lan53
0467. 烂 lan213
0468. 伞注意声调 san53

0469. 肝 kan24
0470. 看～见 khan213
0471. 岸 ŋan213
0472. 汉 xan213
0473. 汗 xan213
0474. 安 ŋan24
0475. 达 tɑ21
0476. 辣 lɑ21
0477. 擦 tshɑ21
0478. 割 kuo21
0479. 渴 khuo21
0480. 扮 pan213
0481. 办 pan213
0482. 铲 tshan53
0483. 山 ʂan24
0484. 产注意声母 tshan53
0485. 间房～，一～房 tɕian24
0486. 眼 nian53
0487. 限 ɕian53
0488. 八 pɑ21
0489. 扎 tsɑ21
0490. 杀 ʂɑ21
0491. 班 pan24
0492. 板 pan53
0493. 慢 man213
0494. 奸 tɕian24
0495. 颜 Øian21
0496. 瞎 ɕiɑ21
0497. 变 pian213
0498. 骗欺～ phian213
0499. 便方～pian213
0500. 棉 mian21
0501. 面～孔 mian213
0502. 连 lian21
0503. 剪 tɕian53
0504. 浅 tɕhian53
0505. 钱 tɕhian21
0506. 鲜 ɕian53
0507. 线 ɕian213
0508. 缠 tʂhan21
0509. 战 tʂan213
0510. 扇名 ʂan213
0511. 善 ʂan213
0512. 件 tɕian213
0513. 延 Øian21
0514. 别～人 piɛ21
0515. 灭 miɛ21
0516. 列 liɛ21
0517. 撤 tʂhɛ53
0518. 舌 ʂɛ21
0519. 设 ʂɛ53
0520. 热 ʐɛ24
0521. 杰 tɕiɛ21
0522. 孽 niɛ21
0523. 建 tɕian53
0524. 健 tɕian213
0525. 言 Øian21
0526. 歇 ɕiɛ21
0527. 扁 pian53
0528. 片 phian53
0529. 面～条 mian213
0530. 典 tian53
0531. 天 thian24
0532. 田 thian21
0533. 垫 tian213
0534. 年 nian21
0535. 莲 lian21
0536. 前 tɕhian21
0537. 先 ɕian24
0538. 肩 tɕian24
0539. 见 tɕian213
0540. 牵 tɕhian24
0541. 显 ɕian53
0542. 现 ɕian53
0543. 烟 Øian24
0544. 憋 piɛ24
0545. 篾 miɛ53
0546. 铁 thiɛ21
0547. 捏 niɛ21
0548. 节 tɕiɛ21
0549. 切动 tɕhiɛ53
0550. 截 tɕiɛ21
0551. 结 tɕiɛ21
0552. 搬 pan24
0553. 半 pan213
0554. 判 pan24
0555. 盘 pan21
0556. 满 man53
0557. 端～午 tuan24
0558. 短 tuan53
0559. 断绳～了 thuan213
0560. 暖 luan53
0561. 乱 luan213
0562. 酸 suan24
0563. 算 suan213
0564. 官 kuan24
0565. 宽 kuan24
0566. 欢 xuan24
0567. 完 Øuan21
0568. 换 xuan213
0569. 碗 Øuan53
0570. 拨 po21
0571. 泼 pho21
0572. 末 mo21
0573. 脱 thuo21
0574. 夺 tuo21
0575. 阔 khuo21
0576. 活 xuo21
0577. 顽～皮，～固 Øuan21
0578. 滑 xuɑ21
0579. 挖 Øuɑ24
0580. 闩 ʂuan213
0581. 关～门 kuan24
0582. 惯 kuan213
0583. 还动 xuan21
0584. 还副 xæ21
0585. 弯 Øuan24
0586. 刷 ʂuɑ21
0587. 刮 kuɑ21
0588. 全 tɕhyan21
0589. 选 ɕyan53
0590. 转～眼，～送 tʂuan213
0591. 传～下来

tʂhuan21
0592. 传～记 tʂuan213
0593. 砖 tʂuan24
0594. 船 tʂhuan21
0595. 软 ʐuan53
0596. 卷～起 tɕyan53
0597. 圈圆～ tɕhyan24
0598. 权 tɕhyan21
0599. 圆 Øyan21
0600. 院 Øyan213
0601. 铅～笔，注意声调 tɕhian24
0602. 绝 tɕyo21
0603. 雪 ɕyo21
0604. 反 fan53
0605. 翻 fan24
0606. 饭 fan213
0607. 晚 Øuan53
0608. 万麻将牌 Øuan213
0609. 劝 tɕhyan213
0610. 原 Øyan21
0611. 冤 Øyan24
0612. 园 Øyan21
0613. 远 Øyan53
0614. 发头～fɑ21
0615. 罚 fɑ21
0616. 袜 Øuɑ21
0617. 月 Øyɛ21
0618. 越 Øyɛ21
0619. 县 ɕian213
0620. 决 tɕyɛ53
0621. 缺 tɕhyɛ21
0622. 血 ɕyɛ21
0623. 吞 thəŋ24
0624. 根 kəŋ24
0625. 恨 xəŋ213
0626. 恩 ŋəŋ24
0627. 贫 phin21
0628. 民 min21
0629. 邻 lin21
0630. 进 tɕin213
0631. 亲 tɕhin24
0632. 新 ɕin24
0633. 镇 tʂən213
0634. 陈 tʂhən21
0635. 震 tʂən213
0636. 神 ʂən21
0637. 身 ʂən24
0638. 辰 ʂən21
0639. 人 ʐən21
0640. 认 ʐən213
0641. 紧 tɕin53
0642. 银 Øin21
0643. 印 Øin213
0644. 引 Øin53
0645. 笔 pi21
0646. 匹 phi53
0647. 密 mi21
0648. 栗 li53
0649. 七 tɕhi21
0650. 侄 tʂʅ21
0651. 虱 sei21
0652. 实 ʂʅ21
0653. 失 ʂʅ21
0654. 日 ʐʅ21
0655. 吉 tɕi21
0656. 一 Øi21
0657. 筋 tɕin24
0658. 劲有～tɕin213
0659. 勤 tɕhin21
0660. 近 tɕin213
0661. 隐 Øin53
0662. 本 pən53
0663. 盆 phən21
0664. 门 mən21
0665. 墩 tuŋ24～～，形小/tun24～子，形大
0666. 嫩 lun213
0667. 村 tshun24
0668. 寸 tshun213
0669. 蹲注意声母 tun24
0670. 孙～子 sun24
0671. 滚 kun53
0672. 困 khun213
0673. 婚 xun24
0674. 魂 xun21
0675. 温 Øuən24
0676. 卒棋子 tsu21
0677. 骨 ku21
0678. 轮 lun21
0679. 俊注意声母 tɕyn213
0680. 笋 sun53
0681. 准 tʂun53
0682. 春 tʂhun24
0683. 唇 ʂun21
0684. 顺 ʂun213
0685. 纯 tʂhun21
0686. 闰 ʐun213
0687. 均 tɕyn24
0688. 匀 Øyn21
0689. 律 ly53
0690. 出 tʂhu21
0691. 橘 tɕy21
0692. 分动 fən24
0693. 粉 fən53
0694. 粪 fən213
0695. 坟 fən21
0696. 蚊 Øuən21
0697. 问 Øuən213
0698. 军 tɕyn24
0699. 裙 tɕhyn31
0700. 熏 ɕyn24
0701. 云～彩 Øyn21
0702. 运 Øyn213
0703. 佛～像 fo21
0704. 物 Øuo21
0705. 帮 paŋ24
0706. 忙 maŋ21
0707. 党 taŋ53
0708. 汤 thaŋ24
0709. 糖 thaŋ21
0710. 浪 laŋ213
0711. 仓 tshaŋ24
0712. 钢 kaŋ24
0713. 糠 khaŋ24

0714. 薄形 po21
0715. 摸注意声调 mo21
0716. 托 thuo53
0717. 落 luo21
0718. 作 tsuo21
0719. 索 suo21
0720. 各 kuo21
0721. 鹤 xuo21
0722. 恶形，入声 ŋuo21
0723. 娘 niaŋ21
0724. 两斤～liaŋ53
0725. 亮 liaŋ213
0726. 浆 tɕiaŋ24
0727. 抢 tɕhiaŋ53
0728. 匠 tɕiaŋ213
0729. 想 ɕiaŋ53
0730. 像 ɕiaŋ213
0731. 张量 tʂaŋ24
0732. 长～短 tʂhaŋ21
0733. 装 tʂuaŋ24
0734. 壮 tʂuaŋ213
0735. 疮 tʂhuaŋ24
0736. 床 tʂhuaŋ21
0737. 霜 ʂuaŋ24
0738. 章 tʂaŋ24
0739. 厂 tʂhaŋ53
0740. 唱 tʂhaŋ213
0741. 伤 ʂaŋ24
0742. 尝 tʂhaŋ21
0743. 上～去 ʂaŋ213
0744. 让 ʐaŋ213
0745. 姜生～tɕiaŋ24
0746. 响 ɕiaŋ53
0747. 向 ɕiaŋ213
0748. 秧 Øiaŋ24
0749. 痒 Øiaŋ53
0750. 样 Øiaŋ213
0751. 雀注意声母 tɕhyo21
0752. 削 ɕyo21
0753. 着火～了 tʂuo21
0754. 勺 ʂuo21
0755. 弱 ʐuo21
0756. 脚 tɕyo21
0757. 约 Øyo21
0758. 药 Øyo21
0759. 光～线 kuaŋ24
0760. 慌 xuaŋ24
0761. 黄 xuaŋ21
0762. 郭 kuo21
0763. 霍 xuo21
0764. 方 faŋ24
0765. 放 faŋ213
0766. 纺 faŋ53
0767. 房 faŋ21
0768. 防 faŋ21
0769. 网 Øuaŋ53
0770. 筐 khuaŋ24
0771. 狂 khuaŋ21
0772. 王 Øuaŋ21
0773. 旺 Øuaŋ213
0774. 缚 fu53
0775. 绑 paŋ53
0776. 胖 phaŋ213
0777. 棒 paŋ213
0778. 桩 tʂuaŋ24
0779. 撞 tʂhuaŋ213 动作轻/tʂuaŋ213 动作重
0780. 窗 tʂhuaŋ24
0781. 双 ʂuaŋ24
0782. 江 tɕiaŋ24
0783. 讲 tɕiaŋ53
0784. 降投～ɕiaŋ21
0785. 项 ɕiaŋ213
0786. 剥 po21
0787. 桌 tʂuo21
0788. 镯 tʂhuo21
0789. 角 tɕyo21
0790. 壳 khuo21
0791. 学 ɕyo21
0792. 握 Øuo21
0793. 朋 phəŋ21
0794. 灯 təŋ24
0795. 等 təŋ53
0796. 凳 təŋ213
0797. 藤 thəŋ21
0798. 能 ləŋ21
0799. 层 tshəŋ21
0800. 僧注意声母 səŋ24
0801. 肯 khəŋ53
0802. 北 pei21
0803. 墨 mei21
0804. 得 tei21
0805. 特 thei21
0806. 贼 tsei21
0807. 塞 sei21
0808. 刻 khei21
0809. 黑 xei21
0810. 冰 piŋ24
0811. 证 tʂəŋ213
0812. 秤 tʂhəŋ213
0813. 绳 ʂəŋ21
0814. 剩 ʂəŋ213
0815. 升 ʂəŋ24
0816. 兴高～ɕiŋ24
0817. 蝇注意声母 Øiŋ21
0818. 逼 pi21
0819. 力 li21
0820. 息 ɕi21
0821. 直 tʂʅ21
0822. 侧注意声母 tshei24
0823. 测 tshei21
0824. 色 sei21
0825. 织 tʂʅ21
0826. 食 ʂʅ21
0827. 式 ʂʅ21
0828. 极 tɕi21
0829. 国 kui21
0830. 或 xui21
0831. 猛 məŋ53
0832. 打注意韵母 ta53
0833. 冷 ləŋ53
0834. 生 səŋ24

0835. 省～长 səŋ53
0836. 更三～，打～ kəŋ213
0837. 梗注意韵母 kəŋ213
0838. 坑 khəŋ24
0839. 硬 niŋ213
0840. 行～为，～走 ɕiŋ21
0841. 百 pei21
0842. 拍 phei21
0843. 白 pei21
0844. 拆 tshei21
0845. 择 tshei21
0846. 窄 tsei21
0847. 格 kei21
0848. 客 khei21
0849. 额 ŋei21
0850. 棚 phəŋ21
0851. 争 tsəŋ24
0852. 耕 kəŋ24
0853. 麦 mei21
0854. 摘 tsei21
0855. 策 tshei21
0856. 隔 kei21
0857. 兵 piŋ24
0858. 柄注意声调 piŋ53
0859. 平 phiŋ21
0860. 病 piŋ213
0861. 明 miŋ21
0862. 命 miŋ213
0863. 镜 tɕiŋ213
0864. 庆 tɕhiŋ213
0865. 迎 øiŋ21
0866. 影 øiŋ53
0867. 剧戏～tɕy213
0868. 饼 piŋ53
0869. 名 miŋ21
0870. 领 liŋ53
0871. 井 tɕiŋ53
0872. 清 tɕhiŋ24
0873. 静 tɕiŋ213
0874. 姓 ɕiŋ213
0875. 贞 tʂəŋ24
0876. 程 tʂhəŋ21
0877. 整 tʂəŋ53
0878. 正～反 tʂəŋ213
0879. 声 ʂəŋ24
0880. 城 tʂhəŋ24
0881. 轻 tɕhiŋ24
0882. 赢 øiŋ21
0883. 积 tɕi24
0884. 惜 ɕi21
0885. 席 ɕi21
0886. 尺 tʂhʅ21
0887. 石 ʂʅ21
0888. 益 øi24
0889. 瓶 phiŋ21
0890. 钉名 tiŋ24
0891. 顶 tiŋ53
0892. 厅 thiŋ21
0893. 听～见，注意声调 thiŋ24
0894. 停 thiŋ21
0895. 挺 thiŋ53
0896. 定 tiŋ213
0897. 零 liŋ21
0898. 青 tɕhiŋ24
0899. 星 ɕiŋ24
0900. 经 tɕiŋ24
0901. 形 ɕiŋ21
0902. 壁 pi21
0903. 劈 phi53
0904. 踢 thi21
0905. 笛 ti21
0906. 历农～li21
0907. 锡 ɕi21
0908. 击 tɕi21
0909. 吃 tʂhʅ21
0910. 横 xun213
0911. 划计～xuɑ213
0912. 兄 ɕyŋ24
0913. 荣 øyn21
0914. 永 øyn53
0915. 营 øin21
0916. 蓬～松 phəŋ21
0917. 东 tuŋ24
0918. 懂 tuŋ53
0919. 冻 tuŋ213
0920. 通 thuŋ24
0921. 桶注意声调 thuŋ53
0922. 痛 thuŋ213
0923. 铜 thuŋ21
0924. 动 tuŋ213
0925. 洞 tuŋ213
0926. 聋注意声调 luŋ21
0927. 弄注意声母 luŋ213
0928. 粽 tsuŋ213
0929. 葱 tshuŋ24
0930. 送 suŋ213
0931. 公 kuŋ24
0932. 孔 khuŋ53
0933. 烘～干 xuŋ24
0934. 红 xuŋ21
0935. 翁 øuəŋ24
0936. 木 mu21
0937. 读 tu21
0938. 鹿 lu21
0939. 族 tsu21
0940. 谷稻～ku21
0941. 哭 khu21
0942. 屋 øu21
0943. 冬～至 tuŋ24
0944. 统注意声调 thuŋ53
0945. 脓注意声调 luŋ21
0946. 松～紧 suŋ24
0947. 宋 suŋ213
0948. 毒 tu21
0949. 风 fəŋ24
0950. 丰 fəŋ24
0951. 凤 fəŋ213
0952. 梦 məŋ213
0953. 中当～tʂuŋ24
0954. 虫 tʂhuŋ21
0955. 终 tʂuŋ24

0956. 充 tʂhuŋ53
0957. 宫 kuŋ24
0958. 穷 tɕhyŋ21
0959. 熊注意声母 çyŋ21
0960. 雄注意声母 çyŋ21
0961. 福 fu21
0962. 服 fu24
0963. 目 mu21
0964. 六 liu21
0965. 宿住～，～舍 su24 住～/çy24 ～舍
0966. 竹 tʂu21
0967. 畜～生 tʂhu21
0968. 缩 suo21
0969. 粥 tʂu21
0970. 叔 ʂu21
0971. 熟 ʂu21
0972. 肉 ʐou213
0973. 菊 tɕy21
0974. 育 Øy213
0975. 封 fəŋ24
0976. 蜂 fəŋ24
0977. 缝一条～ fəŋ213
0978. 浓 luŋ21
0979. 龙 luŋ21
0980. 松～树，注意声调 suŋ24
0981. 重轻～tʂuŋ213
0982. 肿 tʂuŋ53
0983. 种～树 tʂuŋ213
0984. 冲 tʂhuŋ24
0985. 恭 kuŋ24
0986. 共 kuŋ213
0987. 凶吉～çyŋ24
0988. 拥注意声调 Øyŋ24
0989. 容 Øyŋ24
0990. 用 Øyŋ213
0991. 绿 liu21
0992. 足 tsu21
0993. 烛 tʂu21
0994. 赎 ʂu21
0995. 属 ʂu53
0996. 褥 ʐu53
0997. 曲～折，歌～ tɕhy21
0998. 局 tɕhy21
0999. 玉 Øy24
1000. 浴 Øy24

听书二维码

渭滨区篇

单字（第7页）

规定词汇（第16页）

自选词汇（第38页）

语法例句（第47页）

规定故事《北风和太阳》（第53页）

自选故事《瞎雀儿碰了个破谷穗》（第54页）

西府曲子《天官赐福》（第55页）

金台区篇

单字（第64页）

规定词汇（第73页）

自选词汇（第95页）

语法例句（第105页）

规定故事《北风和太阳》（第111页）

自选故事《党阁老卖棒槌》和《神移山泉》（第112页）

谚语和歇后语（第113页）

歌谣、民谣（第114页）

陈仓区篇

单字（第 124 页）

规定词汇（第 133 页）

自选词汇（第 155 页）

语法例句（第 165 页）

规定故事《北风和太阳》（第 171 页）

自选故事《碌碡化仙》和《璜石》（第 172 页）

酒令歌（第 173 页）

凤县篇

单字（第 185 页）

规定词汇（第 194 页）

自选词汇（第 217 页）

语法例句（第 224 页）

规定故事《北风和太阳》（第 230 页）

自选故事《唐藏和晒经台》（第 231 页）

谚语（第 231 页）

山歌（第 232 页）

凤翔县篇

单字（第 242 页）

规定词汇（第 251 页）

自选词汇（第 273 页）

语法例句（第 287 页）

规定故事《北风和太阳》（第 293 页）

自选故事《牝牡骊黄》和《比高》（第 294 页）

歌谣、谚语、歇后语（第 294 页）

扶风县篇

单字（第 305 页）

词汇、语法例句、口头文化（第 314 页）

麟游县篇

单字（第 341 页）

规定词汇（第 350 页）

自选词汇（第 373 页）

语法例句（第 380 页）

规定故事《北风和太阳》（第 386 页）

自选故事《天台山的酸枣树》和《洪泉古黄松的来历》（第 387 页）

歌谣（第 388 页）

曲艺（第 388 页）

陇县篇

单字（第 397 页）

规定词汇（第 406 页）

自选词汇（第 428 页）

语法例句（第 437 页）

规定故事《北风和太阳》（第 443 页）

自选故事《二月二炒豆子》（第 444 页）

谚语（第 444 页）

地方曲艺（第 445 页）

眉县篇

单字（第 456 页）

规定词汇（第 465 页）

自选词汇（第 489 页）

语法例句（第 497 页）

规定故事《北风和太阳》（第 503 页）

眉县曲子（第 504 页）

下河寨道情（第 505 页）

岐山县篇

单字（第 518 页）

规定词汇（第 527 页）

自选词汇（第 549 页）

语法例句（第 562 页）

规定故事《北风和太阳》（第 568 页）

自选故事《周公判牛》和《孝母得金》（第 569 页）

《日新月异看岐山》和民谣荟萃（第 570 页）

秦腔选段《文王回西岐》（第 574 页）

千阳县篇

单字（第 582 页）

规定词汇（第 591 页）

自选词汇（第 614 页）

语法例句（第 624 页）

规定故事《北风和太阳》（第 630 页）

自选故事《骆状元来千阳》和《石龙桥》（第 631 页）

戏曲《剪红灯》（第 632 页）

太白城关篇

单字（第 640 页）

规定词汇（第 649 页）

自选词汇（第 671 页）

语法例句（第 684 页）

规定故事《北风和太阳》（第 690 页）

自选故事《舍身崖的传说》（第 691 页）

歌谣、谚语、歇后语（第 691 页）

曲子《赐福》（第 692 页）

太白南乡篇

单字（第 697 页）

参考文献

白涤洲遗稿，喻世长整理．关中方音调查报告［M］．中国科学院出版社，1954年．

宝鸡市地方志编纂委员会．宝鸡市志［M］．三秦出版社，1998年．

宝鸡市金台区地方志编纂委员会．宝鸡市金台区志［M］．陕西人民出版社，1993年．

宝鸡市渭滨区地方志编纂委员会．宝鸡市渭滨区志［M］．陕西人民出版社，1996年．

宝鸡县志编纂委员会．宝鸡县志［M］．陕西人民出版社，1996年．

凤县志编纂委员会．凤县志［M］．陕西人民出版社，1994年．

陇县地方志编纂委员会．陇县志［M］．陕西人民出版社，1993年．

眉县地方志编纂委员会．眉县志［M］．陕西人民出版社，2000年．

岐山县志编纂委员会．岐山县志［M］．陕西人民出版社，1992年．

千阳县志编纂委员会．千阳县志［M］．陕西人民教育出版社，1991年．

陕西省凤翔县地方志编纂委员会．凤翔县志［M］．陕西人民出版社，1991年．

陕西省扶风县地方志编纂委员会．扶风县志［M］．陕西人民出版社，1993年．

太白县地方志编纂委员会．太白县志［M］．三秦出版社，1995年．

吴媛、韩宝育．岐山方言调查研究［M］．中华书局，2016年．

吴媛．陕西关中西府方言语音研究［D］．陕西师范大学，2011年．

毋效智．扶风方言［M］．新疆大学出版社，2005年．

熊正辉．官话区方言分ts tʂ的类型［J］．方言，1990年第1期．

麟游县地方志编纂委员会．麟游县志［M］．陕西人民出版社，1993年．

张永哲．凤翔方言代词研究［D］．陕西师范大学，2011年．

张永哲．关中方言词汇研究［D］．陕西师范大学，2016年．

后　记

陕西省语言资源丰富，方言种类繁多，陕北、关中、陕南三地方言内部差异大，情况复杂：陕北地区方言绝大部分属于晋语，方言面貌非常古老，很多方言语音系统中还保留着入声韵和入声调，词汇系统中也有大量古语词，这些都是汉语史研究非常重要的佐证材料；关中地区方言属于中原官话，作为历史上汉民族共同语的重要基础方言，在汉语史上有非常重要的地位，关中地区方言研究是官话方言研究的重要组成部分；陕南地区分布着中原官话、西南官话、江淮官话、赣语等多种方言，格局复杂，各种方言在互相影响、互相渗透中不断变化发展，是研究方言接触和融合的绝佳对象。

为了全面调查整理陕西方言，保护传承陕西文化，陕西省档案局于 2015 年 3 月启动了陕西方言语音建档工作。这项工作依托档案部门在档案收集、整理、保护方面的优势，以留住乡音乡愁为目标，采取纸笔调查和录音录像的方式，对方言语料进行全面的记录整理。方言语音建档是保存方言、留住记忆乡愁的重要形式，是保护方言非物质文化遗产的重要举措。

在方言语音建档工作顺利开展，建档成果日益丰富的同时，陕西省档案局和参与方言语音建档的专家学者们也在考虑如何将方言档案进行开发利用，吸引社会各界对方言资源进行保护开发，培养社会大众的语言资源意识，真正唤起人们对方言土语、对传统文化的重视与热爱。以全省方言语音建档成果为基础，编纂一套具有普及性、可读性和学术研究价值的《陕西方言集成》丛书便成为大家共同的追求和目标。

2017 年初从美国访学回国不久，教育部长江学者特聘教授、陕西方言语音建档首席专家、陕西师范大学语言资源开发研究中心主任邢向东老师就找我谈话，希望我能负责起《陕西方言集成》丛书的编纂工作。之后，邢老师就丛书编纂体例、读者群体特点、编纂团队人选等问题给我做出了明确指示。在邢老师的指导和支持下，《陕西方言集成》丛书编纂工作逐步开展起来。

我们邀请了近十位陕西高校从事方言研究的，有较高学术造诣的年轻学者参加编纂工作。他们大都是陕西人，熟悉陕西方言，绝大部分参加过陕西方言语音建档工作和中国语言资源保护工程，有着非常丰富的听音、审音、记音能力，严谨认真，责任心强。团队组建后，大家首先熟悉各点方言语音档案，并对接下来编纂工作中可能出现的问题进行汇总。8 月底，《陕西方言集成》丛书编写启动会暨大纲讨论会召开，陕西省档案局局长王建领、副局长赵万吉，方言学家邢向东、王军虎、黑维强，以及全体编纂人员出席了启动会。会议就《陕西方言集成》丛书的格式体例、内容行文、交稿时间等问题进行了深入讨论。会议指出，《陕西方言集成》丛书是对陕西方言语音档案的再加工和再提高，是对方言语音建档成果水平的进一步升华。团队要对现有材料做出完善，要按统一的格式体例要求加工材料，要撰写方言内部差异、声韵调音值说明、连读变调规律等内容，要听验音频、视频，核对修正音值音类、方言本字，对词汇、语法部分做出适当的补充或修改。

《陕西方言集成》丛书是陕西方言语音建档工作的后期成果，是陕西方言语音档案音频与文字汇综版。丛书用文字、音频的形式全面记录了陕西方言，对保护陕西地区的方言及以方言为载体的陕西地域文化具有非常重要的意义。丛书对方言档案的归纳整理，一方面将为推广普通话和语言规范化工作服务、为西北地区的文化建设事业服务，另一方面也将为学界提供全新的语料，推动陕西方言研究和汉语方言研究的发展。

陕西方言语音建档工作和《陕西方言集成》丛书是汉语方言地方资源库建设的有益尝试，承载着陕西方言研究者和档案工作者的高度责任感，寄托了热爱方言和地方文化的人们的美好愿望，是保护陕西方言、传承陕西文化卓有成效的形式。正如邢向东老师所说，这是“在做一件大事，一件大好事”。我们因为进行着这样一件“大事”而倍感自豪，也压力山大。经过近一年的努力，丛书的第一部《陕西方言集成》（宝鸡卷）就要完稿了，接下来的九部也会陆续付梓，我们怀着既激动又忐忑的心情期盼着她们的面世。因为水平有限，丛书中难免会留下一些瑕疵，请各位读者多多批评指正。

感谢陕西省档案局王建领局长和诸位领导对陕西方言语音建档工作和《陕西方言集成》丛书编写一如既往的关怀和支持；感谢邢向东老师，他作为陕西方言语音建档首席专家、《陕西方言集成》丛书的编委和审稿人，一直身体力行，有了他的顶层设计和悉心指导，我们的工作才能顺利推进；感谢商务印书馆以李智初编审为核心的编辑团队对丛书编写和出版付出的努力；感谢王军虎、黑维强等专家对工作提出的意见和建议。最后，感谢我们的编纂团队，正是出于他们对陕西方言、陕西文化的那份热爱、那份执着，我们的《陕西方言集成》丛书才有了一些模样，他们是：

《陕西方言集成》（西安卷）编著者王一涛；

《陕西方言集成》（宝鸡卷）编著者徐朋彪；

《陕西方言集成》（咸阳卷）编著者张攀；
《陕西方言集成》（铜川杨陵韩城卷）编著者徐馥琼；
《陕西方言集成》（渭南卷）编著者徐朋彪、卜晓梅；
《陕西方言集成》（延安卷）编著者孙建华；
《陕西方言集成》（榆林卷）编著者贺雪梅；
《陕西方言集成》（安康卷）编著者李婷；
《陕西方言集成》（汉中卷）编著者柯西钢；
《陕西方言集成》（商洛卷）编著者赵萍君。

柯西钢

2018 年 6 月